Lehmann-Richter/Wobst

WEG-Reform 2020

Das Wohnungseigentumsrecht nach dem WEMoG

WEG-Reform 2020

Das Wohnungseigentumsrecht nach dem WEMoG

bearbeitet von

Dr. Arnold Lehmann-Richter
Professor an der Hochschule für Wirtschaft und Recht, Berlin

und

Dr. Felix Wobst
Notarassessor, Berlin

2020

ottoschmidt

Zitierempfehlung:
Lehmann-Richter/Wobst, WEG-Reform 2020, Rz. ...

Bibliografische Information
der Deutschen Nationalbibliothek

Die Deutsche Nationalbibliothek verzeichnet diese Publikation in der Deutschen Nationalbibliografie; detaillierte bibliografische Daten sind im Internet über http://dnb.d-nb.de abrufbar.

Verlag Dr. Otto Schmidt KG
Gustav-Heinemann-Ufer 58, 50968 Köln
Tel. 02 21/9 37 38-01, Fax 02 21/9 37 38-943
info@otto-schmidt.de
www.otto-schmidt.de

ISBN 978-3-504-45049-6

Das verwendete Papier ist aus chlorfrei gebleichten Rohstoffen hergestellt, holz- und säurefrei, alterungsbeständig und umweltfreundlich.

Einbandgestaltung: Lichtenford, Mettmann
Satz: PMGi - Die Agentur der Print Media Group GmbH & Co. KG, Hamm
Druck und Verarbeitung: Stückle, Ettenheim
Printed in Germany

Vorwort

Kurz vor seinem 70. Geburtstag am 20.3.2021 steht das WEG vor dem größten Umbruch seiner Geschichte. Mit dem am 1.12.2020 in Kraft tretenden Wohnungseigentumsmodernisierungsgesetz (WEMoG) vollzieht es den von vielen gefürchteten, von manchen erhofften, seit Anerkennung der Rechtsfähigkeit der Gemeinschaft der Wohnungseigentümer durch den BGH aber letztlich unvermeidlichen Schritt ins allgemeine Verbandsrecht.

Unser Ziel ist es, das Verständnis des neuen Rechts zu fördern. Dafür haben wir die vielfältigen gesetzlichen Änderungen in ihrem jeweiligen systematischen Kontext erläutert. Dabei wird schnell klar: Kaum ein Aspekt des alten Rechts wird durch das WEMoG nicht zumindest mittelbar beeinflusst, kaum eine Frage muss nicht neu durchdacht werden. Wir hoffen, dass wir Antworten auf einige dieser Fragen gefunden haben oder jedenfalls dazu beizutragen, dass andere sie noch finden werden.

Das Buch ist ein Ergebnis unserer gemeinsamen Zeit im Bundesjustizministerium. Dass die Reform 2020 diesen Namen verdient hat und kein „Novellchen" wurde, das die Summe der Rechtsfragen nur noch vergrößert hätte, ist auch unserem Referatsleiter, Herrn Ministerialrat Wolfram Marx, zu verdanken. Ohne seinen gestalterischen Mut hätte es ein WEMoG in dieser Form nicht gegeben.

Alle in diesem Buch zitierten und weitere Materialien zum WEMoG sind unter www.wemog.de abrufbar.

Berlin, September 2020

Arnold Lehmann-Richter
Felix Wobst

Inhaltsverzeichnis

§ 1
Der Weg zum WEMoG

§ 2
Rechtsbeziehungen in der Gemeinschaft

§ 3
Die rechtsfähige Gemeinschaft der Wohnungseigentümer im Außenverhältnis

§ 4
Entstehungsphase: Ein-Personen-Gemeinschaft und werdender Wohnungseigentümer

§ 5
Die Rolle der Wohnungseigentümer bei der Verwaltung

§ 6
Der Verwalter

§ 7
Der Verwaltungsbeirat

§ 8
Beschlussfassung

§ 9
Kostenverteilungsschlüssel

§ 10
Finanzwesen

§ 11
Baumaßnahmen und ihre Finanzierung

§ 12
Erstherstellung, Erhaltung und modernisierende Instandsetzung

§ 13
Gebrauchsrechte der Wohnungseigentümer

§ 14
Folgen rechtswidrigen Gebrauchs durch Wohnungseigentümer

§ 15
Gebrauchsrechte Dritter

§ 16
Sondereigentumsfähigkeit von Stellplätzen und Freiflächen

§ 17
Eintragung von Beschlüssen in das Grundbuch

§ 18
Verfahrensrecht

§ 19
Auslegung von Altvereinbarungen und Übergangsrecht

Literaturverzeichnis

Bärmann, WEG, 14. Aufl. 2018
Bärmann/Pick, WEG, 20. Aufl. 2020
Baumbach/Hopt, HGB, 39. Aufl. 2020
Baumbach/Hueck, GmbHG, 22. Aufl. 2019
Beck'sches Notar-Handbuch, 7. Aufl. 2019
beck-online.GROSSKOMMENTAR-WEG
beck-online.KOMMENTAR-BauordnungsR
beck-online.KOMMENTAR-BGB
beck-online.KOMMENTAR-GBO
beck-online.KOMMENTAR-KostenR
beck-online.KOMMENTAR-WEG
beck-online.KOMMENTAR-ZPO
Blank/Börstinghaus, Miete, 6. Aufl. 2020

Demharter, GBO, 31. Aufl. 2018

Ebenroth/Boujong/Joost/Strohn, HGB, 4. Aufl. 2020
Erman, BGB, 6. Auflage 2019

Gaul/Schilken/Becker- Eberhard, Zwangsvollstreckungsrecht, 12. Aufl. 2010
Gottwald/Haas, Insolvenzrechts-Handbuch, 6. Aufl. 2020
Grigoleit, AktG, 2. Aufl. 2020
Großkommentar Aktiengesetz, 4. Aufl. 2004

Häublein, Sondernutzungsrechte und ihre Begründung im Wohnungseigentumsrecht, 2003
Heismann, Werdende Wohnungseigentümergemeinschaft, 2003
Hügel/Elzer, WEG, 2. Aufl. 2018

Jennißen, WEG, 6. Aufl. 2019

KEHE, Grundbuchrecht, 8. Aufl. 2019

Larenz/Canaris, Methodenlehre der Rechtswissenschaft, 3. Aufl. 1999
Lindemann, Beschlussfassung in der Einmann-GmbH, 1996
Lutter/Hommelhoff, GmbH- Gesetz, 20 Aufl. 2020

Maunz/Dürig, Grundgesetz, 90. Aufl. 2020
Meikel, GBO, 11. Aufl. 2015
Meiners, Die rechtsfähige Wohnungseigentümergemeinschaft – ein fremdnütziges Zweckgebilde, 2015
Michalski/Heidinger/Leible/Schmidt, GmbHG, 3. Aufl. 2017
Mugdan, Die gesamten Materialien zum Bürgerlichen Gesetzbuch für das Deutsche Reich, 1899.
Münchener Kommentar AktG, 5. Aufl. 2020

Münchener Kommentar BGB, 8. Aufl. 2020
Münchener Kommentar GmbHG, 3. Aufl. 2018
Münchener Kommentar HGB, 4. Aufl. 2016
Münchener Kommentar ZPO, 6. Aufl. 2020
Musielak/Voit, ZPO, 17. Aufl. 2020

NomosKommentar BGB, 3. Aufl. 2016

v. Oefele/Winkler/Schlögel, Handbuch Erbbaurecht, 6. Aufl. 2016

Palandt, BGB, 80. Aufl. 2021

Rieke/Schmid, WEG, 5. Aufl. 2019
Rosenberg/Schwab/Gottwald, Zivilprozessrecht, 18. Aufl. 2018
Roth/Altmeppen, GmbHG, 9. Aufl. 2019

Sauren, WEG, 6. Aufl. 2014
Scheuerle/Mayen, TKG, 3. Aufl. 2018.
K. Schmidt, InsO, 19 Aufl. 2016
K. Schmidt, Gesellschaftsrecht, 4. Aufl. 2002
K. Schmidt/Lutter, AktG, 4. Aufl. 2020.
Schöner/Stöber, Grundbuchrecht, 16. Aufl. 2020
Scholz, GmbHG, 12. Aufl. 2018
Simon/Busse, Bayerische Bauordnung, 137. Aufl. 2020
Spindler/Stilz, AktG, 4. Aufl. 2019
Staudinger, WEG, Neubearbeitung 2018
Staudinger, BGB
Stein/Jonas, ZPO, 23. Aufl. 2018

Wiedemann, Gesellschaftsrecht I, 1980
Weitnauer/Wirths, WEG, 1. Aufl. 1951
Weitnauer, WEG, 9. Aufl. 2004
Wobst, Lohn vom Dritten, 2015
Wolf/Neuner, Allgemeiner Teil des BGB, 12. Aufl. 2020

Zöller, ZPO, 33. Aufl. 2020

§ 1
Der Weg zum WEMoG

1 Das Wohnungseigentumsrecht soll breiten Teilen der Bevölkerung das – häufig zitierte[1] – „Eigenheim in der Etage" ermöglichen. Dieses rechtspolitische Ziel hat das im Jahr 1951 verabschiedete WEG erreicht.[2] Unter Juristen hatte das Gesetz indes von Anfang an den **Ruf** eines ***Enfant terrible***. Schon seine Geburt war von größeren Misstönen begleitet, schien es doch mit dem Dogma des Akzessionsprinzips unvereinbar.[3] Aber auch später wurde der Ruf des Wohnungseigentumsrechts kaum besser. Die Materie gilt mit Blick auf die handelnden Parteien verbreitet als Tummelfeld von Streithanseln und Rechthabern.[4] Schwerer wiegt aber die Einschätzung, dass es sich um ein inhaltlich nur schwer zugängliches, für den Rechtsanwender kaum verständliches Rechtsgebiet handelt. Das liegt zum einen an der (angeborenen) eigentümlichen Mischung aus Sachen- und Schuldrecht. Zum anderen ist die **Komplexität** des Wohnungseigentumsrechts aber auch hausgemacht: Sonderwege bei der Gesetzesauslegung erschweren sein Verständnis. So manch ein Insider mag dies vielleicht insgeheim begrüßen, bleibt die Deutungshoheit so doch in den Händen einer kleinen Gruppe Eingeweihter. Dies bleibt Außenstehenden allerdings nicht verborgen und ist Anlass für – indes selten publizierte[5] – hämische Seitenhiebe, was den einen oder anderen Wohnungseigentumsrechtler in der Tendenz, hier und da Sonderthesen zu entwickeln, noch bestärkt haben mag. Im Dschungel des WEG haben sich deshalb schon viele Wald-und-Wiesen-Anwälte verlaufen, so manchem Novizen auf der Richterbank wird es ähnlich gegangen sein und selbst Spezialisten sind nicht davor gefeit, sich in seinen Schlingpflanzen zu verheddern.

2 Die **Entdeckung der Rechtsfähigkeit** der Gemeinschaft durch den BGH im Jahr 2005 hat diesen Zustand der schweren Verständlichkeit noch verstärkt. Die Rechtsfähigkeit ließ sich nämlich in das geschriebene Recht schlichtweg nicht integrieren. Auch die WEG-Novelle 2007 hat dies nicht geschafft, letztlich im Kern auch nicht versucht. Diese Novelle hat daher eher neue Probleme geschaffen als bestehende gelöst. Unter dem Strich war eine grundlegende Reform des Wohnungseigentumsrechts daher seit Jahren überfällig.

---

1 *Weitnauer*, PiG 8 (1981), Nachdruck: ZWE 2001, 126.
2 Vgl. BT-Drucks. 19/18791, S. 25 („Erfolgsgeschichte").
3 Etwa *Lange*, NJW 1950, 204 (206) („dogmatisch wilde Form").
4 Zu diesem (Vor-)Urteil *Hannemann*, FS Müller (2019), 124.
5 *Bork*, ZIP 2005, 1205 Fn. 31: „Aber wir lesen natürlich mit Beruhigung, dass auf der nächsten ‚Fischener WEG-Tagung' (wo bekanntlich die WEG-Fangemeinde im eigenen Saft brät) alle diese Probleme gelöst werden."

A. Erste Gesetzgebungsvorschläge und Koalitionsvertrag 2018

3 Die **Initialzündung** für das WEMoG waren die rechtspolitischen Bestrebungen, die **E-Mobilität** durch Ertüchtigung des Gebäudebestandes – Stichwort Ladesäulen – zu fördern. Im Jahr 2016 legten Bayern und Sachsen einen diesbezüglichen Gesetzesentwurf vor, der Änderungen von § 16 und § 22 WEG a.F. vorsah.[1] Die Bundesregierung begrüßte das Anliegen des Entwurfs, bewertete ihn aber im Detail kritisch und reagierte mit der Ankündigung, sie werde zu Beginn der nächsten Legislaturperiode Vorschläge zur erleichterten Durchführung von baulichen Veränderungen zwecks Schaffung von Ladeinfrastruktur und Barrierefreiheit unterbreiten.[2] Ende 2017, zu Beginn der nächsten Legislaturperiode, wiederholte der Bundesrat seinen Gesetzesvorschlag aus dem Jahr 2016.[3]

4 Im Frühjahr 2018 legte dann der **Freistaat Bayern** den Diskussionsentwurf „Gesetz für zukunftsfähiges Wohnen im Wohneigentum“ vor.[4] Das Bundesministerium der Justiz und für Verbraucherschutz (BMJV) folgte kurze Zeit später mit dem Diskussionsentwurf „Gesetz zur Förderung von Barrierefreiheit und Elektromobilität im Miet- und Wohnungseigentumsrecht“.[5] Während sich dieser Entwurf auf die Themen Barrierefreiheit und Elektromobilität beschränkte, ging der bayerische Diskussionsentwurf hierüber deutlich hinaus. Er enthielt unter anderem auch Regelungen zum Verwaltungsbeirat und zur Entstehungsphase der Gemeinschaft der Wohnungseigentümer. Beide Entwürfe blieben für die spätere Gestaltung des WEMoG letztlich ohne Auswirkung.

5 Der **Koalitionsvertrag** 2018 verhielt sich zu einer Reform des WEG (eher schlagwortartig und entsprechend ungenau) in drei Punkten: Erleichterung des Einbaus von Ladestellen für Elektrofahrzeuge, Erleichterung der Vorbereitung und Durchführung von Beschlüssen der Wohnungseigentümer über bauliche Maßnahmen insbesondere in den Bereichen Barrierefreiheit, energetische Sanierung, Förderung von Elektromobilität und Einbruchschutz sowie eine Harmonisierung von Wohnungseigentums- und Mietrecht.[6]

B. Bund-Länder-Arbeitsgruppe zur WEG-Reform

6 Der nächste Schritt auf dem Weg zum WEMoG war die von den Bundesländern initiierte Bund-Länder-Arbeitsgruppe zur Reform des WEG. Die Arbeitsgruppe war al-

---

1 BR-Drucks. 340/16.
2 BT-Drucks. 18/10256, S. 20.
3 BR-Drucks. 730/17.
4 Der Entwurf ist nicht in Print veröffentlicht. Er wurde von der Deutschen Gesellschaft für Gesetzgebung mit dem Preis für gute Gesetzgebung ausgezeichnet, *Herresthal*, ZWE 2020, 169, 170.
5 Ebenfalls nicht in Print veröffentlicht.
6 Koalitionsvertrag zwischen CDU, CSU und SPD, 19. Legislaturperiode, Zeilen 3522 ff. und 5186 ff.

lein mit Vertretern der Landes- und der Bundesjustizministerien besetzt, wobei manche Länder freilich einschlägig bekannte Richter entsandten. Ihr Arbeitsauftrag ging nach dem entsprechenden Beschluss der Justizministerkonferenz über die Vorgaben des Koalitionsvertrags hinaus. Die Arbeitsgruppe sollte nämlich auch gesetzgeberische Maßnahmen gegen einen bestehenden Sanierungsstau in Wohnungseigentumsanlagen sowie die Möglichkeiten einer effizienteren Verwaltung des Gemeinschaftseigentums prüfen.[1] Vor der ersten Sitzung der Arbeitsgruppe wurde eine **Ressort-, Verbände- und Expertenanhörung** durchgeführt. In dieser wurde zum einen um konkrete Änderungs- und Ergänzungsvorschläge zu den beiden Diskussionsentwürfen, aber auch um Mitteilung eines hierüber hinausgehenden Reformbedarfs gebeten.[2] Entgegen mancher Unkenrufe zeigte sich übrigens ziemlich schnell, dass die gemeinsame Leitung dieser Arbeitsgruppe durch das SPD-geführte BMJV und das CSU-geführte Bayerische Staatsministerium der Justiz keineswegs zu irgendwelchen Verständigungsschwierigkeiten führte. Es dominierte die sachorientiere juristische Arbeit.

7 Die Arbeitsgruppe behandelte zwischen November 2018 und Mai 2019 in fünf je zweitätigen Sitzungen insgesamt 14 Themenkomplexe.[3] Auf diese Weise wurden nahezu sämtliche Problemkreise des Wohnungseigentumsrechts adressiert. Die **Tätigkeit** der Arbeitsgruppe war von besonderer Effizienz geprägt. Dies lag im Wesentlichen an drei Faktoren: Zunächst entwickelte sich zwischen den Beteiligten schnell eine vertrauensvolle Atmosphäre. Sämtliche Teilnehmer waren darauf bedacht, mit konstruktiven Redebeiträgen die Ergebnisfindung zu fördern. Auf das Arbeitsklima gefährdende „Kampfabstimmungen“ wurde verzichtet. In den (wenigen) Fällen, in denen keine gemeinsame Position gefunden werden konnte, wurde im Abschlussbericht daher lediglich das Meinungsbild referiert. Der zweite Punkt war die fachliche Expertise der Arbeitsgruppe, da eine Reihe von Ländern in Theorie und/oder Praxis ausgewiesene Fachleute als Teilnehmer entsendet hatten. Zuletzt (und wahrscheinlich am stärksten) profitierte die Arbeitsgruppe von einer professionellen Sitzungsvorbereitung: Die jeweiligen Themen wurden anhand eines Standardverfahrens vorbereitet, das dazu zwang, die jeweiligen Sachfragen mit etwaigen Lösungsvorschlägen in einem Arbeitspapier übersichtlich darzustellen. So wurde einerseits den übrigen Teilnehmern die Einarbeitung in die Materie erleichtert und andererseits der Gesprächsverlauf von Anfang an in zielführende Bahnen kanalisiert. Diese Arbeitsweise soll ein Ausschnitt aus dem Arbeitspapier zum Punkt „Problemimmobilien“ verdeutlichen:

1 *Herresthal*, ZWE 2020, 169 (170).
2 Abschlussbericht der Bund-Länder-Arbeitsgruppe zur Reform des WEG, ZWE 2019, 429 (431).
3 Auflistung im Abschlussbericht der Bund-Länder-Arbeitsgruppe zur Reform des WEG, ZWE 2019, 429 (431).

Bund-Länder-Arbeitsgruppe zur WEG-Reform

Arbeitspapier: Problemimmobilien

Einführung Das WEG geht davon aus, dass eine einmal errichtete Gemeinschaft für immer besteht. Tatsächlich ist die Nutzungsdauer eines Gebäudes aber beschränkt. Insbesondere wenn Instandhaltung und Instandsetzung über einen längeren Zeitraum vernachlässigt wurden, kann eine Situation entstehen, in der die Immobilie kaum einen oder gar keinen Wert mehr hat, aber dennoch hohe laufende Kosten verursacht (sog. Problemimmobilie). Zu diskutieren sind Präventionsmaßnahmen sowie die Möglichkeiten des Wohnungseigentümers, sich von einer Problemimmobilie zu lösen.

Diskussionspunkte

1	**Entziehung des Wohnungseigentums von „Sanierungsverweigerern“**	
	Rechtslage	– Entziehungsrecht der Gemeinschaft bei schweren Pflichtverletzungen eines Wohnungseigentümers, die eine Fortsetzung der Gemeinschaft mit ihm unzumutbar machen (§ 18 Abs. 1 S. 1 WEG) – Pflicht zur Mitwirkung an Instandhaltungs- und -setzungsmaßnahmen (§ 21 Abs. 5 Nr. 2) in rechtlicher, finanzieller und tatsächlicher Hinsicht (insbesondere: Beschlussfassung inkl. Finanzierungsentscheidung, Zutrittsgewährung) – Entziehung bei Nichterfüllung beschlossener Zahlungspflichten möglich (§ 18 Abs. 2 Nr. 2 WEG)
	Geschilderte Probleme	– Rechtsunsicherheit, welche Pflichtverletzungen von „Sanierungsverweigerern“ für eine Entziehung notwendig sind
	Zu diskutierender Vorschlag	– Aufnahme eines entsprechenden Regelbeispiels in § 18 Abs. 2 WEG? – tatbestandliche Voraussetzungen?
2	**Beendigung der Mitgliedschaft in der Gemeinschaft**	
a	**Rechtspolitisches Bedürfnis**	
	Rechtslage	– auch bei Problemimmobilien grsl. Sanierungspflicht selbst bei wirtschaftlicher Unverhältnismäßigkeit; umstritten, ob Opfergrenze existiert (z. B. in Anlehnung an § 22 Abs. 4 WEG) – derzeit autonome Beendigung der Mitgliedschaft nur durch Veräußerung des Wohnungseigentums – Dereliktion des Wohnungseigentums nach Ansicht des BGH unzulässig – Aufhebung der Gemeinschaft nur bei Zustimmung aller Wohnungseigentümer (§ 11 Abs. 1 S. 1 WEG; praktisch nicht relevante Ausnahme: S. 3) und damit nicht aufgrund autonomer Entscheidung des einzelnen Wohnungseigentümers
	Geschilderte Probleme	– einzelner Wohnungseigentümer kann sich nicht von der Gemeinschaft lösen – Wohnungseigentümer daher auf ewig an defizitäre Wohnung gebunden und rechtlich zu wirtschaftlich sinnlosen Ausgaben verpflichtet – Umgehungsgestaltungen in der Praxis: Übertragung auf eine Gesellschaft mit beschränkter Haftung; Erbschaftsausschlagung; Übertragung auf (quasi-)insolvente Erwerber
	Zu diskutierender Vorschlag	– Eröffnung der Dereliktion auch für das Wohnungseigentum („Austrittsmodell“)? – *alternativ/kumulativ*: Recht zur Auflösung der Gemeinschaft („Aufhebungsmodell“)?

1

b	**Dereliktion von Wohnungseigentum („Austrittsmodell")**	
	Rechts-lage	– Eigentumsaufgabe an Grundstücken durch Erklärung ggü. Grundbuchamt und Eintragung im Grundbuch (§ 928 Abs. 1 BGB) – Folge: Grundstück wird herrenlos, unbefristetes Aneignungsrecht des Bundeslands oder einer landesrechtlich bestimmten Stelle (§ 928 Abs. 2 BGB, Art. 129 EGBGB) – rechtlich möglich: förmlicher Verzicht auf Aneignungsrecht durch Bundesland und anschließende Aneignung durch jedermann – in der Praxis häufig: Bundesländer üben Aneignungsrecht nicht sofort aus, sondern veräußern es an interessierte Dritte
	Zu diskutie-render Vorschlag	– Übernahme dieses Verfahrens auch für Wohnungseigentum? – *alternativ*: gesetzliches Aneignungsrecht des Verbands? Subsidiäres/vorrangiges Aneignungsrecht des Bundeslands?
c	**Auflösung der Gemeinschaft („Aufhebungsmodell")**	
aa	**Tatbestandliche Voraussetzungen**	
	Zu diskutie-render Vorschlag	– denkbar: wirtschaftliche Wertlosigkeit (50 % des Verkehrswertes des Gemeinschaftseigentums [unter Ausblendung des Sondereigentums] ohne Grund und Boden zum Zeitpunkt der Beschlussfassung oder des Anspruchsbegehrens, vgl. LG München I ZWE 2017, 3259 ff.) – denkbar auch: (Miss-)Verhältnis zwischen Sanierungsaufwand und Wert? Maß der (Un-)Benutzbarkeit? …
bb	**Verfahren**	
	Rechts-lage	– Bruchteilsgemeinschaft: Individualanspruch auf Auflösung (§ 749 Abs. 1 BGB) – Vorgehensweise: Durchführung einer Teilungsversteigerung (§ 753 BGB, §§ 180 ff. ZVG)
	Zu diskutie-render Vorschlag	– Individualanspruch oder Beschlusskompetenz (Quorum)? – Vorgehensweise: Teilungsversteigerung des WEG-Grundstücks (= alle Einheiten en bloc) oder vorherige Umwandlung in einfache Bruchteilsgemeinschaft?
cc	**Sonderregeln für sog. „steckengebliebenen Bau"**	
	Rechts-lage	– grsl. Pflicht zur erstmaligen Herstellung des Gemeinschaftseigentums (analog § 21 Abs. 5 Nr. 2 WEG) – umstritten, ob Opfergrenze existiert (teilweise bejaht analog § 22 Abs. 4 WEG)
	Zu diskutie-render Vorschlag	– Einführung einer Opfergrenze? Voraussetzungen?

8 Die Arbeitsgruppe beendete ihre Tätigkeit im Mai 2019. Noch vor der Veröffentlichung des Abschlussberichts legten die **„Auto-Länder" Bayern** und **Baden-Württemberg** einen neuen, auf die beschleunigte Umsetzung der E-Mobilität abzielenden und zugleich darauf begrenzten Gesetzesentwurf vor.[1] Die Bundesregierung lehnte diesen Entwurf unter Hinweis auf die bevorstehende umfangreiche WEG-Reform folgerichtig ab.[2]

9 Die Arbeitsgruppe legte ihren **Abschlussbericht** im August 2019 vor.[3] Dieser Bericht wurde in der Wissenschaft mit gemischten Gefühlen aufgenommen.[4] Auf politischer Ebene liefen im Hintergrund sofort die Verbände Sturm, die sich dem Schutz der Wohnungseigentümer – genauer: der Wohnungseigentümer, die sich mit ihren Vorstellungen in ihren Gemeinschaften nicht durchsetzen können – verpflichtet sahen. Sie kritisierten eine angebliche Entmachtung der Wohnungseigentümer zugunsten des Verwalters, die das von der Arbeitsgruppe vorgeschlagene Konzept der Organisation der Verwaltung auslösen würde. Diese Lobbyarbeit sollte das nun folgende Gesetzgebungsverfahren bis zum Ende begleiten.

C. Referentenentwurf

10 Die Arbeiten am Referentenentwurf im BMJV hatten bereits im Juni 2019 begonnen. Ausgangspunkt waren die Empfehlungen der Bund-Länder-Arbeitsgruppe, die indes nicht sklavisch, sondern nur dort umgesetzt wurden, wo sie einer erneuten, intensiven Überprüfung standhielten. Zudem beschränkten sich die gesetzgeberischen Überlegungen nicht auf die von der Arbeitsgruppe diskutierten Themen. Vielmehr wurde jede Vorschrift des WEG auf ihre Reformbedürftigkeit hin untersucht. Trotz dieses umfassenden Prüfansatzes war es aber das Ziel, das WEG nicht bis zur völligen Unkenntlichkeit zu verändern. Daher wurde überall dort Zurückhaltung geübt, wo zwar Verbesserungsbedarf festgestellt, ein Tätigwerden des Gesetzgebers aber entbehrlich erschien, weil die betroffenen Regelungen in der Praxis letztlich funktionierten. Leitbild der konkreten Gestaltungsarbeit war der **Grundsatz „Information durch Exformation"**, weshalb stets versucht wurde, Wesentliches von Unwesentlichem zu unterscheiden: Im Vertrauen auf die Interpretationskräfte der Justiz wurde darauf verzichtet, untergeordnete Einzelfragen zu kodifizieren. Daher wurde etwa die verbreitete Forderung, gesetzlich klarzustellen, dass die „Kosten" im Sinne des § 21 WEG auch die Folgekosten umfassen, nicht aufgegriffen.

11 Die aus juristisch-handwerklicher Sicht **schwierigste Aufgabe** bestand darin, die Empfehlung der Bund-Länder-Arbeitsgruppe umzusetzen, nach der die Gemeinschaft der Wohnungseigentümer zur Trägerin der gesamten Verwaltung werden soll-

---

1 BR-Drucks. 347/19. Dem Antrag schlossen sich später Niedersachsen sowie Hamburg an.

2 BT-Drucks. 19/15085, S. 16.

3 Veröffentlicht u.a. in ZWE 2019, 429.

4 *Bub*, NJW-aktuell 44/2019, 12: „hohes fachliches Niveau und Praxisorientierung"; *Dötsch/Schultzky/Zschieschak*, ZfIR 2019, 649; kritischer hingegen *Drasdo*, NZM 2019, 801; *Elzer*, MietRB 2019, 316.

te, die durch ihre Organe handelt.[1] Hierfür bedurfte es nämlich einer grundsätzlichen Neustrukturierung der Rechtsbeziehungen, was eine Überarbeitung zentraler Regelungen des WEG (§ 10 Abs. 6, §§ 14, 15, 20, 21, 27 WEG a.F.) erforderte.

12 Während der Arbeiten am Referentenentwurf tauschte sich die Fachebene mit Experten aus Wissenschaft und Praxis aus. Der Referentenentwurf war Mitte November 2019 fertig. Aufgrund nicht mit seinem Inhalt zusammenhängender Verzögerungen in der Ressortabstimmung wurde er, anders als zuvor offiziell angekündigt[2], indes nicht mehr im Jahr 2019, sondern erst im **Januar 2020 veröffentlicht**.[3] Von Seiten der Wissenschaft wurde der Entwurf teilweise im Kern wohlwollend[4], teilweise aber auch kritisch[5] aufgenommen. Die Forderung, sich jetzt Zeit für eine wissenschaftliche Diskussion zu nehmen[6], war inhaltlich zwar berechtigt, angesichts des bereits angelaufenen Gesetzgebungsverfahrens aber illusorisch.

D. Regierungsentwurf

13 Für das weitere Verfahren war mit Blick auf die Förderung der E-Mobilität aus politischen Gründen eine besondere Beschleunigung vorgesehen. Der Zeitraum für die **Länder-, Ressort- und Verbändeanhörung** war daher entsprechend kurz. Die überwiegende Anzahl der diesbezüglichen Stellungnahmen wiederholte entweder Positionen, die bereits aus der Anhörung im Vorfeld der Bund-Länder-Arbeitsgruppe bekannt waren oder brachte Einwendungen, die Gegenstand der Beratungen dieser Arbeitsgruppe gewesen waren. In der Verbändeanhörung wurde aber das Misstrauen gegen das Konzept des Referentenentwurfs deutlich, Rechte und Pflichten der Wohnungseigentümer bei der Gemeinschaft der Wohnungseigentümer zu bündeln und dafür auch die Kompetenzen des Verwalters auszuweiten. Da die diesbezüglichen Vor- und Nachteile indes bereits Gegenstand ganz umfassender Diskussionen und Überlegungen gewesen waren, hielt das BMJV an dem im Referentenentwurf vorgeschlagenen System fest.

14 Der Regierungsentwurf enthielt gegenüber dem Referentenentwurf daher **nur Detailänderungen**. Von Bedeutung waren

- die Änderungen des Verfahrens zur Eintragung von Beschlüssen in § 7 WEG;
- der Wechsel von einer Ermächtigungs- und Ausübungslösung zu einer Fiktionslösung beim werdenden Wohnungseigentümer (§ 8 Abs. 3 WEG);

1 Abschlussbericht der Bund-Länder-Arbeitsgruppe zur Reform des WEG, ZWE 2019, 429 (443).
2 BT-Drucks. 19/15085, S. 16.
3 Fundstelle: NZM 2020, 161.
4 *Elzer*, NJW-aktuell 7/2020, S. 15; *Skauradszun*, ZRP 2020, 34.
5 *Becker/Schneider*, ZfIR 2020, 281; *Mediger*, NZM 2020, 269.
6 Etwa *Becker/Schneider*, ZfIR 2020, 281 (307); *Drasdo*, NZM 2019, 801 (803).

- die Änderungen beim Anspruch nach § 14 Abs. 3 WEG (§ 14 Nr. 4 Hs. 2 WEG a.F.);
- die Ergänzung des Katalogs des § 20 Abs. 2 WEG um den Glasfaseranschluss (auf Drängen des Bundeswirtschafts- und des Bundesverkehrsministeriums);
- die sprachliche Anpassung des § 21 Abs. 2 S. 1 Nr. 1 WEG;
- die Einführung einer modifizierten Beschlusssammlung (§ 25 Abs. 5 WEG);
- die sprachliche Anpassung des § 27 Abs. 1 Nr. 1 WEG;
- die Änderungen bei den Urteilswirkungen in Beschlussklageverfahren (§ 44 Abs. 3 WEG).

15 Der Regierungsentwurf wurde am **23.3.2020 im Bundeskabinett verabschiedet** und anschließend als BT-Drucksache 19/18791 veröffentlicht. Er war das von politischer Einflussnahme nahezu unbeeinflusste Arbeitsergebnis der Fachebene des BMJV.

E. Parlamentarisches Verfahren

16 Das parlamentarische Verfahren wurde mit deutlich vernehmbarer **Lobbyarbeit** der bereits erwähnten Wohnungseigentümerverbände eröffnet.[1] Einer dieser Verbände versuchte, über das notwendige Quorum von 50.000 Unterstützern eine öffentliche Beratung des Petitionsausschusses zum Gesetzesvorhaben zu erzwingen, indes erfolglos.[2] Gleichzeitig wurden im Internet Standardbriefe zur Versendung an Mitglieder des Bundestags und der Bundesregierung zur Verfügung gestellt. Die Handschrift der Wohnungseigentümerverbände fand sich teilweise auch in dem Antrag der FDP-Bundestagsfraktion „Wohnungseigentum selbstbestimmt und praktikabel gestalten" vom 5.5.2020.[3] Andere Interessengruppen operierten eher geräuschlos im Hintergrund.

17 Die **erste Lesung im Bundestag fand am 6.5.2020** statt. Hier standen neben den Baumaßnahmen die Rolle des Verwalters und die rechtliche Stellung der Wohnungseigentümer im Mittelpunkt. Mit Blick auf die späteren Entwicklungen aufschlussreich war die fraktionsübergreifende Betonung des Erfordernisses eines Sachkundenachweises für den Verwalter, aber vor allem „die Sorge, dass die Hausverwaltungen zu viel Macht bekommen oder dass Minderheitenrechte der Eigentümer übergangen werden könnten".[4]

---

1 Insbesondere durch den Artikel „Machtverlust der Wohnungseigentümer" in der Frankfurter Allgemeinen Zeitung vom 1.4.2020; siehe aber etwa auch Tagesspiegel vom 21.3.2020: „Verwalter mit mehr Rechten und weniger Pflichten".

2 Die Aktion wurde (bei bundesweit etwa 6 Millionen Wohnungseigentümern, BT-Drucks. 19/18791, S. 33) mit der Zahl von etwa 8.000 Unterstützern beendet.

3 BT-Drucks. 19/18955.

4 BT-Plenarprotokoll 19/157, S. 19467 ff.; das Zitat stammt von MdB *Fechner* (SPD).

18 Der **Bundesrat** befasste sich im ersten Durchgang am 15.5.2020 mit dem Gesetzesentwurf und gab eine Stellungnahme ab.[1] In ihrer Gegenäußerung schlug die Bundesregierung eine Änderung der Vertragsstrafenregelung in § 19 Abs. 3 S. 2 WEG-E vor.[2]

19 Zur **Sachverständigenanhörung** des Rechtsausschusses des Bundestages am 27.5.2020 waren mit Ausnahme einer Richterin am BGH und eines wissenschaftlich einschlägig ausgewiesenen Richters nur Verbandsvertreter geladen.[3] In der Gesamtschau überwog die Kritik an den Vorschlägen des Entwurfs deutlich. Die nicht verbandsmäßig gebundenen Sachverständigen lobten allerdings auf der Makroebene die Qualität des Entwurfs sowie seine mutmaßlich streitbegrenzende Funktion. Im Mittelpunkt der Diskussion[4] auf der Mikroebene standen die Rolle des Verwalters und die Beschlussfassung über bauliche Veränderungen. Hier wurden ganz unterschiedliche Vorschläge unterbreitet, so dass unter dem Strich ein eher konfuses Gesamtbild zu der Frage zu verzeichnen war, wie der Regierungsentwurf konkret zu ändern sei. Deutlich zu vernehmen war aber erneut die Meinung, der Entwurf stärke den Verwalter und schwäche den einzelnen Eigentümer. Von verschiedener Seite wurde daher etwa Sympathie für die Einführung einer Wohnungseigentümerklage (*actio pro socio*, Rz. 63) geäußert.

20 Die Einwände der Sachverständigen wurden auf Seiten der Abgeordneten ernst genommen. Zudem hatte auch die Lobbyarbeit der Wohnungseigentümerverbände in der Politik offensichtlich ihre Spuren hinterlassen.[5] Die **Regierungsfraktionen** – und zwar in jeweils etwa gleichem Umfang[6] – forderten zu einer Vielzahl von Themen Änderungen des Regierungsentwurfes, wobei teilweise auch Fragen betroffen waren, die nicht Gegenstand der Anhörung gewesen waren. Unter dem Strich zählte man **21 Änderungspunkte**. Es ging in erster Linie um den Verwalter und damit um das neue System (Sachkundenachweis, Verwalterregister, Pflichtversicherung, Vertretungsmacht, Entscheidungsmacht im Innenverhältnis, Direktansprüche der Wohnungseigentümer, Laufzeit Verwaltervertrag bei Abberufung) und um das Recht der baulichen Veränderungen. Daneben waren der Verwaltungsbeirat, die Umlaufbeschlüsse, das Freiflächensondereigentum, die Ladungsfrist zur Versammlung, die Vertragsstrafe, die Beschlusssammlung, das Recht der Ein-Personen-Gemeinschaft, die Zusatzkaution bei § 554 BGB sowie die Harmonisierung von Miet- und Wohnungseigentumsrecht betroffen.

1 BT-Drucks. 19/19369.
2 BT-Drucks. 19/19369, S. 6 f.
3 Liste der Sachverständigen in BT-Drucks. 19/22634, S. 38.
4 BT-Ausschuss für Recht und Verbraucherschutz, Protokoll Nr. 19/96.
5 Dazu *Greiner* im beck-blog am 26.6.2020: „Es ist erschreckend zu sehen, dass es ein, zwei kleinen Verbänden (die keineswegs die Interessen von Wohnungseigentümern im Allgemeinen vertreten, sondern vor allem die Interessen von denen, die sich – zu Recht oder zu Unrecht – von ihren Miteigentümern oder Verwaltern ungerecht behandelt fühlen) mit teilweise nur noch populistisch zu nennenden Methoden gelungen ist, die WEG-Reform auszubremsen."
6 Dies veranlasste MdB *Kühn* (Die Grüne) am 6.7.2020 zu dem Tweet: „@spdbt fällt der eigenen Justizministerin in den Rücken".

21 Ein erstes **Berichterstattergespräch** zwischen den Regierungsfraktionen und dem BMJV fand im Juni 2020 statt. Hier, aber auch beim informellen Austausch zwischen fraktioneller und ministerieller Fachebene zeigte sich, dass aufgrund der Komplexität des WEMoG noch erheblicher Erklärungsbedarf bestand. Im Nachgang zu diesem Gespräch gaben beide Fraktionen vergleichsweise ruppige Pressemitteilungen[1] heraus; das WEMoG war wohl spätestens jetzt zu einem größeren politischen Thema geworden. Zu diesem Zeitpunkt stand auch endgültig fest, dass das WEMoG – anders als ursprünglich vorgesehen – vom Deutschen Bundestag nicht mehr vor der Sommerpause verabschiedet werden würde. Ein weiteres Berichterstattergespräch kurz vor der Sommerpause führte zu keiner Klärung.

22 Die Diskussion um das Gesetz wurde auch in der **Presse** fortgesetzt. Die Berichterstattung fokussierte sich auf das das bekannte Narrativ „Entmachtung der Eigentümer"; eine differenzierte Auseinandersetzung suchte man meist vergeblich. So berichtete etwa am 6.6.2020 die SZ in einer Kolumne unter teilweise fehlerhafter Darstellung der Tatsachen[2]; ähnliche Ungenauigkeiten enthielt auch ein Artikel in der Frankfurter Allgemeinen Sonntagszeitung vom 29.6.2020.[3] Auch Lokalzeitungen[4] und andere Magazine[5] berichteten. Am 23.6.2020 folgte dann das Fernsehen (ARD) im Format „Report München".

23 Bereits die Anmoderation des Berichts setzte den Ton: *„Gut gemeint ist bekanntermaßen nicht immer gut gemacht – ein Paradebeispiel für diesen Satz ist die geplante Reform des Wohnungseigentumsgesetzes."* Im Mittelpunkt der Sendung stand das Schicksal zweier Wohnungseigentümer, wobei offen blieb, in welcher Form der Verwalter den Gemeinschaften dieser Wohnungseigentümer einen Schaden zugefügt hatte bzw. welche Pflichtverletzung der Verwalter begangen haben sollte. An einer für die ARD von den Wohnungseigentümerverbänden durchgeführten „Blitzumfrage"[6] beteiligten sich rund 800 Personen. Die Moderation stellte zu Recht fest, die Umfrage sei nicht repräsentativ, um dennoch im nächsten Satz zu erklären, sie werfe ein *„Schlaglicht auf ein offenbar verbreitetes Problem"*. Die Abmoderation schloss mit dem Ratschlag *„Sorgfältigkeit vor Schnelligkeit: Das sollte bei diesem Gesetzgebungsvorhaben die Devise sein."*

---

1 SPD Pressemitteilung Nr. 198/2020 v. 19.6.2020: „Es ist sehr ärgerlich, dass die Union damit wichtige Eigentümerrechte blockiert."; CDU Pressemitteilung v. 19.6.2020: „Die CDU/CSU-Fraktion im Deutschen Bundestag hat dem Vorstoß des SPD-geführten Justizministeriums eine klare Absage erteilt, das neue Wohnungseigentumsrecht im Hauruck-Verfahren noch schnell vor der Sommerpause zu verabschieden."

2 *Prantl*, Brezel-Wohnung, Süddeutsche Zeitung v. 6./7.6.2020, S. 6: „Für bauliche Veränderungen reicht nämlich künftig die einfache Mehrheit in der Eigentümerversammlung: 51 Prozent beschließen, auch die überstimmten 49 Prozent zahlen" – anders § 21 WEG-RegE. Der Artikel zitierte daneben den Ref-E und nicht den Reg-E.

3 *Ochs*, Neue Rolle für Verwalter, ebenfalls unter falscher Darstellung der Kostentragungspflicht bei baulichen Veränderungen.

4 Etwa „Weniger Rechte für Wohnungseigentümer", Weserkurier v. 6.5.2020 sowie – unter Einstreuung persönlicher Angriffe – der Tagesspiegel v. 20.6.2020 („Allmacht der Verwalter wird begrenzt").

5 Wirtschaftswoche v. 17.7.2020 („Neuer Häuserkampf – Hausverwalter werden mächtiger, Eigentümer verlieren an Einfluss").

6 Diese Methode bezeichnete *Greiner* im beck-blog am 26.6.2020 zu Recht als „schlechten Witz".

24 In der **parlamentarischen Sommerpause** wurde eine Reihe von Gesprächen geführt, überwiegend auf Fachebene, teilweise aber auch zwischen oder unter Beteiligung der Leitungsebenen. Diese Sondierungen dienten der Vorbereitung der weiteren Berichterstattergespräche, die dann den **inhaltlichen Durchbruch** brachten. Eine Reihe von Punkten wurden fallen gelassen, unter ihnen vor allem die aus dogmatischer Sicht unerwünschten strukturellen Eingriffe in das Organisationssystem (Stichwort: Direktansprüche gegen den Verwalter). Das aus politischer Sicht besonders relevante Problem der Position des Verwalters wurde durch eine punktuelle Beschränkung seiner Vertretungsmacht, einer Paraphrasierung seiner Entscheidungskompetenz, der Einführung einer gesetzlichen Vertretungsmacht des Beirats gegenüber dem Verwalter sowie dem Anspruch auf Bestellung eines zertifizierten Verwalters gelöst. Auch beim zweiten großen Thema, den Baumaßnahmen und deren Kostentragung, fand sich ein aus wissenschaftlicher Sicht nicht zu kritisierender Kompromiss. Die übrigen Änderungen waren vergleichsweise punktueller Natur. Merkwürdigerweise wurde das Ergebnis der parlamentarischen Beratungen auch von Wohnungseigentümerverbänden, die den Regierungsentwurf vehement kritisiert hatten, begrüßt, obwohl das neue Organisationsrecht unangetastet geblieben war.

25 Rückblickend lässt sich sagen, dass der Gesetzesentwurf im parlamentarischen Verfahren in einen veritablen Sturm geraten ist und es zwischenzeitlich so aussah, als würde er hier ernsthaften Schaden nehmen. Dass dies ausblieb, war vor allem der **Beharrlichkeit** der **ministerialen Fach- und Leitungsebene** geschuldet. Diese gab in ihrer kritischen Haltung gegenüber aus fachlicher Sicht abzulehnenden oder bedenklichen Änderungswünsche nicht nach. Stattdessen wurden sowohl die dogmatische Struktur des neuen Rechts als auch seine Vorteile immer wieder (bis an die Grenze der Renitenz) erläutert; hier bewahrheitete sich am Ende das Sprichwort des steten Tropfens, der den Stein höhlt.

26 Im Ergebnis wurde der **Regierungsentwurf** in den Beratungen letztlich dann (angesichts der zwischenzeitlich ausufernden Beratungen muss man sagen: nur) **in folgenden Punkten modifiziert**:

- § 9b Abs. 1 S. 1 Hs. 2 WEG (Beschränkung der Vertretungsmacht des Verwalters bei Grundstückskauf- oder Darlehensverträgen);
- § 9b Abs. 2 Alt. 1 WEG (Vertretungsmacht des Beiratsvorsitzenden gegenüber dem Verwalter);
- § 19 Abs. 2 Nr. 6 WEG (Bestellung eines zertifizierten Verwalters als Teil ordnungsmäßiger Verwaltung);
- § 19 Abs. 3 WEG-E (Streichung der Vertragsstrafenregelung; Verschiebung der restlichen Regelungen nach § 28 Abs. 3 WEG);
- § 21 Abs. 2 S. 1 Nr. 1 WEG (Quorumslösung für von allen Wohnungseigentümern zu bezahlende bauliche Veränderung);
- § 23 Abs. 3 S. 2 WEG (Beschlusskompetenz für konkretes Umlaufverfahren);
- § 24 Abs. 4 WEG (Änderung der Ladungsfrist);

- § 24 Abs. 7 und 8 WEG (Beibehaltung der Beschlusssammlung alten Rechts; dadurch Wegfall von § 25 Abs. 5 WEG-E);
- § 26 WEG (Umstrukturierung und Beendigung des Verwaltervertrags sechs Monate nach der Abberufung);
- §§ 26a, 48 Abs. 4 WEG (Regelungen zum zertifizierten Verwalter);
- § 27 Abs. 1 Nr. 1 WEG (Paraphrasierung Kompetenz des Verwalters);
- § 28 Abs. 3 WEG (Verschiebung der verbliebenen Regelungen aus § 19 Abs. 3 S. 1 WEG-E);
- § 29 Abs. 2 WEG (Überwachungsaufgabe des Verwaltungsbeirats);
- § 43 Abs. 2 Nr. 3 WEG (Erwähnung der Ansprüche der Wohnungseigentümer gegen Verwalter);
- § 49 GKG (Erhöhung des Streitwerts von Beschlussklagen).

F. Verabschiedung und Inkrafttreten des Gesetzes

27 Das WEMoG wurde nach der zweiten und dritten Lesung am 17.9.2020 vom Bundestag beschlossen. Da der Bundesrat einer Fristverkürzung nicht zustimmte, erfolgte seine Befassung nicht – wie vom Bundestag erbeten[1] – bereits am 18.9.2020, sondern erst im Oktober 2020. Das WEMoG tritt daher im Wesentlichen zum 1.12.2020 in Kraft (vgl. Art. 18 WEMoG).

1 Vgl. Plenarprotokoll 19/176, S. 22164.

§ 2
Rechtsbeziehungen in der Gemeinschaft

A. Das alte Recht und seine Probleme

28 Das **historische Konzept des WEG** aus dem Jahr 1951 **beruhte nicht auf der Rechtsfähigkeit** der Gemeinschaft der Wohnungseigentümer. Dieser neue Rechtsträger wurde erst 2005 durch den BGH „entdeckt“.[1] Wissenschaft und Praxis standen in den Folgejahren vor der Aufgabe, ihn in das geschriebene Recht zu integrieren. Eine der Hauptaufgaben bestand darin, ihn in die Rechtsbeziehungen einzubinden, die bis dato nur zwischen den Wohnungseigentümern sowie zwischen diesen und dem Verwalter verliefen. Auch der Gesetzgeber der **WEG-Novelle 2007** hat diesbezügliche Anstrengungen unternommen, die **Problematik aber nicht abschließend bewältigt**.[2] Insbesondere unterblieb eine Revision des WEG, bei der jede Vorschrift auf die Frage hin untersucht wurde, zwischen welchen Personen sie Rechtsbeziehungen begründet oder ausgestaltet und ob diese Rechtsbeziehungen mit Blick auf die Rechtsfähigkeit der Gemeinschaft der Wohnungseigentümer noch überzeugten.

29 Ergebnis dieser gesetzgeberischen Zurückhaltung war ein **„Hybridmodell“ im Innenverhältnis**, das keinem stringentem Konzept folgte: Einerseits war die Gemeinschaft der Wohnungseigentümer insbesondere über den Hausgeldanspruch mit den Wohnungseigentümern rechtlich verbunden. Andererseits sollte sie nach der Rechtsprechung aber „im Innenverhältnis in die ordnungsmäßige Verwaltung des Gemeinschaftseigentums nicht eingebunden“ sein.[3] Diese konzeptionelle Unklarheit führte dazu, dass es für den Rechtsanwender oftmals nicht erkennbar war, ob die Gemeinschaft der Wohnungseigentümer oder die Gesamtheit der Wohnungseigentümer berechtigt bzw. verpflichtet war.[4] Ungeklärt blieb auch die **Rolle des Verwalters**, dem § 27 Abs. 1 WEG a.F. eine eigentümliche Sonderstellung zuwies, die irgendwo zwischen einem Organ der Gemeinschaft der Wohnungseigentümer und einem Schuldner bzw. Vertreter der Wohnungseigentümer lag.

---

1 BGH v. 2.6.2005 – V ZB 32/05, NJW 2005, 2061.

2 Kein Blatt vor den Mund nehmend *Bub*, ZWE 2007, 15 (15): „Der nunmehr vorliegende Gesetzesentwurf ist nach Ansicht fast aller Sachverständigen ein unstrukturierter und konzeptfreier Lösungsversuch [...].“

3 BGH v. 8.6.2018 – V ZR 125/17, NJW 2018, 3305 Rz. 16; anders noch BGH v. 25.9.2015 – V ZR 246/14, NJW 2016, 1310 Rz. 15.

4 Abschlussbericht Bund-Länder-Arbeitsgruppe WEG-Reform, ZWE 2019, 429 (443).

B. Das neue Recht auf einen Blick

30 – Im **Zentrum** der Rechtsbeziehungen steht künftig die **rechtsfähige Gemeinschaft der Wohnungseigentümer**, der nun auch im Innenverhältnis die Aufgabe zugewiesen ist, das gemeinschaftliche Eigentum zu verwalten (§ 18 Abs. 1 WEG).

– Die **Wohnungseigentümer** sind **Mitglieder** der Gemeinschaft der Wohnungseigentümer (Rz. 39). Ihr gegenüber haben sie einen Anspruch auf ordnungsmäßige Verwaltung (§ 18 Abs. 2 Nr. 1 WEG) und sind im Gegenzug zur Einhaltung des Binnenrechts und zur Duldung bestimmter Einwirkungen auf ihr Eigentum verpflichtet (§ 14 Abs. 1 WEG). In ihrer Gesamtheit sind sie zugleich das **Willensbildungsorgan** der Gemeinschaft der Wohnungseigentümer (vgl. § 19 Abs. 1 WEG – Rz. 44).

– Der **Verwalter** ist **Vollzugs- und Vertretungsorgan** der Gemeinschaft der Wohnungseigentümer. Als solches ist er nur ihr gegenüber verpflichtet (vgl. § 27 Abs. 1 WEG – Rz. 49). Wohnungseigentumsrechtliche **Beziehungen zwischen den Wohnungseigentümern und dem Verwalter** gibt es deshalb nicht mehr (Rz. 52).

– Auch **Rechtsbeziehungen der Wohnungseigentümer untereinander** gibt es nur noch punktuell, z.B. im Hinblick auf die Duldung von Einwirkungen (Rz. 66).

– Der **Verwaltungsbeirat** wird zum **Kontrollorgan der Gemeinschaft der Wohnungseigentümer** aufgewertet (§ 29 Abs. 2 WEG); damit wachsen seine Aufgaben (näher zum Beirat Rz. 569).

C. Das neue Recht im Detail

I. Evolution der Rechtsbeziehungen

31 Die Rechtsbeziehungen in der Gemeinschaft haben sich seit dem Inkrafttreten des WEG 1951 grundlegend geändert: Während ursprünglich die Rechtsbeziehungen der Wohnungseigentümer untereinander im Vordergrund standen (unten 1.), erblickte mit der Entscheidung des BGH vom 2.6.2005[1] die rechtsfähige Gemeinschaft der Wohnungseigentümer das Licht der Welt (unten 2.). Sie stellt das WEMoG nun in das rechtliche Zentrum (unten 3.).

1. WEG 1951

32 Das WEG des Jahres 1951 baute auf der Miteigentümergemeinschaft des BGB auf, die nicht rechtsfähig ist. Der **Schwerpunkt der Rechtsbeziehungen** lag deshalb **zwischen den Wohnungseigentümern** (Grafik: W_1 bis W_3), insbesondere schuldeten sie sich gegenseitig eine ordnungsmäßige Verwaltung (§ 21 Abs. 4 WEG a.F.). Alle Verträge mit Dritten (D) wurden im Namen aller Wohnungseigentümer abgeschlossen. Das galt auch für den Verwaltervertrag. Auch die gesetzlichen Amtspflichten des

1 BGH v. 2.6.2005 – V ZB 32/05, NJW 2005, 2061.

Verwalters (V) bestanden gegenüber jedem einzelnen Wohnungseigentümer, insbesondere war er jedem einzelnen Wohnungseigentümer gegenüber zur Beschlussausführung verpflichtet (§ 27 Abs. 1 Nr. 1 WEG 1951[1]) und vertrat jeden einzelnen von ihnen im Rechtsverkehr (§ 27 Abs. 2 WEG 1951[2]). Das Gleiche galt für den Verwaltungsbeirat (B), dem freilich nur überschaubare Aufgaben zukamen.

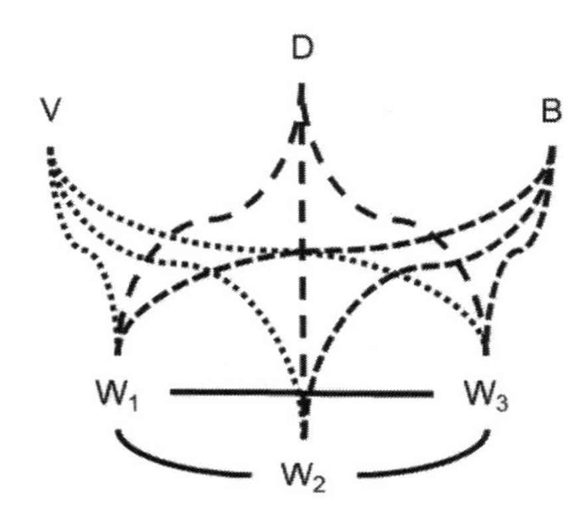

33 Daraus ergab sich eine **komplexe, aber gleichwohl stringente Struktur an Rechtsbeziehungen**. Weil aber jeder einzelne Wohnungseigentümer an jeder einzelnen Rechtsbeziehung beteiligt war, musste ein Erwerber in alle diese Rechtsbeziehungen eintreten, wenn er Wohnungseigentum erwarb. Das warf kaum lösbare Probleme auf.[3]

2. BGH-Entscheidung vom 2.6.2005 und WEG-Novelle 2007

34 Mit seiner sog. Jahrtausend-Entscheidung vom 2.6.2005[4] „entdeckte" der BGH die rechtsfähige Gemeinschaft der Wohnungseigentümer (Grafik: GdW) und schuf damit einen **neuen Rechtsträger**. Auch der Gesetzgeber erkannte ihn mit der WEG-Novelle 2007 an (§ 10 Abs. 6 S. 1 WEG 2007[5]), regelt allerdings nicht abschließend, worin seine Funktion liegen sollte.

---

1 § 27 Abs. 1 WEG in der Fassung vom 15.3.1951 lautete: „Der Verwalter ist berechtigt und verpflichtet: 1. Beschlüsse der Wohnungseigentümer durchzuführen und für die Durchführung der Hausordnung zu sorgen [...]".

2 § 27 Abs. 2 WEG in der Fassung vom 15.3.1951 lautete: „Der Verwalter ist berechtigt, im Namen der Wohnungseigentümer und mit Wirkung für und gegen sie: [...]".

3 Überblick und Lösungsmöglichkeiten bei *Wicke*, ZfIR 2005, 301.

4 BGH v. 2.6.2005 – V ZB 32/05, NJW 2005, 2061.

5 § 10 Abs. 6 S. 1 WEG in der Fassung vom 1.7.2007 lautete: „Die Gemeinschaft der Wohnungseigentümer kann im Rahmen der gesamten Verwaltung des gemeinschaftlichen Eigentums gegenüber Dritten und Wohnungseigentümern selbst Rechte erwerben und Pflichten eingehen."

35 Im **Außenverhältnis** sollte er Träger des Verwaltungsvermögens (vgl. § 10 Abs. 7 WEG[1]) und Vertragspartner gegenüber Dritten (D) sein. Der Verwalter (V) vertrat beim Vertragsschluss also nicht mehr die einzelnen Wohnungseigentümer, sondern die Gemeinschaft der Wohnungseigentümer (vgl. § 27 Abs. 3 WEG 2007[2]). Mit ihr schloss er auch den Verwaltervertrag. Das Gleiche galt für Vereinbarungen mit dem Verwaltungsbeirat (B), soweit solche getroffen wurden.

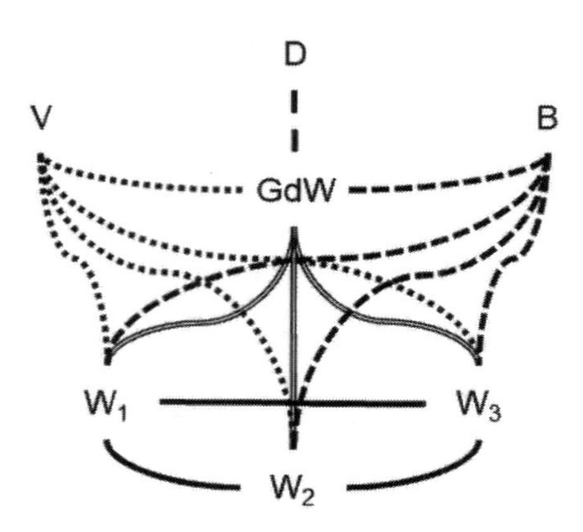

36 In welchem Umfang die Gemeinschaft der Wohnungseigentümer im **Innenverhältnis** Rechtsbeziehungen zu den Wohnungseigentümern und zum Verwalter unterhielt, war unklar. Die Rechtsprechung blieb bis zum Schluss kasuistisch: Etwa das Hausgeld sollten die Wohnungseigentümer nicht mehr untereinander, sondern nur noch der Gemeinschaft der Wohnungseigentümer schulden;[3] die Pflicht zur Beschlussfassung sollte die Wohnungseigentümer dagegen untereinander treffen.[4] Mitunter schwankte der BGH auch: Während er 2015 noch eine Pflicht der Gemeinschaft der Wohnungseigentümer zur Beschlussausführung annahm,[5] urteilte er 2018, dass es sich dabei um eine persönliche Pflicht des Verwalters handele.[6] Kurzum: Das Geflecht der Rechtsbeziehungen war **systematisch nicht durchdringbar**.

3. WEMoG 2020

37 Das WEMoG ordnet die Rechtsbeziehungen vollständig neu: Im **Zentrum steht künftig die rechtsfähige Gemeinschaft der Wohnungseigentümer** (GdW). Sie unterhält Rechtsbeziehungen zu ihren Mitgliedern (Wohnungseigentümer – W_1 bis

1 § 10 Abs. 7 S. 1 WEG in der Fassung vom 1.7.2007 lautete: „Das Verwaltungsvermögen gehört der Gemeinschaft der Wohnungseigentümer."

2 § 27 Abs. 3 WEG in der Fassung vom 1.7.2007 lautete: „Der Verwalter ist berechtigt, im Namen der Gemeinschaft der Wohnungseigentümer und mit Wirkung für und gegen sie [...]."

3 BGH v. 10.2.2017 – V ZR 166/16, NZM 2017, 445 Rz. 7.

4 BGH v. 26.2.2016 – V ZR 250/14, NJW 2016, 2181 Rz. 10.

5 BGH v. 25.9.2015 – V ZR 246/14, NJW 2016, 1310 Rz. 14 ff.

6 BGH v. 8.6.2018 – V ZR 125/17, NJW 2018, 3305 Rz. 24 ff.

W_3) und Organen (Verwalter – V und Verwaltungsbeirat – B). Im WEG wurzelnde Rechtsbeziehungen zwischen den Wohnungseigentümern und dem Verwalter gibt es nicht mehr, zwischen den Wohnungseigentümern untereinander kaum noch. Die Rechtsbeziehungen zu Dritten (D), die im Grundsatz schon nach der WEG-Novelle 2007 der Gemeinschaft der Wohnungseigentümer zugeordnet waren, hat das WEMoG nur im Detail nachjustiert.

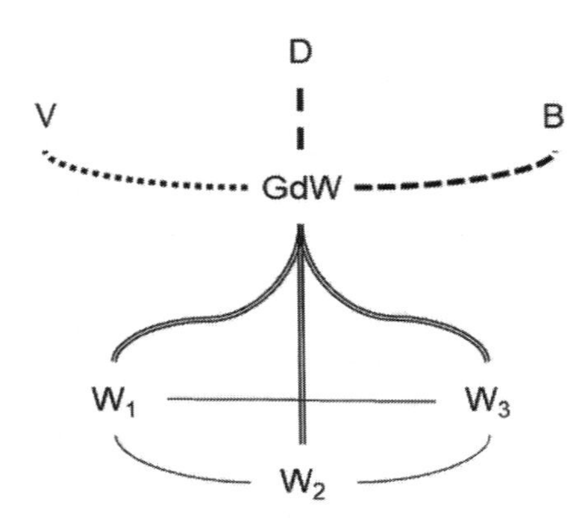

II. Rechtsbeziehungen zwischen den Wohnungseigentümern und der Gemeinschaft der Wohnungseigentümer

38 Der einzelne Wohnungseigentümer ist zum einen Mitglied des Verbands „Gemeinschaft der Wohnungseigentümer“ (unten 1.) und zum anderen Teil des Willensbildungsorgans (unten 2.).

1. Wohnungseigentümer als Mitglieder

39 Die Wohnungseigentümer sind Mitglieder des Verbands „Gemeinschaft der Wohnungseigentümer“. Diese Mitgliedschaft ist ein **Schuldverhältnis im Sinne des § 280 Abs. 1 BGB**. Als Mitglieder haben die Wohnungseigentümer gegenüber dem Verband Rechte und Pflichten:

40 Die **mitgliedschaftlichen Pflichten** sind notwendig, damit der Verband seine Aufgabe erfüllen kann, das Gemeinschaftseigentum zu verwalten (§ 18 Abs. 1 WEG). Im Zentrum steht die Pflicht, das Binnenrecht der Gemeinschaft, also die gesetzlichen Regelungen, Vereinbarungen und Beschlüsse, einzuhalten (§ 14 Abs. 1 Nr. 1 WEG) und in diesem Zusammenhang auch Einwirkungen zu dulden (§ 14 Abs. 1 Nr. 2 WEG). Dazu kommt die Pflicht, die Verwaltung des gemeinschaftlichen Eigentums zu finanzieren (vgl. § 16 Abs. 2 WEG).

41 Die **mitgliedschaftlichen Rechte** der Wohnungseigentümer sind das Surrogat dafür, dass die einzelnen Wohnungseigentümer ihr Gemeinschaftseigentum nicht selbst

verwalten dürfen. Im Zentrum steht der Anspruch auf ordnungsmäßige Verwaltung und Benutzung (§ 18 Abs. 2 WEG). Er wird durch Informationsansprüche flankiert (§ 18 Abs. 4, § 28 Abs. 4 WEG). Für bauliche Veränderungen sind zudem besondere Ansprüche vorgesehen (§ 13 Abs. 2, § 20 Abs. 2 und 3 WEG). Die mitgliedschaftlichen Ansprüche der Wohnungseigentümer sind entweder durch einen Beschluss der Wohnungseigentümer oder ein Tätigwerden des Verwalters zu erfüllen. Das darf aber nicht darüber hinwegtäuschen, dass Schuldner der Ansprüche stets und allein der Verband „Gemeinschaft der Wohnungseigentümer" ist. Denn die Wohnungseigentümerversammlung und der Verwalter werden nur als dessen Organe tätig; ihr Verhalten ist ihm analog § 31 BGB zuzurechnen.

42 **Beispiel 1:** Wohnungseigentümer A will Einsicht in die Eigentümerliste nehmen. Der Anspruch auf Einsichtnahme in die Verwaltungsunterlagen richtet sich ausdrücklich gegen den Verband (§ 18 Abs. 4 WEG). Erfüllt wird der Anspruch dadurch, dass der Verwalter die Einsichtnahme gewährt, denn die Gewährung der Einsichtnahme bedarf keiner Beschlussfassung durch die Wohnungseigentümer (Rz. 327). Der Verwalter handelt dabei als Organ der Gemeinschaft der Wohnungseigentümer und ist selbst nicht Schuldner des Anspruchs.

43 **Beispiel 2:** Wohnungseigentümer B will auf seinem Tiefgaragenstellplatz eine Ladestation errichten. Dafür muss er eine Leitung durch eine Wand verlegen, die im Gemeinschaftseigentum steht. Nach § 20 Abs. 2 S. 1 Nr. 2 WEG hat er einen Anspruch auf diese bauliche Veränderung des Gemeinschaftseigentums. Der Anspruch richtet sich gegen die Gemeinschaft der Wohnungseigentümer. Das ergibt sich zwar nicht ausdrücklich aus dem Wortlaut des § 20 Abs. 2 WEG, aber aus § 18 Abs. 1 WEG, wonach allein die Gemeinschaft der Wohnungseigentümer das Gemeinschaftseigentum verwaltet, wozu auch dessen bauliche Veränderung gehört. Erfüllt wird der Anspruch durch eine Beschlussfassung der Wohnungseigentümer, die nach § 20 Abs. 1 WEG über bauliche Veränderungen entscheiden. Die Wohnungseigentümerversammlung handelt dabei als Organ der Gemeinschaft der Wohnungseigentümer; weder sie noch die einzelnen Wohnungseigentümer sind Schuldner des Anspruchs.

2. Gesamtheit der Wohnungseigentümer als Organ

44 Die Wohnungseigentümer bilden in ihrer Gesamtheit ein Organ der Gemeinschaft der Wohnungseigentümer. Ihm kommt als **Willensbildungsorgan** die Aufgabe zu, Entscheidungen für den Verband „Gemeinschaft der Wohnungseigentümer" zu treffen. In einer verwalterlosen Gemeinschaft vertritt die Gesamtheit der Wohnungseigentümer daneben auch die Gemeinschaft der Wohnungseigentümer und ist damit nicht nur Willensbildungs-, sondern auch Vollzugsorgan.

Es wäre deshalb verkürzend, dieses Organ als „**Wohnungseigentümerversammlung**" zu bezeichnen, zumal es als Willensbildungsorgan auch nicht zwingend in einer Versammlung entscheiden muss (vgl. § 23 Abs. 3 WEG).

45 Als **Mitglied dieses Organs** treffen jeden Wohnungseigentümer organschaftliche Rechte und Pflichten gegenüber der Gemeinschaft der Wohnungseigentümer; auch das Organverhältnis ist ein Schuldverhältnis im Sinne des § 280 Abs. 1 BGB:

46 Die **organschaftlichen Rechte** bestehen etwa darin, dass mindestens einmal im Jahr eine Versammlung stattfindet (§ 24 Abs. 1 WEG), zu der ordnungsmäßig zu laden ist (§ 24 Abs. 3 WEG). Die organschaftlichen Rechte bestehen allein gegenüber der Gemeinschaft der Wohnungseigentümer, auch wenn sie durch den Verwalter erfüllt

werden (z.B. die Ladung, vgl. § 24 Abs. 1 WEG); der Verwalter handelt insoweit nur als Organ.

47 Diesen Rechten steht die **organschaftliche Pflicht** gegenüber, notwendige Beschlüsse zu fassen (näher Rz. 410) und im Anwendungsbereich des § 10 Abs. 2 WEG auch Vereinbarungen zu treffen. Diese Pflicht ergibt sich unmittelbar aus der Stellung jedes Wohnungseigentümers als Organteil, denn ohne Mitwirkung der einzelnen Wohnungseigentümer kann die Gesamtheit der Wohnungseigentümer als Organ die ihr zugewiesene Aufgabe nicht erfüllen. Ersichtlich wird diese Pflicht für Beschlüsse aus dem Wortlaut des § 19 Abs. 1 WEG, der davon spricht, dass die Wohnungseigentümer „beschließen" und nicht mehr nur wie nach § 21 Abs. 3 WEG a.F. „beschließen [...] können".[1] Auch diese organschaftliche Pflicht besteht nur gegenüber der Gemeinschaft der Wohnungseigentümer und nicht etwa gegenüber den anderen Wohnungseigentümern (näher zu den Konsequenzen für den Abänderungsanspruch nach § 10 Abs. 2 WEG Rz. 1970). Die schuldhafte Verletzung dieser Pflicht führt deshalb zu einer Schadensersatzhaftung nach § 280 Abs. 1 BGB nur gegenüber der Gemeinschaft der Wohnungseigentümer (näher Rz. 420).

III. Rechtsbeziehungen zwischen dem Verwalter und der Gemeinschaft der Wohnungseigentümer

48 Der Verwalter ist zum einen Vollzugs- und Vertretungsorgan der Gemeinschaft der Wohnungseigentümer (unten 1.). Zum anderen ist er aufgrund des Verwaltervertrags auch schuldrechtlich mit ihr verbunden (unten 2.).

1. Verwalter als Organ

49 Der Verwalter ist das **Vollzugs- und Vertretungsorgan** des Verbands „Gemeinschaft der Wohnungseigentümer". Er verleiht ihr Handlungsfähigkeit; insbesondere vertritt er sie im Rechtsverkehr (§ 9b Abs. 1 S. 1 WEG). Als Organ treffen ihn Pflichten, die im WEG verstreut und nicht abschließend geregelt sind (näher Rz. 467). Im Zentrum steht § 27 Abs. 1 WEG, wonach der Verwalter laufende und dringliche Maßnahmen trifft. Sie wird ergänzt durch eine Vielzahl einzelner Pflichten, z.B. im Hinblick auf die Einberufung einer Versammlung (§ 24 Abs. 1 WEG) oder die Erstellung der Jahresabrechnung (§ 28 Abs. 1 S. 2 WEG) und des Vermögensberichts (§ 28 Abs. 4 WEG). Unmittelbar aus seiner Stellung als Vollzugs- und Vertretungsorgan folgt zudem seine Pflicht, Beschlüsse und Vereinbarungen der Wohnungseigentümer zu vollziehen.[2]

50 Die zentralen Pflichten nach § 27 Abs. 1 WEG bestehen ausdrücklich **„gegenüber der Gemeinschaft der Wohnungseigentümer"** und damit nicht gegenüber den einzelnen Wohnungseigentümern. Auch ohne diese ausdrückliche Anordnung würde sich dies bereits aus der Organstellung des Verwalters ergeben. Denn organschaftliche Pflichten bestehen ihrer Natur nach nur gegenüber demjenigen, zu dem die Or-

1 BT-Drucks. 19/18791, S. 60.
2 BT-Drucks. 19/18791, S. 75.

ganstellung besteht. Deshalb bestehen auch alle anderen Pflichten des Verwalters, einschließlich der Pflicht, Beschlüsse zu vollziehen, allein gegenüber dem Verband und nicht gegenüber den einzelnen Wohnungseigentümern.

2. Verwalter als Vertragspartner des Verwaltervertrags

51 Neben das organschaftliche Verhältnis zwischen dem Verwalter und der Gemeinschaft der Wohnungseigentümer tritt der Verwaltervertrag. Er regelt insbesondere die Vergütung des Verwalters. Das WEG lässt den Verwaltervertrag – mit Ausnahme der Vorschrift des § 26 Abs. 3 S. 2 WEG – ungeregelt, denn es handelt sich schlicht um einen Geschäftsbesorgungsdienstvertrag nach § 675 Abs. 1 BGB. Das Konzept des WEMoG, das den Verwalter als Organ der Gemeinschaft der Wohnungseigentümer begreift, unterstreicht allerdings die schon bislang herrschende sog. **Trennungstheorie**: Das organschaftliche Verhältnis und das aus dem Verwaltervertrag resultierende Schuldverhältnis sind rechtlich zu trennen. Insbesondere ermöglicht § 26 Abs. 3 S. 1 WEG die jederzeitige Abberufung des Verwalters als Organ auch ohne wichtigen Grund; der aus dem Verwaltervertrags resultierende Vergütungsanspruch besteht dagegen in den Grenzen des § 26 Abs. 3 S. 2 WEG fort (dazu Rz. 543). Kompetenzerweiterungen, die in früher häufig im Verwaltervertrag vorgesehen waren, sind in Zukunft rechtlich nur mithilfe eines Beschlusses nach § 27 Abs. 2 WEG möglich, der das Organverhältnis ausgestaltet (näher Rz. 503).

IV. Rechtsbeziehungen zwischen den Wohnungseigentümern und dem Verwalter

52 Zwischen den einzelnen Wohnungseigentümern und dem Verwalter bestehen keine Rechtsbeziehungen, weder unmittelbar (unten 1.) noch mittelbar über eine Einbeziehung der Wohnungseigentümer in den Verwaltervertrag (unten 2.). Auch für eine „actio pro Gemeinschaft" bleibt kein Raum (unten 3.).

1. Keine unmittelbaren wohnungseigentumsrechtlichen Beziehungen

53 Aufgrund der Änderungen durch das WEMoG bestehen zwischen den einzelnen Wohnungseigentümern und dem Verwalter keine unmittelbaren wohnungseigentumsrechtlichen Rechtsbeziehungen mehr. Denn der Verwalter ist nur noch **Organ des Verbands „Gemeinschaft der Wohnungseigentümer"**; die damit einhergehenden organschaftlichen Pflichten bestehen naturgemäß nur ihr gegenüber. Das Gesetz verdeutlicht dies insbesondere in der für die Stellung des Verwalters zentralen Vorschrift des § 27 Abs. 1 WEG: Anders als früher ist der Verwalter nur noch „gegenüber der Gemeinschaft der Wohnungseigentümer" und nicht mehr gegenüber den einzelnen Wohnungseigentümern verpflichtet. Spiegelbildlich besteht auch der für die einzelnen Wohnungseigentümer zentrale Anspruch auf ordnungsmäßige Verwaltung und Benutzung nur gegenüber der Gemeinschaft der Wohnungseigentümer (§ 18 Abs. 2 WEG).

54 Das WEG ist freilich sprachlich nicht an allen Stellen so deutlich wie in § 27 Abs. 1 und § 18 Abs. 2 WEG. Zum Teil statuiert es schlicht bestimmte Pflichten des Ver-

walters, ohne ausdrücklich zu benennen, wem gegenüber diese Pflichten bestehen. Das gilt etwa für die Einberufung einer Versammlung (§ 24 Abs. 1 WEG) und die Aufstellung der Jahresabrechnung (§ 28 Abs. 2 S. 2 WEG). Diese Vorschriften sind im Einklang mit § 27 Abs. 1 WEG und mit der Rolle des Verwalters als Organ der Gemeinschaft der Wohnungseigentümer **auszulegen**. Sie begründen deshalb in erster Linie eine Pflicht der Gemeinschaft der Wohnungseigentümer. Der Verwalter ist lediglich als deren Organ dazu berufen, diese Pflicht zu erfüllen.[1] Nichts anderes gilt für die nunmehr ungeschriebene, aus der Organstellung resultierende Pflicht des Verwalters zur Beschlussausführung; sie ist eine Organpflicht des Verwalters gegenüber der Gemeinschaft der Wohnungseigentümer.[2]

55 Im Ergebnis schiebt sich damit die **Gemeinschaft der Wohnungseigentümer zwischen die Wohnungseigentümer und den Verwalter**. Sie wird so zugleich zum Bindeglied zwischen Wohnungseigentümern und Verwalter: Die mitgliedschaftlichen Ansprüche der Wohnungseigentümer richten sich gegen sie; die Erfüllung dieser Ansprüche ist – soweit es keiner Beschlussfassung bedarf – organschaftliche Pflicht des Verwalters gegenüber der Gemeinschaft der Wohnungseigentümer. In der Praxis bleibt die Gemeinschaft der Wohnungseigentümer häufig unsichtbar, wenn und weil der Verwalter als ihr Organ für sie handelt. Sichtbar wird sie aber im Streitfall.

56 **Beispiel:** Jeder Wohnungseigentümer hat einen Anspruch auf Einsichtnahme in die Verwaltungsunterlagen; dieser Anspruch richtet sich gegen die Gemeinschaft der Wohnungseigentümer (§ 18 Abs. 4 WEG). Praktisch wird der Anspruch dadurch erfüllt, dass der Verwalter die Einsichtnahme gewährt. Der Verwalter erfüllt damit als Organ der Gemeinschaft der Wohnungseigentümer deren Pflicht gegenüber dem Wohnungseigentümer; zugleich erfüllt der Verwalter seine organschaftliche Pflicht gegenüber der Gemeinschaft der Wohnungseigentümer. Weigert sich der Verwalter, die Einsicht zu gewähren, hat der Wohnungseigentümer aber nicht etwa den Verwalter zu verklagen, sondern die Gemeinschaft der Wohnungseigentümer. Vertreten wird sie im Prozess freilich wiederum durch den Verwalter (§ 9b Abs. 1 S. 1 WEG); er ist es auch, der als Organ den titulierten Anspruch zu erfüllen hat.

57 Unberührt bleiben Rechtsbeziehungen zwischen Wohnungseigentümern und dem Verwalter, die ihren **Rechtsgrund außerhalb des Wohnungseigentumsrechts** haben. Das gilt insbesondere für deliktische Ansprüche etwa wegen einer Beschädigung des Sondereigentums durch den Verwalter. Ihnen steht das WEG nicht entgegen.

Vor diesem Hintergrund ist auch die Formulierung des **§ 43 Abs. 2 Nr. 3 WEG** zu verstehen. Nach dieser Vorschrift, die ihre endgültige Fassung erst durch den Rechtsausschuss erlangt hat, sind Streitigkeiten über Ansprüche eines Wohnungseigentümers gegen den Verwalter ausschließlich am Belegenheitsort des Grundstücks zu führen. In welchem Umfang es solche Ansprüche aus materiell-rechtlichen Gründen gibt, kann § 43 Abs. 2 Nr. 3 WEG als **bloße Zuständigkeitsvorschrift** freilich nicht beeinflussen. Ihr praktischer Anwendungsbereich beschränkt sich deshalb im Wesentlichen auf deliktische Ansprüche.

1 BT-Drucks. 19/18791, S. 58.
2 Vgl. BT-Drucks. 19/18791, S. 75.

2. Keine Schutzwirkung des Verwaltervertrags

58 Nach **allgemeiner Ansicht zum alten Recht** haftete der Verwalter den einzelnen Wohnungseigentümern auf Schadensersatz, wenn er seine Pflichten verletzte. Begründet wurde dies überwiegend damit, dass der Verwaltervertrag Schutzwirkung zugunsten der einzelnen Wohnungseigentümer entfaltete.[1]

59 Bei genauerer Betrachtung war diese **Konstruktion unnötig**, weil die Amtspflichten des Verwalters nach § 27 Abs. 1 WEG a.F. unmittelbar gegenüber den Wohnungseigentümern bestanden.[2] Ihre Verletzung konnte Schadensersatzansprüche nach § 280 Abs. 1 BGB auslösen, ohne dass es auf eine Schutzwirkung des Verwaltervertrags angekommen wäre.

60 An dieser Sichtweise kann **nicht mehr festgehalten** werden[3]. Denn die Einbeziehung Dritter in den Schutzbereich eines Vertrags setzt voraus, dass der Dritte bestimmungsgemäß mit der geschuldeten Leistung in Berührung kommt (sog. Leistungsnähe), dass der Gläubiger ein eigenes Interesse an der Einbeziehung des Dritten hat (sog. Gläubigernähe), dass der Schuldner diese beiden Umstände erkennen kann (sog. Erkennbarkeit) und dass der Dritte wegen des Fehlens eigener Ansprüche schutzbedürftig ist (sog. Schutzbedürftigkeit).[4] Im Hinblick auf Leistungsnähe, Gläubigernähe und Erkennbarkeit hat sich durch das WEMoG nichts geändert.[5] Anders als früher sind die Wohnungseigentümer aber **nicht mehr schutzbedürftig**. Denn nunmehr schuldet ihnen die Gemeinschaft der Wohnungseigentümer die ordnungsmäßige Verwaltung (§ 18 Abs. 2 WEG). Weil ihr das Verhalten des Verwalters analog § 31 BGB zuzurechnen ist, liegt in einer Pflichtverletzung des Verwalters zugleich eine Pflichtverletzung der Gemeinschaft der Wohnungseigentümer. Gegen sie hat der geschädigter Wohnungseigentümer einen Schadensersatzanspruch nach § 280 Abs. 1 BGB, so dass er keines zusätzlichen Anspruchs gegen den Verwalter bedarf. Dem steht auch nicht entgegen, dass der geschädigte Wohnungseigentümer den Schadensersatzanspruch wirtschaftlich über seine Beitragsleistungen mitfinanzieren muss, bis die Gemeinschaft der Wohnungseigentümer beim Verwalter Regress genommen hat. Denn ob ein Dritter schutzbedürftig ist, hängt allein von der rechtlichen Beurteilung seiner sonstigen Ansprüche ab, nicht aber von deren wirtschaftlicher Werthaltigkeit.[6]

---

1 BGH, Urt. v. 8.2.2019 – V ZR 153/18, NJW 2019, 3446 Rz. 9; Bärmann/*Becker*, § 26 Rz. 111; *Hügel*/*Elzer*, § 26 Rz. 123.

2 Vgl. Staudinger/*Jacoby*, § 26 Rz. 214; zum Teil wurde der Verwaltervertrag deshalb auch als Vertrag zugunsten der Wohnungseigentümer verstanden, vgl. Riecke/Schmid/*Abramenko*, § 26 Rz. 57.

3 So auch Palandt/*Wicke*, § 27 Rz. 1.

4 St. Rspr. etwa BGH v. 7.12.2017 – IX ZR 45/16, NJW 2018, 608 Rz. 12.

5 Vgl. *Häublein*, ZWE 2008, 1 (6 f.) zum Vorliegen dieser Umstände.

6 BGH v. 24.4.2014 – III ZR 156/13, NJW 2014, 2345 Rz. 22; Staudinger/*Klumpp*, § 328 Rz. 125.

61 Gestützt wird diese Sichtweise auch durch das **Gesetzgebungsverfahren**: Die dort erhobene Forderung, die Schutzwirkung des Verwaltervertrags in § 26 WEG klarzustellen,[1] wurde nicht aufgegriffen.[2]

62 Das WEG liegt damit **auf einer Linie mit dem sonstigen Verbandsrecht**: Dort ist weitgehend anerkannt, dass Anstellungsverträge mit Organen keine Schutzwirkung zugunsten der Mitglieder des Anstellungsrechtsträgers erzeugen.[3] Dem liegt insbesondere der Gedanke der Haftungskonzentration zugrunde: Die Ersatzleistung des Organs soll allen geschädigten Mitgliedern in gleicher Weise zugutekommen.[4] Dieser Gedanke überzeugt auch für das WEG.

3. Keine „actio pro Gemeinschaft"

63 Als *actio pro socio* oder Gesellschafterklage bezeichnet man Fälle, in denen ein Gesellschafter ohne Vertretungsmacht für die Gesellschaft berechtigt ist, einen Anspruch der Gesellschaft gegen einen anderen Gesellschafter oder ein Organ im eigenen Namen gerichtlich geltend zu machen. Für die Aktiengesellschaft ist sie in § 148 AktG geregelt. Für die anderen Verbandsformen ist sie hingegen nicht kodifiziert, ihre **Voraussetzungen und Rechtsfolgen** sind dementsprechend **umstritten**.[5] Von der h.M. wird sie für die Personengesellschaften[6] und für die GmbH[7] anerkannt, im Vereinsrecht ist sie hingegen stark umstritten.[8]

64 Die *actio pro socio* schützt die Interessen des Gesellschafters an der Durchsetzung von Sozialansprüchen.[9] Die Anerkennung eines solchen Klagerechts muss daher im Lichte der organisationsrechtlichen Regelungen erfolgen: Für eine Gesellschafterkla-

1 Vgl. RiKG *Elzer* in der Sachverständigenanhörung am 27.5.2020, BT-Ausschuss für Recht und Verbraucherschutz, Protokoll Nr. 19/96, S. 10.

2 Der Rechtsausschuss führt in der Begründung seiner Beschlussempfehlung zur Neufassung des § 27 Abs. 1 Nr. 1 WEG lediglich aus, dass ein geschädigter Wohnungseigentümer vertraglichen Schadensersatz vom Verwalter verlangen kann, soweit die Voraussetzungen des Instituts des Vertrags mit Schutzwirkung zugrunde Dritter vorliegen.

3 Etwa zum GmbH-Recht OLG Stuttgart v. 23.1.2006 – 14 U 64/05, NJOZ 2006, 2211 (2214) unter 4.b.; MünchKommGmbHG/*Fleischer*, § 43 Rz. 335 m. w. N. Eine punktuelle Ausnahme macht der BGH für die GmbH & Co. KG, vgl. BGH v. 18.6.2013 – II ZR 86/11, NJW 2013, 3636 Rz. 15; zu Recht kritisch Ebenroth/Boujong/Joost/Strohn/*Henze*/*Notz*, Anhang 1 GmbH & Co. KG Rz. 271; *K. Schmidt*, GesR, § 56 IV 3b begründet die Ausnahme mit einer „GmbH-&-Co.-spezifischen Fortbildung des § 43 GmbHG".

4 OLG Stuttgart v. 23.1.2006 – 14 U 64/05, NJOZ 2006, 2211 (2214) unter 4.b.

5 Prägnant *K. Schmidt*, GesR, § 21.IV.1.b.: „Von der actio pro socio wird im Gesellschaftsrecht meist wie von einem gesicherten Rechtsinstitut gesprochen. Man sollte deshalb erwarten, daß nur die Details umstritten, die Grundlagen aber gesichert sind. Hiervon kann jedoch keine Rede sein."

6 Etwa BGH v. 27.6.1957 – II ZR 15/56, Z 25, 47; BGH v. 26.4.2010 – II ZR 69/09, ZIP 2010, 1232.

7 Etwa BGH v. 5.6.1975 – II ZR 23/74, NJW 1976, 191; BGH v. 28.6.1982 – II ZR 199/81, ZIP 1982, 1203.

8 Staudinger/*Schwennicke*, § 26 Rz. 15 m. w. N.

9 Vgl. etwa *Wiedemann*, GesR I (1980), S. 458 f.

ge ist nur dort Platz, wo das Organisationsrecht die Interessen des Gesellschafters nicht oder nur lückenhaft regelt.[1] Davon kann im WEG angesichts der Beschlussersetzungsklage (§ 44 Abs. 1 S. 2 WEG), dem aus § 18 Abs. 2 WEG folgenden Anspruch auf Beschlussausführung und der Möglichkeit, einen Wohnungseigentümer zur Vertretung zu ermächtigen (§ 9b Abs. 2 Alt. 2 WEG) keine Rede sein. Diese Vorschriften regeln gerade das hinter der *actio pro socio* stehende Problem, nämlich wie ein Wohnungseigentümer sein Recht auf Tätigwerden der Gemeinschaft der Wohnungseigentümer durchsetzen kann.[2] Für eine allgemeine, dieses organisationsrechtliche Konzept umgehende *actio pro Gemeinschaft* ist daher kein Raum. Hinzu kommt, das die im Gesetzgebungsverfahren vorgebrachte Forderung[3] nach einer solchen Klage nicht aufgegriffen wurde. Im **Wohnungseigentumsrecht** ist die *actio pro socio* mithin **nicht anzuerkennen**.

65 Auch die für das GmbH-Recht vertretene Ansicht, dass eine *actio pro socio* zumindest dann zulässig sein müsse, wenn aufgrund einer **Blockadesituation** in der Gesellschafterversammlung mit einem Beschluss über die Geltendmachung des Anspruchs nicht zu rechnen ist,[4] ist nicht auf das Wohnungseigentumsrecht übertragbar. Denn das WEG hält mit der Beschlussersetzungsklage (§ 44 Abs. 1 S. 2 WEG) ein dem GmbH-Recht nicht bekanntes Instrument bereit, das es jedem Wohnungseigentümer ermöglicht, sachgerecht auf eine solche Blockadesituation zu reagieren.

V. Rechtsbeziehungen der Wohnungseigentümer untereinander

66 **In der Vergangenheit** lag der Schwerpunkt der Rechtsbeziehungen, die durch das WEG begründet wurden, zwischen den Wohnungseigentümern: Zwischen ihnen bestand insbesondere der Anspruch auf ordnungsmäßige Verwaltung (§ 21 Abs. 4 WEG a.F.) und auf Einhaltung des Binnenrechts, also des Gesetzes, der Vereinbarungen und Beschlüsse (§ 15 Abs. 3 WEG a.F.). Historisch betrachtet überrascht das nicht, denn das WEG baut konstruktiv auf der Miteigentümergemeinschaft auf und kannte ursprünglich keinen neben den Wohnungseigentümern stehenden Rechtsträger.

67 Das ändert sich durch das WEMoG grundlegend: Indem die **Verwaltung des Gemeinschaftseigentums** allein der Gemeinschaft der Wohnungseigentümer zugewiesen wird (§ 18 Abs. 1 WEG), werden die damit zusammenhängenden **Rechtsbeziehungen zwischen den Wohnungseigentümern gekappt**. Die zentralen Ansprüche auf ordnungsmäßige Verwaltung und Einhaltung des Binnenrechts richten sich nunmehr allein gegen die Gemeinschaft der Wohnungseigentümer (§ 18 Abs. 2 WEG).

---

1 Vgl. BGH v. 23.3.1992 – II ZR 128/91, NJW 1992, 1890: „Die *actio pro socio* ist [...] Ausfluß des Mitgliedschaftsrechts. Von dessen Ausgestaltung kann die Gesellschafterklage nicht unbeeinflußt bleiben."

2 Vgl. Roth/*Altmeppen*, § 13 Rz. 20 zu den Beschlussklagen als Anwendungsfälle der *actio pro socio*.

3 Vgl. RinBGH *Schmidt-Räntsch* in der Sachverständigenanhörung am 27.5.2020, BT-Ausschuss für Recht und Verbraucherschutz, Protokoll Nr. 19/96, S. 22.

4 Vgl. OLG Koblenz v. 8.4.2010 – 6 U 207/09, NZG 2010, 1023; OLG Düsseldorf v. 14.3.1996 6 – U 119/94, DB 1996, 974.

Deshalb besteht auch keine Pflicht der Wohnungseigentümer mehr untereinander, sondern nur noch ihr gegenüber, an der Verwaltung mitzuwirken (Rz. 47). Das gilt auch dann, wenn die ordnungsmäßige Verwaltung die Fassung eines Beschlusses erfordert. Es sind zwar die Wohnungseigentümer, die diesen Beschluss fassen, sie tun dies aber als Organ, das für die Gemeinschaft der Wohnungseigentümer handelt (Rz. 44). Deshalb ist es auch folgerichtig, dass die Beschlussersetzungsklage gegen sie und nicht gegen die einzelnen Wohnungseigentümer zu richten ist (§ 44 Abs. 2 S. 1 WEG).

68 Selbst **gesetzliche Ansprüche der Wohnungseigentümer untereinander aus dem Gemeinschaftseigentum** (z.B. aus § 1004 BGB wegen Störungen) können allein von der Gemeinschaft der Wohnungseigentümer ausgeübt werden (§ 9a Abs. 2 Var. 1 WEG).[1]

69 Zwischen den Wohnungseigentümern besteht zwar nach wie vor ein **Rechtsverhältnis**, das sich aus dem Gesetz ergibt (vgl. § 10 Abs. 1 S. 1 WEG) und das durch Vereinbarungen ausgestaltet werden kann, die die Wohnungseigentümer schließen oder in die sie durch den Erwerb ihres Wohnungseigentums eintreten (§ 10 Abs. 3 S. 1 WEG). Dieses Rechtsverhältnis geht in seinen Wirkungen aber **nicht signifikant über das von Grundstücksnachbarn** hinaus: § 14 Abs. 2 WEG verschärft letztlich nur die Rücksichtnahmeregeln, die sich in abgeschwächter Form schon aus § 1004 BGB im Zusammenspiel mit § 906 BGB ergeben. Wie jedes Rechtsverhältnis bindet es die Wohnungseigentümer aber an das Prinzip von Treu und Glauben (§ 242 BGB).

VI. Exkurs: Rechtsbeziehungen zu Dritten

70 Die Rechtsbeziehungen der Wohnungseigentümer zu Dritten lässt das WEMoG weitgehend unberührt. Wie bisher schließt die Gemeinschaft der Wohnungseigentümer die **Verträge im Zusammenhang mit der Verwaltung des Gemeinschaftseigentums**. Anders als bisher[2] sind die Wohnungseigentümer aber mangels Schutzbedürftigkeit nicht mehr in den Schutzbereich dieser Verträge einbezogen. Denn die Gemeinschaft der Wohnungseigentümer haftet nach § 280 Abs. 1, § 278 BGB für das Verhalten der Vertragspartner, derer sie sich für die Erfüllung ihrer Pflicht zur ordnungsmäßigen Verwaltung des Gemeinschaftseigentums (§ 18 Abs. 2 WEG) bedient (Rz. 390). Wird ein Wohnungseigentümer durch einen Vertragspartner geschädigt, hat er deshalb einen Schadensersatzanspruch gegen die Gemeinschaft der Wohnungseigentümer. Dem steht nicht entgegen, dass der geschädigte Wohnungseigentümer den Schadensersatzanspruch wirtschaftlich über seine Beitragsleistungen mitfinanzieren muss, bis die Gemeinschaft der Wohnungseigentümer bei ihrem Vertragspartner Regress genommen hat. Denn ob eine Person schutzbedürftig im Sinne der Lehre vom Vertrag mit Schutzwirkung zugunsten Dritter ist, hängt allein von

1 BT-Drucks. 19/18791, S. 53.
2 BGH v. 8.6.2018 – V ZR 125/17, NJW 2018, 3305 Rz. 38 f.

der rechtlichen Beurteilung ihrer sonstigen Ansprüche ab, nicht aber von deren wirtschaftlicher Werthaltigkeit.[1]

71 Im Ergebnis bewirkt das eine **angemessenere Verteilung von Insolvenzrisiken** als nach früherem Recht.[2] Denn nach früherem Recht trug der einzelne Wohnungseigentümer das Insolvenzrisiko einer Person, die er sich nicht selbst als Vertragspartner ausgesucht, sondern die aufgrund eines Mehrheitsbeschlusses einen Vertrag mit der Gemeinschaft der Wohnungseigentümer geschlossen hatte. Das neue Recht verteilt dieses Risiko auf alle Wohnungseigentümer, indem der geschädigte Wohnungseigentümer in der Regel einen Anspruch gegen die Gemeinschaft der Wohnungseigentümer hat. Das ist sachgerecht, zumal es oftmals vom Zufall abhängt, welcher Wohnungseigentümer durch das schädigende Verhalten einen Schaden erleidet.

72 **Gesetzliche Rechte und Pflichten** aus dem Eigentum gegenüber Dritten treffen materiell-rechtlich stets die Wohnungseigentümer, egal ob sie sich aus dem Gemeinschafts- oder Sondereigentum ergeben. Die Verwaltungsbefugnis der Gemeinschaft der Wohnungseigentümer für das **Gemeinschaftseigentum** setzt sich jedoch an den Rechten und Pflichten fort, die aus dem Gemeinschaftseigentum fließen: Sie übt sie anstelle der Wohnungseigentümer aus (§ 9a Abs. 2 Var. 1 und 3 WEG). Für die Rechte und Pflichten aus dem **Sondereigentum** bleiben die Wohnungseigentümer dagegen selbst zuständig.

D. Übergangsrecht

73 Zum Übergangsrecht siehe Kapitel 19 (Rz. 1996).

1 BGH v. 24.4.2014 – III ZR 156/13, NJW 2014, 2345 Rz. 22; Staudinger/*Klumpp*, § 328 Rz. 125.
2 BT-Drucks. 19/18791, S. 59.

§ 3
Die rechtsfähige Gemeinschaft der Wohnungseigentümer im Außenverhältnis

A. Das alte Recht und seine Probleme

74 Das historische Konzept des WEG aus dem Jahr 1951 beruhte auf der Miteigentümergemeinschaft des BGB, die nicht rechtsfähig ist. Nachdem der BGH im Jahr 2005 die Rechtsfähigkeit der Gemeinschaft der Wohnungseigentümer anerkannt hatte,[1] standen Wissenschaft und Praxis vor dem Problem, dass nunmehr ein Rechtsträger existierte, für den das geschriebene Recht aber keine Regeln bereithielt. Der Gesetzgeber der WEG-Novelle 2007 versuchte, die Lücken durch umfangreiche Änderungen des § 10 WEG a.F. zu schließen. Weil ihn die BGH-Entscheidung aber im bereits laufenden Gesetzgebungsverfahren überraschte, konnte er diese Aufgabe letztlich nicht zufriedenstellend lösen: Unklar war bereits die **Reichweite der (Teil-)Rechtsfähigkeit** der Gemeinschaft der Wohnungseigentümer, die nach dem Gesetzeswortlaut nur „im Rahmen der gesamten Verwaltung des gemeinschaftlichen Eigentums" bestand (§ 10 Abs. 6 S. 1 WEG a.F.). Ihre **Ausübungsbefugnis** für Rechte der Wohnungseigentümer (§ 10 Abs. 6 S. 3 WEG a.F.) warf eine Fülle von umstrittenen Detailfragen auf. Ihre Handlungsfähigkeit im Rechtsverkehr litt an der **beschränkten Vertretungsmacht des Verwalters** (vgl. § 27 Abs 3 WEG a.F.). Während die Regelung zum **Verwaltungsvermögen** (§ 10 Abs. 7 WEG a.F.) zumindest als lückenhaft bezeichnet werden musste, blieb die **Entstehungsphase** gänzlich ungeregelt.

B. Das neue Recht auf einen Blick

75 Das WEG **trennt** jetzt **systematisch sauber zwischen dem Außenverhältnis** der rechtsfähigen Gemeinschaft der Wohnungseigentümer gegenüber Dritten, das in Abschnitt 3 (**§§ 9a, 9b WEG**) geregelt ist, **und dem Innenverhältnis** der Wohnungseigentümer zur Gemeinschaft und untereinander, für das die Vorschriften in Abschnitt 4 (**§§ 10 bis 20 WEG**) gelten.

§ 9a WEG betrifft die **Grundlagen** der Gemeinschaft der Wohnungseigentümer:

- Sie ist **voll rechtsfähig** (§ 9a Abs. 1 S. 1 – Rz. 79).
- Neu ist die Regelung zu ihrer **Entstehung** (§ 9a Abs. 1 S. 2 – Kapitel 4 Rz. 253); ihre **Beendigung** bleibt dagegen weiterhin ungeregelt (Rz. 84).
- Die bislang in § 10 Abs. 6 S. 3 WEG a.F. geregelte **Zuständigkeit für die Ausübung von Rechten und zur Wahrnehmung der Pflichten der Wohnungseigen-**

1 BGH v. 2.6.2005 – V ZB 32/05, NJW 2005, 2061.

tümer, wurde neu konzipiert (§ 9a Abs. 2 WEG – für die Rechte: Rz. 122; für die Pflichten Rz. 142).

- Das Gesetz enthält jetzt auch eine klare Aussage zum **Umgang mit dem Gemeinschaftsvermögen** (§ 9a Abs. 3 – Rz. 158).
- Die **Haftung der Wohnungseigentümer** ist in § 9a Abs. 4 WEG weitgehend unverändert gegenüber § 10 Abs. 8 WEG a.F. geregelt (Rz. 177).
- Die **Insolvenzunfähigkeit** der Gemeinschaft der Wohnungseigentümer ist von § 11 Abs. 3 WEG a.F. nach § 9a Abs. 5 WEG gewandert (Rz. 88).

§ 9b WEG regelt die **Vertretung** der Gemeinschaft der Wohnungseigentümer (Rz. 179). Von zentraler Bedeutung ist, dass der Verwalter – mit einer Ausnahme bei Grundstückskauf- und Darlehensverträgen – unbeschränkt und unbeschränkbar zur Vertretung berechtigt ist (§ 9b Abs. 1 S. 1 und S. 3 WEG – Rz. 181).

C. Das neue Recht im Detail

I. Strukturmerkmale

76 Die Gemeinschaft der Wohnungseigentümer ist ein **rechtsfähiger Verband** (§ 9a Abs. 1 S. 1 WEG, näher Rz. 79). Ihre **Mitglieder** sind die Wohnungseigentümer. Als **Organe** besitzt sie:

- die Gesamtheit der Wohnungseigentümer als Willensbildungsorgan, das alle wesentlichen Entscheidungen trifft (§ 19 Abs. 1 WEG),
- den Verwalter als Vollzugs- und Vertretungsorgan, das insbesondere die Entscheidungen der Wohnungseigentümer umsetzt, und
- den Verwaltungsbeirat als Hilfsorgan (§ 29 Abs. 2 WEG).

77 Der Zweck der Gemeinschaft der Wohnungseigentümer liegt in der **Verwaltung des gemeinschaftlichen Eigentums** (vgl. § 18 Abs. 1 WEG). Diese Aufgabe übernimmt sie nicht nur im Außenverhältnis gegenüber Dritten, indem sie Verträge abschließt (z.B. zur Instandhaltung des Gemeinschaftseigentums) und die sich aus dem gemeinschaftlichen Eigentum ergebenden Rechte ausübt (§ 9a Abs. 2 WEG, näher Rz. 90), sondern auch im Innenverhältnis gegenüber den Wohnungseigentümern (vgl. § 18 Abs. 2 WEG; näher zu den sich hieraus ergebenden Rechtsbeziehungen Kapitel 2 Rz. 28). Überholt ist damit die zum früheren Recht teilweise vertretene Sichtweise, dass es sich bei der Gemeinschaft der Wohnungseigentümer nur um ein „fremdnütziges Zweckgebilde“[1] handele, dessen Funktion sich darin erschöpfe, im Außenverhältnis als dauerhafter Inhaber des Verwaltungsvermögens aufzutreten.[2]

1 Vgl. *Meiners*, Die rechtsfähige Wohnungseigentümergemeinschaft – ein fremdnütziges Zweckgebilde, 2015.
2 *Jacoby*, ZWE 2020, 17 (18).

78 Die Einbindung der Gemeinschaft der Wohnungseigentümer in die Verwaltung des Gemeinschaftseigentums dient deren Effizienz, die sonst aufgrund der oftmals widerstreitenden Interessen der Wohnungseigentümer gefährdet wäre. Der Sache nach wird der Verband damit **treuhänderisch für die einzelnen Wohnungseigentümer** tätig.

II. Rechtsfähigkeit (§ 9a Abs. 1 S. 1 WEG)

79 Nach § 9a Abs. 1 S. 1 WEG kann die Gemeinschaft der Wohnungseigentümer Rechte erwerben und Verbindlichkeiten eingehen, vor Gericht klagen und verklagt werden. Damit wird ihre Rechtsfähigkeit beschrieben. Die Formulierung ist an § 124 Abs. 1 HGB angelehnt. Eine Aussage zu der Frage, ob es sich bei der Gemeinschaft der Wohnungseigentümer um eine Personengesellschaft oder juristische Person handelt, ist damit nicht verbunden. Das WEMoG rührt insofern nicht an der Feststellung des BGH, die Gemeinschaft der Wohnungseigentümer sei ein **rechtsfähiger Verband sui generis.**[1] Gleiches gilt für die Erkenntnis, dass es sich bei der Gemeinschaft der Wohnungseigentümer grundsätzlich um einen **Verbraucher** nach 13 WEG handelt (zur Verbrauchereigenschaft der Ein-Personen-Gemeinschaft näher Rz. 268).[2]

80 § 9a Abs. 1 S. 1 WEG ersetzt inhaltlich § 10 Abs. 6 S. 1 WEG a.F. Anders als diese Norm spricht das neue Recht aber nicht mehr davon, dass die Gemeinschaft der Wohnungseigentümer „im Rahmen der gesamten Verwaltung des gemeinschaftlichen Eigentums“ Rechte erwerben und Verbindlichkeiten eingehen kann. Der Diskussion, ob mit dieser Formulierung eine Beschränkung der Rechtsfähigkeit einhergeht,[3] ist damit die Grundlage entzogen. Dies überzeugt, weil dem deutschen Privatrecht die *ultra-vires*-Lehre fremd ist, die die Rechtsfähigkeit eines Verbands auf seinen Zweck beschränkt.[4] Nach neuem Recht ist es zweifelsfrei, dass die Gemeinschaft der Wohnungseigentümer jede Rechtsposition einnehmen kann, es sei denn, dies ist aus Gründen, die in der jeweiligen Rechtsposition liegen, nicht möglich. Die Gemeinschaft der Wohnungseigentümer ist damit **voll rechtsfähig**.

III. Bezeichnung (§ 9a Abs. 1 S. 3 WEG)

81 Nach § 9a Abs. 1 S. 3 WEG führt die **„Gemeinschaft der Wohnungseigentümer“** ebendiese Bezeichnung oder die Bezeichnung **„Wohnungseigentümergemeinschaft“** jeweils gefolgt von der bestimmten Angabe des gemeinschaftlichen Grundstücks. Die Vorschrift ersetzt § 10 Abs. 6 S. 4 WEG a.F., der nur die letztgenannte Bezeichnung kannte. Das war erstaunlich, da das Gesetz selbst durchgehend von „Gemeinschaft der Wohnungseigentümer“ sprach und spricht. Als Angabe des gemeinschaftlichen Grundstücks bietet sich dessen postalische Anschrift (Straße, Hausnummer, Postleit-

---

1 BGH v. 2.6.2005 – V ZB 32/05, NJW 2005, 2061.
2 BGH v. 25.3.2015 – VIII ZR 243/13, NJW 2015, 3228.
3 So etwa BGH v. 18.3.2016 – V ZR 75/15, NJW 2016, 2177 Rz. 27.
4 Vgl. etwa *Häublein*, ZWE 2017, 429 ff.

zahl, Ort) an. Unüblich, aber zulässig sind auch die Grundbuch- bzw. Katasterangaben (Gemarkung, Flurstücksnummer).

82 Wie seine Vorgängernorm regelt auch § 9a Abs. 1 S. 3 WEG die **Rechtsfolgen einer fehlerhaften Bezeichnung** nicht. Besondere Sanktionen, wie sie etwa das handelsrechtliche Firmenrecht kennt, sind dem WEG zu Recht fremd. Die Folgen einer unzutreffenden Bezeichnung ergeben sich daher aus der jeweiligen Rechtsvorschrift, für deren Anwendung die Bezeichnung eine Rolle spielt (zur praktisch bedeutsamen Fehlbezeichnung bei Beschlussklagen Rz. 1892).

IV. Begründung und Entstehungsphase

82a Die **für die Begründung von Wohnungseigentum geltenden Vorschriften** lässt das WEMoG **inhaltlich unberührt**. Der Wortlaut des § 8 Abs. 1 WEG a.F. konnte ohne inhaltliche Änderung aufgrund der Legaldefinition des Sondereigentums in § 3 Abs. 1 S. 1 WEG entschlackt werden. Der in § 8 Abs. 2 WEG neu aufgenommene Verweis auf § 4 Abs. 2 S. 2 WEG stellt klar, dass Wohnungseigentum auch bei einer Aufteilung nach § 8 WEG nicht unter einer Bedingung oder Zeitbestimmung eingeräumt oder aufgehoben werden kann; das entspricht der h.M. zum früheren Recht.[1]

83 Erstmals wird jedoch die **Entstehungsphase der Gemeinschaft der Wohnungseigentümer geregelt**. Sie ist Gegenstand des Kapitels 4 (Rz. 253).

V. Beendigung

84 Die Beendigung der Gemeinschaft der Wohnungseigentümer ist gesetzlich nicht geregelt. Der Gesetzgeber geht aber zutreffend davon aus, dass die Existenz der Gemeinschaft der Wohnungseigentümer untrennbar an die **Existenz des Wohnungseigentums** gekoppelt ist;[2] denn mit seinem Untergang verliert sie ihren Zweck. Solange das Wohnungseigentum aber besteht, kann die Gemeinschaft der Wohnungseigentümer nicht beseitigt werden – auch nicht durch Vereinbarung. Maßgeblich ist allein die Existenz von Wohnungseigentum unabhängig von der Zahl der Wohnungseigentümer: Aus § 9a Abs. 1 S. 2 Hs. 2 WEG ist zu schließen, dass ein einziger Wohnungseigentümer genügt (sog. Ein-Personen-Gemeinschaft Rz. 265).

85 Wie auch sonst im Verbandsrecht ist zwischen der **Auflösung** und der **Beendigung** zu unterscheiden: Mit der Aufhebung des Wohnungseigentums verliert die Gemeinschaft der Wohnungseigentümer ihren Zweck und löst sich auf. Sie geht damit aber nicht sofort als Rechtsträger unter, sondern ihr Zweck richtet sich nunmehr auf die Abwicklung ihres Vermögens. Erst wenn dieser Zweck erreicht ist, ist sie beendet und hört sie auf zu existieren. Die Auflösung entfällt, wenn kein Gemeinschaftsvermögen – weder Aktiva noch Passiva – vorhanden ist.

1 Staudinger/*Rapp*, § 8 WEG Rz. 14; Niedenführ/Schmidt-Räntsch/Vandenhouten/*Vandenhouten*, § 8 Rz. 3.
2 BT-Drucks. 19/18791, S. 46.

86 Für die **Abwicklung** hält das WEG keine Vorschriften bereit. § 10 Abs. 1 S. 1 WEG verweist auf das Recht der Bruchteilsgemeinschaft, das freilich mangels Rechtsfähigkeit der Bruchteilsgemeinschaft keine unmittelbar brauchbaren Vorschriften enthält. Wegen der Rechtsfähigkeit der Gemeinschaft der Wohnungseigentümer wird man diesen Verweis aber erweiternd dahingehend auslegen müssen, dass die Verteilungsvorschriften in den §§ 752 ff. BGB auch für die Abwicklung des Gemeinschaftsvermögens gelten. Demnach gilt: Das Gemeinschaftsvermögen ist zu verkaufen (§ 753 BGB) und vom Erlös sind die Verbindlichkeiten zu begleichen (§ 755 BGB). Der Rest ist anschließend unter den ehemaligen Wohnungseigentümern zu verteilen (§ 752 BGB). Die Verteilung erfolgt nach dem Schlüssel, der grundsätzlich für die Kostentragung gilt, im Regelfall also nach Miteigentumsanteilen (§ 16 Abs. 2 WEG).[1] Der Anspruch auf ordnungsmäßige Verwaltung (§ 18 Abs. 2 WEG) wandelt sich in einen Abwicklungsanspruch. Entscheidungen sind durch Beschluss zu treffen – die „Verwaltung" in § 19 Abs. 1 WEG wird zur Abwicklung. Weil das WEG kein Liquidatoren-Amt vorsieht, bleibt der Verwalter unter geänderten Vorzeichen im Amt bzw. kann ein solcher neu bestellt werden.

87 Die **praktische Bedeutung** der Beendigung ist freilich **vernachlässigbar**. Denn Wohnungseigentum kann grundsätzlich nur einvernehmlich durch alle Wohnungseigentümer aufgehoben werden (vgl. § 11 Abs. 1 und 2 WEG).

87a Durch das WEMoG wurde im Übrigen **§ 9 Abs. 1 Nr. 2 WEG a.F. aufgehoben**. Diese Vorschrift wollte unnötigen Formalismus vermeiden: An sich muss die Aufhebung von Wohnungseigentum in in Auflassungsform erklärt werden (vgl. § 4 Abs. 2 WEG). Im Fall der Zerstörung sollte dagegen der Antrag auf Schließung der Wohnungsgrundbücher genügen. Dogmatisch passte die Vorschrift nicht ins System des Sachenrechts, da das Wohnungseigentum nicht ohne materiell-rechtliche Aufhebungserklärung erlöschen kann. Aus diesem Grund wurde in den Grundbuchantrag zugleich die materiell-rechtliche Erklärung hineingelesen, die deshalb aber auch zu beglaubigen ist, da sie an die Stelle einer Bewilligung tritt.[2] Dadurch verpuffte der anvisierte Entlastungseffekt weitgehend, zumal noch eine Bescheinigung der Baubehörde beigebracht werden musste. Praktische Bedeutung hatte die Vorschrift nie erlangt.[3]

VI. Insolvenzunfähigkeit

88 Die Gemeinschaft der Wohnungseigentümer ist **nach wie vor insolvenzunfähig**. Das ordnet nun § 9a Abs. 5 WEG, der inhaltlich an die Stelle des früheren § 11 Abs. 3 WEG a.F. tritt.

89 **§ 11 Abs. 3 WEG a.F.** sprach vom „Verwaltungsvermögen der Gemeinschaft". Das war unscharf, weil sich das Insolvenzverfahren grundsätzlich auf das gesamte Schuldnervermögen bezieht (vgl. § 35 Abs. 1 InsO). Diese Unschärfe war gleichwohl unschädlich, wenn man die Rechtsfähigkeit der Gemeinschaft der Wohnungseigentümer als auf den „Rahmen der gesamten Verwaltung des gemeinschaftlichen Eigentums" (§ 10 Abs. 6 S. 1 WEG) beschränkt ansah; dann kann sie neben dem „Verwaltungsvermögen" kein weiteres Vermögen erwerben. Dieser Sichtweise entzieht § 9a Abs. 1 S. 1 WEG nun freilich die Grundlage (näher Rz. 80). § 9a

1 BeckOGK-WEG/*Skauradszun*, § 17 Rz. 17; Bärmann/*Suilmann*, § 17 Rz. 10.
2 Bärmann/*Armbrüster*, § 9 Rz. 31 f.
3 BT-Drucks. 19/18791, S. 44 f.

Abs. 5 WEG spricht deshalb folgerichtig vom „Gemeinschaftsvermögen", das in § 9a Abs. 3 WEG wiederum umfassend als „Vermögen der Gemeinschaft" definiert ist.

VII. Zuständigkeit zur Ausübung von Rechten und zur Wahrnehmung von Pflichten der Wohnungseigentümer (§ 9a Abs. 2 WEG)

90 § 9a Abs. 2 WEG tritt an die Stelle des früheren § 10 Abs. 6 S. 3 WEG a.F. und ordnet an, dass die Gemeinschaft der Wohnungseigentümer bestimmte Rechte im eigenen Namen ausübt, die materiell-rechtlich den Wohnungseigentümern zugeordnet sind, und entsprechende Pflichten wahrnimmt. Auch wenn sich beide Vorschriften äußerlich ähneln, liegt § 9a Abs. 2 WEG ein neues, klareres Konzept zugrunde. Dieses Konzept gilt es zunächst zu erläutern (unten 1.), bevor der Kreis der auszuübenden Rechte (unten 2.) und der wahrzunehmenden Pflichten (unten 3.) beschrieben wird. Im Übrigen bleibt die Übertragung von Rechten und Pflichten von Wohnungseigentümern auf die Gemeinschaft der Wohnungseigentümer nach den allgemeinen BGB-Vorschriften möglich (unten 4.).

1. Konzept

91 § 9a Abs. 2 WEG beantwortet die Frage, inwieweit die Gemeinschaft der Wohnungseigentümer in die zwischen den Wohnungseigentümern und Dritten bestehenden Außenrechtsbeziehungen eintritt. Die Vorschrift gilt – anders als § 10 Abs. 6 S. 3 WEG a.F. (unten f)) – nur für das Außenverhältnis (unten a)). Sie dient dem Schutz Dritter vor einer Zersplitterung der Rechtsverhältnisse (unten b)), indem die Gemeinschaft der Wohnungseigentümer ihnen gegenüber an die Stelle der Wohnungseigentümer tritt (unten c)). Auf gemeinschaftsinterne Rechte der Wohnungseigentümer findet sie deshalb keine Anwendung (unten e)). Nicht Gegenstand des § 9a Abs. 2 WEG ist das Innenverhältnis, also die Frage, ob und wie Gemeinschaft der Wohnungseigentümer und die einzelnen Wohnungseigentümer die ihnen jeweils zugewiesenen Rechte und Pflichten auszuüben und wahrzunehmen haben (unten d)).

a) Regelung der Außenzuständigkeit

92 Zentral für das Verständnis des § 9a Abs. 2 WEG ist die Erkenntnis, dass diese Vorschrift allein das Außenverhältnis regelt, also die **Rechtszuständigkeit im Verhältnis zu Dritten**.[1] Die Erkenntnis folgt aus der systematischen Stellung der Vorschrift in Abschnitt 3 (§§ 9a, 9b WEG), der allein das Außenverhältnis der Gemeinschaft der Wohnungseigentümer regelt, wohingegen sich die Vorschriften, die das Innenverhältnis der Wohnungseigentümer zu ihr und untereinander betreffen, allein in Abschnitt 4 (§§ 10 bis 29 WEG) finden.

93 **Nicht Gegenstand** des § 9a Abs. 2 WEG, sondern der §§ 18 und 19 WEG, sind die Bindungen, der die Gemeinschaft der Wohnungseigentümer bei der Ausübung der von § 9a Abs. 2 WEG erfassten Rechte und bei der Wahrnehmung der dort genannten Pflichten unterliegt.

---

1 So auch Palandt/*Wicke*, § 9 Rz. 5.

94 **Vertiefend:** Stets – nicht nur im WEG – ist bei der Ausübung von Rechten und der Wahrnehmung von Pflichten streng zwischen der **Zuständigkeit im Außenverhältnis** und **bloßen Bindungen im Innenverhältnis** zu unterscheiden: Ein Gläubiger kann seinen Anspruch mit Wirkung im Außenverhältnis an einen Dritten abtreten; der Dritte tritt dann im Verhältnis zum Schuldner an seine Stelle (§ 398 BGB). Ein Gläubiger kann sich aber auch nur im Innenverhältnis gegenüber dem Dritten dazu verpflichten, den Anspruch nach dessen Weisungen geltend zu machen; eine solche Regelung interessiert den Schuldner nicht. Das Gleiche gilt für Pflichten: Durch eine befreiende Schuldübernahme kann ein Dritter im Außenverhältnis gegenüber dem Gläubiger an die Stelle des bisherigen Schuldners treten (§ 414 BGB). Möglich ist aber auch eine sog. Erfüllungsübernahme, bei der sich der Dritte lediglich im Innenverhältnis gegenüber dem bisherigen Schuldner verpflichtet, dessen Schuld zu begleichen (vgl. § 415 Abs. 3 S. 1 BGB); gegenüber dem Gläubiger ändert sich an der Person des Schuldners dadurch nichts.

b) Normzweck: Drittschutz

95 § 9a Abs. 2 WEG dient dem **Schutz Dritter**, die Rechtsbeziehungen zu Wohnungseigentümern unterhalten, indem er eine Zersplitterung dieser Rechtsbeziehungen verhindert, die sich sonst aus der Vielzahl der Wohnungseigentümer ergeben würde.

96 Soweit Dritte **Schuldner der Wohnungseigentümer** sind, leuchtet das unmittelbar ein: Gäbe es § 9a Abs. 2 WEG nicht, könnte nämlich jeder Wohnungseigentümer nach § 10 Abs. 1 S. 1 WEG, § 1011 BGB individuell alle Rechte, die sich aus dem gemeinschaftlichen Eigentum ergeben, geltend machen und notfalls einklagen. Weil ein Urteil gegenüber einem Wohnungseigentümer keine Rechtskraft gegenüber den übrigen Wohnungseigentümern hätte,[1] wäre der Schuldner der Gefahr einer Vielzahl von Prozessen ausgesetzt.

97 Mit der schon im Ausgangspunkt **kritikwürdigen Entscheidung in § 1011 BGB**[2] hat der BGB-Gesetzgeber die Interessen des Miteigentümers über die des Schuldners gestellt.[3] Sie lässt sich für die für die einfache Miteigentümergemeinschaft dadurch rechtfertigen, dass andernfalls die Rechtsdurchsetzung an der Blockadehaltung einzelner Miteigentümer zu scheitern droht. In Wohnungseigentümergemeinschaften droht diese Gefahr aber gerade nicht, weil das WEG eine Organisationsstruktur zur Verfügung stellt, die die Verfolgung der Ansprüche durch die rechtsfähige Gemeinschaft der Wohnungseigentümer mittels Mehrheitsbeschlüssen ermöglicht und die bei Untätigkeit jedem Wohnungseigentümer die Beschlussersetzungsklage an die Hand gibt (§ 44 Abs. 1 S. 2 WEG). Folgerichtig bündelt § 9a Abs. 2 WEG die Ansprüche aus dem Gemeinschaftseigentum bei der Gemeinschaft der Wohnungseigentümer, um so im Interesse des Schuldnerschutzes auf eine einheitliche Rechtsverfolgung zu drängen. Im Ergebnis werden die Rechtsfolgen des § 1011 BGB damit im Wohnungseigentumsrecht vollständig umgekehrt.

98 Aber auch soweit Dritte **Gläubiger der Wohnungseigentümer** sind, gereicht ihnen § 9a Abs. 2 WEG zum Vorteil. Denn häufig verlangt die Erfüllung von Pflichten, die sich aus dem gemeinschaftlichen Eigentum ergeben, einen Eingriff in selbiges. Zu

1 BGH, Urt. v. 26.10.1984 – V ZR 67/83, NJW 1985, 385 (386) unter I.; ebenso schon *Mugdan*, S. 249.
2 Vgl. *Grunsky*, ZZP 76 (1963), 49 (54).
3 *Mugdan*, S. 249.

diesem Eingriff ist der einzelne Wohnungseigentümer aber nicht befugt, weil ihm das Gemeinschaftseigentum nicht alleine gehört. Um effektiven Rechtsschutz zu erlangen, müsste der Gläubiger deshalb, wenn es § 9a Abs. 2 WEG nicht gäbe, häufig alle Wohnungseigentümer in Anspruch nehmen. Bei der einfachen Miteigentümergemeinschaft ist das mangels Alternativen hinzunehmen. In Wohnungseigentümergemeinschaften steht mit der rechtsfähigen Gemeinschaft der Wohnungseigentümer aber ein Rechtssubjekt zur Verfügung, dessen Aufgabe es gerade ist, das gemeinschaftliche Eigentum zu verwalten (vgl. § 18 Abs. 1 WEG).

99 § 9a Abs. 2 WEG bezweckt dagegen **nicht den Schutz der Gemeinschaft der Wohnungseigentümer oder der Wohnungseigentümer**: Eine einheitliche Rechtsausübung mag zwar im Interesse der Gemeinschaft der Wohnungseigentümer und eine einheitliche Pflichtwahrnehmung im Interesse der Wohnungseigentümer liegen. Dafür braucht es aber keinen Zugriff auf diese Rechte und Pflichten im Außenverhältnis, den § 9a Abs. 2 WEG gewährt. Ausreichend ist die durch § 18 und § 19 WEG eröffneten Möglichkeiten im Innenverhältnis, die Wohnungseigentümer zur einheitlichen Rechtsausübung zu bewegen (Rz. 107) bzw. der Gemeinschaft der Wohnungseigentümer die Erfüllung von Pflichten aufzugeben (Rz. 109).

c) Wirkungen im Außenverhältnis

100 § 9a Abs. 2 WEG bewirkt, dass die **Außenzuständigkeit** für die dort genannten Rechte und Pflichten allein bei der Gemeinschaft der Wohnungseigentümer liegt. Formal bleibt zwar die Gläubiger- bzw. Schuldnerstellung der einzelnen Wohnungseigentümer bestehen, sie wird aber zur bloßen Hülle: Gegenüber Dritten ist die Gemeinschaft der Wohnungseigentümer **wie der Gläubiger bzw. Schuldner zu behandeln**. Die Wirkung des § 9a Abs. 2 WEG ähnelt im Ergebnis der des § 80 Abs. 1 InsO. Wie dort fällt es schwer, sie in allgemeine dogmatische Kategorien einzuordnen,[1] ohne dass damit aber praktische Probleme einhergehen.[2] Plastisch lässt sich die Wirkung am ehesten als **verdrängende aktive und passive Prozessstandschaft** beschreiben.[3]

101 Der Hintergrund dieser **eigenartigen Konstruktion** ist weniger dogmatischer als rechtspolitischer Natur: Zwar gilt für Eigentümerbefugnisse grundsätzlich ein Abspaltungsverbot, der Gesetzgeber hätte sich aber ohne weiteres darüber hinwegsetzen können und sie der Gemeinschaft der Wohnungseigentümer zuordnen können. Wegen der damit aber womöglich einhergehenden „Gefährdung des Wohnungseigentums als echtem Eigentum“[4] wählte der Gesetzgeber im Rahmen der WEG-Novelle 2007 die Ausübungs- bzw. Wahrnehmungskonstruktion, die der WEMoG-Gesetzgeber unter Kontinuitätsgesichtspunkten fortgeführt hat.

102 Folgerichtig kennt § 9a Abs. 2 WEG **keine sog. geborene Ausübungs- bzw. Wahrnehmungskompetenz** mehr (näher Rz. 123 und Rz. 143): Rechte und Pflichten können nicht mehr durch Beschluss der Gemeinschaft der Wohnungseigentümer zuge-

1 Zum dortigen Theorienstreit etwa *K. Schmidt/Sternal*, § 80 InsO Rz. 17 ff. m.w.N.
2 Gottwald/*Klopp/Kluth/Pechartscheck*, § 22 Rz. 20 sprechen von „Spiegelfechterei“.
3 Vgl. Palandt/*Wicke*, § 9 Rz. 5.
4 BT-Drucks. 16/887, S. 61.

wiesen werden.[1] Denn das stünde im Widerspruch zum Außenwirkungskonzept der Vorschrift: Ein Willensakt im Innenverhältnis darf nicht die Außenzuständigkeit beeinflussen, zumal Dritte dadurch mit der Unsicherheit belastet würden, ob ein wirksamer Beschluss gefasst und nicht aufgehoben wurde.

103 Während das für Pflichten unmittelbar einleuchtet, weil sie auch sonst nicht ohne Mitwirkung des Gläubigers übertragen werden könnten (vgl. §§ 414, 415 BGB), könnte man für Rechte einwenden, dass auch das BGB die Abtretung ohne Mitwirkung des Schuldners zulässt (vgl. § 398 BGB). Die sog. gekorene Ausübungsbefugnis könnte deshalb als eine Art Abtretung durch Mehrheitsbeschluss anzusehen sein. Das würde allerdings zu kurz greifen: Die fehlende Mitwirkung des Schuldners bei der Abtretung wird durch die §§ 404 ff. BGB kompensiert, für die das WEG kein Pendant kennt.

d) Innenverhältnis

104 Weil § 9a Abs. 2 WEG nur die Außenzuständig gegenüber Dritten betrifft, bleiben die §§ 18 und 19 WEG, die sich mit dem Verhältnis der Wohnungseigentümer untereinander und zur Gemeinschaft der Wohnungseigentümer befassen, unberührt (unten aa)). Folglich können im Innenverhältnis auch solche Rechte Bindungen unterliegen, die von § 9a Abs. 2 WEG nicht erfasst werden (unten bb)). Entsprechendes gilt für Übernahme von Pflichten (unten cc)). Auch Freistellungsansprüche im Innenverhältnis werden durch § 9a Abs. 2 WEG nicht begrenzt (unten dd)).

aa) Verhältnis zu den §§ 18, 19 WEG

105 Als Vorschrift des Außenverhältnisses regelt § 9a Abs. 2 WEG nur die Zuständigkeit der Gemeinschaft der Wohnungseigentümer gegenüber Dritten, also das rechtliches „**Können**“. Die Frage, ob, wie und unter welchen Voraussetzungen sie im Innenverhältnis die ihr zugewiesenen Rechte und Pflichten ausüben und wahrnehmen **darf** bzw. muss, beantworten die §§ 18 und 19 WEG.[2] Es gilt das Prinzip ordnungsmäßiger Verwaltung: In dessen Rahmen haben die Wohnungseigentümer über die Rechtsausübung und die Pflichterfüllung mehrheitlich zu beschließen (§ 19 Abs. 2 WEG); jeder Wohnungseigentümer hat einen Anspruch darauf (§ 18 Abs. 2 WEG, vgl. Rz. 315).

106 § 9a Abs. 2 WEG und § 19 Abs. 1 WEG stehen deshalb in keinem Konkurrenzverhältnis, sondern betreffen **unterschiedliche Fragen**: Die **Außenzuständigkeit** der Gemeinschaft der Wohnungseigentümer wird durch § 9a Abs. 2 WEG abschließend abgegrenzt. Aufgrund der betroffenen Drittinteressen ist eine Modifizierung weder durch Beschluss noch durch Vereinbarung möglich. Ein dennoch gefasster Beschluss könnte Dritten nicht entgegengehalten werden. Davon unabhängig ist das **Pflichtenprogramm im Innenverhältnis**, das grundsätzlich durch Beschlüsse nach § 19 Abs. 1 WEG ausgestaltet werden kann.

1 BT-Drucks. 16/887, S. 46 f.
2 Palandt/*Wicke*, § 9 Rz. 5.

bb) „Vergemeinschaftung" im Innenverhältnis

107 § 9a Abs. 2 WEG definiert den Kreis der Rechte der Wohnungseigentümer abschließend, für die die **Ausübungszuständigkeit im Außenverhältnis** bei der Gemeinschaft der Wohnungseigentümer liegt. Dieser Kreis kann – mit Wirkung im Außenverhältnis – **nicht durch Beschluss erweitert** werden: § 9a Abs. 2 WEG enthält keine solche Beschlusskompetenz und § 19 Abs. 1 WEG betrifft allein das Innenverhältnis.

108 Die **Bindungen des Wohnungseigentümers im Innenverhältnis** enden aber nicht an den tatbestandlichen Grenzen des § 9a Abs. 2 WEG. Etwa auf die Rechte eines vermietenden Wohnungseigentümers aus dessen Mietvertrag kann die Gemeinschaft nach § 9a Abs. 2 WEG nicht zugreifen. Gleichwohl ist der vermietende Wohnungseigentümer nach § 14 Abs. 1 Nr. 1 WEG verpflichtet, seine mietrechtlichen Möglichkeiten zu nutzen und Mieter, die gegen die Hausordnung verstoßen, etwa abzumahnen. Die Wohnungseigentümer können beschließen, dass die Gemeinschaft der Wohnungseigentümer diese Abmahnpflicht durchsetzt; selbst abmahnen kann sie nicht. Man könnte das als „Vergemeinschaftung" im Innenverhältnis bezeichnen. Beschlossen werden kann dabei aber immer nur über die Durchsetzung gesetzlicher oder vereinbarter Pflichten; neue Leistungspflichten können dagegen durch Beschluss nicht geschaffen werden.[1]

cc) „Erfüllungsübernahmebeschluss"

109 Was für Rechte gilt, gilt spiegelbildlich auch für Pflichten: § 9a Abs. 2 WEG definiert den Kreis der Pflichten der Wohnungseigentümer abschließend, für die die **Ausübungszuständigkeit im Außenverhältnis** bei der Gemeinschaft der Wohnungseigentümer liegt. Dieser Kreis kann – mit Wirkung im Außenverhältnis – **nicht durch Beschluss erweitert** werden: § 9a Abs. 2 WEG enthält keine solche Beschlusskompetenz und § 19 Abs. 1 WEG betrifft allein das Innenverhältnis.

110 Möglich ist es aber, die Gemeinschaft der Wohnungseigentümer durch einen Beschluss auf Grundlage des § 19 Abs. 1 WEG – also nur mit Wirkung im **Innenverhältnis – mit der Erfüllung einer Pflicht zu betrauen**, die nicht von § 9a Abs. 2 WEG erfasst wird. Im Außenverhältnis erfüllt sie dann als Dritte (§ 267 Abs. 1 S. 1 BGB). Ob Beschlusskompetenz für einen solchen Erfüllungsübernahmebeschluss besteht, hängt allein davon ab, ob es im konkreten Fall um die Verwaltung oder Benutzung des gemeinschaftlichen Eigentums bzw. die Benutzung des Sondereigentums geht (vgl. § 19 Abs. 1 WEG). Ob er ordnungsmäßiger Verwaltung entspricht, bemisst sich nach allgemeinen Regeln.

dd) Freistellungsanspruch

111 Denkbar ist sogar, dass dem Wohnungseigentümer, der Schuldner der Pflicht ist, ein **Freistellungsanspruch** gegenüber der Gemeinschaft der Wohnungseigentümer als Teil des Anspruchs auf ordnungsmäßige Verwaltung zusteht (§ 18 Abs. 2 Nr. 1

1 BGH v. 15.1.2010 – V ZR 72/09, NJW 2010, 3093 Rz. 10.

WEG). Das setzt das voraus, dass die den Wohnungseigentümer im Außenverhältnis treffende Pflicht zur Verwaltung des gemeinschaftlichen Eigentums gehört, die im Innenverhältnis alleinige Aufgabe der Gemeinschaft der Wohnungseigentümer ist (§ 18 Abs. 1 WEG). Ob das der Fall ist, hängt allein vom Inhalt der konkreten Pflicht ab; ob sie den Wohnungseigentümer im Außenverhältnis allein, als Teil- oder als Gesamtschuldner trifft, ist für sich genommen belanglos. Wenn alle Wohnungseigentümer im Außenverhältnis als Gesamtschuldner haften, spricht jedoch ein Indiz dafür, dass es inhaltlich um die Verwaltung des gemeinschaftlichen Eigentums geht.

112 **Beispiel (Gesamtschuld):** In Bundesland A schulden Wohnungseigentümer Straßenausbaubeiträge als Gesamtschuldner. Wohnungseigentümer X wird als Gesamtschuldner auf den vollen Betrag in Anspruch genommen. Er hat gegenüber der Gemeinschaft der Wohnungseigentümer einen Freistellungsanspruch, weil der Straßenausbau in erster Linie dem Gemeinschaftseigentum dient.

113 **Abwandlung (Teilschuld):** In Bundesland B schulden Wohnungseigentümer Straßenausbaubeiträge als Teilschuldner nach Miteigentumsanteilen. Wohnungseigentümer Y wird in Höhe seines Miteigentumsanteils in Anspruch genommen. Grundsätzlich hat er gegenüber der Gemeinschaft der Wohnungseigentümer einen Freistellungsanspruch. Von dessen Erfüllung kann freilich abgesehen werden, wenn die Kosten auch im Verhältnis der Wohnungseigentümer zueinander nach Miteigentumsanteilen verteilt werden (vgl. § 16 Abs. 2 S. 1 WEG). Weil aber auch eine abweichende Kostenverteilung vereinbart oder beschlossen (vgl. § 16 Abs. 2 S. 2 WEG) werden kann, ist ein Freistellungsanspruch nicht von vornherein ausgeschlossen.[1]

114 Bezahlt der Wohnungseigentümer selbst und war das auch erforderlich, hat er einen **Aufwendungsersatzanspruch** analog § 110 HGB,[2] weil er eine rechtmäßige Einzelverwaltungsmaßnahme nach § 18 Abs. 3 WEG tätigte.

e) Keine Anwendung auf gemeinschaftsinterne Rechte

115 **Nach früherem Recht** wurde § 10 Abs. 6 S. 3 WEG a.F. auch dafür herangezogen, Rechte der Wohnungseigentümer untereinander, die sich aus dem WEG ergeben, bei der Gemeinschaft der Wohnungseigentümer zu bündeln. Das galt etwa für den Duldungsanspruch nach § 14 Nr. 3 WEG a.F.[3] und den Unterlassungsanspruch nach § 15 Abs. 3 WEG a.F.[4]

116 Dieses Vorgehen war schon nach früherem Recht **methodisch zweifelhaft**: Wenn eine besondere Vorschrift des WEG einem Wohnungseigentümer ein Recht einräumt, darf diese gesetzgeberische Entscheidung nicht dadurch konterkariert werden, dass über die allgemeine Vorschrift des § 10 Abs. 6 S. 3 WEG a.F. doch wieder die Gemeinschaft der Wohnungseigentümer zuständig ist. Das bestätigte § 18 Abs. 1 S. 2 WEG a.F.: Diese Vorschrift wäre unnötig gewesen, wenn dasselbe Ergebnis schon mithilfe des § 10 Abs. 6 S. 3 WEG a.F. erreicht wor-

---

1 Das übersieht *Becker*, ZWE 2014, 14 (14), wenn er die Frage, ob die Gemeinschaft der Wohnungseigentümer eine Abgabepflicht zu erfüllen hat, von vornherein nur in den Fällen der gesamtschuldnerischen Außenhaftung stellt.

2 Zu dessen Anwendbarkeit *Häublein*, ZWE 2008, 410 (410 ff.); Staudinger/*Lehmann-Richter*, § 21 WEG Rz. 69; nach früherem Recht wurde dieser Anspruch zum Teil § 10 Abs. 6 S. 3 WEG a.F. entnommen, vgl. BGH v. 14.2.2014 – V ZR 100/13, NJW 2014, 1093 Rz. 14.

3 BGH v. 10.7.2015 – V ZR 194/14, NJW 2015, 2968 Rz. 14.

4 BGH v. 18.11.2016 – V ZR 221/15, NZM 2017, 37 Rz. 10.

den wäre. Eine gewisse Rechtfertigung fand das Vorgehen gleichwohl in den Unzulänglichkeiten der WEG-Novelle 2007, hatte sie es doch nicht geschafft, das WEG umfassend an die Rechtsfähigkeit der Gemeinschaft der Wohnungseigentümer anzupassen.

117 Eine Anwendung des § 9a Abs. 2 WEG auf gemeinschaftsinterne Rechte **scheidet kategorisch aus:**[1] Schon aus systematischen Gründen kann die in Abschnitt 3 positionierte Vorschrift, die allein das dort geregelte Außenverhältnis betrifft, keine Anwendung auf die in Abschnitt 4 geregelten (Innen-)Rechte der Wohnungseigentümer finden. Es wäre im Übrigen widersprüchlich, wenn der Gesetzgeber den Wohnungseigentümern an der einen Stelle ein Recht einräumen würde, nur um es ihnen an anderer Stelle wieder aus der Hand zu schlagen. Die ausdifferenzierte Zuständigkeitsverteilung der §§ 10 ff. WEG würde auf diese Weise nivelliert. Etwa die klare Unterscheidung in § 14 WEG zwischen dem Rechtsverhältnis der Wohnungseigentümer untereinander (Abs. 2) und zur Gemeinschaft der Wohnungseigentümer (Abs. 1) würde durch einen Rückgriff auf § 9a Abs. 2 WEG zerstört.

118 Anwendbar bleibt § 9a Abs. 2 WEG aber für **Außenrechte der Wohnungseigentümer untereinander**, also Ansprüche, die sich nicht aus dem Gemeinschaftsverhältnis ergeben. Praktisch bedeutsam sind vor allem Ansprüche aus § 1004 Abs. 1 WEG wegen Störung des gemeinschaftlichen Eigentums. Sie werden von der Gemeinschaft der Wohnungseigentümer ausgeübt.[2]

f) Vergleich: Unklare Funktion des § 10 Abs. 6 S. 3 WEG a.F.

119 § 10 Abs. 6 S. 3 WEG a.F. ordnete – äußerlich ähnlich wie § 9a Abs. 2 WEG – an, dass die Gemeinschaft der Wohnungseigentümer bestimmte Rechte der Wohnungseigentümer ausübte und bestimmte ihrer Pflichten wahrnahm. Die Funktion dieser Vorschrift war jedoch weitgehend ungeklärt, insbesondere inwieweit sie das Innen- oder das Außenverhältnis betraf. Diskutiert wurde eine Vielzahl von Einzelfragen, **ohne** dass sich jedoch ein **stringentes Konzept** herausbildete:

120 Bei der **Ausübung von Rechten** wurde zwischen der sog. geborenen und der sog. gekorenen Ausübungsbefugnis unterschieden. In beiden Fällen verlor der Wohnungseigentümer im Außenverhältnis seine Ausübungsbefugnis gegenüber dem Schuldner.[3] Die Vorschrift des § 10 Abs. 6 S. 3 WEG a.F. kam aber auch Wirkung im Innenverhältnis zu, weil ihr die Kompetenzgrundlage für den Beschluss entnommen wurde, der die sog. gekorene Ausübungsbefugnis erst begründete.[4] Eine besondere Bedeutung für das Innenverhältnis erhielt die Vorschrift aber vor allem dadurch, dass mit ihrer Hilfe auch gemeinschaftsinterne Rechte, also solche, die den Wohnungseigentümern nach dem WEG zustanden, bei der Gemeinschaft der Wohnungs-

1 BT-Drucks. 19/18791, S. 46.
2 BT-Drucks. 19/18791, S. 53.
3 Für die sog. geborene Ausübungsbefugnis etwa BeckOGK-WEG/*Falkner*, § 10 Rz. 487; für die sog. gekorene Ausübungsbefugnis etwa BGH v. 26.10.2018 – V ZR 328/17, NJW 2019, 1216 Rz. 19.
4 BeckOGK-WEG/*Falkner*, § 10 Rz. 491; BeckOK-WEG/*Müller*, § 10 Rz. 545.

eigentümer gebündelt wurden. Das galt etwa für den Duldungsanspruch nach § 14 Nr. 3 WEG a.F. und den Unterlassungsanspruch nach § 15 Abs. 3 WEG a.F., nicht hingegen z.B. für das Anfechtungsrecht.

121 Noch verworrener war die Lage bei der **Wahrnehmung von Pflichten**: Im Innenverhältnis sollte die Gemeinschaft der Wohnungseigentümer nach § 10 Abs. 6 S. 3 WEG a.F. verpflichtet sein, die genannten Pflichten für die Wohnungseigentümer zu erfüllen.[1] Soweit ein Wohnungseigentümer selbst erfüllte, wurde der Vorschrift – über ihren Wortlaut hinaus – zudem ein Aufwendungsersatzanspruch entnommen.[2] Im Außenverhältnis war lediglich geklärt, dass die Gemeinschaft der Wohnungseigentümer passiv prozessführungsbefugt war, also vom Gläubiger selbst in Anspruch zu nehmen war. Ob diese Prozessführungsbefugnis verdrängende Wirkung hatte, der Wohnungseigentümer selbst also nicht mehr in Anspruch genommen werden konnte, war dagegen umstritten.[3]

2. Ausübung von Rechten (§ 9a Abs. 2 Var. 1 und 2 WEG)

122 § 9a Abs. 2 Var. 1 und 2 WEG schränkt die Rechtsausübung durch die Gemeinschaft der Wohnungseigentümer gegenüber dem früheren § 10 Abs. 6 S. 3 WEG a.F. ein und gibt insbesondere das Konzept einer sog. gekorenen Ausübungskompetenz auf (unten a)). Die Ausübung durch die Gemeinschaft der Wohnungseigentümer ist nur noch für solche Rechte vorgesehen, die sich aus dem gemeinschaftlichen Eigentum ergeben (unten b)) oder die eine einheitliche Rechtsverfolgung erfordern (unten c)). Soweit der Kreis dieser Rechte reicht, ist die Gemeinschaft der Wohnungseigentümer wie deren Inhaberin zu behandeln und verdrängt die Wohnungseigentümer (unten d)). Nicht abschließend bewerten lässt sich, welche Auswirkungen § 9a Abs. 2 WEG auf die Ausübung von Mängelrechten aus Bauträgerverträgen hat (unten e)).

a) Vergleich mit § 10 Abs. 6 S. 3 WEG a.F.

123 § 10 Abs. 6 S. 3 WEG a.F. kannte zwei Kategorien von Ausübungsbefugnissen: Die **sog. geborene Ausübungsbefugnis** ermöglichte es der Gemeinschaft der Wohnungseigentümer, alle „gemeinschaftsbezogenen“ Rechte der Wohnungseigentümer auszuüben; sie wirkte kraft Gesetzes und stand einer individuellen Rechtsverfolgung durch die Wohnungseigentümer von vornherein entgegen. Darüber hinaus konnten auch sonstige Rechte, die „gemeinschaftlich geltend gemacht werden können“ durch Beschluss vergemeinschaftet werden (**sog. gekorene Ausübungsbefugnis**). Im Ergebnis hatte die Gemeinschaft der Wohnungseigentümer damit Zugriff auf einen weiten Kreis an Rechtspositionen der Wohnungseigentümer. Ausreichend war, dass die Rechtsausübung durch die Gemeinschaft der Wohnungseigentümer irgendwie förderlich war.[4]

1 BGH v. 14.2.2014 – V ZR 100/13, NJW 2014, 1093 Rz. 11, 13.
2 BGH v. 14.2.2014 – V ZR 100/13, NJW 2014, 1093 Rz. 14.
3 Offen gelassen von BGH v. 11.12.2015 – V ZR 180/14, NJW 2016, 1735 Rz. 21 m.w.N.
4 BGH v. 5.12.2014 – V ZR 5/14, NJW 2015, 1020 Rz. 7.

124 Das WEMoG **gibt diese Zweispurigkeit auf**: § 9a Abs. 2 WEG kennt nur noch die sog. geborene Ausübungsbefugnis. Die Vorschrift definiert also den Kreis der Rechte abschließend, die die Gemeinschaft der Wohnungseigentümer anstelle der Wohnungseigentümer ausübt. Soweit dieser Kreis reicht, ergibt sich die Ausübungsbefugnis unmittelbar aus dem Gesetz; es gibt dagegen keine Möglichkeit mehr, Rechte durch Beschluss im Sinne einer sog. gekorenen Ausübungsbefugnis zu vergemeinschaften (zum Sonderfall der Mängelrechte aus Bauträgerverträgen Rz. 137). Dieser Systemwechsel ist dem Charakter der Vorschrift als Außenregelung geschuldet (dazu Rz. 92): Eine durch Beschluss begründbare, im Außenverhältnis wirkende Ausübungsbefugnis widerspräche dem Interesse des Rechtsverkehrs an einer klaren Zuordnung von Rechten und Pflichten.[1] Der Systemwechsel überzeugt aber auch wertungsmäßig: Der Entzug der Ausübungsbefugnis stellt einen gravierenden Eingriff in die Privatautonomie der Wohnungseigentümer dar,[2] der nicht zur Disposition der Mehrheit stehen darf.

125 Dennoch **baut § 9a Abs. 2 WEG tatbestandlich auf § 10 Abs. 6 S. 3 WEG a.F. auf**: Alle Rechte, die bislang von der sog. geborenen Ausübungsbefugnis erfasst waren, sind dies auch in Zukunft. Denn „gemeinschaftsbezogen" im Sinne des § 10 Abs. 6 S. 3 WEG a.F. waren Rechte nur dann, wenn sie eine einheitliche Rechtsverfolgung erforderten – und daran knüpft § 9a Abs. 2 Var. 2 WEG an (Rz. 131). Daneben – das ist neu – besteht eine generelle Ausübungsbefugnis für alle gesetzlichen Rechte, die sich aus dem Gemeinschaftseigentum ergeben, ungeachtet dessen, ob sie eine einheitliche Rechtsverfolgung erfordern (§ 9a Abs. 2 Var. 1 WEG). Die Aufgabe der Gemeinschaft der Wohnungseigentümer, das Gemeinschaftseigentum zu verwalten (§ 18 Abs. 1 WEG), setzt sich also an den sich daraus ergebenden Rechten fort.

126 Im **grafischen Vergleich** werden Überschneidungen und Unterschiede deutlich:

1 BT-Drucks. 19/18791, S. 47.

2 BGH v. 24.7.2015 – V ZR 167/14, NJW 2015, 2874 Rz. 12.

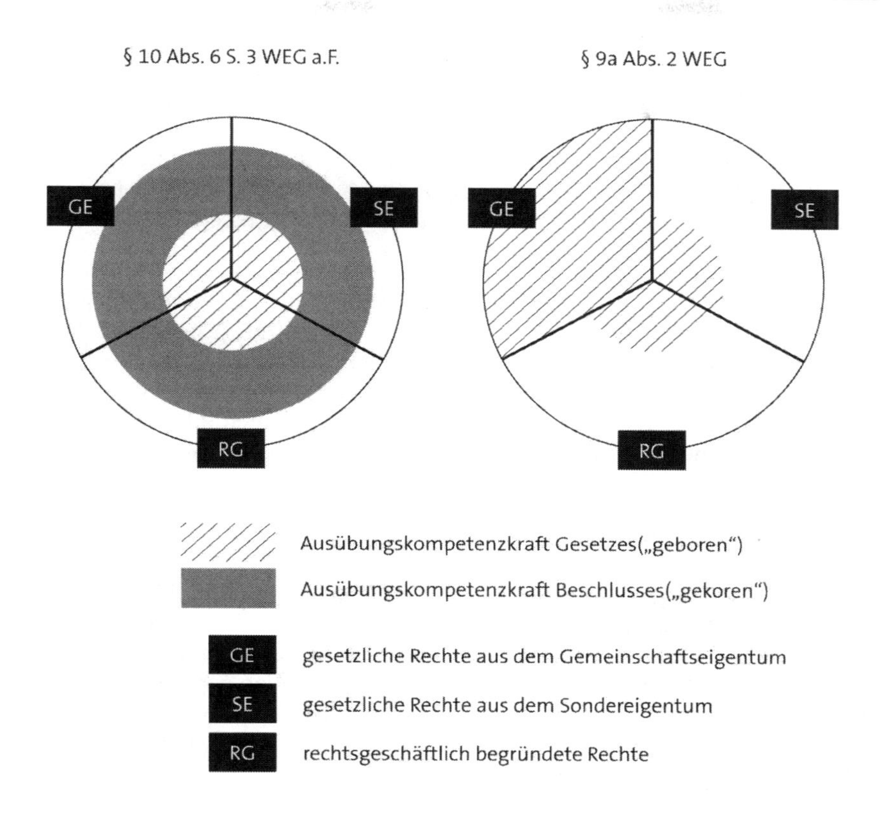

b) Rechte aus dem gemeinschaftlichen Eigentum (Var. 1)

127 Die Gemeinschaft der Wohnungseigentümer übt alle „sich aus dem gemeinschaftlichen Eigentum ergebenden Rechte" aus (§ 9a Abs. 2 Var. 1 WEG). Diese Formulierung knüpft an **§ 1011 BGB** an[1] und ist genauso wie dort zu verstehen, kehrt dessen Rechtsfolge aber ins Gegenteil (Rz. 97). Erfasst sind **alle gesetzlichen Rechte, die sich aus der Miteigentümerstellung am Gemeinschaftseigentum ergeben,** egal ob sie dinglicher (z.B. § 894, § 985, § 1004 BGB), possessorischer (§§ 859 ff. BGB) oder obligatorischer (z.B. § 812, § 823 BGB) Natur sind.[2] Die Anknüpfung ist rein formaler Art; ob eine einheitliche Rechtsverfolgung erforderlich ist, spielt für die erste Variante des § 9a Abs. 2 WEG keine Rolle.

1 BT-Drucks. 19/18791, S. 46.
2 Zu § 1011 BGB statt aller BeckOK-BGB/*Fritzsche*, § 1011 Rz. 3 f. und MünchKommBGB/*K. Schmidt*, § 1011 Rz. 2 jeweils m.w.N.

128 **Nicht** erfasst sind dagegen gesetzliche Rechte aus dem **Sondereigentum** und **rechtsgeschäftlich** begründete Rechte[1], denn sie ergeben sich naturgemäß nicht „aus dem gemeinschaftlichen Eigentum", sondern aus einem Rechtsgeschäft. Ergeben sich Rechte sowohl aus dem Gemeinschafts- als auch dem Sondereigentum, ist die Gemeinschaft der Wohnungseigentümer neben den Wohnungseigentümer zuständig. Die Ausübung von **gemeinschaftsinternen Rechten aus dem WEG** ist von vornherein ausgeschlossen (Rz. 115), so dass sich die Frage nicht stellt, ob diese „aus dem gemeinschaftlichen Eigentum" folgen.

129 Das WEMoG beendet damit die in der Vergangenheit „streitige und diffizile"[2], praktisch aber besonders wichtige Einordnung von Abwehransprüchen nach **§ 1004 BGB wegen Beeinträchtigung des Gemeinschaftseigentums**: Sie können allein durch die Gemeinschaft der Wohnungseigentümer geltend gemacht werden, nicht mehr durch einzelne Wohnungseigentümer.[3] Das gilt auch für Ansprüche nach § 1004 BGB zwischen Wohnungseigentümern, denn insoweit geht es nicht um gemeinschaftsinterne Rechte (zur Unanwendbarkeit des § 9a Abs. 2 WEG auf gemeinschaftsinterne Rechte Rz. 115). Die einzelnen Wohnungseigentümer bleiben aber zuständig, soweit ihr Sondereigentum beeinträchtigt wird.

130 Keine Besonderheiten gelten für die Ausübung **öffentlich-rechtlicher Rechtspositionen**: Soweit sie sich aus dem Gemeinschaftseigentum ergeben, ist die Gemeinschaft der Wohnungseigentümer nach § 9a Abs. 2 Var. 1 WEG zuständig. Das gilt nicht, soweit das öffentliche Recht an das Sondereigentum oder gar an die Person des Wohnungseigentümers anknüpft. Auch eine parallele Zuständigkeit ist denkbar, wenn dem öffentlichen Recht eine Anknüpfung sowohl an das Gemeinschafts- wie auch das Sondereigentum zu entnehmen ist.

c) Rechte, die eine einheitliche Rechtsverfolgung erfordern (Var. 2)

131 Die Gemeinschaft der Wohnungseigentümer übt daneben alle „Rechte der Wohnungseigentümer aus, die eine einheitliche Rechtsverfolgung erfordern" (§ 9a Abs. 2 Var. 2 WEG). Dieses Tatbestandsmerkmal ist identisch mit der Gemeinschaftsbezogenheit nach § 10 Abs. 6 S. 3 WEG a.F. Denn **„gemeinschaftsbezogen"** im Sinne dieser Vorschrift waren Rechte nach Ansicht des BGH nur dann, wenn sie eine einheitliche Rechtsverfolgung erforderten.[4] Daran knüpft der Gesetzgeber mit § 9a Abs. 2 Var. 2 WEG bewusst an.[5] Den konturlosen Begriff der Gemeinschaftsbezogenheit hat er lediglich aus sprachlichen Gründen aufgegeben.[6]

1 Zu § 1011 BGB statt aller BeckOK-BGB/*Fritzsche*, § 1011 Rz. 5 und MünchKommBGB/*K. Schmidt*, § 1011 Rz. 2 jeweils m.w.N.
2 Eingehend BeckOGK-WEG/*Falkner*, § 10 Rz. 510 ff.
3 BT-Drucks. 19/18791, S. 46 f.
4 BGH v. 24.7.2015 – V ZR 167/14, NJW 2015, 2874 Rz. 12.
5 BT-Drucks. 19/18791, S. 46.
6 BT-Drucks. 19/18791, S. 46.

132 Die Rechtsprechung des BGH zum Begriff der „Gemeinschaftsbezogenheit“ behält damit in anderem Gewand Gültigkeit. Im Einklang mit ihr ist die Erforderlichkeit einer einheitlichen Rechtsverfolgung durch eine wertende Betrachtung zu ermitteln: Die **schutzwürdigen Belange des Schuldners** an einer einheitlichen Rechtsverfolgung müssen das grundsätzlich vorrangige Interesse des Wohnungseigentümers, seine Rechte selbst und eigenverantwortlich auszuüben und prozessual durchzusetzen, deutlich überwiegen.[1] Aufgrund des allein drittschützenden Zwecks der Vorschrift (Rz. 95) sind die Belange übriger Wohnungseigentümer ohne Belang. Aus Verkehrsschutzgründen ist eine typisierende Betrachtung geboten.[2]

133 Die **praktische Bedeutung** des § 9a Abs. 2 Var. 2 WEG dürfte **gering** sein. Denn die gesetzlichen Rechte aus dem Gemeinschaftseigentum fallen bereits unter § 9a Abs. 2 Var. 1 WEG. Ein eigenständiger Anwendungsbereich verbleibt § 9a Abs. 2 Var. 2 WEG deshalb von vornherein nur für rechtsgeschäftlich begründete Rechte, gesetzliche Rechte aus dem Sondereigentum oder öffentlich-rechtliche Rechtspositionen. Für die praktisch bedeutsamen Mängelrechte aus Bauträgerverträgen sollen ausweislich der Gesetzesbegründung Sonderregeln gelten (Rz. 137). Deshalb fällt es schwer, überhaupt ein Beispiel für § 9a Abs. 2 Var. 2 WEG zu bilden. Letztlich ist die Vorschrift ein Rettungsring, mit dessen Hilfe, wie der Gesetzgeber selbst einräumt, „in besonders gelagerten Ausnahmefällen sachgerechte Ergebnisse“ erzielt werden können.[3]

d) Rechtsfolge

134 Nach § 9a Abs. 2 Var. 1 und 2 WEG „übt“ die Gemeinschaft der Wohnungseigentümer die dort genannten Rechte „aus“. Das ist als **umfassende Rechtszuständigkeit im Außenverhältnis** zu verstehen: Formal behalten die Wohnungseigentümer zwar ihre Gläubigerstellung, davon bleibt ihnen aber nichts als die Hülle. Schutzlos sind sie dennoch nicht: Ihnen steht der Anspruch auf ordnungsmäßige Verwaltung gegenüber der Gemeinschaft der Wohnungseigentümer zu (§ 18 Abs. 2 Nr. 1 WEG).

135 **Im Rechtsverkehr** ist die Gemeinschaft der Wohnungseigentümer **wie die Rechtsinhaberin** zu behandeln: Sie kann die ihr zugewiesenen Rechte deshalb nicht nur geltend machen und einklagen, sondern sie auch abtreten, mit ihnen aufrechnen, sie erlassen und sich über sie vergleichen. Denn jede Einschränkung würde ein Vakuum hinterlassen: Dem Wohnungseigentümer kann keine dieser Befugnisse verbleiben, weil er sonst auch die zweifellos zulässige Geltendmachung durch die Gemeinschaft der Wohnungseigentümer sabotieren könnte.

136 Wie die Gemeinschaft der Wohnungseigentümer konkret vorzugehen hat, ist im Innenverhältnis **durch Beschluss zu entscheiden** (§ 19 Abs. 1 WEG), soweit keine Zu-

1 Vgl. BGH v. 24.7.2015 – V ZR 167/14, NJW 2015, 2874 Rz. 12, jedoch zusätzlich die Belange der übrigen Wohnungseigentümer berücksichtigend; fast wortgleich wiedergegeben in BT-Drucks. 19/18791, S. 46.

2 BGH v. 24.7.2015 – V ZR 167/14, NJW 2015, 2874 Rz. 12.

3 BT-Drucks. 19/18791, S. 46 f.

ständigkeit des Verwalters eröffnet ist (§ 27 WEG). Für das Außenverhältnis spielt das freilich keine Rolle: Ein Erlass- oder Vergleichsvertrag ist auch dann wirksam, wenn der im Innenverhältnis notwendige Beschluss fehlt, denn die Vertretungsmacht des Verwalters hängt nicht von der Beschlussfassung ab (§ 9b Abs. 1 S. 1 WEG).

e) Exkurs: Mängelrechte aus Bauträgerverträgen

137 Besondere praktische Bedeutung hat die Geltendmachung von Mängelrechten aus Bauträgerverträgen durch die Gemeinschaft der Wohnungseigentümer (zur Abnahme des Gemeinschaftseigentums Rz. 153). Denn in **ständiger Rechtsprechung** urteilt der BGH, dass bestimmte Mängelrechte von vornherein nur durch die Gemeinschaft der Wohnungseigentümer ausgeübt werden können oder deren alleinige Ausübungsbefugnis zumindest durch Mehrheitsbeschluss begründet werden kann.

138 Cum grano salis gilt:[1] **Erfüllungs-** und **Nacherfüllungsansprüche** kann im Ausgangspunkt jeder Wohnungseigentümer individuell geltend machen; durch Beschluss kann die Ausübung aber auf die Gemeinschaft der Wohnungseigentümer übertragen werden.[2] **Vorschuss-** und **Aufwendungsersatzansprüche** kann jeder Wohnungseigentümer nur mit der Maßgabe geltend machen, dass an die Gemeinschaft der Wohnungseigentümer geleistet wird, und nur, solange kein anderweitiger Beschluss gefasst wurde.[3] **Minderung** und **Ansprüche auf kleinen Schadensersatz** kann der einzelne Wohnungseigentümer von vornherein nicht geltend machen; die Ausübungsbefugnis liegt allein bei der Gemeinschaft der Wohnungseigentümer.[4] **Rücktritt** und **Ansprüche auf großen Schadensersatz** kann ein Wohnungseigentümer grundsätzlich individuell geltend machen, ohne dass eine Vergemeinschaftung beschlossen werden könnte.[5] Gleichwohl können ihm auch diese Rechte mittelbar aus der Hand geschlagen werden, denn die notwendige Fristsetzung ist nicht mehr zulässig, wenn beschlossen wurde, dass eine Mängelbeseitigung durch den Bauträger nicht mehr erfolgen soll.[6]

139 Diese Rechtsprechung reicht zurück in 1970er-Jahre.[7] Sie galt schon, bevor die Rechtsfähigkeit der Gemeinschaft der Wohnungseigentümer höchstrichterlich anerkannt war, und fußt nicht auf § 10 Abs. 6 S. 3 WEG a.F. Aus diesem Grund geht die Begründung des WEMoG davon aus, dass diese **Rechtsprechung** von dessen Ersetzung durch § 9a Abs. 2 WEG **unberührt bleibt**.[8] Das gilt insbesondere für die Möglichkeit, die Ausübungsbefugnis für bestimmte Mängelrechte durch Mehrheitsbeschluss zu begründen, obwohl § 9a Abs. 2 WEG keine sog. gekorene Ausübungsbefugnis mehr kennt (Rz. 123). Ob dem zu folgen ist, hängt von den dogmatischen Grundlagen dieser Bauträger-Rechtsprechung ab. Sie sind freilich nicht abschließend erforscht. Strukturell lassen sich zwei Ansätze ausmachen, die danach unterscheiden, woher die Einschränkungen der individuellen Ausübungsbefugnis herrühren:

---

1 Ausführlich BeckOGK-WEG/*Falkner*, § 10 Rz. 516 ff.; *Häublein*, ZWE 2020, 364.
2 BGH v. 12.4.2007 – VII ZR 50/06, NJW 2007, 1957 Rz. 55.
3 BGH v. 12.4.2007 – VII ZR 50/06, NJW 2007, 1957 Rz. 55.
4 BGH v. 24.7.2015 – V ZR 145/14, ZWE 2015, 405 Rz. 10.
5 BGH v. 6.3.2014 – VII ZR 266/13, NJW 2014, 1377 Rz. 32.
6 BGH v. 6.3.2014 – VII ZR 266/13, NJW 2014, 1377 Rz. 38.
7 Grundlegend BGH v. 10.5.1979 – VII ZR 30/78, NJW 1979, 2207.
8 BT-Drucks. 19/18791, S. 47.

140 Ein **wohnungseigentumsrechtlicher Ansatz** geht davon aus, dass die Wohnungseigentümer im Hinblick auf die Rechte aus ihren Bauträgerverträgen Mitgläubiger im Sinne des § 432 BGB sind. Die nach dieser Vorschrift eigentlich angeordnete Einzelbefugnis sollte aber durch die Gesamtbefugnis des § 21 Abs. 1 WEG a.F. überlagert werden, die wiederum über § 21 Abs. 3 WEG a.F. den Weg zu Mehrheitsbeschlüssen ebnete.[1] Überzeugend ist das nicht: Schon die These, dass Gläubiger individuell abgeschlossener Verträge, die inhaltlich nicht einmal zwingend identisch sein müssen, Mitgläubiger sein sollen, ist angreifbar.[2] Auch stellt sich die Frage, wie aus einem Beschluss als Innenrechtsakt Beschränkungen gegenüber Dritten im Außenverhältnis resultieren können; eine solche Wirkung könnte man allenfalls § 10 Abs. 6 S. 3 WEG a.F. entnehmen, der aber erst seit 2007 galt. Nicht eingängig ist schließlich, wie dieser Ansatz zu unterschiedlichen Regeln für die verschiedenen Mängelrechte gelangen kann. Ungeachtet dessen: Folgt man dem wohnungseigentumsrechtlichen Ansatz, kann die Bauträger-Rechtsprechung unter Geltung des WEMoG nicht ohne Modifikationen fortgeführt werden. Denn nunmehr ist die Geltendmachung von Rechten durch die Gemeinschaft der Wohnungseigentümer mit Wirkung im Außenverhältnis abschließend in § 9a Abs. 2 WEG geregelt. Die Einzelhandlungsbefugnis des § 432 BGB könnte also nur durch § 9a Abs. 2 WEG überlagt werden. Eine durch Beschluss zu begründende Ausübungsbefugnis ist dort aber gerade nicht mehr vorgesehen. Maßgeblich ist nach § 9a Abs. 2 WEG allein, ob eine einheitliche Rechtsverfolgung erforderlich ist oder nicht: Bejahendenfalls liegt die Ausübungsbefugnis allein bei der Gemeinschaft der Wohnungseigentümer, andernfalls verbleibt sie bei den Wohnungseigentümern. Durch Beschluss nach § 19 Abs. 1 WEG könnten die Wohnungseigentümer allenfalls im Innenverhältnis zu einer bestimmten Ausübung angehalten werden (Rz. 107).

141 Der BGH scheint dagegen eher einem **bauträgervertragsrechtlichen Ansatz** zuzuneigen. Denn von Beginn seiner Rechtsprechung an führt er immer wieder aus, dass die „Einschränkung des Erwerbers in der Ausübung seiner aus dem Vertrag mit dem Veräußerer abgeleiteten Rechte dem jeweiligen Vertrag immanent [ist]. Mit dieser inhaltlichen Beschränkung wird das Vertragsverhältnis bereits begründet."[3] Nach diesem Ansatz ist es also nicht das WEG, das die individuelle Ausübung von Mängelrechten einschränkt, sondern die Mängelrechte selbst entstehen bereits bauträgervertragsrechtlich mit dieser Einschränkung: Ihre Ausübung ist der Gemeinschaft der Wohnungseigentümer vorbehalten bzw. steht unter der auflösenden Bedingung einer Beschlussfassung. Für diesen Ansatz spricht insbesondere, dass die einheitliche Ausübung von Mängelrechten vor allem in Interesse des Bauträgers liegt.[4] Seine Interessen angemessen zu berücksichtigen, ist aber nicht Aufgabe des WEG, sondern des Bauträgervertragsrechts. Folgt man diesem Ansatz, kann die Bauträger-Rechtspre-

1 *Wenzel*, ZWE 2006, 109 (111).

2 Richtigerweise wird man von einem Fall der gesetzlich nicht geregelten Gläubigerkumulation ausgehen müssen, vgl. dazu BeckOGK-BGB/*Kreße*, § 420 Rz. 22.

3 BGH v. 12.4.2007 – VII ZR 236/05, NJW 2007, 1952 Rz. 22; nahezu wortgleich schon BGH v. 10.5.1979 – VII ZR 30/78, NJW 1979, 2207 (2208) unter I.4.b.cc.

4 Schon BGH v. 10.5.1979 – VII ZR 30/78, NJW 1979, 2207 (2208) unter I.4.b.cc. „vor allem zum Schutze des Schuldners".

chung unter Geltung des WEMoG nahtlos fortgeführt werden: Da sich die Ausübungsbefugnis der Gemeinschaft der Wohnungseigentümer nicht aus den Vorschriften des WEG ergibt, sondern aus den Bauträgerverträgen selbst, kann ihr eine Änderung des WEG nichts anhaben.

3. Wahrnehmung von Pflichten der Wohnungseigentümer (§ 9a Abs. 2 Var. 3 WEG)

142 Nach § 9a Abs. 2 Var. 3 WEG nimmt die Gemeinschaft der Wohnungseigentümer bestimmte Pflichten wahr, die materiell-rechtlich den Wohnungseigentümern zugeordnet sind (unten b)). Der Kreis dieser Pflichten wird gegenüber dem früheren § 10 Abs. 6 S. 3 WEG a.F. eingeschränkt; insbesondere gibt es keine sog. gekorene Wahrnehmungskompetenz mehr (unten a)). Die Gemeinschaft der Wohnungseigentümer ist wie die Schuldnerin zu behandeln und verdrängt die Wohnungseigentümer (unten d)). Öffentlich-rechtliche Abgabepflichten erfasst die Vorschrift nicht mehr, dadurch ändert sich für die Praxis aber wenig (unten d)). Auch für die Abnahme des Gemeinschaftseigentums im Rahmen von Bauträgerverträgen ergeben sich keine Änderungen (unten e)).

a) Vergleich mit § 10 Abs. 6 S. 3 WEG a.F.

143 § 10 Abs. 6 S. 3 WEG a.F. unterschied auch hinsichtlich der Pflichten **zwischen einer sog. geborenen Wahrnehmungskompetenz und einer sog. gekorenen Wahrnehmungskompetenz.** Diese Zweispurigkeit gibt § 9a Abs. 2 Var. 3 WEG auf: Dort ist nun **abschließend** geregelt, welche Pflichten der Wohnungseigentümer der Gemeinschaft der Wohnungseigentümer zugeordnet werden. Auf eine Beschlusskompetenz, die eine Entscheidung im Einzelfall ermöglicht, hat der Gesetzgeber – genauso wie bei der Rechtsausübung – bewusst verzichtet.[1] Eine solche Zuordnung durch Beschluss würde, wenn man ihr Außenwirkung beimisst, auch ein unzulässiges Rechtsgeschäft zulasten Dritter bedeuten, nähme man dem Gläubiger doch faktisch den Schuldner.

b) Erfasste Pflichten (§ 9a Abs. 2 Var. 3 WEG)

144 Die Gemeinschaft der Wohnungseigentümer nimmt nach § 9a Abs. 2 Var. 3 WEG die „entsprechenden Pflichten der Wohnungseigentümer wahr“. Das bezieht sich auf die ersten beiden Varianten der Vorschrift, also auf Pflichten aus dem gemeinschaftlichen Eigentum (unten a)) und Pflichten, die eine einheitliche Wahrnehmung erfordern (unten bb)).

aa) Pflichten aus dem gemeinschaftlichen Eigentum

145 Spiegelbildlich zu § 9a Abs. 2 Var. 1 WEG (Rz. 127) geht es zunächst um die sich aus dem gemeinschaftlichen Eigentum ergebenden Pflichten, also **alle gesetzlichen**

1 BT-Drucks. 19/18791, S. 47.

Pflichten, die sich aus der Miteigentümerstellung am Gemeinschaftseigentum ergeben. Praktische Bedeutung hat vor allem die Verkehrssicherungspflicht[1] und die sich aus ihrer Verletzung ergebenden deliktischen Schadensersatzpflichten; auch Unterlassungspflichten nach § 1004 BGB wegen Beeinträchtigungen durch das Gemeinschaftseigentum und Pflichten aus einer Dienstbarkeit zählen dazu. Die Anknüpfung ist rein formaler Art; ob eine einheitliche Pflichtwahrnehmung erforderlich ist – was in der Regel der Fall sein wird –, spielt in diesen Fällen keine Rolle.

bb) Pflichten, die eine einheitliche Wahrnehmung erfordern

146 Spiegelbildlich zu § 9a Abs. 2 Var. 2 WEG (Rz. 131) sind zudem alle Pflichten durch die Gemeinschaft der Wohnungseigentümer wahrzunehmen, die eine einheitliche Wahrnehmung erfordern. Diese Erforderlichkeit ist durch eine wertende Betrachtung zu ermitteln. Aufgrund des allein drittschützenden Zwecks der Vorschrift (Rz. 95) sind dabei nur die **Interessen des Gläubigers** maßgeblich: Eine einheitliche Pflichtwahrnehmung ist erforderlich, wenn eine Inanspruchnahme aller oder einer Vielzahl von Wohnungseigentümern notwendig wäre, um einen Anspruch effektiv durchzusetzen.

147 Das kommt etwa in Betracht, wenn für die Erfüllung der Pflicht ein **Eingriff in das Gemeinschaftseigentum notwendig** ist (z.B. zur Beseitigung einer Störungsquelle). Denn zu diesem Eingriff ist der einzelne Wohnungseigentümer nicht befugt, wohl aber die Gemeinschaft der Wohnungseigentümer, der die Verwaltung des gemeinschaftlichen Eigentums zugewiesen ist (§ 18 Abs. 1 WEG). Bei solchen Pflichten wird es sich in der Regel freilich um gesetzliche Pflichten aus dem Gemeinschaftseigentum handeln (z.B. Verkehrssicherungspflichten), die ohnehin schon vorbehaltlos unter § 9a Abs. 2 Var. 3 WEG fallen (Rz. 145). Pflichten aus dem Sondereigentum oder rechtsgeschäftliche Pflichten, die eine solche einheitliche Wahrnehmung erfordern, sind dagegen kaum vorstellbar.

147a Die **bloße Lästigkeit**, die mit einer Vielzahl von Schuldnern stets einhergeht **genügt** dagegen **nicht**. Insbesondere Geldzahlungspflichten fallen deshalb nicht unter § 9a Abs. 2 Var. 3 WEG, soweit sie sich nicht als gesetzliche Pflichten aus dem gemeinschaftlichen Eigentum ergeben.

148 Das **Interesse der Wohnungseigentümer**, dass die Gemeinschaft der Wohnungseigentümer an ihrer Stelle Pflichten erfüllt, spielt keine Rolle. Denn wegen der Möglichkeit, nach § 267 BGB als Dritte zu leisten, bedarf die Befriedigung dieses Interesses keiner Außenzuständigkeit der Gemeinschaft der Wohnungseigentümer; nur diese hat § 9a Abs. 2 WEG im Blick. Es genügt ein „Erfüllungsübernahmebeschluss“ im Innenverhältnis (Rz. 109); womöglich besteht sogar ein Freistellungsanspruch (Rz. 111).

---

1 BGH v. 13.12.2019 – V ZR 43/19, NJW 2020, 1798 Rz. 7 f. hat die Zuordnung der Verkehrssicherungspflicht offen gelassen.

c) Rechtsfolge

149 Nach § 9a Abs. 2 Var. 3 WEG „nimmt“ die Gemeinschaft der Wohnungseigentümer die dort genannten Pflichten „wahr“. Das ist als **umfassende Rechtszuständigkeit im Außenverhältnis** zu verstehen und nicht etwa nur als Erfüllungsübernahme im Innenverhältnis. **Im Rechtsverkehr** ist die Gemeinschaft der Wohnungseigentümer deshalb **wie die Schuldnerin** zu behandeln. Formal behalten die Wohnungseigentümer zwar ihre Schuldnerstellung, faktisch kommt es aber zu einer „**Enthaftung**“: Die Pflicht kann ihnen gegenüber nicht mehr geltend gemacht werden, weil sie ihre passive Prozessführungsbefugnis verlieren.[1] Dem steht auch nicht entgegen, dass der Gläubiger – anders als bei einer rechtsgeschäftlichen befreienden Schuldübernahme (vgl. §§ 414, 415 BGB) – daran nicht mitwirkt: Zum einen handelt es sich um eine gesetzliche Rechtsfolge, für die die Vorgaben für Rechtsgeschäfte nicht gelten. Zum anderen ist Situation nicht einmal äußerlich mit einer Schuldübernahme vergleichbar, weil die Rechtszuständigkeit für die Schuld nicht wechselt, sondern von vornherein bei der Gemeinschaft der Wohnungseigentümer liegt. Der Gläubiger muss das kraft gesetzlicher Anordnung hinnehmen; seine Interessen sind freilich bei der Auslegung zu berücksichtigen (Rz. 146).

d) Exkurs: Öffentlich-rechtliche Abgabepflichten

150 Besondere praktische Relevanz haben öffentlich-rechtliche Abgabepflichten. Hier ist zunächst sorgsam zu prüfen, wer überhaupt **Abgabeschuldner** ist. Bisweilen verpflichtet das öffentliche Recht nämlich die Gemeinschaft der Wohnungseigentümer selbst (vgl. etwa § 20 Abs. 2 des Schornsteinfeger-Handwerksgesetzes); § 9a Abs. 2 Var. 3 WEG spielt dann keine Rolle mehr. Der Bescheid ist in diesem Fall an die Gemeinschaft der Wohnungseigentümer, vertreten durch den Verwalter (§ 9b Abs. 1 S. 1 WEG), zu richten.

151 In der Regel werden aber die **Wohnungseigentümer** verpflichtet sein, sei es als **Teil- oder** als **Gesamtschuldner**. Geldzahlungspflichten, die sich nicht als gesetzliche Pflichten aus dem Gemeinschaftseigentum ergeben, fallen nicht unter § 9a Abs. 2 Var. 3 WEG (Rz. 147a). Im **Außenverhältnis** sind also alleine die Wohnungseigentümer verpflichtet. An jeden einzelnen von ihnen ist ein Bescheid zu richten. Eine Zustellung an den Verwalter ist nach den Vorschriften des WEG nicht mehr zulässig, denn er hat keine Vertretungsmacht mehr für die Wohnungseigentümer, auch nicht zur Entgegennahme von Zustellungen (Rz. 465). Bisweilen räumt ihm aber das öffentliche Recht eine Empfangsvertretungsmacht ein (vgl. etwa Art. 66 Abs. 3 S. 2 der Bayerischen Bauordnung). Ob der in Anspruch genommene Wohnungseigentümer im **Innenverhältnis** einen Freistellungsanspruch gegenüber der Gemeinschaft der Wohnungseigentümer hat, hängt davon ab, ob die konkrete Abgabepflicht zur Verwaltung des Gemeinschaftseigentums gehört (Rz. 111).

152 Im **Ergebnis** hat sich durch das WEMoG gegenüber dem früheren Recht **nichts geändert** – mit Ausnahme des Wegfalls der generellen Empfangsvertretungsmacht des

1 Palandt/*Wicke*, § 9 Rz. 9.

Verwalters (§ 27 Abs. 2 Nr. 1 WEG a.F.). Insbesondere ergibt sich der Anspruch auf Erfüllung öffentlich-rechtlicher Abgabepflichten, den die h.M. in der Vergangenheit § 10 Abs. 6 S. 3 WEG a.F. entnahm,[1] nun inhaltsgleich aus § 18 Abs. 2 Nr. 1 WEG.

e) Exkurs: Abnahme des Gemeinschaftseigentums

153 Seit langer Zeit umstritten ist die Frage, ob eine Befugnis der Gemeinschaft der Wohnungseigentümer besteht, das Gemeinschaftseigentum abzunehmen. **Nach früherem Recht** wurde sie **überwiegend verneint**.[2]

154 Das WEMoG bietet **keinen Anlass, von dieser Sichtweise abzurücken**. Ganz im Gegenteil: Bei der Abnahme handelt es sich um eine Pflicht der Wohnungseigentümer aus den Bauträgerverträgen (§ 650u Abs. 1 S. 2, § 640 Abs. 1 S. 1 BGB). Eine Zuständigkeit der Gemeinschaft der Wohnungseigentümer besteht nach § 9a Abs. 2 Var. 3 WEG nur noch für gesetzliche Pflichten aus dem Gemeinschaftseigentum (Rz. 145) und für Pflichten, die eine einheitliche Wahrnehmung erfordern (Rz. 146). Weil die Abnahmepflicht eine rechtsgeschäftliche Pflicht ist, kommt es allein darauf an, ob sie eine einheitliche Wahrnehmung erfordert. Nach früherem Recht genügte für die sog. gekorene Wahrnehmungskompetenz nach § 10 Abs. 6 S. 3 WEG a.F., dass die Wahrnehmung durch die Gemeinschaft der Wohnungseigentümer förderlich war.[3] „Erfordern" (§ 9a Abs. 2 Var. 3 WEG) verlangt jedenfalls mehr als „förderlich sein" (§ 10 Abs. 6 S. 3 WEG a.F.).

155 Zu einem anderen Ergebnis könnte man nur gelangen, wenn man dem Bauträgervertrag eine Bestimmung entnimmt, nach der die Abnahmebefugnis hinsichtlich des Gemeinschaftseigentums nur der Gemeinschaft der Wohnungseigentümer zusteht. Für die Abnahme wurde dieser **bauträgervertragsrechtlichen Ansatz** aber schon zum alten Recht nicht vertreten (zu Mängelrechten Rz. 137).

4. Zuständigkeitsübertragung nach allgemeinen Vorschriften

156 § 9a Abs. 2 WEG regelt zwar abschließend, für welche Rechte und Pflichten der Wohnungseigentümer eine Außenzuständigkeit der Gemeinschaft der Wohnungseigentümer besteht. Das betrifft aber nur die gesetzliche Zuordnung. Einer rechtsgeschäftlichen Übertragung oder Delegation steht die Vorschrift nicht entgegen. Wohnungseigentümer können deshalb ohne Einschränkungen **nach allgemeinen Vorschriften** Rechte an die Gemeinschaft der Wohnungseigentümer abtreten (§ 398 BGB) oder sie zu deren Geltendmachung im eigenen Namen – auch im Wege der Prozessstandschaft – ermächtigen (analog § 185 Abs. 1 BGB).[4] Bei Mitwirkung des Gläubigers können auch Verbindlichkeiten im Wege der befreienden Schuldüber-

---

1 BGH v. 14.2.2014 – V ZR 100/13, NJW 2014, 1093 Rz. 14.

2 LG München I v. 7.4.2016 – 36 S 17586/15 WEG, ZWE 2017, 39 (41 f.) unter II. 5.; BeckOGK-WEG/*Falkner*, § 10 Rz. 536; Bärmann/*Suilmann*, § 10 Rz. 328 f. m.w.N. auch zur Gegenansicht.

3 BGH v. 11.12.2015 – V ZR 180/14, NJW 2016, 1735 Rz. 18.

4 BT-Drucks. 19/18791, S. 47; zum alten Recht schon BGH v. 24.6.2005 – V ZR 350/03, NJW 2005, 3146 (3146 f.) unter III.1.

nahme übertragen werden (§§ 414, 415 BGB). Ob die Gemeinschaft der Wohnungseigentümer die Abtretung oder Schuldübernahme annehmen darf und von der Ermächtigung Gebrauch machen muss, hängt freilich davon ab, ob dies ordnungsmäßiger Verwaltung entspricht. Darüber ist in der Regel durch Beschluss zu entscheiden (§ 19 Abs. 1 WEG).

157 Ob **öffentlich-rechtliche Rechtspositionen** auf die Gemeinschaft der Wohnungseigentümer übertragbar sind oder dieser eine Prozessstandschaft eingeräumt werden kann, hängt vom anwendbaren öffentlichen Recht ab. Jedenfalls für solche Rechtspositionen, die in der Vergangenheit Gegenstand einer sog. gekorene Ausübungsbefugnis sein konnten (z.B. Nachbarrechte[1]), ist das anzunehmen, weil darin der Sache nichts anderes als eine Übertragung lag.

VIII. Gemeinschaftsvermögen (§ 9a Abs. 3 WEG)

158 Für die Verwaltung des Gemeinschaftseigentums braucht es Vermögen, das angesammelt (z.B. als Instandhaltungsrücklage) oder in Güter (z.B. einen Rasenmäher) investiert wird. In der Frage, wem dieses sog. Verwaltungsvermögen früher gehörte, lag historisch die **Keimzelle der Rechtsfähigkeit** der Gemeinschaft der Wohnungseigentümer. Denn wird das Verwaltungsvermögen den Wohnungseigentümern – auf welche Weise auch immer – zugeordnet, entstehen beim Eigentümerwechsel Probleme; sie entfallen, wenn an ihre Stelle ein eigenständiges Rechtssubjekt tritt.

159 Die Regelung in § 9a Abs. 3 WEG fällt gegenüber § 10 Abs. 7 WEG a.F. schlank aus (unten 1.). Ihr Zweck liegt darin, die Beschlusskompetenz über das Gemeinschaftsvermögen sicherzustellen (unten 2.). Begrifflich umfasst das Gemeinschaftsvermögen das gesamte Vermögen der Gemeinschaft der Wohnungseigentümer (unten 3.). Für seine Verwaltung gelten im Wesentlichen die gleichen Vorschriften wie für das Gemeinschaftseigentum (unten 4.). Das gilt jedoch nicht für Sozialansprüche und -verbindlichkeiten (unten 5.).

1. Vergleich mit § 10 Abs. 7 WEG a.F.

160 Im Zuge der WEG-Novelle 2007 widmete der Gesetzgeber dem „Verwaltungsvermögen“ den wortreichen **§ 10 Abs. 7 WEG a.F.**, dessen Bewertung in Literatur zwischen **überflüssig und verfehlt** schwankte: Überflüssig, weil er lediglich selbstverständliche Konsequenzen der Rechtsfähigkeit kodifizierte;[2] verfehlt, weil er diese Selbstverständlichkeiten missverständlich zum Ausdruck brachte.[3] Das begann beim Begriff des Verwaltungsvermögens: Vor Anerkennung der Rechtsfähigkeit der Gemeinschaft der Wohnungseigentümer mag er das Vermögen, das – in wessen Händen auch immer – der Verwaltung des Gemeinschaftseigentums gewidmet war, plastisch beschrieben haben. Nach Anerkennung der Rechtsfähigkeit warf dieser Begriff

1 Vgl. BVerwG v. 10.4.2019 – 9 A 24.18, NZM 2019, 826 Rz. 13.
2 *Bub*, ZWE 2007, 15 (15); Bärmann/*Suilmann*, § 10 Rz. 333; gnädiger BeckOGK-WEG/*Falkner*, § 10 Rz. 547: „klarstellender Natur“.
3 *Bub*, ZWE 2007, 15 (16); Bärmann/*Suilmann*, § 10 Rz. 334.

die unnötige Frage auf, ob damit das gesamte Vermögen der Gemeinschaft der Wohnungseigentümer gemeint war oder nur eine Teilmenge. Vor allem aber beantwortete § 10 Abs. 7 WEG a.F. die praktisch bedeutsame Frage nicht, welche Regeln für das Verwaltungsvermögen galten, etwa in welchem Rahmen Beschlusskompetenz hinsichtlich seiner Verwendung bestand und wie weit die diesbezügliche Zuständigkeit des Verwalters reichte.

161 **§ 9a Abs. 2 WEG** beschränkt sich darauf, den Begriff des Gemeinschaftsvermögens zu definieren und die anwendbaren Vorschriften zu benennen.

2. Normzweck

162 Der Zweck der Vorschrift liegt darin, eine **Beschlusskompetenz-Lücke zu schließen**, die sich aus der vollen Rechtsfähigkeit der Gemeinschaft der Wohnungseigentümer ergibt. Denn die Wohnungseigentümer können Beschlüsse nur in den Bereichen fassen, in denen ihnen das Gesetz oder eine Vereinbarung Beschlusskompetenz einräumt.[1] Solange die Gemeinschaft der Wohnungseigentümer nur „im Rahmen der gesamten Verwaltung des gemeinschaftlichen Eigentums" rechtsfähig war (§ 10 Abs. 6 S. 1 WEG a.F.) und soweit man daraus schloss, dass sie keine Rechte und Pflichten außerhalb dieses Rahmens erwerben konnte, war das unproblematisch. Denn für die Verwaltung des gemeinschaftlichen Eigentums besteht nach § 19 Abs. 1 WEG (§ 21 Abs. 3 WEG a.F.) Beschlusskompetenz. Da die Gemeinschaft der Wohnungseigentümer nun aber zweifelsfrei voll rechtsfähig ist (Rz. 79), besteht die Gefahr, dass sie Rechte und Pflichten erwirbt, die den Rahmen der Verwaltung des gemeinschaftlichen Eigentums sprengen. Für solche Rechte und Pflichten bestünde keine Beschlusskompetenz nach § 19 Abs. 1 WEG und ihre Verwaltung müsste deshalb schwerfällig über Vereinbarungen erfolgen. Diese Gefahr bannt § 9a Abs. 3 WEG.

163 **Eigenständige Bedeutung** hat § 9a Abs. 3 WEG freilich nur dort, wo es nicht mehr um die Verwaltung des Gemeinschaftseigentums geht. Denn nur insoweit sind die § 18, § 19 Abs. 1 und § 27 WEG nicht schon direkt anwendbar. Dieser Bereich ist schmal, weil der Begriff der Verwaltung dehnbar ist. § 9a Abs. 3 WEG erübrigt die genaue Grenzziehung.

164 **Beispiel:** Im Eigentum der Gemeinschaft der Wohnungseigentümer steht ein Wohnwagen. Die Wohnungseigentümer beschließen, wer von ihnen diesen Wohnwagen wann für Urlaubszwecke nutzen darf.

Eine direkte Anwendung des § 19 Abs. 1 WEG fällt schwer, weil der Wohnwagen nicht zum Gemeinschaftseigentum gehört. Ohne rot zu werden, lässt sich kaum argumentieren, dass die Erholung der Wohnungseigentümer zumindest mittelbar der Verwaltung des Gemeinschaftseigentums dient – etwa weil erholte Wohnungseigentümer in Eigentümerversammlungen weniger streitanfällig sind. Das ist wegen § 9a Abs. 3 WEG aber auch gar nicht nötig: § 19 Abs. 1 WEG ist jedenfalls entsprechend anwendbar.

1 Grundlegend die sog. Jahrhundert-Entscheidung, BGH v. 20.9.2000 – V ZB 58/99, NJW 2000, 3500 (3502 f.) unter III.3.-4.

165 **Systematisch verfehlt ist die Positionierung** der Vorschrift in Abschnitt 3, der das Außenverhältnis der Gemeinschaft der Wohnungseigentümer zum Gegenstand hat. Denn die Beschlusskompetenz betrifft allein das Innenverhältnis; § 9a Abs. 3 WEG hätte einen besseren Platz im Umkreis des § 19 WEG gefunden. Als Folge dessen ist § 9a Abs. 3 WEG als einzige Vorschrift des Abschnitts 3 abdingbar (Rz. 250).

3. Begriff

166 Das Gemeinschaftsvermögen wird in § 9a Abs. 3 WEG schlicht als das Vermögen der Gemeinschaft der Wohnungseigentümer legaldefiniert. Es besteht deshalb aus **allen Gegenstände, die der Gemeinschaft der Wohnungseigentümer zugeordnet sind**. Das umfasst insbesondere alle Sachen, deren Eigentümerin die Gemeinschaft der Wohnungseigentümer ist, alle Forderungen, deren Gläubigerin die Gemeinschaft der Wohnungseigentümer ist, und alle sonstigen Rechte, deren Inhaberin sie ist. Nach dem Zweck der Vorschrift sind unter den Vermögensbegriff des § 9a Abs. 2 WEG auch alle Passiva zu fassen, also insbesondere alle Verbindlichkeiten, deren Schuldnerin die Gemeinschaft der Wohnungseigentümer ist.[1]

167 Rein begrifflich gehören auch **Sozialansprüche und -verbindlichkeiten** gegenüber den Wohnungseigentümern zum Gemeinschaftsvermögen. § 9a Abs. 3 WEG ist auf sie aber nicht anwendbar (Rz. 176).

168 Forderungen und Verbindlichkeiten der Wohnungseigentümer, die die **Gemeinschaft der Wohnungseigentümer nach § 9a Abs. 2 WEG geltend macht bzw. erfüllt**, gehören selbst nicht zum Gemeinschaftsvermögen, wohl aber die sich aus § 9a Abs. 2 WEG ergebende Ausübungs- bzw. Wahrnehmungskompetenz.

169 Das Gemeinschaftsvermögen repräsentiert neben **dem Sonder- und dem Gemeinschaftseigentum**, das im Eigentum der Wohnungseigentümer steht, die **dritte Vermögenssphäre** des Wohnungseigentumsrechts. Ein Gegenstand kann stets nur einer dieser drei Vermögenssphären zugeordnet werden. Ob er zum Sondereigentum, Gemeinschaftseigentum oder Gemeinschaftsvermögen gehört, ist eine rein sachenrechtliche Frage. Die Zuordnung ist deshalb nicht statisch. Ein Sphärenwechsel kann insbesondere durch § 946 BGB ausgelöst werden: Kauft der Verwalter namens der Gemeinschaft der Wohnungseigentümer z.B. einen neuen Briefkasten, erwirbt diese zunächst Eigentum nach § 929 S. 1 BGB; der Briefkasten gehört damit zum Gemeinschaftsvermögen. Sobald der Briefkasten am Gebäude angebracht ist, wird er aber dessen wesentlicher Bestandteil und geht deshalb nach § 946 BGB in das Gemeinschaftseigentum über.[2]

170 Das Gemeinschaftsvermögen hat gegenüber dem Gemeinschaftseigentum **dienenden Charakter**. Diese Funktion führt aber zu **keiner sachlichen Beschränkung**: Das WEG sieht zwar die Bildung von Gemeinschaftsvermögen nur für Zwecke der Verwaltung des Gemeinschaftseigentums vor; die Rechtsfähigkeit der Gemeinschaft der

---

1 Vgl. auch BT-Drucks. 19/18791, S. 78, wo Verbindlichkeiten als wesentliches Gemeinschaftsvermögen eingeordnet werden.

2 Vgl. LG München I v. 17.3.2017 – 36 S 22212/15, ZMR 2017, 504 Rz. 35.

Wohnungseigentümer, also die Fähigkeit Trägerin von Rechten und Pflichten zu sein, ist aber zumindest seit Inkrafttreten des WEMoG nicht mehr auf diesen Zweck beschränkt (Rz. 80).

4. Anwendbare Vorschriften

171 Für das Gemeinschaftsvermögen gelten im Wesentlichen die **gleichen Vorschriften wie für das Gemeinschaftseigentum**:

172 **§ 9a Abs. 3 WEG ordnet an**, dass die § 18, § 19 und § 27 Abs. 1 WEG entsprechend gelten. Das leuchtet unmittelbar ein: Die Verwaltung des Gemeinschaftsvermögens ist Aufgabe der Gemeinschaft der Wohnungseigentümer (§ 18 Abs. 1 WEG). Jeder Wohnungseigentümer hat dabei einen Anspruch auf ordnungsmäßige Verwaltung und Benutzung des Gemeinschaftsvermögens (§ 18 Abs. 2 WEG), ist befugt, Notmaßnahmen alleine zu treffen (§ 18 Abs. 3 WEG) und kann Einsicht in die mit der Verwaltung des Gemeinschaftsvermögens zusammenhängenden Unterlagen nehmen (§ 18 Abs. 4 WEG). Über die Verwaltung und Benutzung des Gemeinschaftsvermögens beschließen die Wohnungseigentümer (§ 19 Abs. 1 WEG), soweit nicht die Zuständigkeit des Verwalters nach § 27 WEG eröffnet ist.

173 **Zusätzlich gilt**: Die Kosten und die Früchte des Gemeinschaftsvermögens sind nach Miteigentumsanteilen zu verteilen (§ 16 Abs. 1 S. 1 und 2 WEG); eine abweichende Verteilung der Kosten – nicht aber der Früchte – kann beschlossen werden (§ 16 Abs. 2 S. 2 WEG). Denn § 16 WEG erfasst das Gemeinschaftsvermögen bereits, indem es pauschal an die Kosten der Gemeinschaft der Wohnungseigentümer anknüpft.

174 **Nicht anwendbar** sind dagegen § 16 Abs. 1 S. 3 und § 20 WEG, die sich allein auf das gemeinschaftliche Eigentum beziehen. Es besteht deshalb weder ein Anspruch auf Mitgebrauch der Sachen, die zum Gemeinschaftsvermögen gehören, noch ein Anspruch auf bauliche Veränderung von Grundstücken, die dazu gehören. Durch Mehrheitsbeschluss können aber durchaus Baumaßnahmen auf Grundstücken, die sich im Gemeinschaftsvermögen befinden, beschlossen werden. Denn dabei handelt es sich um keine bauliche Veränderung im Sinne des § 20 Abs. 1 WEG, die begrifflich auf das Gemeinschaftseigentum beschränkt ist, sondern eine Verwaltungsmaßnahme nach § 9a Abs. 3, § 19 Abs. 1 WEG. Die Nichtaufnahme des § 20 WEG in die Verweisliste des § 9a Abs. 3 WEG soll also nur verhindern, dass Individualansprüche auf Baumaßnahmen entstehen. Denn das stünde – genauso wie ein Recht auf Mitgebrauch – im Widerspruch zum bloß dienenden Charakter des Gemeinschaftseigentums und könnten seine wirtschaftlich sinnvolle Verwertung behindern.[1]

175 **Beispiel (Parkplatz):** Die Gemeinschaft der Wohnungseigentümer hat ein benachbartes Parkplatzgrundstück erworben. Die Wohnungseigentümer haben keinen Anspruch nach § 16 Abs. 1 S. 3 WEG, diese Fläche zum Parken zu nutzen; die Fläche könnte etwa auch an Dritte vermietet oder einzelnen Wohnungseigentümern ähnlich einem Sondernutzungsrecht zugewiesen werden. Die Wohnungseigentümer haben deshalb erst Recht keinen Anspruch nach

1 BT-Drucks. 19/18791, S. 47 f.

§ 20 Abs. 2 S. 1 Nr. 2 WEG, dass dort eine Ladestation für Elektrofahrzeuge errichtet wird. Mehrheitlich könnte das aber beschlossen werden; ob es ordnungsmäßiger Verwaltung entspricht, ist freilich eine andere Frage.

5. Keine Geltung für Sozialansprüche und -verbindlichkeiten

176 § 9a Abs. 3 WEG findet keine Anwendung auf Sozialansprüche und -verbindlichkeiten, also auf Rechte und Pflichten der Wohnungseigentümer nach dem WEG. Das ergibt sich schon aus dessen systematischer Stellung in Abschnitt 3, der sich mit dem Außenverhältnis der Gemeinschaft der Wohnungseigentümer befasst, wohingegen das „Rechtsverhältnis der Wohnungseigentümer [...] zur Gemeinschaft der Wohnungseigentümer" im gleichnamigen Abschnitt 4 geregelt ist. Vor allem darf die in den §§ 10 ff. WEG speziell geregelte Zuständigkeitsordnung nicht durch einen Rückgriff auf § 9a Abs. 3 WEG unterlaufen werden, der auch dort Beschlusskompetenz einräumen würde, wo sie bewusst nicht eingeräumt ist.

IX. Haftung der Wohnungseigentümer (§ 9a Abs. 4 WEG)

177 Die Haftung der Wohnungseigentümer für die Gemeinschaft der Wohnungseigentümer ist Gegenstand von § 9a Abs. 4 WEG. Die Regelung entspricht **§ 10 Abs. 8 S. 1 bis 3 WEG a.F.** An dem Haftungskonzept hat sich also **nichts geändert**: Die Wohnungseigentümer haften gegenüber Gläubigern der Gemeinschaft der Wohnungseigentümer quotal entsprechend ihren Miteigentumsanteilen.

178 Nicht übernommen wurde die schwer verständliche Vorschrift des **§ 10 Abs. 8 S. 4 WEG a.F.** Sie beschränkte die Haftung eines Wohnungseigentümers wegen nicht ordnungsmäßiger Verwaltung gegenüber der Gemeinschaft der Wohnungseigentümer auf dessen Miteigentumsquote. Zweck dieser Vorschrift war es ausweislich der Gesetzesbegründung zur WEG-Novelle 2007, eine Umgehung der nur beschränkten Außenhaftung zu verhindern, könnte doch ein Gläubiger der Gemeinschaft der Wohnungseigentümer einen im Innenverhältnis unbegrenzten Anspruch in voller Höhe pfänden.[1] Daran gemessen ist die Regelung überschießend, denn sie verhinderte nicht nur eine überquotale Pfändung, sondern begrenzte zugleich die Haftung im Innenverhältnis. Für solch eine Privilegierung besteht kein Grund: Verletzt ein Wohnungseigentümer schuldhaft seine Pflichten und muss er deshalb nach allgemeinen Vorschriften der Gemeinschaft der Wohnungseigentümer für den entstehenden Schaden in voller Höhe einstehen, ist eine quotale Begrenzung dieser Einstandspflicht nicht angemessen. Denn wirtschaftlich führt sie zu einer unbilligen Belastung der übrigen Wohnungseigentümer. In jedem Fall hätte der Wortlaut der Vorschrift deshalb auf ihren Zweck zurückgeführt werden müssen (z.B. mit der Formulierung: „Ansprüche der Gemeinschaft der Wohnungseigentümer gegen einen Wohnungseigentümer sind nur seinem Anteil (§ 16 Abs. 1 Satz 2) entsprechend pfändbar."). Der Gesetzgeber entschied sich jedoch zu Recht für ihre vollständige Aufhebung. Denn für den haftenden Wohnungseigentümer spielt es keine Rolle, ob er von der Gemeinschaft der Wohnungseigentümer oder einem ihrer Gläubiger im Wege der Pfändung in Anspruch genommen wird. In beiden Fällen hat der Wohnungseigentümer denselben Betrag zu bezahlen. Es besteht deshalb kein Grund, die Pfändung anders zu behandeln. Eine Umgehung der nur beschränkten Außenhaftung droht durch sie – anders als Gesetzgeber der WEG-Novelle 2007 befürchtete – nicht.

---

1 BT-Drucks. 16/887, S. 67.

X. Vertretung (§ 9b WEG)

179 Die Gemeinschaft der Wohnungseigentümer wird grundsätzlich durch den Verwalter vertreten (unten 1.). In einer verwalterlosen Gemeinschaft vertreten alle Wohnungseigentümer gemeinschaftlich (unten 2.). Eine Vertretung der einzelnen Wohnungseigentümer durch den Verwalter ist dagegen unnötig und deshalb nicht mehr vorgesehen (unten 3.).

1. Gemeinschaften mit Verwalter (Abs. 1 S. 1)

180 Wurde ein Verwalter bestellt, ist nach § 9b Abs. 1 S. 1 WEG grundsätzlich nur er berechtigt, die Gemeinschaft der Wohnungseigentümer zu vertreten (unten a)). Für den Abschluss eines Grundstückskauf- und Darlehensvertrag benötigt er jedoch nach § 9b Abs. 1 S. 1 Hs. 2 WEG einen Ermächtigungsbeschluss (unten b)). Daneben gelten die allgemeinen Grenzen der Vertretungsmacht (unten c)). § 9b Abs. 2 WEG regelt die Vertretung gegenüber dem Verwalter, wenn dieser nach § 181 BGB von der Vertretung ausgeschlossen ist (unten d)). Ein besonderer Nachweis der Vertretungsmacht ist nicht mehr vorgesehen (unten e)); eine Zurückweisung einseitiger Rechtsgeschäften nach § 174 S. 1 BGB scheidet dennoch aus (unten f)).

a) Grundsatz: Umfassende und ausschließliche Vertretung durch den Verwalter

181 Wurde ein Verwalter bestellt, vertritt dieser die Gemeinschaft der Wohnungseigentümer **umfassend gerichtlich und außergerichtlich** (§ 9b Abs. 1 S. 1 Hs. 1 WEG). Eine Ausnahme besteht lediglich beim Abschluss von Grundstückskauf- und Darlehensverträgen (§ 9b Abs. 1 S. 1 Hs. 2 WEG, näher Rz. 184). Darüber hinaus ist seine Vertretungsmacht **sachlich nicht beschränkt**. Die Vertretungsmacht des Verwalters kann Dritten gegenüber auch **nicht durch Vereinbarung oder Beschluss beschränkt** werden (§ 9b Abs. 1 S. 3 WEG).

182 Aus **praktischer Sicht** wird der Rechtsverkehr mit einer Gemeinschaft der Wohnungseigentümer dadurch erleichtert. Denn Geschäftspartner müssen sich keine Gedanken mehr über die Vertretungsmacht des Verwalters machen. Auch **dogmatisch** reiht sich die Gemeinschaft der Wohnungseigentümer weitgehend in die Reihe anderer Rechtsträger ein, die über ein unbeschränkt und unbeschränkbar vertretungsberechtigtes Organ verfügen (vgl. etwa § 35 Abs. 1 S. 1, § 37 Abs. 2 GmbHG und §§ 125 f. HGB). Die Vertretungsmacht des Verwalters ist damit eine organschaftliche; das war zum alten Recht zumindest nicht zweifelsfrei.[1]

183 **Nicht mehr möglich** ist es, einen oder mehrere Wohnungseigentümer neben dem Verwalter zur Vertretung der Gemeinschaft der Wohnungseigentümer zu ermächtigen. § 27 Abs. 3 S. 3 WEG a.F., der dies vorsah, wurde aus Gründen des Minderheitenschutzes ersatzlos aufgehoben (näher Rz. 236). Beschlusskompetenz besteht nur noch für die Vertretung gegenüber dem Verwalter (§ 9b Abs. 2 Alt. 2 WEG, näher Rz. 225).

---

1 Zur Besonderheit der Vertretungsmacht des Verwalters nach altem Recht im Vergleich zum sonstigen Verbandsrecht vgl. Staudinger/*Jacoby*, § 27 WEG Rz. 156.

b) Ausnahme: Grundstücks- und Darlehensverträge

184 Nach § 9b Abs. 1 S. 1 Hs. 2 WEG besteht die Vertretungsmacht des Verwalters beim Abschluss von Grundstückskauf- und Darlehensverträgen (unten bb)) nur aufgrund eines Ermächtigungsbeschlusses (unten cc)) der Wohnungseigentümer, die insoweit vor einem eigenmächtigen Handeln des Verwalters geschützt werden sollen (unten aa)). Ohne Ermächtigungsbeschluss handelt der Verwalter als Vertreter ohne Vertretungsmacht (unten dd)).

aa) Normzweck und Auslegungsgrundsätze

185 § 9b Abs. 1 S. 1 Hs. 2 WEG soll ein **eigenmächtiges Handeln des Verwalters** in den dort genannten Bereichen **verhindern** und damit die vertretene Gemeinschaft der Wohnungseigentümer schützen, mittelbar natürlich vor allem die Wohnungseigentümer, die nach § 9a Abs. 4 WEG für deren Verbindlichkeiten haften.

186 Ob für diesen Schutz nicht die allgemeinen zivilrechtlichen Mechanismen, insbesondere die Lehre vom Missbrauch der Vertretungsmacht (Rz. 212), der strafrechtliche Untreuetatbestand (§ 266 StGB) und nicht zuletzt die gewerberechtliche Pflicht des Verwalters zum Abschluss einer Berufshaftpflichtversicherung (§ 34c Abs. 2 Nr. 4 GewO) genügt hätten, ist eine **rechtspolitische Frage**. Die Bund-Länder-Arbeitsgruppe hatte vorgeschlagen, zu prüfen, ob „Beschränkungen für einzelne Rechtsgeschäfte, etwa in Anlehnung an die Reichweite der Prokura (§ 49 HGB), sinnvoll sind".[1] Die Bundesregierung hielt dies für nicht sinnvoll und sah im Regierungsentwurf keine entsprechende Regelung vor. Das entsprach der Rechtslange im sonstigen Verbandsrecht, das grundsätzlich keine sachlichen Beschränkungen der Vertretungsmacht des jeweiligen Vertretungsorgans kennt.[2] Erst der Rechtausschuss fügte die letztlich Gesetz gewordene Beschränkung der Vertretungsmacht ein und folgte damit einem Vorschlag aus der Sachverständigenanhörung.[3] Damit wurde ohne überzeugenden Grund (Rz. 187) ein verbandsrechtlicher Sonderweg beschritten, was mit Blick auf die durch das WEMoG angestrebte Harmonisierung des WEG mit der übrigen Rechtsordnung bedauerlich ist.

187 Beim Umfang der Beschränkung ist **kein einheitliches Prinzip** zu erkennen.[4] Die Vertretungsmacht des Verwalters wird nicht etwa bei allen potentiell besonderes weitreichenden Rechtsgeschäften beschränkt; eine solche Beschränkung wäre mit dem berechtigten Bedürfnis des Rechtsverkehrs nach klaren Vertretungsverhältnissen auch kaum vereinbar gewesen. Vielmehr benennt § 9b Abs. 1 S. 1 Hs. 2 WEG mit Grundstückskauf- und Darlehensverträgen lediglich zwei Typen von Rechtsgeschäften, die im Einzelfall wirtschaftlich erhebliche Auswirkungen haben können. Weil die Beschränkung auf diese beiden Typen, ähnlich wie die Beschränkungen der Handlungsvollmacht durch § 54 Abs. 2 HGB,[5] willkürlich ist, muss eine **Erweiterung**

---

1 Abschlussbericht, ZWE 2019, 429 (442).

2 Eine Ausnahme stellt § 179a AktG dar, der nach h. M. auch im Außenverhältnis wirkt.

3 Das Konzept geht vermutlich zurück auf den Zentralverband der Deutschen Haus-, Wohnungs- und Grundeigentümer e.V. („Haus und Grund"), vgl. Protokoll 19/96 Deutscher Bundestag, Ausschuss für Recht und Verbraucherschutz, S. 17.

4 Auch die Beschlussempfehlung des Rechtsausschusses nennt keines, vgl. BT-Drucks. 19/22634, S. 43.

5 Baumbach/Hopt/*Hopt*, § 54 HGB Rz. 12, 16.

im Wege der Analogie genauso wie dort[1] schon aus methodischen Gründen **ausscheiden.** Das Gleiche gilt für eine teleologische Reduktion in den Fällen, in denen Grundstückskauf- und Darlehensverträgen nur geringe Bedeutung haben, etwa beim Erwerb kleiner Arrondierungsflächen oder der Aufnahme eines Kleinkredits zur Liquiditätssicherung. Letztlich ist § 9b Abs. 1 S. 1 Hs. 2 WEG damit als formale Ordnungsvorschrift anzusehen, deren Grenzen in erster Linie durch den Wortlaut bestimmt werden.

bb) Reichweite

188 Die gesetzliche Vertretungsmacht des Verwalters ist lediglich beim Abschluss (unten (1)) von Grundstückskauf- und Darlehensverträgen (unten (2) und (3)) beschränkt.

(1) Abschluss

189 § 9b Abs. 1 S. 1 Hs. 2 WEG beschränkt die Vertretungsmacht beim „Abschluss" von Grundstückskauf- und Darlehensverträgen, also bei der Abgabe von Willenserklärungen, die auf die **Begründung** eines solchen Vertragsverhältnisses gerichtet sind. Dem gleichgestellt sind Willenserklärungen, die auf die **Änderung** solcher Vertragsverhältnisses gerichtet sind, unterwirft doch auch § 311 Abs. 1 BGB die Begründung und die Änderung eines Vertragsverhältnisses denselben Regeln.

190 **Nicht** erfasst sind dagegen **Willenserklärungen im Rahmen der Abwicklung solcher Vertragsverhältnisse**, etwa Rücktritts-, Kündigungs- oder Minderungserklärungen, und erst recht nicht die Geltendmachung von Ansprüchen aus solchen Vertragsverhältnissen.

(2) Grundstückskaufvertrag

191 Den Begriff des Grundstückskaufvertrags kennt weder das WEG noch das BGB.[2] Gemeint ist damit ein Kaufvertrag im Sinne des § 433 BGB über ein Grundstück. Wie in § 311b Abs. 1 S. 1 BGB fällt unter den **Grundstücksbegriff** nicht nur das Alleineigentum an einem Grundstück, sondern auch Miteigentumsanteile einschließlich Wohnungs- und Teileigentum sowie bestimmte sog. grundstücksgleiche Rechte, insbesondere das Erbbaurecht.[3] Bei letzterem macht es nach der Wertung des § 11 ErbbauRG auch keinen Unterschied, ob die Verpflichtung auf die Übertragung eines bereits bestehendes Erbbaurechts oder die Bestellung eines neuen Erbbaurechts gerichtet ist.

192 Keine Rolle spielt es nach dem Wortlaut, ob die Gemeinschaft der Wohnungseigentümer **als Käuferin oder als Verkäuferin** auftritt. Das ist auch sachgerecht, denn in

1 Baumbach/Hopt/*Hopt*, § 54 HGB Rz. 16; MünchKommHGB/*Krebs*, § 54 Rn 34.
2 Bundesrechtlich verwendet überhaupt nur das Sachenrechtsbereinigungsgesetz diesen Begriff (vgl. z.B. § 6 SachenRBerG).
3 Statt aller MünchKommBGB/*Ruhwinkel*, § 311b Rz. 6 m.w.N.

beiden Fällen besteht die potentielle Gefahr, dass über erhebliche Vermögenswerte disponiert wird.

193 In jedem Fall muss es sich aber um einen **Kaufvertrag** handeln. § 9b Abs. 1 S. 1 Hs. 2 WEG kann nicht auf andere Verträge angewendet werden, auch wenn sie wirtschaftlich einem Kaufvertrag vergleichbar oder für das Vermögen der Gemeinschaft der Wohnungseigentümer sogar noch erheblicher sind (allgemein zur fehlenden Analogiefähigkeit Rz. 187). Das gilt insbesondere für Schenkungs- und Tauschverträge. Ob ein Kaufvertrag vorliegt, hängt freilich nicht von der Bezeichnung des Vertrags, sondern von seinem rechtlichen Gehalt ab.

194 Von vornherein **nicht erfasst** sind **dingliche Rechtsgeschäfte**, etwa die Auflassung eines Grundstücks oder seine Belastung.[1]

195 Für die Praxis erleichtert sich damit die **Abwicklung von Grundstückskaufverträgen** im Vergleich zum früheren Recht. Denn in der Vergangenheit hing nicht nur die Vertretungsmacht des Verwalters für den Kaufvertrag, sondern auch für die Auflassung von einem Beschluss der Wohnungseigentümer ab (§ 27 Abs. 3 S. 1 Nr. 7 WEG a.F.). Um die Vertretungsmacht für die Auflassung dem Grundbuchamt in der Form des § 29 Abs. 1 GBO nachweisen zu können, wendete die Rechtsprechung § 26 Abs. 3 WEG a.F. analog an und verlangte eine Niederschrift über den Beschluss mit beglaubigten Unterschriften.[2] Das ist künftig überflüssig: Die Vertretungsmacht des Verwalters für die Auflassung ergibt sich bereits aus § 9b Abs. 1 S. 1 Hs. 1 WEG. Die Vertretungsmacht für den Kaufvertrag prüft nicht das Grundbuchamt, sondern im Rahmen des § 17 Abs. 1 BeurkG der Notar.[3] Weil der Notar dabei aber nicht an die Form des § 29 GBO gebunden ist, genügt in der Regel die Vorlage der Urschrift der Niederschrift.

(3) Darlehensvertrag

196 **Darlehensvertrag** ist jeder Vertrag im Sinne des § 488 BGB. Keine Rolle spielt es, ob die Gemeinschaft der Wohnungseigentümer dabei **als Darlehensnehmerin oder als Darlehensgeberin** auftritt. Auch die Verzinslichkeit des Darlehens ist irrelevant. Eine betragsmäßige Grenze gibt es nicht; auch Kleinkreditverträge kann der Verwalter wirksam nur abschließen, wenn er durch Beschluss dazu ermächtigt wurde.

197 **Dispositions- bzw. Kontokorrentkredite** sind rechtlich Darlehensverträge[4] und damit von § 9b Abs. 1 S. 1 Hs. 2 WEG erfasst. Weil sie in Form einer Überziehungsmöglichkeit häufig bereits im Rahmen des Girokontovertrags vereinbart werden (vgl. § 504 Abs. 1 BGB), muss bereits dieser Vertrag durch einen Beschluss der Wohnungseigentümer gedeckt sein. Fehlt der Beschluss und wird er auch nicht nachgeholt (dazu Rz. 205), bleibt der Vertrag über das Girokonto freilich im Übrigen nach § 139 BGB wirksam.[5]

1 BT-Drucks. 19/22634, S. 43.
2 OLG München. v. 16.11.2016 – 34 Wx 305/16, ZWE 2017, 93 Rz. 19 ff.
3 Statt aller Staudinger/*Hertel*, BeurkG Rz. 340 m.w.N.
4 MünchKommBGB/*Schürnbrand*/*Weber*, § 491 Rz. 59.
5 Vgl. Staudinger/*Roth*, § 139 Rz. 33 zur Anwendbarkeit des § 139 BGB auf Fälle des § 177 BGB, also bei teilweise fehlender Vertretungsmacht.

Keine Darlehensverträge sind Teilzahlungsgeschäfte oder andere Finanzierungshilfen im Sinne der §§ 506 f. BGB. Eine analoge Anwendung des § 9b Abs. 1 S. 1 Hs. 2 WEG scheidet auch dann aus, wenn solche Rechtsgeschäfte wirtschaftlich einem Darlehen gleichstehen (allgemein zur Analogieunfähigkeit Rz. 187). 198

cc) Ermächtigungsbeschluss

Der Verwalter kann die Gemeinschaft der Wohnungseigentümer beim Abschluss eines Grundstückskauf- oder Darlehensvertrags nur aufgrund eines Ermächtigungsbeschlusses der Wohnungseigentümer vertreten. Die **interne Willensbildung schlägt insoweit auf die Vertretungsmacht** durch. Das war unter Geltung des § 27 Abs. 3 S. 1 Nr. 7 WEG a.F. der Regelfall und gilt nunmehr nur noch innerhalb des engen Rahmens des § 9b Abs. 1 S. 1 Hs. 2 WEG. 199

§ 9b Abs. 1 S. 1 Hs. 2 WEG stellt **keine besonderen Anforderungen an die Beschlussfassung**. Es gelten deshalb die allgemeinen Vorgaben; insbesondere genügt die Mehrheit der abgegebenen Stimmen (vgl. § 25 Abs. 1 WEG). 200

Inhaltlich kann sich die Ermächtigung auf den Abschluss eines konkreten Grundstücks- oder Darlehensvertrags oder auf einen abstrakt definierten Kreis solcher Verträge (z.B. bis zu einer bestimmten Summe) beziehen. Zulässig ist aber auch eine Pauschalermächtigung, denn § 9b Abs. 1 S. 1 Hs. 2 WEG verlangt als Ermächtigung keinen „einzelnen" (vgl. § 23 Abs. 3 S. 2 WEG) oder „bestimmten" (vgl. § 16 Abs. 2 S. 2 WEG) Beschluss. 201

Für die **Praxis** empfiehlt es sich, den Verwalter auf Vorrat mit der Ermächtigung auszustatten, Darlehen bis zu einer bestimmten Höhe aufzunehmen, damit er Liquiditätsengpässe kurzfristig überbrücken kann. 202

Formulierungsvorschlag: 203

Der Verwalter wird ermächtigt, ein oder mehrere Darlehen im Namen der Gemeinschaft der Wohnungseigentümer bei einem im Inland zum Geschäftsbetrieb befugten Kreditinstitut bis zu einem Gesamtdarlehensbetrag von ... Euro aufzunehmen.

dd) Rechtsfolgen bei fehlendem oder fehlerhaftem Ermächtigungsbeschluss

Die Rechtsfolgen bei fehlendem oder fehlerhaftem Ermächtigungsbeschluss entsprechen denen, die schon bislang im Rahmen des § 27 Abs. 3 S. 1 Nr. 7 WEG a.F. galten: 204

– Der Verwalter handelt als Vertreter ohne Vertretungsmacht, wenn er eine Willenserklärung **ohne den notwendigen Ermächtigungsbeschluss** abgibt. Es gelten die allgemeinen Vorschriften der **§§ 177 ff. BGB**:[1] Die Wirksamkeit des Vertrags hängt von der Genehmigung durch die Gemeinschaft der Wohnungseigentümer ab. Sie kann nach § 182 Abs. 1 BGB sowohl gegenüber dem Verwalter als auch 205

1 Vgl. Staudinger/*Jacoby*, § 27 WEG Rz. 160 zur Rechtslage, wenn ein Beschluss nach § 27 Abs. 3 S. 1 Nr. 7 WEG a.F. fehlte.

gegenüber dem Vertragspartner erklärt werden. Gegenüber dem Verwalter kann sie der Vorsitzende des Verwaltungsbeirats oder ein dazu ermächtigter Wohnungseigentümer erklären (vgl. § 9b Abs. 2 WEG), gegenüber dem Vertragspartner der Verwalter selbst. In beiden Fällen bedarf es analog § 9b Abs. 1 S. 1 Hs. 2 WEG zwingend eines Beschlusses der Wohnungseigentümer. Wird die Genehmigung erteilt, ist der Vertrag von Anfang an wirksam (§ 184 Abs. 1 WEG); wird sie verweigert, haftet der Verwalter persönlich (§ 179 BGB). Ein Kennenmüssen des Vertragspartners, das die Haftung des Verwalters nach § 179 Abs. 3 S. 1 BGB ausschließen würde, ist nicht bereits dann anzunehmen, wenn er sich den Ermächtigungsbeschluss nicht zeigen lässt. Denn den Vertragspartner trifft grundsätzlich keine Nachforschungspflicht.[1]

206 – Wurde ein **Ermächtigungsbeschluss** gefasst, ist dieser aber **anfechtbar**, handelt der Verwalter mit Vertretungsmacht, solange der Beschluss nicht durch rechtskräftiges Urteil aufgehoben wird (§ 23 Abs. 4 S. 2 WEG). Kommt es zur Aufhebung, fällt die Vertretungsmacht zwar mit Wirkung *ex tunc* weg.[2] Der BGH zieht jedoch den Rechtsgedanken des § 47 FamFG heran, wonach die Wirksamkeit bereits abgeschlossener Rechtsgeschäfte dadurch nicht berührt werden soll.[3] Überzeugender erscheint dagegen eine Parallele zur Rechtslage nach der Anfechtung einer ausgeübten Innenvollmacht: Der Verwalter wird zwar nachträglich zum Vertreter ohne Vertretungsmacht, der Schadensersatzanspruch des Vertragspartners richtet sich aber nicht nach § 179 BGB gegen den Verwalter, sondern analog § 122 BGB gegen die Gemeinschaft der Wohnungseigentümer.[4]

207 – Ist der Ermächtigungsbeschluss **nichtig**, was freilich nur selten vorkommen dürfte, haftet der Verwalter dem Vertragspartner nach § 179 BGB. War die Nichtigkeit für den Verwalter nicht erkennbar und hat er sie auch nicht durch sein eigenes Verhalten verursacht, hat er einen Regressanspruch gegen die Gemeinschaft der Wohnungseigentümer nach § 280 Abs. 1 WEG.

c) Allgemeine Grenzen

208 Die Vertretungsmacht des Verwalters findet ihre Grenzen neben § 9b Abs. 1 S. 1 Hs. 2 WEG in den allgemeinen Vorschriften, insbesondere in den Schranken des § 181 BGB (unten aa)) und in der Lehre vom Missbrauch der Vertretungsmacht (unten bb)). Sie gilt zudem nicht für Innengeschäfte (unten cc)). Eine Beschränkung der Vertretungsmacht auf den Verbandszweck ist dagegen nicht anzuerkennen (unten dd)).

---

1 BGH v. 10.5.2001 – III ZR 111/99, NJW 2001, 2626 (2627) unter 3.a.

2 Bärmann/*Becker*, § 27 Rz. 24 ff. m.w.N.

3 BGH v. 5.7.2019 – V ZR 278/17, NJW 2020, 988 Rz. 8 ff. für die erfolgreiche Anfechtung eines Ermächtigungsbeschlusses nach § 27 Abs. 3 S. 3 WEG a.F.

4 Bärmann/*Becker*, § 27 Rz. 24 ff.; vgl. auch BGH v. 5.7.2019 – V ZR 278/17, NJW 2020, 988 Rz. 8.

aa) § 181 BGB

Wegen § 181 BGB kann der Verwalter keine Rechtsgeschäfte mit sich selbst vornehmen, es sei denn, es geht ausschließlich um die Erfüllung einer Verbindlichkeit. Diese Lücke schließt **§ 9b Abs. 2 WEG** (dazu Rz. 219). 209

Die **Befreiung** des Verwalters von den Beschränkungen des § 181 BGB kann **nur noch durch Vereinbarung** erfolgen. § 9b Abs. 1 S. 3 WEG steht dem nicht entgegen, da er nur „Beschränkungen" verbietet. Eine Befreiung durch Beschluss, der nach altem Recht auf § 27 Abs. 3 S. 1 Nr. 7 WEG gestützt werden konnte,[1] ist nicht mehr möglich. Denn eine Beschlusskompetenz, die gesetzliche Vertretungsmacht des Verwalters zu erweitern, existiert nicht; entsprechende Beschlüsse sind nichtig. Eine Regelung im Verwaltervertrag wäre vornherein untauglich, die organschaftliche Vertretungsmacht zu beeinflussen.[2] 210

Die praxisrelevanten Fälle der Vertretung bei der **Verwalterbestellung** und beim **Abschluss des Verwaltervertrags** werden im jeweiligen Sachzusammenhang erörtert (Rz. 456 und Rz. 536). 211

bb) Missbrauch der Vertretungsmacht

Für die Vertretungsmacht des Verwalters gelten die Grenzen, die sich aus der **Lehre vom Missbrauch der Vertretungsmacht** ergeben:[3] Handelt der Verwalter bewusst und gewollt mit einem Dritten zum Schaden der Gemeinschaft der Wohnungseigentümer zusammen, liegt ein Fall der sog. Kollusion vor und das Rechtsgeschäft ist nach § 138 Abs. 1 BGB unwirksam. Häufiger wird der Fall sein, dass der Verwalter seine Pflichten im Innenverhältnis verletzt und der Dritte dies erkennt oder zumindest grob fahrlässig verkennt; eine Berufung auf die Vertretungsmacht scheitert dann an § 242 BGB. Das liegt immer dann nahe, wenn der Verwalter ein Geschäft im Namen der Gemeinschaft der Wohnungseigentümer tätigt, das seiner Natur nach nicht der Verwaltung einer Immobilie dienen kann. Kauft der Verwalter etwa einen Sportwagen im Namen der Gemeinschaft der Wohnungseigentümer, kann und muss der Verkäufer erkennen, dass der Verwalter das nicht darf. 212

cc) Rechtsgeschäfte mit Wohnungseigentümern

Besonderheiten gelten für Geschäfte mit Wohnungseigentümer. Dabei ist danach zu unterscheiden, ob es um Innengeschäfte geht, die mitglieds- oder organschaftliche Rechte und Pflichten betreffen (unten (1)), oder Außengeschäfte, die auch mit Dritten abgeschlossen werden könnten (z.B. Kauf- oder Dienstverträge – unten (2)): 213

---

1 BayObLG v. 8.12.2004 – 2Z BR 80/04, NJW 2005, 1587 (1587); Staudinger/*Jacoby*, § 27 WEG Rz. 162.

2 A. A., aber ohne jedes Problembewusstsein OLG München v. 20.3.2008 – 34 Wx 46/07, ZWE 2009, 27 (40) unter 2.b.(4); OLG Düsseldorf v. 30.5.2006 – 3 Wx 51/06, NJW 2006, 3645 (3646) unter II.2.b)bb)(a); Bärmann/*Becker*, § 27 Rz. 119, 189; *Sauren*, § 27 Rz. 60a.

3 Ausführlich zum Ganzen MünchKommBGB/*Schubert*, § 164 Rz. 213 ff.

(1) Innengeschäfte

214 Im Verbandsrecht ist im Ergebnis anerkannt, dass mitglieds- und organschaftliche Rechte und Pflichten **nur in den nach dem jeweiligen Verbandsrecht geltenden Formen** begründet und verändert werden können. Die unbeschränkte Vertretungsmacht kann die interne Zuständigkeitsverteilung für solche verbandsrechtlichen Akte also nicht überwinden. Etwa die Änderung der Satzung einer GmbH kann nach § 53 Abs. 1 GmbHG nur durch Beschluss der Gesellschafter erfolgen. Eine Willenserklärung des Geschäftsführers genügt dafür trotz dessen unbeschränkter Vertretungsmacht nicht;[1] der Geschäftsführer kann die Gesellschaft grundsätzlich auch nicht schuldrechtlich zu einer Satzungsänderung verpflichten.[2]

214a Die **dogmatischen Grundlagen** dieser Einschränkung sind **unklar**. Soweit es um den verbandsrechtlichen Akt selbst geht (z. B. die Satzungsänderung), muss man wohl eine Art Typenzwang annehmen: Das Vertretungsorgan kann den gesetzlich vorgeschriebenen Handlungstyp (z. B. eine Beschlussfassung) schlicht nicht vornehmen; seine unbeschränkte Vertretungsmacht spielt mithin keine Rolle. Ganz überwiegend wird jedoch an der Vertretungsmacht angesetzt: Das Vertretungsorgan sei für verbandsrechtliche Akte nicht vertretungsbefugt.[3] Der Vorteil dieses Ansatzes liegt darin, dass er zwanglos erklären kann, warum sich der Verband auch schuldrechtlich nicht zu einem solchen Akt verpflichten kann: auch insoweit besteht keine Vertretungsmacht.[4] Der Gedanke des Typenzwangs müsste insoweit das in § 242 BGB wurzelnde Umgehungsverbot fruchtbar machen.

214b Für das **Wohnungseigentumsrecht** bedeutet das: Soweit die Rechtsstellung von Wohnungseigentümern nach den Vorschriften des WEG von einer Beschlussfassung abhängt, kann der Verwalter den notwendigen Beschluss nicht durch eine Willenserklärung im Namen der Gemeinschaft der Wohnungseigentümer ersetzen. Er kann die Gemeinschaft der Wohnungseigentümer auch nicht verpflichten, einen solchen Beschluss zu fassen.

215 **Beispiel:** Der Verwalter kann keinen Vertrag mit einem Wohnungseigentümer schließen, in dem die Gemeinschaft der Wohnungseigentümer verpflichtet wird, eine bestimmte bauliche Veränderung zu gestatten. Denn die Gestattung baulicher Veränderung kann nach § 20 Abs. 1 Alt. 2 WEG nur durch Beschluss erfolgen. Ein gleichwohl geschlossener Vertrag wäre mangels Vertretungsmacht unwirksam.

(2) Außengeschäfte

216 Für Außengeschäfte mit Wohnungseigentümern besteht grundsätzlich Vertretungsmacht des Verwalters. Denn im Ausgangspunkt macht es keinen Unterschied, ob

---

1 Baumbach/Hueck/*Beurskens*, § 35 Rz. 18 f.; MünchKommGmbHG/*Stephan*/*Tieves*, § 35 Rz. 98; Roth/Altmeppen/*Altmeppen*, § 35 GmbHG Rz. 17.

2 Michalski/*Hoffmann*, § 53 Rz. 49; MünchKommGmbHG/*Harbarth*, § 53 Rz. 136.

3 RG v. 20.12.1939 – II 88/39, RGZ 162, 370 (374): „erstreckt sich nicht auf solche Geschäfte, die das innere Verhältnis der Gesellschafter zueinander betreffen“; RG v. 14.7.1902 – I 104/02, RGZ 52, 161 (162); Baumbach/Hueck/*Beurskens*, § 35 Rz. 18 f.; MünchKommGmbHG/*Stephan*/*Tieves*, § 35 Rz. 98; Roth/Altmeppen/*Altmeppen*, § 35 GmbHG Rz. 17.

4 Michalski/*Hoffmann*, § 53 Rz. 49; MünchKommGmbHG/*Harbarth*, § 53 Rz. 136.

z.B. ein Hausmeistervertrag mit einem Wohnungseigentümer oder einem Dritten abgeschlossen wird. Im Verbandsrecht ist allerdings allgemein anerkannt, dass der Verkehrsschutz, den die unbeschränkte Vertretungsmacht gewährt, bei Geschäften mit Mitgliedern nicht notwendig ist.[1] Bei solchen Geschäften **schlagen** deshalb **Bindungen im Innenverhältnis auf die Vertretungsmacht durch**. Das gilt auch im WEG: Die Vertretungsmacht des Verwalters besteht bei Geschäften mit Wohnungseigentümern nur, soweit er in Vollzug eines Beschlusses der Wohnungseigentümer handelt oder nach § 27 WEG selbst entscheiden darf.

217 Umstritten ist lediglich die dahinterliegende **Dogmatik**: Zum Teil wird die Lehre vom Missbrauch der Vertretungsmacht herangezogen.[2] Überzeugender erscheint es, darauf abzustellen, dass Mitglieder eben keine „Dritten" im Sinne des § 126 Abs. 2 HGB[3], des § 37 Abs. 2 S. 1 GmbHG[4] oder eben des § 9b Abs. 1 S. 3 WEG sind.

dd) Keine Beschränkung durch den Verbandszweck

218 Zum Vereinsrecht wird vertreten, dass die Vertretungsmacht des Vorstands durch den Vereinszweck beschränkt werde.[5] Diese Ansicht, die gefährlich nahe an der im deutschen Recht nicht anerkannten *ultra-vires*-Lehre liegt, wird im übrigen Verbandsrecht nicht vertreten.[6] Es besteht kein Grund, sie im WEG fruchtbar zu machen, zumal sich in der Regel das gleiche Ergebnis durch Anwendung der anerkannten Lehre vom Missbrauch der Vertretungsmacht erreichen lässt (Rz. 212).

d) Vertretung gegenüber dem Verwalter (§ 9b Abs. 2 WEG)

219 § 9b Abs. 2 WEG sieht vor, dass die Gemeinschaft der Wohnungseigentümer gegenüber dem Verwalter (unten bb)) durch den Vorsitzenden des Verwaltungsbeirats oder einen dazu ermächtigten Wohnungseigentümer vertreten wird (unten cc)). Diese Regelung sichert die Handlungsfähigkeit der Gemeinschaft der Wohnungseigentümer in den Fällen, in denen der Verwalter wegen § 181 BGB an ihrer Vertretung gehindert ist (unten aa)).

1 Vgl. die Nachweise in den beiden nachfolgenden Fußnoten.
2 Für die OHG etwa MünchKommHGB/*K. Schmidt*, § 126 Rz. 17; für die GmbH etwa Roth/Altmeppen/*Altmeppen*, § 37 GmbHG Rz. 48.
3 BGH v. 20.9.1962 – II ZR 209/61, NJW 1962, 2344 (2347) unter II.; BeckOK-HGB/*Klimke*, § 126 Rz. 9.
4 Etwa MünchKomm-GmbHG/*Stephan*/*Tieves*, § 37 Rz. 166.
5 BGH v. 30.3.1953 – IV ZR 176/52, GRUR 1953, 446 (447) unter II.; BeckOK-BGB/*Schöpflin*, § 26 Rz. 12 m.w.N.; a. A. MünchKommBGB/*Leuschner*, § 26 Rz. 25 m.w.N.; offen gelassen von BGH v. 28.4.1980 – II ZR 193/79, NJW 1980, 2799 (2800) unter III.
6 Statt aller etwa zum Aktienrecht K. Schmidt/Lutter/*Seibt*, § 78 AktG Rz. 7 m.w.N.

aa) Normzweck

220 § 9b Abs. 2 WEG **schließt die Lücke, die § 181 BGB schlägt.**[1] Sie sichert die Handlungsfähigkeit der Gemeinschaft der Wohnungseigentümer dort, wo der Verwalter nach dieser Vorschrift nicht vertretungsberechtigt ist.

221 Die Vorschrift dient dagegen **nicht** dem **Schutz der Gemeinschaft der Wohnungseigentümer** vor Interessenkonflikten des Verwalters. Diese Schutzfunktion übernimmt bereits § 181 BGB. § 9b Abs. 2 WEG fügt diesem Schutz nichts hinzu, sondern fängt nur die dadurch geschaffenen Rechtsfolgen auf. Als Vorschrift des Außenverhältnisses enthält sie auch **keine interne Zuständigkeitsregelung**. Ob und in welchem Rahmen etwa der Vorsitzende des Verwaltungsbeirats tätig werden darf, ist § 29 WEG zu entnehmen (Rz. 585). Er ist – neben dem durch Beschluss ermächtigten Wohnungseigentümer – nur genannt, damit die Gemeinschaft der Wohnungseigentümer auch ohne vorherige Beschlussfassung handlungsfähig ist.

222 Trotz Ähnlichkeiten im Wortlaut ist § 9b Abs. 2 WEG **nicht mit § 112 AktG vergleichbar**. Denn § 112 AktG bezweckt einen neben § 181 BGB eigenständigen Schutz der Aktiengesellschaft vor befangenen Vorstandsmitgliedern.[2] Die Vorschrift ist deshalb bereits dann anwendbar, wenn nur ein einzelnes von mehreren einzelvertretungsberechtigten Vorstandsmitgliedern betroffen ist. Dem liegt der Gedanke zugrunde, dass innerhalb des Vorstandsgremiums ein besonderes Näheverhältnis bestehen kann.[3] Er passt auf das WEG schon deshalb nicht, weil es hier nur einen Verwalter geben kann. Auch im Übrigen ist die zum Teil sehr weite Auslegung des § 112 AktG (z.B. auf ausgeschiedene Vorstandsmitglieder[4]) nicht auf § 9b Abs. 2 WEG übertragbar.

bb) Anwendungsbereich

223 Die Vertretung der Gemeinschaft der Wohnungseigentümer **„gegenüber dem Verwalter“** erfasst zunächst alle Fälle, in denen der Verwalter auch auf Seiten des anderen Teils eine Willenserklärung abgibt oder entgegennimmt. Ob er dabei im eigenen Namen oder als Vertreter eines Dritten handelt, spielt keine Rolle. Denn maßgeblich ist nicht, wen die Rechtsfolgen treffen, sondern wer dem Verwalter formal gegenüber steht.[5] § 9b Abs. 2 WEG gilt deshalb sowohl für **sog. Insichgeschäfte**, bei dem der Verwalter ein Rechtsgeschäft „mit sich im eigenen Namen“ (§ 181 Alt. 1 BGB) vor-

---

1 Vgl. BT-Drucks. 19/18791, S. 49. § 9b Abs. 2 WEG erhielt seine endgültige Fassung zwar erst durch den Rechtsausschuss; die Ergänzung der gesetzlichen Vertretungsbefugnis des Vorsitzenden des Verwalterungsbeirats sollte an der Grundkonzeption der Vorschrift aber nichts ändern.

2 BGH v. 26.6.1995 – II ZR 122/94, NJW 1995, 2559 (2560) unter I.3.a); aus der Literatur etwa BeckOGK-AktG/*Spindler* § 112 Rz. 2.5; Grigoleit/*Grigoleit/Tomasic*, § 112 AktG Rz. 1.

3 Etwa Grigoleit/*Grigoleit/Tomasic*, § 112 AktG Rz. 1.

4 BGH v. 16.2.2009 – II ZR 282/07, NZG 2009, 466 Rz. 7.

5 So wird das Wort „gegenüber“ auch in § 164 Abs. 3 BGB verstanden; a. A. die h. M. zu § 112 S. 1 AktG, die darauf abstellt, wen die Rechtsfolge treffen und deshalb nur das Insichgeschäft als erfasst ansieht, vgl. etwa Spindler/Stilz/*Fleischer*, § 78 AktG Rz. 10 m. w. N.

nehmen möchte, als auch für Fälle der **sog. Mehrfachvertretung**, bei denen der Verwalter zugleich „als Vertreter eines Dritten“ (§ 181 Alt. 2 BGB) auftritt. Weil § 9b Abs. 2 WEG umfassend Abhilfe schaffen will, wenn die Vertretung durch den Verwalter an § 181 BGB scheitert,[1] findet die Vorschrift über ihren Wortlaut hinaus auch in den Fällen Anwendung, in denen **§ 181 BGB analog** angewendet wird (z.B. für Geschäfte mit Untervertretern[2]). Dementsprechend gilt § 9b Abs. 2 WEG auch für die **Vertretung in Prozessen**, die die Gemeinschaft der Wohnungseigentümer gegen einen noch im Amt befindlichen Verwalter führt;[3] denn auch insoweit ist der Verwalter nach allgemeinen prozessrechtlichen Grundsätzen von der Vertretung ausgeschlossen.[4] Zum Sonderfall des Beitritts des Verwalters auf Seiten des Prozessgegners Rz. 1910.

cc) Vertretung durch den Beiratsvorsitzenden oder einen Wohnungseigentümer

224 § 9b Abs. 2 Alt. 1 WEG räumt dem **Vorsitzenden des Verwaltungsbeirats** die organschaftliche Vertretungsbefugnis gegenüber dem Verwalter ein.[5] Diese Vertretungsbefugnis ist sachlich unbeschränkt und besteht ohne weitere Voraussetzungen; § 9a Abs. 1 S. 1 Hs. 1 WEG gilt nicht entsprechend. § 9b Abs. 2 WEG betrifft aber – genauso wie § 9b Abs. 1 WEG – allein die Vertretungsmacht im Außenverhältnis, regelt also nicht die Voraussetzungen, unter denen von dieser Vertretungsmacht im Innenverhältnis Gebrauch gemacht werden darf. In der Regel darf der Vorsitzende des Verwaltungsbeirats von ihr nur Gebrauch machen, wenn dem ein Beschluss der Wohnungseigentümer zugrunde liegt; insoweit ist er dann aber auch zum Handeln **verpflichtet** (näher Rz. 585).

225 Daneben eröffnet § 9b Abs. 2 Alt. 2 WEG den Wohnungseigentümern die Kompetenz, einen oder mehrere von ihnen **durch Beschluss** zur Vertretung gegenüber dem Verwalter zu **ermächtigen**. Eine solche Ermächtigung kann für ein konkretes Rechtsgeschäft, bestimmte Arten von Rechtsgeschäften oder auch pauschal erteilt werden. Werden mehrere Wohnungseigentümer ermächtigt, kann auch beschlossen werden, ob sie einzeln oder nur gemeinschaftlich vertretungsbefugt sind. In beiratslosen Gemeinschaften kann es sich empfehlen, einen entsprechenden Ermächtigungsbeschluss als Vorratsbeschluss zu fassen, um im Fall der Fälle handlungsfähig zu sein.

226 ***Musterformulierung:***

[Name des Wohnungseigentümers] wird ermächtigt, die Gemeinschaft der Wohnungseigentümer gegenüber dem Verwalter zu vertreten.

---

1 BT-Drucks. 19/18791, S. 49.
2 Vgl. MünchKommBGB/*Schubert*, § 181 Rz. 47 f.
3 BT-Drucks. 19/18791, S. 49.
4 Palandt/*Ellenberger*, § 181 Rz. 5.
5 Dies geht auf die Beschlussempfehlung des Rechtsausschusses zurück (BT-Drucks. 19/22634).

226a Wurde ein Ermächtigungsbeschluss nach § 9b Abs. 2 Alt. 2 WEG nicht gefasst und besteht das Bedürfnis für eine Vertretung gegenüber dem Verwalter, kann der Beschluss auch **durch Urteil ersetzt** werden (§ 44 Abs. 1 S. 2 WEG). Genauso wie bei der gerichtlichen Bestellung eines Verwalters gebietet es der Beibringungsgrundsatz, dem Gericht einen oder mehrere geeignete Wohnungseigentümer vorzuschlagen, die zur Übernahme der Aufgabe bereit sind (vgl. Rz. 628 zur Parallele bei einer Ermächtigung nach § 24 Abs. 3 WEG).

227 Der **ermächtigte Wohnungseigentümer** erlangt durch einen Ermächtigungsbeschluss die **Stellung eines Sonderorgans**, das eine spezifische Aufgabe für die Gemeinschaft der Wohnungseigentümer wahrnimmt. Er hat deshalb nicht nur das Recht, sondern auch die Pflicht zur Vertretung. Weil diese Pflicht einem Wohnungseigentümer nicht gegen seinen Willen aufgebürdet werden darf, muss der auserkorene Wohnungseigentümer die **Ermächtigung annehmen** (vgl. zur Parallele bei einer Ermächtigung nach § 24 Abs. 3 WEG Rz. 625). In welchem Rahmen der ermächtigte Wohnungseigentümer von der Vertretungsmacht Gebrauch machen darf und muss, hängt in erster Linie von der Beschlusslage ab. Ohne Beschluss der Wohnungseigentümer darf er nur tätig werden, wenn auch der Verwalter, dessen Funktion der ermächtigte Wohnungseigentümer ersetzt, hierzu verpflichtet wäre, also in unwesentlichen Angelegenheiten (§ 27 Abs. 2 Nr. 1 WEG) oder bei Eilbedürftigkeit (§ 27 Abs. 2 Nr. 2 WEG). Ein Beispiel ist der Beschluss über den Abschluss des Verwaltervertrags, der von dem ermächtigten Wohnungseigentümer im Außenverhältnis auch dann umzusetzen ist, wenn dies im Wortlaut der Beschlussformel nicht ausdrücklich erwähnt wird. Im Ergebnis gilt damit dasselbe wie für eine Vertretung durch den Verwaltungsbeiratsvorsitzenden (dazu Rz. 224).

228 Durch einen Ermächtigungsbeschluss nach § 9b Abs. 2 Alt. 2 WEG wird die Vertretungsmacht des Vorsitzenden des Verwaltungsbeirats nicht verdrängt, denn § 9b Abs. 2 WEG ordnet – anders als etwa § 24 Abs. 3 WEG – kein Stufenverhältnis an. Im Außenverhältnis sind deshalb beide vertretungsberechtigt; **sich widersprechende Erklärungen** sind nach allgemeinen Regeln aufzulösen.[1] Für das Innenverhältnis wird man die Fassung eines Ermächtigungsbeschlusses jedoch in der Regel dahin auslegen müssen, dass der Vorsitzende des Verwaltungsbeirats dazu verpflichtet ist, von seiner Vertretungsmacht keinen Gebrauch zu machen.

e) Nachweis der Vertretungsmacht

229 Die Vertretungsmacht des Verwalters kann Dritten gegenüber nicht durch Beschluss oder Vereinbarung beschränkt werden (§ 9b Abs. 1 S. 3 WEG). Der Rechtsverkehr kann deshalb stets auf die Vertretungsmacht eines Verwalters vertrauen. Auf die Existenz eines legitimierenden Beschlusses kommt es – mit Ausnahme des Abschlusses von Grundstückskauf- und Darlehensverträgen – nicht mehr an. Angesichts dessen wurde **§ 27 Abs. 6 WEG a.F. aufgehoben**, der die Ausstellung einer „Vollmachts- und Ermächtigungsurkunde“ vorsah.

---

1 Vgl. etwa MünchKommHGB/*K. Schmidt*, § 125 Rz. 25.

230 Diese „**Vollmachts- und Ermächtigungsurkunde**“ war im Übrigen schon seit der Anerkennung der Rechtsfähigkeit der Gemeinschaft der Wohnungseigentümer **weitgehend funktionslos**. Denn seitdem vertritt der Verwalter im Rechtsverkehr die Gemeinschaft der Wohnungseigentümer und nicht mehr die einzelnen Wohnungseigentümer. Die Urkunde hätte folglich von der Gemeinschaft der Wohnungseigentümer ausgestellt werden müssen und nicht mehr von den einzelnen Wohnungseigentümern. Dabei hätte die Gemeinschaft der Wohnungseigentümer durch alle Wohnungseigentümer vertreten werden müssen (§ 27 Abs. 3 S. 2 WEG a.F.), wobei es freilich nur in seltenen Fällen möglich gewesen sein dürfte, alle Wohnungseigentümer zur Unterschrift zu bewegen. Die Praxis behalf sich damit, dass bestimmte Wohnungseigentümer durch Beschluss zur Unterschrift ermächtigt wurden (§ 27 Abs. 3 S. 3 WEG a.F.). Für den Rechtsverkehr war aber wiederum nicht erkennbar, ob der Ermächtigungsbeschluss wirksam war, ob also die Unterschreibenden unterschriftsberechtigt waren. Deshalb war die so produzierte Urkunde kein tauglicher Rechtsscheinträger im Sinne des § 172 BGB.[1]

231 In der Praxis kann sich freilich die Frage stellen, ob eine Person, die behauptet, Verwalter zu sein, tatsächlich auch Verwalter ist. Ein Verwalterregister oder ein ähnlicher mit Gutglaubenswirkung versehenen **Nachweis der Verwalterstellung ist gesetzlich nicht vorgesehen**. Es obliegt deshalb dem einzelnen Geschäftspartner, zu entscheiden, wie und mit welchem Aufwand er sich Gewissheit verschafft, ob die handelnde Person tatsächlich Verwalter ist. In Zweifelsfällen bietet sich etwa die Vorlage der Niederschrift über den Bestellungsbeschluss an; dabei handelt es sich freilich um keine mit Gutglaubensschutz versehene Urkunde im Sinne des § 172 BGB. Im Einzelfall können auch die Grundsätze der Anscheins- und Duldungsvollmacht helfen.

232 Dass der Verwalter seine Organstellung nicht mit Gutglaubenswirkung nachweisen kann, ist **misslich, aber nicht ungewöhnlich**. Auch Eltern können die Vertretungsmacht für ihre Kinder nicht mit Gutglaubenswirkung nachweisen; das Gleiche gilt für Vormünder, Pfleger und Insolvenzverwalter, die zwar gerichtliche Bestallungsurkunden erhalten, denen aber ebenso wenig wie der Niederschrift des Bestellungsbeschlusses die Wirkung des § 172 BGB zugutekommt.[2]

Ein ähnliches Nachweisproblem stellt sich beim Abschluss von Grundstücks- und Darlehensverträgen. Das WEG sieht keine Möglichkeit vor, die Existenz und Wirksamkeit eines nach § 9b Abs. 1 S. 1 Hs. 2 WEG notwendigen **Ermächtigungsbeschlusses** mit Gutglaubenswirkung nachzuweisen. Diese Erkenntnis bestätigt die Zweifel an der Angemessenheit dieser durch den Rechtsausschuss eingefügten Beschränkung der Vertretungsmacht (zu diesen Rz. 186).

f) Keine Zurückweisung einseitiger Rechtsgeschäfte (§ 174 S. 1 BGB)

233 Eine **Zurückweisung eines einseitigen Rechtsgeschäfts** des Verwalters als Vertreter der Gemeinschaft der Wohnungseigentümer nach § 174 S. 1 BGB kommt nicht in Betracht.[3] Schon seinem Wortlaut nach gilt § 174 S. 1 BGB nur für „Bevollmächtigte“, also nicht für einen organschaftlichen Vertreter wie den Verwalter. Auf Grund-

---

1 BeckOGK-WEG/*Greiner*, § 27 Rz. 124 f.; Staudinger/*Jacoby*, § 27 WEG Rz. 166 ff.
2 MünchKommBGB/*Schubert*, § 172 Rz. 6.
3 BT-Drucks. 19/18791 S. 49; Palandt/*Wicke*, § 9b Rz. 1.

lage des früheren Rechts wendete der BGH § 174 S. 1 BGB freilich analog auf den Verwalter an und begründete dies damit, dass sich die Vertretungsmacht des Verwalters im Einzelfall nicht aus dessen Organstellung, sondern aus einem Beschluss nach § 27 Abs. 3 S. 1 Nr. 7 WEG a.F. ergab.[1] Diese Rechtsprechung ist durch das WEMoG überholt. Denn die Vertretungsmacht des Verwalters ist nun – mit Ausnahme des Abschlusses von Grundstückskauf- und Darlehensverträgen – unbeschränkt und vor allem unbeschränkbar (§ 9b Abs. 1 S. 1 und 3 WEG). Sie ergibt sich bei einseitigen Rechtsgeschäften also stets aus seiner Organstellung. Aus dem gleichen Grund ist auch die Rechtsprechung des BGH zur analogen Anwendung des § 174 S. 1 BGB auf Gesellschaften bürgerlichen Rechts nicht übertragbar; denn diese Rechtsprechung bezieht sich gerade auf den Fall, dass die Vertretung der Gesellschaft bürgerlichen Rechts von den gesetzlichen Vorschriften der §§ 709, 714 BGB abweicht.[2] Unerheblich ist schließlich auch, dass die Person des Verwalters nicht aus einem Register ersichtlich ist. Denn § 174 BGB mutet die mit der Inanspruchnahme einer nicht-rechtsgeschäftlichen Vertretung verbundene Unsicherheit über die Wirksamkeit des Bestehens der behaupteten Vertretungsmacht – unabhängig vom Bestehen eines Registers – dem Erklärungsempfänger zu.[3]

2. Verwalterlose Gemeinschaften (Abs. 1 S. 2)

234 Wurde kein Verwalter bestellt, wird die Gemeinschaft der Wohnungseigentümer grundsätzlich nur durch alle Wohnungseigentümer gemeinschaftlich vertreten (unten a.). Erleichterungen ergeben sich jedoch durch die Möglichkeit der Gesamtvertreterermächtigung (unten b.) und für die Passivvertretung (unten c.). Besondere Beachtung verdient § 181 BGB (unten d.).

a) Gemeinschaftliche Vertretung durch alle Wohnungseigentümer

235 Grundsätzlich wird eine verwalterlose Gemeinschaft der Wohnungseigentümer durch alle Wohnungseigentümer gemeinschaftlich vertreten (§ 9b Abs. 1 S. 2 WEG). Ein Rechtsgeschäft kann demnach nur dann wirksam für die Gemeinschaft der Wohnungseigentümer vorgenommen werden, wenn **alle Wohnungseigentümer als Vertreter** daran mitwirken. Die Vertretungsmacht ist sachlich unbeschränkt und auch nicht durch Vereinbarung oder Beschluss beschränkbar (§ 9b Abs. 1 S. 3 WEG).

236 Das WEG sieht **keine Beschlusskompetenz zur Einräumung von Vertretungsmacht** vor. § 27 Abs. 3 S. 3 WEG a.F. wurde ersatzlos aufgehoben; auf dessen Grundlage gefasste Beschlüsse verlieren mit Inkrafttreten des WEMoG ihre Wirkung.[4] Eine einzige Ausnahme ist in § 9b Abs. 2 WEG für den Fall vorgesehen, dass ein Verwalter bestellt wurde, dieser aber wegen § 181 BGB an der Vertretung gehindert ist. Diese Vorschrift kann mangels Regelungslücke nicht in einer verwalterlosen Gemein-

---

1 BGH v. 20.2.2014 – III ZR 443/13, ZWE 2014, 181 Rz. 18.
2 BGH v. 9.11.2001 – LwZR 4/01, NJW 2002, 1194 (1195) unter III.1.
3 BGH v. 20.2.2014 – III ZR 443/13, ZWE 2014, 181 Rz. 14.
4 BT-Drucks. 19/18791, S. 49.

schaft analog angewendet werden. Hier verbleibt es bei der Gesamtvertretung durch alle Wohnungseigentümer. Können sich die Wohnungseigentümer nicht auf eine Linie einigen, müssen sie durch Mehrheitsbeschluss einen Verwalter bestellen. Diese rigide anmutende Linie dient dem **Minderheitenschutz.**[1] Denn der überstimmten Minderheit ist es nicht zuzumuten, dass gegen ihren Willen ein Vertreter gekürt wird, der nicht zugleich die aus der Stellung als Verwalter folgenden Pflichten hat.

237 Durch die gemeinschaftliche Vertretung im Außenverhältnis wird freilich nicht das **Mehrheitsprinzip bei der Willensbildung** im Innenverhältnis (vgl. § 25 Abs. 1 WEG) suspendiert. Auch in einer verwalterlosen Gemeinschaft werden deshalb Mehrheitsbeschlüsse gefasst. Jeder Wohnungseigentümer ist verpflichtet, an der Umsetzung eines Mehrheitsbeschlusses im Außenverhältnis mitzuwirken, indem er eine entsprechende Willenserklärung abgibt. Weigert er sich pflichtwidrig, kann seine Willenserklärung theoretisch durch Urteil ersetzt werden (§ 894 ZPO). Einfacher und deshalb für die Praxis vorzugswürdig dürfte dagegen die Bestellung eines Verwalters sein.

238 **Beispiel:** A, B und C sind die einzigen Mitglieder einer verwalterlosen Gemeinschaft und haben jeweils die gleiche Stimmenzahl. A und B wollen einen bestimmten Versicherungsvertrag abschließen; C ist dagegen. Beschließen A und B mit ihrer Stimmenmehrheit, den Abschluss des Vertrags, ist C verpflichtet, diesen Vertrag auch zu unterschreiben. Weigert er sich, könnten A und B durch Mehrheitsbeschluss einen von ihnen zum Verwalter bestellen und dieser den Vertrag allein unterschreibt. Ein Problem kann die Einberufung der dafür notwendigen Versammlung sein, wenn sich C pflichtwidrig weigert, auch daran mitzuwirken.[2] Im besten Fall haben A und B in weiser Voraussicht bereits im Vorfeld einen von ihnen aufgrund des neuen § 24 Abs. 3 WEG dazu ermächtigt (näher dazu Rz. 623). Notfalls muss diese Ermächtigung durch Urteil ersetzt werden (§ 44 Abs. 1 S. 2 WEG).

239 Aus **praktischer Sicht** kann eine Gemeinschaft deshalb nur auf einen Verwalter verzichten, wenn und solange sich alle Wohnungseigentümer über die Verwaltung des Gemeinschaftseigentums einig sind. Das dürfte nur in Kleinstgemeinschaften der Fall sein. Sobald divergierende Interessen auszugleichen sind, bedarf es eines Verwalters. Anders formuliert: Das WEG gewährt ein Privileg, indem der Verwalter nicht zwingend bestellt werden muss; die Gemeinschaft der Wohnungseigentümer muss – anders als die meisten anderen Rechtsträger – nicht zwingend über ein spezifisches Vertretungsorgan verfügen. Dieses Privileg wird aber nur Wohnungseigentümern gewährt, die sich einig sind.

b) Gesamtvertreterermächtigung

240 Eine gewisse Erleichterung bietet die sog. Gesamtvertreterermächtigung: Es ist anerkannt, dass sich Gesamtvertreter gegenseitig ermächtigen können, die jeweils andere Vertretungsmacht wahrzunehmen. Für die geschäftsführenden Gesellschafter von Personenhandelsgesellschaften ist dies ausdrücklich geregelt (§ 125 Abs. 2 S. 2 HGB),

1 BT-Drucks. 19/18791, S. 49.

2 Zur stets möglichen Einberufung durch alle Wohnungseigentümer BGH Urt. v. 10.6.2011 – V ZR 222/10, ZWE 2011, 354 Rz. 4.

ebenso für die Vorstandsmitglieder einer Aktiengesellschaft (§ 78 Abs. 4 S. 1 AktG) und einer Genossenschaft (§ 25 Abs. 3 S. 1 GenG). Die Möglichkeit der gegenseitigen Ermächtigung ist darüber hinaus als **allgemeines Prinzip in allen Fällen der Gesamtvertretung** anerkannt.[1] Sie gilt deshalb auch für die nach § 9b Abs. 1 S. 2 WEG gemeinschaftlich vertretungsbefugten Wohnungseigentümer.[2] Auf diese Weise kann die Zahl der Wohnungseigentümer, die im Außenverhältnis als Vertreter der Gemeinschaft der Wohnungseigentümer auftreten müssen reduziert werden. Ermächtigen alle Wohnungseigentümer einen bestimmten Wohnungseigentümer, genügt es sogar, wenn dieser auftritt.

241 Die Ermächtigung erfolgt durch **Willenserklärungen** gegenüber dem zu ermächtigenden anderen Wohnungseigentümer.[3] Sie bedarf analog § 167 Abs. 2 BGB keiner besonderen Form.[4] Die Ermächtigung kann sich auf ein konkretes Geschäft beschränken, aber auch für einen abstrakt gefassten Kreis von Geschäften; lediglich eine pauschale Ermächtigung ist unzulässig, da sie die Gesamtvertretung faktisch zur Einzelvertretung degenerieren lassen würde.[5] Der Widerruf ist jederzeit möglich und erfolgt ebenso durch formfreie empfangsbedürftige Willenserklärung.[6]

242 Eine **Gesamtvertreterermächtigung durch Mehrheitsentscheidung** ist dagegen nicht möglich. Mithilfe einer Gesamtvertreterermächtigung können also keine Vertragsschlüsse gegen den Willen der Minderheit durchgesetzt werden. Vielmehr kann nur der praktische Aufwand für den vom Willen aller getragenen Vertragsschluss reduziert werden, weil nicht alle Wohnungseigentümer im Außenverhältnis auftreten müssen.

c) Passiv-Einzelvertretung

243 Es ist anerkannt, dass auch im Fall der Gesamtvertretung jeder Vertreter zur passiven Einzelvertretung berechtigt ist. Das ist etwa für den Verein in § 26 Abs. 2 S. 2 BGB, für Personenhandelsgesellschaften in § 125 Abs. 2 S. 3 HGB und für Zustellungen im Prozess in § 170 Abs. 3 ZPO ausdrücklich geregelt. Es gilt darüber hinaus als **allgemeines Prinzip** für jeden Fall der Gesamtvertretung.[7] Dementsprechend ist jeder Wohnungseigentümer in einer verwalterlosen Gemeinschaft einzeln passivvertretungsberechtigt. Es genügt also, wenn eine Willenserklärung einem Wohnungseigentümer zugeht. Das gleiche gilt für die Zustellung einer Klage.

243a **Beispiel:** Handwerker H verklagt die verwalterlose Gemeinschaft der Wohnungseigentümer auf Zahlung von Werklohn.

---

1 BGH v. 25.11.1985 – II ZR 115/85, NJW-RR 1986, 778 (778); eingehend zum Prinzip der Gesamtvertreterermächtigung *Schwarz*, NZG 2001, 529.

2 BT-Drucks. 19/18791, S. 49.

3 Zur Einordnung als empfangsbedürftige Willenserklärung vgl. MünchKommHGB/*K. Schmidt*, § 125 Rz. 43.

4 BAG v. 18.12.1980 – 2 AZR 980/78, NJW 1981, 2374 (2374) unter II.1.

5 BGH v. 25.11.1985 – II ZR 115/85, NJW-RR 1986, 778 (778).

6 Vgl. etwa für Personenhandelsgesellschaften MünchKommHGB/*K. Schmidt*, § 125 Rz. 46.

7 BGH v. 14.2.1974 – II ZB 6/73, NJW 1974, 1194 (1195) unter II.2.a.bb.

Es genügt, wenn die Klageschrift nach § 170 Abs. 3 ZPO einem Wohnungseigentümer zugestellt wird. Soweit sich alle Wohnungseigentümer über die Prozessführung einig sind, können sie alle weiteren Prozesshandlungen gemeinschaftlich bzw. durch einen ermächtigten Gesamtvertreter vornehmen. Sobald sich die Wohnungseigentümer aber uneinig sind, müssen sie durch Mehrheitsbeschluss einen Verwalter bestellen, der anschließend die mehrheitlich beschlossene Prozessführung umsetzt.

d) § 181 BGB

244 Liegen die Voraussetzungen des § 181 BGB **in der Person eines Wohnungseigentümers** vor, ist zwischen der Aktiv- und der Passivvertretung zu unterscheiden:

245 Eine **Aktivvertretung** durch die übrigen Wohnungseigentümer **scheidet aus**. Denn die Wohnungseigentümer sind nach § 9b Abs. 1 S. 2 WEG eben nur gemeinschaftlich vertretungsbefugt. Eine gemeinschaftliche Vertretung ist aber nicht mehr möglich, sobald auch nur einer der Vertreter wegen § 181 BGB an der Mitwirkung gehindert ist.[1] Folglich sind die übrigen Wohnungseigentümer nicht gemeinschaftlich vertretungsberechtigt.

246 Anders ist die Lage bei der **Passivvertretung**. Denn insoweit sind die Wohnungseigentümer einzelvertretungsberechtigt (Rz. 243). Der Ausschluss eines Einzelvertreters von der Vertretung hat keine Sperre für die übrigen Einzelvertreter zur Folge.[2] § 181 BGB gilt deshalb für die Passivvertretung nur personenbezogen: Ausgeschlossen ist nur derjenige Wohnungseigentümer, in dessen Person die Voraussetzungen dieser Vorschrift vorliegen; die übrigen Wohnungseigentümer behalten ihre Einzelvertretungsmacht.

247 **Beispiel:** A, B und C sind die einzigen Mitglieder einer verwalterlosen Gemeinschaft. A will einen Beschluss anfechten.

248 Die Anfechtungsklage ist nach § 44 Abs. 2 S. 1 WEG gegen die Gemeinschaft der Wohnungseigentümer zu richten. Zur Klageerhebung genügt die Zustellung an B oder C (vgl. § 170 Abs. 3 ZPO). Aktive Prozesshandlungen können nur alle Wohnungseigentümer gemeinsam vornehmen (§ 9b Abs. 1 S. 2 WEG). Das klappt aber nicht: A ist als Kläger von der gleichzeitigen Vertretung der beklagten Gemeinschaft der Wohnungseigentümer ausgeschlossen;[3] eine Vertretung nur durch B und C ist nicht möglich. Deshalb muss ein Verwalter bestellt werden. In dringlichen Fällen kommt auch die Bestellung eines Prozesspflegers nach § 57 Abs. 1 ZPO in Betracht (Rz. 1905). Solange kein Verwalter oder Prozesspfleger bestellt ist, ist die Klage unzulässig, da die Gemeinschaft der Wohnungseigentümer mangels Aktivvertreter nicht prozessfähig im Sinne des § 52 ZPO ist.[4]

---

1 Staudinger/*Schilken*, § 181 Rz. 16.

2 BeckOGK-BGB/*Segna*, § 26 Rz. 49 zum Vereinsrecht.

3 Zur entsprechenden Anwendung des § 181 BGB im Prozessrecht vgl. MünchKommBGB/*Schubert*, § 181 Rz. 21.

4 Vgl. BGH v. 25.10.2010 – II ZR 115/09, NJW-RR 2011, 115 Rz. 11 ff. zur führungslosen GmbH.

3. Exkurs: Keine Vertretung der Wohnungseigentümer durch den Verwalter

249 Das WEMoG sieht – anders als § 27 Abs. 2 WEG a.F. – keine Vertretung der einzelnen Wohnungseigentümer durch den Verwalter mehr vor; der Verwalter ist auch nicht mehr ihr Zustellungsvertreter (§ 45 Abs. 1 WEG a.F.). Das ist folgerichtig, denn eine Vertretung der Wohnungseigentümer ist weder außergerichtlich noch gerichtlich notwendig (näher Rz. 466).

XI. Abdingbarkeit

250 Da die § 9a und § 9b WEG das Außenverhältnis gegenüber Dritten betreffen, können sie **nicht durch Vereinbarung und schon gar nicht durch Beschluss abbedungen oder modifiziert** werden.[1] Eine Ausnahme gilt für § 9a Abs. 3 WEG, der in Wirklichkeit das Innenverhältnis betrifft (Rz. 165): Die Regeln, die für Verwaltung und Benutzung des Gemeinschaftsvermögens gelten, können durch Vereinbarung modifiziert werden. Darüber hinaus räumt das Gesetz selbst punktuelle Gestaltungsmöglichkeiten ein: Bei der Bezeichnung kann zwischen „Gemeinschaft der Wohnungseigentümer" und „Wohnungseigentümergemeinschaft" gewählt werden (§ 9a Abs. 1 S. 3 WEG, dazu Rz. 81). Deutlich wichtiger: Durch Beschluss kann ein Wohnungseigentümer zur Vertretung gegenüber dem Verwalter ermächtigt werden (§ 9b Abs. 2 Alt. 2 WEG, dazu Rz. 225).

D. Übergangsrecht

251 Übergangsvorschriften zu den § 9a und § 9b WEG enthält das WEMoG nicht. Die neuen Vorschriften gelten deshalb mit Inkrafttreten des WEMoG am 1.12.2020 und zwar **auch für Wohnungseigentümergemeinschaften, die bereits zuvor begründet** wurden (Rz. 2002).

252 **Vergemeinschaftungsbeschlüsse** nach § 10 Abs. 6 S. 3 WEG a.F. verlieren mit dem Inkrafttreten des WEMoG ihre Wirkung im Außenverhältnis (Rz. 2021).

---

1 Vgl. Palandt/*Wicke*, § 9 Rz. 3 für die Unabdingbarkeit des § 9b WEG.

§ 4
Entstehungsphase: Ein-Personen-Gemeinschaft und werdender Wohnungseigentümer

A. Das alte Recht und seine Probleme

253 Insbesondere bei Bauträger-Modellen wohnen die Erwerber aufgrund der Vorschriften der Makler- und Bauträgerverordnung (MaBV) häufig schon längere Zeit in „ihren“ Wohnungen, bevor sie mit Zahlung der letzten Rate als Wohnungseigentümer im Grundbuch eingetragen werden. In dieser Entstehungsphase stellen sich aus Sicht des Wohnungseigentumsrechts vor allem zwei Fragen: Ab wann sind die Vorschriften des WEG anwendbar, so dass die Anlage nach diesen Vorschriften verwaltet werden kann, insbesondere durch die rechtsfähige Gemeinschaft der Wohnungseigentümer (**Anwendbarkeitsproblem**)? Ab wann und in welchem Umfang wirken die Erwerber, also die zukünftigen Wohnungseigentümer, an der Verwaltung der Anlage mit (**Mitwirkungsproblem**)?

254 Das WEG beantwortete bislang keine dieser beiden Fragen ausdrücklich. Die Rechtsprechung versuchte mit der Figur des **sog. werdenden Wohnungseigentümers** und der eng damit zusammenhängenden Figur der **sog. werdenden Gemeinschaft** Abhilfe zu schaffen:[1] Sobald ein Erwerber durch Besitzübergabe die Eigenschaft als sog. werdender Wohnungseigentümer erlangte, war das WEG anwendbar und es entstand die sog. werdende Gemeinschaft, die mit der späteren Gemeinschaft der Wohnungseigentümer rechtsidentisch war. Jeder Erwerber, der durch Besitzübergabe die Eigenschaft als sog. werdender Wohnungseigentümer erlangte, wurde wie ein Wohnungseigentümer behandelt und rückte an die Stelle des aufteilenden Eigentümers.

255 Die genauen Konturen dieser aus dem geschriebenen Recht nicht ablesbaren Rechtsfiguren waren allerdings nicht geklärt. Das führte zu **Rechtsunsicherheit**.[2] Daneben wurde das **Anwendbarkeitsproblem nur unzureichend gelöst**, denn in der Regel müssen schon vor der ersten Besitzübergabe Verträge zur Bewirtschaftung des Grundstücks abgeschlossen werden.[3]

B. Das neue Recht auf einen Blick

256 – Das **Anwendbarkeitsproblem** löst **§ 9a Abs. 1 S. 2 WEG**: Die rechtsfähige Gemeinschaft der Wohnungseigentümer entsteht bereits mit Anlegung der Wohnungsgrundbücher; ab diesem Zeitpunkt sind die Vorschriften des WEG anwend-

---

1 BGH v. 5.6.2008 – V ZB 85/07, NJW 2008, 2639.
2 Abschlussbericht Bund-Länder-Arbeitsgruppe WEG-Reform, ZWE 2019, 429 (436).
3 Etwa BeckOGK-WEG/*Falkner*, § 10 Rz. 53 ff.; *Lieder*, DNotZ 2018, 177 (182).

bar (Rz. 258). Damit ist – anders als bisher – die Ein-Personen-Gemeinschaft gesetzlich anerkannt (Rz. 265).

- **§ 8 Abs. 3 WEG** regelt das **Mitwirkungsproblem**: Diese Vorschrift kodifiziert und konkretisiert die Rechtsfigur des werdenden Wohnungseigentümers. Unter den dort genannten Voraussetzungen ist ein Erwerber im Innenverhältnis wie ein Wohnungseigentümer zu behandeln, auch wenn er noch nicht als solcher im Grundbuch eingetragen ist (Rz. 284).

C. Das neue Recht im Detail

I. Anwendbarkeit des WEG und Entstehung der Gemeinschaft der Wohnungseigentümer (§ 9a Abs. 1 S. 2 WEG)

257 Nach § 9a Abs. 1 S. 2 WEG setzt die Entstehung der Gemeinschaft der Wohnungseigentümer und damit auch die Anwendbarkeit des WEG allein die Anlegung der Wohnungsgrundbücher voraus (unten 1.). Die Rechtsfigur der sog. werdenden Wohnungseigentümergemeinschaft wird damit obsolet (unten 2.).

1. Einzige Voraussetzung: Anlegung der Wohnungsgrundbücher

258 Nach § 9a Abs. 1 S. 2 WEG entsteht die Gemeinschaft der Wohnungseigentümer **mit Anlegung der Wohnungsgrundbücher**, und zwar ausdrücklich auch im Fall des § 8 WEG. Wohnungsgrundbuch ist das besondere Grundbuchblatt, das jeder Miteigentumsanteil von Amts wegen erhält (§ 7 Abs. 1 S. 1 WEG). Die Anlegung der Wohnungsgrundbücher ist erfolgt, wenn für jede nach dem Vertrag (§ 3 WEG) oder der Teilungserklärung (§ 8 WEG) einzuräumende Sondereigentumseinheit ein Grundbuchblatt angelegt wurde. Dieser Zeitpunkt markiert die Anwendbarkeit des WEG – die Entstehung der Gemeinschaft der Wohnungseigentümer nennt das Gesetz letztlich nur als *pars pro toto*.

259 Im **Vergleich zum früheren Recht** ändert sich damit die Rechtslage nur für Aufteilungen nach § 8 WEG:

260 Bei der Begründung von Wohnungseigentum im Wege des **Teilungsvertrags (§ 3 WEG)**, entstand die Gemeinschaft der Wohnungseigentümer auch nach altem Recht durch Vollzug des Teilungsvertrags im Grundbuch[1], weil schon in diesem Moment mehrere Wohnungseigentümer existierten. Der Vollzug im Grundbuch setzt seit 2013 zwingend die Anlegung der Wohnungsgrundbücher voraus (§ 7 Abs. 1 S. 1 WEG).[2]

1 BeckOGK-WEG/*M. Müller*, § 3 Rz. 13.

2 Die Ausnahmevorschrift des § 7 Abs. 2 WEG a.F., nach der von der Anlegung besonderer Grundbuchblätter abgesehen werden konnte, wurde bereits 2013 aufgehoben, s. *Hügel/Elzer*, § 7 Rz. 5.

261 Ganz überwiegend wird Wohnungseigentum in der Praxis aber durch **Teilungserklärung (§ 8 WEG)** begründet. In diesem Fall entsteht die Gemeinschaft der Wohnungseigentümer – anders als bisher – bereits mit der Anlegung der Wohnungsgrundbücher. Ihr einziges Mitglied ist zunächst der aufteilende Eigentümer, was zu der Bezeichnung Ein-Personen-Gemeinschaft führt. § 10 Abs. 7 S. 4 WEG a.F., dem die h.M. in der Vergangenheit entnahm, dass eine Gemeinschaft stets mindestens zwei Mitglieder haben muss,[1] wurde folgerichtig aufgehoben. Durch § 9a Abs. 1 S. 2 WEG kommt es in aller Regel zu einer deutlichen Vorverlagerung. Weil die Anlegung der Wohnungsgrundbücher indes – anders als bisher –zwingende Voraussetzung ist, kann sich die Entstehung im Einzelfall aber auch verzögern (Rz. 263).

262 **Zweck** von § 9a Abs. 1 S. 2 WEG ist es, dass bereits mit Anlegung der Wohnungsgrundbücher das Grundstück nach den Vorschriften des WEG verwaltet werden und die Gemeinschaft der Wohnungseigentümer als Rechtssubjekt am Rechtsverkehr teilnehmen kann. Dadurch wird das Anwendbarkeitsproblem (Rz. 253) besser als nach altem Recht gelöst, weil insbesondere Versorgungsverträge schon frühzeitig abgeschlossen werden können.

2. Wegfall der Rechtsfigur der sog. werdenden Wohnungseigentümergemeinschaft

263 Nach früherem Recht war die erste Besitzübergabe an einen Erwerber von zentraler Bedeutung: In diesem Moment wurde nicht nur dieser Erwerber zum ersten sog. werdenden Wohnungseigentümer, sondern zugleich entstand auch die sog. werdende Wohnungseigentümergemeinschaft, die später zur – rechtsidentischen – Gemeinschaft der Wohnungseigentümer wurde.[2] Dieser Rechtsfigur entzieht § 9a Abs. 1 S. 2 WEG die Grundlage:[3] Die Gemeinschaft der Wohnungseigentümer entsteht bereits, aber auch erst mit Anlegung der Wohnungsgrundbücher. Weil die erste Besitzübergabe üblicherweise längere Zeit nach Anlegung der Wohnungsgrundbücher erfolgt, führt § 9a Abs. 1 S. 2 WEG **im Regelfall** zu einer deutlichen **Vorverlagerung**. Die Anlegung der Wohnungsgrundbücher bleibt aber auch dann maßgeblich, wenn sie ausnahmsweise erst nach Besitzübergabe erfolgt, es also zu einer Verzögerung im Vergleich zum früheren Recht kommt. Das ist denkbar, weil nach altem Recht die Anlegung der Wohnungsgrundbücher nicht zwingend notwendig war, sondern auch eine Vormerkung an dem noch ungeteilten Grundstück genügte.[4] Die h.M. hielt in diesen Fällen – systematisch kaum nachvollziehbar – das WEG für anwendbar, obwohl noch gar kein Wohnungseigentum existierte; das wollte der Gesetzgeber mit § 9a Abs. 1 S. 2 WEG bewusst verhindern.[5] Künftig gilt ein strenger Gleichlauf: Sobald das Wohnungseigentum als Rechtsobjekt existiert, entsteht auch die Gemein-

1 BGH v. 5.6.2008 – V ZB 85/07, NJW 2008, 2639 Rz. 10; siehe auch die Nachweise bei *Lieder*, DNotZ 2018, 177 (178).
2 BGH v. 5.6.2008 – V ZB 85/07, NJW 2008, 2639 Rz. 16.
3 BT-Drucks. 19/18791, S. 45 f.
4 BGH v. 5.6.2008 – V ZB 85/07, NJW 2008, 2639 Rz. 15.
5 BT-Drucks. 19/18791, S. 44.

schaft der Wohnungseigentümer als Rechtssubjekt, das das gemeinschaftliche Eigentum nach den Regeln des WEG verwaltet.

264 Für die **Gestaltungspraxis** gilt es deshalb, Modelle, bei denen die Übergabe der Wohnungen vor Anlegung der Wohnungsgrundbücher erfolgt, in Zukunft möglichst zu vermeiden. Denn vor Anlegung der Wohnungsgrundbücher kann die Anlage nicht nach den Vorschriften des WEG verwaltet werden, insbesondere kann kein Verwalter bestellt werden. Auch die MaBV sieht solche Gestaltungen schon bislang kritisch und lässt sie nur in Verbindung mit einer Absicherung nach § 7 MaBV zu (vgl. § 3 Abs. 1 S. 1 Nr. 2 Hs. 2 MaBV).

II. Recht der Ein-Personen-Gemeinschaft

265 Für das Recht der Ein-Personen-Gemeinschaft gelten grundsätzlich keine Besonderheiten gegenüber einer „normalen" (Mehr-Personen-)Gemeinschaft der Wohnungseigentümer (unten 1.). Das gilt insbesondere für ihre Verbrauchereigenschaft (unten 2.) und ihre Vertretung (unten 3.). Näherer Betrachtung bedarf aber das Beschlussrecht (unten 4.). Die Bestellung des ersten Verwalters wird im Zusammenhang mit den Vorschriften zum Verwalter erläutert (Rz. 459).

1. Keine Sondervorschriften

266 Das WEMoG regelt das Recht der Ein-Personen-Gemeinschaft nicht speziell. Es gilt deshalb der Grundsatz, dass für die Ein-Personen-Gemeinschaft die **gleichen Regeln gelten wie für jede „normale" Gemeinschaft der Wohnungseigentümer** auch.[1] Das gilt auch für Vorschriften, die nach ihrem Wortlaut eine Mehrzahl von Wohnungseigentümern voraussetzen (z.B. § 19 Abs. 1 WEG). Unanwendbar sind nur die wenigen Vorschriften, die spezifische Probleme lösen sollen, die sich aus der Mehrzahl der Wohnungseigentümer ergeben (z.B. § 17 Abs. 1 S. 1 WEG). In allen anderen Fällen ist das Tatbestandsmerkmal „die Wohnungseigentümer" wie „der Wohnungseigentümer" zu lesen.

267 Das Ein-Personen-Stadium **endet** an sich erst, wenn der erste Erwerber als Wohnungseigentümer in das Grundbuch eingetragen ist. Im Innenverhältnis, also insbesondere für das Beschlussrecht, ist aber § 8 Abs. 3 WEG zu berücksichtigen: Sobald der erste Erwerber die dort genannten Voraussetzungen erfüllt, wird er wie ein Wohnungseigentümer behandelt und zumindest im Innenverhältnis entsteht eine reguläre (Mehr-Personen-)Gemeinschaft.

2. Verbrauchereigenschaft

268 Der Gesetzgeber geht davon aus, dass auch die Ein-Personen-Gemeinschaft wie ein Verbraucher im Sinne des § 13 BGB zu behandeln ist; insbesondere die von ihr abgeschlossenen Verträge müssen deshalb den **verbraucherschützenden Vorschriften der §§ 305 ff. BGB** genügen.[2] Das ist richtig.[3] Begrifflich passt die Ein-Personen-Ge-

1 BT-Drucks. 19/18791, S. 45.
2 BT-Drucks. 19/18791, S. 45; BT-Drucks. 19/22634, S. 43.
3 Ebenso Palandt/*Wicke*, § 9 Rz. 2.

meinschaft zwar genauso wenig wie sonstige Gemeinschaften der Wohnungseigentümer unter den Wortlaut des § 13 BGB, der allein natürliche Personen adressiert. Nach der Rechtsprechung des BGH ist eine Gemeinschaft der Wohnungseigentümer aber im Interesse des Verbraucherschutzes dann einem Verbraucher gleichzustellen, wenn ihr wenigstens ein Verbraucher angehört und sie ein Rechtsgeschäft zu einem Zweck abschließt, der weder einer gewerblichen noch einer selbständigen beruflichen Tätigkeit dient.[1] Auf den ersten Blick mag man daran zweifeln, ob diese Rechtsprechung auf Ein-Personen-Gemeinschaften übertragen werden kann, ist ihr einziges Mitglied, der aufteilende Eigentümer, doch meist Unternehmer. Das würde aber außer Acht lassen, dass die Ein-Personen-Gemeinschaft ihrem Typus nach nur ein Durchgangsstadium ist. Eine Teilung nach § 8 WEG dient dem alleinigen Zweck, die einzelnen Wohnungseigentumseinheiten abzuverkaufen; eine Ein-Personen-Gemeinschaft hat – anders als andere Ein-Personen-Gesellschaften – keinen Selbstzweck. Der Schutzzweck des § 13 BGB, auf den der BGH maßgeblich abstellt, wenn er die Gemeinschaft der Wohnungseigentümer einem Verbraucher gleichstellt,[2] spricht deshalb für die Verbrauchereigenschaft auch der Ein-Personen-Gemeinschaft. Dazu kommt, dass alle Geschäfte, die die Gemeinschaft der Wohnungseigentümer tätigt, der Verwaltung des Gemeinschaftseigentums dienen, sachlich also zum Bereich der Vermögensverwaltung gehören, der ohnehin nicht von § 14 BGB erfasst ist.[3] Schließlich ist die Zusammensetzung der Gemeinschaft der Wohnungseigentümer, also die Frage, ob es sich noch um eine Ein-Personen- oder schon eine Mehr-Personen-Gemeinschaft handelt, für den Rechtsverkehr schwer erkennbar. Auch Rechtssicherheitsgründe[4] sprechen deshalb dafür, die Ein-Personen-Gemeinschaft genau wie jede andere Gemeinschaft der Wohnungseigentümer zu behandeln, also als Verbraucher. Das gilt auch bei einer bloßen Vorratsteilung, bei der der aufteilende Eigentümer seinen Abverkaufswillen noch gar nicht konkretisiert hat.

3. Vertretung

269 Hinsichtlich der Vertretung (allgemein dazu Rz. 179) gelten keine Besonderheiten: Der Verwalter vertritt die Ein-Personen-Gemeinschaft (§ 9b Abs. 1 S. 1 WEG); seine Vertretungsmacht ist sachlich unbeschränkt. Solange kein Verwalter bestellt ist, vertritt der aufteilende Eigentümer allein (§ 9b Abs. 1 S. 2 WEG). Erwerber sind auch dann nicht vertretungsbefugt, wenn sie die Voraussetzungen des § 8 Abs. 3 WEG erfüllen, denn dieser Vorschrift gilt nur im Innenverhältnis (Rz. 301).

4. Beschlussrecht

270 Auch in der Ein-Personen-Gemeinschaft werden Beschlüsse gefasst (unten a)). Für die Beschlussfassung (unten b)) und die Wirksamkeitsschranken (unten c)) gelten die allgemeinen Vorschriften. Erleichterte Möglichkeiten bestehen jedoch, einen „Ein-Personen-Beschluss" später durch Beschluss wieder aufzuheben (unten d)).

1 BGH v. 25.3.2015 – VIII ZR 243/13, NJW 2015, 3228 Rz. 30.
2 BGH v. 25.3.2015 – VIII ZR 243/13, NJW 2015, 3228 Rz. 33 ff.
3 Darauf stellt auch BGH v. 25.3.2015 – VIII ZR 243/13, NJW 2015, 3228 Rz. 30 ab.
4 Auch darauf stellt BGH v. 25.3.2015 – VIII ZR 243/13, NJW 2015, 3228 Rz. 43 f. ab.

a) Grundlegendes

271 Nach § 19 Abs. 1 WEG sind Verwaltungsentscheidungen im WEG grundsätzlich durch Beschluss zu treffen. Daran ändert sich nichts, weil nur ein einziger Wohnungseigentümer existiert: Er fasst dann eben **„Ein-Personen-Beschlüsse“**.[1] Das WEG unterscheidet sich damit nicht vom übrigen Verbandsrecht, soweit es Ein-Personen-Verbände kennt. Für das GmbH-Recht stellt § 48 Abs. 3 GmbHG die Zulässigkeit „Ein-Personen-Beschlüsse“ außer Zweifel.

272 Da die **§§ 23 bis 25 WEG** in erster Linie auf die Meinungsbildung in einer Gruppe von Wohnungseigentümern zugeschnitten sind, gelten sie jedoch nur mit **Einschränkungen**: Eine förmliche Versammlung mit Ladung und Versammlungsvorsitzendem ist nicht zwingend notwendig. Genauso wie alle Wohnungseigentümer bei einer sog. Vollversammlung analog § 51 Abs. 3 GmbHG einvernehmlich grundsätzlich auf Formalia verzichten können,[2] muss sie auch der Alleineigentümer nicht beachten. Er kann deshalb auch ad-hoc-Beschlüsse fassen.[3]

273 Im Einzelnen gilt:

§ 23 Abs. 1 WEG spielt praktisch keine Rolle: Die Vorschrift bezweckt, dass die Willensbildung im Grundsatz in einer Präsenz-Versammlung, also „von Angesicht zu Angesicht“ erfolgt. Das ist bei Ein-Personen-Beschlüssen naturgemäß der Fall.

§ 23 Abs. 2 WEG spielt praktisch keine Rolle: Theoretisch ist zwar auch zu einer Ein-Personen-Versammlung zu laden. Weil der einzige Wohnungseigentümer darauf aber verzichten kann und dies auch tut, wenn er ohne Ladung beschließt, wirkt sich die Vorschrift praktisch nicht aus.

§ 23 Abs. 3 WEG findet keine Anwendung auf Ein-Personen-Beschlüsse. Denn diese Vorschrift ist als Ausnahme zum Präsenzprinzip des § 23 Abs. 1 WEG konzipiert und stellt dafür besondere Anforderungen im Hinblick auf Mehrheit und Form der Stimmabgabe auf. Für Ein-Personen-Beschlüsse, die das Präsenzprinzip stets wahren, passt sie nicht.

§ 23 Abs. 4 WEG gilt. Für die Wirksamkeitskontrolle von Ein-Personen-Beschlüssen gelten keine Besonderheiten (Rz. 280).

§ 24 Abs. 1 WEG gilt als Verwalterpflicht auch in der Ein-Personen-Gemeinschaft.

§ 24 Abs. 2 WEG kann schon logisch keine Anwendung finden, wenn es nur einen Wohnungseigentümer gibt.

§ 24 Abs. 3 WEG spielt praktisch keine Rolle, denn der Alleineigentümer kann jederzeit eine Versammlung einberufen und braucht dafür den Verwalter nicht.

§ 24 Abs. 4 WEG spielt – aus den gleichen Gründen wie bei § 23 Abs. 2 WEG – keine Rolle.

§ 24 Abs. 5 WEG gilt, steht aber, wie sich aus dem Wortlaut selbst ergibt, zur Disposition des Alleineigentümers.

§ 24 Abs. 6 WEG gilt: Auch Ein-Personen-Beschlüsse sind zu protokollieren (Rz. 278).

1 Vgl. BT-Drucks. 19/18791, S. 45, wo von dieser Möglichkeit wie selbstverständlich ausgegangen wird; vgl. auch *Lieder*, DNotZ 2018, 177 (185 f.).
2 Staudinger/*Häublein*, § 24 WEG Rz. 134, 216.
3 Vgl. BGH v. 9.12.1996 – II ZR 240/95, NJW 1997, 741 zur GmbH.

§ 24 Abs. 7 und 8 WEG gilt: Auch in der Ein-Personen-Gemeinschaft ist eine Beschlusssammlung zu führen.

§ 25 Abs. 1 und 2 WEG spielt praktisch keine Rolle, weil der Alleineigentümer ohnehin alle Stimmen auf sich vereint.

§ 25 Abs. 3 WEG spielt praktisch keine Rolle, weil diese Vorschrift im Ergebnis zur Disposition der Wohnungseigentümer steht, egal welcher Auslegung man folgt (Rz. 631).

§ 25 Abs. 4 WEG gilt: Auch der aufteilende Eigentümer kann einem Stimmverbot unterliegen (Rz. 279).

274 Problematisch ist die **Abgrenzung eines „Ein-Personen-Beschlusses" von einer „Ein-Personen-Vereinbarung"**. Weil weder für Beschlüsse noch für Vereinbarungen eine bestimmte Form vorgesehen ist, sind beide äußerlich nicht voneinander zu unterscheiden, zumal das Verfahren einer etwaigen „Ein-Personen-Beschlussfassung" in der Regel keine Spuren hinterlässt (z.B. Einberufung).[1] Die Abgrenzung hat deshalb inhaltlich zu erfolgen: Soweit für eine Regelung Beschlusskompetenz besteht, ist von einem Ein-Personen-Beschluss auszugehen, denn nur Beschlüsse wirken ohne Weiteres auch gegenüber Sondernachfolgern (§ 10 Abs. 3 S. 2 WEG). Sobald dieser Rahmen überschritten wird, kann die Regelung nur als Ein-Personen-Vereinbarung getroffen werden. Zu beachten ist dann, dass sie gegen Sondernachfolger nur wirkt, wenn sie ins Grundbuch eingetragen wird (§ 10 Abs. 3 S. 1 WEG).

b) Beschlussfassung

275 Im Hinblick auf die Beschlussfassung werfen die Beschlussfeststellung (unten aa)), die Protokollierung (unten bb)) und Stimmrechtsverbote (unten cc)) besondere Fragen auf.

aa) Konstitutive Beschlussfeststellung

276 Fraglich ist, ob der Ein-Personen-Beschluss eines **konstitutiven, nach außen ersichtlichen Aktes** bedarf, oder ob auch ein nicht geäußerter Entschluss des Alleinwohnungseigentümers ausreicht. Für die Wirksamkeit eines Mehrheitsbeschlusses verlangt der BGH dessen Verkündung.[2] Dies begründet der BGH vor allem mit dem fristgebundenen Anfechtungsregime, dass ein genau bestimmbares Datum für die Entstehung eines inhaltlich fixierten Beschlusses voraussetze. Das überzeugt letztlich auch für den Ein-Personen-Beschluss, ist die Ein-Personen-Gemeinschaft doch typischerweise auf den Eintritt weiterer Wohnungseigentümer gerichtet. Ein solcher ist zur Anfechtung auch eines zuvor bereits gefassten Ein-Personen-Beschlusses berechtigt; gleiches gilt nach § 8 Abs. 3 WEG für den werdenden Wohnungseigentümer.[3]

1 Vgl. Staudinger/*Lehmann-Richter*, § 21 WEG Rz. 53 zur Maßgeblichkeit des Verfahrens bei der Abgrenzung von Beschlüssen und Vereinbarungen im Allgemeinen.

2 BGH v. 29.5.2020 – V ZR 141/19, BeckRS 2020, 15562 Rz. 14; BGH v. 23.8.2001 – V ZB 10/01, NJW 2001, 3339 (3341) unter III.3.a.cc.

3 Vgl. Staudinger/*Lehmann-Richter*, § 46 WEG Rz. 87.

Auch beim Ein-Personen-Beschluss besteht daher ein Bedürfnis, die Entstehung des Beschlusses durch einen konstitutiven Akt feststellen zu können.[1]

277 An die **Form der Beschlussfeststellung** dürfen jedoch keine überzogenen Anforderungen gestellt werden. Denn der BGH lässt auch bei einer Mehr-Personen-Eigentümerversammlung, die ohne Versammlungsvorsitzenden durchgeführt wird, das bloße Einigsein der Wohnungseigentümer mit dem Beschlussergebnis genügen.[2] Auch beim Ein-Personen-Beschlusses braucht es deshalb nicht etwa einer schriftlichen Niederlegung, sondern es genügt jeder nach außen erkennbare Entschluss des Alleineigentümers, dass eine bestimmte Rechtsfolge eintreten soll.

bb) Protokollierung und Sammlung

278 § 24 Abs. 6 WEG gilt auch für Ein-Personen-Beschlüsse. Der Alleinwohnungseigentümer hat seine Beschlüsse deshalb unverzüglich zu protokollieren. Zu unterschreiben sind sie nur von ihm selbst, wenn eine förmliche Versammlung durchgeführt wurde, der der Verwalter vorsaß, ausnahmsweise auch von diesem. Die Protokollierung ist aber **nicht Wirksamkeitsvoraussetzung**; das entspricht der Rechtslage im GmbH-Recht (§ 48 Abs. 3 GmbHG). Auch die Vorschriften zur Beschluss-Sammlung (§ 24 Abs. 7 und 8 WEG) sind zu beachten.

cc) Stimmrechtsverbote

279 Zur GmbH entspricht es der h.M., dass das Stimmrechtsverbot aus § 47 Abs. 4 GmbHG in der Ein-Personen-GmbH nicht gilt.[3] Der BGH begründet dies mit der mangelnden Schutzbedürftigkeit des Gesellschaftsvermögens gegenüber dem alleinigen Gesellschafter.[4] Für das Wohnungseigentumsrecht überzeugt das nicht. Denn Beschlüsse in der Gemeinschaft der Wohnungseigentümer haben häufig Dauerwirkung für das Zusammenleben der Wohnungseigentümer; das Gemeinschaftsvermögen hat demgegenüber nur eine Hilfsfunktion (Rz. 170). Auch Ein-Personen-Beschlüsse berühren daher bei typisierender Betrachtung die Interessen der anderen, zukünftigen Wohnungseigentümer, auf deren Eintritt in die Gemeinschaft die Aufteilung in Wohnungseigentum gerichtet ist. Deshalb gilt **§ 25 Abs. 4 WEG auch für den Ein-Personen-Beschluss**. Praktisch relevant kann § 25 Abs. 4 Var. 1 WEG werden, der die Vornahme eines Rechtsgeschäfts mit dem Alleinwohnungseigentümer verbietet, etwa wenn er sich selbst zum Verwalter bestellen möchte. Ein Verstoß führt freilich nur zur Anfechtbarkeit des Beschlusses.

---

1 Vgl. *Lindemann*, Beschlussfassung in der Einmann-GmbH, 1996, S. 91, die von einem „Verlautbarungsakt" spricht.

2 BGH v. 23.8.2001 – V ZB 10/01, NJW 2001, 3339 (3341) unter III.3.a.

3 *Baumbach/Hueck/Zöllner/Noack*, § 47 Rz. 94 m.w.N.

4 BGH v. 24.10.1988 – II ZB 7/88, NJW 1989, 295.

c) Wirksamkeitskontrolle nach allgemeinen Regeln

280 Wie auch bei Mehrheitsbeschlüssen richtet sich die Unwirksamkeit eines Ein-Personen-Beschlusses nach § 23 Abs. 4 WEG. **Nichtige** und damit unwirksame Beschlüsse sind deshalb von wirksamen, aber **anfechtbaren** Beschlüssen zu unterscheiden.[1]

Denkbar wäre es gewesen, beim Ein-Personen-Beschluss die Kategorie der Anfechtbarkeit abzuschaffen und jeden Beschlussmangel mit der Nichtigkeit zu verbinden.[2] Das hätte freilich beim Übergang von der Ein- zur Mehr-Personen-Gemeinschaft zu Friktionen geführt. Es ist deshalb gut, dass der Gesetzgeber diesen Weg nicht beschritten hat.

281 Besondere **Nichtigkeits- oder Anfechtungsgründe** für Ein-Personen-Beschlüsse sind nicht vorgesehen. Auch eine Hemmung der **Anfechtungsfrist**, bis ein sog. werdender Wohnungseigentümer (§ 8 Abs. 3 WEG) eintritt, wie sie die Bund-Länder-Arbeitsgruppe zur WEG-Reform vorgeschlagen hatte,[3] ist nicht Gesetz geworden. Der Gesetzgeber hat die Möglichkeit der Aufhebung durch Zweitbeschluss zu Recht als ausreichend erachtet (dazu Rz. 282).[4] Ein eintretender Wohnungseigentümer kann einen Ein-Personen-Beschlüsse deshalb nur innerhalb der regulären Monatsfrist des § 45 S. 1 WEG anfechten. Tritt er erst nach deren Ablauf ein, kann keine Wiedereinsetzung (§ 45 S. 2 WEG) gewährt werden. Denn die Anfechtungsfrist lief in diesem Fall nicht gegen ihn, sondern gegen den Veräußerer.

d) Beschlussaufhebung durch Zweitbeschluss

282 Ein-Personen-Beschlüssen dürften in der Praxis häufig bestandskräftig werden. Nach dem Ende des Ein-Personen-Stadiums (dazu Rz. 267) haben die Wohnungseigentümer die Möglichkeit, ordnungswidrige aber bestandskräftige sowie andere Ein-Personen-Beschlüsse, die sie für zweckwidrig halten, durch Zweitbeschlüsse aufzuheben. Nach allgemeiner Meinung soll die Rechtmäßigkeit eines Zweitbeschlusses freilich davon abhängen, ob er schutzwürdige, durch den Erstbeschluss betroffene Belange hinreichend berücksichtigt.[5] Ob Belange schutzwürdig sind, soll wiederum von den Umständen des Einzelfalls abhängen. Bei **ordnungswidrigen Ein-Personen-Beschlüssen** wird es in der Regel an schutzwürdigen Belangen fehlen. Denn der Eintritt der Bestandskraft eines solchen Beschlusses kann keinen Vertrauenstatbestand schaffen, hat es doch allein der aufteilende Eigentümer in der Hand, ob er einen seiner Beschlüsse bestandskräftig werden lässt. Bei **ordnungsmäßigen Beschlüssen** wird man zumindest sagen können, dass das Vertrauen in den Bestand eines Ein-Personen-Beschlusses umso geringer ist, je stärker er zulasten zukünftige Wohnungseigentümer wirkt.

---

1 Vgl. BT-Drucks. 19/18791, S. 45, wo von der Anfechtungsmöglichkeit wie selbstverständlich ausgegangen wird.
2 Vgl. *Lindemann*, Beschlussfassung in der Einmann-GmbH, 1996, 194 ff.
3 Abschlussbericht Bund-Länder-Arbeitsgruppe WEG-Reform, ZWE 2019, 429 (436 f.).
4 BT-Drucks. 19/18791, S. 45.
5 Etwa BGH v. 20.12.1990 – V ZB 8/90, NJW 1991, 979 (979) unter III.1.; *Elzer*, ZMR 2007, 237.

283 Eine andere Frage ist es, ob ein **Anspruch auf Beschlussaufhebung** besteht. Ein solcher Anspruch kann sich aus dem Anspruch auf ordnungsmäßige Verwaltung ergeben (§ 18 Abs. 2 Nr. 1 WEG). Im Allgemeinen sperrt freilich die Möglichkeit, einen Beschluss anzufechten, etwaige Ansprüche auf Beschlussaufhebung, denn sonst würden die engen zeitlichen Grenzen des Anfechtungsrechts umgangen (Rz. 1879). Von diesem Prinzip ist bei Ein-Personen-Beschlüssen aber eine Ausnahme zu machen. Denn typischerweise wird das gegen sie bestehende Anfechtungsrecht nicht ausgeübt. Das Bedürfnis nach einer Beschlussaufhebung entsteht vielmehr erst, wenn das Ein-Personen-Stadium endet. Ob im konkreten Fall ein Aufhebungsanspruch besteht, hängt davon ab, ob allein die Aufhebung ordnungsmäßiger Verwaltung entspricht. Widerspricht der angegriffene Beschluss ordnungsmäßiger Verwaltung, ist dies regelmäßig anzunehmen; denkbar ist aber auch ein bloßer Beschlussabänderungsanspruch. Der Anspruch kann mit der Beschlussersetzungsklage (§ 44 Abs. 1 S. 2 WEG) verfolgt werden.

III. Sog. werdender Wohnungseigentümer (§ 8 Abs. 3 WEG)

284 Nach § 8 Abs. 3 WEG wird ein Erwerber unter bestimmten Voraussetzungen (unten 2.) im Innenverhältnis wie ein Wohnungseigentümer behandelt (unten 3.), obwohl er noch nicht als solcher im Grundbuch eingetragen ist. Diese Vorschrift kodifiziert die Figur des sog. werdenden Wohnungseigentümers und schafft damit vor allem Rechtssicherheit (unten 1.).

1. Normzweck

285 § 8 Abs. 3 WEG kodifiziert die **seit langem anerkannte Figur des sog. werdenden Wohnungseigentümers**.

286 **Nach altem Recht** war diese Figur **notwendiger Steigbügelhalter** für die Entstehung der rechtsfähigen Gemeinschaft der Wohnungseigentümer. Denn aus § 10 Abs. 7 S. 4 WEG a.F. wurde abgeleitet, dass es keine Ein-Personen-Gemeinschaft geben kann.[1] Weil die Gemeinschaft der Wohnungseigentümer nunmehr bereits mit Anlegung der Wohnungseigentümer entsteht (§ 9a Abs. 1 S. 2 WEG), verliert die Figur insoweit ihre Funktion.

287 Ihre **Funktion nach neuem Recht** ist daher unklar. Zur Befriedigung des insbesondere vom BGH seit langem bemühten „Demokratisierungsinteresses" – also der zügigen Verteilung der Stimmrechtsmacht des teilenden Eigentümers auf die künftigen Eigentümer[2] – ist sie unnötig: Schon aufgrund der Erwerbsverträge gehen mit der Besitzübergabe die Nutzungen und Lasten vom aufteilenden Eigentümer auf die Erwerber über (§ 446 S. 2 BGB). Auch das Stimmrecht zählt als Gebrauchsvorteil zu

1 BGH v. 5.6.2008 – V ZB 85/07, NJW 2008, 2639 Rz. 10; s. auch die Nachweise bei *Lieder*, DNotZ 2018, 177 (178).

2 Erstmals BGH v. 5.6.2008 – V ZB 85/07, NJW 2008, 2639 Rz. 20; der Begriff geht auf *Heismann*, S. 220 ff. zurück.

den Nutzungen (§ 100 BGB),[1] so dass der aufteilende Eigentümer dem Erwerber eine Stimmrechtsvollmacht erteilen muss;[2] im Gegenzug hat ihn der Erwerber von Hausgeld- und allen anderen Verbindlichkeiten freizustellen.[3] § 8 Abs. 3 WEG fügt § 446 S. 2 BGB sachlich nichts hinzu, sondern verstärkt lediglich dessen Wirkungen: Während § 446 S. 2 BGB als schuldrechtliche Vorschrift nur das bilaterale Verhältnis zwischen aufteilendem Eigentümer und Erwerber betrifft, berechtigt und verpflichtet § 8 Abs. 3 WEG den Erwerber originär im Verhältnis zu den übrigen Wohnungseigentümern und der Gemeinschaft der Wohnungseigentümer.

288 Diese „**Verstärkungswirkung**" ist praktisch zweischneidig: Einerseits kann der Erwerber seine Rechte unabhängig von der Mitwirkung des aufteilenden Eigentümers ausüben. Andererseits kann der Erwerber Einreden, die ihm gegenüber dem aufteilenden Eigentümer zustehen, dem Hausgeldanspruch nicht mehr entgegensetzen. **Dogmatisch** ist sie **bedenklich**, verwischt sie doch die Grenzen zwischen Schuld- und Sachenrecht: Der Erwerber wird im Innenverhältnis zum Wohnungseigentümer, obwohl er es sachenrechtlich noch gar nicht ist. Allgemeiner formuliert: Ein (Noch-) Nicht-Miteigentümer wird zum Mitglied der besonderen Miteigentümergemeinschaft nach dem WEG.

289 Eine **Rechtfertigung** für diese dogmatischen Verwerfungen gibt es letztlich nicht. Sie folgt insbesondere nicht aus den Spezifika des Bauträger-Modells. Zwar ist der Zeitraum zwischen Besitzübergabe und Eigentumsumschreibung aufgrund der Vorschriften der MaBV häufig länger als beim Erwerb einer Bestandswohnung. Den Interessenkonflikt, der aus dem Auseinanderfallen von Besitz und Eigentum resultiert, regelt jedoch § 446 S. 2 BGB sachgerecht, ohne dass es darauf ankäme, wie lange dieser Zustand andauert. Auch das möglicherweise erhöhte Insolvenzrisiko von Bauträgern rechtfertigt es nicht, durch Sondervorschriften im WEG die allgemeinen Regeln des Insolvenzrechts zu modifizieren. Diese kämen nämlich durchaus zu sachgerechten Ergebnissen: Die vom Bauträger im Rahmen des § 446 S. 2 BGB erteilte Stimmrechtsvollmacht würde zwar zunächst erlöschen (§ 117 Abs. 1 InsO), müsste vom Insolvenzverwalter aber erneut erteilt werden. Der Insolvenzverwalter wäre auch verpflichtet, das Hausgeld zu zahlen, das nach Eröffnung des Insolvenzverfahrens fällig wird, denn insoweit handelt es sich um eine Masseverbindlichkeit.[4] Die Erwerber wären ihm gegenüber weiterhin freistellungsverpflichtet (§ 446 S. 2 BGB), ohne dass dem die insolvenzrechtliche Durchsetzungssperre[5] entgegenstünde, ist die Freistellungspflicht doch gewissermaßen die Gegenleistung für die schon erfolgte Besitzübergabe. Selbst bei Masseunzulänglichkeit wäre die Finanzierung also gesichert. Wenn die Erwerber ihre Freistellungspflicht im eigenen Interesse dadurch erfüllen, dass sie unmittelbar an die Gemeinschaft der Wohnungseigentümer zahlen (§ 257, § 267 Abs. 1 BGB), käme es nicht einmal zu Verzögerungen.

290 Bei Lichte betrachtet handelt es sich bei § 8 Abs. 3 WEG um die nicht hinreichend hinterfragte Kodifikation einer zweifelhaften richterrechtlich geschaffenen Figur.[6] Ih-

1 BeckOK-BGB/*Fritzsche*, § 100 Rz. 8; Staudinger/*Stieper*, § 100 Rz. 7.
2 Nach KG v. 20.7.1994 – 24 W 3942/94, NJW 1995, 147 (147) ist eine ausdrückliche Vollmacht sogar entbehrlich.
3 NK-BGB/*Büdenbender*, § 446 Rz. 19.
4 BGH v. 21.7.2011 – IX ZR 120/10, NJW 2011, 3098 Rz. 7.
5 Dazu etwa BGH v. 17.12.2009 – IX ZR 214/08, ZIP 2010, 238 Rz. 11.
6 Vgl. auch den Abschlussbericht Bund-Länder-Arbeitsgruppe WEG-Reform, ZWE 2019, 429 (435 f.) zu der kontroversen Diskussion über die Notwendigkeit einer Kodifikation.

ren Zweck kann man nur darin sehen, **Rechtssicherheit** zu schaffen, indem die Voraussetzungen und Rechtsfolgen dieser Figur abschließend gesetzlich geregelt werden.[1]

2. Voraussetzungen

291 § 8 Abs. 3 WEG setzt voraus, dass der Erwerber einen Anspruch auf Übertragung von Wohnungseigentum gegen den teilenden Eigentümer hat (unten a)), der durch Vormerkung im Grundbuch gesichert ist (unten b)), und dem Erwerber der Besitz an den zum Sondereigentum gehörenden Räumen übergeben wurde (unten c)). Zeitliche Grenzen stellt die Vorschrift nicht auf (unten d)).

a) Erstübereignungsanspruch

292 Der Erwerber muss einen Anspruch auf Übertragung von Wohnungseigentum „gegen den teilenden Eigentümer" haben. § 8 Abs. 3 WEG betrifft also nur den **Ersterwerb**.[2] Woraus sich dieser Anspruch ergibt, ist unerheblich:[3] In den allermeisten Fällen wird er sich aus einem Bauträger- oder Kaufvertrag ergeben, in Betracht kommt aber auch ein Schenkungsvertrag, ja sogar ein Vermächtnis.[4] Der Erwerber muss den Anspruch nicht zwingend in eigener Person begründet haben, sondern kann ihn auch im Wege der Abtretung erworben haben (Rz. 308).

293 In der Vergangenheit war umstritten, ob die Figur des sog. werdenden Wohnungseigentümers auch bei einer Aufteilung nach § 3 WEG zur Anwendung kommt.[5] § 8 Abs. 3 WEG klärt diesen Streit: Die Vorschrift gilt nicht nur aufgrund ihrer systematischen Stellung, sondern auch aufgrund ihres Wortlauts („teilenden Eigentümer") **nur für Aufteilungen nach § 8 WEG**. Eine analoge Anwendung bei Aufteilungen nach § 3 WEG würde dem Zweck der Vorschrift zuwiderlaufen, die überkommene Figur des sog. werdenden Wohnungseigentümers in rechtssichere Bahnen zu lenken (Rz. 290). Dazu kommt, dass der Erwerber bereits durch die schuldrechtlichen Regelungen des Erwerbsvertrags hinreichend geschützt ist (vgl. Rz. 289). Eine Analogie kann deshalb auch nicht mit den Besonderheiten des Einzelfalles begründet werden (z.B. damit, dass die Teilung nach § 3 WEG lediglich aus grunderwerbsteuerlichen Gründen gewählt wurde, sog. Anteilsmodell[6]).

Nach dem Eindruck diverser Expertengespräche hat sich im Rahmen der Erstellung des Referentenentwurfs schließlich die Meinung durchgesetzt, eine Kodifikation sei erforderlich.

1 In diese Richtung auch BT-Drucks. 19/18791, S. 44, wo immerhin zweimal auf die durch die Vorschrift geschaffene Rechtssicherheit Bezug genommen wird.

2 BT-Drucks. 19/18791, S. 44.

3 So wohl auch zum alten Recht BGH v. 14.2.2020 – V ZR 159/19, BeckRS 2020, 7544 Rz. 10.

4 Palandt/*Wicke*, § 8 Rz. 8.

5 Vgl. BeckOGK-WEG/*Falkner*, § 10 Rz. 87 ff. zum Streitstand.

6 Näher dazu DNotI-Report 2015, 33 (34 f.).

b) Vormerkung

294 Der Anspruch muss durch eine Vormerkung im Grundbuch (§ 883 BGB) gesichert sein. Unproblematisch sind die Fälle, in denen die **Wohnungsgrundbücher bereits angelegt** sind und die Vormerkung dort eingetragen ist. Nach dem Wortlaut genügt aber auch eine Vormerkung an dem noch **ungeteilten Grundstück**. Solange die Wohnungsgrundbücher aber nicht angelegt sind, können die Rechtsfolgen des § 8 Abs. 3 WEG nicht eintreten. Denn solange das Wohnungseigentum als sachenrechtliches Zuordnungsobjekt nicht existiert, sind die Vorschriften des WEG nicht anwendbar (Rz. 263). Insoweit weicht das WEMoG bewusst[1] vom richterrechtlichen Institut des sog. werdenden Wohnungseigentümers ab, das – systemwidrig – im Falle einer Vormerkung am ungeteilten Grundstück das WEG zur Anwendung brachte, ohne dass überhaupt Wohnungseigentum existierte.[2]

c) Besitzübergabe

295 Schließlich muss der Besitz **übergeben** worden sein. Eine Übergabe verlangt mehr als eine bloße Besitzerlangung des Erwerbers, nämlich auch den vollständigen Besitzverlust auf Seiten des aufteilenden Eigentümers sowie den tatsächlichen Konsens über den Besitzübergang.[3] An einer Übergabe fehlt es deshalb, solange der aufteilende Eigentümer noch einen Zweitschlüssel zurückbehält.[4] Auch eine eigenmächtige Besitzverschaffung durch den Erwerber genügt nicht.[5]

296 Übergeben werden müssen nur die **zum Sondereigentum gehörenden Räume**, nicht aber das Gemeinschaftseigentum oder die außerhalb des Gebäudes liegenden Flächen, auf die sich das Sondereigentum nach § 3 Abs. 2 WEG erstreckt.[6] Deshalb müssen auch nur die zum Sondereigentum gehörenden Räume als solche schon existieren. Eine Übergabe vor der Errichtung zumindest des Rohbaus scheidet demnach aus. Unerheblich ist aber, ob die Räume schon im Sinne des Bauvertragsrechts fertiggestellt oder abgenommen wurden; auf den Zustand des Gemeinschaftseigentums kommt es generell nicht an.

d) Keine zeitlichen Grenzen

297 Zeitliche Grenzen sieht § 8 Abs. 3 WEG aus Rechtssicherheitsgründen nicht vor.[7] Die Vorschrift greift deshalb auch dann, wenn der aufteilende Eigentümer erst nach vielen Jahren eine zunächst zurückbehaltene Wohnung doch noch verkauft.[8]

1 BT-Drucks. 19/18791, S. 44.
2 BGH v. 5.6.2008 – V ZB 85/07, NJW 2008, 2639 Rz. 15.
3 Instruktiv MünchKommBGB/*Oechsler*, § 929 Rz. 49.
4 BGH v. 20.9.2004 – II ZR 318/02, NJW-RR 2005, 280 (281) unter III.1.
5 So schon zum alten Recht BGH v. 11.12.2015 – V ZR 80/15, ZWE 2016, 169 (170) Rz. 12 ff.
6 BT-Drucks. 19/18791, S. 44.
7 BT-Drucks. 19/18791, S. 44.
8 So jetzt auch zum alten Recht BGH v. 14.2.2020 – V ZR 159/19, BeckRS 2020, 7544 Rz. 17; zuvor offengelassen von BGH v. 11.5.2012 – V ZR 196/11, NJW 2012, 2650 Rz. 12.

3. Rechtsfolgen

298 Rechtsfolge des § 8 Abs. 3 WEG ist eine Fiktion: Der Erwerber gilt als Wohnungseigentümer (unten a)), allerdings nur im Innenverhältnis (unten b)). Unter bestimmten Voraussetzungen kann er diese Rechtsstellung aber auch wieder verlieren (unten c)). Die Folgen einer fehlerhaften Einordnung als sog. werdender Wohnungseigentümer bemessen sich nach den allgemeinen Regeln (unten dd)).

a) Fiktive Stellung als Wohnungseigentümer

299 Der Erwerber wird so behandelt, **als ob er bereits als Wohnungseigentümer im Grundbuch eingetragen wäre**. Er tritt dabei an die Stelle des aufteilenden Eigentümers, der seine Rechte und Pflichte im Innenverhältnis verliert. An dessen Stelle ist der Erwerber etwa verpflichtet, das Hausgeld zu zahlen, und muss die Pflichten nach § 14 WEG erfüllen. Ihm stehen im Gegenzug aber auch alle Rechte als Wohnungseigentümer zu, insbesondere kann er an Versammlungen teilnehmen, abstimmen und Beschlüsse anfechten; der aufteilende Eigentümer verliert diese Rechte.

300 **Methodisch** handelt es sich bei § 8 Abs. 3 WEG um eine Fiktion und nicht nur um eine unwiderlegliche Vermutung.[1] Denn tatsächlich wird der Erwerber erst Wohnungseigentümer, wenn er als solcher im Grundbuch eingetragen ist. Sobald dies geschieht, erlischt der Übertragungsanspruch samt akzessorischer Vormerkung. Es ist also logisch ausgeschlossen, dass die Rechtsfolge des § 8 Abs. 3 WEG eintritt, obwohl der Erwerber tatsächlich schon Wohnungseigentümer ist. Insoweit unterscheidet sich § 8 Abs. 3 WEG von dem strukturell ähnlichen § 16 Abs. 1 S. 1 GmbHG,[2] der die Gesellschafterstellung im Innenverhältnis an die Eintragung in der Gesellschafterliste knüpft.

b) Beschränkung auf das Innenverhältnis

301 Die Rechtsstellung des Erwerbers gilt nur „gegenüber den übrigen Wohnungseigentümern und der Gemeinschaft der Wohnungseigentümer", beschränkt sich also auf das **Innenverhältnis**. Sie betrifft allein die sich aus dem WEG ergebenden Rechte und Pflichten.

302 Unberührt bleiben nach dem klaren Wortlaut dagegen die Rechtsbeziehungen zu **Dritten**. Das rührt daher, dass für Dritte in der Regel nicht erkennbar ist, ob und in welcher Person die Voraussetzungen des § 8 Abs. 3 WEG erfüllt sind. Für sie ist deshalb stets der im Grundbuch eingetragene Eigentümer maßgeblich. **Ansprüche gegen Dritte**, etwa Störungsabwehransprüche gegen Nachbarn auf Grundlage von § 1004 BGB und der Duldungsanspruch aus § 15 WEG gegen Mieter und andere Drittnutzer stehen weiterhin dem aufteilenden Eigentümer zu. Der aufteilende Eigentümer kann den Erwerber freilich ermächtigen, diese Rechtspositionen an seiner Stelle auszuüben;[3] nach § 446 S. 2 BGB wird er dazu in der Regel sogar verpflichtet sein. § 8 Abs. 3 WEG gewährt dem Erwerber auch kein Recht zur **Mitwirkung an**

1 Zum Unterschied zwischen beiden Instituten etwa *Larenz/Canaris*, Methodenlehre, S. 83.
2 Zur zutreffenden Einordnung des § 16 Abs. 1 S. 1 GmbHG als unwiderlegliche Vermutung etwa MünchKommGmbHG/*Heidinger*, § 16 Rz. 14.
3 Staudinger/*Thole*, § 1004 Rz. 252.

der Vertretung der verwalterlosen Gemeinschaft der Wohnungseigentümer (§ 9b Abs. 1 S. 2 WEG). Denn gerade bei der Vertretung müssen sich Dritte auf die im Grundbuch verlautbarte Rechtslage verlassen können.

303 Wenig fruchtbar ist im Zusammenhang mit der Vertretung ein **Vergleich mit § 16 Abs. 1 S. 1 GmbHG.** Denn die GmbH wird, auch wenn sie keinen Geschäftsführer hat, nur in passiver Hinsicht durch die Gesellschafter vertreten (§ 35 Abs. 1 S. 2 GmbHG). Die überwiegende Ansicht geht davon aus, dass aus Verkehrsschutzgründen darunter auch der bloße Listen-Gesellschafter im Sinne des § 16 Abs. 1 S. 1 GmbHG fällt.[1] Das kann indes nicht auf den Erwerber im Sinne des § 8 Abs. 3 WEG übertragen werden, denn dieser ist – im Gegenteil zum Listen-Gesellschafter – für den Rechtsverkehr gerade nicht erkennbar.

304 Auch **Ansprüche Dritter** richten sich weiterhin gegen den aufteilenden Eigentümer, etwa Haftungsansprüche nach § 9a Abs. 4 WEG; Gleiches gilt für öffentlich-rechtliche Pflichten. Das kann dazu führen, dass der aufteilende Eigentümer im Außenverhältnis für Verbindlichkeiten haftet, an deren Begründung er im Innenverhältnis gar nicht mitwirkt. Im Regelfall ist das unproblematisch, denn im Verhältnis zwischen aufteilendem Eigentümer und Erwerber hat allein der Erwerber diese Lasten zu tragen (§ 446 S. 2 BGB). Probleme entstehen nur dann, wenn der Erwerber zahlungsunfähig ist. Dieses Problem besteht jedoch bei jeder Veräußerung von Wohnungseigentum, bei der dem Erwerber eine Stimmrechtsvollmacht erteilt wird, und ist kein Spezifikum der Aufteilung nach § 8 WEG.

c) Verlust der Rechtsstellung

305 Ein Erwerber verliert seine Eigenschaft als sog. werdender Wohnungseigentümer, wenn er als Wohnungseigentümer im Grundbuch eingetragen wird (unten a)) oder er seinen Übereignungsanspruch verliert, weil der Erwerbsvertrag rückabgewickelt wird (unten b)) oder er ihn abtritt (unten c)).

aa) Eigentumserwerb

306 In aller Regel wird der Erwerber später auch als Eigentümer im Grundbuch eingetragen. Ab diesem Zeitpunkt ist er „echter“ Wohnungseigentümer; für die nach § 8 Abs. 3 WEG vorgesehene Fiktion bleibt dann kein Raum mehr.

bb) Rückabwicklung

307 Denkbar ist aber auch, dass der Erwerb scheitert, z.B. weil der Erwerber vom Erwerbsvertrag zurücktritt oder ihn anficht. Sobald der Übereignungsanspruch erlischt, liegen die Voraussetzungen des § 8 Abs. 3 WEG nicht mehr vor und der aufteilende Eigentümer erhält im Innenverhältnis alle Rechte und Pflichten zurück. Kommt der nichtigkeitsauslösenden Vorschrift Rückwirkung zu (z.B. § 142 Abs. 1 BGB), sind die zwischen dem Ex-Erwerber und der Gemeinschaft der Wohnungseigentümer erbrachten Leistungen bereicherungsrechtlich rückabzuwickeln;[2] unter seiner Mitwir-

---

1 Etwa MünchKommGmbHG/*Stephan*/*Tieves*, § 35 Rz. 244.

2 Bärmann/*Pick*/*Emmerich*, § 10 Rz. 23 zum alten Recht.

kung gefasste Beschlüsse werden aber nicht nachträglich anfechtbar. Wird die Einheit nochmals verkauft, kann der spätere Erwerber erneut die Eigenschaft als sog. werdender Wohnungseigentümer erwerben, denn § 8 Abs. 3 WEG „verbraucht" sich nicht, sondern verlangt nur, dass der Übereignungsanspruch gegen den aufteilenden Eigentümer gerichtet ist.

cc) Abtretung des Übereignungsanspruchs

308 Die Voraussetzungen des § 8 Abs. 3 WEG liegen auch dann nicht mehr vor, wenn der Erwerber seinen Übereignungsanspruch abtritt, bevor er selbst als Eigentümer im Grundbuch eingetragen ist. Er verliert deshalb – anders als nach früherem Recht[1] – seine Eigenschaft als sog. werdender Wohnungseigentümer. Der Zessionar erwirbt die Eigenschaft als sog. werdender Wohnungseigentümer, sobald die Voraussetzungen des § 8 Abs. 3 WEG in seiner Person vollständig erfüllt sind. Dazu muss er nicht nur den Besitz erlangen, der nach dem Wortlaut nicht zwingend vom aufteilenden Eigentümer übergeben werden muss, sondern auch als Vormerkungsberechtigter im Grundbuch eingetragen sein. Grundbuchrechtlich handelt es sich dabei zwar nur um eine Berichtigung, die aber notwendig ist, weil § 8 Abs. 3 WEG eine Vormerkung „im Grundbuch" verlangt und dafür eben keine außerhalb des Grundbuch übergegangene Vormerkung genügt.

d) Fehlerhafte Einordnung

309 Die Rechtsfolgen des § 8 Abs. 3 WEG treten kraft Gesetzes ein. Die Besitzübergabe dem Verwalter mitzuteilen, ist dringend zu empfehlen, konstitutive Wirkung hat sie aber nicht. Das birgt **Fehlerquellen**: Einerseits kann ein Erwerber wie ein Wohnungseigentümer behandelt werden, obwohl er die Voraussetzungen des § 8 Abs. 3 WEG noch gar nicht erfüllt hat (z.B. weil die Besitzübergabe erst noch bevorsteht) oder auch gar nie erfüllen kann (z.B. weil der Erwerbsvertrag unerkannt unwirksam ist). Andererseits kann die Erfüllung dieser Voraussetzungen auch unerkannt bleiben mit der Folge, dass der aufteilende Eigentümer die Rechte ausübt, die eigentlich schon dem Erwerber zu stehen.

310 Die dadurch aufgeworfenen Probleme sind **nach allgemeinen Regeln zu lösen**: Geleistete Zahlungen und empfangene Leistungen sind bereicherungsrechtlich rückabzuwickeln. Hat eine nicht dazu befugte Person bei einer Beschlussfassung mitgewirkt, ist der Beschluss grundsätzlich anfechtbar, es sei denn, es ist auszuschließen, dass sie deren Inhalt beeinflusst hat.[2] Unbeachtlich ist jedoch die bloße Nichtladung eines Erwerbers, der die Voraussetzungen des § 8 Abs. 3 WEG erfüllt hat, dem Verwalter dies aber nicht mitgeteilt hat. Denn genauso wie einen Wohnungseigentümer die Obliegenheit trifft, Adresswechsel mitzuteilen, trifft den Erwerber die Obliegen-

1 BGH v. 24.7.2015 – V ZR 275/14, NJW 2015, 2877 Rz. 14 ff.
2 Vgl. zur Kausalitäts- bzw. Relevanztheorie Bärmann/*Pick*/*Dötsch*, Vor §§ 43 ff. Rz. 56.

heit, den Eintritt der Voraussetzungen des § 8 Abs. 3 WEG mitzuteilen; verletzt er diese Obliegenheit, können Ladungsmängel nicht geltend gemacht werden.[1]

D. Übergangsrecht

311 Für die neuen Vorschriften, die die Entstehungsphase betreffen, sieht das WEMoG **keine Übergansvorschriften** vor. Es ist jedoch davon auszugehen, dass durch die neuen Vorschriften **bereits entstandene Gemeinschaften der Wohnungseigentümer nicht nachträglich beseitigt** werden sollen. Gemeinschaften der Wohnungseigentümer, die vor Inkrafttreten des WEMoG am 1.12.2020 entstanden sind, ohne dass die Wohnungsgrundbücher angelegt wurden, behalten deshalb ihre Rechtsfähigkeit, obwohl § 9a Abs. 1 S. 2 WEG die Anlegung der Wohnungsgrundbücher zwingend verlangt (Rz. 2002). Wurden die Wohnungsgrundbücher dagegen schon vor dem Inkrafttreten des WEMoG angelegt, ohne dass bis zu diesem Zeitpunkt die Besitzübergabe an einen Erwerber erfolgt ist, erlangt die Gemeinschaft der Wohnungseigentümer mit dem Inkrafttreten des WEMoG die Rechtsfähigkeit.

1 BGH v. 5.7.2013 – V ZR 241/12, NJW 2013, 3098 Rz. 18.

§ 5
Die Rolle der Wohnungseigentümer bei der Verwaltung

312 Dieses Kapitel behandelt die Rechte und Pflichten bei der Verwaltung des gemeinschaftlichen Eigentums. Im Mittelpunkt stehen die Wohnungseigentümer und die Gemeinschaft der Wohnungseigentümer. Zu den diesbezüglichen Rechten und Pflichten des Verwalters Rz. 472, zur Vertretung der Gemeinschaft der Wohnungseigentümer Rz. 179.

A. Das alte Recht und seine Probleme

313 Die Anerkennung der Rechtsfähigkeit der Gemeinschaft der Wohnungseigentümer führte zu der Frage nach ihrer rechtlichen Funktion. Diese betraf auch das Innenverhältnis. Hier schien sich zum alten Recht zuletzt ein „**Hybridmodell**" durchzusetzen: Einerseits war die Gemeinschaft der Wohnungseigentümer insbesondere über den Anspruch auf Leistung des Hausgeldes mit den Wohnungseigentümern rechtlich verbunden. Andererseits war sie nach der Rechtsprechung aber „im Innenverhältnis in die ordnungsmäßige Verwaltung des Gemeinschaftseigentums nicht eingebunden".[1] Diese konzeptionelle Unklarheit führte dazu, dass für den Rechtsanwender oftmals nicht erkennbar war, ob die Gemeinschaft der Wohnungseigentümer oder die Gesamtheit der Wohnungseigentümer berechtigt bzw. verpflichtet war.[2] Gleiches galt für den Verwalter, für den § 27 Abs. 1 WEG a.F. eine „Zwitterstellung" vorsah, die irgendwo zwischen Organ der Gemeinschaft der Wohnungseigentümer und Verpflichtetem der Wohnungseigentümern lag.

B. Das neue Recht auf einen Blick

314 Das neue Recht hat das System der Verwaltung grundlegend geändert. **Trägerin der gesamten Verwaltung** ist jetzt die **Gemeinschaft der Wohnungseigentümer**, die durch ihre Organe das gemeinschaftliche Eigentum verwaltet. Dementsprechend laufen im Innenverhältnis sämtliche Rechte und Pflichten bei der Gemeinschaft der Wohnungseigentümer zusammen.

- Zentrale Vorschrift ist § 18 Abs. 2 Nr. 1 BGB, nach dem jeder Wohnungseigentümer einen **Anspruch auf Verwaltung gegen die Gemeinschaft der Wohnungseigentümer** hat (Rz. 315).

---

1 BGH v. 8.6.2018 – V ZR 125/17, NJW 2018, 3305 Rz. 16; anders noch BGH v. 25.9.2015 – V ZR 246/14, NJW 2016, 1310 Rz. 15.

2 Abschlussbericht Bund-Länder-Arbeitsgruppe WEG-Reform, ZWE 2019, 429, 443.

- **Spezifische Ausprägungen** dieses Anspruchs finden sich in drei Vorschriften (Rz. 363), nämlich in § 18 Abs. 4 WEG (Einsicht in die Verwaltungsunterlagen), § 20 Abs. 2 und 3 WEG (Ausführung oder Gestattung baulicher Veränderungen) und in § 28 Abs. 4 S. 1 WEG (Vermögensbericht).
- Der Verwaltungsanspruch der Wohnungseigentümer wird durch ihre **Pflicht gegenüber der Gemeinschaft der Wohnungseigentümer zur Mitwirkung bei der Verwaltung** flankiert (Rz. 409).
- Inhaltlich unverändert ist die **Einzelverwaltungskompetenz der Wohnungseigentümer** (früher § 21 Abs. 2 WEG a.F.; jetzt: § 18 Abs. 3 WEG).

C. Das neue Recht im Detail

I. Anspruch der Wohnungseigentümer auf Verwaltung gegen die Gemeinschaft der Wohnungseigentümer (§ 18 Abs. 2 Nr. 1 WEG)

315 Nach § 21 Abs. 4 WEG a.F. hatte jeder Wohnungseigentümer einen Anspruch auf Verwaltung, ohne dass die Norm den Schuldner namentlich nannte. Nach allg. Meinung richtete sich der Anspruch jedenfalls gegen die übrigen Wohnungseigentümer.[1] Praxisrelevant war insoweit vor allem der Anspruch auf Beschlussfassung; die Norm war aber auch auf andere Verwaltungsmaßnahmen anwendbar.[2] Ob **§ 21 Abs. 4 WEG a.F.** dem Wohnungseigentümer auch einen Anspruch gegen den Verwalter gewährte, war umstritten.[3] Für den praxisrelevanten Fall der Beschlussausführung kam es hierauf nicht an, da § 27 Abs. 1 Nr. 1 WEG a.F. einen solchen Anspruch ausdrücklich vorsah.[4] Daneben stützte die h.M. Ansprüche des Wohnungseigentümers gegen den Verwalter auch auf den Verwaltervertrag.[5]

316 Diese Struktur hat das **WEMoG** aufgegeben. Nach § 18 Abs. 2 Nr. 1 WEG richtet sich der Anspruch auf Verwaltung nicht mehr gegen die übrigen Wohnungseigentümer und erst Recht nicht gegen den Verwalter, sondern allein gegen die Gemeinschaft der Wohnungseigentümer. Diese Grundsatzentscheidung verbietet es, anderen Normen des WEG durch Auslegung die Anordnung zu entnehmen, dass Schuldner des Wohnungseigentümers im Bereich der Verwaltung des gemeinschaftlichen Eigentums eine andere Person als die Gemeinschaft der Wohnungseigentümer ist (Rz. 54).

317 **Beispiel**: Nach § 24 Abs. 1 WEG wird die Versammlung von dem Verwalter mindestens einmal im Jahr einberufen. Diese Vorschrift gewährt dem Wohnungseigentümer nicht etwa einen Einberufungsanspruch gegen den Verwalter. Ein solcher besteht nur gegenüber der Gemeinschaft der Wohnungseigentümer (Rz. 54).

---

1 Etwa BGH v. 26.2.2016 – V ZR 250/14, NJW 2016, 2181 Rz. 10.
2 Staudinger/*Lehmann-Richter*, § 21 WEG Rz. 216 ff.
3 Staudinger/*Lehmann-Richter*, § 21 WEG Rz. 184 m. Nachw.
4 BGH v. 15.2.2019 – V ZR 71/18, ZMR 2019, 775 Rz. 9.
5 BGH v. 11.2.2011 – V ZR 66/10, NZM 2011, 279 (Informationsanspruch).

1. Grundlage des Anspruchs

318 Fragt man nach der Grundlage des Anspruchs auf Verwaltung gegen die Gemeinschaft der Wohnungseigentümer, fällt sofort § 18 Abs. 2 Nr. 1 WEG ins Auge. Indes ist die Verwaltung des gemeinschaftlichen Eigentums nicht abschließend in § 18 Abs. 2 Nr. 1 WEG geregelt, sondern **Gegenstand** des gesamten **Abschnitts 4.** Nur ein Teil der einschlägigen Vorschriften ist aber ausdrücklich als Anspruch der Wohnungseigentümer formuliert; anders als § 18 Abs. 2 Nr. 1 WEG nennen sie zudem typischerweise den Schuldner nicht ausdrücklich (etwa § 20 Abs. 2 S. 1, § 21 Abs. 4 S. 1 WEG; insofern atypisch: § 18 Abs. 4 WEG). Eine zweite Gruppe von Regelungen betrifft dem Wortlaut nach nur Pflichten der Organe der Gemeinschaft der Wohnungseigentümer (etwa § 24 Abs. 1, § 29 Abs. 2 S. 1 WEG).

319 Dieser Normenbestand erlaubt zwei Sichtweisen hinsichtlich des Anspruchs des Wohnungseigentümers auf Verwaltung: Man kann § 18 Abs. 2 Nr. 1 WEG als Generalklausel verstehen, die teilweise durch spezielle Vorschriften verdrängt wird. Folgt man dem, stellt sich die Folgefrage, ob man die spezielleren Vorschriften auf die soeben beschriebene erste Gruppe der ausdrücklichen Anspruchsgrundlagen beschränkt oder auch auf die zweite Gruppe ausdehnt. Die Alternative ist, **allein § 18 Abs. 2 Nr. 1 WEG** als **Anspruchsgrundlage** einzuordnen und die speziellen Vorschriften bei der Beantwortung der Frage heranzuziehen, ob die begehrte Maßnahme im Einzelfall nach § 18 Abs. 2 Nr. 1 WEG geschuldet ist. Dieses Konzept liegt der folgenden Darstellung zugrunde.

320 Nach diesem System sind die Pflichten zu einem binnenrechtskonformen Verhalten in zwei zentralen Vorschriften geregelt: § 18 Abs. 2 WEG enthält den diesbezüglichen Anspruch des Wohnungseigentümers gegen die Gemeinschaft der Wohnungseigentümer, § 14 Abs. 1 Nr. 1 WEG den entsprechenden Anspruch der Gemeinschaft der Wohnungseigentümer gegen die Wohnungseigentümer.

2. Voraussetzungen des Anspruchs

321 § 18 Abs. 2 Nr. 1 WEG stellt zwei Voraussetzungen auf, nämlich dass es sich – erstens – um eine Verwaltung handelt, die – zweitens – dem Binnenrecht in der Gemeinschaft entspricht.

a) Verwaltung

322 § 18 Abs. 2 Nr. 1 WEG beschreibt – ebenso wie § 21 Abs. 4 WEG a.F. – den Inhalt des Anspruchs mit dem Merkmal „Verwaltung“ vergleichsweise unpräzise. Unter diesen allgemeinen Begriff fallen sowohl **Verwaltungsentscheidungen** als auch **Verwaltungshandlungen.**[1]

323 § 18 Abs. 2 Nr. 1 WEG erfasst bei den Verwaltungsentscheidungen die **Beschlüsse** der Wohnungseigentümer. Die Verwaltung durch Vereinbarung fällt hingegen nicht unter § 18 Abs. 2 Nr. 1 WEG. Sie ist vielmehr in § 10 Abs. 2 WEG vorrangig und

1 Vgl. Staudinger/*Lehmann-Richter*, § 21 WEG Rz. 37.

abschließend geregelt (Rz. 1971). Aber auch Entscheidungen des Verwalters sind nicht von § 18 Abs. 2 Nr. 1 WEG erfasst, weil die Norm auf eine Entscheidung durch das Verwaltungsorgan Wohnungseigentümerversammlung beschränkt ist (Rz. 333). **Verwaltungshandlungen** sind alle Maßnahmen, die Verwaltungsentscheidungen vorbereiten oder umsetzen. Darunter fallen Realakte (z.B. Formulierung einer Beschlussvorlage), rechtsgeschäftsähnliche Handlung (z.B. Einberufung einer Eigentümerversammlung) oder rechtsgeschäftliches Handeln (z.B. Vertragsabschluss im Namen der Gemeinschaft). Sämtliche dieser Handlungen können theoretisch unter § 18 Abs. 2 Nr. 1 WEG fallen.

324 Die Verwaltung im Sinne des § 18 Abs. 2 Nr. 1 WEG kann auch in einem **Unterlassen** liegen, nämlich darin, dass eine bestimmte Verwaltungsmaßnahme unterbleibt. § 18 Abs. 2 Nr. 1 WEG verpflichtet die Gemeinschaft der Wohnungseigentümer daher, rechtswidrige Verwaltungsmaßnahmen zu unterlassen. Von diesem materiellrechtlichen Ergebnis ist die Frage zu trennen, ob der Unterlassungsanspruch des Wohnungseigentümers im Klagewege durchsetzbar ist (dazu Rz. 353).

b) Binnenrechtskonformität

325 § 18 Abs. 2 Nr. 1 WEG verlangt weiter, dass die vom Wohnungseigentümer begehrte Verwaltung den gesetzlichen Regelungen, Vereinbarungen und Beschlüssen, hilfsweise dem Interesse der Gesamtheit der Wohnungseigentümer nach billigem Ermessen (ordnungsmäßige Verwaltung) entspricht. Man kann dies als „Binnenrechtskonformität“ bezeichnen.

326 Dem Merkmal der Binnenrechtskonformität kommt bei der Bestimmung des Anspruchsinhalts entscheidende Bedeutung zu. Es führt nämlich dazu, dass ein Anspruch auf eine konkrete Verwaltungshandlung nur besteht, wenn diese durch das Gesetz, eine Vereinbarung oder einen Beschluss festgelegt wurde. In allen anderen Fällen beschränkt § 18 Abs. 2 Nr. 1 WEG durch das dann einschlägige Merkmal der ordnungsmäßigen Verwaltung den Anspruch des Wohnungseigentümers zunächst darauf, dass ein Beschluss über die Verwaltungshandlung getroffen wird. § 18 Abs. 2 Nr. 1 WEG ähnelt insoweit § 315 BGB: Ebenso wie dort ist auch bei § 18 Abs. 2 Nr. 1 WEG der Anspruch auf Vornahme einer bestimmten Verwaltungshandlung, etwa auf Ausführung einer Erhaltungsmaßnahme am gemeinschaftlichen Eigentum, erst fällig, wenn er zuvor konkretisiert wurde. Diese Konkretisierung kann durch das Gesetz oder durch Rechtsgeschäft erfolgen. Fehlt das für die Konkretisierung erforderliche Rechtsgeschäft, also eine Vereinbarung oder ein bereits gefasster Beschluss, ist § 18 Abs. 2 Nr. 1 WEG auf **der ersten Stufe** auf **Beschlussfassung** gerichtet. Ist ein Beschluss gefasst, kann nach § 18 Abs. 2 Nr. 1 WEG auf der **zweiten Stufe** die ordnungsgemäße **Beschlussdurchführung** (Rz. 343) verlangt werden. Im Einzelnen:

aa) Gesetzliche Regelung der Verwaltungshandlung

327 Ob das Gesetz einen Anspruch auf eine konkrete Verwaltungshandlung gibt, ist durch Auslegung der in Rede stehenden Vorschrift zu ermitteln. Die geschuldete Handlung muss darin nicht nur hinreichend konkret beschrieben sein, ihre Ausfüh-

rung darf den Wohnungseigentümern nach der gesetzlichen Konzeption auch kein Entscheidungsermessen einräumen. Ein starkes Indiz dafür ist es, wenn die Ausführung dem Verwalter zugeordnet ist. Vor diesem Hintergrund ist nur in folgenden Fällen von einem gesetzlichen Anspruch auf eine konkrete Verwaltungshandlung auszugehen:

- **Einberufung einer Versammlung** (§ 24 Abs. 1 WEG);
- **Aufstellung von Wirtschaftsplan und Jahresabrechnung als Zahlenwerke** (§ 28 Abs. 2 S. 1, Abs. 2 S. 2 WEG);
- **Zurverfügungstellung des Vermögensberichts** (§ 28 Abs. 4 WEG);
- **Einsichtsgewährung in die Verwaltungsunterlagen** (§ 18 Abs. 4 WEG);
- **Benachrichtigung über Beschlussklagen** (§ 44 Abs. 2 S. 2 WEG).

bb) Vereinbarung einer Verwaltungshandlung

328 Ist Grundlage der begehrten Verwaltungshandlung eine Vereinbarung, also die **Gemeinschaftsordnung**, ist in Zweifelsfällen durch Auslegung zu ermitteln, ob die Gemeinschaftsordnung einen direkten Anspruch auf die Verwaltungshandlung gewährt oder dieser unter dem Vorbehalt eines die Verwaltungshandlung konkretisierenden Beschlusses steht.

329 **Beispiel:** Die Gemeinschaftsordnung sieht vor, dass der im gemeinschaftlichen Eigentum stehende Partykeller einmal pro Monat von einem Wohnungseigentümer auch in den Nachtstunden für lautstarke Feierlichkeiten benutzt werden kann. Aus dem Primat der Beschlussfassung wird sich im Zweifelsfall ergeben, dass der einzelne Wohnungseigentümer sein daraus folgendes Nutzungsrecht im Wege der Beschlussersetzungsklage verfolgen muss.

cc) Beschluss über eine Verwaltungshandlung

330 § 18 Abs. 2 Nr. 1 WEG gewährt einen Anspruch auf eine Verwaltungshandlung auch, wenn ein Beschluss über die Ausführung der Verwaltungshandlung gefasst wurde.

331 **Beispiel:** Die Wohnungseigentümer beschließen die Sanierung der Hausfassade durch die X-GmbH. Jeder Wohnungseigentümer hat nach § 18 Abs. 2 Nr. 1 WEG einen Anspruch gegen die Gemeinschaft der Wohnungseigentümer auf Ausführung des Beschlusses, also Abschluss des Bauvertrags mit der X-GmbH.

dd) Sonderfall: Unterlassung

332 Ein unmittelbarer Anspruch auf eine Verwaltungshandlung besteht auch, wenn ein Wohnungseigentümer das Unterlassen einer konkreten Verwaltungsmaßnahme begehrt, z.B. die Einberufung oder Durchführung einer Versammlung. Denn in diesen Fällen kann die Binnenrechtskonformität des Unterlassungsverlangens dadurch festgestellt werden, dass das gerügte Verhalten mit den Vereinbarungen, Beschlüssen oder den gesetzlichen Regelungen abgeglichen wird. Ist es von diesen nicht gedeckt,

hat die Maßnahme zu unterbleiben; einer Konkretisierung durch Beschluss bedarf es nicht. Zur Zulässigkeit einer Unterlassungsklage Rz. 353.

ee) Alle anderen Fälle: Anspruch auf Beschlussfassung

333 Fehlen Vorgaben durch Gesetz, Vereinbarung oder Beschlüsse, ist der Anspruch nach § 18 Abs. 2 Nr. 1 WEG auf eine Verwaltungsmaßnahme gerichtet, die ordnungsmäßig ist. Diese Fälle sind mithin dadurch gekennzeichnet, dass es an einer **Konkretisierung** der vorzunehmenden Verwaltungshandlung noch fehlt.

334 **Beispiel:** Ein Wohnungseigentümer begehrt die dringend erforderliche Sanierung der Hausfassade. Ein Beschluss hierüber ist bislang nicht gefasst. Er verklagt die Gemeinschaft auf Ausführung der Sanierung (Verwaltungshandlung).

335 Aus § 19 Abs. 1 WEG und § 44 Abs. 1 S. 2 WEG folgt, dass die Ausfüllung des unbestimmten Rechtsbegriffs „ordnungsmäßige Verwaltung" nur durch die Wohnungseigentümer oder durch das Gericht erfolgen kann. Denn der Anspruch bedarf insoweit noch der Konkretisierung durch eine Leistungsbestimmung, die nach dem Organisationsrecht durch Beschluss zu erfolgen hat. Solange diese Leistungsbestimmung fehlt, ist § 18 Abs. 2 Nr. 1 WEG daher nicht auf die – noch zu bestimmende – Leistung (im obigen Beispielsfall: die Fassadensanierung), sondern lediglich auf Vornahme der Leistungsbestimmung gerichtet. § 18 Abs. 2 Nr. 1 WEG ähnelt insoweit rechtstechnisch § 315 BGB: Solange die Leistungsbestimmung noch fehlt, besteht der Anspruch auf die Leistung nicht; der Gläubiger muss zuerst auf Leistungsbestimmung klagen. Für die Durchsetzung des **Leistungsbestimmungsanspruchs** hat der Gesetzgeber die **Beschlussersetzungsklage** vorgesehen, die dem Wohnungseigentümer einen einfachen Weg zur Leistungsbestimmung durch Beschluss eröffnet.[1]

336 In obigem **Beispielsfall** (Rz. 334) kann der Wohnungseigentümer nach § 18 Abs. 2 Nr. 1 WEG nicht die Ausführung der Sanierung verlangen, sondern nur – über die spezielle Vorschrift des § 44 Abs. 1 S. 2 WEG – eine entsprechende Beschlussfassung. Zur Möglichkeit einer kombinierten Klage s. Rz. 343.

337 Auch in dem Sonderfall der **Ermessensreduzierung auf Null** hat der Wohnungseigentümer nach § 18 Abs. 2 Nr. 1 WEG keinen Anspruch auf Vornahme der begehrten Verwaltungshandlung. Denn auch in diesem Fall bedarf es nach dem Organisationsrecht eines Beschlusses, der die Ordnungsmäßigkeit der Verwaltungshandlung festlegt.

338 Das Primat der Beschlussfassung greift zuletzt auch dann, wenn **§ 27 Abs. 1 WEG** die Konkretisierung einer Verwaltungshandlung dem **Verwalter** zuweist. Denn der Verwalter entscheidet hier an Stelle der nach § 19 Abs. 1 WEG eigentlich hierzu berufenen Wohnungseigentümer. Das verdeutlicht § 27 Abs. 2 WEG: Die Befugnis des Verwalters aus § 27 Abs. 1 WEG hat gerade keinen verdrängenden Charakter. Dieses gesetzgeberische Konzept darf nicht dadurch umgangen werden, dass man in den Fällen des § 27 Abs. 1 WEG dem einzelnen Wohnungseigentümer aus § 18 Abs. 2 Nr. 1 WEG einen direkten Anspruch auf eine Verwaltungshandlung zuspricht. Des-

---

1 Vgl. Staudinger/*Rieble*, § 315 Rz. 500.

halb ist auch hier der Anspruch aus § 18 Abs. 2 Nr. 1 WEG nur mit der Klage nach § 44 Abs. 1 S. 2 WEG durchsetzbar.

339 **Beispiel:** Ein Wohnungseigentümer begehrt eine Kleinreparatur an der Schließanlage der Haustür. Er kann nach § 18 Abs. 2 Nr. 1 WEG nicht die Reparatur selbst verlangen, sondern nur die Entscheidung über die Ausführung der Reparatur. Zwar fällt diese typischerweise unter § 27 Abs. 1 Nr. 1 WEG und könnte daher durch den Verwalter erfolgen. Einen hierauf gerichteten Anspruch hat der Wohnungseigentümer aber nicht. Die auf eine Entscheidung durch den Verwalter abzielende Leistungsklage („*Die Gemeinschaft der Wohnungseigentümer wird verurteilt, durch den Verwalter über die Reparatur zu entscheiden.*") wäre deshalb ebenso abzuweisen wie eine Klage auf Reparatur.

3. Durchsetzung des Anspruchs

340 Bei der Durchsetzung des Rechts aus § 18 Abs. 2 Nr. 1 WEG ist zwischen dem Anspruch auf Beschlussfassung, dem Anspruch auf Vornahme einer Verwaltungshandlung sowie der Unterlassungsklage zu unterscheiden.

a) Beschlussklage

341 Ist Ziel des Wohnungseigentümers ein Beschluss, so erfolgt die Durchsetzung ausschließlich durch die Beschlussersetzungsklage. Diese sperrt eine Leistungsklage auf Fassung des Beschlusses (Rz. 1880). Gleiches gilt für den Anspruch auf Beschlussaufhebung, der grundsätzlich nur mit der Anfechtungsklage durchgesetzt werden kann (Rz. 1879).

b) Leistungsklage auf Verwaltungshandlung

342 Begehrt der Wohnungseigentümer eine Verwaltungshandlung, besteht keine vorrangige Klageart. Diesen Anspruch kann der Wohnungseigentümer daher mit der allgemeinen Leistungsklage verfolgen. Von dieser prozessrechtlichen Frage der statthaften Klageart ist allerdings das materielle Recht zu unterscheiden, nämlich ob § 18 Abs. 2 Nr. 1 WEG im konkreten Fall überhaupt auf Vornahme der begehrten Verwaltungshandlung gerichtet ist oder ob der Wohnungseigentümer nicht zunächst nur eine Beschlussfassung verlangen kann (Rz. 326).

c) Verbindung von Beschlussersetzungs- und Leistungsklage?

343 Fraglich ist, ob ein Wohnungseigentümer die Beschlussersetzungsklage mit der Leistungsklage auf Ausführung des vom Gericht gefassten Beschlusses verbinden kann. Dies ist wegen des Prinzips der Leistungsbestimmung durch Beschluss (Rz. 335) von besonderer praktischer Bedeutung. Hier sind **zwei Konstellationen** zu **unterscheiden**: In der ersten Fallgruppe ist die Beschlussersetzung aus Sicht des Klägers eine reine Förmelei, weil er dem Gericht die konkrete, von der Gemeinschaft der Wohnungseigentümer auszuführende Verwaltungshandlung benennen kann. In der zweiten Fallgruppe kennt der Kläger hingegen nur das Maßnahmenziel, ist sich aber bewusst, dass die konkrete Ausgestaltung wegen des Verwaltungsermessens durch das Gericht erfolgen wird.

344 **Beispiel 1a:** Der Kläger ficht den Beschluss über die Jahresabrechnung an, weil die Abrechnung aufgrund eines Zahlendrehers die ihm zustehende Erstattung statt mit 150 Euro nur mit 105 Euro angibt. Gleichzeitig erhebt er Beschlussersetzungsklage mit dem Ziel, den rechnerisch richtigen Erstattungsanspruch zu beschließen. Kann er die Beschlussersetzungsklage mit einer Zahlungsklage verbinden?

345 **Beispiel 1b:** Der Kläger begehrt ein Einschreiten der Gemeinschaft der Wohnungseigentümer gegen die Nutzung einer Wohnung durch den Wohnungseigentümer A als Bordell. Kann er die Beschlussersetzungsklage mit einer Beschlussausführungsklage verbinden?

346 **Beispiel 2:** Der Kläger erhebt Beschlussersetzungsklage, um die dringend erforderliche Sanierung der Hausfassade zu erreichen. Dabei nennt er in zulässiger Weise nur das Maßnahmenziel (Rz. 1871), weil er weiß, dass die Art und Weise der Ausführung in das Verwaltungsermessen der Eigentümer fällt. Kann er die Beschlussersetzungsklage mit einer Klage auf Ausführung des vom Gericht gefassten Wohnungseigentümerbeschlusses verbinden?

347 In der Fallgruppe 1 ist der Kläger zur Formulierung eines Leistungsantrags bei Klageerhebung in der Lage, während er hierfür in der Fallgruppe 2 die Entscheidung des Gerichts über die Beschlussersetzungsklage abwarten muss.

aa) Keine verdeckte Gestaltungsklage

348 Erhebt der Kläger in der Fallgruppe 1 nur eine Leistungsklage, ist diese unbegründet, weil ohne Beschluss kein Anspruch auf Ausführung der Verwaltungshandlung besteht (Rz. 335). Zwar ist nach h.M. bei § 315 Abs. 3 S. 2 BGB eine sog. verdeckte Gestaltungsklage zulässig: Der Gläubiger kann dort direkt auf Leistung klagen, die richterliche Gestaltung findet inzident statt.[1] Bei § 18 Abs. 2 Nr. 1 WEG ist ein solches Vorgehen aus Gründen der Rechtssicherheit nicht anzuerkennen. Denn die verdeckte Gestaltung führt dazu, dass der Wohnungseigentümerbeschluss nicht tenoriert wird. Hieran besteht aber ein Bedürfnis, weil anderenfalls das Binnenrecht in der Gemeinschaft der Wohnungseigentümer verschleiert würde.[2]

bb) Eventuelle Klagenhäufung

349 Die soeben geäußerten Bedenken bestehen nicht, wenn der Wohnungseigentümer eine **Stufenklage** erhebt, deren erste Stufe die Beschlussersetzung und deren zweite Stufe die Beschlussausführung ist. Das Problem ist aber, dass die Stufenklage in § 254 ZPO nur für die Kombination von Auskunft und Leistung vorgesehen ist. Allerdings wird in der Literatur zum Vertragsanpassungsanspruch aus § 313 BGB verbreitet eine Analogie zu § 254 ZPO vertreten: Danach soll es zulässig sein, dass der Kläger in der ersten Stufe auf Anpassung des Vertrags und in der zweiten Stufe auf

1 BGH v. 24.11.1995 – V ZR 174/94, NJW 1996, 1054; Staudinger/*Rieble*, § 315 BGB Rz. 492.

2 Vgl. Staudinger/*Lehmann-Richter*, § 21 WEG Rz. 271. Zum Gesellschaftsrecht: OLG München v. 17.3.2010 – 20 U 2885/09, NZG 2010, 863 (864).

Leistung aus dem angepassten Vertrag klagt.[1] Andere Autoren kommen über eine **(unechte) Eventualhäufung** zu einem ähnlichen Ergebnis.[2] Dieses Vorgehen hat auch der BGH für den Anspruch auf Abschluss eines Kaufvertrags und den Anspruch auf dessen Erfüllung anerkannt.[3]

350 Dieses **kombinierte Vorgehen** in Form der unechten Eventualhäufung ist auch bei § 18 Abs. 2 WEG anzuerkennen. Es kann sich ergänzend auf die BGH-Rechtsprechung zur verdeckten Gestaltungsklage bei § 315 BGB stützen: Denn wenn schon eine verdeckte Gestaltungsklage zulässig ist, kann für eine diese Decke lüftende Kombination von Beschlussersetzungs- und Leistungsklage nichts anderes gelten. Da die Beschlussfassung denselben Zweck verfolgt wie bei § 315 BGB die Leistungsbestimmung (Rz. 335), muss bei § 18 Abs. 2 Nr. 1 WEG dasselbe gelten wie bei § 315 BGB. Allerdings ist zu beachten, dass der Leistungsanspruch erst mit Bestandskraft des Beschlusses entsteht, weshalb die Leistungsklage zum Schluss der mündlichen Tatsachenverhandlung (noch) unbegründet ist. Dem ist bei der Antragstellung (und richterlichen Tenorierung) Rechnung zu tragen.[4]

351 ***Formulierungsbeispiele:***

1. Es wird beantragt, einen Beschluss der Beklagten zu fassen, der die Erfüllung der öffentlich-rechtlichen Anforderungen an den Stellplatznachweis bezüglich des Grundstücks Colmantstraße 45, 10777 Berlin regelt.

2. Es wird beantragt, die Beklagte zu verurteilen, den auf den Antrag zu 1. durch das Gericht gefassten Beschluss auszuführen, nachdem das Urteil über den Antrag zu 1. formell rechtskräftig geworden ist.

oder

1. Es wird beantragt, einen Beschluss der Beklagten zu fassen, dass die Beklagte den Wohnungseigentümer X außergerichtlich und gerichtlich auf Unterlassung der Nutzung der Wohnung Nr. 24 (Grundbuch von ..., Blatt ....) als Bordell in Anspruch nimmt.

2. Es wird beantragt, die Beklagte zu verurteilen, den Wohnungseigentümer X auf Unterlassung der Nutzung der Wohnung Nr. 24 (Grundbuch von ..., Blatt ....) als Bordell in Anspruch zu nehmen, nachdem das Urteil über den Antrag zu 1. formell rechtskräftig geworden ist.

352 Zu beachten ist, dass die Kombination von Beschlussersetzungs- und Leistungsklage nicht die materiellen Voraussetzungen des § 18 Abs. 2 Nr. 1 WEG umgehen darf. Die Kombination kommt deshalb nur in Fällen in Betracht, in denen der vom Gericht ersetzte Beschluss nicht noch durch weitere Verwaltungsentscheidungen ergänzt werden muss, sondern aus sich heraus umgesetzt werden kann. Fasst das Gericht nur einen sog. **Grundlagenbeschluss**, bei dem zunächst über das „Ob“ einer Maßnahme entschieden wird[5], ist eine Kombination von Beschlussersetzungs- und

---

1 Etwa *Dauner-Lieb/Dötsch*, NJW 2003, 921; *Schmidt-Kessel/Baldus*, NJW 2002, 2076.

2 *Wieser*, JZ 2004, 654.

3 BGH v. 21.12.2000 – V ZR 254/99, NJW 2001, 1285.

4 Vgl. *Wieser*, JZ 2004, 654.

5 Vgl. BGH v. 26.2.2016 – V ZR 250/14, NJW 2016, 2181.

Leistungsklage zwar zulässig, die Leistungsklage aber als unbegründet abzuweisen. Ob die unechte Eventualhäufung zu einer Erhöhung des **Streitwerts** führt, ist umstritten.[1]

d) Unterlassungsklage

353 § 18 Abs. 2 Nr. 1 WEG verpflichtet die Gemeinschaft der Wohnungseigentümer, binnenrechtswidrige Verwaltungsmaßnahmen zu unterlassen.

354 **Beispiel 1:** Der Verwalter hat in der Vergangenheit unter Missachtung einer in der Gemeinschaftsordnung vereinbarten Stimmregelung das Zustandekommen von Beschlüssen festgestellt.

355 **Beispiel 2:** Der Verwalter lädt unter Missachtung von § 24 Abs. 4 S. 2 WEG zu einer Versammlung am nächsten Tag.

356 **Beispiel 3:** Der Verwalter kündigt an, er werde einen nichtigen Beschluss vollziehen.

357 Dieser Unterlassungsanspruch ist klagbar. Die Zulässigkeit einer Unterlassungsklage wird aber durch das System der Beschlussklagen beschränkt. Denn aus § 44 Abs. 1 WEG folgt, dass Mängel eines Beschlusses oder das Nichtreffen notwendiger Beschlüsse grundsätzlich mit den Beschlussklagen prozessrechtlich zu sanktionieren sind. Unterlassungsklagen unterliegen daher einem **Subsidiaritätsgebot**.

358 Dieses Gebot steht im obigen **Beispiel 1** einer Klage entgegen, die darauf gerichtet ist, in Zukunft einen Verstoß gegen die Stimmregelung zu unterlassen. Der Rechtsschutz gegen ein solches binnenrechtswidriges Verhalten wird abschließend durch die Anfechtungsklage gegen einen Beschluss gewährt, der an diesem Mangel leidet (zur Feststellungsklage Rz. 1975). Umgekehrt ist eine Klage auf Unterlassung im obigen **Beispiel 3** nicht gesperrt, weil hier kein Anspruch auf Beschlussersetzung besteht, sondern § 18 Abs. 2 Nr. 1 WEG unmittelbar auf Unterlassung der binnenrechtswidrigen Verwaltungsmaßnahme gerichtet ist (Rz. 330).

359 Eine Klage, die **Fassung eines rechtswidrigen Beschlusses** zu **unterlassen**, ist daher grundsätzlich **unzulässig**. Ausnahmen sind in Sonderkonstellationen denkbar, in denen ein effektiver Rechtsschutz durch Beschlussklage und flankierender einstweiliger Verfügung dem Kläger unzumutbar wäre.[2]

360 Eine solche Ausnahme ist im obigen **Beispiel 2** denkbar, wenn mit an Sicherheit grenzender Wahrscheinlichkeit damit zu rechnen ist, dass auf der Versammlung Beschlüsse gefasst werden, die den Kläger unmittelbar erheblich belasten werden.

e) Vollstreckung

361 Die **Beschlussersetzung** durch das Gericht bedarf keiner besonderen Vollstreckung, da die Gestaltungswirkung des Beschlussersetzungsurteils von selbst eintritt (Rz. 1935).

---

1 Vgl. Stein/Jonas/*Roth*, § 260 Rz. 21 m. Nachw.

2 Vgl. VGH München v. 28.4.1992 – 21 CE 92.949, NVwZ-RR 1993, 54 (zur VwGO); großzügiger etwa KG v. 27.6.1986 – 24 W 1747/86, NJW 1987, 386.

362 Die Vollstreckung eines gegen die Gemeinschaft der Wohnungseigentümer gerichteten **Leistungsurteils** auf Vornahme einer Verwaltungshandlung, etwa auf Beschlussausführung, folgt allgemeinen Regeln. Handelt es sich um eine vertretbare Handlung, ist § 887 ZPO einschlägig. Typischerweise wird die Ausführung aber nur durch die Gemeinschaft der Wohnungseigentümer erfolgen können. In diesem Fall handelt es sich um eine **nicht vertretbare Leistung**, die nach § 888 ZPO durch Zwangsgeld oder durch Zwangshaft vollstreckt wird. Nach h.M. ist bei juristischen Personen das Zwangsgeld gegen die juristische Person und nicht gegen ihre Organe festzusetzen; die Anordnung und Vollstreckung von Haft erfolgt hingegen gegenüber den Organen.[1] Überträgt man dies auf die Gemeinschaft der Wohnungseigentümer, erfolgt die Festsetzung von Zwangsgeld nach § 888 ZPO gegen diese. Soll Zwangshaft angeordnet und vollstreckt werden – die Wahl zwischen Zwangsgeld und Zwangshaft steht im Rahmen des § 308 ZPO dem Gericht zu – ist Subjekt das zur Ausführung der Verwaltungshandlung berufene Organ. Ist die Ausführung eines Beschlusses tituliert, ist zuständiges Organ der Verwalter; fehlt ein solcher, sämtliche Wohnungseigentümer. In Ausnahmefällen kann die Ausführung des titulierten Anspruchs auch dem Verwaltungsbeirat obliegen. Ein Beispiel ist die Prüfung des Zahlenwerks (§ 29 Abs. 2 S. 2 WEG).

f) Keine „Wohnungseigentümerklage" (actio pro socio)

363 Ist die Verwaltungshandlung, die der Wohnungseigentümer begehrt, die Durchsetzung eines Anspruchs der Gemeinschaft der Wohnungseigentümer, so kann der Wohnungseigentümer diesen Anspruch nicht nach den Grundsätzen der *actio pro socio* selbst durchsetzen. Eine solche Wohnungseigentümerklage ist nämlich nicht anzuerkennen (Rz. 63).

364 **Beispiel:** Wohnungseigentümer A zahlt sein Hausgeld nicht. Der Verwalter macht keine Anstalten, den Anspruch durchzusetzen. Wohnungseigentümer B kann nicht auf Zahlung an die Gemeinschaft der Wohnungseigentümer klagen.

4. Konkrete Verwaltungsansprüche im WEMoG

365 Das WEMoG hat den allgemeinen Anspruch der Wohnungseigentümer auf Verwaltung aus § 18 Abs. 2 Nr. 1 WEG gegen die Gemeinschaft der Wohnungseigentümer in drei Vorschriften näher konkretisiert.

a) Einsicht in die Verwaltungsunterlagen (§ 18 Abs. 4 WEG)

366 Nach § 18 Abs. 4 WEG kann jeder Wohnungseigentümer von der Gemeinschaft der Wohnungseigentümer Einsicht in die Verwaltungsunterlagen verlangen. Diese Regelung weicht vom bisherigen Recht ab. Denn zum **alten Recht** war es h.M., dass jeder Wohnungseigentümer vom Verwalter Einsicht in die Verwaltungsunterlagen verlan-

---

1 OLG Dresden v. 30.10.1998 – 10 WF 0115/98, FamRZ 2000, 298; MünchKommZPO/*Gruber* § 888 Rz. 26 m. Nachw.

gen konnte.[1] Ein solcher Direktanspruch ist nach neuem Recht nicht mehr anzuerkennen. Er ist nämlich weder mit der speziellen Regelung des § 18 Abs. 4 WEG noch mit dem allgemeinen Organisationsrecht in der Gemeinschaft zu vereinbaren, das die Rechtsbeziehungen bei der Gemeinschaft der Wohnungseigentümer bündelt (Rz. 37).

367 Auch das übrige Verbandsrecht kennt § 18 Abs. 4 WEG vergleichbare Einsichtsrechte, etwa § 51a Abs. 1 Alt. 2 GmbHG, dessen Schuldner im Widerspruch zum Wortlaut die Gesellschaft ist, oder § 716 Abs. 1 BGB. Die zu diesen Regelungen gewonnenen Erkenntnisse können grundsätzlich auch bei der Auslegung von § 18 Abs. 4 WEG fruchtbar gemacht werden.

aa) Inhalt des Anspruchs

368 Dogmatisch handelt es sich bei § 18 Abs. 4 WEG um einen **verhaltenen Anspruch**. Dies bedeutet, dass die Gemeinschaft der Wohnungseigentümer den Anspruch erst erfüllen muss, wenn ihn der Wohnungseigentümer geltend gemacht hat.[2] Der Verwalter ist nach § 9b Abs. 1 S. 1 WEG für den Empfang des Einsichtsverlangens vertretungsberechtigt. Hat die Gemeinschaft keinen Verwalter, hat jeder Wohnungseigentümer Vertretungsmacht für den Empfang des Verlangens; § 181 BGB steht nicht entgegen (dazu Rz. 246). Den Umfang des Einsichtsrechts kann der Wohnungseigentümer durch sein Verlangen bestimmen; es kann sich entweder auf sämtliche oder nur auf bestimmte, von ihm bezeichnete Unterlagen beziehen.

369 Unter den Begriff „**Verwaltungsunterlagen**" fallen alle Dokumente, auch digitaler Art[3], die die Gemeinschaft der Wohnungseigentümer führt oder für sich führen lässt.[4] Erfasst sind damit alle Unterlagen, zu denen sowohl alle internen Papiere und die gesamte Korrespondenz der Gemeinschaft der Wohnungseigentümer als auch Buchungsbelege zählen.[5] Ausgenommen sind nur persönliche Papiere des Verwalters, auch wenn sie die Gemeinschaft der Wohnungseigentümer betreffen.[6] Befinden sich die Unterlagen bei einem Dritten, etwa dem ausgeschiedenen Verwalter, so bedeutet dies nicht ohne weiteres, dass der Anspruch aus § 18 Abs. 4 WEG an § 275 Abs. 2 BGB scheitert. Denn solange sich die Gemeinschaft zwecks Erfüllung des Anspruchs die Unterlagen vom Dritten in zumutbarer Art und Weise beschaffen kann, liegt keine Einrede nach § 275 Abs. 3 BGB vor.[7]

370 „**Einsicht**" bedeutet, dass dem Wohnungseigentümer die Verwaltungsunterlagen physisch zur Verfügung gestellt werden; bei digital geführten Unterlagen genügt das Sichtbarmachen auf einem Bildschirm. Deshalb gewährt § 18 Abs. 4 WEG keinen

1 BGH v. 11.2.2011 – V ZR 66/10, NZM 2011, 279.
2 Vgl. MünchKomm/*Krüger*, § 271 BGB Rz. 4.
3 Vgl. BGH v. 6.3.1997 – II ZB 4/96, NJW 1997, 1985 (zu § 51a GmbHG).
4 Vgl. OLG München v. 11.12.2007 – 31 Wx 48/07, ZIP 2008, 553 (zu § 51a GmbHG).
5 BGH v. 6.3.1997 – II ZB 4/96, NJW 1997, 1985 (zu § 51a GmbHG).
6 Vgl. Lutter/Hommelhoff/*Bayer*, § 51a Rz. 23.
7 Zur vorübergehenden Unmöglichkeit Palandt/*Grüneberg*, § 275 Rz. 10.

Anspruch auf Aushändigung von Fotokopien der Unterlagen. Der Wohnungseigentümer darf sich aber mit seinen eigenen technischen Geräten während der Einsichtnahme Ablichtungen anfertigen.[1]

371 § 18 Abs. 4 WEG regelt den **Ort** der **Einsichtnahme** nicht näher.[2] Maßgeblich ist daher § 269 Abs. 1 BGB, der mit dem Verweis auf die „Natur des Schuldverhältnisses" – also des Einsichtsrechts aus § 18 Abs. 4 WEG – eine flexible Bestimmung anhand der Interessenlage ermöglicht. Hat die Gemeinschaft der Wohnungseigentümer einen Verwalter, dessen Geschäftsräume sich in zumutbarer Nähe zum gemeinschaftlichen Grundstück befinden, ist daher dort der Leistungsort.[3] Fehlt es hingegen an einer zumutbaren Nähe, ist Leistungsort das gemeinschaftliche Grundstück.[4]

bb) Durchsetzung des Anspruchs

372 Der Anspruch kann im Wege der gegen die Gemeinschaft der Wohnungseigentümer zu erhebenden Leistungsklage durchgesetzt werden (Rz. 342). Die Vollstreckung des Urteils erfolgt nach regelmäßig[5] § 888 ZPO (dazu Rz. 362).

cc) Verhältnis zum allgemeinen Auskunftsanspruch

373 § 18 Abs. 4 WEG regelt nur den Anspruch auf Einsicht in die Verwaltungsunterlagen. Die Vorschrift verhält sich daher nicht direkt dazu, ob und in welchen weiteren Fällen der Wohnungseigentümer einen gegen die Gemeinschaft gerichteten Informationsanspruch hat.[6] Zum **alten Recht** hat der BGH einen gegen den Verwalter gerichteten Auskunftsanspruch anerkannt, der allerdings grundsätzlich nur allen Wohnungseigentümern als unteilbare Leistung zustand. Auskunft konnte der einzelne Wohnungseigentümer deshalb grundsätzlich nur in der Versammlung verlangen. Einen individuellen Anspruch erkannte der BGH nur an, wenn die Wohnungseigentümer von ihrem Auskunftsrecht keinen Gebrauch machten oder die Auskunft eine individuelle Angelegenheit des Wohnungseigentümers betraf.[7]

374 **§ 18 Abs. 4 WEG** ist **keine abschließende Regelung**, die einem weitergehenden Informationsanspruch des Wohnungseigentümers entgegenstehen würde. Denn der Gesetzgeber hat mit § 18 Abs. 4 WEG die Informationsrechte der Wohnungseigentümer nicht abschließend, sondern nur den Einsichtsanspruch als „zentralen Teil" dieser Rechte ausdrücklich geregelt.[8] Daher ist auch nach neuem Recht ein Auskunfts-

---

1 Vgl. OLG München v. 12.1.2005 – 7 U 3691/04, DB 2005, 1566 (zu § 51a GmbHG).

2 Anders noch § 18 Abs. 4 S. 2 WEG in der Fassung des Referentenentwurfs, NZM 2020, 161: „Der Anspruch ist an dem Ort zu erfüllen, an dem die Verwaltung geführt wird.".

3 Vgl. BGH v. 11.2.2011 – V ZR 66/10, NZM 2011, 279 Rz. 9.

4 Offengelassen von BGH v. 11.2.2011 – V ZR 66/10, NZM 2011, 279 Rz. 10.

5 Maßgeblich ist ob die konkret titulierte Einsichtspflicht auch durch einen Dritten erfüllt werden kann, vgl. *Gaul/Schilken/Becker-Eberhard*, Zwangsvollstreckungsrecht, § 71 Rz. 11.

6 Zur Bezeichnung „Informationsrecht" als Oberbegriff für „Auskunftsrecht" und „Einsichtsrecht" s. etwa Roth/*Altmeppen* § 51a Rz. 5.

7 BGH v. 11.2.2011 – V ZR 66/10, NZM 2011, 279 Rz. 14.

8 BT-Drucks. 19/18791, S. 60.

anspruch des Wohnungseigentümers anzuerkennen. Eine grundsätzliche Änderung hat das WEMoG indes beim Schuldner des Anspruchs gebracht: Der Auskunftsanspruch ist, ebenso wie der Einsichtsanspruch nach § 18 Abs. 4 WEG, nicht mehr gegen den Verwalter, sondern **gegen die Gemeinschaft der Wohnungseigentümer** gerichtet.

375 Zum Inhalt des Auskunftsanspruchs trifft das WEMoG keine direkten Aussagen. § 18 Abs. 4 WEG spricht aber dafür, dass ein Auskunftsanspruch, den jeder Wohnungseigentümer direkt und zu jeder Zeit gegen die Gemeinschaft der Wohnungseigentümer geltend machen könnte, nicht anzuerkennen ist. Denn das jederzeitige Informationsinteresse wird nach dem gesetzlichen Konzept durch das Einsichtsrecht aus § 18 Abs. 4 WEG befriedigt. Darüber hinausgehende Informationen schuldet die Gemeinschaft der Wohnungseigentümer im Interesse einer reibungslosen Verwaltung grundsätzlich nur **in der Versammlung**.[1] Dies schließt es nicht aus, dass in Einzelfällen in für den Wohnungseigentümer besonders wichtigen Belangen eine Auskunft auch außerhalb der Versammlung geschuldet ist.

b) Anspruch auf Durchführung oder Gestattung baulicher Veränderungen (§ 20 Abs. 2 und 3 WEG)

376 Ein Anspruch jedes Wohnungseigentümers gegen die Gemeinschaft der Wohnungseigentümer auf Beschlussfassung über bauliche Veränderungen ist in § 20 Abs. 2 und 3 WEG geregelt. Zu dieser besonderen Ausprägung des Verwaltungsanspruchs aus § 18 Abs. 2 Nr. 1 WEG siehe Rz. 1161 und 1203.

c) Anspruch auf Vermögensbericht (§ 28 Abs. 4 WEG)

377 § 28 Abs. 4 WEG gibt jedem Wohnungseigentümer gegen die Gemeinschaft der Wohnungseigentümer einen Anspruch auf einen Vermögensbericht. Auch hierbei handelt es sich um eine besondere Ausprägung des Verwaltungsanspruchs aus § 18 Abs. 2 Nr. 1 WEG, dazu Rz. 914.

II. Schadensersatzanspruch des Wohnungseigentümers gegen die Gemeinschaft der Wohnungseigentümer wegen pflichtwidriger Verwaltung

378 Grundlage eines Schadensersatzanspruchs des Wohnungseigentümers gegen die Gemeinschaft der Wohnungseigentümer wegen pflichtwidriger Verwaltung ist § 280 BGB.

1. Schuldverhältnis

379 Wohnungseigentümer und Gemeinschaft der Wohnungseigentümer sind durch ein Schuldverhältnis miteinander verbunden (Rz. 39), das Grundlage eines Anspruchs aus § 280 BGB sein kann.

---

1 Vgl. BGH v. 11.2.2011 – V ZR 66/10, NZM 2011, 279 Rz. 14.

2. Pflichtverletzung

380 Bei der Frage nach der Pflichtverletzung ist zu beachten, dass dem WEG eine abstrakte Verwaltungspflicht in dem Sinne fremd ist, dass die Gemeinschaft der Wohnungseigentümer dafür Sorge zu tragen hätte, dass die Verwaltung stets reibungslos funktioniert. Deshalb kann aus dem Eintritt eines Schadens bei einem Wohnungseigentümer **mangels** einer solchen allgemeinen **Erfolgspflicht** nicht auf eine Pflichtverletzung geschlossen werden. Es bedarf vielmehr der Anknüpfung an eine konkrete Verwaltungspflicht der Gemeinschaft der Wohnungseigentümer. Dafür kommen die Nichtfassung einer notwendigen Verwaltungsentscheidung bzw. die Nicht- oder Schlechtausführung einer notwendigen Verwaltungshandlung in Betracht.

a) Grundlagen

381 Typischerweise werden Schäden durch unterlassene Verwaltungshandlungen verursacht (z.B. keine Beauftragung einer Reparatur des gemeinschaftlichen Eigentums; Nichtzahlung an den Versorger, die eine Versorgungssperre auslöst). Eine Pflichtverletzung ist das Unterlassen einer Verwaltungshandlung indes nur, wenn sie nach dem Binnenrecht hätte ausgeführt werden müssen. Dies setzt grundsätzlich eine Verwaltungsentscheidung voraus (Rz. 335). Ist eine solche gefasst, aber nicht umgesetzt, ist das unterlassene Verwaltungshandeln pflichtwidrig. Fehlt hingegen die erforderliche vorgelagerte Verwaltungsentscheidung, muss die Feststellung der Pflichtverletzung hieran anknüpfen. Eine Differenzierung zwischen Verwaltungshandeln und vorgehender Verwaltungsentscheidung ist indes nur erforderlich, wenn das entscheidende und das ausführende Organ nicht identisch sind. Denn bei Identität der Organe – praktisch geht es um den Verwalter – lassen sich beide Pflichtenebenen nicht sinnvoll trennen, weil von außen nicht ersichtlich ist, ob das Ausbleiben der Verwaltungshandlung auf einer Nichtentscheidung oder auf einer Nichtausführung beruht.

b) Anwendungsbeispiele

382 Diese Grundsätze der Feststellung der Pflichtverletzung sollen anhand von Beispielen verdeutlicht werden.

aa) Unterlassene Erhaltung des gemeinschaftlichen Eigentums

383 **Beispiel 1:** Die im gemeinschaftlichen Eigentum stehende Außenwand des Gebäudes ist mangelhaft. Deshalb tritt in der Wohnung von E1, die dieser vermietet hat, Schimmel auf. E1 erleidet deshalb einen Mietausfall. E1 meldet Verwalter V den Schimmelbefall. V unternimmt nichts.

384 Die Gemeinschaft der Wohnungseigentümer hat ihre Pflicht gegenüber E1 aus § 18 Abs. 2 Nr. 1 WEG auf Einberufung einer notwendigen Versammlung zwecks Entscheidung über die Erhaltung des gemeinschaftlichen Eigentums verletzt; das pflichtwidrige Verhalten des V muss sich die Gemeinschaft der Wohnungseigentümer analog § 31 BGB zurechnen lassen.

385 **Beispiel 1a:** Wie Beispiel 1, nur dass V eine Versammlung einberuft. Der Antrag auf Sanierung der Außenwand wird mehrheitlich abgelehnt.

386 Die Gemeinschaft der Wohnungseigentümer hat ihre Pflicht gegenüber E1 aus § 18 Abs. 2 Nr. 1 WEG auf Fassung eines notwendigen Sanierungsbeschlusses verletzt; das pflichtwidrige Verhalten des Organs Eigentümerversammlung muss sich die Gemeinschaft der Wohnungseigentümer analog § 31 BGB zurechnen lassen.

387 **Beispiel 1b:** Wie Beispiel 1, nur dass V einen in der Versammlung gefassten Beschluss zur Sanierung der Außenwand nicht umsetzt.

388 Die Gemeinschaft der Wohnungseigentümer hat ihre Pflicht gegenüber E1 aus § 18 Abs. 2 Nr. 1 WEG auf Beschlussausführung verletzt; das pflichtwidrige Verhalten des V muss sich die Gemeinschaft der Wohnungseigentümer analog § 31 BGB zurechnen lassen.

389 **Beispiel 1c:** In Beispiel 1 beauftragt V nach Beschlussfassung die X-GmbH mit der Sanierung, die fehlerhaft arbeitet.

390 Eine Pflichtverletzung der Gemeinschaft der Wohnungseigentümer in diesem Fall setzt voraus, dass der Anspruch aus § 18 Abs. 2 Nr. 1 WEG nicht nur auf die Organisation der Beseitigung von Mängeln am gemeinschaftlichen Eigentum (hier: durch Beschlussfassung und Beauftragung der X-GmbH), sondern zudem auf tatsächliche Mängelbeseitigung gerichtet ist. Diese Sichtweise ist überzeugend. Denn von einer ordnungsmäßigen Verwaltung lässt sich nicht sprechen, wenn die geschuldete Erhaltungsmaßnahme nicht fehlerfrei ausgeführt wird. Für dieses Ergebnis spricht auch der treuhänderische Charakter der Verwaltung des gemeinschaftlichen Eigentums durch die Gemeinschaft der Wohnungseigentümer. Die von der X-GmbH begangene Pflichtverletzung ist der Gemeinschaft der Wohnungseigentümer daher analog[1] § 278 BGB zuzurechnen.

391 Das entspricht der **Judikatur vor Anerkennung der Rechtsfähigkeit** der Gemeinschaft der Wohnungseigentümer. Denn der BGH hat im Jahr 1998 entschieden, dass die Wohnungseigentümer nicht nur eine die Instandsetzung ermöglichende Beschlussfassung, sondern die entsprechende Werkleistung mit Hilfe geeigneter Fachkräfte schulden und für diese nach § 278 BGB einzustehen haben.[2] Nach Anerkennung der Rechtsfähigkeit hat er dann zwar – unter Aufgabe des Judikats aus 1998 – geurteilt, die Gemeinschaft der Wohnungseigentümer hafte nicht für die von ihr eingeschalteten Fachkräfte, da sie bei der Durchführung eines Beschlusses gegenüber den Wohnungseigentümern keine Pflichten träfe.[3] Das ist nach neuem Recht indes wegen § 18 Abs. 2 Nr. 1 WEG genau anders: Die Gemeinschaft der Wohnungseigentümer schuldet den Wohnungseigentümern die Verwaltung des gemeinschaftlichen

1 Zur analogen Anwendung von § 278 BGB auf Ebene der Pflichtverletzung s. BeckOGK-BGB/*Riehm*, § 280 Rz. 191.

2 BGH v. 22.4.1999 – V ZB 28/98, NJW 1999, 2108 (2109).

3 BGH v. 8.6.2018 – V ZR 125/17, Z 219, 60 Rz. 38 (richtigerweise hätte der BGH wohl die Gemeinschaft der Wohnungseigentümer als Erfüllungsgehilfin der Wohnungseigentümer einordnen müssen, was zu einer Erfüllungsgehilfenkette geführt hätte).

Eigentums, was eine „Rückkehr“ zu der Rechtsprechung aus dem Jahr 1998 erlaubt und sogar verlangt.[1]

bb) Verkehrssicherung

392 **Beispiel 2:** E stellt sein Auto auf einem dafür vorgesehenen Parkplatz der Wohnanlage ab. Das Auto wird dadurch beschädigt, dass ein großer Ast einer auf dem Grundstück der Anlage stehenden Platane abbricht und auf das Fahrzeug fällt.

393 § 18 Abs. 2 Nr. 1 WEG ist auch darauf gerichtet, dass von dem Gemeinschaftseigentum keine Gefahren ausgehen. Denn die Beseitigung gefahrträchtiger Situationen gehört zu den Erhaltungsmaßnahmen,[2] deren Wahrnehmung in den Aufgabenbereich der Gemeinschaft der Wohnungseigentümer fällt (zur Verkehrssicherungspflicht der Gemeinschaft im Außenverhältnis Rz. 145).

394 Die Pflichtverletzung[3] liegt in Beispiel 2 allerdings nicht einfach darin, dass die Gemeinschaft der Wohnungseigentümer den Astbruch nicht verhindert hat. Wie in Beispiel 1 muss vielmehr an eine konkrete Verwaltungsmaßnahme angeknüpft werden: Entweder hat der Verwalter die Sicherung des Gemeinschaftseigentums nicht durch die Vorbereitung einer Beschlussfassung organisiert oder die Wohnungseigentümer haben den erforderlichen Beschluss nicht gefasst oder der Beschluss wurde nicht ordnungsgemäß durchgeführt. Praxisrelevant ist, dass die Gemeinschaft der Wohnungseigentümer für die Versäumnisse eines von ihr mit der Verkehrssicherung beauftragten Dritten nach § 278 BGB haftet. Das abweichende Ergebnis des BGH zum alten Recht, der bereits eine auf die Verkehrssicherung bezogene Pflicht zwischen Wohnungseigentümer und der Gemeinschaft der Wohnungseigentümer ablehnt,[4] ist durch § 18 Abs. 2 Nr. 1 WEG überholt (Rz. 391).

cc) Versorgungsperre

395 **Beispiel 3:** E1 zahlt sein Wohngeld nicht. Die Gemeinschaft der Wohnungseigentümer ist deshalb zahlungsunfähig und kann die Wasserversorgung nicht bezahlen. Es kommt zu einer Versorgungssperre. E2, der seine Wohnung vermietet hat, erleidet deshalb einen Mietausfall.

396 Auch in Beispiel 3 liegt die Pflichtverletzung der Gemeinschaft der Wohnungseigentümer nicht schlechthin darin, dass die Wasserversorgung unterbrochen wurde. Denn E2 hat keinen allgemeinen Erfolgsanspruch aus § 18 Abs. 2 Nr. 1 WEG, dass die Gemeinschaft der Wohnungseigentümer die Wasserversorgung als Teil der ordnungsmäßigen Verwaltung aufrechterhält (Rz. 380).

---

1 So auch Palandt/*Wicke*, § 27 Rz. 3.

2 Etwa BayObLG v. 19.8.1999 – 2Z BR 31/99, ZMR 1999, 843.

3 Zur Haftung der Gemeinschaft der Wohnungseigentümer gegenüber den Wohnungseigentümern wegen Verletzung der deliktischen Verkehrssicherungspflicht s. *Häublein*, ZWE 2020, 241.

4 BGH v. 13.12.2019 – V ZR 43/19, WuM 2020, 233 Rz. 12.

397 Aus § 18 Abs. 2 Nr. 1 WEG kann sich aber die Pflicht der Gemeinschaft der Wohnungseigentümer gegenüber E1 ergeben, die Forderungen des Versorgers zu erfüllen, um so die Wasserversorgung nicht zu gefährden. Erforderlich ist aber, dass die Erfüllung der Verbindlichkeiten von einer Verwaltungsentscheidung der Wohnungseigentümer gedeckt ist (vgl. Rz. 335). Maßgebliche Verwaltungsentscheidung ist der Beschluss über die Versorgung der Gemeinschaft mit Wasser: Dieser betrifft nicht nur die Entscheidung, den Versorgungsvertrag abzuschließen, sondern auch die Vorgabe, dass der Vertrag von der Gemeinschaft der Wohnungseigentümer im Rahmen ihrer finanziellen Möglichkeiten erfüllt wird. Verfügt die Gemeinschaft der Wohnungseigentümer, wie im Beispiel 2, nicht über ausreichend Geldmittel, liegt die Pflichtverletzung in der nicht rechtzeitigen Behebung des Finanzierungsengpasses. Da sowohl die Kreditaufnahme (vgl. § 9b Abs. 1 S. 1 Hs. 2 WEG) als auch eine Sonderumlage eines Beschlusses bedarf, ist Anknüpfungspunkt die unterlassene Beschlussfassung. Die Prüfung der Pflichtverletzung verläuft dann genauso wie bei Beispiel 1.

c) Darlegungs- und Beweislast

398 Die Darlegungs- und Beweislast, dass die Gemeinschaft der Wohnungseigentümer ihre Verwaltungspflicht verletzt hat, trifft den **Wohnungseigentümer**. Ist dem Schadensersatzprozess ein Anfechtungs- oder Beschlussersetzungsverfahren (zur Notwendigkeit mit Blick auf § 254 BGB Rz. 405) vorausgegangen, so stellt ein klagestattgebendes Urteil fest, dass der Beschluss bzw. seine Nichtfassung ordnungswidrig waren (Rz. 1935).

3. Vertretenmüssen

399 Die Gemeinschaft der Wohnungseigentümer hat das Verschulden ihrer Organe analog § 31 BGB, das Verschulden ihrer Erfüllungsgehilfen nach § 278 BGB zu vertreten.

4. Schaden

400 Die Schadensermittlung erfolgt nach **allgemeinen Prinzipien** (vgl. zum ersatzfähigen Schaden auch Rz. 246), wobei folgende Aspekte von besonderer Bedeutung sind:

a) Zurechnung

401 Bei der Schadensermittlung ist zu beachten, dass der Anspruch nur auf Ersatz des Schadens gerichtet ist, der durch die Pflichtverletzung verursacht wurde. Schäden, die bereits vor der Pflichtverletzung eingetreten sind, sind daher nicht erstattungsfähig. Ist die Pflichtverletzung etwa die unterbliebene Beschlussfassung, ist der Anspruch aus § 280 Abs. 1 BGB nur auf Ersatz der danach eintretenden Schäden gerichtet. Insofern liegt das Organisationsrisiko also beim Eigentümer: Die Zeit, die typischerweise zwischen der Kenntnisnahme des Verwalters von der Notwendigkeit einer Beschlussfassung, einer Beschlussfassung und seiner Ausführung verstreicht, wirkt sich schadensrechtlich zu Lasten des geschädigten Wohnungseigentümers aus.

402 Offensichtlich ist, dass sich die Gemeinschaft der Wohnungseigentümer nicht mit dem Einwand des rechtswidrigen Alternativverhaltens verteidigen kann. Sie kann also etwa nicht einwenden, die Kausalität zwischen Nichtladung durch den Verwalter und eingetretenem Schaden stehe deshalb nicht fest, weil nicht feststehe, dass die Wohnungseigentümer bei einer erfolgten Ladung den erforderlichen Beschluss auch tatsächlich gefasst hätten.

b) Verzögerungsschaden

403 Nach h.M. zum **alten Recht** soll es sich bei den Folgen einer ausgebliebenen Beschlussfassung um einen Verzögerungsschaden handeln, der nur unter den Voraussetzungen des § 286 BGB erstattungsfähig ist.[1] Überträgt man dies auf das neue Recht, so setzt der Schadensersatzanspruch des Wohnungseigentümers voraus, dass er die begehrte Verwaltungsmaßnahme beim Verband angemahnt hat oder eine Mahnung nach § 286 Abs. 2 BGB entbehrlich war. Der Verwalter ist nach § 9b Abs. 1 S. 1 WEG für den Empfang der Mahnung vertretungsberechtigt. Hat die Gemeinschaft der Wohnungseigentümer keinen Verwalter, hat jeder Wohnungseigentümer Vertretungsmacht für die Entgegennahme der Mahnung; § 181 BGB steht nicht entgegen (dazu Rz. 246).

404 Die **Mahnung** muss hinreichend bestimmt sein.[2] Dafür ist allerdings nicht erforderlich, dass der Wohnungseigentümer die relevante Verwaltungspflicht konkret benennt (etwa: Einberufung einer Versammlung; pflichtgemäße Beschlussfassung). Ausreichend ist vielmehr, wenn der Wohnungseigentümer das Maßnahmenziel (etwa: Beseitigung eines Schadens am gemeinschaftlichen Eigentum) hinreichend konkret mitteilt. Denn dann ist dem Zweck des § 286 Abs. 1 S. 1 BGB Genüge getan, der Gemeinschaft der Wohnungseigentümer die Gelegenheit zu geben, die für die Erfüllung des Anspruchs des Wohnungseigentümers aus § 18 Abs. 2 Nr. 1 WEG erforderlichen Maßnahmen zu ergreifen. Hat der Wohnungseigentümer **Beschlussersetzungsklage** erhoben, liegt jedenfalls darin die Anmahnung der begehrten Verwaltungshandlung.

c) Mitverschulden

405 Liegt die Pflichtverletzung in einer erfolgten oder unterbliebenen Beschlussfassung, wirkt sich die Möglichkeit des Gläubigers, Anfechtungs- oder Beschlussersetzungsklage (§ 44 WEG) zu erheben, nach § 254 Abs. 2 BGB auf den zu ersetzenden Schaden aus. Dem geschädigten Wohnungseigentümer obliegt es nämlich, Beschlussklage zu erheben, um den Schaden zu mindern.[3] Zwar muss sich ein Geschädigter auf einen Prozess, der keinen hinreichenden Erfolg verspricht, nicht einlassen.[4] Davon kann im hiesigen Zusammenhang aber keine Rede sein, weil die Pflichtverletzung, auf die der Wohnungseigentümer seinen Schadensersatzanspruch stützt, den Erfolg

---

1 BGH v. 17.10.2014 – V ZR 9/14, Z 202, 375 Rz. 18.
2 Vgl. BeckOK-BGB/*Lorenz*, § 286 Rz. 26.
3 Vgl. BGH v. 12.3.1990 – II ZR 179/89, NJW 1990, 2877 unter I. 4. b) (zum Verein).
4 BGH v. 23.5.1991 – III ZR 73/90, NJW-RR 1991, 1458.

der **Beschlussklage** bedeutet. Die Einlegung eines Rechtsmittels verlangt § 254 Abs. 2 BGB nach h.M. zwar nicht.[1] Indes steht bei Abweisung der Beschlussklage fest, dass die Gemeinschaft der Wohnungseigentümer durch die (unterbliebene) Beschlussfassung keine Pflicht verletzt hat (Rz. 1944), was den Wohnungseigentümer mittelbar zur Rechtsmitteleinlegung zwingt.

406 Schadenspositionen, die bei Erhebung der Beschlussklage nicht entstanden wären, sind daher nicht erstattungsfähig.[2] Für die Kausalität zwischen der Nichteinlegung der Beschlussklage und dem Schadenseintritt ist die Gemeinschaft der Wohnungseigentümer darlegungs- und beweispflichtig.[3] Die für die Schadensermittlung praktisch relevante Frage, wann (nicht: ob) eine Beschlussklage Erfolg gehabt hätte, ist der Schätzung nach § 287 Abs. 1 ZPO zugänglich.

407 **Beispiel:** Die im gemeinschaftlichen Eigentum stehende Außenwand des Gebäudes ist mangelhaft. Deshalb tritt in der Wohnung von E1, die dieser vermietet hat, Schimmel auf. E1 erleidet deshalb einen Mietausfallschaden. Der Antrag auf Sanierung der Außenwand wird mehrheitlich abgelehnt. E1 erhebt keine Beschlussklage.

408 Im Haftungsprozess kann das Gericht den Zeitraum, der zwischen Beschlussablehnung und einem hypothetischen Beschlussersetzungsurteil liegt, nach § 287 Abs. 1 ZPO schätzen. Mietausfallschäden, die in die Zeit nach dem Erlass eines hypothetischen Beschlussersetzungsurteils fallen, sind nicht erstattungsfähig.

III. Verwaltungspflichten der Wohnungseigentümer

409 Wie bereits das bisherige Recht (§ 21 Abs. 2 und 4 WEG a.F.) regelt auch das WEMoG nur die Rechte der Wohnungseigentümer bei der Verwaltung des gemeinschaftlichen Eigentums, nämlich in § 18 Abs. 2 Nr. 1 WEG und den diesen Anspruch ausgestaltenden speziellen Vorschriften (Rz. 318). Dieses Konzept wirft die Frage nach den diesbezüglichen Pflichten der Wohnungseigentümer auf. Bei der Erörterung ist zu unterscheiden, ob es um Pflichten gegenüber der Gemeinschaft der Wohnungseigentümer (unten 1.) oder gegenüber den übrigen Wohnungseigentümern (unten 2.) geht.

1. Verwaltungspflichten gegenüber der Gemeinschaft der Wohnungseigentümer

410 Aus dem beschriebenen Schweigen des Gesetzes darf nicht gefolgert werden, dass es keine Verwaltungspflichten der Wohnungseigentümer gegenüber der Gemeinschaft der Wohnungseigentümer gibt. Wie die Organisationstruktur der Gemeinschaft der Wohnungseigentümer zeigt, ist vielmehr das Gegenteil richtig: Die Gemeinschaft der Wohnungseigentümer ist den Wohnungseigentümern nach § 18 Abs. 2 Nr. 1 WEG zur Verwaltung verpflichtet. Diese Pflicht kann sie aber nur erfüllen, wenn die nach ihrer **Organisationsstruktur** hierzu berufenen Organe die erforderlichen Verwal-

1 BGH v. 6.12.1984 – III ZR 141/83, MDR 1985, 1000; Staudinger/*Schiemann*, § 254 Rz. 93.
2 Vgl. BGH v. 12.3.1990 – II ZR 179/89, NJW 1990, 2877 unter I. 4. b) (zum Verein).
3 BGH v. 11.3.2010 – III ZR 124/09, NJW-RR 2010, 1465 Rz. 9 (zu § 839 Abs. 3 BGB).

tungsmaßnahmen treffen. Soweit also die Organisationsstruktur ein Handeln der Wohnungseigentümer für die Gemeinschaft der Wohnungseigentümer vorsieht, sind diese der Gemeinschaft der Wohnungseigentümer gegenüber hierzu verpflichtet, damit die Erfüllung des Zwecks der Gemeinschaft der Wohnungseigentümer (Verwaltung des gemeinschaftlichen Eigentums) erreicht werden kann. Die Situation ist insofern keine andere als beim Verwalter oder beim Verwaltungsbeirat.

a) Mitwirkung bei der Beschlussfassung

411 Von besonderer Bedeutung ist die Beschlussfassung durch die Wohnungseigentümer.

aa) Allgemeines

412 Die Pflicht der Wohnungseigentümer, an der Beschlussfassung mitzuwirken, folgt bereits aus der Organisationsstruktur (Rz. 410). Sie lässt sich aber auch konkret in § 19 Abs. 1 WEG verorten: Das dort geregelte Recht zur ordnungsmäßigen Verwaltung durch Beschluss enthält spiegelbildlich die Pflicht gegenüber der Gemeinschaft der Wohnungseigentümer, für eine solche Verwaltung Sorge zu tragen. Der gegenüber § 21 Abs. 3 WEG geänderte Wortlaut („beschließen" anstelle von „können beschließen") macht dies deutlich.[1]

413 Die Pflicht jedes Wohnungseigentümers zur Mitwirkung an der Beschlussfassung war im Grundsatz auch zum **alten Recht** anerkannt. Sie bestand nach h.M. allerdings gegenüber den übrigen Wohnungseigentümern.[2] Die Details dieser Pflicht waren umstritten.[3]

bb) Voraussetzungen

414 § 19 Abs. 1 WEG verpflichtet jeden Wohnungseigentümer gegenüber der Gemeinschaft der Wohnungseigentümer, in **Wohnungseigentümerversammlungen** für einen Beschlussantrag zu stimmen, der ordnungsmäßiger Verwaltung entspricht. Bei Umlaufbeschlüssen besteht eine solche Pflicht hingegen grundsätzlich nicht. Diese sind nach dem Organisationsrecht atypisch, was einer Beschlussfassungspflicht entgegensteht. Eine Ausnahme gilt jedoch, wenn die Wohnungseigentümer nach § 23 Abs. 3 S. 2 WEG beschlossen haben, dass über einen bestimmten Gegenstand mit einfacher Mehrheit ein Umlaufbeschluss gefasst werden soll.

415 Die **Mitwirkungspflicht** besteht unabhängig davon, ob andere Wohnungseigentümer ebenfalls für den Beschluss stimmen, es auf die Stimme des Wohnungseigentümers also letztlich nicht ankommt. Der einzelne Wohnungseigentümer kann sich

1 BT-Drucks. 19/18791, S. 60.
2 Etwa BGH v. 26.2.2016 – V ZR 250/14, NJW 2016, 2181 Rz. 10.
3 Vgl. Staudinger/*Lehmann-Richter*, § 21 WEG Rz. 190 ff.

auch nicht darauf berufen, die anderen Wohnungseigentümer könnten durch ihre „Ja"-Stimmen den Beschluss fassen, weshalb es seiner Mitwirkung nicht bedürfe.[1]

416 Ob ein Beschluss ordnungsmäßiger Verwaltung entspricht, entscheidet sich anhand der zur Abstimmung stehenden **Beschlussanträge**.[2] Ist das „Ob" einer Beschlussfassung alternativlos, entfällt die Mitwirkungspflicht daher nicht dadurch, dass auch eine nicht zur Abstimmung gestellte Variante ordnungsgemäß wäre. Vielmehr muss jeder Wohnungseigentümer für die zur Abstimmung stehende Variante stimmen. Entsprechen mehrere zur Abstimmung stehenden Varianten ordnungsmäßiger Verwaltung, ist das Votum für jede dieser Varianten pflichtgemäß.

cc) Durchsetzung

417 Der Anspruch auf Mitwirkung bei der Beschlussfassung kann im Wege der **Leistungsklage** durchgesetzt werden. § 44 Abs. 1 S. 2 WEG sperrt diese Klage nicht, weil die Gemeinschaft der Wohnungseigentümer als Gläubigerin keine Beschlussersetzungsklage erheben kann. In der Praxis besteht für eine Klage der Gemeinschaft der Wohnungseigentümer freilich regelmäßig kein Bedarf, weil typischerweise ein an der Beschlussfassung interessierter Wohnungseigentümer Beschlussersetzungsklage erheben wird. Die auf § 19 Abs. 1 WEG gestützte Leistungsklage ermöglicht es der Gemeinschaft der Wohnungseigentümer aber in Ausnahmesituationen, für eine Beschlussfassung Sorge zu tragen, wenn sich alle Wohnungseigentümer einer Mitwirkung verweigern. In diesen Sonderkonstellationen ist der Verwalter nach § 27 Abs. 1 Nr. 1 WEG berechtigt und verpflichtet, im Namen der Gemeinschaft der Wohnungseigentümer eine Klage auf Mitwirkung bei der Beschlussfassung zu erheben.

418 Solche Ausnahmefälle sind etwa denkbar bei einer „Schrottimmobilie", an deren Verwaltung sich kein Eigentümer mehr beteiligt oder bei einer gemeinschaftlich begangenen Schädigung des Gemeinschaftsvermögens, bei der kein Wohnungseigentümer ein Regressinteresse hat. Hat die Gemeinschaft der Wohnungseigentümer einen Verwalter, kann dieser über die Leistungsklage – die auch nur gegen einzelne Wohnungseigentümer gerichtet werden kann – Beschlüsse erreichen. § 894 ZPO fingiert die ausgeurteilten Willenserklärungen in der nötigen materiellrechtlichen Form; das wohnungseigentumsrechtliche Beschlussverfahren wird dadurch aber nicht ersetzt. Der Verwalter muss also entweder eine Eigentümerversammlung durchführen oder einen Umlaufbeschluss initiieen.[3]

b) Andere Verwaltungsmaßnahmen

419 Neben der Beschlussfassung können die Wohnungseigentümer der Gemeinschaft der Wohnungseigentümer gegenüber auch zur Vornahme anderer Verwaltungsmaßnahmen verpflichtet sein. Von besonderer Bedeutung sind die sich aus den Beschlüssen über den Wirtschaftsplan oder die Jahresabrechnung ergebenden **Zahlungs-**

---

1 Vgl. *Skauradszun*, NZM 2015, 274 (277); differenzierend zum alten Recht BGH v. 17.10.2014 – V ZR 9/14, NJW 2015, 613 Rz. 24; Staudinger/*Lehmann-Richter*, § 21 WEG Rz. 193 ff.

2 Näher Staudinger/*Lehmann-Richter*, § 21 WEG Rz. 194.

3 Staudinger/*Lehmann-Richter*, § 21 WEG Rz. 207.

pflichten. Das bislang in § 21 Abs. 2 WEG a.F. geregelte Notverwaltungsrecht des Wohnungseigentümers hat das WEMoG unverändert nach § 18 Abs. 3 WEG verschoben. Diese Regelung enthält nicht nur ein Recht, sondern auch eine korrespondierende Handlungspflicht des einzelnen Wohnungseigentümers gegenüber der Gemeinschaft der Wohnungseigentümer, ihm ohne weiteres zumutbare Notverwaltungsmaßnahmen auszuführen.[1] Zur Mitwirkungspflicht beim Abschluss einer **Vereinbarung** Rz. 1972.

c) Schadensersatz wegen Verletzung der Verwaltungspflicht

420 Verletzt ein Wohnungseigentümer schuldhaft seine Verwaltungspflicht gegenüber der Gemeinschaft der Wohnungseigentümer, kann dies einen Anspruch aus § 280 BGB auslösen. Denn die Wohnungseigentümer sind mit der Gemeinschaft der Wohnungseigentümer durch ein Schuldverhältnis verbunden (Rz. 39). Von besonderer Relevanz ist die Verletzung der Pflicht zur Mitwirkung bei der Beschlussfassung.

aa) Pflichtverletzung

421 Ausgangspunkt der Haftung des Wohnungseigentümers ist eine Verletzung seiner Pflicht zur Mitwirkung bei der Verwaltung. Geht es um den Vorwurf, sich gar nicht oder rechtswidrig an der Beschlussfassung beteiligt zu haben, so ist zu differenzieren: Steht ein ordnungsmäßiger Beschlussantrag zur Abstimmung, ist jeder Wohnungseigentümer verpflichtet, diesem seine „Ja"-Stimme zu geben (Rz. 416); die Nichtteilnahme an der Versammlung ändert daran nichts. Stand ein ordnungswidriger Beschlussantrag zur Abstimmung, ist jeder Wohnungseigentümer verpflichtet, diesem seine „Nein"-Stimme zu geben.

bb) Vertretenmüssen

422 Das Vertretenmüssen wird nach § 280 Abs. 1 S. 2 BGB vermutet. Der Wohnungseigentümer kann sich durch den Nachweis entlasten, dass die zur Ordnungsmäßigkeit der Verwaltungsmaßnahme – etwa einer Beschlussfassung – führenden Umstände für ihn bei Berücksichtigung der üblichen Sorgfalt eines durchschnittlichen Wohnungseigentümers nicht erkennbar waren.

423 Dies ist bei den Beschlüssen über den Wirtschaftsplan und die Jahresabrechnung von besonderer Bedeutung. Hier folgt aus der Beschlussvorbereitungspflicht des Verwalters (§ 28 Abs. 1 S. 2, Abs. 2 S. 2 WEG) und der Prüf- und Stellungnahmepflicht des Beirats (§ 29 Abs. 2 S. 2 WEG), dass es grundsätzlich nicht zur vom Wohnungseigentümer geschuldeten Sorgfalt gehört, die Richtigkeit des Zahlenwerks zu überprüfen. Ausnahmen sind denkbar, wenn sich dem Wohnungseigentümer eine drohende Fehlerhaftigkeit des Zahlenwerks aufdrängen muss.

424 Hat ein von der Gemeinschaft der Wohnungseigentümer beauftragter Gutachter die zur Mitwirkungspflicht führenden Tatsachen ermittelt bzw. bewertet (etwa die Notwendigkeit einer bestimmten Erhaltungsmaßnahme), ist dessen Verschulden den

1 Vgl. Staudinger/*Lehmann-Richter*, § 21 WEG Rz. 66 m. Nachw.

Wohnungseigentümern nicht nach § 278 BGB zuzurechnen, weil sie den Gutachter nicht beauftragt haben. Auch der Verwalter ist nicht Erfüllungsgehilfe der Wohnungseigentümer,[1] weshalb insbesondere seine Fehler bei der Vorbereitung des Jahresabrechnungsbeschlusses den Wohnungseigentümern, die für den Beschluss gestimmt haben, nicht zugerechnet werden.

cc) Schaden

425 Die Schadensermittlung erfolgt nach allgemeinen Prinzipien. Bei der Verletzung der Pflicht zur Mitwirkung bei der Beschlussfassung stellen sich folgende Sonderfragen:

(1) Doppelkausalität

426 Die kausale Schadensverursachung durch Verletzung der Mitwirkungspflicht entfällt nach den Grundsätzen der Doppelkausalität nicht dadurch, dass mehrere Wohnungseigentümer diese Pflicht verletzt haben und das pflichtgerechte Verhalten eines von ihnen ausgereicht hätte, den Beschluss zustande zu bringen.[2]

(2) Gesamtschuldnerische Haftung

427 Zum alten Recht entsprach es h. M, dass Wohnungseigentümer, die gegen die Mitwirkungspflicht verstießen, als Gesamtschuldner hafteten.[3] Dem ist zum neuen Recht zu folgen. § 43 Abs. 2 GmbHG lässt sich nämlich der allgemeine Grundsatz entnehmen, dass mehrere Mitglieder eines Organs dem Verband als Gesamtschuldner haften.

(3) Verzögerungsschaden

428 Nach h.M. zum alten Recht soll es sich bei den Folgen der ausgebliebenen Beschlussfassung um einen Verzögerungsschaden handeln, der nur unter den Voraussetzungen des § 286 BGB erstattungsfähig ist.[4] Das überzeugt nicht, weil das WEG mit den Regeln über die Ladung zur Versammlung spezielle Verfahrensregeln vorhält, die eine zusätzliche Begrenzung der Sekundärrechte der Gemeinschaft der Wohnungseigentümer zum Schutze der Wohnungseigentümer durch **§ 286 BGB** entbehrlich machen; der Zweck von § 280 Abs. 2 BGB ist mithin **nicht einschlägig**.[5]

dd) Durchsetzung des Schadensersatzanspruchs

429 Aus der unbeschränkten Vertretungsmacht des Verwalters (§ 9b Abs. 1 S. 1 WEG) folgt, dass der Verwalter den Anspruch außergerichtlich und gerichtlich durchsetzen

1 Staudinger/*Lehmann-Richter*, § 21 WEG Rz. 210.
2 *Skauradszun*, NZM 2015, 237 (239); Staudinger/*Lehmann-Richter*, § 21 WEG Rz. 211.
3 BGH v. 25.9.2015 – V ZR 246/14, NJW 2016, 1310 Rz. 15.
4 BGH v. 17.10.2014 – V ZR 9/14, Z 202, 375 Rz. 18.
5 Staudinger/*Lehmann-Richter*, § 21 WEG Rz. 209.

kann. Eine andere Frage ist, unter welchen Voraussetzungen der Verwalter hierzu verpflichtet ist. Ist ein entsprechender Beschluss gefasst worden, muss der Verwalter diesen umsetzen (Rz. 468). Anderenfalls fragt sich, ob aus § 27 Abs. 1 Nr. 1 BGB eine Durchsetzungspflicht des Verwalters folgt (Rz. 474).

Ist danach ein **Beschluss erforderlich** und wird dieser nicht gefasst, kann ein am Regress interessierter Wohnungseigentümer eine kombinierte Beschlussersetzungs- und Beschlussausführungsklage erheben (Rz. 350).

430

Formulierungsbeispiel:

1. Es wird beantragt, einen Beschluss der Beklagten zu fassen, dass die Wohnungseigentümer Herr/Frau... auf Ersatz des Schadens in Anspruch genommen werden, der der Beklagten entstanden ist, weil der Beschluss über ... auf der Versammlung am ... nicht gefasst worden ist.

2. Es wird beantragt, die Beklagte zu verurteilen, den auf den Antrag zu 1. vom Gericht gefassten Beschluss auszuführen, nachdem das Urteil über den Antrag zu 1. formell rechtskräftig geworden ist.

ee) Darlegungs- und Beweislast

431

Die Darlegungs- und Beweislast, dass ein Wohnungseigentümer seine Mitwirkungspflicht verletzt hat, trifft die Gemeinschaft der Wohnungseigentümer. Ist dem Schadensersatzprozess ein Anfechtungs- oder Beschlussersetzungsverfahren vorausgegangen, so stellt ein klagestattgebendes Urteil fest, dass der Beschluss bzw. seine Nichtfassung ordnungswidrig war (Rz. 1935). Diese Feststellung wirkt nach § 44 Abs. 3 WEG auch zwischen der Gemeinschaft und dem in Anspruch genommenen Wohnungseigentümer. Die Pflichtwidrigkeit des Verhaltens steht in diesen Fällen im Schadensersatzprozess mithin fest.

2. Keine Verwaltungspflicht gegenüber den übrigen Wohnungseigentümern

432

§ 21 Abs. 4 WEG a.F. begründete eine Pflicht des einzelnen Wohnungseigentümers gegenüber den übrigen Wohnungseigentümern, sich an der Verwaltung des gemeinschaftlichen Eigentums zu beteiligen.[1] Eine Verletzung dieser Pflicht konnte nach § 280 BGB zum Schadensersatz der Wohnungseigentümer untereinander führen.[2] Das WEMoG hat dieses Konzept aufgegeben. Gesetzliche Verwaltungspflichten zwischen den Wohnungseigentümern sind mit dem neuen Organisationskonzept nicht zu vereinbaren; sie lassen sich auch nicht auf eine allgemeine Treuepflicht der Wohnungseigentümer stützen (Rz. 69).

1 Etwa BGH v. 26.2.2016 – V ZR 250/14, NJW 2016, 2181 Rz. 10.
2 BGH v. 17.10.2014 – V ZR 9/14, NJW 2015, 613.

D. Übergangsrecht

433 Das WEMoG enthält keine ausdrücklichen Übergangsregeln zu den Pflichten bei der Verwaltung, die seit der Reform nicht mehr zwischen den Wohnungseigentümern, sondern zwischen diesen und der Gemeinschaft der Wohnungseigentümer bestehen.

I. Anspruch auf Verwaltung

434 Beim Anspruch auf Verwaltung sind mit Blick auf den zeitlichen Anwendungsbereich des WEMoG zwei Fragen zu unterscheiden.

1. Änderung der Passivlegitimation

435 Der nach altem Recht gegen die übrigen Wohnungseigentümer gerichtete Anspruch auf Verwaltung ist mit Inkrafttreten des WEMoG entfallen, und zwar auch dann, wenn die begehrte Verwaltungshandlung schon unter Geltung des alten Rechts unterlassen wurde (näher Rz. 2027).

2. Sonstige Änderungen der Anspruchsvoraussetzungen

436 Soweit das WEMoG andere Voraussetzungen des Anspruchs auf ordnungsmäßige Verwaltung als seine personelle Zuordnung verändert hat, richtet sich der Anspruch seit Inkrafttreten des WEMoG allein nach neuem Recht (Rz. 2006). Ein Wohnungseigentümer kann daher nicht unter Berufung auf die Rechtslage vor dem Stichtag eine Verwaltungsmaßnahme verlangen, auf die nach neuem Recht kein Anspruch mehr besteht. Ein Anwendungsbeispiel ist der durch das WEMoG modifizierte Anspruch auf erstmalige Herstellung des Gemeinschaftseigentums (Rz. 1281).

II. Schadensersatz wegen Verletzung von Verwaltungspflichten

437 Ein nach altem Recht entstandener Anspruch auf Schadensersatz bleibt dem jeweiligen Wohnungseigentümer erhalten. Dieser Anspruch kann auch nach dem Inkrafttreten des WEMoG eintretende Schadenspositionen erfassen; insoweit ist auch eine Gesamtschuldnerschaft mit der Gemeinschaft der Wohnungseigentümer möglich (Rz. 2029).

§ 6
Der Verwalter

A. Das alte Recht und seine Probleme

438 Der Verwalter nahm nach altem Recht eine **eigentümliche Sonderstellung** im Verbandsrecht ein. Die WEG-Novelle 2007 erkannte zwar die Rechtsfähigkeit der Gemeinschaft der Wohnungseigentümer an, gestaltete den Verwalter aber nicht konsequent als deren Organ aus.[1] Er vertrat sie zwar im Rechtsverkehr (vgl. § 27 Abs. 3 WEG a.F.), ihn trafen aber auch Pflichten gegenüber den Wohnungseigentümern (vgl. § 27 Abs. 1 WEG a.F.). Die „Konzeptlosigkeit in Bezug auf die gesetzliche Ausgestaltung des Innenverhältnisses"[2] betraf also nicht nur die Rolle der Gemeinschaft der Wohnungseigentümer (Rz. 28), sondern gleichermaßen die des Verwalters.

439 Die Ausgestaltung der Verwalterstellung war nicht nur dogmatisch verworren, sondern auch **praxisuntauglich**: Das alte Recht gewährte dem Verwalter nur einen geringen eigenverantwortlichen Handlungsbereich (§ 27 Abs. 1 WEG a.F.), weshalb die Wohnungseigentümer über nahezu jede Einzelfrage beschließen mussten. Diese Aufgabenverteilung mag bei kleineren Anlagen mit geringem Verwaltungsaufwand, die der WEG-Gesetzgeber 1951 wohl vor Augen hatte, sachgerecht gewesen sein. Bei größeren Anlagen scheiterte diese Konzept an der Realität. Dort sind laufend Entscheidungen zu treffen, die für den einzelnen Wohnungseigentümer weitgehend bedeutungslos sind – etwa welcher Handwerker mit dem Austausch einer zerbrochenen Fensterscheibe beauftragt oder ob der in die Jahre gekommene Fußabtreter im Treppenhaus ausgetauscht werden soll. Es widersprach dem wohlverstandenen Interesse der Wohnungseigentümer, dass alle diese Fragen nach dem gesetzlichen Konzept im Beschlusswege, notfalls auf außerordentlichen Eigentümerversammlungen, zu entscheiden waren. Die Praxis war deshalb dazu übergegangen, den Verwalter mit der Erledigung zusätzlicher Aufgaben zu betrauen. Umstritten blieb aber, ob eine solche Aufgabendelegation mangels ausdrücklicher Beschlusskompetenz – § 27 Abs. 3 S. 1 Nr. 7 WEG a.F. betraf nur die Vertretung, nicht aber die Entscheidung – zulässig war.[3]

440 Daneben behinderte die **beschränkte gesetzliche Vertretungsmacht** des Verwalters die Teilnahme der Gemeinschaft der Wohnungseigentümer am Rechtsverkehr. Denn in den meisten Fällen wurde seine Vertretungsmacht erst durch einen Beschluss der Wohnungseigentümer begründet (§ 27 Abs. 3 S. 1 Nr. 7 WEG a.F.). Für den Rechtsverkehr war es aber kaum möglich, Existenz und Wirksamkeit eines solchen Beschluss festzustellen.

---

1 BGH v. 8.6.2018 – V ZR 125/17, NJW 2018, 3305 Rz. 21.
2 *Häublein*, ZWE 2008, 80 (85).
3 Vgl. Staudinger/*Lehmann-Richter*, § 21 WEG Rz. 44 ff. zum Streitstand.

441 Kritisiert wurde schließlich, dass **jedermann den Beruf des Verwalters ergreifen** konnte, ohne dass er die erforderlichen Kenntnisse in irgendeiner Form nachweisen musste.

B. Das neue Recht im Überblick

442
- Der Verwalter ist **Organ der Gemeinschaft der Wohnungseigentümer** (Rz. 443). Nur ihr gegenüber hat er Rechte und Pflichten; „Direktansprüche" der Wohnungseigentümer gegen den Verwalter gibt es nicht mehr (Rz. 444).
- Die **Vertretungsmacht** des Verwalters für die Gemeinschaft der Wohnungseigentümer ist mit Ausnahme des Abschlusses von Grundstückskauf- und Darlehensverträgen **unbeschränkt und unbeschränkbar** (§ 9b Abs. 1 S. 1 und 3 WEG – Rz. 446).
- Der Verwalter **entscheidet kraft Gesetzes über die Maßnahmen laufender Verwaltung** (§ 27 Abs. 1 Nr. 1 WEG – Rz. 474) und über dringliche Maßnahmen (§ 27 Abs. 1 Nr. 2 WEG – Rz. 484). Durch Beschluss können seine Entscheidungskompetenzen eingeschränkt und erweitert werden (§ 27 Abs. 2 WEG – Rz. 486).
- Der Verwalter kann **jederzeit** – auch ohne Vorliegen eines wichtigen Grundes – durch Mehrheitsbeschluss **abberufen** werden (§ 26 Abs. 3 S. 1 WEG – Rz. 454). Der Verwaltervertrag endet spätestens sechs Monate später (§ 26 Abs. 3 S. 2 WEG – Rz. 543).
- Grundsätzlich hat jeder Wohnungseigentümer einen Anspruch darauf, dass ein sog. **zertifizierter Verwalter** bestellt wird, der sich einer Prüfung bei der Industrie- und Handelskammer unterzogen hat (§ 19 Abs. 2 Nr. 6, § 26a WEG – Rz. 543).

C. Das neue Recht im Detail

I. Organ der Gemeinschaft der Wohnungseigentümer

443 Das WEMoG macht den Verwalter zum Organ der Gemeinschaft der Wohnungseigentümer. Er übernimmt **nicht mehr in eigener Person Verwaltungsaufgaben** (vgl. § 20 Abs. 1 WEG a.F.), sondern wird ausschließlich für die Gemeinschaft der Wohnungseigentümer tätig (vgl. § 27 Abs. 1 WEG), der wiederum die Verwaltung des gemeinschaftlichen Eigentums obliegt (§ 18 Abs. 1 WEG). Das Verhalten des Verwalters wird der Gemeinschaft der Wohnungseigentümer analog § 31 BGB zugerechnet.

444 Aus der Organstellung des Verwalters lassen sich die Antworten auf alle ihn betreffenden Strukturfragen ableiten: **Vertretungsmacht** hat der Verwalter nur noch für die Gemeinschaft der Wohnungseigentümer, nicht mehr für die Wohnungseigentümer (näher Rz. 465). Auch **Rechte und Pflichten** hat er nur gegenüber der Gemein-

schaft der Wohnungseigentümer, aber nicht mehr gegenüber den einzelnen Wohnungseigentümern; „Direktansprüche" gegen den Verwalter gibt es nicht mehr,[1] auch nicht über den Kunstgriff des Vertrags mit Schutzwirkung zugunsten Dritter (näher Rz. 58). Der Anspruch der Wohnungseigentümer auf **ordnungsmäßige Verwaltung** besteht allein gegenüber der Gemeinschaft der Wohnungseigentümer (vgl. § 18 Abs. 2 WEG). Versäumnisse des Verwalters lösen deshalb eine **Haftungskette** aus: Er haftet gegenüber der Gemeinschaft der Wohnungseigentümer und die Gemeinschaft der Wohnungseigentümer wiederum gegenüber den Wohnungseigentümern (näher Rz. 523).

445 Diese konzeptionelle Neuausrichtung ist bei der **Auslegung des WEG** zu berücksichtigen: Jede Vorschrift, die den Verwalter nennt, adressiert ihn lediglich als Organ der Gemeinschaft der Wohnungseigentümer. Solche Vorschriften begründen deshalb in erster Linie Rechte und Pflichten der Gemeinschaft der Wohnungseigentümer; daneben wird die Zuständigkeit des Verwalters als Organzuständigkeit mitgeregelt.[2]

446 **Beispiel:** § 24 Abs. 1 WEG schreibt vor, dass die Eigentümerversammlung „von dem Verwalter" mindestens einmal im Jahr einberufen werden muss. Diese Vorschrift ist so zu interpretieren, dass die Einberufungspflicht die Gemeinschaft der Wohnungseigentümer trifft und diese Pflicht vom Verwalter als deren Organ zu erfüllen ist. Ausdrücklich regelt § 24 Abs. 1 WEG also eigentlich nur die Organkompetenz des Verwalters. Die Verbandskompetenz der Gemeinschaft der Wohnungseigentümer ist stillschweigend mitgeregelt, weil der Verwalter nur als deren Organ auftreten kann.

447 Auch **rechtsgeschäftlich begründete Rechte und Pflichten** sind vor diesem Hintergrund zu interpretieren. So ist etwa eine Vereinbarung nach § 12 Abs. 1 WEG, wonach die Veräußerung „der Zustimmung des Verwalters" bedarf, in der Regel dahin auszulegen, dass der Verwalter lediglich als Vertreter der Gemeinschaft der Wohnungseigentümer handelt. So lässt sich auch zwanglos erklären, warum die Wohnungseigentümer die Entscheidung jederzeit an sich ziehen können (vgl. allgemein zum An-sich-Ziehen Rz. 507).[3]

II. Erwerb und Verlust der Verwalterstellung

448 Das WEMoG hat zwar § 26 WEG neu strukturiert (unten 1.), dabei aber vor allem redaktionelle Änderungen vollzogen (unten 2.). Die inhaltlich größte Änderung liegt in der jederzeitigen Abberufungsmöglichkeit (unten 3.). Mittelbar wirken sich aber einige strukturelle Änderungen durch das WEMoG auch auf die Verwalterbestellung aus (unten 4. bis 6.).

1 Palandt/*Wicke*, § 18 Rz. 1.

2 BT-Drucks. 19/18791, S. 56; Palandt/*Wicke*, § 18 Rz. 1.

3 Allg. M., etwa BGH, 20.7.2012 – V ZR 241/11, NJW 2012, 3232 Rz. 13 freilich mit der nun überholten Begründung, dass der Verwalter als „als Treuhänder und mittelbarer Stellvertreter der Wohnungseigentümer" tätig wird; nach dem WEMoG wird er für die Gemeinschaft der Wohnungseigentümer tätig.

1. Neue Struktur des § 26 WEG

449 Das WEMoG hat § 26 WEG neu strukturiert:

Abs. 1 regelt die Kompetenz der Wohnungseigentümer, über Bestellung und Abberufung zu beschließen (bisher § 26 Abs. 1 S. 1 WEG a.F.).

Abs. 2 enthält die Regelungen zur Dauer der Bestellung und zur Wiederbestellung (bisher § 26 Abs. 1 S. 2 und Abs. 2 WEG a. F).

Abs. 3 S. 1 ermöglicht – in Abweichung von § 26 Abs. 1 S. 3 und S. 4 WEG a.F. – eine jederzeitige Abberufung. **Abs. 3 S. 2** regelt die Folgen für den Verwaltervertrag.

Abs. 4 entspricht dem unveränderten § 26 Abs. 3 WEG a.F.

Abs. 5 steht abweichenden Regelungen entgegen und entspricht damit inhaltlich § 26 Abs. 1 S. 5 WEG a.F.

450 (frei)

2. Redaktionelle Anpassungen (§ 26 Abs. 1, 2 und 5 WEG)

451 Nur redaktioneller Natur ist die Änderung in **§ 26 Abs. 1 WEG**: Der Verwalter wird weiterhin durch Beschluss mit Stimmenmehrheit bestellt. Weil § 25 Abs. 1 WEG das Mehrheitsprinzip nunmehr aber allgemein regelt, konnte der Wortlaut des § 26 Abs. 1 WEG entschlackt werden.[1]

452 Ebenso nur redaktionelle Gründe hat die Neufassung des **§ 26 Abs. 2 WEG**: Dessen Satz 1 entspricht § 26 Abs. 1 S. 2 WEG a.F., wobei die Verwendung des Wortes „kann" anstelle von „darf" im Einklang mit der h.M. zum früheren Recht[2] klarstellt, dass ein Verstoß gegen die Höchstbestellungszeit zur zumindest teilweisen Unwirksamkeit des Bestellungsbeschlusses führt und nicht nur zu seiner Ordnungswidrigkeit.[3] Satz 2 entspricht dem unveränderten § 26 Abs. 2 WEG a.F.

453 In dem allgemeinen Abweichungsverbot nach **§ 26 Abs. 5 WEG** gehen § 26 Abs. 1 S. 5 sowie § 20 Abs. 2 WEG a.F. auf. Die Bestellung eines Verwalters kann deshalb auch künftig nicht durch Vereinbarung oder Beschluss ausgeschlossen werden, seine Abberufung nicht beschränkt und die Höchstbestellungszeit nicht verlängert.

3. Jederzeitiges Abberufungsrecht (§ 26 Abs. 3 S. 1 WEG)

454 Nach § 26 Abs. 3 S. 1 WEG können die Wohnungseigentümer den Verwalter **jederzeit durch Mehrheitsbeschluss abberufen**. Eine Beschränkung auf das Vorliegen eines wichtigen Grundes ist nicht möglich; § 26 Abs. 5 WEG führt zur Unwirksamkeit entsprechender Vereinbarungen oder Beschlüsse. Der Verwaltervertrag endet nach § 26 Abs. 3 S. 2 WEG spätestens sechs Monate nach der Abberufung (näher Rz. 543).

1 BT-Drucks. 19/18791 S. 74.
2 Etwa Staudinger/*Jacoby*, § 26 WEG Rz. 9.
3 BT-Drucks. 19/18791 S. 74.

455 Der Abberufungsbeschluss muss freilich **ordnungsmäßiger Verwaltung** entsprechen. Daran wird es bei einer grundlosen Abberufung regelmäßig fehlen, weil der Vergütungsanspruch des abberufenen Verwalters zumindest für einen bestimmten Zeitraum fortbesteht (näher Rz. 543). Der den Wohnungseigentümern eingeräumte Ermessensspielraum erlaubt es aber, Gründe unterhalb der Schwelle des wichtigen Grundes zu berücksichtigen. Zur Anfechtung des Abberufungsbeschlusses sind in jedem Fall nur die Wohnungseigentümer berechtigt, nicht der Verwalter (vgl. § 44 Abs. 1 S. 1 WEG, näher Rz. 1887). Denn er hat eben kein Recht auf sein Amt,[1] sondern nur – im Rahmen des § 26 Abs. 3 S. 2 WEG – auf seine Vergütung.

4. Vertretung bei der Verwalterbestellung

456 Unstreitig muss der Verwalter an seiner Bestellung mitwirken, denn niemandem können ohne seine Mitwirkung Pflichten aufgebürdet werden.[2] Die Bestellung erschöpft sich demnach nicht im **Bestellungsbeschluss** (§ 26 Abs. 1 S. 1 WEG). Neben diesen internen Willensbildungsakt muss vielmehr eine **Bestellungserklärung** der Gemeinschaft der Wohnungseigentümer gegenüber der zu bestellenden Person (teilweise auch als Mitteilung bezeichnet) sowie eine **Annahmeerklärung** der zu bestellenden Person gegenüber der Gemeinschaft der Wohnungseigentümer treten.[3]

457 **Nach altem Recht** war unklar, wer die Gemeinschaft der Wohnungseigentümer bei der Bestellungserklärung und der Entgegennahme der Annahmeerklärung vertrat; der dadurch erst zu bestellende Verwalter konnte es jedenfalls nicht sein. Zum Teil wurde – freilich ohne konkrete gesetzliche Grundlage – angenommen, dass der Versammlungsleiter insoweit vertretungsberechtigt sein soll.[4]

458 **Nach neuem Recht** gilt: Die **Bestellungserklärung** müsste an sich von allen Wohnungseigentümern abgegeben werden, weil nach § 9b Abs. 1 S. 2 WEG nur alle Wohnungseigentümer gemeinschaftlich vertretungsberechtigt sind. Das ist aber kaum praktikabel, insbesondere wenn, wie im Regelfall, nicht alle Wohnungseigentümer in der Versammlung anwesend sind. Vorzugswürdig erscheint es deshalb, § 9b Abs. 2 WEG auch in dieser Konstellation anzuwenden; „Verwalter" im Sinne dieser Vorschrift ist folglich auch der erst noch zu bestellende Verwalter. Vertretungsberechtigt ist damit der Vorsitzende des Verwaltungsbeirats oder ein durch Beschluss dazu ermächtigter Wohnungseigentümer. Für die **Entgegennahme der Annahmeerklärung** ist nach § 9b Abs. 1 S. 2 WEG i.V.m. § 26 Abs. 2 S. 2 BGB analog jeder Wohnungseigentümer einzeln passivvertretungsberechtigt (näher Rz. 243).

---

1 Vgl. zum alten Recht Staudinger/*Jacoby*, § 26 WEG Rz. 277.
2 Statt aller Staudinger/*Jacoby*, § 26 WEG Rz. 44.
3 H. M. im Verbandsrecht, vgl. etwa BGH v. 22.9.1969 – II ZR 144/68, NJW 1970, 33 (34) unter 2.c. zum GmbH-Recht und Staudinger/*Schwennicke*, § 27 BGB Rz. 15 zum Vereinsrecht.
4 Staudinger/*Jacoby*, § 26 WEG Rz. 43.

5. Bestellung des Erst-Verwalters

459 Bei der Aufteilung nach § 8 WEG durch einen Bauträger wird der erste Verwalter häufig bereits **in der Teilungserklärung bzw. Gemeinschaftsordnung** bestellt. Wirksam wurde diese Bestellung freilich erst, wenn die Gemeinschaft der Wohnungseigentümer nach altem Recht entstand, also typischerweise mit dem Einzug des ersten Erwerbers, der diesen zum sog. werdenden Wohnungseigentümer machte (Rz. 254). Durch die Bestellung in der Teilungserklärung bzw. Gemeinschaftsordnung ersparte sich der aufteilende Eigentümer aber eine Eigentümerversammlung mit den sog. werdenden Wohnungseigentümern. Dieses Vorgehen hat der BGH gebilligt, obwohl für die Verwalterbestellung nach § 26 Abs. 1 WEG a.F. (entspricht § 26 Abs. 1 S. 1 WEG) eigentlich ein Beschluss notwendig ist.[1] Eine überzeugende dogmatische Begründung fehlte jedoch.[2] Zum Teil wurde eine solche Verwalterbestellung als Vereinbarung angesehen, die wegen § 10 Abs. 3 WEG a.F. (entspricht § 10 Abs. 3 S. 1 WEG) für ihre Wirksamkeit gegenüber Sondernachfolgern im Grundbuch eingetragen werden musste.[3]

460 Mit Anerkennung der Ein-Personen-Gemeinschaft (§ 9a Abs. 1 S. 2 Hs. 2 WEG) **entfällt das Bedürfnis**, den Verwalter in der Teilungserklärung bzw. Gemeinschaftsordnung zu bestellen. Die Gemeinschaft der Wohnungseigentümer entsteht mit Anlegung der Wohnungsgrundbücher. Unmittelbar danach kann der aufteilende Eigentümer durch einen Beschluss, den er alleine fasst, den Verwalter bestellen. Zu diesem sichersten Weg ist der Praxis künftig zu raten.

461 Eine gleichwohl in der Teilungserklärung erfolgte Verwalterbestellung lässt sich nach neuem Recht zwanglos als **Vorab-Beschluss des aufteilenden Eigentümers** interpretieren.[4] Zwar entsteht die Gemeinschaft der Wohnungseigentümer erst mit Grundbucheintragung (§ 9a Abs. 1 S. 2 WEG), so dass die Verwalterbestellung auch erst in diesem Zeitpunkt wirksam werden kann. Es ist aber kein Grund ersichtlich, warum der Tatbestand eines Beschlusses nicht schon zuvor erfüllt werden kann. Dafür spricht auch die Parallele zum GmbH-Recht, wo die Geschäftsführerbestellung nicht zwingend im Gesellschaftsvertrag erfolgen muss, sondern auch durch Beschluss der künftigen Gesellschafter vor Registereintragung und damit vor Entstehung der GmbH erfolgen kann (§ 6 Abs. 3 S. 2 Alt. 2 GmbHG).[5] Weil die Verwalterbestellung durch (Vorab-)Beschluss und nicht durch Vereinbarung erfolgt, muss sie auch nicht ins Grundbuch eingetragen werden (§ 10 Abs. 3 S. 2 WEG).

6. Folgen einer unwirksamen oder aufgehobenen Bestellung

462 Nach allgemeiner Meinung zum früheren Recht blieben Rechtsgeschäfte, die ein Verwalter als Vertreter der Gemeinschaft der Wohnungseigentümer tätigte, auch dann wirksam, wenn seine Bestellung durch Anfechtungsurteil rückwirkend aufgehoben wurde. Der BGH zog dafür den Rechtsgedanken des § 47 FamFG heran.[6] Dieser

1 BGH v. 20.6.2002 – V ZB 39/01, NJW 2002, 3240 (3244) unter III.3.b.
2 Vgl. Staudinger/*Jacoby*, § 26 WEG Rz. 53 zum Streitstand.
3 KG v. 6.10.2011 – 1 W 477/11, ZWE 2012, 96 (96).
4 Vgl. Palandt/*Wicke*,§ 3 Rz. 6.
5 BeckOK-GmbHG/*Wisskirchen*/*Kuhn*, § 6 Rz. 39.
6 BGH v. 5.7.2019 – V ZR 278/17, NJW 2020, 988 Rz. 8 f.

passte freilich spätestens seit der Emanzipation des WEG vom Verfahren der freiwilligen Gerichtsbarkeit nicht mehr – ehrlicherweise hat er noch nie gepasst. Weil der Verwalter nach dem WEMoG (echtes) Organ der Gemeinschaft der Wohnungseigentümer ist, lässt sich das gleiche Ergebnis nun deutlicher als zuvor mit der allgemeinen verbandsrechtlichen **Lehre des sog. fehlerhaften Organs** erklären: Die Unwirksamkeit des Bestellungsakts ist für die Vergangenheit unbeachtlich, kann aber jederzeit mit Wirkung für die Zukunft ohne weitere Voraussetzungen sowohl von dem fehlerhaften Organ selbst (Verwalter) als auch vom Bestellungsorgan (Eigentümerversammlung) beendet werden.[1] Das gilt nicht nur für die nachträgliche Aufhebung des Bestellungsbeschlusses infolge Anfechtung, sondern auch für seine anfängliche Nichtigkeit.

III. Vertretungsmacht (§ 9b Abs. 1 S. 1)

463 Nach dem WEMoG vertritt der Verwalter die Gemeinschaft der Wohnungseigentümer umfassend (unten 1.), die Wohnungseigentümer dagegen gar nicht mehr (unten 2.).

1. Vertretung der Gemeinschaft der Wohnungseigentümer

464 Der Verwalter vertritt die Gemeinschaft der Wohnungseigentümer nach § 9b Abs. 1 S. 1 WEG grundsätzlich **umfassend** gerichtlich und außergerichtlich. Eine Ausnahme besteht lediglich für den Abschluss von Grundstückskauf- und Darlehensverträgen. Die Vertretungsmacht des Verwalters ist nach § 9b Abs. 1 S. 3 WEG auch nicht durch Vereinbarung oder Beschluss beschränkbar (eingehend zur Vertretung der Gemeinschaft der Wohnungseigentümer Rz. 179).

2. Keine Vertretung der Wohnungseigentümer

465 Anders als § 27 Abs. 2 WEG a.F. sieht das neue WEG **keine Vertretung der Wohnungseigentümer** durch den Verwalter vor; der Verwalter ist auch nicht mehr ihr Zustellungsvertreter (§ 45 Abs. 1 WEG a.F.).

466 Das ist **folgerichtig**, denn eine Vertretung der Wohnungseigentümer ist weder außergerichtlich noch gerichtlich notwendig:[2]

Außergerichtlich war eine Vertretung der einzelnen Wohnungseigentümer schon nach altem Recht unnötig. Denn soweit es um die Verwaltung des Gemeinschaftseigentums geht, nimmt die rechtsfähige Gemeinschaft der Wohnungseigentümer anstelle der einzelnen Wohnungseigentümer am Rechtsverkehr teil; nur sie muss vertreten werden, nicht die einzelnen Wohnungseigentümer. Das Gleiche gilt für Rechtsgeschäfte, die sich auf Rechte und Pflichten der Wohnungseigentümer beziehen, die nach § 9a Abs. 2 WEG (früher: § 10 Abs. 6 S. 3 WEG a.F.) von der Gemeinschaft der Wohnungseigentümer ausgeübt bzw. wahrgenommen werden. In allen anderen Fällen, also solchen, die sich weder auf die Verwaltung des Gemeinschaftseigentums beziehen, noch von § 9a Abs. 2 WEG erfasst sind, würde eine Vertretung der Wohnungseigentümer durch den Verwalter das Kompetenzgefüge des WEG empfindlich stören.

---

1 Eingehend *Bayer/Lieder*, NZG 2012, 1 (1 ff.).

2 Sehr kritisch schon zum früheren Recht BeckOGK-WEG/*Greiner*, § 27 Rz. 52.

Denn diese Rechte und Pflichte, insbesondere diejenigen aus dem Sondereigentum, sind allein den einzelnen Wohnungseigentümern zugeordnet; diese Zuordnung darf nicht durch eine dennoch bestehende Vertretungsmacht des Verwalters konterkariert werden. Aus denselben Gründen ist auch eine lediglich passive Vertretungsmacht des Verwalters für die einzelnen Wohnungseigentümer (vgl. § 27 Abs. 2 Nr. 1 WEG a.F.) nicht angemessen. Für die Entgegennahme von Willenserklärungen und Zustellungen, die materiell-rechtlich an die einzelnen Wohnungseigentümer gerichtet sind, ist der Verwalter nur zuständig, wenn sie Rechte und Pflichten der Wohnungseigentümer betreffen, die nach § 9a Abs. 2 WEG von der Gemeinschaft der Wohnungseigentümer ausgeübt bzw. wahrgenommen werden; dann handelt der Verwalter aber als Vertreter der Gemeinschaft der Wohnungseigentümer. In allen anderen Fällen mag es für den Erklärenden komfortabel sein, sich an den Verwalter halten zu können, anstelle jeden Wohnungseigentümer einzelnen adressieren zu müssen. Eine Rechtfertigung, warum der Verwalter über die Grenzen des § 9a Abs. 2 WEG hinaus in die individuellen Rechtsverhältnisse der Wohnungseigentümer eingebunden sein soll, besteht indes nicht; der Verwalter ist keine allgemeine Posteingangsstelle der Wohnungseigentümer. Das gilt grundsätzlich auch für Bescheide von Behörden (z.B. über Abgaben, für die die einzelnen Wohnungseigentümer als Gesamtschuldner haften).[1] Dem öffentlichen Recht bleibt es selbstverständlich unbenommen, den Verwalter aus Praktikabilitätserwägungen zum Empfangsvertreter der Wohnungseigentümer zu machen (vgl. etwa Art. 66 Abs. 3 S. 2 der Bayerischen Bauordnung, wonach im Rahmen der Nachbarbeteiligung im Baugenehmigungsverfahren die Vorlage der Pläne an den Verwalter genügt).

Die Änderungen des Verfahrensrechts durch das WEMoG führen dazu, dass auch eine **gerichtliche Vertretung** der einzelnen Wohnungseigentümer nicht mehr erforderlich ist. Denn Beschlussklagen sind nach § 44 Abs. 2 S. 1 WEG stets gegen die Gemeinschaft der Wohnungseigentümer zu richten. Bei anderen Klagen (z.B. individuellen Störungsabwehrklagen) ist eine Vertretung durch den Verwalter ohnehin nicht sachgerecht.

466a Auch **§ 10 Abs. 5 WEG a.F.** wurde nicht in das neue Recht übernommen. Diese Vorschrift begründete Vertretungsmacht gegenüber allen Wohnungseigentümern für Rechtsgeschäfte, die in Vollzug eines Beschlusses vorgenommen wurden. Denn in der ursprünglichen Fassung des WEG gab es keine dem § 27 Abs. 3 S. 1 Nr. 7 WEG a.F. entsprechende Beschlusskompetenz zur Begründung von Vertretungsmacht. Weil seit Anerkennung der Rechtsfähigkeit der Gemeinschaft der Wohnungseigentümer kein Bedürfnis mehr für die Vertretung der Wohnungseigentümer besteht, war die Vorschrift zu streichen – eigentlich hätte sie schon im Zuge der WEG-Novelle 2007 gestrichen werden müssen (Rz. 466).

IV. Kompetenzen im Innenverhältnis

467 Die Kompetenzen des Verwalters im Innenverhältnis lassen sich in Anlehnung an *Jacoby*[2] in Vollzugs- (unten 1.), Organisations- (unten 2.) und Entscheidungskompetenzen (unten 3.) unterteilen. Während die Vollzugs- und Organisationskompetenz im Wesentlichen unverändert bleiben, ändert sich die Entscheidungskompetenz strukturell.

---

1 Vgl. etwa den Fall BVerwG v. 11.11.2005 – 10 B 65/05, NJW 2006, 791 (792) Rz. 12.
2 Staudinger/*Jacoby*, § 27 WEG Rz. 15 ff.

1. Vollzugskompetenz

468 Die wichtigste Aufgabe des Verwalters ist es nach wie vor, die **Beschlüsse** der Wohnungseigentümer zu vollziehen. Gesetzlich ausdrücklich angeordnet ist sie aber – anders als nach § 27 Abs. 1 Nr. 1 WEG a.F. – nicht mehr. Das ist nämlich nicht erforderlich, ergibt sich diese Kompetenz doch unmittelbar aus der Funktion des Verwalters als Vollzugsorgan.[1] Das WEG liegt damit auf einer Linie mit dem übrigen Verbandsrecht, das die Vollzugskompetenz der Geschäftsführungsorgane üblicherweise auch nicht ausdrücklich regelt.

469 Daneben hat der Verwalter auch **Vereinbarungen** zu vollziehen, soweit sie einen vollzugsfähigen Inhalt haben. Diese schon zum alten Recht anerkannte Kompetenz ergab sich auch bislang nicht aus dem Gesetz.[2]

2. Organisationskompetenz

470 Dem Verwalter obliegt es, die **Entscheidungsfindung durch die Wohnungseigentümer zu organisieren.**[3] Diese Pflicht ist vielgestaltig und im WEG weder zusammenhängend noch vollständig geregelt. Wichtige Teilaspekte enthält § 24 WEG mit der Pflicht zur Einberufung (Abs. 1) und Leitung der Versammlung (Abs. 5). Die Pflicht zur Aufstellung von Wirtschaftsplan (§ 28 Abs. 1 S. 2 WEG) und Jahresabrechnung (§ 28 Abs. 2 S. 2 WEG) betrifft spezielle Beschlussvorbereitungspflichten (näher Rz. 742). Auch die Führung der Beschlusssammlung (§ 24 Abs. 7 und 8 WEG), die Erfüllung des Einsichtsrechts (§ 18 Abs. 4 WEG) und die Information der Wohnungseigentümer über Beschlussklagen (§ 44 Abs. 2 S. 2 WEG) können als Ausprägungen der allgemeinen Organisationspflicht verstanden werden.

471 Das WEMoG hat **einzelne dieser Organisationpflichten geändert**; diese Änderungen werden im jeweils Sachzusammenhang erläutert.

3. Entscheidungskompetenz (§ 27 WEG)

472 Das WEMoG erweitert die Entscheidungskompetenzen des Verwalters: Er ist künftig nicht nur zuständig, über dringliche Maßnahmen zu entscheiden (unten b)), sondern hat alle Maßnahmen der laufenden Verwaltung zu treffen (unten a)). Diese Kompetenz kann durch Beschluss eingeschränkt oder erweitert werden (unten c)). Aus der Entscheidungskompetenz des Verwalters folgt auch eine Pflicht zur Entscheidung innerhalb der Grenzen ordnungsmäßiger Verwaltung (unten d)). Rechtliche Bedeutung hat eine Verwalterentscheidung für sich genommen nicht, sondern erst ihr Vollzug (unten e)).

473 **§ 27 WEG betrifft nur noch die Entscheidungskompetenz** des Verwalters. Die Vorschrift regelt die Entscheidungskompetenz zugleich abschließend, soweit es nicht um bloße Annex-

---

1 BT-Drucks. 19/18791 S. 72; vgl. zur Titulierung als „Vollzugsorgan“ auch BGH v. 13.3.2003 – III ZR 299/02, NJW 2003, 1393 (1394) unter II.2.c.bb; Staudinger/*Jacoby*, § 27 WEG Rz. 16.

2 Staudinger/*Jacoby*, § 27 WEG Rz. 27 ff.

3 Näher Staudinger/*Jacoby*, § 27 WEG Rz. 18 ff.

entscheidungen zu Vollzugs- oder Organisationsakten geht (z.B. die Entscheidung über den Versammlungsort). Das WEMoG hat damit Ordnung in das **Sammelsurium des § 27 WEG a.F.** gebracht, der neben der Vertretungsmacht des Verwalters (Abs. 2 und 3) auch die Vollzugskompetenz für Beschlüsse (Abs. 1 Nr. 1) sowie Aspekte der Organisations- (z.B. Abs. 1 Nr. 2 und 7) und Entscheidungskompetenz (Abs. 1 Nr. 3) enthielt.

a) Laufende Verwaltung (Abs. 1 Nr. 1)

474 Der Verwalter hat nach dem WEMoG eigenständig über die Maßnahmen der laufenden Verwaltung zu entscheiden. Hierin liegt ein **Paradigmenwechsel**, der das Recht der Praxis anpasst. Denn schon in der Vergangenheit wurde häufig versucht, die laufende Verwaltung auf den Verwalter zu delegieren, insbesondere im Verwaltervertrag (dazu Rz. 503). Nach § 27 Abs. 1 Nr. 1 WEG ist der Verwalter nun kraft Gesetzes befugt, über diejenigen Maßnahmen zu entscheiden, die **„untergeordnete Bedeutung haben und nicht zu erheblichen Verpflichtungen führen“**.

475 Die zweigliedrige Formulierung des § 27 Abs. 1 Nr. 1 WEG, die interessanterweise Art. 37 Abs. 1 S. 1 Nr. 1 der Bayerischen Gemeindeordnung ähnelt, geht auf den **Rechtsausschuss** zurück.[1] Sie präzisiert die Formulierung des Regierungsentwurfs, der – abstrakter, aber ohne Unterschied in der Sache – darauf abgestellt hatte, dass „eine Beschlussfassung durch die Wohnungseigentümer nicht geboten ist“. Nach der Regierungsbegründung sollte dies gerade dann der Fall sein, wenn eine Maßnahme nur geringe Bedeutung für die Gemeinschaft hat.[2] Das Verdienst der Paraphrasierung durch den Rechtsausschuss liegt darin, offen zu legen, dass sich die Bedeutung einer Maßnahme sowohl aus ihren finanziellen als auch aus ihren nicht-finanziellen Auswirkungen ergeben kann.

476 Beide **Tatbestandsmerkmale** müssen **kumulativ** erfüllt sein. Entscheidend ist jeweils die Sicht eines durchschnittlichen Wohnungseigentümers in der konkreten Wohnanlage; er darf kein berechtigtes Interesse an einer Beschlussfassung durch die Eigentümerversammlung haben.[3]

477 Ob eine Maßnahme zu **erheblichen Verpflichtungen** führt, hängt von den durch sie ausgelösten **finanziellen Konsequenzen** ab. Die Grenze hängt von der Größe der jeweiligen Gemeinschaft ab. Denn mit der Größe einer Gemeinschaft schwinden nicht nur die individuellen finanziellen Auswirkungen einzelner Maßnahmen auf einen Wohnungseigentümer, sondern typischerweise auch dessen Interesse an einer eigenen Entscheidung. Je größer eine Anlage ist, desto weiter ist folglich der Kreis der Maßnahmen, die der Verwalter eigenverantwortlich treffen kann und muss.[4] Als Richtschnur kann gelten: Eine Maßnahme führt nicht zu erheblichen Verpflichtungen, wenn ihr finanzielles Volumen weniger als 2 Prozent der durchschnittlichen Wirtschaftsplansumme ausmacht. Dabei ist, soweit möglich, auf den Durchschnitt mindestens der letzten drei Jahre abzustellen, damit die Wertgrenze nicht übermäßig von einmaligen Aufwendungen (z.B. für eine größere Baumaßnahme) beeinflusst wird.

---

1 BT-Drucks. 19/22634, S. 46 f.
2 BT-Drucks. 19/18791, S. 75.
3 Vgl. BT-Drucks. 19/18791, S. 75 zum Regierungsentwurf.
4 Vgl. BT-Drucks. 19/18791, S. 75 zum Regierungsentwurf.

478 Ob eine Maßnahme **untergeordnete Bedeutung** hat, hängt demgegenüber von den **nicht-finanziellen Belangen** ab, die sie berührt. Die Bedeutung einer Maßnahme kann sich unabhängig von ihrem finanziellen Volumen etwa daraus ergeben, dass sie in der Gemeinschaft aufgrund ihres emotionalen Gehalts intensiv diskutiert wird, insbesondere auf einer vorangegangenen Eigentümerversammlung. Der Verwalter darf in diesem Fall nicht durch eine eigenmächtige Entscheidung einer Beschlussfassung vorgreifen. Hat eine Maßnahme eine solche Bedeutung, verliert sie sie auch nicht dadurch, dass die zu treffende Entscheidung inhaltlich weitgehend oder vollständig determiniert ist. Denn auch dann ist eine Beschlussfassung aus Gründen der Transparenz und Akzeptanz geboten.

479 **Beispiel:** Einzelne Bäume einer Hainbuchen-Hecke sind eingegangen. Ihr Austausch würde rund 600 Euro kosten. Die durchschnittliche Wirtschaftsplansumme beträgt 50.000 Euro.

Der Verwalter darf den Austausch nach § 27 Abs. 1 Nr. 1 WEG ohne Beschluss der Wohnungseigentümer beauftragen. Die Verpflichtung (600 Euro) macht nur 1,2 % der Wirtschaftsplansumme aus; beachtliche nicht-finanzielle Belange sind nicht erkennbar.

480 **Gegenbeispiel:** Die den Charakter des Gartens prägende Eiche ist schädlingsbefallen und muss gefällt werden. Das Fällen würde rund 600 Euro kosten. Die durchschnittliche Wirtschaftsplansumme beträgt 50.000 Euro.

Der Verwalter muss einen Beschluss der Wohnungseigentümer einholen und darf über das Fällen nicht nach § 27 Abs. 1 Nr. 1 WEG alleine entscheiden. Zwar ist die Verpflichtung (600 Euro) nicht erheblich, weil sie nur 1,2 % der Wirtschaftsplansumme ausmacht. Weil die Eiche aber den Charakter des Gartens prägt, ist davon auszugehen, dass ihr Fällen für die Wohnungseigentümer eine beachtliche emotionale Bedeutung hat. Daran ändert auch die Tatsache nichts, dass das Fällen alternativlos ist. Denn die Wohnungseigentümer haben ein berechtigtes Interesse daran, von dieser Alternativlosigkeit in einer Versammlung überzeugt zu werden und nicht vor vollendete Tatsachen gestellt zu werden.

481 **Generell unbeachtlich** ist das **Interesse des Verwalters**, eine Entscheidung selbst treffen zu können. Denn § 27 Abs. 1 Nr. 1 WEG bezweckt allein die Entlastung der Wohnungseigentümer im Interesse einer effizienten Verwaltung. Die dem Verwalter dadurch eingeräumte Stellung ist bloßer Reflex, der zudem zur Disposition der Wohnungseigentümer steht (vgl. § 27 Abs. 2 WEG). Genauso wenig wie der Verwalter ein Recht auf sein Amt hat (Rz. 455), hat er ein Recht auf bestimmte Entscheidungsbefugnisse.

482 **Aus praktischer Sicht** erfasst § 27 Abs. 1 Nr. 1 WEG zunächst alle Maßnahmen, deren Erledigung bereits in der Vergangenheit nach **§ 27 Abs. 1 Nr. 2, 4, 5 und 6 WEG a.F.** dem Verwalter zugewiesen war, also insbesondere das „Zahlungsmanagement“.[1] Bei **Erhaltungsmaßnahmen** ist der Verwalter nicht mehr nur auf „Managementaufgaben“[2] beschränkt, sondern hat je nach Größe der Gemeinschaft auch einen kleineren oder größeren Kreis von Maßnahmen eigenverantwortlich abzuwickeln. Zuständig ist er zudem für die Entscheidung und den Abschluss von **Versorgungs- oder Dienstleistungsverträgen** mit geringer finanzieller Bedeutung. Gestärkt

1 BT-Drucks. 19/18791 S. 73.
2 Staudinger/*Jacoby*, § 27 WEG Rz. 54.

wird der Verwalter beim **Hausgeldinkasso**: Er ist nicht mehr nur für die Anforderung von Kosten- und Lastenbeiträgen zuständig (§ 27 Abs. 1 Nr. 4 WEG a.F.), sondern kann sie auch gerichtlich geltend machen und Vollstreckungsmaßnahmen einleiten. Wann er welche Mittel ergreift, hat er innerhalb des Rahmens ordnungsmäßiger Verwaltung zu entscheiden (allgemein dazu Rz. 514); er ist also nicht gezwungen, fällige Beträge stets und sofort einzuklagen. Sinnvollerweise stellen die Wohnungseigentümer allgemeine Leitlinien auf Grundlage des § 27 Abs. 2 WEG auf (Rz. 501).

483 **Vergleicht** man die künftigen Zuständigkeiten nach § 27 Abs. 1 Nr. 1 WEG mit den **früheren Zuständigkeiten nach § 27 Abs. 1 WEG a.F.** ergeben sich geringere Unterschiede, als man aufgrund des radikal veränderten Wortlauts vermuten könnte:

Die Pflicht zum Vollzug von Beschlüssen (**Nr. 1 Alt. 1**) bleibt unverändert bestehen; sie wird lediglich nicht mehr ausdrücklich im Gesetz genannt (Rz. 468).

Auch die Pflicht zur „Durchführung der Hausordnung" (**Nr. 1 Alt. 2**) bleibt bestehen; denkbar sind künftig auch gerichtliche Maßnahmen.

Die vergleichsweise größte Änderung betrifft die Zuständigkeit für Erhaltungsmaßnahmen (**Nr. 2**), weil der Verwalter künftig kleinere Maßnahmen eigenverantwortlich abwickeln darf.

Die Zuständigkeit für dringliche Maßnahmen (**Nr. 3**) fällt unter § 27 Abs. 1 Nr. 2 WEG.

Der Verwalter bleibt unverändert für das Zahlungsmanagement (**Nr. 4-6**) zuständig, kann Hausgeldansprüche nun aber auch gerichtlich geltend machen.

Die Mitteilungspflicht über Prozesse (**Nr. 7**) bleibt bestehen, findet sich künftig aber im sachlichen Zusammenhang mit dem Prozessrecht in § 44 Abs. 2 S. 2 WEG.

Erklärungen im Rahmen der erstmaligen Herstellung einer Fernsprechteilnehmereinrichtung, einer Rundfunkempfangsanlage oder eines Energieversorgungsanschlusses (**Nr. 8**) spielen schon seit langer Zeit keine Rolle mehr. Dementsprechend wurde auch § 21 Abs. 5 Nr. 6 und Abs. 3 WEG a.F. nicht ins neue Recht übernommen.

b) Dringliche Maßnahmen (Abs. 1 Nr. 2)

484 § 27 Abs. 2 Nr. 2 bzw. Abs. 3 S. 1 Nr. 2 WEG a.F. räumte dem Verwalter Vertretungsmacht für dringliche Maßnahmen ein. Ob damit auch seine Zuständigkeit im Innenverhältnis einherging, war unklar.[1] Diese Frage klärt nun § 27 Abs. 1 Nr. 2 WEG: Der Verwalter hat alle Maßnahmen zu treffen, die **zur Wahrung einer Frist oder zur Abwendung eines Nachteils erforderlich** sind. Tatbestandlich orientiert sich diese Vorschrift an § 27 Abs. 2 Nr. 2 bzw. Abs. 3 S. 1 Nr. 2 WEG a.F., so dass nahtlos an die dazu ergangene Rechtsprechung angeknüpft werden kann. Letztlich ist der Verwalter entscheidungsbefugt, soweit eine rechtzeitige Beschlussfassung der Wohnungseigentümer nicht möglich ist.[2] Wie die Covid-19-Krise zeigte, kann das sehr weit reichen.[3]

---

1 Offen gelassen v. BGH v. 20.4.2018 – V ZR 202/16, NZM 2018, 797 Rz. 29.

2 Staudinger/*Jacoby*, § 27 WEG Rz. 143.

3 Vgl. die Begründung zum Gesetz zur Abmilderung der Folgen der COVID-19-Pandemie im Zivil-, Insolvenz- und Strafverfahrensrecht BT-Drucks 19/18110, S. 31.

485 Der Wortlaut wurde gegenüber § 27 Abs. 2 Nr. 2 bzw. Abs. 3 S. 1 Nr. 2 WEG a.F. lediglich redaktionell angepasst: Anstelle von „**sonstigem Rechtsnachteil**" heißt es allgemein „Nachteil", da der Nachteil auch ein nichtrechtlicher sein kann. Die **Prozessführung** wird nicht mehr ausdrücklich im Gesetz erwähnt, weil es sich lediglich um einen Unterfall der Fristwahrung handelt. Damit ist zugleich klargestellt, dass der Verwalter auch prozessual ohne Beschluss der Wohnungseigentümer nur handeln darf, wenn dies aufgrund der Kürze der Fristen notwendig ist oder ein Fall des § 27 Abs. 1 Nr. 1 WEG vorliegt.

c) Modifikation durch Beschluss (Abs. 2)

486 Die gesetzlich vorgesehenen Entscheidungsbefugnisse des Verwalters können nach § 27 Abs. 2 WEG durch Beschluss eingeschränkt (unten aa)) und erweitert werden (unten bb)).

aa) Einschränkung

487 Die Beschlusskompetenz zur Einschränkung von Verwalterkompetenzen beschränkt sich auf dessen Entscheidungskompetenzen nach § 27 Abs. 1 WEG (unten (1)). Bei der Ordnungsmäßigkeit ist zwischen den beiden Nummern der Vorschrift zu differenzieren (unten (2)).

(1) Reichweite der Beschlusskompetenz

488 Die Wohnungseigentümer können die Entscheidungsbefugnisse des Verwalters durch Beschluss einschränken (§ 27 Abs. 2 WEG). Das gilt wohlgemerkt **nur im Innenverhältnis**; die Vertretungsmacht des Verwalters im Außenverhältnis ist unbeschränkbar (§ 9b Abs. 1 S. 3 WEG).

489 Die Beschlusskompetenz ist ausdrücklich auf die „Rechte und Pflichten nach Absatz 1" beschränkt, bezieht sich also **nur auf die Entscheidungskompetenz nach § 27 Abs. 1 Nr. 1 und 2 WEG**. Über die **Organisationskompetenz** des Verwalters (Rz. 470) kann dagegen nur insoweit durch Beschluss disponiert werden, wie dies die jeweilige Vorschrift gestattet. Eine Beschränkung scheidet in der Regel aus, wenn die Organisationspflicht auch dem Minderheitenschutz dient (z.B. das Einsichtsrecht nach § 18 Abs. 4 WEG); ein gleichwohl gefasster Beschluss ist mangels Beschlusskompetenz nichtig. Für die **Vollzugskompetenz** stellt sich die Frage der Disponibilität nicht, da über den Vollzug des jeweiligen Beschlusses ohnehin mitbeschlossen werden kann.

(2) Ordnungsmäßigkeit des Beschlusses

490 Ein Beschluss nach § 27 Abs. 2 WEG muss – wie jeder Beschluss[1] – ordnungsmäßiger Verwaltung (vgl. § 18 Abs. 2 WEG) entsprechen, sonst ist er anfechtbar. Bei der Reichweite des Ermessensspielraums der Wohnungseigentümer ist zu differenzieren:

1 Vgl. BGH v. 15.1.2010 – V ZR 114/09, NJW 2010, 2129 Rz. 25 zur Irrelevanz der Nennung der Ordnungsmäßigkeit in der Beschlusskompetenzgrundlage.

491 Die Entscheidungskompetenz für die **laufende Verwaltung (§ 27 Abs. 1 Nr. 1 WEG)** kann in der Regel beliebig eingeschränkt und auch vollständig aufgehoben werden. Die Folge – die Behelligung der Wohnungseigentümer mit jeder Einzelentscheidung – mag unpraktisch sein, überschreitet aber im Regelfall nicht die Grenzen ordnungsmäßiger Verwaltung, zumal sie der Rechtslage vor Inkrafttreten des WEMoG entsprach (vgl. Rz. 439).

492 Die Entscheidungskompetenz für **dringliche Maßnahmen (§ 27 Abs. 1 Nr. 2 WEG)** einzuschränken, ist dagegen regelmäßig ordnungswidrig, provoziert sie doch die Gefahr eines Nachteils, weil nicht rechtzeitig gehandelt werden kann. Wird sie gleichwohl eingeschränkt, ist der Beschluss aber nicht nichtig, sondern nur anfechtbar.

bb) Erweiterung

493 In der **Vergangenheit** war **umstritten**, ob die Wohnungseigentümer eigene Entscheidungskompetenzen durch Beschluss auf den Verwalter übertragen können.[1] Diesen **Streit beendet § 27 Abs. 2 WEG**: Die Wohnungseigentümer können die Entscheidungskompetenz des Verwalters grundsätzlich erweitern. Nicht ausdrücklich geregelt ist jedoch, wie weit diese Möglichkeit reicht. Dabei geht es um die allgemeine Frage des Verbandsrechts, inwieweit das gesetzlich vorgesehene Willensbildungsorgan seine Entscheidungsbefugnisse auf das Geschäftsführungsorgan übertragen kann. Für das WEG stellt sich diese Frage aufgrund des ihm eigenen Systems der begrenzten Beschlusskompetenzen auf zwei Ebenen: Zunächst sind die Grenzen der Beschlusskompetenz nach § 27 Abs. 2 WEG abzustecken (unten (1)). Anschließend ist innerhalb dieser Grenzen der Rahmen ordnungsmäßiger Verwaltung zu bestimmen (unten (2)). Rechtstechnisch ist zu beachten, dass die Kompetenzerweiterung nicht im Verwaltervertrag erfolgen kann (unten (3)) und auch keiner „Annahme“ durch den Verwalter bedarf (unten (4)). Den Wohnungseigentümern bleibt es schließlich unbenommen, einzelne Entscheidungen wieder an sich zu ziehen (unten (5)).

(1) Reichweite der Beschlusskompetenz

494 Die durch § 27 Abs. 2 WEG eingeräumte Beschlusskompetenz erstreckt sich zunächst auf alle Angelegenheiten, über die die Wohnungseigentümer sonst aufgrund der **Generalklausel des § 19 Abs. 1 WEG** beschließen würden, ohne dass es auf deren konkreten Gegenstand ankommt. Denn weder der Wortlaut noch die Gesetzesmaterialien bieten einen Ansatz für eine irgendwie geartete Beschränkung. Eine Differenzierung nach dem Gewicht der jeweiligen Angelegenheit muss schon deshalb ausscheiden, weil sie die Bestimmung der Beschlusskompetenzgrenzen mit Wertungsfragen belasten und damit die Rechtssicherheit gefährden würde.

495 Problematischer ist die Delegation von Entscheidungen, die die Wohnungseigentümer aufgrund **spezieller Beschlusskompetenzgrundlagen** treffen. Denn das Gesetz

---

1 Eingehend dazu Staudinger/*Jacoby*, § 27 WEG Rz. 117 ff.; Staudinger/*Lehmann-Richter*, § 21 WEG Rz. 45 f.

schweigt zu deren Konkurrenzverhältnis zu § 27 Abs. 2 WEG. Eine Delegation auf den Verwalter muss jedenfalls dann ausscheiden, wenn die speziell geregelten Entscheidungen zwingend durch die Wohnungseigentümer zu treffen sind oder zwingend der Beschlussform bedürfen. Ob das der Fall ist, lässt sich freilich nicht allgemein, sondern nur mit Blick auf die jeweilige Beschlusskompetenzgrundlage beantworten:

- Eine Delegation auf den Verwalter muss nach dem Rechtsgedanken des § 25 Abs. 4 WEG zunächst überall dort **ausscheiden**, wo die Entscheidung den Verwalter selbst betrifft.[1] Das gilt in evidenter Weise für die (Wieder-)Bestellung des Verwalters (**§ 26 Abs. 1 WEG**) und die Definition seiner Entscheidungskompetenzen (**§ 27 Abs. 2 WEG**), aber auch für die Ermächtigung zur Vertretung gegenüber dem Verwalter (**§ 9b Abs. 2 WEG**) und die Ermächtigung eines Wohnungseigentümers zur Einberufung einer Versammlung für den Fall, dass sich der Verwalter pflichtwidrig weigert (**§ 24 Abs. 3 WEG**).
- Eine Entscheidung durch den Verwalter muss auch dort **ausscheiden**, wo der Beschluss vereinbarungsändernden Charakter hat. Denn insoweit steht die demokratische Willensbildung der Wohnungseigentümer im Vordergrund, die naturgemäß nicht delegiert werden kann. Die Aufhebung einer Veräußerungsbeschränkung (**§ 12 Abs. 4 S. 1 WEG**) kann deshalb genauso wenig auf den Verwalter übertragen werden wie die Entscheidung über Kostenverteilungsschlüssel (**§ 16 Abs. 2 S. 2** und **§ 21 Abs. 5 S. 1 WEG**) und über die Zulassung der Online-Teilnahme an Eigentümerversammlungen (**§ 23 Abs. 1 S. 2 WEG**). Das Gleiche gilt für bauliche Veränderungen (**§ 20 Abs. 1 WEG**; zu deren vereinbarungsändernden Charakter Rz. 997), zumal deren Kostenfolgen häufig an das Beschlussverhalten der Wohnungseigentümer anknüpfen (vgl. § 21 Abs. 3 WEG). Delegiert werden kann jedoch die Entscheidung über die Durchführung einer baulichen Veränderung, da **§ 20 Abs. 2 S. 2 WEG** lediglich als Verweis auf § 19 Abs. 1 WEG zu verstehen ist (Rz. 1000).
- Auch bei der Bestellung des Organs Verwaltungsbeirat (**§ 29 Abs. 1 S. 1 WEG**) steht die demokratische Willensbildung der Wohnungseigentümer im Vordergrund, die **nicht auf den Verwalter übertragen** werden kann.
- Der Zweck der Beschlussfassung über den Wirtschaftsplan (**§ 28 Abs. 1 S. 1 WEG**) und die Jahresabrechnung (**§ 28 Abs. 2 S. 1 WEG**) liegt darin, eine bestandskräftige Grundlage für die Zahlungspflichten der Wohnungseigentümer zu schaffen. Das kann nur durch einen Beschluss erfolgen. Eine Übertragung auf den Verwalter **scheidet** deshalb **aus**.
- **Zulässig** dürfte es indes sein, die Entscheidung über Fälligkeit und Erfüllung von Forderungen (**§ 28 Abs. 3 WEG**) auf den Verwalter zu übertragen. Denn diese Vorschrift hat vor allem klarstellende Bedeutung im Hinblick auf die Reichweite der Generalklausel des § 19 Abs. 1 WEG.[2]

---

1 Ähnlich für das GmbH-Recht MünchKomm-GmbHG/*Liebscher*, § 45 Rz. 86.

2 Vgl. BT-Drucks. 16/887, S. 27 zu § 19 Abs. 3 S. 1 des Entwurfs, der § 28 Abs. 3 WEG entspricht.

496 **Im Ergebnis** wird die Delegationsmöglichkeiten nach § 27 Abs. 2 WEG damit von fast allen besonderen Beschlusskompetenzgrundlagen verdrängt. Auf den Verwalter übertragen werden können deshalb nur Entscheidungen, die sonst **auf Grundlage der § 19 Abs. 1, § 20 Abs. 2 S. 2 oder § 28 Abs. 3 WEG** zu treffen wären.

497 § 27 Abs. 2 WEG ermöglicht nicht nur die bedingungslose Delegation von Entscheidungen auf den Verwalter. Vielmehr können ihm die Wohnungseigentümer auch **inhaltliche und verfahrensmäßige Vorgaben** machen. Auch die in der Praxis schon in der Vergangenheit häufig vorzufindende Anweisung, sich **mit dem Verwaltungsbeirat ins Benehmen zu setzen**, wird durch § 27 Abs. 2 WEG legalisiert. Die Wohnungseigentümer können den Verwalter auch anweisen, bestimmte Maßnahmen anzukündigen, bevor er sie umsetzt. Er ist damit gezwungen, seine **Entscheidung im Vorfeld publik zu machen**. Das kann sinnvoll sein, um möglicherweise rechtswidrige oder unzweckmäßige Maßnahmen zu verhindern, bevor sie umgesetzt werden, notfalls durch eine gegen die Gemeinschaft der Wohnungseigentümer zu richtende einstweilige Verfügung.

(2) Ordnungsmäßigkeit des Beschlusses

498 Eine Kompetenzerweiterung ist anfechtbar, wenn sie ordnungsmäßiger Verwaltung (vgl. § 18 Abs. 2 WEG) widerspricht. Denn es ist anerkannt, dass dieser Maßstab auch dann gilt, wenn ihn die Beschlusskompetenzgrundlage (hier: § 27 Abs. 2 WEG) nicht erwähnt.[1] Der **Ermessensspielraum** der Wohnungseigentümer ist jedoch weit. Sie können – innerhalb der Grenzen der Beschlusskompetenz (dazu Rz. 488) – grundsätzlich selbst entscheiden, welche Entscheidungen sie selbst treffen möchten und welche sie an den Verwalter delegieren.

499 Dem steht auch der **Minderheitenschutz** nicht entgegen: Wenn die Mehrheit die Minderheit bei jeder Sachfrage einzeln überstimmen kann, kann sie dies auch im Paket. Der einzelne Wohnungseigentümer hat nach § 18 Abs. 2 Nr. 1 WEG lediglich ein Recht auf ordnungsmäßige Verwaltung, nicht aber auf Teilhabe an der Entscheidungsfindung bei jeder einzelnen Maßnahme.

500 Nicht zu verkennen ist aber, dass die Beschlussfassung auch eine **Transparenzfunktion** erfüllt: Sie verschafft allen interessierten Wohnungseigentümern Kenntnis von den Entscheidungen. Der Beschlussvollzug kann bei rechtlichen Zweifeln zwar nicht durch Anfechtungsklage, aber durch einstweilige Verfügung gestoppt werden. Diese Möglichkeit schwindet zwar nicht rechtlich, aber tatsächlich, wenn der Verwalter im stillen Kämmerlein entscheidet. Die Beschlussfassung ist der Entscheidung durch den Verwalter deshalb überlegen, wenn die Gefahr rechtswidriger Entscheidungen im Raum steht. Daraus lässt sich ein **allgemeiner Satz** ableiten: Je größer der Entscheidungsspielraum in der Sache und je größer deshalb die Gefahr einer rechtswidrigen Entscheidung ist, desto eher widerspricht es ordnungsmäßiger Verwaltung, die Entscheidung auf den Verwalter zu delegieren.

---

1 Vgl. BGH v. 15.1.2010 – V ZR 114/09, NJW 2010, 2129 Rz. 25; *Häublein*, ZWE 2013, 160 (160) jeweils zu § 16 Abs. 4 WEG a.F.

501 Für die **Praxis** bietet sich ein Beschluss nach § 27 Abs. 2 WEG vor allem dazu an, den Kreis der in § 27 Abs. 1 Nr. 1 WEG angesprochenen Maßnahmen der laufenden Verwaltung zu definieren. Insbesondere kann nach Art und Betrag festgelegt werden, über welche **Erhaltungsmaßnahmen** der Verwalter eigenständig entscheiden können soll. Die Wohnungseigentümer können etwa auch Maßgaben zum **Hausgeldinkasso** aufstellen. Es können auch **Verfügungsbeschränkungen entsprechend § 27 Abs. 5 S. 2 WEG a.F.** beschlossen werden; sie wirken freilich, wie früher,[1] nur intern.

502 **Beispielsformulierungen:**

Der Verwalter ist berechtigt und verpflichtet, ohne Beschluss der Wohnungseigentümer folgende Maßnahmen zu treffen:

1. Erhaltungsmaßnahmen aller Art bis zu einem Betrag von 3.000 Euro je Maßnahme, insgesamt bis zu einem Betrag von 15.000 Euro pro Kalenderjahr.

2. Gerichtliche Durchsetzung von Hausgeldforderungen der Gemeinschaft der Wohnungseigentümer gegenüber Wohnungseigentümern, wenn diese seit mindestens zwei Monaten im Verzug sind.

(3) Kompetenzerweiterungen durch den Verwaltervertrag?

503 Verwalterverträge enthalten häufig umfangreiche Bestimmungen, mit denen die Kompetenzen des Verwalters definiert, insbesondere dessen gesetzliche Befugnisse erweitert werden sollen. Aus § 27 Abs. 2 WEG folgt, dass das **rechtlich nicht möglich** ist. Denn die Vorschrift sieht als alleiniges Mittel für eine Kompetenzerweiterung des Verwalters einen Beschluss der Wohnungseigentümer vor, nicht aber einen Vertrag zwischen der Gemeinschaft der Wohnungseigentümer und dem Verwalter.[2]

504 Man kann deshalb allenfalls im Beschluss über den Verwaltervertrag **zugleich einen Beschluss nach § 27 Abs. 2 WEG** sehen. Das ist eine Frage der Auslegung. Jedenfalls dann, wenn der Wortlaut des Verwaltervertrags den beschließenden Wohnungseigentümern nicht bekannt ist, liegt die Annahme einer Aufgabendelegation nach § 27 Abs. 2 WEG aber fern. In der Regel wird es auch an der Bezeichnung des Beschlussgegenstands in der Ladung fehlen (§ 23 Abs. 2 WEG), was freilich für sich genommen nur zur Anfechtbarkeit führt.[3]

505 Der **Praxis** ist deshalb zu raten, den Beschluss über den Abschluss des Verwaltervertrags von dem Beschluss über die Verwalterkompetenzen zu trennen. Art und Umfang der Kompetenzen sind in den Beschlusstext aufzunehmen.

1 Staudinger/*Jacoby*, § 27 WEG Rz. 255.
2 Schon bisher kritisch Staudinger/*Jacoby*, § 26 WEG Rz. 160.
3 BGH v. 23.9.1999 – V ZB 17/99, NJW 1999, 3713 (3714) unter III.2.

(4) Keine „Annahme" durch den Verwalter

506 Die Erweiterung der Entscheidungskompetenzen braucht für ihre Wirksamkeit nicht vom Verwalter „angenommen" werden. Es gilt zwar der Grundsatz, dass niemandem ohne seine Mitwirkung organschaftliche Pflichten auferlegt werden können. In der Annahme des Amts liegt aber gewissermaßen die Zustimmung in alle Pflichten aus der Organstellung, auch in diejenigen, die erst durch Beschluss geschaffen werden. Deshalb muss der Verwalter etwa auch nicht die einzelnen zu vollziehenden Beschlüsse „annehmen". Nichts anderes gilt für die Erweiterung seiner Entscheidungskompetenzen, auch wenn diese freilich mit einem höherem Haftungsrisiko einhergehen kann. Will der Verwalter dieses Risiko nicht tragen, kann er sein Amt niederlegen.

(5) An-sich-Ziehen der Entscheidung durch die Wohnungseigentümer

507 Der Verwalter ist aufgrund seiner Vollzugspflicht (Rz. 468) stets an die Beschlüsse der Wohnungseigentümer gebunden. Die Wohnungseigentümer können deshalb Einzelentscheidungen auch dann treffen, wenn sie eigentlich vom Verwalter zu treffen wären.

d) Entscheidungspflicht und -maßstab

508 Nach § 27 Abs. 1 WEG ist der Verwalter nicht nur berechtigt, sondern ausdrücklich auch verpflichtet, die dort beschriebenen Maßnahmen zu ergreifen. Er hat also nicht nur ein Entscheidungsrecht, sondern auch eine Entscheidungspflicht. Dabei ist zwischen dem „Ob" und dem „Wie" zu unterscheiden:

509 **Ob** der Verwalter eine eigene Entscheidung treffen oder einen Sachverhalt der Eigentümerversammlung zur Beschlussfassung vorlegen muss, hängt davon ab, ob die **Voraussetzungen des § 27 WEG** erfüllt sind. Handelt er bei einer laufenden oder dringlichen Maßnahme (Abs. 1) oder solchen, die ihm durch Beschluss übertragen wurden (Abs. 2), nicht und kommt es wegen der damit verbundenen Verzögerung zu einem Schaden, hat er ihn nach § 280 Abs. 1 WEG zu ersetzen (allgemein zu seiner Schadensersatzpflicht Rz. 523).

509a Die **tatbestandliche Unbestimmtheit** insbesondere des § 27 Abs. 1 Nr. 1 WEG wirkt deshalb vor allem zu Lasten des Verwalters. Er sollte deshalb im eigenen Interesse darauf hinwirken, dass die Grenzen der laufenden Verwaltung durch einen Beschluss nach § 27 Abs. 2 WEG konkretisiert werden (dazu Rz. 501). Fehlt es an einer solchen Konkretisierung, wird man dem Verwalter in Zweifelsfällen zugestehen müssen, eine Entscheidung der Eigentümerversammlung einholen zu dürfen. Sollte sich nachträglich herausstellen, dass er auch ohne Beschluss hätte handeln können, und ist ein Verzögerungsschaden entstanden, ist sorgsam zu prüfen, ob die Verschuldensvermutung des § 280 Abs. 1 S. 2 BGB nicht widerlegt ist (allgemein zum Vertretenmüssen des Verwalters Rz. 524).

510 **Wie** der Verwalter zu entscheiden hat, bemisst sich nach dem Prinzip **ordnungsmäßiger Verwaltung** (näher Rz. 514). Ordnungsmäßiger Verwaltung kann es auch entsprechen, nicht oder zumindest vorerst nicht zu handeln.

511 **Beispiel:** Wohnungseigentümer W ist seit zwei Wochen mit einer Hausgeldzahlung in Verzug; zuvor hatte er immer pünktlich bezahlt.

Der Verwalter ist nach § 27 Abs. 1 Nr. 1 WEG berechtigt, ohne vorhergehende Beschlussfassung zu entscheiden, wie auf den Pflichtverstoß zu reagieren ist („Ob"). In Betracht kommen mehrere Möglichkeiten („Wie"): Der Verwalter kann W selbst mahnen, einen Anwalt mit einer außergerichtlichen Mahnung, der Einleitung eines Mahnverfahrens oder der Erhebung einer Klage beauftragen oder schlicht zuwarten. Ordnungsmäßiger Verwaltung dürfte es in der Regel nur entsprechen, W selbst zu mahnen oder noch einen gewissen Zeitraum zuzuwarten. Welche diese beiden Maßnahmen der Verwalter wählt, liegt in seinem Ermessen (Rz. 517).

e) Rechtliche Bedeutung der Verwalterentscheidung

512 Der Verwalter kann **keine Beschlüsse** im Sinne des WEG fassen. Seine Entscheidungen können deshalb weder zum Gegenstand einer Anfechtungsklage gemacht werden, noch erwachsen sie in Bestandskraft. Überhaupt hat die Verwalterentscheidung keine rechtliche Relevanz, sondern nur die von ihm ergriffenen rechtlichen oder tatsächlichen Maßnahmen (z.B. wenn er das Treppenhaus neu streicht, weil er ebendies für nötig hält, oder einen Maler damit beauftragt). Die der Maßnahme vorgelagerte Entscheidung ist ein **bloßer Vorbereitungsakt**, der für sich genommen keine rechtliche Bedeutung hat, keiner Form bedarf und erst recht nicht den Tatbestand einer Willenserklärung erfüllt. Das zeigt sich auch darin, dass die Wohnungseigentümer die Verwalterentscheidung jederzeit an sich ziehen oder revidieren können (Rz. 507).

513 Verwalterentscheidungen sind **kein Fall des § 315 BGB**. Denn diese Vorschrift betrifft die Situation, dass sich eine Partei dem Leistungsbestimmungsrecht der anderen Partei unterwirft.[1] Sie gewährt richterliche Vertragshilfe, wenn das Leistungsbestimmungsrecht nicht oder nicht richtig ausgeübt wird (§ 315 Abs. 3 WEG).[2] Das passt für Verwalterentscheidungen nicht: Die Wohnungseigentümer unterwerfen sich dem Verwalter nicht, sondern räumen ihm Entscheidungskompetenzen zur eigenen Entlastung ein. Weil sie dies jederzeit rückgängig machen können (Rz. 507), brauchen sie auch keine richterliche Hilfe.

V. Verwalterermessen

514 In vielen Fällen eröffnen sich dem Verwalter bei der Erfüllung seiner Aufgaben **verschiedene Handlungsoptionen**. Das gilt vor allem, aber nicht nur, wenn er seine gesetzliche oder durch Beschluss begründete Entscheidungskompetenz (zu den Entscheidungskompetenzen des Verwalters Rz. 572) wahrnimmt. Auch beim Vollzug von Beschlüssen oder Vereinbarungen und bei der Ausübung seiner Organisationskompetenz (Rz. 470) bleiben ihm häufig mehrere Optionen und sei es etwa nur die Bestimmung des Tages, für welchen er zur Eigentümerversammlung lädt.

515 Unter mehreren sich bietenden Handlungsoptionen hat der Verwalter eine Option zu wählen, die **ordnungsmäßiger Verwaltung** entspricht, also dem Interesse der Gesamtheit der Wohnungseigentümer nach billigem Ermessen gerecht wird (vgl. § 18

1 Näher Staudinger/*Rieble*, § 315 Rz. 239 ff.
2 Staudinger/*Rieble*, § 315 Rz. 15 ff.

Abs. 2 WEG). Ausdrücklich geregelt ist das nur für die Wahrnehmung seiner Entscheidungskompetenz (vgl. § 27 Abs. 1 WEG: „Maßnahmen ordnungsmäßiger Verwaltung"), gilt aber auch für alle anderen Fälle, in denen sich mehrere Handlungsoptionen bieten.[1] Denn jeder Wohnungseigentümer hat nach § 18 Abs. 2 Nr. 1 WEG einen Anspruch auf ordnungsmäßige Verwaltung, egal wie und durch wen diese Verwaltung erfolgt.

516 Das Prinzip ordnungsmäßiger Verwaltung gilt deshalb im Wohnungseigentumsrecht **universell**: für Beschlüsse der Wohnungseigentümer (§ 19 Abs. 1 WEG), für Beschlüsse, die das Gericht ersetzt (Rz. 1874), für Maßnahmen der Notgeschäftsführung einzelner Wohnungseigentümer (§ 18 Abs. 3 WEG)[2] und eben auch für Maßnahmen des Verwalters.

517 Diese Bindung hat für den Verwalter nicht nur Nachteile: Sie grenzt zwar seine Handlungsoptionen ein, belässt ihm aber in der Regel einen **Ermessenspielraum**, soweit mehrere Handlungsoptionen ordnungsmäßiger Verwaltung entsprechen. Solange er sich innerhalb der Grenzen ordnungsmäßiger Verwaltung hält, handelt er nicht pflichtwidrig, auch wenn er nicht die „beste" Entscheidung trifft. Die ordnungsmäßige Verwaltung ist damit gewissermaßen die *business judgement rule*[3] des WEG.

518 Der Ermessensspielraum des Verwalters besteht jedoch stets nur innerhalb der durch **Vereinbarungen** und **Beschlüsse** gesetzten Grenzen. Das erwähnt § 27 Abs. 1 WEG zwar nicht ausdrücklich, ergibt sich aber schon aus der Funktion des Verwalters als Vollzugsorgan (Rz. 468). Die Wohnungseigentümer können ihm deshalb auch durch Beschluss **Weisungen** erteilen, wie er konkret zu handeln oder nach welchen Kriterien er abstrakt zu entscheiden hat.

VI. Rechtsfolgen bei Pflichtverletzungen

519 Handelt der Verwalter pflichtwidrig (unten 1.), kann der Verwalter von der Gemeinschaft der Wohnungseigentümer im Wege der Leistungs- oder Unterlassungsklage in Anspruch genommen werden (unten 2.). Verursacht der Verwalter pflichtwidrig und schuldhaft einen Schaden, ist er ersatzpflichtig (unten 3.).

1. Pflichtverletzungen

520 Strukturell kann der Verwalter zwei Typen von Pflichtverletzungen begehen: Wird er **außerhalb seiner Kompetenzen** (eingehend zu deren Reichweite Rz. 467) tätig, handelt er stets pflichtwidrig. Innerhalb seiner Kompetenzen handelt er pflichtwidrig, wenn er sein **Ermessen überschreitet** (dazu Rz. 514); das kann insbesondere dadurch geschehen, dass er untätig bleibt (zur Entscheidungspflicht des Verwalters Rz. 508).

---

1 Vgl. etwa Staudinger/*Häublein*, § 24 WEG Rz. 41 zum Ermessen des Verwalters bei der Ladung.

2 Bärmann/*Merle*, § 21 Rz. 12 zu § 21 Abs. 2 WEG a.F.

3 Die dogmatische Einordnung des § 93 Abs. 1 S. 2 AktG als Grundlage der aktienrechtlichen *business judgement rule* ist freilich umstritten ist, vgl. etwa BeckOGK-AktG/*Fleischer*, § 93 Rz. 80 ff.

2. Primärebene: Leistungs- und Unterlassungsklage

521 Handelt der Verwalter pflichtwidrig, kann ihn die **Gemeinschaft der Wohnungseigentümer** im Wege der Leistungs- oder Unterlassungsklage in Anspruch nehmen und notfalls eine einstweilige Verfügung erwirken. Vertreten wird sie dabei durch den Vorsitzenden des Verwaltungsbeirats oder einen dazu ermächtigten Wohnungseigentümer (§ 9b Abs. 2 WEG). Einfacher und sinnvoller dürfte es meistens sein, einen widerspenstigen Verwalter abzuberufen; eines wichtigen Grundes bedarf es dafür nach dem WEMoG nicht mehr (Rz. 454).

522 **Rechtsschutzmöglichkeiten des einzelnen Wohnungseigentümers** bestehen dagegen nur gegenüber der Gemeinschaft der Wohnungseigentümer. Eine Direktklage gegen den Verwalter gibt es nicht, weil der Verwalter den Wohnungseigentümern gegenüber nicht verpflichtet ist (Rz. 444 sowie 52). Weil pflichtwidriges Verhalten des Verwalters aber analog § 31 BGB der Gemeinschaft der Wohnungseigentümer zuzurechnen ist, ist häufig zugleich der Anspruch jedes Wohnungseigentümers auf ordnungsmäßige Verwaltung (§ 18 Abs. 2 Nr. 1 WEG) verletzt. Der betroffene Wohnungseigentümer kann deshalb seinerseits die Gemeinschaft der Wohnungseigentümer im Wege der Unterlassungs- oder Leistungsklage in Anspruch nehmen (Rz. 521). und notfalls eine einstweilige Verfügung erwirken. Äußerlich wird der Wohnungseigentümer dabei gar nicht merken, dass er nicht „gegen den Verwalter" prozessiert, weil die Gemeinschaft der Wohnungseigentümer auch gerichtlich vom Verwalter vertreten wird (§ 9b Abs. 1 S. 1 WEG) und Vollstreckungsmaßnahmen, wenn nicht ohnehin eine Ersatzvornahme in Betracht kommt, grundsätzlich gegen ihn als Organ zu richten sind (Rz. 362).

3. Sekundärebene: Schadensersatz

523 Verursacht der Verwalter pflichtwidrig und schuldhaft (unten a)) Schäden, haftet er gegenüber der Gemeinschaft der Wohnungseigentümer (unten b)), die wiederum gegenüber den Wohnungseigentümern für das Verwalterverhalten einstehen muss (unten c)).

a) Anforderungen an das Vertretenmüssen

524 Beim Vertretenmüssen des Verwalters geht es im Kern um die Frage, inwieweit er für **Rechtsirrtümer** einstehen muss. Denn sowohl die Frage, ob er handeln darf, also die **Bestimmung der Grenzen seiner Kompetenzen** (Rz. 467), also auch die Frage, wie er innerhalb dieser Kompetenzen zu handeln hat, also die **Bestimmung der Grenzen ordnungsmäßiger Verwaltung** (Rz. 514), hängt von rechtlichen Wertungen hab.

525 Es liegt auf der Hand, dass dem Verwalter nicht jede rechtliche Fehleinschätzung angelastet werden kann. Dieses Sachproblem stellte sich schon nach altem Recht in den wenigen Fällen, in denen der Verwalter zu einer eigenen Entscheidung berufen war. Die Rechtsprechung versuchte die Haftung des Verwalters dadurch zu beschränken,

dass er nur offenkundig falsche Einschätzungen zu vertreten habe[1] oder ihm ein Beurteilungsspielraum eingeräumt wurde.[2] Richtig daran ist, dass der Verwalter nicht schuldhaft handelt, wenn er trotz sorgfältiger Prüfung einem Rechtsirrtum unterliegt. Die Schwierigkeit liegt jedoch gerade darin, diesen **Sorgfaltsmaßstab** zu definieren; pauschal auf die Offenkundig abzustellen oder einen Beurteilungsspielraum zu postulieren, verschiebt das Sachproblem nur auf andere Begriffe. Die Definition eines einheitlichen Sorgfaltsmaßstabs fällt freilich aufgrund der Vielgestaltigkeit der Wohnanlagen und der sie verwaltenden Personen schwer, zumal der Beruf in der Vergangenheit keinerlei Zugangskontrolle unterlag. Derzeit wird man deshalb auf den konkreten Verwalter abstellen müssen, immerhin haben sich die Wohnungseigentümer in Kenntnis seiner Qualifikation für ihn entschieden. Von einem Rechtsanwalt wird man deshalb mehr verlangen können als von einem Verwalter ohne jegliche Berufsqualifikation. Für die Zukunft bleibt zu hoffen, dass die Zertifizierung von Verwaltern (vgl. § 26a WEG, dazu Rz. 559) die Herausbildung allgemeingültiger Standards zur Folge hat.

b) Haftung des Verwalters gegenüber der Gemeinschaft der Wohnungseigentümer

526 Die Pflichten des Verwalters bestehen allein gegenüber der Gemeinschaft der Wohnungseigentümer (Rz. 444 sowie 52). Verletzt er sie, macht er sich allein ihr gegenüber schadensersatzpflichtig. Da das WEG – anders als etwa das GmbHG (vgl. § 43 Abs. 2 GmbHG) – keine spezielle Anspruchsgrundlage für Organpflichtverletzungen bereithält, ist dieser Schadensersatzanspruch auf **§ 280 BGB** zu stützen. Das Vertretenmüssen des Verwalters wird deshalb vermutet.

527 Beim **ersatzfähigen Schaden** ist zu differenzieren:

- Weil das **Sondereigentum** den Wohnungseigentümern gehört, erleidet die Gemeinschaft der Wohnungseigentümer bei seiner Beschädigung keinen Sachschaden. Ihr entsteht aber ein Haftungsschaden, weil sie gegenüber den Wohnungseigentümern nach § 280 Abs. 1 BGB wegen der Verletzung des Anspruchs auf ordnungsmäßige Verwaltung (§ 18 Abs. 2 Nr. 1 WEG) haftet. Diese Schäden entfallen nach dem Rechtsgedanken des § 843 Abs. 4 BGB auch nicht etwa deshalb, weil die Wohnungseigentümer nach § 16 Abs. 2 WEG zur Kostentragung verpflichtet sind.[3]
- Auch bei der Beschädigung des **Gemeinschaftseigentums** entsteht der Gemeinschaft der Wohnungseigentümer kein eigener Sachschaden. Weil sie aber den Wohnungseigentümern gegenüber zur Erhaltung des Gemeinschaftseigentums

1 BGH v. 29.5.2020 – V ZR 141/19, BeckRS 2020, 15562 Rz. 29 zur Entscheidung als Versammlungsvorsitzender über die Verkündung eines Beschlusses.

2 BGH v. 18.10.2019 – V ZR 188/18, ZWE 2020, 188 Rz. 14; BGH v. 21.12.1995 – V ZB 4/94, NJW 1996, 1216 (1218) unter III.2.c. jeweils zur Entscheidung über eine Zustimmung nach § 12 WEG.

3 Vgl. BeckOK-BGB/*Spindler*, § 843 Rz. 35 zur Verallgemeinerungsfähigkeit des Rechtsgedankens des § 843 Abs. 4 BGB.

verpflichtet ist (§ 18 Abs. 2 Nr. 1, § 19 Abs. 2 Nr. 2 WEG), entsteht ihr ein entsprechender Vermögensschaden. Zudem übt die Gemeinschaft der Wohnungseigentümer nach § 9a Abs. 2 WEG die deliktischen Schadensersatzansprüche betreffend das Gemeinschaftseigentum (vor allem aus § 823 Abs. 1 BGB) aus.

- Unproblematisch ersatzfähig sind Schäden an Sachen, die zum **Gemeinschaftsvermögen** im Sinne des § 9a Abs. 3 WEG gehören, die also im Eigentum der Gemeinschaft stehen.
- Ersatzfähig sind schließlich auch **reine Vermögensschäden**, die dadurch entstehen, dass der Gemeinschaft der Wohnungseigentümer aus anderen Gründen zusätzliche finanzielle Belastungen entstehen.

528 **Beispiel:** Die Wohnungseigentümer beschließen, das undichte Dach zu reparieren. Der Verwalter vergisst jedoch, den Handwerker zu beauftragen. Das fällt erst auf, als nach einem Sturzregen erhebliche Mengen Wasser in die Wohnung des Wohnungseigentümers W eindringen. Die im Gemeinschaftseigentum stehende Zwischendecke muss deshalb für 3.000 Euro saniert werden. Zudem sind Schäden in Höhe von 500 Euro am Mobiliar des W entstanden; dessen Mieter mindert die Miete um 100 Euro. Zu allem Überfluss sind zwischenzeitlich auch die Preise für die Dachreparatur um 1.000 Euro gestiegen. All das wäre nicht passiert, wenn der Verwalter den Handwerker unverzüglich nach der Beschlussfassung beauftragt hätte.

Der Verwalter hat seine Pflicht zum Beschlussvollzug fahrlässig verletzt. Er ist deshalb der Gemeinschaft der Wohnungseigentümer nach § 280 Abs. 1 BGB dem Grunde nach zum Schadensersatz verpflichtet. Die Gemeinschaft der Wohnungseigentümer kann Schäden

- in Höhe von 3.000 Euro für die Zwischendecke, für deren Erhaltung sie verantwortlich ist,
- in Höhe von 600 Euro für Mobiliar und Mietausfall, weil sie insoweit gegenüber W schadensersatzpflichtig ist, und
- in Höhe von 1.000 Euro für die gestiegenen Kosten verlangen.

Den Schaden an der Zwischendecke kann sie parallel dazu auch nach § 9a Abs. 2 WEG, § 823 Abs. 1 BGB geltend machen.

529 Sollte der Verwalter oder dessen Versicherung den Schaden nicht außergerichtlich ersetzen, ist durch den Vorsitzenden des Verwaltungsbeirats oder einen dazu ermächtigten Wohnungseigentümer im Namen der Gemeinschaft der Wohnungseigentümer Klage zu erheben (vgl. § 9b Abs. 2 WEG). In der Praxis wird es häufig auch ein neu bestellter Verwalter sein, der den Anspruch gegen seinen Vorgänger durchsetzt.

c) Haftung der Gemeinschaft der Wohnungseigentümer für Verwalterhandeln gegenüber den Wohnungseigentümern

530 Ein wohnungseigentumsrechtlicher „Direktanspruch“ der Wohnungseigentümer gegen den Verwalter besteht nicht. Die Wohnungseigentümer sind auch nicht in den Schutzbereich des Verwaltervertrags einbezogen (Rz. 58). Ersatzpflichtig ist jedoch die Gemeinschaft der Wohnungseigentümer, weil ihr das Verhalten des Verwalters analog § 31 BGB zuzurechnen ist. Beim **ersatzfähigen Schaden** ist wiederum zu differenzieren:

- Unproblematisch sind Schäden am **Sondereigentum oder Sachen des Wohnungseigentümers** (z.B. Mobiliar). Es besteht ein Schadensersatzanspruch gegen die Gemeinschaft der Wohnungseigentümer nach § 280 Abs. 1 BGB wegen Verletzung des Anspruchs auf ordnungsmäßige Verwaltung (§ 18 Abs. 2 Nr. 1 WEG), wobei ihr Vertretenmüssen vermutet wird. Daneben besteht auch ein deliktischer Anspruch (§ 823 Abs. 1 BGB).

  Ein deliktischer Anspruch nach **§ 823 Abs. 1 BGB** besteht auch **direkt gegen den Verwalter**. Er und die Gemeinschaft der Wohnungseigentümer sind insoweit Gesamtschuldner (§ 840 Abs. 1 BGB).

- Für die Schäden am **Gemeinschaftseigentum** besteht kein Ersatzanspruch. Denn das Gemeinschaftseigentum ist zwar nicht sachenrechtlich, aber doch wirtschaftlich der Gemeinschaft der Wohnungseigentümer zugewiesen (vgl. § 9a Abs. 2 WEG); sie trägt insbesondere die Erhaltungslast (vgl. § 18 Abs. 1 WEG). Die Beschädigung des Gemeinschaftseigentums führt deshalb nicht zu einem wirtschaftlichen Schaden beim Wohnungseigentümer (zu womöglich erhöhten Beitragspflichten Rz. 532).
- Bei **reinen Vermögensschäden** kommt es darauf an, ob der Anspruch auf ordnungsmäßige Verwaltung (§ 18 Abs. 2 Nr. 1 WEG) verletzt ist (eingehend dazu Rz. 380). In diesem Fall besteht ein Schadensersatzanspruch nach § 280 BGB.

531 In dem **Beispielsfall** (Rz. 528) kann W von der Gemeinschaft der Wohnungseigentümer Schadensersatz in Höhe von insgesamt 600 Euro für die Schäden am Mobiliar und wegen des Mietausfalls verlangen.

532 Bei der Schadensermittlung sind **erhöhte Beitragspflichten** nach § 16 Abs. 2, § 28 WEG **nicht zu berücksichtigen**. Denn andernfalls würde das Finanzierungssystem der Gemeinschaft der Wohnungseigentümer kollabieren. Einen Schaden in Form erhöhter Beitragspflichten hätte dann nämlich nicht nur der ursprünglich geschädigte Wohnungseigentümer, sondern auch alle anderen Wohnungseigentümer. Jede Sonderumlage, die dazu dient, diese Schäden zu ersetzen, würde ihrerseits neue Schadensersatzansprüche auslösen. Die anteilige Verteilung des Schadens auf alle Wohnungseigentümer einschließlich des ursprünglich geschädigten Wohnungseigentümer, solange und soweit der Anspruch der Gemeinschaft der Wohnungseigentümer gegen den Verwalter nicht durchgesetzt werden kann, führt dagegen zu seiner sachgerechten und vom Gesetzgeber ausdrücklich gewollten[1] solidarischen Lastentragung.

533 In dem **Beispielsfall** (Rz. 528) hat W deshalb etwa keinen Schadensersatz für den auf ihn entfallenden Anteil an den Zusatzkosten, um die die Reparatur nun teurer ist. Vielmehr muss er sich anteilig an einer Sonderumlage beteiligen, mit der sein Schadensersatzanspruch finanziert wird, solange und soweit der Verwalter den Schaden der Gemeinschaft der Wohnungseigentümer nicht ersetzt hat.

---

1 BT-Drucks. 19/18791, S. 56 f.

VII. Verwaltervertrag

534 Die Verwalterbestellung ist streng vom Abschluss des Verwaltervertrags zu trennen (sog. **Trennungstheorie**):[1] Die Verwalterbestellung ist der verbandsrechtliche Akt, durch den eine Person die Stellung des Organs „Verwalter“ erhält. Der Abschluss des Verwaltervertrags ist dagegen ein schuldrechtlicher Vertrag zwischen diesem Organ und der Gemeinschaft der Wohnungseigentümer, der insbesondere die Vergütung regelt.

535 Auch nach Inkrafttreten des WEMoG enthält das WEG keine Vorschriften, die den Verwaltervertrag ausgestalten. Das ist systematisch konsequent, weil es sich beim Verwaltervertrag um einen **Geschäftsbesorgungsvertrag** handelt, der bereits in den §§ 675 ff. BGB geregelt ist. Die gesetzlichen Änderungen betreffen jedoch mittelbar verschiedene Aspekte des Verwaltervertrags. Das gilt insbesondere für die Vertretung bei seinem Abschluss (unten 1.), die Gestaltung seiner Laufzeit (unten 2.) und seine Einordnung als Vertrag mit Schutzwirkung zugunsten Dritter (unten 3.). § 26 Abs. 3 S. 2 WEG regelt seine Beendigung im Fall der Abberufung sogar unmittelbar (unten 4.).

1. Vertretung beim Abschluss

536 In der Praxis erfolgt der Vertragsschluss äußerlich oft in einem Akt mit der Verwalterbestellung. Weil der Verwaltervertrag in aller Regel aber nur mit dem tatsächlich bestellten Verwalter abgeschlossen werden soll, wird er rechtlich erst eine juristische Sekunde nach der Bestellung abgeschlossen. Zu diesem Zeitpunkt ist der bestellte Verwalter schon nach § 9b Abs. 1 S. 1 WEG vertretungsberechtigt, wegen § 181 BGB aber vom Abschluss des Vertrags mit sich selbst ausgeschlossen. Es gilt deshalb **§ 9b Abs. 2 WEG**: Vertretungsberechtigt ist der Vorsitzende des Verwaltungsbeirats oder ein dazu durch Beschluss ermächtigter Wohnungseigentümer.

2. Gestaltung der Laufzeit

537 Verwalterverträge wurden **in der Vergangenheit** häufig im Einklang mit der **Höchstbestellungsdauer** (§ 26 Abs. 1 S. 2 WEG a.F., jetzt: § 26 Abs. 2 S. 1 WEG) auf fünf Jahre bzw. im Rahmen der ersten Bestellung auf drei Jahre geschlossen. Weil die Gemeinschaft der Wohnungseigentümer Verbraucherin ist (Rz. 79), verstößt dies eigentlich gegen § 309 Nr. 9 BGB, der grundsätzlich nur eine maximale Laufzeit von zwei Jahren vorsieht. Nach altem Recht sah die Rechtsprechung jedoch in der Höchstbestelldauer nach § 26 Abs. 1 S. 2 WEG a.F. eine vorrangige Sonderregelung zu § 309 Nr. 9 BGB.[2] Daran kann wegen der Einführung der jederzeitigen und grundlosen Abberufungsmöglichkeit (§ 26 Abs. 3 S. 1 WEG) nicht mehr festgehalten werden. Denn die Funktion der Höchstbestellungsdauer verändert sich dadurch grundlegend: Sie repräsentiert nicht mehr den vom Gesetzgeber für sachgerecht erachteten Interessenausgleich zwischen Bindung und Freiheit der Wohnungseigentü-

1 Vgl. etwa Bärmann/*Becker*, § 26 Rz. 22 ff. m.w.N.
2 BGH v. 20.6.2002 – V ZB 39/01, NJW 2002, 3240 (3245 f.) unter III.4.b.cc.

mer; die insoweit zentrale gesetzliche Wertung des neuen Rechts liegt vielmehr in der jederzeitigen und grundlosen Abberufungsmöglichkeit. Die Höchstbestellungsdauer hat künftig nur noch den Zweck, die Wohnungseigentümer in regelmäßigen Abständen zu einer Willensbildung über die Person des Verwalters zu bewegen. Dieser beschränkte Zweck vermag es nicht mehr, § 309 Nr. 9 BGB zu verdrängen.

538 Nach neuem Recht gilt deshalb **§ 309 Nr. 9 BGB auch für Verwalterverträge**. Der Verwaltervertrag darf also auf höchstens zwei Jahre geschlossen werden und darf sich jeweils um höchstens ein Jahr verlängern, wenn er nicht spätestens drei Monate vor Ablauf der jeweiligen Laufzeit gekündigt wird.

539 Bei einem **Verstoß** drohen unangenehme Folgen: Wird die zweijährige Erstlaufzeit überschritten, fällt die Befristung insgesamt weg und der Vertrag gilt auf unbestimmte Zeit.[1] Das hat eine Verkürzung der Kündigungsfrist auf effektiv zwei bis vier Wochen zu Folge (vgl. § 675 Abs. 1, § 621 Nr. 3 BGB). Die Überschreitung der einjährigen Verlängerungszeit bewirkt, dass der Vertrag nach Ablauf der Erstlaufzeit endet.[2] Der Versuch, die dreimonatige Kündigungsfrist zu überschreiten, führt schließlich dazu, dass die Kündigung bis unmittelbar vor Ablauf der jeweiligen Laufzeit möglich ist.[3]

540 Nicht gesetzlich geregelt ist, ob § 309 Nr. 9 BGB auch auf **Alt-Verträge** anzuwenden ist, die zum Zeitpunkt des Inkrafttretens des WEMoG bereits bestanden. Das hätte erhebliche Folgen: Ein Großteil der bestehenden Verwalterverträge wäre innerhalb kürzester Fristen kündbar. Dass der Gesetzgeber derart tief in bestehende Vertragsverhältnisse eingreifen wollte, ist nicht anzunehmen. Wegen der Sechs-Monats-Frist des § 26 Abs. 3 S. 2 WEG ist ein solcher Eingriff auch zum Schutz der Interessen der Wohnungseigentümer nicht notwendig.

541 In der Vergangenheit waren auch **Kopplungsklauseln** üblich: Die Abberufung des Verwalters wurde auf das Vorliegen eines wichtigen Grundes beschränkt und der Bestand des Verwaltervertrags zugleich an die Fortdauer der Verwalterstellung gekoppelt. Die gesetzliche Trennung zwischen Organverhältnis und Anstellungsvertrag wurde damit rechtsgeschäftlich überwunden. Für den Verwalter war das ungefährlich: Er verzichtete zwar auf den Schutz, den das Erfordernis des wichtigen Grundes für eine Kündigung nach § 626 Abs. 1 BGB gewährt; solange er aber auch nur aus wichtigem Grundes abberufen werden konnte, wirkte sich das praktisch nicht aus. Das ändert sich mit Inkrafttreten des WEMoG. Denn mangels Übergangsvorschrift (Rz. 568) können auch zu diesem Zeitpunkt bereits bestellte Verwalter jederzeit abberufen werden. Kopplungsklauseln in Altverträgen sind deshalb **einschränkend auszulegen**: Der Verwaltervertrag endet nur dann mit der Abberufung, wenn die Abberufung aus wichtigem Grund erfolgt.[4] Für die Zukunft ist von Kopplungsklauseln generell abzuraten.

---

1 BGH v. 17.5.1982 – VII ZR 316/81, NJW 1982, 2309 (2310) unter II.3.b.

2 MünchKommBGB/*Wurmnest*, § 309 Nr. 9 Rz. 20; a. A. BeckOK-BGB/*Becker*, § 309 Nr. 9 Rz. 29: Vertrag gilt auf unbestimmte Zeit.

3 MünchKommBGB/*Wurmnest*, § 309 Nr. 9 Rz. 20.

4 Ähnlich BGH v. 1.12.1997 – II ZR 232/96, NJW 1998, 1480 (1480) unter I.2. zur Auslegung einer Kopplungsklausel in einem GmbH-Geschäftsführer-Anstellungsvertrag.

3. Keine Schutzwirkung zugunsten der Wohnungseigentümer

542 Seit Anerkennung der Rechtsfähigkeit der Gemeinschaft der Wohnungseigentümer sind die Wohnungseigentümer nicht mehr Partei des Verwaltervertrags. Gleichwohl ging die allgemeine Meinung bislang davon aus, dass die Wohnungseigentümer in dessen Schutzbereich einbezogen sind. Diese Ansicht lässt sich nach Inkrafttreten des WEMoG nicht mehr aufrechterhalten (näher Rz. 58).

4. Beendigung des Verwaltervertrags nach Abberufung (§ 26 Abs. 3 S. 2 WEG)

543 Der Verwaltervertrag endet nach § 26 Abs. 3 S. 2 WEG spätestens sechs Monate nach der Abberufung des Verwalters. Der Verwaltervertrag ist damit kraft Gesetzes auflösend bedingt (unten b)). Das dient vor allem der Rechtssicherheit (unten a)). Die Sechs-Monats-Frist kann von anderen Beendigungsgründe überholt werden (unten c)).

a) Normzweck

544 Die erst durch den Rechtsausschuss[1] einfügte Vorschrift schafft zum einen **Klarheit** über das Schicksal des Verwaltervertrags nach der Abberufung des Verwalters. Denn es ist nicht zweifelsfrei, welche Fristen nach neuem Recht für die Dauer und die Kündigung des Verwaltervertrags gelten (näher Rz. 537). Indem § 26 Abs. 3 S. 2 WEG den Verwaltervertrag spätestens sechs Monate nach der Abberufung kraft Gesetzes enden lässt, wird die praktische Bedeutung dieser Zweifel reduziert. Die Sechs-Monats-Frist stellt zudem einen **angemessenen Ausgleich** zwischen der Freiheit der Wohnungseigentümer, den Verwalter zu wechseln, und der Planungssicherheit für den Verwalter dar. Wirtschaftlich wirkt § 26 Abs. 3 S. 2 WEG wie eine gesetzlich zwingende, sechsmonatige Kündigungsfrist.

b) Funktionsweise

545 § 26 Abs. 3 S. 2 WEG bewirkt, dass jeder **Verwaltervertrag kraft Gesetzes auflösend bedingt** ist. Auflösende Bedingung ist die Abberufung aus der Organstellung als Verwalter. Die Wirkungen des Verwaltervertrags enden jedoch nicht sofort mit der Abberufung, sondern erst nach Ablauf von sechs Monaten; für die Fristberechnung gelten die §§ 186 ff. BGB. Die Beendigung tritt kraft Gesetzes ein; einer Kündigungs- oder anderweitigen Erklärung bedarf es nicht.

546 Dem Wortlaut nach betrifft § 26 Abs. 3 S. 2 WEG allgemein einen „**Vertrag mit dem Verwalter**". Gemeint ist damit aber nur der Geschäftsbesorgungsvertrag im Sinne der §§ 675 ff. BGB, der insbesondere die Vergütung des Verwalters regelt und landläufig „Verwaltervertrag" genannt wird. Die Beendigung anderer Verträge mit dem Verwalter (z.B. eines Mietvertrags) bemisst sich allein nach den dafür geltenden Vorschriften.

547 Die Sechs-Monats-Frist beginnt nach dem Wortlaut mit der „**Abberufung**", wobei unklar ist, ob damit der Zeitpunkt der Beschlussfassung oder der Verlust der Organ-

1 BT-Drucks. 19/22634.

stellung gemeint ist. Bei einer fristlosen Abberufung fallen beide Zeitpunkte zusammen. Unterschiede ergeben sich jedoch bei einer aufschiebend befristeten Abberufung. Stellt man auf den Verlust der Organstellung ab, nimmt man den Wohnungseigentümern die Möglichkeit, durch eine aufschiebende Befristung zu einem gleichzeitigen Ende der Organstellung und des Verwaltervertrags zu gelangen. § 26 Abs. 3 S. 2 WEG würde dem Verwalter so stets sechs Monate bezahlte Untätigkeit verschaffen; das ist vom Zweck der Vorschrift nicht gedeckt (dazu Rz. 544). Überzeugender ist es deshalb auf den **Zeitpunkt der Beschlussfassung** abzustellen. Sollte dieser mehr als sechs Monate vor dem Verlust der Organstellung liegen, bleibt dem Verwalter die Möglichkeit, sein Amt niederzulegen, sobald der Verwaltervertrag endet.

548 **Beispiel 1:** Die Wohnungseigentümer beschließen am 1.2., dass der Verwalter zum 1.8. abberufen wird.

Stellt man im Rahmen des § 26 Abs. 3 S. 2 WEG richtigerweise auf den Zeitpunkt der Beschlussfassung ab, enden die Organstellung des Verwalters und der Verwaltervertrag einheitlich am 1.8.

549 **Beispiel 2:** Die Wohnungseigentümer beschließen am 1.2., dass der Verwalter zum 1.10. abberufen wird.

Der Verwaltervertrag endet nach § 26 Abs. 3 S. 2 WEG schon am 1.8. Damit endet auch der dort vereinbarte Vergütungsanspruch. Will der Verwalter deshalb nicht weiterarbeiten, kann er sein Amt niederlegen.

550 Wird der **Abberufungsbeschluss angefochten**, lässt das seine Wirksamkeit zunächst unberührt (vgl. § 23 Abs. 4 S. 2 WEG). Mit seiner rechtskräftigen Aufhebung wird er jedoch rückwirkend unwirksam.[1] Damit fallen auch die Rechtsfolgen des § 26 Abs. 3 S. 2 WEG rückwirkend weg. Wurde der Verwaltervertrag zwischenzeitlich nicht anderweitig beendet (dazu Rz. 551), behält der Verwalter seinen Vergütungsanspruch für die Vergangenheit. Das gilt wegen § 675 Abs. 1, § 615 S. 1 BGB auch für die Zeit, in der er aufgrund der Abberufung untätig war. Etwaige Ersparnisse muss er sich freilich anrechnen lassen (§ 675 Abs. 1, § 615 S. 2 BGB).[2]

c) Andere Beendigungsgründe

551 Nach § 26 Abs. 3 S. 2 WEG endet der Verwaltervertrag „spätestens" sechs Monate nach der Abberufung. Der Wortlaut macht damit klar, dass es sich um keine abschließende Regelung handelt, sondern der Verwaltervertrag vor Ablauf der Sechs-Monats-Frist auch aus anderen Gründen enden kann, etwa aufgrund Befristung (unten aa)), Kündigung (unten bb)) oder Aufhebungsvertrag (unten cc)).

aa) Befristung

552 Auf die Sechs-Monats-Frist des § 26 Abs. 3 S. 2 WEG kommt es nicht an, wenn ein befristeter Verwaltervertrag ohnehin vor deren Ablauf endet.

---

1 Bärmann/*Becker*, § 26 Rz. 259; BeckOGK-WEG/*Greiner*, § 26 Rz. 303.
2 Näher BeckOGK-WEG/*Greiner*, § 26 Rz. 303 f.

bb) Kündigung

553 Weil der Verwaltervertrag ein Geschäftsbesorgungsdienstvertrag ist, kann er gemäß § 675 Abs. 1 BGB nach den dienstvertraglichen Vorschriften gekündigt werden:

554 Wurde er auf **unbestimmte Zeit** geschlossen, kann er **ordentlich gekündigt** werden (§ 620 Abs. 2 BGB). Bei monatlicher Zahlung der Vergütung ist die Kündigung bis zum 15. eines Monats zum Ende dieses Monats zu erklären (§ 621 Nr. 3 BGB). Daraus ergibt sich eine effektive Kündigungsfrist zwischen zwei und vier Wochen.

555 Wurde der Verwaltervertrag auf **bestimmte Zeit** geschlossen, kann er grundsätzlich nur **außerordentlich aus wichtigem Grund gekündigt** werden (§ 626 Abs. 1 BGB). Gegenüber dem geltenden Recht verlagert sich damit die Bedeutung des wichtigen Grundes: Für die Abberufung spielt er keine Rolle mehr, sehr wohl aber für die Frage, ob der Verwaltervertrag fristlos vor Ablauf der Sechs-Monats-Frist des § 26 Abs. 3 S. 2 WEG gekündigt werden kann. Der Maßstab des § 626 Abs. 1 BGB entspricht dabei dem des § 26 Abs. 1 S. 3 WEG a.F.;[1] die dazu ergangene Rechtsprechung behält also mittelbar ihre Bedeutung. Eine Kündigung des Verwaltervertrags ohne wichtigen Grund nach § 627 BGB scheidet dagegen aus, weil der Verwalter nicht „ohne [...] feste Bezüge“ tätig wird.[2]

556 Zu beachten ist freilich, dass ein Verwaltervertrag künftig nur noch innerhalb der **Grenzen des § 309 Nr. 9 BGB** auf bestimmte Zeit abgeschlossen werden kann (Rz. 537). Aus dieser Vorschrift ergibt sich innerhalb der ersten zwei Jahre eine effektive Kündigungsfrist zwischen drei und vierundzwanzig Monaten und danach zwischen drei und zwölf Monaten. Es hängt damit vom Einzelfall ab, ob die Sechs-Monats-Frist des § 26 Abs. 3 S. 2 WEG früher oder später abläuft.

557 **Beispiel:** Der Verwalter wurde für fünf Jahre bestellt. Die Laufzeit des Verwaltervertrags wurde unter Ausreizung der Grenzen des § 309 Nr. 9 BGB vereinbart. Bestellung und Vertrag beginnen am 1.1.2021. Am 1.9.2023 berufen die Wohnungseigentümer den Verwalter ab, ohne dass ein wichtiger Grund vorliegt.

Die Sechs-Monats-Frist des § 26 Abs. 3 S. 2 WEG endet am 1.3.2024. Wird die Kündigung des Verwaltervertrags vor dem 1.10.2023 erklärt, endet der Vertrag jedoch bereits am 31.12.2023.

cc) Aufhebungsvertrag

558 Unberührt bleibt schließlich auch die Möglichkeit, mit dem Verwalter einen Aufhebungsvertrags zu schließen, der vor Ablauf der Sechs-Monats-Frist wirksam wird.

1 BGH v. 20.6.2002 – V ZB 39/01, NJW 2002, 3240 (3244) unter III.4.a.; Staudinger/*Jacoby*, § 26 WEG Rz. 200.

2 Vgl. KG v. 15.3.2002 – 13 U 129/01, NJW-RR 2002, 802 (802) zu einem „Hausverwaltervertrag“, der sich wohl auf die Verwaltung von Mietwohnungen bezog.

VIII. Zertifizierter Verwalter (§ 19 Abs. 2 Nr. 6, § 26a WEG)

559 Jeder Wohnungseigentümer hat nach der vom Rechtsausschuss eingeführten Regelung[1] ab 1.12.2022 grundsätzlich einen Anspruch auf Bestellung eines zertifizierten Verwalters (unten 1.). Eine Ausnahme gilt jedoch für die Fälle der Eigenverwaltung in kleinen Gemeinschaften (unten 2.).

1. Anspruch auf einen zertifizierten Verwalter

560 Schon in der Vergangenheit erstreckte sich der Anspruch auf ordnungsmäßige Verwaltung auf die Bestellung eines Verwalters.[2] Jeder Wohnungseigentümer kann deshalb ohne weitere Darlegung von Tatsachen[3] und ohne Rücksicht auf die Größe der Anlage[4] die Bestellung eines Verwalters verlangen. Diese Sichtweise überzeugt auch und gerade auf Grundlage des WEMoG: Denn eine Gemeinschaft der Wohnungseigentümer ist ohne Verwalter nur solange funktionsfähig, wie sie unter Mitwirkung sämtlicher Wohnungseigentümer verwaltet wird (vgl. insbesondere § 9b Abs. 1 S. 2 WEG). Die jederzeit zumindest drohende Funktionsunfähigkeit ist ein hinreichender Grund, dass jeder Wohnungseigentümer die Bestellung eines Verwalters verlangen kann. Das WEMoG stellt dies in § 19 Abs. 2 Nr. 6 WEG nun klar, geht aber noch einen Schritt weiter: Jeder Wohnungseigentümer hat grundsätzlich einen **Anspruch auf Bestellung eines zertifizierten Verwalters**. Rechtstechnisch wurde dafür der Katalog der Maßnahmen ordnungsmäßiger Verwaltung in § 19 Abs. 2 WEG, die jeder Wohnungseigentümer nach § 18 Abs. 2 Nr. 1 WEG verlangen kann, ergänzt. § 19 Abs. 2 Nr. 6 WEG verengt das an sich bestehende Ermessen der Wohnungseigentümer, welche Person zum Verwalter bestellt wird. Diese Vorschrift ist jedoch **erst ab 1.12.2022** anwendbar (§ 48 Abs. 4 S. 1 WEG), um insbesondere den Industrie- und Handelskammern als Zertifizierungsstellen eine ausreichende Vorbereitung zu ermöglichen.

561 Als **zertifizierter Verwalter** darf sich nach § 26a Abs. 1 WEG bezeichnen, wer durch eine Prüfung vor einer Industrie- und Handelskammer nachgewiesen hat, dass er über die für die Tätigkeit als Verwalter notwendigen rechtlichen, kaufmännischen und technischen Kenntnisse verfügt. Die Einzelheiten über die Prüfung werden in einer vom Bundesministerium der Justiz und für Verbraucherschutz noch zu erlassenden Rechtsverordnung geregelt (vgl. § 26a Abs. 2 WEG). Aus der Ermächtigungsgrundlage ergibt sich jedoch, dass bestimmte Berufsgruppen von der Prüfung befreit sein werden, insbesondere Volljuristen, Hochschulabsolventen mit immobilienwirtschaftlichem Schwerpunkt sowie Immobilienkaufmänner und -frauen.

562 Der Sache nach handelt sich bei dieser auf den ersten Blick ungewöhnlichen Konstruktion um das funktionale Äquivalent für den seit Längerem geforderten **„Sachkundenachweis“**. Dessen öffentliche-rechtliche Regelung, also die Verankerung im Gewerberecht (vgl. etwa den Sachkundenachweis für Versicherungsvermittler in § 34d Abs. 5 S. 1 Nr. 4 GewO), war am

1 BT-Drucks. 19/22634.

2 BGH, v. 10.6.2011 – V ZR 146/10, NJW 2011, 3025 Rz. 11.

3 So ausdrücklich LG Hamburg v. 23.5.2012 – 318 S 198/11, ZWE 2013, 34 (35) unter II.2.a.

4 LG Frankfurt a. M. v. 7.3.2017 – 2-13 S 4/17 für eine Zweier-Gemeinschaft.

Widerstand von Wirtschaftspolitikern gescheitert, die die Fahne der Gewerbefreiheit hochhielten.[1] Der letztlich gewählte zivilrechtliche Ansatz steht dem aber aus Effizienzgesichtspunkten in nichts nach. Weil jeder Wohnungseigentümer einen Anspruch auf einen zertifizierten Verwalter hat, ist davon auszugehen, dass kaum eine größere Gemeinschaft der Wohnungseigentümer ohne einen solchen auskommen wird. Der durch einzelne Wohnungseigentümer ausgeübte Vollzugsdruck wird wahrscheinlich sogar höher sein als bei einer öffentlich-rechtlichen Regelung. Positiv zu bewerten ist aber auch, dass es der zivilrechtliche Ansatz den Wohnungseigentümern erlaubt, einvernehmlich auf einen zertifizierten Verwalter zu verzichten.

563 Wird ab dem 1.12.2022 ein **nicht-zertifizierter Verwalter** bestellt, ist der **Bestellungsbeschluss ordnungswidrig**, aber nicht nichtig. Wird der Bestellungsbeschluss nicht angefochten, kann der Verwalter zwar – wie jeder Verwalter – jederzeit abberufen werden (§ 26 Abs. 3 S. 1 WEG). Ein Anspruch, einen Verwalter nur deshalb abzuberufen, weil er nicht zertifiziert ist, besteht aber nicht. Denn dieser Grund muss fristgebunden durch Anfechtung des Bestellungsbeschlusses geltend gemacht werden. Ein Abberufungsanspruch kann sich jedoch, wie schon nach altem Recht, aus besonderen Gründen ergeben.[2] Im Übrigen lebt der Anspruch auf Bestellung eines zertifizierten Verwalters erst wieder auf, wenn nach spätestens fünf Jahren (vgl. § 26 Abs. 2 S. 1 WEG) über die erneute Bestellung zu entscheiden ist. Auch wenn der nicht-zertifizierte Verwalter bis dahin ordnungsmäßig gearbeitet hat, wäre seine erneute Bestellung ordnungswidrig.

564 Geringe Relevanz wird die **zusätzliche Karenzzeit für „alte Hasen“** nach § 48 Abs. 4 S. 2 WEG haben: Verwalter, die zum Zeitpunkt des Inkrafttretens des WEMoG am 1.12.2020 bereits bestellt waren, gelten gegenüber der konkreten Gemeinschaft bis zum 1.6.2024 als zertifizierter Verwalter, auch wenn sie noch keine Prüfung abgelegt haben. Sollte ihre erneute Bestellung also zwischen dem 1.12.2022 und dem 1.6.2024 anstehen, wäre ihre noch nicht erfolgte Zertifizierung unschädlich.

2. Ausnahme: Eigenverwaltung in Kleinanlagen

565 § 19 Abs. 2 Nr. 6 Hs. 2 WEG sieht eine Ausnahme für Fälle der sog. **Eigenverwaltung** in Kleinanlagen vor: In Gemeinschaften mit weniger als neun Einheiten (also mit **maximal acht Einheiten**) besteht – vorbehaltlich der bei Rz. 566a beschriebenen Rückausnahme – kein Anspruch auf die Bestellung eines zertifizierten Verwalters, wenn einer der Wohnungseigentümer zum Verwalter bestellt wurde. In Kleinanlagen wird das durch § 19 Abs. 2 Nr. 6 Hs. 1 WEG eingeengte Ermessen der Wohnungseigentümer, welche Person sie zum Verwalter bestellen, also grundsätzlich wieder erweitert.

566 Bei den **acht Einheiten** kommt es nur auf die Zahl der **Wohnungen** an. Das Gesetz spricht zwar pauschal von „Sondereigentumsrechten“, also allen Miteigentumsantei-

1 Vgl. die Andeutung von MdB *Fechner* in der zweiten Lesung im Bundestag, Plenarprotokoll 19/176, S. 22164.

2 Die Einzelheiten sind umstritten, vgl. Staudinger/*Jacoby*, § 26 WEG Rz. 97 f.; BeckOGK-WEG/*Greiner*, § 26 Rz. 308.

len, die mit Sondereigentum verbunden sind (vgl. § 7 Abs. 4 S. 2 WEG). Das konnte schon nach altem Recht auch ein Tiefgaragenstellplatz sein (vgl. § 3 Abs. 2 S. 2 WEG a.F.), nach neuem Recht sogar jeder Stellplatz (vgl. § 3 Abs. 1 S. 2 WEG). Weil der Verwaltungsaufwand aber, soweit er überhaupt größenabhängig ist, im Wesentlichen von der Zahl der Wohnungen abhängt, bleiben Stellplätze aller Art für § 19 Abs. 2 Nr. 6 Hs. 2 WEG außer Betracht.

566a Eine **Rückausnahme** besteht jedoch für den Fall, dass **mindestens ein Drittel der Wohnungseigentümer** die Bestellung eines zertifizierten Verwalters **verlangt**. Dabei ist auf die Zahl der Köpfe abzustellen, wie der Klammerverweis auf § 25 Abs. 2 WEG verdeutlicht. Es genügt das Verlangen genau eines Drittels, weil der negativ formulierte § 19 Abs. 2 Nr. 6 Hs. 2 WEG auf „weniger als ein Drittel" abstellt. Das Verlangen ist gegenüber der Gemeinschaft der Wohnungseigentümer zu erklären; in der verwalterlosen Gemeinschaft also gegenüber irgendeinem Wohnungseigentümer (Rz. 243), praktischerweise gegenüber dem Versammlungsvorsitzenden. Es bedarf keiner Form, weil § 19 Abs. 2 Nr. 6 Hs. 2 WEG – anders als § 24 Abs. 2 WEG – keine solche vorsieht.

566b **Praktisch** wirkt sich dieses Quorum nur in Anlagen **ab vier Einheiten** aus. Denn in Zweier- oder Dreier-Anlagen repräsentiert bereit ein einzelner Wohnungseigentümer mehr als ein Drittel. In Vierer-, Fünfer- und Sechser-Anlagen müssen sich zwei Wohnungseigentümer finden; in Siebener- und Achter-Anlagen braucht es drei.

566c **Dogmatisch** wirkt das Verlangen auf den Ermessensspielraum mit Blick auf die Person des Verwalters ein: Die Ermessenserweiterung gegenüber § 19 Abs. 2 Nr. 6 Hs. 1 WEG, die in Kleinanlagen wegen § 19 Abs. 2 Nr. 6 Hs. 2 WEG an sich besteht (Rz. 565), wird wieder zurückgenommen. Konstruktiv ähnelt das Verlangen damit einem Einberufungsverlangen nach § 24 Abs. 2 WEG, das eine Ermessensreduzierung auf Null mit Blick auf die Einberufung einer Versammlung bewirkt.[1] Ist das notwendige Quorum erfüllt, ist einerseits die Bestellung eines nichtzertifizierten Verwalters – auch wenn er ein Wohnungseigentümer ist – ordnungswidrig, andererseits besteht ein Anspruch auf Bestellung eines zertifizierten Verwalters.

567 **Rechtspolitisch** lässt sich die gesamte Regelung in § 19 Abs. 2 Nr. 6 Hs. 2 WEG **nicht rechtfertigen**: Selbst wenn man der zweifelhaften These folgt, dass die Anforderungen an die Qualifikation des Verwalters in kleineren Gemeinschaften geringer sind als in größeren, stellt sich die Frage, warum in kleineren Gemeinschaften dann nicht auch ein anderer, nicht-zertifizierter Verwalter bestellt werden darf. Wacklig ist auch die These, dass ein Wohnungseigentümer seine fehlende Qualifikation durch besonderes Engagement ausgleicht, weil es doch um sein eigenes Eigentum geht. Klar ist, dass es nicht sachgerecht wäre, – in kleineren wie größeren Gemeinschaften –, den Wohnungseigentümern gegen ihren Willen einen zertifizierten Verwalter aufzudrücken. Dafür braucht es die Ausnahme des § 19 Abs. 2 Nr. 6 Hs. 2 WEG aber nicht, sind die Wohnungseigentümer doch stets frei, einvernehmlich denjenigen zum Verwalter zu bestellen, den sie für geeignet erachten (zur Bestandskraft einer Bestellung, die gegen § 19 Abs. 2 Nr. 6 WEG verstößt Rz. 563).

1 Staudinger/*Häublein*, § 24 WEG Rz. 41.

D. Übergangsrecht

568 Das WEMoG sieht nur für den **Anspruch auf einen zertifizierten Verwalter** eine Übergangsvorschrift in § 44 Abs. 4 WEG vor (dazu Rz. 560, 564). Im Übrigen sind die geänderten, den Verwalter betreffenden Vorschriften, also insbesondere § 26 Abs. 3 und § 27 WEG, ab dem Inkrafttreten des WEMoG anzuwenden, also auch dann, wenn ein Verwalter schon zuvor bestellt wurde. Soweit eine **Abberufung nach neuem Recht ohne wichtigen Grund** erfolgt, endet jedoch ein vor Inkrafttreten des WEMoG abgeschlossener Verwaltervertrag grundsätzlich auch dann nicht, wenn er auflösend bedingt auf den Verlust der Verwalterstellung abgeschlossen wurde (näher Rz. 541). Zur Befristung von Alt-Verwalterverträgen Rz. 540

§ 7
Der Verwaltungsbeirat

A. Das alte Recht und seine Probleme

569 § 29 WEG a.F. regelte den Verwaltungsbeirat nur kursorisch;[1] daneben fanden sich Einzelregelungen im jeweiligen Sachzusammenhang, etwa in § 24 Abs. 3 WEG. Diverse Rechtsfragen blieben ungeregelt, was zu einer Vielzahl von Anwendungsproblemen führte. Vor Gericht spielten diese Fragen ausweislich der veröffentlichten Judikatur indes kaum eine Rolle; der Verwaltungsbeirat schien in der täglichen Praxis – jedenfalls aus rechtlicher Sicht – zu **funktionieren**. Auf breiterer Front kritisiert wurde allerdings die Regelung in § 29 Abs. 1 S. 2 WEG a.F., die einer Bestellung von weniger oder mehr als drei Beiratsmitgliedern entgegenstand. Daneben wurde vereinzelt die Haftung der Beiratsmitglieder als mutmaßlicher Hemmschuh für die Übernahme dieses Amtes ausgemacht.

570 Teile der Politik haben den Beirat in den Diskussionen um eine Reform des WEG früh mit an die Spitze gestellt: Dafür wurde eine umfangreiche Änderung von § 29 WEG vorgeschlagen, um den Verwaltungsbeirat „rechtssicherer auszugestalten".[2] Die Bund-Länder-Arbeitsgruppe zur WEG-Reform befasste sich ebenfalls vergleichsweise intensiv mit dem Beirat, sah am Ende aber keinen derart umfassenden Reformbedarf.[3] Das überzeugte, weil eine vollständige Kodifikation insbesondere des Organisationsrechts des Beirats zwangsläufig einen Umfang angenommen hätte, der in offensichtlicher Diskrepanz zur praktischen Bedeutung der – teilweise diffizilen – Rechtsfragen gestanden hätte[4] (zum Kodifikationsprinzip „Information durch Exformation" Rz. 10).

B. Das neue Recht auf einen Blick

571 Auch nach dem WEMoG ist die Kodifikationsdichte des Rechts des Verwaltungsbeirats gering. Zwar wurde § 29 WEG neu gefasst, die dortigen inhaltlichen Änderungen sind aber überschaubar:

- Anders als das alte Recht legt § 29 Abs. 1 WEG die **Zahl der Beiratsmitglieder** nicht mehr gesetzlich fest.
- Die Pflicht des Beirats, die in § 29 Abs. 3 WEG a.F. genannten „Rechnungslegungen" und „Kostenanschläge" vor der Beschlussfassung zu prüfen, ist entfallen.

---

1 BR-Drucks. 75/51, S. 24: § 29 umschreibe Aufgaben und Befugnisse in „kurzen Zügen".
2 Diskussionsentwurf für ein Gesetz für zukunftsfähiges Wohnen im Wohneigentum (Bayern), S. 27, nicht in Print veröffentlicht.
3 Abschlussbericht ZWE 2019, 429 (452 ff.).
4 Vgl. etwa den Regelungsvorschlag von *Kappus*, NZM 2019, 804 (812 f.), der mehr als 500 Wörter umfasst.

- Neu hinzu gekommen ist die Aufgabe der **Überwachung** des Verwalters in § 29 Abs. 2 WEG.
- § 29 Abs. 3 WEG beschränkt die **Haftung** des unentgeltlich tätigen Beirats auf Vorsatz und grobe Fahrlässigkeit.

Von größerer Bedeutung ist die in § 9b Abs. 2 WEG aufgenommene **Vertretungsmacht** des Beiratsvorsitzendem **gegenüber dem Verwalter**.

C. Das neue Recht im Detail

572 Das WEMoG hat § 29 WEG klarer systematisiert: Absatz 1 enthält die (wenigen) Regelungen zum Organisationsrecht, Absatz 2 die Aufgaben des Beirats und Absatz 3 die Sonderregelung zu seiner Haftung. Zur Vertretungsmacht des Vorsitzenden des Verwaltungsbeirats Rz. 219.

I. Besetzung des Beirats (§ 29 Abs. 1 WEG)

573 Nach **§ 29 Abs. 1 S. 1 WEG** können Wohnungseigentümer durch Beschluss zum Mitglied des Verwaltungsbeirats bestellt werden. Die Vorschrift tritt inhaltlich an die Stelle von § 29 Abs. 1 S. 1 WEG a.F. Sie macht deutlich, dass bei der Beschlussfassung nicht – wie es zum alten Recht teilweise vertreten wurde – zwischen dem Beschluss, einen Beirat einzurichten und dem Beschluss, bestimmte Wohnungseigentümer zu seinen Mitgliedern zu bestellen, zu unterscheiden ist.[1] Ebenso wie beim Verwalter betrifft der Beschluss allein die **Bestellung der Mitglieder**. Die Neuformulierung verdeutlicht weiter, dass nicht etwa der gesamte Beirat *en bloc* durch einen Beschluss bestellt werden muss, sondern sich der Bestellungsbeschluss auf einzelne Wohnungseigentümer beschränken kann.[2] Wie auch zum alten Recht dürfen **nur Wohnungseigentümer** in den Beirat gewählt werden; ein abweichender Beschluss ist ordnungswidrig, nicht hingegen nichtig.[3]

574 Die **Öffnung des Beirats für Dritte** ist in der Bund-Länder-Arbeitsgruppe zur WEG-Reform diskutiert, im Ergebnis aber **verworfen** worden: Die Tätigkeit im Verwaltungsbeirat sei Ausdruck des Selbstverwaltungsrechts der Wohnungseigentümer. Die Öffnung des Verwaltungsbeirats für Dritte würde insbesondere dazu führen, dass Dritte umfassend über die Angelegenheiten in der Gemeinschaft informiert werden würden, was nicht angemessen erschien.[4]

575 Hat der Verwaltungsbeirat mehrere Mitglieder, sind ein Vorsitzender und ein Stellvertreter zu bestimmen (**§ 29 Abs. 1 S. 2 WEG**). Die Vorschrift tritt an die Stelle von § 29 Abs. 1 S. 2 WEG a.F., nach dem der Beirat aus einem Vorsitzenden und zwei Beisitzern bestand. Diese Norm wurde von der h.M. dahingehend verstanden, dass ein Beschluss, der weniger oder mehr als drei Personen in den Beirat wählte, ord-

---

1 Vgl. Staudinger/*Lehmann-Richter*, § 29 WEG Rz. 6 f. m. Nachw. zur Gegenansicht.
2 Näher dazu Staudinger/*Lehmann-Richter*, § 29 WEG Rz. 8 ff.
3 LG Dortmund v. 19.11.2013 – 1 S 296/12, ZMR 2014, 387; Bärmann/*Merle*/*Becker* § 29 Rz. 11.
4 Abschlussbericht, ZWE 2019, 429 (453).

nungsmäßiger Verwaltung widersprach.[1] Dieser Ansicht hat das WEMoG die Grundlage entzogen, da § 29 Abs. 1 S. 2 WEG **keine feste Anzahl von Beiratsmitgliedern** festlegt, sondern nur den Fall regelt, dass der Beirat mehrere Mitglieder hat. In diesem Fall sind ein Vorsitzender und ein Stellvertreter zu bestimmen. § 29 Abs. 1 S. 2 WEG lässt – ebenso wie seine Vorgängernorm – offen, durch wen diese Bestimmung erfolgen kann. Es bleibt daher bei der bisherigen Rechtslage, wonach die Verteilung der Ämter entweder durch Beschluss der Wohnungseigentümer erfolgen kann oder, wenn die Wohnungseigentümer hiervon keinen Gebrauch machen, durch Beschluss der Beiratsmitglieder.[2]

576 Ein Bestellungsbeschluss ist daher nicht allein deshalb ordnungswidrig, weil er das Amt des Vorsitzenden und seines Vertreters nicht vergibt.[3] Etwas anderes gilt, wenn eine Ämterverteilung durch die Beiratsmitglieder nicht gewährleistet ist. Das ist denkbar, wenn der Beirat eine gerade Zahl an Mitgliedern hat und bei Fassung des Bestellungsbeschlusses hinreichende Anhaltspunkte dafür bestehen, dass die Selbstorganisation an einer fehlenden Mehrheit scheitern wird.

II. Rechte und Pflichten des Beirats (§ 29 Abs. 2 WEG)

577 Die Aufgaben des Beirats sind sowohl in § 29 Abs. 2 WEG als auch im jeweiligen Sachzusammenhang mit anderen Vorschriften des WEG geregelt. Das WEMoG hat diese Aufgaben in zwei Punkten geändert: Zum einen hat es in § 9b Abs. 2 Alt. 1 WEG eine Vertretungsmacht des Vorsitzenden des Verwaltungsbeirats gegenüber dem Verwalter eingeführt (dazu Rz. 219). Zum anderen wurde der bislang in § 29 Abs. 2 und 3 WEG a.F. geregelte Aufgabenkatalog modifiziert.

1. Aus dem alten Recht bekannte Aufgaben

578 Nach § 29 Abs. 2 S. 1 Alt. 1 WEG **unterstützt** der Verwaltungsbeirat den Verwalter bei der Durchführung seiner Aufgaben. Dies entspricht § 29 Abs. 2 WEG a.F.

579 § 29 Abs. 2 S. 2 WEG bestimmt, dass **Wirtschaftsplan** und **Jahresabrechnung** vor einer Beschlussfassung nach § 28 Abs. 1 S. 2 und Abs. 2 S. 2 WEG vom Beirat **geprüft** und mit dessen Stellungnahme versehen werden sollen. Die Vorschrift ersetzt § 29 Abs. 3 WEG a.F. Sie ist mit dieser inhaltlich nur teilweise identisch. Nicht übernommen wurden nämlich die auf Rechnungslegungen und Kostenanschläge bezogenen Prüfpflichten des Verwaltungsbeirats. Denn soweit diese Zahlenwerke Grundlage für die Erstellung des Wirtschaftsplans oder der Jahresabrechnung sind, sind sie bereits von der diesbezüglichen Prüfpflicht des Beirats erfasst.[4] Eine darüber hinausgehende Prüfung dieser Zahlenwerke hielt der Gesetzgeber mangels praktischer Relevanz und wegen einer drohenden Überlastung des Verwaltungsbeirats nicht für angezeigt.[5]

---

1 BGH v. 5.2.2010 – V ZR 126/09, NJW 2010, 3168.
2 Etwa KG v. 27.2.2018 – 1 W 38/18, ZWE 2018, 263.
3 Staudinger/*Lehmann-Richter*, § 29 WEG Rz. 27.
4 BT-Drucks. 19/18791, S. 78.
5 BT-Drucks. 19/18791, S. 78.

2. Neue Aufgabe: Überwachung

580 **Neu** ist die Aufgabe des Verwaltungsbeirats, den Verwalter zu **überwachen** (§ 29 Abs. 2 S. 1 Alt. 2 WEG). Diese Regelung ist erst durch den Rechtsausschuss in das Gesetz eingefügt und der bereits aus dem alten Recht (§ 29 Abs. 2 WEG a.F.) bekannten Unterstützungsaufgabe an die Seite gestellt worden. Die Gesetzesbegründung ist hinsichtlich des Zwecks der Regelung wenig aufschlussreich.[1]

a) Nicht: Allgemeine Kontrollpflicht

581 Der **BGH** hat es zum **alten Recht** richtigerweise abgelehnt, aus der Unterstützungsaufgabe die Pflicht des Verwaltungsbeirats abzuleiten, den Verwalter zur Erfüllung seiner Pflichten anzuhalten.[2]

582 Die Einfügung des Wortes „überwachen" wirft ein **neues Licht auf** diese **Rechtsfrage**. Der Begriff ist aus § 111 Abs. 1 AktG bekannt. Er verleitet auf den ersten Blick dazu, dem Verwaltungsbeirat die – mit entsprechendem Haftungsrisiko verbundene – Aufgabe zuzuweisen, das Handeln des Verwalters umfassend zu kontrollieren. Gegen diese Sichtweise sprechen indes durchschlagende Argumente: Zum einen war es das erklärte Ziel des WEMoG, die Tätigkeit im Verwaltungsbeirat attraktiver zu machen.[3] Mit diesem Gesetzeszweck verträgt es sich nicht, wenn der Verwaltungsbeirat anders als bisher mit besonderen Kontrollpflichten belastet wird. Dieses Ergebnis wird durch den systematischen Vergleich zum aktienrechtlichen Aufsichtsrat bestätigt: Der Aufsichtsrat hat besondere Kontroll- und Einwirkungskompetenzen gegenüber dem Vorstand, die dem Aktionär fehlen, etwa das Einsichtsrecht nach § 111 Abs. 2 AktG, vor allem aber die Personalkompetenz nach § 84 AktG. Für den Verwaltungsbeirat lässt sich dies nicht behaupten: Das Einsichtsrecht in die Verwaltungsunterlagen steht ihm ebenso zu wie den übrigen Wohnungseigentümern (§ 18 Abs. 4 WEG) und er ist ebenso wie diese lediglich zur Mitwirkung bei der Verwalterwahl berufen. Diese Stellung spricht dagegen, ihm eine Kontrolle des Verwalters aufzuerlegen, die die übrigen Wohnungseigentümer ebenso wirkungsvoll durchführen können.

b) Pflicht zur Ausübung der Sonderkompetenzen

583 Dies bedeutet indes nicht, dass die neue Regelung funktionslos wäre. Sie bietet nämlich einen bislang im geschriebenen Recht fehlenden Anknüpfungspunkt dafür, dass der Verwaltungsbeirat von seinen (wenigen) Sonderkompetenzen auch Gebrauch zu machen hat.

584 Die Frage, ob den Verwaltungsbeirat eine solche Handlungspflicht trifft, war zum **alten Recht** allerdings umstritten. Dies galt für die Prüfung des Zahlenwerks (§ 29

1 Vgl. BT-Drucks. 19/22634, S. 48
2 BGH v. 23.2.2018 – V ZR 101/16, NJW 2018, 2550 Rz. 66.
3 BT-Drucks. 19/18791, S. 78.

Abs. 3 WEG a.F., jetzt § 29 Abs. 2 S. 2 WEG),[1] die Einberufung einer Eigentümerversammlung (§ 24 Abs. 3 WEG)[2] sowie für die Unterzeichnung der Versammlungsniederschrift (§ 24 Abs. 6 S. 2 WEG).[3] Neu hinzu gekommen ist durch das WEMoG die Aufgabe der Vertretung der Gemeinschaft der Wohnungseigentümer gegenüber dem Verwalter (§ 9b Abs. 2 Alt. 1 WEG).

585 Jedenfalls zum **neuen Recht** überzeugt es, dass der Verwaltungsbeirat die ihm zugewiesenen Kompetenzen bei der Verwaltung auch wahrzunehmen hat. Das verdeutlicht letztlich die durch das WEMoG eingeführte Überwachungsaufgabe. Denn die soeben aufgezählten Organkompetenzen dienen sämtlich dazu, den Verwalter zu kontrollieren: Bei der Prüfung von **Jahresabrechnung und Wirtschaftsplan** (§ 29 Abs. 2 S. 2 WEG) ist dies auf den ersten Blick offensichtlich. Aber auch bei der **Einberufungskompetenz** (§ 24 Abs. 3 WEG) geht es in der Sache um eine Kontrolle des Verwalters, die durch das Recht ergänzt wird, an Stelle des untätigen Verwalters eine Versammlung einzuberufen, um die Funktionsfähigkeit der Verwaltung zu gewährleisten. Eine Pflicht zur Einberufung besteht deshalb immer dann, wenn auch ein Verwalter nach § 24 Abs. 1 oder 2 WEG zur Einberufung verpflichtet wäre. Ähnliches gilt für die **Unterzeichnung** der **Versammlungsniederschrift** (§ 24 Abs. 6 S. 2 WEG): Hier besteht eine Unterzeichnungspflicht, wenn die Niederschrift zutrifft, anderenfalls eine Pflicht zur Verweigerung der Unterschrift. Auch die Vertretungsmacht des Vorsitzenden nach § 9b Abs. 2 Alt. 1 WEG ist mit einer Handlungspflicht verbunden. Bei der Bestimmung des Umfangs dieser Handlungspflicht muss leitend sein, dass der Beirat in der Person seines Vorsitzenden den Verwalter ersetzen soll, der aus allgemeinen Gründen (§ 181 BGB, Rz. 220) von der Vertretung ausgeschlossen ist. Eine **Pflicht zur Vertretung** besteht mithin in denselben Fällen, in denen der Verwalter hierzu verpflichtet wäre, also in unwesentlichen Angelegenheiten (§ 27 Abs. 2 Nr. 1 WEG) oder bei Eilbedürftigkeit (§ 27 Abs. 2 Nr. 2 WEG) sowie immer dann, wenn ein entsprechendes Handeln des Beirats durch die Wohnungseigentümer beschlossen wurde. Ein Beispiel ist der Beschluss über den Abschluss des Verwaltervertrags, der vom Beiratsvorsitzenden im Außenverhältnis auch dann umzusetzen ist, wenn dies im Wortlaut der Beschlussformel nicht ausdrücklich erwähnt wird.

586 Das hier gefundene Ergebnis ist auch aus **organisationsrechtlicher Sicht** überzeugend: Die Verleihung von Organkompetenzen ist kein Selbstzweck, weshalb es nicht in der freien Entscheidung des Organträgers liegen kann, ob er von seinen Kompetenzen auch Gebrauch macht.

---

1 Meinungsstand bei Staudinger/*Lehmann-Richter*, § 29 WEG Rz. 58.

2 Meinungsstand bei Staudinger/*Häublein*, § 24 WEG Rz. 69.

3 Gegen eine Pflicht Jennißen/*Schultzky* § 24 Rz. 142, dafür *Becker*, ZWE 2016, 2, 7.

c) Gläubiger und Schuldner

587 **Gläubigerin** des Anspruchs auf Ausübung der Kompetenzen ist die Gemeinschaft der Wohnungseigentümer. Diese Sichtweise, die schon zum alten Recht überzeugte,[1] ist angesichts des Organisationssystem des neuen Rechts (Rz. 37) zwingend.

588 Auf Schuldnerseite stellt sich zunächst die Frage nach dem **Zuständigkeitsadressaten**. Während § 29 Abs. 2 WEG den Verwaltungsbeirat insgesamt adressiert, richtet sich § 24 Abs. 3 WEG an den Vorsitzenden oder seinen Vertreter; § 24 Abs. 6 S. 2 WEG nennt ebenfalls diese beiden Personen, während § 9b Abs. 2 WEG nur vom Vorsitzenden des Verwaltungsbeirats spricht. Diese Bezeichnungen haben nicht den Zweck, diese Personen persönlich mit der Wirkung zu adressieren, dass ihnen allein die Kompetenzwahrnehmung obliegt. Die Bezeichnung dient vielmehr nur dazu, aus Gründen der Rechtsklarheit die zur Vornahme der jeweiligen Verwaltungsmaßnahme berufene Person festzulegen. Es handelt sich also nicht etwa um persönliche Rechte oder Pflichten des Vorsitzenden bzw. des Stellvertreters, sondern um Kompetenzen des Organs Verwaltungsbeirat. Nur diese Sichtweise passt in das Organisationssystem: Der Beirat kann Entscheidungen treffen, ohne dabei an formale Verfahrensregeln gebunden sein; insbesondere müssen seine Mitglieder nicht physisch zusammen kommen, so dass sich etwa auch telefonisch abstimmen können.[2] Der Beirat als Kollektivorgan ist daher in der Lage, auch kurzfristig über die in Rede stehenden Verwaltungshandlung durch seinen Vorsitzenden oder Stellvertreter zu entscheiden. Eine alleinige Entscheidungskompetenz dieser Personen ist daher für die Funktionsfähigkeit der Verwaltung nicht erforderlich. Im Übrigen würde der Verwaltungsbeirat als Kollektivorgan zur Bedeutungslosigkeit verkümmern, würde man seine Kompetenz auf den Fall reduzieren, in dem er im Gesetz als Gruppe bezeichnet ist, nämlich bei der Prüfung des Zahlenwerks (§ 29 Abs. 2 S. 2 WEG).

589 Die Entscheidung, ob und wie die jeweiligen Kompetenzen ausgeübt werden, obliegt also dem Verwaltungsbeirat als Kollektivorgan. Die in den zitierten Vorschriften genannten Personen trifft dann die Pflicht, diese Entscheidungen umzusetzen. Diese Erkenntnis ist mit Blick auf eine etwaige **Haftung** der Beiratsmitglieder gegenüber der Gemeinschaft der Wohnungseigentümer weiterführend: Diese muss an die Verletzung einer konkreten Pflicht anknüpfen. Sie kann zum einen darin liegen, dass der Vorsitzende oder sein Stellvertreter[3] keine Beiratssitzung einberufen haben und deshalb eine Entscheidung unterblieben ist. Zum anderen können in einer Beiratssitzung die einzelnen Mitglieder ihre Pflicht zu einer ordnungsmäßigen Verwaltung entsprechenden Beschlussfassung verletzt haben; hier gelten die Grundsätze für die Abstimmung in Eigentümerversammlungen entsprechend (Rz. 412). Beruht der Beschluss auf einer unzutreffenden Beschlussvorbereitung (etwa einer fehlerhaften Prüfung der Jahresabrechnung, die deshalb vom Beirat mit einem Zustimmungsvermerk versehen wird), ist maßgeblich, ob der Fehler für das Beiratsmitglied erkennbar war. Zuletzt kann die nach außen für den Beirat handelnde Person ihre Ausführungs-

1 Vgl. Staudinger/*Lehmann-Richter*, § 29 WEG Rz. 66, auch zur Gegenansicht.
2 Staudinger/*Lehmann-Richter*, § 29 WEG Rz. 29 und 38.
3 Staudinger/*Lehmann-Richter*, § 29 WEG Rz. 30.

pflicht verletzen. Eine Zurechnung von Pflichtverletzungen unter den Beiratsmitgliedern ist nicht anzuerkennen.[1]

3. Aufgabendelegation

590 Das WEMoG enthält keine ausdrückliche Regelung, wonach **Entscheidungskompetenzen per Beschluss** auf den Beirat **delegiert** werden können. Dies entspricht dem bisherigen Recht. § 27 Abs. 2 WEG regelt allerdings die Delegation von Entscheidungskompetenzen auf den Verwalter. Diese Vorschrift darf nicht im Wege eines Umkehrschlusses dahingehend missverstanden werden, dass eine Delegation auf den Verwaltungsbeirat ausscheidet. § 27 Abs. 2 WEG war wegen der praktisch deutlich wichtigeren Delegation auf den Verwalter aus Gründen der Rechtssicherheit unverzichtbar. Hinsichtlich der Erweiterung der Entscheidungskompetenzen ist die Vorschrift aber nur eine spezielle Ausprägung der aus § 19 Abs. 1 WEG folgenden Beschlusskompetenz in Verwaltungsangelegenheiten. § 19 Abs. 1 WEG ist daher – so wie früher § 21 Abs. 3 WEG a.F. – Grundlage von Beschlüssen, mit denen Entscheidungsbefugnisse, etwa über den Inhalt des mit dem Verwalter abzuschließenden Vertrags, auf den Verwaltungsbeirat delegiert werden können.[2] Diese Ansicht ist allerdings zum alten Recht umstritten; teilweise wird hier eine entsprechende Beschlusskompetenz in Abrede gestellt.[3] Der BGH hat eine solche Kompetenz hingegen, indes ohne auf das theoretische Problem näher einzugehen, im Ergebnis anerkannt.[4]

591 Unproblematisch ist nach neuem Recht, die Übertragung von Entscheidungen auf den **Verwalter**, der sich dabei **mit dem Verwaltungsbeirat abzustimmen** hat; sie kann auf § 27 Abs. 2 WEG gestützt werden (Rz. 48).

III. Beschränkung der Haftung des Beirats (§ 29 Abs. 3 WEG)

592 § 29 Abs. 3 WEG beschränkt die Haftung des unentgeltlich tätigen Beirats auf Vorsatz und grobe Fahrlässigkeit. Die Vorschrift klärt die zum bisherigen Recht umstrittene Frage, ob die Haftung des Beirats analog § 31a BGB zu reduzieren war.[5] **Zweck** der Vorschrift ist es, die Bereitschaft, sich im Beirat zu engagieren, zu fördern.[6] Es handelt sich mithin um eine auf den Beirat zugeschnittene Sondervorschrift, was eine analoge Anwendung auf den unentgeltlich tätigen Verwalter verbietet.

---

1 Staudinger/*Lehmann-Richter*, § 29 WEG Rz. 93.

2 Staudinger/*Lehmann-Richter*, § 29 WEG Rz. 83; im Ergebnis ebenso etwa BayObLG v. 24.11.2004 – 2Z BR 156/04, ZMR 2005, 639.

3 Etwa LG Dortmund v. 24.5.2016 – 1 S 42/16, ZMR 2017, 993; *Hügel/Elzer*, § 29 Rz. 42.

4 Vgl. BGH v. 5.7.2019 – V ZR 278/17, NJW 2020, 988 Rz. 13 ff.; dort prüft der BGH nur die Ordnungsmäßigkeit des Ermächtigungsbeschlusses und unterstellt damit die Beschlusskompetenz.

5 Dagegen die h. M., etwa BeckOGK-WEG/*Greiner*, § 29 Rz. 44.

6 BT-Drucks. 19/18791, S. 79.

1. Wirkung nur im Innenverhältnis

593 § 29 Abs. 3 WEG gilt nur im **Innenverhältnis**, also gegenüber der Gemeinschaft der Wohnungseigentümer und gegenüber den übrigen Wohnungseigentümern. Dies folgt aus dem Normzweck, die Bereitschaft zu einer Tätigkeit im Beirat zu fördern. Es ist nicht gerechtfertigt, Dritte hierfür den Preis in Form der Haftungsbeschränkung bezahlen zu lassen, die von der Besetzung des Beirats nicht profitieren.

594 Die **genetische Auslegung** bestätigt dieses Ergebnis: Die Bund-Länder-Arbeitsgruppe zur WEG-Reform hatte empfohlen, die Haftungsprivilegierung auf das Innenverhältnis zu beschränken.[1] Haftet der Beirat im Außenverhältnis für einfache oder mittlere Fahrlässigkeit – Anwendungsfälle sind bisher nicht bekannt geworden – wird in der Literatur zum alten Recht teilweise für einen Freistellungsanspruch gegen die Gemeinschaft der Wohnungseigentümer plädiert.[2]

595 Die Haftungsbeschränkung gilt nur in Konstellationen, in denen die Haftung auf eine **beiratsspezifische** Tätigkeit gestützt wird. Dies folgt sowohl aus Wortlaut als auch aus dem Normzweck, der die Mitarbeit im Beirat fördern soll. Sie greift daher nicht, wenn es um die Haftung für „allgemeines" Verhalten eines Wohnungseigentümers geht, der zufällig auch Beiratsmitglied ist. Da die Beiratspflichten grundsätzlich nur zwischen Beirat und Gemeinschaft der Wohnungseigentümer bestehen, wirkt sich § 29 Abs. 3 WEG unmittelbar zu Lasten der übrigen Wohnungseigentümer nur in den seltenen Fällen aus, in denen diese Pflichten ausnahmsweise Drittwirkung entfalten.[3]

2. Unentgeltlichkeit

596 § 29 Abs. 3 BGB setzt voraus, dass das Beiratsmitglied **unentgeltlich** tätig wird. Anders als nach §§ 31a f. BGB greift die Haftungsprivilegierung bei einer auch nur geringfügigen Entlohnung also nicht. Unentgeltlich ist eine Tätigkeit, die von keiner Gegenleistung abhängig ist. Aufwendungsersatz ist kein Entgelt, steht der Haftungsprivilegierung also nicht im Wege. Werden Aufwendungen pauschal abgegolten, ist maßgeblich, ob dem Beiratsmitglied aus Sicht eines objektiven Betrachters Aufwendungen in der entsprechenden Höhe typischerweise entstehen können. Nur wenn diese Frage zu verneinen ist, handelt es sich um eine verschleierte Vergütung mit der Folge, dass die Haftungsprivilegierung entfällt.

597 Zu § 31a Abs. 1 S. 1 BGB wird hingegen teilweise darauf abgestellt, ob eine Pauschale den konkret angefallenen Aufwendungen entspricht.[4] Das überzeugt für § 29 Abs. 3 WEG mit Blick auf den Normzweck nicht: Die pauschale Abgeltung von Aufwendungen entlastet das Beiratsmitglied und steigert so die Attraktivität des Amtes. Diese würde, entgegen dem Normzweck, wieder verringert, wenn die Pauschale immer dann mit dem Verlust der Haftungsprivilegierung verbunden wäre, wenn sie die tatsächlichen Aufwendungen übersteigt.

1 Abschlussbericht ZWE 2019, 429 (454).
2 Etwa *Hügel/Elzer*, § 29 Rz. 68.
3 Dazu Staudinger/*Lehmann-Richter*, § 29 WEG Rz. 79.
4 Staudinger/*Schwennicke*, § 31a Rz. 15; wie hier BeckOGK-BGB/*Offenloch* § 31a Rz. 28.

3. Verschuldensmaßstab

598 Die Begriffe Vorsatz und grobe Fahrlässigkeit bestimmen sich nach allgemeinen Grundsätzen: **Grob fahrlässig** handelt der Beirat, wenn er die im Verkehr erforderliche Sorgfalt in ungewöhnlich hohem Maße verletzt und dasjenige unbeachtet lässt, was sich in der gegebenen Situation jedem aufdrängen muss.[1]

4. Abdingbarkeit

599 § 29 Abs. 3 WEG ist als nur das Innenverhältnis betreffende Norm **nicht zwingend** und kann daher durch Vereinbarung abbedungen werden. Eine andere Frage ist, ob für einen entsprechenden Beschluss, der den Haftungsmaßstab modifiziert, Beschlusskompetenz besteht. Dies wurde zum alten Recht verbreitet verneint.[2] Es handelt sich um einen Ausschnitt aus dem allgemeinen Problemkreis, ob und in welchem Umfang die Wohnungseigentümer die Möglichkeit haben, das Amtsverhältnis – sei es zum Verwalter, sei es zum Beirat – durch Beschluss auszugestalten. Das WEMoG hat diese grundsätzliche Frage nicht beantwortet.

D. Übergangsrecht

600 Das WEMoG enthält keine ausdrücklichen Übergangsregeln zum Beirat. Bestellungsbeschlüsse sind daher nach dem Recht zu kontrollieren, das bei Beschlussfassung galt (Rz. 2006). Das durch das neue Recht um die Ausübung der Vertretungsmacht erweiterte Pflichtenprogramm gilt erst ab Inkrafttreten des WEMoG. Die Haftungsprivilegierung des Beirats gilt nur für Pflichtverletzungen, die nach Inkrafttreten des WEMoG begangen wurden.

1 Vgl. etwa BGH v. 9.2.2005 – VIII ZR 82/03, NJW 2005, 1365.
2 S. etwa *Hügel/Elzer*, § 29 Rz. 65.

§ 8
Beschlussfassung

A. Das alte Recht und seine Probleme

601 Die Vorschriften zur Beschlussfassung haben sich **weitgehend bewährt**. Sie standen jedoch dem Einsatz technischer Kommunikationsmittel entgegen: Die Teilnahme an einer Eigentümersammlung setzte die physische Anwesenheit voraus.[1] Umlaufbeschlüsse bedurften der Unterschriften aller Wohnungseigentümer; kritisiert wurde zudem, dass sie stets der Allstimmigkeit bedürfen.

602 Die durch die WEG-Novelle 2007 eingeführte **Beschlusssammlung** (§ 24 Abs. 7 und 8 WEG) hat unnötige Redundanzen erzeugt: Über die gefassten Beschlüsse ist nicht nur eine Niederschrift zu fertigen (§ 24 Abs. 6 WEG), sondern der Wortlaut der Beschlüsse ist zusätzlich in die sog. Beschluss-Sammlung aufzunehmen (§ 24 Abs. 7 und 8 WEG). Diese Zweigleisigkeit bedeutet nicht nur doppelten Aufwand, sondern birgt auch die stete Gefahr von Divergenzen. Auf Empfehlung des Rechtsausschusses ist jedoch die aus diesem Grund im Regierungsentwurf vorgesehene Modifikation der Beschlusssammlung (§ 25 Abs. 5 WEG-E) nicht Gesetz, sondern stattdessen die „alte" Beschlusssammlung (§ 24 Abs. 7 und 8 WEG) konserviert worden.[2] Das hat zwei **Redaktionsversehen** provoziert: Mit den „schriftlichen Beschlüssen" meint § 24 Abs. 7 S. 2 Nr. 2 WEG Umlaufbeschlüsse, die nach neuem Recht freilich auch in Textform gefasst werden können (§ 23 Abs. 3 WEG). Der Verweis in § 24 Abs. 7 S. 2 Nr. 3 WEG bezieht sich zudem nur auf § 43 Abs. 2 WEG.

B. Das neue Recht im Überblick

603
- Die **Online-Teilnahme** an Eigentümerversammlungen kann beschlossen werden (§ 23 Abs. 1 S. 2 WEG – Rz. 604).
- Die **Einberufungsfrist** wird von zwei auf **drei Wochen** verlängert (§ 24 Abs. 4 S. 2 WEG – Rz. 621).
- Für das **Einberufungsverlangen einer Minderheit** genügt die **Textform** (§ 24 Abs. 2 WEG – Rz. 622).
- Ein Wohnungseigentümer kann durch Beschluss **zur Einberufung einer Versammlung ermächtigt** werden für den Fall, dass kein Verwalter bestellt wurde oder sich dieser pflichtwidrig weigert, eine Versammlung einzuberufen (§ 24 Abs. 3 WEG – Rz. 623).
- **Stimmrechtsvollmachten** bedürfen zu ihrer Gültigkeit der **Textform** (§ 25 Abs. 3 WEG – Rz. 629).

---

1 Bärmann/*Pick/Emmerich*, § 23 Rz. 5; BeckOGK-WEG/*Hermann*, § 23 Rz. 25; Staudinger/*Häublein*, § 23 WEG Rz. 124.

2 BT-Drucks. 19/22634, S. 19.

- **Umlaufbeschlüsse** können **in Textform** gefasst werden (§ 23 Abs. 3 S. 1 WEG – Rz. 646). Die Wohnungseigentümer können zudem beschließen, dass **für einzelne Gegenstände** die **Mehrheit der abgegebenen Stimmen** genügt (§ 23 Abs. 3 S. 2 WEG – Rz. 647).
- Die **Niederschrift** muss **„unverzüglich“** erstellt werden; das entspricht der h.M. zum alten Recht.[1]
- Der neugefasste § 25 Abs. 1 WEG stellt in Anlehnung an § 32 Abs. 1 S. 3 BGB und § 47 Abs. 1 GmbHG klar, dass für die Beschlussfassung aufgrund der Vorschriften des WEG **stets die einfache Mehrheit** genügt; erhöhte Quoren sind gesetzlich nicht mehr vorgesehen. Der Wortlaut der § 12 Abs. 4 S. 1 und § 26 Abs. 1 WEG konnte so entschlackt werden.

C. Das neue Recht im Detail

I. Online-Teilnahme an Eigentümerversammlungen (§ 23 Abs. 1 S. 2 WEG)

604 § 23 Abs. 1 S. 2 WEG sieht eine Beschlusskompetenz zur Eröffnung der Online-Teilnahme an Eigentümerversammlungen vor (unten 1.). Die meisten Fragen werfen freilich die Folgen eines solchen Beschluss auf (unten 2.).

1. Beschlusskompetenz

605 Die Beschlusskompetenz beschränkt sich auf die Öffnung der Versammlung für die Online-Teilnahme, ermöglicht aber nicht die Einführung einer reinen Online-Versammlung (unten a)). Die Wohnungseigentümer können über die Zulassung frei entscheiden (unten b)). Hinsichtlich der inhaltlichen und technischen Ausgestaltung haben die Wohnungseigentümer einen großen Gestaltungsspielraum (unten c)).

a) Online-Teilnahme vs. Online-Versammlung

606 Der Begriff der Versammlung im Sinne des § 23 Abs. 1 S. 1 WEG meint nach h.M. eine physische Präsenz-Versammlung.[2] Der neue § 23 Abs. 1 S. 2 WEG erlaubt es, dass Wohnungseigentümer „ohne Anwesenheit an deren Ort teilnehmen und [...] ihre Rechte [...] im Wege elektronischer Kommunikation ausüben“. Damit ist die **Online-Teilnahme an einer Präsenz-Versammlung** gemeint, nicht aber die Ersetzung der Präsenz-Versammlung durch eine reine Online-Versammlung (auch „virtuelle Versammlung“ genannt). Eine reine Online-Versammlung ist eine Versammlung, bei der es keinen physischen Versammlungsort mehr gibt und eine Kommunikation daher ausschließlich auf elektronischem Wege möglich ist. Könnte eine solche reine Online-Versammlung durch Beschluss eingeführt werden, könnte die Mehrheit der Minderheit die Verwendung elektronischer Kommunikationsmittel aufzwingen;

1 Etwa Staudinger/*Häublein*, § 24 WEG Rz. 241.

2 Bärmann/*Pick*/*Emmerich*, § 23 Rz. 5; BeckOGK-WEG/*Hermann*, § 23 Rz. 25; Staudinger/*Häublein*, § 23 WEG Rz. 124.

das Recht auf physische Teilnahme stünde zur Disposition der Mehrheit. Das hat der Gesetzgeber zu Recht als unangemessen angesehen.[1]

607 Der **Unterschied zu einer reinen Online-Versammlung** ist freilich **kaum merklich**, wenn alle Wohnungseigentümer von dem Recht auf Online-Teilnahme Gebrauch machen. Er liegt lediglich darin, dass rechtlich weiterhin ein physischer Versammlungsort existiert, an dem sich die Wohnungseigentümer einfinden könnten, auch wenn sie von diesem Recht keinen Gebrauch machen. Wo dieser Ort ist, spielt grundsätzlich keine Rolle. Wenn klar ist, dass die allermeisten Wohnungseigentümer online teilnehmen möchten und deshalb keine Kapazitätsprobleme entstehen, genügt dafür etwa das Büro des Verwalters.

b) Freie Entscheidung der Wohnungseigentümer

608 § 23 Abs. 1 S. 2 WEG eröffnet lediglich eine Beschlusskompetenz, Versammlungen für eine Online-Teilnahme zu öffnen. Die Vorschrift begründet dagegen keinen Anspruch des einzelnen Wohnungseigentümers auf eine solche Öffnung. Jeder Wohnungseigentümer kann einen entsprechenden Beschlussvorschlag zur Abstimmung stellen, über den im Rahmen ordnungsmäßiger Verwaltung zu entscheiden ist, also nach billigem Ermessen (vgl. § 18 Abs. 2 WEG). In aller Regel wird die Billigkeit weder die Öffnung noch die Nicht-Öffnung für die Online-Teilnahme erfordern; im Ergebnis können die Wohnungseigentümer damit **frei entscheiden**. Weil kein Anspruch auf Zulassung besteht, kann auch eine Beschlussersetzungsklage von vornherein keinen Erfolg haben.

608a Andersherum kann aber auch die **Öffnung für die Online-Teilnahme** in der Regel nicht als ordnungswidrig angefochten werden. Zwar gehen mit der Online-Teilnahme Belastungen für die Versammlung einher, weil eine technisch vermittelte Diskussion in der Regel anders zu führen ist als eine Diskussion, bei der alle Teilnehmer physisch anwesend sind. Diese Belastungen hat der Gesetzgeber aber mit der Einführung des § 23 Abs. 1 S. 2 WEG in typisierender Weise für zumutbar erachtet. Schließen sich die Wohnungseigentümer dieser gesetzlichen Wertung an, handeln sie nicht ordnungswidrig.

c) Ausgestaltung

609 Entscheiden sich die Wohnungseigentümer dafür, ihre Versammlung für die Online-Teilnahme zu öffnen, bleibt ihnen großer Ausgestaltungsspielraum sowohl hinsichtlich der Reichweite (unten aa)) als auch der Technik (unten bb)).

aa) Reichweite

610 Nach § 23 Abs. 1 S. 2 WEG kann beschlossen werden, dass „**sämtliche oder einzelne [...] Rechte ganz oder teilweise**“ im Wege elektronischer Kommunikation geltend gemacht werden können. Es muss deshalb nicht zwingend beschlossen werden, dass die Wohnungseigentümer alle ihre Versammlungsrechte im Wege elektronischer Kommunikation geltend machen können. Diese Möglichkeit kann etwa auch auf das

1 BT-Drucks. 19/18791, S. 71.

Stimmrecht beschränkt werden und das Rederecht auszunehmen, um die besonderen Schwierigkeiten einer kombiniert-analog-digitalen Diskussion zu vermeiden. Auch die Gestattung der bloßen Teilnahme, also letztlich die Übertragung der Versammlung ohne die Möglichkeit der Abstimmung, ist zulässig. Hierin liegt keine unzulässige Beschränkung des Rede- oder Stimmrechts, da es sich nur um eine zusätzliche Möglichkeit für Wohnungseigentümer handelt, eine physische Teilnahme aber weiterhin möglich bleiben muss (Rz. 606).

bb) Technik

611 Das WEG macht aufgrund des steten technischen Wandels zu Recht keine technischen Vorgaben für die elektronische Kommunikation. Insoweit besteht ein **weites Gestaltungsermessen** der Wohnungseigentümer. Sie erstreckt sich sowohl auf die Festlegung der Übermittlungsart als auch auf die dabei zu beachtenden technischen Standards. Zwar dürfte die Bild-Ton-Übertragung per Internet der praktisch häufigste Fall sein, in Betracht kommt aber auch eine telefonische Zuschaltung oder die Eröffnung eines Chat-Kanals zum textlichen Austausch ohne Bild und Ton. Hinsichtlich der technischen Standards kann etwa auch die Verwendung bestimmter Software vorgeschrieben werden, die eine sichere Identifikation und Übermittlung ermöglicht.

2. Folgen eines Öffnungsbeschlusses

612 Wurde ein Öffnungsbeschluss nach § 23 Abs. 1 S. 2 WEG gefasst, hat jeder Wohnungseigentümer ohne weiteres einen Anspruch auf Online-Teilnahme (unten a)). Dem ist im Rahmen der Einberufung einer Versammlung Rechnung zu tragen (unten b)). Besondere Fragen werfen mögliche technische Probleme (unten c)) und die Kosten einer Online-Teilnahme (unten d)) auf.

a) Anspruch auf Online-Teilnahme

613 Wurde ein Beschluss nach § 23 Abs. 1 S. 2 WEG gefasst, hat jeder Wohnungseigentümer einen Anspruch, an den Versammlung online teilnehmen zu dürfen. Es bedarf dazu **keiner individuellen Zulassung**. Vielmehr obliegt es dem Verwalter im Rahmen der Versammlungsvorbereitung die notwendigen Voraussetzungen zu schaffen, sobald ein Öffnungsbeschluss gefasst wurde.

b) Anforderungen an die Einberufung

614 In der Einberufung zu einer Eigentümerversammlung ist darüber zu informieren, wie von der Möglichkeit der Online-Teilnahme Gebrauch gemacht werden kann (z.B. durch Übersendung der **Einwahldaten** für die verwendete Videokonferenz-Software oder zumindest die Information, wann und wo diese zu finden sind). Funktional treten diese Informationen an die Stelle der Angabe des Versammlungsorts. Ihr Fehlen ist deshalb genauso zu behandeln, wie eine Einberufung ohne Angabe des Versammlungsorts. Zur Anfechtbarkeit der auf der Versammlung gefassten Be-

schlüsse wird ein Fehlen deshalb nur führen, wenn die Informationen nicht rechtzeitig vor der Versammlung nachgereicht werden.

c) Technische Probleme

615 Die Verwendung elektronischer Kommunikationsmittel birgt stets die Gefahr technischer Störungen. Führen diese technischen Störungen dazu, dass ein Wohnungseigentümer seine Rechte nicht ausüben kann, stellt sich die Frage, ob dies der Fortsetzung der Versammlung entgegensteht, weil dennoch gefasste Beschlüsse rechtswidrig wären. Dabei geht es zum einen um die Frage, wer das Übertragungsrisiko trägt (unten aa)). Soweit die Gemeinschaft der Wohnungseigentümer das Übertragungsrisiko trägt, stellt sich zudem die Frage, ob jegliches Versäumnis relevant ist oder ob § 243 Abs. 3 Nr. 1 AktG analoge Anwendung findet (unten bb)).

aa) Übertragungsrisiko

616 Das WEG regelt nicht, wer das Übertragungsrisiko im Fall der Online-Teilnahme trägt. Es ist deshalb auf die **allgemeine Risikoverteilung** bei der Teilnahme an einer Versammlung abzustellen:[1] Der Versammlungsleiter ist lediglich dafür verantwortlich, dass der Versammlungsraum zur Verfügung steht und allgemein zugänglich ist. Das individuelle Teilnahmerisiko trägt dagegen jeder Wohnungseigentümer selbst. Seine Verhinderung wegen Erkrankung oder anderer Verpflichtungen lässt die Rechtmäßigkeit der ohne ihn gefassten Beschlüsse genauso unberührt wie eine Verspätung aufgrund von Verkehrsbehinderungen.

616a Übertragen auf die Teilnahme mittels elektronischer Kommunikation bedeutet das: Der **Versammlungsleiter** muss sicherstellen, dass der Versammlungsort technisch so ausgestattet ist, dass eine Teilnahme mittels elektronischer Kommunikation während der gesamten Versammlung grundsätzlich möglich ist. Er muss also gewährleisten, dass keine **Störungsquelle in der Sphäre der Gemeinschaft** besteht.[2] Insbesondere muss die Technik im Versammlungsraum (z.B. dortige Internetverbindung, Kamera, Mikrofon, Leinwand, Lautsprecher) sowie die verwendete Software störungsfrei funktionieren. Das Risiko **anderer Störungen** trägt dagegen der einzelne Wohnungseigentümer. Das gilt nicht nur für die von ihm verwendete Technik, sondern etwa auch das Risiko eines allgemeinen Internetausfalls im Bereich außerhalb der Versammlungsräume.

617 Trotz dieser theoretisch klaren Abgrenzung wird sich praktisch häufig die Frage stellen, wo genau das technische Problem liegt, wenn eine Verbindung nicht hergestellt werden kann. Lässt sich das Problem nicht lokalisieren, wird man mithilfe eines **Anscheinsbeweises** entscheiden müssen: Nur wenn zu keinem Wohnungseigentümer eine Verbindung aufgebaut werden kann, wird das mit hoher Wahrscheinlichkeit an der Technik im Versammlungsraum liegen. Eine Fortsetzung der Versammlung ist

1 Ähnlich *Noack*, NZG 2008, 441 (444) für die Teilnahme an der Hauptversammlung einer AG.
2 So auch MünchKommAktG/*Kubis*, § 118 Rz. 91 zu § 118 Abs. 1 S. 1 AktG.

in diesem Fall unzulässig; dennoch gefasste Beschlüsse wären anfechtbar. Ist dagegen lediglich die Verbindung einzelner Wohnungseigentümer gestört, wird der Fehler mit hoher Wahrscheinlichkeit an der Technik der betroffenen Wohnungseigentümer oder im allgemeinen Übertragungsbereich liegen; die Versammlung darf fortgesetzt werden. Diese Auslegung, die die Anfechtungsmöglichkeit tendenziell beschränkt, rechtfertigt sich auch dadurch, dass ein Wohnungseigentümer, der – trotz weiterbestehender physischer Teilnahmemöglichkeit – auf elektronische Kommunikationsmittel zurückgreift, die damit einhergehenden Risiken freiwillig eingeht.[1]

bb) Keine Analogie zu § 243 Abs. 3 Nr. 1 AktG

618 **§ 243 Abs. 3 Nr. 1 AktG** sieht vor, dass eine Anfechtung nicht darauf gestützt werden kann, dass durch eine technische Störung Rechte verletzt wurden, es sei denn, der Aktiengesellschaft ist grobe Fahrlässigkeit oder Vorsatz vorzuwerfen. Die Beweislast trägt der Anfechtende.[2] Nach der Gesetzesbegründung soll dadurch die Anfechtbarkeit wegen technischer Störungen vermieden werden.[3]

619 Eine **analoge Anwendung** dieser Vorschrift im Wohnungseigentumsrecht ist **abzulehnen**. Es ist zwar kein Anhaltspunkt dafür ersichtlich, dass sich der Gesetzgeber des WEMoG mit den Anfechtungsmöglichkeiten, die sich aus technischen Störungen ergeben können, beschäftigt hat. Eine Regelungslücke besteht gleichwohl nicht. Der aus der allgemeinen Risikoverteilung folgende Sphärengedanke (näher Rz. 616) führt zu sachgerechten Ergebnissen. § 243 Abs. 3 Nr. 1 AktG stellt zudem einen Fremdkörper im Beschlussverfahrensrecht dar. Denn üblicherweise kommt es für die Folgen eines Verfahrensverstoßes überhaupt nicht auf dessen schuldhafte Verursachung an, geschweige denn auf den Verschuldensmaßstab. Die Vorschrift ist deshalb einer analogen Anwendung nicht zugänglich.

d) Kosten

620 Für die Kosten einer Online-Teilnahme sieht das WEG keine besondere Regelung vor. Es gelten deshalb die **allgemeinen Grundsätze**: Die **Gemeinschaft der Wohnungseigentümer** hat die allgemeinen Kosten der Versammlung zu tragen. Dazu gehören neben der Raummiete auch die Kosten, die erforderlich sind, um die Online-Teilnahme von Seiten der Gemeinschaft der Wohnungseigentümer zu ermöglichen (z.B. Miete für Computer und Beamer im Versammlungsraum). Der **einzelne Wohnungseigentümer** hat die Kosten seiner Teilnahme zu tragen. Bei einer Online-Teilnahme sind das insbesondere die Kosten für die Technik, die er benötigt, um eine Verbindung zum Versammlungsraum herzustellen.

---

1 *Paschos/Goslar*, AG 2008, 605 (610) für die Teilnahme an der Hauptversammlung einer AG.
2 BT-Drucks. 16/11642, S. 40.
3 BT-Drucks. 16/11642, S. 40.

II. Verlängerung der Einberufungsfrist (§ 24 Abs. 4 S. 2 WEG)

621 Die Einberufungsfrist beträgt nun **drei Wochen** (§ 24 Abs. 4 S. 2 WEG). Für Versammlungen, die **zum Zeitpunkt des Inkrafttretens des WEMoG schon einberufen**, aber noch nicht durchgeführt wurden, gilt die frühere Zwei-Woche-Frist. Denn eine rechtmäßige Einberufung kann nicht nachträglich unrechtmäßig werden (Rz. 2012).

III. Einberufungsverlangen (§ 24 Abs. 2 WEG)

622 Nach § 24 Abs. 2 WEG genügt für ein Einberufungsverlangen nunmehr die **Textform**. Eine Unterschrift ist folglich nicht mehr notwendig; es genügt stattdessen jede lesbare Erklärung, in der die Person des Erklärenden genannt ist und die auf einem dauerhaften Datenträger abgegeben wird (§ 126b BGB). Einberufungsverlangen können demnach auch per E-Mail oder elektronischer Nachricht gestellt werden.

IV. Einberufung durch ermächtigten Wohnungseigentümer (§ 24 Abs. 3 WEG)

623 Die Einberufung erfolgt grundsätzlich durch den Verwalter (§ 24 Abs. 3 Var. 1 WEG); daran ändert sich nichts. Fehlt ein Verwalter oder weigert sich der Verwalter pflichtwidrig, die Versammlung einzuberufen, ist nun aber nicht mehr nur der Vorsitzende des Verwaltungsbeirats oder dessen Vertreter zu Einberufung befugt (§ 24 Abs. 3 Var. 2 WEG), sondern auch ein **durch Beschluss dazu ermächtigter Wohnungseigentümer** (§ 24 Abs. 3 Var. 3 WEG). Dadurch wird die Einberufung gerade in **verwalter- und beiratslosen Gemeinschaften** erleichtert. Nicht nur in solchen Gemeinschaften empfiehlt es sich, einen entsprechenden (Vorrats-)Beschluss zu fassen.

624 ***Musterformulierung:***

[Name des Wohnungseigentümers] wird ermächtigt, Versammlungen nach § 24 Abs. 3 WEG einzuberufen.

625 Durch den Ermächtigungsbeschluss erhält der Wohnungseigentümer die **Stellung eines Sonderorgans**, das partiell und subsidiär eine Verwalteraufgabe wahrnimmt. Der ermächtigte Wohnungseigentümer hat nicht nur das Recht, sondern auch die Pflicht, in den Fällen des § 24 Abs. 1 und 2 WEG anstelle des Verwalters eine Versammlung einzuberufen. Weil diese Pflicht einem Wohnungseigentümer nicht gegen seinen Willen aufgebürdet werden darf, muss der auserkorene Wohnungseigentümer die **Ermächtigung annehmen** (vgl. Rz. 227 zur Parallele bei einer Ermächtigung nach § 9b Abs. 2 WEG).

626 Nach neuem Recht besteht auch eine **Einberufungspflicht des Verwaltungsbeiratsvorsitzenden** und seines Vertreters als Teil deren Amtes. Zum alten Recht wurde diese Pflicht überwiegend abgelehnt, wofür der Wortlaut („kann" statt „muss" wie in § 24 Abs. 2 WEG) bemüht wurde,[1] was freilich aufgrund der passiven Formulierung des § 24 Abs. 3 WEG schwerlich überzeugte.[2] In der Sache sollte wohl vor allem der Verwaltungsbeirat vor Haftungsrisiken

1 Etwa Staudinger/*Häublein*, § 24 Rz. 59; *Hügel/Elzer*, § 24 Rz. 44.

2 AG Berlin-Charlottenburg v. 16.7.2009 – 74 C 25/09, BeckRS 2009, 27770 unter II.1.

geschützt werden.[1] Wegen der Haftungsmilderung im neuen § 29 Abs. 3 WEG besteht dafür kein Bedürfnis mehr, zumal der Verwaltungsbeirat nunmehr ausdrücklich die Aufgabe hat, den Verwalter zu überwachen (vgl. § 29 Abs. 2 WEG).

627 Die Einberufungsbefugnis des ermächtigten Wohnungseigentümers besteht **nur subsidiär gegenüber der Befugnis des Verwalters**, also für den Fall, dass kein Verwalter besteht oder der bestellte Verwalter sich pflichtwidrig weigert, eine Versammlung einzuberufen. Wie sich aus dem Wortlaut des § 24 Abs. 3 WEG ergibt, besteht dagegen **keine Subsidiarität gegenüber dem Vorsitzenden des Verwaltungsbeirats oder dessen Vertreter.**

628 Wurde ein Ermächtigungsbeschluss nach § 24 Abs. 3 WEG nicht gefasst und besteht in einer verwalter- und beiratslosen Gemeinschaft das Bedürfnis, eine Versammlung einzuberufen, kann der Beschluss auch **durch Urteil ersetzt** werden (§ 44 Abs. 1 S. 2 WEG). Genauso wie bei der gerichtlichen Bestellung eines Verwalters[2] gebietet es der Beibringungsgrundsatz, dem Gericht einen oder mehrere geeignete Wohnungseigentümer vorzuschlagen, die zur Übernahme der Aufgabe bereit sind (vgl. Rz. 226a zur Parallele bei einer Ermächtigung nach § 9b Abs. 2 WEG).

V. Textform für Stimmrechtsvollmachten (§ 25 Abs. 3 WEG)

629 Bislang bedurften Stimmrechtsvollmachten keiner besonderen Form. § 25 Abs. 3 WEG sieht nunmehr in Anlehnung an § 47 Abs. 3 GmbHG die **Textform** vor.

630 Darin liegt **eine nur scheinbare Verschärfung** der Form. Bislang waren mündliche Vollmachten zwar materiell-rechtlich wirksam. Ein Bevollmächtigter konnte gleichwohl analog § 174 S. 1 BGB zurückgewiesen werden, wenn er keine schriftliche, also unterschriebene Vollmacht vorlegte. Das verhindert nun § 25 Abs. 3 WEG, der § 174 S. 1 BGB als Sondervorschrift vorgeht, sodass eine in Textform vorgelegte Vollmacht nicht mehr nach dieser Vorschrift zurückgewiesen werden kann.[3] Somit gewährleistet § 25 Abs. 3 WEG, dass ein in Textform Bevollmächtigter in jedem Fall an der Abstimmung teilnehmen kann. Die Textform kann dabei notfalls auch noch während der Versammlung erfüllt werden (z.B. per E-Mail oder anderer elektronischer Nachricht).

631 Genauso wie im Rahmen des § 47 Abs. 3 GmbHG ist unklar, ob eine Vollmacht, die nicht in Textform erteilt wurde, **nach § 125 S. 1 BGB unwirksam** ist[4] oder nur die Gefahr der **Zurückweisung analog § 174 S. 1 BGB** mit sich bringt.[5] Die praktische Bedeutung dieses Streits ist indes überschaubar. Denn im GmbH-Recht soll die

1 Vgl. Staudinger/*Häublein*, § 24 Rz. 59.

2 Dazu LG Dortmund v. 10.11.2015 – 1 S 308/15, ZMR 2016, 387 Rz. 18; Staudinger/*Lehmann-Richter*, § 21 Rz. 278.

3 BT-Drucks. 19/18791, S. 73.

4 BGH v. 14.12.1967 – II ZR 30/67, NJW 1968, 743 (745) unter II.2. zu § 47 Abs. 3 GmbHG.

5 Scholz/*K. Schmidt*, § 47 Rz. 85 ff.; *K. Schmidt*, GmbHR 2013, 1177 zu § 47 Abs. 3 GmbHG.

Formunwirksamkeit unbeachtlich sein, wenn sie in der Versammlung nicht gerügt wird;[1] das ist auf das Wohnungseigentumsrecht zu übertragen.

632 **Für die Praxis** gilt deshalb: Ein Bevollmächtigter, dessen Vollmacht gerügt wird, darf bei einer Abstimmung nur mitwirken, wenn er seine Vollmacht in Textform vorlegt. Die Stimmabgabe eines Bevollmächtigten, dessen Vollmacht nicht in Frage gestellt wurde, ist dagegen auch dann wirksam, wenn er nur mündlich bevollmächtigt wurde.

VI. Umlaufbeschlüsse (§ 23 Abs. 3 WEG)

633 Die Umlaufbeschlüsse betreffende Vorschrift des § 23 Abs. 3 WEG wurde durch das WEMoG in zwei Punkten geändert: Zum einen wurde das Schrift- durch ein Textformerfordernis ersetzt (§ 23 Abs. 3 S. 1 WEG). Zum anderen können die Wohnungseigentümer beschließen, dass für einen einzelnen Gegenstand die Mehrheit der abgegebenen Stimmen genügt (§ 23 Abs. 3 S. 2 WEG). Auch wenn die praktische Bedeutung dieser Änderungen wahrscheinlich überschaubar sein wird (unten 1.), gebieten sie doch, die das Umlaufbeschlussverfahren betreffenden Regeln grundlegend zu überdenken (unten 2.).

1. Praktische Bedeutung der Änderungen

634 Die praktische Bedeutung der Änderungen in § 23 Abs. 3 WEG wird mit hoher Wahrscheinlich **überschaubar** sein: Die Absenkung der Schrift- auf die **Textform** ermöglicht es zwar, Umlaufbeschlüsse auch im Wege elektronischer Kommunikation zu fassen, zum Beispiel per E-Mail, über Internetplattformen oder Apps. Wie bereits zum alten Recht dürfte der Anwendungsbereich des allstimmigen Umlaufverfahrens aus faktischen Gründen aber weiterhin auf kleine Gemeinschaften beschränkt bleiben; sie ersparen sich immerhin den Aufwand eigenhändiger Unterschriften.

635 Die **punktuelle Absenkung des Allstimmigkeitserfordernisses** für einzelne Gegenstände wird im Einzelfall nützlich sein, aber wohl kein Massenphänomen werden.

636 **Beispiel:** Bei einer Eigentümerversammlung soll über den Austausch der alten Öl-Heizung beschlossen werden. Der Verwalter legt Kostenvoranschläge für den Einbau einer neuen Gas-Heizung vor. Im Rahmen der Diskussion kommt die Idee auf, stattdessen eine Pellet-Heizung anzuschaffen. Über die Kosten einer solchen Anlage liegen aber keine Informationen vor.

In dieser Situation haben die Wohnungseigentümer mehrere Möglichkeiten: Sie können die Entscheidung über die Heizung auf die nächste ordentliche Versammlung vertagen oder den Verwalter mit der Einberufung einer außerordentlichen Versammlung betrauen, sobald die notwendigen Informationen vorliegen. Beides kostet Zeit und häufig auch Geld und ist deshalb unbefriedigend. § 27 Abs. 2 WEG ermöglicht es den Wohnungseigentümern, die Entscheidung auf den Verwalter zu delegieren; dabei können ihm auch Vorgaben gemacht werden wie z.B. eine Abstimmung mit dem Beirat (Rz. 497). § 23 Abs. 3 S. 2 WEG fügt eine weitere Möglichkeit hinzu: Die Wohnungseigentümer können beschließen, dass sie selbst im Umlaufverfahren mit einfacher Mehrheit beschließen.

1 BGH v. 14.12.1967 – II ZR 30/67, NJW 1968, 743 (745) unter II.2.

637 **Rechtspolitisch** ist die gesetzgeberische Entscheidung, auf die im Gesetzgebungsverfahren diskutierte allgemeine Absenkung des Quorums[1] zu verzichten, begrüßenswert.[2] Denn die Versammlungspflicht für streitige Entscheidungen dient dem Schutz der Minderheit, der im Umlaufverfahren die Möglichkeit genommen wird, die Mehrheit im wechselseitigen Austausch der Argumente zu überzeugen. Aus diesem Grund hatte schon die Bund-Länder-Arbeitsgruppe von der generellen Absenkung des Quorums für Umlaufbeschlüsse abgeraten.[3]

2. Umlaufbeschlussverfahren

638 Die zumindest partielle Zulassung von Mehrheitsentscheidungen (unten e)) erhöht die allgemeinen Anforderungen an das Umlaufbeschlussverfahren (unten a)). Das betrifft insbesondere die Initiationsbefugnis (unten b)), die Übermittlung des Beschlussvorschlags (unten c)), die Stimmabgabe (unten d)), die Verkündung eines Umlaufbeschlusses (unten f)) und schließlich seine Niederschrift und Sammlung (unten g)).

a) Grundlegendes

639 Das Umlaufverfahren wird vom WEG weiterhin **stiefmütterlich** behandelt. Während das Verfahren der Beschlussfassung in einer Versammlung in den §§ 23 bis 25 WEG detailliert geregelt ist, regelt § 23 Abs. 3 WEG für das Umlaufverfahren nur die Mehrheitserfordernisse und die Form der Stimmabgabe. Vor Inkrafttreten des WEMoG, als Umlaufbeschlüsse zwingend allstimmig gefasst werden mussten, schmerzte das nicht besonders: Wie in einer Vollversammlung[4] mussten Förmlichkeiten dem gemeinsamen Willen aller Wohnungseigentümer weichen. Diese Förmlichkeiten, die dem Schutz der Wohnungseigentümer dienen, vor allem derjenigen, die überstimmt werden, gewinnen nun an Bedeutung, da auch Mehrheits-Umlaufbeschlüsse gefasst werden.

640 Für die Zukunft gilt es deshalb, die **Lücke des Gesetzes beim Umlaufbeschlussverfahren** zu schließen. Ausgangspunkt muss dabei die Erkenntnis sein, dass sich das Umlaufverfahren rechtlich von der Beschlussfassung in einer Versammlung lediglich dadurch unterscheidet, dass die Wohnungseigentümer nicht zur selben Zeit am selben Ort abstimmen. Die Vorschriften, die das WEG für die Beschlussfassung in einer Versammlung aufstellt, müssen deshalb auch für das Umlaufverfahren gelten, soweit

1 Vgl. die entsprechenden Wortmeldungen in der Sachverständigenanhörung des Rechtsausschusses, Protokoll Nr. 19/96, S. 27 und 32.

2 Schon einige der Väter des BGB standen dem Umlaufverfahren im Vereinsrecht kritisch gegenüber und rügten es als „nicht zu billigendes Zugeständniß an die Bequemlichkeit der Mitglieder", vgl. *Mugdan*, S. 621.

3 Bund-Länder-Arbeitsgruppe zur WEG-Reform vorgeschlagen (vgl. Abschlussbericht, ZWE 2019, 429 (450).

4 Vgl. Staudinger/*Häublein*, § 24 WEG Rz. 134; speziell für Einberufungsmängel auch BGH v. 10.6.2011 – V ZR 222/10, NZM 2011, 806 Rz. 7.

sie nicht unmittelbar an die physische Zusammenkunft der Wohnungseigentümer anknüpfen; mit dieser Maßgabe sind sie analog anzuwenden.

641 Die anwendbaren Verfahrensvorschriften hängen im Umlaufverfahren genauso wenig wie in einer Versammlung davon ab, ob der Beschluss letztlich allstimmig oder nur mehrheitlich gefasst wird. Eine **allstimmige Beschlussfassung nimmt einem Verstoß** jedoch in der Regel die **Rechtswidrigkeitsfolge**; insoweit steht die Allstimmigkeit einer Vollversammlung, bei der ein einstimmiger Beschluss gefasst wird, gleich.[1] Für die Praxis spielt es für die Gestaltung des Umlaufverfahrens im Vorfeld keine Rolle, ob der zu fassende Beschluss der Zustimmung aller oder nur der Mehrheit der Wohnungseigentümer bedarf. Diese Frage stellt sich vielmehr erstmals bei der Verkündung des Beschlusses (Rz. 649) und im Anfechtungsverfahren.

b) Initiationsbefugnis

642 Wer ein Umlaufverfahren initiieren darf, ist gesetzlich nicht geregelt. Weil die Initiierung eines Umlaufverfahrens funktional der Einberufung einer Eigentümerversammlung gleichsteht, ist auf die dafür vorgesehenen Regelungen zurückzugreifen: Nach § 24 Abs. 1 WEG beruft der **Verwalter** die Eigentümerversammlung ein, nach § 24 Abs. 3 WEG **hilfsweise** der **Vorsitzende des Verwaltungsbeirats** oder ein **dazu ermächtigter Wohnungseigentümer**.

643 Eine Initiationsbefugnis des einzelnen **Wohnungseigentümers** ist dagegen **nicht mehr anzuerkennen**.[2] Denn einzelne Wohnungseigentümer dürfen auch keine Eigentümerversammlung einberufen; selbst ein Viertel der Wohnungseigentümer hat nur einen Anspruch auf Einberufung, kann sie aber nicht selbst bewirken (vgl. § 24 Abs. 2 WEG). Erst recht scheidet die Initiation durch einen Dritten aus.[3] Das Argument, dass es auf die Person des Initiators nicht ankomme, solange dieser durch die Allstimmigkeit hinreichendes Vertrauen entgegengebracht wird, verfängt nicht mehr, weil nunmehr auch Mehrheitsentscheidungen getroffen werden können. Wird der Umlaufbeschluss allstimmig gefasst, wird eine fehlende Initiationsbefugnis freilich geheilt (Rz. 641); andernfalls ist der Beschluss anfechtbar.

c) Übermittlung eines Beschlussvorschlags

644 Der Initiator stößt das Umlaufverfahren an, indem er einen Beschlussvorschlag zur Abstimmung stellt. Wie dies geschehen muss, regelt das Gesetz nicht. Funktional tritt der Beschlussvorschlag an die Stelle der Einberufung. Der Vorschlag muss deshalb analog § 24 Abs. 4 S. 1 WEG in **Textform** erfolgen[4] und **an alle Wohnungs-**

1 Vgl. BGH v. 10.6.2011 – V ZR 222/10, ZWE 2011, 354 (355) unter II.2.b. zur Heilung von Einberufungsmängeln.

2 So die h. M. zum früheren Recht, etwa LG München I v. 20.4.2015 – 1 S 12462/14 WEG, BeckRS 2015, 13205 unter II.1.b.(2)(a); Bärmann/*Merle*, § 23 Rz. 107; Staudinger/*Häublein*, § 23 Rz. 198.

3 Etwa *Hügel/Elzer*, § 23 Rz. 66.

4 I. E. ebenso Staudinger/*Häublein*, § 23 Rz. 201 zum früheren Recht.

eigentümer gerichtet werden. Parallel zur unterbliebenen Ladung zu einer Versammlung macht die bewusste Nichtübermittlung des Beschlussvorschlags an einen Wohnungseigentümer den Beschluss nichtig; im Übrigen ist er nur anfechtbar.[1]

645 Es ist eine **Frist** zu setzen, innerhalb derer die Stimmen abgegeben werden können. Analog § 24 Abs. 4 S. 2 WEG soll sie mindestens **drei Wochen** betragen. Eine kürzere oder ganz fehlende Frist, die die Anwendung des § 147 Abs. 2 BGB zur Folge hat,[2] macht den Beschluss anfechtbar. Der Mangel wird jedoch geheilt, wenn der Beschluss allstimmig gefasst wird (Rz. 641).

d) Stimmabgabe

646 Die Stimme bedarf nach dem WEMoG nicht mehr der Schrift-, sondern nur noch der **Textform** (§ 23 Abs. 3 S. 1 WEG). Es genügt deshalb etwa ein E-Mail oder eine andere elektronische Nachricht. Auch die Abstimmung über eine Internetplattform oder eine App ist möglich. Die Stimme ist **gegenüber dem Initiator** abzugeben.[3] Einen vom Initiator personenverschiedenen Versammlungsvorsitzenden kann es mangels physischer Zusammenkunft nicht geben. Nach Zugang bei ihm ist die Stimmabgabe – genauso wie in einer Versammlung[4] – **unwiderruflich** (vgl. § 130 Abs. 1 BGB); das entspricht der h.M. zum früheren Recht.[5]

e) Mehrheitserfordernisse

647 Grundsätzlich bedürfen Umlaufbeschlüsse weiterhin der **Allstimmigkeit**, also der Zustimmung aller Wohnungseigentümer (§ 23 Abs. 3 S. 1 WEG). Bereits eine einzige „Nein"-Stimme oder die Nicht-Teilnahme nur eines Wohnungseigentümers verhindert also das Zustandekommen eines Beschlusses.

648 Das WEMoG hat jedoch eine Beschlusskompetenz der Wohnungseigentümer geschaffen, die Allstimmigkeit für einzelne Gegenstände auf die **Mehrheit der abgegebenen Stimmen** abzusenken (§ 23 Abs. 3 S. 2 WEG). Der dafür erforderliche Absenkungsbeschluss ist mit einfacher Mehrheit in einer Versammlung (vgl. § 25 Abs. 1 WEG) oder allstimmig im Umlaufverfahren (vgl. § 23 Abs. 3 S. 1 WEG) zu fassen. Er muss sich auf einen **„einzelnen Gegenstand"** beschränken. Der Begriff des Gegenstands ist dabei wie in § 23 Abs. 2 WEG zu verstehen. An die Bestimmtheit sind also die gleichen Anforderungen zu stellen wie bei der Einberufung einer Versammlung. Erforderlich, aber auch ausreichend ist es demnach, dass der vorgesehene Beschluss so genau bezeichnet ist, dass die Wohnungseigentümer verstehen und überblicken können, über was beschlossen werden soll; regelmäßig reicht dafür eine schlagwortartige Bezeichnung.[6] Das Adjektiv „einzeln" erhöht diese Anforderungen

1 BGH v. 20.7.2012 – V ZR 235/11, NJW 2012, 3571 Rz. 8.
2 Staudinger/*Häublein*, § 23 Rz. 206.
3 Staudinger/*Häublein*, § 23 WEG Rz. 203.
4 BGH v. 13.7.2012 – V ZR 254/11, ZWE 2012, 496 Rz. 8.
5 Bärmann/*Merle*, § 23 Rz. 118; Staudinger/*Häublein*, § 23 WEG Rz. 221 m.w.N.
6 BGH v. 13.1.2012 – V ZR 129/11, ZWE 2012, 125 (126) unter II.2.a.aa.

nicht, sondern beschränkt die zeitlichen Wirkungen des Absenkungsbeschluss: Er kann nur **Grundlage für ein einziges Umlaufverfahren** sein; danach ist er verbraucht und verliert seine Wirkung. Damit wird verhindert, dass die Mehrheit der Wohnungseigentümer der Minderheit über den Einzelfall hinaus die Möglichkeit nimmt, auf einer Versammlung zu beschließen.

649 Welche Mehrheit im Einzelfall erforderlich ist, hat der Initiator **im Rahmen der Beschlussverkündung zu prüfen**. Er darf das Zustandekommen des Beschlusses nur verkünden, wenn

- alle Wohnungseigentümer dem Beschlussvorschlag zugestimmt haben

oder

- ein Absenkungsbeschluss gefasst und nicht aufgehoben wurde,
- dieser Absenkungsbeschluss nicht schon einmal Grundlage eines Umlaufverfahrens war und
- die Mehrheit der abgegebenen Stimmen auf „Ja" lautet.

650 Fehlt eine dieser Voraussetzungen und verkündet er dennoch, ist der Beschluss wirksam, aber **anfechtbar**. In der Vergangenheit war zwar umstritten, ob ein Beschluss, der die notwendige Allstimmigkeit nicht erreicht hat, aber dennoch verkündet wurde, nichtig oder nur anfechtbar ist. Die Rechtsprechung ging überwiegend von seiner Nichtigkeit aus, weil sie die Allstimmigkeit für unverzichtbar erachtete (vgl. § 23 Abs. 4 S. 1 WEG).[1] Das überzeugte schon zum alten Recht nicht,[2] ist aber jedenfalls wegen des neuen § 23 Abs. 3 S. 2 WEG, der das Allstimmigkeitserfordernis zumindest partiell zur Disposition der Wohnungseigentümer stellt, nicht mehr haltbar. Für die Zukunft gilt deshalb für Umlauf- genauso wie für Versammlungsbeschlüsse: Mängel, die die Auszählung der Stimmen und die Feststellung der erforderlichen Mehrheit betreffen, führen nur zur Anfechtbarkeit.

651 **Beispiel:** In einer Gemeinschaft häufen sich die Anträge auf bauliche Veränderungen. Auf der Eigentümerversammlung wird beschlossen, dass über „die Gestattung kleinerer baulicher Veränderungen" im Umlaufverfahren mit der Mehrheit der abgegebenen Stimmen beschlossen werden soll. Als zwei Monate später der nächste Antrag auf Anbringung einer Satellitenschüssel gestellt wird, initiiert der Verwalter ein Umlaufverfahren. Die knappe Mehrheit stimmt für die Gestattung und der Verwalter verkündet den Beschluss. Kurz darauf wird die Anbringung einer Balkonverglasung beantragt und das Prozedere wiederholt sich mit gleichem Ergebnis. Keiner der Beschlüsse wird angefochten.

Der Absenkungsbeschluss („die Gestattung kleinerer baulicher Veränderungen") ist zu unbestimmt und deshalb ordnungswidrig.

---

1 OLG Zweibrücken v. 21.11.2002 – 3 W 179/02, FGPrax 2003, 60 (62) unter 3.b.; BayObLG v. 19.9.2001 – 2 Z BR 89/01, ZWE 2001, 590 (593) unter 2.b.bb(2); BayObLG v. 8.12.1994 – 2 Z BR 116/94, BeckRS 1994, 10539 unter II.2.b(1);

2 Näher Staudinger/*Häublein*, § 23 Rz. 194, 230; ebenso Bärmann/*Merle*, § 23 Rz. 116; BeckOGK-WEG/*Hermann*, § 23 Rz. 131.

Der Beschluss über die Gestattung der Satellitenschüssel ist formell rechtmäßig, denn er bedurfte wegen des ordnungswidrigen, aber wirksamen Absenkungsbeschlusses nicht der Allstimmigkeit.

Der Beschluss über die Gestattung der Balkonverglasung ist rechtswidrig, weil der Absenkungsbeschluss bereits verbraucht war; er hätte deshalb allstimmig beschlossen werden müssen. Der Verwalter hätte das Zustandekommen nicht verkünden dürfen. Der gleichwohl verkündete Beschluss ist jedoch bestandskräftig geworden.

f) Verkündung

652 Es ist anerkannt, dass auch im Umlaufverfahren gefasste Beschlüsse erst durch ihre Verkündung **wirksam werden.**[1] Die Verkündung ist Aufgabe des Initiators.[2] Für die Verkündung genügt eine Mitteilung an die Wohnungseigentümer, die ihnen aber nicht zwingend zugehen muss.[3] Ausreichend ist deshalb etwa ein Aushang im Treppenhaus oder eine Mitteilung auf einer dafür eingerichteten Internetseite oder in einer entsprechenden App.

g) Niederschrift

653 § 24 Abs. 6 S. 1 WEG verlangt nur die Niederschrift über „in der Versammlung" gefasste Beschlüsse. Dementsprechend nahm die h.M. zum alten Recht an, dass über Umlaufbeschlüsse keine Niederschrift zu fertigen war. Das ließ sich auch dadurch rechtfertigen, dass die schriftlichen Stimmen aller Wohnungseigentümer funktional an die Stelle der Niederschrift traten.[4] Dieses Argument verfängt nach neuem Recht freilich nicht mehr, weil nun auch Mehrheitsbeschlüsse im Umlaufverfahren denkbar sind. Künftig ist deshalb **§ 24 Abs. 6 S. 1 WEG analog** anzuwenden. Das Bedürfnis, den Wortlaut gefasster Beschlüsse nach einer Sechs-Augen-Kontrolle dauerhaft zu fixieren, besteht bei Umlauf- genauso wie bei Versammlungsbeschlüssen.

654 Auch hinsichtlich der **Gestaltung** der Niederschrift gilt § 24 Abs. 6 WEG analog: Der Wortlaut des Beschlusses ist körperlich festzuhalten und von den dort genannten Personen zu unterzeichnen. An die Stelle des Versammlungsvorsitzenden tritt der Initiator.[5] Daneben muss ein weiterer Wohnungseigentümer und, falls ein Verwaltungsbeirat bestellt ist, auch dessen Vorsitzender oder sein Vertreter, unterschreiben.

655–668 (frei)

1 BGH v. 23.8.2001 – V ZB 10/01, NJW 2001, 3339 (3343) unter II.3.a.dd(5).
2 Staudinger/*Häublein*, § 23 Rz. 224.
3 BGH v. 23.8.2001 – V ZB 10/01, NJW 2001, 3339 (3343) unter II.3.a.dd(5).
4 Staudinger/*Häublein*, § 23 Rz. 226.
5 So auch Bärmann/*Becker*, § 26 Rz. 307; *Schmidt*, ZWE 2015, 105 (108) jeweils für den Nachweis nach § 24 Abs. 6 WEG.

D. Übergangsrecht

669 Im **Grundsatz** gilt: Für alle vor dem Inkrafttreten des WEMoG am 1.12.2020 gefassten Beschlüsse gilt das bis dahin geltende Recht, danach das neue Recht (Rz. 2015). Eine **Ausnahme** gilt jedoch für die **Einberufungsfrist**, falls das Inkrafttreten des WEMoG gerade in ihren Lauf fällt (Rz. 621).

§ 9
Kostenverteilungsschlüssel

670 Dieses Kapitel behandelt den gesetzlichen Maßstab für die Verteilung von Kosten der Gemeinschaft der Wohnungseigentümer sowie die Änderung von Kostenverteilungsmaßstäben durch Beschluss. Ausgenommen sind die Kosten einer baulichen Veränderung, dazu Rz. 1041.

A. Das alte Recht und seine Probleme

671 Die **gesetzlichen Kostenverteilungsschlüssel** waren bisher in § 16 Abs. 2, 6, 7 und 8 WEG a.F. geregelt. Diese Vorschriften waren problematisch, weil die WEG-Novelle 2007 sie nicht ausreichend mit der **Rechtsfähigkeit der Gemeinschaft der Wohnungseigentümer** harmonisiert hatte.

672 So bestand die Kostentragungspflicht nach dem Wortlaut des § 16 Abs. 2 WEG a.F. gegenüber den übrigen Wohnungseigentümern, obwohl auch nach alten Recht Gläubigerin des Hausgeldanspruchs anerkanntermaßen[1] die Gemeinschaft der Wohnungseigentümer war. Nur aus historischer Sicht verständlich waren auch § 16 Abs. 7 und 8 WEG a.F., die bestimmte Kostentypen den Verwaltungskosten zuordnete. Mit Anerkennung der Rechtsfähigkeit der Gemeinschaft der Wohnungseigentümer war nämlich das Bedürfnis entfallen, durch gesetzliche Vorschriften die „Privatkosten“ einzelner Wohnungseigentümer von solchen Kosten zu unterscheiden, die zwar bei einem einzelnen Wohnungseigentümer angefallen sind, aber zu den verteilungsfähigen „Gemeinschaftskosten“ zählten. Diese Regelungen hätten daher schon in der WEG-Novelle 2007 gestrichen werden sollen.

673 Das **WEG 1951** enthielt keine besonderen Regeln, die es erlaubt hätten, **Kostenverteilungsschlüssel durch Beschluss** zu ändern. Die sog. Zitterbeschlussentscheidung des BGH aus dem Jahr 2001[2] setzte der bis dahin verbreiteten Praxis ein Ende, solche Beschlüsse in der Erwartung zu fassen, sie würden nach Ablauf der Anfechtungsfrist bestandskräftig werden. In Reaktion auf diese Entscheidung ist die Kautelarpraxis verbreitet dazu übergegangen, mit Hilfe von Öffnungsklauseln in der Gemeinschaftsordnung eine entsprechende Beschlusskompetenz der Wohnungseigentümer zu begründen.

674 Die **WEG-Novelle 2007** hat dann an verschiedenen Stellen die Beschlusskompetenz der Wohnungseigentümer ausgeweitet, auch im Bereich der Kostenverteilung. Nach § 16 Abs. 3 WEG a.F. konnte mit einfacher Stimmenmehrheit beschlossen werden, dass Betriebskosten i.S.d. § 556 Abs. 1 BGB und Kosten der Verwaltung nach Verbrauch oder Verursachung erfasst und nach diesem oder nach einem anderen Maßstab verteilt werden, soweit dies ordnungsmäßiger Verwaltung entsprach. § 16 Abs. 4 WEG a.F. sah die Möglichkeit vor, im Einzelfall zur Instandhaltung oder Instandset-

1 Grundlegend BGH v. 2.6.2005 – V ZB 32/05, NJW 2005, 2061 (2068).
2 BGH v. 20.9.2000 – V ZB 58/99, NJW 2000, 3500.

zung oder zu baulichen Veränderungen durch qualifizierten Mehrheitsbeschluss die Kostenverteilung zu regeln, wenn der abweichende Maßstab dem Gebrauch oder der Möglichkeit des Gebrauchs durch die Wohnungseigentümer Rechnung trug. Eine Kompetenz zur Kostenverteilung durch Beschluss enthielt zuletzt § 21 Abs. 7 WEG a.F. Danach konnten die Wohnungseigentümer die Regelung der Kosten für eine besondere Nutzung des gemeinschaftlichen Eigentums oder für einen besonderen Verwaltungsaufwand beschließen.

675 Dieses **gesetzliche System** war aus verschiedenen Gründen **problematisch**. Zum einen waren die verschiedenen Kompetenzregelungen untereinander nur schwer abgrenzbar.

676 Die Abgrenzungsprobleme beruhten vor allem auf der mehrfachen Verwendung des Begriffs der Verwaltung. § 16 Abs. 3 WEG a.F. und § 21 Abs. 7 WEG a.F. betrafen beide schon nach ihrem Wortlaut die Verteilung von Kosten der Verwaltung. § 16 Abs. 4 WEG a.F. nannte den Begriff zwar nicht, indes ergab sich aus § 16 Abs. 2 WEG a.F., dass die in jener Norm geregelten Instandhaltung- und Instandsetzungskosten unter den Verwaltungskostenbegriff fielen.

677 Das System war aber auch aufgrund der unterschiedlichen Mehrheitsvoraussetzungen unübersichtlich und – zumindest in seiner Anwendung durch den BGH – **nicht frei von Widersprüchen**.

678 Der BGH vertrat zum Merkmal des „besonderen" Verwaltungsaufwands nach § 21 Abs. 7 WEG a.F. eine liberale Linie: So sollte die Verteilung der Kosten des Ankaufs einer Grundstücksfläche zwecks Nutzung als Parkplatz durch einfachen Mehrheitsbeschluss nach § 21 Abs. 7 WEG a.F. möglich sein.[1] Der Wertungswiderspruch zur Verteilung von Erhaltungskosten, die nur bei Erreichen der doppelt-qualifizierten Mehrheit nach § 16 Abs. 4 S. 2 WEG a.F. zulässig war, lag auf der Hand.

679 Zuletzt wurde die Möglichkeit, rechtmäßige Beschlüsse über den Verteilungsmaßstab zu fassen, in der Praxis durch eine einschränkende Interpretation der Merkmale „Einzelfall", „Gebrauch" und „Möglichkeit des Gebrauchs" (§ 16 Abs. 4 S. 1 WEG a.F.) erschwert.[2]

B. Das neue Recht auf einen Blick

680 Das neue Recht hat das bisherige System deutlich vereinfacht.

Zwei Vorschriften regeln den **gesetzlichen Kostenverteilungsschlüssel**:

- Den **allgemeinen Verteilungsschlüssel** enthält § 16 Abs. 2 S. 1 WEG. Diese Einzelvorschrift ersetzt die Normengruppe des § 16 Abs. 2, 7 und 8 WEG a.F., ohne dass sich daraus inhaltlich Änderungen ergeben würden.

1 BGH v. 18.3.2016 – V ZR 75/15, NJW 2016, 2177 Rz. 24.

2 Abschlussbericht Bund-Länder-Arbeitsgruppe WEG-Reform, ZWE 2019, 429 (447).

- Die gesetzliche Kostenverteilung bei **baulichen Veränderungen** ergibt sich nicht mehr aus dem aufgehobenen § 16 Abs. 6 WEG a.F., sondern aus den – inhaltlich auf einem differenzierten System beruhenden – § 21 Abs. 1 bis 3 WEG.

681 **Beschlüsse über den Kostenverteilungsmaßstab** sieht das Gesetz nur noch an zwei Stellen vor: § 16 Abs. 2 S. 2 WEG enthält die allgemeine Regelung, die nach § 16 Abs. 3 WEG bei Kosten baulicher Veränderungen durch die Spezialregel in § 21 Abs. 5 S. 1 WEG verdrängt wird.

682 Die Möglichkeit, rechtmäßige Beschlüsse über die Änderung des Kostenverteilungsmaßstabs zu fassen, ist deutlich erweitert worden. Maßgeblich sind im Vergleich zum bisherigen Recht **drei Aspekte**:

- Erstens reicht für einen Verteilungsmaßstabsbeschluss stets – also unabhängig vom Kostentyp – die einfache Mehrheit (anders noch § 16 Abs. 4 S. 2 WEG a. F).
- Zweitens ist es bei Baukosten nicht mehr erforderlich, dass der Beschluss einen Einzelfall betreffen muss (anders noch § 16 Abs. 4 S. 1 WEG a.F.).
- Drittens macht das neue Recht, anders als § 16 Abs. 3, Abs. 4 S. 1 WEG a.F., grundsätzlich keine einschränkenden Vorgaben zum Inhalt des neuen Verteilungsmaßstabs. Eine Ausnahme gilt nach § 21 Abs. 5 S. 2 WEG nur für die Kosten baulicher Veränderungen.

C. Das neue Recht im Detail

I. Der gesetzliche Kostenverteilungsmaßstab (§ 16 Abs. 2 S. 1 WEG)

683 Nach § 16 Abs. 2 S. 1 WEG hat jeder Wohnungseigentümer die Kosten der Gemeinschaft der Wohnungseigentümer nach dem Verhältnis seines Miteigentumsanteils gemäß § 16 Abs. 1 S. 2 WEG zu tragen. Die Vorschrift entspricht inhaltlich § 16 Abs. 2 WEG a.F.

684 § 16 Abs. 2 S. 1 WEG ist die **Grundlage** der Pflicht des Wohnungseigentümers, sich an den **Kosten** der Gemeinschaft der Wohnungseigentümer zu **beteiligen**. Allerdings ist der Anspruch – im Gegensatz zum Gemeinschaftsrecht (§ 748 BGB) – nicht unmittelbar auf Zahlung gerichtet. Der Zahlungsanspruch entsteht vielmehr erst durch eine **Beschlussfassung** gemäß § 28 Abs. 1 S. 1 oder Abs. 2 S. 1 WEG. Anspruchsgrundlage sind mithin diese Beschlüsse (näher Rz. 739). Gläubigerin des Zahlungsanspruchs ist die Gemeinschaft der Wohnungseigentümer. An diesem schon zum alten Recht allgemein anerkannten System[1] hat das neue Recht nichts geändert. Die Streichung der Worte aus § 16 Abs. 2 WEG a.F. „den anderen Wohnungseigentümern gegenüber verpflichtet" schließt aber das Missverständnis aus, § 16 Abs. 2 S. 1 WEG enthalte Ansprüche der Wohnungseigentümer untereinander. Der Anspruch

1 Vgl. Staudinger/*Häublein*, § 28 WEG Rz. 149.

gegen die Wohnungseigentümer auf Fassung von die Zahlungspflicht begründenden Beschlüsse nach § 28 Abs. 1 S. 1 oder Abs. 2 S. 1 WEG steht – anders als nach bisherigem Recht[1] – der Gemeinschaft der Wohnungseigentümer zu (näher Rz. 411). Gleichzeitig hat jeder Wohnungseigentümer einen Anspruch gegen den Verband auf entsprechende Beschlussfassung (Rz. 315).

685 Die Neuregelung in § 16 Abs. 2 S. 1 WEG operiert mit einer **personellen Kostenanknüpfung** („Kosten der Gemeinschaft der Wohnungseigentümer"). Dies trägt dem Umstand Rechnung, dass seit Anerkennung der Rechtsfähigkeit die zu verteilenden Kosten zwecks Abgrenzung von der privaten Vermögenssphäre der Wohnungseigentümer nicht mehr gegenständlich beschrieben werden müssen. Die Kostenverteilung betrifft vielmehr sämtliche Kosten der Gemeinschaft der Wohnungseigentümer.[2] Aus dem Wortlaut folgt, dass die Wohnungseigentümer nach § 16 Abs. 2 S. 1 WEG nicht verpflichtet sind, sich an Kosten zu beteiligen, die anderen Personen als der Gemeinschaft der Wohnungseigentümer entstanden sind. Dies ist etwa von Bedeutung, wenn ein Wohnungseigentümer Aufwendungen in Angelegenheiten der Gemeinschaft der Wohnungseigentümer erbracht hat. In diesen Fällen kommt § 16 Abs. 2 S. 1 WEG erst zur Anwendung, wenn die Gemeinschaft der Wohnungseigentümer die Aufwendungen erstattet hat.

686 Das Problem, unter welchen Voraussetzungen ein **Aufwendungsersatzanspruch** des Wohnungseigentümers besteht[3], ist nicht Gegenstand des WEMoG. Das neue Recht verhält sich auch nicht zu der umstrittenen Frage, ob ein Aufwendungsersatzanspruch um den Eigenanteil des Wohnungseigentümers zu kürzen ist.[4]

687 Das Prinzip, dass die Kostenbeteiligungspflicht nach § 16 Abs. 2 S. 1 WEG sich nur auf Kosten der Gemeinschaft der Wohnungseigentümer bezieht, führte folgerichtig zur **Streichung** von § 16 Abs. 7 und 8 WEG a.F. Die dortigen begrifflichen Beschreibungen der Kosten der Verwaltung im Sinne des § 16 Abs. 2 WEG a.F., deren Bedeutung schon zum früheren Recht schwer zu erfassen war, sind aufgrund der Neuregelung von § 16 Abs. 2 S. 1 WEG überflüssig. Denn wenn die in § 16 Abs. 7 und 8 WEG a.F. genannten Kosten der Gemeinschaft der Wohnungseigentümer entstanden sind, sind sie ohne weiteres nach § 16 Abs. 2 S. 1 WEG unter den Wohnungseigentümern zu verteilen. Ist dies nicht der Fall, scheidet eine Kostenverteilung nach dieser Norm aus.

---

1 Etwa BGH v. 10.2.2017 – V ZR 166/16, ZMR 2017, 570 Rz. 11; Staudinger/*Häublein*, § 28 WEG Rz. 151.

2 BT-Drucks. 19/18791, S. 55; so bereits zum bisherigen Recht BeckOGK-WEG/*Falkner*, § 16 Rz. 69.

3 Dazu etwa BGH v. 14.6.2019 – V ZR 254/17, ZMR 2019, 890 (unberechtigte Eigenverwaltung) sowie Staudinger/*Lehmann-Richter*, § 21 WEG Rz. 69 ff. (berechtigte Eigenverwaltung).

4 Dazu etwa Staudinger/*Lehmann-Richter*, § 21 WEG Rz. 72 m. Nachw.

II. Änderung des Verteilungsmaßstabs durch Beschluss (§ 16 Abs. 2 S. 2 WEG)

1. Anwendungsbereich und Normzweck

688 § 16 Abs. 2 S. 2 WEG tritt – mit Ausnahme der Kosten baulicher Veränderungen, über die nach § 21 Abs. 5 WEG zu beschließen ist (Rz. 1041) – an die Stelle der § 16 Abs. 3 und 4 sowie § 21 Abs. 7 WEG a.F. Zweck der Norm ist es, den Wohnungseigentümern die Möglichkeit zu eröffnen, den gesetzlichen oder vereinbarten Verteilungsmaßstab durch **Beschluss** zu **verändern**.

2. Beschlusskompetenz

689 § 16 Abs. 2 S. 2 WEG eröffnet die Kompetenz, über den Maßstab der Verteilung einzelner oder bestimmter Arten von Kosten zu beschließen.

a) Kosten der Gemeinschaft der Wohnungseigentümer

690 Die Beschlusskompetenz erfasst damit sämtliche Kosten der Gemeinschaft der Wohnungseigentümer i. S. d. § 16 Abs. 2 S. 1 WEG. Eine Ausnahme gilt nach § 16 Abs. 3 WEG nur für die Kosten baulicher Veränderungen, deren Verteilungsschlüssel indes unter den Kompetenztitel des § 21 Abs. 5 WEG fällt. Weitere Einschränkungen bestehen mit Blick auf den Entstehungsgrund der Kosten hingegen nicht.

691 § 16 Abs. 2 S. 2 WEG ermöglicht es daher nicht nur, den Maßstab für die Verteilung der Kosten eines rechtmäßigen Gebrauchs oder einer rechtmäßigen Verwaltung festzulegen (z.B. die Kosten einer Veräußerungszustimmung nach § 12 WEG). Vielmehr erfasst § 16 Abs. 2 S. 2 WEG auch Kosten, die auf einem rechtswidrigen **Gebrauchs- oder Verwaltungshandeln** einzelner Wohnungseigentümer beruhen.[1] Über die Ordnungsmäßigkeit der Beschlüsse ist damit natürlich noch nicht entschieden.

692 **Beispiel:** Der allein zur Versammlung erschienene Wohnungseigentümer E1 fasst mit seinen Stimmen einen ordnungswidrigen Beschluss, der auf Anfechtungsklage hin für ungültig erklärt wird. Ein Beschluss, nach dem die der Gemeinschaft der Wohnungseigentümer entstandenen Prozesskosten nur von E1 zu tragen sind, ist von der Beschlusskompetenz aus § 16 Abs. 2 S. 2 WEG gedeckt. Er widerspricht allerdings ordnungsmäßiger Verwaltung (Rz. 713).

693 Zum alten Recht entsprach es h.M., dass § 16 Abs. 3 WEG a.F. nur die Kompetenz einräumte, im Rahmen einer dem Grunde nach bereits bestehenden Kostentragungsverpflichtung einen anderen Verteilungsmaßstab zu wählen, nicht hingegen, einen Wohnungseigentümer, der nach einer bestehenden Vereinbarung von der Kostentragung (teilweise) befreit war, durch Beschluss erstmals an den Kosten zu beteiligen.[2] Diese Sichtweise überzeugte zum neuen Recht nicht. Denn auch in derartigen Fällen ist der Normzweck einschlägig, eine Kostenverteilung durch Beschluss zu ermöglichen, die von einer Vereinbarung oder einem Beschluss abweicht. § 16 Abs. 2 S. 2 WEG erlaubt nun ausdrücklich, eine „**von einer Vereinbarung abweichende**“ Verteilung zu beschließen.

1 A.A. zum alten Recht etwa BeckOK-WEG/*Bartholome*, § 16 Rz. 157.
2 BGH v. 1.6.2012 – V ZR 225/11, NJW 2012, 2578 Rz. 13.

b) Einzelne Kosten bzw. bestimmte Arten von Kosten

694 Die Beschlusskompetenz ist auf die Verteilung einzelner Kosten oder bestimmter Arten von Kosten beschränkt. Diese beiden Merkmale dienen der **Abgrenzung** von **einem generellen Verteilungsmaßstab**, für den keine Beschlusskompetenz besteht. In der Sache geht es darum, dass die Wohnungseigentümer nur über gegenständlich hinreichend bestimmte Kosten beschließen können. Historisch wurzelt diese Einschränkung im alten Recht, dessen Beschlusskompetenz sich in § 16 Abs. 3 und Abs. 4 S. 1 WEG a.F. ebenfalls auf gegenständlich näher bestimmte Kosten bezog.[1] Der Gesetzgeber des WEMoG hat dieses Konzept im Grundsatz fortgeführt, indes in stark modifizierter Form.

695 Die Bestimmung des **Zwecks** dieser **Beschränkung** der Beschlusskompetenz bereitet Schwierigkeiten, weshalb es nicht überrascht, dass die Gesetzesbegründung hierzu schweigt. Eine mögliche Erklärung ist der Informationsaspekt: Den Wohnungseigentümern soll der Beschlussgegenstand und damit die Reichweite ihrer Entscheidung hinreichend deutlich werden. Indes wird dem Bedürfnis nach Rechtssicherheit hinsichtlich des Beschlussgegenstandes bereits durch das allgemeine Bestimmtheitsgebot[2] Rechnung getragen und die Aufklärung bei bzw. vor der Beschlussfassung erfolgt grundsätzlich über das Gebot, den Beschlussgegenstand bei der Einberufung zu bezeichnen (§ 23 Abs. 2 WEG).[3] Ein besonderes Bedürfnis, diese Anforderungen an die Information gerade bei den Verteilungsmaßstabsbeschlüssen zu erhöhen, ist nicht ersichtlich.

696 Für die Begrenzung der Beschlusskompetenz in § 16 Abs. 2 S. 2 WEG fehlt daher im Ergebnis eine überzeugende Rechtfertigung. Die Vorschrift ist aus diesem Grund mit Blick auf die dadurch erreichte Rechtssicherheit rein **formal** zu **interpretieren**: Nicht von der Kompetenzregelung erfasst ist nur ein Generalbeschluss, der die betroffenen Kosten nicht näher konkretisiert.

697 Um einen solchen Generalbeschluss handelt es sich zum einen, wenn der Beschluss sich pauschal auf sämtliche Kosten der Gemeinschaft der Wohnungseigentümer bezieht (*„Die Kosten der Gemeinschaft der Wohnungseigentümer werden nach dem Maßstab ... verteilt.“*). Zum anderen liegt ein Generalbeschluss vor, wenn eine allgemeine Kostengruppe ohne nähere Spezifizierung Beschlussgegenstand ist (*„Die Kosten des Gebrauch des gemeinschaftlichen Eigentums werden nach dem Maßstab [...] verteilt.“* Oder *„Die Kosten der Verwaltung werden nach dem Maßstab [...] verteilt.“*). Wird hingegen die Kostengruppe spezifiziert, handelt es sich nicht um einen Generalbeschluss, und zwar selbst dann nicht, wenn die Bezeichnung der Kostengruppe Auslegungsfragen über ihre genaue Reichweite aufwirft (*„Die Kosten der Erhaltung des gemeinschaftlichen Eigentums werden nach dem Maßstab [...] verteilt.“*).

698 Die Abgrenzung der beiden Tatbestandsmerkmale „einzelne“ und „bestimmte Arten“ von Kosten untereinander ist damit rein theoretischer Natur, da sie jeweils nur

1 Nämlich auf Betriebskosten oder Verwaltungskosten, die nach Verbrauch oder Verursachung erfasst wurden (§ 16 Abs. 3 WEG a.F.) bzw. auf Einzelfallkosten (§ 16 Abs. 4 S. 1 WEG a.F.).

2 Dazu etwa Staudinger/*Häublein*, § 23 WEG Rz. 84 ff.

3 Vgl. *Lehmann-Richter*, FS Riecke (2019), S. 287.

dazu dienen, Generalbeschlüsse vom Anwendungsbereich des § 16 Abs. 2 S. 2 WEG auszuklammern. Ein Beschluss betrifft **„einzelne Kosten"**, wenn er sich auf einen konkret identifizierbaren Kostenentstehungsgrund bezieht, z.B. eine bestimmte Erhaltungsmaßnahme an den Fenstern.[1] Das Merkmal „**bestimmte Art**" von Kosten ist sowohl bei laufenden und wiederkehrenden Kostenpositionen (z.B. der Verteilung der Kosten der Müllentsorgung) einschlägig als auch bei gleichartigen Maßnahmen, die in unregelmäßigen Abständen anstehen.[2] Beispiele sind etwa die Kosten der Erhaltung der Fenster oder anderer Bauteile, aber auch die Kosten einer Veräußerungszustimmung nach § 12 WEG.

3. Zustandekommen des Beschlusses

699 Für das Zustandekommen eines Beschlusses über die Änderung des Verteilungsschlüssels reicht, anders als nach altem Recht (Rz. 674), gemäß § 16 Abs. 2 S. 2 i.V.m. § 25 Abs. 1 WEG stets die **einfache Mehrheit**. Im Übrigen hat das WEMoG das Beschlussverfahren nicht verändert.

4. Ordnungsmäßigkeit des Beschlusses

700 Zur materiellen Rechtmäßigkeit des Beschlusses macht § 16 Abs. 2 S. 2 WEG keine Vorgaben. Insbesondere regelt das Gesetz die Anforderungen an den neuen Verteilungsmaßstab – im Gegensatz zu § 16 Abs. 3, Abs. 4 S. 1 WEG a.F. – nicht näher. Die Rechtmäßigkeitsvoraussetzungen richten sich daher nach der Generalklausel der ordnungsmäßigen Verwaltung (§ 19 Abs. 1 WEG).[3] Diese verlangt einen Beschluss, der im Interesse der Gesamtheit der Wohnungseigentümer liegt (§ 18 Abs. 2 WEG), wobei die Wohnungseigentümer einen Ermessenspielraum haben. Um eine ordnungsgemäße Ermessensentscheidung handelt es sich nur, wenn der neue Kostenverteilungsschlüssel durch **Sachgründe gerechtfertigt** ist. Hier lassen sich zwei positive und ein negativer Gesichtspunkt unterscheiden: Die Erhöhung der Verteilungsgerechtigkeit und die Beachtung des Gebots der Maßstabskontinuität sowie das Verbot der Selbsttitulierung von Ersatzansprüchen.

a) Annäherung an die tatsächlichen Einzelkosten – Verbesserung der Verteilungsgerechtigkeit

701 Der wichtigste Grund für eine Änderung des Kostenverteilungsschlüssels ist die damit einhergehende Verbesserung der Verteilungsgerechtigkeit. Die Verteilungsschlüssel haben den Zweck, aus einer Gesamtkostenmenge die auf den jeweiligen Wohnungseigentümer entfallenden Einzelkosten herauszulösen. Nun ist es offensichtlich, dass es typischerweise keine objektiv auf den Wohnungseigentümer entfallenden Einzelkosten gibt, geschweige denn eine Methode, diese zu ermitteln. Dies liegt daran, dass eine Vielzahl von Kosten sich weder auf einzelne Wohnungen beziehen noch von Verbrauch oder Verursachung abhängen. Das Gesetz gibt daher zu

1 BT-Drucks. 19/18791 S. 56.
2 BT-Drucks. 19/18791 S. 56.
3 Vgl. BT-Drucks. 19/18791 S. 56.

Recht eine **abstrakte Verteilungsmethode** vor, nämlich die Umlage nach Miteigentumsanteilen (§ 16 Abs. 2 S. 1 WEG). Denn die Miteigentumsanteile sind aus dem Grundbuch ersichtlich und bieten als Verteilungsmaßstab daher ein hohes Maß an Rechtssicherheit. Der Verteilung nach Miteigentumsanteilen ist aber keine besondere Verteilungsgerechtigkeit immanent. Ein Beschluss, der einen neuen, diesen Gerechtigkeitsmaßstab erhöhenden Verteilungsschlüssel einführt, entspricht daher typischerweise ordnungsmäßiger Verwaltung. Das Gerechtigkeitsmaß wird erhöht, wenn die Verteilung sich stärker den Kosten annähert, die die jeweiligen Wohnungseigentümer bei wertender Betrachtung zu tragen haben. Im Einzelnen lassen sich hier folgende Kriterien unterscheiden, die sich indes teilweise überschneiden:

aa) Verkleinerung des Abrechnungskreises

702 Regelmäßig wird die Verteilungsgerechtigkeit durch eine Verkleinerung des Abrechnungskreises verbessert. Eine solche Verkleinerung des Abrechnungskreises kommt insbesondere in Mehrhausanlagen in Betracht. Voraussetzung ist aber, dass die Kosten, die Gegenstand des Beschlusses sind, sich dem kleineren Abrechnungskreis zuordnen lassen.

703 **Beispiel:** In einer Mehrhausanlage wird ein Beschluss gefasst, dass die Kosten der Erhaltung die jeweiligen Eigentümer der einzelnen Häuser zu tragen haben. Die Erhaltungskosten lassen sich den Eigentümern der jeweiligen Häuser zuordnen, weil sie auf der Existenz des Gebäudes beruhen, in dem sich die Wohnungen befinden.

704 **Gegenbeispiel:** Es wird beschlossen, dass die Kosten einer Dachreparatur die Eigentümer tragen sollen, deren Wohnungen unter dem Dach liegen. Diese Verkleinerung des Abrechnungskreises ist ordnungswidrig, weil das Dach – und damit die durch seine Existenz ausgelösten Kosten – auch den anderen Wohnungseigentümern dient.

bb) Verteilung nach Verursachung oder Verbrauch

705 Zu einer Erhöhung des Maßes der Verteilungsgerechtigkeit führt es typischerweise auch, wenn Kosten nach Verursachung oder nach Verbrauch verteilt werden. Dies betrifft zum einen Betriebskosten i. S. d. § 2 BetrKV, ist aber auch bei anderen Verwaltungskosten denkbar. Beispiele sind Beschlüsse, nach denen die Kosten einer Veräußerungszustimmung vom veräußernden Wohnungseigentümer zu tragen sind oder die Kosten einer außerordentlichen Eigentümerversammlung von den Wohnungseigentümern, die diese begehren, wenn dort ausschließlich Themen behandelt werden, die diese Wohnungseigentümer auf die Tagesordnung gesetzt haben.

cc) Berücksichtigung einer besonderen Einwirkungsmöglichkeit

706 Die Verteilungsgerechtigkeit kann es auch verbessern, wenn bei Erhaltungskosten eine besondere Einwirkungsmöglichkeit berücksichtigt wird, auch wenn die Notwendigkeit der Erhaltungsmaßnahme sich keiner konkreten Verursachungsquelle zuordnen lässt. Denn typischerweise geht mit der Einwirkungsmöglichkeit auch eine tatsächliche Einwirkung einher, weshalb es bei wertender Betrachtung typischerweise ordnungsgemäß ist, dies bei der Kostenverteilung zu berücksichtigen. Dieser Ge-

sichtspunkt hat praktische Bedeutung vor allem bei den Kosten von Bauteilen, die das Sondereigentum nach außen abgrenzen (**Fenster und Wohnungseingangstüren**) und die dem regelmäßigen Zugriff eines bestimmten Wohnungseigentümers unterliegen.

707 Bei den **Fenstern** besteht eine besondere Einwirkungsmöglichkeit bei der Glasscheibe sowie der Innenseite des Fensters und dem Schließmechanismus, nicht hingegen bei der Außenseite des Fensters. Dennoch kann das Kriterium der Einwirkungsmöglichkeit einen Beschluss rechtfertigen, der die Kosten der Erhaltung des gesamten Fensters den jeweiligen Wohnungseigentümern auferlegt. Denn eine einheitliche Behandlung der Fenster ist allein praktisch sinnvoll und daher vom Verwaltungsermessen der Wohnungseigentümer gedeckt. Etwas anderes gilt für Bauteile, bei denen es an einer besonderen Einwirkungsmöglichkeit fehlt, etwa beim Dach, aber auch beim Fassadenputz im räumlichen Bereich des Sondereigentums.

708 Aber auch bei dem Gebrauch sämtlicher Wohnungseigentümer unterliegenden Teilen des gemeinschaftlichen Eigentums ist eine Kostenverteilung anhand des Kriteriums der Einwirkungsmöglichkeit denkbar. Erforderlich ist hier aber, dass sich der Umfang der **Einwirkungsmöglichkeit** des einzelnen Wohnungseigentümers **objektiv bestimmen** lässt. Denkbar ist es daher etwa, die Kosten der Erneuerung des Bodenbelags des Treppenhauses nach Stockwerken zu verteilen.

709 **Beispiel:** In einem Haus mit drei Etagen, in dem sich pro Etage eine Wohnung befindet, wird der Bodenbelag im gesamten Treppenhaus ausgetauscht. Ein die Einwirkungsmöglichkeit berücksichtigender Beschluss (Kostenverteilung EG 1/6, 1. OG 1/3, 2. OG ½) kann ordnungsmäßiger Verwaltung entsprechen. Zwar entspricht die Kostenverteilung mit sehr hoher Wahrscheinlichkeit nicht der tatsächlich verursachten Abnutzung. Das ist bei dem Kriterium der Einwirkungsmöglichkeit aber auch nicht maßgeblich. Denn hier ist entscheidend, dass seine Berücksichtigung typischerweise die Verteilungsgerechtigkeit gegenüber einer Verteilung nach Miteigentumsanteilen erhöht.

dd) Vorteile der konkreten Maßnahme

710 In besonders gelagerten Ausnahmekonstellationen ist es denkbar, dass sich die Vorteile einer Erhaltungsmaßnahme einem konkreten Wohnungseigentümer zuordnen lassen, ohne dass seine Kostenbelastung bereits nach dem Kriterium der besonderen Einwirkungsmöglichkeit gerechtfertigt wäre. Ein **Beispiel** ist etwa das im Gemeinschaftseigentum stehende Sonnendach, von dem nur der Eigentümer der Dachterrasse profitiert, auf das er aber keine zu einer Abnutzung führende Einwirkungsmöglichkeit hat.

b) Kriterium der Maßstabskontinuität

711 Nach bisherigem Recht konnte eine Kostenverteilung durch Beschluss daran scheitern, dass die Kostenverteilung einen Anspruch anderer Wohnungseigentümer auf Gleichbehandlung in künftigen Fällen auslösen würde.[1] Dieses Kriterium der Maßstabskontinuität steht nach neuem Recht einem „erstmaligen" Kostenverteilungsbeschluss nicht mehr entgegen. Denn das vom BGH insofern für maßgeblich gehal-

1 BGH v. 18.6.2010 – V ZR 164/09, NJW 2010, 2513 Rz. 17 ff.

tene Kriterium des „Einzelfalls“ (§ 16 Abs. 4 S. 1 WEG a.F.) hat das WEMoG nicht übernommenen. Das Prinzip der Maßstabskontinuität ist aber bei „Folgebeschlüssen“ zu beachten: Denn bei der ordnungsmäßigen Verwaltung ist auch das Gebot der Gleichbehandlung der Wohnungseigentümer zu berücksichtigen.[1]

712 **Beispiel:** In einer Mehrhausanlage wird beschlossen, die Kosten einer anstehenden Erhaltungsmaßnahme am Dach eines Gebäudes zwischen den Wohnungseigentümern in diesem Gebäude zu verteilen. Ein solcher Beschluss ist regelmäßig ordnungsmäßig. Einige Zeit später wird über die Erhaltungsmaßnahme am Dach eines anderen Gebäudes entschieden und die Verteilung der Kosten unter allen Wohnungseigentümern beschlossen. Dieser „Folgebeschluss“ ist, wenn keine Sachgründe für die Ungleichbehandlung bestehen, ordnungswidrig. Gleichzeitig hat jeder Wohnungseigentümer einen Anspruch, dass ein Verteilungsmaßstab beschlossen wird, der dem Kriterium der Maßstabskontinuität gerecht wird.

c) Keine „Selbsttitulierung“ von Schadensersatzansprüchen

713 Typischerweise beruhen die Kosten der Gemeinschaft der Wohnungseigentümer auf einem rechtmäßigen Gebrauchs- und Verwaltungsverhalten der Wohnungseigentümer. Zwar sind auch die auf einem rechtswidrigen Gebrauchs- und Verwaltungsverhalten beruhenden Kosten solche i. S. d. § 16 Abs. 2 WEG und daher unter den Wohnungseigentümern zu verteilen. Solche Kosten dürfen aber nicht unter Hinweis auf das Verursachungsprinzip nach § 16 Abs. 2 S. 2 WEG den Wohnungseigentümern zugewiesen werden, die sie ausgelöst haben. Denn dies würde zu einer verschuldensunabhängigen Haftung des Wohnungseigentümers für pflichtwidriges Gebrauchs- und Verwaltungsverhalten beruhen, was mit dem allgemeinen Verschuldensprinzip nicht zu vereinbaren ist. Ein Beschluss, der unter Umgehung dieses Prinzips Kosten zuweist, widerspricht daher ordnungsmäßiger Verwaltung.

714 **Beispiel 1:** Die Wohnungseigentümer fassen einen Beschluss, nach dem die Kosten eines Anfechtungsprozesses unter den Wohnungseigentümern zu verteilen sind, die für den Beschluss gestimmt haben: *„Die Kosten des Anfechtungsverfahrens AG Schöneberg Az. [...] tragen die Wohnungseigentümer X und Y.“* oder – allgemein – *„Die Kosten von Beschlussklageverfahren nach § 44 Abs. 1 WEG tragen die Wohnungseigentümer, die für den Beschluss gestimmt haben.“*

715 **Beispiel 2:** E1 hat beim Umzug eine Fensterscheibe im Flur zerbrochen. Die Wohnungseigentümer fassen einen Beschluss, nach dem die Reparaturkosten von ihm zu tragen sind.

716 Die in den Beispielen genannten Beschlüsse sind auf Anfechtungsklage hin für ungültig zu erklären. Denn sie führen in der Sache zu einer – inhaltlich unangemessenen – Gefährdungshaftung der Wohnungseigentümer für ihr Verwaltungs- bzw. Gebrauchsverhalten. Die Gemeinschaft der Wohnungseigentümer ist daher gehalten, etwaige Ersatzansprüche gegen den Wohnungseigentümer durchzusetzen.

717 Sind gegen das Verbot der Selbsttitulierung verstoßende Beschlüsse nach § 16 Abs. 2 S. 2 WEG bestandskräftig geworden, so führt die Bestandskraft des Beschlusses über die Jahresabrechnung dazu, dass ein Schadensersatzanspruch gegen den Wohnungseigentümer entfällt. Denn dann steht fest, dass der Wohnungseigentümer mit seinen Vorschüssen den Schaden

1 BGH v. 30.11.2012 – V ZR 234/11, ZMR 2013, 288 Rz. 19; Staudinger/*Lehmann-Richter*, § 21 WEG Rz. 97.

ersetzt hat oder er aus dem Beschluss nach § 28 Abs. 2 S. 2 WEG hierzu verpflichtet ist. Dies lässt den Schaden der Gemeinschaft der Wohnungseigentümer entfallen.

718 Hat der Wohnungseigentümer den gegen ihn bestehenden Schadensersatzanspruch **anerkannt** oder ist dieser rechtskräftig **tituliert**, entspricht ein Beschluss, nach dem die Kosten im Rahmen der Jahresabrechnung allein von ihm zu tragen sind, hingegen ordnungsmäßiger Verwaltung.[1] Denn in diesen Sonderfällen führt der Beschluss nicht zu einer Umgehung des allgemeinen Haftungsrechts.

d) Kosten der erstmaligen Herstellung des gemeinschaftlichen Eigentums

719 § 16 Abs. 2 S. 2 WEG gilt auch für die Verteilung der Kosten der erstmaligen Herstellung des gemeinschaftlichen Eigentums (Rz. 1279), denn die erstmalige Herstellung ist keine bauliche Veränderung.

III. Exkurs: Umzugskostenpauschalen und andere Sonderentgelte

720 § 21 Abs. 7 Var. 2 und 3 WEG a.F. erlaubte den Wohnungseigentümern, bestimmte Sonderentgelte zu beschließen. Praktische Bedeutung erlangte diese Vorschrift vor allem für Umzugskostenpauschalen („besondere Nutzung“) und für die Kosten für die Erteilung von Veräußerungszustimmungen nach § 12 WEG („besonderer Verwaltungsaufwand“). Das WEMoG hat § 21 Abs. 7 Var. 2 und 3 WEG a.F. nicht in das neue Recht übernommen. Die Möglichkeit, über Sonderentgelte zu beschließen, hängt daher künftig davon ab, inwieweit es um die Verteilung tatsächlich angefallener Kosten geht.

1. Tatsächlich anfallende Kosten

721 § 16 Abs. 2 S. 2 WEG erlaubt es, alle Kosten, die bei der Gemeinschaft der Wohnungseigentümer anfallen, durch Beschluss zu verteilen. Es besteht deshalb weiterhin Beschlusskompetenz, Kosten, die durch eine „besondere Nutzung“ oder „besonderen Verwaltungsaufwand“ **tatsächlich anfallen**, einzelnen Wohnungseigentümern zuzuweisen. Ordnungsmäßig ist ein solcher Beschluss, wenn er durch sachliche Gründe gerechtfertigt ist, insbesondere, wenn er die Verteilungsgerechtigkeit erhöht (Rz. 700). Die Kosten, die für die **Erteilung von Veräußerungszustimmungen nach § 12 WEG** anfallen, können deshalb weiterhin dem veräußernden Wohnungseigentümer aufgebürdet werden.

722 Auch die dogmatische **Konstruktion** ist jetzt eindeutig: Während der Beschluss nach § 21 Abs. 7 Var. 2 und 3 WEG a. F nach teilweise vertretener Ansicht[2] einen Zahlungsanspruch gegen den Wohnungseigentümer begründete, hat ein Beschluss nach § 16 Abs. 2 S. 2 WEG nur einen Kostenverteilungsschlüssel zum Gegenstand. Der Zahlungsanspruch entsteht erst dann, wenn aufgrund dieses Kostenverteilungs-

1 Vgl. BGH v. 4.3.2011 – V ZR 156/10, NJW 2011, 1346 Rz. 9.

2 Zum Meinungsstand etwa *Schultzky*, ZWE 2018, 198; Staudinger/*Lehmann-Richter*, § 21 WEG Rz. 248 f.

schlüssels eine Jahresabrechnungsforderung begründet wird (vgl. § 28 Abs. 2 S. 1 WEG). **Altbeschlüsse**, die ihrem Wortlaut nach auf die Begründung eines Zahlungsanspruchs gerichtet sind, können regelmäßig als Beschluss über einen Kostenverteilungsschlüssel ausgelegt werden, der dann aber im jeweiligen Jahresabrechnungsbeschluss nachvollzogen werden muss.

723 **Beispiel**: Am 1.5.2010 wurde beschlossen, dass Kosten einer Veräußerungszustimmung, insbesondere die Beglaubigungskosten und die Sondervergütung des Verwalters, vom veräußernden Wohnungseigentümer zu erstatten sind. Nach neuem Recht ist dieser Beschluss als Einführung eines Kostenverteilungsschlüssels zu verstehen. Als solcher begründet er in Zukunft keine unmittelbaren Zahlungspflichten, sondern ist erst im Rahmen des Beschlusses über die Jahresabrechnung zu berücksichtigen; dort sind die Kosten einer Veräußerungszustimmung allein dem Veräußerer zuzuordnen.

2. Keine tatsächlich anfallenden Kosten

724 Problematisch sind Beschlüsse, mit denen nach altem Recht Forderungen gegen Wohnungseigentümer begründet werden sollten, **ohne** dass **korrespondierende Kosten** bei der Gemeinschaft der Wohnungseigentümer anfielen. Der bedeutsamste Fall dürften sog. Umzugskostenpauschalen sein. In der bisherigen Form, dass nämlich durch den Umzug eine bestimmte Sonderabgabe fällig wird, die in das allgemeine Gemeinschaftsvermögen fließt, lassen sie sich nicht mehr begründen. Zu einem ähnlichen wirtschaftlichen Ergebnis kann man jedoch über einen entsprechenden Kostenverteilungsbeschluss gelangen, der sinnvollerweise mit der Einrichtung einer Sonderrücklage verbunden wird.

a) Kostenverteilungsbeschluss

725 Entscheidend ist es, den **Bezug zu einer spezifischen Kostengruppe** herzustellen und zu beschließen, dass diese Kosten nach einem besonderen Maßstab verteilt werden. Bei den sog. Umzugskostenpauschalen könnte etwa an die Kosten für die Erhaltung der Verkehrsflächen angeknüpft werden. Ein Beschluss, wonach diese Kosten schlicht nach der Zahl der Umzüge in den vergangenen fünf Jahren verteilt werden, wäre zwar nicht nichtig, aber doch ordnungswidrig. Denn die Abnutzung der Verkehrsflächen erfolgt nicht allein durch Umzüge und typischerweise auch nicht in einem so großen Maße durch sie, dass es gerechtfertigt wäre, die Verursachungsbeiträge der übrigen Wohnungseigentümer gänzlich außer Betracht zu lassen. Um dem Rechnung zu tragen, müsste die Verteilung nach der Zahl der Umzüge also auf einen bestimmten Bruchteil dieser Kosten beschränkt werden. Die praktische Umsetzung eines solchen Beschlusses ist freilich mit **erheblichem Aufwand** verbunden: Die Zahl der Umzüge müsste für mehrere Jahre festgehalten werden und der sich daraus konkret ergebende Kostenverteilungsschlüssel auf jede einzelne Erhaltungsmaßnahme angewendet werden. Die Mehrbelastung umziehender Wohnungseigentümer stünde zudem erst nach Jahren fest.

b) Sonderrücklage

726 Der Abwicklungsaufwand lässt sich mithilfe einer **Sonderrücklage**, über die jährlich abgerechnet wird, reduzieren. Um in der Sache eine Umzugspauschale zu etablieren, ist wie folgt vorzugehen:

727 **Erstens** ist ein entsprechender **Kostenverteilungsbeschluss** zu fassen. Die dafür notwendige Beschlusskompetenz eröffnet § 16 Abs. 2 S. 2 WEG. Ordnungsmäßiger Verwaltung widerspricht ein solcher Beschluss, wenn er eine unangemessene Belastung bewirkt, insoweit kann an die Rechtsprechung zum alten Recht angeknüpft werden.[1]

Formulierungsbeispiel:

Die Kosten der Erhaltung der Verkehrsflächen werden wie folgt verteilt: Jeder Sondereigentümer trägt für jeden Umzug einen Betrag von 50 Euro; im Übrigen werden die Kosten nach Miteigentumsanteilen verteilt.

728 **Zweitens** ist über die Einrichtung einer Sonderrücklage zu beschließen (**Rücklagenbildungsbeschluss**). Die Beschlusskompetenz dafür eröffnet § 19 Abs. 1 WEG (Rz. 768).

Formulierungsbeispiel:

Es wird eine Sonderrücklage ‚Verkehrsflächen' eingerichtet, die der Erhaltung der Verkehrsflächen dient.

729 **Drittens** ist, weil im Vorfeld in der Regel nicht feststeht, wie oft es zu Umzügen in welchen Sondereigentumseinheiten kommt, im Rahmen des **Wirtschaftsplanbeschlusses** zunächst auf eine Zuführung zu der Sonderrücklage „Verkehrsflächen" zu verzichten. Die „Vorschüsse" (§ 28 Abs. 1 S. 1 WEG) werden also auf 0 Euro festgesetzt.

Formulierungsbeispiel:[2]

Es werden folgende monatlich jeweils im Voraus fällige Vorschüsse beschlossen:

	Vorschuss zur Kostentragung	***Vorschuss zur Erhaltungsrücklage***	***Vorschuss zur Sonderrücklage „Verkehrsflächen"***
A	*30 Euro*	*50 Euro*	*0 Euro*
B	*45 Euro*	*75 Euro*	*0 Euro*
C	*75 Euro*	*125 Euro*	*0 Euro*

730 **Viertens** wird der beschlossene Kostenverteilungsschlüssel (oben 1.) schließlich im Rahmen des **Jahresabrechnungsbeschlusses** angewendet: Entsprechend den tatsächlich angefallenen Umzügen werden Zuführungen zu der Sonderrücklage als „Nachschüsse" (§ 28 Abs. 2 S. 1 WEG) beschlossen. Soweit unterjährig Kosten für die Er-

---

1 BGH v. 1.10.2010 – V ZR 220/09, NJW 2010, 3508 Rz. 1 sah die Grenze damals bei 50 Euro.

2 Allgemein zum Wirtschaftsplanbeschluss Rz. 789.

haltung der Verkehrsflächen angefallen sind, sind diese Kosten nach einem entsprechenden Finanzierungsbeschluss der Sonderrücklage zu entnehmen; ist die Rücklage aufgebraucht, sind die übrigen Kosten nach Miteigentumsanteilen zu verteilen. Wenn, wie häufig, unterjährig keine Kosten angefallen sind, ist das unschädlich, denn die Bildung der Sonderrücklage dient gerade dazu, Vermögen zur Deckung noch nicht angefallener Kosten anzusammeln. Dass dabei bereits der Verteilungsschlüssel angewendet wird, der für die späteren Kosten gilt, ist nicht zwingend, aber doch sachgerecht.

Formulierungsbeispiel:[1]

Es werden folgende Nachschüsse für das Jahr 2021 beschlossen:

	Nachschuss zur Kostentragung	***Nachschuss zur Sonderrücklage „Verkehrsflächen"***
A	*40 Euro*	*50 Euro*
B	*60 Euro*	*0 Euro*
C	*100 Euro*	*0 Euro*

c) Keine Umdeutung von Altbeschlüssen

731 Eine Umdeutung von Altbeschlüssen scheidet in der Regel aus. Denn die Definition der Kostengruppe, deren Kosten zu verteilen sind, wird sich Altbeschlüssen typischerweise nicht entnehmen lassen.

D. Übergangsrecht

732 Das WEMoG enthält keine ausdrücklichen Übergangsregeln zum Recht der Kostenverteilungsschlüssel. Da der allgemeine gesetzliche Verteilungsschlüssel durch das WEMoG nicht geändert wurde, können sich zu § 16 WEG intertemporale Fragen nur zur Beschlusskontrolle stellen (dazu allgemein Rz. 2006). Zum Übergangsrecht bei den Kosten baulicher Veränderungen Rz. 1268.

733 In Gemeinschaftsordnungen finden sich gelegentlich auf die Änderung des geltenden Kostenverteilungsschlüssels abzielende **Öffnungsklauseln** (etwa: *„Der Kostenverteilungsschlüssel kann durch Beschluss mit einer Mehrheit von ¾ der Stimmen geändert werden, wenn hierfür ein sachlicher Grund besteht und kein Wohnungseigentümer durch die Änderung unbillig benachteiligt wird.“*). Zur Bedeutung solcher oder anderer Öffnungsklauseln für die Anwendung von § 16 Abs. 2 S. 2 WEG siehe Rz. 2040.

1 Allgemein zum Jahresabrechnungsbeschluss Rz. 870.

§ 10
Finanzwesen

A. Das alte Recht und seine Probleme

734 Das Finanzwesen der Gemeinschaft war in § 28 WEG a.F. **nur rudimentär geregelt**. Das wurde seiner praktischen Bedeutung für die Funktionsfähigkeit der Gemeinschaft seit jeher nicht gerecht. Die Rechtsprechung hat versucht, die Lücken durch detaillierte Vorgaben zu Inhalt und Darstellung von Wirtschaftsplan und Jahresabrechnung zu schließen. Wichtige Einzelfragen konnten dennoch nicht abschließend geklärt werden.

735 Insbesondere war umstritten, was **Gegenstand des Beschlusses über den Wirtschaftsplan und die Jahresabrechnung** war. Die Diskussion beschränkte sich häufig auf das Verhältnis der Beschlüsse zueinander und wurde unter den Stichworten „Abrechnungsspitze", „-summe" oder „-saldo" geführt.[1] Das eigentliche Problem reichte freilich tiefer. Denn § 28 Abs. 5 WEG a.F. ordnete ohne nähere Konkretisierung an, dass die Wohnungseigentümer über „den Wirtschaftsplan" und „die Abrechnung" beschließen. Welche Wirkungen dieser Beschluss im Einzelnen hatte, blieb im Dunkeln. Klar war lediglich, dass durch den Beschluss Zahlungspflichten begründet wurden. Unklar blieb dagegen, was der Beschluss im Hinblick auf die in den Zahlenwerken enthaltenen Informationen (z.B. Ausgaben, Kontostände und Rücklagenentwicklung) bewirken sollte. Denn naturgemäß werden unrichtige Informationen nicht durch einen Beschluss richtig. Wurden etwa die Gesamtausgaben zu niedrig angesetzt, weil eine bezahlte Handwerkerrechnung übersehen wurde, konnte auch ein bestandskräftiger Beschluss die angefallenen Kosten nicht ungeschehen machen; sobald der Fehler auffiel, musste ein Nachtrag zur Jahresabrechnung beschlossen werden.

736 Die **formalen Anforderungen** wurden zudem dadurch erhöht, dass die Jahresabrechnung nach allgemeiner Ansicht nicht nur der Sicherstellung der Finanzausstattung der Gemeinschaft dienen sollte, sondern auch der Kontrolle des Verwalters und der Information der Wohnungseigentümer.[2] Dadurch wurden letztlich verschiedene Ebenen vermengt, nämlich die Beschlussfassung zur Begründung von Zahlungspflichten und die Rechenschaftspflicht des Verwalters. Auch deshalb wurde häufig über die Richtigkeit der Jahresabrechnung gestritten. Dabei bestand stets die Gefahr, dass reine Darstellungsfehler zur Aufhebung des gesamten Beschlusses führten; denn auch die Frage, inwieweit Fehler lediglich Ergänzungsansprüche auslösten, war nicht abschließend geklärt.

---

1 Dazu etwa *Casser*, ZWE 2016, 242.

2 Statt vieler Bärmann/*Becker*, § 28 Rz. 100.

B. Das neue Recht im Überblick

737 – Es ist streng **zwischen den Zahlenwerken und den Beschlüssen zu trennen:** Gegenstand des Beschlusses „über Wirtschaftsplan und Jahresabrechnung" (künftig: **Vorschuss- bzw. Nachschussbeschluss**) sind ausschließlich die dadurch begründeten Zahlungspflichten oder -ansprüche (§ 28 Abs. 1 S. 1 und Abs. 2 S. 1 WEG – Rz. 739). Erfolgreich anfechtbar sind die Beschlüsse deshalb nur noch bei betragsrelevanten Mängeln (Rz. 744). Sind Wirtschaftsplan und Jahresabrechnung mangelhaft, ohne dass sich dies auf die Zahlungspflichten oder -ansprüche auswirkt, besteht ein Korrekturanspruch, der notfalls im Wege der Leistungsklage durchzusetzen ist (Rz. 758, 834).

– Der **Wirtschaftsplan als Zahlenwerk** aus Gesamt- und Einzelwirtschaftsplan bleibt inhaltlich unverändert (vgl. § 28 Abs. 1 S. 2 WEG – Rz. 764).

– Bei der **Jahresabrechnung als Zahlenwerk** bleiben Gesamt- und Einzelwirtschaftsplan unverändert (§ 28 Abs. 2 S. 2 WEG – Rz. 838). Die Angaben zur Entwicklung von Konten und Rücklagen entfallen; sie sind in den Vermögensbericht aufzunehmen (Rz. 840).

– Es ist jährlich ein **Vermögensbericht** zu erstellen, der den Stand der Rücklagen und eine Aufstellung des wesentlichen Gemeinschaftsvermögens enthält; eine Bewertung des Gemeinschaftsvermögens ist nicht erforderlich (§ 28 Abs. 4 WEG – Rz. 914).

C. Das neue Recht im Detail

I. Konzept

738 Der neue § 28 WEG trennt streng zwischen Wirtschaftsplan und Jahresabrechnung als Zahlenwerk (§ 28 Abs. 1 S. 2 und Abs. 2 S. 2 WEG) und dem Beschluss „über Wirtschaftsplan und Jahresabrechnung" (§ 28 Abs. 1 S. 1 und Abs. 2 S. 1 WEG): Der Beschluss hat allein die Begründung von Zahlungspflichten zum Gegenstand (unten 1.), die Zahlenwerke dienen seiner Vorbereitung (unten 2.). Als Folge dieses Konzepts ist eine Beschlussanfechtung nur noch wegen zahlungspflichtrelevanter Mängel möglich (unten 3.). Zu einer teilweisen Neuordnung der Zahlenwerke führt zudem der neue Vermögensbericht (unten 4.).

1. Beschlüsse nur über Zahlungspflichten

739 Nach dem WEMoG ist nur kleiner Teil des Zahlenwerks, das als Wirtschaftsplan oder Jahresabrechnung aufgestellt wird, Beschlussgegenstand: die **Zahlungspflichten der Wohnungseigentümer**. Denn nur soweit Zahlungspflichten zu begründen sind, ist ein Beschluss der Wohnungseigentümer sinnvoll und notwendig, um ebendiese Pflichten zu fixieren. Alle sonstigen Angaben, die Wirtschaftsplan und Jahresabrechnung enthalten, insbesondere die Werte und Rechenoperationen, auf deren Grundlage diese Zahlungspflichten berechnet wurden, sind entweder richtig oder falsch,

ohne dass ein Beschluss daran etwas ändern könnte. **Kurz**: Beschlussgegenstand ist nur das Ergebnis in Euro, nicht aber die Werte und Rechenoperationen, auf denen das Ergebnis beruht.

740 Dieses neue Konzept ergibt sich unmittelbar aus dem **Wortlaut**: Nach § 28 Abs. 1 S. 1 WEG beschließen die Wohnungseigentümer im Zusammenhang mit dem Wirtschaftsplan nur über die „Vorschüsse"; nach § 28 Abs. 2 S. 1 WEG beschließen sie im Zusammenhang mit der Jahresabrechnung nur über die „Nachschüsse" (im Fall der Unterdeckung) bzw. die „Anpassung der beschlossenen Vorschüsse" (im Fall der Überdeckung). Alle weiteren Angaben, die Wirtschaftsplan und Jahresabrechnung „darüber hinaus" (vgl. § 28 Abs. 1 S. 2 und Abs. 2 S. 2 WEG) enthalten, fallen aus dem Beschlussgegenstand heraus.

740a Terminologisch sollte deshalb künftig nicht mehr vom „Beschluss über den Wirtschaftsplan bzw. die Jahresabrechnung" gesprochen werden, sondern vom „**Beschluss über die Vorschüsse bzw. die Nachschüsse**".

741 **Ziel** dieses neuen Konzepts ist es, die Streitigkeiten über Wirtschaftsplan und Jahresabrechnung zu verringern, in dem eine Beschlussanfechtung nur noch bei zahlungspflichtrelevanten Mängeln möglich ist (Rz. 794 und 873).[1]

2. Zahlenwerke als Beschlussvorbereitung

742 Wirtschaftsplan und Jahresabrechnung dienen nur noch der Beschlussvorbereitung. Die Pflicht zur Aufstellung dieser Zahlenwerke (§ 28 Abs. 1 S. 2 und Abs. 2 S. 2 WEG) begründet damit eine **gesetzlich speziell geregelte Beschlussvorbereitungspflicht**.

743 Nach § 23 Abs. 2 WEG genügt es für eine ordnungsmäßige Beschlussfassung **im Allgemeinen**, den Gegenstand des Beschlusses zu benennen. Es ist allerdings anerkannt, dass im Rahmen der Beschlussvorbereitung je nach Bedeutung der Angelegenheit auch weitergehende Informationen zur Verfügung zu stellen sind.[2] Diese ungeschriebene und vom Einzelfall abhängige Pflicht konkretisiert § 28 Abs. 1 S. 2, Abs. 2 S. 2 WEG speziell für Beschlüsse über den Wirtschaftsplan und die Jahresabrechnung.

3. Folgen für die Anfechtbarkeit

744 Die Beschränkung des Beschlussgegenstands hat den Zweck, die **Anfechtungsmöglichkeiten zu beschränken**.[3] Denn wenn sich der Beschluss auf die Zahlungspflichten beschränkt, kann er nur dann rechtswidrig sein, wenn die beschlossenen Beträge nicht im Einklang mit dem materiellen Recht stehen. Eine Anfechtung ist deshalb auch nur noch mit dem Ziel möglich, dass sich die beschlossenen Zahlungspflichten ändern. Dafür braucht es einen **zahlungspflichtrelevanten Mangel**. Eine Anfechtung scheidet dagegen aus, wenn lediglich die formalen Anforderungen an die Darstellung

1 BT-Drucks. 19/18791, S. 76.
2 BGH v. 13.1.2012 – V ZR 129/11, ZWE 2012, 125 Rz. 12.
3 BT-Drucks. 19/18791, S. 76.

nicht eingehalten wurden. In diesem Fall kann lediglich im Wege der Leistungsklage die Korrektur des fehlerhaften Zahlenwerks verlangt werden (Rz. 758 und 834).

4. Funktionale Neuordnung durch den Vermögensbericht

745 Die **Jahresabrechnung** hatte nach bislang allgemeiner Meinung neben der **Finanzierungs-** auch eine **Kontroll- und Informationsfunktion.**[1] Deshalb waren insbesondere der Stand der Erhaltungsrücklage und die Kontostände anzugeben, obwohl diese Informationen für die zu begründenden Zahlungspflichten keine Rolle spielen.

746 Künftig ist der Stand der Rücklagen, Konten und Forderungen im jährlichen Vermögensbericht enthalten (§ 28 Abs. 4 WEG). § 28 Abs. 2 S. 2 WEG verlangt deshalb nicht, dass diese Angaben in der Jahresabrechnung wiederholt werden. Die Jahresabrechnung wird dadurch entschlackt. Zudem kommt es zu einer **klaren Funktionsverteilung** im Finanzwesen: Der **Finanzierungsfunktion** dienen die **Beschlüsse über die Vorschüsse bzw. die Nachschüsse**, indem sie die Zahlungspflichten der Wohnungseigentümer fixieren; Wirtschaftsplan und Jahresabrechnung als Zahlenwerke dienen seiner Vorbereitung. Der **Kontroll- und Informationsfunktion** dient dagegen allein der neue **Vermögensbericht.**

II. Wirtschaftsplan (§ 28 Abs. 1 WEG)

747 Beim Wirtschaftsplan ist künftig streng zwischen dem Wirtschaftsplan als Zahlenwerk (unten 1.), dem Beschluss über die Vorschüsse auf den Wirtschaftsplan (unten 2.) und dem daraus resultierenden Vorschussanspruch (unten 3.) zu unterscheiden.

1. Wirtschaftsplan als Zahlenwerk (§ 28 Abs. 1 S. 2 WEG)

748 Jeder Wohnungseigentümer hat einen Anspruch auf Aufstellung des Zahlenwerks „Wirtschaftsplan“ (unten a)). Dessen Inhalt hat sich gegenüber dem früheren Recht nicht geändert (unten b)). Eine elektronische Übermittlung ist nicht mehr ausgeschlossen (unten c)). Der wichtigste Unterschied zum alten Recht besteht aber darin, dass Mängel des Zahlenwerks für sich genommen nicht mehr zur Anfechtung berechtigen (unten d)).

a) Anspruch auf Aufstellung

749 Der Anspruch auf Aufstellung des Zahlenwerks besteht zwischen jedem Wohnungseigentümer und der Gemeinschaft der Wohnungseigentümer (unten aa)). An seiner Fälligkeit hat sich gegenüber dem früheren Recht nichts geändert (unten bb)). Er kann im Wege der Leistungsklage durchgesetzt werden (unten cc)). Besonderheiten gelten in verwalterlosen Gemeinschaften (unten dd))

---

1 Näher Staudinger/*Häublein*, § 28 WEG, Rz. 12 ff.

aa) Gläubiger und Schuldner

750 **Jeder Wohnungseigentümer** hat – wie bislang[1] – einen Anspruch auf Aufstellung eines Wirtschaftsplans. Dieser Anspruch ergibt sich aus dem allgemeinen Anspruch auf ordnungsmäßige Verwaltung nach § 18 Abs. 2 Nr. 1 WEG, der im Hinblick auf die Aufstellung des Wirtschaftsplans durch § 28 Abs. 1 S. 2 WEG konkretisiert wird.

751 Vor diesem Hintergrund spielt die **Neuformulierung des § 19 Abs. 2 WEG** keine Rolle. Der darin enthaltene, nicht abschließende Katalog der Maßnahmen ordnungsmäßiger Verwaltung nennt in seiner Nr. 5 nur noch die „Festsetzung von Vorschüssen nach § 28 Absatz 1 Satz 1", also den Beschluss über den Wirtschaftsplan, aber nicht mehr die „Aufstellung eines Wirtschaftsplans (§ 28)" (vgl. § 21 Abs. 5 Nr. 5 WEG a.F.). Die Neuformulierung rührt allein daher, dass § 19 WEG ausweislich seiner Überschrift („Regelung der Verwaltung und Benutzung durch Beschluss") nur noch Maßnahmen betrifft, die durch Beschluss der Wohnungseigentümer erfolgen, die Aufstellung des Zahlenwerks nach § 28 Abs. 1 S. 2 WEG aber Aufgabe des Verwalters ist.

752 Schuldner ist – anders als bislang[2] – nicht mehr der Verwalter, sondern die **Gemeinschaft der Wohnungseigentümer**. Denn der Anspruch auf ordnungsmäßige Verwaltung, zu der die Aufstellung des Wirtschaftsplans gehört, richtet sich allein gegen die Gemeinschaft der Wohnungseigentümer (§ 18 Abs. 2 Nr. 1 WEG).

753 Der **Wortlaut des § 28 Abs. 1 S. 2 WEG** adressiert zwar weiterhin den Verwalter. Weil der Verwalter nach dem Konzept des WEMoG aber stets als Organ der Gemeinschaft der Wohnungseigentümer tätig wird, ist die Vorschrift nunmehr so auszulegen, dass sie unmittelbar nur eine **Organzuständigkeit des Verwalters** regelt (vgl. Rz. 445). Der Verwalter ist wiederum gegenüber der Gemeinschaft der Wohnungseigentümer verpflichtet, den Wirtschaftsplan aufzustellen (zur Rechtslage in verwalterlosen Gemeinschaften Rz. 760).

bb) Fälligkeit

754 Die Fälligkeit des Anspruchs auf Aufstellung eines Wirtschaftsplans ist – wie bislang[3] – nicht gesetzlich geregelt. Denn die Anknüpfung an das „Kalenderjahr" bezieht sich nur auf den Inhalt des Wirtschaftsplans, aber nicht auf die Fälligkeit des Aufstellungsanspruchs. Auch die allgemeine Vorschrift des § 271 Abs. 1 Alt. 1 BGB passt nicht, da ein Bezugspunkt für die sofortige Fälligkeit fehlt. Zum früheren Recht wurde deshalb überwiegend vertreten, dass der Anspruch **nach Ablauf von drei, spätestens von sechs Monaten nach Beginn des Kalenderjahres** fällig wird.[4] Das WEMoG bietet keinen Grund, von dieser Linie abzuweichen.

755 Zu beachten ist jedoch, dass der Wirtschaftsplan nach § 28 Abs. 1 S. 2 WEG **„jeweils für ein Kalenderjahr"** aufzustellen ist, wohingegen der Wortlaut des § 28 Abs. 1 S. 1 WEG für den Beschluss keinen zeitlichen Bezug vorsieht. Hierin liegt eine bewusste Entscheidung des Gesetzgebers:[5] Der Beschluss, der die Zahlungspflichten der Woh-

1 Staudinger/*Häublein*, § 28 WEG Rz. 141.
2 Bärmann/*Becker*, § 28 Rz. 10.
3 Staudinger/*Häublein*, § 28 WEG Rz. 137.
4 Bärmann/*Becker*, § 28 Rz. 13; kritisch Staudinger/*Häublein*, § 28 WEG Rz. 137 f.
5 BT-Drucks. 19/18791, S. 76.

nungseigentümer begründet, kann auch für mehrere Jahre oder sogar bis auf weiteres gefasst werden. Doch auch wenn ein solcher fortwirkender Beschluss gefasst wurde, besteht die Pflicht zur Aufstellung eines Wirtschaftsplans jedes Jahr aufs Neue.[1] Dadurch sollen die Wohnungseigentümer in die Lage versetzt werden, den fortwirkenden Beschluss abzuändern.

756 Der Anspruch auf Aufstellung eines Wirtschaftsplans als Zahlenwerk **erlischt**, sobald der Beschluss über die Vorschüsse nach § 28 Abs. 1 S. 1 WEG bestandskräftig ist. Denn das Zahlenwerk wird nach § 28 Abs. 1 S. 2 WEG „[z]u diesem Zweck", also zur Beschlussfassung, aufgestellt. Mit der Bestandskraft des Beschlusses steht zudem fest, in welcher Höhe Vorschüsse zu zahlen sind: Soweit der Beschluss inhaltlich unrichtig ist, könnten aus einem neuen Zahlenwerk keine Konsequenzen mehr gezogen werden; soweit er inhaltlich richtig ist, besteht kein Interesse an einem Zahlenwerk, das dies bestätigt. Solange über die Richtigkeit des Beschlusses noch gestritten wird, insbesondere während eines gerichtlichen Anfechtungsverfahrens, besteht der Anspruch fort.

757 Soweit nach Beschlussfassung ein Bedürfnis besteht, ein **Dokument mit bestimmten Zahlen** zu erhalten (**z.B. für steuerliche Zwecke**), kann sich ein solcher Anspruch aus dem allgemeinen Anspruch auf ordnungsmäßige Verwaltung nach § 18 Abs. 2 Nr. 1 WEG ergeben. Das entspricht im Ergebnis der h.M. zum alten Recht, die etwa die Verpflichtung zur Erteilung einer Bescheinigung über haushaltsnahe Dienstleistungen nach § 35a EStG nicht aus § 28 WEG a.F. ableitete.[2]

cc) Gerichtliche Durchsetzung

758 Wird der Wirtschaftsplan nicht rechtzeitig aufgestellt, kann jeder Wohnungseigentümer **Leistungsklage** gegen die Gemeinschaft der Wohnungseigentümer erheben (zum Rechtsschutz bei Mängeln Rz. 774). Denn der Anspruch auf Aufstellung des Wirtschaftsplans ist ein Handlungsanspruch, der keiner vorhergehenden Beschlussfassung bedarf (näher zur Differenzierung zwischen Handlungs- und Entscheidungsansprüchen Rz. 340).

759 Die Aufstellung des Wirtschaftsplans ist eine vertretbare Handlung.[3] Die **Vollstreckung** erfolgt deshalb nach § 887 Abs. 1 ZPO im Wege der Ersatzvornahme.

dd) Sonderfall: Verwalterlose Gemeinschaft

760 Das WEG sieht nach wie vor **keine Regeln** für den Wirtschaftsplan in einer verwalterlosen Gemeinschaft vor.

761 Fraglich ist deshalb schon, ob in einer verwalterlosen Gemeinschaft überhaupt eine **Pflicht der Gemeinschaft der Wohnungseigentümer** zur Aufstellung eines Wirtschaftsplans besteht. § 28 Abs. 1 S. 2 WEG trifft dazu keine Aussage; insbesondere

1 So schon zum alten Recht BGH v. 14.12.2018 – V ZR 2/18, NZM 2019, 374 Rz. 13.
2 Staudinger/*Häublein*, § 28 WEG Rz. 101 ff.
3 Staudinger/*Häublein*, § 28 WEG Rz. 144.

kann dem Wortlaut, der den Verwalter als Organ adressiert, nicht entnommen werden, dass die Pflicht an die Existenz eines Verwalters gekoppelt ist. Maßgeblich muss deshalb das Bedürfnis für einen Wirtschaftsplan sein. Daran fehlt es, wenn die Gemeinschaft im Kalenderjahr absehbar weder Einnahmen noch Ausgaben und auch keinen Bedarf für eine Erhaltungsrücklage hat. Das kann etwa bei einer Reihenhausanlage der Fall sein, bei der jedes Reihenhaus eigenständig versorgt und aufgrund der Vereinbarung auch eigenständig verwaltet wird. Sind dagegen Einnahmen und Ausgaben zu erwarten, müssen diese verteilt werden; es muss deshalb auch ein Wirtschaftsplan aufgestellt werden.

762 Besteht eine Pflicht der Gemeinschaft der Wohnungseigentümer zur Aufstellung eines Wirtschaftsplans, stellt sich die Folgefrage, wie diese Pflicht zu **erfüllen** ist, wenn der dafür nach § 28 Abs. 1 S. 2 WEG vorgesehene Verwalter nicht existiert. Es gilt § 19 Abs. 1 WEG als Auffangnorm: Die Wohnungseigentümer müssen durch Beschluss entscheiden. Im Regelfall haben sie eine geeignete Person gegen angemessene Vergütung mit der Aufstellung eines Wirtschaftsplans zu beauftragen. Das kann z.B. ein Wohnungseigentümer sein, der sich auch ansonsten um das Finanzwesen kümmert.

b) Aufbau und Inhalt

763 Der Inhalt des Wirtschaftsplans als Zahlenwerk ergibt sich aus § 28 Abs. 1 S. 2 WEG. Er besteht aus einem Gesamtwirtschaftsplan und den Einzelwirtschaftsplänen (unten aa)) jeweils für ein Kalenderjahr (unten bb)). Das WEMoG stellt zudem klar, dass Sonderrücklagen zulässig sind (unten cc))

aa) Gesamtwirtschaftsplan und Einzelwirtschaftspläne

764 Das WEMoG hat an Aufbau und Inhalt des Wirtschaftsplans nichts geändert. Er muss wie bisher einen **Gesamtwirtschaftsplan** und die **Einzelwirtschaftspläne** enthalten.

765 Geändert hat sich lediglich die Formulierung in § 28 Abs. 1 WEG: Das Erfordernis eines **Gesamtwirtschaftsplans** wurde bislang § 28 Abs. 1 S. 2 Nr. 1 (hinsichtlich der „voraussichtlichen Einnahmen und Ausgaben") und Nr. 3 (hinsichtlich der Gesamtzuführung zur Instandhaltungsrückstellung) WEG a.F. entnommen.[1] Künftig ergibt es sich aus § 28 Abs. 1 S. 2 WEG, unmittelbar hinsichtlich der „voraussichtlichen Einnahmen und Ausgaben" und über den Verweis auf 28 Abs. 1 S. 1 WEG („darüber hinaus") hinsichtlich der Gesamtzuführung zur Erhaltungsrücklage.

765a Durch das WEMoG wurde im Katalog der Maßnahmen ordnungsmäßiger Verwaltung nach § 19 Abs. 2 WEG der Begriff „Instandhaltungsrückstellung" durch den Begriff „**Erhaltungsrücklage**" ersetzt (Nr. 4). Das rührt zum einen daher, dass die Erhaltung in § 13 Abs. 2 WEG als Oberbegriff für Instandhaltung und Instandsetzung definiert wird. Zum anderen soll die Verwendung des Wortes „Rücklage" verdeutlichen, dass es sich nicht um einen bilanziellen Posten, sondern um verfügbares Vermögen handelt.[2] Im selben Zug wurde auch die Formu-

1 Bärmann/*Becker*, § 28 Rz. 17.
2 BT-Drucks. 19/18791, S. 61.

lierung des § 19 Abs. 2 Nr. 3 WEG modernisiert, die nun nicht mehr auf die Feuerversicherung, sondern allgemein auf eine angemessene Versicherung des Gemeinschaftseigentums und der Wohnungseigentümer abstellt. Ein inhaltliche Änderungen ist mit keinem von beiden verbunden.

766 Das Erfordernis eines **Einzelwirtschaftsplan** wurde bislang § 28 Abs. 1 S. 2 Nr. 2 (hinsichtlich der „anteilmäßige[n] Verpflichtung der Wohnungseigentümer zur Lasten- und Kostentragung") und Nr. 3 (hinsichtlich der „Beitragsleistung der Wohnungseigentümer zu der [...] Instandhaltungsrückstellung") WEG a. F entnommen.[1] Künftig ergibt sich beides aus § 28 Abs. 1 S. 1 WEG (Vorschüsse zur „Kostentragung" und zu „Rücklagen"), auf den § 28 Abs. 1 S. 2 WEG verweist („darüber hinaus"). Die redaktionellen Änderungen – Streichung des Begriffs „Lasten" und „Rücklage" anstelle von „Rückstellung" – haben keine inhaltlichen Auswirkungen.

bb) Kalenderjahr als zeitlicher Rahmen

767 Der Wirtschaftsplan als Zahlenwerk muss sich nach dem Wortlaut des § 28 Abs. 1 S. 2 WEG stets auf das Kalenderjahr beziehen, auch wenn der Beschluss kalenderjahrübergreifend gefasst werden kann (dazu Rz. 791).

cc) Zulässigkeit von Sonderrücklagen

768 Kein Zweifel besteht nunmehr, dass neben der Erhaltungsrücklage auch Sonderrücklagen gebildet werden können.[2] § 28 Abs. 1 S. 1 WEG spricht ausdrücklich von „durch Beschluss vorgesehenen Rücklagen". Wie die Gesetzesbegründung zutreffend ausführt, ergibt sich die dafür notwendige **Beschlusskompetenz bereits aus § 19 Abs. 1 WEG**; die Erwähnung in § 28 Abs. 1 S. 1 WEG dient lediglich der Klarstellung.[3]

769 Folglich lässt sich § 28 Abs. 1 S. 1 WEG auch keine Aussage dazu entnehmen, unter welchen Voraussetzungen der Beschluss über die Bildung einer Sonderrücklage **ordnungsmäßiger Verwaltung** entspricht. In der Regel unproblematisch, weil erforderlich, ist jedenfalls eine angemessene Liquidationsrücklage. Denkbar ist es auch, eine Rücklage für künftige Investitionen abseits der Erhaltung zu bilden, etwa für eine bauliche Veränderung oder größere Anschaffungen. Diese Investitionen müssen dafür aber bereits wirksam beschlossen sein. Denn es ist den Wohnungseigentümern nicht zumutbar, Geld in der bloßen Hoffnung zurückzulegen, dass die damit anvisierten Investitionen erst noch beschlossen werden.

769a Widerspricht die Bildung einer Sonderrücklage ordnungsmäßiger Verwaltung, ist der Beschluss nicht nichtig, sondern lediglich anfechtbar. Das bedeutet aber nicht, dass im Falle der Bestandskraft die **ordnungswidrig angesammelte Sonderrücklage** für immer bestehen muss. Denn die Wohnungseigentümer können auf Grundlage des § 19 Abs. 1 WEG wie bei jeder Rücklage über deren Verwendung oder Auflösung beschließen. Im Fall einer ordnungswidrig angesammelten Sonderrücklage hat jeder

1 Bärmann/*Becker*, § 28 Rz. 17.
2 Das entspricht der h. M. zum früheren Recht, etwa *Dötsch*, ZWE 2018, 61.
3 BT-Drucks. 19/18791, S. 76.

Wohnungseigentümer nach § 18 Abs. 2 Nr. 1 WEG einen Anspruch auf Auflösung oder Umwidmung.

c) Form

770 Eine bestimmte Form des Zahlenwerks ist **gesetzlich nicht vorgesehen**.

771 **Zum alten Recht** zog man aus dem Verb „aufstellen" den Schluss, dass der Wirtschaftsplan schriftlich fixiert werden musste.[1] Das wurde aber nicht im Sinne des § 126 BGB verstanden, der Wirtschaftsplan musste also nicht eigenhändig unterschrieben werden; vielmehr sollte jede physische Verkörperung genügen, eine elektronische Übermittlung aber ohne entsprechende Vereinbarung ausscheiden.[2]

772 Diese Sichtweise überzeugte schon zum alten Recht nicht: Sie schuf nicht nur eine dem deutschen Recht unbekannte neue Form, sondern überdehnte vor allem den Wortlaut des § 28 WEG a.F.: Ein Zahlenwerk wie der Wirtschaftsplan wird nach allgemeinem Sprachgebrauch nun einmal „aufgestellt", ohne dass damit irgendeine Aussage zur Form des aufgestellten Zahlenwerks einhergeht. Verkannt wurde zudem der Zusammenhang mit der Einberufung der Versammlung, der der Wirtschaftsplan in aller Regel beizulegen ist. Für diese Einberufung genügt die Textform (§ 24 Abs. 4 S. 1 WEG). Ob sie elektronisch übermittelt werden darf (z.B. per E-Mail), ist **keine Frage der Form, sondern des Zugangs**. Eine elektronische Übermittlung der Einberufung ist nach allgemeinen Grundsätzen möglich, wenn der Empfänger mit dieser Form der Übermittlung rechnen muss.[3] Diese allgemeinen Grundsätze gelten deshalb auch für die Frage, ob der Wirtschaftsplan als Anlage zur Einberufung elektronisch übermittelt werden kann.

773 **Nach neuem Recht** ist an dieser Sichtweise nicht mehr festzuhalten. Denn das WEG kennt nunmehr an keiner Stelle mehr eine strengere Form als die Textform (vgl. § 23 Abs. 3, § 24 Abs. 2 WEG). Deshalb ist auch eine elektronische Übermittlung des Zahlenwerks (z.B. per E-Mail) möglich, wenn der Wohnungseigentümer mit dieser Form der Übermittlung rechnen muss (z.B. wenn eine E-Mail-Adresse mitgeteilt wurde).

d) Rechtsschutz bei Mängeln

774 Der Wirtschaftsplan als Zahlenwerk ist mangelhaft, wenn er im Hinblick auf Aufbau und Inhalt nicht den hergebrachten Grundsätzen entspricht. An ihnen hat das WEMoG grundsätzlich nichts geändert (Rz. 764). Ist das Zahlenwerk in diesem Sinne mangelhaft, wurde der Anspruch aus § 18 Abs. 2 Nr. 1 i.V.m. § 28 Abs. 1 S. 2 WEG noch nicht erfüllt und besteht fort. Der Sache nach ist das **Zahlenwerk zu korrigieren**. Dieser Anspruch erlischt, sobald der Beschluss über die Vorschüsse bestandskräftig ist (Rz. 756).

775 Ein Mangel des Zahlenwerks berechtigt jedoch grundsätzlich **nicht** zur **Anfechtung des Beschlusses** (eingehend dazu Rz. 794).

---

1 Bärmann/*Becker*, § 28 Rz. 15.
2 Vgl. Staudinger/*Häublein*, § 28 WEG Rz. 56.
3 Staudinger/*Häublein*, § 24 WEG Rz. 575.

2. Beschluss über Vorschüsse (§ 28 Abs. 1 S. 1 WEG)

776 Jeder Wohnungseigentümer hat einen Anspruch auf Beschlussfassung über die Vorschüsse (unten a)). Der Gegenstand des zu fassenden Beschlusses beschränkt sich dabei auf die Vorschussbeträge (unten b)). Er gilt grundsätzlich für ein Jahr (unten c)). Seine Anfechtung ist nur wegen betragsrelevanter Mängel möglich (unten d)). Sonderumlagen können als zusätzliche Vorschüsse beschlossen werden (unten e)).

a) Anspruch auf Beschlussfassung

777 Der Anspruch auf Beschlussfassung besteht zwischen jedem Wohnungseigentümer und der Gemeinschaft der Wohnungseigentümer (unten aa)). Er wird in der Regel sechs Monate nach Beginn des Kalenderjahres fällig (unten bb)) und kann im Wege der Beschlussersetzungsklage durchgesetzt werden (unten cc)).

aa) Gläubiger und Schuldner

778 **Jeder Wohnungseigentümer** hat – wie bislang[1] – einen Anspruch auf Beschlussfassung über den Wirtschaftsplan. Dieser Anspruch ergibt sich nun aus § 18 Abs. 2 Nr. 1 i. V. m. § 19 Abs. 2 Nr. 5, § 28 Abs. 1 S. 1 WEG. Er richtet sich deshalb **gegen die Gemeinschaft der Wohnungseigentümer** und – anders als bislang[2] – nicht mehr gegen die übrigen Wohnungseigentümer.

779 Den Beschluss über den Wirtschaftsplan haben nach § 19 Abs. 1 WEG freilich die Wohnungseigentümer zu fassen. Die **Wohnungseigentümer** werden dabei aber nur als **Organ der Gemeinschaft der Wohnungseigentümer** tätig. Die einzelnen Wohnungseigentümer sind deshalb auch nur ihr gegenüber – nicht aber untereinander – verpflichtet, an der Beschlussfassung mitzuwirken (näher Rz. 410).

bb) Fälligkeit

780 Die Fälligkeit des Anspruchs auf Beschlussfassung über die Vorschüsse ist **nicht gesetzlich geregelt**. Die allgemeine Vorschrift des § 271 Abs. 1 Alt. 1 BGB passt schon deshalb nicht, weil ein Bezugspunkt für die sofortige Fälligkeit fehlt. Zum alten Recht wurde vertreten, dass der Anspruch auf Aufstellung des Wirtschaftsplans – ohne Differenzierung zwischen Zahlenwerk und Beschluss – regelmäßig nach Ablauf von drei, spätestens von sechs Monaten nach Beginn des Kalenderjahres fällig wird.[3] Das WEMoG zwingt zwar dazu, zwischen den Ansprüchen auf Aufstellung des Zahlenwerks und auf Beschlussfassung zu differenzieren. Es bietet aber keinen Anlass, von

---

1 BGH v. 10.2.2017 – V ZR 166/16, NZM 2017, 445 Rz. 10 f.; Staudinger/*Häublein*, § 28 WEG Rz. 151.

2 BGH v. 10.2.2017 – V ZR 166/16, NZM 2017, 445 Rz. 10 f.; Bärmann/*Becker*, § 28 Rz. 35.

3 Bärmann/*Becker*, § 28 Rz. 13; BayObLG v. 15.3.1990 – BReg. 2 Z 18/90, NJW-RR 1990, 659 (659) unter II.2.b.: „in den ersten Monaten"; kritisch Staudinger/*Häublein*, § 28 WEG Rz. 137 f.; speziell zum Anspruch auf Beschlussfassung findet sich in der Regel nur die Aussage, dass der Anspruch mit Ablauf des Kalenderjahrs erlischt, etwa Staudinger/*Häublein*, § 28 WEG Rz. 152; Bärmann/*Becker*, § 28 Rz. 14.

den etablierten zeitlichen Vorgaben abzuweichen. Deshalb ist davon auszugehen, dass auch der Anspruch auf Beschlussfassung über die Vorschüsse **regelmäßig nach Ablauf von drei, spätestens von sechs Monaten nach Beginn des Kalenderjahres** fällig wird.

781 Besonderheiten ergeben sich, solange der **zuletzt gefasste Beschluss fortgilt** (Rz. 791). Denn der an sich jährlich neu fällig werdende Anspruch auf Beschlussfassung wurde durch den fortgeltenden Beschluss bereits vorab erfüllt. Sobald sich die tatsächlichen Umstände aber so stark geändert haben, dass der fortgeltende Beschluss rechtmäßig nicht erneut gefasst werden dürfte, hat jeder Wohnungseigentümer einen Anpassungsanspruch.

cc) Gerichtliche Durchsetzung

782 Wird der Beschluss über die Vorschüsse nicht oder nicht rechtzeitig gefasst, kann jeder Wohnungseigentümer wie bisher **Beschlussersetzungsklage** (§ 44 Abs. 1 S. 2 WEG) erheben. Die Klage ist nun jedoch gegen die Gemeinschaft der Wohnungseigentümer zu richten (§ 44 Abs. 2 S. 1 WEG).

783 **Maßstab für die Entscheidung des Gerichts** ist dabei allein § 28 Abs. 1 S. 1 WEG. Denn dem Gericht kommt im Rahmen der Beschlussersetzung grundsätzlich kein größerer Ermessensspielraum als den Wohnungseigentümern zu (Rz. 1874). Der durch § 28 Abs. 1 S. 1 WEG eingeräumte Prognosespielraum hinsichtlich des Finanzbedarfs bzw. Ermessensspielraum hinsichtlich der Zuführung zur Erhaltungsrücklage verschafft dem Gericht eine hinreichende Flexibilität; § 287 ZPO ist weder direkt noch analog anzuwenden.

784 Im Übrigen gelten die allgemeinen Regeln der Beschlussersetzungsklage: Grundsätzlich muss der Kläger zunächst versuchen, eine Beschlussfassung zu erwirken (sog. **Vorbefassungsgebot**, vgl. Rz. 1866). Zudem muss der Kläger dem Gericht **hinreichende tatsächliche Grundlagen** für die Entscheidung liefern; sein Sachvortrag muss eine ordnungsmäßiger Verwaltung entsprechende Festsetzung der Vorschüsse ermöglichen, anderenfalls ist die Klage als unbegründet abzuweisen.[1] Dafür kann auf den Wirtschaftsplan als Zahlenwerk verwiesen werden. Da es sich bei den Vorschüssen zur Kostentragung und den Vorschüssen zu den jeweiligen Rücklagen um getrennte Beschlüsse handelt (Rz. 787), kann der Wohnungseigentümer seine Ersetzungsklage auf eine dieser Kostengruppen beschränken.

785 Sollte der Wirtschaftsplan als **Zahlenwerk noch fehlen**, ist der Kläger nicht daran gehindert, eigene Berechnungen anzustellen und selbst einen Wirtschaftsplan aufzustellen. In der Regel dürfte es sich aber empfehlen, zunächst den Anspruch auf Aufstellung des Zahlenwerks nach § 28 Abs. 1 S. 2 WEG im Wege der Leistungsklage geltend zu machen (Rz. 758). Diese Leistungsklage kann im Rahmen einer Stufenklage mit der Beschlussersetzungsklage verbunden

1 Vgl. Staudinger/*Lehmann-Richter*, § 21 WEG Rz. 278.

werden, denn § 254 ZPO gilt über seinen Wortlaut hinaus für alle Fälle, in denen ein Informationsrecht mit einer auf dieser Information aufbauenden Klage verbunden werden soll.[1]

b) Beschlussgegenstand

786 Nach § 28 Abs. 1 S. 1 WEG ist nur über die „Vorschüsse zur Kostentragung und zu den nach § 19 Absatz 2 Nummer 4 oder durch Beschluss vorgesehenen Rücklagen" zu beschließen. Der Beschlussgegenstand beschränkt sich damit auf die **Zahlungspflichten der Wohnungseigentümer**. Beschlossen werden je Wohnungseigentümer also grundsätzlich nur **zwei Beträge**: Der Betrag, den er als Vorschuss zur Kostentragung bezahlen muss, und der Betrag, den er als Vorschuss der Erhaltungsrücklage zuführen muss. Für jede beschlossene Rücklage tritt ein weiterer Betrag hinzu. Es liegt im Ermessen der Wohnungseigentümer, ob sie **jährliche oder** – wie es der ganz herrschenden Praxis entspricht – **monatliche Vorschüsse** beschließen. Soweit eine ausdrückliche Festlegung fehlt, lässt sich an der Höhe der Vorschüsse in der Regel einfach ablesen, was gewollt war.

787 Von rein akademischem Interesse ist die Frage, ob es sich dogmatisch um einen **einzigen Beschluss** handelt, der die Beträge aller Wohnungseigentümer umfasst, **oder** ob es sich um ein **Bündel vieler Beschlüsse** handelt, der alle Beträge bündelt oder zumindest jeweils die zur Kostentragung und zu einer Rücklage. Denn eine Aufhebung der Zahlungspflicht einzelner Wohnungseigentümer im Anfechtungsurteil scheidet aus materiellen Gründen aus (Rz. 808). Es spielt deshalb keine Rolle, ob man dieses Ergebnis darauf stützt, dass eine Vielzahl personenbezogener Einzelbeschlüsse entsprechend § 139 BGB miteinander verklammert ist, oder darauf, dass die Teilaufhebung des Gesamtbeschlusses wegen dieser Vorschrift ausscheidet (Rz. 803a). Gleiches gilt für die Beschlussersetzung, weil die Festsetzung von Zahlungspflichten, die nur einzelne Wohnungseigentümer betreffen, aus den bei Rz. 808 genannten Gründen ordnungsmäßiger Verwaltung widerspräche.

788 Der **weitere Inhalt**, der nach § 28 Abs. 1 S. 2 WEG lediglich „darüber hinaus" im Wirtschaftsplan als Zahlenwerk enthalten ist, ist **nicht Beschlussgegenstand**. Das gilt insbesondere für alle Werte, die in die Berechnung der zu beschließenden Beträge einfließen, also etwa Ansätze im Gesamtwirtschaftsplan und die angewandten Verteilerschlüssel. Kurz: Beschlussgegenstand ist nur das Ergebnis in Euro, nicht aber die Werte und Rechenoperationen, auf denen dieses Ergebnis beruht.

789 **Beispiel:** Eine Gemeinschaft besteht aus den Wohnungseigentümern A (Miteigentumsanteil: 20/100), B (Miteigentumsanteil: 30/100) und C (Miteigentumsanteil: 50/100). Es fallen voraussichtlich nur Ausgaben für die Brandversicherung (800 Euro) und die Abfallbeseitigung (1.000 Euro) an. Der Erhaltungsrücklage sollen 3.000 Euro zugeführt werden; weitere Rücklagen wurden nicht beschlossen. Die Kostentragung richtet sich nach Miteigentumsanteilen.

Von den Ausgaben haben folglich A 360 Euro, B 540 Euro und C 900 Euro zu tragen und von der Zuführung an die Erhaltungsrücklage A 600 Euro, B 900 Euro und C 1.500 Euro.

Der **schulmäßige Wortlaut des Beschlusses** nach § 28 Abs. 1 S. 1 WEG würde lauten:

---

1 *Musielak/Voit/Foerste*, § 254 Rz. 2 f.; speziell für Gestaltungsklagen MüKoZPO/*Becker-Eberhard*, § 254 Rz. 12.

„Es werden folgende monatlich jeweils im Voraus fällige[1] Vorschüsse beschlossen:

	Vorschuss zur Kostentragung	*Vorschuss zur Erhaltungsrücklage*
A	*30 Euro*	*50 Euro*
B	*45 Euro*	*75 Euro*
C	*75 Euro*	*125 Euro*

Der Beschluss gilt ab Januar 2021. Er gilt solange, bis ein neuer Beschluss über Vorschüsse gefasst wird.[2]"

790 Das bedeutet freilich nicht, dass ein anderer Beschlusstext automatisch zur Anfechtbarkeit oder gar Nichtigkeit führt. Entscheidend ist, ob im Wege der **Auslegung** die auf jeden Wohnungseigentümer entfallenden Vorschussbeträge ermittelt werden können. Es ist deshalb unschädlich, wenn schlicht „über den Wirtschaftsplan" beschlossen wird und sich die Vorschussbeträge eindeutig aus dem in Bezug genommenen Zahlenwerk ergeben. Stets gilt aber: Beschlussgegenstand sind allein die Beträge, die jeder Wohnungseigentümer als Vorschuss zur Kostentragung bzw. zur Erhaltungsrücklage zu zahlen hat, niemals aber das Zahlenwerk. Denn nach § 28 Abs. 1 S. 1 WEG besteht allein für diese Beträge Beschlusskompetenz.

c) Geltungsdauer

791 Die Wohnungseigentümer können darüber beschließen, wie lange die festgesetzten Vorschüsse zu zahlen sind. Denn § 28 Abs. 1 S. 1 WEG, der den Beschluss betrifft, nimmt anders als § 28 Abs. 1 S. 2 WEG, der das Zahlenwerk betrifft, nicht auf das Kalenderjahr Bezug. Hierin liegt eine bewusste Entscheidung des Gesetzgebers.[3] Die Vorschüsse können deshalb auch **für mehrere Jahre** festgesetzt werden. Ebenso kann beschlossen werden, dass die Vorschüsse **bis zu einem abändernden Beschluss fortgelten**. Die bereits in der Vergangenheit häufig praktizierten und von der Rechtsprechung akzeptierten[4] Fortgeltungsklauseln erhalten damit eine gesetzliche Grundlage. Ob im Einzelfall eine solche Fortgeltung beschlossen wurde, ist – wie schon bislang[5] – eine Frage der Auslegung.

792 Auch wenn der zuletzt gefasste Beschluss über Vorschusszahlungen fortgilt, besteht jedoch die **Pflicht zur Aufstellung eines Wirtschaftsplans als Zahlenwerk** nach dem klaren Wortlaut des § 28 Abs. 1 S. 2 WEG **jedes Jahr aufs Neue** (Rz. 767).

d) Anfechtung

793 Die Einengung des Beschlussgegenstands auf die jeweiligen Vorschussbeträge hat weitreichende Folgen für die Anfechtung: Eine Anfechtungsklage kann nur noch auf betragsrelevante Mängel gestützt werden (unten aa)). Auch die Möglichkeit der Teilanfechtung wird merklich eingeschränkt (unten bb)). Ausgeweitet wird dagegen der

1 Zur Möglichkeit, über die Fälligkeit zu beschließen, vgl. Rz. 823.
2 Zur Möglichkeit einer sog. Fortgeltungsklausel vgl. Rz. 791.
3 BT-Drucks. 19/18791, S. 76.
4 BGH v. 14.12.2018 – V ZR 2/18, NZM 2019, 374 Rz. 8 ff.
5 Staudinger/*Häublein*, § 28 WEG Rz. 158.

Streitgegenstand, der nunmehr stets alle betragsrelevanten Mängel erfasst und nicht mehr nur den durch den Kläger konkret geltend gemachten (unten cc)). Für die Praxis bietet sich häufig die Kombination mit einer Beschlussersetzungsklage an (unten dd)).

aa) Anfechtungsgründe

794 Hand in Hand mit der Einengung des Beschlussgegenstands geht die **Einengung der Anfechtungsmöglichkeiten**. Hierin liegt gerade der Zweck der Neuregelung (Rz. 744). Denn wenn sich der Beschluss nach § 28 Abs. 1 S. 1 WEG darauf beschränkt, die Vorschussbeträge festzusetzen, ist dieser Beschluss auch nur dann rechtswidrig, wenn die **beschlossenen Beträge nicht im Einklang mit dem materiellen Recht** stehen. Angefochten werden kann also erfolgreich nur mit der Begründung, dass sich bei korrekter Anwendung des materiellen Rechts ein anderer Betrag ergibt, als beschlossen wurde. Die Anfechtungsklage muss letztlich darauf zielen, die beschlossenen Vorschussbeträge abzuändern. Nicht ausreichend ist dagegen die Behauptung, dass der Wirtschaftsplan als Zahlenwerk entgegen § 28 Abs. 1 S. 2 WEG nicht ordnungsgemäß aufgestellt wurde.[1] Denn das Zahlenwerk ist nicht Beschlussgegenstand.

795 **Beispiel:** Der Verwalter legt einen Wirtschaftsplan vor, der nur aus – inhaltlich korrekten – Einzelwirtschaftsplänen besteht; der Gesamtwirtschaftsplan fehlt. Die Wohnungseigentümer beschließen gleichwohl die in den Einzelwirtschaftsplänen ermittelten Vorschüsse. Der Beschluss wird angefochten.

Der Anspruch auf Aufstellung des Wirtschaftsplans nach § 28 Abs. 1 S. 2 WEG wurde nicht erfüllt, denn es fehlt der notwendige Gesamtwirtschaftsplan. Die Anfechtungsklage wird dennoch abgewiesen, da die beschlossenen Vorschüsse betragsmäßig korrekt sind.

796 Auch wenn Beschluss (§ 28 Abs. 1 S. 1 WEG) und Zahlenwerk (§ 28 Abs. 1 S. 2 WEG) rechtlich voneinander zu trennen sind, stehen sie freilich in der Praxis nicht losgelöst nebeneinander. Die zu beschließenden Beträge werden in der Regel dem Zahlenwerk entnommen. Die Fehlerhaftigkeit des Zahlenwerks schlägt deshalb häufig, aber nicht zwingend, auf den Beschluss durch, der dann natürlich anfechtbar ist. Entscheidend ist, ob es sich um einen **betragsrelevanten Mangel** handelt. Nicht zur Anfechtung berechtigen dagegen formelle Fehler, die die beschlossenen Beträge unberührt lassen. Das gilt insbesondere für den Fall, dass an sich korrekte Werte lediglich fehlerhaft dargestellt wurden.

796a Bezugspunkt ist dabei stets der **Endbetrag**, also der Betrag, den ein Wohnungseigentümer insgesamt als Vorschuss zur Kostentragung oder zur Erhaltungsrücklage leisten muss. Denn Beschlussgegenstand sind jeweils nur diese Endbeträge. Die einzelnen Kostenpositionen, Verteilerschlüssel und Rechenoperationen, die in dem Wirtschaftsplan als Zahlenwerk vorzunehmen sind, sind dagegen nicht Beschlussgegenstand. Es ist deshalb denkbar, dass sich mehrere Mängel gegenseitig aufheben.

---

1 Ausdrücklich BT-Drucks. 19/18791, S. 76.

797 **Beispiel:** Ein Gebäude ist in zwei Einheiten aufgeteilt, auf die jeweils ein Miteigentumsanteil von 1/2 entfällt. A gehört die Einheit im Erdgeschoß, die mit einem Sondernutzungsrecht am Garten verbunden ist; B gehört die Einheit im Obergeschoß, zu der ein Aufzug führt. Die Kostentragung richtet sich allein nach Miteigentumsanteilen. In dem vom Verwalter aufgestellten Wirtschaftsplan werden die voraussichtlichen Kosten für die Reparatur des Gartenzauns (800 Euro) allein dem A auferlegt, weil „der Zaun an den Garten des A grenzt"; die voraussichtlichen Wartungskosten für den Aufzug (800 Euro) werden dagegen allein dem B auferlegt, weil „nur B den Aufzug braucht". Insgesamt sieht der – im Übrigen korrekte – Wirtschaftsplan Vorschüsse von A und B jeweils in Höhe von insgesamt 3.000 Euro vor. Diese Vorschüsse werden beschlossen.

Der Beschluss kann nicht erfolgreich angefochten werden. Richtigerweise hätten die Kosten für die Reparatur des Gartenzauns und die Wartung des Aufzugs zwar jeweils zur Hälfte auf A und B verteilt werden müssen. Der Wirtschaftsplan als Zahlenwerk ist deshalb unrichtig; die Pflicht aus § 28 Abs. 1 S. 2 WEG wurde verletzt. Die beschlossenen Vorschüsse entsprechen gleichwohl dem materiellen Recht, denn die beiden Mängel gleichen sich aus.

798 Aufgrund des weiten Ermessens bei der Aufstellung des Wirtschaftsplans ist eine **erfolgreiche Anfechtung** vor allem dann möglich, wenn unrichtige Verteilungsmaßstäbe angesetzt wurden. Daneben kommt eine Anfechtung in Betracht, wenn wesentliche Einnahmen oder Ausgaben vergessen wurden und deshalb eine Liquiditätsgefährdung bzw. ein unangemessener Liquiditätsüberschuss droht oder das Ermessen hinsichtlich der Zuführung zur Erhaltungsrücklage überschritten wurde.

799 **Nicht erfolgreich anfechtbar** ist der Beschluss dagegen, wenn das Zahlenwerk an formalen Fehlern leidet, insbesondere, wenn es unübersichtlich oder intransparent gestaltet ist oder einzelne Teile ganz fehlen.

800 Nicht ausgeschlossen ist freilich, dass sich **erst im Laufe des Anfechtungsverfahrens** zeigt, ob ein Mangel betragsrelevant ist oder nicht. Das gilt insbesondere dann, wenn der Wirtschaftsplan aus sich heraus nicht verständlich ist. Ein Wohnungseigentümer steht dann vor dem Problem, dass er Anfechtungsklage erheben muss, um die Bestandskraft des womöglich ordnungswidrigen Beschlusses zu verhindern, ohne dass er bei Klageerhebung weiß, ob der Beschluss überhaupt ordnungswidrig ist. Trotz dieses Dilemmas ist die Anfechtungsklage auch in diesen Fällen nur bei betragsrelevanten Mängeln begründet. Sollte sich jedoch tatsächlich erst im Prozess herausstellen, dass ein solcher Mangel nicht vorliegt, hat der Wohnungseigentümer einen materiell-rechtlichen Schadensersatzanspruch gegen die Gemeinschaft der Wohnungseigentümer aus § 280 Abs. 1 BGB wegen Verstoßes gegen § 28 Abs. 1 S. 2 WEG, weil ein ordnungswidriger Wirtschaftsplan aufgestellt wurde. Prozessual kann der Kläger die Klage, sobald er feststellt, dass kein Mangel vorliegt, auf die Geltendmachung dieses Schadensersatzanspruchs umstellen (§ 264 Nr. 3 ZPO);[1] wegen möglicher

1 Zur Möglichkeit der Umstellung auf einen Kostenerstattungsanspruch im laufenden Verfahren etwa OLG Naumburg v. 28.9.2010 – 1 W 49/10, BeckRS 2010, 30215 unter II.1.a; Stein/Jonas/*Roth*, § 264 Rz. 20, § 269 Rz. 57; MünchKommZPO/*Becker-Eberhard*, § 264 Rz. 34.

Schwierigkeiten, die Anspruchshöhe zu beziffern, ist auch die Umstellung auf einen entsprechenden Feststellungsantrag möglich.[1]

801 **Beispiel:** Der Verwalter hat alle voraussichtlichen Ausgaben und Einnahmen korrekt ermittelt, diese im Wirtschaftsplan aber zu den Posten „Gesamtausgaben“ und „Gesamteinnahmen“ zusammengefasst. Die Wohnungseigentümer beschließen gleichwohl die korrekt ermittelten Vorschüsse. Der Beschluss wird angefochten.

Der Anspruch auf Aufstellung des Wirtschaftsplans nach § 28 Abs. 1 S. 2 WEG wurde nicht erfüllt, denn die Zusammenfassung von Einnahmen und Ausgaben ist aus Transparenzgründen nur in eingeschränktem Umfang zulässig.[2] Die Anfechtungsklage wird dennoch abgewiesen, weil die beschlossenen Vorschüsse betragsmäßig korrekt sind. Dazu kann die beklagte Gemeinschaft der Wohnungseigentümer im Prozess die Einzelauflistung der Ausgaben und Einnahmen vorlegen; notfalls ist darüber Beweis zu erheben. Der Kläger hat aber gegen die Gemeinschaft der Wohnungseigentümer einen Schadensersatzanspruch in Höhe der Prozesskosten aus § 280 Abs. 1 BGB, da der Verwalter, dessen Verhalten ihr analog § 31 BGB zuzurechnen ist, die Pflicht zur ordnungsmäßigen Aufstellung eines Wirtschaftsplans aus § 28 Abs. 1 S. 2 WEG verletzt hat. Diesen Schadensersatzanspruch kann der Anfechtungskläger auch im Wege der Klageänderung (§ 264 Nr. 3 ZPO) geltend machen. Der Gemeinschaft der Wohnungseigentümer kann wiederum beim Verwalter Regress nehmen.

bb) Möglichkeit der Teilanfechtung

802 Ist ein beschlossener Vorschussbetrag unrichtig, stellt sich die Frage, ob der Beschluss auf Anfechtungsklage hin insgesamt für ungültig zu erklären ist oder nur soweit, wie der Mangel reicht. Aus Sicht des Klägers hängt davon ab, ob er den Beschluss insgesamt angreifen muss oder die Anfechtungsklage auf den mangelhaften Teil zu beschränken hat, um ein Teilunterliegen zu vermeiden. Angesprochen ist damit die **allgemeine Frage**, inwieweit eine Teilanfechtung bzw. -aufhebung von Beschlüssen zulässig ist. Sie wird in entsprechender Anwendung des § 139 BGB grundsätzlich bejaht.[3] Speziell für Beschlüsse über den Wirtschaftsplan und die Jahresabrechnung hat der BGH **in der Vergangenheit** eine isolierte Anfechtung bzw. Aufhebung von rechnerisch selbständigen und abgrenzbaren Teilen bejaht; sie konnte deshalb z.B. auf eine bestimmte Kostenposition beschränkt werden.[4]

803 Unter Geltung des neuen § 28 Abs. 1 S. 1 WEG kommt eine **Teilanfechtung nur noch in engen Grenzen** in Betracht. Denn § 139 BGB setzt voraus, dass ein Rechtsgeschäft überhaupt zerlegbar ist.[5] Erst dann stellt sich die Frage, ob die zerlegten Teile nach dem hypothetischen Willen auch unabhängig voneinander bestehen bleiben sollen.

1 OLG Naumburg v. 28.9.2010 – 1 W 49/10, BeckRS 2010, 30215 unter II.1.a; Stein/Jonas/*Roth*, § 269 Rz. 57; MünchKommZPO/*Becker-Eberhard*, § 264 Rz. 34; MünchKommZPO/*Becker-Eberhard*, § 264 Rz. 34.

2 Staudinger/*Häublein*, § 28 WEG Rz. 54.

3 Staudinger/*Lehmann-Richter*, § 46 WEG Rz. 33 ff.

4 BGH v. 4.12.2009 – V ZR 44/09, NJW 2010, 2127 Rz. 6.

5 Statt aller MüKoBGB/*Busche*, § 139 Rz. 23 f.

803a Dabei spielt die Frage keine Rolle, ob man den **Beschluss über die Vorschüsse konstruktiv als einheitlichen Beschluss oder als Bündel vieler Beschlüsse** auffasst. Der Wortlaut des § 139 BGB zielt zwar nur auf den ersten Fall, also dass ein Teil eines einheitlichen Rechtsgeschäfts unwirksam ist und die übrigen Teile bei entsprechendem Willen wegfallen. Die Vorschrift gilt aber auch dann, wenn mehrere Rechtsgeschäfte, die grundsätzlich auch für sich allein existieren könnten, zu einem einheitlichen Geschäft zusammengesetzt werden.[1] Entscheidend ist deshalb allein, inwieweit der Beschluss über die Vorschüsse als Gesamtregelung objektiv zerlegbar ist und, soweit dies der Fall ist, der hypothetische Parteiwille dahin geht, dass die Einzelteile unabhängig voneinander Bestand haben sollen. Das ist für eine Zerlegung in sachlicher (unten (1)) und persönlicher (unten (2)) Hinsicht unterschiedlich zu beurteilen:

(1) in sachlicher Hinsicht

804 In **sachlicher Hinsicht** kann der Beschluss grundsätzlich nur noch in zwei Teile zerlegt werden: in den **Vorschussbetrag zur Kostentragung** und in den **Vorschussbetrag zur Erhaltungsrücklage**. Diese beiden Teile können entsprechend § 139 BGB in der Regel isoliert angefochten werden, da sie sich gegenseitig nicht beeinflussen. Das Gleiche gilt für Vorschussbeträge für beschlossene Rücklagen. Eine weitere Zerlegung des Vorschusses zur Kostentragung in **einzelne Kostenpositionen** scheidet dagegen kategorisch aus. Denn Beschlussgegenstand ist nur der Endbetrag, nicht aber die dahinterliegenden Werte und Rechenoperationen (Rz. 786). Das gilt unabhängig davon, inwieweit der Wirtschaftsplan als Zahlenwerk einzelne Kostenpositionen ausweist, denn auch dann werden diese Kostenpositionen nicht Beschlussgegenstand. Beschlussgegenstand ist stets nur das Ergebnis als „nackte Zahl"; es fehlt deshalb jeder Ansatzpunkt, diese Zahl zu zerlegen.

805 **Beispiel:** Es wird beschlossen, dass Wohnungseigentümer W monatliche Vorschüsse zur Kostentragung in Höhe von 200 Euro und zur Erhaltungsrücklage in Höhe von 100 Euro zahlen muss. Dabei wird bei der Verteilung der Hausmeisterkosten ein falscher Verteilerschlüssel angewendet.

Der Vorschuss zur Kostentragung ist aufgrund des falschen Verteilerschlüssels für die Hausmeisterkosten unrichtig. W kann den Vorschuss zur Kostentragung isoliert anfechten, den Vorschuss zur Erhaltungsrücklage also ausnehmen. Ficht er den Beschluss dagegen insgesamt an, wird er teilweise unterliegen, wenn der Vorschuss zur Erhaltungsrücklage keinen Fehler aufweist. Nicht möglich wäre es dagegen, nur die Position „Hausmeisterkosten" anzufechten, so wie sie im Zahlenwerk angegeben war. Denn sie findet im Beschlussgegenstand keinen Widerhall.

806 Wird dennoch eine auf einzelne Kostenpositionen beschränkte „Teilanfechtungsklage" erhoben, ist im Wege der **Auslegung** zu ermitteln, ob in Wirklichkeit nicht der Beschluss im Hinblick auf die Kostentragung insgesamt angefochten wurde und die

---

1 BGH v. 22.9.2016 – III ZR 427/15, NJW 2016, 3525 Rz. 16; BeckOK-BGB/*Wendtland*, § 139 Rz. 8.

Nennung der Kostenpositionen lediglich der Begründung dient. Letzteres ist im Regelfall anzunehmen.[1]

807 Beschränkt W im **Beispielsfall** (Rz. 805) die Anfechtung auf die „Hausmeisterkosten“, ist seine Klage grundsätzlich als Anfechtung des gesamten Vorschussbetrags zur Kostentragung auszulegen.

(2) in persönlicher Hinsicht

808 Auch eine **Zerlegung in persönlicher Hinsicht** scheidet regelmäßig aus. Ein Wohnungseigentümer kann seine Anfechtungsklage also nicht auf die eigenen Vorschussbeträge beschränken. Rechnerisch lassen sich die Vorschussbeträge einzelner Wohnungseigentümer zwar unproblematisch trennen. Jedoch führt die Herabsetzung einzelner Vorschussbeträge in der Regel dazu, dass eine Finanzierungslücke entsteht, die durch eine Sonderumlage geschlossen werden müsste. Deshalb entspricht eine isolierte Aufhebung der Vorschussbeträge einzelner Wohnungseigentümer nicht dem entsprechend § 139 BGB maßgeblichen hypothetischen Willen der Wohnungseigentümer.

809 Eine **Ausnahme** ist denkbar, wenn nur der Vorschussbetrag eines einzelnen Wohnungseigentümers unrichtig ist. Das kommt in Betracht, wenn ein Verteilerschlüssel größer als 1 angewendet wird oder eine unrichtige Kostenposition nur von einem Wohnungseigentümer zu tragen ist.

cc) Streitgegenstand

810 Der prozessuale Streitgegenstand wird nach allgemeinen Regeln durch den Antrag und den zugrundeliegenden Lebenssachverhalt begrenzt.[2] Wegen der nur begrenzten Möglichkeit der Teilanfechtung, ist der **Antrag** in der Regel auf die Aufhebung des Beschlusses insgesamt gerichtet. Der **Lebenssachverhalt** erschöpft sich darin, dass Vorschussbeträge beschlossen wurden, die nach materiellem Recht nicht beschlossen hätten werden dürfen.

811 Der Streitgegenstand ist dagegen **nicht** mehr auf den konkret **geltend gemachten Mangel** (z.B. eine unrichtig verteilte Kostenposition) begrenzt. Denn Aufgabe des Gerichts im Rahmen der Anfechtung ist es, die materielle Richtigkeit der Vorschussbeträge zu überprüfen. Die Werte und Rechenoperationen, auf denen diese Vorschussbeträge beruhen, sind aber nicht Teil des Beschlusses; Beschlussgegenstand ist nur die „nackte Zahl“ (Rz. 786). Es ist logisch unmöglich, eine Zahl auf einen bestimmten Mangel hin zu untersuchen. Überprüft werden kann nur, ob diese Zahl im Ergebnis richtig oder falsch ist. Die Richtigkeit der Vorschussbeträge kann deshalb nur dadurch festgestellt werden, dass im Prozess alle dafür notwendigen Werte ermittelt und die erforderlichen Rechenoperationen vorgenommen werden.

---

1 So schon in der Vergangenheit für unzulässige Teilklagen BGH v. 19.10.2012 – V ZR 233/11, ZWE 2013, 47 Rz. 11.

2 *Rosenberg/Schwab/Gottwald*, § 93 Rz. 28.

812 Auch insoweit ist es also wichtig, streng **zwischen dem Zahlenwerk und dem Beschluss zu trennen**: Das Zahlenwerk nach § 28 Abs. 1 S. 2 WEG besteht natürlich aus Werten und Rechenoperationen. Insoweit wäre es möglich, einzelne Werte und Rechenoperationen isoliert zu überprüfen. Darum geht es aber bei der Anfechtungsklage nicht. Denn überprüft werden soll nicht die Richtigkeit des Zahlenwerks, sondern die des Beschlusses.

813 Die **praktischen Folgen** dieses weiten Streitgegenstands sind freilich **gering**. Denn das Gericht hat die Vorschussbeträge selbstverständlich nicht von Amts wegen vollumfänglich nachzuprüfen, indem es etwa selbst einen vollständig neuen Wirtschaftsplan erstellt. Nach den zivilprozessualen Regeln obliegt es vielmehr den Parteien, was sie zum Streitstoff machen. Für die ordnungsgemäße Klageerhebung genügt es zwar, wenn der Kläger innerhalb der Klagebegründungsfrist des § 45 S. 1 Alt. 2 WEG unspezifisch behauptet, die Vorschussbeträge seien unrichtig. Im Laufe des Prozesses ist diese Behauptung aber zu substantiieren, sind also konkrete Mängel zu benennen. Dabei wird sich der Kläger in der Regel auf den Wirtschaftsplan als Zahlenwerk beziehen. Um die Schlüssigkeit des klägerischen Vortrags zu prüfen, kann sich das Gericht deshalb auf die Prüfung des vorgelegten Wirtschaftsplans beschränken. Trägt der Kläger etwa vor, dass eine bestimmte Kostenposition ausweislich des Wirtschaftsplans anhand eines unrichtigen Schlüssels verteilt wurde, hat das Gericht nur die Richtigkeit dieses Schlüssels zu überprüfen. Denn wenn die übrigen Kostenpositionen richtig sind – was prozessual zu unterstellen ist, wenn keine Partei etwas anderes behauptet (vgl. § 138 Abs. 3 ZPO) –, führt ein einzelner unrichtiger Schlüssel zwangsläufig zu anderen Vorschussbeträgen.

814 **Unterschiede zum früheren Recht** ergeben sich jedoch in zweierlei Hinsicht: Zum einen kann der Kläger auch noch während des Prozesses neue Berechnungsmängel geltend machen; das Nachschieben von Gründen wird bei der Anfechtung von Beschlüssen nach § 28 Abs. 1 S. 1 WEG nicht durch die Klagebegründungsfrist des § 45 S. 1 Alt. 2 WEG, sondern nur durch die allgemeinen zivilprozessualen Regeln begrenzt. Zum anderen bleibt der beklagten Gemeinschaft der Wohnungseigentümer der Einwand, dass die beschlossenen Vorschussbeträge trotz eines Mangels des Zahlenwerks aus anderen Gründen richtig sind (z.B. weil der Mangel durch einen anderen Mangel ausgeglichen wird, vgl. Rz. 797).

dd) Kombination mit Beschlussersetzungsklage

815 Eine erfolgreiche Anfechtungsklage führt dazu, dass der Beschluss aufgehoben wird, soweit er angefochten wurde. Aufgrund der beschränkten Möglichkeiten der Teilanfechtung sind in der Regel die Vorschussbeträge aller Wohnungseigentümer vollumfänglich aufzuheben, allenfalls unter Aussparung der Vorschussbeträge zur Erhaltungsrücklage (Rz. 804). An sich müssten die Wohnungseigentümer anschließend einen neuen Beschluss fassen. Das bedeutet nicht nur zusätzlichen Aufwand und die Gefahr von Liquiditätsengpässen, sondern kann auch dazu führen, dass erneut ein fehlerhafter Beschluss gefasst wird. Um diese Unwägbarkeiten zu verhindern, kann die **Anfechtungsklage mit dem Antrag auf Beschlussersetzung** nach § 44 Abs. 1 S. 2 WEG kombiniert werden. Das Gericht hat dann den Beschluss, soweit er aufgehoben wird, selbst neu zu fassen. Dadurch kann die Frage der Vorschüsse in einem

Verfahren abschließend geklärt werden. Das ist für die Praxis naturgemäß empfehlenswert.

816 Der **Antrag** muss die festzusetzenden Vorschussbeträge nicht genau beziffern. Denn bei der Festsetzung der Vorschüsse sowohl zur Kostentragung als auch zur Erhaltungsrücklage haben die Wohnungseigentümer Ermessen; dieses Ermessen übt das Gericht im Rahmen der Beschlussersetzung aus (näher Rz. 1874). Notwendig, aber auch ausreichend ist es, dem Gericht eine hinreichende tatsächliche Grundlage für die Ausübung dieses Ermessens zu liefern (Rz. 784). In der Regel kann der Kläger dafür auf den vom Verwalter erstellten Wirtschaftsplan Bezug nehmen und lediglich die Korrekturen anmerken, die sich aus seiner Anfechtungsklage ergeben.

817 Wenn ausnahmsweise kein Wirtschaftsplan vorliegt oder der vorliegende Wirtschaftsplan so lücken- oder fehlerhaft ist, dass er nicht als Grundlage für einen Beschlussersetzungsantrag taugt, kann im Rahmen einer **Stufenklage** zunächst der weiterhin bestehende Anspruch auf Aufstellung eines Wirtschaftsplans nach § 28 Abs. 1 S. 2 WEG geltend gemacht werden (Rz. 756).

818 Die Beschlussersetzungsklage ist **nicht fristgebunden**. Sie kann also auch noch im laufenden Anfechtungsverfahren nachgeschoben werden. Eine solche nachträgliche objektive Klagehäufung ist nach § 263 Alt. 2 ZPO auch ohne Zustimmung des Beklagten zulässig, weil sie im Wesentlichen denselben Streitstoff betrifft, der endgültigen Streitbeilegung dient und damit sachdienlich ist.

819 Das **Vorbefassungsgebot** (Rz. 1866) spielt praktisch keine Rolle, denn die Vorbefassung erfolgte, als der angefochtene Beschluss gefasst wurde.

e) Sonderumlagen als zusätzliche Vorschüsse

820 Es ist anerkannt, dass **Sonderumlagen** beschlossen werden können, wenn die Ansätze des Wirtschaftsplans unrichtig waren, durch neue Tatsachen überholt wurden oder wenn der Wirtschaftsplan aus anderen Gründen nicht durchgeführt werden kann.[1] Daran ändert sich durch das WEMoG im Ergebnis nichts. Sonderumlagen können künftig als **zusätzliche „Vorschüsse"** auf Grundlage des § 28 Abs. 1 S. 1 WEG beschlossen werden, dessen Wortlaut nicht mehr an das Kalenderjahr anknüpft.[2]

821 **Bislang** wurden Sonderumlagen überwiegend als Nachtrag zum Wirtschaftsplan eingeordnet.[3] Nach neuem Recht erübrigt sich diese Konstruktion. Zumal die systematisch eigentlich zwingende Folge, dass der Wirtschaftsplan als Zahlenwerk aktualisiert und konsolidiert werden muss, in der Vergangenheit nicht gezogen wurde.

822 (frei)

1 BGH v. 13.1.2012 – V ZR 129/11, NZM 2012, 275 Rz. 15.
2 BT-Drucks. 19/18791, S. 76.
3 BGH v. 13.1.2012 – V ZR 129/11, NZM 2012, 275 Rz. 15.

3. Vorschussanspruch

823 Bislang sah § 28 Abs. 2 WEG a.F. vor, dass der Verwalter die Zahlungen auf den Wirtschaftsplan abruft; erst dann wurden sie fällig.[1] Eine solche Regelung kennt das WEG nun nicht mehr. Vielmehr haben die Wohnungseigentümer nach § 28 Abs. 3 WEG über die Fälligkeit zu **beschließen**. Das entspricht der bisherigen Praxis, die in der Regel eine monatliche Fälligkeit wählt.

824 Wie Zahlungen zu leisten sind, also etwa bar oder durch Banküberweisung, regelt § 28 WEG nicht. Die Wohnungseigentümer können aber nach § 28 Abs. 3 WEG über die **Zahlungsart beschließen**; diese Vorschrift entspricht insoweit § 21 Abs. 7 WEG a.F.

III. Jahresabrechnung (§ 28 Abs. 2 WEG)

825 Auch bei der Jahresabrechnung ist künftig streng zwischen der Jahresabrechnung als Zahlenwerk (unten 1.), dem Beschluss „über die Jahresabrechnung“ (unten 2.) und dem daraus resultierenden Nachschussanspruch (unten 3.) bzw. Rückzahlungsanspruch (unten 4.) zu unterscheiden. Neuerungen ergeben sich auch für die Kostentragung beim Eigentümerwechsel (unten 5.).

1. Jahresabrechnung als Zahlenwerk (§ 28 Abs. 2 S. 2 WEG)

826 Jeder Wohnungseigentümer hat einen Anspruch auf Aufstellung der Jahresabrechnung als Zahlenwerk (unten a)). Deren Inhalt wurde durch das WEMoG entschlackt (unten b)). Eine elektronische Übermittlung ist nicht mehr ausgeschlossen (unten c)). Der wichtigste Unterschied zum alten Recht besteht aber darin, dass Mängel des Zahlenwerks für sich genommen nicht mehr zur Anfechtung berechtigen (unten d)).

a) Anspruch auf Aufstellung

827 Der Anspruch auf Aufstellung des Zahlenwerks besteht zwischen jedem Wohnungseigentümer und der Gemeinschaft der Wohnungseigentümer (unten aa)). An seiner Fälligkeit hat sich gegenüber dem früheren Recht nichts geändert (unten bb)). Er kann im Wege der Leistungsklage durchgesetzt werden (unten cc)). Besonderheiten gelten in verwalterlosen Gemeinschaften (unten dd)).

aa) Gläubiger und Schuldner

828 **Jeder Wohnungseigentümer** hat – wie bislang[2] – einen Anspruch auf Aufstellung der Jahresabrechnung. Dieser Anspruch ergibt sich aus dem allgemeinen Anspruch auf ordnungsmäßige Verwaltung (§ 18 Abs. 2 Nr. 1 WEG), der im Hinblick auf die Aufstellung der Jahresabrechnung durch § 28 Abs. 2 S. 2 WEG konkretisiert wird.

1 Staudinger/*Häublein*, § 28 WEG Rz. 161.
2 BGH v. 1.6.2012 – V ZR 171/11, NJW 2012, 2797 Rz. 14.

829 Schuldner ist aber – anders als bislang[1] – nicht mehr der Verwalter, sondern die **Gemeinschaft der Wohnungseigentümer**. Denn gegen sie richtet sich der Anspruch auf ordnungsmäßige Verwaltung (§ 18 Abs. 2 Nr. 1 WEG), zu dem die Aufstellung der Jahresabrechnung gehört.

830 Der **Wortlaut des § 28 Abs. 1 S. 2 WEG** adressiert zwar weiterhin den Verwalter. Weil der Verwalter nach dem Konzept des WEMoG aber stets als Organ der Gemeinschaft der Wohnungseigentümer tätig wird, ist die Vorschrift nunmehr so auszulegen, dass sie unmittelbar nur eine **Organzuständigkeit des Verwalters** regelt (Rz. 445). Der Verwalter ist wiederum gegenüber der Gemeinschaft der Wohnungseigentümer verpflichtet, die Jahresabrechnung aufzustellen (zur Rechtslage in verwalterlosen Gemeinschaften vgl. Rz. 836).

bb) Fälligkeit

831 Die Fälligkeit des Anspruchs auf Aufstellung der Jahresabrechnung ist nicht gesetzlich geregelt; insbesondere die Wendung „Nach Ablauf des Kalenderjahres" in § 28 Abs. 2 S. 1 WEG bezieht sich nur auf den Beschluss. Auch die allgemeine Vorschrift des § 271 Abs. 1 Alt. 1 BGB passt nicht, da ein Bezugspunkt für die sofortige Fälligkeit fehlt. Zum alten Recht wurde überwiegend vertreten, dass der Anspruch regelmäßig **nach Ablauf von drei, spätestens von sechs Monaten nach Beginn des Kalenderjahres** fällig wird.[2] Das WEMoG bietet keinen Grund, von dieser Linie abzuweichen.

832 Der Anspruch auf Aufstellung der Jahresabrechnung als Zahlenwerk **erlischt**, sobald der Beschluss nach § 28 Abs. 2 S. 1 WEG bestandskräftig ist. Denn das Zahlenwerk wird nach § 28 Abs. 2 S. 2 WEG „[z]u diesem Zweck", also zur Beschlussfassung, aufgestellt. Mit der Bestandskraft des Beschlusses steht zudem fest, in welcher Höhe Nachschüsse zu zahlen sind bzw. die Vorschüsse angepasst werden. Soweit dieser Beschluss inhaltlich unrichtig ist, können aus einem neuen Zahlenwerk also keine Konsequenzen mehr gezogen werden; soweit der Beschluss inhaltlich richtig ist, besteht kein Interesse an einem Zahlenwerk, das dies bestätigt. Solange jedoch über die Richtigkeit des Beschlusses gestritten wird, insbesondere während eines gerichtlichen Anfechtungsverfahrens, besteht der Anspruch fort.

833 Soweit nach Beschlussfassung ein Bedürfnis besteht, ein **Dokument mit bestimmten Zahlen** zu erhalten (**z.B. für steuerliche Zwecke**), kann sich ein solcher Anspruch aus dem allgemeinen Anspruch auf ordnungsmäßige Verwaltung nach § 18 Abs. 2 Nr. 1 WEG ergeben. Das entspricht im Ergebnis der h.M. zum alten Recht, die etwa die Verpflichtung zur Erteilung einer Bescheinigung über haushaltsnahe Dienstleistungen nach § 35a EStG nicht aus § 28 WEG a.F. ableitete.[3]

cc) Gerichtliche Durchsetzung

834 Wird die Jahresabrechnung nicht rechtzeitig aufgestellt, kann jeder Wohnungseigentümer **Leistungsklage** gegen die Gemeinschaft der Wohnungseigentümer erheben

1 BGH v. 1.6.2012 – V ZR 171/11, NJW 2012, 2797 Rz. 14.
2 Staudinger/*Häublein*, § 28 WEG Rz. 136.
3 Staudinger/*Häublein*, § 28 WEG Rz. 101 ff.

(zum Rechtsschutz bei Mängeln Rz. 843). Denn der Anspruch auf Aufstellung der Jahresabrechnung ist ein Handlungsanspruch, der keiner vorhergehenden Beschlussfassung bedarf (näher zur Differenzierung zwischen Handlungs- und Entscheidungsansprüchen Rz. 340).

Die **Vollstreckung** erfolgt im Wege der Ersatzvornahme (§ 887 Abs. 1 ZPO), denn bei der Aufstellung des Zahlenwerks handelt es sich um eine vertretbare Handlung. Nach früherem Recht war ebendies stark umstritten:[1] Der BGH ging von Unvertretbarkeit aus, da der Verwalter mit der Jahresabrechnung auch für die Vollständigkeit und Richtigkeit der Belege einstehe.[2] Unausgesprochen stellte er damit auf die Kontrollfunktion der Jahresabrechnung ab, die nach dem WEMoG entfällt (Rz. 745). Diese Ansicht ist damit überholt. 835

dd) Sonderfall: Verwalterlose Gemeinschaft

Wenn in einem Jahr Einnahmen oder Ausgaben angefallen sind, müssen sie mithilfe einer Jahresabrechnung verteilt werden. Das gilt auch dann, wenn kein Verwalter bestellt wurde. Auch wenn dessen Organzuständigkeit entfällt, bleibt die Pflicht der Gemeinschaft der Wohnungseigentümer zur Aufstellung der Jahresabrechnung bestehen. Die Wohnungseigentümer haben deshalb durch **Beschluss nach § 19 Abs. 1 WEG** über die Erfüllung dieser Pflicht zu entscheiden. Im Regelfall werden sie eine geeignete Person gegen angemessene Vergütung mit der Aufstellung einer Jahresabrechnung beauftragen. Das kann z.B. ein Wohnungseigentümer sein, der sich auch ansonsten um das Finanzwesen kümmert. 836

b) Aufbau und Inhalt

Der Inhalt der Jahresabrechnung als Zahlenwerk ergibt sich aus § 28 Abs. 2 S. 2 WEG. Er besteht aus einer Gesamtabrechnung und den Einzelabrechnungen (unten aa)). Angaben zu Konten- und Rücklagenständen (unten bb)) hat die Jahresabrechnung nicht mehr zu enthalten; Abgrenzungsposten sind weiterhin grundsätzlich unzulässig (unten cc)). 837

aa) Gesamtabrechnung und Einzelabrechnungen

Soweit es um die Gesamtabrechnung und die Einzelabrechnungen geht, hat sich durch das WEMoG **nichts geändert**. 838

Beide Elemente ergeben sich nun auch aus dem **Wortlaut des § 28 Abs. 2 WEG**: Die Gesamtabrechnung ist mit den „Einnahmen und Ausgaben“ unmittelbar in Satz 2 angesprochen; die Einzelabrechnungen ergeben sich über den Verweis auf den Satz 1 („darüber hinaus“) und die dort erwähnten „Nachschüsse“ bzw. „Anpassungen der beschlossenen Vorschüsse“. 839

---

1 Vgl. die umfangreichen Nachweise bei BGH v. 23.6.2016 – I ZB 5/16, NJW 2016, 3536 Rz. 14 ff.

2 BGH v. 23.6.2016 – I ZB 5/16, NJW 2016, 3536 Rz. 14 ff.

bb) Konten- und Rücklagenstand

840 § 28 Abs. 2 S. 2 WEG regelt den Inhalt der Jahresabrechnung abschließend. Die nach bislang h.M. zwingend aufzuführenden Konten- und Rücklagenstände nennt die Vorschrift nicht. Sie sind deshalb **nicht mehr in die Jahresabrechnung aufzunehmen**, sondern nur noch Teil des Vermögensberichts (Rz. 923, 932a). Hintergrund dieser Änderung ist die Neustrukturierung des Finanzwesens nach Funktionszusammenhängen (Rz. 745): Informatorische Teile wie die Konten- und Rücklagenstände werden allein dem Vermögensbericht zugeordnet.

cc) Abgrenzungsposten

841 Das WEMoG ändert nichts daran, dass die Jahresabrechnung grundsätzlich nach dem **Zufluss-Abfluss-Prinzip** und nicht nach bilanziellen Grundsätzen zu erfolgen hat. Aus zwingenden gesetzlichen Gründen war freilich schon in der Vergangenheit die Bildung von Rechnungsabgrenzungsposten notwendig (z.B. wegen § 6 Heizkostenverordnung); auch daran ändert sich nichts. Ohne eine solche zwingende gesetzliche Grundlage dürfen Rechnungsabgrenzungsposten dagegen auch künftig nicht gebildet werden. Das WEG verbietet sie zwar an keiner Stelle ausdrücklich, obwohl die Bund-Länder-Arbeitsgruppe eine ausdrückliche Regelung gefordert hatte.[1] Daraus muss man den Schluss ziehen, dass insoweit alles beim Alten bleiben soll.

c) Form

842 Zur Form der Jahresabrechnung äußert sich das WEG auch nach der Reform nicht. Es gilt das Gleiche wie für den Wirtschaftsplan (Rz. 770): Ausreichend ist die **Textform**, wobei auch die elektronische Übermittlung zulässig ist, wenn der Empfänger mit dieser Form der Übermittlung rechnen muss.

d) Rechtsschutz bei Mängeln

843 Die Jahresabrechnung als Zahlenwerk ist mangelhaft, wenn sie im Hinblick auf Aufbau und Inhalt fehlerhaft ist. Im Hinblick auf die Darstellung gelten dabei die hergebrachten Grundsätze, an denen das WEMoG grundsätzlich nichts geändert hat. Ist das Zahlenwerk in diesem Sinne mangelhaft, wurde der Anspruch aus § 18 Abs. 2 Nr. 1 i.V.m. § 28 Abs. 2 S. 2 WEG noch nicht erfüllt und besteht fort. Der Sache nach ist das **Zahlenwerk zu korrigieren**. Dieser Anspruch erlischt, sobald der Beschluss nach § 28 Abs. 2 S. 1 WEG bestandskräftig ist (Rz. 832).

844 Ein Mangel des Zahlenwerks berechtigt jedoch grundsätzlich **nicht** zur **Anfechtung des Beschlusses** (Rz. 873).

---

1 Abschlussbericht Bund-Länder-Arbeitsgruppe WEG-Reform, ZWE 2019, 429 (455 f.).

2. Beschluss über die Nachschüsse (§ 28 Abs. 2 S. 1 WEG)

845 Jeder Wohnungseigentümer hat einen Anspruch auf Beschlussfassung über die Einforderung von Nachschüssen oder die Anpassung von Vorschüssen (unten a)). Der Gegenstand des zu fassenden Beschlusses wird durch das WEMoG erstmals klar umrissen (unten b)). Seine Anfechtung ist nur wegen betragsrelevanter Mängel möglich (unten c)). Wurden Einnahmen oder Ausgaben übersehen, ist ein Ergänzungsbeschluss zu fassen (unten d)).

a) Anspruch auf Beschlussfassung

846 Der Anspruch auf Beschlussfassung besteht zwischen jedem Wohnungseigentümer und der Gemeinschaft der Wohnungseigentümer (unten aa)). Er wird in der Regel sechs Monate nach Beginn des Kalenderjahres fällig (unten bb)) und kann im Wege der Beschlussersetzungsklage durchgesetzt werden (unten cc)).

aa) Gläubiger und Schuldner

847 **Jeder Wohnungseigentümer** hat einen Anspruch auf Beschlussfassung über die Einforderung von Nachschüssen oder die Anpassung von Vorschüssen. Dieser Anspruch ergibt sich nun aus § 18 Abs. 2 Nr. 1 i.V.m. § 28 Abs. 2 S. 1 WEG. Er richtet sich deshalb – anders als bislang[1] – nicht mehr gegen die übrigen Wohnungseigentümer, sondern gegen die **Gemeinschaft der Wohnungseigentümer**. Der Anspruch ist – anders bislang[2] – nicht mehr auf Beschlussfassung „über die Jahresabrechnung" gerichtet

848 Den Beschluss über die Einforderung von Nachschüssen oder die Anpassung von Vorschüssen haben freilich die Wohnungseigentümer zu fassen. Die **Wohnungseigentümerversammlung** wird dabei aber nur **als Organ der Gemeinschaft der Wohnungseigentümer** tätig. Die einzelnen Wohnungseigentümer sind deshalb auch nur ihr gegenüber – nicht aber untereinander – verpflichtet, an der Beschlussfassung mitzuwirken (näher Rz. 340).

bb) Fälligkeit

849 Die Fälligkeit des Anspruchs auf Beschlussfassung ist **nicht gesetzlich geregelt**. Wenn § 28 Abs. 2 S. 1 WEG davon spricht, dass der Beschluss „[n]ach Ablauf des Kalenderjahres" zu fassen ist, ist damit nur die Entstehung des Anspruchs, nicht aber seine Fälligkeit gemeint.[3] Nach der allgemeinen Vorschrift des § 271 Abs. 1 Alt. 1 BGB ist die Entstehung eigentlich auch für die Fälligkeit maßgeblich. Aus praktischen Erwägungen wurde freilich schon **zum alten Recht** überwiegend vertreten, dass der „Anspruch auf die Jahresabrechnung" – ohne Differenzierung zwischen Zahlenwerk und Beschluss – regelmäßig nach Ablauf von drei, spätestens von sechs

1 BGH v. 10.2.2017 – V ZR 166/16, NZM 2017, 445 Rz. 10 f.

2 BGH v. 10.2.2017 – V ZR 166/16, NZM 2017, 445 Rz. 10 f.; Staudinger/*Häublein* § 28 WEG Rz. 151.

3 Vgl. Staudinger/*Häublein*, § 28 WEG Rz. 135 f. zu § 28 Abs. 3 WEG a.F.

Monaten nach Beginn des Kalenderjahres fällig wird.[1] Das WEMoG zwingt zwar dazu, zwischen den Ansprüchen auf Aufstellung des Zahlenwerks und auf Beschlussfassung zu differenzieren, bietet es aber keinen Grund, von den etablierten zeitlichen Vorgaben abzuweichen. Es ist deshalb davon auszugehen, dass auch der Anspruch auf Beschlussfassung **regelmäßig nach Ablauf von drei, spätestens von sechs Monaten nach Beginn des Kalenderjahres** fällig wird. Es überzeugt nämlich nicht, die Fälligkeit des Anspruchs davon abhängig zu machen, dass eine Jahresabrechnung erstellt wurde. Diese Sichtweise ist mit dem Zweck von § 28 Abs. 2 S. 1 WEG, die Finanzierung der Gemeinschaft der Wohnungseigentümer sicher zu stellen, nicht zu vereinbaren.

cc) Gerichtliche Durchsetzung

850 Wird der Beschluss nicht oder nicht rechtzeitig gefasst, kann jeder Wohnungseigentümer wie bislang **Beschlussersetzungsklage** (§ 44 Abs. 1 S. 2 WEG) erheben. Die Klage ist nun jedoch gegen die Gemeinschaft der Wohnungseigentümer zu richten (§ 44 Abs. 2 S. 1 WEG).

851 **Maßstab für die Entscheidung des Gerichts** ist dabei allein § 28 Abs. 2 S. 1 WEG. Denn dem Gericht kommt im Rahmen der Beschlussersetzung grundsätzlich kein größerer Ermessensspielraum als den Wohnungseigentümern zu (Rz. 1874). Ein Ermessensspielraum besteht deshalb nur im Hinblick auf die Zuführung zu Rücklagen. Im Übrigen hat das Gericht die Einnahmen und Ausgaben korrekt zu ermitteln und zu verteilen, ohne dass dabei ein Ermessensspielraum bestünde. Erleichterungen verschafft jedoch § 287 Abs. 2 ZPO, soweit eine cent-genaue Ermittlung unverhältnismäßig wäre.

852 Es gelten die allgemeinen Regeln der Beschlussersetzungsklage: Grundsätzlich muss der Kläger zunächst versuchen, eine Beschlussfassung zu erwirken (sog. **Vorbefassungsgebot**, vgl. Rz. 1866). Ein unbestimmter Klageantrag ist angesichts des fehlenden Ermessenspielraums bei der Kostenverteilung mit Ausnahme der Entscheidung über die Zuführung zur Erhaltungs- oder anderen Rücklagen nicht zulässig (Rz. 1871). Der Kläger muss also die konkreten, die Kostentragung betreffenden Nachschüsse bzw. Anpassungen der Vorschüsse in seinem Antrag bezeichnen. Lediglich bei der Entscheidung über die Zuführungen zu den Rücklagen reicht es wegen des hier bestehenden Ermessens aus, dass Maßnahmenziel zu nennen (Rz. 1871). In jedem Fall muss der Kläger dem Gericht **hinreichende tatsächliche Grundlagen** für die Entscheidung liefern (Rz. 784). Dafür kann etwa auf die Jahresabrechnung als Zahlenwerk verwiesen werden.

853 Sollte die Jahresabrechnung als **Zahlenwerk noch fehlen**, ist der Kläger nicht daran gehindert, eigene Berechnungen anzustellen und selbst eine Jahresabrechnung aufzustellen. In der Regel dürfte es sich aber empfehlen, zunächst den Anspruch auf Aufstellung des Zahlenwerks nach § 28 Abs. 2 S. 2 WEG im Wege der Leistungsklage geltend zu machen (Rz. 834). Diese Leistungsklage kann im Rahmen einer Stufenklage mit der Beschlussersetzungsklage verbunden werden, denn § 254 ZPO gilt über seinen Wortlaut hinaus für alle Fälle, in denen ein Infor-

---

1 Staudinger/*Häublein*, § 28 WEG Rz. 136.

mationsrecht mit einer auf dieser Information aufbauenden Klage verbunden werden soll.[1] Steht eine Rückzahlung im Raum, kann darüber hinaus im Wege der unechten Eventualhäufung (Rz. 349) Leistungsklage auf Zahlung erhoben werden.

b) Beschlussgegenstand

854 Das WEMoG regelt, anders als das bisherige Recht, den Gegenstand des auf die Erstellung der Jahresabrechnung folgenden Beschlusses der Wohnungseigentümer. Dadurch wird zum einen das Verhältnis der Jahresabrechnung zum Wirtschaftsplan geklärt (unten aa)). Zudem löst sich der Beschlussgegenstand vollkommen von der Jahresabrechnung als Zahlenwerk (unten bb)).

aa) Verhältnis zum Wirtschaftsplan

855 **Bislang war umstritten**, in welchem Verhältnis die Zahlungspflichten „aus" der Jahresabrechnung zu den Zahlungspflichten „aus" dem Wirtschaftsplan stehen. Überwiegend ging man davon aus, dass die Zahlungspflicht „aus" der Jahresabrechnung nur in derjenigen Höhe besteht, in der sie die Zahlungspflicht „aus" dem Wirtschaftsplan übersteigt (sog. Abrechnungsspitze).[2] Zum Teil wurde aber auch vertreten, dass die Zahlungspflicht „aus" der Jahresabrechnung insgesamt an die Stelle der Zahlungspflicht „aus" dem Wirtschaftsplan tritt (sog. Abrechnungssumme) oder zumindest soweit diese Zahlungspflicht noch nicht erfüllt wurde (sog. Abrechnungssaldo).[3]

856 Das WEMoG hat diesen Streit zugunsten der sog. **Abrechnungsspitze** entschieden: Im Rahmen des Wirtschaftsplans werden zunächst nur „Vorschüsse" (§ 28 Abs. 1 S. 1 WEG) beschlossen, die dann im Rahmen der Jahresabrechnung durch „Nachschüsse" ergänzt (§ 28 Abs. 2 S. 1 Alt. 1 WEG) oder durch eine „Anpassung" nach unten korrigiert werden (§ 28 Abs. 2 S. 1 Alt. 2 WEG).

857 Für den Beschluss über Nachschüsse bzw. die Anpassung der Vorschüsse spielt es demnach **keine Rolle, inwieweit Vorschusspflichten bereits erfüllt** wurden:

858 Im Fall der **Unterdeckung** wird nur über einen Nachschussanspruch beschlossen, der neben den – schon erfüllten oder fortbestehenden – Vorschussanspruch tritt.

859 **Beispiel:** Der Wirtschaftsplan geht von Ausgaben von 12.000 Euro aus, von denen der Wohnungseigentümer W 1.200 Euro zu tragen hat. Es wird deshalb nach § 28 Abs. 1 S. 1 WEG ein Vorschuss des W in Höhe von 1.200 Euro beschlossen. Nach Ablauf des Jahres stellt sich heraus, dass die tatsächlichen Ausgaben bei 18.000 Euro lagen, von denen W 1.800 Euro zu tragen hat.

1 Vgl. Musielak/Voit/*Foerste*, § 254 Rz. 2 f.; speziell für Gestaltungsklagen auch MüKoZPO/*Becker-Eberhard*, § 254 Rz. 12.

2 BGH v. 10.2.2017 – V ZR 166/16, NZM 2017, 445 Rz. 6; Staudinger/*Häublein*, § 28 WEG Rz. 174.

3 Vgl. *Casser*, ZWE 2016, 242 (244 f.) zu den verschiedenen Sichtweisen.

Unabhängig davon, in welcher Höhe W schon Vorschüsse geleistet hat, ist nach § 28 Abs. 2 S. 1 Alt. 1 WEG ein Nachschuss des W in Höhe von 600 Euro zu beschließen. Hat W den Vorschuss schon voll bezahlt, hat die Gemeinschaft der Wohnungseigentümer nur noch den Nachschussanspruch in Höhe von 600 Euro. Andernfalls tritt der Nachschussanspruch neben den fortbestehenden Vorschussanspruch.

860 Im Fall der **Überdeckung** wird der Vorschussanspruch durch den Beschluss teilweise beseitigt. Soweit der Vorschussanspruch noch nicht erfüllt ist, besteht er nur noch in angepasster Höhe fort; soweit er bereits erfüllt wurde, fällt sein Rechtsgrund in Höhe der Differenz nachträglich weg und es besteht ein Rückzahlungsanspruch nach § 812 Abs. 1 S. 2 Var. 1 BGB. Bereits entstandene Sekundäransprüche (z.B. Verzugszinsen) bleiben aber bestehen, weil die Anpassung des Vorschussanspruchs mangels gesetzlicher Anordnung nicht zurückwirkt.

861 **Beispiel** (im Anschluss an Rz. 859): Nach Ablauf des Jahres stellt sich heraus, dass die tatsächlichen Ausgaben nur bei 9.000 Euro lagen, von denen W 900 Euro zu tragen hat.

Unabhängig davon, in welcher Höhe W schon Vorschüsse geleistet hat, ist nach § 28 Abs. 2 S. 1 Alt. 2 WEG der Vorschuss des W auf 900 Euro anzupassen. Hat W den Vorschuss schon in voller Höhe (1.200 Euro) bezahlt, hat er einen Rückzahlungsanspruch in Höhe von 300 Euro nach § 812 Abs. 1 S. 2 Var. 1 BGB. Hat er noch gar nichts bezahlt, besteht der Vorschussanspruch in Höhe von 900 Euro fort. Bereits entstandene Verzugszinsen bleiben bestehen.

862 Typischerweise wird beschlossen, dass die Vorschüsse in **Teilbeträgen** fällig werden (z.B. monatlich). Es stellt sich dann die Frage, welche dieser Teilbeträge wie angepasst werden. § 28 Abs. 2 S. 1 WEG macht dafür keine Vorgaben, sondern erlaubt allgemein die „Anpassung der beschlossenen Vorschüsse". Die Wohnungseigentümer könnten deshalb über die Anpassung der einzelnen Teilbeträge detailliert beschließen. Wirtschaftlich macht das freilich keinen Sinn (zur Ausnahme bei einem Eigentümerwechsel Rz. 907). Denn soweit einzelne Teilbeträge noch nicht erfüllt wurden, kann aufgerechnet werden. Im Zweifel ist deshalb davon auszugehen, dass Teilbeträge schlicht quotal reduziert werden.

863 **Beispiel** (im Anschluss an Rz. 859): Es wurde beschlossen, dass W seinen Vorschuss in Höhe von 1.200 Euro in zwölf Monatsbeträgen zu je 100 Euro bezahlen muss. Bis einschließlich Juni zahlt er pünktlich insgesamt 600 Euro, ab Juli zahlt er gar nicht mehr. Stellt sich nach Ablauf des Jahres heraus, dass die tatsächlichen Ausgaben nur bei 9.000 Euro lagen, von denen W 900 Euro zu tragen hat, ist der Vorschuss des W um insgesamt 300 Euro zu reduzieren. Anstelle der noch offenen 600 Euro muss er also nur noch 300 Euro bezahlen. Dabei spielt es keine Rolle, welche Monatsbeträge angepasst werden: Würde etwa beschlossen, dass die Monatsbeträge ab Juli um jeweils 50 Euro gekürzt werden, würde sich die noch offene Schuld in Höhe von 600 Euro auf 300 Euro reduzieren. Nichts anderes gilt, wenn beschlossen würde, dass die Monatsbeträge bis einschließlich Juni um jeweils 50 Euro gekürzt werden. An sich hätte W dann zwar einen Rückzahlungsanspruch in Höhe von 300 Euro nach § 812 Abs. 1 S. 2 Var. 1 BGB; gegen diesen kann aber mit der noch offenen Schuld in Höhe von 600 Euro aufgerechnet werden. Verlangt der Verwalter im Namen der Gemeinschaft der Wohnungseigentümer den Differenzbetrag, liegt darin eine konkludente Aufrechnungserklärung.

bb) Verhältnis zur Jahresabrechnung als Zahlenwerk

864 Der Beschluss, den die Wohnungseigentümer nach Aufstellung der Jahresabrechnung fassen, betrifft – genauso wie der Beschluss nach Aufstellung des Wirtschaftsplans (Rz. 786) – **nur den Endbetrag**, der auf jeden Wohnungseigentümer entfällt, nicht aber die Werte und Rechenoperationen, aus denen sich dieser Betrag ergibt. Wird die Zuführung zu einer Rücklage angepasst, tritt ein weiterer Betrag hinzu. Ob die Entscheidung über diese Beträge konstruktiv einen einzelnen Beschluss bilden oder ein Bündel von Beschlüssen darstellt, ist nur von theoretischem Interesse (Rz. 787).

864a Der Endbetrag kann **positiv oder negativ** sein, je nachdem ob die Vorschüsse im Rückblick zu niedrig (sog. Unterdeckung) oder zu hoch (sog. Überdeckung) angesetzt wurden. § 28 Abs. 2 S. 1 WEG adressiert diese beiden Fällen und ordnet an, dass über die „Einforderung von Nachschüssen oder die Anpassung der beschlossenen Vorschüsse“ zu beschließen ist. Das bedeutet konkret:

865 Im Fall der **Unterdeckung** beschränkt sich der Beschlussgegenstand nach § 28 Abs. 2 S. 1 Alt. 1 WEG auf die **zusätzlichen Zahlungspflichten der Wohnungseigentümer**, die das Gesetz „Nachschüsse“ nennt. Diese Nachschüsse ergänzen die nach § 28 Abs. 1 S. 1 WEG beschlossenen Vorschüsse und unterscheiden deshalb wie diese zwischen der Kostentragung, der Erhaltungsrücklage und Sonderrücklagen. Typischerweise wird es zur Behebung der Unterdeckung genügen, Nachschüsse zur Kostentragung zu beschließen. In diesem Fall wird je Wohnungseigentümer nur über **einen einzigen Betrag** beschlossen: den Betrag, den er als Nachschuss zur Kostentragung bezahlen muss. Daneben können aber natürlich auch Nachschüsse zur Erhaltungsrücklage oder zu Sonderrücklagen beschlossen werden; in diesem Fall tritt jeweils ein weiterer Betrag hinzu.

866 Im Fall der **Überdeckung** beschränkt sich der Beschlussgegenstand nach § 28 Abs. 2 S. 1 Alt. 2 WEG auf die „Anpassung der beschlossenen Vorschüsse“, also auf die **teilweise Aufhebung der Vorschusspflichten der Wohnungseigentümer**. Auch diese teilweise Aufhebung muss zwischen den nach § 28 Abs. 1 S. 1 WEG beschlossenen Vorschüssen zur Kostentragung, zur Erhaltungsrücklage und zu Sonderrücklagen unterscheiden. Eine Überdeckung im Wortsinn kann es freilich nur im Hinblick auf die Kostentragung geben. In der Regel wird deshalb je Wohnungseigentümer nur über **einen einzigen Betrag** beschlossen: den Betrag, um den der Vorschuss zur Kostentragung reduziert wird. Beschließen die Wohnungseigentümer daneben auch eine nachträgliche Reduzierung der Vorschüsse zur Erhaltungsrücklage oder zu Sonderrücklagen, tritt jeweils ein weiterer Betrag hinzu.

867 Den zumeist nur theoretisch denkbaren Fall, dass die **Vorschüsse auf den Cent genau passen**, regelt § 28 Abs. 2 S. 1 WEG nicht. Das ist folgerichtig, denn in diesem Fall bedarf es keines Beschlusses der Wohnungseigentümer, der die schon passenden Vorschüsse nach oben oder unten korrigiert.

868 Denkbar ist auch eine **Kombination von § 28 Abs. 2 S. 1 Alt. 1 und 2 WEG**: Stellen sich etwa die Vorschüsse zur Kostentragung als zu niedrig heraus, ist insoweit ein Nachschuss zu beschließen. Sollen zugleich die Vorschüsse zur Erhaltungsrücklage nachträglich herabgesetzt werden, sind diese anzupassen; gegen die dadurch ausgelösten Rückzahlungsansprüche kann

mit den Nachschusspflichten aufgerechnet werden. Bezugspunkt für einen Nachschuss bzw. eine Anpassung können jeweils nur die Vorschüsse zur Kostentragung, zur Erhaltungsrücklage und zu Sonderrücklagen als Ganze sein, niemals deren Einzelpositionen, über die nach § 28 Abs. 1 S. 1 WEG gar nicht beschlossen wird (Rz. 786).

869 Sowohl bei einer Unter- wie auch bei einer Überdeckung wird also nur über einen einzigen Betrag beschlossen. Der **weitere Inhalt**, der nach § 28 Abs. 2 S. 2 WEG lediglich „darüber hinaus“ in der Jahresabrechnung als Zahlenwerk enthalten ist, ist **nicht Beschlussgegenstand**. Das gilt insbesondere für alle Werte, die in die Berechnung der zu beschließenden Beträge einfließen, also etwa Ansätze in der Gesamtabrechnung sowie die angewandten Verteilerschlüssel.

870 **Beispiel** (aufbauend auf Rz. 789): Eine Gemeinschaft besteht aus den Wohnungseigentümern A (Miteigentumsanteil: 20/100), B (Miteigentumsanteil: 30/100) und C (Miteigentumsanteil: 50/100). Die Kostentragung richtet sich nach Miteigentumsanteilen. Ausgehend von voraussichtlichen Ausgaben in Höhe von 1.800 Euro (Brandversicherung: 800 Euro; Abfallbeseitigung: 1.000 Euro) und einer Zuführung zur Erhaltungsrücklage in Höhe von 3.000 Euro wurde folgender Beschluss nach § 28 Abs. 1 S. 1 WEG gefasst:

„Es werden folgende monatlich jeweils im Voraus fällige Vorschüsse beschlossen:

	Vorschuss zur Kostentragung	***Vorschuss zur Erhaltungsrücklage***
A	*30 Euro*	*50 Euro*
B	*45 Euro*	*75 Euro*
C	*75 Euro*	*125 Euro*

Der Beschluss gilt ab Januar 2021. Er gilt solange, bis ein neuer Beschluss über die Vorschüsse gefasst wird.“

Nach Ablauf des Jahres 2021 stellt sich heraus, dass die Ausgaben bei insgesamt 2.000 Euro lagen, weil die Eingangstür für 200 Euro repariert werden musste. Die Zuführung zur Erhaltungsrücklage soll unverändert bei 3.000 Euro liegen.

Der **schulmäßige Wortlaut des Beschlusses** nach § 28 Abs. 2 S. 1 WEG würde lauten:

„Es werden folgende Nachschüsse für das Jahr 2021 beschlossen:

	Nachschuss zur Kostentragung
A	*40 Euro*
B	*60 Euro*
C	*100 Euro*

Die Nachschüsse sind innerhalb von zwei Wochen fällig.[1]*“*

871 Das bedeutet freilich nicht, dass ein anderer Beschlusstext automatisch zur Anfechtbarkeit oder gar Nichtigkeit des Beschlusses führt. Entscheidend ist, ob im Wege der **Auslegung** die auf jeden Wohnungseigentümer entfallenden Beträge ermittelt werden können. Es ist deshalb unschädlich, wenn schlicht „über die Jahresabrechnung“ beschlossen wird und sich diese Beträge eindeutig aus dem in Bezug genommenen Zahlenwerk ergeben. Stets gilt aber: Be-

1 Zur Möglichkeit, über die Fälligkeit zu beschließen, vgl. Rz. 905.

schlussgegenstand sind allein die Beträge, die jeder Wohnungseigentümer als Nachschuss zur Kostentragung bzw. zur Erhaltungsrücklage zu zahlen hat oder um die die Vorschüsse zur Kostentragung bzw. zur Erhaltungsrücklage reduziert werden, niemals aber das Zahlenwerk. Denn nach § 28 Abs. 2 S. 1 WEG besteht allein für diese Beträge Beschlusskompetenz.

c) Anfechtung

872 Die Einengung des Beschlussgegenstands hat weitreichende Folgen für die Anfechtung: Sie kann nur noch auf betragsrelevante Mängel gestützt werden (unten aa)). Auch die Möglichkeit der Teilanfechtung wird merklich eingeschränkt (unten bb)). Ausgeweitet wird dagegen der Streitgegenstand, der nunmehr stets alle betragsrelevanten Mängel erfasst und nicht mehr nur den durch den Kläger konkret geltend gemachten (unten cc)). Für die Praxis bietet sich häufig die Kombination mit einer Beschlussersetzungsklage an (unten dd)).

aa) Anfechtungsgründe

873 Mit der Einengung des Beschlussgegenstands geht eine **Einengung der Anfechtungsmöglichkeiten** einher. Hierin liegt gerade der Zweck der Neuregelung (Rz. 744).

874 Der Beschluss nach § 28 Abs. 2 S. 1 WEG beschränkt sich darauf, Beträge festzusetzen: entweder die Beträge neuer Zahlungspflichten („Nachschüsse") oder die Beträge, um die bestehende Zahlungspflichten aufgehoben werden („Anpassung der beschlossenen Vorschüsse"). Der Beschluss ist deshalb auch nur dann rechtswidrig, wenn die **beschlossenen Beträge nicht im Einklang mit dem materiellen Recht** stehen. Angefochten werden kann also erfolgreich nur mit der Begründung, dass sich bei korrekter Anwendung des materiellen Rechts ein anderer Betrag ergibt, als er beschlossen wurde. Die Anfechtungsklage muss letztlich also darauf zielen, die beschlossenen Nachschussbeträge bzw. die Beträge, um die die Vorschüsse reduziert werden, abzuändern. Nicht ausreichend ist dagegen die Behauptung, dass die Jahresabrechnung als Zahlenwerk entgegen § 28 Abs. 2 S. 2 WEG nicht ordnungsgemäß aufgestellt wurde.[1] Denn das Zahlenwerk ist nicht Beschlussgegenstand.

875 **Beispiel:** Der Verwalter legt eine Jahresabrechnung vor, die nur aus – inhaltlich ordnungsmäßigen – Einzelabrechnungen besteht; die Gesamtabrechnung fehlt dagegen. Die Wohnungseigentümer beschließen gleichwohl die in den Einzelabrechnungen ermittelten Nachschüsse. Der Beschluss wird angefochten.

Der Anspruch auf Aufstellung der Jahresabrechnung nach § 28 Abs. 2 S. 2 WEG wurde nicht erfüllt, denn es fehlt die notwendige Gesamtabrechnung. Die Anfechtungsklage wird dennoch abgewiesen, da die beschlossenen Nachschüsse betragsmäßig korrekt sind.

876 Auch wenn Beschluss (§ 28 Abs. 2 S. 1 WEG) und Zahlenwerk (§ 28 Abs. 2 S. 2 WEG) rechtlich streng voneinander zu trennen sind, stehen sie freilich in der Praxis nicht völlig losgelöst nebeneinander. Denn die zu beschließenden Beträge werden in der Regel dem Zahlenwerk entnommen. Die Fehlerhaftigkeit des Zahlenwerks

---

1 Ausdrücklich BT-Drucks. 19/18791, S. 76.

schlägt deshalb häufig, aber eben nicht zwingend, auf den Beschluss durch. Entscheidend ist, ob es sich um einen **betragsrelevanten Mangel** handelt. Nicht zu Anfechtung berechtigen dagegen formelle Fehler, die die beschlossenen Beträge unberührt lassen. Das gilt insbesondere für den Fall, dass an sich korrekte Werte lediglich fehlerhaft dargestellt wurden.

877 Bezugspunkt ist dabei stets der **Endbetrag**, also der Betrag, den ein Wohnungseigentümer insgesamt als Nachschuss zur Kostentragung oder zur Erhaltungsrücklagen leisten muss bzw. um den sich seine entsprechenden Vorschüsse reduzieren. Denn Beschlussgegenstand sind nur diese Endbeträge (Rz. 864). Die einzelnen Kostenpositionen, Verteilerschlüssel und Rechenoperationen, die in der Jahresabrechnung als Zahlenwerk vorzunehmen sind, sind dagegen nicht Beschlussgegenstand. Es ist deshalb denkbar, dass sich mehrere Mängel gegenseitig aufheben.

878 **Beispiel:** Nachbar N beschädigt fahrlässig den im Gemeinschaftseigentum stehenden Zaun. Noch im selben Jahr wird der Zaun für 400 Euro repariert und der Schaden durch N ersetzt. Die im Übrigen korrekte Jahresabrechnung schweigt zu diesem Vorfall: weder sind die Reparaturkosten als Ausgabe, noch die Schadensersatzleistung als Einnahme aufgeführt.

Eine erfolgreiche Anfechtung des Beschlusses, der auf Basis der Jahresabrechnung über Nachschüsse bzw. die Anpassung der Vorschüsse entscheidet, kommt nicht in Betracht. Die Jahresabrechnung ist zwar mangelhaft, da sie die Einnahmen und Ausgaben vollständig zu erfassen hat. Allerdings gleichen sich die vergessenen Einnahmen und Ausgaben aus, so dass der Mangel keine Auswirkungen auf die Zahlungspflichten der Wohnungseigentümer haben kann.

Gegenbeispiel: Wie oben, allerdings werden in der im Übrigen korrekten Jahresabrechnung die Reparaturkosten angegeben und nur die Schadensersatzleistung vergessen.

Der Zahlungsbeschluss kann erfolgreich angefochten werden. Denn wenn die Einnahmen ordnungsgemäß aufgenommen worden wären, hätte sich der von jedem Wohnungseigentümer geschuldete Betrag gemindert.

879 **Eine erfolgreiche Anfechtung** ist in der Regel möglich, wenn Einnahmen oder Ausgaben vergessen oder unrichtige Verteilerschlüssel verwendet wurden.

880 **Nicht erfolgreich anfechtbar** ist der Beschluss dagegen, wenn die Jahresabrechnung als Zahlenwerk an formalen Fehlern leidet, insbesondere, wenn sie unübersichtlich oder intransparent gestaltet ist oder einzelne Teile ganz fehlen.

881 Zum Problem, dass sich womöglich **erst im Laufe des Anfechtungsverfahrens** zeigt, ob ein Mangel betragsrelevant ist oder nicht vgl. Rz. 800.

bb) Möglichkeit der Teilanfechtung

882 Ist der beschlossene Betrag unrichtig, stellt sich die Frage, ob der Beschluss auf Anfechtungsklage hin insgesamt für ungültig zu erklären ist oder nur soweit, wie der Mangel reicht. Aus Sicht des Klägers hängt davon ab, ob er den Beschluss insgesamt angreifen muss oder die Anfechtungsklage auf den mangelhaften Teil zu beschränken hat, um ein Teilunterliegen zu vermeiden. Angesprochen ist damit die **allgemeine Frage**, inwieweit eine Teilanfechtung bzw. -aufhebung von Beschlüssen zulässig

ist. Sie wird in entsprechender Anwendung des § 139 BGB grundsätzlich bejaht.[1] Speziell für Beschlüsse über den Wirtschaftsplan und die Jahresabrechnung hat der BGH **in der Vergangenheit** eine isolierte Anfechtung bzw. Aufhebung von rechnerisch selbständigen und abgrenzbaren Teilen bejaht; sie konnte deshalb z.B. auf eine bestimmte Kostenposition beschränkt werden.[2]

883 Unter Geltung des § 28 Abs. 2 S. 1 WEG kommt eine **Teilanfechtung nur noch in engen Grenzen** in Betracht. Denn § 139 BGB setzt voraus, dass ein Rechtsgeschäft überhaupt zerlegbar ist.[3] Erst dann stellt sich die Frage, ob die zerlegten Teile nach dem hypothetischen Willen auch unabhängig voneinander bestehen bleiben sollen.

883a Dabei spielt die Frage keine Rolle, ob man den **Beschluss über die Vorschüsse konstruktiv als einheitlichen Beschluss oder als Bündel vieler Beschlüsse** auffasst. Der Wortlaut des § 139 BGB zielt zwar nur auf den ersten Fall, also dass ein Teil eines einheitlichen Rechtsgeschäfts unwirksam ist und die übrigen Teile bei entsprechendem Willen wegfallen. Die Vorschrift gilt aber auch dann, wenn mehrere Rechtsgeschäfte, die grundsätzlich auch für sich allein existieren könnten, zu einem einheitlichen Geschäft zusammengesetzt werden.[4] Entscheidend ist deshalb allein, inwieweit der Beschluss über die Vorschüsse als Gesamtregelung objektiv zerlegbar ist und, soweit dies der Fall ist, der hypothetische Parteiwille dahin geht, dass die Einzelteile unabhängig voneinander Bestand haben sollen. Das ist für eine Zerlegung in sachlicher (unten (1)) und persönlicher (unten (2)) Hinsicht unterschiedlich zu beurteilen:

(1) in sachlicher Hinsicht

884 In **sachlicher Hinsicht** kann der Beschluss grundsätzlich nur noch in zwei Teile zerlegt werden: in den Betrag, der sich auf die **Kostentragung** bezieht, und in den Betrag, der sich auf die **Erhaltungsrücklage** bezieht. Diese beiden Teile können in der Regel entsprechend § 139 BGB isoliert angefochten werden, da sie sich gegenseitig nicht beeinflussen. Das Gleiche gilt für Beträge, die sich auf beschlossene Rücklagen beziehen. Eine weitere Zerlegung des Vorschusses zur Kostentragung in **einzelne Kostenpositionen** scheidet dagegen kategorisch aus. Denn Beschlussgegenstand ist nur der Endbetrag, nicht aber die dahinterliegenden Werte und Rechenoperationen (Rz. 864). Das gilt unabhängig davon, inwieweit die Jahresabrechnung als Zahlenwerk einzelne Kostenpositionen ausweist, denn auch dann werden diese Kostenpositionen nicht Beschlussgegenstand. Beschlussgegenstand ist stets nur das Ergebnis als „nackte Zahl“; es fehlt deshalb jeder Ansatzpunkt, diese Zahl zu zerlegen.

885 **Beispiel:** Es wird beschlossen, dass Wohnungseigentümer W einen Nachschuss zur Kostentragung in Höhe von 100 Euro zahlen muss und zugleich der Vorschuss zur Erhaltungsrücklage um 50 Euro reduziert wird. Dabei wird bei der Verteilung der Hausmeisterkosten ein falscher Verteilerschlüssel angewendet.

---

1 Staudinger/*Lehmann-Richter*, § 46 WEG Rz. 33 ff.
2 BGH v. 4.12.2009 – V ZR 44/09, NJW 2010, 2127 Rz. 6.
3 Statt aller MüKoBGB/*Busche*, § 139 Rz. 23 f.
4 BGH v. 22.9.2016 – III ZR 427/15, NJW 2016, 3525 Rz. 16; BeckOK-BGB/*Wendtland*, § 139 Rz. 8.

Der Nachschuss zur Kostentragung ist aufgrund des falschen Verteilerschlüssels für die Hausmeisterkosten unrichtig. W kann den Nachschuss zur Kostentragung isoliert anfechten, die Anpassung des Vorschusses zur Erhaltungsrücklage also ausnehmen. Ficht er den Beschluss dagegen insgesamt an, wird er teilweise unterliegen, wenn die Anpassung des Vorschusses zur Erhaltungsrücklage keinen Fehler aufweist.

886 Wird dennoch eine auf einzelne Kostenpositionen beschränkte „Teilanfechtungsklage" erhoben, ist im Wege der **Auslegung** zu ermitteln, ob in Wirklichkeit nicht der Beschluss im Hinblick auf die Kostentragung insgesamt angefochten wurde und die Nennung der Kostenpositionen lediglich der Begründung dient. Letzteres ist im Regelfall anzunehmen.[1]

887 **Beispiel** (im Anschluss an Rz. 885): W kann die Anfechtung nicht auf die Hausmeisterkosten beschränken. Ein solche Klage ist im Regelfall aber als Anfechtung des gesamten Nachschussbetrags zur Kostentragung auszulegen.

(2) in persönlicher Hinsicht

888 Auch eine Zerlegung **in persönlicher Hinsicht** (dazu bereits Rz. 787) scheidet regelmäßig aus. Ein Wohnungseigentümer kann also seine Anfechtungsklage nicht auf die eigenen Nachschussbeträge bzw. die Anpassung der eigenen Vorschussbeträge beschränken. Rechnerisch lassen sich die Beträge einzelner Wohnungseigentümer zwar unproblematisch trennen. Jedoch führt die Herabsetzung einzelner Beträge in der Regel dazu, dass eine Finanzierungslücke entsteht, die durch einen Ergänzungsbeschluss geschlossen werden muss (dazu Rz. 900). Deshalb entspricht eine isolierte Aufhebung der Beträge einzelner Wohnungseigentümer nicht dem entsprechend § 139 BGB maßgeblichen hypothetischen Willen der Wohnungseigentümer.

889 Eine **Ausnahme** ist denkbar, wenn nur der Betrag eines einzelnen Wohnungseigentümers unrichtig ist. Das kommt in Betracht, wenn ein Verteilerschlüssel größer als 1 angewendet wird oder eine Kostenposition von einem Wohnungseigentümer allein zu tragen ist.

cc) Streitgegenstand

890 Der prozessuale Streitgegenstand wird nach allgemeinen Regeln durch den Antrag und den zugrundeliegenden Lebenssachverhalt begrenzt.[2] Wegen der nur begrenzten Möglichkeit der Teilanfechtung, ist der **Antrag** in der Regel auf die Aufhebung des Beschlusses insgesamt gerichtet. Der **Lebenssachverhalt** erschöpft sich darin, dass Nachschuss- oder Anpassungsbeträge beschlossen wurden, die nach materiellem Recht nicht beschlossen hätten werden dürfen.

891 Der Streitgegenstand ist dagegen **nicht** mehr auf den konkret **geltend gemachten Mangel** (z.B. eine unrichtig verteilte Kostenposition) begrenzt. Denn Aufgabe des Gerichts im Rahmen der Anfechtung ist es, die materielle Richtigkeit der Beträge zu überprüfen. Die Werte und Rechenoperationen, auf denen diese Beträge beruhen,

---

1 So schon in der Vergangenheit für unzulässige Teilklagen BGH v. 19.10.2012 – V ZR 233/11, ZWE 2013, 47 Rz. 11.

2 *Rosenberg/Schwab/Gottwald*, § 93 Rz. 28.

sind aber nicht Teil des Beschlusses; Beschlussgegenstand ist nur die „nackte Zahl“ (Rz. 864). Es ist logisch unmöglich, eine Zahl auf einen bestimmten Mangel hin zu untersuchen. Überprüft werden kann nur, ob diese Zahl im Ergebnis richtig oder falsch ist. Die Richtigkeit der Beträge kann deshalb nur dadurch festgestellt werden, dass im Prozess alle dafür notwendigen Werte ermittelt und die erforderlichen Rechenoperationen vorgenommen werden.

892 Auch insoweit ist es also wichtig, streng **zwischen dem Zahlenwerk und dem Beschluss zu trennen**: Das Zahlenwerk nach § 28 Abs. 2 S. 2 WEG besteht natürlich aus Werten und Rechenoperationen. Insoweit wäre es möglich, einzelne Werte und Rechenoperationen isoliert zu überprüfen. Darum geht es aber bei der Anfechtungsklage nicht. Denn überprüft werden soll nicht die Richtigkeit des Zahlenwerks, sondern die des Beschlusses.

893 Die **praktischen Folgen** dieses weiten Streitgegenstands sind freilich **gering**. Denn das Gericht hat die Beträge selbstverständlich nicht von Amts wegen vollumfänglich nachzuprüfen, indem es etwa selbst eine vollständig neue Jahresabrechnung erstellt. Nach den zivilprozessualen Regeln obliegt es vielmehr den Parteien, was sie zum Streitstoff machen. Für die ordnungsgemäße Klageerhebung genügt es zwar, wenn der Kläger innerhalb der Klagebegründungsfrist des § 45 S. 1 Alt. 2 WEG unspezifisch behauptet, die Beträge seien unrichtig. Im Laufe des Prozesses ist diese Behauptung aber zu substantiieren, sind also konkrete Mängel zu benennen. Dabei wird sich der Kläger in der Regel auf die Jahresabrechnung als Zahlenwerk beziehen. Um die Schlüssigkeit des klägerischen Vortrags zu prüfen, kann sich das Gericht deshalb auf die Prüfung der vorgelegten Jahresabrechnung beschränken. Trägt der Kläger etwa vor, dass eine bestimmte Kostenposition ausweislich dieser Jahresabrechnung anhand eines unrichtigen Schlüssels verteilt wurde, hat das Gericht nur die Richtigkeit dieses Schlüssels zu überprüfen. Denn wenn die übrigen Kostenpositionen richtig sind – was prozessual zu unterstellen ist, wenn keine Partei etwas anderes behauptet (vgl. § 139 Abs. 3 ZPO) –, führt ein einzelner unrichtiger Schlüssel zwangsläufig zu anderen Beträgen.

894 **Unterschiede zum früheren Recht** ergeben sich jedoch in zweierlei Hinsicht: Zum einen kann der Kläger auch noch während des Prozesses neue Mängel geltend machen; das Nachschieben von Gründen wird bei der Anfechtung von Beschlüssen nach § 28 Abs. 2 S. 1 WEG nicht durch die Klagebegründungsfrist des § 45 S. 1 Alt. 2 WEG, sondern nur durch die allgemeinen zivilprozessualen Regeln begrenzt. Zum anderen bleibt der beklagten Gemeinschaft der Wohnungseigentümer der Einwand, dass die beschlossenen Beträge trotz eines Mangels des Zahlenwerks aus anderen Gründen richtig sind (z.B. weil der Mangel durch einen anderen Mangel ausgeglichen wird, vgl. Rz. 878).

dd) Kombination mit Beschlussersetzungsklage

895 Eine erfolgreiche Anfechtungsklage führt dazu, dass der Beschluss aufgehoben wird, soweit er angefochten wurde. Aufgrund der beschränkten Möglichkeiten der Teilanfechtung sind in der Regel die Beträge aller Wohnungseigentümer vollumfänglich aufzuheben, allenfalls unter Aussparung der Beträge zur Erhaltungsrücklage (näher Rz. 884). An sich müssten die Wohnungseigentümer anschließend einen neuen Be-

schluss fassen. Das bedeutet nicht nur zusätzlichen Aufwand und die Gefahr von Liquiditätsengpässen, sondern kann auch dazu führen, dass erneut ein fehlerhafter Beschluss gefasst wird. Um diese Unwägbarkeiten zu verhindern, kann die **Anfechtungsklage mit dem Antrag auf Beschlussersetzung** nach § 44 Abs. 1 S. 2 WEG kombiniert werden. Das Gericht hat dann den Beschluss, soweit er aufgehoben wird, selbst neu zu fassen. Dadurch können die mit der Jahresabrechnung zusammenhängenden Fragen in einem Verfahren abschließend geklärt werden. Das ist für die Praxis naturgemäß empfehlenswert.

896 Der **Antrag** muss die festzusetzenden Beträge grundsätzlich genau beziffern. Denn das Gericht hat im Rahmen einer Beschlussersetzungsklage kein größeres Ermessen als die Wohnungseigentümer (näher Rz. 1874). Im Hinblick auf die Beiträge zur Kostentragung haben die Wohnungseigentümer – mit Ausnahme der Erhaltungsrücklage – indes kein Ermessen; vielmehr sind die Einnahmen und Ausgaben korrekt zur ermitteln und anhand der anwendbaren Verteilerschlüssel zu verteilen. Das Gericht kann, wenn eine cent-genaue Ermittlung unverhältnismäßig wäre, auf Grundlage der allgemeinen Vorschrift des § 287 Abs. 2 ZPO schätzen. Um einen hinreichend konkreten Antrag formulieren zu können, wird der Kläger in der Regel auf die vom Verwalter erstellte Jahresabrechnung Bezug nehmen und lediglich die Korrekturen anmerken, die sich aus seiner Anfechtungsklage ergeben. Bei der Entscheidung über den Umgang mit den Zuführungen zur Rücklage besteht hingegen ein Ermessenspielraum, weshalb der Kläger hier nur das Maßnahmenziel nennen muss (Rz. 1871). Da sich die Kostentragung und die Zuführung zu den Rücklagen in der Regel nicht gegenseitig beeinflussen (Rz. 864), kann der Wohnungseigentümer seine Beschlussersetzungsklage entsprechend beschränken.

897 Wenn ausnahmsweise keine Jahresabrechnung vorliegt oder die vorliegende Jahresabrechnung so lücken- oder fehlerhaft ist, dass sie nicht als Grundlage für einen Beschlussersetzungsantrag taugt, kann im Rahmen einer **Stufenklage** zunächst der weiterhin bestehende Anspruch auf Aufstellung der Jahresabrechnung nach § 28 Abs. 2 S. 2 WEG geltend gemacht werden (Rz. 852). Steht eine Rückzahlung im Raum, kann darüber hinaus im Wege der unechten Eventualhäufung (Rz. 349) Leistungsklage auf Zahlung erhoben werden.

898 Die Beschlussersetzungsklage ist **nicht fristgebunden**. Sie kann also auch noch im laufenden Anfechtungsverfahren nachgeschoben werden. Eine solche nachträgliche objektive Klagehäufung ist nach § 263 Alt. 2 ZPO auch ohne Zustimmung des Beklagten zulässig, weil sie im Wesentlichen denselben Streitstoff betrifft, der endgültigen Streitbeilegung dient und damit sachdienlich ist.

899 Das **Vorbefassungsgebot** (Rz. 1866) spielt praktisch keine Rolle, denn die Vorbefassung erfolgte, als der angefochtene Beschluss gefasst wurde.

d) Ergänzungsbeschluss

900 Durch den Beschluss über Nachschüsse bzw. die Anpassung der Vorschüsse soll das Finanzwesen der Gemeinschaft für das abzurechnende Jahr eigentlich seinen Abschluss finden. Dieses Ziel wird verfehlt, wenn die festgesetzten Beträge unrichtig sind und deshalb eine **Lücke** bleibt – sei es eine Finanzierungslücke, die geschlossen

werden muss, oder ein Guthaben, das unter den Wohnungseigentümern zu verteilen ist. Die Bestandskraft des Beschlusses ändert daran nichts, sondern verhindert nur, dass der Beschluss aufgehoben werden kann. Die Lücke muss deshalb durch einen neuerlichen Beschluss, einen sog. Ergänzungsbeschluss, geschlossen werden. Das ist logisch zwingend und entsprach deshalb auch der allgemeinen Meinung zum früheren Recht.[1] Die Beschlusskompetenz dafür ergibt sich nach neuem Recht problemlos aus § 28 Abs. 2 S. 1 WEG, da es auch insoweit um „Nachschüsse" bzw. die „Anpassung der beschlossenen Vorschüsse" geht.

901 Im Rahmen eines solchen Ergänzungsbeschlusses ist **stets der allgemeine Verteilerschlüssel** heranzuziehen, um die Lücke zu schließen; vorbehaltlich einer abweichenden Vereinbarung gilt also das Verhältnis der Miteigentumsanteile (§ 16 Abs. 2 S. 1 WEG).

902 **Hintergrund:** Das folgt aus der **Bestandskraft des vorhergehenden Beschlusses**, die zu respektieren ist. Es dürfen deshalb nicht einfach die materiell richtigen Beträge an die Stelle der bereits beschlossenen Beträge gesetzt werden. Zulässig ist allein eine Ergänzung dieser Beträge. Auch der womöglich naheliegende Gedanke, für diese Ergänzung auf die Differenz zwischen den richtigen und den bereits beschlossenen Beträgen abzustellen, trägt nicht, weil diese Differenz bei manchen Wohnungseigentümern auch negativ sein kann; würde man daraus Rückzahlungsansprüche ableiten, würde man die Bestandskraft durch die Hintertür beseitigen. Schließlich ist es auch nicht möglich, den Beschluss über Nachschüsse bzw. die Anpassung der Vorschüsse auf seine Lücke zu untersuchen, etwa welche Ausgabe oder welche Einnahme vergessen oder falsch verteilt wurde, und daraus abzuleiten, mithilfe welches Verteilerschlüssels die Lücke zu schließen ist. Denn die Werte und Rechenoperationen der Jahresabrechnung sind nicht mehr Teil des Beschlusses. Beschlussgegenstand ist nur der Endbetrag als „nackte Zahl". Es ist logisch aber unmöglich, eine Zahl auf einen Mangel hin zu untersuchen. Die noch zu verteilenden Kosten können deshalb keiner Kostenart zugeordnet werden, für die es womöglich einen abweichenden Verteilerschlüssel gilt. Es muss deshalb beim allgemeinen Verteilerschlüssel bleiben.

903 **Beispiel:** Eine Gemeinschaft besteht aus den Wohnungseigentümern A (Miteigentumsanteil: 1/10), B (Miteigentumsanteil: 3/10) und C (Miteigentumsanteil: 6/10). Es wurde wirksam beschlossen, dass die Kosten der Abfallbeseitigung nach Köpfen verteilt werden; im Übrigen soll es bei § 16 Abs. 2 S. 1 WEG verbleiben. In dem abzurechnenden Jahr sind Gesamtkosten in Höhe von 2.200 Euro angefallen, wovon 1.200 Euro auf die Abfallbeseitigung entfallen. Vorschüsse wurden nicht beschlossen.

Richtigerweise hätten deshalb folgende Nachschüsse beschlossen werden müssen:

A: 500 Euro (= 1/3 der Abfallbeseitigungskosten in Höhe von 1.200 Euro [400 Euro] + 1/10 der übrigen Kosten in Höhe von 1.000 Euro [100 Euro])

B: 700 Euro (= 1/3 der Abfallbeseitigungskosten in Höhe von 1.200 Euro [400 Euro] + 3/10 der übrigen Kosten in Höhe von 1.000 Euro [300 Euro])

C: 1.000 Euro (= 1/3 der Abfallbeseitigungskosten in Höhe von 1.200 Euro [400 Euro] + 6/10 der übrigen Kosten in Höhe von 1.000 Euro [600 Euro])

1 *Jacoby*, ZWE 2018, 149 (152 f.); Staudinger/*Häublein*, § 28 WEG Rz. 178 f.

Tatsächlich wurde jedoch bei der Aufstellung der Jahresabrechnung sowohl eine Rechnung für Abfallbeseitigung über 300 Euro als auch der besondere Verteilerschlüssel für die Abfallkosten übersehen. Es werden deshalb folgende Nachschüsse beschlossen:

A: 190 Euro (= 1/10 der Gesamtkosten in Höhe von 1.900 Euro)

B: 570 Euro (= 3/10 der Gesamtkosten in Höhe von 1.900 Euro)

C: 1.140 Euro (= 6/10 der Gesamtkosten in Höhe von 1.900 Euro)

Die Fehler werden erst nach Eintritt der Bestandskraft bemerkt. Es muss ein Ergänzungsbeschluss gefasst werden, für den Folgendes gilt:

Ordnungswidrig wäre es, die beschlossenen Beträge einfach durch die richtigen Beträge zu ersetzen. Dem steht die Bestandskraft des ersten Beschlusses entgegen.

Ordnungswidrig wäre es aber auch, einen Ergänzungsbeschluss zu fassen, der Nachschüsse in Höhe der Differenzen zu den richtigen Beträgen festsetzt. Denn für A wurden 310 Euro zu wenig, für B 130 Euro zu wenig und für C 140 Euro zu viel festgesetzt. Es müsste also ein Rückzahlungsanspruch zugunsten des C beschlossen werden. Auch dem steht die Bestandskraft des ersten Beschlusses entgegen; der Sache nach würde dadurch der erste Beschluss ersetzt und nicht nur ergänzt.

Ordnungswidrig wäre es schließlich auch, die noch nicht verteilten 300 Euro nach Köpfen zu verteilen mit der Begründung, dass sie von der übersehenen Rechnung für Abfallbeseitigung herrühren. Denn ebendies kann rechtlich nicht überprüft werden. Die zunächst beschlossenen Nachschussbeträge sind Endbeträge, die nicht erkennen lassen, inwieweit sie auf Abfallbeseitigungs- oder andere Kosten entfallen. Die Jahresabrechnung als Zahlenwerk mag zwar belegen, dass die Wohnungseigentümer bei der Beschlussfassung von niedrigeren Abfallbeseitigungskosten ausgegangen sind. Damit wird aber nur das Motiv für die Beschlussfassung belegt, das nach § 28 Abs. 2 S. 1 WEG aber nicht Gegenstand des Beschlusses wird.

Richtigerweise muss deshalb folgender Ergänzungsbeschluss gefasst werden:

A: 30 Euro (= 1/10 der noch nicht verteilten Kosten in Höhe von 300 Euro)

B: 90 Euro (= 3/10 der noch nicht verteilten Kosten in Höhe von 300 Euro)

C: 180 Euro (= 6/10 der noch nicht verteilten Kosten in Höhe von 300 Euro)

3. Nachschussanspruch

904 Grundsätzlich gilt für die Fälligkeit der Nachschussansprüche § 271 Abs. 1 Alt. 1 BGB: Sie sind **sofort** mit Beschlussfassung fällig.[1] Die Wohnungseigentümer können aber nach § 28 Abs. 3 WEG Abweichendes beschließen.

905 Wie Zahlungen zu leisten sind, also etwa bar oder durch Banküberweisung, regelt § 28 WEG nicht. Die Wohnungseigentümer können aber nach § 28 Abs. 3 WEG über die **Zahlungsart** beschließen; diese Vorschrift entspricht insoweit § 21 Abs. 7 WEG a.F.

---

1 Staudinger/*Häublein*, § 28 WEG Rz. 196 f.; *Riecke/Schmidt/Abramenko*, § 28 Rz. 147 jeweils zum alten Recht.

4. Rückzahlungsanspruch

906 Werden die Vorschüsse nach unten angepasst, entsteht ein gesetzlicher Rückzahlungsanspruch nach § 812 Abs. 1 S. 2 Var. 1 BGB (näher Rz. 860).

5. Exkurs: Kostentragung beim Eigentümerwechsel

907 Bei einem Eigentümerwechsel stellt sich die Frage, welche Kosten noch der Veräußerer und welche schon der Erwerber zu tragen hat. Die h.M. zum früheren Recht stellte darauf ab, wer zum Zeitpunkt der Fälligkeit Wohnungseigentümer ist (sog. **Fälligkeitstheorie**).[1] Diesen Ansatz stellt das WEMoG nicht in Frage.

908 Für die **Vorschüsse** ergibt sich dadurch eine klare Abgrenzung: Der Erwerber schuldet nur die Vorschüsse, die nach seiner Eintragung als Eigentümer im Grundbuch fällig werden; alle davor fällig werdenden Vorschüsse schuldet allein der Veräußerer. Eine zusätzliche Haftung des Erwerbers für Rückstände des Veräußerers besteht nur, wenn sie vereinbart wurde und – das ist neu – gemäß § 7 Abs. 3 S. 2 WEG ausdrücklich im Grundbuch eingetragen ist (dazu Rz. 1795).

909 **Beispiel:** Im Mai 00 wurden für das Jahr 01 monatlich im Voraus fällige Vorschüsse in Höhe von 200 Euro zulasten des W beschlossen. Im August 01 verkauft W seine Wohnung, Anfang Oktober 01 erfolgt die Besitzübergabe, Ende November 01 wird K als Eigentümer im Grundbuch eingetragen.

W schuldet der Gemeinschaft der Wohnungseigentümer die Vorschüsse bis einschließlich November 01, K nur den Vorschuss für Dezember 01, da er erst ab diesem Zeitpunkt im Grundbuch eingetragen ist. Wegen § 446 S. 2 BGB hat K freilich im Innenverhältnis dem W die Vorschüsse für die Zeit ab der Besitzübergabe, also für die Monate Oktober und November 01, zu erstatten.

910 Kommt es zu einer **Unterdeckung**, schuldet der Erwerber – wie bisher[2] – den Nachschuss, wenn er zum Zeitpunkt der Fälligkeit des Nachschusses bereits als Eigentümer im Grundbuch eingetragen ist. Auf welchen Zeitraum sich der Nachschuss bezieht, spielt dabei keine Rolle.

911 **Beispiel** (im Anschluss an Rz. 909): Nach Ablauf des Jahres 01 stellt sich heraus, dass die Vorschüsse nicht genügen. Im Mai 02 wird ein sofort fälliger Nachschuss in Höhe von 600 Euro beschlossen.

Der Gemeinschaft der Wohnungseigentümer schuldet nur K den Nachschuss. Wegen § 446 S. 2 BGB ist der Nachschuss im Innenverhältnis zwischen K und W freilich aufzuteilen, im Zweifel zeitanteilig (§ 103 Alt. 1 BGB), so dass K von W eine Erstattung in Höhe von 450 Euro verlangen kann.

912 Klarheit schafft das WEMoG für den Fall der **Überdeckung**. Denn hier war bislang umstritten, wer Gläubiger des Abrechnungsguthabens war.[3] Auf Grundlage der Fäl-

1 BGH v. 15.12.2017 – V ZR 257/16, NJW 2018, 2044 Rz. 8; näher BeckOGK-WEG/*Falkner*, § 16 Rz. 57 ff.

2 BGH v. 21.4.1988 – V ZB 10/87, NJW 1988, 1910 (1911) unter II.2.c.; BeckOGK-WEG/*Falkner*, § 16 Rz. 58.

3 Vgl. Staudinger/*Häublein*, § 28 WEG Rz. 218 ff. zum Streitstand.

ligkeitstheorie müsste dies eigentlich der Erwerber sein; das ist freilich unbefriedigend, wenn der Veräußerer noch Vorschüsse schuldet, der Erwerber also letztlich ein Abrechnungsguthaben ausbezahlt bekommt, das nie einbezahlt wurde. Dieses Problem löst § 28 Abs. 2 S. 1 Alt. 2 WEG, indem bei einer Überdeckung keine Auszahlungsansprüche geschaffen, sondern lediglich die beschlossenen Vorschussansprüche angepasst werden. Der Rückzahlungsanspruch ergibt sich lediglich aus § 812 Abs. 2 S. 1 Var. 1 BGB und besteht deshalb nur, wenn tatsächlich zu hohe Vorschüsse geleistet wurden.

913 **Beispiel** (im Anschluss an Rz. 909): Nach Ablauf des Jahres 01 stellt sich heraus, dass die Vorschüsse zu hoch waren. Im Mai 02 wird beschossen, dass die monatlichen Vorschüsse für das Jahr 01 nachträglich um jeweils 50 Euro reduziert werden.

Variante 1: Wurden die Vorschüsse vollständig bezahlt (also durch W bis einschließlich November 01 und durch K für Dezember 01, vgl. Rz. 909), hat W einen Rückzahlungsanspruch in Höhe von insgesamt 550 Euro (= 11 x 50 Euro) und K in Höhe von 50 Euro (= 1 x 50 Euro). Wegen § 446 S. 2 BGB steht der Rückzahlungsanspruch für die Monate Oktober und November 01 im Innenverhältnis freilich allein K zu, weil die Besitzübergabe bereits Anfang Oktober erfolgte.

Variante 2: Hat W gar keine Vorschüsse bezahlt, hat er auch keinen Rückzahlungsanspruch. Vielmehr bleibt der Vorschussanspruch in Höhe von insgesamt 1.650 Euro (= 11 x 150 Euro) bestehen.

IV. Vermögensbericht (§ 28 Abs. 4 WEG)

914 Jeder Wohnungseigentümer hat künftig einen Anspruch auf einen Vermögensbericht (unten 1.), der den Stand der Rücklagen und das wesentliche Gemeinschaftsvermögen enthält (unten 2.) und der jedem Wohnungseigentümer zur Verfügung zu stellen ist (unten 4.). Darstellung und Form liegen im Ermessen des Verwalters (unten 3.).

1. Anspruch

915 Der Anspruch richtet sich gegen die Gemeinschaft der Wohnungseigentümer (unten a)). Er wird jährlich zusammen mit der Jahresabrechnung fällig (unten b)) und kann mittels Leistungsklage durchgesetzt werden (unten c)). Besonderheiten gelten in verwalterlosen Gemeinschaften (unten d)).

a) Gläubiger und Schuldner

916 Gläubiger des Anspruchs ist **jeder Wohnungseigentümer**. Das ergibt sich aus § 28 Abs. 4 S. 2 WEG, der sich wörtlich zwar nur auf die Zurverfügungstellung bezieht, die vorherige Erstellung aber notwendigerweise mitumfasst. Schuldner des Anspruchs ist die **Gemeinschaft der Wohnungseigentümer**.[1] Zwar adressiert § 28 Abs. 4 S. 1 WEG den Verwalter. Nach dem Konzept des WEMoG wird der Verwalter aber stets als ihr Organ tätig (Rz. 443).

1 BT-Drucks. 19/18791, S. 78.

b) Fälligkeit

917 Der Vermögensbericht ist nach § 28 Abs. 4 S. 1 WEG „nach Ablauf des Kalenderjahres“ zu erstellen. Der Wortlaut lässt offen, ob sich dies auf die Entstehung des Anspruchs, seine Fälligkeit oder den inhaltlich maßgeblichen Stichtag bezieht. Klar ist, dass die Erstellung des Vermögensberichts eine gewisse Zeit benötigt. Wohl auch deshalb geht die Gesetzesbegründung davon aus, dass die Erstellung des Vermögensberichts zusammen mit der Jahresabrechnung genügt.[1] Das spricht für eine parallele Fälligkeit, zumal der Vermögensbericht mit Blick auf die Kontostände und Rücklagen Funktionen der bisherigen Jahresabrechnung übernimmt (Rz. 746). Im Gleichklang mit der h.M. zur Jahresabrechnung (Rz. 831) ist deshalb von einer Fälligkeit **nach Ablauf von drei, spätestens von sechs Monaten nach Beginn des Kalenderjahres** auszugehen.

c) Gerichtliche Durchsetzung

918 Wird der Vermögensbericht nicht rechtzeitig erstellt oder zur Verfügung gestellt, kann jeder Wohnungseigentümer seinen Anspruch im Wege der **Leistungsklage** gegen die Gemeinschaft der Wohnungseigentümer durchsetzen. Das Gleiche gilt, wenn der Vermögensbericht mangelhaft ist. Denn der Anspruch auf Erstellung und Zurverfügungstellung des Vermögensberichts ist ein Handlungsanspruch, der keiner vorhergehenden Beschlussfassung bedarf (näher zur Differenzierung zwischen Handlungs- und Entscheidungsansprüchen Rz. 340).

919 Die **Vollstreckung** erfolgt nach § 887 Abs. 1 ZPO im Wege der Ersatzvornahme. Denn die Erstellung des Vermögensberichts ist eine vertretbare Handlung, die durch jedermann vorgenommen werden kann, der Zugang zu den Verwaltungsunterlagen erhält.

d) Sonderfall: Verwalterlose Gemeinschaft

920 Das WEG sieht **keine Regeln** für den Vermögensbericht in einer verwalterlosen Gemeinschaft vor. Fraglich ist deshalb schon, ob in einer verwalterlosen Gemeinschaft überhaupt eine **Pflicht der Gemeinschaft der Wohnungseigentümer** zur Aufstellung des Vermögensberichts besteht. § 28 Abs. 4 WEG trifft dazu keine Aussage; insbesondere kann dem Wortlaut, der den Verwalter als Organ adressiert, nicht entnommen werden, dass die Pflicht an die Existenz eines Verwalters gekoppelt ist. Maßgeblich muss deshalb das Bedürfnis für einen Vermögensbericht sein. Ein solches Bedürfnis besteht nur, wenn die Gemeinschaft über Rücklagen oder sonstiges wesentliches Vermögen im Sinne des § 28 Abs. 4 WEG verfügt.

921 Besteht demnach eine Pflicht zur Erstellung eines Vermögensberichts, stellt sich die Frage, wie diese Pflicht zu **erfüllen** ist, wenn der dafür nach § 28 Abs. 4 S. 1 WEG vorgesehene Verwalter nicht existiert. Es gilt § 19 Abs. 1 WEG als Auffangnorm: Die Wohnungseigentümer haben einen entsprechenden Beschluss zu fassen. Im Regelfall

1 BT-Drucks. 19/18791, S. 78.

werden sie eine geeignete Person gegen angemessene Vergütung mit der Erstellung des Vermögensberichts beauftragen müssen. Das kann z.B. ein Wohnungseigentümer sein, der sich auch ansonsten um das Finanzwesen kümmert.

2. Inhalte

922 Im Vermögensbericht ist der Stand der Rücklagen anzugeben (unten a)) und das wesentliche Gemeinschaftsvermögen aufzustellen (unten b) und c)).

a) Stand der Rücklagen

923 Der Vermögensbericht hat den Stand der „in Absatz 1 Satz 1 bezeichneten Rücklagen“ zu enthalten (§ 28 Abs. 4 S. 1 WEG), also den Stand der **Erhaltungsrücklage** nach § 19 Abs. 2 Nr. 4 WEG und der sonstigen **durch Beschluss geschaffenen Rücklagen**. Der Stand ist für jede Rücklage gesondert anzugeben.

924 Stand meint den Betrag in Euro, der im Gemeinschaftsvermögen tatsächlich vorhanden und für den Rücklagenzweck reserviert ist. Anzugeben ist demnach nur der **Ist-Stand.**[1] Dieser Stand mindert sich, soweit Mittel tatsächlich nicht mehr verfügbar sind, weil sie für den Rücklagen- oder einen anderen Zweck (z.B. zur Liquiditätssicherung) entnommen wurden. Weil es allein auf die Höhe des tatsächlich vorhandenen Vermögens ankommt, spielt es keine Rolle, ob eine etwaige Entnahme rechtmäßig erfolgte oder nicht. Außenstände auf die Rücklage erhöhen nicht den Stand der Rücklage; sie sind aber als Forderungen im Rahmen des wesentlichen Gemeinschaftsvermögens anzugeben.

925 Der Stand der Rücklagen ist **ungeachtet ihrer jeweiligen Höhe** anzugeben. Das ergibt sich aus dem Wortlaut des § 28 Abs. 4 S. 1 WEG, der die Rücklagen nur deshalb ausdrücklich erwähnt, um sie vom Wesentlichkeitskriterium auszunehmen, das für das sonstige Gemeinschaftsvermögen gilt.[2]

b) Wesentliches Gemeinschaftsvermögen

926 Der Vermögensbericht muss das wesentliche (unten bb)) Gemeinschaftsvermögen (unten aa)) zum Ablauf des Jahres (unten dd)) enthalten. Seine Bewertung ist nicht erforderlich (unten cc)).

aa) Gemeinschaftsvermögen

927 Der Begriff des Gemeinschaftsvermögens ist in § 9a Abs. 3 WEG legaldefiniert. Es handelt sich schlicht um das Vermögen der Gemeinschaft der Wohnungseigentümer (näher Rz. 166). Im Ausgangspunkt sind deshalb **alle Vermögensgegenstände, die der Gemeinschaft der Wohnungseigentümer zugeordnet sind**, in den Vermögensbericht aufzunehmen. Das umfasst insbesondere alle Sachen, deren Eigentümerin die

1 BT-Drucks. 19/18791, S.77.
2 BT-Drucks. 19/18791, S.77.

Gemeinschaft der Wohnungseigentümer ist, alle Forderungen, deren Gläubigerin die Gemeinschaft der Wohnungseigentümer ist, und alle sonstigen Rechte, deren Inhaberin die Gemeinschaft der Wohnungseigentümer ist. Der Vermögensbegriff des § 9a Abs. 3 WEG umfasst auch alle Passiva, also insbesondere alle Verbindlichkeiten, deren Schuldnerin die Gemeinschaft der Wohnungseigentümer ist.[1]

928 **Nicht** zum Gemeinschaftsvermögen gehört das **Sonder- und Gemeinschaftseigentum**. Ob eine Sache zum Sondereigentum, Gemeinschaftseigentum oder Gemeinschaftsvermögen gehört, ist eine rein sachenrechtliche Frage (Rz. 169). Das ist insbesondere bei Einbauten zu berücksichtigen: Sie werden in der Regel wesentliche Bestandteile des Gebäudes (vgl. § 94 Abs. 2 BGB) und damit Gemeinschaftseigentum.

929 Besonderheiten gelten für Forderungen und Verbindlichkeiten der Wohnungseigentümer, die die **Gemeinschaft der Wohnungseigentümer nach § 9a Abs. 2 WEG geltend macht bzw. erfüllt**. Streng genommen fällt freilich nur die Ausübungs- bzw. Wahrnehmungskompetenz in das Gemeinschaftsvermögen, während die ausgeübten Rechte und die wahrgenommenen Pflichten solche der Wohnungseigentümer bleiben. Weil diese Rechte und Pflichten bei wirtschaftlicher Betrachtung aber allein der Gemeinschaft der Wohnungseigentümer zugeordnet sind und mit dem Vermögensbericht gerade die wirtschaftliche Lage der Gemeinschaft in den Blick genommen werden soll, führt diese formalistische Differenzierung nicht weiter. Die betroffenen Rechte und Pflichten können deshalb ohne Umweg über die Ausübungs- bzw. Wahrnehmungskompetenz in den Vermögensbericht aufgenommen werden.

930 **Beispiel:** Der Nachbar N hat bei Gartenarbeiten den Zaun, der im gemeinschaftlichen Eigentum steht, schuldhaft beschädigt. Der Anspruch aus § 823 Abs. 1 BGB steht den Wohnungseigentümern zu, wird nach § 9a Abs. 2 WEG aber von der Gemeinschaft der Wohnungseigentümer geltend gemacht. Sie hat gegen N einen Titel erwirkt.

Bei formalistischer Betrachtung müsste in den Vermögensbericht die Position „Befugnis zur Geltendmachung des Schadensersatzanspruchs gegen N wegen Beschädigung des Gartenzauns" aufgenommen werden. Bei vorzugswürdiger wirtschaftlicher Betrachtung genügt: „Schadensersatzanspruch gegen N wegen Beschädigung des Gartenzauns".

bb) Wesentlichkeit

931 Unklar ist, wann ein Vermögensgegenstand wesentlich ist. Die Gesetzesbegründung hilft nicht wirklich weiter, da sie lediglich feststellt, dass Vermögensgegenstände unwesentlich sind, wenn sie für die wirtschaftliche Lage der Gemeinschaft unerheblich sind.[2] Daraus kann allenfalls geschlossen werden, dass **wirtschaftlich wertlose Vermögensgegenstände vernachlässigbar** sind (z.B. Unterlagen wie die Beschlusssammlung). Im Übrigen soll die Wertgrenze nach dem Willen des Gesetzgebers von der Größe der Gemeinschaft abhängen.[3] Eine Anknüpfung an die **steuerrechtliche Grenze für sog. geringwertige Wirtschaftsgüter** nach § 6 Abs. 2 S. 1 EStG (derzeit 800 Euro) erscheint grundsätzlich sachgerecht. In Kleinstgemeinschaften (bis 8 Ein-

1 Vgl. BT-Drucks. 19/18791, S. 78.
2 BT-Drucks. 19/18791, S. 78.
3 BT-Drucks. 19/18791, S. 78.

heiten, in Anlehnung an § 19 Abs. 2 Nr. 6 Hs. 2 WEG) sollte der halbe Wert (400 Euro), bei sehr großen Gemeinschaften (über 100 Einheiten) der doppelte Wert (1.600 Euro) angesetzt werden.

932 Es besteht **keine Beschlusskompetenz** für die Festlegung der Wertgrenze. Das ist sachgerecht, denn der Individualanspruch jedes Wohnungseigentümers nach § 28 Abs. 4 WEG darf nicht zur Disposition der Mehrheit stehen. Auch § 27 Abs. 2 WEG hilft nicht weiter: Durch Beschluss kann nur Entscheidungskompetenz von den Wohnungseigentümern auf den Verwalter übertragen werden, aber nicht Pflichten der Gemeinschaft der Wohnungseigentümer eingeschränkt werden.

932a **Keine Rolle** spielt die Wesentlichkeit bei **Rücklagen** und **Kontoständen**. Für die Rücklagen ergibt sich dies schon aus dem Wortlaut des § 28 Abs. 4 WEG, der nur aus diesem Grund die Rücklagen separat aufführt.[1] Für die Kontostände ist der Wortlaut teleologisch zu reduzieren. Denn Zweck des neu geschaffenen Vermögensberichts ist es, die Information für die Wohnungseigentümer gegenüber dem früheren Recht zu verbessern, und die Kontostände waren schon nach früherem Recht ohne Rücksicht auf ihre Höhe in der Jahresabrechnung anzugeben.[2]

cc) Keine Bewertung

933 Das Gesetz verlangt lediglich eine „**Aufstellung**“ des wesentlichen Gemeinschaftsvermögens. Eine **Bewertung der Vermögensgegenstände** ist deshalb **nicht erforderlich**.[3] Es genügt, Geldforderungen und -verbindlichkeiten mit ihrem Nennbetrag anzugeben (z.B. „Darlehen der Sparkasse Berlin, Stand: 1.517,00 Euro“) und sonstige Rechte und Sachen zu benennen (z.B. „Aufsitzrasenmäher John Deere X354“), bei vertretbaren Sachen unter Angabe der Menge (z.B. „Heizöl 12.300 Liter“).

dd) Stichtag

934 **Stichtag** ist der „Ablauf des Kalenderjahres“, also der **31.12., 24.00 Uhr**.

c) ABC der Inhalte

935 – Der Stand von **Bankkonten**, und zwar sowohl von Guthaben- wie auch von Darlehenskonten, ist stets aufzunehmen, auch dann, wenn der Saldo vergleichsweise gering ist (Rz. 932a). Das Gleiche gilt für **Bar-Kassen**.

936 – Bei **beweglichen Sachen** kommt es auf den Wert an: Wirtschaftlich wertlose Sachen (z.B. Unterlagen wie die Beschluss-Sammlung oder Kontoauszüge) scheiden von vornherein aus. Im Übrigen sind alle Sachen aufzunehmen, deren Wert höher als 800 Euro (bei bis zu 8 Einheiten: 400 Euro; bei mehr als 100 Einheiten: 1.600 Euro) ist. Maßgeblich ist der Zeitwert. Dabei kann zur Vereinfachung der Kauf-

---

1 BT-Drucks. 19/18791, S. 77.
2 Staudinger/*Häublein*, § 28 WEG Rz. 40.
3 BT-Drucks. 19/18791, S. 78.

preis herangezogen werden, der entsprechend der steuerlichen Abschreibungsfristen linear zu kürzen ist.[1]

Beispiel: In einer Gemeinschaft mit 120 Einheiten werden im Jahr 01 ein Aufsitzrasenmäher für 9.000 Euro und ein Anhänger zum Abtransport der Gartenabfälle für 1.000 Euro gekauft.

Der Aufsitzrasenmäher ist in den Vermögensbericht für das Jahr 01 aufzunehmen, nicht aber der Anhänger. Nach den steuerlichen Vorschriften ist der Rasenmäher über 9 Jahre abzuschreiben. Folglich muss der Aufsitzrasenmäher in den Vermögensbericht für das Jahr 09 nicht mehr aufgenommen werden.

- **Brennstoffvorräte** (z.B. Heizöl, Gas oder Pellets) sind mit der noch vorhandenen Menge anzugeben. Ist die Ermittlung der genauen Menge schwierig, genügt eine Schätzung. 937
- Der Stand der **Erhaltungsrücklage** ist stets aufzunehmen (Rz. 925). Wurde keine Erhaltungsrücklage gebildet, ist der Stand mit 0 Euro anzugeben. 938
- **Forderungen** sind nur aufzunehmen, wenn sie auf Geld oder eine geldwerte Leistung gerichtet sind (insbesondere → *Hausgeldforderungen* und → *Schadensersatzansprüche*; Besonderheiten gelten für Forderungen aus → *Verträgen*). Andere Forderungen sind unwesentlich, weil sie für die wirtschaftliche Lage der Gemeinschaft unbedeutend sind. Das gilt insbesondere für Ansprüche gegenüber Wohnungseigentümern z.B. auf Einhaltung des Binnenrechts nach § 14 Abs. 1 Nr. 1 WEG. 939
- Offene **Hausgeldforderungen** gegen Wohnungseigentümer sind aufzunehmen, wenn sie mehr als 800 Euro betragen (bei bis zu 8 Einheiten: 400 Euro; bei mehr als 100 Einheiten: 1.600 Euro) ist. Es genügt die Angabe des Namens des Wohnungseigentümers, des geschuldeten Betrags und des Zeitraums, für den das Hausgeld geschuldet wird. Eine weitere Unterteilung danach, inwieweit die Forderungen auf Rücklagen oder die allgemeine Kostentragung entfallen, ist nicht erforderlich. 940
- **Immobilien** sind stets aufzunehmen und zwar mit ihrer Anschrift oder den Grundbuchangaben. Das gilt sowohl für Sondereigentumseinheiten in der eigenen Anlage, die im Eigentum der Gemeinschaft der Wohnungseigentümer stehen, als auch für anderen Grundbesitz. 941

  Nicht aufzunehmen ist dagegen **gemeinschaftliches Eigentum**. Denn das gemeinschaftliche Eigentum ist Eigentum der Wohnungseigentümer und nicht der Gemeinschaft der Wohnungseigentümer. Etwa bei einer Hausmeisterwohnung oder einer durch die Gemeinschaft der Wohnungseigentümer vermieteten Wohnung, kommt es also darauf an, ob diese Wohnung im Sondereigentum steht; nur dann ist sie aufzunehmen. Das ist sachgerecht, denn nur in diesem Fall könnte die Gemeinschaft der Wohnungseigentümer die Wohnung z.B. veräußern.

- **Schadensersatzansprüche bzw. -verbindlichkeiten** sind nur aufzunehmen, wenn sie mehr als 800 Euro betragen (bei bis zu 8 Einheiten: 400 Euro; bei mehr als 100 Einheiten: 1.600 Euro). Zusätzlich müssen sie unbestritten oder tituliert sein. An- 942

---

1 Die steuerlichen Abschreibungsfristen ergeben sich aus der „AfA-Tabelle für die allgemein verwendbaren Anlagegüter“, BStBl. I 2000, 1532.

dernfalls bestünde die Gefahr, dass die wirtschaftliche Lage der Gemeinschaft verzerrt dargestellt wird. Das gilt sowohl für Ansprüche bzw. Verbindlichkeiten gegenüber Wohnungseigentümern als auch gegenüber Dritten einschließlich dem Verwalter. Unter dieser Voraussetzung sind auch Ansprüche bzw. Verbindlichkeiten der Wohnungseigentümer aufzunehmen, die die Gemeinschaft der Wohnungseigentümer nach § 9a Abs. 2 WEG geltend macht bzw. erfüllt (z.B. Schadensersatzansprüche wegen der Beschädigung des gemeinschaftlichen Eigentums).

943 – Der Stand von beschlossenen **Sonderrücklagen** ist **stets** anzugeben (Rz. 925). Wurde eine Sonderrücklage beschlossen, bislang aber noch kein Betrag angesammelt, ist der Stand mit 0 Euro anzugeben.

944 – **Verbindlichkeiten** sind nur aufzunehmen, wenn sie auf Geld oder eine geldwerte Leistung gerichtet sind (insbesondere → *Schadensersatzverbindlichkeiten*; Besonderheiten gelten für Verbindlichkeiten aus → *Verträgen*). Andere Verbindlichkeiten sind unwesentlich, weil sie für die wirtschaftliche Lage der Gemeinschaft unbedeutend sind. Das gilt insbesondere für Verbindlichkeiten gegenüber Wohnungseigentümern z.B. auf ordnungsmäßige Verwaltung nach § 18 Abs. 2 WEG.

945 – **Verbrauchsmaterial** (z.B. Büromaterial oder Düngemittel) ist aufgrund seines geringen Werts regelmäßig nicht aufzunehmen. Wurden größere Vorräte angelegt, ist deren Menge anzugeben (speziell zu → *Brennstoffvorräten*).

946 – Für Forderungen und Verbindlichkeiten aus **Verträgen** kann der im Bilanzrecht anerkannte Gedanke fruchtbar gemacht werden, dass sich vertragliche Leistungen und Gegenleistungen in der Regel wirtschaftlich ausgleichen.[1] Genauso wie Forderungen und Verbindlichkeiten aus schwebenden Verträgen nicht zu bilanzieren sind, sind sie auch nicht in den Vermögensbericht aufzunehmen, solange die jeweilige Gegenleistung nicht erbracht wurde. Erst mit der Erbringung der Gegenleistung erhält die noch ausstehende Forderungen bzw. die noch zu erfüllende Verbindlichkeit, eine eigenständige wirtschaftliche Bedeutung, über die die Wohnungseigentümer zu informieren sind. Ist eine Forderung bzw. Verbindlichkeit demnach grundsätzlich aufzunehmen, kommt es im Übrigen darauf an, ob ihr Wert höher als 800 Euro (bei bis zu 8 Einheiten: 400 Euro; bei mehr als 100 Einheiten: 1.600 Euro) ist.

Beispiel 1: Die Gemeinschaft der Wohnungseigentümer vermietet einen Stellplatz im Hof, der im gemeinschaftlichen Eigentum steht, für monatlich 50 Euro an den Nachbarn N. N zahlt die Miete für Dezember 01 erst im Januar 02.

Die Gegenleistung für die Dezembermiete liegt in der Überlassung des Stellplatzes im Dezember 01; sie wurde mit Ablauf des 31.12. von der Gemeinschaft der Wohnungseigentümer erbracht. In den Vermögensbericht für das Jahr 01 ist die Forderung unabhängig von der Größe der Gemeinschaft dennoch nicht aufzunehmen, da sie jedenfalls niedriger als 400 Euro ist.

Beispiel 2: Am 15.10. des Jahres 01 wird ein Werkvertrag über die Reparatur des Daches für 20.000 Euro geschlossen. Mit den Arbeiten wird am 12.3. des Jahres 02 begonnen.

---

1 BFH v. 23.6.1997 – GrS 2/93, DStR 1997, 1442 (1444) unter B.I.3.

In den Vermögensbericht für das Jahr 01 ist weder die Werklohnverbindlichkeit noch der Anspruch auf die Werkleistung aufzunehmen, da die jeweilige Gegenleistung nicht erbracht wurde.

Abwandlung: Die Arbeiten werden bereits am 28.11. des Jahres 01 abgeschlossen und das Werk am 30.11. abgenommen. Die Rechnung wird jedoch erst am 03.01. des Jahres 02 bezahlt.

In den Vermögensbericht für das Jahr 01 ist die Werklohnverbindlichkeit unabhängig von der Größe der Gemeinschaft aufzunehmen, da sie jedenfalls 1.600 Euro übersteigt.

3. Darstellung und Form

947 § 28 Abs. 4 WEG macht keine Vorgaben für Darstellung und Form des Vermögensberichts. Soweit die Wohnungseigentümer keine Vorgaben beschlossen haben, liegt die Gestaltung deshalb im **Ermessen des Verwalters**, der nach ordnungsmäßiger Verwaltung zu entscheiden hat (vgl. Rz. 514). Sie muss insbesondere hinreichend transparent sein, damit sie ihre Informations- und Kontrollfunktion erfüllen kann. In der Regel genügt eine einfache Liste, auch als elektronisches Dokument. Einer Unterschrift des Verwalters bedarf es nicht.

4. Zurverfügungstellung

948 Der Vermögensbericht ist „jedem Wohnungseigentümer zur Verfügung zu stellen" (§ 28 Abs. 4 S. 2 WEG). Dafür genügt es, wenn jeder Wohnungseigentümer die **Möglichkeit der Kenntnisnahme** erhält. In Abgrenzung zum Begriff des Zugangs (vgl. § 130 Abs. 1 S. 1 BGB) ist es nicht notwendig, dass er auch in den Machtbereich des Wohnungseigentümers gelangt. Die Wohnungseigentümer können die Einzelheiten beschließen.[1] Im Übrigen entscheidet der **Verwalter** im Rahmen ordnungsmäßiger Verwaltung (vgl. Rz. 514).

949 In der Regel wird es sich anbieten, den Vermögensbericht **zusammen mit der Jahresabrechnung an die Wohnungseigentümer zu versenden**, sei es per Post, per E-Mail oder anderer elektronischer Nachricht. Rechtlich zulässig ist es aber auch, den Vermögensbericht lediglich zum Abruf im Internet zur Verfügung zu stellen.[2] Nicht ausreichend ist es dagegen, den Vermögensbericht lediglich zur Einsicht beim Verwalter bereitzulegen. Denn das käme insoweit einem bloßen Einsichtsrecht gleich, das sich bereits aus § 18 Abs. 3 WEG ergibt, so dass § 28 Abs. 4 S. 2 WEG leerliefe.

V. Rechnungslegung

950 § 28 Abs. 4 WEG a.F., der die Rechnungslegung betraf, wurde durch das WEMoG aufgehoben. Das bedeutet aber nicht, dass kein Anspruch auf Rechnungslegung

1 BT-Drucks. 19/18791, S. 78.
2 BT-Drucks. 19/18791, S. 78.

mehr besteht. Denn er ergibt sich bereits **aus dem Verwaltervertrag (§ 675 Abs. 1, § 666 BGB)**.[1] Sein Gläubiger ist die Gemeinschaft der Wohnungseigentümer; durch Beschluss nach § 19 Abs. 1 WEG können die Wohnungseigentümer beschließen, ob und wann sie ihn geltend machen. Dass § 666 BGB die Rechenschaft erst „nach der Ausführung des Auftrags" vorsieht, steht dem nicht entgegen, denn bei laufender Tätigkeit besteht nach allgemeiner Meinung ein Anspruch auf periodische Rechnungslegung.[2] Im Ergebnis ist die Aufhebung des § 28 Abs. 4 WEG a.F. damit weitgehend konsequenzlos.

951 Bei § 28 Abs. 4 WEG a.F. handelte es sich um ein **überflüssiges Relikt aus der Zeit vor Anerkennung der Rechtsfähigkeit der Gemeinschaft der Wohnungseigentümer**.[3] Seine Funktion lag nicht etwa darin, den Rechnungslegungsanspruch zu begründen, sondern ihn einzuschränken. Denn vor Anerkennung der Rechtsfähigkeit waren alle Wohnungseigentümer Parteien des Verwaltervertrags und hätten deshalb individuell Rechnungslegung verlangen können. Dem schob § 28 Abs. 4 WEG a.F. einen Riegel vor, indem er einen Mehrheitsbeschluss verlangte.

D. Übergangsrecht

952 Das WEMoG sieht für § 28 WEG keine Übergangsregelungen vor. Die Vorschrift gilt deshalb ab 1.12.2020 (vgl. Rz. 2006). Konkret bedeutet das: Für bis zum 30.11.2020 gefasste Beschlüsse „über" **Wirtschaftspläne und Jahresabrechnungen** gilt weiterhin § 28 WEG a.F. Für Beschlüsse nach diesem Zeitpunkt gilt hingegen § 28 WEG n.F.

952a Dies bedeutet, dass ab dem 1.12.2020 zu fassende Beschlüsse durch ein Zahlenwerk (Wirtschaftsplan oder Jahresabrechnung) vorzubereiten sind, die den Anforderungen des neuen Rechts entsprechen. Wird auf der Basis eines Zahlenwerks, das nach altem Recht erstellt wurde, ein Beschluss gefasst, wirkt sich dies freilich nicht aus. Denn die Anforderungen an die Zahlenwerke haben sich kaum geändert und, soweit sie sich geändert haben, betrifft das nicht den Teil, der für die Ermittlung der Zahlungspflichten relevant ist.

952b Der **Vermögensbericht** ist erstmals für den Stichtag 31.12.2020 zu erstellen. Für das Kalenderjahr 2020 ist deshalb ein Vermögensbericht zu erstellen, für frühere Kalenderjahre hingegen nicht.

1 Staudinger/*Häublein*, § 28 WEG Rz. 291; zum neuen Recht auch Palandt/*Wicke*, § 28 Rz. 16.

2 BeckOK-BGB/*Fischer*, § 666 Rz. 9; Staudinger/*Martinek*/*Omlor*, § 666 Rz. 12.

3 Staudinger/*Häublein*, § 28 WEG Rz. 292.

§ 11
Baumaßnahmen und ihre Finanzierung

A. Das alte Recht und seine Probleme

953 Das frühere Recht der Baumaßnahmen war **kompliziert und veränderungsfeindlich**: § 22 WEG a.F. unterschied unter anderem zwischen baulichen Veränderungen (Abs. 1), Modernisierungen und Anpassungen an den Stand der Technik (Abs. 2) und modernisierenden Instandsetzungen (Abs. 3), wobei sich die jeweils unterschiedlichen Anforderungen zum Teil gar nicht oder nur unzureichend aus dem Gesetzeswortlaut ergaben. Schon allein die damit einhergehende **Rechtsunsicherheit** behinderte die Bautätigkeit in Wohnungseigentumsanlagen. Zusätzlich gelähmt wurde sie dadurch, dass der Großteil der Baumaßnahmen nur durch ein **hohes, doppelt-qualifiziertes Quorum** (vgl. § 22 Abs. 2 WEG a.F.) oder gar **allstimmig** beschlossen werden durfte. Wohnungseigentümer, die ihre Anlage in einen zeitgemäßen Zustand versetzen wollten, scheiterten deshalb oft an rechtlichen Hürden. Viele Wohnungseigentumsanlagen verharrten aus diesem Grund im Zustand ihrer Errichtung, der lediglich erhalten, aber nicht fortentwickelt werden konnte.

B. Des neue Recht im Überblick

954

- Grundsätzlich darf **jede bauliche Veränderung mit einfacher Stimmenmehrheit** beschlossen werden (§ 20 Abs. 1 WEG – Rz. 1004). Unzulässig sind nur Veränderungen, die die Wohnanlage grundlegend umgestalten oder Wohnungseigentümer unbillig benachteiligen (§ 20 Abs. 4 WEG – Rz. 1004).
- Die durch eine bauliche Veränderung verursachten **Kosten einschließlich der Folgekosten hat grundsätzlich allein die beschließende Mehrheit** zu tragen (§ 21 Abs. 3 S. 1 WEG – Rz. 1049).
- Die **überstimmte Minderheit** muss nur **mitbezahlen**, wenn sich die Kosten der baulichen Veränderung **amortisieren** (§ 21 Abs. 2 S. 1 Nr. 2 WEG – Rz. 1079) oder die bauliche Veränderung mit mehr als **zwei Dritteln der abgegebenen Stimmen und der Hälfte der Miteigentumsanteile** beschlossen wurde und die Kosten nicht unverhältnismäßig sind (§ 21 Abs. 2 S. 1 Nr. 1 WEG – Rz. 1066).
- Bestimmte **privilegierte Maßnahmen** kann jeder Wohnungseigentümer auf eigene Kosten auch gegen den Willen der Mehrheit verlangen (§ 20 Abs. 2 S. 1 WEG – Rz. 1161). Dabei handelt es sich um Maßnahmen der **Barrierereduzierung** (Rz. 1166), der **Elektromobilität** (Rz. 1169), des **Einbruchsschutzes** (Rz. 1175) und des **Glasfaserausbaus** (Rz. 1178).
- Stets gilt: **Kein Bauen ohne Beschluss.** Auch Baumaßnahmen, die niemanden beeinträchtigen oder mit denen alle Beeinträchtigten einverstanden sind, bedürfen

eines legitimierenden Beschlusses, auf den aber ein Anspruch besteht (§ 20 Abs. 3 WEG – Rz. 1203).

C. Das neue Recht im Detail

I. Grundlagen

955 Das WEMoG hat in den §§ 20 und 21 WEG ein neues System der baulichen Veränderungen geschaffen. Um dieses System zu verstehen, müssen zunächst Grundlagen gelegt werden: Zunächst gilt es die gesetzgeberischen Wertentscheidungen zu verdeutlichen (unten 1.) und die Terminologie des Gesetzes näherzubringen (unten 2.). Danach wird die bauliche Veränderung im Gesamtsystem der Baumaßnahmen betrachtet (unten 3.). Abschließend wird die Regelungstechnik der §§ 20 und 21 WEG analysiert (unten 4.).

1. Wertentscheidungen des Gesetzgebers

956 Wenn es um Baumaßnahmen am Gemeinschaftseigentum geht, stehen sich innerhalb der Gemeinschaft typischerweise zwei Meinungen gegenüber: Auf der einen Seite die Bauwilligen, die gerne bereit sind, das gemeinschaftliche Eigentum durch Investitionen aufzuwerten; auf der anderen Seite diejenigen, die dagegen sind – sei es aus grundsätzlichen Erwägungen oder weil sie die finanziellen Folgen fürchten. Rechtlich gesprochen stehen dem Veränderungsinteresse das Bewahrungsinteresse sowie finanzielle Interessen entgegen; es geht um **Gestaltungsmacht** und **Belastungsschutz**. Diesen Widerstreit auszugleichen, ist Aufgabe des Gesetzgebers, der er mit den §§ 20 und 21 WEG nachgekommen ist. Darin hat er vier grundlegende Wertentscheidungen getroffen (unten a) bis d)):

a) Gestaltungsmacht der Mehrheit

957 Die **erste Wertentscheidung** liegt darin, die **Gestaltungsmacht grundsätzlich in die Hände der Mehrheit** zu legen (§ 20 Abs. 1 WEG). Das Gesetz wertet das Bewahrungsinteresse also nicht per se höher als das Veränderungsinteresse. Diese rechtspolitische Entscheidung dient nicht nur der Verwirklichung des Mehrheitsprinzips, sondern soll auch die Bautätigkeit in Wohnungseigentumsanlagen anregen.

958 **In der Vergangenheit** gewichtete das WEG das Bewahrungsinteresse schwerer als das Veränderungsinteresse. Das offenbarte sich insbesondere in den hohen Quoren des § 22 WEG a.F. Verfassungsrechtlich geboten war das nicht, denn die Eigentumsgarantie des Art. 14 G schützt sowohl die Bewahrung als auch die Veränderung des Eigentums.[1] Die Entscheidung darüber in die Hand der Mehrheit zu legen, ist eine zulässige Inhalts- und Schrankenbestimmung.

---

1 BVerfG v. 22.5.2001 – 1 BvR 1512/97 und 1677/97, NVwZ 2001, 1023 (1024) unter II.3.a) aa).

b) Schutz vor finanzieller Überlastung

959 Die **zweite Wertentscheidung** betrifft den **differenzierten Belastungsschutz**, also den Ausgleich zwischen dem Veränderungsinteresse und den finanziellen Interessen. Hier verbietet sich jede pauschale Lösung: Die überstimmte Minderheit für jede noch so aufwändige Baumaßnahme zur Kasse zu bitten, wäre genauso unangemessen, wie die Finanzierungslast bei noch so sinnvollen Maßnahmen allein der Mehrheit aufzubürden. Dem Gesetzgeber blieb deshalb nichts anderes übrig, als zu differenzieren. Er musste eine Linie finden, bis zu der alle Wohnungseigentümer mehrheitlich beschlossene Baumaßnahmen mitfinanzieren müssen und jenseits derer dies allein Aufgabe der beschließenden Mehrheit ist. Diese Linie zu definieren ist nicht einfach: Je weiter sie reicht, desto höher ist die Wahrscheinlichkeit, dass sich Wohnungseigentumsanlagen baulich fortentwickeln – damit steigt aber auch das Risiko, dass einzelne Wohnungseigentümer finanziell überfordert werden. In der Sache geht es darum, „objektiv vernünftige Maßnahmen“[1] von sonstigen Maßnahmen zu trennen.

960 Der Gesetzgeber entschied sich dabei für einen **zweigliedrigen Tatbestand**: Während schnell Einigkeit bestand, dass Baumaßnahmen, die sich **mittelfristig amortisieren**, von allen finanziert werden sollen (§ 21 Abs. 2 S. 1 Nr. 2 WEG),[2] wurde intensiv diskutiert, in welchem Rahmen dies darüber hinaus der Fall sein soll. Die Bund-Länder-Arbeitsgruppe sah den zentralen Aspekt darin, dass „nach dem WEG aufgeteilte Wohnanlagen auch hinsichtlich ihres Wohn- und Gebrauchswerts nicht dauerhaft hinter sonstigen Wohnanlagen zurückfallen“ sollen.[3] Daraus formte die Bundesregierung in ihrem Entwurf den Tatbestand der „Anpassung an den Zustand [...], der bei Anlagen vergleichbarer Art in der Umgebung üblich“ ist.[4] Er wurde im Rechtsausschuss von unterschiedlichen Seiten scharf kritisiert: Die einen fürchteten „Luxusmodernisierungen“ auf Kosten aller, die anderen Stillstand.[5] Vor diesem Hintergrund ließ der Gesetzgeber von dem Versuch ab, die vernünftigen baulichen Veränderungen objektiv-begrifflich zu bestimmen, und wandte sich einer **Quorums-Lösung** zu, die schließlich Gesetz wurde: Die überstimmte Minderheit muss auch dann mitbezahlen, wenn die bauliche Veränderung mit mehr als zwei Dritteln der abgegebenen Stimmen und der Hälfte aller Miteigentumsanteile beschlossen wurde, es sei denn, sie ist mit unverhältnismäßigen Kosten verbunden (§ 21 Abs. 2 S. 1 Nr. 1 WEG). Dem liegt der Gedanke zugrunde, dass Maßnahmen, die

---

1 So die Formulierung der Bund-Länder-Arbeitsgruppe zur WEG-Reform, vgl. deren Abschlussbericht, ZWE 2019, 429 (446 f.).

2 Dies wurde schon von der Bund-Länder-Arbeitsgruppe zur WEG-Reform vorgeschlagen (vgl. Abschlussbericht, ZWE 2019, 429 (447)) und vom Regierungsentwurf unverändert in das Gesetz übernommen.

3 Abschlussbericht, ZWE 2019, 429 (447).

4 BT-Drucks. 19/18791, S. 14. Die Formulierung im Referentenentwurf (NZM 2020, 161 (166)) hatte noch gelautet: „Anpassung an nach Art, Alter und Lage vergleichbare Anlagen“.

5 Vgl. die Wortmeldungen von MdB *Fechner* und RinBGH *Schmidt-Räntsch* in der Sachverständigenanhörung des Rechtsausschusses, Protokoll Nr. 19/96, S. 5 und 15, auszugsweise abgedruckt in der Fußnote zu Rz. 1075.

von einer derart großen Mehrheit getragen werden, die Vermutung der Angemessenheit in sich tragen. Alle anderen Maßnahmen zahlt die beschließende Mehrheit allein (§ 21 Abs. 3 S. 1 WEG).

961 **Ursprünglich** zog das WEG die Linie deutlich enger: Nach § 16 Abs. 6 S. 1 Hs. 2 WEG a.F. (bis 2007: § 16 Abs. 4 Hs. 2 WEG) mussten Wohnungseigentümer, die einer baulichen Veränderungen nicht zugestimmt hatten, generell keine Kosten tragen, egal um welche Maßnahme es sich handelte. Eine 180-Grad-Wende vollzog dann aber die **WEG-Novelle 2007**, die die Linie mit dem Begriff der „Modernisierung" fast bis zum Horizont schob (§ 22 Abs. 2, § 16 Abs. 4, Abs. 6 S. 2 WEG a. F). Weil für eine „Modernisierung" schon jede Verbesserung der Wohnverhältnisse genügt (§ 555b Nr. 5 BGB), musste die überstimmte Minderheit fast immer mitbezahlen. In der Praxis kam es wegen der hohen Quoren freilich selten dazu; wurden die Quoren aber erreicht, war die Minderheit schutzlos. Auch wenn das **WEMoG** die Quoren absenkt, stärkt es doch die Minderheit, indem er ihr erlaubt, sich auf die Unverhältnismäßigkeit der Kosten zu berufen.

c) Parallelität von Nutzungen und Kosten

962 Die **dritte Wertentscheidung** betrifft die **Nutzungen des baulich veränderten Gemeinschaftseigentums:** Der Gesetzgeber hat sich dafür entschieden, bauliche Veränderungen durch Mehrheitsbeschluss zuzulassen, zugleich aber die Kostenlast der überstimmten Minderheit in vielen Fällen auszuschließen. Das wirft zwangsläufig die Frage auf, ob der überstimmten Minderheit auch dann Nutzungen gebühren, wenn sie keine Lasten trägt. Diese Frage zu stellen, bedeutet sie zu verneinen: Die Nutzungen von den Kosten zu trennen, widerspräche grundlegenden Gerechtigkeitsvorstellungen. Dementsprechend laufen **Nutzungen und Kosten parallel** (vgl. § 21 Abs. 2 S. 2, Abs. 3 S. 2 WEG) – wie schon nach § 16 Abs. 6 S. 1 WEG a.F.[1]

963 Der **Ausschluss von den Nutzungen** ist der überstimmten Minderheit nicht unzumutbar. Auf den ersten Blick scheint es zwar so, also ob die Mehrheit den Gebrauch des Gemeinschaftseigentums durch Baumaßnahmen monopolisieren könnte, sich also eine Art „**Sondernutzungsrecht**" verschaffen könnte. Dieser Schein trügt: Zum einen kann die Mehrheit den notwendigen Gebrauch des Gemeinschaftseigentums schon gar nicht beschränken; etwa den überdachten Eingangsbereich darf auch derjenige nutzen, der ihn nicht mitbeschlossen hat (Rz. 1060). Vor allem aber hat das „Sondernutzungsrecht" der Mehrheit keinen dauerhaften Bestand: Die Minderheit kann jederzeit verlangen, doch noch an den Nutzungen teilzuhaben – freilich gegen finanziellen Ausgleich (§ 21 Abs. 4 WEG). Man könnte deshalb allenfalls von einem „**Zurückbehaltungsrecht**" der Mehrheit sprechen, bis die Lasten allgemein verteilt sind. Die Mehrheit könnte im Übrigen auch – losgelöst von einer Baumaßnahme – ein Entgelt für die Nutzung des Gemeinschaftseigentums nach § 19 Abs. 1 WEG (§ 15 Abs. 2 WEG a.F.) beschließen.[2]

---

1 Vgl. aber Bärmann/*Becker*, § 16 Rz. 161, der die Vorschrift entgegen ihrem Wortlaut („Nutzungen") auf die Früchte beschränken will.

2 Bärmann/*Suilmann*, § 15 Rz. 64; *Merle*, ZWE 2006, 128 (130). Überholt ist die Entscheidung des OLG Düsseldorf v. 2.6.2003 – 3 Wx 94/03, FGPrax 2003, 158 (158 f.) unter 2.a),

964 **Beispiel:** Die Mehrheit kann nach § 20 Abs. 1 WEG beschließen, dass eine Rasenfläche zu einem Parkplatz umgebaut wird. Die beschließende Mehrheit muss die Kosten dafür alleine tragen (§ 20 Abs. 3 S. 1 WEG), kann im Gegenzug den Parkplatz aber auch alleine nutzen (§ 20 Abs. 3 S. 2 WEG). Die ausgeschlossenen Wohnungseigentümer können nach § 21 Abs. 4 WEG jederzeit verlangen, den Parkplatz – gegen finanziellen Ausgleich – ebenso nutzen zu dürfen. Wäre der Parkplatz von Anfang an vorhanden, könnte die Mehrheit nach § 19 Abs. 1 WEG auch ein Parkentgelt beschließen.

965 Hinzunehmen hat die überstimmte Minderheit die oftmals mit einer Baumaßnahme einhergehende **faktische Umwidmung des Nutzungszwecks**. Denn die Mehrheit kann – auch ohne Baumaßnahme – nach § 19 Abs. 1 WEG (§ 15 Abs. 2 WEG a.F.) den Gebrauch des Gemeinschaftseigentums durch Beschluss regeln, also bestimmte Nutzungszwecke ausschließen. Der einzelne Wohnungseigentümer hat deshalb von vornherein keinen Anspruch darauf, das Gemeinschaftseigentum zu einem bestimmten Zweck nutzen zu dürfen.

966 **Beispiel:** Wohnungseigentümer W benutzt eine im Gemeinschaftseigentum stehende Rasenfläche regelmäßig zum Sonnenbaden. Die Mehrheit könnte beschließen, das Betreten der Rasenfläche für alle Wohnungseigentümer zu verbieten. Genauso kann die Mehrheit beschließen, die Rasenfläche zu einem Parkplatz umzubauen, der naturgemäß nicht mehr zum Sonnenbaden zu nutzen ist.

d) Privilegierung bestimmter Baumaßnahmen

967 Mit der **vierten Wertentscheidung** hat der Gesetzgeber **bestimmte bauliche Veränderungen privilegiert** (§ 20 Abs. 2 WEG): Für Maßnahmen der Barrierereduzierung, der Elektromobilität, des Einbruchsschutzes und des Glasfaserausbaus braucht es nicht einmal den Willen der Mehrheit. Jeder Wohnungseigentümer kann sie auf eigene Kosten verlangen. Derartige Baumaßnahmen liegen nach Ansicht des Gesetzgebers nicht nur im besonderen Interesse des einzelnen Wohnungseigentümers, sondern auch im gesamtgesellschaftlichen Interesse.

2. Terminologie

968 Eine bauliche Veränderung ist die Neu-Definition des Soll-Zustands des Gemeinschaftseigentums (unten a)). Dieser Definitionsakt ist abgrenzen von der Durchführung der baulichen Veränderung (unten b)).

a) Bauliche Veränderung als Neu-Definition des Soll-Zustands des Gemeinschaftseigentums

969 In § 20 Abs. 1 WEG wird der Begriff der baulichen Veränderungen **legaldefiniert** als „Maßnahmen, die über die ordnungsmäßige Erhaltung des gemeinschaftlichen Eigentums hinausgehen". Das entspricht der Formulierung des § 22 Abs. 1 S. 1 WEG a.F. Lediglich die dort ebenso genannten „Aufwendungen" wurden mangels

---

die darin eine – damals – unzulässige Veränderung der Kostenverteilung durch Beschluss sah.

praktischer Relevanz gestrichen,[1] zumal niemand so recht wusste, was sich hinter ihnen verbarg.

970 In Wirklichkeit sagt § 20 Abs. 1 WEG freilich nicht viel mehr, als dass Maßnahmen der ordnungsmäßigen Erhaltung keine baulichen Veränderungen sind. Eine **positive Definition** enthält die Vorschrift nicht. Sie macht aber deutlich, dass der entscheidende Bezugspunkt der Soll-Zustand der Anlage ist. Denn definitionsgemäß zielt die Erhaltung auf die Instandhaltung bzw. Instandsetzung (vgl. § 13 Abs. 2 WEG), also darauf, die Anlage im Soll-Zustand zu halten oder in diesen zu versetzen. Bauliche Veränderungen gehen über die Erhaltung hinaus, als sie diesen **Soll-Zustand neu definieren.**[2] § 20 Abs. 1 WEG begründet die hierfür notwendige Beschlusskompetenz, während die Kompetenz, über die Herstellung des neu beschlossenen Soll-Zustands zu beschließen, aus § 19 Abs. 1 WEG folgt (näher Rz. 975).

Der Soll-Zustand des gemeinschaftlichen Eigentums ergibt sich aus der Teilungserklärung nebst in Bezug genommener Urkunden, also insbesondere dem **Aufteilungsplan**, und im Wege der Auslegung auch aus der Baugenehmigung.[3]

971 Daraus folgt, dass **nicht jede Bautätigkeit außerhalb der Erhaltung automatisch eine bauliche Veränderung** ist. Andersherum zieht **nicht jede bauliche Veränderung zwingend eine Bautätigkeit** nach sich. Entscheidend ist allein, ob der Soll-Zustand neu definiert wird. Schon gar keine bauliche Veränderung im Sinne der §§ 20 f. WEG ist eine rein faktische, rechtlich nicht legitimierte Umgestaltung des Gemeinschaftseigentums, auch wenn sie landläufig oft als solche bezeichnet wird.

972 **Beispiele:**

- Der Beschluss über den Abriss eines Bauteils ist eine bauliche Veränderung, wenn das abzureißende Bauteil dem bisherigen Soll-Zustand entsprach, weil es in der Teilungserklärung vorgesehen oder zuvor nach § 20 Abs. 1 WEG beschlossen wurde. Der Rückbau einer baulichen Veränderung ist deshalb eine erneute bauliche Veränderung.
- Eine bauliche Veränderung liegt auch vor, wenn ein bereits erfolgter „Schwarzbau" nachträglich legitimiert wird.[4] Denn dadurch wird der Soll-Zustand an den Ist-Zustand angepasst.
- Wird dagegen ein „Schwarzbau" beseitigt, liegt trotz Bautätigkeit keine bauliche Veränderung vor, weil der Soll-Zustand unverändert bleibt. Es wird lediglich der veränderte Ist-Zustand an den unveränderten Soll-Zustand angepasst.

973 Sogar der **Nicht-Bau kann eine bauliche Veränderung sein**, nämlich wenn beschlossen wird, dass ein nach dem bisherigen Soll-Zustand vorgesehenes, aber tatsächlich nicht gebautes Bauteil, nicht mehr gebaut werden soll.

974 **Beispiel:** Im Aufteilungsplan ist eine Überdachung des Eingangsbereichs vorgesehen, die nie realisiert wurde. An sich hat jeder Wohnungseigentümer einen Anspruch auf erstmalige plan-

1 BT-Drucks. 19/18791, S. 62.
2 Vgl. Palandt/*Wicke*, § 20 WEG Rz. 1 und 23, der von einem „Vergleichszustand" spricht.
3 Staudinger/*Lehmann-Richter*, § 21 WEG Rz. 160 f. Der BGH (Urteil v. 20.7.2018 – V ZR 56/17, ZMR 2019, 47) hat bislang offengelassen, ob Baubeschreibungen, die nur Bestandteil der Erwerbsverträge sind, den Soll-Zustand bestimmen.
4 Vgl. BGH v. 15.5.2020 – V ZR 64/19, ZfIR 2020, 575 Rz. 10.

gerechte Herstellung des gemeinschaftlichen Eigentums (zur Anspruchsgrundlage Rz. 979). Auf Grundlage des § 20 Abs. 1 WEG kann aber beschlossen werden, dass die Überdachung nicht gebaut wird. Der Nicht-Bau der Überdachung ist eine bauliche Veränderung, weil der Soll-Zustand der Anlage („mit Überdachung") neu definiert wird („ohne Überdachung"). Ob ein solcher Beschluss rechtmäßig ist, richtet sich deshalb nach § 20 Abs. 4 WEG.

b) Bauliche Veränderung und ihre Durchführung

975 Der Rechtsakt einer baulichen Veränderung ist streng von dem Realakt seiner Durchführung zu unterscheiden. Deshalb unterscheidet auch § 20 WEG begrifflich sauber zwischen der „baulichen Veränderung" (Abs. 1, Abs. 2 S. 1, Abs. 3, Abs. 4) und ihrer „Durchführung" (Abs. 2 S. 2 WEG):

- Die **bauliche Veränderung** ist ein Rechtsakt, der den Soll-Zustand des gemeinschaftlichen Eigentums neu definiert. Dieser Rechtsakt kann durch Beschluss nach § 20 Abs. 1 WEG, aber natürlich auch durch Vereinbarung erfolgen.
- Die **Durchführung der baulichen Veränderung** ist dagegen ein Realakt, nämlich die tatsächliche Herstellung des neu definierten Soll-Zustands. Wie die Durchführung im Einzelnen zu erfolgen hat (z.B. welcher Handwerker zu welchem Preis tätig wird), entscheiden die Wohnungseigentümer nach § 19 Abs. 1 WEG im Rahmen ordnungsmäßiger Verwaltung.

Man könnte auch formulieren: Die bauliche Veränderung betrifft das **„Ob"**, die Durchführung das **„Wie"** einer Baumaßnahme.

976 Die Entscheidungen über die bauliche Veränderung und deren Durchführungen stehen – auch wenn sie häufig zeitgleich getroffen werden – logisch nebeneinander. Sie **beeinflussen sich gleichwohl gegenseitig**: Je detaillierter die bauliche Veränderung definiert wird, desto weniger Spielraum bleibt für die Durchführungsentscheidung. Werden beide Entscheidungen zeitgleich getroffen, müsste im Wege der Auslegung ermittelt werden, in welchem Umfang die bauliche Veränderung definiert wird und in welchem Umfang es lediglich um deren Durchführung geht. Diese häufig schwierige Abgrenzung ist praktisch belanglos. Denn beide Entscheidungen werden zwar auf unterschiedlichen Grundlagen (§ 19 Abs. 1 und § 20 Abs. 1 WEG) getroffen, müssen aber dennoch dem Grundsatz ordnungsmäßiger Verwaltung genügen (vgl. zu § 20 Abs. 1 WEG Rz. 1034).

977 **Beispiel:** Es wird beschlossen, dass Handwerker H auf Grundlage des Angebots vom 24.10.2020 den Eingangsbereich überdachen soll. Angeboten wurde eine Glasüberdachung mit einer Stärke von 16 mm.

Dieser Beschluss vermengt die bauliche Veränderung und ihre Durchführung. Die Zuordnung im Einzelnen ist zweifelhaft. Klar ist lediglich, dass der Bau des Vordaches als solchem („ob") zur baulichen Veränderung gehört und die Beauftragung des Handwerkers H zu deren Durchführung („wie"). Wie die Details des Angebots zuzuordnen sind, ob z.B. allgemein die Ausführung in Glas und speziell die Stärke des zu verwendenden Glases noch zur Definition des Soll-Zustands, also zur baulichen Veränderung, oder zu deren Durchführung gehören, ist unklar, aber auch rechtlich irrelevant. Denn Beschlusskompetenz besteht entweder nach § 20 Abs. 1 oder nach § 19 Abs. 1 WEG.

3. Bauliche Veränderungen im System der Baumaßnahmen

978 Von der baulichen Veränderung und ihrer Durchführung abzugrenzen ist die Erhaltung und die Erstherstellung des gemeinschaftlichen Eigentums: Die **Erhaltung** ist ein Realakt, mit dem der Soll-Zustand, soweit er bereits vorhanden war, wiederhergestellt wird. Die **Erstherstellung**, ebenso ein Realakt, beschreibt die tatsächliche Herstellung des ursprünglichen Soll-Zustands. Wie diese Realakte im Einzelnen vorzunehmen sind, entscheiden die Wohnungseigentümer nach § 19 Abs. 1 WEG im Rahmen ordnungsmäßiger Verwaltung; darauf weist § 19 Abs. 2 Nr. 2 WEG für die Erhaltung ausdrücklich hin.

979 Jeder Wohnungseigentümer hat einen **Anspruch auf Erhaltung und Erstherstellung**: Der Anspruch auf Erhaltung ergibt sich aus dem Anspruch auf ordnungsmäßige Verwaltung (§ 18 Abs. 2 Nr. 1 WEG), zu der die Erhaltung ausdrücklich gehört (§ 19 Abs. 2 Nr. 2 WEG). Nach früherem Recht wurde die Erstherstellung überwiegend als Erhaltung behandelt.[1] Das ist nicht mehr notwendig: Nun besteht nach § 18 Abs. 2 Nr. 1 WEG ausdrücklich ein Anspruch auf Umsetzung von Vereinbarungen, also auch der Vereinbarung, mit der der Soll-Zustand ursprünglich vereinbart wurde.

980 Zur **grafischen Veranschaulichung** des Zusammenspiels der Erstherstellung, der Erhaltung, einer baulicher Veränderung und ihrer Durchführung:

1 BGH v. 26.2.2016 – V ZR 250/14, NJW 2016, 2181 Rz. 10.

Definitionsakt	Realakt
ursprünglicher Soll-Zustand definiert durch · Teilungserklärung mit Aufteilungsplan und Gemeinschaftsordnung	**Erstellherstellung** = Herstellung des ursprünglichen Soll-Zustands (Entscheidung durch Beschluss nach § 19 Abs. 1 WEG)
	Erhaltung = Wiederherstellung des ursprünglichen Soll-Zustands (Entscheidung durch Beschluss nach § 19 Abs. 1 WEG)

bauliche Veränderung = Neudefinition des Soll-Zustands durch · Beschluss nach § 20 Abs. 1 WEG	**Durchführung der baulichen Veränderung** = Herstellung des neuen Soll-Zustands (Entscheidung durch Beschluss nach § 19 Abs. 1 WEG)
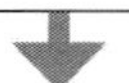	
neuer Soll-Zustand definiert durch · Teilungserklärung mit Aufteilungsplan und Gemeinschaftsordnung · beschlossene bauliche Veränderung	**Erhaltung** = Wiederherstellung des neuen Soll-Zustands, soweit er bereits hergestellt war (Entscheidung durch Beschluss nach § 19 Abs. 1 WEG)

981 **Beispiel:** Laut Plan sollte der Eingangsbereich auf einer Breite von 4 Metern mit Blech überdacht werden (**Soll-Zustand laut Plan**). Tatsächlich wurde das Dach nur mit einer Breite von 3 Metern hergestellt (**hergestellter Zustand**). Inzwischen ist das Dach durch Hagelschäden beschädigt (**Ist-Zustand**). Es wird beschlossen, den Eingangsbereich auf 5 Metern Breite mit Glas zu überdachen (**Beschluss über bauliche Veränderung**).

Bei einer **Erhaltung** würden lediglich die Hagelschäden beseitigt. Bei einer **Erstherstellung** würde das Blechdach auf 4 Meter verbreitert; wenn dafür das Blechdach insgesamt ausgetauscht werden muss, geht die Erhaltung in der Erstherstellung auf. Die **Durchführung der**

baulichen Veränderung würde schließlich zum Abriss des Blechdachs und zur Errichtung des Glasdachs führen; in ihr gehen Erhaltung und Erstherstellung auf.

Zur grafischen Veranschaulichung:

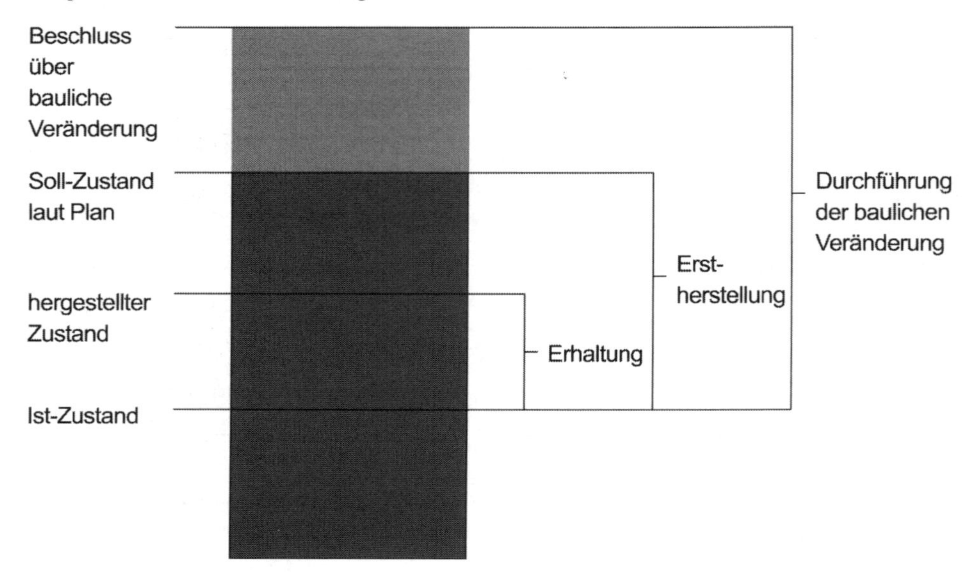

982–986 (frei)

4. Regelungstechnik

987 Die Regelungstechnik der §§ 20 und 21 WEG im Überblick (unten a) bis e)):

a) Kein Bauen ohne Beschluss

988 Nach dem WEMoG gibt es kein Bauen ohne Beschluss. Das zeigt § 20 Abs. 3 WEG: Selbst für Baumaßnahmen, die mit keinerlei Beeinträchtigung einhergehen, gewährt diese Vorschrift lediglich einen Anspruch auf Beschlussfassung. Ohne Beschluss besteht also stets eine **Bausperre**, egal ob und in welchem Umfang mit der baulichen Veränderung Beeinträchtigungen einhergehen.

989 Der Beschluss ist zwingend notwendig, um den bisherigen **Soll-Zustand des gemeinschaftlichen Eigentums neu zu definieren** (Rz. 969). Denn dieser Soll-Zustand wurde zuvor vereinbart oder beschlossen, so dass jeder Wohnungseigentümer die Herstellung und Beibehaltung dieses Zustands verlangen kann (§ 18 Abs. 2 Nr. 1 WEG). Erfolgen Baumaßnahmen ohne Beschluss, besteht deshalb ein Beseitigungsanspruch unabhängig von der individuellen Betroffenheit.

Bestand behält jedoch die Rechtsprechung des BGH[1] zum **dolo-agit-Einwand**: Besteht ein Anspruch auf Beschlussfassung – künftig insbesondere aus § 20 Abs. 2 oder 3 WEG – kann dieser dem Beseitigungsverlangen nach § 242 BGB entgegengehalten werden. Das ändert freilich nichts an der Pflichtwidrigkeit des Bauens ohne Beschluss: Es drohen Schadensersatzansprüche (z.B. wegen Rechtsverfolgungskosten) und schlimmstenfalls sogar die Entziehung des Wohnungseigentums. 990

991 Nach § 20 Abs. 1 WEG kann die Neudefinition des Soll-Zustands **nur durch Beschluss** erfolgen; eine entsprechende **Vereinbarung** genügt freilich auch (vgl. § 10 Abs. 1 S. 2 WEG). Nicht ausreichend ist dagegen das Einverständnis des Verwalters als Vertreter der Gemeinschaft der Wohnungseigentümer oder das Einverständnis aller Wohnungseigentümer. Aus deren Einverständnis erwächst allerdings ein Anspruch auf Beschlussfassung (vgl. § 20 Abs. 3 WEG).

b) Individualansprüche auf Baumaßnahmen

992 Das WEMoG schafft erstmals geschriebene Individualansprüche auf bestimmte Baumaßnahmen: Nach § 20 Abs. 2 WEG können die dort genannten **privilegierten Maßnahmen** verlangt werden, nach § 20 Abs. 3 WEG solche, die **niemanden in relevanter Weise beeinträchtigen**.

c) § 20 Abs. 1 WEG als einzige Kompetenzgrundlage für bauliche Veränderungen

993 § 20 Abs. 1 WEG ist die **einzige Beschlusskompetenzgrundlage** für bauliche Veränderungen. Auch dort, wo es Individualansprüche auf bestimmte Baumaßnahmen gibt, ist die bauliche Veränderung auf Grundlage des § 20 Abs. 1 WEG zu beschließen. § 20 Abs. 2 und 3 WEG gewährt dem einzelnen Wohnungseigentümer lediglich einen Anspruch auf diese Beschlussfassung, stellt aber keine eigenständige Beschlusskompetenzgrundlage dar.[2]

d) Einheitlicher Maßstab für gerichtliche Kontrolle

994 Als Folge der einheitlichen Beschlusskompetenzgrundlage in § 20 Abs. 1 WEG gilt auch ein einheitlicher gerichtlicher Kontrollmaßstab.[3] Er ergibt sich in erster Linie aus **§ 20 Abs. 4 WEG**, der durch das **Prinzip ordnungsmäßiger Verwaltung** ergänzt wird (näher Rz. 1007). Für die gerichtliche Kontrolle spielt es also keine Rolle, ob die Wohnungseigentümer eine bauliche Veränderung aus eigenem Antrieb beschlossen haben oder nur in Erfüllung eines Anspruchs nach § 20 Abs. 2 oder 3 WEG. Im Rahmen der Anfechtungsklage ist deshalb auch das Vorliegen der Anspruchsvoraussetzungen nicht zu prüfen (Rz. 1197 und 1217).

---

1 BGH v. 20.7.2018 – V ZR 56/17, ZMR 2019, 47 Rz. 27.
2 BT-Drucks. 19/18791, S. 62.
3 BT-Drucks. 19/18791, S. 62.

e) Kosten- und Nutzungsfolgen

995 Die Kosten- und Nutzungsfolgen einer baulichen Veränderung ergeben sich **grundsätzlich aus dem Gesetz** und verlaufen parallel:

	Kosten	Nutzungen
Maßnahmen auf Verlangen eines Wohnungseigentümers – privilegierte Maßnahmen (§ 20 Abs. 2 WEG: Barrierereduzierung, Elektromobilität, Einbruchsschutz, Glasfaseranschluss) – Maßnahmen ohne relevante Beeinträchtigung (§ 20 Abs. 3 WEG) – andere Maßnahmen, die freiwillig gestattet wurden (vgl. § 20 Abs. 1 Alt. 2 WEG)	nur der verlangende Wohnungseigentümer (§ 21 Abs. 1 S. 1 WEG)	nur der verlangende Wohnungseigentümer (§ 21 Abs. 1 S. 2 WEG)
Vernünftige Maßnahmen – Maßnahmen, die von einer großen Mehrheit getragen werden und nicht mit unverhältnismäßigen Kosten verbunden sind – Maßnahmen, die sich amortisieren	alle Wohnungseigentümer (§ 21 Abs. 2 S. 1 WEG)	alle Wohnungseigentümer (§ 21 Abs. 2 S. 2 WEG)
Alle anderen Maßnahmen	nur die Wohnungseigentümer, die mit „Ja" gestimmt haben (§ 21 Abs. 3 S. 1 WEG)	nur die Wohnungseigentümer, die mit „Ja" gestimmt haben (§ 21 Abs. 3 S. 2 WEG)

995a Die Wohnungseigentümer können die Kosten- und Nutzungsfolgen aber auch **durch Beschluss festlegen** (§ 21 Abs. 5 WEG). Um Rechtssicherheit zu schaffen, ist das sogar zu empfehlen (näher Rz. 1108).

II. Beschluss über bauliche Veränderungen (§ 20 Abs. 1 Alt. 1 WEG)

996 § 20 Abs. 1 WEG ist die Zentralnorm des Rechts der baulichen Veränderungen: Sie begründet die **Beschlusskompetenz für bauliche Veränderungen**. Die Vorschrift ist als gesetzliche Öffnungsklausel einzuordnen (unten 1.). Auf ihrer Grundlage kann der Soll-Zustand des Gemeinschaftseigentums neu definiert werden; hierin erschöpft sich der Beschluss über eine bauliche Veränderung zugleich (unten 2.). Besondere Beachtung verdient die Beschlussfassung und Niederschrift (unten 3.) sowie die gerichtliche Überprüfung gefasster Beschlüsse (unten 4.).

1. Gesetzliche Öffnungsklausel

997 § 20 Abs. 1 WEG eröffnet die Möglichkeit, bauliche Veränderungen zu beschließen, also den Soll-Zustand des gemeinschaftlichen Eigentums neu zu definieren (zum Be-

griff Rz. 969). Das ist im Vergleich zu § 22 Abs. 1 S. 1 WEG a.F. nichts neues, aber dennoch beachtlich. Denn der Soll-Zustand des gemeinschaftlichen Eigentums ist durch den Aufteilungsplan festgelegt, der Teil der Vereinbarung der Wohnungseigentümer ist. § 20 Abs. 1 WEG ist damit eine **gesetzliche Öffnungsklausel**. Ohne diese Vorschrift wären Beschlüsse über bauliche Veränderung nichtig.[1]

998 Der **Soll-Zustand des gemeinschaftlichen Eigentums** ist also **nicht mehrheitsfest**. Das Vertrauen des einzelnen Wohnungseigentümers, dass das gemeinschaftliche Eigentum so bleibt, wie es ist, wird grundsätzlich nicht geschützt. Es tritt – bis zur Grenze des § 20 Abs. 4 WEG – zurück hinter das Interesse der Mehrheit, das gemeinschaftliche Eigentum zu verändern.

2. Beschlussgegenstand

999 Nach § 20 Abs. 1 WEG wird schlicht die „bauliche Veränderung [...] beschlossen" (zum Sonderfall der Gestattung Rz. 1140). Beschlussgegenstand ist demnach nur die **Neudefinition des Soll-Zustands**, nicht aber die Durchführung der baulichen Veränderung, also die Frage, wie der neu definierte Soll-Zustand zu erreichen ist. Kurz: § 20 Abs. 1 WEG betrifft allein das **„Ob" des Bauens**. Über das „Wie" des Bauens ist nach § 19 Abs. 1 WEG zu beschließen (näher zu beiden Kategorien Rz. 975).

1000 **Hintergrund:** Bei der Durchführung stellen sich allgemeine Fragen, die sich in ähnlicher Weise auch bei Erhaltungsmaßnahmen stellen (z.B. welcher Handwerker zu welchem Preis tätig werden soll). Diese Fragen sind nach den allgemeinen Kriterien ordnungsmäßiger Verwaltung und damit nach § 19 Abs. 1 WEG zu beantworten; § 20 WEG kann dazu keinen Beitrag leisten. Die „Durchführung" wird deshalb in § 20 WEG auch nur am Rande, nämlich im Zusammenhang mit den privilegierten Maßnahmen erwähnt: § 20 Abs. 2 S. 2 WEG stellt klar, dass auch in diesen Fällen „[ü]ber die Durchführung [...] im Rahmen ordnungsmäßiger Verwaltung", also im Rahmen des § 19 Abs. 1 WEG, zu beschließen ist.[2]

1001 In der Praxis sind freilich häufig **Zwillingsbeschlüsse** anzutreffen: Über das „Ob" und „Wie" einer baulichen Veränderung wird in einem Aufwasch entschieden. Rechtlich handelt es sich gleichwohl um zwei Beschlüsse. Das ist vor allem bei der gerichtlichen Überprüfung von Bedeutung: Das „Ob" ist grundsätzlich nur anhand des § 20 Abs. 4 WEG gerichtlich nachprüfbar (näher Rz. 1007), das „Wie" anhand des allgemeinen Maßstabs ordnungsmäßiger Verwaltung. Beide Beschlüsse können durch eine ausdrückliche oder konkludente Bedingung miteinander verknüpft sein.

1002 **Beispiel:** Es wird beschlossen, dass „der Fahrradabstellplatz nach Maßgabe des Angebots der Firma Schnellbau GmbH vom 15.2.2021 überdacht wird".

Hierin liegen rechtlich zwei Beschlüsse: Zum einen wird auf Grundlage des § 20 Abs. 1 WEG beschlossen, dass der Fahrradabstellplatz überdacht wird („ob"); dadurch wird der Soll-Zustand des gemeinschaftlichen Eigentums neu definiert. Zum anderen wird auf Grundlage des § 19 Abs. 1 WEG beschlossen, dass die Firma Schnellbau GmbH beauftragt wird und zwar gemäß deren Angebot vom 15.2.2021 („wie").

---

1 A.A. bislang Staudinger/*Lehmann-Richter*, § 22 WEG Rz. 10 zu § 22 Abs. 1 S. 1 WEG a.F.

2 Unpräzise hingegen BT-Drucks. 19/18791, S. 65, wonach sich die „Möglichkeit, einen solchen Beschluss zu fassen, [...] bereits aus § 20 Absatz 1" ergeben soll.

Ist etwa das Angebot unverhältnismäßig teuer, kann nur der Beschluss über das „Wie" erfolgreich angefochten werden. Die Wohnungseigentümer haben dann erneut darüber zu entscheiden, wer mit der Überdachung beauftragt werden soll. Der Beschluss über das „Ob" bleibt von der Anfechtung unberührt; dass die Überdachung gebaut wird, kann also nicht mehr in Frage gestellt werden. Etwas anderes gilt nur dann, wenn die Wohnungseigentümer die Überdachung gerade nur von der Firma Schnellbau GmbH wollten, etwa weil das Angebot außergewöhnlich günstig war, und beide Beschlüsse deshalb mittels wechselseitiger Bedingungen verknüpft sind (dazu Rz. 1001).

1003 Wird zunächst **nur ein Beschluss nach § 20 Abs. 1 WEG** gefasst, also ausschließlich über das „Ob" einer baulichen Veränderung entschieden, kann jeder Wohnungseigentümer verlangen, dass diese bauliche Veränderung auch durchgeführt wird. Denn nach § 18 Abs. 2 Nr. 1 WEG hat jeder Wohnungseigentümer einen Anspruch darauf, dass Beschlüsse vollzogen werden. Weil es in aller Regel aber eine Vielzahl von Möglichkeiten gibt, wie eine Baumaßnahme konkret durchgeführt werden kann, beschränkt sich der Anspruch darauf, dass eine dieser Möglichkeiten im Rahmen ordnungsmäßiger Verwaltung durch Beschluss nach § 19 Abs. 1 WEG gewählt wird. Der Anspruch ist deshalb im Wege der Beschlussersetzungsklage nach § 44 Abs. 1 S. 2 WEG durchzusetzen.

3. Beschlussfassung und Niederschrift

1004 § 20 Abs. 1 WEG sieht keine Besonderheiten für die Beschlussfassung vor. Insbesondere ist anders als nach § 22 WEG a.F. kein erhöhtes Beschlussquorum mehr vorgesehen. Nach der allgemeinen Vorschrift des § 25 Abs. 1 WEG genügt deshalb die **einfache Mehrheit der abgegebenen Stimmen**; Enthaltungen zählen nicht mit.

1005 Aus **praktischer Sicht** stellt die Beschlussfassung über eine bauliche Veränderung den Versammlungsvorsitzenden jedoch vor **gewisse Herausforderungen**. Denn Kostentragung und Nutzungsbefugnis hängen nach § 21 Abs. 2 und 3 WEG davon ab, wie viele Wohnungseigentümer und auch konkret wer mit „Ja" gestimmt hat.

1005a Zur **Dokumentation** ist deshalb **namentlich abzustimmen.** Der Versammlungsvorsitzende, also typischerweise der Verwalter, ist verpflichtet, in der Niederschrift das erreichte Quorum festzuhalten sowie die Namen derjenigen, die mit „Ja" gestimmt haben; auf die namentliche Protokollierung der „Nein"-Stimmen und Enthaltungen kann dagegen verzichtet werden. Eine solche Niederschrift beweist zwar nicht, wer mit „Ja" gestimmt hat, ist aber ein beachtliches Indiz dafür.[1]

1005b Eine namentliche Abstimmung sollte stets und nicht nur in den Fällen des § 21 Abs. 3 WEG erfolgen. Denn auch wenn eine bauliche Veränderung im Raum steht, die unter § 21 Abs. 2 WEG fallen und deshalb von allen Wohnungseigentümern bezahlt werden soll, kann nie ausgeschlossen werden, dass im Nachhinein Streit über die rechtliche Einordnung entsteht, etwa ob die Kosten „unverhältnismäßig" sind (§ 21 Abs. 2 S. 1 Nr. 1 WEG) oder der Amortisationszeitraum „angemessen" ist (§ 21 Abs. 2 S. 1 Nr. 2 WEG). Verzichtet werden kann auf eine namentliche Abstimmung lediglich in den Fällen des § 21 Abs. 1 WEG, bei denen sich der kostentragungspflichtige Wohnungseigentümer schon aus dem Beschlussinhalt ergibt. Den

---

1 Zur Beweiskraft der Niederschrift etwa Staudinger/*Häublein*, § 24 Rz. 248

Königsweg beschreitet, wer einen **Bau- und Verteilungs-Doppelbeschluss** fasst (Rz. 1108). Denn auch dann ergeben sich die kostentragungspflichtigen Wohnungseigentümer aus dem Beschlussinhalt und eine namentliche Abstimmung ist entbehrlich.

1005c Daneben werden die Wohnungseigentümer oftmals im Vorfeld einer Beschlussfassung wissen wollen, mit welcher Kostenbelastung sie zu rechnen haben. In den meisten Fällen wird das davon abhängen, ob das Quorum des § 21 Abs. 2 S. 1 Nr. 1 WEG erreicht werden wird. Es bietet sich deshalb an, **zunächst eine Probeabstimmung** durchzuführen. Anhand des Ergebnisses kann dann abgeschätzt werden, ob die Kosten von allen Wohnungseigentümern (§ 21 Abs. 2 WEG) oder nur von den Zustimmenden (§ 21 Abs. 3 WEG) zu tragen sind. Wer auf Nummer sicher gehen möchte, kann den Beschluss über die bauliche Veränderung durch eine Bedingung **an eine bestimmte Kostenverteilung koppeln**[1] (näher Rz. 1111a).

1005d Sollte es – aus welchen Gründen auch immer – zu einem Beschluss kommen, bei dem das Quorum verfehlt wird, obwohl die Abstimmenden davon ausgingen, dass es erreicht werden würde, kann der gefasste Beschluss sofort wieder durch einen Zweitbeschluss mit einfacher Mehrheit aufgehoben werden, denn schutzwürdiges Vertrauen in den Bestand des Beschlusses ist noch nicht entstanden. Es kann deshalb nicht zu der Situation kommen, dass die Wohnungseigentümer durch überraschendes Stimmverhalten überrumpelt werden.

1006 Besteht die Gefahr von Trittbrettfahrern, kann sich auch eine Abstimmung nach dem **Subtraktionsverfahren** anbieten, um taktisches Abstimmungsverhalten zu erschweren (Rz. 1062).[2]

4. Gerichtliche Überprüfung

1007 Beschlüsse über bauliche Veränderungen können wie jeder Beschluss angefochten werden, wenn sie ordnungsmäßiger Verwaltung widersprechen. Das ist vor allem dann der Fall, wenn sie gegen die Veränderungssperren des § 20 Abs. 4 WEG verstoßen (unten a)). Eine Aufhebung aus anderen materiell-rechtlichen Gründen kommt dagegen nur in Ausnahmefällen in Betracht (unten b)).

a) Veränderungssperren des § 20 Abs. 4 WEG

1008 § 20 Abs. 4 WEG stellt zwei Veränderungssperren auf: Bauliche Veränderungen dürfen die Wohnanlage nicht grundlegend umgestalten (unten aa)) und keinen Wohnungseigentümer ohne sein Einverständnis gegenüber anderen unbillig benachteiligen (unten bb)). Ein Verstoß hat lediglich die Anfechtbarkeit des Beschlusses zur Folge (unten cc))

aa) Grundlegende Umgestaltung der Wohnanlage

1009 Eine bauliche Veränderung darf nach § 20 Abs. 4 WEG nicht beschlossen werden, wenn sie die Wohnanlage grundlegend umgestaltet würde. Dahinter liegt der Gedan-

1 Das empfiehlt auch der Rechtsausschuss, vgl. BT-Druchs. 19/22634, S. 44 f.
2 Vgl. BT-Drucks. 19/22634, S. 45.

ke, dass der Zustand des gemeinschaftlichen Eigentums wegen der Beschlusskompetenz des § 20 Abs. 1 WEG zwar nicht mehrheitsfest ist, es aber einen **Kernbereich** gibt, den jeder Wohnungseigentümer auch gegen den Willen der Mehrheit verteidigen kann.

1010 **In der Vergangenheit** übernahm das Merkmal der „Eigenart der Wohnanlage“ (§ 22 Abs. 2 S. 1 WEG a.F.) die Aufgabe, den mehrheitsfesten Kernbereich zu definieren. In Anlehnung an die Gesetzesbegründung wurde eine Veränderung dieser Eigenart aber schon im Anbau eines Wintergartens, im Ausbau eines Speichers zu Wohnungen, in der Aufstockung oder im Abriss von Gebäudeteilen, ja sogar schon in der Veränderung des optischen Gesamteindrucks gesehen.[1] Dadurch wurde der Spielraum für bauliche Veränderung unangemessen eingeschränkt.[2] Aus diesem Grund hat der Gesetzgeber den Begriff der Eigenart aufgegeben und durch den Begriff der grundlegenden Umgestaltung ersetzt.[3] Die Auslegung des § 22 Abs. 2 S. 1 WEG a.F. darf deshalb nicht für die Auslegung des neue Rechts herangezogen werden.

1011 Der Begriff der grundlegenden Umgestaltung ist **eng zu verstehen**. Insbesondere liegt nicht in jeder Veränderung der Eigenart im Sinne des § 22 Abs. 2 S. 1 WEG a.F. eine grundlegende Umgestaltung.[4] Da in jeder baulichen Veränderung eine „Umgestaltung“ liegt, lautet die zentrale Frage: Hat die bauliche Veränderung so starke Auswirkungen, dass sie die Wohnanlage „grundlegend“ umgestaltet, ihr also ein neues Gepräge gibt? Abstrakte Maßstäbe kann es aufgrund der Vielgestaltigkeit der Wohnanlagen nicht geben. Maßgeblich ist die **Gesamtbetrachtung aller Umstände des Einzelfalls.** Bezugspunkt ist dabei stets die **Wohnanlage als Ganze**, also das gesamte nach dem WEG aufgeteilte Grundstück. Dabei ist zu berücksichtigen, dass in der Regel ein beträchtlicher Teil der Wohnanlage dem Sondereigentum zuzuordnen ist, das nicht Gegenstand einer baulichen Veränderung sein kann (Rz. 1228). Je größer der Anteil des Sondereigentums ist, desto schwerwiegender müssen die Veränderungen des gemeinschaftlichen Eigentums sein, um von einer grundlegenden Umgestaltung der Wohnanlage – trotz unverändertem Sondereigentum – sprechen zu können.

1012 Von einer grundlegenden Umgestaltung der Wohnanlage wird man **praktisch nur selten** ausgehen können. Es verwundert deshalb nicht, dass die Gesetzesbegründung kein Beispiel für eine grundlegende Umgestaltung nennt.[5] Eine grundlegende Umgestaltung könnte man etwa annehmen, wenn der parkartige Garten eines Villengrundstücks mit altem Baumbestand einem weitläufigen Garagenhof weichen soll. Einfacher ist es, Beispiele zu finden, in denen keine grundlegende Umgestaltung vorliegt: Etwa der **Ausbau** von Dachgeschoß oder Keller erweitert lediglich den Wohnraum, gibt aber weder dem Gebäude noch der Wohnanlage ein neues Gepräge. Das Gleiche gilt für eine **Aufstockung** zumindest dann, wenn das Bestandsgebäude bereits über mehrere Stockwerke verfügt. Auch untergeordnete **Anbauten** (z.B. Wintergärten oder Garagen) erweitern lediglich das Gebäude. Bei der **Errichtung zusätzlicher Gebäude** kommt es darauf an, ob die damit einhergehende Nachverdichtung

1 BT-Drucks. 16/887, S. 30; Bärmann/*Merle*, § 22 Rz. 353 f.
2 Abschlussbericht Bund-Länder-Arbeitsgruppe WEG-Reform, ZWE 2019, 429 (446).
3 BT-Drucks. 19/18791, S. 66.
4 BT-Drucks. 19/18791, S. 66.
5 Vgl. BT-Drucks. 19/18791, S. 66.

den Charakter der Anlage verändert: Unschädlich wird in aller Regel die Ergänzung einer Mehrhausanlage um kleinere Gebäude sein; unzulässig ist es dagegen, ein Villengrundstück zu einer Reihenauslage zu machen. Der **Abriss von Gebäudeteilen** begründet erst dann eine grundlegende Umgestaltung, wenn die abzureißenden Teile prägenden Charakter für die gesamte Wohnanlage hatten; das ist bei untergeordneten Teilen (z.B. Wintergärten oder Garagen) in der Regel nicht der Fall.

1013 Es ist nicht ausgeschlossen, dass im Einzelfall auch eine **Veränderung des optischen Gesamteindrucks** das Gewicht einer grundlegenden Umgestaltung der Wohnanlage haben kann. Dabei ist aber ein strenger Maßstab anzulegen. Bloße architektonische Disharmonien, wie sie häufig durch den Anbau von Balkonen oder Außenaufzügen entstehen, genügen dafür nicht. Der Eingriff in die äußere Gestalt muss vielmehr so krass sein, dass sich das Gesicht der Wohnanlage als Ganzes verändert. Denkbar ist das etwa, wenn die reichhaltig stuckverzierte Fassade eines Altbaus einer Schieferverkleidung weichen soll.

1014 **In der Vergangenheit** durften bauliche Veränderungen häufig nicht beschlossen werden, weil die damit einhergehende Veränderung des optischen Gesamteindrucks als unzulässige Änderung der Eigenart im Sinne des § 22 Abs. 2 S. 1 WEG a.F. angesehen wurde. Diese weite Auslegung der Eigenart geht zurück auf die Begründung der WEG-Novelle 2007.[1] Sie wurde in Rechtsprechung und Literatur zwar kritisiert, aber nicht überwunden.[2] Vor allem wegen dieser weiten Auslegung hat das WEMoG den Begriff der Eigenart aufgegeben; sie darf deshalb nicht auf das neue Recht übertragen werden.

bb) Unbillige Benachteiligung eines Wohnungseigentümers

1015 Eine bauliche Veränderung darf nicht beschlossen werden, wenn dadurch ein Wohnungseigentümer ohne sein Einverständnis gegenüber anderen unbillig benachteiligt würde (§ 20 Abs. 4 WEG). Das erfordert eine dreistufige Prüfung (unten (1) bis (3)):

(1) Benachteiligung

1016 Eine bauliche Veränderung benachteiligt einen Wohnungseigentümer gegenüber anderen, wenn sie ihn in stärkerem Maße als andere beeinträchtigt, ihm also ein **Sonderopfer** auferlegt. Die Beeinträchtigung kann sich – wie schon nach § 22 Abs. 2 S. 1 WEG a.F.[3] – aus **allen wohnungseigentumsrechtlich relevanten Rechtspositionen** des Wohnungseigentümers ergeben. In Betracht kommen neben dem Sonder- und Gemeinschaftseigentum auch die Gesundheit, das allgemeine Persönlichkeitsrecht und relative Rechte (z.B. ein Sondernutzungsrecht). Der Kläger kann sich dabei aber nur auf die Beeinträchtigung **eigener Rechtspositionen** berufen.[4] Denn die Möglichkeit, sich mit einer unbilligen Benachteiligung einverstanden zu erklären, zeigt, dass

1 BT-Drucks. 16/887, S. 30.
2 Vgl. Staudinger/*Lehmann-Richter*, § 22 WEG Rz. 104 f.
3 Staudinger/*Lehmann-Richter*, § 22 WEG Rz. 111.
4 Staudinger/*Lehmann-Richter*, § 22 WEG Rz. 110 zu § 22 Abs. 2 S. 1 WEG a.F.

jeder Wohnungseigentümer selbst über die Relevanz der ihn treffenden Benachteiligung entscheiden können soll. Das gebietet eine Abweichung von dem allgemeinen Prinzip, dass rechtswidrige Beschlüsse auch dann erfolgreich angefochten werden können, wenn sie den Kläger nicht belasten.[1]

1017 Eine Benachteiligung scheidet begrifflich von vornherein aus, soweit **alle Wohnungseigentümer gleichermaßen beeinträchtigt** werden.

1018 **Beispiel:** Es wird beschlossen, einen Aufzug in das Treppenhaus einzubauen.

Der Beschluss kann nicht mit der Begründung angefochten werden, dass das Treppenhaus dadurch enger und dunkler wird. Denn diese Beeinträchtigung trifft alle Wohnungseigentümer gleichermaßen.

1019 Die Benachteiligung muss sich **aus der baulichen Veränderung selbst** ergeben, also der Neudefinition des Soll-Zustands des Gemeinschaftseigentums. Denn § 20 Abs. 4 WEG betrifft nur die Kontrolle der nach § 20 Abs. 1 WEG gefassten Beschlüsse über bauliche Veränderungen. Ergibt sich die Benachteiligung dagegen allein aus der Art und Weise ihrer Durchführung, ist der nach § 19 Abs. 1 WEG gefasste Durchführungsbeschluss nach den allgemeinen Kriterien zu überprüfen (zur Unterscheidung zwischen der baulichen Veränderung und ihrer Durchführung Rz. 975).

1020 **Beispiel:** Macht eine schwangere Wohnungseigentümerin eine besondere Belastung durch den Baulärm geltend, geht es nicht um die bauliche Veränderung an sich, sondern den Zeitpunkt und womöglich die Art ihrer Durchführung. Anzufechten ist deshalb nur der Durchführungsbeschluss. Prüfungsmaßstab ist nicht § 20 Abs. 4 WEG, sondern § 19 Abs. 1 WEG.

1021 Unklar ist, wen § 20 Abs. 4 WEG mit den „anderen" meint, **wem gegenüber** der Anfechtungskläger also benachteiligt sein muss. Denn typischerweise beeinträchtigen bauliche Veränderungen eine Vielzahl von Wohnungseigentümern in ganz unterschiedlichem Maß: Einerseits werden sich häufig Wohnungseigentümer finden, die durch die bauliche Veränderung kaum oder gar nicht beeinträchtigt werden. Würde man sie als Vergleichsgruppe heranziehen, läge in jeder Beeinträchtigung des Anfechtungsklägers automatisch auch eine Benachteiligung. Würde man dagegen lediglich die am stärksten beeinträchtigten Wohnungseigentümer heranziehen, wäre es dem Kläger häufig unmöglich, eine Benachteiligung darzulegen.

1022 **Beispiel:** Es wird beschlossen, im Vorgarten eines siebenstöckigen Hauses einen Kinderspielplatz zu errichten. Der durch spielende Kinder zu erwartende Lärm wäre im Erdgeschoß deutlich zu hören, ab dem sechsten Stockwerk kaum noch. Wohnungseigentümer W, der im ersten Stock wohnt, ficht den Beschluss an mit der Begründung, dass er durch den Kinderlärm unbillig gegenüber anderen Wohnungseigentümern benachteiligt wird.

Eine Benachteiligung des W wäre unproblematisch zu bejahen, wenn man die Lärmbeeinträchtigung des W mit der der Wohnungseigentümer im achten Stock vergleicht. Vergleicht man sie dagegen mit der Lärmbelästigung im Erdgeschoß, steht W sogar besser.

1023 In die Vergleichsgruppe sind deshalb **alle übrigen Wohnungseigentümer aufzunehmen**. Das gilt auch für solche Wohnungseigentümer, die mit der baulichen Verände-

1 Dazu etwa BGH v. 17.7.2003 – V ZB 11/03, NJW 2003, 3124 (3125) unter III.1.b.aa.

rung einverstanden sind, denn sonst würde deren Einverständnis zulasten des Klägers wirken. Im Ergebnis kommt es damit auf die **durchschnittliche Beeinträchtigung der Wohnungseigentümer** an.[1] Dieser Durchschnitt ist freilich nicht mathematisch zu ermitteln, sondern im Rahmen einer wertenden Betrachtung.

1024 Die Anknüpfung an alle anderen Wohnungseigentümer führt dazu, dass die durchschnittliche Beeinträchtigung mit der **Größe der Gemeinschaft** tendenziell sinkt, weil dann häufig die Zahl der gar nicht oder kaum beeinträchtigten Wohnungseigentümer steigt. Das ist sachgerecht, weil mit der Größe der Gemeinschaft typischerweise die gegenseitige Toleranzschwelle sinkt. Ungeachtet dessen würde § 20 Abs. 4 WEG aber auch keinen Ansatzpunkt für eine Beschränkung der Vergleichsgruppe bieten.

1025 In dem **Beispielsfall** (Rz. 1022) ist auf die durchschnittliche Lärmbelästigung aller Wohnungseigentümer abzustellen. Da der Lärm im ersten Stock überdurchschnittlich ist, liegt eine Benachteiligung des W vor.

(2) Unbilligkeit

1026 Steht die Benachteiligung fest, stellt sich die Frage, ob sie auch unbillig ist. Unbilligkeit darf nicht mit Unangemessenheit gleichgesetzt werden: Unangemessen ist eine Benachteiligung schon dann, wenn sie außer Verhältnis zu den zu erwartenden Vorteilen steht. Die Unbilligkeit verlangt zusätzlich die Überschreitung einer **Erheblichkeitsschwelle**.[2] Das führt zu einer **verschärften Verhältnismäßigkeitskontrolle**: Die Schwere der Benachteiligung muss das Gewicht der Vorteile deutlich überwiegen. Wie bei jeder wertenden Betrachtung hängt das vom Einzelfall ab. Es lassen sich aber einige Leitlinien ziehen:

- 1027 In die Abwägung ist **nur das Sonderopfer des Benachteiligten einzustellen**, also seine gegenüber dem Durchschnitt erhöhte Beeinträchtigung. Denn sonst würde man entgegen dem Wortlaut die Unbilligkeit der Beeinträchtigung und nicht die der Benachteiligung prüfen.

  1028 In dem **Beispielsfall** (Rz. 1022) ist deshalb nur die zusätzliche Lärmbelästigung des W relevant, soweit sie die durchschnittliche Lärmbelästigung aller Wohnungseigentümer übersteigt.

- 1029 Von vornherein **irrelevant sind unerhebliche Sonderopfer** und zwar auch dann, wenn ihnen keine oder keine nennenswerten Vorteile gegenüberstehen.

  1030 In dem **Beispielsfall** (Rz. 1022) könnte die zusätzliche Lärmbelästigung des W schon deshalb nicht unbillig sein.

- 1031 Bei der **Gewichtung der Vorteile** ist ein **großzügiger Maßstab** anzulegen. Denn der Gesetzgeber hat die Zulässigkeit baulicher Veränderung gerade nicht an die

1 So schon zum früheren Recht Staudinger/*Lehmann-Richter*, § 22 WEG Rz. 108.

2 Den Zusammenhang zwischen Unbilligkeit und Erheblichkeit offenbart auch die Genese der Vorgängernorm des § 22 Abs. 2 S. 1 WEG a.F.: Zunächst sollte es dort „erheblich beeinträchtigen" heißen. Erst der Rechtsausschuss ersetzt diese Formulierung durch „unbillig beeinträchtigen", um zu verdeutlichen, dass auch „subjektive (personenbezogenen) Gesichtspunkte zu bewerten" sind; die Erheblichkeitsschwelle sollte dadurch aber nicht Frage gestellt werden (vgl. BT-Drucks. 16/3843, S. 26).

Verfolgung bestimmter Zwecke geknüpft, sondern allgemein in die Hände der Mehrheit gelegt. Die subjektive Zwecksetzung der Mehrheit ist deshalb zu respektieren. Eine eigene Bewertung traf der Gesetzgeber zudem mit dem Katalog der privilegierten Maßnahmen (§ 20 Abs. 2 S. 1 WEG). Deren Vorteile können deshalb nur durch besonders schwere Benachteiligungen aufgewogen werden.

(3) Kein Einverständnis

1032 Eine unbillige Benachteiligung eines Wohnungseigentümers ist nur beachtlich, wenn sie „ohne sein Einverständnis" erfolgt. Die Rechtmäßigkeit des Beschlusses steht damit kraft gesetzlicher Anordnung zur **Disposition des Benachteiligten**. Das Einverständnis ist eine rechtsgeschäftsähnliche Handlung (Rz. 1242; zu deren Voraussetzungen Rz. 1245); Widerruf und Anfechtung sind nur eingeschränkt möglich (Rz. 1249).

cc) Rechtsfolge bei Verstoß

1033 Die Voraussetzungen des § 20 Abs. 4 WEG sind als besondere Ausprägungen des Grundsatzes ordnungsmäßiger Verwaltung (Rz. 1034) nicht beschlusskompetenzbegründend. Das stellt das Verb „dürfen" klar, mit dem – anders als das Verb „können" – regelmäßig keine Einschränkung der Beschlusskompetenz einhergeht.[1] Verstößt ein Beschluss gegen § 20 Abs. 4 WEG ist er deshalb nicht nichtig, sondern nur **anfechtbar**; unterbleibt die Anfechtung, wird er bestandskräftig.

b) Ordnungsmäßigkeit im Übrigen

1034 Nicht auf den ersten Blick ersichtlich ist, in welchem Verhältnis § 20 Abs. 4 WEG zu dem Grundsatz ordnungsmäßiger Verwaltung (vgl. § 18 Abs. 2 WEG) steht. Dass dieser Grundsatz in § 20 Abs. 1 WEG – anders als in § 19 Abs. 1 WEG – nicht ausdrücklich erwähnt ist, steht seiner Anwendung im Rahmen baulicher Veränderungen nicht im Weg. Denn es ist anerkannt, dass er auch dort gilt, wo er im Gesetz nicht ausdrücklich genannt ist;[2] davon ging auch der Gesetzgeber des WEMoG aus.[3] § 20 Abs. 4 WEG ist deshalb als bereichsspezifische Konkretisierung des Grundsatzes ordnungsmäßiger Verwaltung anzusehen. Weil sich diese Konkretisierung aber auf zwei Teilaspekte beschränkt und nach dem Willen des Gesetzgebers nicht abschließend ist,[4] lässt § 20 Abs. 4 WEG Raum für eine Prüfung der Ordnungsmäßigkeit im Übrigen. Dabei müssen aber die **besonderen gesetzlichen Wertungen des § 20 Abs. 4 WEG** berücksichtigt werden. Die beiden dort definierten Veränderungssperren dürfen deshalb nicht unter Rückgriff auf allgemeine Billigkeitserwägungen verrückt werden:

---

1 BT-Drucks. 19/18791, S. 66.

2 Vgl. BGH v. 15.1.2010 – V ZR 114/09, NJW 2010, 2129 Rz. 25; *Häublein*, ZWE 2013, 160 (160) jeweils zu § 16 Abs. 4 WEG a.F.

3 BT-Drucks. 19/18791, S. 66 f.

4 BT-Drucks. 19/18791, S. 66 f.

1035 Erstens kann deshalb aus dem **Umfang einer baulichen Veränderung** kein Verstoß gegen den Grundsatz ordnungsmäßiger Verwaltung abgeleitet werden, solange die Grenze der grundlegenden Umgestaltung nicht überschritten ist.[1] Mehrheitlich beschlossene bauliche Veränderungen, die dieses Maß nicht erreichen, sind von der überstimmten Minderheit hinzunehmen.[2]

1036 Zweitens führt die **Beeinträchtigung eines Wohnungseigentümers** durch eine bauliche Veränderung erst dann zu einem Verstoß gegen den Grundsatz ordnungsmäßiger Verwaltung, wenn er ohne sein Einverständnis unbillig gegenüber anderen beeinträchtigt wird. Unterhalb dieser Schwelle liegende Beeinträchtigungen sind zu tolerieren.[3] Das gilt insbesondere für Beeinträchtigungen des optischen Gesamteindrucks, solange sie keine grundlegende Umgestaltung bedeuten (dazu Rz. 1013).[4]

1037 Weil der Gesetzgeber bei der Benachteiligung vor allem Eigentumsbeeinträchtigungen vor Augen hatte, wird man eine **Ausnahme für erhebliche Gesundheitsgefahren** machen müssen. Aus ihnen kann sich auch dann ein Verstoß gegen den Grundsatz ordnungsmäßiger Verwaltung ergeben, wenn sie für alle Wohnungseigentümer gleichermaßen besteht (z.B. wenn mit einem neuen, zu niedrigen Treppengeländer erhebliche Gefahren einhergehen).

1038 Daneben sind auch die **Wertungen des § 21 WEG** zu berücksichtigen: Ein Verstoß gegen den Grundsatz ordnungsmäßiger Verwaltung kann sich nicht aus den Kostenfolgen einer baulichen Veränderung ergeben, denn sie sind dort abschließend und zumeist zulasten der beschließenden Mehrheit geregelt.[5] Das Gleiche gilt für den Ausschluss der überstimmten Minderheit von den Nutzungen. Generell hat das Gericht **keine Kosten-Nutzen-Analyse der baulichen Veränderung** anzustellen. Denn der Gesetzgeber hat die Zulässigkeit baulicher Veränderung eben nicht an die Verfolgung bestimmter Zwecke geknüpft, sondern allgemein in die Hände der Mehrheit gelegt. Deren subjektive Zwecksetzung ist deshalb zu respektieren.

1039 Die **praktische Bedeutung** des allgemeinen Grundsatzes ordnungsmäßiger Verwaltung neben § 20 Abs. 4 WEG ist deshalb **gering**. Denkbar ist etwa ein Verstoß gegen drittschützende öffentlich-rechtliche Vorgaben.[6]

1040 Ohne Einschränkung zu überprüfen sind dagegen die **Einzelheiten der Durchführung**, insbesondere die Frage, welcher Handwerker zu welchem Preis wann tätig wird. Denn sie sind nicht Gegenstand des Beschlusses über die bauliche Veränderung, sondern über deren Durchführung, der auf Grundlage des § 19 Abs. 1 WEG gefasst wird (Rz. 975). Für ihn gilt § 20 Abs. 4 WEG nicht.

III. Kostentragung und Nutzungsbefugnis (§ 21 WEG)

1041 Durch das WEMoG wird die Verteilung von Kosten und Nutzungen im Zusammenhang mit baulichen Veränderungen komplexer (zum Hintergrund Rz. 959). Schon

1 So auch Palandt/*Wicke*, § 20 Rz. 19.
2 Ausdrücklich BT-Drucks. 19/18791, S. 66.
3 Ausdrücklich BT-Drucks. 19/18791, S. 66.
4 BT-Drucks. 19/18791, S. 66.
5 Palandt/*Wicke*, § 20 Rz. 21.
6 Vgl. BayObLG v. 23.11.1995 – 2Z BR 116/95, NJW-RR 1996, 463 (463) unter II.2.b.

der Aufbau des dafür maßgeblichen § 21 WEG bedarf der Erläuterung (unten 1.). Im Grundsatz hat nur die beschließende Mehrheit Kosten zu tragen und darf auch nur sie Nutzungen ziehen (unten 2.); nur ausnahmsweise erstreckt sich beides auf alle Wohnungseigentümer (unten 3.). Eine Verteilung durch Beschluss ist möglich und ratsam (unten 4.). Schließlich hat jeder Wohnungseigentümer, der von den Nutzungen ausgeschlossen ist, einen Teilhabeanspruch (unten 5.).

1. Aufbau des § 21 WEG

1042 Der Aufbau des § 21 WEG ist auf den ersten Blick nicht einfach zu durchschauen. Die **Absätze 1 bis 3** enthalten die **gesetzlichen Regelungen** für Kosten und Nutzungen, die **Absätze 4 und 5** eröffnen **privatautonome Gestaltungsmöglichkeiten**:

1043 – Bei den gesetzlichen Regelungen beginnt **Absatz 1** mit den **Sonderfällen** der Gestattung und der privilegierten Maßnahmen nach § 20 Abs. 2 WEG, in deren Zusammenhang die Vorschrift auch erörtert wird (Rz. 1200).

1044 – **Absatz 2** befasst sich mit den **Ausnahmefällen**, in denen alle Wohnungseigentümer zur Kostentragung verpflichtet und zur Nutzungsziehung berechtigt sind.

1045 – Erst **Absatz 3** enthält den **Grundsatz**: Nur diejenigen Wohnungseigentümer bezahlen, die die bauliche Veränderung beschlossen haben, und nur sie sind zur Nutzungsziehung berechtigt.

1046 Dieser **umständlich anmutende Aufbau** rührt daher, dass die Regelungen **jeweils subsidiär** zueinander sind. Das gilt nicht nur für das Verhältnis des Grundsatzes zu den Sonder- und Ausnahmefällen (vgl. § 21 Abs. 3 WEG: „anderer als der in den Absätzen 1 und 2“), sondern auch für das Verhältnis der Ausnahme- zu den Sonderfällen (vgl. § 21 Abs. 2 WEG: „Vorbehaltlich des Absatzes 1“). Der gewählte Aufbau erlaubt der Praxis daher eine **einfache Prüfung**: Man prüft die Absätze 1 bis 3 der Reihe nach und beendet die Prüfung, sobald die Voraussetzungen eines Absatzes gegeben sind. Hätte der Gesetzgeber dagegen die Reihenfolge umgekehrt und mit dem Grundsatz begonnen, hätte der Rechtsanwender aufgrund dessen Subsidiarität stets alle drei Absätze prüfen müssen.

1047 – **Absatz 4** eröffnet den Wohnungseigentümern die Möglichkeit der nachträglichen Teilhabe.

1048 – **Absatz 5** begründet schließlich eine **Beschlusskompetenz für eine abweichende Verteilung der Kosten und Nutzungen**.

Zur in § 21 WEG nicht geregelten Kostentragung für **Schwarzbauten** Rz. 1158a.

2. Grundsatz: nur beschließende Wohnungseigentümer (Abs. 3)

1049 § 21 Abs. 3 WEG betrifft alle baulichen Veränderungen, die nicht von § 21 Abs. 1 oder 2 WEG erfasst sind, und stellt den Grundsatz auf: „Wer bestimmt, der zahlt, und wer zahlt, der nutzt.“ Kosten haben deshalb nur diejenigen Wohnungseigentümer zu tragen, die eine bauliche Veränderung beschlossen haben (unten a)). Im Gegenzug sind aber auch nur sie zur Ziehung von Nutzungen berechtigt (unten b)).

a) Kosten (Abs. 3 S. 1)

1050 Kostentragungspflichtig sind nach § 21 Abs. 3 S. 1 WEG diejenigen Wohnungseigentümer, die die bauliche Veränderung „beschlossen“ haben. Damit sind die Wohnungseigentümer gemeint, die – selbst oder durch einen Vertreter – bei der Beschlussfassung über die bauliche Veränderung **mit „Ja“ gestimmt** haben.[1] Es ist deshalb wichtig, dass bei Beschlüssen über bauliche Veränderungen **namentlich abgestimmt** und in der Niederschrift festgehalten wird, wer mit „Ja“ gestimmt hat (Rz. 1005).

1051 § 21 Abs. 3 S. 1 WEG stellt allein auf die **Stimmabgabe bei der Beschlussfassung** ab. Eine „Zustimmung“ außerhalb der Beschlussfassung ist folgenlos: Sie begründet weder eine Kostentragungspflicht, noch eine Nutzungsbefugnis. Wollen Wohnungseigentümer, die bei der Beschlussfassung nicht mit „Ja“ gestimmt haben, an den Nutzungen teilhaben, können sie ihren Anspruch aus § 21 Abs. 4 WEG geltend machen (dazu Rz. 1114).

1052 Die Kostentragungspflicht untereinander bemisst sich nach dem **Verhältnis der Miteigentumsanteile**.

1053 **Beispiel:** A (Miteigentumsanteil 1/10), B (Miteigentumsanteil (2/10) und C (Miteigentumsanteil 2/10) beschließen gegen die Stimme des D (Miteigentumsanteil 1/10) den Bau eines Aufzugs. E (Miteigentumsanteil 2/10) und F (Miteigentumsanteil 2/10) waren bei der Versammlung nicht anwesend. Die Baukosten betragen 50.000 Euro.

Die Kosten sind allein von A, B und C zu tragen. A muss 10.000 Euro, B und C müssen jeweils 20.000 Euro bezahlen.

1054 Die Kostentragungspflicht nach § 21 Abs. 3 S. 1 WEG geht auf **Sondernachfolger** über. Denn dabei handelt es sich um eine gesetzliche Folge eines Beschlusses, nämlich des Beschlusses über die bauliche Veränderung, der aufgrund der gesetzlichen Öffnungsklausel des § 20 Abs. 1 WEG gefasst wurde. Solche Beschlüsse gelten nach § 10 Abs. 3 S. 2 WEG auch ohne Grundbucheintragung gegen Sondernachfolger.

1055 Die Kostentragungspflicht betrifft alle **kausal auf der baulichen Veränderung beruhenden Kosten**, neben den Baukosten also auch die Folgekosten für Betrieb und Erhaltung.[2]

b) Nutzungen (Abs. 3 S. 2)

1056 Die Nutzungen – also die Früchte und Gebrauchsvorteile (vgl. § 100 BGB) – des durch die bauliche Veränderung neu geschaffenen oder veränderten gemeinschaftlichen Eigentums gebühren nur denjenigen Wohnungseigentümern, die bei der Abstimmung über die bauliche Veränderung **mit „Ja“ gestimmt** haben (§ 21 Abs. 3 S. 2 WEG). Die Nutzungsbefugnis verläuft damit parallel zur Kostentragungspflicht.

1057 § 21 Abs. 3 S. 2 WEG schafft damit der Sache nach **eine Art „gesetzliches Sondernutzungsrecht“** (näher Rz. 963). Damit ist die Rechtsprechung des BGH überholt, wonach eine bauli-

1 BT-Drucks. 19/18791, S. 69.
2 BT-Drucks. 19/18791, S. 69.

che Veränderung nicht einmal zu einem faktischen Sondernutzungsrecht führen darf.[1] Darin liegt eine bewusste Entscheidung des Gesetzgebers,[2] die notwendig war, da er bauliche Veränderungen durch Mehrheitsbeschluss zulassen, zugleich aber die Kostenlast – und damit einhergehend die Nutzungsbefugnis – der überstimmten Minderheit regelmäßig ausschließen wollte (Rz. 957).

1058 Zum **Mitgebrauch** des neu geschaffenen oder veränderten gemeinschaftlichen Eigentums sind nach dem Wortlaut des Gesetzes nur die kostentragungspflichtigen Wohnungseigentümer berechtigt (§ 21 Abs. 3 S. 2, § 16 Abs. 1 S. 3 WEG). Um den unzulässigen Gebrauch durch andere Wohnungseigentümer zu verhindern, können etwa technische Zugangs- oder Nutzungssperren angebracht werden. Vermögensvorteile aufgrund eines unzulässigen Gebrauchs können bereicherungsrechtlich abgeschöpft werden.

1059 In obigem **Beispielsfall** (Rz. 1053) sind nur A, B und C berechtigt, den Aufzug zu gebrauchen. Um den Gebrauch durch D, E und F zu verhindern, könnte im Rahmen der baulichen Veränderung beschlossen werden, dass die Aufzugtür nur öffnet, wenn eine entsprechende Chipkarte vorgehalten wird.

1060 Der Ausschluss der übrigen Wohnungseigentümer steht allerdings unter dem ungeschriebenen Vorbehalt, dass ein **exklusiver Gebrauch** des neu geschaffenen oder veränderten gemeinschaftlichen Eigentums **überhaupt möglich** ist.[3] Denn dem Vorteil eines neuen Zauns, eines überdachten Eingangsbereichs oder einer besonders gesicherten Haustür können sich die übrigen Wohnungseigentümer nicht entziehen. Die faktische Inanspruchnahme solcher Vorteile ist letztlich nicht als Teil der „Nutzungen" im Sinne des § 21 Abs. 3 S. 2 WEG aufzufassen. Ein Wohnungseigentümer, der den bisherigen Gebrauch des gemeinschaftlichen Eigentums fortsetzt (z.B. indem er die Eingangstür benutzt), handelt daher nicht rechtswidrig. Die Möglichkeit, Vermögensvorteile dennoch bereicherungsrechtlich abzuschöpfen, wurde zu § 16 Abs. 6 S. 1 WEG a.F. vertreten;[4] die Details sind freilich unerforscht.

1061 **Rechtspolitisch** kann man freilich kritisieren, dass § 21 Abs. 3 WEG **Trittbrettfahrer** ermutigt, gegen bauliche Veränderungen zu stimmen, wenn sie davon ausgehen, dass sich auch ohne sie eine Mehrheit findet.[5] Dieses Risiko musste der Gesetzgeber mangels Alternativen in Kauf nehmen: Einerseits wäre es eine unangemessene Belastung der überstimmten Mehrheit, wenn sie über die Fälle des § 21 Abs. 2 WEG hinaus alle baulichen Veränderungen bezahlen müsste, nur weil sie von deren Vorteilen profitiert. Andererseits wäre es genauso unangemessen, der Mehrheit eine bauliche Veränderung auf eigene Kosten zu verbieten, nur weil sich die Vorteile nicht gerecht verteilen lassen. In dem verbleibenden Korridor bleibt nur eine Regelung wie

1 BGH v. 13.1.2017 – V ZR 96/16, NZM 2017, 447 Rz. 30 ff.

2 Abschlussbericht Bund-Länder-Arbeitsgruppe WEG-Reform, ZWE 2019, 429 (445).

3 BT-Drucks. 19/18791, S. 67; vgl. OLG Schleswig v. 8.12.2006 – 2 W 111/06, NJW-RR 2007, 1093 (1094) unter II.2.b.; BeckOGK-WEG/*Falkner*, § 16 Rz. 266 jeweils schon zu § 16 Abs. 6 S. 1 WEG a.F.

4 Vgl. OLG Schleswig v. 8.12.2006 – 2 W 111/06, NJW-RR 2007, 1093 (1094) unter II.2.b.; BeckOGK-WEG/*Falkner*, § 16 Rz. 267.

5 *Mediger*, NZM 2020, 269 (273).

§ 21 Abs. 3 WEG: Wenn es etwa der Wunsch der Mehrheit ist, unwirtschaftliche und deshalb nicht von § 21 Abs. 2 WEG erfasste energetische Sanierungen zu beschließen, kann sie das tun; die faktisch profitierende Minderheit muss diesen Wunsch aber nicht mitfinanzieren.

1062 Dem Trittbrettfahrer-Problem kann im Übrigen durch eine geeignete Gestaltung des Abstimmungsverfahrens begegnet werden, nämlich indem das **Subtraktionsverfahren** gewählt wird, bei dem zunächst die „Nein"-Stimmen abgegeben werden. Trittbrettfahrer können dann während der Abstimmung nicht mehr taktisch abwarten, ob auch ohne ihre „Ja"-Stimme eine Mehrheit zustande kommt, um dann mit „Nein" zu stimmen und so der Kostentragungslast zu entgehen.[1]

1063 Die Verteilung von **Früchten** des neu geschaffenen oder veränderten gemeinschaftlichen Eigentums (z.B. Vermietungserlöse) unter den kostentragungspflichtigen Wohnungseigentümern erfolgt nach dem Verhältnis der Miteigentumsanteile (§ 21 Abs. 3 S. 2, § 16 Abs. 1 S. 1 und 2 WEG).

1064 In obigem **Beispielsfall** (Rz. 1053) möchte der Mieter des E den Aufzug benutzen und dafür monatlich 20 Euro zahlen. Den Mietvertrag schließt die Gemeinschaft der Wohnungseigentümer und vereinnahmt auch die Miete (näher Rz. 1254). Im Rahmen der Jahresabrechnung sind jedoch A (Miteigentumsanteil 1/10) monatlich 4 Euro sowie B (Miteigentumsanteil (2/10) und C (Miteigentumsanteil 2/10) monatlich jeweils 8 Euro gutzuschreiben.

3. Ausnahme: alle Wohnungseigentümer (Abs. 2)

1065 Nur in den beiden in § 21 Abs. 2 S. 1 WEG definierten Fällen sind alle Wohnungseigentümer – also auch die überstimmte Minderheit – zur Kostentragung verpflichtet und zur Nutzungsziehung berechtigt (unten a) und b)). Diese gesetzlichen Rechtsfolgen erwachsen aber nicht in Bestandskraft (unten c)).

a) Beschlussfassung mit großer Mehrheit (Abs. 2 S. 1 Nr. 1)

1066 Die Kosten einer baulichen Veränderung sind von allen Wohnungseigentümern zu tragen, wenn die bauliche Veränderung mit mehr als zwei Dritteln der abgegebenen Stimmen und der Hälfte aller Miteigentumsanteile beschlossen wurde, es sei denn, die bauliche Veränderung ist mit unverhältnismäßigen Kosten verbunden (§ 21 Abs. 2 S. 1 Nr. 1 WEG). Dieser vom Rechtsausschuss empfohlenen[2] Regelung liegt der Gedanke zugrunde, dass eine bauliche Veränderung, die von einer derart großen Mehrheit (unten aa)) getragen wird, die Vermutung der Angemessenheit in sich trägt. Diese Vermutung kann aber widerlegt werden (unten bb)).

---

1 Vgl. auch die entsprechende Empfehlung des Rechtsausschusses in der Begründung seiner Beschlussempfehlung zu § 21 Abs. 2 S. 1 Nr. 1 WEG, BT-Drucks. 19/22634, S. 44 f.

2 BT-Drucks. 19/22634, S. 44 f.

aa) Erforderliche Mehrheit

1067 Der Beschluss über eine bauliche Veränderung nach § 20 Abs. 1 WEG bedarf stets nur der einfachen Mehrheit. § 21 Abs. 2 S. 1 Nr. 1 WEG ändert daran nichts. Die Vorschrift knüpft lediglich tatbestandlich an die bei der Abstimmung nach § 20 Abs. 1 WEG erreichten Mehrheiten an. Überschreitet diese Mehrheit die beiden in § 21 Abs. 2 S. 1 Nr. 1 WEG genannten Grenzen, ist die bauliche Veränderung grundsätzlich von allen Wohnungseigentümern zu finanzieren.

1068 Dafür müssen sich zum einen mehr als **zwei Drittel der abgegebenen Stimmen** für die bauliche Veränderung ausgesprochen haben. Die Stimmenzahl bemisst sich dabei nach dem in der Gemeinschaft geltenden, allgemeinen Stimmprinzip. Grundsätzlich gilt also das Kopfprinzip (§ 25 Abs. 2 S. 1 WEG), wenn es nicht durch Vereinbarung zugunsten eines Wert-, Objekt- oder anderen Stimmprinzips abbedungen wurde. Enthaltungen zählen, wie sonst auch,[1] nicht zu den abgegebenen Stimmen.

1069 Zum anderen müssen die Stimmen derjenigen Wohnungseigentümer, die sich für die bauliche Veränderung ausgesprochen haben, mehr als die **Hälfte aller Miteigentumsanteile** repräsentieren, egal wie viele Wohnungseigentümer sich an der Abstimmung beteiligt haben.

1070 Dieses **qualifizierte relativ-absolute Mehrheitserfordernis** bezweck zweierlei: Die relative Zwei-Drittel-Mehrheit in der Versammlung soll ausschließen, dass die bauliche Veränderung unter den Wohnungseigentümern stark umstritten ist. Die absolute Mehrheit der Miteigentumsanteile soll zugleich sicherstellen, dass sie über eine breite Akzeptanz bei allen Wohnungseigentümern verfügt.

bb) Keine Unverhältnismäßigkeit

1071 Auch wenn eine bauliche Veränderung mit der in § 21 Abs. 2 S. 1 Nr. 1 WEG beschriebenen Mehrheit beschlossen wurde, scheidet eine Kostentragung durch alle Wohnungseigentümer aus, wenn die bauliche Veränderung mit unverhältnismäßigen Kosten verbunden ist. Die **Vermutung der Angemessenheit**, die durch das Erreichen der Mehrheit begründet wird, kann also **widerlegt** werden.

1072 Die **Verhältnismäßigkeitsprüfung** verlangt eine Abwägungsentscheidung. Abzuwägen ist dabei nicht etwa die bauliche Veränderung als solche gegen die mit ihr verbundenen Kosten. Das wäre kaum möglich und würde allenfalls unwirtschaftliche Ausführungen ausscheiden: Wenn die Kosten für einen goldenen Haustürgriff nicht wesentlich über dem Goldpreis liegen, können sie schwerlich als unverhältnismäßig bezeichnet werden. Stattdessen ist auf den Zweck abzustellen, der mit der baulichen Veränderung verfolgt wird: Die **Vorteile**, die sie verspricht, sind die gegen die **Kosten** abzuwägen, die mit ihr verbunden sind. Dabei sind nicht nur die Baukosten, sondern auch die Folgekosten für Gebrauch und Erhaltung zu berücksichtigen.

1073 Wie jede Abwägung verlangt das eine **Wertentscheidung**. Entscheidend sind stets die Umstände des Einzelfalls. Im Vordergrund dürfen dabei aber nicht die individu-

1 BGH v. 8.12.1988 – V ZB 3/88, NJW 1989, 1090 (1090) unter II.2.c.

ellen Maßstäbe des Rechtsanwenders stehen, sondern das Ziel des WEMoG, bauliche Veränderungen zu erleichtern und zu verhindern, dass Wohnungseigentumsanlagen wegen der häufig widerstreitenden Interessen der Wohnungseigentümer baulich hinter vergleichbaren Anlagen zurückfallen.[1] Vor diesem Hintergrund gilt:

- Anzulegen ist ein **anlagenbezogener objektiv-konkreter Maßstab**. Auf die Bedürfnisse und finanziellen Möglichkeiten des einzelnen Wohnungseigentümers kommt es nicht an, sondern auf die der Gesamtheit der Wohnungseigentümer in der konkreten Wohnanlage. Je nach Alters- und Sozialstruktur kann die Bewertung deshalb unterschiedlich ausfallen. 1074

- Von der Verhältnismäßigkeit ist grundsätzlich auszugehen, wenn die bauliche Veränderung **bei vergleichbaren Anlagen in der Umgebung üblich ist**. Das Gesetz knüpft zwar – anders als noch der Regierungsentwurf[2] – nicht mehr unmittelbar an dieses Kriterium an. Das liegt vor allem daran, dass der Gesetzgeber fürchtete, durch eine starre Anknüpfung in besonderen Ortslagen unangemessene Ergebnisse zu produzieren.[3] Die indizielle Berücksichtigung des Umgebungsstandards ist deshalb aber nicht ausgeschlossen. Im Regelfall ist sie sogar angezeigt, denn sie ermöglicht es, der Entscheidung der Wohnungseigentümer angemessen Rechnung zu tragen, sich gerade in dieser Wohnlage eine Eigentumswohnung dieser Bauart angeschafft zu haben. 1075

- Kostenintensive bauliche Veränderungen, die **über den Neubaustandard** vergleichbarer Anlagen hinausgehen, sind in der Regel **unverhältnismäßig**, auch wenn sich ihn die Gesamtheit der Wohnungseigentümer „leisten" könnte. 1076

Zu beachten ist schließlich, dass § 21 Abs. 2 S. 1 Nr. 1 Hs. 2 WEG negativ formuliert ist. Deshalb hat derjenige, der die Unverhältnismäßigkeit behauptet, die dafür maßgeblichen Umstände zu beweisen. **Im Zweifel** ist von der **Verhältnismäßigkeit** auszugehen. 1077

Aus praktischer Sicht ist freilich problematisch, dass die gesetzliche Kostenfolge nicht in Bestandskraft erwächst und die Verhältnismäßigkeit deshalb noch Jahre später in Frage gestellt 1078

1 BT-Drucks. 19/18791, S. 26 f., 68.

2 § 21 Abs. S. 1 Nr. 1 WEG in der Fassung des Regierungsentwurfs, BT-Drucks. 19/18791, S. 14: „[...] die der Anpassung an den Zustand dient, der bei Anlagen vergleichbarer Art in der Umgebung üblich ist, [...]"

3 Vgl. MdB Fechner in der Sachverständigenanhörung des Rechtsausschusses, Protokoll Nr. 19/96, S. 5: „Wenn es eine Gegend ist, die eher heruntergekommen ist, und man sich daran orientieren muss, wird man nichts durchbekommen. Wenn man aber eine Gegend mit Hallenbädern und Saunen und goldenen Türklinken hat, dann sind es Luxusmodernisierungen, die mitbezahlt werden müssen. Ich bilde jetzt bewusst Extrembeispiele." Ähnlich RinBGH Schmidt-Räntsch, S. 16: „Ich bin in einer älteren Wohnsiedlung mit Mietshäusern groß geworden. Wenn Sie sich das mal als Eigentümergemeinschaft vorstellen, dann werden Sie zwei Dinge sehen. Erstens: Die sind alle gleich heruntergekommen. Das heißt, die erste Grenze in § 21 Abs. 2 Nr. 1 WEG-E läuft gerade in diesen Fällen völlig leer, weil die alle vernachlässigt sind. Das ist jetzt natürlich überspitzt formuliert, aber das ist der Punkt."

werden kann (Rz. 1090). Es ist deshalb **dringend ratsam**, durch einen Beschluss nach § 21 Abs. 5 WEG Rechtssicherheit zu schaffen (näher Rz. 1091).

b) Amortisierung der Kosten (Abs. 2 S. 1 Nr. 2)

1079 Die Kosten einer baulichen Veränderung sind auch dann von allen Wohnungseigentümern zu tragen, wenn sie sich innerhalb eines angemessenen Zeitraums amortisieren (§ 21 Abs. 2 S. 1 Nr. 2 WEG). Das ist sachgerecht, denn auf lange Sicht profitieren in diesen Fällen alle Wohnungseigentümer finanziell. Der überstimmten Minderheit wird gegen ihren Willen **lediglich die Vorfinanzierungslast** aufgebürdet. In der Praxis wird die Vorschrift vor allem für Maßnahmen der energetischen Modernisierung relevant werden. Ihr Anwendungsbereich ist aber nicht auf diese Fälle beschränkt. Etwa auch bauliche Veränderungen, die dazu führen, dass Erhaltungskosten eingespart werden (z.B. die Überdachung eines Kelleraufgangs, um Frost- und Nässeschäden zu reduzieren), können sich amortisieren.[1]

1080 Weitgehend unproblematisch ist das Tatbestandsmerkmal **„amortisieren"**: Kosten amortisieren sich, wenn sie durch zusätzliche Einnahmen oder – praktisch bedeutsamer – durch geringere Ausgaben ausgeglichen werden. Ob das der Fall ist, kann durch eine mathematisch einfache Vergleichsrechnung festgestellt werden: Die Kosten der baulichen Veränderung einschließlich ihrer Folgekosten sind zu vergleichen mit den Kosten, die durch sie eingespart werden. Daraus folgt, dass sich nur diejenigen Kosten amortisieren müssen, die ohne die bauliche Veränderung nicht angefallen wären. Tritt eine bauliche Veränderung an die Stelle einer Erhaltungsmaßnahme, müssen sich deshalb nur die durch die bauliche Veränderung zusätzlich anfallenden Kosten amortisieren.

1081 Problematisch ist, welcher Amortisationszeitraum anzusetzen ist. Das Gesetz legt ihn nicht fest, sondern spricht lediglich von einem **„angemessenen Zeitraum"**. Das ist für sich genommen nichtssagend: Ohne Bezugspunkt kann die Angemessenheit nicht bestimmt werden. Zieht man den Normzweck heran, kann es nur darum gehen, den Wohnungseigentümern keine zu hohe Vorfinanzierungslast aufzubürden; aber auch daraus lässt sich keine Jahresgrenze ableiten. Offenbar wollte der Gesetzgeber mit dem Begriff des angemessenen Zeitraums an die Rechtsprechung zur sog. modernisierenden Instandhaltung (zu deren Schicksal Rz. 1292) anknüpfen, die von einer Grenze bei **zehn Jahren** ausging.[2] Diese Grenze auch für die Auslegung des § 21 Abs. 2 S. 1 Nr. 2 WEG heranzuziehen, überzeugt schon deshalb, weil sich Ein-

---

1 So schon BGH v. 14.12.2012 – V ZR 224/11, NJW 2013, 1439 Rz. 10 für eine sog. modernisierende Instandsetzung nach früherem Recht: Die Kosten eines Stahl- und Glasbalkons können sich im Vergleich zu einem erhaltungsbedürftigeren Holzbalkon amortisieren.

2 BGH v. 14.12.2012 – V ZR 224/11, NJW 2013, 1439 Rz. 10; BayObLG v. 23.2.2005 – 2Z BR 167/04, FGPrax 2005, 108 (110) unter II.c.(1).bb; KG v. 2.2.1996 – 24 W 7880/95, NJWE-MietR 1996, 133 (133) unter a.

sparungen für einen längeren Zeitraum kaum seriös prognostizieren lassen (z.B. wegen schwankender Energiepreise).[1]

1082 Die Materialien sprechen nicht gegen die Fortgeltung der Zehn-Jahres-Grenze im neuen Recht. Die **Regierungsbegründung** nimmt auf die Rechtsprechung zur sog. modernisierenden Instandhaltung Bezug, führt aber zugleich aus, dass der Zehn-Jahres-Zeitraum „nicht statisch zu übertragen" ist, sondern „in Abhängigkeit von der konkreten Maßnahme auch überschritten werden [kann], etwa um sinnvolle Maßnahmen der energetischen Sanierung auf Kosten aller Wohnungseigentümer zu ermöglichen".[2] Zu Ende gedacht ist das nicht. Denn die wirtschaftliche Sinnhaftigkeit einer Maßnahme hängt gerade davon ab, wie schnell sie sich amortisiert. Eine nicht-wirtschaftliche Sinnhaftigkeit kann dagegen schon deshalb nicht maßgeblich sein, weil es an Maßstäben für deren Bestimmung fehlt und es deshalb auf subjektiven Wertvorstellungen des Rechtsanwenders ankäme. Zutreffend hat daher der **Rechtsausschuss** diese Begründung als „zu weitgehend" kritisiert und erklärt, er sehe in dem Zehn-Jahres-Zeitraum einen „wichtigen Anhaltspunkt".[3]

1083 Eine einheitlich beschlossene bauliche Veränderung muss **nicht zwingend einheitlich** bewertet werten. Denkbar ist etwa, dass sich nur einzelne Teile einer baulichen Veränderung amortisieren. Wenn diese Teile auch als eigenständige bauliche Veränderung beschlossen hätten werden können, sind deren – hypothetischen – Kosten von allen Wohnungseigentümern zu tragen. Denn es kann wirtschaftlich keinen Unterschied machen, ob bauliche Veränderungen nacheinander oder auf einmal beschlossen werden.

1084 **Beispiel:** Die sehr umweltbewusste Mehrheit der Wohnungseigentümer beschließt, dass die Fassade mit einem bestimmten, sehr teuren Material gedämmt wird. Damit soll eine hohe Energieeffizienzklasse erreicht werden, auch wenn sich die dafür notwendigen Kosten in Höhe von 80.000 Euro nicht amortisieren. Bei der Verwendung eines günstigeren Materials wäre zwar nur eine niedrigere Energieeffizienzklasse erreichbar gewesen, die dafür notwendigen Kosten in Höhe von 50.000 Euro hätten sich aber amortisiert.

In Höhe von 50.000 Euro haben sich alle Wohnungseigentümer nach § 21 Abs. 2 S. 1 Nr. 2 WEG an den Kosten zu beteiligen. Die darüber hinausgehenden Kosten in Höhe von 30.000 Euro hat die Mehrheit allein zu tragen (§ 21 Abs. 3 S. 1 WEG).

1085 Ob sich die Kosten tatsächlich amortisieren, kann in der Regel erst in der Rückschau festgestellt werden. Für § 21 Abs. 2 S. 1 Nr. 2 WEG kommt es dagegen allein auf den **Stand zum Zeitpunkt der Beschlussfassung über die bauliche Veränderung** an.[4] Das rechtfertigt sich mit dem Bedürfnis nach Rechtssicherheit, weil ohne Anknüpfung an einen statischen Betrachtungszeitpunkt eine wechselnde Kostenverteilung droht. Stellt sich eine sorgsam erstellte Prognose im Nachhinein als unrichtig heraus, sind die Kosten deshalb nicht neu zu verteilen.

1 Zu diesem Argument bereits BayObLG v. 23.2.2005 – 2Z BR 167/04, FGPrax 2005, 108 (110) unter II.c.(1).bb; KG v. 2.2.1996 – 24 W 7880/95, NJWE-MietR 1996, 133 (133) unter a.

2 BT-Drucks. 19/18791, S. 69.

3 Vgl. Begründung der Beschlussempfehlung des Rechtsausschusses, BT-Drucks. 19/22634, S. 44 f.

4 BT-Drucks. 19/18791, S. 69.

1086 Aus praktischer Sicht ist freilich problematisch, dass die gesetzliche Kostenfolge nicht in Bestandskraft erwächst und deshalb die Prognose noch Jahre später in Frage gestellt werden kann (Rz. 1090). Es ist deshalb **dringend zu empfehlen**, durch einen Beschluss nach § 21 Abs. 5 WEG Rechtssicherheit zu schaffen (näher Rz. 1091).

c) Rechtsfolgen

1087 Liegen die Voraussetzungen des § 21 Abs. 2 S. 1 Nr. 1 oder 2 WEG vor, sind alle Wohnungseigentümer zur Kostentragung verpflichtet und zur Nutzungsziehung berechtigt (unten a)). Diese gesetzlichen Rechtsfolgen erwachsen aber nicht in Bestandskraft (unten b)).

aa) Kosten und Nutzungen

1088 Die **Kosten** der baulichen Veränderung sind von allen Wohnungseigentümern nach dem Verhältnis ihrer Miteigentumsanteile zu tragen (§ 21 Abs. 2 S. 1 WEG). Das betrifft alle kausal auf der baulichen Veränderung beruhenden Kosten, neben den Baukosten also auch die Folgekosten für Betrieb und Erhaltung.[1] Alle Wohnungseigentümer sind nach den allgemeinen Regeln zum **Mitgebrauch** berechtigt (§ 21 Abs. 2 S. 2, § 16 Abs. 1 S. 3 WEG). Die **Früchte** stehen ihnen nach dem Verhältnis ihrer Miteigentumsanteile zu (§ 21 Abs. 2 S. 2, § 16 Abs. 1 S. 1 und 2 WEG). Im Ergebnis ist das neu geschaffene oder veränderte gemeinschaftliche Eigentum also so zu behandeln, **wie gemeinschaftliches Eigentum kraft Gesetzes** zu behandeln ist (vgl. § 16 Abs. 1, Abs. 2 S. 1 WEG).

1089 Wurde durch **Vereinbarung** von der in § 16 WEG vorgesehenen Verteilung nach Miteigentumsanteilen abgewichen, stellt sich die Frage, ob dies auch im Rahmen des § 21 Abs. 2 WEG gilt. Sie ist nur zu bejahen, wenn der Vereinbarung im Wege der Auslegung entnommen werden kann, dass sie auch für Kosten und Nutzungen bei baulichen Veränderungen gelten soll, also letztlich auch § 21 Abs. 2 WEG abbedungen wurde. Das dürfte häufig anzunehmen sein.

bb) Keine Bestandskraft

1090 Bei den in § 21 Abs. 2 WEG angeordneten Rechtsfolgen handelt es sich um gesetzliche Folgen des Beschlusses über die bauliche Veränderung. Sie sind deshalb **nicht Inhalt des Beschlusses** und erwachsen somit auch nicht in Bestandskraft. Insbesondere die Kostenfolge wirkt sich erst bei der nächsten Jahresabrechnung oder einer Sonderumlage aus. Auch wenn die Wohnungseigentümer zum Zeitpunkt der Beschlussfassung davon ausgingen, dass die Voraussetzungen des § 21 Abs. 2 S. 1 WEG vorliegen, kann der Jahresabrechnungs- oder Sonderumlagebeschluss mit dem Argument angefochten werden, dass das in Wirklichkeit doch nicht der Fall war – und das sogar noch Jahre später, wenn etwa Folgekosten zu verteilen sind. Aus praktischer Sicht ist deshalb **dringend zu empfehlen**, einen Beschluss nach § 21 Abs. 5 WEG zu fassen und damit Rechtssicherheit zu schaffen (näher Rz. 1091).

---

1 BT-Drucks. 19/18791, S. 68.

4. Beschlusskompetenz zur Verteilung von Kosten und Nutzungen (Abs. 5)

1091 § 21 Abs. 5 S. 1 WEG eröffnet den Wohnungseigentümern die Möglichkeit, durch Beschluss von den gesetzlichen Regeln des § 21 Abs. 1 bis 4 WEG zur Verteilung der Kosten und Nutzungen (unten b)) abzuweichen. Dadurch kann nicht nur eine dem Einzelfall angemessene Verteilung erzielt werden (unten a)), sondern auch Rechtssicherheit geschaffen werden (unten e)). Der Beschluss darf aber den gesetzlich definierten Kreis der kostentragungspflichtigen Wohnungseigentümer nicht erweitern (unten c)) und muss im Übrigen dem Grundsatz ordnungsmäßiger Verwaltung entsprechen (unten d)).

a) Zweck und praktische Anwendungsfälle

1092 **Vordergründig** ist § 21 Abs. 5 S. 1 WEG lediglich die Parallelnorm zu § 16 Abs. 2 S. 2 WEG: Sie ermöglich es, im Zusammenhang mit baulichen Veränderungen eine von den Miteigentumsanteilen abweichende Verteilung der Kosten (und Nutzungen) beschließen. Damit kann – genauso wie durch § 16 Abs. 2 S. 2 WEG – nachträglich eine **angemessene Verteilung** erreicht werden. Weil das freilich auch schon im Vorfeld möglich ist, werden bauwilligen Wohnungseigentümern Verhandlungsspielräume eröffnet: Unentschlossene Wohnungseigentümer können etwa mit einer niedrigen Kostenbeteiligung oder gar einer Kostenbefreiung dazu veranlasst werden, für eine bauliche Veränderung zu stimmen.

1093 **Beispiel:** Die radfahrfreudigen Wohnungseigentümer A, B und C wünschen sich eine Überdachung für den Radabstellplatz. Die übrigen Wohnungseigentümer sind wegen der Kosten zurückhaltend. A, B und C können vorschlagen, dass sie die Kosten der baulichen Veränderung alleine tragen.

1094 Der **Hauptzweck** der Vorschrift liegt indes darin, **Rechtssicherheit** über die Kostenverteilung zu schaffen, wenn unklar ist, ob die Voraussetzungen des § 21 Abs. 2 WEG vorliegen.

1095 **Funktional** tritt die Vorschrift an die Stelle der § 16 Abs. 2 S. 2 und § 19 Abs. 1 WEG, wonach über die Kosten und den Gebrauch des unveränderten Gemeinschaftseigentums beschlossen werden kann. Hinsichtlich der Früchte hat sie jedoch kein Pendant: Die Früchte des unveränderten Gemeinschaftseigentums sind – vorbehaltlich einer abweichenden Vereinbarung – zwingend nach Miteigentumsanteilen zu verteilen (§ 16 Abs. 1 WEG).

b) Reichweite der Beschlusskompetenz (Abs. 5 S. 1)

1096 Die Beschlusskompetenz wird **durch § 21 Abs. 5 S. 1 WEG definiert**, der bestimmt, was die Wohnungseigentümer „können". Was sie „dürfen" (vgl. § 21 Abs. 5 S. 2 WEG), ist allein für die Anfechtbarkeit von Relevanz.

1097 Beschlossen werden kann über die „Verteilung der Kosten und Nutzungen". Der Begriff der **Kosten** knüpft an die „Kosten einer baulichen Veränderung" in § 21 Abs. 1 S. 1, Abs. 2 S. 1, Abs. 3 S. 1 WEG an und bezieht sich wie dort auf alle **kausal auf der baulichen Veränderung beruhenden Kosten**, neben den Baukosten also auch auf die Folgekosten für Betrieb und Erhaltung. Der Beschluss kann auf Teile dieser Kosten beschränkt werden und etwa die Folgekosten anders verteilen als die Baukosten. Der Begriff der **Nutzungen** (vgl. § 100 BGB) umfasst alle **Früchte** und **Gebrauchsvorteile**, die **kausal auf der baulichen Veränderung beruhen**.

1098 Über die Verteilung der Kosten und Nutzungen kann **unabhängig voneinander** beschlossen werden. Das ergibt sich mittelbar aus § 21 Abs. 4 S. 2 WEG; denn die dort angeordnete gesetzliche Kostenfolge kann nur greifen, wenn isoliert über die Nutzungen beschlossen wird. Häufig wird eine isolierte Regelung der Kosten ohne die Nutzungen und andersherum aber ordnungsmäßiger Verwaltung widersprechen (Rz. 1105). Auch wenn zugleich über die Kosten und Nutzungen beschlossen wird, handelt es sich rechtlich um einen Beschluss, der nur einheitlich angefochten werden kann.

1099 Die Beschlusskompetenz kennt **keine zeitlichen Grenzen**. Eine abweichende Verteilung der Kosten und Nutzungen kann deshalb sowohl im Zusammenhang mit dem Beschluss über eine bauliche Veränderung nach § 20 Abs. 1 WEG beschlossen werden, aber auch zu jedem späteren Zeitpunkt. Nachträglich ist er vor allem dann zu fassen, wenn ein Wohnungseigentümer nach § 21 Abs. 4 S. 1 WEG die Einräumung der Nutzungsbefugnis verlangt (näher Rz. 1135).

1100 **Bezugspunkt** muss analog § 16 Abs. 2 S. 2 WEG eine **einzelne bauliche Veränderung** oder zumindest eine **bestimmte Art von baulichen Veränderungen** sein. Ein Generalbeschluss, mit dem Kosten und Nutzungen für alle künftigen baulichen Veränderungen verteilt werden sollen, wäre nichtig.

c) Neubelastungsverbot (Abs. 5 S. 2)

1101 Durch einen Kostenverteilungsbeschluss nach § 21 Abs. 5 S. 1 WEG dürfen einem Wohnungseigentümer, der nach den gesetzlichen Vorschriften Kosten nicht zu tragen hat, keine Kosten auferlegt werden (§ 21 Abs. 5 S. 2 WEG). Dieses Neubelastungsverbot erlaubt es deshalb lediglich, die **Binnenverteilung** innerhalb des Kreises der nach § 21 Abs. 1 bis 4 WEG kostentragungspflichtigen Wohnungseigentümer zu verändern oder diesen Kreis zu verkleinern, nicht aber ihn zu erweitern.

1102 Das Neubelastungsverbot konkretisiert den Grundsatz ordnungsmäßiger Verwaltung (vgl. § 18 Abs. 2 WEG). Ein Verstoß hat deshalb nur die **Anfechtbarkeit** des Beschlusses zur Folge, nicht aber seine Nichtigkeit.[1] Der Wortlaut verdeutlicht dies durch die Verwendung des Verbs „dürfen“ anstelle von „können“.

d) Ordnungsmäßigkeit im Übrigen

1103 Das Neubelastungsverbot des § 21 Abs. 5 S. 2 WEG konkretisiert den Grundsatz ordnungsmäßiger Verwaltung lediglich punktuell. Ein Beschluss nach § 21 Abs. 5 S. 1 WEG ist deshalb auch dann anfechtbar, wenn er **aus anderen Gründen gegen den Grundsatz ordnungsmäßiger Verwaltung verstößt**, also die Grenzen überschreitet,

1 BT-Drucks. 19/18791, S. 71.

die durch das „Interesse der Gesamtheit der Wohnungseigentümer nach billigem Ermessen“ (vgl. § 18 Abs. 2 WEG) gezogen werden.

1104 Ein solcher Verstoß kann sich daraus ergeben, dass eine **unangemessene Binnenverteilung** gewählt wird; insoweit gelten die gleichen Grundsätze wie bei Kostenverteilungsbeschlüssen nach § 16 Abs. 2 S. 2 WEG (zu diesen Rz. 700).

1105 In der Regel wird ein Verstoß auch dann vorliegen, wenn **Kosten und Nutzungen asymmetrisch** verteilt werden, ohne dass dafür ein sachlicher Grund besteht. Denn die Reziprozität von Rechten und Pflichten ist nicht nur ein allgemeines Gerechtigkeitsprinzip, sondern auch gesetzliches Leitbild des § 21 WEG. Es ist evident unangemessen, einem Wohnungseigentümer Kosten aufzuerlegen, ihm zugleich aber Nutzungen zu versagen. Weniger evident, aber genauso unangemessen ist das Gegenteil: Die Nutzungen, die einem Wohnungseigentümer gewährt werden, ohne dass er zugleich Kosten tragen muss, werden letztlich von den übrigen kostentragungspflichtigen Wohnungseigentümer mitfinanziert. Unproblematisch ist die isolierte Einräumung einer Nutzungsbefugnis jedoch im Fall des § 21 Abs. 4 WEG. Denn hier ergibt sich die korrespondierende Kostentragungspflicht notfalls aus § 21 Abs. 4 S. 2 WEG.

1106 Im Einzelfall ist es freilich eine **Frage der Auslegung**, ob tatsächlich eine asymmetrische Verteilung beschlossen wurde. Soll etwa ein Wohnungseigentümer nach dem Beschlusswortlaut die Kosten einer bestimmten baulichen Veränderung tragen, ohne dass die Nutzungen erwähnt werden, wird man in der Regel nach dem Motto „wer zahlt, darf nutzen“ davon ausgehen müssen, dass er zugleich auch nutzungsberechtigt sein soll.

1107 Steht allerdings fest, dass eine asymmetrische Verteilung beschlossen wurde, und wird dieser Beschluss bestandskräftig, verbleibt es dabei. Die Asymmetrie kann **nicht** durch eine **analoge Anwendung des § 21 Abs. 4 S. 2 WEG** beseitigt werden. Denn diese Auffangvorschrift (Rz. 1131) gilt nur, wenn die Nutzungsbefugnis auf Verlangen eingeräumt wird, nicht aber, wenn die Wohnungseigentümer aus eigenen Antrieb beschließen.

e) Praxistipp: Bau- und Verteilungs-Doppelbeschluss

1108 Die **Kostentragung** bei baulichen Veränderungen hängt von der Einordnung in das System des § 21 Abs. 2 und 3 WEG ab: Nur wenn das dort beschriebene Quorum erreicht wird und die Kosten nicht unverhältnismäßig sind (§ 21 Abs. 2 S. 1 Nr. 1 WEG) oder sich diese amortisieren (§ 21 Abs. 2 S. 1 Nr. 2 WEG), trifft die Kostenlast alle Wohnungseigentümer, andernfalls nur diejenigen, die die bauliche Veränderung beschlossen haben (§ 21 Abs. 3 S. 1 WEG). Selbst wenn die Mehrheitsverhältnisse klar sind, wird die Einordnung wird für die Wohnungseigentümer **häufig nicht eindeutig** sein: Die Mehrheit wird dazu neigen, von einer Kostentragungspflicht aller Wohnungseigentümer auszugehen, die überstimmte Minderheit eher nicht. Für viele Wohnungseigentümer wird die Kostenfrage aber gerade entscheidend dafür sein, wie sie sich zu der baulichen Veränderung positionieren. Abhilfe kann eine geeignete Gestaltung des Abstimmungsverfahrens schaffen.

1109 In dieser Situation kann nämlich ein Beschluss nach § 21 Abs. 5 S. 1 WEG **Rechtssicherheit** schaffen, mit dem die Kosten und Nutzungen auf alle Wohnungseigentümer verteilt werden. Das Neubelastungsverbot (§ 21 Abs. 5 S. 2 WEG) verbietet zwar, dass der überstimmten Minderheit außerhalb der Fälle des § 21 Abs. 2 S. 1 WEG Kosten auferlegt werden. Ein Verstoß führt aber nur zur Anfechtbarkeit, nicht zu Nichtigkeit (Rz. 1102). Wird der Verteilungsbeschluss nicht erfolgreich angefochten, wird er bestandskräftig. Im besten Fall besteht also **nach einem Monat Rechts- und Planungssicherheit**. Wird rechtzeitig angefochten, hat das Gericht inzident zu prüfen, ob die bauliche Veränderung § 21 Abs. 2 S. 1 WEG unterfällt. Ist das nicht Fall, hat es den Verteilungsbeschluss wegen Verstoßes gegen das Neubelastungsverbot (§ 21 Abs. 5 S. 2 WEG) aufzuheben. In diesem Fall steht rechtskräftig fest, dass die bauliche Veränderung nicht unter § 21 Abs. 2 S. 1 WEG fällt.

1110 Ob die Aufhebung des Verteilungsbeschlusses auch die Unwirksamkeit des Baubeschlusses zur Folge hat, hängt von der Verknüpfung beider Beschlüsse ab. In der Regel wird es sich anbieten, die Wirksamkeit des Baubeschlusses durch eine Bedingung an die des Verteilungsbeschlusses zu koppeln, also einen **Bau- und Verteilungs-Doppelbeschluss** zu fassen. Zu bedenken ist, dass nicht nur die Kosten, sondern auch die Nutzungen verteilt werden, weil der Verteilungsbeschluss sonst regelmäßig ordnungswidrig ist (Rz. 1105).

1111 **Beispiel:** Es steht zur Abstimmung, ob die Dämmung des Daches verbessert werden soll. Die Mehrheit befürwortet das, allerdings nur, wenn die Kosten von allen getragen werden. In der Versammlung ist umstritten, ob sich die Kosten im Sinne des § 21 Abs. 2 S. 1 Nr. 2 WEG amortisieren werden und deshalb alle Wohnungseigentümer Kosten tragen müssen.

Der Mehrheit ist zu raten, folgenden Bau- und Verteilungs-Doppelbeschluss zu fassen:

„Es werden folgende Beschlüsse gefasst, deren Wirksamkeit voneinander abhängt:

1. *Die Dämmung des Daches wird verbessert. [nähere Bestimmungen]*
2. *Die Kosten und Nutzungen werden auf alle Wohnungseigentümer nach Miteigentumsanteilen verteilt.“*

Wird der Beschluss zu 2. nicht angefochten, haben alle Wohnungseigentümer die Kosten der Dämmung zu tragen. Andernfalls wird gerichtlich geklärt, ob die Voraussetzungen des § 21 Abs. 2 S. 1 Nr. 2 WEG vorliegen. Ist das nicht der Fall, wird der Beschluss zu 2. aufgehoben und die Mehrheit müsste die Kosten eigentlich nach § 21 Abs. 3 S. 1 WEG alleine tragen. Aufgrund der auflösenden Bedingung verliert dann jedoch auch der Beschluss zu 1. seine Wirkung.

1111a Ist zweifelhaft, ob das Quorum des § 21 Abs. 2 S. 1 Nr. 1 WEG erreicht wird, und hängt davon die Kostenverteilung ab, weil eine Amortisation (§ 21 Abs. 2 S. 1 Nr. 2 WEG) von vornherein ausscheidet, kann auch ein **gestreckter Bau- und Verteilungs-Doppelbeschluss** gefasst werden.

1111b **Beispiel:** Die Fassade soll energetisch saniert werden. Fest steht, dass sich die Kosten nicht im Sinne des § 21 Abs. 2 S. 1 Nr. 2 WEG amortisieren. Unklar ist aber, ob das Quorum des § 21 Abs. 2 S. 1 Nr. 1 WEG erreicht wird. Ob sich eine einfache Mehrheit findet, die die Kosten notfalls auch alleine trägt, ist offen.

Zunächst sollte nur ein (aufschiebend und zugleich auflösend) bedingter Baubeschluss gefasst werden:

„1. Die Fassade wird energetisch verbessert. [nähere Bestimmungen] Die Wirksamkeit des Beschlusses hängt von der Wirksamkeit eines noch in dieser Versammlung zu fassenden Beschlusses ab, mit dem die Kosten und Nutzungen auf alle Wohnungseigentümer nach Miteigentumsanteilen verteilt werden."

Jeder Wohnungseigentümer, der die Fassadendämmung unter der Prämisse befürwortet, dass die Kosten von allen Wohnungseigentümern getragen werden, kann bedenkenlos mit „Ja" stimmen. Erreicht dieser Baubeschluss das Quorum des § 21 Abs. 2 S. 1 Nr. 1 WEG, ist folgender Kostenbeschluss zu fassen:

2. *Die Kosten und Nutzungen werden auf alle Wohnungseigentümer nach Miteigentumsanteilen verteilt."*

Verfehlt der Baubeschluss das Quorum des § 21 Abs. 2 S. 1 Nr. 1 WEG, wird über die Kostenverteilung unter allen Wohnungseigentümern nicht mehr abgestimmt. Damit bleibt der Baubeschluss wirkungslos; seine formale Aufhebung ist unnötig. Stattdessen kann dann ein neuer, unbedingter Baubeschluss zur Abstimmung gestellt werden. Findet er eine (einfache) Mehrheit, haben Kosten nur diejenigen Wohnungseigentümer zu tragen, die mit „Ja" gestimmt haben.

1112 Eine solcher **Bau- und Verteilungs-Doppelbeschluss** ist **bei jeder baulichen Veränderung zu empfehlen**, nicht nur in den Fällen an, in denen Streit über die Einordnung in die Fälle des § 21 Abs. 2 S. 1 WEG besteht. Denn zum Streit kann es auch noch nach Jahren kommen, wenn es etwa um die Verteilung von Folgekosten geht (Rz. 1090). Ein Kostenverteilungsbeschluss ist sogar dann sinnvoll, wenn außer Frage steht, dass allein die beschließende Mehrheit nach § 21 Abs. 3 S. 1 WEG kostentragungspflichtig ist. Denn er erübrigt die sonst notwendige Protokollierung der namentlichen Abstimmung (Rz. 1005).

1113 **Beispiel:** A, B und C wollen mehrheitlich beschließen, dass der Eingangsbereich überdacht wird. Da nur sie nach § 21 Abs. 3 S. 1 WEG kostentragungspflichtig sind, ist namentlich abzustimmen und das Ergebnis zu protokollieren. Einfacher ist es, zusammen mit der Überdachung zu beschließen, dass deren Kosten von A, B und C nach dem Verhältnis ihrer Miteigentumsanteile zu tragen sind.

5. Teilhabeanspruch (§ 21 Abs. 4 WEG)

1114 Die differenzierten Regelungen des § 21 Abs. 2 und 3 WEG haben zur Folge, dass oftmals ein Teil der Wohnungseigentümer von den Nutzungen des veränderten Gemeinschaftseigentums ausgeschlossen ist (unten a)). Diese Wohnungseigentümer können deshalb nach § 21 Abs. 4 S. 1 WEG verlangen, dass ihnen die Nutzungsbefugnis durch Beschluss eingeräumt wird (unten b)). Das gilt jedoch nur nach Maßgabe billigen Ermessens (unten c)). Im Gegenzug müssen sie einen angemessenen Ausgleich bezahlen (unten d)) und sich nach § 21 Abs. 4 S. 2 WEG an den künftigen Kosten beteiligen (unten e)). Die einmal gewährte Teilhabe kann einseitig nicht „zurückgegeben" werden (unten f)).

a) Normzweck

1115 § 21 Abs. 4 WEG steht in unmittelbarem Zusammenhang mit den differenzierten Kosten- und Nutzungsregelungen in § 21 Abs. 2 und 3 WEG. Denn diese Regelungen können dazu führen, dass ein Teil der Wohnungseigentümer von den Nutzungen des veränderten Gemeinschaftseigentums ausgeschlossen ist. Die damit einhergehende Monopolisierung des Gemeinschaftseigentums musste der Gesetzgeber in Kauf nehmen, weil er Mehrheitsentscheidungen über bauliche Veränderungen zulassen, die überstimmte Minderheit zugleich aber vor finanzieller Überlastung schützen wollte (Rz. 959). Der Teilhabeanspruch nach § 21 Abs. 4 WEG **verhindert die Versteinerung dieser Monopolisierung**. Er eröffnet jedem Wohnungseigentümer, der einer baulichen Veränderung nicht zugestimmt hat, die Möglichkeit, seine Meinung nachträglich zu ändern und gegen finanziellen Ausgleich doch noch an deren Vorteilen zu partizipieren. Gleiches gilt für den Fall der Rechtsnachfolge.

1116 Besondere Bedeutung hat der Teilhabeanspruch bei **baulichen Veränderungen, die aufeinander aufbauen**. Dort bewirkt er eine angemessene Verteilung der Kosten zwischen den beteiligten Wohnungseigentümern. Praktisch wird das insbesondere bei der Errichtung von Ladeinfrastruktur relevant (vgl. das Beispiel Rz. 1174).

b) Anspruchsziel und gerichtliche Durchsetzung

1117 Der Anspruch nach § 21 Abs. 4 S. 1 WEG ist seinem Wortlaut nach darauf gerichtet, dass dem bislang ausgeschlossenen Wohnungseigentümer „gestattet" wird, Nutzungen zu ziehen. Diese Gestattung erfolgt durch einen **Beschluss nach § 21 Abs. 5 S. 1 WEG**, der den Kreis der nutzungsberechtigten Wohnungseigentümer erweitert.[1] Der Beschluss ist – wie jeder Beschluss nach § 21 Abs. 5 S. 1 WEG – von allen Wohnungseigentümern zu fassen, nicht nur von den bereits nutzungsberechtigten. Er kann sich auf die pauschale Einräumung der Nutzungsbefugnis beschränken; daneben ist ein angemessener Ausgleich festzusetzen (näher Rz. 1127). Das konkrete Maß der Nutzungen und die Pflicht zur Kostentragung ergibt sich dann aus § 21 Abs. 4 S. 2 WEG. Das Maß der Nutzungen und Kosten kann in dem Beschluss aber auch näher konkretisiert werden (Rz. 1131).

1118 Die Gestattung (der Nutzungsziehung) nach § 21 Abs. 4 S. 1 WEG hat nichts mit der Gestattung (einer baulichen Veränderung) nach § 20 Abs. 1 Alt. 2 WEG zu tun. Der Gesetzgeber hätte deshalb besser verschiedene Begriffe verwendet.

1119 Schuldner des Anspruchs ist die **Gemeinschaft der Wohnungseigentümer**, denn ihr obliegt die Verwaltung des – auch veränderten – gemeinschaftlichen Eigentums (Rz. 1254). Der Anspruch kann im Wege der **Beschlussersetzungsklage** nach § 44 Abs. 1 S. 2 WEG durchgesetzt werden.

c) Bedeutung des billigen Ermessens

1120 Der Teilhabeanspruch besteht nur unter dem Vorbehalt billigen Ermessens. Im Regelfall wird dieses billige Ermessen erfordern, einem Wohnungseigentümer die Nutzungsbefugnis einzuräumen. Denn auch baulich verändertes Gemeinschaftseigentum bleibt Gemeinschaftseigentum, das grundsätzlich allen Wohnungseigentümern glei-

---

1 Nach der Gesetzesbegründung (BT-Drucks. 19/18791, S. 70) soll sich die Beschlusskompetenz aus § 21 Abs. 4 S. 1 WEG selbst ergeben; dieser Umweg ist wegen § 21 Abs. 5 S. 1 WEG unnötig.

chermaßen dient. Das daraus abzuleitende Gleichbehandlungsprinzip wiegt schwerer als die zeitliche Priorität; „wer zuerst kommt, mahlt zuerst" gilt nicht.[1] Deshalb stehen auch Kapazitätsprobleme der Einräumung der Nutzungsbefugnis nicht entgegen. Sie müssen vielmehr nach allgemeinen Regeln gelöst werden (z.B. über einen Beschluss nach § 19 Abs. 1 WEG, der regelt, welcher Wohnungseigentümer wann gebrauchen darf).

1121 **Beispiel:** In einer fünfköpfigen Gemeinschaft beschließen die Wohnungseigentümer A, B und C mehrheitlich nach § 20 Abs. 1 WEG, dass in dem Vorgarten, der im Gemeinschaftseigentum steht, drei Parkplätze errichtet werden. Nach § 21 Abs. 3 WEG tragen allein A, B und C die Kosten und dürfen die Parkplätze auch allein nutzen. Wohnungseigentümer D verlangt nach § 21 Abs. 4 S. 1 WEG, dass auch ihm – gegen angemessenen Ausgleich – die Nutzung gestattet wird.

Der Anspruch des D kann nicht mit der Begründung abgelehnt werden, dass die drei Parkplätze schon durch A, B und C belegt seien und eine Zulassung des D Kapazitätsprobleme auslösen würde. Denn A, B und C haben gegenüber D kein besseres Recht, die Parkplätze als Gemeinschaftseigentum zu nutzen, nur weil sie deren Bau ursprünglich beschlossen haben. Das durch das Hinzutreten des D entstehende Kapazitätsproblem kann etwa dadurch gelöst werden, dass bestimmte Parkzeiten beschlossen werden.

1122 Vor diesem Hintergrund wird es das billige Ermessen **nur in Ausnahmefällen** zulassen, das Verlangen eines Wohnungseigentümers **zurückzuweisen**. Das ist etwa denkbar, wenn das baulich veränderte Gemeinschaftseigentum in besonderer Weise mit dem Sondereigentum eines Wohnungseigentümers verbunden ist und ein Gebrauch durch mehrere Parteien deshalb von vornherein unzumutbar ist. Wird eine Nutzungsbefugnis durch Beschluss eingeräumt, obwohl dies billigem Ermessen widerspricht, ist der Beschluss **anfechtbar**.

1123 **Hintergrund:** Das Tatbestandsmerkmal „billiges Ermessen" bezieht sich zwar nur auf den Anspruch nach § 21 Abs. 4 S. 1 WEG und bestimmt deshalb nicht den Kontrollmaßstab für den nach § 21 Abs. 5 S. 1 WEG zu fassenden Beschluss. Ein Beschluss, der gegen billiges Ermessen verstößt, widerspricht aber zugleich dem Grundsatz ordnungsmäßiger Verwaltung (vgl. § 18 Abs. 2 WEG).

d) Angemessener Ausgleich

1124 Ein Wohnungseigentümer kann die Teilhabe an den Nutzungen nur „gegen angemessenen Ausgleich" verlangen (§ 21 Abs. 4 S. 1 WEG). Dieser Ausgleich ist die Kompensation dafür, dass der Wohnungseigentümer bislang keine Kosten der baulichen Veränderung getragen hat; der Ausgleich ist deshalb **vergangenheitsbezogen** (zur Kostentragung für die Zukunft Rz. 1134).

1125 Um den angemessenen Ausgleich zu bestimmen, sind zunächst die **auszugleichenden Kosten** zu ermitteln. Im Ausgangspunkt sind das alle Kosten, die vor Einräumung der Nutzungsbefugnis angefallen sind. Unangemessen wäre es jedoch, solche Kosten miteinzubeziehen, die sich auf die künftige Nutzung gar nicht auswirken.[2]

1 Vgl. BT-Drucks. 19/18791, S. 70.
2 BT-Drucks. 19/18791, S. 70.

Somit sind laufende Betriebskosten aus der Vergangenheit auszuscheiden. Zugleich sind zwischenzeitliche Abnutzungen und sonstige Verschlechterungen zu berücksichtigen. In der Regel sind deshalb lediglich die **Bau- und Erhaltungskosten** anzusetzen und diese zeitanteilig zu kürzen. Dabei ist auf den Zeitwert abzustellen; als Indiz kann auf die steuerlichen Abschreibungsfristen[1] zurückgegriffen werden. Aufgrund der mit der Bestimmung des Ausgleichsbetrags verbundenen Unwägbarkeiten wird man den Wohnungseigentümern dabei einen Einschätzungsspielraum einräumen müssen.

1126 Der Anteil des Wohnungseigentümers an diesen Kosten bemisst sich nach dem **Verhältnis seines Miteigentumsanteils** zu den Miteigentumsanteilen der übrigen nutzungsberechtigen Wohnungseigentümern; denn dieses Verhältnis wäre auch nach § 21 Abs. 3 S. 1 WEG maßgeblich gewesen.

1127 Nicht ausdrücklich geregelt ist, ob der Ausgleichsanspruch kraft Gesetzes entsteht oder der Festsetzung durch Beschluss bedarf. Der Wortlaut („gegen") spricht dafür, dass die Einräumung der Nutzungsbefugnis und die Begründung der Ausgleichsforderung eine Einheit bilden. Aufgrund der mit der Ausgleichsbemessung im Einzelfall verbundenen Schwierigkeiten besteht zudem ein besonderes Bedürfnis nach Rechtssicherheit, das nur die mit einer Beschlussfassung verbundene Bestandskraft gewähren kann. Es ist deshalb der Gesetzesbegründung beizupflichten, wenn sie von einer **Festsetzung durch Beschluss** ausgeht; die notwendige Beschlusskompetenz ist § 21 Abs. 4 S. 1 WEG selbst zu entnehmen.[2] Dieser Beschluss muss zusammen mit dem Beschluss über die Einräumung der Nutzungsbefugnis gefasst werden, weil beide Elemente ein Einheit bilden; ein isolierter Beschluss wäre nichtig. Darum hat die erfolgreiche Anfechtung des einen Elements auch die Unwirksamkeit des anderen zur Folge.

1128 Um das **Kostenrisiko zu beschränken** empfiehlt es sich für einen Wohnungseigentümer, das Verlangen an einen der Höhe nach bestimmten Ausgleichsbetrag zu binden. Wird ein höherer Betrag beschlossen, ist der Beschluss selbst dann anfechtbar, wenn der beschlossene Betrag angemessen ist. Denn ohne ein wirksames Verlangen verstößt der Beschluss gegen das Neubelastungsverbot des § 21 Abs. 5 S. 2 WEG.

1129 **Gläubiger** des Ausgleichsanspruchs ist die Gemeinschaft der Wohnungseigentümer, denn ihr obliegt die Verwaltung des veränderten gemeinschaftlichen Eigentums (Rz. 1254). Im Rahmen der **Jahresabrechnung** ist der Ausgleich denjenigen Wohnungseigentümern oder deren Rechtsnachfolgern gutzuschreiben, die die Kosten zunächst zu tragen hatten.[3] Dafür gilt der für die damalige Kostentragung maßgebliche gesetzliche (vgl. § 21 Abs. 1 S. 1, Abs. 3 S. 1 WEG) oder beschlossene (vgl. § 21 Abs. 5 S. 1 WEG) Schlüssel entsprechend.

---

1 Die steuerlichen Abschreibungsfristen ergeben sich aus der „AfA-Tabelle für die allgemein verwendbaren Anlagegüter", BStBl. I 2000, 1532.

2 BT-Drucks. 19/18791, S. 70; ihm folgend auch *Dötsch*, ZWE 2020, 215 (224).

3 BT-Drucks. 19/18791, S. 70.

e) Rechtsfolgen

1130 § 21 Abs. 4 S. 2 WEG ergänzt den Beschluss über die Einräumung der Nutzungsbefugnis (unten a)) hinsichtlich der konkreten Verteilung von Nutzungen (unten b)) und Kosten (unten c)).

aa) Funktion des § 21 Abs. 4 S. 2 WEG

1131 § 21 Abs. 4 S. 2 WEG verweist auf § 21 Abs. 3 WEG und bewirkt damit, dass der Wohnungseigentümer, dem die Nutzungsbefugnis nachträglich eingeräumt wird, für die Zukunft so behandelt wird, als ob er für die bauliche Veränderung gestimmt hätte. Die entsprechende Verteilung der Kosten und Nutzungen könnten die Wohnungseigentümer freilich auch nach § 21 Abs. 5 S. 1 WEG privatautonom beschließen. § 21 Abs. 4 S. 2 WEG hat deshalb vor allem **Auffangfunktion**. Die Vorschrift beschränkt nicht etwa die Kompetenz der Wohnungseigentümer nach § 21 Abs. 5 S. 1 WEG, über die Verteilung der Kosten und Nutzungen zu beschließen, sondern bietet eine Rückfallposition, soweit sie von dieser Kompetenz keinen Gebrauch machen.

1132 **Beispiel:** A, B und C haben mehrheitlich den Bau eines Aufzugs beschlossen und nutzen diesen bislang allein (§ 21 Abs. 3 S. 2 WEG); auch die Kosten tragen sie allein (§ 21 Abs. 3 S. 1 WEG). D verlangt nach § 21 Abs. 4 S. 1 WEG, dass auch er den Aufzug nutzen darf.

Variante 1: Es wird schlicht beschlossen: „*D wird die Nutzung des Aufzugs gestattet.*“

In diesem Fall richtet sich die konkrete Verteilung der Kosten und Nutzungen nach § 21 Abs. 4 S. 2, § 21 Abs. 3 WEG, also nach dem Verhältnis der Miteigentumsanteile.

Variante 2: Es wird beschlossen: „*D darf den Aufzug mitgebrauchen. Er wird an den Kosten und Nutzungen zu 1/4 beteiligt.*“

In diesem Fall bleibt für § 21 Abs. 4 S. 2 WEG kein Raum. Die Verteilung der Nutzung ergibt sich unmittelbar aus dem Beschluss nach § 21 Abs. 5 S. 1 WEG.

bb) Nutzungsbefugnis

1133 Für das Maß der Nutzungen verweist § 21 Abs. 4 S. 2 WEG auf § 21 Abs. 3 S. 2 WEG, der wiederum auf § 16 Abs. 1 WEG verweist. Daraus folgt: Der Wohnungseigentümer ist zum **Mitgebrauch** befugt (§ 16 Abs. 1 S. 3 WEG). Für seinen **Anteil an den Früchten** ist sein Miteigentumsanteil maßgeblich, aber – weil § 21 Abs. 3 S. 2 WEG nur „entsprechend“ gilt – nicht als absolute Zahl, sondern im Verhältnis zu den Miteigentumsanteilen der übrigen nutzungsberechtigten Wohnungseigentümer. Im Ergebnis wird der Wohnungseigentümer damit für die Zukunft so gestellt, als ob er für die bauliche Veränderung gestimmt hätte.

cc) Kostentragungspflicht

1134 Für die Kostentragungspflicht ist zwischen den vergangenheits- und den zukunftsbezogenen Kosten zu unterscheiden: Für die in der **Vergangenheit**, also vor Einräumung der Nutzungsbefugnis, angefallenen Kosten hat der Wohnungseigentümer einen einmaligen angemessenen Ausgleich zu leisten, der durch Beschluss festgesetzt wird (Rz. 1127). Für die Kosten der **Zukunft**, also diejenigen, die nach Einräumung der Nutzungsbefugnis anfallen, verweist § 21 Abs. 4 S. 2 WEG auf § 21 Abs. 3 S. 1 WEG. Die Kostentragungspflicht bemisst sich deshalb nach seinem Miteigentumsanteil, aber – weil § 21 Abs. 3 S. 2 WEG nur „entsprechend" gilt – nicht als absolute Zahl, sondern im Verhältnis zu den Miteigentumsanteilen der übrigen nutzungsberechtigten Wohnungseigentümern. Für die Zukunft wird der Wohnungseigentümer damit so gestellt, als ob er für die bauliche Veränderung gestimmt hätte.

1135 Nicht geregelt ist, was gilt, wenn eine von § 21 Abs. 3 S. 1 WEG **abweichende Kostenverteilung nach § 21 Abs. 5 WEG beschlossen** wurde. § 21 Abs. 4 S. 2 WEG liegt zwar der Gedanke zugrunde, dass der neuerdings nutzungsberechtigte Wohnungseigentümer ohne Unterschied in die Gruppe der bereits kostentragungspflichtigen Wohnungseigentümer aufgenommen wird. Das spräche dafür, ihn auch in die beschlossene Verteilung einzubeziehen. Voraussetzung dafür ist aber, dass der Beschluss abstrakte Kriterien heranzieht, die auch auf den neu hinzutretenden Wohnungseigentümer angewendet werden können. Daran wird es häufig fehlen.

1136 **Beispiel:** A, B und C haben mehrheitlich den Bau eines Aufzugs beschlossen. Es wurde zudem nach § 21 Abs. 5 S. 1 WEG beschlossen, dass A, der im dritten Stock wohnt, 1/2 der Kosten trägt, B und C, die im zweiten Stock wohnen, jeweils 1/4. D, der auch im zweiten Stock wohnt, wird die Nutzung des Aufzugs gestattet.

Wollte man D in den Kostenverteilungsbeschluss einbeziehen, stellt sich die Frage, welches abstrakte Kriterium dem Kostenverteilungsbeschluss zugrunde liegt: Soll jeder Nutzer im dritten Stock doppelt so viel bezahlen wir ein Nutzer im zweiten Stock (dann: A: 2/5; B, C, D: jeweils 1/5)? Oder sollen alle Nutzer im dritten Stock gemeinsam genauso viel bezahlen wie alle Nutzer im zweiten Stocks gemeinsam (dann: A: 1/2; B, C, D: jeweils 1/6)? Oder liegen der Verteilung ganz andere Faktoren zugrunde (z.B. die Gebrechlichkeit)? Was würde gelten, wenn D im vierten Stock wohnen würde?

Kurzum: Dem bisherigen Kostenverteilungsbeschluss lässt sich nicht mit hinreichender Sicherheit entnehmen, was für D gelten soll.

1137 Um eine einheitliche Anwendung des § 21 Abs. 4 S. 2 WEG zu ermöglichen und unnötige Auslegungsschwierigkeiten zu vermeiden, ist es deshalb vorzugswürdig, auch im Fall einer abweichenden Kostenverteilung bei der schlichten **Anwendung des § 21 Abs. 3 S. 1 WEG** zu bleiben: Der neuerdings nutzungsberechtigte Wohnungseigentümer hat einen Anteil entsprechend dem Verhältnis seines Miteigentumsanteils zu den Miteigentumsanteilen der übrigen nutzungsberechtigen Wohnungseigentümer zu tragen; nur der dann noch verbleibende Teil der Kosten ist dem Beschluss entsprechend zu verteilen.

1138 Den Wohnungseigentümern bleibt es freilich unbenommen, den **Kostenverteilungsbeschluss anzupassen**. Das ist für die Praxis sogar zu empfehlen, um die Kostenverteilung nicht noch weiter zu verkomplizieren. Im Einzelfall kann der neu hinzutretende Wohnungseigentümer aus Gründen der Gleichbehandlung sogar einen Anspruch auf eine solche Anpassung nach § 18 Abs. 2 Nr. 1 WEG haben.

f) Keine „Aufgaberecht"

1139 Ein Wohnungseigentümer, dem auf sein Verlangen hin die Nutzungsbefugnis eingeräumt wurde, hat keine Möglichkeit, seine Entscheidung einseitig zu revidieren, um sich von der Kostenlast zu befreien. § 21 Abs. 4 WEG gewährt lediglich einen Anspruch auf Einräumung der Nutzungsbefugnis, nicht aber auf deren „Rückgabe". Das widerspräche auch dem Zweck der Vorschrift, einheitliche Nutzungsverhältnisse zu schaffen (Rz. 1115). Der Wohnungseigentümer kann aber natürlich versuchen, die Mehrheit davon zu überzeugen, ihn durch einen Beschluss nach § 21 Abs. 5 S. 1 WEG von den Nutzungen und Kosten auszunehmen.

IV. Sonderfall: Gestattung durch Beschluss (§ 20 Abs. 1 Alt. 2 WEG)

1140 Die Gestattung im Sinne des § 20 Abs. 1 Alt. 2 WEG ist ein Sonderfall des Beschlusses über eine bauliche Veränderung (unten 2.). Ihre praktische Bedeutung liegt in baulichen Veränderungen im Interesse einzelner Wohnungseigentümer (unten 1.), die dementsprechend auch die Kosten und Nutzungen treffen (unten 4.). Kaum Besonderheiten gegenüber anderen baulichen Veränderungen gelten für die gerichtliche Überprüfung (unten 3.).

1. Praktische Bedeutung

1141 **Praktisch bedeutsam** dürften Gestattungsbeschlüsse vor allem für **bauliche Veränderungen im Interesse einzelner Wohnungseigentümer** werden. Für nichtstörende Maßnahmen besteht unter den Voraussetzungen des § 20 Abs. 3 WEG sogar ein Gestattungsanspruch (dazu Rz. 1204). Gestattet werden kann aber grundsätzlich auch jede andere Baumaßnahme, wenn sich dafür – aus welchen Gründen auch immer – eine Mehrheit in der Versammlung findet.

1142 Gestattungsempfänger können **nur Wohnungseigentümer** sein, nicht aber Fremdnutzer (z.B. Mieter). Das ergibt sich schon aus dem Wortlaut des § 20 Abs. 1 Alt. 2 WEG („einem Wohnungseigentümer"). Denn infolge der Gestattung entstehen Kostentragungspflichten und Nutzungsziehungsrechte gegenüber der Gemeinschaft der Wohnungseigentümer (vgl. § 21 Abs. 1 WEG), die als mitgliedschaftliche Rechtsbeziehungen nur Wohnungseigentümer treffen können.

2. Dogmatische Struktur

1143 Bei einer Gestattung im Sinne des § 20 Abs. 1 Alt. 2 WEG handelt es sich um einen gesetzlich vertypten Zwillingsbeschluss (unten a)), der sich aus einem Beschluss über die bauliche Veränderung (unten b)) und einem Beschluss über die Durchführungserlaubnis (unten c)) zusammensetzt.

a) Gesetzlich vertypter Zwillingsbeschluss

1144 Nach § 20 Abs. 1 WEG können bauliche Veränderungen nicht nur „beschlossen" werden, sondern auch „einem Wohnungseigentümer durch Beschluss gestattet werden". Während sich die erste Variante damit begnügt, den Soll-Zustand des gemeinschaftlichen Eigentums neu zu definieren (Rz. 969), geht die zweite Variante darüber hinaus: Sie enthält zugleich die Durchführungserlaubnis zugunsten eines Wohnungseigentümers. Bei einem Gestattungsbeschluss handelt es sich folglich um einen **gesetzlich vertypten Zwillingsbeschluss** (allgemein zu Zwillingsbeschlüssen Rz. 1001): Der auf Grundlage des § 20 Abs. 1 WEG gefasste Beschluss über das „Ob" der baulichen Veränderung wird verbunden mit dem auf Grundlage des § 19 Abs. 1 WEG gefassten Beschluss über das „Wie", wobei das „Wie" dahingehend entschieden wird, dass ein Wohnungseigentümer die bauliche Veränderung in eigener Verantwortung durchführen darf. Diese Verbindung wirkt wie ein Bedingungszusammenhang: Die Unwirksamkeit des einen Beschlusses hat die Unwirksamkeit des anderen zur Folge.

1145 Ein derartiger Zwillingsbeschluss könnte freilich auch gefasst werden, wenn § 20 Abs. 1 WEG die Gestattung nicht nennen würde. Ihre Erwähnung dient deshalb vor allem der **Verdeutlichung** dieser Möglichkeit.[1] Zugleich stellt sie klar, dass es ordnungsmäßiger Verwaltung entsprechen kann, die Durchführung einer baulichen Veränderung einem einzelnen Wohnungseigentümer zu überlassen. Die Gemeinschaft der Wohnungseigentümer muss also nicht zwingend als Bauherrin auftreten, nur weil ihr die Verwaltung des gemeinschaftlichen Eigentums obliegt (§ 18 Abs. 1 WEG).

1146 Aus der Struktur des Gestattungsbeschlusses als Zwillingsbeschluss folgt, dass eine bauliche Veränderung auch **mehreren Wohnungseigentümern gemeinschaftlich** gestattet werden kann. Denn auch ihnen kann im Rahmen des § 19 Abs. 1 WEG eine Durchführungserlaubnis erteilt werden. Auch wenn § 20 Abs. 1 WEG von „einem Wohnungseigentümer" spricht, geht damit also keine quantitative Beschränkung einher.

b) Teilelement: Beschluss über bauliche Veränderung

1147 Keine Besonderheiten gelten hinsichtlich des Beschlusses über die bauliche Veränderung. Wie stets beschränkt sich dieser Beschluss auf die **Neudefinition des Soll-Zustands** des gemeinschaftlichen Eigentums.

c) Teilelement: Beschluss über Durchführungserlaubnis

1148 Der Beschluss über die Durchführungserlaubnis erlaubt dem begünstigten Wohnungseigentümer grundsätzlich eine Durchführung in eigener Verantwortung (unten aa)), die jedoch durch Vorgaben eingeschränkt werden kann (unten bb)). Eine Durchführungspflicht besteht nicht (unten cc)).

aa) Durchführung in eigener Verantwortung

1149 Ein Wohnungseigentümer kann eine bauliche Veränderung, die ihm gestattet wurde, in eigener Verantwortung durchführen. Er kann deshalb grundsätzlich selbst entscheiden, wann, wie und wer die Baumaßnahmen umsetzt. Die mit der Baumaßnahme einhergehenden Einwirkungen haben die übrigen Wohnungseigentümer zu dulden (§ 14 Abs. 2 Nr. 2 WEG). Es gilt aber ein **Rücksichtnahmegebot**: Zu dulden

---

1 BT-Drucks. 19/18791, S. 62.

sind nur Einwirkungen, die dem Gestattungsbeschluss „entsprechen“ (vgl. § 14 Abs. 2 Nr. 2 i. V. m. Abs. 1 Nr. 2 WEG), also zu dessen Vollzug notwendig sind. Unnötige Lärm-, Staub- und sonstige Immissionen können abgewehrt werden – von jedem Wohnungseigentümer für sein Sondereigentum (vgl. § 14 Abs. 2 Nr. 1 WEG, § 1004 BGB), von der Gemeinschaft der Wohnungseigentümer für das Gemeinschaftseigentum (vgl. § 14 Abs. 1 Nr. 1 WEG, § 9a Abs. 2 WEG i. V. m. § 1004 BGB). Für notwendige, gleichwohl unzumutbare Einwirkungen kann angemessener Ausgleich verlangt werden (§ 14 Abs. 3 WEG, eingehend dazu Rz. 1359).

bb) Vorgaben zur Durchführung

1150 Aus der Struktur des Gestattungsbeschlusses als Zwillingsbeschluss folgt, dass die Durchführungserlaubnis auch **durch Vorgaben eingeschränkt** werden kann (z.B. welcher Handwerker zu beauftragen ist). Nur innerhalb dieses Rahmens verbleibt dem begünstigten Wohnungseigentümer dann eigenes Ermessen. Die Grenze zulässiger Vorgaben ergibt sich aus § 19 Abs. 1 WEG, also insbesondere aus dem Grundsatz ordnungsmäßiger Verwaltung. Sind diese Grenzen überschritten, kann die Gestattung angefochten werden. Das Gericht hat sie dann aber insgesamt aufzuheben und nicht etwa nur die unzulässige Vorgabe (zur Untrennbarkeit einer Gestattung vgl. Rz. 1144). Soweit der begünstigte Wohnungseigentümer nicht ausnahmsweise nach § 20 Abs. 2 oder 3 WEG einen Anspruch auf eine bauliche Veränderung hat, muss er also überlegen, ob er sich nicht lieber mit der unzulässigen Vorgabe zufriedengibt, als auf die bauliche Veränderung zu verzichten.

1151 **Beispiel:** Wohnungseigentümer A möchte im Garten, der im gemeinschaftlichen Eigentum steht, auf eigene Kosten eine Schaukel für seine Kinder aufstellen. Einen Anspruch darauf hat er nicht. In der Versammlung schafft er es aber, die Mehrheit der Wohnungseigentümer für seinen Plan zu gewinnen. Wohnungseigentümer B will seinem Schwager C, der zufälligerweise gerade eine alte Schaukel zu einem deutlich überteuerten Preis verkauft, einen Gefallen tun und setzt durch, dass A nur die von C zu erwerbende Schaukel aufstellen darf.

Es widerspricht ordnungsmäßiger Verwaltung, die Erlaubnis an den Kauf der Schaukel zu knüpfen. Der Beschluss ist deshalb anfechtbar. Die Anfechtungsklage kann aber nicht darauf beschränkt werden, dass die Schaukel von C zu erwerben ist.

cc) Keine Durchführungspflicht

1152 Ein Wohnungseigentümer, dem eine bauliche Veränderung gestattet wurde, hat **keine Durchführungspflicht**. Denn der Gestattungsbeschluss erhält – neben der Neudefinition des Soll-Zustands – nur eine Durchführungserlaubnis, das gemeinschaftliche Eigentum entsprechend umzugestalten, nicht aber die Pflicht, dies zu tun.

1153 Aufgrund seiner Struktur als Zwillingsbeschluss können die übrigen Wohnungseigentümer **auch nicht von der Gemeinschaft der Wohnungseigentümer** verlangen, dass der in dem Gestattungsbeschluss enthaltene Beschluss über die bauliche Veränderung umgesetzt wird. Ein solcher Anspruch besteht zwar grundsätzlich nach § 18 Abs. 2 Nr. 1 WEG. Er beschränkt sich inhaltlich aber darauf, dass im Rahmen ordnungsmäßiger Verwaltung nach § 19 Abs. 1 WEG über die Art und Weise der Umsetzung beschlossen wird. Dieser Anspruch wurde bereits durch die beschlossene Durchführungserlaubnis erfüllt.

1154 Wird jedoch von der Erlaubnis innerhalb eines angemessenen Zeitraums kein Gebrauch gemacht, kann der Gestattungsbeschluss **durch Beschluss wieder aufgehoben** werden. Grundlage dieses Aufhebungsbeschlusses ist wiederum § 20 Abs. 1 WEG, da die Neudefinition des Soll-Zustands rückgängig gemacht wird. Mit der Aufhebung entfällt die Durchführungserlaubnis automatisch (Rz. 1144).

3. Gerichtliche Überprüfung

1155 Aus der Struktur des Gestattungsbeschlusses als Zwillingsbeschluss folgt auch, dass für die bauliche Veränderung der **gleiche Rechtmäßigkeitsmaßstab wie für jede andere bauliche Veränderung** gilt. Maßgeblich sind also grundsätzlich nur die Grenzen des § 20 Abs. 4 WEG (zu diesen Rz. 1007). Es gilt kein strengerer Maßstab, nur weil der Beschluss vornehmlich im Interesse eines Wohnungseigentümers gefasst wurde. Denn die bauliche Veränderung hat – wie jede bauliche Veränderung – die Zustimmung der Mehrheit gefunden. Gründe in der Person des begünstigten Wohnungseigentümers können aber die Rechtmäßigkeit der Durchführungserlaubnis beeinflussen; deren Aufhebung führt wiederum mittelbar zur Unwirksamkeit der baulichen Veränderung (Rz. 1144).

4. Kostentragung und Nutzungsbefugnis

1156 Kosten und Nutzungen sind kraft Gesetzes dem Gestattungsempfänger zugewiesen (unten a)). Eine abweichende Verteilung durch Beschluss (unten b)) und ein Teilhabeanspruch anderer Wohnungseigentümer (unten c)) kommt nur mit Einschränkungen in Betracht.

a) Gesetzliche Verteilung (§ 21 Abs. 1 WEG)

1157 Wem eine bauliche Veränderung gestattet wird, der hat alle mit dieser baulichen Veränderung zusammenhängenden **Kosten alleine** zu tragen (§ 21 Abs. 1 S. 1 Alt. 1 WEG). Das betrifft neben den Baukosten insbesondere auch die Folgekosten für Betrieb und Erhaltung.[1] Im Gegenzug gebühren auch die **Nutzungen**, also die Gebrauchsvorteile und Früchte (vgl. § 100 BGB), **nur ihm** (§ 21 Abs. 1 S. 2 WEG). Das setzt im Hinblick auf den Gebrauch freilich voraus, dass ein exklusiver Gebrauch überhaupt möglich ist; insoweit gelten die gleichen Grundsätze wie bei jeder anderen baulichen Veränderung (Rz. 1060).

1158 Nicht ausdrücklich geregelt ist der Fall, dass eine bauliche Veränderung **mehreren Wohnungseigentümern gemeinsam gestattet** wird. Es gilt § 21 Abs. 3 WEG analog: Die Kosten und Nutzungen sind nach dem Verhältnis der Miteigentumsanteile zu verteilen.

1158a § 21 Abs. 1 WEG setzt zwingend eine Gestattung voraus und betrifft deshalb **nicht die Kostentragung für Schwarzbauten**. Die Kosten von Baumaßnahmen am gemeinschaftlichen Eigentum, die ein Wohnungseigentümer ohne eine notwendige Gestattung vorgenommen hat, hat er dennoch alleine zu tragen: Soweit er die Kosten ohnehin selbst aufgewendet hat, ver-

1 BT-Drucks. 19/18791, S. 67 f.

bleiben sie schlicht bei ihm. Soweit sie ausnahmsweise bei der Gemeinschaft der Wohnungseigentümer angefallen sind, ist der Schwarzbauer dieser gegenüber schadensersatzpflichtig. Dazu kann es etwa kommen, wenn der Verwalter in Unkenntnis der fehlenden Gestattung, Erhaltungsmaßnahmen vorgenommen hat. § 21 Abs. 1 WEG findet nur dann Anwendung, wenn die Baumaßnahme nachträglich gestattet wird.

b) Abweichende Verteilung durch Beschluss (§ 21 Abs. 5 WEG)

1159 Eine **abweichende Verteilung der Kosten und Nutzungen durch Beschluss** ist theoretisch denkbar, denn § 21 Abs. 5 WEG bezieht sich auf alle vorstehenden Absätze, also auch auf § 21 Abs. 1 WEG. Für diese Möglichkeit bleibt wegen des Neubelastungsverbots (§ 21 Abs. 5 S. 2 WEG) aber allenfalls dann Raum, wenn eine bauliche Veränderung mehreren Wohnungseigentümern gestattet wurde und eine von den Miteigentumsanteilen abweichende Binnenverteilung beschlossen werden soll.

c) Teilhabeanspruch (§ 21 Abs. 4 S. 1 WEG)

1160 Der Teilhabeanspruch nach § 21 Abs. 4 S. 1 WEG soll eine dauerhafte Monopolisierung des Gemeinschaftseigentums verhindern (Rz. 1115). Er besteht deshalb grundsätzlich auch dann, wenn eine bauliche Veränderung einem Wohnungseigentümer gestattet wird. Weil es bei Gestattungen aber häufig um bauliche Veränderungen geht, die in engem Zusammenhang mit dem Sondereigentum des begünstigten Wohnungseigentümers stehen, ist sorgfältig zu prüfen, ob es billigem Ermessen entspricht, einem anderen Wohnungseigentümer die Nutzungsbefugnis einzuräumen.

V. Anspruch auf privilegierte Maßnahmen (§ 20 Abs. 2 WEG)

1161 Bestimmte bauliche Veränderungen (unten 2.) sind nach § 20 Abs. 2 WEG privilegiert, so dass jeder Wohnungseigentümer verlangen kann, dass sie nach § 20 Abs. 1 WEG beschlossen werden (unten 1.). Kosten und Nutzungen treffen dann allein ihn (unten 6.). Dieser Anspruch ist freilich nicht grenzenlos (unten 3.), insbesondere kann beschlossen werden, wie die bauliche Veränderung durchgeführt wird (unten 4.). Beim Rechtsschutz geht es um zwei Aspekte: Die gerichtliche Durchsetzung des Anspruchs auf den Beschluss und die gerichtliche Kontrolle des gefassten Beschlusses (unten 5.).

1. Grundlagen

1162 Bestimmte bauliche Veränderungen werden durch § 20 Abs. 2 S. 1 WEG privilegiert und können auch gegen den Willen der Mehrheit verlangt werden. Die Vorschrift gewährt einen Anspruch auf die Fassung eines **Beschlusses nach § 20 Abs. 1 WEG**. Denn die zu verlangende „bauliche Veränderung" meint nicht etwa reale Bautätigkeiten, sondern die Neudefinition des Soll-Zustands des Gemeinschaftseigentums eben durch einen Beschluss nach § 20 Abs. 1 (näher dazu Rz. 975). Der Anspruch beschränkt sich deshalb auf das „Ob" der Maßnahme. Über das „Wie" der Durchführung entscheiden die Wohnungseigentümer dagegen im Rahmen ordnungsmäßiger Verwaltung (§ 20 Abs. 2 S. 2 WEG). Sie können dem Bauwilligen nicht nur Vorgaben zur konkreten Baudurchführung machen, sondern auch beschließen, dass die Baumaßnahme insgesamt durch die Gemeinschaft der Wohnungseigentümer durchgeführt wird (näher Rz. 1191).

1163 **Rechtstechnisch** ist § 20 Abs. 2 S. 1 WEG eine reine Anspruchsgrundlage. Die Beschlusskompetenz für die Entscheidung über die bauliche Veränderung und ihre Durchführung ergibt sich schon aus § 20 Abs. 1 bzw. § 19 Abs. 1 WEG. Das hat zur Folge, dass es für die gerichtliche Überprüfung gefasster Beschlüsse keinen Unterschied macht, ob sie in Erfüllung eines Anspruchs nach § 20 Abs. 2 WEG oder anlasslos gefasst wurden (Rz. 994).

1164 **Gläubiger** des Anspruchs ist **„[j]eder Wohnungseigentümer"**; das schließt freilich nicht aus, dass mehrere Wohnungseigentümer gemeinschaftlich eine privilegierte Maßnahme verlangen. **Schuldner** ist die **Gemeinschaft der Wohnungseigentümer**, denn § 20 Abs. 2 S. 1 konkretisiert den Anspruch auf ordnungsmäßige Verwaltung (§ 18 Abs. 2 Nr. 1 WEG) im Bereich der baulichen Veränderungen.

2. Privilegierte Maßnahmen

1165 § 20 Abs. 2 S. 1 WEG enthält einen **abschließenden Katalog** (unten e)) der privilegierten Maßnahmen: Barrierereduzierung (unten a)), Elektromobilität (unten b)), Einbruchschutz (unten c)) und Glasfaserausbau (unten d)).

a) Barrierereduzierung (S. 1 Nr. 1)

1166 Privilegiert sind zunächst bauliche Veränderungen, die dem Gebrauch durch Menschen mit Behinderungen dienen (§ 20 Abs. 2 S. 1 Nr. 1 WEG). Das ist weit zu verstehen und erstreckt sich auf alle Maßnahmen, die für eine **Nutzung durch körperlich oder geistig eingeschränkte Personen erforderlich oder auch nur förderlich** sind. Die bauliche Veränderung kann sich sowohl auf das gemeinschaftliche Eigentum beziehen, das sich im Bereich der Wohnung befindet (z.B. tragende Wände), als auch auf das übrige gemeinschaftliche Eigentum (z.B. Eingangsbereich und Treppenhaus).

1167 **Beispiele:** Anbringung von Rampen, Handläufen und Treppenlifte; Ein- oder Anbau von Aufzügen; Türverbreiterungen; Beseitigung von Schwellen.

1168 Barrierereduzierende Maßnahmen können **anlasslos** verlangt werden. Auf die individuelle Betroffenheit des Wohnungseigentümers, seiner Angehörigen oder Mieter kommt es nach dem Willen des Gesetzgebers nicht an.[1] Damit soll einerseits Streitigkeiten über die Notwendigkeit im Einzelfall vermieden und andererseits dem gesamtgesellschaftlichen Bedürfnis nach barrierereduziertem Wohnraum Rechnung getragen werden.

1 BT-Drucks. 19/18791, S. 63.

b) Elektromobilität (S. 1 Nr. 2)

1169 Privilegiert sind daneben bauliche Veränderungen, die dem **Laden elektrisch betriebener Fahrzeuge dienen** (§ 20 Abs. 2 S. 1 Nr. 2 WEG). Das umfasst alle Maßnahmen, die es ermöglichen oder erleichtern, die Batterie eines Fahrzeugs zu laden, also nicht nur die Anbringung einer Ladestation an der Wand (sog. Wallbox), sondern auch die notwendige Verlegung von Leitungen und Eingriffe in die Stromversorgung. Der Anspruch beschränkt sich nicht nur auf die Ersteinrichtung einer Lademöglichkeit, sondern betrifft auch deren Verbesserung.[1] Als zu ladende Fahrzeuge kommen neben **Autos** auch elektrisch betriebene **Zweiräder** oder spezielle **Elektromobile für Gehbehinderte** in Betracht, denn der Begriff des Fahrzeugs ist bewusst nicht an das Elektromobilitätsgesetz (EmoG) gekoppelt.[2]

1170 Auf den Anspruch nach § 20 Abs. 2 S. 1 Nr. 2 WEG kommt es nur an, soweit eine **bauliche Veränderung überhaupt erforderlich** ist. Genügt dagegen die Benutzung des bestehenden Gemeinschaftseigentums, geht es um das Recht auf dessen Mitgebrauch (§ 16 Abs. 1 S. 3 WEG). Oftmals wird der Bauwillige deshalb seinen Anspruch auf bauliche Veränderung (z.B. zur Verlegung von Leitungen und zur Anbringung einer sog. Wallbox) mit seinem Recht zum Mitgebrauch (z.B. der bestehenden Elektroinstallationen) kombinieren (vgl. zu etwaigen Kapazitätsproblemen Rz. 1120).

1171 „Angemessen“ (§ 20 Abs. 2 S. 1 a. A. WEG) ist die Errichtung einer Ladestation allerdings nur, wenn der Bauwillige auch über das Recht verfügt, das zu ladende Fahrzeug für die Zeit des Ladevorgangs abzustellen. Denn sonst könnte er die errichtete Ladestation gar nicht benutzen. Das **notwendige Abstellrecht** kann sich aus seinem Sondereigentum oder einem Sondernutzungsrecht an einem Stellplatz ergeben. Ausreichend ist aber auch das Recht zum Mitgebrauch einer gemeinschaftlichen Abstellfläche;[3] wird auf einer solchen Fläche eine Ladestation errichtet, darf die Ladestation nur von dem Bauwilligen benutzt werden (§ 21 Abs. 1 S. 2 WEG), das Mitgebrauchsrecht der übrigen Wohnungseigentümer an der Abstellfläche bleibt aber bestehen.

1172 Hier zeigt sich, dass die Mehrheit nach § 20 Abs. 1 WEG mehr beschließen kann, als der einzelne Wohnungseigentümer nach § 20 Abs. 2 WEG verlangen kann. Denn sie könnte etwa auch eine Rasenfläche zum Lade-Stellplatz umbauen und damit über deren Nutzungszweck disponieren (Rz. 965). Verlangen kann dies der Einzelne nicht.

1173 Der Anspruch nach § 20 Abs. 2 S. 1 Nr. 1 WEG kann **nicht wegen Kapazitätsproblemen der bestehenden Elektroinstallationen versagt werden.** Deren beschränkte Kapazitäten sind vielmehr nach allgemeinen Regeln zu verteilen, etwa durch einen Gebrauchsbeschluss nach § 19 Abs. 1 WEG, der regelt, wann welcher Wohnungseigentümer laden darf. Dabei sind alle interessierten Wohnungseigentümer gleich zu behandeln, ungeachtet der Tatsache, wie lange sie ihre Ladestation schon betreiben. Da der Mitgebrauch des Gemeinschaftseigentums nach § 16 Abs. 1 S. 3 WEG allen Wohnungseigentümern zusteht, gilt das Prinzip „wer zuerst kommt, mahlt zuerst“ nicht.[4] Entweder teilen sich alle an der Nutzung interessierten Wohnungseigentümer

---

1 BT-Drucks. 19/18791, S. 63.
2 BT-Drucks. 19/18791, S. 64.
3 BT-Drucks. 19/18791, S. 64.
4 BT-Drucks. 19/18791, S. 64.

die beschränkten Kapazitäten der bestehenden Elektroinstallationen oder sie rüsten diese gemeinsam auf (z.B. durch die Installation eines Lastmanagementsystems oder die Erweiterung der Hausanschlussleistung). Der Aufrüstungsanspruch ergibt sich wiederum aus § 20 Abs. 2 S. 1 Nr. 2 WEG. Die dafür notwendigen Kosten tragen sie dann gemeinsam (vgl. § 21 Abs. 1 S. 1 WEG).

1174 **Beispiel:** Die bestehende Elektroinstallation erlaubt das gleichzeitige Laden von maximal zwei Elektroautos. Die Wohnungseigentümer A und B haben ihren Anspruch nach § 20 Abs. 2 S. 1 Nr. 2 WEG geltend gemacht und ihre Tiefgaragenstellplätze mit Ladestationen versehen. Das möchte nun auch Wohnungseigentümer C. Sein Anspruch nach § 20 Abs. 2 S. 1 Nr. 2 WEG ist nicht etwa deshalb ausgeschlossen, weil drei Elektroautos nicht gleichzeitig geladen werden können. Vielmehr sind die Kapazitätsprobleme durch einen Gebrauchsbeschluss nach § 19 Abs. 1 WEG zu lösen; es könnten etwa bestimmte Ladezeiten für A, B und C beschlossen werden. A, B und C könnten gemeinsam aber auch weitere bauliche Veränderungen verlangen (z.B. die Installation eines Lastmanagementsystems oder die Erweiterung der Hausanschlussleistung), damit künftig mehr als zwei Elektroautos gleichzeitig geladen werden können. Die dafür notwendigen Kosten müssen A, B und C gemeinsam tragen (§ 21 Abs. 1 S. 1 WEG). Möchten später weitere Wohnungseigentümer Ladestationen errichten, haben sie einen Anspruch auf Mitgebrauch der verbesserten Elektroinstallation, müssen sich dafür aber an deren Kosten beteiligen (§ 21 Abs. 4 S. 2 WEG).

c) Einbruchsschutz (S. 1 Nr. 3)

1175 Privilegiert sind auch bauliche Veränderungen, die dem Einbruchsschutz dienen (§ 20 Abs. 2 S. 1 Nr. 3 WEG). Das betrifft alle Maßnahmen, die geeignet sind, den **widerrechtlichen Zutritt zu einzelnen Wohnungen oder zu der Wohnanlage insgesamt zu verhindern, zu erschweren oder auch nur unwahrscheinlicher zu machen**.

1176 **Beispiele:** Einbau eines Türspions, einer Gegensprechanlage, einbruchshemmender Türen und Fenster; zusätzliche Beleuchtung; Errichtung von Zäunen und Mauern; Anbringung von Alarmanlagen, Überwachungskameras[1] und Kamera-Attrappen.

1177 Die Vorschrift gewährt aber **keinen grenzenlosen Anspruch**, mit dessen Hilfe die Wohnungsanlage auf Wunsch einzelner Wohnungseigentümer in einen Hochsicherheitstrakt umgebaut werden könnte. Denn der Anspruch steht, wie auch die übrigen Privilegierungen, unter dem Vorbehalt der Angemessenheit (Rz. 1183). Dieses einschränkende Merkmal wird bei Maßnahmen des Einbruchsschutzes, die nahezu beliebig intensiviert werden können, häufiger greifen als bei den übrigen Privilegierungen.

d) Glasfaserausbau (S. 1 Nr. 4)

1178 Privilegiert sind schließlich alle baulichen Veränderungen, die „dem Anschluss an ein Telekommunikationsnetz mit sehr hoher Kapazität" dienen (§ 20 Abs. 2 S. 1 Nr. 4 WEG). Der Sache nach geht es um **Hochgeschwindigkeits-Internetanschlüsse**.

---

1 Die DS-GVO steht dem nicht grundsätzlich entgegen, vgl. EuGH v. 11.12.2019 – C-708/18, ZD 2020, 148.

1179 Der Begriff „**Telekommunikationsnetz mit sehr hoher Kapazität**“ knüpft an den unionsrechtlichen Begriff „Netz mit sehr hoher Kapazität“ an, der in Art. 2 Nr. 2 der Richtlinie (EU) 2018/1972 über den europäischen Kodex für die elektronische Kommunikation[1] wie folgt definiert ist: „entweder ein elektronisches Kommunikationsnetz, das komplett aus Glasfaserkomponenten zumindest bis zum Verteilerpunkt am Ort der Nutzung besteht, oder ein elektronisches Kommunikationsnetz, das zu üblichen Spitzenlastzeiten eine ähnliche Netzleistung in Bezug auf die verfügbare Downlink- und Uplink-Bandbreite, Ausfallsicherheit, fehlerbezogene Parameter, Latenz und Latenzschwankung bieten kann; die Netzleistung kann als vergleichbar gelten, unabhängig davon, ob der Endnutzer Schwankungen feststellt, die auf die verschiedenen inhärenten Merkmale des Mediums zurückzuführen sind, über das das Netz letztlich mit dem Netzabschlusspunkt verbunden ist“.

1180 Der „**Anschluss**“ bezieht sich unausgesprochen auf das Sondereigentum. Die bauliche Veränderung muss also darauf gerichtet sein, dass ein Wohnungseigentümer **in seinem Sondereigentum** einen solchen Internetanschluss nutzen kann. Er erfasst alle dazu notwendigen Maßnahmen (z.B. die Verlegung von Kabeln im Erdreich, den Hausanschluss, die Verkabelung im Gebäude), telekommunikationsrechtlich gesprochen also sowohl den „Hausstich“ als auch den „Wohnungsstich“.

1181 Fragen wirft das **Verhältnis zu § 77k Abs. 1 TKG** auf: Nach dieser Vorschrift dürfen Netzbetreiber ihr Kommunikationsnetz in den Räumen eines Teilnehmers abschließen (§ 77k Abs. 1 S. 1 TKG). Damit wird eine gesetzliche Duldungspflicht des Grundstücks- und Gebäudeeigentümers gegenüber dem Netzbetreiber begründet.[2] Voraussetzung ist aber die Zustimmung des Teilnehmers (§ 77k Abs. 1 S. 2 TKG); dabei handelt es sich um den Vertragspartner des Netzbetreibers (§ 3 Nr. 20 TKG), typischerweise also der Nutzer der anzuschließenden Wohnung, sei er ein Mieter oder ein Wohnungseigentümer. Unklar ist, welche Rolle dabei das Rechtsverhältnis zwischen Nutzer und Eigentümer spielt: Darf der Nutzer die Zustimmung nur erteilen, wenn ihm dies wohnungseigentums- oder mietrechtlich erlaubt ist? Oder wirkt das TKG auch auf das wohnungseigentums- oder mietrechtliche Rechtsverhältnis ein und gewährt dem Nutzer ein solches Zustimmungsrecht? Diese Frage ist ungeklärt. Art. 9 Abs. 5 der Kostensenkungsrichtlinie[3], deren Umsetzung § 77k TKG dient, spricht jedoch dafür, dass allein Rechtssicherheit für Netzbetreiber geschaffen, nicht aber in privatrechtliche Nutzungsverhältnisse eingegriffen werden soll. Folgt man dem, bedeutet das für die Situation in einer Wohnungseigentumsanlage: Wenn ein Wohnungseigentümer seine Wohnung an ein Kommunikationsnetz anschließen möchte, hatten die übrigen Wohnungseigentümer dies schon bislang telekommunikationsrechtlich gegenüber dem Netzbetreiber zu dulden und zwar kraft Gesetzes und ohne vorherigen Beschluss. Gleichwohl handelte ein Wohnungseigentümer wohnungseigentumsrechtswidrig, wenn er seine Zustimmung nach § 77k Abs. 1 S. 2 TKG erteilte, ohne dazu durch einen Beschluss legitimiert zu sein. § 20 Abs. 2 S. 1 Nr. 4 WEG gewährt ihm nun einen Anspruch auf diesen Beschluss.

---

1 Richtlinie (EU) 2018/1972 des europäischen Parlaments und des Rates vom 11.12.2018 über den europäischen Kodex für die elektronische Kommunikation, ABl. L 321/36 v. 17.12.2018, S. 36.

2 Scheurle/Mayen/*Stelter*, § 77k Rz. 12.

3 Richtlinie 2014/61/EU des Europäischen Parlaments und des Rates v. 15.5.2014 über Maßnahmen zur Reduzierung der Kosten des Ausbaus von Hochgeschwindigkeitsnetzen für die elektronische Kommunikation (Kostensenkungsrichtlinie), ABl. L 155 v. 23.5.2014, S. 1.

e) Keine Erweiterung durch Analogie

1181a Der Katalog des § 20 Abs. 2 S. 1 WEG wurde unter rein politischen Gesichtspunkten zusammengestellt. Die ersten drei Elemente waren bereits im Koalitionsvertrag enthalten,[1] der Glasfaserausbau ist später hinzugekommen (Rz. 14). Ihnen liegt kein gemeinsames Prinzip zugrunde. Eine Erweiterung des Katalogs im Wege der Analogie scheidet deshalb aus.

3. Grenzen des Anspruchs

1182 Der Anspruch nach § 20 Abs. 2 S. 1 WEG besteht nicht grenzenlos: Zum einen können nur angemessene Maßnahmen verlangt werden (unten a)), zum anderen sind die Veränderungssperren des § 20 Abs. 4 WEG zu beachten (unten b)).

a) Angemessenheit der konkreten Maßnahme

1183 Der Anspruch auf privilegierte Maßnahmen ist nach dem einleitenden Satzteil des § 20 Abs. 1 S. 1 WEG auf „angemessene“ bauliche Veränderungen beschränkt. Dieses Merkmal hat die Funktion, im Einzelfall objektiv unangemessene Forderungen zurückweisen zu können; was unangemessen ist, soll nach der Gesetzesbegründung im Einzelfall **unter Berücksichtigung aller Umstände** entschieden werden.[2] Das ist sicher richtig, hilft aber für die konkrete Gesetzesanwendung wenig.

1184 Im Ausgangspunkt wird man sagen können, dass eine Maßnahme angemessen ist, wenn ihre negativen Folgen bei wertender Betrachtung nicht außer Verhältnis zu dem mit ihr verfolgten Zweck stehen. Diese wertende Betrachtung wird jedoch wesentlich durch die Entscheidung des Gesetzgebers vorgezeichnet, bestimmte Maßnahmen in § 20 Abs. 2 S. 1 WEG zu privilegieren und zwar unabhängig von individuellen Bedürfnissen des Bauwilligen. Es kommt deshalb **nur in atypischen Fällen** in Betracht, Maßnahmen unter Berufung auf deren Unangemessenheit **vollständig zu versagen.** Solche atypischen Fälle können sich aus außergewöhnlichen baulichen Gegebenheiten oder außergewöhnlichen Begehren ergeben. In der Regel kann es nur darum gehen, **den Bauwilligen auf Alternativen zu verweisen**, mit denen er den verfolgten Zweck in ähnlicher Weise erreichen kann. Abzuwägen sind dann lediglich die Vor- und Nachteile der einzelnen Alternativen. Dabei sind auch etwaige Kostenunterschiede, die der Bauwillige zu tragen hat (vgl. § 21 Abs. 1 WEG) zu berücksichtigen.

1185 Im Übrigen spielt die **Höhe der Kosten** bei der Beurteilung grundsätzlich keine Rolle, weil sie der Bauwillige allein zu tragen hat (§ 21 Abs. 1 WEG). Löst eine Baumaßnahme jedoch besonders hohe Folgekosten aus, kann sich die Unangemessenheit aus dem Haftungsrisiko der übrigen Wohnungseigentümer ergeben, wenn der Bauwillige keine geeigneten Sicherheiten stellt. Die Kosten eines möglichen Rückbaus sind da-

---

1 „Ein neuer Aufbruch für Europa – Eine neue Dynamik für Deutschland – Ein neuer Zusammenhalt für unser Land“, Koalitionsvertrag zwischen CDU, CSU und SPD für die 19. Legislaturperiode, Zeilen 5189 f.

2 BT-Drucks. 19/18791, S. 63.

gegen unbeachtlich, denn auch privilegierte Maßnahmen sind nicht darauf angelegt, rückgebaut zu werden.

1186 Am ehesten ist die Unangemessenheit bei Maßnahmen des **Einbruchsschutzes** anzunehmen, deren Bandbreite sehr weit ist (vgl. Rz. 1175). Die Unangemessenheit von Maßnahmen des **Glasfaserausbaus** und der **Elektromobilität** ist dagegen kaum denkbar. Das gilt im Grundsatz auch für Maßnahmen der **Barrierereduzierung**. Etwa der Ein- oder Anbau eines Aufzugs ist nicht etwa deshalb unangemessen, weil weder der Bauwillige noch einer seiner Angehörigen gehbehindert ist. Allerdings kann anstelle eines verlangten Außenaufzugs, lediglich ein Innenaufzug angemessen sein, wenn die Unversehrtheit des optischen Gesamteindrucks etwaige Mehrkosten aufwiegt.

1187 Rechtstechnisch handelt es sich bei der Angemessenheit um einen unbestimmten, aber voll justiziablen Rechtsbegriff, der den Wohnungseigentümern **kein Entscheidungsermessen und keinen Einschätzungsspielraum** einräumt.[1]

1188 Nicht vermengt werden darf das Angemessenheitskriterium mit dem **Durchführungsermessen** (§ 20 Abs. 2 S. 2 WEG): Beide Instrumente erlauben, dem konkreten Baubegehren Schranken zu setzen. Dogmatisch haben sie gleichwohl nichts gemein: Das Angemessenheitskriterium beschränkt den Anspruch auf die bauliche Veränderung; das Durchführungsermessen eröffnet einen Entscheidungsspielraum im Hinblick auf deren Durchführung.

1189 **Beispiel:** Wohnungseigentümer W verlangt die Verlegung von Leitungen zu seinem Tiefgaragenstellplatz, damit er dort eine Ladestation errichten kann. Um Kosten zu sparen, verlangt er, dass die Leitungen „auf Putz“ verlegt werden dürfen und er die Arbeiten zudem selbst vornehmen darf. Die Gemeinschaft beschließt, dass die Leitungen „unter Putz“ durch einen Fachbetrieb zu verlegen sind.

Die Entscheidung, wo die Leitungen verlegt werden, betrifft die Definition des Soll-Zustands und damit die bauliche Veränderung. Den Wohnungseigentümer auf die Verlegung „unter Putz“ zu verweisen, ist deshalb nur zulässig, wenn eine Verlegung „auf Putz“ im konkreten Fall nicht angemessen im Sinne des § 20 Abs. 2 S. 1 WEG ist. Das dürfte auch unter Berücksichtigung optischer Aspekte nicht der Fall sein, da es um einen Tiefgaragenstellplatz geht.

Die Vorgabe, einen Fachbetrieb zu beauftragen, unterfällt dagegen dem Durchführungsermessen (§ 20 Abs. 2 S. 2 WEG). Dessen Spielraum wird dadurch ersichtlich nicht überschritten.

b) Veränderungssperren des § 20 Abs. 4 WEG

1190 Auch der Anspruch auf privilegierte Maßnahmen wird durch die Veränderungssperren des § 20 Abs. 4 WEG beschränkt (§ 20 Abs. 4 Hs. 2 WEG, näher zu diesen Rz. 1008).

1 BT-Drucks. 19/18791, S. 63.

4. Verbleibendes Entscheidungsermessen der Gemeinschaft (S. 2)

1191 Der Anspruch nach § 20 Abs. 2 S. 1 WEG beschränkt sich auf die bauliche Veränderung, also die Neudefinition des Soll-Zustands. Unberührt bleibt die Entscheidungsmacht der Wohnungseigentümer, über die **Durchführung** der baulichen Veränderung im Rahmen des § 19 Abs. 1 WEG zu entscheiden (zur Unterscheidung zwischen der baulichen Veränderung und ihrer Durchführung Rz. 975). Das stellt § 20 Abs. 2 S. 2 WEG ausdrücklich klar.

1192 Die Bandbreite möglicher Durchführungsentscheidungen ist groß: Auf der einen Seite kann die privilegierte Maßnahme **gestattet** werden im Sinne des § 20 Abs. 1 Alt. 2 WEG, also ihre Durchführung dem Bauwilligen überlassen werden. Die Gestattung kann zugleich mit mehr oder minder detailreichen **Vorgaben** verbunden werden (Rz. 1150). Auf der anderen Seite kann die Durchführung der baulichen Veränderung auch **der Gemeinschaft der Wohnungseigentümer übertragen** werden. Der Verwalter hat die Baumaßnahm dann im Namen der Gemeinschaft der Wohnungseigentümer – aber natürlich auf Kosten des Bauwilligen (§ 20 Abs. 1 Alt. 2 WEG) – zu beauftragen. Ein Anspruch des Bauwilligen auf die eine oder andere Variante besteht nicht. Denn das Entscheidungsermessen der Gemeinschaft ist allein durch die Grenzen ordnungsmäßiger Verwaltung beschränkt, die in der Regel alle Varianten einschließen.

1193 Legt der Bauwillige besonderen Wert darauf, die Maßnahme selbst durchführen zu dürfen (z.B. weil er Handwerker ist), kann er sein **Verlangen unter diese Bedingung** stellen. Wird gegen seinen Willen beschlossen, muss er die Kosten nicht tragen, denn es fehlt an einem wirksamen „Verlangen nach § 20 Abs. 2" (§ 21 Abs. 1 Alt. 2 WEG). Er ist dann freilich auch nicht allein nutzungsbefugt.

5. Rechtsschutz

1194 Mit Blick auf den Rechtsschutz ist streng zwischen der gerichtlichen Durchsetzung des Anspruchs auf Beschlussfassung (unten a)) und der gerichtlichen Überprüfung des gefassten Beschlusses (unten b)) zu unterscheiden.

a) Gerichtliche Durchsetzung des Anspruchs auf Beschlussfassung

1195 Wird einem Bauwilligen eine privilegierte Maßnahme verwehrt, kann er seinen Anspruch nach § 20 Abs. 2 S. 1 WEG im Wege der **Beschlussersetzungsklage** (§ 44 Abs. 1 S. 2 WEG) durchsetzen. Das Gericht hat dann zu prüfen, ob die Anspruchsvoraussetzungen vorliegen, also ein Privilegierungsfall gegeben ist (§ 20 Abs. 1 S. 1 Nr. 1-4 WEG), die begehrte Maßnahme angemessen ist (§ 20 Abs. 1 S. 1 a. A. WEG) und die Veränderungssperren gewahrt sind (§ 20 Abs. 4 Hs. 2 WEG). Einen Ermessensspielraum hat das Gericht dabei genauso wenig wie ihn die Versammlung hätte (zum Gleichlauf der Ermessensspielräume Rz. 1874).

1196 Liegen die Anspruchsvoraussetzungen vor, fasst das Gericht **nur den Beschluss über die bauliche Veränderung**, mit dem der Soll-Zustand des Gemeinschaftseigentums neu definiert wird; die Entscheidung über ihre **Durchführung** (§ 20 Abs. 2 S. 2 WEG) verbleibt dagegen grundsätzlich bei der Eigentümerversammlung (zu dieser

Differenzierung Rz. 975). Das folgt aus dem Vorbefassungsgebot (dazu Rz. 1866): Solange sich die Versammlung mit der Durchführung nicht befasst hat, darf das Gericht nicht tätig werden. Nur wenn feststeht, dass die Versammlung erneut untätig bleiben wird, kann der Kläger sogleich auch die Ersetzung des Durchführungsbeschlusses verlangen.[1] Bei der Fassung des Durchführungsbeschlusses kommt auch dem Gericht der weite Ermessensspielraum des § 20 Abs. 2 S. 2 WEG zugute.

b) Gerichtliche Überprüfung des gefassten Beschlusses

1197 Der Anspruch nach § 20 Abs. 2 S. 1 WEG wird dadurch erfüllt, dass ein Beschluss über die bauliche Veränderung gefasst wird. Die dafür notwendige Beschlusskompetenz ergibt sich allein aus § 20 Abs. 1 WEG (Rz. 993). Die gerichtliche Überprüfung des Beschlusses unterscheidet sich deshalb nicht von der Überprüfung anderer Beschlüsse über bauliche Veränderungen und fokussiert sich auf die **Veränderungssperren des § 20 Abs. 4 WEG** (Rz. 1007). Das Gericht prüft dagegen **nicht, ob die Anspruchsvoraussetzungen vorlagen**. Denn die Mehrheit kann bauliche Veränderungen auch jenseits der Voraussetzungen des § 20 Abs. 2 WEG beschließen.

1198 **Beispiel:** Wohnungseigentümer W verlangt den Bau eines zwei Meter hohen Zauns als Maßnahme des Einbruchsschutzes. In der Versammlung kommen Zweifel auf, ob die Maßnahme angemessen ist und deshalb ein Anspruch des W nach § 20 Abs. 2 S. 1 Nr. 3 WEG besteht. Die Mehrheit gestattet W gleichwohl den Bau.

Wird der Beschluss angefochten, überprüft das Gericht nicht, ob der Zaun angemessen ist. Denn die Mehrheit hätte den Zaun auch ohne ein Verlangen des W beschließen können. Durch das Verlangen des W ändert sich der Prüfungsmaßstab nicht. Maßgeblich sind deshalb in erster Linie die Veränderungssperren des § 20 Abs. 4 WEG.

1199 Wurde ein Beschluss gefasst, obwohl die Anspruchsvoraussetzungen nicht vorlagen, kommt eine **„Kondiktion" des Beschlusses** nicht in Betracht. Denn als verbandsrechtlicher Organisationsakt trägt er seinen Rechtsgrund in sich. Denkbar ist nur, den Beschluss **durch einen Zweitbeschluss aufzuheben**. Hat sich der Bauwillige den Beschluss arglistig erschlichen, ist das unproblematisch. Im Übrigen kommt es – wie bei jedem Zweitbeschluss[2] – auf die schutzwürdigen Belange des Bauwilligen an.

6. Kostentragung und Nutzungsbefugnis (§ 21 Abs. 1 WEG)

1200 Die **Kosten** einer privilegierten Maßnahme hat **stets der Bauwillige** zu tragen und zwar alle kausal auf der baulichen Veränderung beruhenden Kosten einschließlich der Folgekosten für Betrieb und Erhaltung.[3] Das gilt nicht nur für den Fall der Gestattung (§ 21 Abs. 1 Alt. 1 WEG), sondern auch dann, wenn die Maßnahme durch die Gemeinschaft der Wohnungseigentümer „auf sein Verlangen nach § 20 Absatz 2" durchgeführt wird (§ 20 Abs. 1 Alt. 2 WEG). Im Gegenzug gebühren auch die **Nutzungen allein dem Bauwilligen** (§ 21 Abs. 1 S. 2 WEG), also die Gebrauchsvorteile und Früchte (vgl. § 100 BGB). Das setzt freilich voraus, dass eine exklusive Nutzung

---

1 Vgl. BGH v. 15.1.2010 – V ZR 114/09, NJW 2010, 2129 Rz. 15.
2 Näher *Elzer*, ZMR 2007, 237.
3 BT-Drucks. 19/18791, S. 67 f.

möglich ist; insoweit gelten die gleichen Grundsätze wie bei jeder anderen baulichen Veränderung auch (Rz. 1060).

1201 Ob eine bauliche Veränderung **„auf Verlangen“ eines Wohnungseigentümers** durchgeführt wurde, ist objektiv zu beantworten und nicht etwa Gegenstand des Beschlusses. Weil sich die Mehrheit das Verlangen eines einzelnen Wohnungseigentümers zu Eigen machen kann, kann die Antwort im Einzelfall zweifelhaft sein, z.B. wenn erst das Verlangen eines Einzelnen den Wunsch der Mehrheit nach einem Aufzug weckt. In aller Regel wird man zu einem klaren Ergebnis kommen, wenn man fragt, welche Vorstellung für die Verteilung von Nutzungen und Kosten dem Beschluss zugrunde lag. Um Zweifel von vornherein auszuschließen, bietet es sich an, das Verlangen im Beschlusstext festzuhalten – freilich ohne dass es in Bestandskraft erwachsen könnte. Noch besser ist es, auch bei privilegierten Baumaßnahmen **stets über die Verteilung der Kosten und Nutzungen nach § 21 Abs. 5 WEG zu beschließen**, auch wenn damit nur die Rechtsfolgen des § 21 Abs. 1 WEG wiederholt werden, denn so erwachsen sie in Bestandskraft (näher zu einem solchen Bau- und Verteilungs-Doppelbeschluss Rz. 1108).

1202 § 21 Abs. 1 WEG hat **Vorrang vor § 21 Abs. 2 WEG** („Vorbehaltlich des Absatzes 1“). Das versteht sich mit Blick auf § 21 Abs. 2 S. 1 Nr. 1 WEG eigentlich schon von selbst, weil – unterstellt alle Wohnungseigentümer handeln rechtmäßig – privilegierte Maßnahmen stets einstimmig beschlossen werden, so dass § 21 Abs. 2 WEG Anwendung fände und für § 21 Abs. 1 WEG nur dort Raum bliebe, wo die bauliche Veränderung mit unverhältnismäßigen Kosten verbunden ist.[1] Die Vorrangklausel stellt deshalb vor allem klar, dass der Bauwillige eine privilegierte Maßnahme auch dann alleine zu schultern hat, wenn sie sich amortisiert (§ 21 Abs. 2 S. 1 Nr. 2 WEG), was freilich nur selten der Fall sein dürfte. Dem liegt der zutreffende Gedanke zugrunde, dass die Kostentragungspflicht aller Wohnungseigentümer nur angemessen ist, wenn die Baumaßnahme dem Wunsch der Mehrheit entspricht. Ein einzelner Wohnungseigentümer soll dagegen nicht die Möglichkeit haben, über § 20 Abs. 2 WEG Baumaßnahmen auf Kosten aller Wohnungseigentümer aber gegen den Wunsch der Mehrheit durchsetzen.[2]

VI. Anspruch auf Maßnahmen ohne relevante Beeinträchtigung (§ 20 Abs. 3 WEG)

1203 Für das Gemeinschaftseigentum gilt grundsätzlich eine Bausperre: Selbst eine bauliche Veränderung, die keinen Wohnungseigentümer beeinträchtigt, bedarf eines Beschlusses nach § 20 Abs. 1 WEG. Wenn jedoch kein Wohnungseigentümer in rechtlich relevanter Weise beeinträchtigt wird (unten 2.), hat jeder Wohnungseigentümer nach § 20 Abs. 3 WEG einen Anspruch auf diesen Beschluss (unten 1.). Der Gemeinschaft der Wohnungseigentümer bleibt jedoch ein Rest an Entscheidungsermessen (unten 3.). Kosten und Nutzungen treffen allein den Bauwilligen (unten 5.). Beim Rechtsschutz geht es um zwei Aspekte: Die gerichtliche Durchsetzung des Anspruchs

1 Größere Bedeutung hätte diese Konkurrenzregel, wenn § 21 Abs. 2 S. 1 Nr. 1 in der Fassung des Regierungsentwurfs („die der Anpassung an den Zustand dient, der bei Anlagen vergleichbarer Art in der Umgebung üblich ist“) Gesetz geworden wäre und etwa Hochgeschwindigkeits-Internetanschlüsse oder Aufzüge in der Nachbarschaft üblich sind.

2 BT-Drucks. 19/18791, S. 68.

auf den Beschluss und die gerichtliche Kontrolle des gefassten Beschlusses (unten 4.).

1. Grundlagen

1204 Bauliche Veränderungen, die niemanden in rechtlich relevanter Weise beeinträchtigen, können auch gegen den Willen der Mehrheit verlangt werden (§ 20 Abs. 3 WEG). Strukturell tritt § 20 Abs. 3 WEG **an die Stelle des § 22 Abs. 1 WEG a.F.** Die neue Vorschrift stellt dabei implizit klar, dass für das Gemeinschaftseigentum eine Bausperre gilt: Eine bauliche Veränderung bedarf auch dann eines Beschlusses, wenn niemand beeinträchtigt wird; das war bislang umstritten.[1] Praktisch bedeutsam ist der Anspruch nach § 20 Abs. 3 WEG vor allem für Veränderungen des Gemeinschaftseigentums, das sich innerhalb der Wohnung befindet; man denke etwa an die Verlegung von Leitungen durch tragende Wände.

1205 **Rechtstechnisch** ist § 20 Abs. 3 WEG eine reine Anspruchsgrundlage. Die Beschlusskompetenz für die Gestattung einer baulichen Veränderung ergibt sich schon aus § 20 Abs. 1 und § 19 Abs. 1 WEG (Rz. 993, 975). Das hat zur Folge, dass es für die gerichtliche Überprüfung gefasster Beschlüsse keinen Unterschied macht, ob sie in Erfüllung eines Anspruchs nach § 20 Abs. 3 WEG oder anlasslos gefasst werden (Rz. 994).

1206 **Anspruchsziel** ist Fassung eines **Gestattungsbeschlusses nach § 20 Abs. 1 Alt. 2 WEG**. **Gläubiger** ist grundsätzlich jeder Wohnungseigentümer. Mehrere Wohnungseigentümer können auch gemeinschaftlich eine solche Maßnahme verlangen; die Formulierung des § 20 Abs. 3 WEG im Singular schließt das nicht aus. **Schuldner** ist die Gemeinschaft der Wohnungseigentümer, denn § 20 Abs. 3 WEG konkretisiert lediglich den Anspruch auf ordnungsmäßige Verwaltung (§ 18 Abs. 2 Nr. 1 WEG) im Bereich der baulichen Veränderungen.

1207 Wie der einleitende Satzteil deutlich macht („Unbeschadet des Absatzes 2"), kann der Anspruch nach § 20 Abs. 3 WEG **neben einem Anspruch nach § 20 Abs. 2 WEG** bestehen, wenn nämlich eine privilegierte Maßnahme zugleich keine relevante Beeinträchtigung auslöst. Der Bauwillige wird freilich in der Regel § 20 Abs. 3 WEG vorziehen, der auf eine Gestattung gerichtet ist und das Entscheidungsermessen der Wohnungseigentümer einschränkt (Rz. 1212).

2. Nicht relevante Beeinträchtigungen

1208 Die durch eine bauliche Veränderung hervorgerufenen Beeinträchtigungen sind rechtlich nicht relevant, wenn sie ein bestimmtes Maß nicht überschreiten (unten a)) oder die über dieses Maß hinaus beeinträchtigten Wohnungseigentümer einverstanden sind (unten b)).

---

1 Offen gelassen von BGH v. 20.7.2018 – V ZR 56/17, NZM 2018, 794 Rz. 27; näher Staudinger/*Lehmann-Richter*, § 22 WEG Rz. 81 f.

a) Maß

1209 Beeinträchtigungen sind von vornherein nur dann rechtlich relevant, wenn sie **„über das bei einem geordneten Zusammenleben unvermeidliche Maß“** hinausgehen (§ 21 Abs. 3 WEG). Dieses Maß entspricht dem des § 22 Abs. 1 WEG a.F.; der Wortlaut wurde lediglich redaktionell angepasst.[1] Nach Ansicht des BGH genügte dafür bereits jede nicht ganz unerhebliche, konkrete und objektive Beeinträchtigung; nur ganz geringfügige Beeinträchtigungen blieben außer Betracht.[2] Ausgehend von diesem eher restriktiven Ausgangspunkt war eine fallbezogene Abwägung der Interessen des Bauwilligen und der übrigen Wohnungseigentümer vorzunehmen.[3] Diese Linie kann unter Geltung des WEMoG grundsätzlich fortgesetzt werden. Eine **Beeinträchtigung wegen der Kosten** scheidet jedoch von vornherein aus, weil sie allein vom Bauwilligen zu tragen sind (§ 21 Abs. 1 Alt. 1 WEG).[4]

b) Einverständnis

1210 Ist der Beeinträchtigte mit der Beeinträchtigung einverstanden, besteht kein Grund, dem Bauwilligen das Bauen zu versagen. Eine **Beeinträchtigung verliert** deshalb **ihre rechtliche Relevanz**, wenn der beeinträchtigte Wohnungseigentümer einverstanden ist. Das Einverständnis ist eine rechtsgeschäftsähnliche Handlung (Rz. 1242; zu deren Voraussetzungen Rz. 1245); Widerruf und Anfechtung sind nur eingeschränkt möglich (Rz. 1249). Denklogisch muss das Einverständnis vor der Abstimmung erklärt werden, damit es den Anspruch nach § 20 Abs. 3 WEG begründen kann.

1211 Dem Bauwilligen eröffnet das die Möglichkeit, den Beeinträchtigten Einverständnisse – auch gegen Entgelt (Rz. 1241) – abzuringen, um sich so einen Anspruch auf die bauliche Veränderung zu verschaffen. Das macht freilich nur Sinn, wenn der **Kreis der Beeinträchtigten überschaubar** ist. Ansonsten dürfte es aus Sicht des Bauwilligen häufig einfacher sein, eine Versammlungsmehrheit zu mobilisieren, die ihm die Baumaßnahme nach § 20 Abs. 1 Alt. 2 WEG – ungeachtet eines Anspruchs – gestattet.

3. Verbleibendes Entscheidungsermessen der Gemeinschaft

1212 Der Anspruch nach § 20 Abs. 3 WEG ist auf eine **Gestattung** gerichtet. Die Wohnungseigentümer können deshalb nicht beschließen, dass die Baumaßnahme durch die Gemeinschaft der Wohnungseigentümer durchgeführt wird. Das Entscheidungsermessen der Gemeinschaft ist damit kleiner als bei privilegierten Maßnahmen (§ 20 Abs. 2 WEG). Das ist sachgerecht, denn § 20 Abs. 3 WEG verlangt schon tatbestandlich eine Maßnahme, die niemanden in rechtlich relevanter Weise beeinträchtigt, so dass es keinen Grund gibt, warum der Bauwillige die Maßnahme nicht in eigener

---

1 BT-Drucks. 19/18791, S. 65.
2 BGH v. 24.1.2014 – V ZR 48/13, NJW 2014, 1233 Rz. 8.
3 Näher Staudinger/*Lehmann-Richter*, § 22 WEG Rz. 57 ff.
4 BT-Drucks. 19/18791, S. 65.

Verantwortung durchführen darf. Wie bei jeder Gestattung können die Wohnungseigentümer aber **Vorgaben für die Durchführung machen** (Rz. 1150); sie müssen dabei den Rahmen ordnungsmäßiger Verwaltung wahren.

1213 **Beispiel:** Wohnungseigentümer W möchte seine Wohnungseingangstür, die im Gemeinschaftseigentum steht, mit einem Türspion versehen, wodurch kein Wohnungseigentümer über das in § 20 Abs. 3 WEG bestimmte Maß hinaus beeinträchtigt wird. In der Eigentümerversammlung muss die Maßnahme deshalb durch Beschluss gestattet werden. Zulässig wäre es, W in dem Beschluss aufzugeben, dass etwa eine geeignete Fachfirma zu beauftragen ist oder die Arbeiten nur werktäglich zwischen 8 und 18 Uhr durchgeführt werden dürfen. Unzulässig, weil ordnungswidrig, wäre es dagegen, W aufzugeben, dass der Schwager des Wohnungseigentümers X mit dem Einbau beauftragt werden muss, um diesem „etwas Gutes zu tun".

4. Rechtsschutz

1214 Mit Blick auf den Rechtsschutz ist zwischen der gerichtlichen Durchsetzung des Anspruchs auf Beschlussfassung (unten a)) und der gerichtlichen Überprüfung des gefassten Beschlusses (unten b)) zu unterscheiden.

a) Gerichtliche Durchsetzung des Anspruchs auf Beschlussfassung

1215 Wird einem Bauwilligen eine bauliche Veränderung nicht gestattet, obwohl die Voraussetzungen des § 20 Abs. 3 WEG vorliegen, kann er seinen Anspruch im Wege der **Beschlussersetzungsklage** (§ 44 Abs. 1 S. 2 WEG) durchsetzen. Das Gericht hat dann zu prüfen, ob die Anspruchsvoraussetzungen vorliegen, die begehrte Maßnahme also keinen Wohnungseigentümer über das in § 20 Abs. 3 WEG bestimmte Maß hinaus beeinträchtigt bzw. Einverständnisse der beeinträchtigten Wohnungseigentümer vorliegen. Einen Ermessensspielraum hat das Gericht dabei genauso wenig wie ihn die Versammlung hätte (zum Gleichlauf der Ermessensspielräume Rz. 1874).

1216 Liegen die Anspruchsvoraussetzungen vor, fasst das Gericht den **Gestattungsbeschluss.** Genauso wie die Wohnungseigentümer (Rz. 1212) kann das Gericht dabei Vorgaben für die Durchführung aufstellen, muss das aber nicht tun.

b) Gerichtliche Überprüfung des gefassten Beschlusses

1217 Der Anspruch nach § 20 Abs. 3 WEG wird dadurch erfüllt, dass die bauliche Veränderung durch Beschluss gestattet wird. Die dafür notwendige Beschlusskompetenz ergibt sich allein aus § 20 Abs. 1 Alt. 2 WEG (Rz. 1874). Die gerichtliche Überprüfung dieser Gestattung unterscheidet sich nicht von der Überprüfung anderer Gestattungen baulicher Veränderungen. Maßgeblich sind deshalb grundsätzlich nur die **Veränderungssperren des § 20 Abs. 4 WEG** (Rz. 1007); ein Verstoß scheidet freilich von vornherein aus, soweit die Beeinträchtigungen nicht einmal das deutliche engere Maß des § 20 Abs. 3 WEG erreichen. Durchführungsvorgaben (Rz. 1212) sind anhand von § 19 Abs. 1 WEG zu überprüfen.

1218 Das Gericht prüft dagegen **nicht die Anspruchsvoraussetzungen nach § 20 Abs. 3 WEG**. Für die Rechtmäßigkeit des Beschlusses spielt es nämlich keine Rolle, ob und welche Wohnungseigentümer beeinträchtigt sind und ob das Einverständnis beeinträchtigter Wohnungseigentümer vorliegt. Denn die Mehrheit kann bauliche Veränderungen auch jenseits der Voraussetzungen des § 20 Abs. 3 WEG gestatten, solange nur die Veränderungssperren des § 20 Abs. 4 WEG gewahrt bleiben.

1219 **Beispiel:** Wohnungseigentümer W will seine graue Wohnungseingangstür, die im Gemeinschaftseigentum steht, durch ein quietschgelbes Modell ersetzen. Sein Etagennachbar N sieht sich durch die gewünschte Farbe in seinem ästhetischen Empfinden belästigt und spricht sich gegen die Maßnahme aus. Die Versammlungsmehrheit geht gleichwohl davon aus, dass niemand über das in § 20 Abs. 3 WEG beschriebene Maß hinaus beeinträchtigt wird, und gestattet den Austausch. N ficht an.

Das Gericht prüft nicht, ob die Anspruchsvoraussetzungen vorliegen, ob also der Austausch der Tür das Maß des § 20 Abs. 3 WEG überschreitet. Denn die Versammlungsmehrheit hätte diese Maßnahme auch unabhängig von einem Verlangen des W beschließen können. Dabei spielt es auch keine Rolle, ob N in der Versammlung anwesend war oder seine mögliche Beeinträchtigung bei der Beschlussfassung erkannt wurde.

1220 Wurde ein Beschluss in der Annahme gefasst, dass die Anspruchsvoraussetzungen vorliegen, tun sie das in Wirklichkeit aber nicht, scheidet eine „Kondiktion" des Beschlusses aus. Denn als verbandsrechtlicher Organisationsakt trägt er seinen Rechtsgrund in sich. Möglich ist es nur, den Beschluss **durch einen Zweitbeschluss aufzuheben**. Hat sich der Bauwillige den Beschluss arglistig erschlichen, z.B. weil er das Vorliegen notwendiger Einverständnisse vortäuschte, ist das unproblematisch. Im Übrigen kommt es – wie bei jedem Zweitbeschluss[1] – auf die schutzwürdigen Belange des Bauwilligen an.

5. Kostentragung und Nutzungsbefugnis (§ 21 Abs. 1 WEG)

1221 Für die Verteilung der Kosten und Nutzungen gilt wie bei jeder Gestattung: Sie sind **allein Sache des Bauwilligen** (§ 21 Abs. 1 S. 1 Alt. 1, S. 2 WEG, dazu Rz. 1157)

VII. Baumaßnahmen am Sondereigentum (§ 13 Abs. 2, § 20 WEG)

1222 Das WEMoG hat mit § 13 Abs. 2 WEG erstmals eine Vorschrift geschaffen, die sich mit Baumaßnahmen am Sondereigentum befasst. Sie erleichtert die bauliche Umgestaltung des Sondereigentums (unten 1.). Sie ordnet die weitgehende, aber nicht vollständige Geltung der Regeln für bauliche Veränderungen des Gemeinschaftseigentums an (unten 2. bis 6.). Kosten und Nutzungen treffen allein den Sondereigentümer, auch wenn das Gesetz dies nicht ausdrücklich anordnet (unten 7.).

1. Normzweck

1223 § 13 Abs. 2 WEG **erleichtert die bauliche Umgestaltung des Sondereigentums**. Denn ohne diese Vorschrift wären Baumaßnahmen nur zulässig, soweit die mit ihnen einhergehenden Einwirkungen auf das Gemeinschaftseigentum oder andere Sondereigentumseinheiten das bei einem geordneten Zusammenleben unvermeidli-

1 Näher *Elzer*, ZMR 2007, 237 (237 ff.).

che Maß nicht überschreiten. Sobald sie dieses Maß überschreiten, müssten sie wegen § 14 Abs. 2 Nr. 1 WEG durch einen Beschluss der Wohnungseigentümer gedeckt sein. Ein solcher Beschluss könnte, zumindest soweit das Gemeinschaftseigentum betroffen ist, auf Grundlage des § 19 Abs. 1 WEG gefasst werden. Einen Anspruch hätte der bauwillige Sondereigentümer darauf aber in aller Regel nicht. Hier schafft § 13 Abs. 2 WEG Abhilfe: Er erklärt § 20 WEG für anwendbar und gewährt damit einen auf das Sondereigentum bezogenen Anspruch auf Gestattung privilegierter Baumaßnahmen (§ 20 Abs. 2 WEG) und solcher Baumaßnahmen, mit denen alle übermäßig beeinträchtigten Wohnungseigentümer einverstanden sind (§ 20 Abs. 3 WEG).

1223a Folgerichtig nimmt § 13 Abs. 2 WEG die Fälle von dem Verweis auf § 20 WEG aus, in denen das bei einem geordneten Zusammenleben unvermeidliche Maß gar nicht überschritten wird. Insoweit sind Baumaßnahmen schon kraft Gesetzes zu dulden (§ 14 Abs. 2 Nr. 2 WEG). Hier zusätzlich einen Beschluss zu fordern, selbst wenn auf diesen nach § 20 Abs. 3 WEG ein Anspruch bestünde, wäre eine nicht zu begründende Beschränkung der Rechte aus dem Sondereigentum.[1] Ein Pauschalverweis auf § 20 WEG hätte genau das bewirkt: Ein Wohnungseigentümer, der sein Sondereigentum umgestaltet, ohne dabei fremdes Sonder- oder das Gemeinschaftseigentum in relevanter Weise zu beeinträchtigen, hätte dennoch formal rechtswidrig gehandelt, wenn zuvor kein entsprechender Beschluss gefasst wurde (näher zu dem aus § 20 Abs. 3 WEG folgenden Prinzip „Kein Bauen ohne Beschluss“ Rz. 988).

1224 Daneben dient § 13 Abs. 2 WEG auch der **Rechtssicherheit**. Denn nach früherem Recht war umstritten, welche Regeln für Baumaßnahmen am Sondereigentum gelten.[2] Besondere Aufmerksamkeit hat diese Frage allerdings nicht erfahren, da in der Vergangenheit nur Räume sondereigentumsfähig waren, so dass Baumaßnahmen am Sondereigentum von den übrigen Wohnungseigentümern oftmals gar nicht bemerkt wurden. Das könnte sich durch die Sondereigentumsfähigkeit von Freiflächen ändern.

1225 Bei alledem ist zu bedenken: § 13 Abs. 2 WEG hat **eigenständige Bedeutung** nur dort, wo eine **Baumaßnahme allein das Sondereigentum** betrifft. In vielen Fällen wird zugleich eine bauliche Veränderung des Gemeinschaftseigentums vorliegen, für die § 20 WEG bereits unmittelbar gilt.

2. Gesetzliches Konzept

1226 Nach § 13 Abs. 2 WEG gelten für Baumaßnahmen am Sondereigentum § 20 WEG und damit die **Vorschriften für bauliche Veränderungen des Gemeinschaftseigentums grundsätzlich entsprechend**. Es gibt aber eine wichtige Ausnahme: Keiner Gestattung bedarf es, soweit die Rechte anderer Wohnungseigentümer nicht über das bei einem geordneten Zusammenleben unvermeidliche Maß hinaus beeinträchtigt werden.

1 BT-Drucks. 19/18791, S. 52.

2 Nach BGH v. 18.11.2016 – V ZR 49/16, NJW 2017, 2184 Rz. 9 sollte grundsätzlich § 14 Nr. 1 WEG a.F. gelten, in dessen Rahmen aber wiederum § 22 Abs. 2 und 3 WEG a.F. analoge Anwendung finden sollte; gegen diese Analogie BeckOK-WEG/*Elzer*, § 22 Rz. 28.

1227 Systematisch betrachtet sind damit **vier Typen von Baumaßnahmen am Sondereigentum** zu unterscheiden:

	Typ	Zulässigkeit
1.	keine relevante Beeinträchtigung anderer Wohnungseigentümer	kein Beschluss notwendig
2.	relevante Beeinträchtigung anderer Wohnungseigentümer mit deren Einverständnis	Beschluss notwendig, auf den aber ein Anspruch besteht (§ 13 Abs. 2, § 20 Abs. 3 WEG)
3.	privilegierte Baumaßnahmen (Barrierereduzierung, Elektromobilität, Einbruchsschutz, Glasfaserausbau), die andere Wohnungseigentümer relevant beeinträchtigen	Beschluss notwendig, auf den aber ein Anspruch besteht (§ 13 Abs. 2, § 20 Abs. 2 WEG)
4.	andere Baumaßnahmen	Beschluss notwendig, kein Anspruch (§ 13 Abs. 2, § 20 Abs. 1 WEG)

1228 **Zur Terminologie:** „Bauliche Veränderungen am Sondereigentum" kann es begrifflich nicht geben, da sich die Legaldefinition in § 20 Abs. 1 WEG allein auf das gemeinschaftliche Eigentum bezieht. Deshalb spricht § 13 Abs. 2 WEG etwas umständlich von „Maßnahmen, die über die ordnungsmäßige Instandhaltung und Instandsetzung (Erhaltung) des Sondereigentums hinausgehen", ohne dass damit in der Sache etwas anderes als bauliche Veränderungen gemeint wäre.[1] Tatbestandlich verlangt deshalb auch § 13 Abs. 2 WEG eine Neudefinition des Soll-Zustands des Sondereigentums; andernfalls handelt es sich um eine ohne weiteres zulässige Erhaltungsmaßnahme.

3. Baumaßnahmen ohne relevante Beeinträchtigung (§ 13 Abs. 2 WEG)

1229 Anders als beim Gemeinschaftseigentum (Rz. 988) besteht für das Sondereigentum **keine generelle Bausperre**: Baumaßnahmen, durch die kein anderer Wohnungseigentümer über das bei einem geordneten Zusammenleben unvermeidliche Maß hinaus beeinträchtigt werden, sind kraft Gesetzes zulässig (§ 13 Abs. 2 a.E. WEG). Mit dem Bau kann in diesen Fällen sofort begonnen werden, ohne dass es eines Beschlusses bedarf.

1230 In der Praxis dürfte der **ganz überwiegende Teil der Baumaßnahmen am Sondereigentum** in diese Kategorie fallen. Häufig werden Baumaßnahmen innerhalb der Wohnung schon gänzlich unbemerkt von statten gehen. Aber selbst dann, wenn mit Baumaßnahmen etwa Lärmbeeinträchtigungen für andere Wohnungseigentümer verbunden sind, bedeutet dies nicht automatisch, dass diese **Beeinträchtigungen rechtlich relevant** sind. Denn nicht jede lästige Emission ist eine unzulässige Störung.[2] Genauso wie normale Wohngeräusche hinzunehmen sind,[3] widerspricht es ei-

1 BT-Drucks. 19/18791, S. 51.

2 Prägnant Staudinger/*Kreuzer*, § 14 Rz. 70 zu § 14 Nr. 1 WEG a.F., dessen Maßstab § 13 Abs. 2 WEG übernimmt.

3 Plastisch LG Frankfurt v. 12.3.1992 – 2/9 T 166/92, NJW-RR 1993, 281 (281) Ls. 1: „Normale Wohngeräusche (Gehen, Putzen des Bodens, Badbenutzung, Herumdrehen im Bett,

nem geordneten Zusammenleben nicht, ab und an Baumaßnahmen in der eigenen Wohnung vorzunehmen, etwa den Bodenbelag auszutauschen oder das Badezimmer an sich verändernde Bedürfnisse oder Geschmäcker anzupassen.

4. Baumaßnahmen mit relevanter Beeinträchtigung und Einverständnis (§ 13 Abs. 2, § 20 Abs. 3 WEG)

1231 Überschreiten die Beeinträchtigungen durch eine Baumaßnahme das bei einem geordneten Zusammenleben unvermeidliche Maß, gilt auch für das Sondereigentum eine **Bausperre**: Ohne Beschluss darf nicht gebaut werden. Sind jedoch alle beeinträchtigten Wohnungseigentümer einverstanden, besteht ein Anspruch auf Gestattung (§ 13 Abs. 2, § 20 Abs. 3 WEG). Im Einzelnen gilt das Gleiche wie für entsprechende bauliche Veränderungen des Gemeinschaftseigentums (dazu Rz. 1203).

5. Privilegierte Baumaßnahmen (§ 13 Abs. 2, § 20 Abs. 2 WEG)

1232 Jeder Wohnungseigentümer hat auch **Anspruch auf die nach § 20 Abs. 2 WEG privilegierten Baumaßnahmen** an seinem Sondereigentum. Es besteht kein Unterschied zu entsprechenden baulichen Veränderungen des Gemeinschaftseigentums (dazu Rz. 1161): Notwendig ist ein Beschluss nach § 13 Abs. 2, § 20 Abs. 1 WEG, auf den ein Anspruch besteht (§ 13 Abs. 2, § 20 Abs. 2 WEG) und der notfalls im Wege der Beschlussersetzungsklage (§ 44 Abs. 1 S. 2 WEG) durchgesetzt werden kann. Über die Durchführung der Baumaßnahme kann die Eigentümerversammlung im Rahmen ordnungsmäßiger Verwaltung beschließen (§ 13 Abs. 2, § 20 Abs. 2 S. 2 WEG). Der Wohnungseigentümer hat deshalb insbesondere keinen Anspruch darauf, die Baumaßnahme selbst durchführen zu dürfen. Hierin liegt kein unverhältnismäßiger Eingriff in das Sondereigentum, weil überhaupt erst durch § 13 Abs. 2, § 20 Abs. 2 WEG ein Baurecht gewährt wird (Rz. 1223).

1233 Sorgsam sollte allerdings geprüft werden, ob von der privilegierten Baumaßnahme überhaupt eine **relevante Beeinträchtigung** ausgeht. Oftmals wird das nicht der Fall sein. Dann kann ohne Beschluss und in eigener Verantwortung gebaut werden (§ 13 Abs. 2 a.E. WEG, näher Rz. 1229).

1234 **Beispiel:** Im Bad soll eine behindertengerechte Dusche eingebaut werden. Dabei handelt es sich zwar um eine nach § 13 Abs. 2, § 20 Abs. 2 S. 1 Nr. 1 WEG privilegierte Maßnahme. Darauf kommt es aber gar nicht an, weil durch die neue Dusche kein Wohnungseigentümer über das bei einem geordneten Zusammenleben unvermeidliche Maß hinaus beeinträchtigt wird. Es darf deshalb ohne Beschluss gebaut werden. § 13 Abs. 2 a.E. WEG stellt klar, dass der Wohnungseigentümer keine Pflichtverletzung begeht, wenn er ohne Beschluss baut. Das Recht, die übrigen Wohnungseigentümer im Rahmen der Bauarbeiten z.B. durch Lärm zu beeinträchtigen folgt aus § 14 Abs. 2 Nr. 2 WEG (Rz. 1355).

Telefonieren) stellen grundsätzlich keine wesentlichen Beeinträchtigungen des Sondereigentums der darunterliegenden Wohnung dar; sie sind jedenfalls ortsüblich."

6. Andere Baumaßnahmen (§ 13 Abs. 2, § 20 Abs. 1 WEG)

1235 Für alle anderen Baumaßnahmen gilt § 13 Abs. 2, § 20 Abs. 1 WEG. Das betrifft alle Baumaßnahmen, die andere Wohnungseigentümer über das bei einem geordneten Zusammenleben unvermeidliche Maß hinaus beeinträchtigen, ohne dass deren Einverständnis vorliegt, und die nicht zum Kreis der privilegierten Baumaßnahmen gehören. Über sie entscheidet die Mehrheit (§ 13 Abs. 2, § 20 Abs. 1 WEG). Ein Anspruch auf solche Baumaßnahmen besteht nicht.

7. Kostentragung und Nutzungsbefugnis

1236 Das WEG enthält keine Regelungen zur Kostentragung und zur Nutzungsbefugnis im Zusammenhang mit Baumaßnahmen am Sondereigentum; insbesondere verweist § 13 Abs. 2 WEG nicht auf § 21 WEG. Einer besonderen Regelung bedarf es aber auch nicht. Denn es gilt der ungeschriebene Grundsatz, dass alle mit dem Sondereigentum zusammenhängenden Kosten von dem Sondereigentümer zu tragen sind. Dass allein ihm die Nutzungen gebühren, ist ebenso selbstverständlich.

VIII. Übergreifende Fragen

1237 Die verschiedenen Typen baulicher Veränderungen übergreifend stellt sich die Frage, welche Bedeutung das Einverständnis eines beeinträchtigten Wohnungseigentümers hat (unten 1.), wie das veränderte gemeinschaftliche Eigentum verwaltet wird (unten 2.) und wie Rückbauansprüche zu handhaben sind (unten 3.).

1. Einverständnis mit einer baulichen Veränderung

1238 In § 20 Abs. 3 und 4 WEG wird die Möglichkeit erwähnt, dass sich ein beeinträchtigter Wohnungseigentümer mit der Beeinträchtigung einverstanden erklären kann. Dabei handelt es sich um einen einheitlichen Tatbestand, der jedoch je nach Sachverhaltskonstellation unterschiedliche Wirkungen zeitigt (unten a)). Das Einverständnis selbst ist eine rechtsgeschäftsähnliche Handlung (unten bb), zu deren Voraussetzungen unten cc)). Ihr Widerruf und ihre Anfechtung sind nur eingeschränkt möglich (unten dd)).

a) Grundlagen

1239 Dem in § 20 Abs. 3 und Abs. 4 WEG erwähnten Einverständnis mit einer baulichen Veränderung liegt das Prinzip zugrunde, dass individuelle Beeinträchtigungen ihre rechtliche Relevanz verlieren, wenn der Beeinträchtigte einverstanden ist. Beide Vorschriften betreffen den **identischen Tatbestand**. Gleichwohl **unterscheiden sich die Wirkungen**, weil das WEG individuellen Beeinträchtigungen je nach Intensität unterschiedliche Bedeutung beimisst: Grundsätzlich stehen individuelle Beeinträchtigungen der Rechtmäßigkeit einer mehrheitlich beschlossenen baulichen Veränderung nicht entgegen; das tun sie nur dann, wenn sie die Schwelle zur unbilligen Benachteiligung überschreiten (vgl. § 20 Abs. 4 WEG). Unterhalb dieser Schwelle sperren individuelle Beeinträchtigungen lediglich den Anspruch einzelner Wohnungseigentümer auf eine bauliche Veränderung (vgl. § 20 Abs. 3 WEG). Je nach

Intensität der Beeinträchtigung hat ein Einverständnis deshalb anfechtungsverhindernde oder anspruchsbegründende Funktion.

1240 Die anfechtungsverhindernde Wirkung des Einverständnisses **ähnelt einem Anfechtungsverzicht.**[1] Strukturell haben beide Instrumente gleichwohl nichts gemein: Der Anfechtungsverzicht vernichtet ein entstandenes Anfechtungsrecht, das Einverständnis verhindert allenfalls dessen Entstehung. Auch die Rechtsfolgen des Einverständnisses sind weitreichender: Mit einem Verzicht verliert nur der verzichtende Wohnungseigentümer sein Anfechtungsrecht, mit einem Einverständnis verliert die Beeinträchtigung dagegen jegliche rechtliche Relevanz.

1241 Das Einverständnis kann – genauso wie eine Zustimmung nach § 182 BGB[2] – zum **Gegenstand eines entgeltlichen Vertrags** gemacht werden. Der Beeinträchtigte kann sich sein Einverständnis also auch abkaufen lassen. Dabei gilt Vertragsfreiheit: Die Gegenleistung kann unabhängig von der Bedeutung der Beeinträchtigung und unabhängig von einer durch sie ausgelösten Wertminderung vereinbart werden, begrenzt allein durch § 138 BGB. Auch wenn das Einverständnis selbst stets gegenüber der Gemeinschaft der Wohnungseigentümer zu erklären ist (Rz. 1246), kann sich der Beeinträchtigte auch Dritten gegenüber verpflichten (z.B. einzelnen bauwilligen Wohnungseigentümern oder sogar Mietern).

b) Rechtsnatur

1242 Bei dem Einverständnis handelt es sich um einen **Fall des Einverstanden-Seins mit einer tatsächlichen Rechtsbeeinträchtigung** als Ausprägung des seit jeher anerkannten Grundsatzes *„volenti non fit iniuria"* – dem Wollenden geschieht kein Unrecht.[3] Das Einverständnis ist deshalb keine Willenserklärung, sondern eine empfangsbedürftige **rechtsgeschäftsähnliche Handlung**,[4] deren Rechtsfolgen nicht durch den Willen des Sich-Einverstanden-Erklärenden bestimmt werden, sondern durch § 20 Abs. 3 und Abs. 4 WEG. Wie für rechtsgeschäftsähnliche Handlungen üblich, gelten aber die BGB-Vorschriften für Willenserklärungen analog.[5]

1243 Schon der Wortlaut verrät, dass das „Einverständnis" keine **Einwilligung in den Beschluss im Sinne des § 182 Abs. 1 BGB** ist. Anders als diese Vorschrift voraussetzt, hängt von dem Einverständnis nicht die Wirksamkeit, sondern allenfalls die Ordnungsmäßigkeit des Beschlusses ab.

1244 Das Einverständnis ist auch **nicht gleichzusetzen mit der „Ja"-Stimme bei der Beschlussfassung**. Denn sonst würde § 20 Abs. 3 WEG ins Leere laufen: Das Einverständnis soll erst den Anspruch auf Beschlussfassung begründen und kann deshalb nicht vom Stimmverhalten abhängen. Dennoch wird man eine „Ja"-Stimme regelmäßig als Einverständnis auslegen müssen (Rz. 1247).

---

1 Näher zum Anfechtungsverzicht Staudinger/*Lehmann-Richter*, § 46 WEG Rz. 57.
2 Staudinger/*Klumpp*, § 182 Rz. 44.
3 Allgemein zur sog. rechtfertigen Einwilligung Wolf/*Neuner*, § 28 Rz. 29 ff.
4 Vgl. Wolf/*Neuner*, § 28 Rz. 30.
5 Statt aller Staudinger/*Klumpp*, Vor §§ 104 ff. Rz. 94 ff.

c) Voraussetzungen

1245 Das Einverständnis ist kein Verzicht (Rz. 1240) und setzt deshalb **keinen Verzichtswillen** voraus. Der Beeinträchtigte muss sich deshalb weder der Beeinträchtigung, noch der sich aus ihr ergebenden rechtlichen Möglichkeiten, noch der rechtlichen Bedeutung seines Einverständnisses bewusst sein. Das Einverständnis erschöpft sich vielmehr in der **Verlautbarung des Willens, mit der baulichen Veränderung einverstanden zu sein**. Bezugspunkt ist dabei die bauliche Veränderung und nicht die wenig greifbare Beeinträchtigung.

1246 Das Einverständnis muss **gegenüber der Gemeinschaft der Wohnungseigentümer** erklärt werden, die in der Regel durch den Verwalter (§ 9b Abs. 1 S. 1 WEG) vertreten wird. Denn spiegelbildlich müsste auch das Nicht-Einverstanden-Sein durch Erhebung einer Anfechtungsklage ihr gegenüber geltend gemacht werden (§ 44 Abs. 2 S. 1 WEG). Wird das Einverständnis gegenüber einem Wohnungseigentümer erklärt, kann man ihn aber in der Regel als Empfangsboten der Gemeinschaft der Wohnungseigentümer ansehen.

1247 Das Einverständnis bedarf **keiner Form.**[1] Ob im konkreten Fall ein Einverständnis vorliegt, ist im Wege der **Auslegung analog §§ 133, 157 BGB** zu ermitteln. Aufgrund der verzichtsähnlichen Wirkung des Einverständnisses (Rz. 1240) ist dabei ein strenger Maßstab anzulegen.[2] Typischerweise wird man deshalb eine ausdrückliche Erklärung verlangen müssen, eine konkludente Erklärung ist aber nicht kategorisch ausgeschlossen. Ausreichend ist auch eine vorbehaltlose „Ja“-Stimme bei der Beschlussfassung über die bauliche Veränderung.

1248 Das Einverständnis steht im freien Belieben des Beeinträchtigten. Er kann es deshalb auch an **Bedingungen und Befristungen** knüpfen.

d) Widerruf und Anfechtung

1249 Ob und unter welchen Voraussetzungen das Einverständnis **widerrufen** werden kann, ist nicht gesetzlich geregelt. Die Interessenlage ist klar: Der Beeinträchtigte möchte in der Regel die Freiheit behalten, seinen Entschluss zu revidieren; der Bauwillige hat dagegen ein Interesse an baldiger Rechtssicherheit. Weil § 20 Abs. 3 und 4 WEG diesen Interessenwiderstreit nicht auflöst, ist auf die Wertung des § 183 BGB zurückzugreifen:[3] Nach Beschlussfassung scheidet ein Widerruf generell aus, zuvor ist die Vereinbarung mit dem Beeinträchtigten maßgeblich. Weil das Einverständnis im überwiegenden Interesse des Bauwilligen erklärt wird,[4] ist es im Zweifel **nur aus**

1 BT-Drucks. 19/18791, S.65.

2 Zur Unzweideutigkeit von Erlassverträgen und Verzichten vgl. etwa BGH v. 10.5.2001 – XII ZR 60/99, NJW 2001, 2324 (2324) unter 1.

3 So schon die überwiegende Ansicht zur „Zustimmung“ nach § 22 Abs. 1 WEG a.F., vgl. etwa OLG Düsseldorf v. 10.3.2006 – 3 Wx 16/06, NZM 2006, 702 (703); *Ott*, ZWE 2002, 61 (64 f.); Staudinger/*Lehmann-Richter*, § 22 WEG Rz. 71.

4 Vgl. BeckOGK-BGB/*Regenfus*, § 183 Rz. 24; MünchKommBGB/*Bayreuther*, § 183 Rz. 16 jeweils zur Einwilligung.

wichtigem Grund widerruflich.[1] Ist das Einverständnis Gegenstand eines entgeltlichen Vertrags, wird man von der Unwiderruflichkeit allerdings erst dann ausgehen können, wenn die Gegenleistung erbracht wurde. Als *actus contrarius* zum Einverständnis ist auch sein Widerruf gegenüber der Gemeinschaft der Wohnungseigentümer zu erklären.

1250 Das Einverständnis kann analog §§ 119 ff. BGB **angefochten** werden. Wegen der Rückwirkung der Anfechtung analog § 142 Abs. 1 BGB ist auch eine Anfechtung nach Beschlussfassung grundsätzlich noch beachtlich. Nach Eintritt der Bestandskraft kann sie dagegen keine Wirkungen mehr entfalten. Nicht zur Anfechtung berechtigen aber Fehlvorstellungen über Art und Ausmaß der Beeinträchtigung, denn insoweit handelt es sich um einen unbeachtlichen Motivirrtum, bezieht sich das Einverständnis doch auf die bauliche Veränderung und nicht auf die Beeinträchtigung. Eine erfolgreiche Anfechtung wird sich deshalb in der Regel nur auf **§ 123 BGB** stützen können. Anfechtungserklärungsempfänger ist analog § 143 Abs. 3 S. 1 BGB die Gemeinschaft der Wohnungseigentümer.

1251 Die **Folgen von Widerruf und Anfechtung** hängen von den Wirkungen des widerrufenen oder angefochtenen Einverständnisses ab:

- 1252 Geht es um eine unbillige Benachteiligung, hat das Einverständnis anfechtungsverhindernde Wirkung (**§ 20 Abs. 4 WEG**); fällt es weg, kann der Beschluss bis zum Eintritt der Bestandskraft erfolgreich gerichtlich angefochten werden.
- 1253 In allen anderen Fällen kann ein Einverständnis lediglich dazu beitragen, dass nach **§ 20 Abs. 3 WEG** ein Gestattungsanspruch entsteht. Wurde dieser Anspruch noch nicht erfüllt, erlischt er mit dem Widerruf bzw. der Anfechtung, weil die Anspruchsvoraussetzungen wegfallen. Wurde dagegen schon ein Gestattungsbeschluss gefasst, kann dieser nicht wegen des Widerrufs bzw. der Anfechtung gerichtlich angefochten werden, denn die Rechtmäßigkeit einer Gestattung hängt nicht von dem Einverständnis ab. In Betracht kommt allenfalls die Aufhebung der Gestattung durch einen Zweitbeschluss (Rz. 1220).

2. Verwaltung des veränderten gemeinschaftlichen Eigentums

1254 Sachenrechtlich ist auch das veränderte Eigentum **gemeinschaftliches Eigentum**. Das gilt auch in den Fällen, in denen die bauliche Veränderung nach § 21 Abs. 1 und 2 WEG nur von einzelnen oder einem Teil der Wohnungseigentümer bezahlt und genutzt wird. Anders als für die Nutzungen und Kosten (§ 21 WEG) sieht das WEG für die Verwaltung des veränderten gemeinschaftlichen Eigentums keine besonderen Regelungen vor. Es bleibt deshalb bei den allgemeinen Vorschriften: Die **Verwaltung** obliegt nach § 18 Abs. 1 WEG der **Gemeinschaft der Wohnungseigentümer**, wobei nach § 19 Abs. 1 WEG alle Wohnungseigentümer beschließen.

1 Vgl. BeckOGK-BGB/*Regenfus*, § 183 Rz. 27; Staudinger/*Klumpp*, § 182 Rz. 80 jeweils zur Einwilligung.

1255 § 19 Abs. 1 WEG eröffnet dagegen **keine Beschlusskompetenz**, die **Benutzung** des veränderten gemeinschaftlichen Eigentums abweichend von den gesetzlichen Vorschriften der § 21 Abs. 1 S. 2, Abs. 2 S. 2 und Abs. 3 S. 2 WEG zu regeln.[1] Eine entsprechende Beschlusskompetenz eröffnet aber § 21 Abs. 5 S. 1 WEG.

1256 Etwa über die **Erhaltung** entscheiden deshalb nicht nur die nach § 21 WEG kostentragungspflichtigen, sondern alle Wohnungseigentümer. Jeder Wohnungseigentümer hat sogar einen Anspruch auf eine ordnungsmäßige Erhaltung (§ 18 Abs. 2 Nr. 1, § 19 Abs. 2 Nr. 2 WEG). Das ist sachgerecht, da der Erhalt des gemeinschaftlichen Eigentums insgesamt im Interesse aller Wohnungseigentümer liegt.

1257 **Beispiel:** A, B und C haben gegen den Willen der übrigen Wohnungseigentümer D und E den Bau eines Aufzugs beschlossen. Nach einigen Jahren verlieren A, B und C das Interesse an dem Aufzug und lassen ihn nicht mehr warten.

D und E haben jeweils einen Anspruch darauf, dass der Aufzug ordnungsgemäß gewartet wird (§ 18 Abs. 2 Nr. 1, § 19 Abs. 2 Nr. 2 WEG); sie dürfen auch bei Beschlüssen über seine Erhaltung mitstimmen. Wird A, B und C die Last zu groß, müssen die mehrheitlich den Rückbau als erneute bauliche Veränderung beschließen (zur Einordnung des Rückbaus als bauliche Veränderung Rz. 972) und die Kosten dafür tragen.

1258 Im Rahmen ordnungsmäßiger Verwaltung sind freilich die Interessen der kostentragungspflichtigen Wohnungseigentümer angemessen zu berücksichtigen.

1259 In dem **Beispielsfall** (Rz. 1257) möchte der Mieter des E den Aufzug gegen Entgelt nutzen.

Zuständig für die Vermietung des Aufzugs ist, wie stets bei Gemeinschaftseigentum, die Gemeinschaft der Wohnungseigentümer. Über den Abschluss des Mietvertrags beschließen alle Wohnungseigentümer. Die heranzuziehende Beschlusskompetenz hängt davon ab, ob man im Abschluss eines Mietvertrags über gemeinschaftliches Eigentum eine Verwaltungsangelegenheit sieht[2] (dann: § 19 Abs. 1 WEG) oder eine Gebrauchsregelung[3] (dann: § 21 Abs. 5 S. 1 WEG). Ob dieser Beschluss ordnungsmäßiger Verwaltung entspricht, hängt entscheidend vom Willen von A, B und C ab: Den Abschluss des Mietvertrags gegen ihren Willen zu beschließen, wäre ordnungswidrig, weil die Miete ohnehin nur ihnen zugutekäme (§ 21 Abs. 3 S. 2 WEG). Andererseits wäre es auch ordnungswidrig, A, B und C den Wunsch auf Abschluss des Mietvertrags zu verwehren, da D und E kein billigenswertes Interesse haben, dass der ohnehin schon im Haus wohnende Mieter nicht auch den Aufzug benutzt.

1260 Im Außenverhältnis schließt die Gemeinschaft der Wohnungseigentümer **Verträge** (z.B. mit Handwerkern zur Erhaltung oder mit Mietern).

1261 Die Verteilung der Kosten des veränderten gemeinschaftlichen Eigentums und etwaiger Einnahmen erfolgt über die Gemeinschaft der Wohnungseigentümer, also den **Wirtschaftsplan** und die **Jahresabrechnung**. Die anzuwendenden Verteilerschlüssel sind dabei § 21 WEG bzw. einem auf Grundlage des § 21 Abs. 5 WEG gefassten Beschluss zu entnehmen.

---

1 Vgl. BGH v. 20.9.2000 – V ZB 58/99, NJW 2000, 3500 (3502) unter III.3. zu dem Verhältnis von § 15 Abs. 2 WEG a.F. zu § 13 Abs. 2 S. 1 WEG a.F.

2 So wohl Bärmann/*Merle*, § 21 Rz. 40.

3 BGH v. 29.6.2000 – V ZB 46/99, NJW 2000, 3211 (3211) unter III.1.

3. Rückbauansprüche

1261a Ansprüche auf Beseitigung einer rechtswidrigen baulichen Veränderung stehen nach neuem Recht nur der Gemeinschaft der Wohnungseigentümer zu (Rz. 1519, 1529). Ein Wohnungseigentümer kann von ihr die Durchsetzung etwaiger Rückbauansprüche nach Maßgabe des § 18 Abs. 2 WEG verlangen (Rz. 1456).

IX. Wiederaufbau (§ 22 WEG)

1262 Das WEMoG hat die Regelungen zum Wiederaufbau von denen zu baulichen Veränderungen gelöst. Das ist zu begrüßen, denn der Wiederaufbau betrifft keine bauliche Veränderung, sondern beschreibt lediglich einen Unterfall der Erhaltung.[1] Denn mit dem Wiederaufbau soll der Soll-Zustand lediglich wiederhergestellt, aber nicht neu definiert werden. Der Wortlaut von § 22 WEG entspricht bis auf marginale redaktionelle Änderungen dem des **§ 22 Abs. 4 WEG a.F.**

X. Exkurs: Wohnraumgewinnung durch Dachgeschoßausbau, Aufstockung, Nachverdichtung

1263 Die **neuen Vorschriften für bauliche Veränderungen** erleichtern es, zusätzlichen Wohnraum durch Dachgeschossausbau, Aufstockung und Anbauten zur Nachverdichtung zu schaffen. Denn anders als in der Vergangenheit ist in der Regel nicht mehr die Zustimmung aller Wohnungseigentümer notwendig. Solange es sich um keine grundlegende Umgestaltung der Wohnanlage handelt, genügt stattdessen ein Mehrheitsbeschluss (§ 20 Abs. 1 und 4 WEG). Eine grundlegende Umgestaltung wird bei einem Dachgeschoßausbau nur in Ausnahmefällen und bei einer maßvollen Aufstockung zumindest regelmäßig nicht anzunehmen sein. Bei Anbauten kommt es auf deren Größe im Verhältnis zur bestehenden Anlage an. Zu finanzieren sind die Maßnahmen in der Regel nur von denjenigen Wohnungseigentümern, die sie beschlossen haben (§ 21 Abs. 3 S. 1 WEG). Im Gegenzug stehen die Nutzungen aber auch nur diesen Wohnungseigentümern zu (§ 21 Abs. 3 S. 2 WEG-E); sie erhalten eine Art gesetzliches Sondernutzungsrecht an den neu geschaffenen Räumen (Rz. 963). Die Anwendung des § 21 Abs. 2 WEG wird regelmäßig an dem Unverhältnismäßigkeits-Kriterium scheitern.

1264 Das WEMoG sieht allerdings **keine Änderungen auf Ebene des Sachenrechts** vor: Aufgestockte Räume oder Anbauten stehen im Gemeinschaftseigentum (vgl. § 5 Abs. 1 S. 1 WEG); ein im Gemeinschaftseigentum stehendes Dachgeschoß bleibt Gemeinschaftseigentum, auch wenn es ausgebaut wurde. Die Umwandlung in Sondereigentum bedarf der Auflassung durch alle Wohnungseigentümer.

1265 **Aus praktischer Sicht** dürften Erweiterungsmaßnahmen zum Zweck des Weiterverkaufs daher nur selten umsetzbar sein. Durchaus denkbar sind aber **Selbstnutzer- und Vermietungsmodelle**.

---

1 BeckOGK-BGB/*Karkmann*, § 22 Rz. 199.

1266 **Beispiel 1:** Die Wohnung des Wohnungseigentümers W liegt im obersten Stockwerk des Gebäudes. W möchte sich vergrößern. Wenn er es schafft, die Mehrheit zu überzeugen, kann ihm die Aufstockung des Gebäudes gestattet werden (§ 20 Abs. 1 Alt. 2 WEG). W hat diese alleine zu finanzieren, darf das neue Stockwerk dann aber auch alleine nutzen. Sachenrechtlich steht das neue Stockwerk zwar im Gemeinschaftseigentum, W erhält durch § 21 Abs. 1 S. 2 WEG aber eine Art gesetzliches Sondernutzungsrecht. Eine nachträgliche Teilhabe anderer Wohnungseigentümer scheidet regelmäßig aus (Rz. 1122).

1267 **Beispiel 2:** Die Wohnungseigentümer A, B und C suchen nach einer Möglichkeit der Geldanlage. Wenn sie es schaffen, die Mehrheit zu überzeugen, kann ihnen die Aufstockung des Gebäudes zum Zweck der Vermietung gestattet werden (§ 20 Abs. 1 Alt. 2 WEG).

D. Übergangsrecht

1268 Das WEMoG sieht für die §§ 20 und 21 WEG keine Übergangsvorschriften vor. **Stichtag** ist deshalb der **1.12.2020**. Bezugspunkt muss schon aus Rechtssicherheitsgründen die **Beschlussfassung** sein und nicht etwa der Beginn oder die Fertigstellung der Bauarbeiten. Für alle bis einschließlich 30.11.2020 beschlossenen baulichen Veränderungen gilt deshalb das alte Recht fort (eingehend zur Wirkung von Altbeschlüssen Rz. 2015). Das gilt nicht nur für die Zulässigkeit baulicher Veränderungen, sondern insbesondere auch im Hinblick auf Kosten und Nutzungen.

1269 **Beispiel:** Am 20.8.2020 wird auf Grundlage der § 22 Abs. 2, § 16 Abs. 4 WEG a.F. der Bau eines Aufzugs auf Kosten aller Wohnungseigentümer beschlossen. Auch diejenigen Wohnungseigentümer, die nicht für den Bau des Aufzugs gestimmt haben, müssen für die Kosten einschließlich der Folgekosten aufkommen. Dies gilt auch nach Inkrafttreten des WEMoG fort; die Frage der Verhältnismäßigkeit (vgl. § 21 Abs. 2 S. 1 Nr. 1 WEG) stellt sich nicht.

§ 12
Erstherstellung, Erhaltung und modernisierende Instandsetzung

A. Das alte Recht und seine Probleme

1270 Hat das gemeinschaftliche Eigentum den vorgesehen Soll-Zustand zu keinem Zeitpunkt erreicht, so bezeichnet man die Beseitigung dieses Mankos durch die Gemeinschaft der Wohnungseigentümer als **erstmalige Herstellung** des gemeinschaftlichen Eigentums.[1] Die sich hierbei ergebenden Probleme regelte das bisherige Recht nicht ausdrücklich.

1271 Die **Erhaltung** des gemeinschaftlichen Eigentums regelte § 21 Abs. 5 Nr. 2 WEG a.F. unter der Bezeichnung „Instandhaltung und Instandsetzung". Reformbedarf bestand nur in Randbereichen: Die Möglichkeit, Erhaltungskosten durch Beschluss zu verteilen, scheiterte oft an den hohen Quoren des § 16 Abs. 4 WEG a.F. (dazu und zum neuen § 16 Abs. 2 S. 2 WEG Rz. 688). Kritisiert wurde auch, dass der Verwalter nicht einmal kleinere Erhaltungsmaßnahmen selbst organisieren konnte[2] (dazu und zur Ausweitung der diesbezüglichen Verwalterkompetenz durch den § 27 Abs. 1 Nr. 1 WEG Rz. 474). Schließlich wurde die Problematik sog. Problem- oder Schrottimmobilien im Rahmen der Bund-Länder-Arbeitsgruppe zur WEG-Reform diskutiert,[3] konnte den Gesetzgeber letzten Endes aber doch nicht zu einem Tätigwerden veranlassen.

1272 Von einer sog. **modernisierenden Instandsetzung** spricht man, wenn eine Erhaltungsmaßnahme dazu genutzt wird, das zu erhaltende Bauteil zu verbessern. Unter bestimmten Voraussetzungen wurde eine solche Maßnahme wie eine Erhaltung behandelt, obwohl sie Elemente einer baulichen Veränderung umfasste. Diese durch die Rechtsprechung geschaffene Figur hat der Gesetzgeber mit der WEG-Novelle 2007 in § 22 Abs. 3 WEG a.F. anerkannt, seine Voraussetzungen aber nicht kodifiziert.

B. Das neue Recht auf einen Blick

1273 Das WEMoG hat sich den Problemen der **erstmaligen Herstellung** des gemeinschaftlichen Eigentums nicht angenommen. Allerdings wirken sich die Modifikationen im Recht der baulichen Veränderungen mittelbar auch auf die erstmalige Herstellung aus (Rz. 1274).

---

1 Etwa Staudinger/*Lehmann-Richter*, § 21 WEG Rz. 156 ff.
2 Abschlussbericht Bund-Länder-Arbeitsgruppe WEG-Reform ZWE 2019, 429 (440).
3 Abschlussbericht Bund-Länder-Arbeitsgruppe WEG-Reform ZWE 2019, 429 (465).

Eine mittelbare Wirkung zeitigt das neue Recht der baulichen Veränderungen auch auf die **Erhaltung** (Rz. 1286). Im Übrigen hat ihr das WEMoG nur redaktionelle Änderungen verschafft:

- Die sperrigen Worte „Instandhaltung und Instandsetzung" wurden durch den Begriff der „Erhaltung" ersetzt (§ 13 Abs. 2 WEG). Inhaltliche Änderungen sind damit nicht verbunden.[1]
- Im Übrigen haben die Vorschriften, die die Erhaltung betreffen, ihren Ort geändert, nicht aber ihren Inhalt: Wie bisher zählen sie zur ordnungsmäßigen Verwaltung (§ 19 Abs. 2 Nr. 2 WEG, zuvor: § 21 Abs. 5 Nr. 2 WEG a.F.), auf die ein Anspruch besteht (§ 18 Abs. 2 Nr. 1 WEG, zuvor: § 21 Abs. 4 WEG a.F.).[2] Die Möglichkeit, die Kostenverteilungsmethode durch Beschluss zu ändern, regelt nun § 16 Abs. 2 S. 2 WEG (dazu Rz. 688; zuvor: § 16 Abs. 4 WEG a.F.).

Nicht mehr als eigene gesetzliche Kategorie geregelt ist die sog. **modernisierende Instandsetzung**; § 22 Abs. 3 WEG a.F. wurde ersatzlos gestrichen. An der Rechtslage hat sich gleichwohl nichts geändert, weil sich die Fälle der modernisierenden Instandsetzung nahtlos in das System der baulichen Veränderungen einfügen (Rz. 1292).

C. Das neue Recht im Detail

I. Mittelbare Einschränkung des Erstherstellungsanspruchs

1274 Bei den Änderungen ist zwischen der Inhaltskontrolle eines Mehrheitsbeschlusses über die erstmalige Herstellung des gemeinschaftlichen Eigentums (unten 1.) und dem Anspruch, dass ein solcher Beschluss gefasst wird (unten 2.), zu unterscheiden.

1. Herstellungsbeschluss und Kostenverteilung

1275 Die erstmalige Herstellung des gemeinschaftlichen Eigentums ist **keine bauliche Veränderung**. Diese zutreffende Einordnung durch die h.M. zum bisherigen Recht wird durch die neuen Regelungen in § 20 WEG bestätigt. Denn eine bauliche Veränderung setzt voraus, dass die im Beschluss geregelte Maßnahme vom bisherigen Soll-Zustand des gemeinschaftlichen Eigentums abweicht und diesen neu definiert (Rz. 969).

1276 Die **Inhaltskontrolle** eines Beschlusses über die erstmalige Herstellung richtet sich daher nicht nach den Kriterien des § 20 WEG (zu diesen Rz. 1007). Das neue Recht hat die Maßstäbe mithin nicht verändert; maßgeblich ist wie bisher auch das Kriterium der Ordnungsmäßigkeit (§ 18 Abs. 2 WEG).[3] Auch zum neuen Recht ist eine

1 BT-Drucks. 19/18791, S. 51.

2 Der Anspruch richtet sich nach neuem Recht allerdings nicht mehr gegen die übrigen Wohnungseigentümer, sondern gegen die Gemeinschaft der Wohnungseigentümer, Rz. 316.

3 Näher Staudinger/*Lehmann-Richter*, § 21 WEG Rz. 163 f.

Analogie zu den jetzt in § 22 WEG (bisher: § 22 Abs. 4 WEG a.F.) geregelten Belastungsgrenzen für den Wiederaufbau abzulehnen, weil der Wiederaufbau mit der erstmaligen Herstellung nicht vergleichbar ist.[1]

1277 Die Verteilung der **Erstherstellungskosten** richtet sich konsequenterweise nach § 16 WEG und nicht nach § 21 WEG. Maßgeblich sind deshalb die Miteigentumsanteile (§ 16 Abs. 2 S. 1 WEG).

1278 Beim **Sonderfall „steckengebliebener Bau“** wird diskutiert, ob sich die gesetzliche Kostenverteilung nach den Leistungen der Wohnungseigentümer an den Bauträger zu orientieren hat. Das WEMoG verhält sich zu dieser umstrittenen Frage nicht.

1279 Die **Kompetenz** der Wohnungseigentümer, einen **abweichenden Kostenverteilungsschlüssel** für die Erstherstellung zu beschließen, folgt aus § 16 Abs. 2 S. 2 WEG. Entscheidend ist, ob es sich um einzelne Kosten oder bestimmte Arten von Kosten handelt (dazu Rz. 694). Das ist zum einen zu bejahen, wenn der Beschluss sich auf konkrete Baumaßnahmen bezieht. Ausreichend ist es zum anderen aber auch, wenn die Beschlussformel allgemein von „Kosten der erstmaligen Herstellung“ spricht, weil dies die betroffene Kostengruppe hinreichend konkret bezeichnet.

1280 Die **Inhaltskontrolle** des Kostenverteilungsschlüsselbeschlusses richtet sich im Falle seiner Anfechtung nach dem allgemeinen Grundsatz der Ordnungsmäßigkeit. Hier sind die Umstände des Einzelfalls zu würdigen; maßgeblich ist, ob der beschlossene Verteilerschlüssel zu einer bei wertenden Betrachtung gerechteren Kostenverteilung führt als das Verhältnis der Miteigentumsanteile (Rz. 701). Danach kann etwa ein Beschluss ordnungsmäßiger Verwaltung entsprechen, der in einer Mehrhausanlage die Herstellungskosten nur unter den dortigen Sondereigentümern verteilt (Rz. 702). Ordnungswidrig ist hingegen ein Beschluss, der die Kosten der erstmaligen Herstellung dem Sondereigentümer auferlegt, in dessen Bereich das gemeinschaftliche Eigentum liegt, z.B. die Kosten der erstmaligen Abdichtung des Fundaments dem Erdgeschosseigentümer. Ebenfalls kein überzeugendes Kriterium für die Kostenverteilung ist beim steckengebliebenen Bau das Verhältnis der Zahlungen der einzelnen Wohnungseigentümer an den Bauträger. Denn die Rechtsbeziehungen der Wohnungseigentümer zum Bauträger sind für das Innenverhältnis der Gemeinschaft richtigerweise ohne Bedeutung.[2]

2. Nicht-Herstellung

1281 Nach der **h.M. zum alten Recht** hatte jeder Wohnungseigentümer grundsätzlich einen Anspruch auf erstmalige Herstellung des gemeinschaftlichen Eigentums.[3] Von der erstmaligen Herstellung konnte nur in Ausnahmefällen, in denen mit ihr **unzumutbare Belastungen** einhergingen, abgesehen werden.

1 *Ott*, NZM 2003, 134 (136); Staudinger/*Lehmann-Richter*, § 22 WEG Rz. 147.
2 Vgl. *Ott*, NZM 2003, 134 (137).
3 BGH v. 14.11.2014 – V ZR 118/13, NJW 2015, 2027 Rz. 20.

1282 Diese Sichtweise lässt sich vor dem Hintergrund der neuen Vorschriften für bauliche Veränderungen in § 20 WEG **nicht mehr aufrechterhalten**. Zwar hat auch nach neuem Recht jeder Wohnungseigentümer grundsätzlich einen Anspruch darauf, dass das gemeinschaftliche Eigentum erstmalig hergestellt wird. Denn dessen Soll-Zustand ist Teil der Vereinbarung, auf deren Vollzug nach § 18 Abs. 2 Nr. 1 WEG ein Anspruch besteht. Allerdings erlaubt § 20 Abs. 1 WEG, mit einfacher Stimmenmehrheit bauliche Veränderungen zu beschließen, also den Soll-Zustand des gemeinschaftlichen Eigentums neu zu definieren (dazu Rz. 969). Das schließt die Entfernung von Bauteilen ein. Weil die Nicht-Herstellung eines Bauteils seiner Entfernung gleichsteht, kann **kein unbedingter Ersthherstellungsanspruch** mehr bestehen.

1283 **Beispiel:** Die Teilungserklärung sieht den Bau eines überdachten Fahrradstellplatzes vor.

Variante 1: Die Überdachung wird vom Bauträger nicht errichtet. Die Wohnungseigentümer beschließen mehrheitlich, die Überdachung nicht zu errichten.

Variante 2: Die Überdachung wurde vom Bauträger errichtet. Die Wohnungseigentümer beschließen mehrheitlich, die Überdachung zu entfernen.

Beide Beschlüsse haben dieselbe tatsächliche Auswirkung, nämlich dass ein überdachter Fahrradstellplatz nicht (mehr) zum Soll-Zustand des gemeinschaftlichen Eigentums gehört.

Bei wertender Betrachtung besteht kein Unterschied, ob die Wohnungseigentümer die erstmalige Herstellung ablehnen oder aber einen Beschluss fassen, das bereits errichtete Gemeinschaftseigentum baulich so zu verändern, dass es dem Zustand vor erstmaliger Herstellung entspricht. Wenn die **Mehrheit** aber die Kompetenz hat, unter den Voraussetzungen des § 20 WEG Beschlüsse über bauliche Veränderungen zu fassen, so muss sie unter denselben Voraussetzungen die Macht haben, **von der erstmaligen Herstellung abzusehen**. Der Anspruch nach § 18 Abs. 2 Nr. 1 WEG steht also unter dem Vorbehalt eines abweichenden Beschlusses nach § 20 WEG. Im Ergebnis besteht ein Anspruch auf erstmalige Herstellung mithin nur dann, wenn ein solcher Beschluss weder bestandskräftig gefasst wurde, noch rechtmäßigerweise gefasst werden kann. Letzteres ist der Fall, wenn die Nichtherstellung zu einer grundlegenden Umgestaltung der Wohnanlage oder zu einem Sonderopfer bei einem Wohnungseigentümer führen würde (§ 20 Abs. 4 WEG) oder sie aus anderen Gründen ordnungsmäßiger Verwaltung widerspräche (Rz. 1007).

1284 Das neue Recht weitet damit die Entscheidungsbefugnisse der Mehrheit, wie mit dem bisher nicht hergestellten gemeinschaftlichen Eigentum verfahren werden soll, im Vergleich zum bisherigen Recht aus. Das ist mit Blick auf die gesetzgeberische Entscheidung zu § 20 WEG wertungskonsistent. Das Interesse der **Minderheit**, das gemeinschaftliche Eigentum erstmalig herzustellen, bleibt hinreichend gewahrt. Insbesondere wenn die Errichtung des gemeinschaftlichen Eigentums erforderlich ist, damit ein Wohnungseigentümer sein Sondereigentum überhaupt gebrauchen kann, besteht ein Ersthherstellungsanspruch, weil dem Wohnungseigentümer durch die Nicht-Herstellung ein Sonderopfer im Sinne des § 20 Abs. 4 WEG aufgebürdet würde.

1285 Zu beachten ist aber, dass sich die Mehrheit **nicht darauf beschränken** darf, die **Ersthherstellung abzulehnen**. Denn durch einen solchen Negativbeschluss wird der

Soll-Zustand des gemeinschaftlichen Eigentums nicht neu definiert. Hierfür bedarf es vielmehr eines Beschlusses über die bauliche Veränderung des in Rede stehenden Bauteils, der die Erhaltungsmaßnahme überflüssig macht.[1]

II. Erhaltung

1. Redaktionelle Änderungen

1286 Das WEMoG führt den Begriff der Erhaltung in das WEG ein. Eine inhaltliche Änderung geht damit nicht einher,[2] weil es sich nach der Legaldefinition in § 13 Abs. 2 WEG lediglich um den **Obergriff der Begriffe Instandhaltung und Instandsetzung** handelt, die aus dem alten Recht übernommen wurden. Sie sind ihrerseits auslegungsbedürftig,[3] weshalb die neue Legaldefinition nicht zu einer konkreteren Beschreibung führt. Inhaltliche Änderungen sind damit nicht verbunden. Das WEMoG bringt aber eine sprachliche Harmonisierung mit Vorschriften aus anderen Rechtsgebieten (vgl. § 555a, § 744 Abs. 2 BGB)

1287 Die Legaldefinition bezieht sich nicht auf das den Wörtern „Instandhaltung und Instandsetzung“ vorangestellte Merkmal „ordnungsmäßig“,[4] weshalb die Erhaltung **auch nicht ordnungsmäßige Maßnahmen** erfasst.

2. Mittelbare Einschränkung des Erhaltungsanspruchs

1288 **Zum bisherigen Recht** war anerkannt, dass die Wohnungseigentümer grundsätzlich Beschlüsse über die Erhaltung des gemeinschaftlichen Eigentums fassen müssen. Ist eine sofortige Erhaltung zwingend erforderlich, besteht ein **unbedingter Anspruch auf positive Beschlussfassung**; allein nicht zwingend erforderliche Maßnahmen können die Wohnungseigentümer nach der Rechtsprechung des BGH aus triftigem Grund zurückstellen.[5] In der Literatur wird dementsprechend ein Entschließungsermessen der Wohnungseigentümer bei Erhaltungsmaßnahmen teilweise ausdrücklich abgelehnt.[6]

1289 Auch nach neuem Recht folgt aus § 18 Abs. 2 Nr. 1, § 19 Abs. 2 Nr. 2 WEG, dass die Wohnungseigentümer im Beschlusswege eine Entscheidung herbeiführen müssen, wie auf Erhaltungsbedarf des gemeinschaftlichen Eigentums reagiert werden soll. Das neue Recht der Beschlussfassung über bauliche Veränderungen (§ 20 WEG) erweitert hier aber die Möglichkeiten der Wohnungseigentümer, **rechtmäßigerweise von der Erhaltung abzusehen**. Denn § 20 WEG hat die Schranken für die rechtmäßige Beschlussfassung über bauliche Veränderungen deutlich abgesenkt (näher Rz. 1007). Steht die Beschlussfassung über eine Erhaltungsmaßnahme im Raum,

---

1 Wie bei anderen Beschlüsse auch kann auch ein solcher Beschlussinhalt bei Unklarheiten ggf. durch Auslegung ermittelt werden, s. etwa BGH v. 11.11.2011 – V ZR 65/11, NJW 2012, 603 Rz. 12; Staudinger/*Häublein*, § 24 WEG Rz. 250.

2 BT-Drucks. 19/18791, S. 51.

3 Staudinger/*Lehmann-Richter*, § 21 WEG Rz. 118.

4 Vgl. BT-Drucks. 19/18791, S. 51.

5 BGH v. 17.10.2014 (V ZR 9/14) NJW 2015, 613 Rz. 10.

6 BeckOK-WEG/*Elzer* § 21 Rz. 105; Staudinger/*Lehmann-Richter*, § 21 WEG Rz. 105.

können die Wohnungseigentümer diesen neuen Entscheidungsspielraum nutzen, um die Beseitigung des erhaltungsbedürftigen Bauteils rechtmäßig zu beschließen und so dem Erhaltungsanspruch einzelner Wohnungseigentümer die Grundlage zu entziehen. Denn der Beschluss über die bauliche Veränderung führt zu einer Veränderung des Soll-Zustands des gemeinschaftlichen Eigentums (eingehend Rz. 969). Der Anspruch auf Erhaltung ist aber nur auf Erreichung des jeweiligen Soll-Zustands gerichtet.[1]

1290 **Beispiel:** Das Vordach des Hauseingangs ist mangelhaft. Wohnungseigentümer A beantragt, es möge die Sanierung des Vordachs beschlossen werden. Die Mehrheit beschließt stattdessen, das Vordach abzureißen.

Die Veränderungssperren des § 20 Abs. 4 WEG werden typischerweise nicht einschlägig sein. Der dann rechtmäßige Rückbaubeschluss entzieht dem Anspruch auf Erhaltung die Grundlage.

1291 Zu beachten ist aber, dass sich die Mehrheit **nicht darauf beschränken** darf, die **Erhaltungsmaßnahme abzulehnen**. Denn durch einen solchen Negativbeschluss wird der Soll-Zustand des gemeinschaftlichen Eigentums nicht neu definiert. Hierfür bedarf es vielmehr eines Beschlusses nach § 20 Abs. 1 WEG über die bauliche Veränderung des in Rede stehenden Bauteils, der die Erhaltungsmaßnahme überflüssig macht.[2]

III. Aufgabe der modernisierenden Instandsetzung als eigenständige Kategorie

1292 Erhaltungsmaßnahme werden häufig dazu genutzt, das zu erhaltende Bauteil zu verbessern. Die Erhaltungsmaßnahme wird also mit einer baulichen Veränderung verbunden. Die Rechtsprechung hat dafür die Figur der sog. **modernisierenden Instandsetzung** geschaffen, die der Gesetzgeber mit der WEG-Novelle 2007 in § 22 Abs. 3 WEG a.F. anerkannt hat. Die Besonderheit dieser Figur lag darin, dass die in einer modernisierenden Instandsetzung enthaltene bauliche Veränderung mit einfacher Stimmenmehrheit auf Kosten aller Wohnungseigentümer beschlossen werden durfte, wenn sich die Mehrkosten gegenüber der bloßen Erhaltung in einem angemessenen Zeitraum amortisieren.[3] Auf das erhöhte Quorum des § 22 Abs. 2 WEG a.F. kam es nicht an.

1293 Das WEMoG hat die sog. modernisierende Instandsetzung **als eigenständige Kategorie aufgegeben**. Denn nunmehr können alle baulichen Veränderungen – also auch solche anlässlich einer Erhaltungsmaßnahme – mit einfacher Stimmenmehrheit beschlossen werden (§ 20 Abs. 1 WEG). Wenn sich deren Kosten in einem angemessenen Zeitraum amortisieren, sind sie von allen Wohnungseigentümern zu tragen (§ 21 Abs. 2 S. 1 Nr. 2 WEG). Die Fälle der sog. modernisierenden Instandhaltung

---

1 Staudinger/*Lehmann-Richter*, § 21 WEG Rz. 121.

2 Wie bei anderen Beschlüsse auch kann auch ein solcher Beschlussinhalt bei Unklarheiten ggf. durch Auslegung ermittelt werden, s. etwa BGH v. 11.11.2011 – V ZR 65/11, NJW 2012, 603 Rz. 12; Staudinger/*Häublein*, § 24 WEG Rz. 250.

3 Zum Ganzen Staudinger/*Lehmann-Richter*, § 22 WEG Rz. 119 ff.

fügen sich damit nahtlos in das System der §§ 20 und 21 WEG ein, ohne dass es dafür einer eigenen Kategorie bedürfte.

1294 Dadurch löst sich eine **Ungereimtheit des früheren Rechts** auf. Denn es war nicht recht verständlich, warum bauliche Veränderungen, deren Kosten sich innerhalb eines angemessenen Zeitraums amortisieren, unterschiedlich behandelt werden sollen, je nachdem ob sie anlässlich einer Erhaltungsmaßnahme beschlossen wurden (dann: modernisierende Instandsetzung mit einfacher Stimmenmehrheit) oder losgelöst von einer solchen (dann: § 22 Abs. 2 WEG a.F.).

1295 Nach neuem Recht sind die Fälle der sog. modernisierenden Instandsetzung nur noch eine besondere **Sachverhaltskonstellation**: Erhaltung und bauliche Veränderung erfolgen in einem Zug. Rechtlich lässt sich diese Sachverhaltskonstellation sauber einordnen, wenn man den Beschlussgegenstand bei einer baulichen Veränderung auf die Neu-Definition des Soll-Zustand beschränkt (Rz. 999). Nur hinsichtlich der durch die Neu-Definition verursachten Kosten stellt sich die Amortisationsfrage (§ 21 Abs. 2 S. 1 Nr. 2 WEG). Die übrigen Kosten, also diejenigen, die auch notwendig wären, um den bisherigen Soll-Zustand wiederherzustellen, sind als Erhaltungskosten ohnehin von allen Wohnungseigentümern zu tragen (§ 16 Abs. 2 S. 1 WEG).

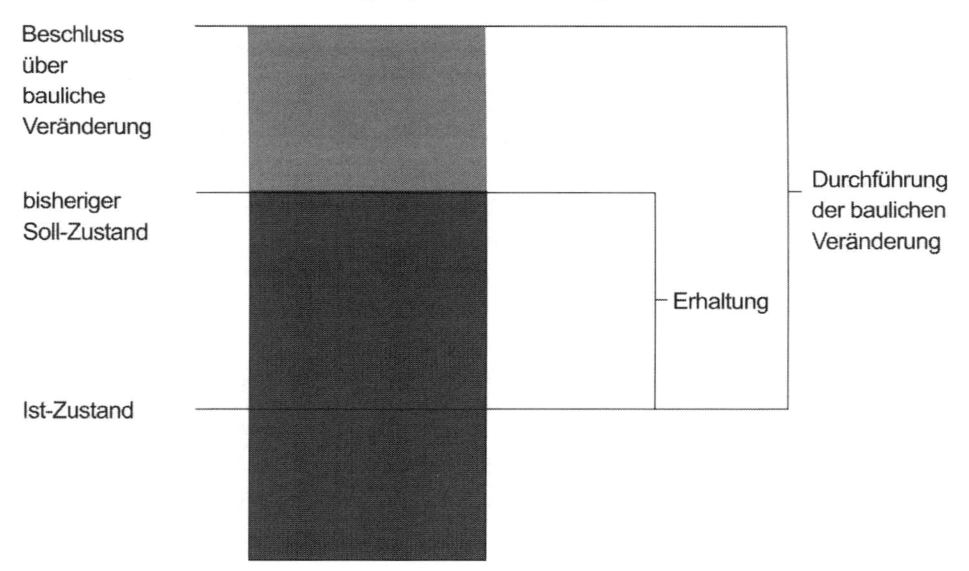

1296 **Erläuterung:** Ausgangspunkt ist ein Erhaltungsbedarf, also ein Abweichen des Ist- vom (bisherigen) Soll-Zustand. Eine Erhaltungsmaßnahme würde sich darauf beschränken, den Istan den Soll-Zustand anzugleichen; sie wäre auf Grundlage des § 19 Abs. 1 WEG zu beschließen. Bei einer sog. modernisierenden Instandsetzung wird jedoch auf Grundlage des § 20 Abs. 1 WEG auch über eine bauliche Veränderung beschlossen, also der Soll-Zustand zugleich neu definiert. Die tatsächliche Herstellung des neu definierten Soll-Zustands, also die Durchführung der baulichen Veränderung, schließt die Erhaltungsmaßnahme logisch mit ein; über sie ist auch auf Grundlage des § 19 Abs. 1 WEG zu beschließen.

1297 **Beispiel:** Die Öl-Heizung (= bisheriger Soll-Zustand) ist defekt. Anstelle einer neuen Öl-Heizung (= Erhaltung) wird beschlossen, das Gebäude an ein Fernwärmenetz anzuschließen (= neuer Soll-Zustand). Zudem wird beschlossen, bestimmte Handwerker mit den notwendigen Arbeiten zu beauftragen (= Durchführung der baulichen Veränderung).

Durch die bauliche Veränderung werden nur die Mehrkosten des Fernwärmeanschlusses gegenüber einer neuen Öl-Heizung verursacht; amortisieren sich diese Mehrkosten im Sinne des § 21 Abs. 2 S. 1 Nr. 2 WEG, sind sie von allen Wohnungseigentümern zu tragen.

D. Übergangsrecht

1298 Das WEMoG enthält keine ausdrücklichen Übergangsregeln zum Recht der erstmaligen Herstellung und der Erhaltung. Beschlüsse über solche Maßnahmen oder ihre Finanzierung sind deshalb nach dem Recht zu kontrollieren, das bei Beschlussfassung galt (allgemein zu Altbeschlüssen Rz. 2015). Der Anspruch auf Beschlussfassung richtet sich ab dem Inkrafttreten des WEMoG allein nach neuem Recht.

§ 13 Gebrauchsrechte der Wohnungseigentümer

1299 Dieses Kapitel behandelt das Recht der Wohnungseigentümer zum Gebrauch des Gemeinschafts- und Sondereigentums. Die Rechtsfolgen von Gebrauchsstörungen werden in Kapitel 14 (Rz. 1391) erörtert, die Gebrauchsrechte Dritter sind Thema des Kapitels 15 (Rz. 1571).

A. Das alte Recht und seine Probleme

1300 Das Recht der Wohnungseigentümer zum Gebrauch des Sonder- und Gemeinschaftseigentums regelte bislang § 13 Abs. 1 und Abs. 2 S. 1 WEG a.F. Die Schranken dieses Gebrauchsrechts ergaben sich aus § 14 und aus § 15 Abs. 3 WEG a.F. Dieses Regelungssystem wies zwar **keine grundsätzlichen Probleme** auf. Die Stärkung der Rechtsposition der Gemeinschaft der Wohnungseigentümer durch das WEMoG erforderte aber eine grundlegende systematische Überarbeitung.

B. Das neue Recht auf einen Blick

1301 Das WEMoG verwendet die Begriffe „Gebrauch" und „Benutzung" als Synonyme. Sie sind ein Teil der Nutzungen, die neben den Gebrauchsvorteilen auch die Früchte erfassen (§ 100 BGB).

1302 Die Verwendung des Begriffs „Benutzung" anstatt „Gebrauch" in § 18 Abs. 2 und § 19 Abs. 2 WEG hat allein sprachliche Gründe, weil sich „Gebrauch" nicht reibungslos in die Satzstruktur eingefügt hätte.[1] Der Gesetzgeber hat darauf verzichtet, auch im Übrigen das Wort „Gebrauch" durch „Benutzung" zu ersetzen, um so weit wie möglich in der allgemeinen Terminologie zu bleiben (§ 100 BGB). Das steht in der Tradition des Rechts der Gemeinschaft, das ebenfalls – je nach sprachlicher Notwendigkeit – beide Begriffe verwendet (vgl. § 743 Abs. 2, § 745 Abs. 1 S. 1, Abs. 2 BGB).

1303 § 13 Abs. 1 WEG betrifft das Recht des Wohnungseigentümers zum Gebrauch seines Sondereigentums, § 16 Abs. 1 S. 3 WEG regelt das Recht zum Mitgebrauch des gemeinschaftlichen Eigentums. Beide Rechte werden durch § 14 Abs. 1 und 2 WEG eingeschränkt; darauf reagiert § 14 Abs. 3 WEG mit einem Ausgleichsanspruch des Wohnungseigentümers.

1304 Das Recht zum Gebrauch des baulich veränderten gemeinschaftlichen Eigentums regelt jeweils Satz 2 der Absätze 1 bis 4 des § 21 WEG. Dieses Gebrauchsrecht wird aus systematischen Gründen in Kapitel 11 (Rz. 1042) erörtert. Weitere Vorschriften mit Bezug zum Thema dieses Kapitel sind § 13 Abs. 2 WEG, der die Befugnis zur bauli-

1 BT-Drucks. 19/18791, S. 59.

chen Veränderung des Sondereigentums regelt (Rz. 1222) sowie der Anspruch auf binnenrechtskonforme Benutzung (§ 18 Abs. 2 Nr. 2 WEG, dazu Rz. 1455).

C. Das neue Recht im Detail

1305 Bei der Darstellung des neuen Rechts ist zwischen dem Gebrauch des Sondereigentums (unten I.) und dem Gebrauch des gemeinschaftlichen Eigentums (unten II.) zu unterscheiden. Daneben ist der Anspruch aus § 14 Abs. 3 WEG in den Blick zu nehmen (unten III.).

I. Recht zum Gebrauch des Sondereigentums

1306 Zunächst zum Recht des Wohnungseigentümers zum Gebrauch seines Sondereigentums. Ob das Recht des Wohnungseigentümers, sein Sondereigentum baulich zu verändern, als Gebrauchsrecht einzuordnen ist, ist eine theoretische Frage. Dieses Veränderungsrecht unterliegt den Schranken des § 13 Abs. 2 WEG und wird aus systematischen Gründen bei Rz. 1222 erörtert.

1. Grundlage des Gebrauchsrechts

1307 Nach § 13 Abs. 1 WEG kann jeder Wohnungseigentümer, soweit nicht das Gesetz entgegensteht, mit seinem Sondereigentum nach Belieben verfahren, insbesondere dieses bewohnen, vermieten, verpachten oder in sonstiger Weise nutzen, und andere von Einwirkungen ausschließen. Man kann diese Rechte in Anlehnung an eine bei § 903 BGB verbreitete Terminologie als „**Sondereigentümerbefugnisse**“ bezeichnen. Ein wichtiger Teil dieser Sondereigentümerbefugnisse ist das Gebrauchsrecht, das in § 13 Abs. 1 WEG mit dem Wort „nutzen“ umschrieben wird.

1308 **§ 13 Abs. 1 WEG** ist durch das WEMoG in zwei Punkten geändert worden: Zum einen wurden die in § 13 Abs. 1 WEG a.F. genannten „Gebäudeteile“ gestrichen. Dies beruht auf der Ausweitung der Sondereigentumsfähigkeit auf Freiflächen in § 3 Abs. 2 WEG.[1] Daneben wurde die Passage in § 13 Abs. 1 WEG a.F. beseitigt, nach der die Sondereigentümerbefugnisse durch entgegenstehende Rechte Dritter beschränkt wurden. Damit hat das WEMoG den inhaltlichen Gleichklang von § 13 Abs. 1 WEG a.F. und § 903 S. 1 BGB aufgegeben. Daraus wird deutlich, dass § 13 Abs. 1 WEG nicht *lex specialis* zu § 903 S. 1 BGB ist. Vielmehr ist § 903 S. 1 BGB ohne Einschränkung auch auf das Sondereigentum anwendbar, was die neue Legaldefinition in § 3 Abs. 1 Abs. 1 WEG verdeutlicht.[2] Die Sondereigentümerbefugnisse folgen daher aus § 903 S. 1 BGB. § 13 Abs. 1 WEG spiegelt diese absolut wirkenden Sondereigentümerbefugnisse in das **Schuldverhältnis der Wohnungseigentümer**: Die Vorschrift hat schuldrechtlichen Charakter und begründet insoweit Rechte der

1 BT-Drucks. 19/18791, S. 51.

2 Nach BT-Drucks. 19/18791, S. 38 dient die Legaldefinition der Klarstellung, dass Sondereigentum Eigentum im Sinne des BGB ist, aber keine inhaltliche Änderung des Sondereigentumsbegriffs.

Wohnungseigentümer gegenüber den übrigen Wohnungseigentümern und der Gemeinschaft der Wohnungseigentümer.

1309 § 13 Abs. 1 WEG ist daher eine Norm ohne zwingende Funktion, da die Sondereigentümerbefugnisse bereits aus § 903 S. 1 BGB folgen. Die Existenz von § 13 Abs. 1 WEG wird vor allem im **historischen Zusammenhang** verständlich: Der Gesetzgeber wollte bei Schaffung des WEG im Jahre 1951 dem Missverständnis vorbeugen, das (neu eingeführte) Sondereigentum unterstehe nicht den Regeln des BGB über das Eigentum. Das WEMoG hätte, nachdem sich diese Gefahr letztlich nicht verwirklicht hat, § 13 Abs. 1 WEG daher durchaus streichen können. Hierauf wurde indes vor allem deshalb verzichtet, um nicht unnötig Rechtsunsicherheit auszulösen. § 13 Abs. 1 WEG hat daher vor allem die Funktion, klarzustellen, dass die gesetzlichen Befugnisse nach § 903 S. 1 BGB hinsichtlich des Sondereigentums durch die Mitgliedschaft in der Gemeinschaft der Wohnungseigentümer grundsätzlich nicht beschränkt werden.

2. Einschränkungen des Gebrauchsrechts

1310 § 903 S. 1 BGB und § 13 Abs. 1 WEG stellen das Gebrauchsrecht des Wohnungseigentümers unter den Vorbehalt des Gesetzes. Das WEG enthält drei gesetzliche Schranken:

- § 14 Abs. 1 Nr. 2 und Abs. 2 Nr. 2 WEG verpflichtet den Wohnungseigentümer, bestimmte Einwirkungen auf sein Sondereigentum zu dulden (unten a));
- § 14 Abs. 2 Nr. 1 WEG verpflichtet den Wohnungseigentümer, im Rahmen seines Gebrauchs bestimmte Einwirkungen auf fremdes Sondereigentum zu vermeiden (unten b));
- § 14 Abs. 1 Nr. 1 WEG verpflichtet den Wohnungseigentümer, beim Gebrauch die gesetzlichen Regelungen, Vereinbarungen und Beschlüsse einzuhalten (unten c))

a) Pflicht zur Duldung von Einwirkungen (§ 14 Abs. 1 Nr. 2, Abs. 2 Nr. 2 WEG)

1311 Zunächst zur Pflicht des Wohnungseigentümers aus § 14 Abs. 1 Nr. 2 und Abs. 2 Nr. 2 WEG, bestimme Einwirkungen der Gemeinschaft der Wohnungseigentümer und der übrigen Wohnungseigentümer zu dulden.

aa) Grundlagen

1312 Die Pflicht, Gebrauchsstörungen des Sondereigentums zu dulden, regelte im **alten Recht** § 14 Nr. 3 und 4 WEG a.F. § 14 Nr. 3 WEG a.F. betraf „Einwirkungen“, die auf einem nach § 14 Nr. 1 und 2 WEG a.F. zulässigen Gebrauch beruhten, während § 14 Nr. 4 WEG a.F. das Betreten und die Benutzung des Sondereigentums zwecks Instandhaltung und Instandsetzung betrafen. Dem Wortlaut beider Vorschriften war nicht genau zu entnehmen, wem gegenüber die Duldungspflicht bestand. Nach der Rechtsprechung des BGH sollte es sich um Ansprüche der Wohnungseigentümer handeln, die aber kraft Gesetzes nach § 10 Abs. 6 S. 3 Hs. 1 WEG a.F. der Gemeinschaft der Wohnungseigentümer zur Ausübung zugeordnet sein sollten.[1]

1313 Das **WEMoG** hat diese Unsicherheiten beseitigt, indem § 14 WEG jetzt deutlich zwischen den Duldungspflichten gegenüber der Gemeinschaft der Wohnungseigentümer und gegenüber den übrigen Wohnungseigentümern unterscheidet. Aufgegeben wurde auch die – sachlich nicht gerechtfertigte – räumliche Trennung der Einwirkungen durch den Gebrauch (§ 14 Nr. 3 WEG a.F.) von den Einwirkungen durch Betreten oder aufgrund einer Benutzung zwecks Instandhaltung oder Instandsetzung (§ 14 Nr. 4 WEG a.F.). Diese und andere Störungen fasst das neue Recht jetzt unter dem Oberbegriff „Einwirkungen" zusammen.

(1) Normzweck

1314 § 14 Abs. 1 Nr. 2, Abs. 2 Nr. 2 WEG dient dazu, ein dem Binnenrecht in der Gemeinschaft entsprechenden Umgang mit dem Sonder- oder Gemeinschaftseigentum gegen Abwehrrechte der Wohnungseigentümer abzusichern. Die Regelung soll sicherstellen, dass ein solcher Umgang nicht untersagt oder auf anderem Wege sanktioniert werden kann. § 14 Abs. 1 Nr. 2, Abs. 2 Nr. 2 WEG beschränkt zu diesem Zweck die Eigentümerbefugnisse, insbesondere auf einen ungestörten Gebrauch des eigenen Sondereigentums, aber auch auf einen störungsfreien Mitgebrauch des gemeinschaftlichen Eigentums. Neben diesen Gebrauchsrechten werden auch andere Eigentümerbefugnisse eingeschränkt, die durch Einwirkungen i.S.d. § 14 WEG beeinträchtigt werden können, etwa das Recht, dass physische Eingriffe in das Sonder- oder gemeinschaftliche Eigentum unterbleiben.

(2) Rechtsnatur

1315 Die Duldungspflicht ist Bestandteil des allgemeinen Schuldverhältnisses, das zwischen dem duldungspflichtigen Wohnungseigentümer und der Gemeinschaft der Wohnungseigentümer (Rz. 39) sowie zwischen dem duldungspflichtigen Wohnungseigentümer und dem Wohnungseigentümer (Rz. 69) besteht. Zum Inhalt der Duldungspflicht Rz. 1328.

(3) Verhältnis zu den Duldungsregeln aus § 906 BGB

1316 Der in § 14 Abs. 1 Nr. 2 WEG verwendete Begriff der „Einwirkungen" ist aus § 906 Abs. 1 BGB bekannt (mit diesem indes nicht deckungsgleich, Rz. 1321). Damit ist das Verhältnis von § 14 Abs. 1 Nr. 2 und Abs. 2 Nr. 2 WEG zu den Duldungsregeln in § 906 Abs. 1 S. 1, Abs. 2 S. 1 BGB angesprochen. Die Konkurrenzfrage stellt sich deshalb, weil nach der Rechtsprechung § 906 Abs. 1 S. 1, Abs. 2 S. 1 BGB über ihren Wortlaut hinaus auch die Zulässigkeit von Immissionen innerhalb desselben Grundstücks regeln.[2] Die Konkurrenzfrage wurde zum alten Recht verbreitet so beantwor-

1 BGH v. 10.7.2015 – V ZR 194/14, NJW 2015, 2968 Rz. 14.
2 Etwa BGH v. 16.1.2015 – V ZR 110/14, NJW 2015, 2023 Rz. 10 (Mieter).

tet, dass sich die Duldungspflicht innerhalb der Gemeinschaft nur nach § 14 WEG richtet.[1] Daran ist zutreffend, dass die Duldungsregeln aus § 906 BGB regelmäßig praktisch keine Rolle spielen.

1317 **Beispiel 1:** Nach einer – als wirksam unterstellten – Regelung in der Gemeinschaftsordnung ist das Musizieren verboten. Jeder Wohnungseigentümer kann nach § 14 Abs. 2 Nr. 1 WEG dadurch ausgelöste Störungen seines Sondereigentums abwehren, weil die Störungen dem Binnenrecht widersprechen. Es kommt daher nicht darauf an, ob § 906 Abs. 1 S. 1 oder Abs. 2 S. 1 BGB diese Störung rechtfertigen.

1318 **Beispiel 2:** Nach einer – als wirksam unterstellten – Regelung in der Gemeinschaftsordnung ist das Musizieren ohne Einschränkungen erlaubt. Entsprechende Störungen seines Sondereigentums kann ein Wohnungseigentümer nicht nach § 14 Abs. 2 Nr. 1 WEG abwehren. Auch ein Anspruch aus § 1004 Abs. 1 BGB besteht nicht. Denn § 14 Abs. 2 Nr. 2 WEG verpflichtet ihn dazu, diese Störungen zu dulden. Es kommt daher nicht darauf an, ob auch § 906 Abs. 1 S. 1 oder Abs. 2 S. 1 BGB diese Störungen rechtfertigen würden.

1319 Richtigerweise besteht zwischen § 14 WEG und § 906 Abs. 1 S. 1, Abs. 2 S. 1 BGB aber **kein Spezialitätsverhältnis**. Denn § 14 WEG regelt die schuldrechtlichen Beziehungen der Wohnungseigentümer untereinander und zur Gemeinschaft der Wohnungseigentümer. Die gesetzlichen Regelungen in § 906 Abs. 1 S. 1, Abs. 2 S. 1 BGB werden hierdurch nicht verdrängt, sondern lediglich praktisch überlagert (zur Relevanz beim Besitzschutz Rz. 1446).

bb) Voraussetzungen

1320 Die Duldungspflicht nach § 14 Abs. 1 Nr. 2, Abs. 2 Nr. 2 WEG erfasst das Betreten des Sondereigentums und andere Einwirkungen (unten (1)), soweit diese den Vereinbarungen oder Beschlüssen entsprechen (unten (2)) oder, soweit solche fehlen, aus denen dem Wohnungseigentümer über das bei einem geordneten Zusammenleben unvermeidliche Maß hinaus kein Nachteil erwächst (unten (3)).

(1) Betreten oder andere Einwirkungen

1321 Gegenständlich betrifft die Duldungspflicht das Betreten oder andere Einwirkungen. „Einwirkungen" ist mithin der Oberbegriff, der indes nicht legaldefiniert ist. Das Merkmal ist auch aus § 904 S. 1, § 906 Abs. 1 S. 1 BGB sowie aus § 14 Nr. 3 WEG a.F. bekannt. Diese Normen können für das Verständnis von § 14 Abs. 1 Nr. 2, Abs. 2 Nr. 2 WEG aber nicht dergestalt herangezogen werden, dass sie zu deckungsgleichen Einwirkungsbegriffen führen. Denn in § 906 Abs. 1 S. 1 BGB wird der Begriff der Einwirkung maßgeblich durch die benannten Beispiele in der Norm geprägt, denen sonstige Einwirkungen ähneln müssen, was eine Beschränkung auf die Zuführung von Stoffen ergibt.[2] Unter § 904 S. 1 BGB fällt jede Art von Benutzungen und Veränderungen einschließlich Beschädigungen oder Zerstörungen.[3] § 14 Nr. 3 WEG a.F.

---

1 BeckOGK-BGB/*Klimke*, § 906 Rz. 78; BeckOGK-WEG/*Falkner*, § 15 Rz. 13; Staudinger/*Roth*, § 906 Rz. 4; vgl. auch OLG Düsseldorf v. 16.5.2003 – 3 Wx 98/03, ZMR 2004, 52.

2 Dazu und zu den umstrittenen Details BeckOGK-BGB/*Klimke*, § 906 Rz. 35 ff.

3 Etwa BeckOK-BGB/*Fritzsche*, § 904 Rz. 10.

wiederum stand selbständig neben dem in § 14 Nr. 4 WEG a.F. geregelten Betreten und der Benutzung des Sondereigentums, was für eine trennende Auslegung beider Begriffe sprach, die nach neuem Recht indes miteinander verklammert sind.

1322 Bereits aus der Einbeziehung des Betretens in den Bereich der Einwirkungen ergibt sich, dass § 14 Abs. 1 Nr. 2, Abs. 2 Nr. 2 WEG nicht auf Immissionen – also „Einwirkungen" i.S.d. § 906 Abs. 1 S. 1 BGB – beschränkt ist. Unter die Vorschrift fallen vielmehr **sämtliche Beeinträchtigungen** des Sondereigentums, unabhängig davon, ob es sich um Immissionen, das Betreten des Sondereigentums oder um physische Eingriffe in das Sondereigentum handelt. Der Begriff ist mithin weit zu verstehen, damit der Zweck der Norm, gerechtfertigtes Verhalten rechtlich durchzusetzen (Rz. 1314), erfüllt wird. Im Ergebnis erfasst § 14 Abs. 1 Nr. 2, Abs. 2 Nr. 2 WEG damit sowohl Einwirkungen im Sinne des § 906 Abs. 1 S. 1 BGB als auch im Sinne des § 904 S. 1 BGB.

(2) Binnenrechtskonformität

1323 § 14 Abs. 1 Nr. 2, Abs. 2 Nr. 2 WEG setzt weiter voraus, dass die Einwirkungen nach dem Binnenrecht in der Gemeinschaft gerechtfertigt sind. Hierfür stellt die Vorschrift zunächst auf die getroffenen **Vereinbarungen** oder **Beschlüsse** ab: Zu prüfen ist, ob die Einwirkungen dem entsprechen, was vereinbart oder beschlossen wurde. Regelmäßig wird dafür eine Auslegung des einschlägigen Rechtsgeschäfts erforderlich sein, weil dieses in den wenigsten Fällen die konkreten Einwirkungen zum Gegenstand hat, sondern (nur) einen bestimmten Gebrauch oder bestimmte Verwaltungshandlungen (zum Begriff Rz. 322). Es ist dann zu fragen, ob die konkreten Einwirkungen adäquat-kausale Folge des Gebrauchs oder der Verwaltungshandlung sind. Bei der Gesetzesauslegung ist zu beachten, dass mit dem Wort „Maß" in § 14 Abs. 2 Nr. 2 WEG das gesamte in § 14 Abs. 1 Nr. 2 WEG beschriebene Binnenrecht gemeint ist und nicht etwa nur das in § 14 Abs. 1 Nr. 2 WEG genannte „unvermeidliche Maß".

1324 **Beispiel 1:** Es wird die Sanierung der Fassade beschlossen, ein Wohnungseigentümer moniert die dadurch verursachten Lärmstörungen sowie die durch das aufgestellte Gerüst ausgelöste Verschattung seiner Wohnung.

Auch wenn Lärmstörung und Verschattung im Wortlaut des Beschlusses nicht als duldungspflichtig genannt sind, sind sie als adäquat-kausale Folge einer Fassadensanierung aufgrund des Sanierungsbeschlusses grundsätzlich gerechtfertigt. Ausnahmen sind indes denkbar, etwa wenn der Beschluss verbindliche Bauzeiten nennt und diese überschritten werden.

1325 **Beispiel 2:** Es wird beschlossen, dass das Musizieren nur zwischen 15 und 18 Uhr erlaubt ist. Ein Wohnungseigentümer fühlt sich sowohl durch den Gesang eines anderen Wohnungseigentümers als auch durch die parallel von einem Abspielgerät erzeugte Begleitmusik gestört.

Es ist eine Frage der Auslegung des Beschlusses, ob das Verhalten des potentiellen Störers den Begriff des Musizierens erfüllt.

1326 **Beispiel 3:** Einem Wohnungseigentümer ist in der Gemeinschaftsordnung das Recht zum Ausbau des Dachgeschosses eingeräumt worden. Die aufgrund dieser Regelung von den übrigen Wohnungseigentümern zu duldenden Beeinträchtigungen sind durch Auslegung der Ausbauregel zu ermitteln.[1]

1327 Verhalten sich Vereinbarungen oder Beschlüsse nicht zu den in Rede stehenden Einwirkungen, ist entscheidend, ob durch die Einwirkung dem Wohnungseigentümer über das bei einem geordneten Zusammenleben **unvermeidliche Maß** hinaus ein Nachteil erwächst. Dieser Topos ist aus § 14 Nr. 1 WEG a.F. sowie aus § 22 Abs. 1 S. 1 WEG a.F. bekannt. Er besteht aus zwei Voraussetzungen: Zum einen muss eine Rechtsbeeinträchtigung festgestellt werden („Nachteil"), zum anderen muss diese erheblich sein („über das bei einem geordneten Zusammenleben unvermeidliche Maß hinaus").[2] Ein Nachteil liegt immer dann vor, wenn sich nach der Verkehrsanschauung ein Wohnungseigentümer in der entsprechenden Lage verständlicherweise beeinträchtigt fühlen kann.[3] Ob dieser Nachteil erheblich ist, ist durch eine Abwägung der widerstreitenden Interessen – typischerweise geht es auf beiden Seiten um das Gebrauchsinteresse – zu ermitteln.[4] Es löst also nicht jede irgendwie vermeidbare Einwirkung eine Unterlassungspflicht aus, sondern nur eine solche, die nicht auf einem geordneten Zusammenleben beruht. Wegen der Details kann die Rechtsprechung zu § 14 Nr. 1 WEG a.F. fruchtbar gemacht werden.

cc) Rechtsfolgen

1328 § 14 Abs. 1 Nr. 2 WEG verpflichtet den Wohnungseigentümer gegenüber der Gemeinschaft der Wohnungseigentümer, Einwirkungen zu dulden. § 14 Abs. 2 Nr. 2 WEG ordnet dasselbe gegenüber den übrigen Wohnungseigentümern an. Das Duldungsrecht kann also sowohl den Wohnungseigentümern als auch der Gemeinschaft der Wohnungseigentümer zustehen. Praxisrelevant ist § 14 Abs. 1 Nr. 2 WEG vor allem bei Einwirkungen, die durch Baumaßnahmen der Gemeinschaft der Wohnungseigentümer verursacht werden, während der Hauptanwendungsfall von § 14 Abs. 2 Nr. 2 WEG Gebrauchsimmissionen anderer Wohnungseigentümer sind. Die Vorschriften gelten aber auch für ein der Gemeinschaft der Wohnungseigentümer zuzurechnendes Gebrauchsverhalten (z.B. das Betreten des Gemeinschaftseigentums durch den Verwalter) oder für durch Baumaßnahmen verursachte Einwirkungen, die von anderen Wohnungseigentümern ausgehen.

(1) Rechtfertigungsgrund

1329 § 14 Abs. 1 Nr. 2, Abs. 2 Nr. 2 WEG enthält zunächst jeweils einen unmittelbar wirkenden Rechtfertigungsgrund. Dies soll anhand von zwei Beispielen verdeutlicht werden:

1330 **Beispiel 1:** Wohnungseigentümer E1 möchte in seiner Wohnung Klavier spielen, die Geräusche wären in der Wohnung des E2 zu hören. Unterstellt, das Klavierspielen ist von § 14

1 Vgl. *Lehmann-Richter*, ZWE 2017, 193.

2 Vgl. Staudinger/*Lehmann-Richter*, § 22 WEG Rz. 53, auch zur teilweise anzutreffenden Tendenz, beide Merkmale miteinander zu verquicken.

3 BGH v. 1.6.2012 – V ZR 195/11, NJW 2012, 2725 Rz. 10.

4 Vgl. BVerfG v. 6.10.2009 – 2 BvR 693/09, NJW 2010, 220 Rz. 19.

Abs. 2 Nr. 2 WEG gedeckt: Kann E1 die Duldungspflicht des E2 selbst durchsetzen, indem er mit dem Klavierspiel beginnt, oder bedarf es einer Erfüllungshandlung durch E2, etwa durch Erklärung seines Einverständnisses?

1331 **Beispiel 2:** Es wird beschlossen, die Fenster und die Balkonbrüstung auszutauschen. Für den Fensteraustausch müssen die von der Gemeinschaft der Wohnungseigentümer beauftragten Handwerker in die Wohnung des E1. Kann die Gemeinschaft die Duldungspflicht des E1 dadurch selbst durchsetzen, dass sie die Brüstung auf dem Balkon des E1 austauscht, ja sogar dadurch, dass sie sich eigenmächtig zwecks Austauschs der Fenster Zutritt zur Wohnung des E1 verschafft?

1332 Eine sich mutmaßlich auf den Wortlaut („verpflichtet") stützende Auslegung, § 14 Abs. 1 Nr. 2, Abs. 2 Nr. 2 WEG enthielten jeweils lediglich einen Anspruch auf Erlaubnis der Einwirkung, würde dem Zweck der Norm (Rz. 1314) nicht gerecht, einen angemessenen Ausgleich zwischen den widerstreitenden Gebrauchsinteressen herzustellen. Denn es wäre offensichtlich nicht überzeugend, wenn ein Wohnungseigentümer vor jeder Ausübung eines nach den § 14 Abs. 2 Nr. 2 WEG gebilligten Gebrauchs zuvor darauf angewiesen wäre, dass die anderen Wohnungseigentümer diesem Gebrauch zustimmen. Dies verdeutlicht der Fall des Klavierspiels im obigen Beispiel 1.

1333 Im Beispiel 2 ist zwar durch das Betreten der räumliche Herrschaftsbereich des Sondereigentums stärker beeinträchtigt, als dies bei Immissionen (vgl. Beispiel 1) der Fall ist. Dies führt aber nicht dazu, dass diese Einwirkung von der vorherigen Erlaubnis des Wohnungseigentümers abhängig wäre. Der Wohnungseigentümer ist nämlich dadurch hinreichend geschützt, dass er aufgrund des Baubeschlusses nur das Betreten hinnehmen muss, nicht hingegen besondere Einwirkungen, die das Betreten erst ermöglichen sollen. Daher ist im Beispiel 2 ein gewaltsames Sich-Zutritt-Verschaffen nicht von § 14 Abs. 1 Nr. 2 WEG gedeckt. Soweit das Betreten ohne besondere Einwirkungen möglich ist, wird der Wohnungseigentümer durch die §§ 858 ff. BGB geschützt, die (auch) den Zweck haben, eine eigenmächtige Durchsetzung bestehender Rechte zu verhindern.[1]

1334 Wenn sich also im obigen Beispiel 2 die Handwerker gegen oder ohne den Willen des E1 Zutritt zum im Sondereigentum stehenden Balkon verschaffen, um die Brüstung auszutauschen, ist das Betreten von § 14 Abs. 1 Nr. 2 WEG gedeckt. Dem Wohnungseigentümer steht aber ein Abwehranspruch aus § 861 BGB zu. Dieser Anspruch wird nicht durch den nur petitorisch wirkenden § 14 Abs. 1 Nr. 2 WEG, aber durch § 906 BGB beschränkt (vgl. Rz. 1446).

1335 § 14 Abs. 1 Nr. 2, Abs. 2 Nr. 2 WEG enthält deshalb Rechtfertigungsgründe. Ist danach die Einwirkung auf das Sondereigentum gerechtfertigt, so sind etwaige schuldrechtliche Gegenrechte des betroffenen Wohnungseigentümers gesperrt.

1336 **Beispiel 1:** Es wird der Neuanstrich der Fenster beschlossen, die zu diesem Zweck von außen mit Plastikfolie abgedeckt werden. Ein Wohnungseigentümer moniert die dadurch ausgelöste Verschattung seiner Wohnung. Er entfernt eigenmächtig die Plastikfolie. Dieses Handeln ist

1 Vgl. BGH v. 23.2.1979 – V ZR 133/76, NJW 1979, 1359.

gegenüber der Gemeinschaft der Wohnungseigentümer wegen § 14 Abs. 1 Nr. 2 WEG pflichtwidrig

1337 **Beispiel 2:** Es wird beschlossen, dass das Musizieren nur zwischen 15 und 18 Uhr erlaubt ist. Ein Wohnungseigentümer verlangt von einem anderen, das Musizieren in diesem Zeitraum zu unterlassen. Dieses Begehr scheitert an § 14 Abs. 2 Nr. 2 WEG, der die Einwirkungen auf das fremde Sondereigentum rechtfertigt.

(2) Duldungspflicht

1338 Dem Wortlaut entsprechend begründet § 14 Abs. 1 Nr. 2, Abs. 2 Nr. 2 WEG auch einen Anspruch gegen den Wohnungseigentümer, der auf Duldung der Einwirkung gerichtet ist.

(a) Anspruchsinhalt

1339 Duldung bedeutet, dass der Wohnungseigentümer die Einwirkungen hinnehmen muss. Er muss also sämtliche Handlungen unterlassen, die darauf gerichtet sind, die Einwirkungen zu unterbinden. Zu einem Handeln verpflichtet § 14 Abs. 1 Nr. 2, Abs. 2 Nr. 2 WEG den Wohnungseigentümer hingegen nicht. Eine Handlungspflicht kann sich aber als Nebenpflicht aus dem Schuldverhältnis zur Gemeinschaft der Wohnungseigentümer ergeben: Setzt etwa die Ausführung von Baumaßnahmen eine Handlung voraus, die der Wohnungseigentümer ohne weiteres vornehmen kann, so ist er hierzu verpflichtet. Ein praxisrelevantes Beispiel ist das Öffnen der Wohnungstür, um die Ausführung von Baumaßnahmen zu ermöglichen. Verstößt der Wohnungseigentümer hiergegen, ist dies eine Pflichtverletzung, die Schadensersatzansprüche des Bauherrn aus § 280 BGB auslösen kann. Auswirken kann sich dies, wenn dem Bauherrn durch die Zutrittsverweigerung ein Schaden entsteht.

1340 **Beispiel:** Die Gemeinschaft der Wohnungseigentümer hat den Austausch der Fenster in der Wohnung des Wohnungseigentümers E1 beschlossen. E1 öffnet am Bautermin die Wohnungstür nicht. Die beauftragten Handwerker können die Arbeiten nicht ausführen; der Gemeinschaft der Wohnungseigentümer entstehen deshalb Mehrkosten.

Diese Kosten muss E1 – sein Vertretenmüssen unterstellt – nach § 280 Abs. 1 BGB ersetzen.

(b) Prozessuale Durchsetzung

1341 Die Erfüllung des Duldungsanspruchs kann mit der Unterlassungs- oder mit der Duldungsklage durchgesetzt werden. Die Duldungsklage hat für den Berechtigten mit Blick auf § 253 Abs. 2 Nr. 2 ZPO regelmäßig den Vorteil, dass sich die zu duldende Handlung leichter formulieren lässt als die vom Wohnungseigentümer zu unterlassende Handlung.

1342 **Beispiel:** Es wird der Neuanstrich der Fenster beschlossen, die zu diesem Zweck von außen mit Plastikfolie abgedeckt werden. Wohnungseigentümer E1 moniert die dadurch ausgelöste Verschattung seiner Wohnung. Er entfernt eigenmächtig die Plastikfolie.

Die Gemeinschaft der Wohnungseigentümer kann E1, gestützt auf § 14 Abs. 1 Nr. 2 WEG, auf Unterlassung der zukünftigen Beseitigung der Folie oder auf Duldung der durch die Folie entstehenden Einwirkungen auf sein Sondereigentum verklagen. Mit einem Duldungs- oder

Unterlassungstitel kann die Gemeinschaft der Wohnungseigentümer gegen die Behinderung der Einwirkungen nach § 890 ZPO im Wege der Zwangsvollstreckung vorgehen. Ein solcher Titel steht wegen des Verbots einer Klage auf das kontradiktorische Gegenteil[1] auch einer etwaigen Besitzschutzklage (dazu Rz. 1446) des Wohnungseigentümers entgegen.

1343 Nach der Rechtsprechung des BGH bedarf es in einem Duldungsprozess der gesonderten Titulierung einer Pflicht zur Gewährung des **Zutritts zur Wohnung** nicht; sie ist im Duldungstitel enthalten.[2] Ein auf die Duldung des Betretens des Sondereigentums oder auf die Duldung der Ausführung bestimmter Baumaßnahmen im Bereich des Sondereigentums lautender Titel erlaubt daher die zwangsweise Durchsetzung des Betretensrechts.

1344 Das dafür erforderliche Handeln des Wohnungseigentümers – insbesondere das Öffnen der Wohnungstür – kann außer durch Ordnungsmittel nach § 890 ZPO gemäß § 892 ZPO auch durch Herbeiziehung des **Gerichtsvollziehers**, der etwa gewaltsam die Tür öffnet, durchgesetzt werden.[3]

1345 Bestreitet ein Wohnungseigentümer seine Pflicht, Einwirkungen zu dulden, kann der (mutmaßlich) aus § 14 Abs. 1 Nr. 2, Abs. 2 Nr. 2 WEG Berechtigte dies nicht zum Gegenstand einer Feststellungsklage machen. Eine solche Feststellungsklage ist wegen des Vorrangs der auf Unterlassen bzw. Duldung gerichteten Leistungsklage unzulässig.[4]

b) Verbot der Beeinträchtigung fremden Sondereigentums (§ 14 Abs. 2 Nr. 1 WEG)

1346 § 14 Abs. 2 Nr. 1 WEG verpflichtet jeden Wohnungseigentümer gegenüber den übrigen Wohnungseigentümern, deren Sondereigentum nicht über das in § 14 Abs. 1 Nr. 2 WEG bestimmte Maß hinaus zu beeinträchtigten. Die Vorschrift beschränkt das Recht der übrigen Wohnungseigentümer, ihr Sondereigentum zu gebrauchen. Dieses Beeinträchtigungsverbot muss durchgesetzt werden. Es wird praktisch, wenn ein anderer Wohnungseigentümer den aus § 14 Abs. 2 Nr. 1 WEG folgenden Unterlassungsanspruch geltend macht (dazu Rz. 1403).

c) Gebot des binnenrechtskonformen Gebrauchs (§ 14 Abs. 1 Nr. 1 WEG)

1347 § 14 Abs. 1 Nr. 1 WEG verpflichtet jeden Wohnungseigentümer gegenüber der Gemeinschaft der Wohnungseigentümer, die gesetzlichen Regelungen, Vereinbarungen und Beschlüsse einzuhalten. Diese Pflicht betrifft auch den Gebrauch des Sondereigentums. Soweit der Gebrauch also geregelt ist, insbesondere durch Vereinbarung oder einen Beschluss nach § 19 Abs. 1 WEG, hat sich der Wohnungseigentümer hieran zu halten. Tut er dies nicht, begeht er gegenüber der Gemeinschaft der Woh-

---

1 Vgl. BGH v. 14.6.2016 – XI ZR 242/15, NJW 2016, 3158 Rz. 19.
2 BGH v. 25.1.2007 – I ZB 58/06, WuM 2007, 209.
3 Vgl. BGH v. 10.8.2006 – I ZB 126/05, NJW 2006, 3352; *Lehmann-Richter*, WuM 2010, 729.
4 Vgl. etwa BGH v. 18.2.2015 – XII ZR 199/13, NJW-RR 2015, 690 Rz. 32.

nungseigentümer eine Pflichtverletzung (zu den dadurch ausgelösten Ansprüchen Rz. 1529).

1348 Der Unterschied zwischen § 14 Abs. 1 Nr. 1 und Abs. 2 Nr. 1 WEG ist damit neben den verschiedenen Gläubigern folgender: § 14 Abs. 2 Nr. 1 WEG verpflichtet den Wohnungseigentümer, im dort beschriebenen Umfang konkrete Beeinträchtigungen eines anderen Sondereigentums zu unterlassen. § 14 Abs. 1 Nr. 1 WEG knüpft hingegen nicht an eine Beeinträchtigung an, sondern ist bei jedem (auch nur formalen) Verstoß gegen die Regeln zum Gebrauch des Sondereigentums anwendbar. Die abstrakte Einhaltung der Hausordnung etwa kann daher – anders als nach § 15 Abs. 3 WEG a. F – nicht mehr durch einzelne Wohnungseigentümer eingeklagt werden, sondern nur noch durch die Gemeinschaft der Wohnungseigentümer.

II. Recht zum Mitgebrauch des gemeinschaftlichen Eigentums

1349 Nach § 16 Abs. 1 S. 3 WEG ist jeder Wohnungseigentümer zum Mitgebrauch des gemeinschaftlichen Eigentums nach Maßgabe des § 14 WEG berechtigt. Bis zur WEG-Reform 2020 war dieses Recht in § 13 Abs. 2 S. 1 WEG a.F. geregelt.

1350 Das WEMoG hat die unübersichtliche räumliche Trennung zwischen Gebrauch (§ 13 Abs. 2 S. 1 WEG a.F.) und den sonstigen Nutzungen (§ 16 Abs. 1 S. 1 WEG a.F.) aufgegeben. Beide Typen von Nutzungen (§ 100 BGB) sind jetzt zusammen in § 16 Abs. 1 WEG geregelt.

1351 Das Mitgebrauchsrecht ist ein Ausschnitt der **Miteigentümerbefugnisse**, weshalb die im Folgenden beschriebenen Schranken auch für andere Miteigentümerbefugnisse gelten. Daher richtet sich etwa die Pflicht, eine bauliche Veränderung des gemeinschaftlichen Eigentums zu dulden, nach § 14 Abs. 1 Nr. 2 (Veränderung durch die Gemeinschaft der Wohnungseigentümer) oder nach § 14 Abs. 1 Nr. 2 WEG (Veränderung durch einen Wohnungseigentümer).

1. Grundlage des Gebrauchsrechts

1352 Ebenso wie das Recht zum Gebrauch des Sondereigentums (Rz. 308) lässt sich auch das Recht zum Gebrauch des gemeinschaftlichen Eigentums auf § 903 S. 1 BGB stützen. § 16 Abs. 1 S. 3 WEG ergänzt dieses absolute Recht – das innerhalb der Gemeinschaft den Schranken dieser Norm unterliegt – um ein **schuldrechtliches Gebrauchsrecht**, das gegenüber den übrigen Wohnungseigentümern und gegenüber der Gemeinschaft der Wohnungseigentümer besteht.

2. Einschränkungen des Gebrauchsrechts

1353 § 16 Abs. 1 S. 3 WEG stellt das Mitgebrauchsrecht unter die Schranken des § 14 WEG. Damit verwendet das WEMoG eine ähnlich **pauschale Verweisungstechnik** wie § 13 Abs. 2 S. 1 WEG a.F., der allgemein auf §§ 14, 15 WEG a.F. verwies. Dass es sich in § 16 Abs. 1 S. 2 WEG um einen überschießenden Verweis handelt, zeigt § 14 Abs. 3 WEG, der von der Verweisung erfasst ist, obwohl er offensichtlich dem Gebrauch des Gemeinschaftseigentums keine Schranken zieht. Die Verweisung bedarf daher der Präzisierung:

1354 Zunächst folgt bereits aus § 14 Abs. 1 Nr. 2, Abs. 2 Nr. 2 WEG, dass jeder Wohnungseigentümer verpflichtet ist, im dort beschriebenen Umfang Einwirkungen auf das gemeinschaftliche Eigentum zu dulden; insoweit hat der Verweis in § 16 Abs. 1 S. 3 WEG keine eigenständige Bedeutung. Dieses **Duldungsgebot** wird durch ein entsprechendes **Verhaltensgebot** ergänzt, dass aus § 16 Abs. 1 S. 3, § 14 Abs. 1 WEG folgt: Jeder Wohnungseigentümer ist verpflichtet, vom gemeinschaftlichen Eigentum nur den Mitgebrauch zu machen, der den Vereinbarungen oder Beschlüssen entspricht (§ 14 Abs. 1 Nr. 1 WEG) oder, soweit solche fehlen, aus dem den anderen Wohnungseigentümern oder der Gemeinschaft der Wohnungseigentümer über das bei einem geordneten Zusammenleben unvermeidliche Maß hinaus kein Nachteil erwächst (§ 14 Abs. 1 Nr. 2 WEG). Das Mitgebrauchsrecht am gemeinschaftlichen Eigentum steht damit unter denselben Schranken wie das alleinige Gebrauchsrecht am Sondereigentum. Im Einzelnen:

a) Duldung von Einwirkungen

1355 § 14 Abs. 1 Nr. 2 und Abs. 2 Nr. 2 WEG regeln die Pflicht, Einwirkungen auf das Gemeinschaftseigentum zu dulden. Einwirkungen sind sämtliche Beeinträchtigungen des Gemeinschaftseigentums, unabhängig davon, ob es sich um Immissionen, das Betreten oder um physische Eingriffe handelt (näher Rz. 1322). Die Duldungspflicht setzt voraus, dass die Einwirkungen nach dem Binnenrecht in der Gemeinschaft gerechtfertigt sind (näher Rz. 1323). Die Duldungspflicht kann sowohl gegenüber der Gemeinschaft der Wohnungseigentümer (§ 14 Abs. 1 Nr. 2 WEG) als auch gegenüber den übrigen Wohnungseigentümern bestehen (§ 14 Abs. 2 Nr. 2 WEG).

1356 **Beispiele:** Jeder Wohnungseigentümer muss den Gebrauch des Treppenhauses durch die übrigen Wohnungseigentümer dulden (§ 14 Abs. 2 Nr. 2 WEG). Wird der Neuanstrich des Treppenhauses beschlossen, muss jeder Wohnungseigentümer die Ausführung der Malerarbeiten durch die Gemeinschaft der Wohnungseigentümer hinnehmen (§ 14 Abs. 1 Nr. 2 WEG). Eine von der Malerfirma verursachte Gebrauchsstörung ist wegen des von der Gemeinschaft der Wohnungseigentümer abgeleiteten Störungsrechts analog § 986 Abs. 1 S. 1 Alt. 2 BGB gerechtfertigt.[1]

1357 Inhaltlich wirkt sich die Duldungspflicht in zwei Richtungen aus: Sie enthält zunächst einen **Rechtfertigungsgrund**, der etwaige Gegenrechte des betroffenen Wohnungseigentümers sperrt. Der Wohnungseigentümer darf die Einwirkungen daher nicht eigenmächtig unterbinden (Rz. 1329). Daneben besteht ein im Klagewege durchsetzbarer **Duldungsanspruch** gegen den jeden Wohnungseigentümer (näher Rz. 1339).

---

1 Vgl. MünchKommBGB/*Raff*, § 1004 Rz. 224.

b) Beeinträchtigungsverbot

Nach § 16 Abs. 1 S. 3, § 14 Abs. 1 Nr. 1 WEG ist jeder Wohnungseigentümer verpflichtet, vom gemeinschaftlichen Eigentum nur den Mitgebrauch zu machen, der den Vereinbarungen oder Beschlüssen entspricht oder, soweit solche fehlen, aus dem den anderen Wohnungseigentümern oder der Gemeinschaft der Wohnungseigentümer über das bei einem geordneten Zusammenleben unvermeidliche Maß hinaus kein Nachteil erwächst (näher Rz. 1323). 1358

III. Ausgleichsanspruch (§ 14 Abs. 3 WEG)

Nach § 14 Abs. 3 WEG kann ein Wohnungseigentümer, der eine Einwirkung zu dulden hat, die über das zumutbare Maß hinausgeht, einen angemessenen Ausgleich in Geld verlangen. 1359

1. Allgemeines

§ 14 Abs. 3 WEG ersetzt § 14 Nr. 4 Hs. 2 WEG a.F. Es handelt sich um einen Anspruch aus dem Schuldverhältnis des Wohnungseigentümers zur Gemeinschaft der Wohnungseigentümer oder zu einem anderen Wohnungseigentümer (dazu Rz. 1315). 1360

a) Unterschiede zum alten Recht

§ 14 Abs. 3 WEG ist mit § 14 Nr. 4 Hs. 2 WEG a.F. nicht gleichzusetzen. Denn beide Normen unterscheiden sich in Voraussetzungen und Rechtsfolge **grundlegend**: Wo § 14 Nr. 4 Hs. 2 WEG a.F. das Betreten oder die Benutzung des Sondereigentums für eine erforderliche Instandhaltung und Instandsetzung des gemeinschaftlichen Eigentums forderte, verlangt § 14 Abs. 3 WEG eine Einwirkung, die über das zumutbare Maß hinausgeht. Und während die Rechtsfolge von § 14 Nr. 4 Hs. 2 WEG a.F. auf Schadensersatz zielte, gewährt § 14 Abs. 3 WEG einen angemessenen Ausgleich in Geld. Diese Unterschiede verdeutlichen, dass Rechtsprechung und Literatur zu § 14 Nr. 4 Hs. 2 WEG a.F. vor ihrer Übertragung in das neue Recht einer grundlegenden Überprüfung bedürfen. 1361

b) Normzweck

Zweck von § 14 Abs. 3 WEG ist es, dem Wohnungseigentümer, der durch eine Einwirkung ein Sonderopfer erleidet, einen angemessenen Ausgleich zu gewähren.[1] Die Vorschrift ähnelt damit § 906 Abs. 2 S. 2 BGB, während § 14 Nr. 4 Hs. 2 WEG a.F. an § 904 S. 2 BGB angelehnt war. 1362

---

1 BT-Drucks. 19/18791 S. 53 f.

c) Verhältnis zu § 906 Abs. 2 S. 2 BGB

1363 Die Verwandtschaft zwischen § 14 Abs. 3 WEG und § 906 Abs. 2 S. 2 BGB wirft die Frage nach dem Verhältnis der Normen auf. Der BGH hat § 906 Abs. 2 S. 2 BGB zum **alten Recht** analog auf Immissionen zwischen zwei Sondereigentumseinheiten angewandt;[1] dem Sondereigentum stellt er im Grundbuch eingetragene Sondernutzungsrechte gleich.[2] Für vom (nicht mit einem Sondernutzungsrecht belegten) Gemeinschaftseigentum auf das Sondereigentum ausgehende Immissionen hat er eine Analogie zu § 906 Abs. 2 S. 2 BGB indes verneint.[3]

1364 Diese Rechtsprechung ist auf das **neue Recht** nicht ohne weiteres übertragbar. Die erste Fallgruppe (Immissionen zwischen zwei Sondereigentumseinheiten) fiel nicht unter § 14 Nr. 4 Hs. 2 WEG a.F., was den BGH zu einer Analogie zu § 906 Abs. 2 S. 2 BGB bewegte.[4] Das ist nach neuem Recht anders, weil § 14 Abs. 3 WEG auch einem Ausgleich offensteht, der auf Einwirkungen zwischen zwei Sondereigentumseinheiten beruht (Rz. 1369). Mangels Regelungslücke ist § 906 Abs. 2 S. 2 BGB auf diese Fallgruppe daher nicht mehr analog anwendbar. Die zweite Fallgruppe (Immissionen zwischen Sondernutzungsrechten bzw. Sondernutzungsrechten und Sondereigentum) fallen ebenfalls unter § 14 Abs. 3 WEG (Rz. 1369). Auch die dritte Fallgruppe (Immissionen zwischen nicht mit einem Sondernutzungsrecht belegten Gemeinschaftseigentum und Sondereigentum), für die der BGH eine Analogie zu § 906 Abs. 2 S. 2 BGB abgelehnt hat, fällt unter § 14 Abs. 3 WEG.

1365 Im Ergebnis ist § 906 Abs. 2 S. 2 BGB daher im Innenverhältnis der Gemeinschaft der Wohnungseigentümer **unanwendbar**. Die letztlich hinter den bisherigen Analogieschlüssen zu § 906 Abs. 2 S. 2 BGB stehende Frage, ob auch für nicht duldungspflichtige, faktisch aber nicht abwehrbare Immissionen ein verschuldensunabhängiger Ausgleich geschuldet ist, beantwortet sich mithin seit der WEG-Reform 2020 nur noch nach § 14 Abs. 3 WEG (Rz. 1371). Dies gilt auch für die nach altem Recht noch nicht geklärte Frage[5] eines Ausgleichs bei Immissionen zwischen Sondereigentum und Gemeinschaftseigentum, das nicht mit einem Sondernutzungsrecht belegt ist.

2. Gläubiger und Schuldner

1366 Der Ausgleichsanspruch kann nur einem **Wohnungseigentümer** zustehen, wobei werdende Wohnungseigentümer nach § 8 Abs. 3 WEG an die Stelle des Wohnungseigentümers treten. Die Vorschrift findet also zugunsten Dritter i.S.d. § 15 WEG keine Anwendung; mangels Regelungslücke ist auch eine Analogie ausgeschlossen.

1367 § 14 Abs. 3 WEG nennt den Schuldner nicht ausdrücklich. Aus der systematischen Stellung folgt aber, dass sich der Anspruch gegen die Person richtet, zu deren Gunsten § 14 Abs. 1 und 2 WEG eine Pflicht zur Duldung der in Rede stehenden Einwir-

1 BGH v. 25.10.2013 – V ZR 230/12, NJW 2014, 458.
2 BGH v. 25.10.2013 – V ZR 230/12, NJW 2014, 458 Rz. 20.
3 BGH v. 21.5.2010 – V ZR 10/10, NJW 2010, 2347.
4 BGH v. 25.10.2013 – V ZR 230/12, NJW 2014, 458 Rz. 19.
5 Dazu etwa BeckOGK-WEG/*Falkner*, § 14 Rz. 17 m. Nachw. zum Streitstand.

kung anordnet. Dies ist entweder die Gemeinschaft der Wohnungseigentümer oder ein anderer Wohnungseigentümer.[1] Geht die Einwirkung faktisch von einem Dritten aus, ist maßgeblich, ob sie der Gemeinschaft der Wohnungseigentümer oder einem anderen Wohnungseigentümer **zurechenbar** ist. Dies ist zum einen analog § 31 BGB zu bejahen, wenn der Dritte als Organ (z.B. Verwalter) tätig ist, oder nach § 278 BGB als Erfüllungsgehilfe (z.B. Handwerker) eingesetzt wird. Zum anderen geht es um Fälle, in denen dem Dritten Sonder- oder Gemeinschaftseigentum zum Gebrauch überlassen wurde und der Dritte sich auf eine vom Wohnungseigentümer abgeleitete Duldungspflicht (dazu Rz. 1574) berufen kann. Deshalb trifft etwa den vermietenden Wohnungseigentümer die Pflicht, Ersatz nach Maßgabe von § 14 Abs. 3 WEG zu leisten, wenn von seinem Mieter Einwirkungen im Sinne der Vorschrift ausgehen.

3. Anspruchsvoraussetzungen

1368 § 14 Abs. 3 WEG verlangt seinem Wortlaut nach eine duldungspflichtige Einwirkung, die über das zumutbare Maß hinausgeht.

a) Einwirkung

1369 Der Begriff der Einwirkung nach § 14 Abs. 3 WEG ist mit dem in § 14 Abs. 1 Nr. 2, Abs. 2 Nr. 2 WEG identisch. Er erfasst sämtliche Beeinträchtigungen, unabhängig davon, ob es sich um Immissionen, das Betreten des Sonder- oder Gemeinschaftseigentums oder um physische Eingriffe in das Sonder- oder Gemeinschaftseigentum handelt. Unter § 14 Abs. 3 WEG fällt also insbesondere die Beschädigung des Eigentums, aber auch die Beeinträchtigung durch Immissionen i.S.d. § 906 Abs. 1 BGB. Gegenständlich können sowohl das Gemeinschafts- als auch das Sondereigentum betroffen sein. § 14 Abs. 3 WEG erfasst daher insbesondere auch die Fälle, in denen Gemeinschaftsflächen beeinträchtigt werden, die einem Wohnungseigentümer durch ein **Sondernutzungsrecht** zugewiesen sind. Der Anwendungsbereich von § 14 Abs. 3 WEG ist insoweit also deutlich weiter als der des § 14 Nr. 4 Hs. 2 WEG a.F.

1370 Fälle, in denen bislang eine Analogie zu § 14 Nr. 4 Hs. 2 WEG a.F. erwogen wurde – Beeinträchtigung des Sondereigentums durch eine Baumaßnahme, Beeinträchtigung eines Sondernutzungsrechtsbereichs[2] – sind daher jetzt direkt von § 14 Abs. 3 WEG erfasst.

b) Duldungspflicht oder auch nur faktischer Duldungszwang?

1371 Der **Wortlaut** von § 14 Abs. 3 WEG setzt voraus, dass die Einwirkung zu dulden ist. Dies richtet sich nach § 14 Abs. 1 Nr. 2 oder Abs. 2 Nr. 2 WEG (Rz. 1311). Fehlt die Duldungspflicht, ist § 14 Abs. 3 WEG seinem Wortlaut nach mithin unanwendbar. Die Rechte des Wohnungseigentümers ergeben sich in diesen Fällen jedenfalls aus den allgemeinen Regeln (§ 280, § 823 Abs. 1, § 1004 Abs. 1 BGB, dazu Rz. 1402).

---

1 BT-Drucks. 19/18791, S. 54.
2 Vgl. *Hügel/Elzer* § 14 Rz. 55.

1372 Fraglich ist allerdings, ob § 14 Abs. 3 WEG analog anwendbar ist, wenn der betroffene Wohnungseigentümer aus besonderen Gründen gehindert war, nicht duldungspflichtige Einwirkungen rechtzeitig zu unterbinden. Zu § 906 Abs. 2 S. 2 BGB wird eine solche Analogie von der h.M. befürwortet.[1] Da der BGH § 906 Abs. 2 S. 2 BGB auf Einwirkungen[2] zwischen Sondereigentumseinheiten bzw. Sondernutzungsflächen analog angewendet hat (Rz. 1363), galt die analoge Anwendung dieser Vorschrift bei nur **faktischer Duldungspflicht** auch im alten Wohnungseigentumsrecht.[3] Dies führte zu einer verschuldensunabhängigen Haftung des Wohnungseigentümers, von dessen Sondereigentum bzw. Sondernutzungsbereich Immissionen i.S.d. § 906 Abs. 1 BGB ausgingen.

1373 Praktisch anschaulich ist der Fall BGH NJW 2014, 458:[4] Dort hatte sich eine Schlauchverbindung in einer als Arztpraxis genutzten Teileigentumseinheit gelöst, wodurch es zu einem Wasseraustritt und zu Schäden in dem darunter liegenden Teileigentum von rund 165.000 Euro kam. Der BGH billigte die Verurteilung des Schädigers, dessen Verschulden nicht festgestellt war, nach § 906 Abs. 2 S. 2 BGB analog.

1374 Eine Analogie zu § 14 Abs. 3 WEG setzt eine planwidrige Lücke voraus. Diese sollte man nicht mit dem Argument verneinen, der Gesetzgeber habe bei der Neufassung von § 14 Abs. 3 WEG den nachbarrechtlichen Ausgleichsanspruch bewusst nicht mitgeregelt. Gegen eine Lücke spricht allerdings, dass das WEMoG die Rechtsbeziehungen und die sich hierdurch ergebenden Ansprüche zwischen den Wohnungseigentümern sowie zwischen diesen und der Gemeinschaft der Wohnungseigentümer neu strukturiert hat. Danach steht der geschädigte Wohnungseigentümer mit den potentiellen Einwirkenden – andere Wohnungseigentümer, Gemeinschaft der Wohnungseigentümer – in schuldrechtlicher Verbindung (Rz. 1315). Er kann sich im Schadensfall daher auf § 280 BGB stützen, was für ihn den Vorteil der Vermutung des Vertretenmüssens sowie der Anwendung des § 278 BGB hat. In Extremsituationen kann dem Störer auch nach § 17 WEG sein Wohnungseigentum entzogen werden. Dies sind die Vorschriften, die nach dem gesetzgeberischen Konzept für die Sanktion rechtswidriger Einwirkungen auf das Gemeinschafts- oder Sondereigentum vorgesehen sind. Von einer **planwidrigen Lücke** lässt sich daher **nicht sprechen**. Zu beachten ist allerdings, dass der BGH das hier für maßgeblich gehaltene Argument, nämlich des Vorrangs der Haftung aus dem Schuldverhältnis, in der Sache bereits verworfen hat, indes ohne Begründung.

1375 Zu diesem Argument führt BGH NJW 2014, 458 nämlich lediglich aus: „Der Umstand, dass das unter Wohnungseigentümern bestehende gesetzliche Schuldverhältnis den geschädigten Sondereigentümer bei Schadensersatzansprüchen gegen einen anderen Sondereigentümer hinsichtlich der Darlegungs- und Beweislast besser stellt (§ 280 Abs. 1 Satz 2 BGB) als Grundstückseigentümer (§ 823 ff. BGB), zwischen denen regelmäßig keine Sonderverbindung existiert, ist nicht von einem solchen Gewicht, dass eine andere Beurteilung gerechtfertigt wäre.“

---

1 Etwa BGH v. 5.7.2019 – V ZR 96/18 NZM 2019, 893 Rz. 35; BGH v. 30.5.2003 – V ZR 37/02, NJW 2003, 2377.

2 Erfasst sind nicht nur Immissionen i.S.d. § 906 BGB, sondern auch sog. Grobimmissionen wie etwa Wasser, s. z. B. BGH v. 12.6.2015 – V ZR 168/14, NZM 2015, 795 Rz. 9.

3 BGH v. 25.10.2013 – V ZR 230/12, NJW 2014, 458 Rz. 7.

4 BGH v. 25.10.2013 – V ZR 230/12.

c) Unzumutbarkeit

1376 § 14 Abs. 3 WEG verlangt, dass die Einwirkung über das zumutbare Maß hinausgeht. Dieses Merkmal entspricht § 906 Abs. 2 S. 2 BGB. Indes ist § 906 Abs. 2 S. 2 BGB auf Einwirkungen beschränkt, die zu einer wesentlichen Beeinträchtigung führen. § 14 Abs. 3 WEG gilt hingegen für sämtliche Einwirkungen. Dies bedeutet allerdings nicht, dass der Gesichtspunkt der Wesentlichkeit hier keine Bedeutung hätte. Er folgt bei § 14 Abs. 3 WEG nämlich aus dem Merkmal des „zumutbaren Maßes".

1377 Bei der Ermittlung der Unzumutbarkeit ist zu fragen, ob ein verständiger Wohnungseigentümer unter Berücksichtigung der konkreten Situation in der Wohnungseigentumsanlage zu dem Ergebnis käme, die Einwirkungen müssten von ihm entschädigungslos hingenommen werden.[1] Maßgeblich ist also, ob der betroffene Wohnungseigentümer ein **anerkennenswertes Kompensationsinteresse** hat.[2] Die Antwort muss durch eine Abwägungsentscheidung getroffen werden, die alle Umstände des Einzelfalls berücksichtigt. Typischerweise ist das Kompensationsinteresse zunächst anhand der Dauer, Art und Intensität der Einwirkungen zu bewerten. Bagatelleinwirkungen, etwa nur wenige Tage andauernde Baumaßnahmen in der Wohnung, rechtfertigen eine Kompensation nicht. Ist die Bagatellgrenze überschritten, ist das hinter der Einwirkung stehende Recht in den Blick zu nehmen. Hierbei ist unter Berücksichtigung der beim Kläger eingetretenen Beeinträchtigung zu fragen, ob eine Kompensation mit dem Charakter dieses Rechts zu vereinbaren ist. Diese Frage ist bei durch den Gebrauch ausgelösten Beeinträchtigungen typischerweise zu verneinen. Denn die Eröffnung der Gebrauchsmöglichkeit ist letztlich der Zweck des Wohnungseigentums. Dieser Zweck würde verfehlt, wenn die rechtmäßige Ausübung des Gebrauchsrechts allgemein unter dem Vorbehalt stünde, dass dabei beeinträchtigte Wohnungseigentümer zu entschädigen sind. Zudem ist der beeinträchtigte Wohnungseigentümer seinerseits im Rahmen der § 14 Abs. 1 Nr. 2, Abs. 2 Nr. 2 WEG zu einem störenden Gebrauch berechtigt, was – zumindest abstrakt – eine ausgleichende Wirkung hat. Eine Kompensation für **Gebrauchseinwirkungen** ist daher nur in ganz besonders gelagerten Ausnahmefällen denkbar.

1378 Ein solcher Ausnahmefall ist etwa denkbar, wenn das geistig behinderte Kind eines Wohnungseigentümers die Einheit eines anderen Wohnungseigentümers durch extremen Lärm stört, der Lärm aber wegen Unvermeidbarkeit nach § 14 Abs. 2 Nr. 2 WEG zu dulden ist.[3]

1379 Anders ist es, wenn die Einwirkungen auf **Baumaßnahmen** beruhen. Denn solche Einwirkungen sind – anders als Gebrauchseinwirkungen – nicht laufender Natur. Deshalb kommt bei solchen Einwirkungen eine Kompensation grundsätzlich in Betracht. Bei der erforderlichen Abwägung ist aber zu fragen, ob die Einwirkungen dem Kläger deshalb zurechenbar sind, weil er auf eine offensichtlich erfolgsversprechende Anfechtung des Baubeschlusses verzichtet hat.[4] In einem solchen Fall kann

---

1 Vgl. BeckOGK-BGB/*Klimke*, § 906 Rz. 289.

2 BT-Drucks. 19/18791 S. 54 spricht vom Überschreiten einer „Sonderopfergrenze".

3 Vgl. den Sachverhalt von AG Braunschweig v. 11.9.2006 – 34 II 10/04, NZM 2008, 172.

4 Vgl. zu dem Topos „Unterlassung zumutbarer Schutzmaßnahmen" bei § 906 Abs. 2 S. 2 BGB etwa BGH v. 13.2.1976 – V ZR 55/74, NJW 1976, 797 (799).

es – maßgeblich sind, wie stets, alle Umstände des Einzelfalls – gerechtfertigt sein, den Kläger kompensationslos mit dem aus dem Baubeschluss resultierenden Einwirkungen zu belasten.

1380 Bei der Abwägung ist im Sinne eines **internen Vergleichs** mit den übrigen Wohnungseigentümern zudem zu fragen, ob gerade der Kläger besonders betroffen ist: Unzumutbar gemäß § 14 Abs. 3 WEG sind nur Einwirkungen, die den betroffenen Wohnungseigentümer gegenüber anderen Wohnungseigentümer übermäßig belasten.

1381 Bei Baumaßnahmen der Gemeinschaft der Wohnungseigentümer kommt ein Anspruch aus § 14 Abs. 3 WEG für Einwirkungen, die alle Wohnungseigentümer im Kern gleichermaßen treffen, daher nicht in Betracht. In einem solchen Fall ist es auch unerheblich, ob einzelne Wohnungseigentümer ihre Einheiten vermietet haben und deshalb durch Mietminderungen etc. einen messbaren Schaden erleiden, andere hingegen „nur" in der persönlichen Benutzung betroffen sind. Maßgeblich ist allein, ob die Einwirkungen auf das Sondereigentum im Kern vergleichbar sind. Bei Baumaßnahmen einzelner Wohnungseigentümer kann § 14 Abs. 3 WEG hingegen zur Anwendung kommen, auch wenn die Baumaßnahme auf das Gemeinschafts- und Sondereigentum der übrigen Wohnungseigentümer gleichermaßen einwirkt. Denn diesen Wohnungseigentümern wird – hinreichende Erheblichkeit der Einwirkungen vorausgesetzt – ein Sonderopfer gegenüber dem Bauherrn auferlegt.

4. Rechtsfolgen

1382 § 14 Abs. 3 WEG ist auf Leistung eines angemessenen Ausgleichs in Geld gerichtet. Dieser Begriff ist § 906 Abs. 2 S. 2 BGB entnommen. Ebenso wie diese Norm, aber anders als seine Vorgängervorschrift § 14 Nr. 4 WEG a.F., gewährt § 14 Abs. 3 WEG daher keinen Schadensersatzanspruch, sondern einen nach den Grundsätzen über die Enteignungsentschädigung zu bemessenden Ausgleich.[1]

1383 Die Rechtsfolge entspricht mithin im Kern der, die sich nach altem Recht aus der analogen Anwendung von § 906 Abs. 2 S. 2 BGB auf Grobimmissionen zwischen zwei Sondereigentumseinheiten in den Fällen des faktischen Duldungszwangs ergab (Rz. 1372).

1384 Bei der Parallele zu § 906 Abs. 2 S. 2 BGB ist zu beachten, dass diese Vorschrift und § 14 Abs. 3 WEG auf Rechtsfolgenseite nicht deckungsgleich sind. Denn § 906 Abs. 2 S. 2 BGB gewährt einen angemessenen Ausgleich nur für den über das zumutbare hinausgehenden Teil einer wesentlichen Beeinträchtigung,[2] während § 14 Abs. 3 WEG einen Ausgleich für die gesamte Einwirkung gibt, wenn diese die Schwelle der Unzumutbarkeit überschreitet.

---

1 Z.B. BGH v. 25.10.2013 – V ZR 230/12, NJW 2014, 458 Rz. 24. In der Literatur zu § 906 Abs. 2 S. 2 BGB wird teilweise abweichend für eine Anwendung der §§ 249 ff. BGB plädiert, etwa Palandt/*Herrler*, § 906 Rz. 29.

2 BGH v. 19.9.2008 – V ZR 28/08, NJW 2009, 762 Rz. 33.

1385 Anders als beim Schadensersatzanspruch besteht bei § 14 Abs. 3 WEG Raum für eine wertende Entscheidung, die dazu führen kann, dass der Ausgleichsanspruch hinter einem Anspruch auf Schadensersatz zurückbleibt.[1] Praktisch führen die von der Rechtsprechung zu § 906 Abs. 2 S. 2 BGB entwickelten Grundsätze – dazu sogleich – aber zu einer weitgehenden Gleichstellung mit dem **Schadensersatzrecht,**[2] weil der Ausgangspunkt der Bemessung des Ausgleichs schadensersatzrechtlichen Prinzipien entspricht. Der Unterschied liegt damit letztlich darin, dass § 14 Abs. 3 WEG ebenso wie § 906 Abs. 2 S. 2 BGB im Einzelfall eine **Billigkeitskorrektur** zulässt.

a) Ausgleich bei Gebrauchsbeeinträchtigungen

1386 Führt die Einwirkung zu einer Gebrauchsbeeinträchtigung, so kann sich im Falle der Selbstnutzung die Höhe des Ausgleichs an der hypothetischen Minderung der monatlichen Miete orientieren; ist die Wohnung vermietet, kann an den Mietausfallschaden angeknüpft werden.[3] Auch zusätzliche Ausgaben können zu ersetzen sein, etwa die Kosten eines (vorübergehenden) Umzugs.[4]

b) Ausgleich bei Substanzbeeinträchtigungen

1387 Besteht die Einwirkung in einer Substanzschädigung, so sind grundsätzlich die Kosten für die Beseitigung zu ersetzen, wozu auch die die Kosten einer für die Ausführung der Reparatur erforderlichen Planung gehören können.[5] Die Reparaturkosten werden aber durch den Grundsatz des Abzuges „neu-für-alt“ beschränkt.[6]. Zu ersetzen ist auch ein nach der Reparatur etwa verbleibender Minderwert.[7]

D. Übergangsrecht

1388 Das WEMoG enthält keine ausdrücklichen Übergangsregeln für die in diesem Kapitel erörterte Problematik. Es gelten daher die allgemeinen Grundsätze des intertemporalen Rechts: Für die Beantwortung der Frage, ob eine bestimmte Rechtsfolge eingetreten ist, ist regelmäßig das Recht heranzuziehen, das am für die Beantwortung der Frage maßgeblichen Termin galt (Rz. 1999).

1389 Für die Pflicht, **Einwirkungen** auf das Sonder- oder Gemeinschaftseigentum zu dulden, bedeutet dies, dass sich diese ab Inkrafttreten des WEMoG nach neuem Recht richtet; inwieweit diese Pflicht vor dem Tag des Inkrafttretens bestand, bestimmt sich hingegen nach altem Recht. Gleiches gilt für das Gebot, fremdes Sondereigen-

1 BGH v. 30.5.2003 – V ZR 37/02, NJW 2003, 2377 (2380).
2 Vgl. Staudinger/*Roth*, § 906 Rz. 262.
3 Vgl. BGH v. 19.9.2008 – V ZR 28/08, NJW 2009, 762 Rz. 32.
4 Vgl. BGH v. 23.2.2001 – V ZR 389/99, NJW 2001, 1865.
5 Vgl. BGH v. 4.7.1997 – V ZR 48/96, NJW-RR 1997, 1374.
6 Vgl. BGH v. 25.6.1992 – III ZR 101/91, NJW 1992, 2884.
7 Vgl. BGH v. 4.7.1997 – V ZR 48/96, NJW-RR 1997, 1374.

tum nicht zu beeinträchtigen. Zum intertemporalen Anwendungsbereich von § 14 Abs. 1 Nr. 1 WEG siehe Rz. 2027.

1390 Die zeitliche Abgrenzung zwischen § 14 Nr. 4 Hs. 2 WEG a.F. und **§ 14 Abs. 3 WEG** richtet sich danach, ob die abzugeltende Beeinträchtigung vor oder nach dem Inkrafttreten des WEMoG eingetreten ist. Die Kompensation für vor Inkrafttreten eingetretene Beeinträchtigungen richtet sich nach altem, für später eingetretene Beeinträchtigungen nach neuem Recht. Ein nach altem Recht gemäß § 14 Nr. 4 Hs. 2 WEG a.F. entstandener Entschädigungsanspruch bleibt dem Wohnungseigentümer also erhalten (vgl. Rz. 2029).

§ 14
Folgen rechtswidrigen Gebrauchs durch Wohnungseigentümer

Dieses Kapitel behandelt die Folgen rechtswidriger Einwirkungen auf das gemeinschaftliche Eigentum oder auf fremdes Sondereigentum unter besonderer Berücksichtigung der Folgen eines rechtswidrigen Gebrauchs. Im Mittelpunkt steht ein entsprechendes Fehlverhalten der Wohnungseigentümer. Störungen durch Dritte werden – wenn es der Sachzusammenhang verlangt – indes mitbehandelt. Diskutiert werden zum einen Fälle, in denen ein Wohnungseigentümer das gemeinschaftliche Eigentum oder fremdes Sondereigentum durch Einwirkungen beeinträchtigt. Diese Einwirkungen können in die Sachsubstanz eingreifen, etwa durch bauliche Veränderungen, oder das Eigentum durch Gebrauchsemissionen beeinträchtigen. Daneben geht es um Fälle, in denen ein Wohnungseigentümer das Sonder- oder Gemeinschaftseigentum entgegen dem Binnenrecht gebraucht, ohne das gemeinschaftliche Eigentum oder fremdes Sondereigentum tatsächlich zu beeinträchtigen (sog. rein formaler Gebrauchsverstoß). Damit sind Gegenstand dieses Kapitels im Kern nur bestimmte **(„eigentumsbezogene“) Pflichtverletzungen** des Wohnungseigentümers. Die hier diskutierten Rechtsfragen betreffen aber teilweise auch andere Pflichtverletzungen, die dann im Sachzusammenhang miterörtert werden. 1391

Das Thema weist inhaltliche Überschneidungen zu der in Kapitel 5 (Rz. 312) behandelten Rolle der Wohnungseigentümer bei der Verwaltung auf; es wird ergänzt durch das Kapitel 13 (Rz. 1299), das die Gebrauchsrechte der Wohnungseigentümer betrifft, und das Kapitel 15 (Rz. 1571), das sich mit Gebrauchsrechten Dritter befasst. All diese Themen sind ein Ausschnitt der Rechtsbeziehungen im Innenverhältnis der Gemeinschaft; zu den diesbezüglichen Problemen des bisherigen Rechts und einem Überblick über die Lösungen durch das WEMoG siehe Kapitel 2. 1392

A. Das alte Recht und seine Probleme

Nach dem historischen Gesetzeskonzept war es offensichtlich, dass ein rechtswidriges Verhalten eines Wohnungseigentümers sich nur gegenüber den übrigen Wohnungseigentümern auswirken konnte. Die Anerkennung der Rechtsfähigkeit der Gemeinschaft der Wohnungseigentümer hat diese Gewissheit ins Wanken gebracht. Denn die hiermit einhergehende Aufgabe, die rechtsfähige Gemeinschaft der Wohnungseigentümer in die Rechtsbeziehungen einzubinden, die bis dato nur zwischen den Wohnungseigentümern verliefen, betraf insbesondere die Folgen von rechtswidrigen Einwirkungen auf das Gemeinschaftseigentum. 1393

Das bisherige Recht war insofern von einer **Zersplitterung** geprägt: Während die Ansprüche aus § 15 Abs. 3 WEG a.F. und aus § 1004 Abs. 1 BGB wegen Beeinträch- 1394 tigung des Gemeinschaftseigentums den übrigen Wohnungseigentümern zustanden,[1] aber nach h.M. einer Vergemeinschaftung durch Beschluss nach § 10 Abs. 6 S. 3 WEG a.F. zugänglich waren,[2] stand ein Anspruch aus § 823 Abs. 1 BGB wegen Verletzung des Gemeinschaftseigentums nach § 10 Abs. 6 S. 3 WEG a.F. grundsätzlich kraft Gesetzes der Gemeinschaft der Wohnungseigentümer zu.[3] Ein störendes Gebrauchsverhalten konnte nach dem Konzept des § 18 WEG a.F. eine Entziehung des Wohnungseigentums durch die übrigen Wohnungseigentümer rechtfertigen. Allerdings war der Entziehungsanspruch grundsätzlich von der Gemeinschaft der Wohnungseigentümer durchzusetzen (§ 18 Abs. 1 S. 2 WEG a.F.).

B. Das neue Recht auf einen Blick

1395 Das WEMoG hat die Rechte wegen einer rechtswidrigen Beeinträchtigung oder Benutzung des Sonder- oder Gemeinschaftseigentums wie folgt (teilweise neu) geordnet:

- Das Recht zur Sanktion von Beeinträchtigungen des eigenen **Sondereigentums** steht weiterhin allein den jeweiligen Sondereigentümern zu. § 14 Abs. 2 Nr. 1 WEG enthält ein entsprechendes schuldrechtliches Beeinträchtigungsverbot, das durch die allgemeinen Regeln – insbesondere § 1004 und § 823 Abs. 1 BGB – flankiert wird.
- Das Recht zur Sanktion eines Wohnungseigentümers wegen einer Beeinträchtigung oder rechtswidrigen Benutzung des **gemeinschaftlichen Eigentums** steht nach neuem Recht nur noch der Gemeinschaft der Wohnungseigentümer zu. § 14 Abs. 1 Nr. 1 WEG enthält einen entsprechenden schuldrechtlichen Anspruch. Auch die Pflicht, das eigene Sondereigentum nur binnenrechtskonform zu nutzen, besteht nach § 14 Abs. 1 Nr. 1 WEG allein gegenüber der Gemeinschaft der Wohnungseigentümer. Die gesetzlichen Ansprüche wegen Beeinträchtigung des gemeinschaftlichen Eigentums – insbesondere § 1004 und § 823 Abs. 1 BGB – werden nach § 9a Abs. 2 Var. 1 WEG von der Gemeinschaft der Wohnungseigentümer ausgeübt.
- Jeder Wohnungseigentümer kann von der Gemeinschaft der Wohnungseigentümer nach Maßgabe des § 18 Abs. 2 WEG ein **Einschreiten gegen Wohnungseigentümer** verlangen, die das gemeinschaftliche Eigentum beeinträchtigen oder sich in anderer Weise **binnenrechtswidrig verhalten**.
- Der Entziehungsanspruch gehört nach § 17 WEG der Gemeinschaft der Wohnungseigentümer.

Dieses **Konzept** ist aufgrund der nach dem WEMoG für die Gemeinschaft der Wohnungseigentümer vorgesehenen Funktion (Rz. 37) **folgerichtig**. Es **kanalisiert** Aus-

1 Etwa BeckOGK-WEG/*Falkner* § 15 Rz. 137; *Hügel/Elzer* § 15 Rz. 71.
2 Etwa BGH v. 26.10.2018 – V ZR 328/17, NJW 2019, 1216 Rz. 6.
3 BGH v. 26.10.2018 – V ZR 328/17, NJW 2019, 1216 Rz. 8.

einandersetzungen, indem es bilaterale Rechtsstreitigkeiten zwischen Wohnungseigentümern über „formale“ Gebrauchsfragen verhindert.[1] Einzelne Wohnungseigentümer können Verstöße gegen das Binnenrecht, die sie nicht individuell in ihrem Sondereigentum betreffen, also nicht mehr selbständig ahnden. Vielmehr ist es allein Aufgabe der Gemeinschaft der Wohnungseigentümer, solche Verstöße zu unterbinden.[2]

C. Das neue Recht im Detail

1396 Rechtswidrige Einwirkung auf das Gemeinschafts- oder Sondereigentum sind in der Praxis in zwei Erscheinungsformen relevant: Rechtswidriges Gebrauchsverhalten und rechtswidrige Eingriffe in die Substanz des Gemeinschafts- oder Sondereigentums, insbesondere durch eine bauliche Veränderung des gemeinschaftlichen Eigentums.

I. Rechtswidrigkeit der Beeinträchtigung oder Benutzung

1397 Ob eine Beeinträchtigung des Sonder- oder Gemeinschaftseigentums oder dessen Benutzung rechtswidrig ist, richtet sich danach, ob das Verhalten des Wohnungseigentümers gerechtfertigt ist.

1. Beeinträchtigung

1398 Geht es um das Einschreiten gegen die Beeinträchtigung des gemeinschaftlichen Eigentums oder fremden Sondereigentums, beantwortet § 14 Abs. 1 Nr. 2 und Abs. 2 Nr. 2 WEG die Frage nach der Rechtswidrigkeit. Denn diese Vorschriften regeln, unter welchen Voraussetzungen ein Wohnungseigentümer Einwirkungen auf das gemeinschaftliche Eigentum oder sein Sondereigentum durch andere Wohnungseigentümer oder die Gemeinschaft der Wohnungseigentümer zu dulden hat. Diese Vorschriften sind für durch den **Gebrauch verursachte Einwirkungen** von besonderer Bedeutung (näher Rz. 1311), sie betreffen aber auch Einwirkungen aufgrund anderer Handlungen, etwa **baulicher Veränderungen**. Neben § 14 Abs. 1 Nr. 2 und Abs. 2 Nr. 2 WEG kann sich die Rechtfertigung eines Eingriffs in das gemeinschaftliche Eigentum auch aus dem Einzelverwaltungsrecht des § 18 Abs. 3 WEG ergeben. Außerdem können allgemeine Regelungen Eingriffe in fremdes Sonder- oder das gemeinschaftliche Eigentum rechtfertigen, etwa § 904 BGB.

2. Benutzung

1399 Geht es nicht um das Einschreiten gegen Einwirkungen auf fremdes Sondereigentum oder das Gemeinschaftseigentum, sondern um das Einschreiten gegen ein bestimmtes **Gebrauchsverhalten**, bestimmt sich dessen Rechtswidrigkeit nach § 14 Abs. 1 Nr. 1 WEG. Diese Vorschrift verpflichtet jeden Wohnungseigentümer auch dazu,

1 BT-Drucks. 19/18791, S. 53.
2 *Lehmann-Richter/Wobst*, ZWE 2020, 123 (127).

beim Gebrauch die gesetzlichen Regelungen, Vereinbarungen und Beschlüsse einzuhalten.

3. Praktische Bedeutung der Unterscheidung

1400 Der praktische Unterschied zwischen dem Einschreiten gegen konkrete Beeinträchtigungen und gegen ein bestimmtes Gebrauchsverhalten liegt, wie folgendes Beispiel zeigt, in den Rechtsfolgen:

1401 **Beispiel:** Wohnungseigentümer E1 nutzt seine Teileigentumseinheit entgegen dem Binnenrecht als Diskothek. Diese Art der Nutzung kann ihm die Gemeinschaft der Wohnungseigentümer nach § 14 Abs. 1 Nr. 1 WEG untersagen (näher Rz. 1347). Von der Diskothek ausgehende Lärmstörungen kann jeder Wohnungseigentümer gestützt auf § 14 Abs. 2 Nr. 1 WEG oder § 1004 Abs. 1 BGB unterbinden, da es an einer Duldungspflicht nach fehlt.

Im ersten Fall können (nur) die Einwirkungen, im zweiten Fall kann das Verhalten als solches untersagt werden.

II. Rechte des einzelnen Wohnungseigentümers

1402 Die rechtswidrige Beeinträchtigung seines Sondereigentums oder des gemeinschaftlichen Eigentums kann Abwehr- und Schadensersatzansprüche des Wohnungseigentümers auslösen, die im Folgenden näher erörtert werden. Gleiches gilt für § 13 Abs. 1 WEG (zu dessen Funktion Rz. 1308). § 903 S. 1 BGB und § 13 Abs. 1 WEG gewähren – entgegen der Rechtsprechung des BGH[1] – auch keine Selbsthilferecht gegenüber Gebrauchsstörungen. Diese sind vielmehr abschließend in den §§ 227 ff., 859, 904 BGB geregelt.[2]

1. Unterlassung gegen Wohnungseigentümer nach § 14 Abs. 2 Nr. 1 WEG

1403 Nach § 14 Abs. 2 Nr. 1 WEG ist jeder Wohnungseigentümer gegenüber den übrigen Wohnungseigentümern verpflichtet, deren Sondereigentum nicht über das in § 14 Abs. 1 Nr. 2 WEG bestimmte Maß hinaus zu beeinträchtigten.

a) Allgemeines

1404 § 14 Abs. 2 Nr. 1 WEG ist textlich mit § 14 Nr. 1 WEG a.F. teilidentisch.[3] Zweck der Regelung ist es, einen Ausgleich zwischen den widerstreitenden Gebrauchsinteressen der Wohnungseigentümer herbeizuführen.[4] Dafür begründet die Vorschrift eine

---

1 BGH v. 5.7.2019 – V ZR 149/18, NJW 2020, 42 Rz. 11 (zu § 903 S. 1 BGB).

2 Vgl. Staudinger/*Althammer*, § 903 Rz. 12.

3 Nämlich mit den dortigen Passagen: „Jeder Wohnungseigentümer ist verpflichtet, [von den] im Sondereigentum stehenden Gebäudeteile [...] nur in solcher Weise Gebrauch zu machen, daß dadurch keinem der anderen Wohnungseigentümer über das bei einem geordneten Zusammenleben unvermeidliche Maß hinaus ein Nachteil erwächst[.]"

4 Vgl. BVerfG v. 6.10.2009 – 2 BvR 693/09, NJW 2010, 220 Rz. 17: „Grundnorm des innergemeinschaftlichen Nachbarrechts" (zu § 14 Nr. 1 WEG a.F.).

schuldrechtliche Pflicht zwischen den Wohnungseigentümern zu einem binnenrechtskonformen Gebrauch, der auf fremdes Sondereigentum bezogen ist. Die Vorschrift dient damit dem Schutz des beeinträchtigten Wohnungseigentümers, dessen Sondereigentum auch schuldrechtlich geschützt wird. Inhaltlich ist § 14 Abs. 2 Nr. 1 WEG eine gesetzlich geregelte Schutzpflicht, die dem Bereich des § 241 Abs. 2 BGB zuzuordnen ist.

1405 Zu beachten ist, dass die Pflicht gegenständlich auf das Sondereigentum beschränkt ist, was § 14 Abs. 2 Nr. 1 WEG deutlich von § 15 Abs. 3 WEG a.F. unterscheidet. § 14 Abs. 2 Nr. 1 WEG enthält daher keinen allgemeinen Anspruch gegen andere Wohnungseigentümer auf einen binnenrechtskonformen Gebrauch, sondern nur insoweit, als das eigene Sondereigentum beeinträchtigt ist.

b) Inhalt des Anspruchs: Unterlassung

1406 § 14 Abs. 2 Nr. 1 WEG gewährt einen Erfüllungsanspruch und beschränkt den Wohnungseigentümer nicht etwa auf die Geltendmachung von Schadensersatz. Denn § 14 Abs. 2 Nr. 1 WEG ist den gesetzlich normierten Rücksichtspflichten zuzuordnen, die nach allgemeiner Ansicht klagbar sind.[1] Die Geltendmachung der Erfüllung solcher Rücksichtspflichten erfolgt durch die Unterlassungsklage (vgl. etwa § 541 BGB).

1407 Dieses Normverständnis lag eigentlich schon zu § 14 Nr. 1 WEG a.F. nahe. Indes wurde bei der Unterbindung eines störenden Gebrauchs diese Vorschrift verbreitet nicht als Anspruchsgrundlage eingeordnet, sondern stattdessen § 15 Abs. 3 WEG a.F. herangezogen.[2] § 14 Nr. 1 WEG a.F. hatte in diesem System also nur die Funktion einer den Anspruch aus § 15 Abs. 3 WEG a.F. konkretisierenden Hilfsnorm.[3] Da nach neuem Recht eine Vorschrift wie § 15 Abs. 3 WEG a.F. fehlt, die dem Recht des Wohnungseigentümers zum Durchbruch verhelfen würde, ist § 14 Abs. 2 Nr. 1 WEG selbst die Anspruchsgrundlage.[4]

1408 Wird die Pflicht nach § 14 Abs. 2 Nr. 1 WEG verletzt, so löst dies aber nur einen Anspruch auf **Unterlassung** zukünftiger Beeinträchtigungen aus. § 14 Abs. 2 Nr. 1 WEG gibt dem Wohnungseigentümer hingegen **keinen Anspruch** auf **Beseitigung** pflichtwidrig verursachter Beeinträchtigungen. Denn für diese Sanktion sieht das Recht der Pflichtverletzung den Schadensersatzanspruch nach § 280 BGB vor, der von einem Vertretenmüssen abhängt. Zu diesem Anspruch Rz. 1452.

c) Voraussetzungen des Unterlassungsanspruchs

1409 Der Unterlassungsanspruch aus § 14 Abs. 2 Nr. 1 WEG setzt voraus, dass das Sondereigentum des Gläubigers über das in § 14 Abs. 1 Nr. 2 WEG bestimmte Maß hinaus vom Schuldner beeinträchtigt wird.

1 Staudinger/*Olzen*, § 241 Rz. 555.
2 Vgl. etwa BeckOGK-WEG/*Falkner*, § 14 Rz. 6.
3 S. etwa BGH v. 20.7.2018 – V ZR 56/17, ZMR 2019, 47 Rz. 9.
4 BT-Drucks. 19/18791, S. 53.

1410 Gläubiger und Schuldner müssen **Wohnungseigentümer** sein oder nach § 8 Abs. 3 WEG als Wohnungseigentümer gelten. Eine analoge Anwendung auf andere Nutzer, etwa Mieter, scheidet mangels Vergleichbarkeit der Sachverhalte – § 14 Abs. 2 Nr. 1 WEG ist eine Ausprägung des Schuldverhältnisses der Wohnungseigentümer – aus.[1]

aa) Beeinträchtigung des Sondereigentums

1411 Weitere Voraussetzung ist, dass das Sondereigentum „beeinträchtigt" ist. § 14 Abs. 2 Nr. 1 WEG definiert dieses Merkmal nicht. Der Zweck der Norm, das Sondereigentum zu schützen (Rz. 1404), gebietet eine **weite Auslegung**: Eine Beeinträchtigung des Sondereigentums ist zum einen jede Substanzverletzung, zum anderen jede Entziehung, Vorenthaltung oder sonstige Behinderung der Gebrauchsmöglichkeit.[2]

1412 Das Tatbestandsmerkmal „beeinträchtigen" ist aber nicht bereits dann erfüllt, wenn ein Wohnungseigentümer sein Sondereigentum binnenrechtswidrig gebraucht; erforderlich ist vielmehr stets eine tatsächliche Beeinträchtigung in dem soeben beschriebenen Sinne. Dies folgt jedenfalls aus dem Vergleich zu § 14 Abs. 1 Nr. 1 WEG, der auf Beachtung des Binnenrechts gerichtet ist. Anders als § 14 Abs. 1 Nr. 1 WEG ist § 14 Abs. 2 Nr. 1 WEG nämlich schon seinem Wortlaut nach gerade nicht auf ein allgemeines „Einhalten" des im Innenverhältnis geltenden Regelwerks gerichtet. Zum Streit, ob bei „formalen" Gebrauchsverstößen eine Eigentumsbeeinträchtigung i. S. d. § 1004 Abs. 1 BGB vorliegt s. Rz. 1432.

1413 Erforderlich ist weiter, dass die Beeinträchtigung nicht durch § 14 Abs. 1 Nr. 2 WEG gerechtfertigt ist. Dafür ist zu prüfen, die Beeinträchtigung des Sondereigentums binnenrechtskonform ist, also den Vereinbarungen oder Beschlüssen entspricht oder – hilfsweise – bei einem geordneten Zusammenleben unvermeidlich ist (näher Rz. 1323). Zu beachten ist, dass das **Wort „Maß"** in § 14 Abs. 1 Nr. 2 WEG nicht mit dem in § 14 Abs. 1 Nr. 2 WEG identisch ist, sondern das gesamte dort bezeichnete Binnenrecht erfasst.

1414 Ein **Verschulden** ist **nicht erforderlich**. Auch eine vorherige **Abmahnung** ist nicht Voraussetzung des Unterlassungsanspruchs, wie sich ohne weiteres aus dem Wortlaut, ergänzend aber etwa auch aus dem Umkehrschluss zu § 541 BGB[3] ergibt. Dauert die Rechtsverletzung nicht mehr an, so folgt die für den Anspruch erforderliche Wiederholungsgefahr aus der abgeschlossenen Verletzung von § 14 Abs. 2 Nr. 1 WEG. Denn wenn bereits eine Rechtsverletzung erfolgt ist, besteht eine tatsächliche Vermutung eine Wiederholungsgefahr.[4]

1 Vgl. BGH v. 25.10.2019 – V ZR 271/18, NJW 2020, 921 Rz. 12 (zu § 15 Abs. 3 WEG a.F.).
2 Vgl. BGH v. 24.1.2020 – V ZR 295/16, ZMR 2020, 675 Rz. 18: „Störungen, die im räumlichen Bereich des Sondereigentums auftreten".
3 § 541 BGB hat (nur) die Funktion, den Abwehranspruch des Vermieters unter den Vorbehalt einer Abmahnung zu stellen, vgl. BT-Drucks. 14/4553 S. 43.
4 Vgl. etwa BGH v. 12.5.1987 – VI ZR 195/86, NJW 1987, 2225.

bb) Haftung für Dritte

Der Wohnungseigentümer ist für das Gebrauchsverhalten eines Dritten, etwa eines Mieters dem er den Zugang zu seinem Sondereigentum eröffnet, nach **§ 278 BGB** verantwortlich (näher Rz. 1503). 1415

2. Anspruch gegen störende Gemeinschaft der Wohnungseigentümer nach § 18 Abs. 2 WEG

Nach § 18 Abs. 2 WEG kann jeder Wohnungseigentümer von der Gemeinschaft der Wohnungseigentümer eine Verwaltung des gemeinschaftlichen Eigentums und eine Benutzung dieses und des Sondereigentums verlangen, die den gesetzlichen Regelungen, Vereinbarungen und Beschlüssen und – hilfsweise – ordnungsmäßiger Verwaltung entspricht. Verstöße hiergegen können daher einen Anspruch nach § 18 Abs. 2 WEG auslösen. 1416

Ob der Anspruch aus § 18 Abs. 2 Nr. 1 oder 2 WEG folgt, hängt davon ab, ob das beeinträchtigende Verhalten der Gemeinschaft der Wohnungseigentümer sich als „Gebrauch" oder als „Verwaltung" darstellt. Die Abgrenzung zwischen beiden Begriffen ist wegen der identischen Rechtsfolgen indes nur von theoretischem Interesse. 1417

Beispiel 1: Es wird beschlossen, dass die Gemeinschaft der Wohnungseigentümer die Fassade sanieren soll. Wohnungseigentümer E1 erhebt erfolgreich Anfechtungsklage; die Sanierung wird trotzdem durchgeführt. 1418

Die Ausführung von Erhaltungsmaßnahmen wird herkömmlich dem Bereich der Verwaltung zugeordnet, was dafür spricht, einen Anspruch des E1 auf § 18 Abs. 2 Nr. 1 WEG zu stützen.

Beispiel 2: Der Verwalter lädt zu einer Eigentümerversammlung im als Waschküche gewidmeten Keller. Wohnungseigentümer E2 sieht darin einen zweckentfremdenden Gebrauch durch die Gemeinschaft der Wohnungseigentümer. 1419

Ordnet man die Nutzung des Kellers hier als Gebrauch durch die Gemeinschaft der Wohnungseigentümer ein, wäre als Grundlage eines Anspruchs des E1 § 18 Abs. 2 Nr. 2 WEG zu prüfen.

Beim **Anspruchsinhalt** ist zu beachten, dass § 18 Abs. 2 WEG nur in Ausnahmefällen einen Anspruch auf eine konkrete Verwaltungshandlung gibt, nämlich allein dann, wenn die Verwaltungshandlung durch Gesetz, Vereinbarung oder Beschlüsse vorgegeben ist (Rz. 326). Deshalb kann der einzelne Wohnungseigentümer aus § 18 Abs. 2 WEG ein Unterlassen der Beeinträchtigung des gemeinschaftlichen Eigentums oder seines Sondereigentums durch die Gemeinschaft der Wohnungseigentümer grundsätzlich nicht verlangen. Sein Anspruch ist vielmehr auf eine **Beschlussfassung** durch die Wohnungseigentümer gerichtet, dass die Störung abgestellt wird. Eine Ausnahme gilt, wenn das Unterlassen der Beeinträchtigung bereits beschlossen wurde; in diesen Fällen kann der Wohnungseigentümer aus § 18 Abs. 2 WEG Beschlussausführung verlangen. 1420

3. Unterlassungs- und Beseitigung nach § 1004 Abs. 1 BGB

Der allgemeine sachenrechtliche Beseitigungs- und Unterlassungsanspruch aus § 1004 Abs. 1 BGB wird nicht durch die schuldrechtlichen Regelungen in § 14 Abs. 2 1421

Nr. 1 oder § 18 Abs. 2 Nr. 2 WEG verdrängt.[1] Der Anspruch eines Wohnungseigentümers aus § 1004 Abs. 1 WEG kann sich, gestützt auf eine Beeinträchtigung seines Sondereigentums, sowohl gegen die Gemeinschaft der Wohnungseigentümer als auch gegen andere Wohnungseigentümer oder gegen Dritte, etwa einen Mieter (zu dessen Gebrauchsrechten s. Rz. 1574) richten.

1422 **Beispiel 1:** Es wird beschlossen, dass die Gemeinschaft der Wohnungseigentümer die Fassade sanieren soll. Ein Wohnungseigentümer moniert die dadurch verursachten Lärmstörungen. Ein etwaiger Anspruch aus § 1004 Abs. 1 BGB richtet sich gegen die Gemeinschaft der Wohnungseigentümer als mutmaßliche Störerin.

1423 **Beispiel 2:** Es wird beschlossen, dass das Musizieren nur zwischen 15 und 18 Uhr erlaubt ist. Ein Wohnungseigentümer fühlt sich durch das Klavierspiel eines anderen Wohnungseigentümers gestört. Ein etwaiger Anspruch aus § 1004 Abs. 1 BGB richtet sich gegen den anderen Wohnungseigentümer als mutmaßlichen Störer.

1424 Der Anspruch ist nach § 1004 Abs. 2 BGB ausgeschlossen, wenn der Wohnungseigentümer zur Duldung der Beeinträchtigung verpflichtet, diese also nicht rechtswidrig ist. Das bestimmt sich im Innenverhältnis der Gemeinschaft nach § 14 Abs. 1 Nr. 2, Abs. 2 Nr. 2 WEG (Rz. 1323).

a) Beeinträchtigung des Sondereigentums

1425 § 1004 Abs. 1 BGB setzt eine Eigentumsbeeinträchtigung voraus, die sich auf das Sondereigentum beziehen muss. Denn ein Anspruch nach § 1004 Abs. 1 BGB aus dem Gemeinschaftseigentum ist nach § 9a Abs. 2 Var. 1 BGB der Gemeinschaft der Wohnungseigentümer zugeordnet (Rz. 127). Nach dem neuen Recht muss daher bei der Anwendung von § 1004 Abs. 1 BGB die im konkreten Fall beeinträchtigte Eigentumssphäre – Gemeinschafts- oder Sondereigentum? – ermittelt werden.

1426 **Beispiel:** Ein Wohnungseigentümer verlangt von einem anderen Wohnungseigentümer die Unterlassung einer nach dem Binnenrecht untersagten Hundehaltung. Nach altem Recht konnte der Wohnungseigentümer bis zu einem Vergemeinschaftungsbeschluss (§ 10 Abs. 6 S. 3 WEG a.F.) erfolgreich gegen die Hundehaltung einschreiten. Denn zum einen folgte aus § 15 Abs. 3 WEG a.F. ein umfassender Unterlassungsanspruch. Zum anderen konnte aus § 1004 Abs. 1 BGB ebenfalls die Unterlassung der Hundehaltung auf dem Grundstück verlangt werden, weil der Wohnungseigentümer den rechtswidrigen Gebrauch des gemeinschaftlichen Eigentums abwehren konnte. Nach neuem Recht ist sein Anspruch hingegen allein auf die Unterlassung der Störung seines Sondereigentums beschränkt. Denn einerseits wird der Anspruch aus § 1004 Abs. 1 BGB wegen Störung des Gemeinschaftseigentums kraft Gesetzes durch die Gemeinschaft der Wohnungseigentümer ausgeübt (§ 9a Abs. 2 Var. 1 WEG). Andererseits steht auch der abstrakte Anspruch auf Einhaltung des den Gebrauch betreffenden Binnenrechts nach neuem Recht (§ 14 Abs. 1 Nr. 1 WEG) nur der Gemeinschaft der Wohnungseigentümer zu.

1 Vgl. BGH v. 18.11.2016 – V ZR 221/15, ZMR 2017, 171.

aa) Konkrete Beeinträchtigung

Führt die gerügte Einwirkung zu einer physischen Beeinträchtigung des Eigentums, ist die Abgrenzung der beiden Sphären nach § 5 WEG vorzunehmen. 1427

Beispiel: Ein Wohnungseigentümer führt Abluft durch einen Schornstein, der durch das Sondereigentum eines anderen Wohnungseigentümers führt. Dort bilden sich, verursacht durch das Kondenswasser der Abluft, Flecken auf der Tapete. Die Tapete steht im Sondereigentum, insoweit ist also das Sondereigentum beeinträchtigt. 1428

Kommt es hingegen nicht zu einer Substanzveränderung, so bereitet die Feststellung, welche Eigentumssphäre beeinträchtigt ist, Schwierigkeiten. 1429

Beispiel: Es wird beschlossen, dass das Musizieren nur zwischen 15 und 18 Uhr erlaubt ist. Ein Wohnungseigentümer fühlt sich durch das Klavierspiel eines anderen Wohnungseigentümers gestört. 1430

Überzeugend ist es, in diesen Fällen die **Grundsätze der Besitzstörung** (§ 858 Abs. 1 Alt. 2 BGB) fruchtbar zu machen. Denn das Sondereigentum vermittelt bei wertender Betrachtung einen exklusiven Herrschaftsbereich und ist insoweit dem unmittelbaren Besitz vergleichbar. Ebenso wie eine Besitzstörung liegt eine Störung des Sondereigentums daher vor, wenn die Sachherrschaft des Wohnungseigentümers über sein Sondereigentum in einzelnen Beziehungen verhindert wird;[1] die Gebrauchsmöglichkeit muss dafür entweder bedroht oder in sonstiger Weise im weitesten Sinne beeinträchtigt sein.[2] 1431

Wird das Sondereigentum durch eine Einwirkung konkret beeinträchtigt und führt diese Einwirkung gleichzeitig zu einer Störung des gemeinschaftlichen Eigentums, berührt dies den Anspruch des Wohnungseigentümers nicht. Er kann auch in diesen Fällen nach § 1004 BGB die Beeinträchtigung seines Sondereigentums abwehren; das Recht zur Abwehr der Störung des Gemeinschaftseigentums steht unabhängig davon dem Verband zu. 1431a

bb) Nicht: Beeinträchtigung allein durch Verstoß gegen eingetragene Gebrauchsregel

Nach § 5 Abs. 4 S. 1 WEG können Vereinbarungen oder Beschlüsse aufgrund einer Vereinbarung durch Grundbucheintragung zum Inhalt des Sondereigentums gemacht werden. Eine derart eingetragene Gebrauchsregel führt – entgegen einer verbreiteten und auch vom BGH vertretenen Ansicht[3] – nicht dazu, dass der Verstoß gegen die Gebrauchsregel das Sondereigentum der Wohnungseigentümer i. S. d. § 1004 Abs. 1 BGB beeinträchtigen würde. Die Eintragung dient nämlich allein dazu, über § 10 Abs. 3 WEG bei einer Veräußerung die Kontinuitätsinteressen der Wohnungseigentümer und das Informationsinteresse des Erwerbers zu einem sachgerech- 1432

1 Vgl. BGH v. 23.11.2007 – LwZR 5/07, NJW 2008, 580 Rz. 12.
2 BeckOK-BGB/*Fritzsche*, § 858 Rz. 10.
3 BGH v. 25.10.2019 – V ZR 271/18, NJW 2020, 921 Rz. 9 m. Nachw.

ten Ausgleich zu bringen.[1] Zwar wird nach § 5 Abs. 4 S. 1 WEG zu diesem Zweck auf den „Inhalt des Sondereigentums“ Bezug genommen, was eine sachenrechtliche Einwirkung auf das Eigentum suggeriert. Der Vergleich mit dem Wortlaut des § 1010 BGB zeigt jedoch, dass diese Formulierung nicht missverstanden werden darf, da es nur um die grundbuchtechnische Frage des Eintragungsorts geht.

1433 Der Verstoß gegen eine im Grundbuch eingetragene Gebrauchsregel ist daher keine Beeinträchtigung des Sondereigentums. Etwas anderes ergibt sich auch nicht aus dem **„Eisdielenfall“** des BGH.[2] Dort hat der BGH zwar den Anspruch gegen den Mieter einer Teileigentumseinheit auf Schließung seiner Eisdiele maßgeblich mit der Wirkung der eingetragenen Zweckwidmung der Teileigentumseinheit begründet. Indes wird der Unterlassungsanspruch nicht tragend auf die Beeinträchtigung des Sondereigentums der Wohnungseigentümer, sondern auf die Beeinträchtigung des gemeinschaftlichen Eigentums gestützt.[3]

1434 Der BGH spricht in der Eisdielenentscheidung mit Blick auf die beeinträchtigte Eigentumssphäre neutral von der „Beeinträchtigung des Eigentums der übrigen Wohnungseigentümer“ und davon, dass ihnen „als Inhalt ihres Sondereigentums und des Miteigentums am Grundstück das Recht [vermittelt wird], ihr Sondereigentum unter Ausschluss eines zweckwidrigen Gebrauchs einer anderen Einheit zu nutzen“.[4] Dass es letztlich aber maßgeblich um eine Störung des gemeinschaftlichen Eigentums geht, ergibt sich aus der Prüfung der Zulässigkeit der Klage. Denn dort hatte der BGH zu entscheiden, ob der Abwehranspruch gegen den Mieter durch Beschluss nach § 10 Abs. 6 S. 3 WEG a.F. vergemeinschaftet worden war. In diesem Zusammenhang spricht der BGH ausdrücklich von „Störungen des Gemeinschaftseigentums“.[5] In dem Fall des Eltern-Kind-Zentrums, in dem ein Wohnungseigentümer gegen den Mieter auf Unterlassung klagte, äußert sich der BGH zu den beeinträchtigten Eigentumssphären nicht, sondern verweist insoweit auf die Eisdielenentscheidung.[6]

1435 Ob der BGH bei nur formalem Verstoß gegen eine eingetragene Gebrauchsregel neben einer Beeinträchtigung des gemeinschaftlichen Eigentums auch von einer Störung des Sondereigentums ausgeht, obwohl es in diesen Fällen nicht konkret beeinträchtigt ist, lässt sich der Eisdielenentscheidung nicht entnehmen. Aber selbst wenn man dies, anders als hier, bejaht,[7] würde allein der formale Verstoß gegen die Gebrauchsregel keinen Abwehranspruch des einzelnen Wohnungseigentümers nach § 1004 Abs. 1 BGB auslösen. Denn die Störung des gemeinschaftlichen Eigentums, die in diesem Fall nach der Eisdielenentscheidung stets vorliegt, kann nach § 9a Abs. 2 WEG nur die Gemeinschaft der Wohnungseigentümer verfolgen. Es lägen also zwei Ansprüche mit identischem Anspruchsziel – Unterlassung des Gebrauchs – vor, der zum einen der Gemeinschaft der Wohnungseigentümer und zum anderen den übrigen Wohnungseigentümer zustünde. Eine solche **Doppelkompetenz** hat der BGH zum alten Recht aber zugunsten der Gemeinschaft der Wohnungseigentümer

1 *Lehmann-Richter/Wobst*, ZWE 2020, 123 (125 f.).
2 BGH v. 25.10.2019 – V ZR 271/18, NJW 2020, 921.
3 *Lehmann-Richter/Wobst*, ZWE 2020, 123 (127).
4 BGH v. 25.10.2019 – V ZR 271/18, NJW 2020, 921 Rz. 18.
5 BGH v. 25.10.2019 – V ZR 271/18, NJW 2020, 921 Rz. 6.
6 BGH v. 13.12.2019 – V ZR 203/18, WuM 2020, 103 Rz. 8.
7 So insbesondere *Armbrüster/Müller*, ZMR 2007, 321 (324).

aufgelöst: Die auf § 1004 Abs. 1 BGB gestützte Klage eines Wohnungseigentümers gegen einen anderen auf Einhaltung einer vereinbarten Zweckbestimmung wurde danach unzulässig, wenn nachträglich ein Vergemeinschaftungsbeschluss nach § 10 Abs. 6 S. 3 WEG a.F. gefasst wird.[1] Dieses Ergebnis überzeugt zum neuen Recht jedenfalls deshalb, weil nur so die durch § 9a Abs. 2 WEG bezweckte einheitliche Störungsabwehr durch die Gemeinschaft der Wohnungseigentümer verwirklicht wird.

1436 **Beispiel:** Wohnungseigentümer E1 betreibt in seiner Wohnung eine Diskothek. Andere Wohnungseigentümer können nicht nach § 1004 Abs. 1 BGB die vollständige Schließung der Diskothek verlangen, sondern nur das Unterlassen konkreter, den Gebrauch ihres Sondereigentums beeinträchtigender Beeinträchtigungen, etwa durch Lärm. Der Anspruch auf Schließung steht nach § 14 Abs. 1 Nr. 1 WEG der Gemeinschaft der Wohnungseigentümer zu. Wenn man der These der Eigentumsbeeinträchtigung durch Verstoß gegen eine eingetragene Gebrauchsregel folgt, kann die Gemeinschaft der Wohnungseigentümer den Anspruch auch auf § 1004 Abs. 1 BGB i.V.m. § 9a Abs. 2 Var. 1 WEG stützen. Dieser Anspruch wegen Beeinträchtigung des gemeinschaftlichen Eigentums lässt keinen Raum für einen konkurrierenden Anspruch der Wohnungseigentümer aus § 1004 Abs. 1 WEG wegen Beeinträchtigung ihres Sondereigentums.

b) Inhalt des Abwehranspruchs

1437 § 1004 Abs. 1 S. 2 BGB ist nur auf die **Unterlassung** der **konkreten Eigentumsstörung** gerichtet. Darin liegt ein maßgeblicher Unterschied zum Anspruch aus § 14 Abs. 1 Nr. 1 WEG, nach dem ein binnenrechtswidriger Gebrauch generell untersagt werden kann. § 1004 Abs. 1 S. 2 BGB verpflichtet den Störer nicht zu einer bestimmten Abhilfemaßnahme, sondern nur dazu, die Störungen (irgendwie) zu unterlassen.[2] Nur in Ausnahmefällen hat der BGH eine auf § 1004 Abs. 1 S. 2 BGB gestützte Verurteilung gebilligt, die Emissionsquelle insgesamt abzustellen.[3]

1438 **Beispiel:** Es wird beschlossen, dass das Musizieren nur zwischen 15 und 18 Uhr erlaubt ist. Wohnungseigentümer E1 fühlt sich durch das Klavierspiel eines anderen Wohnungseigentümers (E2) gestört. Der Anspruch des E1 aus § 1004 Abs. 1 BGB ist nicht auf Unterlassen jeglichen Musizierens zwischen 15 und 18 Uhr gerichtet, sondern nur darauf, dass E2 keine das Gebrauchsrecht des E1 beeinträchtigenden Musiziergeräusche verursacht.[4]

1439 Im Unterlassungsprozess hilft dem beeinträchtigten Wohnungseigentümer die Rechtsprechung mit dem Grundsatz, dass wegen der Besonderheiten der immissionsrechtlichen Unterlassungsklage Anträge mit dem Gebot zulässig sind, allgemein Störungen bestimmter Art, beispielsweise durch Geräusche und Gerüche, zu unterlassen.[5]

1 BGH v. 10.7.2015 – V ZR 169/14, ZMR 2015, 947 Rz. 7 ff.
2 BGH v. 13.12.2019 – V ZR 203/18, WuM 2020, 103 Rz. 32; BGH v. 17.12.1982 – V ZR 55/82, NJW 1983, 751, 752; BeckOK-BGB/*Fritzsche*, § 1004 Rz. 102; Staudinger/*Thole* § 1004 Rz. 372.
3 BGH v. 17.12.1982 – V ZR 55/82, NJW 1983, 751 (752) (Tennisplatz).
4 Vgl. *Dötsch*, WuM 2013, 90 (93).
5 BGH v. 5.2.1993 – V ZR 62/91, Z 121, 248.

1440 Im obigen Musizier-Beispiel könnte der **Klageantrag** etwa lauten:

Es wird beantragt, den Beklagten zu verurteilen, es zu unterlassen, in der Wohnung im 1. OG links des Hauses Colmantstraße 45 in 10777 Berlin in der Zeit zwischen 15 Uhr und 18 Uhr durch Musizieren Lärm zu verursachen, der in der Wohnung Colmantstraße 45 in 10777 Berlin im 2. OG links zu vernehmen ist.

1441 Neben der Unterlassung kann der Wohnungseigentümer nach § 1004 Abs. 1 S. 1 BGB auch die **Beseitigung** der Beeinträchtigung verlangen. Bei § 1004 Abs. 1 S. 1 BGB besteht bekanntlich ein allgemeiner (also nicht konkret zum Wohnungseigentumsrecht) geführter Streit um den Umfang der Beseitigungspflicht, insbesondere mit Blick auf die Abgrenzung der Vorschrift zum Schadensersatzrecht.[1] Diese Diskussion betrifft gleichermaßen das Wohnungseigentumsrecht.

1442 **Beispiel:** Beim Betrieb einer Waschmaschine durch den Wohnungseigentümer E1 kommt es zu einem unvorhersehbaren Austritt von Wasser. Das Wasser beschädigt in der Wohnung des E2 das im Sondereigentum stehende Parkett.

Ob aus § 1004 Abs. 1 S. 1 BGB ein Anspruch des E2 auf Entfernung des beschädigten Parketts oder sogar auf dessen Erneuerung[2] folgt, hängt von der (umstrittenen) Auslegung dieser Norm ab.

4. Unterlassung und Beseitigung nach § 862 BGB

1443 Der Anspruch eines Wohnungseigentümers aus § 862 Abs. 1 BGB wegen Besitzstörung kann sich, gestützt auf eine Beeinträchtigung seines Besitzes am Sondereigentums, sowohl gegen die Gemeinschaft der Wohnungseigentümer als auch gegen andere Wohnungseigentümer richten. Der Besitzschutz wird durch die Regelungen des WEG nämlich nicht verdrängt; dass Besitzschutz auch innerhalb desselben Grundstücks möglich ist, zeigt § 865 BGB.

1444 Aus dem Gemeinschaftseigentum folgende Besitzschutzansprüche der Wohnungseigentümer sind nach § 9a Abs. 2 Var. 1 WEG hingegen der Gemeinschaft der Wohnungseigentümer zur Ausübung zugeordnet.

a) Besitzstörung

1445 Ob der Besitz des Wohnungseigentümers am Sondereigentum gestört ist, richtet sich nach allgemeinen Regeln. Erforderlich ist, dass die Sachherrschaft des Wohnungseigentümers in einzelnen Beziehungen verhindert wird;[3] die Gebrauchsmöglichkeit muss dafür entweder bedroht oder in sonstiger Weise im weitesten Sinne beeinträchtigt sein.[4]

---

1 Etwa MünchKommBGB/*Raff*, § 1004 Rz. 229 ff.

2 Dafür in der Sache BGH v. 4.2.2005 – V ZR 142/04, NJW 2005, 1366.

3 Vgl. BGH v. 23.11.2007 – LwZR 5/07, NJW 2008, 580 Rz. 12.

4 BeckOK-BGB/*Fritzsche*, § 858 Rz. 10.

b) Keine gesetzliche Gestattung durch § 906 BGB

1446 Ein Anspruch aus § 862 BGB scheidet aus, soweit die Beeinträchtigung gesetzlich gestattet ist (§ 858 BGB Abs. 1 BGB). Zur Erzielung sachgerechter Ergebnisse ist es hier nicht erforderlich, § 14 Abs. 1 Nr. 2, Abs. 2 Nr. 2 WEG als Gestattungsregelungen i. S. d. § 858 Abs. 1 BGB zu interpretieren.[1] Vielmehr kann insofern auf § 906 Abs. 1 S. 1, Abs. 2 S. 1 BGB zurückgegriffen werden. Denn diese Vorschriften sind nach h.M. gesetzliche Gestattungen i. S. d. § 858 Abs. 1 BGB.[2] Sie werden durch § 14 Abs. 1 Nr. 2, Abs. 2 Nr. 2 WEG nicht verdrängt (Rz. 1316).

1447 Problematisch ist allerdings auf den ersten Blick die Anwendung von **§ 906 BGB** insofern, als nach seinem Wortlaut grundstücksübergreifende Immissionen vorausgesetzt werden. Allerdings ist die analoge Anwendung von § 906 Abs. 1 S. 1, Abs. 2 S. 1 BGB auf grundstücksinterne Immissionen im Grundsatz anerkannt. Dafür kommt es nicht entscheidend darauf an, ob die Einwirkung von einem eigenen Herrschaftsbereich ausgeht, also der eine Sondereigentümer von seiner Wohnung aus den anderen Sondereigentümer in dessen Wohnung stört. Für solche Immissionen zwischen Alleinbesitzern von Teilen desselben Grundstücks hat der BGH eine Analogie zu § 906 Abs. 1 S. 1, Abs. 2 S. 1 BGB bereits befürwortet.[3] Erfasst sind darüber hinaus auch die Fälle, in denen die Störung vom gemeinschaftlichen Eigentum ausgeht, wie etwa bei einer Fassadensanierung. Denn wertungsmäßig sind beide Konstellationen gleich zu behandeln: Es geht jeweils darum, bei ortsüblichen Immissionen den Besitzschutz auszuschalten, um im Ergebnis überschießende Abwehransprüche zu verhindern.

1448 Damit ist man bei der Frage, wie die **Wesentlichkeit** (§ 906 Abs. 1 S. 1 BGB) bzw. die **Ortsüblichkeit** (§ 906 Abs. 2 S. 1 BGB) von Immissionen in der Wohnungseigentumsanlage zu bestimmen ist. Hier gelten die allgemeinen, zu § 906 BGB entwickelten Grundsätze unter Berücksichtigung der Besonderheit, dass die Immissionen nicht grundstücksübergreifender Natur sind. Ob eine Immission auf das Sondereigentum wesentlich ist, beurteilt sich nach dem Empfinden eines verständigen Durchschnittsmenschen und dem, was diesem unter Würdigung anderer öffentlicher und privater Belange zuzumuten ist.[4] Die Ortsüblichkeit einer Einwirkung richtet sich danach, ob eine Mehrheit von Grundstücken in der Umgebung mit einer nach Art und Ausmaß einigermaßen gleichbleibenden Einwirkung benutzt wird.[5]

1449 **Beispiel 1:** Die durch das Musizieren in einer anderen Wohnung ausgelöste Besitzstörung seines Sondereigentums kann ein Wohnungseigentümer in analoger Anwendung von § 906 BGB nicht nach § 862 BGB abwehren, wenn die Beeinträchtigung unerheblich nach § 906 Abs. 1 S. 1 BGB oder ortsüblich nach § 906 Abs. 2 S. 1 BGB ist.

1450 **Beispiel 2:** Es wird die Sanierung der Fassade beschlossen. Kein Wohnungseigentümer kann die dadurch von der Gemeinschaft der Wohnungseigentümer verursachten Besitzstörungen (z.B. Lärm, Verschattungen) nach § 862 BGB abwehren. Denn entweder ist die Beeinträchtigung unerheblich nach § 906 Abs. 1 S. 1 BGB – maßgeblich ist hierfür regelmäßig die Beachtung der technischen Lärmvorschriften – oder sie ist zumindest ortsüblich nach § 906 Abs. 2

---

1 Zum alten Recht ablehnend Bärmann/*Suilmann*, § 14 Rz. 55.

2 BGH v. 14.10.1994 – V ZR 76/93, NJW 1995, 132.

3 BGH v. 16.1.2015 – V ZR 110/14, NJW 2015, 2023 Rz. 10 (Mieter untereinander); BGH v. 24.1.2020 – V ZR 295/16, ZMR 2020, 675 Rz. 20 (Mieter und Wohnungseigentümer).

4 BGH v. 24.1.2020 – V ZR 295/16, ZMR 2020, 675 Rz. 20.

5 BGH v. 20.11.1992 – V ZR 82/91, NJW 1993, 925 (930).

S. 1 BGB.[1] Das aus § 906 BGB folgende Recht zur Störung steht materiellrechtlich zwar den Wohnungseigentümern zu, es wird nach § 9a Abs. 2 Var. 1 WEG aber kraft Gesetzes von der Gemeinschaft der Wohnungseigentümer ausgeübt.

1451 Zu beachten ist, dass die Duldungsregeln aus § 906 BGB nicht etwa abschließend vorgeben, welche Immissionen in der Gemeinschaft zu dulden sind: Jeder Wohnungseigentümer kann nämlich nach § 14 Abs. 2 Nr. 1 WEG Störungen seines Sondereigentums abwehren, die dem Binnenrecht widersprechen, unabhängig davon, ob § 906 Abs. 1 S. 1 oder Abs. 2 S. 1 BGB diese Störung rechtfertigen (Rz. 1316). Die Bedeutung von § 906 BGB beschränkt sich daher auf den hier beschriebenen Besitzschutz.

5. Schadensersatz nach § 280 oder § 823 Abs. 1 BGB gegen andere Wohnungseigentümer

1452 Wird das Sondereigentum durch einen anderen Wohnungseigentümer oder durch die Gemeinschaft der Wohnungseigentümer rechtswidrig beeinträchtigt, kann dies zu einem Schadensersatzanspruch nach **§ 280 Abs. 1 BGB** führen. Denn der geschädigte Wohnungseigentümer ist sowohl mit den übrigen Wohnungseigentümern als auch mit der Gemeinschaft der Wohnungseigentümer durch ein Schuldverhältnis verbunden (Rz. 39, 69). Die Pflichtverletzung liegt bei rechtswidrigen Einwirkungen auf das Sondereigentum durch einen anderen Wohnungseigentümer im Verstoß gegen das in § 14 Abs. 2 Nr. 1 WEG normierte Beeinträchtigungsverbot (Rz. 1409). Hat die Gemeinschaft der Wohnungseigentümer das Sondereigentum verletzt, folgt das Beeinträchtigungsverbot aus § 18 Abs. 2 Nr. 2 WEG.

1453 Daneben können Beeinträchtigungen des Sondereigentums zu einem Anspruch aus **§ 823 Abs. 1 BGB** führen, der sich auch gegen Dritte – also andere Personen als die Gemeinschaft der Wohnungseigentümer oder andere Wohnungseigentümer – richten kann.

1454 Ansprüche der Wohnungseigentümer aus § 823 Abs. 1 BGB wegen Verletzung des gemeinschaftlichen Eigentums sind nach § 9a Abs. 2 Var. 1 WEG hingegen der Gemeinschaft der Wohnungseigentümer zur Ausübung zugeordnet.

6. Einschreiten der Gemeinschaft der Wohnungseigentümer gegen Störer nach § 18 Abs. 2 WEG

1455 Geht die rechtswidrige Beeinträchtigung nicht von der Gemeinschaft der Wohnungseigentümer aus (dazu Rz. 1416), so bedeutet dies nicht, dass ein Anspruch des einzelnen Wohnungseigentümers gegen die Gemeinschaft der Wohnungseigentümer im Zusammenhang mit der Beeinträchtigung ausscheidet. Denn wenn der Gemeinschaft der Wohnungseigentümer gegen den Störer Ansprüche zustehen, kann aus § 18 Abs. 2 WEG der Anspruch jedes Wohnungseigentümers folgen, dass die Gemeinschaft der Wohnungseigentümer ihre Ansprüche gegen den Störer durchsetzt.

---

1 Vgl. etwa BGH v. 30.5.1962 – V ZR 121/60, NJW 1962, 1342; OLG Celle v. 5.11.1999 – 4 U 130/99, OLGR 2000, 83; MünchKommBGB/*Brückner* § 906 Rz. 69.

a) Änderungen zum bisherigen Recht

1456 Nach § 15 Abs. 3 WEG a.F. konnte jeder Wohnungseigentümer von den übrigen Wohnungseigentümern einen binnenrechtskonformen Gebrauch der im Sondereigentum stehenden Gebäudeteile und des gemeinschaftlichen Eigentums verlangen.[1] Es bestand also ein Anspruch der Wohnungseigentümer untereinander auf Einhaltung der Gebrauchsregeln. Über den zwischen den Wohnungseigentümern bestehenden Anspruch aus § 21 Abs. 4 a.F. WEG galt gleiches für die Einhaltung der Verwaltungsregeln. Bis zum WEMoG konnte jeder Wohnungseigentümer zudem Beeinträchtigungen des gemeinschaftlichen Eigentums nach § 1004 Abs. 1 BGB abwehren. Die Ansprüche aus § 15 Abs. 3 WEG a.F. und § 1004 Abs. 1 BGB standen der Gemeinschaft der Wohnungseigentümer erst nach einem Vergemeinschaftungsbeschluss (§ 10 Abs. 6 S. 3 WEG a.F.) zur Ausübung zu.[2]

1457 Diese Struktur hat das WEMoG aufgegeben. Nach § 18 Abs. 2 Nr. 2 WEG richtet sich der Anspruch auf eine binnenrechtskonforme Benutzung nicht mehr gegen die übrigen Wohnungseigentümer, sondern gegen die Gemeinschaft der Wohnungseigentümer. Gleiches gilt gemäß § 18 Abs. 2 Nr. 1 WEG für den Anspruch auf binnenrechtskonforme Verwaltung des gemeinschaftlichen Eigentums. Die **Durchsetzung** der Ansprüche erfolgt also nicht mehr zwischen den Wohnungseigentümern, sondern **durch die Gemeinschaft der Wohnungseigentümer**. § 18 Abs. 2 WEG gewährt zu diesem Zweck jedem Wohnungseigentümer einen Anspruch gegen die Gemeinschaft der Wohnungseigentümer auf Durchsetzung der ihr zustehenden Ansprüche. Die Norm erfasst neben den Ansprüchen gegen störende Wohnungseigentümer auch solche, die gegen Dritte gerichtet sind, die das gemeinschaftliche Eigentum beeinträchtigen oder Gemeinschafts- oder Sondereigentum rechtswidrig gebrauchen.

1458 **Beispiel 1:** Wohnungseigentümer E1 hat eine rechtswidrige bauliche Veränderung des gemeinschaftlichen Eigentums vorgenommen. Wohnungseigentümer E2 verlangt, dass die Gemeinschaft ihren Rückbauanspruch gegen E1 durchsetzt.

1459 **Beispiel 2:** Wohnungseigentümer E1 nutzt seine Wohnung binnenrechtswidrig als Bordell. Wohnungseigentümer E2 verlangt, dass die Gemeinschaft der Wohnungseigentümer ihren Unterlassungsanspruch gegen E1 durchsetzt.

1460 **Beispiel 3:** Wohnungseigentümer E1 hat seine Wohnung an M vermietet. M beschädigt beim Einzug eine Fensterscheibe im Treppenhaus. Wohnungseigentümer E2 verlangt, dass die Gemeinschaft der Wohnungseigentümer ihren Ersatzanspruch gegen M durchsetzt.

b) Grundlagen

1461 § 18 Abs. 2 WEG ist ein **schuldrechtlicher Anspruch**; er teilt also seinen rechtlichen Charakter mit § 15 Abs. 3 WEG a.F.[3] Grundlage von § 18 Abs. 2 WEG ist das Schuldverhältnis der Wohnungseigentümer zur Gemeinschaft der Wohnungseigen-

1 Etwa BeckOGK-WEG/*Falkner*, § 15 Rz. 137; *Hügel/Elzer*, § 15 Rz. 71.
2 Etwa BGH v. 26.10.2018 – V ZR 328/17, NJW 2019, 1216 Rz. 6.
3 S. BeckOGK-WEG/*Falkner*, § 15 Rz. 137.

tümer (dazu Rz. 39), nicht hingegen – wie bei § 15 Abs. 3 WEG a.F. – das Schuldverhältnis der Wohnungseigentümer untereinander.

1462 § 18 Abs. 2 WEG unterscheidet zwischen dem Anspruch auf binnenrechtskonforme Verwaltung (Nr. 1) und dem Anspruch auf binnenrechtskonforme Benutzung (Nr. 2). Dieser **„Zweiklang“** ist aus dem alten Recht bekannt (§ 15 Abs. 3, § 21 Abs. 4 WEG a.F.). Das WEMoG hat die beiden Aspekte – Verwaltung und Benutzung –, deren trennscharfe Abgrenzung Schwierigkeiten bereitet, in einer Norm vereint. Ob der Anspruch auf Einschreiten der Gemeinschaft aus § 18 Abs. 2 Nr. 1 oder 2 WEG folgt, hängt davon ab, ob der Wohnungseigentümer von der Gemeinschaft eine Verwaltungsmaßnahme (Nr. 1) verlangt oder die Durchsetzung einer Benutzungsregel (Nr. 2). Zu dieser Abgrenzungsfrage, die wegen der identischen Rechtsfolgen nur von theoretischem Interesse ist, Rz. 1417.

c) Abgrenzung der Anspruchsgrundlagen

1463 Aus § 18 Abs. 2 Nr. 1 WEG schuldet die Gemeinschaft der Wohnungseigentümer als Leistung eine „Verwaltung“. Hierunter fallen Beschlüsse der Wohnungseigentümer sowie die Ausführung von Verwaltungshandlungen (Rz. 322). § 18 Abs. 2 Nr. 2 WEG beschreibt die von der Gemeinschaft der Wohnungseigentümer geschuldete Leistung mit dem Begriff „Benutzung“.

1464 Das Verhältnis zwischen § 18 Abs. 2 Nr. 1 und 2 WEG in den **Fällen** eines **binnenrechtswidrigen Gebrauchs** ist folgendes: Das Einschreiten gegen die rechtswidrig selbstnutzende Gemeinschaft der Wohnungseigentümer fällt unter Nr. 2. Das Begehr, die Gemeinschaft der Wohnungseigentümer möge gegen den binnenrechtswidrigen Gebrauch des Gemeinschafts- oder Sondereigentums durch eine andere Person (Wohnungseigentümer oder Dritter) einschreiten, fällt ebenfalls unter § 18 Abs. 2 Nr. 2 WEG. Denn hier ist es das Ziel des Wohnungseigentümers, eine bestimmte Benutzung zu erreichen, die eben dort geregelt ist. Die Durchsetzung von Ansprüchen auf Beseitigung eines rechtswidrigen Umgangs mit dem gemeinschaftlichen Eigentum – insbesondere Schadensersatzansprüche – fällt hingegen unter § 18 Abs. 2 Nr. 1 WEG. Die von der Gemeinschaft der Wohnungseigentümer verlangte Leistung betrifft hier nämlich den Umgang mit dem gemeinschaftlichen Eigentum und damit dessen Verwaltung.

1465 Denkbar, aber nicht überzeugend ist es, die Ansprüche der Gemeinschaft der Wohnungseigentümer wegen einer rechtswidrigen Beeinträchtigung oder Gebrauchs des Gemeinschafts- oder Sondereigentums dem Gemeinschaftsvermögen zuzuordnen und den Anspruch auf ihre Durchsetzung in § 9a Abs. 3, 18 Abs. 2 WEG zu verorten. Diese Sichtweise überbetont nämlich die Bedeutung von § 9a Abs. 3 WEG, der nur eine Auffangfunktion hat (Rz. 162). Für den Hauptanwendungsfall, nämlich Ansprüche gegen störende Wohnungseigentümer, wäre die Vorschrift ohnehin nicht anwendbar, weil sie für Sozialansprüche nicht gilt (Rz. 176).

d) Inhalt des Anspruchs

1466 § 18 Abs. 2 WEG setzt voraus, dass die vom Wohnungseigentümer begehrte Leistung den gesetzlichen Regelungen, Vereinbarungen und Beschlüssen, hilfsweise dem Interesse der Gesamtheit der Wohnungseigentümer nach billigem Ermessen entspricht. Sie muss sich also mit dem Binnenrecht in der Gemeinschaft decken (Rz. 1323).

1467 Daraus folgt, dass § 18 Abs. 2 WEG nur in Ausnahmefällen einen Anspruch auf eine konkrete Verwaltungshandlung gibt, nämlich dann, wenn die Verwaltungshandlung durch Gesetz, Vereinbarung oder Beschluss vorgegeben ist. Anderenfalls muss die dem Wohnungseigentümer geschuldete Verwaltungshandlung noch durch **Beschlussfassung bestimmt** werden (Rz. 326). Deshalb kann der einzelne Wohnungseigentümer aus § 18 Abs. 2 WEG nicht verlangen, dass die Gemeinschaft der Wohnungseigentümer die Beeinträchtigung abstellt. Sein Anspruch ist vielmehr auf eine Beschlussfassung durch die Wohnungseigentümer gerichtet, dass der gegen den anderen Wohnungseigentümer oder einen Dritten folgende Anspruch (dazu Rz. 1408) durchgesetzt wird.

1468 **Beispiel:** Wohnungseigentümer E1 nutzt seine Wohnung binnenrechtswidrig als Bordell. Wohnungseigentümer E2 verlangt, dass die Gemeinschaft der Wohnungseigentümer ihren Unterlassungsanspruch gegen E1 durchsetzt. Eine Klage gegen die Gemeinschaft der Wohnungseigentümer mit dem Antrag, diese zu verurteilen, alles Erforderliche und Notwendige zu unternehmen, um die Nutzung der Einheit als Bordell zu unterbinden,[1] wäre unbegründet. Denn § 18 Abs. 2 Nr. 2 WEG ist in diesem Fall nicht auf diese Verwaltungshandlung, sondern darauf gerichtet, dass ein Vorgehen gegen E1 beschlossen wird.

e) Voraussetzungen des Anspruchs

1469 Bei den Voraussetzungen des Anspruchs ist zu differenzieren:

aa) Beschlussausführung

1470 Ist die Durchsetzung des Anspruchs gegen die Person, die das gemeinschaftliche Eigentum beeinträchtigt oder Sondereigentum rechtswidrig gebraucht, bereits beschlossen oder sogar vereinbart, so kann jeder Wohnungseigentümer aus § 18 Abs. 2 WEG Beschlussausführung verlangen.

bb) Beschlussfassung

1471 In allen anderen Fällen ist der Anspruch auf die Fassung eines entsprechenden Beschlusses gerichtet; die Durchsetzung erfolgt über die Beschlussersetzungsklage nach § 44 Abs. 1 S. 2 WEG (näher Rz. 341). Der Anspruch setzt nach § 18 Abs. 2 WEG voraus, dass die Durchsetzung des Anspruchs dem Interesse der Gesamtheit der Wohnungseigentümer nach billigem Ermessen und damit ordnungsmäßiger Verwaltung und Benutzung entspricht.

1472 **Beispiel:** Wohnungseigentümer E1 nutzt seine Wohnung binnenrechtswidrig als Bordell. Nachdem der Antrag, gegen E1 vorzugehen, in der Eigentümerversammlung keine Mehrheit gefunden hat, erhebt E2 Klage nach § 44 Abs. 1 S. 2 WEG mit dem Antrag, einen Beschluss zu fassen, dass die Gemeinschaft der Wohnungseigentümer E1 auf Unterlassung der Nutzung der Wohnung als Bordell in Anspruch nimmt (näher zum Antrag Rz. 351).

1 Vgl. den Antrag bei BGH v. 19.12.2019 – V ZR 81/19, WuM 2020, 181.

1473 Ob der Wohnungseigentümer einen Anspruch darauf hat, dass die Anspruchsdurchsetzung beschlossen wird, bestimmt sich danach, ob das Verwaltungsermessen der Wohnungseigentümer nach § 19 Abs. 1 WEG dahingehend reduziert ist, dass nur dieser Beschluss ordnungsmäßiger Verwaltung und Benutzung entspricht. Dies ist zwar eine Frage der Umstände des Einzelfalls, indes lassen sich unter Berücksichtigung der bei der Bestimmung der **Ordnungsmäßigkeit** maßgeblichen Topoi[1] folgende **Grundsätze** aufstellen:

(1) Grundsatz: Anspruchsdurchsetzung

1474 Bei der Durchsetzung von Benutzungs- oder Verwaltungsregeln spricht das Prinzip, dass die Verwaltung und Benutzung **gesetzesmäßig** erfolgen müssen dafür, dass die Gemeinschaft der Wohnungseigentümer entsprechende Ansprüche durchsetzen muss. Gleiches gilt bei Ersatzansprüchen wegen Beschädigung des Gemeinschaftseigentums aufgrund des Prinzips, dass finanzielle Belastungen der Wohnungseigentümer zu vermeiden sind. Denn wenn im Gemeinschaftsvermögen Ersatzansprüche vorhanden sind, führt deren Durchsetzung dazu, dass die Wohnungseigentümer vor den Lasten einer Finanzierung über Beiträge verschont bleiben.

1475 Als Zwischenergebnis ist damit festzuhalten, dass die Gemeinschaft der Wohnungseigentümer im Grundsatz verpflichtet ist, die ihr zustehenden Ansprüche durchzusetzen.[2] Dies gilt allerdings nicht absolut; das Verwaltungsermessen der Wohnungseigentümer nach § 19 Abs. 1 BGB lässt nämlich in besonders gelagerten **Ausnahmefällen** Raum für die ordnungsmäßige Entscheidung, von der Durchsetzung abzusehen:[3]

(2) Ausnahme: Vermeidung von Risiken der Anspruchsdurchsetzung

1476 Eine solche Ausnahmeentscheidung kommt in Betracht, wenn **ernsthafte Bedenken** gegen die **Existenz** oder die **Durchsetzbarkeit** des Anspruchs bestehen. Das erwähnte Prinzip der Vermeidung finanzieller Belastungen kann in diesem Fall nämlich dazu führen, dass der Beschluss, auf eine Anspruchsdurchsetzung zu verzichten, ordnungsmäßig ist. Denn wenn die Anspruchsdurchsetzung – wie bei einer gerichtlichen Verfolgung – mit einem finanziellen Risiko verbunden ist, kann es ordnungsmäßig sein, dieses Risiko zu vermeiden. In der Sache geht es hier um das Absehen von einer Klage wegen mangelnder Erfolgsaussichten im Erkenntnis- oder Vollstreckungsverfahren.

1477 Eine außergerichtliche Geltendmachung verursacht, soweit keine Sondervergütung des Verwalters anfällt, bei der Gemeinschaft der Wohnungseigentümer zwar unmittelbar keine Kosten. Indes droht eine für die Gemeinschaft der Wohnungseigentümer mit einem Kostenrisiko verbundene (prozessuale) Gegenreaktion (z.B. negative Feststellungsklage); dies kann auch das Absehen von einer außergerichtlichen Geltendmachung rechtfertigen.

---

1 Dazu Staudinger/*Lehmann-Richter*, § 21 WEG Rz. 93 ff.

2 Vgl. OLG Hamm v. 22.12.2003 – 15 W 396/03, ZMR 2004, 852; LG Koblenz v. 30.4.2018 – 2 S 67/16 WEG, ZMR 2018, 795.

3 Vgl. OLG Hamm v. 22.12.2003 – 15 W 396/03, ZMR 2004, 852.

1478 Diese Fallgruppe hat deshalb eine große Bedeutung, weil die Antwort auf die **Frage**, ob ein **Anspruch** besteht oder **durchsetzbar** ist, häufig durch tatsächliche oder rechtliche Unsicherheiten erschwert wird. Die Rechtsprechung verlangt hier für einen Anspruch des Wohnungseigentümers auf Rechtsdurchsetzung, dass die Voraussetzungen des Anspruchs schlüssig dargelegt sein und begründet erscheinen müssen.[1]

1479 Eine andere Frage ist es, ob der Beschluss, einen zweifelhaften Anspruch zu verfolgen, ordnungswidrig ist. Dies setzt wegen des Verwaltungsermessens der Wohnungseigentümer voraus, dass diese Entscheidung unvertretbar ist,[2] was nur bei offensichtlich unbegründeten Ansprüchen der Fall ist.[3]

(3) Sonstige Ausnahmen

1480 Neben der Vermeidung des finanziellen Risikos einer Anspruchsverfolgung können auch sonstige Gründe den Beschluss rechtfertigen, von der Anspruchsverfolgung abzusehen. Diese Gründe müssen aber hinreichend gewichtig sein, um das Prinzip, nach dem Ansprüche der Gemeinschaft der Wohnungseigentümer durchzusetzen sind, außer Kraft zu setzen. Das Desinteresse der Mehrheit der Wohnungseigentümer reicht daher keinesfalls aus; gleiches gilt für den Hinweis auf mit der Anspruchsverfolgung verbundene Lästigkeiten für Verwalter oder Wohnungseigentümer. Ordnungsmäßig kann ein Absehen von der Anspruchsverfolgung aber bei **Bagatellforderungen** sein, insbesondere, wenn dadurch die noch andauernde Vertragsbeziehung zu einem Vertragspartner belastet würde.[4] Gleiches gilt, wenn die Durchsetzung einer Bagatellforderung gegenüber einem Wohnungseigentümer das Gemeinschaftsverhältnis unverhältnismäßig vergiften würde.

(4) Prozessrechtliches

1481 Ob ernsthafte Bedenken gegen die Existenz oder die Durchsetzbarkeit des Anspruchs bestehen, ist Gegenstand einer **objektiven Rechtmäßigkeitskontrolle**; maßgeblicher Zeitpunkt ist die letzte mündliche Tatsachenverhandlung.[5] Die materielle Rechtskraft einer stattgebenden Beschlussersetzungsklage erfasst nicht die Frage, ob der Anspruch besteht. Denn für den Erfolg der Beschlussersetzungsklage ist nicht die Existenz des Anspruchs, sondern die Frage maßgeblich, ob (ausnahmsweise) hinreichende Gründe gegen die Durchsetzung des Anspruchs bestehen.

---

1 OLG Hamm v. 22.12.2003 – 15 W 396/03, ZMR 2004, 852; OLG Düsseldorf v. 25.8.1999 – 3 WX 270/99, ZMR 2000, 243; LG Koblenz v. 30.4.2018 – 2 S 67/16 WEG, ZMR 2018, 795.

2 Vgl. etwa BGH v. 27.2.2015 – V ZR 114/14, NJW 2015, 1378 Rz. 5; Staudinger/*Lehmann-Richter*, § 21 Rz. 100.

3 Vgl. LG Koblenz v. 30.4.2018 – 2 S 67/16 WEG, ZMR 2018, 795.

4 Vgl. BGH v. 15.12.1988 – V ZB 9/88, NJW 1989, 1091 (1093).

5 Staudinger/*Lehmann-Richter*, § 21 WEG Rz. 103 m. Nachw. zur Gegenansicht, die im Anfechtungsprozess auf den Kenntnisstand der Wohnungseigentümer bei der Beschlussfassung abstellt.

(5) Ermächtigung eines Wohnungseigentümers

1482 Der Anspruch des Wohnungseigentümers aus § 18 Abs. 2 WEG ist darauf gerichtet, dass die Gemeinschaft der Wohnungseigentümer den Anspruch durchsetzt, wenn nicht eine der soeben beschriebenen Ausnahmen vorliegt. Der Wohnungseigentümer kann in diesen Fällen daher nicht verlangen, dass die Gemeinschaft der Wohnungseigentümer ihn zur Ausübung des Anspruchs ermächtigt. Umgekehrt kann die Gemeinschaft der Wohnungseigentümer ihre Pflicht zur Anspruchsdurchsetzung nicht durch einen solchen Ermächtigungsbeschluss erfüllen.

1483 Entscheiden sich die Wohnungseigentümer wegen fehlender Erfolgsaussichten dagegen, einen Anspruch durch die Gemeinschaft der Wohnungseigentümer verfolgen zu lassen, so kommt in Betracht, daran interessierte Wohnungseigentümer zur Durchsetzung auf **eigenes Kostenrisiko** zu ermächtigen.[1] Sind Wohnungseigentümer hierzu bereit, so folgt in diesen Konstellationen aus § 18 Abs. 2 WEG ein Anspruch auf Fassung eines entsprechenden Beschlusses. Dieser Anspruch ist indes nicht auf die Ermächtigung eines bestimmten Wohnungseigentümers, sondern allgemein darauf gerichtet, irgendeinen Wohnungseigentümer zu ermächtigen. Begehren mehrere Wohnungseigentümer die Ermächtigung, steht die Auswahl im Verwaltungsermessen der Wohnungseigentümer.

1484 Ein solcher „Ermächtigungsbeschluss“ muss anschließend durch die Erteilung einer **Ermächtigungserklärung im Außenverhältnis** umgesetzt werden; dafür ist der Verwalter vertretungsberechtigt nach § 9b Abs. 1 S. 1 WEG.

1485 Der ermächtigte Wohnungseigentümer klagt dann in gewillkürter Prozessstandschaft.[2] Das hierfür erforderliche Interesse folgt aus seiner Eigentümerstellung.[3]

7. Schadensersatz gegen Gemeinschaft der Wohnungseigentümer nach § 280 BGB

1486 § 18 Abs. 2 WEG verpflichtet die Gemeinschaft der Wohnungseigentümer in dem soeben (Rz. 1473) beschriebenen Umfang, die ihr gegen einen anderen Wohnungseigentümer oder gegen Dritte zustehenden Ansprüche durchzusetzen. Verstößt die Gemeinschaft der Wohnungseigentümer gegen diese Pflicht, so kann dies zu einem Schadensersatzanspruch des Wohnungseigentümers aus § 280 BGB führen. Wegen der Details siehe Rz. 378.

8. Kein Ausgleich nach § 14 Abs. 3 WEG

1487 Die rechtswidrige Beeinträchtigung des Sonder- oder Gemeinschaftseigentums führt nicht zu einem Anspruch nach § 14 Abs. 3 WEG (Rz. 1371).

1 Vgl. auch *Häublein*, ZWE 2020, 401.
2 Vgl. BGH v. 19.7.2013 – V ZR 109/12, ZWE 2014, 25 Rz. 9.
3 Vgl. LG Frankfurt v. 8.6.2011 – 2-13 S 33/10, ZWE 2012, 179.

III. Rechte der Gemeinschaft der Wohnungseigentümer

1488 Rechte wegen einer rechtswidrigen Beeinträchtigung des gemeinschaftlichen Eigentums stehen nach neuem Recht nur noch der Gemeinschaft der Wohnungseigentümer zu. Auch der Anspruch auf binnenrechtskonformes Verhalten nach § 14 Abs. 1 Nr. 1 WEG gehört der Gemeinschaft der Wohnungseigentümer. Die Rechte der Gemeinschaft der Wohnungseigentümer sind nach dem Konzept des WEMoG für die Sanktion einer rechtswidrigen Beeinträchtigung oder Benutzung des Sonder- oder Gemeinschaftseigentums mithin von zentraler Bedeutung. Zur Frage, ob der **Verwalter** über die Durchsetzung eines Anspruchs alleine **entscheiden darf** oder hierfür eines ermächtigenden Beschlusses der Wohnungseigentümer bedarf s. Rz. 509.

1. Unterlassung nach § 14 Abs. 1 Nr. 1 WEG

1489 Nach § 14 Abs. 1 Nr. 1 WEG ist jeder Wohnungseigentümer gegenüber der Gemeinschaft der Wohnungseigentümer verpflichtet, die gesetzlichen Regelungen, Vereinbarungen und Beschlüsse einzuhalten. Primäre Rechtsfolge eines Verstoßes gegen § 14 Abs. 1 Nr. 1 WEG ist der hier zu erörternde Unterlassungsanspruch; neben diesen können Schadensersatzansprüche (Rz. 1529 oder das Entziehungsrecht (Rz. 1532) treten.

a) Allgemeines

1490 § 14 Abs. 1 Nr. 1 WEG tritt inhaltlich teilweise an die Stelle von § 15 Abs. 3 sowie von § 21 Abs. 4 WEG a.F., die zum alten Recht einen auf Verwaltungshandlungen und den Gebrauch bezogenen Anspruch auf binnenrechtskonformes Verhalten gewährten, indes zwischen den Wohnungseigentümern.

1491 Anders als § 15 Abs. 3 und § 21 Abs. 4 WEG a.F. regelt § 14 Abs. 1 Nr. 1 WEG aber nicht die Pflicht zu einer ordnungsmäßigen Verwaltung bzw. Benutzung, also die Konstellationen, in denen die Verwaltung bzw. Benutzung nicht durch Beschluss oder Vereinbarung vorgegeben ist. Diese Pflicht folgt für den Gebrauch des Gemeinschaftseigentums aus § 16 Abs. 1 S. 3 WEG und dem dortigen Verweis auf § 14 WEG (Rz. 1349), für den Gebrauch des Sondereigentums aus § 14 Abs. 2 Nr. 1 WEG und für die Mitwirkung bei der Verwaltung aus § 19 Abs. 1 WEG (Rz. 409).

1492 **Zweck** von § 14 Abs. 1 Nr. 1 WEG ist es, ein rechtmäßiges Verhalten der Wohnungseigentümer in der Gemeinschaft zu gewährleisten. Dafür begründet die Vorschrift eine schuldrechtliche Pflicht zwischen den Wohnungseigentümern und der Gemeinschaft der Wohnungseigentümer. Die Vorschrift dient sowohl dem Schutz des Verbandes als auch der einzelnen Wohnungseigentümer. Der Verband wird unmittelbar dadurch geschützt, dass sie der Wohnungseigentümer Gläubigerin der Pflicht aus § 14 Abs. 1 Nr. 1 WEG ist. Der Schutz der Wohnungseigentümer ist mittelbarer Natur: Diese haben nach § 18 Abs. 2 WEG einen Anspruch gegen die Gemeinschaft der Wohnungseigentümer, dass die Benutzung und die Verwaltung den gesetzlichen Regelungen, Vereinbarungen und Beschlüssen entsprechen. Der Möglichkeit der Erfüllung dieses Anspruchs dient § 14 Abs. 1 Nr. 1 WEG, der der Gemeinschaft der Wohnungseigentümer einen korrespondierenden Anspruch gegen die Wohnungseigentümer gewährt. Inhaltlich ist § 14 Abs. 1 Nr. 1 WEG eine mitgliedschaftliche Pflicht (Rz. 39).

b) Pflichtverletzung

1493 § 14 Abs. 1 Nr. 1 WEG setzt einen Verstoß des Wohnungseigentümers gegen das Gebot voraus, die gesetzlichen Regelungen, Vereinbarungen und Beschlüsse einzuhalten. Man kann dies als das in der Gemeinschaft geltende Regelwerk, das **Binnenrecht** der Gemeinschaft, bezeichnen.

aa) Vereinbarungen und Beschlüsse

1494 Die in § 14 Abs. 1 Nr. 1 Var. 2 WEG genannten Vereinbarungen sind die vertraglichen Regelungen der Wohnungseigentümer nach § 10 Abs. 1 S. 2 WEG, Beschlüsse (§ 14 Abs. 1 Nr. 1 Var. 3 WEG) sind solche der Wohnungseigentümer. Diese beiden Regelwerke müssen verbindlich, also wirksam sein. Dies bestimmt sich nach allgemeinen Grundsätzen.

1495 Ob das Verhalten des Wohnungseigentümers gegen eine Vereinbarung oder einen Beschluss verstößt, ist in Zweifelsfällen durch **Auslegung** zu ermitteln.

1496 Ein praxisrelevantes **Beispiel** ist der Vergleich der von einem Wohnungseigentümer gewählten Art der Nutzung seines Sondereigentums mit den Vorgaben des Binnenrechts. Die Rechtsprechung hat bekanntlich Leitlinien entwickelt, um die Frage zu beantworten, wann eine Regelung in einer Vereinbarung der Wohnungseigentümer eine Nutzungsvorgabe enthält und wann sie unverbindlich ist.[1] Ein weiteres Beispiel ist die Rechtsprechung zu einer gegen den Wortlaut des Binnenrechts verstoßenden, bei typisierender Betrachtungsweise aber nicht stärker störenden Nutzung als der vorgesehenen.[2]

bb) Gesetzliche Regelungen

1497 § 14 Abs. 1 Nr. 1 Var. 1 WEG nennt die „gesetzlichen Regelungen“, ohne diese näher zu definieren. Der Begriff wird auch in § 18 Abs. 2 WEG verwendet, dort aber ebensowenig erläutert. Der Begriff war dem bisherigen Recht fremd, das in § 15 Abs. 3 WEG a.F. von „Gesetz“ sprach. Zwei Interpretationen sind denkbar: Man kann die „gesetzlichen Regelungen“ auf die Vorschriften des WEG beschränken oder auf alle Gesetze erstrecken. Es macht jedoch ersichtlich keinen Sinn, über das WEG die Einhaltung z.B. strafrechtlicher Normen erzwingen zu können. Richtigerweise wird man deshalb unter den „gesetzlichen Regelungen“ nur wohnungseigentumsrechtliche Vorschriften verstehen müssen.[3] Damit geht aber keine Beschränkung auf die im WEG ausdrücklich niedergelegten Vorschriften einher, weil dies die Rechtsanwendung unnötig verkomplizieren würde: Denn das WEG beschreibt die aus der Mitgliedschaft folgenden Pflichten des Wohnungseigentümers nicht abschließend. Es ist

---

1 Etwa BGH v. 13.12.2019 – V ZR 203/18, NJW 2020, 1354 Rz. 6 ff.; BGH v. 27.10.2017 – V ZR 193/16, NJW 2018, 41.

2 Etwa BGH v. 15.10.2010 – V ZR 72/09, NJW 2010, 3093.

3 So auch BT-Drucks. 19/18791, S. 52.

nämlich anerkannt, dass den Wohnungseigentümer gegenüber der Gemeinschaft der Wohnungseigentümer auch ungeschriebene Nebenpflichten („Treuepflichten") treffen können.[1] Wenn man diese Pflichten nicht auch unter den Begriff der „gesetzlichen Regelung" in § 14 Abs. 1 Nr. 1 WEG fasst, ist man gezwungen, bei einem Verstoß eine andere gesetzliche Anknüpfung zu wählen. Hier läge § 241 Abs. 2 BGB nahe. Indes würde dadurch die Frage aufgeworfen, ob die in Rede stehende Nebenpflicht sich nicht bereits aus der Vereinbarung ergibt und damit letztlich doch unter § 14 Abs. 1 Nr. 1 WEG fällt.[2] Dies spricht dafür, den Begriff der „gesetzlichen Regelungen" weit zu verstehen: Er umfasst alle **mitgliedschaftlichen Pflichten**, die nicht bereits durch Beschluss oder Vereinbarung geregelt sind, sondern ohne weiteres aus der Mitgliedschaft folgen, unabhängig davon, ob sie im WEG eine besondere Erwähnung gefunden haben oder nicht.

1498 § 17 Abs. 1 und 2 WEG steht dieser Sichtweise nicht entgegen. Zwar folgt aus der Formulierung „insbesondere" in § 17 Abs. 2 WEG, dass die Pflichten des Wohnungseigentümers nicht abschließend in § 14 Abs. 1 und 2 WEG geregelt sind. Dies schließt es aber nicht aus, § 14 Abs. 1 Nr. 1 WEG als abschließende Quelle der Pflichten der Wohnungseigentümer gegenüber der Gemeinschaft der Wohnungseigentümer einzuordnen, weil die Entziehung auch auf die Verletzung von Pflichten gegenüber den anderen Wohnungseigentümern gestützt werden kann, die nicht abschließend aus § 14 Abs. 2 WEG folgen.

1499 Das WEG enthält typischerweise keine konkreten, an die Wohnungseigentümer gerichteten Verhaltensvorgaben. Indes kann insbesondere den **organisationsrechtlichen Regelungen** durch Auslegung die Rechtsfolge entnommen werden, dass ein Wohnungseigentümer, der diese Regelungen missachtet, gegen § 14 Abs. 1 Nr. 1 Var. 1 WEG verstößt.

1500 **Beispiele:** Gegen § 14 Abs. 1 Nr. 1 Var. 1 WEG verstößt etwa ein Wohnungseigentümer, der
- unter Missachtung von § 24 Abs. 3 WEG eigenmächtig eine Wohnungseigentümerversammlung einberuft;
- das Gemeinschaftseigentum beeinträchtigt, ohne dazu nach § 14 Abs. 2 Nr. 2 oder § 18 Abs. 3 WEG berechtigt zu sein;
- unter Verstoß gegen § 13 Abs. 2 WEG sein Sondereigentum baulich verändert.

1501 § 14 Abs. 1 Nr. 1 Var. 1 WEG ist typischerweise auf **Unterlassungspflichten** beschränkt.

1502 Denn Handlungspflichten ordnet das WEG typischerweise ausdrücklich an, insbesondere in § 19 Abs. 1 WEG die Pflicht zur Mitwirkung bei der Beschlussfassung (Rz. 412). Die jeweilige Pflicht folgt dann unmittelbar aus dieser Vorschrift. Eines Rückgriffes auf § 14 Abs. 1 Nr. 1 Var. 1 WEG bedarf es nicht. Es ist aber denkbar, in Ausnahmekonstellationen aus den ungeschriebenen Nebenpflichten des Wohnungseigentümers auch eine Handlungspflicht abzuleiten.

---

1 Etwa BGH v. 2.6.2005 – V ZB 32/05, NJW 2005, 206.

2 Zur umstrittenen Frage, ob Rücksichtspflichten vertraglicher oder gesetzlicher Natur sind s. Staudinger/*Olzen*, § 241 Rz. 393 ff.

cc) Haftung für Dritte

1503 Das WEMoG hat § 14 Nr. 2 WEG a.F. nicht übernommen, der den Wohnungseigentümer verpflichtete, für die Einhaltung eines schonenden Gebrauchs i. S. d. § 14 Nr. 1 WEG a.F. durch Personen zu sorgen, denen er die Benutzung des Sonder- oder Gemeinschaftseigentums überlassen hatte. Die Verpflichtung des Wohnungseigentümers, für das Verhalten Dritter einstehen zu müssen, muss daher nach neuem Recht auf **allgemeine Vorschriften** gestützt werden.

1504 § 14 Nr. 2 WEG a.F. regelte nur einen Ausschnitt dieses Problemkreises, nämlich die Pflicht, auf den Dritten bei einem gegen § 14 Nr. 1 WEG a.F. verstoßenden Gebrauch einzuwirken. Die Regelung war daher keine allgemeine Zurechnungsnorm, die etwa auch die schadensersatzrechtliche Haftung oder ein anderes Verhalten als den Gebrauch betraf. Hierfür bedurfte es auch zum alten Recht der Anwendung von § 278 BGB.[1]

1505 Die Voraussetzungen, unter denen dem Wohnungseigentümer der Verstoß eines Dritten gegen § 14 Abs. 1 Nr. 1 WEG zugerechnet wird, regelt **§ 278 BGB**. Die Anwendung dieser Vorschrift zu Lasten der Wohnungseigentümer war zum alten Recht anerkannt.[2] Daran hat das WEMoG nichts geändert: Wenn der Wohnungseigentümer einen Erfüllungsgehilfen einschaltet, muss er für dessen Verhalten im Rahmen des § 278 BGB haften. Die Norm regelt, über ihren Wortlaut hinaus, auch die hier in Rede stehende Zurechnung einer Pflichtverletzung.[3]

1506 **Erfüllungsgehilfe** ist, wer mit Wissen und Wollen des Wohnungseigentümers in dessen Pflichtenkreis tätig geworden ist.[4] Dies trifft auf sämtliche Personen zu, denen der Wohnungseigentümer den Gebrauch des Wohnungseigentums ermöglicht, also insbesondere auf Mieter[5], aber auch auf Angestellte, Lieferanten, Gäste und Kunden.[6]

1507 § 278 BGB gilt auch für **Unterlassungspflichten**. Eröffnet der Schuldner den von der Unterlassungspflicht betroffenen Bereich einem anderen, so haftet, er wenn der andere die untersagte Handlung vornimmt.[7] Der Wohnungseigentümer ist daher zum einen für das Gebrauchsverhalten des von ihm eingeschalteten Dritten verantwortlich. Gleiches gilt, wenn der Wohnungseigentümer bei der Verwaltung Hilfspersonen einsetzt, etwa einen Vertreter zur Versammlung schickt oder durch Handwerker Baumaßnahmen ausführen lässt.

1508 Eine Anwendung von § 278 BGB ist entbehrlich, wenn sich die von der Gemeinschaft der Wohnungseigentümer verlangte Rechtsfolge – im hiesigen Kontext: ein Unterlassen – bereits aus einer eigenen Pflichtverletzung des Wohnungseigentümers

---

1 S. etwa BeckOGK/*Falkner*, § 14 Rz. 43.
2 BGH v. 5.3.2014 – VIII ZR 205/13, NJW 2014, 1653 Rz. 12; BGH v. 22.4.1999 – V ZB 28/98, NJW 1999, 2108.
3 BeckOGK-BGB/*Riehm*, § 280 Rz. 191.
4 Vgl. etwa BGH v. 5.4.2017 – IV ZR 437/15, NJW 2017, 2268 Rz. 23.
5 BGH v. 5.3.2014 – VIII ZR 205/13, NJW 2014, 1653 Rz. 12.
6 Vgl. Staudinger/*Caspers*, § 278 Rz. 102 mit Nachweisen zur mietrechtlichen Rspr.
7 Staudinger/*Caspers*, § 278 Rz. 42 m. Nachw.

ergibt. Dafür muss bereits die Einschaltung des Dritten, etwa die Gebrauchsüberlassung, gegen § 14 Abs. 1 Nr. 1 WEG verstoßen. Das ist der Fall, wenn diese Handlung des Wohnungseigentümers gegen einen Beschluss, eine Vereinbarung oder eine die Mitgliedschaft regelnde gesetzliche Pflicht (Rz. 1493) verstößt.

1509

Beispiele:

- Gegen § 14 Abs. 1 Nr. 1 Var. 2 WEG verstößt, wer trotz eines Vermietungsverbots in der Gemeinschaftsordnung sein Wohnungseigentum Dritten überlässt;
- ein Verstoß gegen § 14 Abs. 1 Nr. 1 Var. 3 WEG liegt in der Missachtung eines Beschlusses, der die Gebrauchsüberlassung an frühere Wohnungseigentümer untersagt;[1]
- gegen § 14 Abs. 1 Nr. 1 Var. 1 WEG verstößt, wer von einem Handwerker binnenrechtswidrig das gemeinschaftliche Eigentum verändern lässt;
- ist ein gegen das Binnenrecht in der Gemeinschaft verstoßendes Gebrauchsverhalten des Dritten mit an Sicherheit grenzender Wahrscheinlichkeit zu erwarten, so verletzt die Gebrauchsüberlassung die mitgliedschaftliche Rücksichtnahmepflicht und damit § 14 Abs. 1 Nr. 1 Var. 1 WEG.

c) Sonstige Voraussetzungen

1510

Gläubigerin des Unterlassungsanspruchs ist die Gemeinschaft der Wohnungseigentümer; **Schuldner** können nur Wohnungseigentümer sein oder Personen, die nach § 8 Abs. 3 WEG als Wohnungseigentümer gelten. Eine analoge Anwendung auf andere Nutzer in der Wohnungseigentumsanlage, etwa Mieter, scheidet mangels Vergleichbarkeit der Sachverhalte – § 14 Abs. 1 Nr. 1 WEG ist eine Pflicht aus der Mitgliedschaft – aus.[2]

1511

Ein **Verschulden** ist für den Unterlassungsanspruch **nicht erforderlich**. Auch eine vorherige **Abmahnung** ist nicht Voraussetzung, wie sich ohne weiteres aus dem Wortlaut, ergänzend aber etwa auch aus dem Umkehrschluss zu § 541 BGB[3] ergibt. Dauert die Rechtsverletzung nicht mehr an, so folgt die für den Anspruch erforderliche Wiederholungsgefahr aus der abgeschlossenen Verletzung von § 14 Abs. 1 Nr. 1 WEG. Denn wenn bereits eine Rechtsverletzung erfolgt ist, besteht eine tatsächliche Vermutung für eine Wiederholungsgefahr.[4] Wie bei anderen Unterlassungsansprüchen[5] ist auch bei § 14 Abs. 1 Nr. 1 WEG ein vorbeugender Unterlassungsanspruch denkbar, wenn eine hinreichend konkrete Gefahr der Verletzung des Binnenrechts besteht.[6]

---

1 BGH v. 18.11.2016 – V ZR 221/15, ZMR 2017, 171 Rz. 15.

2 Vgl. BGH v. 25.10.2019 – V ZR 271/18, NJW 2020, 921 Rz. 12 (zu § 15 Abs. 3 WEG a.F.).

3 § 541 BGB hat (nur) die Funktion, den Abwehranspruch des Vermieters unter den Vorbehalt einer Abmahnung zu stellen, vgl. BT-Drucks. 14/4553 S. 43.

4 Vgl. etwa BGH v. 12.5.1987 – VI ZR 195/86, NJW 1987, 2225.

5 Siehe etwa BGH v. 19.6.1951 – I ZR 77/50, NJW 1951, 843.

6 Vgl. *Hügel/Elzer*, § 15 Rz. 67.

d) Rechtsfolge: Unterlassung

1512 § 14 Abs. 1 Nr. 1 WEG enthält einen **Erfüllungsanspruch** der Gemeinschaft der Wohnungseigentümer und beschränkt sie nicht etwa nur auf die Geltendmachung von Schadensersatz bei einem Verstoß gegen die Norm. Dies folgt aus dem Normzweck, weil nur so die Beachtung des Binnenrechts effektiv durchgesetzt werden kann. Die Geltendmachung des Erfüllungsanspruchs erfolgt durch die Unterlassungsklage.

aa) Verhältnis zu § 280 BGB

1513 Wird die Pflicht nach § 14 Abs. 1 Nr. 1 WEG verletzt, so löst die Vorschrift nur einen Anspruch auf Unterlassung zukünftiger Beeinträchtigungen aus. § 14 Abs. 1 Nr. 1 WEG gibt der Gemeinschaft der Wohnungseigentümer hingegen **keinen Anspruch** auf **Beseitigung** pflichtwidrig verursachter Beeinträchtigungen.[1] Denn für diese Sanktion sieht das Recht der Leistungsstörungen den Schadensersatzanspruch nach § 280 BGB vor, der von einem Vertretenmüssen abhängt. Für eine hiervon abweichende, auf einen verschuldensunabhängigen Beseitigungsanspruch hinauslaufendes Verständnis von § 14 Abs. 1 Nr. 1 WEG fehlen überzeugende Argumente.

1514 Die Abgrenzung zu § 280 BGB ist danach vorzunehmen, ob es um das Einstellen einer in die Zukunft wirkenden Pflichtverletzung geht (§ 14 Abs. 1 Nr. 1 WEG) oder um die Beseitigung der durch ein Verhalten eingetretenen Folgen (§ 280 BGB): Der Wohnungseigentümer schuldet aus § 14 Abs. 1 Nr. 1 WEG nicht die Wiederherstellung eines *status quo ante*, sondern lediglich für die Zukunft das Unterlassen seiner Pflichtverletzung.

1515 **Beispiel 1:** Bei (pflichtwidriger) Gebrauchsüberlassung an einen Dritten geht es daher um ein Unterlassen, soweit das Einstellen der Gebrauchsüberlassung für die Zukunft begehrt wird. Daran ändert sich nichts, wenn die Einstellung der Gebrauchsüberlassung vom Wohnungseigentümer ein positives Tun in Form der Kündigung des Gebrauchsüberlassungsvertrags erfordert.[2] Die Beseitigung der Folgen eines rechtswidrigen Gebrauchs – etwa von Verschmutzungen des Treppenhauses – kann hingegen nur unter den Voraussetzungen des § 280 Abs. 1 BGB verlangt werden.

1516 **Beispiel 2:** Die Beseitigung einer pflichtwidrigen baulichen Veränderung kann nicht nach § 14 Abs. 1 Nr. 1 WEG verlangt werden. Denn hier geht es darum, den *status quo ante* wiederherzustellen. Zum Anspruch aus § 1004 Abs. 1 S. 1 BGB s. Rz. 1525.

bb) Durchsetzung des Unterlassungsanspruchs

1517 Der Anspruch wird mit der Unterlassungsklage durchgesetzt. In den praxisrelevanten Fällen, in denen die Gemeinschaft der Wohnungseigentümer ein Einschreiten gegen Mieter verlangt, die gegen die Gebrauchsregeln in der Gemeinschaft verstoßen, scheitert der Anspruch nur dann an § 275 BGB, wenn feststeht, dass die Ge-

1 So wurde aber wohl § 15 Abs. 3 WEG a.F. überwiegend verstanden, vgl. BGH v. 18.11.2016 – V ZR 221/15, ZMR 2017, 171 Rz. 9; *Hügel/Elzer*, § 15 Rz. 79.

2 Vgl. BGH v. 18.11.2016 – V ZR 221/15, ZMR 2017, 171 Rz. 17.

meinschaft der Wohnungseigentümer einen ihr zuerkannten Unterlassungsanspruch unter keinen Umständen durchzusetzen vermag.[1] Beim Klageantrag ist in diesen Fällen darauf zu achten, dass es dem Beklagten überlassen ist, wie er die Verletzung des Binnenrechts durch den Dritten abstellt.[2]

1518 ***Formulierungsbeispiele:***

- *Der Beklagte wird verurteilt, es zu unterlassen, in den Räumen [...] eine Speisegaststätte zu betreiben oder den Betrieb einer solchen zu ermöglichen.*
- *Der Beklagte wird verurteilt, alles Erforderliche und Notwendige zu unternehmen, um die Nutzung der Räume [...] als Ferienwohnungen zu unterbinden.*

2. Unterlassung und Beseitigung nach § 1004 Abs. 1 BGB

1519 Wird das gemeinschaftliche Eigentum beeinträchtigt, kann dies einen Anspruch der Wohnungseigentümer aus § 1004 Abs. 1 BGB als Inhaber des gemeinschaftlichen Eigentums auslösen. Dieser Anspruch ist – anders als nach altem Recht – nach § 9a Abs. 2 Var. 1 WEG der **Gemeinschaft der Wohnungseigentümer** kraft Gesetzes zur Ausübung **zugewiesen** (Rz. 127). Der Anspruch ist nach § 1004 Abs. 2 BGB ausgeschlossen, wenn die Wohnungseigentümer zur Duldung der Beeinträchtigung verpflichtet sind, diese also nicht rechtswidrig ist. Das bestimmt sich im Innenverhältnis der Gemeinschaft nach § 14 Abs. 1 Nr. 2, Abs. 2 Nr. 2 WEG (Rz. 1323).

a) Beeinträchtigung des gemeinschaftlichen Eigentums

1520 § 1004 Abs. 1 BGB, § 9a Abs. 2 WEG setzen eine Beeinträchtigung des gemeinschaftlichen Eigentums voraus. Dies richtet sich nach den zu § 1004 Abs. 1 BGB entwickelten Grundsätzen. Das WEMoG hat daher naturgemäß die Rechtslage insoweit nicht geändert.

1521 Entgegen der h.M.[3] führt der **Verstoß** gegen eine im Grundbuch **eingetragene Vereinbarung nicht** zu einer Beeinträchtigung des Gemeinschaftseigentums (Rz. 1432). Praktisch wirkt sich dies indes nicht aus, weil die Gemeinschaft der Wohnungseigentümer bereits aus § 14 Abs. 1 Nr. 1 WEG Unterlassung eines binnenrechtswidrigen Gebrauchs verlangen kann, und zwar auch dann, wenn dieser das Gemeinschaftseigentum nicht beeinträchtigt.

1522 **Beispiel 1:** Ein Wohnungseigentümer zahlt die in der im Grundbuch eingetragenen Gemeinschaftsordnung festgelegten Verzugszinsen auf das Hausgeld nicht. Das ist keine Beeinträchtigung des gemeinschaftlichen Eigentums.[4]

1523 **Beispiel 2:** Wohnungseigentümer E nutzt sein als „Laden“ gewidmetes Teileigentum binnenrechtswidrig zum Betrieb einer Eisdiele.[5] Wird dadurch das gemeinschaftliche Eigentum i. S. d. § 1004 Abs. 1 BGB beeinträchtigt – etwa durch Kunden, die über das gemeinschaftliche

1 BGH v. 16.5.2014 – V 131/13, NJW 2014, 2640 Rz. 12.
2 BGH v. 18.11.2016 – V ZR 221/15, ZMR 2017, 171 Rz. 17.
3 BGH v. 25.10.2019 – V ZR 271/18, NJW 2020, 921 Rz. 6 (zum Gebrauch).
4 *Lehmann-Richter/Wobst*, ZWE 2020, 123 (127).
5 Vgl. BGH v. 25.10.2019 – V ZR 271/18, NJW 2020, 921 Rz. 20 ff.

Eigentum das Teileigentum betreten –, ist diese Beeinträchtigung nicht von § 14 Abs. 2 Nr. 2 WEG gedeckt und damit nicht nach § 1004 Abs. 2 BGB gerechtfertigt. Allerdings kommt in Betracht, die Beeinträchtigungen insoweit für gerechtfertigt zu halten, als sie auch von einer binnenrechtsgemäßen Nutzung ausgelöst werden könnten (weil etwa auch ein „Laden" Kunden hat).[1] Auf dieses Problem bei der Anwendung von § 1004 Abs. 1 BGB kommt es indes praktisch nicht an, weil die Gemeinschaft der Wohnungseigentümer den binnenrechtswidrigen Gebrauch jedenfalls nach § 14 Abs. 1 Nr. 1 WEG abwehren kann.

b) Inhalt des Abwehranspruchs

1524 § 1004 Abs. 1 S. 2 BGB ist nur auf die **Unterlassung** der konkreten Eigentumsstörung gerichtet. Darin liegt ein maßgeblicher Unterschied zum Anspruch aus § 14 Abs. 1 Nr. 1 WEG, nach dem ein binnenrechtswidriger Gebrauch generell untersagt werden kann.

1525 Neben der Unterlassung kann die Gemeinschaft der Wohnungseigentümer nach § 1004 Abs. 1 S. 1 BGB auch die **Beseitigung** der Beeinträchtigung verlangen. Bei § 1004 Abs. 1 S. 1 BGB besteht bekanntlich ein allgemeiner (also nicht konkret zum Wohnungseigentumsrecht) geführter Streit um den Umfang der Beseitigungspflicht, insbesondere mit Blick auf die Abgrenzung der Vorschrift zum Schadensersatzrecht.[2] Diese Diskussion betrifft gleichermaßen das Wohnungseigentumsrecht. Sie ist auch von praktischer Bedeutung, weil § 14 Abs. 1 Nr. 1 WEG nur auf Unterlassung gerichtet ist (Rz. 1513). Ein verschuldensunabhängiger Beseitigungsanspruch muss sich daher auf § 1004 Abs. 1 S. 1 BGB stützen.

1526 **Beispiel:** Wohnungseigentümer E1 baut eigenmächtig ein Dachfenster ein. Aus § 1004 Abs. 1 S. 2 BGB besteht nach der Rechtsprechung ein Anspruch der Gemeinschaft der Wohnungseigentümer nicht nur auf Ausbau der Fenster, sondern auch auf Wiederherstellung des *status quo ante* des Daches.[3]

3. Unterlassung und Beseitigung nach § 862 BGB

1527 Der Anspruch der Gemeinschaft der Wohnungseigentümer wegen Besitzstörung aus § 862 Abs. 1 BGB kann sich, gestützt auf eine Beeinträchtigung des gemeinschaftlichen Eigentums, sowohl gegen Wohnungseigentümer als auch gegen Dritte richten. Denn die aus dem Gemeinschaftseigentum folgenden Besitzschutzansprüche sind nach § 9a Abs. 2 Var. 1 WEG der Gemeinschaft der Wohnungseigentümer zur Ausübung zugeordnet.

1528 Wird das gemeinschaftliche Eigentum durch einen Wohnungseigentümer beeinträchtigt, steht **§ 866 BGB** Besitzschutzansprüchen entgegen, weil die Wohnungseigentümer Mitbesitzer des gemeinschaftlichen Eigentums sind.[4] Gegenüber Dritten ist Besitzschutz hingegen denkbar. Er setzt eine Störung des gemeinschaftlichen Ei-

1 Zu diesem Gesichtspunkt etwa BGH v. 25.10.2019 – V ZR 271/18, NJW 2020, 921 Rz. 24 ff.
2 Etwa MünchKommBGB/*Raff* § 1004 Rz. 229 ff.
3 BGH v. 16.10.2018 – V ZR 328/17, NJW 2019, 1216 Rz. 7.
4 S. zum Mitbesitz BGH v. 8.4.2016 – V ZR 191/15, NJW 2017, 64 Rz. 28.

gentums durch verbotene Eigenmacht voraus (§ 862 BGB). Praxisrelevant ist dies indes nicht.

4. Schadensersatz nach § 280 oder § 823 Abs. 1 BGB

1529 Die Verletzung einer Pflicht nach § 14 Abs. 1 Nr. 1 WEG kann einen Schadensersatzanspruch der Gemeinschaft der Wohnungseigentümer nach **§ 280 BGB** auslösen. Die erforderliche Pflichtverletzung muss entweder der Wohnungseigentümer oder sein Erfüllungsgehilfe (Rz. 1503) begangen haben. Zum Schadensersatz nach § 280 BGB kann es daher etwa führen, wenn ein Wohnungseigentümer binnenrechtswidrig das gemeinschaftliche Eigentum verändert. Daneben sind die Nachteile praxisrelevant, die der Gemeinschaft der Wohnungseigentümer durch einen binnenrechtswidrigen Gebrauch entstehen, etwa Rechtsverfolgungskosten.

1530 Löst der binnenrechtswidrige Gebrauch des eigenen Sondereigentums einen Schaden bei einem anderen Sondereigentümer aus, kann die Gemeinschaft der Wohnungseigentümer diesen **nicht** nach den Grundsätzen der **Drittschadensliquidation** geltend machen. Denn dem geschädigten Wohnungseigentümer steht aus § 280 Abs. 1 BGB, § 14 Abs. 2 Nr. 1 WEG ein eigener Schadensersatzanspruch gegen den rechtswidrig handelnden Wohnungseigentümer zu.

1531 Verletzt ein Wohnungseigentümer rechtswidrig das gemeinschaftliche Eigentum, führt dies unter den Voraussetzungen des **§ 823 Abs. 1 BGB** zu einem Schadensersatzanspruch der übrigen Wohnungseigentümer. Dieser Anspruch ist nach § 9a Abs. 2 Var. 1 WEG der Gemeinschaft der Wohnungseigentümer kraft Gesetzes zur Ausübung zugewiesen.

5. Entziehung des Wohnungseigentums (§ 17 WEG)

1532 Die rechtswidrige Einwirkung auf das gemeinschaftliche Eigentum oder auf fremdes Sondereigentum oder ein sonstiges rechtswidriges Gebrauchsverhalten kann die Entziehung des Wohnungseigentums nach § 17 WEG rechtfertigen. Das frühere Recht regelte die Entziehung des Wohnungseigentums in den §§ 18 f. WEG a.F. Das WEMoG hat die Regelungen in **§ 17 WEG** in modifizierter Form zusammengeführt.

a) Gläubigerin des Entziehungsanspruchs

1533 Der Entziehungsanspruch steht nach § 17 Abs. 1 WEG originär der Gemeinschaft der Wohnungseigentümer zu. Die (merkwürdige) Technik des § 18 Abs. 1 WEG a.F., das Entziehungsrecht den übrigen Wohnungseigentümern zuzuordnen und mit Ausnahme der Zwei-Personen-Gemeinschaft der Gemeinschaft der Wohnungseigentümer zur Ausübung zuzuweisen, hat das WEMoG aufgegeben. Die Gesetzesbegründung gibt hierfür den Gesichtspunkt der Rechtsvereinheitlichung an.[1] Dahinter steht die zutreffende Überlegung, dass eine punktuelle Sonderregelung für Zwei-Personen-Gemeinschaften, die auch an anderer Stelle besondere Probleme aufwerfen, abzulehnen ist.

---

1 BT-Drucks. 19/18791, S. 57.

1534 Die originäre Zuordnung des Entziehungsanspruchs zur Gemeinschaft der Wohnungseigentümer gibt Anlass, die Meinung zum alten Recht zu überprüfen, nach der die **Abmahnung** auch **von** einem einzelnen **Wohnungseigentümer** wirksam ausgesprochen werden konnte.[1] Diese Sichtweise war schon zum alten Recht fragwürdig. Zum neuen Recht wird hingegen noch deutlicher, dass dadurch einem Dritten das Recht gegeben wird, die Voraussetzungen für einen Anspruch der Gemeinschaft der Wohnungseigentümer herbeizuführen. Das ist ein zweifelhaftes Ergebnis, dass sich – wenn überhaupt – nur bei konkret gegen einzelne Wohnungseigentümer gerichteten Störungen (z.B. Beleidigungen) rechtfertigen lässt. Denkbar ist jedoch, dass ein Wohnungseigentümer als Bote der Gemeinschaft der Wohnungseigentümer auftritt.

1535 Wird die **Abmahnung** vom **Verwalter** im Namen der Gemeinschaft der Wohnungseigentümer erklärt,[2] muss dieser Vertretungsmacht haben. Der Wortlaut des § 9b Abs. 1 S. 1 WEG spricht dafür. Indes kann bei einer fehlenden binnenrechtlichen Legitimation – die Abmahnung fällt angesichts ihrer Bedeutung für den Gemeinschaftsfrieden nicht unter § 27 Abs. 1 Nr. 1 WEG, weshalb der Verwalter einer Berechtigung durch Vereinbarung oder Beschluss bedarf – die Vertretungsmacht wegen Missbrauchs entfallen. Denn dem störenden Wohnungseigentümer ist das Fehlen der binnenrechtlichen Legitimation bekannt, weshalb sich die allgemeine Frage stellt, inwieweit im Innenverhältnis die Vertretungsmacht auf das rechtliche Dürfen beschränkt ist (Rz. 212).

b) Entziehungsgrund

1536 Der Entziehungsanspruch setzt einen Entziehungsgrund voraus. Das WEMoG hat hier die **Systematik** des alten Rechts übernommen: § 17 Abs. 1 WEG enthält eine Generalklausel und § 17 Abs. 2 WEG ein Regelbeispiel. Diese Struktur ist aus anderen Beendigungsregeln bekannt, etwa aus § 543 BGB oder aus den §§ 133, 140 HGB.

1537 § 17 Abs. 1 WEG verlangt für die Feststellung des Entziehungsgrundes eine **Abwägung der Interessen** im Einzelfall.[3] Dies folgt aus der – aus § 18 Abs. 1 S. 1 WEG a.F. übernommenen – Voraussetzung, dass die Fortsetzung der Gemeinschaft mit dem Störer nicht mehr zumutbar sein darf. Ist hingegen das Regelbeispiel aus § 17 Abs. 2 WEG erfüllt, bedarf es keiner ergänzenden Abwägung nach § 17 Abs. 1 WEG mehr.[4] Dies bedeutet indes nicht, dass bei der Anwendung von § 17 Abs. 2 WEG das in Abs. 1 genannte Zumutbarkeitskriterium irrelevant wäre: Denn es ist durch die Merkmale der „wiederholten Gröblichkeit trotz Abmahnung" berücksichtigt, aus denen sich ergibt, dass nicht jede Pflichtverletzung die Entziehung rechtfertigt, sondern

1 BGH v. 5.4.2019 – V ZR 339/17, ZMR 2019, 699 Rz. 6; Jennißen/*Schultzky*, § 18 Rz. 23; Bärmann/*Suilmann*, § 18 Rz. 33.

2 Nach der Rspr. handelt es sich um eine rechtsgeschäftsähnliche Handlung (BGH v. 8.7.2011 – V ZR 2/11, NJW 2011, 3026 Rz. 8), was zur (analogen) Anwendung der Vertretungsregeln führt.

3 Vgl. BGH v. 22.1.2010 – V ZR 75/09, ZMR 2010, 621 Rz. 8.

4 Vgl. bereits *Weitnauer*, § 18 Rz. 5.

nur eine solche, die wegen dieser Voraussetzungen die Fortsetzung der Gemeinschaft mit dem Störer unzumutbar macht.

1538 Bei genauer Betrachtung beschränkt sich der **Zweck von § 17 Abs. 2 WEG** damit darauf, die Entziehung bei einem Verstoß gegen § 14 Abs. 1 oder 2 WEG von einer **Abmahnung** abhängig zu machen. Denn es führt zu keinem Gewinn an Rechtssicherheit, wenn ein unbestimmter Rechtsbegriff („Unzumutbarkeit der Fortsetzung") durch einen anderen unbestimmten Begriff („wiederholte gröbliche Pflichtverletzung") ersetzt wird. Die WEG-Reform 2020 hätte daher § 17 Abs. 2 WEG durchaus – in Emanzipation von § 18 Abs. 2 Nr. 1 WEG a.F. – vollständig neu fassen können, etwa: *„Liegt die Verletzung in einem Verstoß gegen § 14 Absatz 1 oder 2, ist die Entziehung erst nach erfolgloser Abmahnung zulässig."*

1539 Entscheidender **Zeitpunkt** für die Feststellung des Entziehungsgrundes ist nach allgemeinen Grundsätzen das Ende der mündlichen Tatsachenverhandlung über den Entziehungsanspruch.[1] Es ist daher möglich, ein späteres **Wohlverhalten** des Wohnungseigentümers in die Gesamtwürdigung einzubeziehen. Der hinter § 19 Abs. 2 WEG a.F. stehende Rechtsgedanke kann also auch nach neuem Recht Berücksichtigung finden. Dies gilt zum einen für die Begleichung von Zahlungsrückständen, ist aber auch in anderen Konstellationen denkbar.

1540 Ein **Beispiel** ist die Rechtsprechung des BGH zum Miteigentum an Wohnungseigentum, nach der ein nicht störender Miteigentümer die Entziehung wegen der Störung eines anderen Miteigentümers dadurch abwenden kann, dass er den Miteigentumsanteil des störenden Miteigentümers selbst erwirbt, den störenden Miteigentümer dauerhaft und einschränkungslos aus der Anlage entfernt und der Gemeinschaft der Wohnungseigentümer alle entstandenen Kosten ersetzt.[2]

1541 Ob ein Wohlverhalten oder andere, **nach** dem Ende der mündlichen **Tatsachenverhandlung** über den Entziehungsanspruch eintretende Umstände die Entziehung verhindern können, richtet sich – wie stets bei der Frage der sittenwidrigen Vollstreckung – nach **§ 765a ZPO**.

aa) Pflichtverletzung gegenüber Gemeinschaft oder anderen Wohnungseigentümern

1542 Während nach dem Wortlaut von § 18 Abs. 1 S. 1 WEG a.F. die Entziehung die Verletzung einer gegenüber den anderen Wohnungseigentümern bestehenden Pflicht verlangte, kommt in § 17 Abs. 1 WEG jetzt auch im Wortlaut zum Ausdruck, dass eine Pflichtverletzung gegenüber der Gemeinschaft der Wohnungseigentümer ebenfalls den Tatbestand erfüllen kann. Eine inhaltliche Änderung folgt hieraus nicht, weil sich dieses Ergebnis zum alten Recht jedenfalls aus § 18 Abs. 2 Nr. 2 WEG a.F. ergab.

1 Bärmann/*Suilmann*, § 19 Rz. 11; BeckOK-WEG/*Hogenschurz*, § 18 Rz. 61.
2 BGH v. 14.9.2018 – V ZR 138/17, ZMR 2019, 51 Rz. 34.

bb) Allgemeines zum Regelbeispiel (§ 17 Abs. 2 WEG)

1543 § 17 Abs. 2 WEG knüpft an das Regelbeispiel aus § 18 Abs. 2 Nr. 1 WEG a.F. an. Ebenso wie die Vorgängernorm verweist § 17 Abs. 2 WEG auf § 14 WEG. Durch die Veränderung dieser Norm hat sich allerdings die Bedeutung des Verweises geändert:

1544 § 17 Abs. 2 WEG erfasst die Verletzung der Pflichten nach § 14 Abs. 1 und 2 WEG. Damit fällt unter das Regelbeispiel zum einen die rechtswidrige Beeinträchtigung fremden Sondereigentums (Verstoß gegen das **Beeinträchtigungsverbot** des § 14 Abs. 2 Nr. 1 WEG); dieser Entziehungsgrund folgte zum alten Recht aus § 18 Abs. 2 Nr. 1, § 14 Nr. 1 WEG a.F.

1545 Zwar nennt § 14 Abs. 2 Nr. 1 WEG anders als § 14 Nr. 1 WEG a.F. auch die Vereinbarungen und Beschlüsse. Dieser Verhaltensmaßstab folgte zum alten Recht aber aus § 15 Abs. 3 WEG a.F.[1]

1546 Zum anderen kann ein Verstoß gegen die in § 14 Abs. 1 Nr. 2 WEG gegenüber der Gemeinschaft der Wohnungseigentümer und nach § 14 Abs. 2 Nr. 2 WEG gegenüber den anderen Wohnungseigentümern bestehenden **Duldungspflichten** eine Entziehung rechtfertigen. Das entspricht § 18 Abs. 2 Nr. 1, § 14 Nr. 3 und 4 WEG a.F.

1547 Eine für die Normanwendung relevante Änderung bedeutet hingegen der Verweis auf § 14 Abs. 1 Nr. 1 WEG. Denn danach ist jeder Verstoß gegen das Binnenrecht nach § 17 Abs. 2 WEG zu würdigen. Insbesondere das **Ignorieren von Beschlüssen** fällt daher unter den Entziehungsgrund aus § 17 Abs. 2, § 14 Abs. 1 Nr. 1 WEG. Bisher war hier hingegen (teilweise) § 18 Abs. 1 WEG a.F. einschlägig, weil § 18 Abs. 2 Nr. 1, § 14 WEG a.F. sich nur mit dem Gebrauch befasste. Eine inhaltliche Änderung der Rechtslage ist damit aber nicht verbunden, weil auch der allgemeine Entziehungsgrund (früher § 18 Abs. 1 S. 1 WEG a.F.; jetzt: § 17 Abs. 1 WEG) grundsätzlich eine Abmahnung (zu dieser Rz. 1534) voraussetzt.[2]

1548 Der **Anwendungsbereich der Generalklausel ist damit geschrumpft**: § 17 Abs. 1 WEG erfasst zum einen noch die nicht in § 14 Abs. 2 WEG geregelten Pflichtverletzungen gegenüber anderen Wohnungseigentümern (etwa Beleidigungen), zum anderen Verstöße gegen die gegenüber der Gemeinschaft der Wohnungseigentümer nach dem Gesetz bestehenden Handlungspflichten, insbesondere aus § 19 Abs. 1 WEG.

cc) Zahlungsrückstand

1549 **Nicht übernommen** hat das WEMoG das **Regelbeispiel in § 18 Abs. 2 Nr. 2 WEG a.F.**, wonach Hausgeldverzug in Höhe von drei Prozent des Einheitswertes über mehr als drei Monate die Entziehung stets rechtfertigte. Gestrichen wurde auch die daran gekoppelte Heilungsregel in § 19 Abs. 2 WEG a.F. Denn das Hausgeldprivileg nach § 10 Abs. 1 Nr. 2 ZVG stellt sicher, dass die Gemeinschaft der Wohnungseigentümer spätestens in der Zwangsversteigerung – vorrangig vor anderen Gläubigern – befriedigt wird. Das reine Befriedigungsinteresse rechtfertigt eine Ausschlie-

---

1 Vgl. BeckOGK-WEG/*Falkner*, § 14 Rz. 5.

2 BGH v. 25.1.2018 – V ZR 141/17, ZMR 2018, 525 Rz. 9.

ßung des Wohnungseigentümers also nicht. Den Ausschließungsanspruch pauschal an den Verzug mit einem bestimmten Betrag zu binden, überzeugt deshalb nicht.[1]

1550 Die Streichung von § 18 Abs. 2 Nr. 2 WEG a.F. bedeutet allerdings nicht, dass eine Entziehung des Wohnungseigentums wegen Verzugs mit Hausgeldrückständen in Zukunft ausscheidet. Das Gegenteil ist richtig: Es handelt sich um die **Kardinalpflicht** jedes Wohnungseigentümers, deren Verletzung nach § 17 Abs. 2, § 14 Abs. 1 Nr. 1 WEG den Ausschluss aus der Gemeinschaft rechtfertigen kann. Die Würdigung der Schwere dieser Pflichtverletzung ist nach neuem Recht von den Vorgaben der § 18 Abs. 2 Nr. 2, § 19 Abs. 2 WEG a.F. befreit. An ihre Stelle treten die Merkmale des wiederholten, gröblichen Verstoßes gegen die Zahlungspflichten trotz Abmahnung.[2]

1551 Da diese Merkmale die Unzumutbarkeit der Fortsetzung konkretisieren, müssen sie in der **Gesamtschau gewürdigt** werden: Ihre Summe muss zur Unzumutbarkeit führen. Daher kann etwa ein besonders langanhaltender Zahlungsrückstand mit einem vergleichsweise geringen Gesamtbetrag ebenso die Unzumutbarkeit rechtfertigen wie ein zeitlich vergleichsweise kurzer Rückstand mit einem hohen Betrag. Maßgeblich sind stets die Umstände des Einzelfalls, weshalb etwa auch die Gründe für den Zahlungsrückstand zu berücksichtigen sind. Der BGH beschreibt die Voraussetzungen für die Entziehung allgemein dahingehend, dass die Nichtzahlung die ordnungsgemäße Verwaltung des Gemeinschaftseigentums nachhaltig stören muss.[3]

1552 Eine bis zum Ende der mündlichen Tatsachenverhandlung über den Entziehungsanspruch erfolgende **Begleichung des Rückstands** ist bei der Gesamtwürdigung zugunsten des Störers zu berücksichtigen (Rz. 1539). Der hinter § 19 Abs. 2 WEG a.F. stehende Rechtsgedanke kann also auch nach neuem Recht Berücksichtigung finden; die Tilgung des Rückstands führt aber – anders als bisher – keineswegs stets zur Unbegründetheit der Entziehungsklage. Zudem muss die Tilgung bis zum Ende der mündlichen Tatsachenverhandlung über den Entziehungsanspruch erfolgen (Rz. 1539), während § 19 Abs. 2 WEG a.F. eine Tilgung noch in der Zwangsvollstreckung genügen ließ.

c) Durchsetzung

1553 Das WEMoG hat die Regelung des § 18 Abs. 3 WEG a.F. nicht übernommen, wonach der Beschluss über die Geltendmachung des Entziehungsanspruchs der absoluten Mehrheit der stimmberechtigten Wohnungseigentümer bedurfte.

1554 Das ist überzeugend. Warum § 18 Abs. 3 S. 1 WEG a.F. die absolute Mehrheit verlangte, erhellen die Materialien nicht. Denkbar ist, dass eine Art zusätzlicher Schutz des mutmaßlichen Störers bezweckt wurde, der auch dann in der Gemeinschaft verbleiben durfte, wenn zwar ein

1 Vgl. BT-Drucks. 19/18791.

2 BGH v. 19.1.2007 – V ZR 26/06, NJW 2007, 1353 verlangt jedenfalls zwei Verstöße nach Abmahnung. A.A. BeckOK-WEG/*Skauradszun*, § 18 Rz. 26 (ein Verstoß nach Abmahnung).

3 BGH v. 19.1.2007 – V ZR 26/06, NJW 2007, 1353 Rz. 10.

Entziehungsgrund vorlag, die absolute Mehrheit sich aber nicht zu einer Entziehung entschließen konnte. Eine solche Regelung überzeugt mit Blick auf die schutzwürdigen Interessen der Wohnungseigentümer, die ein Interesse an der Entziehung haben, weil sie durch den Entziehungsgrund besonders belastet sind, aber offensichtlich nicht.[1] Als anderer (oder zusätzlicher) Zweck des früheren Quorums kommt ein Schutz vor dem – wegen der hohen Streitwerte[2] erheblichen – Prozessrisiko voreilig erhobener Entziehungsklagen in Betracht. Dieses Risiko stellt sich aber auch in anderen Bereichen, in denen es um die Durchsetzung von Ansprüchen der Gemeinschaft der Wohnungseigentümer geht. Dieser Gefahr begegnet das Gesetz mit dem Beschlussanfechtungsrecht.

1555 Daneben schweigt das neue Recht – insoweit ebenso wie das alte Recht[3] – auch zu der Frage, wie über die für die Entziehung typischerweise erforderliche Abmahnung des Störers zu entscheiden ist.

aa) Beschlusskompetenz

1556 § 18 WEG nennt die Kompetenz, über die Durchsetzung des Entziehungsanspruchs durch Beschluss zu entscheiden, nicht ausdrücklich. Die Beschlusskompetenz der Wohnungseigentümer ist aber eine **zwingende Folge des gesetzlichen Konzepts**, dass die Durchsetzung des Entziehungsanspruchs der Gemeinschaft der Wohnungseigentümer obliegt. Denn als Instrument für die im Innenverhältnis notwendige Entscheidung über die Durchsetzung des Entziehungsanspruchs kommen Vereinbarung oder Beschluss in Betracht. Eine Vereinbarung, an der auch der Störer mitwirken müsste, ist als Entscheidungsinstrument aber offensichtlich ungeeignet. Deshalb ist sowohl über die Abmahnung als auch die weitere Durchsetzung des Entziehungsanspruchs durch Beschluss zu entscheiden. Dieses Ergebnis wird durch die Materialien bestätigt.[4]

1557 Bis zur Anerkennung der Rechtsfähigkeit der Gemeinschaft der Wohnungseigentümer ergab sich hingegen aus § 18 Abs. 3 S. 1 WEG a.F. die Kompetenz der Wohnungseigentümer, über den gemeinschaftlichen Entziehungsanspruch beschließen zu können. Dieser Zweck ist bereits durch die WEG-Novelle 2007 entfallen,[5] weshalb die ersatzlose Streichung der Norm überzeugt.

1558 (frei)

bb) Beschlusskontrolle und Anspruch auf Beschlussfassung

1559 Die materielle Rechtmäßigkeit eines Beschlusses über die Durchsetzung des Entziehungsanspruchs richtet sich, ebenso wie die des Beschlusses, den Störer abzumahnen, nach dem allgemeinen Grundsatz der **Ordnungsmäßigkeit**. Entsprechend rich-

---

1 BT-Drucks. 19/18791, S. 57.

2 BGH v. 19.12.2013 – V ZR 96/13, ZMR 2015, 231 Rz. 10: Verkehrswert der Wohnung des Störers.

3 Nach wohl allgemeiner Meinung zum alten Recht konnte über die Abmahnung beschlossen werden, etwa BGH v. 5.4.2019 – V ZR 339/17, ZMR 2019, 699 Rz. 6.

4 BT-Drs. 19/18791, S. 57.

5 BT-Drucks. 19/18791, S. 57.

tet sich der Anspruch auf eine Beschlussfassung nach § 18 Abs. 2 WEG. Es gelten mithin auch bei Beschlüssen nach § 17 WEG die allgemeinen Grundsätze der Beschlussfassung.

(1) Beschlusskontrolle

1560 Sowohl der Beschluss, den Störer abzumahnen, als auch der Beschluss, einen Entziehungsanspruch zu verfolgen, dienen der Wahrnehmung von (mutmaßlichen) Rechten der Gemeinschaft der Wohnungseigentümer. Solche Rechtsausübungsbeschlüsse sind wegen des Verwaltungsermessens der Wohnungseigentümer nur ordnungswidrig, wenn diese Entscheidung unvertretbar ist.[1] Das ist nur bei einer offensichtlich aussichtlosen Rechtsverfolgung der Fall.[2]

1561 Im hiesigen Kontext bedeutet dies, dass ein Abmahnungsbeschluss (nur) ordnungswidrig ist, wenn der betroffene Wohnungseigentümer erkennbar keine Pflichtverletzung begangen hat. Das entspricht im Ergebnis der Rechtsprechung des BGH zum alten Recht, nach der ein **Abmahnungsbeschluss** nur darauf überprüfbar sei, ob die formellen Voraussetzungen der Beschlussfassung eingehalten sind, ob das abgemahnte Verhalten einen Entziehungsbeschluss rechtfertigen kann und ob die Abmahnung hinreichend bestimmt ist.[3]

1562 Gleichermaßen ist der **Beschluss**, die **Entziehungsklage** zu erheben, ordnungswidrig, wenn der Entziehungsanspruch offensichtlich nicht besteht. Deshalb ist im Rahmen einer Anfechtungsklage etwa zu prüfen, ob dem Beschluss die erforderliche Abmahnung vorausgegangen ist.[4] Ob die Pflichtverletzungen eine Entziehung rechtfertigen, ist hingegen nicht im Detail zu prüfen; es reicht aus, dass dies hinreichend wahrscheinlich ist. Anders als es der BGH zum früheren Recht – vielleicht wegen einer mutmaßlichen „Richtigkeitsgewähr" des von der absoluten Mehrheit getragenen Entziehungsbeschlusses – vertreten hat, ist nach neuem Recht ein „Sondermaßstab"[5] bei der Inhaltskontrolle des Beschlusses also nicht gerechtfertigt.

(2) Anspruch auf Abmahnungs- oder Entziehungsbeschluss

1563 Der Anspruch auf eine Beschlussfassung, der Störer solle abgemahnt bzw. der Entziehungsanspruch geltend gemacht werden, richtet sich nach § 18 Abs. 2 WEG. Ein An-

1 Vgl. etwa BGH v. 27.2.2015 – V ZR 114/14, NJW 2015, 1378 Rz. 5; Staudinger/*Lehmann-Richter*, § 21 WEG Rz. 100.
2 Vgl. LG Koblenz v. 30.4.2018 – 2 S 67/16 WEG, ZMR 2018, 795.
3 BGH v. 5.4.2019 – V ZR 339/17, ZMR 2019, 699 Rz. 8.
4 Nach der Rspr. handelt es sich um eine rechtsgeschäftsähnliche Handlung (BGH v. 8.7.2011 – V ZR 2/11, NJW 2011, 3026 Rz. 8), was zur (analogen) Anwendung der Vertretungsregeln führt.
5 Danach war die inhaltliche Richtigkeit der in der Abmahnung aufgeführten Gründe und die Frage, ob nach der Abmahnung erneut gegen Pflichten verstoßen worden ist, ausschließlich Gegenstand der Entziehungsklage, BGH v. 8.7.2011 – V ZR 2/11, NJW 2011, 3026 Rz. 5.

spruch besteht daher nur, wenn sich das Verwaltungsermessen der Wohnungseigentümer auf **null reduziert** hat, also nur die Beschlussfassung ordnungsmäßig ist.

1564 Beim **Abmahnungsbeschluss** (zur Abmahnung Rz. 1534) ist hierfür erforderlich, dass die begangenen Pflichtverletzungen zu dem Schluss zwingen, dass mit der Vorbereitung des Entziehungsverfahrens begonnen werden muss.[1] Die Entziehung des Wohnungseigentums muss also bei einer unterstellten Fortsetzung der Pflichtverletzungen das allein in Betracht kommende Mittel sein. Ein Anspruch auf Fassung eines **Entziehungsbeschlusses** wiederum besteht nur, wenn keine ernsthaften Bedenken gegen das Bestehen des Anspruchs bestehen (näher Rz. 1473)

cc) Entziehungsbeschluss als besondere Prozessvoraussetzung?

1565 Nach wohl allgemeiner Meinung zum alten Recht war der Entziehungsbeschluss nach § 18 Abs. 3 WEG a.F. eine besondere Prozessvoraussetzung der Entziehungsklage.[2] Diese Ansicht ist schon zum alten Recht **ohne Überzeugungskraft**. Sie geht zurück auf Rechtsprechung vor der WEG-Novelle 2007,[3] stammt also aus einer Zeit, als der Entziehungsanspruch den Wohnungseigentümern zustand. Hier überzeugte es, die Ausübung dieses Rechts durch einen Wohnungseigentümer, der Anordnung des § 18 Abs. 3 WEG a.F. entsprechend, unter den Vorbehalt eines Entziehungsbeschlusses zu stellen. Seit der WEG-Novelle 2007 lautet die Frage hingegen, ob die Gemeinschaft der Wohnungseigentümer im Entziehungsprozess wirksam vertreten ist. Das bestimmt sich seit der WEG-Reform 2020 nach § 9b Abs. 1 S. 1 WEG: Erhebt der Verwalter trotz fehlenden Entziehungsbeschlusses Klage, stellt sich die Frage, ob dies wegen Rechtsmissbrauchs unwirksam ist (vgl. dazu Rz. 1952).

dd) Titel (§ 17 Abs. 4 WEG)

1566 Die prozessrechtlichen Regelungen zu den Wirkungen des Entziehungsurteils (§ 19 Abs. 1 WEG a.F.) sowie gleichgestellter Titel (§ 19 Abs. 3 WEG a.F.) hat das WEMoG in § 17 Abs. 4 WEG zusammengefasst. Dabei stellt § 17 Abs. 4 S. 2 WEG – anders als seinem Wortlaut nach § 19 Abs. 3 WEG a.F. – dem Urteil alle Vollstreckungstitel nach § 794 ZPO gleich. Damit wird eine Ungleichbehandlung der verschiedenen Vollstreckungstitel vermieden.[4]

1567 Das WEMoG hat das **Vollstreckungsverfahren** nicht geändert, an dem in der Literatur verbreitet deutliche Kritik geübt wird.[5] Der Gesetzgeber ist hier den Empfehlungen der Bund-Länder-Arbeitsgruppe zur Reform des WEG[6] gefolgt, die Lösung dieses Problems einer allgemeinen Reform des ZVG zu überlassen.

---

1 Steht man auf dem Standpunkt, jeder Wohnungseigentümer könne selbst abmahnen (Rz. 1534), besteht naturgemäß kein Anspruch auf Abmahnung durch die Gemeinschaft.

2 BGH v. 8.7.2011 – V ZR 2/11, NJW 2011, 3026 Rz. 4; aus der Literatur etwa Bärmann/*Suilmann*, § 18 Rz. 42.

3 Etwa BayObLG v. 27.1.1989 – BReg 1 b Z 5/88, WuM 1990, 95.

4 BT-Drucks. 18/18791, S. 57.

5 Etwa BeckOGK-WEG/*Skauradszun*, § 19 Rz. 4 ff. m. Nachw.

6 Abschlussbericht Bund-Länder-Arbeitsgruppe WEG-Reform, ZWE 2019, 429 (444).

d) Entziehung in der Zwei-Personen-Gemeinschaft

1568 Das WEMoG hat die Regelung des § 18 Abs. 1 S. 2 WEG a.F. nicht übernommen, die in der Zwei-Personen-Gemeinschaft den Entziehungsanspruch dem jeweils anderen Wohnungseigentümer zuordnete (Rz. 1533). Auch in der Zwei-Personen-Gemeinschaft erfolgt die Entziehung daher **durch die Gemeinschaft der Wohnungseigentümer**. Hat der Störer die Stimmenmehrheit, muss der andere Wohnungseigentümer den Abmahn- und Entziehungsbeschluss mit der Beschlussersetzungsklage durchsetzen.

e) Verwalterlose Gemeinschaft

1569 Hat die Gemeinschaft der Wohnungseigentümer keinen Verwalter, sind nicht etwa der oder die anderen Wohnungseigentümer zur Vertretung bei der Abmahnung oder im Entziehungsprozess berechtigt. Denn wenn bei Gesamtvertretung eine Person von der Vertretung ausgeschlossen ist, führt dies nicht zur Vertretungsmacht der übrigen Gesamtvertreter (Rz. 246). Die Durchsetzung des Entziehungsanspruchs verlangt also die Bestellung eines Verwalters, was notfalls mit der Beschlussersetzungsklage durchsetzen ist. Geht es (nur) um die Vertretung der Gemeinschaft der Wohnungseigentümer im Prozess, kommt alternativ die Bestellung eines Prozesspflegers nach § 57 Abs. 1 ZPO in Betracht (Rz. 1905).

D. Übergangsrecht

1570 Das WEMoG enthält **keine ausdrücklichen Übergangsregeln** für die in diesem Kapitel erörterte Problematik. Die Frage nach dem intertemporalen Anwendungsbereich des WEMoG stellt sich, weil eine Reihe der in diesem Kapitel erörterten Rechte früher den Wohnungseigentümern zustand, jetzt aber der Gemeinschaft der Wohnungseigentümer gehören oder ihr kraft Gesetzes zur Ausübung zugeordnet sind. Im Ergebnis bleiben nach altem Recht entstandene Schadensersatzansprüche den Wohnungseigentümern enthalten, während der Anspruch aus § 1004 Abs. 1 BGB wegen Beeinträchtigung des gemeinschaftlichen Eigentums sowie der schuldrechtliche Anspruch auf Beachtung des Binnenrechts (§ 15 Abs. 3 WEG a.F. bzw. § 14 Abs. 1 Nr. 1 WEG) ab Inkrafttreten des WEMoG allein der Gemeinschaft der Wohnungseigentümer zusteht (näher Rz. 2024).

§ 15
Gebrauchsrechte Dritter

A. Das alte Recht und seine Probleme

1571 § 13 Abs. 1 WEG a.F. enthielt zwar ausdrücklich die Befugnis jedes Wohnungseigentümers, sein Sondereigentum durch Vermietung oder auf anderer Weise Dritten zur Nutzung zu überlassen, und § 14 Abs. 1 Nr. 2 WEG a.F. die Pflicht des Wohnungseigentümers, für die Einhaltung des gemeinschaftlichen Regelwerks durch Dritte zu sorgen. Die Rechtsbeziehungen zwischen dem Dritten und der Gemeinschaft der Wohnungseigentümer waren im WEG indes nicht besonders geregelt. Die Lösung der sich hier ergebenden Rechtsfragen – insbesondere: In welchem Umfang ist der Dritte zum Gebrauch des Sonder- und Gemeinschaftseigentums berechtigt? – waren daher aus den allgemeinen Vorschriften zu entwickeln. Dies hat im Vorfeld der WEG-Reform 2020 teilweise umfangreiche Kodifikationsforderungen ausgelöst, die auf eine detaillierte Regelung der Rechtsfragen der vermieteten Eigentumswohnung abzielten.[1] Bereits die Bund-Länder-Arbeitsgruppe zur Reform des WEG konnte hingegen keinen derart umfangreichen Reformbedarf erkennen und sprach sich lediglich dafür aus, die Duldungspflicht des Dritten bei Baumaßnahmen (sowie die Verteilung der Betriebskosten der vermieteten Eigentumswohnung, vgl. § 556a Abs. 3 BGB) speziell zu regeln.[2] Dieser Empfehlung ist der Gesetzgeber gefolgt.

B. Das neue Recht auf einen Blick

1572 § 13 Abs. 1 WEG nennt unverändert die Befugnis jedes Wohnungseigentümers, sein Sondereigentum durch Vermietung oder auf anderer Weise Dritten zur Nutzung zu überlassen. Die Pflicht des Dritten, Baumaßnahmen der Gemeinschaft der Wohnungseigentümer oder eines anderen Wohnungseigentümers zu dulden, regelt § 15 WEG. Das Gebrauchsrecht selbst ist aber – wie bisher – gesetzlich nicht ausdrücklich geregelt.

C. Das neue Recht im Detail

1573 Die Rechte des Dritten zum Gebrauch des Wohnungseigentums sind daher weiterhin aus den allgemeinen Regeln abzuleiten (unten I.), während sich die Duldungspflichten bei Baumaßnahmen aus § 15 WEG ergibt (unten II.); in den Blick zu nehmen ist auch das Recht des Dritten, Gebrauchsstörungen abzuwehren (unten III.).

---

1 Insbesondere *Häublein*, NZM 2014, 97.
2 Abschlussbericht Bund-Länder-Arbeitsgruppe WEG-Reform, ZWE 2019, 429 (460 ff.).

I. Grundlagen des Gebrauchsrechts Dritter

1574 Beim Gebrauchsrecht des Dritten ist zwischen Sonder- und Gemeinschaftseigentum zu unterscheiden.

1. Sondereigentum

1575 Das **Recht** des Dritten, das ihm **überlassene**, fremde **Sondereigentum** zu **gebrauchen**, folgt aus dem Rechtsverhältnis zwischen dem das Sondereigentum überlassenden Wohnungseigentümer und dem Dritten. Ist das Rechtsverhältnis schuldrechtlicher Natur – etwa ein Mietvertrag – wirkt das Gebrauchsrecht nur relativ.

1576 Von dem Recht, das überlassene Sondereigentum zu gebrauchen, ist das **Recht** zu unterscheiden, im Rahmen dieses Gebrauchs **fremdes Sondereigentum** zu **beeinträchtigen**. Dies regelt im Verhältnis der Wohnungseigentümer untereinander § 14 Abs. 2 Nr. 2 WEG. Die Vorschrift gibt jedem Wohnungseigentümer das Recht, fremdes Sondereigentum durch binnenrechtskonforme Einwirkungen zu beeinträchtigen (Rz. 1311). Dieses Einwirkungsrecht wirkt **analog § 986 Abs. 1 S. 1 Alt. 2 BGB** zugunsten des Dritten.[1] Denn der Wohnungseigentümer ist, wie es der Umkehrschluss aus § 986 Abs. 1 S. 2 BGB verlangt, nach § 13 Abs. 1 WEG gegenüber den übrigen Wohnungseigentümern zur Weitergabe seines Rechts zum Gebrauch des Sondereigentums berechtigt.

1577 **Beispiel:** Es wird beschlossen, dass das Musizieren nur zwischen 15 und 18 Uhr erlaubt ist. Ein Wohnungseigentümer verlangt von einem Mieter im Gebäude, das Musizieren in diesem Zeitraum zu unterlassen. Dieses Begehr scheitert an § 14 Abs. 2 Nr. 2 WEG, § 986 Abs. 1 S. 1 Alt. 2 BGB analog, weil danach die Einwirkungen des Mieters auf das fremde Sondereigentum gerechtfertigt sind. Genauso wie zur Abwehr eines Anspruchs aus § 985 BGB eine „Besitzrechtskette" genügt, genügt zur Abwehr eines Anspruchs aus § 1004 Abs. 1 BGB also eine „Einwirkungsrechtskette".

1578 Das Recht des Dritten, fremdes Sondereigentum oder das Gemeinschaftseigentum zu beeinträchtigen, besteht daher, wie es § 14 Abs. 2 Nr. 2 WEG für den Wohnungseigentümer vorsieht, nur im Rahmen der durch Vereinbarung oder Beschluss aufgestellten Gebrauchsregeln, hilfsweise im Rahmen des bei einem geordneten Zusammenleben Unvermeidlichen.[2]

1579 Der ebenfalls aus § 14 Abs. 2 Nr. 2 WEG folgende **Anspruch** des den Gebrauch überlassenden Wohnungseigentümers **auf Duldung von Einwirkungen** (Rz. 1338) fällt hingegen nicht unter § 986 Abs. 1 S. 1 Alt. 2 BGB analog. Denn es handelt sich um einen schuldrechtlichen Anspruch des Wohnungseigentümers, der nicht unmittelbar das Recht zum Gebrauch des Sondereigentums ausgestaltet. Dieser Anspruch steht daher dem Dritten nicht zu.

---

1 BGH v. 1.12.2006 – V ZR 112/06, NJW 2007, 432 Rz. 18; s. auch BGH v. 13.12.2019 – V ZR 203/18, WuM 2020, 103 Rz. 10; BGH v. 24.1.2020 – V ZR 295/16, WuM 2020, 369 Rz. 20.

2 A.A. zum alten Recht BGH v. 24.1.2020 – V ZR 295/16, WuM 2020, 369 Rz. 20, der bei fehlender Regelung durch Vereinbarung oder Beschluss § 906 BGB heranzieht.

2. Gemeinschaftseigentum

1580 Wird im Rahmen der Überlassung von Sondereigentum dem Dritten vom überlassenden Wohnungseigentümer auch das Recht zum Mitgebrauch des gemeinschaftlichen Eigentums eingeräumt, so ist der Dritte **analog § 986 Abs. 1 S. 1 Alt. 2 BGB** gegenüber den übrigen Wohnungseigentümern zum Gebrauch berechtigt.[1] Denn der Wohnungseigentümer ist, wie es § 986 Abs. 1 S. 2 BGB mittelbar verlangt, gegenüber den übrigen Wohnungseigentümern zur Weitergabe seines Mitgebrauchsrechts berechtigt. Das folgt jedenfalls aus § 13 Abs. 1 WEG, weil das dortige Recht zur Gebrauchsüberlassung des Sondereigentums nicht bzw. nicht ungehindert möglich wäre, wenn nicht auch ein Recht zur Überlassung des Rechts zum Mitgebrauch am Gemeinschaftseigentum bestünde.

II. Allgemeine Einschränkungen des Gebrauchsrechts

1581 Da der Dritte sein Gebrauchsrecht vom Wohnungseigentümer ableitet, unterliegt es denselben Einschränkungen, die auch den Wohnungseigentümer als Nutzer treffen würden. Denn das Gebrauchsrecht wirkt analog § 986 Abs. 1 S. 1 Alt. 2 BGB nur in dem Umfang zugunsten des Dritten, in dem es in der Person des Wohnungseigentümers besteht.[2] Zu beachten ist, dass die folgenden Ausführungen nicht die auf Baumaßnahmen beruhenden Einschränkungen betreffen, weil diese besonders in § 15 WEG geregelt sind (Rz. 1597).

1. Sondereigentum

1582 Beim Gebrauch des Sondereigentums ist zwischen der Pflicht des Dritten, Einwirkungen zu dulden, und dem ihn beim Gebrauch treffenden Beeinträchtigungsverbot zu unterscheiden.

a) Duldung von Einwirkungen

1583 Das aus § 14 Abs. 1 Nr. 2, Abs. 2 Nr. 2 WEG folgende Recht, das Sondereigentum durch Einwirkungen zu beeinträchtigen, besteht auch gegenüber dem Dritten. Denn das Einwirkungsrecht schränkt *ex lege* das Gebrauchsrecht des Wohnungseigentümers ein; es ist dem Gebrauchsrecht damit eingeboren, weshalb das abgeleitete Gebrauchsrecht des Dritten unter ebendieser Schranke steht.

1584 **Beispiel:** Es wird beschlossen, dass das Rauchen auf den Balkonen erlaubt ist. Wohnungseigentümer E1 macht von diesem Recht Gebrauch, der Rauch zieht in die Wohnung des E2, die an M vermietet ist. M begehrt nach § 862 Abs. 1 S. 1 BGB Unterlassung von E1. Wenn man diesen Anspruch nicht bereits an den Duldungsrechten aus § 906 BGB scheitern lässt

---

1 Etwa BeckOGK-WEG/*Falkner*, § 13 Rz. 67; *Lehmann-Richter*, ZWE 2019, 105 (106). Dies gilt auch in den Sonderkonstellationen, in denen bei der Begründung von Wohnungseigentum dem Dritten zum alleinigen Gebrauch überlassene Bereiche zum gemeinschaftlichen Eigentum werden; das exklusive Gebrauchsrecht des Dritten besteht hier fort (MünchKommBGB/*Häublein*, § 566 Rz. 33; *Lehmann-Richter*, ZWE 2019, 105 [108]).

2 Vgl. etwa BeckOGK-BGB/*Sponheimer*, § 986 Rz. 67.

(Rz. 1656), kann E1 über § 864 Abs. 2 BGB seinen Duldungsanspruch aus § 14 Abs. 2 Nr. 2 WEG, § 986 Abs. 1 S. 1 Alt. 2 BGB analog einwenden.

1585 Soweit der Wohnungseigentümer zu einer **Mitwirkung** verpflichtet ist – etwa dem Öffnen der Wohnungstür, um ein Betreten zu ermöglichen (Rz. 1651) – trifft diese schuldrechtliche Pflicht den Dritten nicht. Denn es fehlt an einer gesetzlichen Vorschrift, die eine Wirkung dieser Mitwirkungspflicht gegenüber dem Dritten anordnet würde. Sie kann insbesondere nicht auf die analoge Anwendung von § 986 Abs. 1 S. 1 Alt. 2 BGB gestützt werden. Denn diese Vorschrift hat den Zweck, die aus dem Eigentum folgenden Rechte (§ 985, § 1004 Abs. 1 BGB) zu beschränken. Sie ist daher nicht geeignet, einen Anspruch gegen Dritte zu begründen.[1]

b) Beeinträchtigungsverbot

1586 Aus demselben Grund trifft den Dritten auch nicht die in § 14 Abs. 2 Nr. 1 WEG geregelte Pflicht des Wohnungseigentümers, fremdes Sondereigentum nicht über das in § 14 Abs. 1 Nr. 2 WEG bestimmte Maß hinaus zu beeinträchtigten. Der Dritte kann daher nicht nach dieser Vorschrift auf Unterlassung in Anspruch genommen werden. Unterlassungsansprüche bestehen aber nach § 1004 BGB (vgl. Rz. 1421), wobei sich die Duldungspflicht des Klägers nach § 14 Abs. 2 Nr. 2 WEG richtet (Rz. 1578).

2. Gemeinschaftseigentum

1587 Für das Gemeinschaftseigentum gelten dieselben Gebrauchsschranken wie die soeben zum Sondereigentum beschriebenen: Das Mitgebrauchsrecht des Dritten wird also über die gesetzlichen Einwirkungsrechte der übrigen Wohnungseigentümer aus § 14 Abs. 2 Nr. 2 WEG beschränkt,[2] während den Dritten das schuldrechtliche Beeinträchtigungsverbot aus § 14 Abs. 2 Nr. 1 WEG nicht trifft.

III. Pflichten Dritter nach § 15 WEG

1588 Der durch das WEMoG eingeführte § 15 WEG ist ein **Novum**: Erstmals ist ein Ausschnitt der Rechtsbeziehungen zwischen der Gemeinschaft der Wohnungseigentümer und den übrigen Wohnungseigentümern zu einem Dritten näher geregelt, dem ein Wohnungseigentümer den Gebrauch überlassen hat.

1. Grundlagen

1589 Das WEMoG ist in § 15 WEG den Rufen gefolgt, der Gesetzgeber möge Miet- und Wohnungseigentumsrecht stärker harmonisieren (Rz. 1571). Damit wurde auch ein Punkt aus dem Koalitionsvertrag umgesetzt.[3]

---

1 Ebenso i. E. BGH v. 10.7.2015 – V ZR 194/14, NJW 2015, 2968 Rz. 12.

2 Vgl. BGH v. 25.10.2019 – V ZR 271/18, ZMR 2020, 202 Rz. 12.

3 Koalitionsvertrag zwischen CDU, CSU und SPD, 19. Legislaturperiode, Zeilen 5186 ff.

a) Normzweck

§ 15 WEG soll **sicherstellen**, dass die Durchführung baulicher Maßnahmen nicht an Gebrauchsrechten Dritter scheitert.[1] Die Vorschrift dient damit in erster Linie dem Interesse der Gemeinschaft der Wohnungseigentümer oder einem einzelnen Wohnungseigentümer, eine nach dem Binnenrecht in der Gemeinschaft zulässige bauliche Maßnahme auch durchführen zu können. Dafür wird zum einen das **Recht des Bauherrn** zum Betreten des dem Dritten überlassenen Sondereigentums geschaffen, daneben aber auch etwaige Abwehrrechte des Dritten ausgeschaltet (Rz. 1654). 1590

§ 15 WEG schützt aber **auch** die **Gebrauchsinteressen des Dritten**. Denn dieser ist nicht ohne weiteres zur Duldung baulicher Maßnahmen verpflichtet. Vielmehr macht die Vorschrift die Duldungspflicht von einer Ankündigung abhängig und sieht in § 15 Nr. 2 WEG zudem ein Verweigerungsrecht bei Härtegründen vor. Dieser Schutz ist nicht etwa bloß ein Reflex des primären Regelungsziels, eine umfassende Duldungspflicht des Dritten zu begründen, weil der Gesetzgeber dafür auf Ankündigung und Härtegründe hätte verzichten können. 1591

b) Differenzierung zwischen Erhaltungs- und sonstigen Baumaßnahmen

§ 15 WEG unterscheidet zwischen Maßnahmen der Erhaltung und Maßnahmen, die über die Erhaltung hinausgehen, die hier als sonstige Baumaßnahmen bezeichnet werden (näher Rz. 1627); die Pflicht zur Duldung sonstiger Baumaßnahme unterliegt strengeren Voraussetzungen. Die Norm übernimmt damit in der Sache die aus dem Mietrecht bekannte Differenzierung zwischen Erhaltungsmaßnahmen und Modernisierungen mit dem unterschiedlichen Niveau des Mieterschutzes. Eine Begründung für die Übernahme dieser Differenzierung bleibt die Gesetzesbegründung schuldig.[2] Ein Grund ist, wenn man nur das Verhältnis zwischen den Parteien der Duldungspflicht in den Blick nimmt, auch nicht ersichtlich. Denn Baumaßnahmen am Sondereigentum, das dem Dritten zum Gebrauch überlassen ist, regelt § 15 WEG nicht. Es kann aber nicht gesagt werden, dass die Auswirkungen sonstiger Baumaßnahmen am Gemeinschafts- oder am übrigen Sondereigentum typischerweise so viel gravierender sind als Erhaltungsmaßnahmen, dass dies strengere Regelungen zur Duldung erfordern würde. Hintergrund der Differenzierung ist daher wohl das **Interesse des vermietenden Wohnungseigentümers**. Durch die Harmonisierung der Ankündigungsfristen wird dieser in die Lage versetzt, die Maßnahmen seinem Mieter rechtzeitig anzukündigen. So kann er die mietrechtliche Duldungspflicht rechtzeitig auslösen, was verhindert, dass der Mieter wegen der Störungen des Mietgebrauchs, die von der Baumaßnahme ausgehen, Mängelrechte geltend macht. Daneben sichert eine rechtzeitige Ankündigung sein Modernisierungsmieterhöhungsrecht. 1592

Bei Lichte betrachtet ist dieses **Regelungsziel** indes **nicht** sonderlich **überzeugend**. Denn eine mietrechtliche Duldungspflicht schließt nach h.M.[3] die Minderung nicht aus und das Sonder- 1593

1 BT-Drucks. 19/18791, S. 54.
2 BT-Drucks. 19/18791, S. 54 teilt nur das Ergebnis mit: „Der Dritte steht dabei nicht schutzlos, sondern wird ähnlich wie ein Mieter geschützt.“
3 Etwa MünchKommBGB/*Häublein*, § 536 Rz. 39.

kündigungsrecht nach § 555e BGB ist wenig praxisrelevant. Das Recht zur Modernisierungsmieterhöhung hat der Vermieter auch bei unterlassener Ankündigung – wenn auch mit zeitlicher Verzögerung (§ 559b Abs. 2 S. 2 Nr. 1 BGB). Und Rückbauansprüche des Mieters bestehen bei unterlassener Ankündigung grundsätzlich nicht, weil der Vermieter auch ohne Ankündigung ein Recht zur modernisierenden Umgestaltung der Mietsache hat.[1]

c) Umfang des gesetzlichen Schuldverhältnisses

1594 § 15 WEG begründet ein gesetzliches Schuldverhältnis zwischen dem Dritten auf der einen und dem Bauherrn auf der anderen Seite. Bauherr kann entweder die Gemeinschaft der Wohnungseigentümer oder ein anderer Wohnungseigentümer als derjenige sein, der dem Dritten den Gebrauch überlassen hat.

1595 **Gegenstand** des gesetzlichen Schuldverhältnisses ist eine **Duldungspflicht** des Dritten gegenüber dem jeweiligen Bauherrn (näher Rz. 1650), nicht hingegen Pflichten des Bauherrn gegenüber dem Dritten. Zwar dient § 15 WEG auch dem Schutz des Dritten. Der Schutz des Dritten ist aber nicht das primäre Regelungsziel, sondern nur anlässlich der Normierung der Duldungspflichten mitgeregelt worden (Rz. 1591). Dieser Normzweck ist daher nicht hinreichend tragfähig, um insofern Schutzpflichten des Bauherrn gegenüber dem Dritten zu begründen. § 15 WEG enthält deshalb **keine Ankündigungspflicht**, sondern nur eine entsprechende Obliegenheit des Bauherrn. Unterbleibt die Ankündigung, steht dem Dritten daher kein Schadensersatz aus § 280 Abs. 1 BGB und kein aus § 15 WEG folgender Unterlassungsanspruch zu. Die diesbezüglichen Rechtsbeziehungen zwischen dem Dritten und dem Bauherrn ergeben sich vielmehr aus allgemeinen gesetzlichen Regeln, insbesondere aus § 862 BGB (dazu Rz. 1654).

1596 § 15 WEG ist insofern also nicht mit den mietrechtlichen Duldungsregeln vergleichbar. Denn im Mietrecht ist das Gebrauchsrecht des Mieters vertraglich abgesichert (§ 535 Abs. 1 BGB). Die Ankündigung oder Ausführung von Baumaßnahmen ohne Beachtung der mietrechtlichen Duldungsregeln ist daher eine Pflichtverletzung des Vermieters.[2] Dies ist bei § 15 WEG schon deshalb anders, weil der Bauherr dem Dritten nicht schuldrechtlich zur Gewährung eines ungestörten Gebrauchs verpflichtet ist.

d) Verhältnis zur Duldungspflicht nach anderen Regelungen

1597 § 15 WEG verdrängt in seinem Anwendungsbereich (Baumaßnahmen) die allgemeine, aus § 14 Abs. 1 Nr. 2, Abs. 2 Nr. 2 WEG, § 986 Abs. 1 S. 1 Alt. 2 BGB analog folgende Duldungspflicht des Dritten (zu dieser allgemeinen Duldungspflicht Rz. 1583). Denn § 15 WEG stellt die Duldungspflicht unter bestimmte, den Dritten schützende Schranken. Diese Schranken würden umgangen, wenn man die Duldungspflicht bei Baumaßnahmen auf § 14 Abs. 1 Nr. 2, Abs. 2 Nr. 2 WEG, § 986

---

1 *Lehmann-Richter*, NZM 2011, 572, 575. Rückbauansprüche kommen daher nur in Betracht, wenn der Mieter der Modernisierung einen dauerhaften Härtegrund im Sinne von § 555d Abs. 2 BGB entgegenhalten kann, s. auch *Gsell*, PiG 105 (2017), S. 21. Dies ist bei Baumaßnahmen außerhalb der Wohnung kaum vorstellbar.

2 Vgl. BGH v. 31.10.2012 – XII ZR 126/11, NJW 2013, 223; *Lehmann-Richter*, WuM 2020, 258.

Abs. 1 S. 1 Alt. 2 BGB analog stützen würde. Dieser Vorrang gilt auch für § 1004 Abs. 1 BGB: Zum alten Recht wurde teilweise vertreten, der Dritte sei aus § 1004 BGB verpflichtet, das Betreten des ihm überlassenen Sondereigentums zu dulden, um die Ausführung von beschlossenen Baumaßnahmen zu ermöglichen.[1] Für diese Auffassung ist im neuen Recht kein Platz mehr, weil § 15 WEG die diesbezügliche Duldung speziell regelt. § 15 WEG geht einer Anwendung von § 1004 Abs. 1 BGB vor.[2]

1598 Die Rechtsbeziehungen zwischen dem den Gebrauch überlassenden Wohnungseigentümer und dem Dritten sind nicht Gegenstand von § 15 WEG, sondern richten sich nach anderen Regelungen, insbesondere dem zwischen beiden geschlossenen **Überlassungsvertrag**. Die Ankündigung nach § 15 WEG ersetzt daher insbesondere nicht die mietrechtliche Ankündigung von Erhaltungs- oder Modernisierungsmaßnahmen nach § 555a Abs. 2, § 555c BGB. Die aus diesen Vorschriften folgende Ankündigungspflicht[3] des Vermieters bleibt mithin unberührt. Inwieweit der Vermieter durch Bezugnahme auf die Ankündigung nach § 15 WEG diese Pflicht erfüllen kann, müssen die mietrechtlichen Vorschriften beantworten.

1599 Hier sind **drei Modelle** denkbar: Die Ankündigung des Bauherrn i. S. d. § 15 WEG kann gleichzeitig im Namen des Vermieters erfolgen (Modell 1), der Vermieter kann in seiner eigenen Ankündigung auf jene Ankündigung Bezug nehmen, ohne diese in seine eigene Ankündigung zu integrieren (Modell 2), oder der Vermieter übernimmt die Ankündigung inhaltlich in seine eigene Ankündigung (Modell 3).

1600 Bei allen drei Modellen ist zu prüfen, ob die Angaben in der Ankündigung den mietrechtlichen Anforderungen entsprechen. Bei Modernisierungsmaßnahmen verlangt etwa § 15 Nr. 2 WEG nicht die Mitteilung der zu erwartenden Mieterhöhung. Bei der Vertretungsvariante (Modell 1) kommt die Frage hinzu, ob § 555a Abs. 2, § 555c BGB Stellvertretung erlauben; dies ist ohne weiteres zu bejahen.[4] Bei Modell 2 ist problematisch, ob eine Ankündigung, die auf ein anderes, sich bereits im Besitz des Mieters befindliches Dokument Bezug nimmt, den Anforderungen der § 555a Abs. 2, § 555c BGB genügt. Ein besonderes Gebot der „Einheitlichkeit der Ankündigung" lässt sich dem Gesetz nicht entnehmen.[5] Die Modernisierungsankündigung bedarf allerdings der Textform (§ 555c Abs. 1 S. 1 BGB). Dieser kann indes auch durch die Bezugnahme Genüge getan werden, wenn die Ankündigung des Vermieters der Form des § 126b BGB entspricht und in der Ankündigung die Erklärung nach § 15 WEG so genau bezeichnet ist, dass eine zweifelsfreie Zuordnung möglich ist. Dass die Erklärung nach § 15 WEG nicht vom Vermieter selbst in der Form des § 126b BGB verfasst wurde, ist dann unschädlich.[6]

---

1 Etwa *Horst*, NZM 2012, 289 (293); sympathisierend BGH v. 10.7.2015 – V ZR 194/14, NJW 2015, 2968 Rz. 13; a.A. etwa *Häublein*, NZM 2014, 97 (126); *Jacoby*, PiG 105 (2017), S. 61, 70.

2 Zum vergleichbaren Verhältnis zwischen § 541 BGB und § 1004 Abs. 1 BGB siehe BGH v. 17.4.2007 – VIII ZB 93/06, NJW 2007, 2180.

3 BGH v. 19.9.2007 – VIII ZR 6/07, NJW 2007, 3565.

4 S. nur *Blank/Börstinghaus*, § 555a Rz. 14.

5 A.A. etwa *Sternel*, NZM 2001, 1068 (1064).

6 Vgl. BGH v. 18.12.2002 – XII ZR 253/01, NJW 2003, 1248.

1601 Hat die **Gemeinschaft der Wohnungseigentümer** Sonder- oder Gemeinschaftseigentum **vermietet**, ist mit Blick auf ihren Duldungsanspruch zu differenzieren: Ist Mieter ein Wohnungseigentümer, richtet sich seine Duldungspflicht nach § 14 WEG. § 15 WEG ist nicht einschlägig, da der Wohnungseigentümer eben nicht „Wohnungseigentum gebraucht, ohne Wohnungseigentümer zu sein". § 14 WEG wird auch nicht etwa durch die mietrechtlichen Vorschriften verdrängt, weil die mitgliedschaftlichen Pflichten beim Gebrauch weiterhin prägend sind und daher nicht durch den Mietvertrag ausgeschaltet werden. Ist Mieter hingegen ein Dritter, richtet sich seine Duldungspflicht gegenüber der Gemeinschaft der Wohnungseigentümer nach den vertraglichen Regelungen. Der Normzweck von § 15 WEG, Duldungsrechte gegenüber Dritten zu schaffen, ist nämlich nicht einschlägig, soweit ein vertragliches Duldungsregime existiert; das macht auch der Wortlaut deutlich, der bei der Vermietung durch einen Wohnungseigentümer nur das Verhältnis zu „anderen Wohnungseigentümern" regelt.

e) Leistungsbestimmungsrecht des Bauherrn

1602 Die Duldungspflicht setzt grundsätzlich eine Ankündigung voraus. § 15 WEG enthält insoweit ein gesetzliches Leistungsbestimmungsrecht des Bauherrn, der unter den Voraussetzungen der Norm die Duldungspflicht des Dritten zeitlich und gegenständlich festlegen kann.[1] Der auf diese Weise bestimmte Duldungsanspruch erlischt durch Zeitablauf; er kann auch verjähren und zwar innerhalb der regelmäßigen Verjährungsfrist (§ 195 BGB). Der Bauherr kann dann aber einen auf dieselbe Baumaßnahme gerichteten, neuen Duldungsanspruch für einen anderen Zeitraum festlegen; es tritt nicht etwa ein Verbrauch ein. § 15 WEG enthält nämlich ein **Dauerleistungsbestimmungsrecht**.[2] Ist die Ankündigung ausnahmsweise entbehrlich, folgt die Duldungspflicht hingegen ohne weiteres aus dem Gesetz.

2. Voraussetzungen

1603 Bei den Voraussetzungen der Duldungspflicht ist zwischen Erhaltungsmaßnahmen (§ 15 Nr. 1 WEG) und Maßnahmen, die über die Erhaltung hinausgehen (§ 15 Nr. 2 WEG), zu unterscheiden, wobei beiden Nummern die Ankündigung der Maßnahme gegenüber einem das Wohnungseigentum gebrauchenden Dritten gemeinsam ist.

a) Gebrauch eines Dritten

1604 Obwohl Anlass für die Einführung von § 15 WEG die vermietete Eigentumswohnung war, ist der Anwendungsbereich der Norm hierauf nicht beschränkt. Denn **Dritter** i. S. d. § 15 WEG ist jede Person, die Wohnungseigentum gebraucht, ohne Wohnungseigentümer zu sein. Hierfür ist nicht entscheidend, ob Grundlage des Gebrauchsrechts des Dritten ein Mietvertrag oder ein sonstiges Rechtsverhältnis ist.

---

1 Vgl. *Lehmann-Richter*, WuM 2017, 1 (zum Mietrecht).
2 Vgl. *Lehmann-Richter*, WuM 2017, 1 (zum Mietrecht).

Vielmehr fallen sogar Personen, die das Wohnungseigentum rechtsgrundlos nutzen, unter die Norm.

1605 Dritte kann zwar theoretisch auch die Gemeinschaft der Wohnungseigentümer sein, soweit sie Wohnungseigentum nutzt (etwa Lagerflächen im Gemeinschaftskeller). Das Recht eines Wohnungseigentümers, zwecks Durchführung einer Baumaßnahme das von der Gemeinschaft der Wohnungseigentümer genutzte gemeinschaftliche Eigentum gebrauchen zu dürfen, folgt aber bereits aus § 16 Abs. 1 S. 3 WEG. Ist die Gemeinschaft der Wohnungseigentümer selbst Wohnungseigentümerin, richtet sich die Duldungspflicht nach § 14 Abs. 2 WEG.

1606 Aus dem Normzweck ergibt sich, dass **Gebrauch** i. S. d. § 15 WEG eine Position voraussetzt, die dem Dritten ein Abwehrrecht gegen von den Baumaßnahmen ausgehende Einwirkungen gewähren würde, was Besitz erfordert.

b) Ankündigung

1607 Die von § 15 Nr. 1 und 2 WEG im Regelfall vorgesehene Ankündigung ist eine Willenserklärung in Form der Gestaltungserklärung, da sie die Duldungspflicht festlegt (Rz. 1602). Sie wird mit Zugang beim Dritten wirksam. Die Ankündigung ist durch oder im Namen der Person zu erklären, zu deren Gunsten die Duldungspflicht ausgelöst werden soll. Dies ist entweder die Gemeinschaft der Wohnungseigentümer oder ein anderer Wohnungseigentümer als derjenige, der dem Dritten den Gebrauch überlassen hat. Inhalt, Form und Frist der Ankündigung unterscheiden sich danach, ob eine Erhaltungsmaßnahme oder eine darüber hinausgehende Baumaßnahme in Rede steht.

c) Erhaltungsmaßnahmen (§ 15 Nr. 1 WEG)

1608 Nach § 15 Nr. 1 WEG hat der Dritte Maßnahmen der Erhaltung des gemeinschaftlichen Eigentums und des Sondereigentums zu dulden, wenn sie ihm rechtzeitig angekündigt wurden, wobei § 555a Absatz 2 BGB entsprechend gilt.

aa) Begriff der Erhaltungsmaßnahme

1609 Aus der Legaldefinition in § 13 Abs. 2 WEG folgt, dass eine Erhaltungsmaßnahme nur vorliegt, wenn es um die Wiederherstellung eines zuvor bereits vorhandenen baulichen Zustands geht. Denn von einer Instandsetzung oder Instandhaltung kann nicht gesprochen werden, wenn ein baulicher Zustand erstmals geschaffen werden soll. Erhaltung ist also nur die Wiederherstellung des Soll-Zustands, soweit er bereits einmal hergestellt worden war (Rz. 979). Aus diesem Grund fallen weder die **Ersthererstellung** noch die Durchführung einer **baulichen Veränderung** unter § 15 Nr. 1 WEG (näher zu diesen Begriffen Rz. 979). Gleiches gilt für die sog. **modernisierende Instandsetzung**, bei der anlässlich der Beseitigung von baulichen Mängeln nicht nur der *status quo ante* wiederhergestellt, sondern der bauliche Zustand verbessert wird.[1] Sämtliche dieser Maßnahmen gehören zu § 15 Nr. 2 WEG.

1 Vgl. Staudinger/*Lehmann-Richter*, § 22 WEG Rz. 119.

1610 Mit Blick auf die **Gesetzesbegründung** ist allerdings auch die Gegenansicht vertretbar, dass nämlich die Erstherstellung unter § 15 Nr. 1 WEG fällt. Denn § 15 Nr. 2 WEG spreche nur von „sonstige Baumaßnahme", weil der Begriff „bauliche Veränderung" bereits für das gemeinschaftliche Eigentum belegt sei (vgl. § 20 Abs. 1 WEG).[1] Wenn sich § 15 Nr. 2 WEG aber auf bauliche Veränderungen beschränkt, stellt sich die Frage, wo man die Erstherstellung einordnet, die weder Erhaltung noch bauliche Veränderung ist (Rz. 979); es bliebe mithin Raum für die Subsumtion unter § 15 Nr. 1 WEG. Das Bedürfnis nach Rechtssicherheit spricht aber entscheidend gegen eine solche historische Auslegung der Norm; der eindeutige Wortlaut sollte maßgeblich bleiben.

1611 Der Begriff der Erhaltung des gemeinschaftlichen Eigentums aus § 15 Nr. 1 WEG ist **wohnungseigentumsrechtlich** zu verstehen. Es kommt daher nicht darauf an, ob bei einer Vermietung die Maßnahme unter § 555a BGB fallen würde.

(1) Gemeinschaftliches Eigentum

1612 Eine Maßnahme der Erhaltung des gemeinschaftlichen Eigentums liegt vor, wenn sie dazu dient, den bereits hergestellten Soll-Zustand des Gemeinschaftseigentums zu konservieren oder wiederherzustellen.

1613 **Beispiel:** Wird der Erneuerung des verschlissenen Treppenhausanstrichs beschlossen, muss der Dritte die damit einhergehenden Störungen der Gebrauchsmöglichkeit im Treppenhaus nach § 15 Nr. 1 WEG dulden.

1614 Um eine Erhaltung handelt es sich aber auch, wenn der Ist-Zustand dem bereits hergestellten Soll-Zustand entspricht, dieser aber gefahrbringend ist und die Gefahr beseitigt werden soll. Zuletzt sind auch Maßnahmen erfasst, die einer Verschlechterung des Ist-Zustandes des Gemeinschaftseigentums entgegenwirken sollen, etwa Wartungs- oder sonstige Pflegearbeiten.[2]

(2) Sondereigentum

1615 Die Pflicht aus § 15 Nr. 1 WEG zur Duldung der Erhaltung des Sondereigentums bezieht sich nur auf Sondereigentum, dass dem Dritten nicht zum Gebrauch überlassen wurde (Rz. 1598). Unter § 15 Nr. 1 WEG fallen daher nur Erhaltungsmaßnahmen anderer Wohnungseigentümer an ihrem Sondereigentum. Ob es sich um eine solche Maßnahme handelt, richtet sich danach, ob der *status quo ante* des Sondereigentums wiederhergestellt oder im Sinne der bei Rz. 1614 beschriebenen Grundsätze konserviert werden soll.

1616 **Beispiel:** Wohnungseigentümer E1 muss seinen defekten Parkettfußboden austauschen. Die unter seiner Wohnung liegende Einheit ist von E2 an M vermietet. M hat die durch die Baumaßnahmen verursachten Immissionen nach § 15 Nr. 1 WEG zu dulden.

1617 Soll das dem Dritten überlassene Sondereigentum instandgesetzt oder instandgehalten werden, richtet sich die Duldungspflicht nicht nach § 15 Nr. 1 WEG, sondern

1 BT-Drucks. 19/18791, S. 54.
2 Staudinger/*Lehmann-Richter*, § 21 WEG Rz. 120 ff. m. Nachw.

nach den mit dem überlassenden Wohnungseigentümer getroffenen Vereinbarungen, bei einem Mietvertrag also nach § 555a BGB.

bb) Ankündigung

1618 § 15 Nr. 1 WEG unterscheidet durch den Verweis auf § 555a Absatz 2 BGB zwischen Regelmaßnahmen, die dem Dritten rechtzeitig anzukündigen sind und Bagatell- und Notmaßnahmen, bei denen dies entbehrlich ist.

(1) Regelmaßnahmen

1619 Nach § 15 Nr. 1 WEG ist dem Dritten die (Regel-)Erhaltungsmaßnahme rechtzeitig anzukündigen. Zu Inhalt und Frist macht die Vorschrift, ebenso wie ihr Pendant in § 555a Abs. 2 BGB, keine Angaben. **Inhaltlich** ist zu beachten, dass die Ankündigung die Duldungspflicht festlegt (Rz. 1602). Sie muss daher die beabsichtigte Erhaltungsmaßnahme so genau beschreiben, dass sie von anderen Baumaßnahmen abgegrenzt werden kann. Dies erfordert sowohl eine gegenständliche Bezeichnung als auch den voraussichtlichen Ausführungszeitraum (Beginn und Dauer der Erhaltungsmaßnahme).[1] Eine nähere Baubeschreibung ist hingegen entbehrlich.

1620 Bei der Auslegung des Merkmals der **Rechtzeitigkeit** ist sein **Zweck** leitend, dem Dritten die Gelegenheit zu geben, sich auf die Maßnahme einzustellen, ohne dass durch längere Vorlaufzeiten die Durchführung von Erhaltungsmaßnahmen behindert wird. Es geht mithin um eine Interessenabwägung, bei der einerseits das Bauinteresse und andererseits die Intensität der Einwirkungen zu berücksichtigen ist.[2] Dies verbietet starre Fristen; typischerweise wird aber ein Ankündigungsvorlauf von zwei Wochen – auch wenn der Zutritt zur Wohnung des Dritten erforderlich ist – ausreichend sein. Bei Erhaltungsmaßnahmen mit geringerer Einwirkungsintensität oder besonderer Dringlichkeit (außerhalb des Bereichs der Notmaßnahmen) sind aber auch durchaus kürzere Ankündigungsfristen denkbar.

(2) Bagatell- und Notmaßnahmen

1621 Nach § 15 Nr. 1 WEG i. V. m. § 555a Abs. 2 Hs. 2 BGB ist eine **rechtzeitige Ankündigung entbehrlich**, wenn die Erhaltungsmaßnahme nur mit einer unerheblichen Einwirkung auf das dem Dritten zum Gebrauch überlassene Sonder- oder gemeinschaftliche Eigentum verbunden (Bagatellmaßnahmen) oder ihre sofortige Durchführung zwingend erforderlich (Notmaßnahmen) ist. Bei Bagatellmaßnahmen fehlt es nämlich an Einwirkungen auf das Gebrauchsrecht des Dritten, die dessen vorherige Information erfordern würden, und bei Notmaßnahmen ist das Bauinteresse derart gewichtig, dass es das Informationsinteresse des Dritten ausschaltet.

1622 **Bagatellmaßnahmen** kommen nur in Betracht, wenn die Ausführung der Erhaltungsmaßnahme nicht den Zutritt zur Wohnung des Dritten erfordert, weil das Be-

1 Vgl. LG Berlin v. 8.2.2019 – 65 S 5/19, WuM 2019, 439 (zur Miete).
2 Vgl. BGH v. 4.3.2009 – VIII ZR 110/08, NJW 2009, 1736 Rz. 16 (zur Miete).

treten stets eine erhebliche Einwirkung bedeutet. Es geht also nur um andere Einwirkungen auf das Gebrauchsrecht. Solche sind unerheblich, wenn sie bei objektiver Betrachtung eine vorherige Information des Dritten über ihren Eintritt nicht erfordern. Das ist typischerweise bei allen Baumaßnahmen der Fall, die sich nicht auf den Gebrauch des dem Dritten überlassenen Sondereigentums auswirken, etwa bei Malerarbeiten im Hausflur oder nicht auf das Sondereigentum ausstrahlenden Bauarbeiten im Außenbereich. Kommt es zu Einwirkungen auf die Wohnung des Dritten – etwa durch Baulärm oder durch das Abstellen von Versorgungsleitungen –, ist maßgeblich, ob der Dritte aus objektiver Sicht vorab informiert werden muss.

1623 Die praktische Bedeutung der Pflicht zur Duldung unerheblicher Einwirkungen nach § 15 Nr. 1 WEG i. V. m. § 555a Abs. 2 Hs. 2 BGB hängt davon ab, welche Reichweite man dem Besitzschutz des Dritten zuspricht (Rz. 1654).

1624 Um eine **Notmaßnahme** handelt es sich, wenn die Ausführung der Erhaltungsmaßnahme keinen Aufschub erlaubt, der eine – und sei es auch nur sehr kurzfristige – Vorabinformation des Dritten zulassen würde. Beispiele sind Havarien, etwa ein Rohrbruch[1].

cc) Einwendungen des Dritten?

1625 Die Duldungspflicht des Dritten nach § 15 Nr. 1 WEG unterliegt – anders als die nach § 15 Nr. 2 WEG – keinen besonderen Schranken. Es gelten aber die allgemeinen Rechtsbeschränkungen, insbesondere aus § 242 BGB.[2] Diese können Ausnahmefällen dazu führen, dass die Duldungspflicht entfällt bzw. nur in modifizierter Form besteht, etwa indem Baumaßnahmen nur zu bestimmten Zeiten ausgeführt werden dürfen.

1626 **Beispiel:** In der von Wohnungseigentümer E an Mieterin M vermieteten Wohnung sollen am 5.9. die defekten Fenster ausgetauscht werden. M erwartet am 30.8. ein Kind.

M ist nicht verpflichtet, am 5.9. den Fensteraustausch zu dulden, wenn sie an diesem Tag mit dem Neugeborenen zuhause ist. Die Duldungspflicht besteht erst später; hierbei wird man sich an den Mutterschutzfristen orientieren können.

d) Sonstige Baumaßnahmen (§ 15 Nr. 2 WEG)

1627 Nach § 15 Nr. 2 WEG hat der Dritte Maßnahmen, die über die Erhaltung hinausgehen, zu dulden, wenn sie spätestens drei Monate vor ihrem Beginn in Textform angekündigt wurden; § 555c Abs. 1 S. 2 Nr. 1 und 2, Abs. 2 bis 4 und § 555d Abs. 2 bis 5 BGB gelten entsprechend. Diese Maßnahmen werden hier als „sonstige Baumaßnahmen" bezeichnet.

1 Vgl. v. LG Berlin v. 17.3.2016 – 65 S 289/15, WuM 2016, 285 (zur Miete).
2 Vgl. AG Hamburg-Blankenese v. 27.7.2007 – 509 C 45/06, ZMR 2007, 866 (zur Miete).

aa) Begriff der sonstigen Baumaßnahmen

1628 Was sonstige Baumaßnahmen sind, ergibt sich aus dem Begriff der Erhaltung: Alle Baumaßnahmen, die nicht unter § 15 Nr. 1 WEG fallen, sind sonstige Baumaßnahmen. Betroffen sind die erstmalige Herstellung, die modernisierende Instandsetzung oder die Ausführung einer baulichen Veränderung (Rz. 1609). § 15 Nr. 2 WEG ist **wohnungseigentumsrechtlich** zu verstehen. Es ist daher für die Anwendung der Norm unerheblich, ob die Maßnahme mietrechtlich eine Modernisierung darstellt. Ist Wohnungseigentum vermietet, hat der Mieter daher unter den Voraussetzungen des § 15 Nr. 2 WEG auch die Ausführung von Baumaßnahmen zu dulden, die er im Verhältnis zu seinem Vermieter nicht hinzunehmen hätte.

1629 Dies kann Mängelrechte des Mieters auslösen, was bei der Kontrolle der Ordnungsmäßigkeit des Beschlusses über die Ausführung der Baumaßnahme zu berücksichtigen ist.[1] Maßgeblich ist im Anfechtungsprozess die Interessenabwägung im Einzelfall. Bei dieser ist zu beachten, dass die durch eine Vermietung geschaffenen Risiken grundsätzlich in den Bereich des vermietenden Wohnungseigentümers fallen. Eine Beschlussaufhebung setzt daher jedenfalls erhebliche mietrechtliche Nachteile voraus. Diese können selbstverständlich durch die Vorteile der Baumaßnahme für die übrigen Wohnungseigentümer aufgewogen werden.

bb) Ankündigung

1630 Die Anforderungen an die Ankündigung nennt § 15 Nr. 2 WEG zum Teil selbst (Textform, Frist), zum anderen ergeben sie sich aus der Verweisung auf die mietrechtlichen Vorschriften über Modernisierungsmaßnahmen: Die Ankündigung muss Gegenstand und Zeitraum der Maßnahme mitteilen (§ 555c Abs. 1 S. 2 Nr. 1 und 2 BGB). Bei Bagatellmaßnahmen ist eine Ankündigung entbehrlich (§ 555c Abs. 4 BGB). Nur Soll-Bestandteil der Ankündigung ist der Hinweis auf den Härteeinwand (§ 555b Abs. 2 BGB); fehlt der Hinweis, greift zugunsten des Dritten § 555d Abs. 5 BGB (Rz. 1647). Die Wirksamkeit der Ankündigung bleibt hiervon unberührt.[2]

(1) Form und Frist

1631 Der Vermieter hat nach § 15 Nr. 2 WEG die Maßnahme spätestens drei Monate vor ihrem Beginn in Textform anzukündigen. Die Anforderungen an die **Textform** ergeben sich aus § 126b BGB.

1632 Die **Frist** hat zur Folge, dass die Duldungspflicht frühestens drei Monate ab dem Zugang der Ankündigung entsteht. Soll die Baumaßnahme laut Ankündigung zu einem früheren Termin beginnen, ist es eine Frage der Auslegung, ob die Duldungspflicht in reduzierter Form – nämlich erst mit Ablauf der Ankündigungsfrist beginnend – begründet werden sollte. Hiervon ist regelmäßig auszugehen, weil dieses Ergebnis dem wohlverstandenen Interesse des Bauherrn entspricht. Für die Fristberechnung gelten die §§ 187, 188 BGB.

---

1 Vgl. *Dötsch*, WuM 2013, 493 (499); *Hogenschurz*, NZM 2014, 501 (504).
2 Vgl. *Blank/Börstinghaus*, § 555c Rz. 22.

(2) Art und Umfang der Maßnahme

1633 Die Ankündigung muss die Art und den voraussichtlichen Umfang der Maßnahme in wesentlichen Zügen mitteilen (§ 15 Nr. 2 WEG i. V. m. § 555c Abs. 1 S. 2 Nr. 1 BGB). Im Mietrecht ist mit „**Art**" die Einordnung in den Katalog der Modernisierungsmaßnahmen in § 555b BGB gemeint.[1] Bei der nur entsprechenden Anwendung von § 555c Abs. 1 S. 2 Nr. 1 BGB im Rahmen des § 15 Nr. 2 WEG geht es hingegen nicht hierum, sondern um die schlagwortartige Beschreibung der Baumaßnahme. Der Bauherr muss mithin keine Angaben dazu machen, warum es sich um eine Modernisierung i. S. d. § 555b BGB handelt. Soweit § 15 Nr. 2 WEG auch auf § 555c Abs. 3 BGB Bezug nimmt, der dies dem Vermieter bei energetischen Maßnahmen erleichtern soll, handelt es sich mithin um eine überschießende Verweisung. Aus dieser darf, da § 15 Nr. 2 WEG nicht an den Begriff der Modernisierung anknüpft, nicht geschlossen werden, dem Bauherr obliege es, Angaben zum Modernisierungscharakter zu machen. Deshalb reicht es etwa aus, wenn die Ausführung einer Fassadendämmung angekündigt wird; der Mitteilung der prognostizierten Energieeinsparung bedarf es nicht.

1634 Das Merkmal „**Umfang**" beschreibt die konkrete Ausführung der durch das Merkmal „Art" definierten Baumaßnahme.[2] Hier hat der Bauherr, wie sich aus dem Wort „voraussichtlich" ergibt, einen gewissen Ausführungsspielraum.[3] Der Bauherr darf von der in der Ankündigung beschriebenen baulichen Ausführung der Baumaßnahme abweichen. Maßgeblich ist, ob es sich um eine Abweichung handelt, mit der ein durchschnittlicher Dritter zu rechnen hat.

1635 Hier sind vor allem zwei Kriterien zu berücksichtigen, nämlich Umfang und Anlass der Abweichungen. Handelt es sich um objektiv nicht ins Gewicht fallende Abweichungen, sind diese von der Duldungspflicht umfasst. Denn ein Interesse des Dritten, dass in diesem Fall die Baubeschreibung aus der Ankündigung beachtet wird, wäre nicht schutzwürdig. Objektiv ins Gewicht fallende Bauabweichungen sind hingegen von der Duldungspflicht nur erfasst, wenn sie einerseits aus bautechnischer Sicht erforderlich sind. Außerdem ist im Einzelfall das Interesse des Dritten an einer Einhaltung der Angaben in der Ankündigung gegen das Interesse des Bauherrn an Flexibilität abzuwägen. Letzteres ist beim Bauen im Bestand insofern von Bedeutung, als sich häufig erst bei der Bauausführung die Notwendigkeit einer Umplanung zeigt.[4]

(3) Beginn und Dauer der Maßnahme

1636 Die Ankündigung muss den voraussichtlichen Beginn und die voraussichtliche Dauer der sonstigen Baumaßnahme mitteilen (§ 15 Nr. 2 WEG i. V. m. § 555c Abs. 1 S. 2 Nr. 2 BGB).

1 *Lehmann-Richter*, WuM 2020, 285; s. auch BT-Drucks. 17/10485, 20.
2 Zum folgenden bereits *Lehmann-Richter*, WuM 2020, 285.
3 Vgl. BGH v. 28.9.2011 – VIII ZR 242/10, NJW 2012, 63 Rz. 16.
4 Vgl. BGH v. 28.9.2011 – VIII ZR 242/10, NJW 2012, 63 Rz. 16.

1637 Mit **Beginn** ist ein bestimmter Tag gemeint, an dem die Arbeiten ihren Anfang nehmen.[1] Neben dem Anfangstermin ist auch die **voraussichtliche Dauer** der Baumaßnahmen anzukündigen. Damit wird die zeitliche Dauer der Duldungspflicht festgelegt (Rz. 1602). Diese kann im Einzelfall auch über den vom Bauherrn bestimmten Zeitraum hinaus bestehen, da nur die „voraussichtliche" Dauer mitgeteilt werden muss. Damit ist bezweckt, dass bei zumutbaren Bauverzögerungen der Dritte weiter zur Duldung verpflichtet ist und der Bauherr keine neue Duldungspflicht durch erneute Ankündigung auslösen muss.[2]

1638 Maßgeblich ist auch hier die Sichtweise eines verständigen Dritten: Es kommt darauf an, ob dieser nach den Umständen des Einzelfalls mit der später vom Bauherrn reklamierten Veränderung der ursprünglich mitgeteilten Bauzeiten rechnen musste.[3]

1639 Richtigerweise muss die Ankündigung auch Angaben zur täglichen Dauer der Baumaßnahmen enthalten.[4] Denn der Dritte muss durch die Ankündigung in die Lage versetzt werden, die ihn treffende Duldungspflicht genau bestimmen zu können. Dazu gehört auch, zu welchen **Tageszeiten** er Bauarbeiten zu dulden hat.

1640 Enthält die Ankündigung zu den täglichen Bauzeiten **keine konkreten Informationen**, liegt die Auslegung nahe, dass die Bauarbeiten während der üblichen Arbeitszeiten eines Handwerkers (bei Arbeiten in der Wohnung ist typischerweise werktags von 8 bis 17 Uhr ortsüblich)[5] ausgeführt werden sollen.

cc) Einwendung des Dritten

1641 § 15 Nr. 2 WEG verweist auf § 555c Abs. 2, § 555d Abs. 2 bis 5 BGB und damit auf die Regelungen, die die Duldungspflicht des Mieters ausschließen. Die Duldungspflicht des Dritten besteht daher nicht, wenn eine Härte i. S. d. § 555d Abs. 2 BGB vorliegt, die der Dritte dem Bauherrn gegenüber rechtzeitig (§ 555d Abs. 3 bis 5 BGB) mitgeteilt hat. Es handelt sich um einen gesetzlichen Ausschlusstatbestand (Einwendung): Liegt eine Härte vor, besteht *ex lege* kein Duldungsanspruch.[6] § 15 Nr. 2 WEG i. V. m. § 555d Abs. 4 BGB begrenzt diese Einwendung, indem die Norm einen eigentlich bestehenden, aber nicht rechtzeitig vorgetragenen Härtegrund ausschaltet.

1642 Der Härteeinwand ist also keine Einrede, wofür auf den ersten Blick zu sprechen scheint, dass § 555d Abs. 3 BGB den Mieter verpflichtet, dem Vermieter seine Härtegründe mitzuteilen. Aus § 555d Abs. 2 BGB, der den Wegfall des Duldungsanspruchs nicht an den Vortrag der Härtegründe knüpft, folgt nämlich der Einwendungscharakter. Hierfür spricht auch die Parallele zu § 315 BGB: Der Härteeinwand ist eine spezielle Ausprägung des allgemeinen Prinzips

1 Vgl. *Lehmann-Richter*, WuM 2017, 1 (2) a.A. Schmidt-Futterer/*Eisenschmid*, § 555c Rz. 37.
2 Vgl. *Lehmann-Richter*, WuM 2017, 1 (2).
3 Vgl. *Lehmann-Richter*, WuM 2020, 285.
4 Vgl. *Lehmann-Richter*, WuM 2017, 1 (2).
5 Vgl. AG Schöneberg v. 11.4.2007 – 14 C 561/05, juris.
6 Vgl. *Lehmann-Richter*, WuM 2017, 1 (2); MünchKommBGB/*Artz*, § 555d Rz. 6.

aus § 315 Abs. 3 BGB, wonach eine unbillige Leistungsbestimmung automatisch unverbindlich ist.

(1) Härte des Dritten

1643 Die Duldungspflicht besteht nach § 15 Nr. 2 WEG i. V. m. § 555d Abs. 2 S. 1 BGB nicht, wenn die sonstige Baumaßnahme für den Dritten, seine Familie oder einen Angehörigen seines Haushalts eine Härte bedeuten würde, die auch unter Würdigung der berechtigten Interessen sowohl des Bauherrn als auch anderer Wohnungseigentümer in dem Gebäude sowie von Belangen der Energieeinsparung und des Klimaschutzes nicht zu rechtfertigen ist. Eine den Dritten als Mieter treffende Modernisierungsmieterhöhung bleibt außer Betracht (§ 15 Nr. 2 WEG i. V. m. § 555d Abs. 2 S. 1 BGB).

1644 Die entsprechende Anwendung von § 555d Abs. 2 S. 1 BGB macht einen teilweisen Austausch der dortigen Personenbezeichnung erforderlich: An die Stelle des „Mieters" tritt der „Dritte", an die Stelle des „Vermieters" der „Bauherr" (Gemeinschaft der Wohnungseigentümer oder Wohnungseigentümer). Die „anderen Mieter" sind durch „andere Wohnungseigentümer" zu ersetzen, damit – dem Zweck des WEG als Regelwerk der Wohnungseigentümer entsprechend – auch ihre Interessen Berücksichtigung finden, wenn sie ausnahmsweise mit dem Interesse der Gemeinschaft der Wohnungseigentümer nicht identisch sind. Das Merkmal „andere Mieter" ist also nicht etwa durch „andere Nutzer" zu ersetzen. Denn das würde dazu führen, dass bei Vermietung anderer Einheiten als der des Dritten die Interessen anderer Mieter anstelle der des Wohnungseigentümers Berücksichtigung fänden. Das ist aus Sicht des Wohnungseigentumsrechts nicht überzeugend. Für eine Doppelung („anderer Nutzer und Wohnungseigentümer") besteht kein Bedarf, weil die Interessen des Nutzers mittelbar über die Interessen des Wohnungseigentümers berücksichtigt werden können.[1]

1645 § 15 Nr. 2 WEG i. V. m. § 555d Abs. 2 S. 1 BGB erfordert also eine **Interessenabwägung**. Bei dieser sind auf der einen Seite das Veränderungsinteresse des Bauherrn und der (übrigen) Wohnungseigentümer sowie die Belange der Energieeinsparung und des Klimaschutzes und auf der anderen Seite die negativen Auswirkungen der Baumaßnahme auf den Dritten und seine Haushaltsangehörigen – die Familie ist nur insoweit von Belang – zu berücksichtigen. Die negativen Auswirkungen der Baumaßnahme für den Dritten können sich konkret insbesondere ergeben aus

- den sich durch die Bauausführung ergebenden Belastungen;
- den negativen Folgen der durchgeführten Baumaßnahme für sein Gebrauchsrecht;
- der Entwertung vorausgegangener Aufwendungen des Dritten.[2]

Ob danach eine für den Wegfall der Duldungspflicht hinreichende Härte vorliegt, ist anhand der **Umstände des Einzelfalls** zu ermitteln.[3] Dabei ist zu beachten, dass das Veränderungsinteresse bei der erstmaligen Herstellung, aber auch bei der moderni-

1 Vgl. Staudinger/*Lehmann-Richter*, § 22 WEG Rz. 58.
2 Vgl. § 554 Abs. 2 S. 3 BGB a.F.
3 Etwa BGH v. 24.9.2008 – VIII ZR 275/07, NJW 2008, 3630 Rz. 30; OLG München v. 15.10.2019 – MK 1/19, ZMR 2020, 30 Rz. 63.

sierenden Instandsetzung besonders gewichtig ist. Jedenfalls bei diesen sonstigen Baumaßnahmen scheinen kaum Fälle denkbar, in denen Interessen des Dritten die Ausführung generell verhindern können. Durchaus möglich ist aber, dass ein zeitlich befristeter Härtegrund eine Verschiebung der Bauausführung verlangt.

1646 **Beispiel:** In der von Wohnungseigentümer E an M vermieteten Wohnung sollen am 10.9. die sanierungsbedürftigen Fenster gegen moderne Isolierglasfenster ausgetauscht werden. M muss sich am 30.8. einer größeren Operation unterziehen und sich ab dem 5.9. hiervon zuhause erholen. Hier kann M den Fenstertausch am 10.9., nicht aber zu einem späteren Termin verweigern.

(2) Rechtzeitige Mitteilung

1647 Der Dritte muss seine Härten dem Bauherrn nach § 15 Nr. 2 WEG i. V. m. § 555d Abs. 3 S. 1 BGB bis zum Ablauf des Monats, der auf den Zugang der Ankündigung folgt, in Textform mitteilen. Maßgeblich für die Wahrung der Frist ist der Zugang der Mitteilung.

1648 Die Frist dient dem **Interesse des Bauherrn**, vom Dritten frühzeitig die erforderlichen **Informationen** zu erhalten, die einer Durchführung der Baumaßnahme entgegenstehen können.[1] Daher muss die Mitteilung den Härtegrund innerhalb der Frist vollständig beschreiben. Ein späteres Nachschieben oder auch nur Nachbessern der Begründung verträgt sich mit dem beschriebenen Regelungszweck nicht, weil der Bauherr dann erst nachträglich erfährt, dass seiner Baumaßnahme ernstzunehmende Hindernisse entgegenstehen.

1649 Form und Frist der Mitteilung aus § 15 Nr. 2 WEG i. V. m. § 555d Abs. 3 S. 1 BGB werden durch folgendes **Regelungssystem**, welches der Gesetzgeber des WEMoG angesichts seiner Hyperkomplexität[2] besser nicht übernommen hätte, modifiziert:

- § 15 Nr. 2 WEG verweist auf § 555d Abs. 3 S. 2 BGB, wonach der Lauf der Regelfrist nur beginnt, wenn die Modernisierungsankündigung den Vorschriften des § 555c BGB entspricht. Die nur entsprechende Anwendung von § 555d Abs. 3 S. 2 BGB führt zu Modifikationen: Der Weiterverweis auf § 555c BGB erfasst nur die – in § 15 Nr. 2 WEG direkt genannte – Form und Frist der Ankündigung sowie die **inhaltlichen Angaben** nach § 555c Abs. 1 S. 2 Nr. 1 und 2 BGB. Entspricht die Ankündigung nicht diesen Voraussetzungen, kann der Dritte seinen Härtegrund unbefristet geltend machen.[3]
- Nach § 15 Nr. 2 WEG, § 555d Abs. 5 S. 1 BGB bedarf die Mitteilung nicht der in § 15 Nr. 2 WEG i. V. m. § 555d Abs. 3 S. 1 BGB bestimmten Form und Frist, wenn der Bauherr **nicht** nach § 15 Nr. 2 WEG, § 555c Abs. 2 BGB in der Ankündigung auf die Form und die Frist des **Härteeinwands hingewiesen** hat. Der Drit-

1 Vgl. BT-Drucks. 17/10485 S. 21.

2 Zutreffend Staudinger/*Emmerich*, § 555d Rz. 13: „Insgesamt ist die gesetzliche Regelung, die sich nachgerade krampfhaft bemüht, allen denkbaren Interessen gerecht zu werden, an Komplexität nur noch schwer zu überbieten."

3 Vgl. Staudinger/*Emmerich*, § 555d Rz. 15; *Lehmann-Richter*, WuM 2013, 511 (512).

te kann in diesem Fall seinen Härtegrund daher ohne Beachtung von Form oder Frist geltend machen.[1]

- Nach § 15 Nr. 2 WEG, § 555d Abs. 4 S. 1 BGB kann der Dritte nach Ablauf der Frist Härtegründe noch einwenden, wenn er **ohne Verschulden** an der Einhaltung der Frist gehindert war und er dem Bauherrn die Umstände sowie die Gründe der Verzögerung unverzüglich in Textform mitteilt.

3. Rechtsfolgen

1650 Nach § 15 WEG hat der Dritte die Baumaßnahmen zu dulden.

a) Anspruchsinhalt

1651 Duldung bedeutet, dass der Dritte die **Baumaßnahmen hinnehmen** muss. Er muss also sämtliche Handlungen unterlassen, die darauf gerichtet sind, die Baumaßnahme zu unterbinden. Zu einem Handeln verpflichtet § 15 WEG den Dritten hingegen nicht. Eine Handlungspflicht kann sich aber im Ausnahmefall aus § 242 BGB ergeben: Setzt die Ausführung der Baumaßnahmen eine Handlung voraus, die nur der Dritte ohne weiteres vornehmen kann, so ist er hierzu verpflichtet. Ein praxisrelevantes Beispiel ist das Öffnen der Wohnungstür, um die Ausführung von Baumaßnahmen in der Wohnung zu ermöglichen. Verstößt der Dritte hiergegen, ist dies eine Pflichtverletzung, die Schadensersatzansprüche des Bauherrn aus § 280 BGB auslösen kann. Auswirken kann sich dies, wenn dem Bauherrn durch die Zutrittsverweigerung ein Schaden entsteht.

1652 Mit Blick auf den **Umfang** der Duldungspflicht gilt: Die Duldungspflicht besteht nur in dem durch die Ankündigung festgelegten zeitlichen und gegenständlichen Rahmen (Rz. 1602). Daneben besteht eine ihrem Zweck immanente Schranke: § 15 WEG dient dazu, dem Bauherrn trotz des Besitzes des Dritten Baumaßnahmen zu ermöglichen. Wie etwa die Pflicht zur Ankündigung und bei den sonstigen Maßnahmen auch der Härteeinwand zeigen, sind die Interessen des Dritten beim Umfang des Baurechts zu berücksichtigen. Die Duldungspflicht des Dritten endet daher, wenn eine Einwirkung auf sein Gebrauchsrecht zum Erreichen des Duldungsziels, nämlich der Ausführung der Baumaßnahme, nicht erforderlich ist. Deshalb sind objektiv nicht notwendige Belastungen von der Duldungspflicht nicht gedeckt.[2]

1653 Für die **prozessrechtliche Durchsetzung** der Duldungspflicht gelten die Ausführungen Rz. 1341 entsprechend.

---

1 Anders Staudinger/*Emmerich*, § 555d Rz. 17, der aus §§ 555d Abs. 5 S. 2, Abs. 4 S. 2 BGB entnimmt, sämtliche Härtegründe müssten spätestens bei Baubeginn mitgeteilt werden. Diese Ausschlussfrist betrifft aber, wie sich aus dem Wortlaut ergibt, allein den finanziellen Härtegrund, vgl. auch BT-Drucks. 17/11894 S. 23.

2 Etwa Baumaßnahmen außerhalb der üblichen Arbeitszeiten, vgl. AG Schöneberg v. 11.4.2007 – 14 C 561/05, juris; *Lehmann-Richter*, WuM 2017, 1, 2.

b) Auswirkungen auf den Besitzschutz des Dritten

1654 Nach § 862 Abs. 1 BGB kann der Dritte Besitzstörungen mit der Beseitigungs- oder Unterlassungsklage abwehren. Voraussetzung ist aber neben der Störung des Besitzes – die nach h.M.[1] auch in von Baumaßnahmen ausgehenden Immissionen wie etwa Lärm oder Staub liegen kann –, dass die Störung auf verbotener Eigenmacht beruht. Verbotene Eigenmacht liegt vor, wenn nicht das Gesetz die Störung gestattet (§ 858 Abs. 1 BGB). Es ist weitgehend anerkannt, dass Duldungsansprüche aus Schuldverhältnissen keine solche Gestattungen sind.[2] § 15 WEG ist als nur einklagbares Recht daher keine Gestattungsnorm gemäß § 858 Abs. 1 BGB, weshalb sich ihre rechtfertigende Wirkung auf den Besitzstörungsanspruch **nicht auswirkt**.

1655 Gesetzliche Gestattungen sind hingegen § 906 Abs. 1 S. 1, Abs. 2 S. 1 BGB.[3] Die Frage lautet daher, ob diese Duldungsregeln im Verhältnis zwischen Bauherrn und Dritten anwendbar sind und bejahendenfalls, welche Einwirkungen danach gestattet sind:

1656 Zunächst ist festzuhalten, dass § 15 WEG die Duldungsregelungen in § 906 BGB nicht verdrängt (Rz. 1316). Zwar betrifft **§ 906 BGB** seinem Wortlaut nach nur grundstücksüberschreitende Immissionen. Es überzeugt aber, die § 906 Abs. 1 S. 1, Abs. 2 S. 1 BGB über ihren Wortlaut hinaus auch auf Immissionen innerhalb desselben Grundstücks anzuwenden (näher Rz. 1447). Dies führt dazu, dass der Dritte unerhebliche (§ 906 Abs. 1 S. 1 BGB) sowie ortsübliche (§ 906 Abs. 2 S. 1 BGB) Immissionen zu dulden hat. Ob eine durch Baumaßnahmen verursachte Immission wesentlich ist, beurteilt sich nach dem Empfinden eines verständigen Durchschnittsmenschen und dem, was diesem unter Würdigung anderer öffentlicher und privater Belange zuzumuten ist.[4] Die Ortsüblichkeit einer solchen Immission richtet sich danach, ob eine Mehrheit von Grundstücken in der Umgebung mit einer nach Art und Ausmaß einigermaßen gleichbleibenden Einwirkung benutzt wird.[5] Danach scheitern Besitzschutzansprüche des Dritten gegen die Baumaßnahme regelmäßig an § 906 Abs. 1 S. 1, Abs. 2 S. 1 BGB. Denn entweder ist die Beeinträchtigung unerheblich nach § 906 Abs. 1 S. 1 BGB – maßgeblich ist hierfür regelmäßig die Beachtung der technischen Lärmvorschriften – oder sie ist zumindest ortsüblich nach § 906 Abs. 2 S. 1 BGB.[6] Das aus § 906 BGB folgende Recht zur Störung steht materiellrechtlich den Wohnungseigentümern zu. Ist die Gemeinschaft der Wohnungseigentümer Bauherrin, so übt aber sie dieses Störungsrecht nach § 9a Abs. 2 Var. 1 WEG kraft Gesetzes aus.

---

1 Etwa OLG Frankfurt v. 12.3.2019 – 2 U 3/19, NJW 2019, 1463; LG Berlin v. 16.12.2014 – 63 S 239/14, Grundeigentum 2015, 325.

2 Etwa BeckOK-BGB/*Fritzsche*, § 858 Rz. 21.

3 BGH v. 14.10.1994 – V ZR 76/93, NJW 1995, 132.

4 Vgl. BGH v. 16.1.2015 – V ZR 110/14, NJW 2015, 2023 Rz. 10.

5 BGH v. 20.11.1992 – V ZR 82/91, NJW 1993, 925 (930).

6 Vgl. etwa BGH v. 30.5.1962 – V ZR 121/60, NJW 1962, 1342; OLG Celle v. 5.11.1999 – 4 U 130/99, OLGR 2000, 83; LG Berlin v. 20.4.2016 – 65 S 424/15, GE; MünchKommBGB/*Brückner*, § 906 Rz. 69.

c) Auswirkungen auf die §§ 823 und 1004 BGB

1657 Schadensersatzansprüche des Dritten aus **§ 823 Abs. 1 BGB** wegen der von einer Baumaßnahme ausgehenden Einwirkung, gestützt entweder auf eine Verletzung seiner Gesundheit oder seines Besitzrechts[1], scheitern an § 15 WEG: Soweit die Einwirkungen durch die Duldungspflicht des Dritten gedeckt sind, fehlt es an einer widerrechtlichen Verletzung eines absoluten Rechts.

1658 Aus diesem Grund scheidet auch ein Anspruch auf Unterlassung der Baumaßnahmen analog **§ 1004 Abs. 1 BGB** aus, den der Dritte auf die Beeinträchtigung seiner Gesundheit stützt[2]: Dieser Anspruch ist nach § 1004 Abs. 2 BGB wegen der aus § 15 WEG folgenden Duldungspflicht des Dritten ausgeschlossen

D. Übergangsrecht

1659 § 15 WEG regelt die Duldungspflichten des Dritten **ab Inkrafttreten des WEMoG**. Die Duldungspflicht für einen früheren Zeitraum bestimmt sich hingegen nach altem Recht[3]. Auch die Gebrauchsrechte des Dritten richten sich erst ab Inkrafttreten des WEMoG nach neuem Recht.

1 Zum Besitzschutz nach § 823 BGB s. etwa BGH v. 29.1.2019 – VI ZR 481/17, NJW 2019, 1669 Rz. 13.

2 Zur analogen Anwendung von § 1004 BGB auf den Schutz anderer absoluter Rechte etwa Staudinger/*Thole*, § 1004 Rz. 7.

3 Dazu etwa BGH v. 10.7.2015 – V ZR 194/14, NJW 2015, 2968 Rz. 13; *Jacoby*, PiG 105 (2017), S. 61, 70.

§ 16
Sondereigentumsfähigkeit von Stellplätzen und Freiflächen

A. Das alte Recht und seine Probleme

1660 **Sondereigentum** konnte nach früherem Recht **ausschließlich an Räumen** begründet werden (§ 3 Abs. 1 WEG a.F.), während außerhalb des Gebäudes liegende Freiflächen zwingend Gemeinschaftseigentum waren (vgl. § 1 Abs. 5 WEG a.F.). Das war aus praktischer Sicht misslich, denn etwa auch Stellplätze, Terrassen und Gartenflächen können einen bedeutenden wirtschaftlichen Wert haben, der einzelnen Personen zugewiesen werden soll. In der Kautelarpraxis wurden deshalb sog. **Sondernutzungsrechte** entwickelt, mit deren Hilfe einzelnen Wohnungseigentümern eine eigentümerähnliche Stellung eingeräumt wurde. Die Dogmatik hinter diesem Institut, das sich im **Spannungsfeld zwischen Schuld- und Sachenrecht** bewegt, blieb jedoch weitgehend ungeklärt. Es war deshalb unklar, ob Zweifelsfragen nach schuld- oder sachenrechtlichen Leitprinzipien zu lösen sind,[1] etwa ob ihre Übertragung nach schuldrechtlichen (§§ 398 ff. BGB)[2] oder sachenrechtlichen Vorschriften (§§ 873 ff. BGB)[3] erfolgt. Als Folge dessen blieb auch die Möglichkeit eines gutgläubigen Erwerbs umstritten.[4]

1661 **Aus rechtspolitischer Sicht** ist zu kritisieren, dass die strengen Vorgaben, die für Wohnungseigentum gelten, auf Sondernutzungsrechte keine Anwendung finden, obwohl sie gerade dazu dienen, eine eigentümerähnliche Stellung zu begründen. Während für die Begründung von Wohnungseigentum etwa ein behördlich geprüfter Aufteilungsplan zwingend erforderlich ist (§ 7 Abs. 4 WEG), um Binnengrenzstreitigkeiten möglichst zu verhindern, können Sondernutzungsrechte sogar ganz ohne Plan begründet werden.[5] Sie können – anders als Wohnungseigentum – auch ohne Einhaltung der notariellen Form übertragen werden.[6]

---

1 Eingehend dazu *Häublein*, Sondernutzungsrechte und ihre Begründung im Wohnungseigentumsrecht, 2003, S. 29 ff.

2 So etwa *Häublein*, Sondernutzungsrechte und ihre Begründung im Wohnungseigentumsrecht, 2003, S. 54 ff.; Weitnauer/Lüke, § 15 Rz. 36.

3 So die h. M., grundlegend BGH v. 24.11.1978 – V ZB 11/77, NJW 1979, 548 (548 f.) unter III.2.; wiederum anders BeckOGK-WEG/*Falkner*, § 10 Rz. 391.1 ff., die von einer Änderung der Vereinbarung ausgeht.

4 Etwa bejaht von OLG Hamm v. 21.10.2008 – I-15 Wx 140/08, ZWE 2009, 169 (171); offengelassen etwa von OLG Zweibrücken v. 5.11.2012 – 3 W 127/12, ZWE 2013, 85 (85); verneint etwa von LG Köln v. 15.5.2002 – 28 O 631/01, BeckRS 2002, 11552; Weitnauer/*Lüke*, § 15 Rz. 35.

5 Statt vieler Staudinger/*Rapp*, § 7 WEG Rz. 19.

6 Statt vieler BeckOGK-WEG/*Falkner*, § 10 Rz. 389.

1662 Nur **punktuelle Abhilfe** schuf der 1973 nachträglich eingefügte § 3 Abs. 2 S. 2 WEG a.F., der es ermöglicht, Sondereigentum an Garagenstellplätzen zu begründen.[1] Denn für Stellplätze im Freien und andere Freiflächen blieb es bei den beschriebenen Problemen.

B. Das neue Recht im Überblick

1663 Das WEMoG strukturiert § 3 WEG neu, der die Einräumung von Sondereigentum regelt. Künftig sind drei verschiedene Formen des Sondereigentums zu unterscheiden:

- Für das **Sondereigentum an Räumen** ergeben sich keine Änderungen. § 3 Abs. 1 S. 1 WEG entspricht inhaltlich § 3 Abs. 1 WEG a.F. Die Wohnung oder die sonstigen Räume müssen wie bisher in sich abgeschlossen sein (§ 3 Abs. 3 Alt. 1 WEG).
- Die Möglichkeit, **Sondereigentum an Stellplätzen** zu begründen, wird von Garagenstellplätzen auf alle Arten von Stellplätzen erweitert (Rz. 1665). Stellplätzn werden dafür als fiktive Räume behandelt (§ 3 Abs. 1 S. 2 i.V.m. S. 1 WEG – Rz. 1674). Sie müssen durch Maßangaben im Aufteilungsplan bestimmt sein (§ 3 Abs. 3 Alt. 2 WEG – Rz. 1706).
- Neu ist auch die Möglichkeit, **Sondereigentum an anderen Freiflächen** zu begründen (Rz. 1681). Dies ist jedoch nur als Annex zu Sondereigentum an Räumen möglich (§ 3 Abs. 2, Abs. 3 Alt. 2 WEG – Rz. 1682). Zudem darf die Freifläche nicht die wirtschaftliche Hauptsache sein (§ 3 Abs. 2 WEG – Rz. 1691). Auch Freiflächen müssen durch Maßangaben im Aufteilungsplan bestimmt sein (§ 3 Abs. 3 Alt. 2 WEG – Rz. 1706).

C. Das neue Recht im Detail

I. Sondereigentum an Stellplätzen (§ 3 Abs. 1 S. 2 WEG)

1664 Sondereigentum kann künftig an allen Arten von Stellplätzen begründet werden (unten 1.), insbesondere auch an einzelnen Stellplätzen in Mehrfachparkanlagen (unten 2.). Rechtstechnisch fingiert § 3 Abs. 1 S. 2 WEG hierzu die Raumeigenschaft von Stellplätzen (unten 3.) Die Begründung von Stellplatz-Sondereigentum (unten 4.) und seine Übertragung (unten 5.) richten sich deshalb grundsätzlich nach den für Raum-Sondereigentum geltenden Regeln.

---

1 Eingefügt durch das Gesetz zur Änderung des Wohnungseigentumsgesetzes und der Verordnung über das Erbbaurecht v. 30.7.1973, BGBl. I, S. 910.

1. Stellplatz

1665 Stellplätze gelten nach § 3 Abs. 1 S. 2 WEG als Räume. Das Gesetz spricht dabei bewusst nicht mehr von „Garagenstellplätzen“ (§ 3 Abs. 2 S. 2 WEG a.F.), sondern allgemein von „Stellplätzen“. Die fiktive Raumeigenschaft gilt deshalb sowohl für Stellplätze **in einem Gebäude** (z.B. in einer Sammelgarage), **auf einem Gebäude** (z.B. auf einem Parkdeck), **unter einem Gebäude** (z.B. zwischen den das Gebäude tragenden Säulen) als auch für Stellplätze **im Freien.**[1]

1666 Begrifflich gilt § 3 Abs. 1 S. 2 WEG auch für Stellplätze in **Einzelgaragen**, obwohl es sich dabei um „echte“ Räume handelt. Darin zeigt sich, dass es sich bei § 3 Abs. 1 S. 2 WEG streng genommen nicht um eine Fiktion, sondern um eine **unwiderlegliche Vermutung** handelt.

1667 Maßgeblich ist allein, dass es sich bei einer Fläche um einen **Stellplatz** handelt. Entscheidend ist, ob die Fläche aufgrund ihrer Größe und Lage, insbesondere hinsichtlich der Zufahrtsmöglichkeit,[2] **objektiv zum Abstellen von Fahrzeugen geeignet ist.** Auf die Lage der Fläche kommt es nicht an. Auch die **Art des abzustellenden Fahrzeugs** spielt keine Rolle. Denn der Begriff des Stellplatzes ist genauso wie der Begriff des „Garagenstellplatzes“[3] nicht auf Kraftfahrzeuge beschränkt. Wenngleich der praktisch häufigste Fall der Auto-Stellplatz sein wird, kann auch an einem Motorrad-, Fahrrad- oder sogar Rollstuhl-Stellplatz Sondereigentum begründet werden.

2. Sonderfall: Mehrfachparkanlagen

1668 Stellplätze im Sinne des § 3 Abs. 1 S. 2 WEG sind ausweislich der Gesetzesbegründung auch **einzelne Stellplätze in einer Mehrfachparkanlage.**[4] Künftig kann deshalb auch an den einzelnen Stellplätzen einer solchen Anlage Sondereigentum begründet werden.

1669 Nach **früherem Recht** wurde die Sondereigentumsfähigkeit überwiegend abgelehnt, weil dem einzelnen Stellplatz aufgrund der Beweglichkeit der Parkebene keine Raumeigenschaft zukomme.[5] Dieser Einwand ist nach neuem Recht hinfällig, denn nach § 3 Abs. 1 S. 2 WEG wird die Raumeigenschaft fingiert und zwar für alle Arten von Stellplätzen. § 3 Abs. 1 S. 2 WEG geht insoweit über den früheren § 3 Abs. 2 S. 2 WEG a.F. hinaus, der vorsah, dass Garagenstellplätze als „abgeschlossene Räume“ galten; diese Fiktion bezog sich, wie der Zusammenhang zu § 3 Abs. 2 S. 1 WEG a.F. zeigte, nur auf die Abgeschlossenheit und nicht auf die Raumeigenschaft.[6]

1670 Die **technische Anlage** (z.B. die Hebevorrichtung), die mehreren Stellplätzen dient, steht nach § 5 Abs. 2 WEG zwingend im Gemeinschaftseigentum.[7] Denn ein ge-

1 BT-Drucks. 19/18791, S. 39.
2 Vgl. zum früheren Recht BeckOGK-WEG/*M. Müller*, § 3 Rz. 130.
3 Dazu BeckOGK-WEG/*M. Müller*, § 3 Rz. 130.
4 BT-Drucks. 19/18791, S. 39.
5 Etwa BayObLG v. 9.2.1995 – 2Z BR 4/95, NJW-RR 1995, 783 (783 f.).
6 OLG Jena v. 20.12.2004 – 9 W 654/03, BWNotZ 2006, 43 (44); OLG Celle. v. 13.6.1991 – 4 W 61/91, DNotZ 1992, 231 (231); a.A. etwa Staudinger/*Rapp*, § 3 WEG Rz. 20.
7 Palandt/*Wicke*, § 3 Rz. 9; zum früheren Recht BGH v. 21.10.2011 – V ZR 75/11, ZWE 2012, 81 (82) unter II.2.a.

meinschaftlicher Gebrauch im Sinne dieser Vorschrift liegt bereits dann vor, wenn eine Anlage von zwei Wohnungseigentümern gebraucht wird.[1] Das hat zur Folge, dass die Erhaltung der technischen Anlage grundsätzlich Aufgabe der Gemeinschaft der Wohnungseigentümer ist (§ 18 Abs. 1 WEG) und die Kosten nach dem Verhältnis der Miteigentumsanteile verteilt werden (§ 16 Abs. 2 S. 1 WEG). Da dies im Regelfall freilich nicht interessengerecht sein dürfte, ist eine abweichende Vereinbarung zu empfehlen. Vorzugswürdig dürfte es in der Regel sein, die Entscheidungsbefugnisse und die Kostentragungslast den betroffenen Stellplatz-Eigentümern zuzuweisen. Wurde eine solche Regelung nicht vereinbart, kann sie nach § 16 Abs. 2 S. 2 WEG auch nachträglich beschlossen werden.

1671 ***Musterformulierung:***

Die Verwaltung des gemeinschaftlichen Eigentums an den Anlagen eines Mehrfachparksystems ist Aufgabe derjenigen Sondereigentümer, deren Stellplätzen die jeweilige Anlage dient. Diese Sondereigentümer tragen auch alle mit diesem gemeinschaftlichen Eigentum zusammenhängenden Kosten allein. Bei der Verteilung der Stimmen und Kosten entfällt auf jeden Stellplatz der gleiche Anteil.

1672 **Erläuterung:** Die Formulierung ist so abstrakt gefasst, so dass sie unabhängig von der Größe der Mehrfachparkanlage (z.B. Duplex- oder Quadruplex-Parker) und der Gesamtzahl dieser Anlagen verwendet werden kann. Sie weist die Verwaltung der Mehrfachparkanlage den betroffenen Stellplatz-Sondereigentümern zu. Anstelle der Gemeinschaft der Wohnungseigentümer haben deshalb nur die jeweils betroffenen Stellplatz-Sondereigentümer etwa über Erhaltungsmaßnahmen zu entscheiden. So können etwa bei einem Duplex-Parker die Sondereigentümer des oberen und des unteren Stellplatzes allein über Reparatur- oder Erneuerungsmaßnahmen entscheiden. Auf jeden Stellplatz entfällt eine Stimme. Auch die Kosten werden gleichmäßig auf die Stellplätze verteilt. Auf die Miteigentumsanteile, die unterschiedlich sein können, wenn der Stellplatz mit einer Wohnung verbunden ist, kommt es folglich nicht an. Das Verfahren der Willensbildung wird nicht besonders geregelt. Es ist deshalb auf die §§ 23 ff. WEG zurückzugreifen. Auch etwaige Ansprüche auf bauliche Veränderungen nach § 20 Abs. 2 und 3 WEG bleiben unberührt.

1673 Im **Aufteilungsplan** ist die obere und die untere Parkebene sinnvollerweise jeweils wie ein eigenes Stockwerk darzustellen; in den Gebäudeschnitt ist die Hebeanlage aufzunehmen.

3. Fiktive Raumeigenschaft

1674 Stellplätze werden aufgrund der Fiktion des § 3 Abs. 1 S. 2 WEG **wie Räume** behandelt. Ein einzelner Stellplatz kann deshalb – wie schon bislang Garagenstellplätze – als **eigenständige Teileigentumseinheit** mit einem eigenen Miteigentumsanteil verbunden werden; für eine solche Teileigentumseinheit ist ein eigenes Grundbuchblatt anzulegen (§ 7 Abs. 1 S. 1 WEG). Es ist damit möglich, dass eine Person nur über das Eigentum an einem Stellplatz Mitglied in einer Wohnungseigentümergemeinschaft wird. Das ist aber nicht zwingend: Ein Stellplatz kann auch – wie etwa ein Kellerraum – als weiterer Raum **einer Wohnung zugewiesen** werden; er ist dann auf dem Grundbuchblatt der Wohnung zu buchen.

1 BeckOGK-WEG/*Schultzky*, § 5 Rz. 32.

Beispiel: Ein Gebäude besteht aus zwei Wohnungen; vor dem Gebäude befinden sich zwei Parkplätze. Es ist möglich, maximal vier Sondereigentumseinheiten zu bilden, indem jede Wohnung und jeder Stellplatz mit einem eigenen Miteigentumsanteil verbunden wird (z.B. 49/100 für jede Wohnung und 1/100 für jeden Stellplatz). Denkbar ist es aber auch, nur zwei Miteigentumsanteile zu je 50/100 zu bilden und diese jeweils mit dem Sondereigentum an einer Wohnung und einem Stellplatz zu verbinden. 1675

Aus **praktischer Sicht** ist die Bildung einer eigenständigen Teileigentumseinheit für jeden Stellplatz empfehlenswert. Denn dadurch ist jeder Stellplatz ohne weiteres verkehrsfähig. Andernfalls müsste der Stellplatz zuerst abgetrennt werden, wenn er alleine weiterverkauft werden soll. Für Bauträger hat die Bildung einer eigenständigen Teileigentumseinheit zudem den Vorteil, beim Abverkauf der Wohnungen die Stellplätze flexibel zuordnen zu können. Die dafür bislang verwendete, aufwändige Konstruktion bedingter Sondernutzungsrechte mit Zuweisungsrecht[1] wird überflüssig. 1676

Auf die **Notar- und Grundbuchkosten** hat die Zahl der Sondereigentumseinheiten keinen Einfluss, denn insoweit ist allein der Gesamtwert der Wohnanlage maßgeblich, egal auf wie viele Einheiten sich dieser verteilt (§ 42 Abs. 1 GNotKG). Lediglich für die überschaubaren **Kosten der Abgeschlossenheitsbescheinigung** kann die Zahl der Einheiten relevant werden. Denn dabei handelt es sich um Verwaltungsgebühren, die sich nach **Landesrecht** richten. Für Bayern gibt etwa Tarif-Nr. 2.I.2/16 des Kostenverzeichnisses zum Kostengesetz einen Rahmen von 25 bis 150 Euro je Sondereigentumseinheit vor. Soweit ein solcher Ermessensrahmen besteht, ist für Stellplätze aufgrund der einfachen Prüfung in der Regel der untere Wert heranzuziehen. 1677

4. Begründung

Für die Begründung von Sondereigentum an Stellplätzen gelten die **allgemeinen Vorgaben** für die Begründung von Sondereigentum an Räumen. Lediglich an die Stelle der Abgeschlossenheit tritt das Erfordernis, die Stellplätze durch **Maßangaben im Aufteilungsplan** zu bestimmen (Rz. 1706); das hat auch Auswirkungen auf die Abgeschlossenheitsbescheinigung (Rz. 1720). 1678

5. Übertragung

Für die Übertragung von Sondereigentum an Stellplätzen gelten **keine Besonderheiten**: 1679

Das Sondereigentum an einem Stellplatz, das als **alleiniger Gegenstand einer Teileigentumseinheit** mit einem eigenen Miteigentumsanteil verbunden und auf einem eigenen Grundbuchblatt gebucht ist, wird durch Auflassung und Eintragung im Grundbuch übertragen (§§ 873, 925 BGB). Die Verpflichtung zur Übertragung bedarf der notariellen Beurkundung (§ 311b Abs. 1 S. 1 BGB).

Besteht die Sondereigentumseinheit **neben dem Sondereigentum an dem Stellplatz aus weiterem Sondereigentum**, muss die Einheit zunächst unterteilt werden, damit das Sondereigentum an dem Stellplatz isoliert übertragen werden kann; dafür muss 1680

1 Dazu etwa BeckNotarHdb/*Rapp*, Kap. 1, § 3 Rz. 57 ff.

ein Teil des Miteigentumsanteils abgespalten werden.[1] Einer neuen Abgeschlossenheitsbescheinigung bedarf es nicht, da die erforderlichen Maßangaben bereits in dem ursprünglichen Aufteilungsplan enthalten sind und geprüft wurden.

II. Sondereigentum an Freiflächen (§ 3 Abs. 2 WEG)

1681 § 3 Abs. 2 WEG sieht erstmals die Möglichkeit vor, Sondereigentum an Freiflächen zu begründen, jedoch mit der Einschränkung, dass das Sondereigentum an Freiflächen nur Annex zum Sondereigentum an Räumen sein kann (unten 1.). Auf die Art der Freifläche kommt es dabei nicht an (unten 2.). Voraussetzung ist aber, dass die Freifläche gegenüber den Räumen nicht die wirtschaftliche Hauptsache ist (unten 3.). Für die Begründung des Sondereigentums gelten grundsätzlich die allgemeinen Vorschriften (unten 4.). Eine Übertragung ist jedoch nur innerhalb der Gemeinschaft möglich (unten 5.).

1. Konzept des Annex-Sondereigentums

1682 Nach § 3 Abs. 2 WEG kann das Sondereigentum auf einen außerhalb des Gebäudes liegenden Teil des Grundstücks „erstreckt werden". Mit dem zu erstreckenden Sondereigentum ist – wie sich aus der Binnensystematik des § 3 WEG ergibt – das Sondereigentum an Räumen nach § 3 Abs. 1 WEG gemeint. Voraussetzung ist also zunächst eine Sondereigentumseinheit, die aus mindestens einem Raum besteht; dieses Sondereigentum kann dann auf außerhalb des Gebäudes liegende Teile des Grundstücks erweitert werden. Freiflächen-Sondereigentum kann demnach nur als **Annex-Sondereigentum** begründet werden, also als Anhängsel zu Raum-Sondereigentum. Es ist dagegen nicht möglich, ausschließlich das Sondereigentum an einer Freifläche mit einem Miteigentumsanteil zu verbinden.

1683 Unklar ist, ob die Möglichkeit, Sondereigentum auf Freiflächen zu erstrecken, nur für Sondereigentum an „echten" Räumen (§ 3 Abs. 1 S. 1 WEG) besteht oder auch für **Sondereigentum an Stellplätzen**, die als Räume gelten (§ 3 Abs. 1 S. 2 WEG). Die Gesetzesbegründung schweigt dazu. Aus Wortlaut und Systematik ergibt sich kein Anhaltspunkt dafür, dass Sondereigentum an Stellplätzen nicht genügt. Denn § 3 Abs. 2 WEG spricht schlicht von „Sondereigentum" und nimmt auf die – echte oder fiktive – Raumeigenschaft keinen Bezug. Die Möglichkeit, Stellplatz-Sondereigentum auf Freiflächen zu erstrecken, dürfte deshalb theoretisch zu bejahen sein. Praktisch dürfte freilich zweifelhaft sein, ob das Stellplatz-Sondereigentum wirtschaftlich die Hauptsache ist.

1684 Der **Zweck** der zwingenden Verbindung von Freiflächen-Sondereigentum mit Raum-Sondereigentum liegt darin, zu verhindern, dass die Erhaltung des Gebäudes unter dem Einfluss reiner Freiflächen-Sondereigentümer leidet. Die konstruktiven Teile des Gebäudes stünden nach § 5 Abs. 2 WEG zwar zwingend auch im Eigentum der reinen Freiflächen-Sondereigentümer; an einer hinreichenden emotional-wirtschaftlichen Beziehung wird es ihnen aber in der Regel fehlen.

1 Näher dazu Staudinger/*Rapp*, § 6 WEG Rz. 4 ff.

1685 § 3 Abs. 2 WEG **schränkt die Verkehrsfähigkeit von Freiflächen-Sondereigentum ein**: Das Sondereigentum an einer Freifläche kann nach allgemeinen Regeln zwar ganz oder teilweise von einer Sondereigentumseinheit abgetrennt werden, dann aber nur mit einer anderen, bereits bestehenden Sondereigentumseinheit verbunden werden. Wie ein Sondernutzungsrecht kann Freiflächen-Sondereigentum also nur innerhalb der Gemeinschaft übertragen werden. Ausgeschlossen ist dagegen eine Veräußerung an außerhalb der Gemeinschaft stehende Dritte, denn dafür müsste das Freiflächen-Sondereigentum entgegen § 3 Abs. 2 WEG mit einem eigenständigen Miteigentumsanteil verbunden werden. Die Beschränkung der Verkehrsfähigkeit verhindert, dass die Gemeinschaft durch teilweise Übertragungen von Freiflächen-Sondereigentum an Dritte immer größer und damit schwerer zu handhaben wird.

1686 Die **Ungleichbehandlung gegenüber Freiflächen-Stellplätzen**, die nach § 3 Abs. 1 S. 2 WEG als Räume gelten und deshalb frei verkehrsfähig sind, hat der Gesetzgeber bewusst in Kauf genommen.[1] Denn eine unterschiedliche Behandlung von Garagen- und anderen Stellplätzen sollte vermieden werden, so dass auch die häufig nicht eindeutige Abgrenzung entbehrlich wird (z.B. hinsichtlich Stellplätzen auf Parkdecks). Zudem trägt die Veräußerung von Stellplätzen an Dritte gerade in Ballungsräumen dazu bei, den knappen Parkraum möglichst effizient zu nutzen.[2]

1687 Im Übrigen ist Freiflächen-Sondereigentum aber **kein Sondereigentum minderer Güte**, sondern echtes Eigentum. Es ist deshalb grundsätzlich wie Grundstückseigentum zu behandeln, wobei **an die Stelle der katastermäßig erfassten Grundstücksgrenzen die amtlich geprüften Angaben des Aufteilungsplans** treten.

2. Außerhalb des Gebäudes liegender Teil des Grundstücks

1688 Die Möglichkeit, Annex-Sondereigentum zu begründen, eröffnet § 3 Abs. 2 WEG für alle „außerhalb des Gebäudes liegende Teile des Grundstücks"; **Teile von Räumen innerhalb des Gebäudes** sind dagegen nach wie vor **nicht sondereigentumsfähig**. Besondere Anforderungen an die Flächen stellt das Gesetz im Übrigen nicht. Insbesondere an Terrassen und Gartenflächen, an denen bislang Sondernutzungsrechte bestellt wurden, kann künftig Sondereigentum begründet werden.

1689 Einschränkungen ergeben sich aber aus allgemeinen Vorgaben: Nach § 5 Abs. 2 WEG kann an der **Fläche unmittelbar unter dem Gebäude** kein Sondereigentum begründet werden. Denn das in diesem Bereich befindliche Erdreich ist für den Bestand des Gebäudes erforderlich. Zwingend gemeinschaftliches Eigentum ist deshalb – neben den konstruktiven Teilen des Gebäudes (§ 5 Abs. 2 WEG) – stets die Grundfläche des Gebäudes (vgl. § 1 Abs. 5 WEG). Das Freiflächen-Sondereigentum kann sich aber **unmittelbar bis zur Hauswand** erstrecken; ein Mindestabstand ist nicht einzuhalten. Zwar können auch Abgrabungen nahe am Gebäude dessen Bestand gefährden. Solche Abgrabungen stehen nach § 13 Abs. 2, § 20 Abs. 1 BGB aber ohnehin unter dem Vorbehalt eines Beschlusses der Wohnungseigentümer, so dass es einer Einschränkung der Sondereigentumsfähigkeit nicht bedarf. Auch **gemeinschaft-**

1 BT-Drucks. 19/18791, 39.

2 Abschlussbericht Bund-Länder-Arbeitsgruppe WEG-Reform, ZWE 2019, 429 (438).

liche Anlagen im Erdreich (z.B. eine Tiefgarage, ein Betonanker zur Stabilisierung des Gebäudes oder Leitungen), die ihrerseits zwingend im Gemeinschaftseigentum stehen, hindern nicht die Begründung von Sondereigentum an den darüber liegenden Flächen (vgl. Rz. 1724 zur Reichweite des Sondereigentums). Die Begründung von Sondereigentum darf auch nicht dazu führen, dass die übrigen Sondereigentumseinheiten nicht mehr zugänglich sind. **Zufahrten und Zuwege** müssen deshalb im Gemeinschaftseigentum verbleiben (näher Rz. 1713).

1690 **Zusammenfassend** kann damit grundsätzlich an der gesamten Fläche des Grundstücks mit Ausnahme der Grundfläche des gemeinschaftlichen Gebäudes und einem Zugang Sondereigentum begründet werden.

3. Wirtschaftlich nicht die Hauptsache

1691 Sondereigentum kann auf Freiflächen erstreckt werden, „es sei denn, die Wohnung oder die nicht zu Wohnzwecken dienenden Räume bleiben dadurch wirtschaftlich nicht die Hauptsache" (§ 3 Abs. 2 WEG). Diese Formulierung **lehnt sich an das Erbbau- und das Dauerwohnrecht an**, so dass das Hauptsache-Kriterium wie in § 1 Abs. 2 ErbbauRG und § 31 Abs. 1 S. 2 WEG auszulegen ist.[1] Hier wie dort soll verhindert werden, dass Erbbau-, Dauerwohn- oder Wohnungseigentumsrechte dazu verwendet werden, in erster Linie Rechte an Freiflächen zu begründen. Denn dadurch würde nicht zuletzt § 7 GBO umgangen, der für die Belastung von Teilflächen im Interesse der Rechtsklarheit grundsätzlich eine Realteilung des Grundstücks verlangt.

1692 Im Vergleich zu § 1 Abs. 2 ErbbauRG und § 31 Abs. 1 S. 2 WEG ist § 3 Abs. 2 WEG jedoch negativ formuliert. Es ist deshalb **zu vermuten**, dass die Räume wirtschaftlich die Hauptsache bleiben.[2] Insbesondere im Grundbuchverfahren ist eine Prüfung deshalb nur notwendig, wenn konkrete Anhaltspunkte für das Gegenteil bestehen.

1693 Maßgeblich ist, ob die Wohnung oder die sonstigen Räume das eigentliche Motiv für die Begründung des Sondereigentums sind.[3] Die Freifläche muss also **dienende Funktion** haben. Ob das der Fall ist, richtet sich nach der Verkehrsanschauung, wobei kein zu enger Maßstab anzulegen ist.[4] Die Wertverhältnisse sind zwar nicht allein entscheidend,[5] dürften in der Regel aber ein wichtiges Indiz darstellen. Die Wohnung oder die sonstigen Räume sind jedenfalls dann wirtschaftlich die Hauptsache, wenn die Freifläche lediglich dazu dient, die Wohnung oder die sonstigen Räume aufzuwerten. Das ist bei Terrassen und Gartenflächen in aller Regel der Fall und zwar auch dann, wenn es sich um eine größere Gartenfläche handelt. Eine eigenständige wirtschaftliche Bedeutung hat dagegen etwa eine Baulücke, also eine Fläche, deren Bebauung sich nach den örtlichen Gegebenheiten anbietet.

---

1 BT-Drucks. 19/18791, S. 39.
2 BT-Drucks. 19/18791, S. 39.
3 OLG München v. 9.7.2012 – 34 Wx 434/11, BeckRS 2012, 17466 zu § 1 Abs. 2 ErbbauRG.
4 MünchKommBGB/*Heinemann*, § 1 ErbbauRG Rz. 23.
5 Staudinger/*Rapp*, § 1 WEG Rz. 18.

Für die Beurteilung sind allein die **objektiven Gegebenheiten** maßgeblich und nicht die subjektiven Absichten. Das ergibt sich schon daraus, dass sich die wirtschaftliche Bewertung einer Fläche allein nach den objektiven Gegebenheiten richtet. Auch gewährleisten nur die objektiven Gegebenheiten die für das Sachenrecht hinreichende Beständigkeit; diese Beständigkeit ist nach der Wertung des § 925 Abs. 2 BGB notwendig, da es um die Einräumung von Eigentum geht. Deshalb behält etwa eine Baulücke ihre wirtschaftliche Eigenständigkeit auch dann, wenn sie zunächst als Garten genutzt werden soll. Ebenso unerheblich ist, ob und in welchem Umfang eine Bebauung nach der Gemeinschaftsordnung zulässig ist; denn die Gemeinschaftsordnung kann geändert werden. Zur Veranschaulichung einige Beispiele: 1694

Beispiel 1: Landwirt V will einen Teil einer landwirtschaftlich genutzten Wiese an Landwirt K veräußert. Um Vermessungskosten zu sparen, soll der auf der Wiese befindliche Geräteschuppen in zwei Teileigentumseinheiten aufgeteilt und das Sondereigentum jeweils auf einen Teil der Wiese erstreckt werden. 1695

Das wäre unzulässig, denn die Teile der Wiese haben eine von dem Geräteschuppen losgelöste wirtschaftliche Bedeutung. Der Geräteschuppen dient der Wiese, nicht andersherum.

Beispiel 2: Eine Villa in einem Villengebiet wird in zwei große Wohneinheiten aufgeteilt. Das Sondereigentum soll sich jeweils auf die Hälfte des parkartigen Gartens erstrecken. 1696

Das wäre zulässig, denn trotz seiner Größe hat der Garten keine eigenständige wirtschaftliche Bedeutung, sondern dient der jeweiligen Wohneinheit.

Beispiel 3: In einem durch Geschoßwohnungsbau geprägten Gebiet wird ein Wohngebäude mit 30 Wohneinheiten errichtet. Das Sondereigentum an einer Wohnung soll sich auf die gesamte unbebaute Grundstücksfläche erstrecken, auf der ein weiteres gebietstypisches Gebäude errichtet werden könnte. Zunächst soll diese Fläche aber nur als Garten genutzt werden. 1697

Das wäre unzulässig, denn die Freifläche hat aufgrund der naheliegenden Bebauungsmöglichkeit eine eigenständige wirtschaftliche Bedeutung gegenüber der Wohnung. Die Freifläche dürfte auch einen vielfach höheren Wert als die Wohnung haben.

Wie Beispiel 3 zeigt, eröffnet § 3 Abs. 2 WEG **keine neuen Möglichkeiten der sukzessiven Errichtung von Mehrhausanlagen** für Bauträger. Ohne das Hauptsache-Kriterium wäre es denkbar, dass der Bauträger eine Wohnung im ersten Bauabschnitt zurückbehält, das Sondereigentum auf die außerhalb des ersten Gebäudes liegenden Flächen erstreckt und sich zugleich das Recht einräumt, diese Flächen zu bebauen. Das Hauptsache-Kriterium verhindert bereits die Erstreckung des Sondereigentums auf diese Fläche. Im Übrigen würde ein später errichtetes Gebäude nach § 5 Abs. 1 S. 2 WEG, § 94 Abs. 1 BGB vollständig im Sondereigentum des Bauträgers stehen. Die Unterteilung dieses Gebäudes in einzelne Sondereigentumseinheiten würde deshalb voraussetzen, dass die Zugänge zu den einzelnen Wohnungen (z.B. der Eingangsbereich und das Treppenhaus) in Gemeinschaftseigentum umgewandelt werden. Dafür wäre die Mitwirkung der übrigen Wohnungseigentümer notwendig. 1698

In verfahrensrechtlicher Hinsicht ist zu beachten, dass der Nachweis, dass die Wohnung die wirtschaftliche Hauptsache ist, nur in der **Form des § 29 GBO** geführt wer- 1699 den kann.[1] Soweit trotz der Vermutung (Rz. 1692) eine Prüfung erfolgen muss, müssen sich die maßgeblichen Umstände deshalb in der Regel aus den Eintragungsunterlagen ergeben, insbesondere aus dem Aufteilungsplan.

1700 Wird Freiflächen-Sondereigentum unter **Verstoß** gegen das Hauptsache-Kriterium des § 3 Abs. 2 WEG im Grundbuch eingetragen, entsteht insoweit kein Sondereigentum. Denn bei § 3 Abs. 2 WEG handelt es sich – anders als bei § 3 Abs. 3 WEG – um eine zwingende Vorschrift. Das bedeutet aber nicht, dass die gesamte Aufteilung damit unwirksam wird. Vielmehr ist im Zweifel nach § 139 BGB davon auszugehen, dass die Aufteilung auch ohne die Erstreckung des Sondereigentums auf die Freifläche wirksam sein soll.[2] Die Freifläche selbst bleibt jedoch Gemeinschaftseigentum. Die gescheiterte Erstreckung des Sondereigentums auf diese Fläche ist in die Einräumung eines Sondernutzungsrechts an dieser Fläche umzudeuten (§ 140 BGB).

4. Begründung

1701 Für die Erstreckung von Sondereigentum auf außerhalb des Gebäudes liegende Teile des Grundstücks nach § 3 Abs. 2 WEG gelten grundsätzlich die **allgemeinen Vorgaben** für die Begründung von Sondereigentum. An die Stelle der Abgeschlossenheit tritt jedoch das Erfordernis, die Stellplätze durch **Maßangaben im Aufteilungsplan** zu bestimmen (Rz. 1706); das hat auch Auswirkungen auf die Abgeschlossenheitsbescheinigung (Rz. 1720).

1702 Der **Eintragungstext im Grundbuch** muss die Tatsache, dass sich das Sondereigentum nach § 3 Abs. 2 WEG auf die Freifläche lediglich „erstreckt", nicht widerzuspiegeln. Denn der für die Eintragung maßgebliche § 3 Abs. 1 lit. c WGV sieht keine Differenzierung vor. Der Eintragungstext sollte aber aus Transparenzgründen – wie auch im Hinblick auf die betroffenen Räume – eine stichwortartige Bezeichnung der Freifläche zu enthalten.

1703 ***Formulierungsbeispiel:***

27/1.000 Miteigentumsanteil verbunden mit dem Sondereigentum an der Wohnung im Erdgeschoß mit Gartenfläche, im Aufteilungsplan bezeichnet mit Nr. 1.

5. Übertragung

1704 Freiflächen-Sondereigentum kann **innerhalb der Gemeinschaft** frei übertragen werden. Erforderlich sind eine Auflassung und die Eintragung im Grundbuch (§§ 873, 925 BGB). Es kann dabei auch nur ein Teil einer Fläche übertragen werden. Die Verpflichtung zur Übertragung bedarf der notariellen Beurkundung (§ 311b Abs. 1 S. 1 BGB). Rechtstechnisch wird das Freiflächen-Sondereigentum dabei – ganz oder teilweise – von dem Miteigentumsanteil des Veräußerers abgetrennt und mit dem Mit-

---

1 BayObLG v. 14.2.1991 – BReg. 2 Z 158/90, MittBayNot 1992, 45 (47) unter 3.b.

2 Vgl. Staudinger/*Rapp*, § 1 ErbbauRG Rz. 18; v. Oefele/Winkler/*Schlögel*, § 2 Rz. 71; *v. Oefele*, MittBayNot 1992, 29 (31) jeweils zu einem Verstoß gegen § 1 Abs. 2 ErbbauRG; unklar BayObLG v. 14.2.1991 – BReg. 2 Z 158/90, NJW-RR 1991, 718 (720).

eigentumsanteil des Erwerbers verbunden. Die Höhe der Miteigentumsanteile bleibt dadurch unberührt. Es ist den Parteien aber unbenommen, anlässlich der Übertragung von Freiflächen-Sondereigentum auch einen Teil des Miteigentumsanteils zu übertragen. Der Mitwirkung der übrigen Wohnungseigentümer bedarf es nicht, da deren Rechtsstellung durch die Übertragung nicht berührt wird.

Nicht möglich ist es, Freiflächen-Sondereigentum an **außerhalb der Gemeinschaft** stehende Dritte zu veräußern. Denn dafür müsste mit dem Freiflächen-Sondereigentum zugleich ein eigenständiger Miteigentumsanteil verbunden werden. Dem steht § 3 Abs. 2 WEG entgegen, wonach Sondereigentum an einer Freifläche nur im Wege der Erstreckung einer Sondereigentumseinheit bestehen kann. Eine dennoch erklärte Auflassung wäre unwirksam.

III. Formelle Anforderungen

1705 Für die Begründung von Sondereigentum an Stellplätzen und an anderen Freiflächen hat der Aufteilungsplan Maßangaben zu enthalten (unten 1.). Auch das Zugangserfordernis ist zu beachten (unten 2.). Besonderheiten gelten auch für den Aufteilungsplan (unten 3.) und die Abgeschlossenheitsbescheinigung (unten 4.).

1. Maßangaben

1706 Grundsätzlich soll Sondereigentum nur eingeräumt werden, wenn die „Räume in sich abgeschlossen“ sind (§ 3 Abs. 3 Alt. 1 WEG). Dadurch sollen Streitigkeiten über die Grenzen des Sondereigentums möglichst vermieden werden.[1] Auch für Stellplätze und Freiflächen gilt es, Grenzstreitigkeiten vorzubeugen. Das Abgeschlossenheitskriterium ist dafür jedoch untauglich, da Stellplätze und Freiflächen in der Regel nicht baulich abgegrenzt sind. Für Stellplätze in einer Sammelgarage war deshalb in der Vergangenheit eine dauerhafte Markierung vorgesehen (vgl. § 3 Abs. 2 S. 2 WEG a.F.). Künftig sind für alle Stellplätze und Freiflächen Maßangaben im Aufteilungsplan verpflichtend (unten a)); eine Markierungspflicht besteht nicht mehr (unten b)). Ein Verstoß gegen diese „Soll“-Vorgabe lässt die Entstehung des Sondereigentums aber unberührt (unten c)).

a) Anzugebende Maße

1707 Nach § 3 Abs. 3 Alt. 2 WEG sollen „Stellplätze sowie außerhalb des Gebäudes liegende Teile des Grundstücks durch Maßangaben im Aufteilungsplan bestimmt“ sein. **Zweck** dieser Vorschrift ist es, Grenzstreitigkeiten zu vermeiden. Notwendig sind deshalb **bezifferte Angaben, aus denen sich die Grenzen der jeweiligen Sondereigentumsfläche ableiten lassen,** so dass sie im Streitfall eindeutig festgestellt werden können. Bezugspunkt muss deshalb in der Regel eine katastermäßig bestimmte Grundstücksgrenze sein.[2] Bei Stellplätzen in Sammelgaragen genügt auch die Entfer-

1 BeckOGK-WEG/*M. Müller*, § 3 Rz. 70.
2 BT-Drucks. 19/18791, S. 39.

nung zu den Gebäudewänden, wenn deren Abstand zu den Grundstücksgrenzen angegeben ist.

1708 **Keine weitergehenden Anforderungen** ergeben sich aus **§ 7 Abs. 4 S. 1 Nr. 1 WEG**, der die Angabe der „Lage und Größe" im Aufteilungsplan verlangt. Denn die Maßangaben nach § 3 Abs. 3 Alt. 2 WEG ermöglichen es gerade, die „Lage und Größe" zu bestimmen.

b) Keine Markierungspflicht

1709 Neben den notwendigen Maßangaben ist es **nicht erforderlich, die Flächen zu markieren**. Dem liegt der Gedanke zugrunde, dass eine Markierung keinen Mehrwert gegenüber Maßangaben schafft.[1] Denn im besten Fall stimmen die Markierungen mit den Maßangaben überein; im schlimmsten Fall ergibt sich aus ihnen ein Widerspruch, der Grenzstreitigkeiten erst provoziert.

1710 **Analog § 919 Abs. 1 WEG** kann jedoch jeder einzelne Sondereigentümer verlangen, dass der Bereich seines Sondereigentums markiert wird. Der Anspruch richtet gegen die Gemeinschaft der Wohnungseigentümer, wenn das betroffene Sondereigentum an Gemeinschaftseigentum angrenzt, ansonsten gegen den angrenzenden Sondereigentümer. Die Art der Markierung bestimmt sich analog § 919 Abs. 2 WEG. Mangels einschlägiger Landesgesetze ist grundsätzlich die Ortsüblichkeit maßgeblich, die sich primär nach der „Gemeinschaftsüblichkeit" richten, also den Zuständen in der konkreten Wohnanlage. Fehlt es an Präzedenzfällen, bieten sich bei Rasenflächen klassische Grenzsteine und bei asphaltierten oder gepflasterten Flächen Farbmarkierungen an. Die Kosten sind analog § 919 Abs. 3 WEG von dem Sondereigentümer und dem Anspruchsgegner zu gleichen Teilen zu tragen.

1711 An einer **Beschlusskompetenz** für die Anbringung von Markierungen fehlt es dagegen. Insbesondere kann ein solcher Beschluss nicht auf § 19 Abs. 1 WEG gestützt werden, denn es geht nicht um die Verwaltung des gemeinschaftlichen Eigentums, sondern um die Grenzmarkierung von Sondereigentumseinheiten.

c) Rechtsfolgen bei fehlenden Maßangaben

1712 Die Maßangaben nach § 3 Abs. 3 WEG sind nicht gleichzusetzen mit dem ohnehin bestehenden sachenrechtlichen Bestimmtheitserfordernis, das auch durch planerische Darstellungen erfüllt werden kann.[2] Fehlen die Maßangaben, ist das Sondereigentum aber auf andere Weise hinreichend bestimmt, entsteht es in den so definierten Grenzen. Folgerichtig ist § 3 Abs. 3 WEG als „Soll"-Vorschrift ausgestaltet, die zwar im Grundbuchverfahren zwingend zu beachten ist, deren Verletzung aber keine materiell-rechtlichen Auswirkungen hat.[3]

2. Zugangserfordernis

1713 Im Ergebnis ist unstreitig, dass Sondereigentum nur begründet werden soll, wenn der Zugang über das Gemeinschaftseigentum oder in rechtlich gesicherter Weise

1 Abschlussbericht Bund-Länder-Arbeitsgruppe WEG-Reform, ZWE 2019, 429 (438 f.).
2 Vgl. BT-Drucks. 19/18791, S. 39.
3 Vgl. KEHE/*Keller*, § 2 Einl. Rz. 19 allgemein zu „Soll"-Vorschriften im Grundbuchrecht.

über ein Nachbargrundstück (z.B. durch eine Dienstbarkeit) möglich ist.[1] Das hat im Hinblick auf die Sondereigentumsfähigkeit von Stellplätzen und Freiflächen zwei Konsequenzen:

1714 Einerseits darf der **Zugang zu den einzelnen Wohnungen oder Teileigentumseinheiten** nicht durch Freiflächen-Sondereigentum beeinträchtigt werden. Die Zugangswege zum Gebäude müssen deshalb in der Regel im Gemeinschaftseigentum verbleiben.

1715 Sondereigentum entsteht aber auch dann, wenn es unter Verstoß gegen diesen Grundsatz im Grundbuch eingetragen wird. Das gilt sowohl für die Wohnung ohne Zugang (sog. gefangene Einheit) als auch für das Sondereigentum, das den Zugang zu der Wohnung behindert.[2] Allerdings besteht zugunsten der Wohnung ein **Notwegerecht analog § 917 BGB**.[3]

1716 Andererseits muss auch das **Stellplatz- und Freiflächen-Sondereigentum** selbst **zugänglich** sein.

1717 Zwar wird das Zugangserfordernis von der h.M. als Teil der Abgeschlossenheit (§ 3 Abs. 3 Alt. 1 WEG) aufgefasst,[4] auf die es bei Stellplätzen und Freiflächen gar nicht ankommt (§ 3 Abs. 3 Alt. 2 WEG). Jedoch wurde in der Vergangenheit nicht in Abrede gestellt, dass auch Garagenstellplätze zugänglich sein müssen, obwohl deren Abgeschlossenheit lediglich fingiert wurde (§ 3 Abs. 2 S. 2 WEG a.F.). Die Begründung der h.M. ist zudem dünn, wenn sie sich in erster Linie auf Nr. 5 lit. a AVA, also auf eine Verwaltungsanweisung, stützt.[5] Richtigerweise ergibt sich das Zugangserfordernis bereits aus § 5 Abs. 2 WEG.[6] Es gilt deshalb auch für Stellplatz- und Freiflächen-Sondereigentum.

3. Aufteilungsplan

1718 Wie bisher muss dem Grundbuchamt ein von der Baubehörde mit Unterschrift und Siegel oder Stempel versehener Aufteilungsplan vorgelegt werden, aus dem nun aber auch die „Aufteilung [...] des Grundstücks" (§ 7 Abs. 4 S. 1 Nr. 1 WEG) ersichtlich sein muss. Es ist deshalb zwingend ein **Lageplan des Grundstücks** im Maßstab 1:100 (vgl. Nr. 2 AVA) beizufügen und zwar auch dann, wenn kein Freiflächen- oder Stellplatz-Sondereigentum eingeräumt werden soll.

1719 Bei der **Nummerierung** nach § 7 Abs. 4 S. 2 WEG ist zu differenzieren: Soll ein Stellplatz eine eigenständige Teileigentumseinheit bilden, ist er mit einer eigenen Nummer zu bezeichnen; ansonsten ist er mit der gleichen Nummer zu bezeichnen wie die Wohnung, zu der er gehören soll. Andere Freiflächen, auf die sich das Sondereigen-

1 Statt aller BeckOGK-WEG/*M. Müller*, § 3 Rz. 99 f.
2 OLG München v. 2.6.2008 – 32 Wx 044/08, juris Rz. 9; Bärmann/*Armbrüster*, § 3 Rz. 64.
3 OLG München v. 2.6.2008 – 32 Wx 044/08, juris Rz. 11 ff.; Bärmann/*Armbrüster*, § 3 Rz. 64.
4 Bärmann/*Armbrüster*, § 3 Rz. 65; BeckOGK-WEG/*M. Müller*, § 3 Rz. 99 f.; Staudinger/*Rapp*, § 3 WEG Rz. 15.
5 Bärmann/*Armbrüster*, § 3 Rz. 65; BeckOGK-WEG/*M. Müller*, § 3 Rz. 99 f.; Staudinger/*Rapp*, § 3 WEG Rz. 14.
6 *Hügel*, ZWE 2020, 174 (176); *Hügel*, ZWE 2009, 128 (131).

tum an einer Wohnung nach § 3 Abs. 2 WEG erstrecken soll, sind zwingend mit der gleichen Nummer wie diese Wohnung zu bezeichnen.

4. Abgeschlossenheitsbescheinigung

1720 Die Sondereigentumsfähigkeit von Freiflächen wirkt sich auf die Abgeschlossenheitsbescheinigung aus: Die Baubehörde muss nun nicht nur bescheinigen, dass die Räume in sich abgeschlossen sind, sondern auch, dass Stellplätze sowie außerhalb des Gebäudes liegende Teile des Grundstücks durch **Maßangaben im Aufteilungsplan** bestimmt sind (§ 7 Abs. 4 S. 1 Nr. 2 WEG). Die Allgemeine Verwaltungsvorschrift für die Ausstellung der Abgeschlossenheitsbescheinigung (AVA) darf dafür aber nur mit Einschränkungen herangezogen werden, solange sie nicht an das geänderte WEG angepasst wurde. Insbesondere ihre Nr. 6, die sich mit der dauerhaften Markierung von Garagenstellplätzen nach § 3 Abs. 2 S. 2 WEG a.F. befasst, ist überholt. Auch der in der Anlage zur AVA vorgesehene Wortlaut für die Abgeschlossenheitsbescheinigung bedarf der Modifikation (Ergänzungen sind in Fettdruck, Streichungen unterstrichen dargestellt):

1721 *„Die in dem beiliegenden Aufteilungsplan*

mit Nummer ... bis ... bezeichneten Wohnungen)*
mit Nummer ... bis ... bezeichneten nicht zu Wohnzwecken dienenden Räume)*

in dem bestehenden/zu errichtenden) Gebäude auf dem Grundstück in ... (Ort) ... (Straße, Nr.) (Katastermäßige Bezeichnung) ... Grundbuch von ... Band: ... Blatt: ... sind/gelten als*) in sich abgeschlossen.* ***Soweit mit den vorstehenden Nummern Stellplätze oder außerhalb des Gebäudes liegende Teile des Grundstücks bezeichnet sind, sind sie durch Maßangaben im Aufteilungsplan bestimmt.***

Sie entsprechen daher dem Erfordernis des § 3 Abs. 2 ***3****/§ 32 Abs. 1*) des Wohnungseigentumsgesetzes.*

**) Nichtzutreffendes streichen."*

1722 **Hintergrund:** Bei der AVA handelt es sich um eine allgemeine Verwaltungsvorschrift, die nach Art. 84 Abs. 2 GG von der Bundesregierung mit Zustimmung des Bundesrats erlassen wurde. Es überrascht deshalb nicht, dass die AVA durch das WEMoG nicht geändert wurde, denn dann hätte das an sich nicht zustimmungsbedürftige WEMoG insgesamt der Zustimmung des Bundesrats bedurft. Im Übrigen hätte die AVA schon seit Längerem der Rechtsentwicklung angepasst werden müssen, z.B. im Hinblick auf Nr. 3, der noch immer und im Widerspruch zur Entscheidung des Gemeinsamen Senats der obersten Gerichtshöfe des Bundes vom 30.6.1992[1] die Einhaltung der bauordnungsrechtlichen Vorschriften verlangt. Weil es sich bei der AVA aber nur um eine Verwaltungsvorschrift und kein formelles Gesetz handelt, kann und muss die Baubehörde bei einem Widerspruch der AVA zum WEG allein die Regeln des WEG befolgen. Bis zur bundeseinheitlichen Anpassung des AVA könnte im Übrigen auch jedes Land eigene Verwaltungsvorschriften erlassen.

1722a Im Übrigen kann die Bescheinigung nicht mehr **durch einen öffentlich bestellten oder anerkannten Sachverständigen** erteilt werden (§ 7 Abs. 4 S. 3 bis 6, § 32 Abs. 2 S. 4 bis 7

1 GmS-OGB v. 30.6.1992 – GmS-OGB 1/91, NJW 1992, 3290.

WEG a.F.). Von dieser erst 2007 eingeführten Möglichkeit hat kein Bundesland Gebrauch gemacht.[1] Das WEMoG hat sie daher aufgehoben.

IV. Reichweite des Sondereigentums

1723 Die Neufassung des § 3 WEG ermöglicht es erstmals, nicht nur an Räumen, sondern auch an Flächen außerhalb des Gebäudes Sondereigentum zu begründen. Mangels baulich-räumlicher Beschränkungen stellt sich die Frage, wie weit dieses Sondereigentum räumlich reicht (unten 1.) und auf welche Gegenstände (unten 2.) es sich erstreckt.

1. Räumliche Reichweite

1724 Das Sondereigentum an Freiflächen erstreckt sich grundsätzlich **auf den Raum über und auf den Erdkörper unter der Oberfläche**. Das ergibt sich aus § 905 S. 1 BGB, der zumindest analoge Anwendung findet, weil es sich bei Freiflächen-Sondereigentum um echtes Eigentum an einer Grundstückfläche handelt, auch wenn es sich bei dieser Fläche mangels amtlicher Vermessung um kein Grundstück im grundbuchrechtlichen Sinne handelt.

1725 Eine Beschränkung ergibt sich jedoch aus **§ 5 Abs. 2 WEG**. Diese Vorschrift sieht vor, dass „Teile des Grundstücks, die für den Bestand des Gebäudes oder dessen Sicherheit erforderlich sind, [...] nicht Gegenstand des Sondereigentums [sind], selbst wenn sie sich im Bereich des Sondereigentums befinden". Soweit sich etwa gemeinschaftliche Anlagen im Erdreich befinden, erstreckt sich das Sondereigentum nicht auf diese Anlagen (z.B. auf eine Tiefgarage, auf einen Betonanker des gemeinschaftlichen Gebäudes oder auf gemeinschaftliche Leitungen). Dies steht der Begründung von Sondereigentum an der darüber liegenden Fläche aber nicht entgegen. Soweit das Betreten der Flächen oder das Freilegen der Anlagen für deren Erhaltung notwendig ist, hat der Sondereigentümer dies zu dulden (§ 14 Abs. 1 Nr. 2 WEG).

2. Gegenständliche Erstreckung

1726 Den gegenständlichen Bereich des Sondereigentums definiert § 5 Abs. 1 WEG. Für Freiflächen-Sondereigentum ordnet § 5 Abs. 1 S. 2 WEG die entsprechende Anwendung von **§ 94 BGB** an: Die mit der Freifläche fest verbundenen Sachen, insbesondere Gebäude und Pflanzen, sind demnach wesentliche Bestandteile des Sondereigentums. Das gilt sowohl für Gebäude, die bei der Aufteilung bereits vorhanden sind, als auch für Gebäude, die nachträglich auf der Sondereigentumsfläche errichtet werden. Ob der Sondereigentümer befugt ist, ein Gebäude zu errichten, richtet sich nach § 13 Abs. 2 WEG (dazu Rz. 1728).

1727 Daneben gilt auch **§ 95 BGB**, auf den nicht ausdrücklich Bezug genommen wird, weil seine Anwendbarkeit durch § 5 WEG ohnehin nicht berührt wird.[2] Errichtet etwa ein Mieter auf einer Sondereigentumsfläche eine Gebäude für einen nur vorü-

---

1 BT-Drucks. 19/18791, S. 43.
2 BT-Drucks. 19/18791, S. 40; Palandt/*Wicke*, § 5 WEG Rz. 1.

bergehenden Zweck, bleibt das Gebäude im Eigentum des Mieters und wird nicht wesentlicher Bestandteil des Sondereigentums (§ 95 Abs. 1 S. 1 BGB).

V. Baumaßnahmen auf Sondereigentumsflächen

1728 Auf Sondereigentumsflächen darf ohne Beschluss grundsätzlich nur gebaut werden, wenn kein Wohnungseigentümer übergebührlich beeinträchtigt wird (unten 1.). Eine abweichende Vereinbarung ist möglich und häufig sinnvoll (unten 2.).

1. Gesetzliches Konzept

1729 Für Baumaßnahmen auf Sondereigentumsflächen gelten die gleichen **Vorschriften wie für bauliche Veränderungen des Gemeinschaftseigentums** (§ 13 Abs. 2, § 20 WEG) mit einer Ausnahme: Eine Gestattung durch Beschluss ist nicht erforderlich, soweit die Rechte anderer Wohnungseigentümer nicht über das bei einem geordneten Zusammenleben unvermeidliche Maß hinaus beeinträchtigt werden (näher Rz. 1730). Dieser Maßstab entspricht dem der § 22 Abs. 1, § 14 Nr. 1 WEG a.F. Es gilt deshalb: Alle Baumaßnahmen, die auf Freiflächen-*Gemeinschafts*eigentum nach § 22 Abs. 1, § 14 Nr. 1 WEG a.F. keiner Zustimmung einzelner Wohnungseigentümer bedurften, kann der Freiflächen-*Sonder*eigentümer künftig ohne vorherige Beschlussfassung vornehmen.

1730 Ob eine **Beeinträchtigung** das kritische Maß überschreitet, hängt immer vom Einzelfall ab. Der Kreis möglicher Beeinträchtigungen[1] lässt sich aber einschränken: In der Regel wird es nur um nachteilige Veränderung des optischen Gesamteindrucks oder Immissionen gehen; die Entziehung von Gebrauchsmöglichkeiten, die intensivere Nutzung oder der Kostenaufwand können bei Sondereigentumsflächen naturgemäß keine Rolle spielen. In der Vergangenheit wurde von der Rechtsprechung etwa das Aufstellen von Kinderspielgeräten,[2] der Bau eines Gewächshauses[3] oder eines kleinen Kaninchengeheges[4] sowie der Austausch einer Hecke durch einen Zaun[5] als zulässig erachtet. Allgemein kann man dem BayObLG beipflichten: „Zum zweckbestimmungsgemäßen Gebrauch und zur Pflege einer Gartenfläche gehört auch die gärtnerische Gestaltung nach dem Geschmack und Gutdünken des Nutzungsberechtigten."[6]

2. Gestaltungsmöglichkeiten

1731 Insbesondere Sondereigentümer von Gartenflächen und Stellplätzen im Freien hegen oft den Wunsch, Gartenhäuser, Hecken und Trennwände sowie Carports zu errichten. Um Streit über die Frage zu vermeiden, ob und welche Wohnungseigentümer

1 Dazu eingehend Bärmann/*Merle*, § 22 Rz. 185 ff.
2 LG München I v. 20.12.2017 – 1 S 17182/17, ZMR 2018, 862 (862).
3 OLG Hamburg v. 27.12.2004 – 2 WX 19/04, ZMR 2005, 305 (305).
4 OLG Köln v. 27.6.2005 – 16 Wx 58/05, NZWM 2005, 785 (785 f.).
5 BGH v. 2.12.2011 – V ZR 74/11, NJW 2012, 676 Rz. 20.
6 BayObLG v. 6.10.2000 – 2 Z BR 53/00, ZWE 2001, 109 (109) unter 2.b.

durch derartige Maßnahmen im konkreten Fall beeinträchtigt sind, empfiehlt es sich, eine möglichst klare Regelung in die Gemeinschaftsordnung aufzunehmen. Dabei sind **zwei Fragen** zu klären:

1732 Zum einen ist **materiell** zu entscheiden, welche Arten von Baumaßnahmen zulässig sein sollen. Hierfür ist eine möglichst konkrete, zugleich aber alle denkbaren Fälle erfassende Formulierung zu suchen. Entsprechende Kataloge, die die zulässigen Maßnahmen aufzählen, bergen die Gefahr, nicht vollständig oder nicht konkret genug zu sein. So wird etwa die Nennung von „Gartenhäusern" die Frage aufwerfen, ob damit tatsächlich Gartenhäuser jeder Größe zulässig sind, also auch Sauna- und Grillhäuser erfasst sind usw. Diese Probleme lassen sich durch einen Verweis auf die bauordnungsrechtlichen Vorschriften in den Griff bekommen. Es kann etwa angeordnet werden, dass alle Bauten, die bauordnungsrechtlich verfahrensfrei sind, also ohne Antrag oder Anzeige errichtet werden dürfen, auch wohnungseigentumsrechtlich zulässig sind.

1733 Das Bauordnungsrecht ist zwar Landesrecht, hat aber **bundesweit einheitliche Strukturen**. Es unterscheidet hinsichtlich des Verfahrens drei Grundtypen:

- Vorhaben, die einer Genehmigung bedürfen;
- Vorhaben, die lediglich angezeigt werden müssen und über die dann im sog. Genehmigungsfreistellungsverfahren ohne formelle Genehmigung entschieden wird (vgl. etwa Art. 58 der Bayerischen Bauordnung);
- gänzlich verfahrensfreie Vorhaben, über die die Baubehörde nicht informiert werden muss (vgl. etwa Art. 57 der Bayerischen Bauordnung).

Verfahrensfrei sind typischerweise Garagen, Carports und Terrassenüberdachungen sowie andere Gebäude bis zu einer gewissen Größe. Für derartige Vorhaben erachtet das Baurecht ein förmliches Verfahren insbesondere zum Schutz der Interessen der Nachbarn für entbehrlich. Diese Wertung kann auch wohnungseigentumsrechtlich fruchtbar gemacht werden.

1734 In **formeller Hinsicht** ist zu entscheiden, ob es einer Gestattung der Baumaßnahme durch Beschluss bedarf, ob also auch für materiell zulässige Maßnahmen grundsätzlich eine Bausperre besteht. Das ist grundsätzlich Geschmackssache und hängt davon ab, ob eine etwaige Klagelast dem Bauwilligen oder der Gemeinschaft der Wohnungseigentümer auferlegt werden soll: Ist kein Gestattungsbeschluss notwendig, kann der Bauwillige mit dem Bau sofort beginnen; stellt sich jedoch im Nachhinein heraus, dass die Maßnahme doch nicht zulässig ist, besteht ein Anspruch der Gemeinschaft der Wohnungseigentümer auf Rückbau (§ 14 Abs. 1 Nr. 1 WEG), der notfalls gerichtlich durchgesetzt werden muss. Ist dagegen von vornherein ein Gestattungsbeschluss notwendig, muss der bauwillige Wohnungseigentümer seine Pläne zunächst in der Eigentümerversammlung präsentieren, hat aber einen Anspruch darauf, dass ein Gestattungsbeschluss gefasst wird, wenn die Baumaßnahme in den Kreis der zulässigen Maßnahmen fällt. Für den Bauwilligen hat das den Nachteil, dass er mit dem Baubeginn jedenfalls bis zur nächsten Eigentümerversammlung warten muss und seinen Anspruch im Streitfall im Wege der Beschlussersetzungsklage (§ 44 Abs. 1 S. 2 WEG) durchsetzen muss. Ein bestandskräftiger Beschluss hat für ihn aber auch den Vorteil, dass die Zulässigkeit der Maßnahme im Nachhinein nicht mehr angezweifelt werden kann. Jedenfalls wenn der Kreis der materiell zulässigen

Bauten auslegungsbedürftig und damit potentiell streitanfällig ist, sollte ein Gestattungsbeschluss vorgesehen werden, der Rechtssicherheit schafft.

1735 ***Formulierungsvorschlag:***

Auf der Sondereigentumsfläche Nr. [...] laut Aufteilungsplan sind solche Baumaßnahmen über die gesetzlichen Vorschriften hinaus zulässig, für die nach den jeweils geltenden bauordnungsrechtlichen Vorschriften kein Antrag und keine Anzeige notwendig ist und die mit den bauordnungsrechtlichen Vorschriften im Einklang stehen. Der Sondereigentümer hat in entsprechender Anwendung des § 20 Abs. 3 WEG einen Anspruch darauf, dass ihm solche Baumaßnahmen durch Beschluss gestattet werden. (Oder: Solche Baumaßnahmen bedürfen keiner Gestattung durch Beschluss.)

VI. Flächenbezogene Rechte und Pflichten

1736 Die Sondereigentumsfähigkeit von Freiflächen wirft die Frage auf, inwieweit der Freiflächen-Sondereigentümer für Rechte und Pflichten gegenüber Dritten, die sich auf diese Fläche beziehen, allein zuständig ist, insbesondere zur Einräumung von Dienstbarkeiten (unten 1.) und für die Abstandsflächenübernahme (unten 2.).

1. Dienstbarkeiten

1737 Es ist allgemein anerkannt, dass eine Wohnungseigentumseinheit selbstständiges Belastungsobjekt einer Dienstbarkeit sein kann, wenn sich der Ausübungsbereich auf das Sondereigentum beschränkt.[1] Weil in der Vergangenheit nur Räume sondereigentumsfähig waren, kamen jedoch nur Wohnungsrechte (§ 1093 BGB) oder andere auf den Bereich einer Wohnung beschränkte Dienstbarkeiten in Betracht.[2] In Zukunft kann eine Wohnungseigentumseinheit, deren Sondereigentum sich auf außerhalb des Gebäudes liegende Flächen erstreckt, auch mit einem Geh- und Fahrtrecht für diese Flächen belastet werden. Im Außenverhältnis ist dafür allein der betroffene Sondereigentümer zuständig; nur er hat die Einräumung zu bewilligen.[3] Im Innenverhältnis ist er dazu nach § 13 Abs. 1 WEG auch berechtigt, soweit er dadurch nicht gegen das Beeinträchtigungsverbot nach § 14 Abs. 2 Nr. 1 WEG verstößt.

1738 Der **Wortlaut des § 4 Abs. 1 WGV**, wonach „Rechte, die ihrer Natur nach nicht an dem Wohnungseigentum als solchem bestehen können (wie z.B. Wegerechte)", bei allen Miteigentumsanteilen einzutragen sind, ist damit überholt. Er gilt im Hinblick auf Wegerechte nur noch, soweit Gemeinschaftseigentum belastet werden soll.

2. Abstandsflächenübernahme

1739 Bei der Bebauung sind bauordnungsrechtlich bestimmte Mindestabstände zur Grundstücksgrenze einzuhalten (sog. Abstandsflächen, zum Teil auch „Bauwich" ge-

---

1 BGH v. 19.5.1989 – V ZR 182/87, NJW 1989, 2391 (2392) unter I.1.; BayObLG v. 24.10.1974 – 2 Z 51/74, NJW 1975, 59 (59) unter II.2.a.; zur Erstreckung auf Sondernutzungsflächen BGH v. 20.3.2020 – V ZR 317/18, ZWE 2020, 328.

2 Näher Schöner/*Stöber*, Rz. 2952.

3 Ebenso *Heinemann*, ZWE 2020, 333 (335); *Becker/Schneider*, ZfIR 2020, 281 (284); *Wilsch*, FGPrax 2020, 1 (5).

nannt). Sie können unterschritten werden, wenn der Nachbar mitwirkt und einen Teil seines Grundstücks unbebaut lässt. Diese Abstandsflächenübernahme kann je nach Landesrecht **privatrechtlich** (durch eine entsprechende Dienstbarkeit) oder **öffentlich-rechtlich** (durch bindende Erklärung gegenüber der Bauaufsichtsbehörde) erfolgen (vgl. etwa Art. 6 Abs. 2 S. 3 der Bayerischen Bauordnung, der beide Möglichkeiten vorsieht). Soweit die betroffene Fläche im Sondereigentum steht, ist der Sondereigentümer im Außenverhältnis nicht nur für die Einräumung der Dienstbarkeit, sondern auch für die funktional an die Stelle der Dienstbarkeit tretende öffentlich-rechtliche Zustimmung zuständig. Darin liegt eine Erleichterung im Vergleich zum früheren Recht, das die Zustimmung aller Wohnungseigentümer verlangte und damit eine auch nur geringfügige Abstandsflächenübernahme häufig unmöglich machte.[1]

1740 Eine **Mitwirkung** der übrigen Wohnungseigentümer ist aus **öffentlich-rechtlichen** Gründen **nicht erforderlich**. Denn das Abstandsflächengebot soll nicht die nachbarliche Bebauung von der Grundstücksgrenze fernhalten, sondern einen Mindestabstand zwischen Gebäuden gewährleisten.[2] Dieser Mindestabstand darf aufgrund des Überdeckungsverbots (vgl. Art. 6 Abs. 3 der Bayerischen Bauordnung) auch nicht durch eine Abstandsflächenübernahme unterschritten werden. Eine Abstandsflächenübernahme berührt deshalb die öffentlich-rechtlich relevanten Belange der Gebäudeeigentümer nicht, sondern beschränkt lediglich die Bebaubarkeit der Fläche, auf die sie sich bezieht und damit nur den Freiflächen-Sondereigentümer.

1741 Ob er **wohnungseigentumsrechtlich** zur Übernahme einer Abstandsfläche befugt ist, bemisst sich nach § 14 Abs. 2 Nr. 1 WEG. Denn durch die heranrückende Nachbarbebauung könnten andere Wohnungseigentümer über das unvermeidliche Maß hinaus beeinträchtigt werden. Ist das der Fall, darf der Sondereigentümer die Abstandsflächenübernahme nur erklären, wenn ihm dies durch Mehrheitsbeschluss erlaubt wurde;[3] eine ohne Erlaubnis erklärte Übernahme ist aber gleichwohl wirksam.

D. Übergangsrecht

1742 Das WEMoG sieht **keine sondereigentumsbezogenen Übergangsvorschriften** vor: Weder verwandeln sich Sondernutzungsrechte automatisch in Sondereigentum, noch ist eine vereinfachte Umwandlungsmöglichkeit von Sondernutzungsrechten in Sondereigentum vorgesehen. Es gelten deshalb die **allgemeinen Vorschriften für die Umwandlung von Gemeinschafts- in Sondereigentum**, wenn Flächen, an denen bislang ein Sondernutzungsrecht eingeräumt ist, in Sondereigentum überführt wer-

1 Simon/Busse/*Hahn*, BayBO, Art. 6 Rz. 117.
2 BeckOK-BauordnungsR/Bayern/*Schönfeld*, Art. 6 BayBO Rz. 99.
3 Nach BGH v. 6.11.2009 – V ZR 73/09, NJW 2010, 446 Rz. 20 soll die Vorschriften für bauliche Veränderungen entsprechend gelten, weil eine Abstandsflächenübernahme ähnlich wirke. Ob das richtig ist, kann nach neuem Recht dahinstehen, weil bauliche Veränderungen nach § 20 Abs. 1 WEG mehrheitlich beschlossen werden können, ohne dass es wie nach § 22 Abs. 1 WEG a.F. auf die Zustimmung der individuell Beeinträchtigten ankäme.

den sollen. Denn das Sondernutzungsrecht ändert nichts daran, dass die betroffene Fläche bislang im Gemeinschaftseigentum steht. An der Übertragung müssen deshalb alle Wohnungseigentümer mitwirken. Ein Anspruch auf Mitwirkung besteht nicht.

1743 Es ist davon auszugehen, dass die meisten in der Vergangenheit begründeten Sondernutzungsrechte deshalb auch in Zukunft als solche bestehen bleiben mitsamt den beschriebenen Problemen (Rz. 1660). Das ist unbefriedigend, aber dennoch **verständlich**: Die als gesetzlicher Anknüpfungspunkt notwendige einheitliche Definition des Sondernutzungsrechts hätte angesichts der in der Praxis vorzufindenden unterschiedlichen Gestaltungen erhebliche Schwierigkeiten aufgeworfen.[1] Eine echte Erleichterung hätte sich zudem nur eingestellt, wenn von der Mitwirkung aller Wohnungseigentümer abgesehen worden wäre. Das aber hätte nicht nur im Widerspruch zum grundbuchrechtlich grundlegenden Bewilligungsprinzip gestanden (vgl. § 19 GBO), sondern hätte als Eingriff in das (Gemeinschafts-)Eigentum aller Wohnungseigentümer auch erhöhten Rechtfertigungsanforderungen genügen müssen.

1744 **Materiell-rechtlich** bedarf es einer Auflassung in der Form des § 925 Abs. 1 BGB und einer Eintragung im Grundbuch (§ 4 Abs. 1 und 2 WEG). Die Verpflichtung dazu muss notariell beurkundet werden (§ 4 Abs. 3 WEG, § 311b Abs. 1 S. 1 BGB). Zusätzlich müssen alle dinglich Berechtigten zustimmen (§§ 877, 876 S. 1 BGB),[2] also insbesondere die Grundpfandrechtsgläubiger.

1745 **Grundbuchrechtlich** bedarf es Bewilligungen aller Wohnungseigentümer und der Drittberechtigten. Zugleich muss ein ergänzender Aufteilungsplan mit Maßangaben zu den Flächen (§ 7 Abs. 4 S. 1 Nr. 1 WEG) sowie eine ergänzende Abgeschlossenheitsbescheinigung (§ 7 Abs. 4 S. 1 Nr. 2 WEG) eingereicht werden. Für den ergänzenden Aufteilungsplan genügt ein Grundstücksplan, auf dem die Sondereigentumsflächen gekennzeichnet und mit Maßangaben versehen sind; erneuter Gebäudepläne bedarf es nicht. Die ergänzende Abgeschlossenheitsbescheinigung beschränkt sich auf die Bestätigung, dass der Plan die nach § 3 Abs. 3 WEG notwendigen Maßangaben enthält.

1746 Um Unklarheiten zu vermeiden, sollte auch das **weitere Schicksal des Sondernutzungsrechts** nach der Umwandlung geregelt werden. Sonst könnte sich die Frage stellen, ob und in welchem Umfang die Befugnisse, die das Sondernutzungsrecht gewährte, auch für das neu eingeräumte Sondereigentum gelten. Ohne ausdrückliche Regelung ist diese Frage im Wege der Auslegung zu beantworten. Im Regelfall wird man davon ausgehen müssen, dass die Befugnisse weitergelten, weil die Umwandlung den Berechtigten lediglich besser stellen sollte.

1747 **Beispiel:** Im Rahmen eines Garten-Sondernutzungsrechts ist geregelt, dass der Berechtigte ohne weiteres alle baulichen Veränderungen vornehmen darf, die nach den bauordnungsrechtlichen Vorschriften verfahrensfrei sind. Auf dieser Grundlage könnte der Berechtigte z.B. ein kleineres Gartenhaus errichten. Wird die Gartenfläche in Sondereigentum überführt, gilt grundsätzlich § 13 Abs. 2 WEG, sodass bauliche Maßnahmen nur unter bestimmten Voraussetzungen zulässig sind. Bei diesem Grundsatz verbleibt es, wenn das Garten-Sondernut-

---

1 Abschlussbericht Bund-Länder-Arbeitsgruppe WEG-Reform, ZWE 2019, 429 (439).

2 BayObLG v. 5.9.1991, BReg. 2 Z 95/91, NJW-RR 1992, 208 (208) unter II.2.a)(2); Bärmann/*Suilmann*, § 13 Rz. 83.

zungsrecht zugleich aufgehoben wurde. Ansonsten ist das formal fortbestehende Sondernutzungsrecht so auszulegen, dass § 13 Abs. 2 WEG teilweise abbedungen ist.

1748

Formulierungsvorschlag für die Umwandlung eines Sondernutzungsrechts in Sondereigentum:

Mit der Sondereigentumseinheit Nr. [...], die im Eigentum des Wohnungseigentümers [...] (im Folgenden: Sondernutzungsberechtigter) steht, ist nach der Vereinbarung vom [...] ein Sondernutzungsrecht an [...] verbunden.

Die übrigen Wohnungseigentümer verpflichten sich, an der im anliegenden Aufteilungsplan mit der Nr. [...] bezeichneten Fläche Sondereigentum zugunsten des Sondernutzungsberechtigten zu begründen. Die übrigen Wohnungseigentümer und der Sondernutzungsberechtigte sind über den Eigentumsübergang einig.

Das bestehende Sondernutzungsrecht wird aufgehoben. (falls gewünscht: Die Wohnungseigentümer vereinbaren, dass für dieses Sondereigentum in Abweichung von den gesetzlichen Vorschriften gilt: [...])

Die übrigen Wohnungseigentümer und der Sondernutzungsberechtigte bewilligen und der Sondernutzungsberechtigte beantragt die Eintragung des Eigentumsübergangs und der vorstehenden Vereinbarung in das Grundbuch. Ein ergänzender Aufteilungsplan samt Abgeschlossenheitsbescheinigung liegt bei.

§ 17
Eintragung von Beschlüssen in das Grundbuch

A. Das alte Recht und seine Probleme

1749 Nach früherem Recht wirkten Beschlüsse stets gegen Sondernachfolger (§ 10 Abs. 4 WEG a.F.), Vereinbarungen dagegen nur, wenn sie in das Grundbuch eingetragen wurden (§ 10 Abs. 3 WEG a.F.). Die Eintragungsbedürftigkeit einer Regelung hing damit allein von ihrer Form ab: Vereinbarten die Wohnungseigentümer etwa Vermietungsbeschränkungen, mussten sie in das Grundbuch eingetragen werden, um gegen Sondernachfolger zu wirken. Fassten sie dagegen einen Beschluss mit identischem Inhalt aufgrund einer sog. vereinbarten Öffnungsklausel, wirkte er ohne weiteres gegen Sondernachfolger. Der **Erwerberschutz** wurde dadurch **ohne sachliche Rechtfertigung eingeschränkt**.

B. Das neue Recht im Überblick

1750
- **Beschlüsse**, die **aufgrund einer Vereinbarung** gefasst werden, müssen **in das Grundbuch eingetragen werden**, um gegen Sondernachfolger zu wirken (§ 10 Abs. 3 S. 1 WEG – Rz. 1757). Denn solche Beschlüsse treten funktional an die Stelle einer Vereinbarung.
- **Beschlüsse aufgrund einer gesetzlichen Beschlusskompetenz** wirken nach § 10 Abs. 3 S. 2 WEG auch ohne Grundbucheintragung gegen Sondernachfolger (Rz. 1758).
- Zur Eintragung genügt die Vorlage einer **Niederschrift über den Beschluss**, die von dem Versammlungsvorsitzendem, dem Verwaltungsbeiratsvorsitzendem und einem Wohnungseigentümer unterschrieben ist und deren Unterschriften öffentlich beglaubigt sind; wurde der Beschluss durch ein Gerichtsurteil ersetzt, ist dieses Urteil in Ausfertigung oder beglaubigter Abschrift vorzulegen (§ 7 Abs. 2 S. 1 WEG – Rz. 1769).

C. Das neue Recht im Detail

I. Regelungskonzept

1751 Das WEMoG folgt der Prämisse, dass **inhaltlich identische Regelungen gleichbehandelt** werden, egal in welcher Form sie getroffen werden. Regelungen, für die nach dem WEG keine Beschlusskompetenz besteht, müssen deshalb in das Grundbuch eingetragen werden, um gegen Sondernachfolger zu wirken, egal ob es sich um Vereinbarungen oder Beschlüsse aufgrund einer Vereinbarung (sog. vereinbarte Beschlusskompetenz bzw. vereinbarte oder gewillkürte Öffnungsklausel) handelt. Beschlüsse aufgrund einer vereinbarten Beschlusskompetenz werden damit genauso behandelt wie Vereinbarungen, an deren Stelle sie funktional treten (vgl. § 5 Abs. 4, § 10 Abs. 3 S. 1 WEG). Vereinbarte Beschlusskompetenzen haben deshalb nur noch die Kraft, das Einstimmigkeitsprinzip zu durchbrechen, das ansonsten außerhalb gesetzlicher Beschlusskompetenzen gelten würde; den Erwerberschutz, dem die Grundbucheintragung dient, können sie dagegen nicht schmälern.

1752 Die **entscheidende Frage** lautet künftig: **Besteht Beschlusskompetenz nach dem WEG?** Ist sie zu bejahen, bedarf der Beschluss keiner Eintragung in das Grundbuch. Ist sie zu verneinen, muss die Regelung in das Grundbuch eingetragen werden, um gegen Sondernachfolger zu wirken, ohne dass es darauf ankommt, ob eine Vereinbarung getroffen oder ein Beschluss aufgrund einer sog. vereinbarten Öffnungsklausel gefasst wird.

	Besteht Beschlusskompetenz nach dem WEG?	
	ja	nein
Regelungsformen	– **Beschluss**	– **Vereinbarung** – **Beschluss** (falls durch Vereinbarung zugelassen, sog. vereinbarte Öffnungsklausel)
Eintragungsbedürftigkeit	**nein** (§ 10 Abs. 3 S. 2 WEG)	**ja** (§ 10 Abs. 3 S. 1 WEG)

1753 Die **unterschiedliche Behandlung von Beschlüssen**, die auf gesetzlicher Grundlage gefasst werden, und solchen, die aufgrund einer vereinbarten Beschlusskompetenz gefasst werden, ist schlüssig. Denn nur Beschlüsse, die auf Grundlage einer Vereinbarung gefasst werden, treten funktional an die Stelle einer Vereinbarung. Es widersprach daher dem Gebot der Folgerichtigkeit, dass sie nach früherem Recht nur deshalb nicht in das Grundbuch einzutragen waren, weil es sich formal um Beschlüsse handelte (§ 10 Abs. 4 S. 2 WEG a.F.).

1754 Im Vorfeld der Reform wurde teilweise gefordert, zusätzlich auch Beschlüsse auf gesetzlicher Grundlage einzutragen.[1] Der Gesetzgeber hat sich dagegen entschieden, um die Grundbuchämter nicht zu überlasten und das Grundbuch nicht zu überfrachten. Das war eine rechtspolitische Entscheidung, die man auch anders hätte treffen können. Der Vorwurf der willkürlichen Ungleichbehandlung ginge aber fehl, weil Beschlüsse auf gesetzlicher Grundlage funktional nicht an die Stelle einer Vereinbarung treten.

II. Bedeutung der Eintragung

1755 Für Beschlüsse aufgrund einer Vereinbarung gilt künftig dasselbe, was seit jeher für Vereinbarungen gilt: Die Grundbucheintragung ist keine Wirksamkeitsvoraussetzung im eigentlichen Sinne, sondern hat nur Bedeutung für die Wirkung gegen Sondernachfolger. Zwischen den Wohnungseigentümern wirkt der Beschluss auch ohne

1 Abschlussbericht Bund-Länder-Arbeitsgruppe WEG-Reform, ZWE 2019, 429 (432 f.).

Grundbucheintragung. Die Eintragung bewirkt nur die **Verdinglichung des Beschlusses** dergestalt, dass er auch Sondernachfolgern entgegengehalten werden kann (§ 10 Abs. 3 S. 1 WEG). Ohne Eintragung verliert der Beschluss mit der ersten Sondernachfolge seine Wirkung gegenüber allen Wohnungseigentümern. Denn eine asymmetrische Bindung der Wohnungseigentümer an Beschlüsse scheidet aus.[1]

1756 **Sondernachfolger** ist jeder, der Wohnungseigentum außerhalb einer Gesamtrechtsnachfolge erwirbt. Im Rahmen einer Gesamtrechtsnachfolge (z.B. § 1922 BGB, § 20 Abs. 1 Nr. 1 UmwG) spielt die Grundbucheintragung dagegen keine Rolle. Denn der Gesamtrechtsnachfolger tritt in die unveränderte Stellung seines Rechtsvorgängers ein.

III. Eintragungsfähigkeit

1757 In das Grundbuch kann nur eingetragen werden, was rechtliche Relevanz hat.[2] Eintragungsfähig sind Beschlüsse deshalb nur, wenn sie **„aufgrund einer Vereinbarung gefasst werden"** (§ 10 Abs. 3 S. 1 WEG). Denn andere Beschlüsse wirken auch ohne Eintragung gegen Sondernachfolger (§ 10 Abs. 3 S. 2 WEG). Entscheidend ist damit allein die **formale Rechtsnatur der Beschlusskompetenz**, auf deren Grundlage der Beschluss gefasst wurde: Ergibt sie sich aus einer Vereinbarung (sog. vereinbarte Beschlusskompetenz oder Öffnungsklausel), ist der Beschluss eintragungsbedürftig und -fähig. Sehen dagegen schon die gesetzlichen Vorschriften des WEG eine Beschlusskompetenz vor (sog. gesetzliche Beschlusskompetenz oder Öffnungsklausel, z.B. § 16 Abs. 2 S. 2, § 19 Abs. 1 WEG), ist der Beschluss weder eintragungsbedürftig noch -fähig. Die Abgrenzung erfolgt **rein objektiv**.[3] Auf welche Grundlage die Wohnungseigentümer den Beschluss subjektiv stützen wollen, spielt keine Rolle. Die **Testfrage** lautet: Könnte der Beschluss auf Grundlage des Gesetzes gefasst werden? Nur wenn diese Frage zu verneinen ist, kann der Beschluss in das Grundbuch eingetragen werden.

1758 **Nicht eintragungsfähig** sind deshalb Beschlüsse, deren Beschlusskompetenz sich **sowohl aus dem Gesetz als auch aus einer Bestimmung der Gemeinschaftsordnung** ergibt.[4] In diesem Fall wiederholt die Bestimmung nur das Gesetz, stellt aber gar keine Vereinbarung im Rechtssinne dar, die begrifflich eine Abweichung oder Ergänzung des Gesetzes verlangt (vgl. § 10 Abs. 1 S. 2 WEG). Aber auch wenn durch Vereinbarung eine **gesetzliche Beschlusskompetenz eingeengt** wurde (z.B. durch ein erhöhtes Quorum oder einen verkleinerten Anwendungsbereich), ist ein auf dieser Grundlage gefasster Beschluss nicht eintragungsfähig, weil er eben auch auf Grundlage des Gesetzes gefasst werden kann. Wird dagegen durch Vereinbarung eine **gesetzliche Beschlusskompetenz erweitert**, kommt es darauf an, ob der konkret einzutragende Beschluss nur wegen dieser Erweiterung gefasst werden konnte. Bei alledem ist nur die Reichweite der Beschlusskompetenz maßgeblich, denn allein durch sie wird der Rahmen möglicher Beschlussgegenstände abgesteckt. Deshalb führt die

---

1 BGH v. 11.11.1986 – V ZB 1/86, NJW 1987, 650 (651) unter II.2.c.; BayObLG v. 24.6.1993 – 2Z BR 56/93, NJW-RR 1993, 1362 (1363) unter II.3.a.

2 Schöner/Stöber, Rz. 28.

3 BT-Drucks. 19/18791, S. 41.

4 BT-Drucks. 19/18791, S. 41.

Vereinbarung **modifizierter Rechtmäßigkeitsanforderungen** im Rahmen einer gesetzlichen Beschlusskompetenz (z.B. die Modifikation der Veränderungssperren nach § 20 Abs. 4 WEG), nicht zur Eintragungsfähigkeit.

1759 Die Abgrenzung ist rein formaler Natur. Auf den **Inhalt des Beschlusses** kommt es nicht an. Die oft nicht eindeutig zu beantwortende Frage, ob der Beschluss vereinbarungsändernd, -durchbrechend oder -ergänzend ist,[1] spielt deshalb keine Rolle. Den Wohnungseigentümer ist es aber unbenommen, von der Eintragung eines eintragungsfähigen Beschlusses abzusehen, etwa wenn er keine längerfristige Bedeutung hat und es deshalb auf seine Wirkung gegen Sondernachfolger nicht ankommt.

1760 **Beispiel:** In der Gemeinschaftsordnung ist geregelt, dass keine Hunde gehalten werden dürfen. Die Gemeinschaftsordnung enthält zugleich eine Bestimmung, wonach von dem Hundehaltungsverbot durch Mehrheitsbeschluss Ausnahmen gewährt werden können. Auf dieser Grundlage wird beschlossen, dass Wohnungseigentümerin W ihren 15-jährigen Dackel D halten darf.

Die Beschlusskompetenz ergibt sich aus der vereinbarten Beschlusskompetenz; § 19 Abs. 1 WEG ist aufgrund des vereinbarten Hundehaltungsverbot gesperrt. Der Beschluss ist damit eintragungsfähig. Dafür spielt es keine Rolle, ob er als Änderung oder Durchbrechung des Hundehaltungsverbots einzuordnen ist. Die Wohnungseigentümer können wegen des Alters des Hundes aber von der Eintragung absehen (vgl. auch Rz. 1791).

1761 In der Praxis dürfte der Kreis der eintragungsfähigen und -bedürftigen Beschlüsse **überschaubar** sein. Denn das WEG enthält gesetzliche Beschlusskompetenzen für alle wesentlichen Bereiche: Über die Verwaltung und die Benutzung kann nach § 19 Abs. 1 WEG beschlossen werden, über Kosten nach § 16 Abs. 2 S. 2 WEG, über Baumaßnahmen und deren Kosten nach § 20 Abs. 1, § 21 Abs. 5 WEG und schließlich über Zahlungsmodalitäten nach § 28 Abs. 3 WEG. Auch erhöhte Quoren, die durch Vereinbarung abgesenkt werden könnten, sieht das WEG – anders als etwa § 16 Abs. 4, § 22 Abs. 2 WEG a.F. – nicht mehr vor. Für vereinbarte Öffnungsklauseln bleibt deshalb vor allem dort Raum, wo die gesetzlichen Beschlusskompetenzen durch Vereinbarung eingeengt wurden (z.B. hinsichtlich der Benutzung). Doch selbst dort sind sie unnötig, wenn die gesetzliche Beschlusskompetenz eine Abweichung von Vereinbarungen erlaubt (z.B. § 16 Abs. 2 S. 2 WEG).

1762 **Beispiel 1 (Zweckbestimmung):** Eine Sondereigentumseinheit ist laut Teilungserklärung als „Laden“ gewidmet. Rechtlich liegt darin eine Zweckbestimmung mit Vereinbarungscharakter, die die Benutzung der Sondereigentumseinheit einschränkt.[2] Für die Umwidmung in eine „Wohnung“ besteht keine gesetzliche Beschlusskompetenz, denn nach § 19 Abs. 1 WEG kann über die Benutzung des Sondereigentums nur beschlossen werden, soweit sie nicht schon durch Vereinbarung geregelt ist. Eine Beschlusskompetenz kann sich aber aus einer allgemeinen Öffnungsklausel (z.B. „*Die Gemeinschaftsordnung kann durch Beschluss mit Stimmenmehrheit geändert werden.*“) oder einer auf die Zweckbestimmung beschränkten Öffnungsklausel (z.B. „*Die Zweckbestimmung einer Sondereigentumseinheit kann auf Antrag des Sondereigentümers durch Beschluss mit Stimmenmehrheit geändert werden.*“) ergeben. Wird auf Grundlage einer solchen Öffnungsklausel eine Änderung der Zweckbestimmung beschlos-

---

1 Dazu etwa Riecke/Schmid/*Abramenko*, § 15 Rz. 13 ff.

2 BeckOK-WEG/*Müller*, § 15 Rz. 11.

sen, bedarf der Beschluss der Eintragung im Grundbuch, um gegen Sondernachfolger zu wirken.

1762a **Beispiel 2 (Kostenverteilung):** Laut Gemeinschaftsordnung sind die Hausmeisterkosten nach Köpfen zu verteilen. Soll stattdessen eine Verteilung nach Miteigentumsanteilen beschlossen werden, bedarf es dafür keiner Öffnungsklausel. Denn die Beschlusskompetenz nach § 16 Abs. 2 S. 2 WEG besteht ausdrücklich auch für eine „von einer Vereinbarung abweichende Verteilung".

IV. Eintragungsverfahren

1763 Antragsberechtigt ist neben den Wohnungseigentümern auch die Gemeinschaft der Wohnungseigentümer (unten 1.). Die Bewilligungen der Wohnungseigentümer sind entbehrlich, wenn eine beglaubigte Niederschrift oder ein Beschlussersetzungsurteil vorgelegt werden (unten 2.); auf diese kann bei der Eintragung auch Bezug genommen werden (unten 5.). Für Zustimmungen Dritter gelten die allgemeinen, auch für Vereinbarungen geltenden Vorschriften (unten 3.). Die Rechtmäßigkeit des Beschlusses ist im Grundbuchverfahren nicht zu prüfen (unten 4.).

1. Antragsberechtigung (§ 7 Abs. 2 S. 2 WEG)

1764 Die **Gemeinschaft der Wohnungseigentümer** ist nach § 7 Abs. 2 S. 2 WEG im Grundbuchverfahren antragsberechtigt. Sie wird dabei in der Regel vom Verwalter vertreten (§ 9b Abs. 1 S. 1 WEG).

1765 Diese **Regelung ist notwendig**, weil die Gemeinschaft der Wohnungseigentümer zwar wohnungseigentumsrechtlich verpflichtet ist, Beschlüsse zu vollziehen (vgl. § 18 Abs. 2 WEG), wozu auch die Eintragung in das Grundbuch gehört. Grundbuchrechtlich wäre sie ohne die Sondervorschrift aber nicht antragsberechtigt (vgl. § 13 GBO), weil durch die Eintragung keine Rechtsposition der Gemeinschaft der Wohnungseigentümer betroffen ist, sondern nur das Eigentum der Wohnungseigentümer. Auf die Antragsbefugnis der Wohnungseigentümer könnte die Gemeinschaft der Wohnungseigentümer auch nicht über § 9a Abs. 2 WEG zugreifen, weil die Eintragung als Inhalt des Sondereigentums erfolgt (§ 5 Abs. 4 S. 1 WEG).

1766 § 7 Abs. 2 S. 2 WEG schließt nach seinem Wortlaut („auch") die Antragsbefugnis anderer Personen nicht aus. Nach allgemeinem Grundbuchverfahrensrecht ist jeder antragsberechtigt, dessen Rechtsposition durch die beantragte Eintragung unmittelbar betroffen ist (§ 13 Abs. 1 S. 2 GBO).[1] Da der Beschluss als Inhalt aller Sondereigentumseinheiten eingetragen wird, ist **jeder Wohnungseigentümer** antragsberechtigt, unabhängig davon, ob ihn der Inhalt des Beschlusses persönlich berührt. Die Antragsberechtigung eines Wohnungseigentümers beschränkt sich dabei nicht auf sein eigenes Wohnungsgrundbuchblatt, sondern erstreckt sich stets auf **alle Wohnungsgrundbuchblätter**. Denn nur die gleichlautende Eintragung auf allen Grundbuchblättern stellt sicher, dass der Beschluss im Falle der Sondernachfolge fortwirkt.[2]

---

1 Meikel/*Böttcher*, § 13 Rz. 36 f.

2 Zu den Konsequenzen unterschiedlicher Eintragungen BeckOGK-WEG/*Falkner*, § 10 Rz. 321 ff.

1767 Für die Eintragung der Aufhebung einer Veräußerungsbeschränkung nach § 12 Abs. 4 WEG wird vertreten, dass sich die Antragsberechtigung eines Wohnungseigentümers nur auf das eigene Grundbuchblatt beschränkt.[1] Das steht nicht im Widerspruch zur hier vertretenen Ansicht. Denn die Eintragung der Aufhebung einer Veräußerungsbeschränkung ist rein deklaratorisch; sie hat insbesondere keinen Einfluss auf die Wirkung gegen Sondernachfolger, da der diesbezügliche Beschluss aufgrund einer gesetzlichen Öffnungsklausel gefasst wird und deshalb nach § 10 Abs. 3 S. 2 WEG stets gegen Sondernachfolger wirkt.

1768 Aus der grundbuchverfahrensrechtlichen Antragsbefugnis eines Wohnungseigentümers folgt aber nicht dessen **wohnungseigentumsrechtliche Zuständigkeit** (dazu Rz. 1790). Wird ein Wohnungseigentümer eigenmächtig tätig, hat er deshalb keinen Erstattungsanspruch für die anfallenden Kosten.[2]

2. Nachweiserleichterung (§ 7 Abs. 2 S. 1 WEG)

1769 Nach den allgemeinen Vorschriften der GBO müsste jeder Wohnungseigentümer die Eintragung des Beschlusses in notariell beglaubigter Form bewilligen (§ 19, § 29 Abs. 1 S. 1 GBO). Da dies insbesondere bei größeren Gemeinschaften sehr aufwändig wäre, sieht § 7 Abs. 2 S. 1 WEG eine Erleichterung vor: Es genügt die Vorlage einer Niederschrift mit beglaubigten Unterschriften (unten a)) bzw. eines Beschlussersetzungsurteils (unten b)). Das entspricht der Sache nach dem Nachweis, den § 12 Abs. 4 S. 4 und 5 WEG a.F. für die Löschung einer Veräußerungsbeschränkung vorsah. Problematisch ist der Nachweis von Umlaufbeschlüssen (unten c)).

a) Beglaubigte Niederschrift

1770 Dem Grundbuchamt ist eine Niederschrift vorzulegen, bei der die Unterschriften der in § 24 Abs. 6 WEG bezeichneten Personen öffentlich beglaubigt sind. Das **entspricht dem Nachweis der Verwalterstellung**, der aus § 26 Abs. 3 WEG a.F. (jetzt § 26 Abs. 4 WEG) bekannt ist; die dazu ergangene Rechtsprechung kann auf § 7 Abs. 2 S. 1 WEG übertragen werden.

1771 Ausreichend ist **jede textliche Wiedergabe des Beschlussinhalts**, die mit den erforderlichen Unterschriften versehen ist; „die" Niederschrift im Sinne eines Originals gibt es nicht. Eine Niederschrift kann sich deshalb auch aus mehreren, jeweils einzeln unterschriebenen Dokumente zusammensetzen, solange der Beschlussinhalt identisch wiedergeben wird.[3] Eine elektronische Niederschrift scheidet aufgrund des Unterschriftserfordernisses aus.

1772 Zu unterschreiben haben der **Vorsitzende der Versammlung**, ein bei der Versammlung anwesender **Wohnungseigentümer** und, falls ein **Verwaltungsbeirat** bestellt ist, auch dessen Vorsitzender oder sein Vertreter, wenn sie bei der Versammlung an-

1 OLG München v. 4.4.2014 – 34 Wx 62/14, ZWE 2014, 267 (267) unter II.3.
2 BGH v. 14.6.2019 – V ZR 254/17, NJW 2019, 3780 Rz. 10 für eigenmächtige Erhaltungsmaßnahmen.
3 KG v. 5.4.2018 – 1 W 78/18, ZWE 2018, 264 Rz. 7.

wesend waren (§ 24 Abs. 6 S. 2 WEG).[1] Nach der h.M. zu § 26 Abs. 3 WEG a. F., die auf § 7 Abs. 2 S. 1 WEG zu übertragen ist, müssen den jeweiligen Unterschriften die Funktionsbezeichnungen beigefügt sein,[2] auch wenn das Grundbuchamt nicht nachprüfen kann und darf, ob die Person, die unterschrieben hat, diese Funktion tatsächlich innehat.[3]

b) Beschlussersetzungsurteil

1773 Wurde ein Beschluss nicht durch die Wohnungseigentümer gefasst, sondern durch das Gericht im Wege eines Beschlussersetzungsurteils (§ 44 Abs. 1 S. 2 WEG), kann keine Niederschrift vorgelegt werden. Stattdessen sieht § 7 Abs. 2 S. 1 WEG die Vorlage des Urteils vor. Entsprechendes wird für den Verwalternachweis nach § 26 Abs. 3 WEG a.F. (jetzt § 26 Abs. 4 WEG) vertreten, wenn die Bestellung durch das Gericht erfolgte.[4] In welcher Form das Urteil vorzulegen ist, regelt § 7 Abs. 2 S. 1 WEG nicht. Es gilt deshalb § 29 Abs. 1 S. 2 GBO: Es ist in **Ausfertigung** oder **beglaubigter Abschrift** vorzulegen. Nicht notwendig ist ein Rechtskraftvermerk (vgl. § 706 ZPO), denn auch bei Beschlüssen muss deren Bestandskraft nicht nachgewiesen werden.

1774 Die Vorlage einer **beglaubigten Abschrift** widerspricht nicht dem Wortlaut des § 29 Abs. 1 S. 2 GBO, der eine „öffentliche Urkunde" verlangt (und eben keine „öffentlich beglaubigte"). Denn § 29 GBO betrifft nur die Frage, welcher Nachweis erforderlich ist. Die Frage, in welcher Form dieser Nachweis vorgelegt werden muss, ist in der GBO hingegen nicht geregelt.[5] Mit Blick auf § 435 S. 1 Alt. 2 ZPO genügt im Regelfall die Vorlage einer beglaubigten Abschrift der öffentlichen Urkunde.[6]

c) Sonderfall: Umlaufbeschluss

1775 Probleme werfen **Umlaufbeschlüsse** (§ 23 Abs. 3 WEG) auf. Der Wortlaut der § 7 Abs. 2 S. 1, § 24 Abs. 6 S. 2 WEG passt nicht, weil es begrifflich keinen „Vorsitzenden" gibt. Im Rahmen des § 26 Abs. 3 WEG a.F. (jetzt § 26 Abs. 4 WEG) wird deshalb zum Teil vertreten, dass die Unterschriften aller Wohnungseigentümer zu beglaubigen sind.[7] Diese Ansicht überzeugt jedenfalls für § 7 Abs. 2 S. 1 WEG nicht. Denn sie würde den Zweck dieser Vorschrift, den Nachweis zu erleichtern, zuwiderlaufen; der Sache nach bestünde dann kein Unterschied mehr zur Bewilligung durch alle Wohnungseigentümer, die gerade entbehrlich sein soll. Ebenso wenig überzeugend es, allein die Unterschrift desjenigen genügen lassen wollen, der den Beschluss

---

1 Vgl. zum Erfordernis der Anwesenheit in der Versammlung BGH v. 25.9.2015 – V ZR 203/14, ZWE 2016, 87 Rz. 23.
2 Etwa OLG München v. 30.5.2016 – 34 Wx 17/16, ZWE 2016, 331 Rz. 15.
3 Daher zu Recht kritisch BeckOGK-WEG/*Greiner*, § 26 Rz. 436.
4 Bärmann/*Becker*, § 26 Rz. 307.
5 Meikel/*Hertel*, § 29 Rz. 558.
6 Meikel/*Hertel*, § 29 Rz. 577 ff.
7 BayObLG v. 23.1.1986 – BReg. 2 Z 14/85, NJW-RR 1986, 565; ihm folgend KG v. 28.8.2012 – 1 W 30/12, ZWE 2012, 426.

verkündet.[1] Denn § 7 Abs. 2 S. 1 liegt genauso wie § 24 Abs. 6 WEG das Sechs-Augen-Prinzip zugrunde, das im Interesse der inhaltlichen Richtigkeit der Niederschrift eben nicht nur die Unterschrift des Versammlungsvorsitzenden genügen lässt. Es ist kein Grund ersichtlich, warum dies bei Umlaufbeschlüssen anders sein soll. Richtigerweise ist lediglich die **Unterschrift des Versammlungsvorsitzenden durch die Unterschrift des Initiators zu ersetzen.**[2] Denn der Initiator tritt funktional an die Stelle des Versammlungsvorsitzenden (Rz. 642). Daneben müssen ein weiterer Wohnungseigentümer und, falls ein Verwaltungsbeirat bestellt ist, auch dessen Vorsitzender oder sein Vertreter unterschreiben.

3. Zustimmungen Dritter (§ 5 Abs. 4 S. 2 WEG)

1776 **Analog §§ 876, 877 BGB** bedürfen Beschlüsse, die aufgrund einer Vereinbarung gefasst werden, – genauso wie Vereinbarungen – der Zustimmung Drittberechtigter. Die Zustimmungen müssen grundbuchverfahrensrechtlich der Form des § 29 Abs. 1 S. 2 GBO genügen, also mindestens öffentlich beglaubigt sein.

1777 Das galt **schon vor Inkrafttreten des WEMoG.**[3] Weil Beschlüsse in der Vergangenheit aber nicht in das Grundbuch eingetragen wurden und die Drittzustimmungen deshalb vom Grundbuchamt nicht geprüft wurden, ist zu befürchten, dass sie in der Praxis häufig auch nicht eingeholt wurden. Viele Beschlüsse dürften deshalb – unerkannt – schwebend unwirksam sein (zum Übergangsrecht Rz. 1799).

1778 **Erleichterungen** ergeben sich aus **§ 5 Abs. 4 S. 2 WEG**, der nun ausdrücklich nicht nur für Vereinbarungen, sondern auch für Beschlüsse aufgrund einer Vereinbarung gilt: Berechtigte von Hypotheken, Grund- und Rentenschulden sowie Reallasten müssen nur zustimmen, wenn ein Sondernutzungsrecht begründet oder ein mit dem Wohnungseigentum verbundenes Sondernutzungsrecht aufgehoben, geändert oder übertragen wird.

1779 **Aufgehoben wurde § 5 Abs. 4 S. 3 WEG a.F.**, wonach die Zustimmung eines Dritten zur Begründung eines Sondernutzungsrechts nicht erforderlich war, wenn das belastete Wohnungseigentum zugleich mit einem Sondernutzungsrecht verbunden wird. Die Regelung, die seit ihrer Einführung durch die WEG-Novelle 2007 in der Kritik stand,[4] ging typisierend davon aus, dass eine Beeinträchtigung Dritter in diesen Fällen ausscheidet. Tatsächlich ist das freilich nur dann der Fall, wenn die Sondernutzungsrechte wertgleich sind, was keinesfalls der Regelfall sein dürfte. Für Alt-Fälle ist § 48 Abs. 2 WEG zu beachten (Rz. 1803).

---

1 Etwa Staudinger/*Häublein*, § 26 WEG Rz. 233; Riecke/Schmid/*Drabek*/*Riecke*, § 23 Rz. 58.

2 So auch Bärmann/*Becker*, § 26 Rz. 307; *Schmidt*, ZWE 2015, 105 (108) jeweils für den Nachweis nach § 26 Abs. 4 WEG.

3 Vgl. BGH v. 16.9.1994 – V ZB 2/93, NJW 1994, 3230 (3231) unter III.2.c.

4 Bereits *Hügel*, DNotZ 2007, 326 (350 f.).

4. Prüfungsumfang des Grundbuchamts

1780 Das Grundbuchamt hat eine uneingeschränkte **formelle Prüfungskompetenz**: Es prüft, ob der Beschluss überhaupt **eintragungsfähig** ist, ob also eine vereinbarte Beschlusskompetenz besteht, die ihn formell legitimiert, und er zugleich nicht schon aufgrund der Vorschriften des WEG gefasst werden könnte (dazu Rz. 1757). Zudem prüft es, ob die notwendigen **Nachweise** in der vorgeschriebenen Form vorliegen (dazu Rz. 1769); das gilt auch für notwendige Drittzustimmungen (dazu Rz. 1776).[1]

1781 Eine darüber hinausgehende **materielle Prüfung** hat das Grundbuchamt nicht vorzunehmen.[2] Es darf also nicht prüfen, ob der Beschluss rechtswidrig ist. Denn im Grundbuchrecht gilt das formelle Konsensprinzip: Die materielle Wirksamkeit eines Rechtsgeschäfts ist unbeachtlich, solange die notwendige Bewilligung (§ 19 GBO) vorliegt.[3] Der Nachweis nach § 7 Abs. 2 S. 1 WEG tritt an die Stelle der Bewilligungen der Wohnungseigentümer, soll den Prüfungsumfang des Grundbuchamts aber nicht erweitern. Besondere Bedeutung hat dies für Beschlüsse, die in unentziehbare, aber verzichtbare Rechte einzelner Wohnungseigentümer eingreifen. Materiell-rechtlich bedürfen solche Beschlüsse nach h.M. zwar der Zustimmung der betroffenen Wohnungseigentümer.[4] Dennoch kann das Grundbuchamt keine zusätzlichen Bewilligungen dieser Wohnungseigentümer verlangen. Denn nach § 7 Abs. 2 S. 1 WEG werden die „Bewilligungen der Wohnungseigentümer", also aller Wohnungseigentümer, gerade durch den dort vorgesehenen Nachweis ersetzt. Damit wird der Bewilligungsgrundsatz des § 19 GBO – ähnlich wie durch § 21 GBO – eingeschränkt. Eine Ausnahme gilt nur dann, wenn zweifelsfrei feststeht, dass ein Beschluss gegen § 134 oder § 138 BGB verstößt, denn auch eine entsprechende Vereinbarungen dürfte das Grundbuchamt nicht eintragen.[5]

1782 Für die Eintragung eines Beschlusses ist seine **Bestandskraft irrelevant**.[6] Wird ein Beschluss eingetragen, obwohl ein Anfechtungsverfahren anhängig ist, kann der Anfechtungskläger im Wege einstweiliger Verfügung einen Rechtshängigkeitsvermerk erwirken (Rz. 1789).

5. Eintragungstext und Bezugnahmemöglichkeit (§ 7 Abs. 3 S. 1 WEG)

1783 Der Beschlusstext muss im Grundbuch nicht wörtlich wiedergegeben werden. § 7 Abs. 3 S. 1 WEG erlaubt eine **Bezugnahme** auf „einen Nachweis gemäß Absatz 2

---

1 Zum Zusammenhang von materiell-rechtlicher Zustimmungsberechtigung nach §§ 876, 877 BGB und formeller Bewilligungsbedürftigkeit nach § 19 GBO etwa *Demharter*, § 19 Rz. 52 f.

2 Vgl. BT-Drucks. 19/18791, S. 42; tendenziell a.A. *Wilsch*, FGPrax 2020, 1 (2).

3 Meikel/*Böttcher*, § 19 Rz. 17.

4 BGH v. 12.4.2019 – V ZR 112/18, NJW 2019, 2083 Rz. 8.

5 KG v. 20.9.2016 – 1 W 93/16, ZWE 2017, 403 Rz. 1; OLG Hamm v. 21.12.2016 – 15 W 590/15, ZWE 2017, 173 Rz. 11; BeckOGK-WEG/*Falkner*, § 10 Rz. 312; vgl. auch BGH v. 12.4.2019 – V ZR 112/18, NJW 2019, 2083 Rz. 7 f., der zwischen Eingriffen in unentziehbare oder unverzichtbare Rechte und Verstößen gegen §§ 134, 138 BGB unterscheidet.

6 BT-Drucks. 19/18791, S. 42.

Satz 1“, also auf die Niederschrift bzw. das Beschlussersetzungsurteil. Aus Transparenzgründen bietet sich jedoch eine **schlagwortartige Bezeichnung** an.

1784 Der Eintragungstext in dem **Beispiel** Rz. 1760 könnte etwa wie folgt lauten:

„Die Gebrauchsregelung für die Sondereigentumseinheit Nr. ... wurde durch Beschluss geändert. Unter Bezugnahme auf die Niederschrift vom [Datum der Niederschrift] eingetragen am [Datum der Eintragung].

Rechtspfleger“

V. Folgen fehlerhaft eingetragener Beschlüsse

1785 Wird ein Beschluss im Grundbuch eingetragen, der nichtig ist oder durch Anfechtungsurteil aufgehoben wird, stellen sich zwei Fragen: Wie kann der Beschluss im Grundbuch gelöscht werden (unten 1.)? Ist bis dahin ein gutgläubiger Erwerb möglich (unten 2.)?

1. Löschung

1786 Für die Löschung eines Beschlusses im Grundbuch gelten die allgemeinen Vorschriften, denn die Sondervorschrift des § 7 Abs. 2 S. 1 WEG betrifft nur die „Eintragung“ eines Beschlusses, nicht aber seine Löschung. Für eine analoge Anwendung besteht kein Bedürfnis, denn dem Grundbuchamt kann durch die Vorlage eines **rechtskräftigen stattgebenden Anfechtungs- oder Nichtigkeitsurteils** nachgewiesen werden, dass der Beschluss nicht oder nicht mehr existiert und das Grundbuch deshalb unrichtig ist; das Urteil ist in Ausfertigung oder beglaubigter Abschrift mit Rechtskraftvermerk vorzulegen (§ 22, § 29 Abs. 1 S. 2 GBO). Antragsberechtigt ist analog § 7 Abs. 2 S. 2 WEG auch die Gemeinschaft der Wohnungseigentümer, daneben aber auch jeder Wohnungseigentümer (§ 13 Abs. 1 S. 2 GBO).

1787 Das Grundbuchamt muss sich bei der Löschung keine Gedanken machen, ob der eingetragene Beschluss womöglich gutgläubig erworben wurde (was nach richtiger Ansicht ohnehin abzulehnen ist, vgl. Rz. 1788). Denn das Urteil wirkt nach § 44 Abs. 3 WEG gegenüber allen Wohnungseigentümern, also auch gegenüber dem Erwerber; ein etwaiger gutgläubiger Erwerb würde durch das Urteil also wieder zunichtegemacht.

Hält man einen gutgläubigen Erwerb für möglich, ist allein der Fall problematisch, dass der Erwerb erst nach Eintritt der Rechtskraft des Urteils erfolgt, und deshalb im Raum steht, dass das Urteil nachträglich kraft guten Glaubens überwunden wurde. Weil die fehlende Gutgläubigkeit nicht nach § 22, § 29 Abs. 1 S. 2 GBO nachgewiesen werden kann, müssen in diesem Fall Bewilligungen aller Wohnungseigentümer in notariell beglaubigter Form vorgelegt werden; diese müssen notfalls eingeklagt werden. Ob es nach dem Eintritt der Rechtskraft zu einem Erwerb kam, ergibt sich aus dem Grundbuch.

2. Gutgläubiger Erwerb

1788 Wird ein materiell-rechtlich unwirksamer Beschluss im Grundbuch eingetragen, führt das nicht zu seiner Heilung. Zweifelhaft ist allerdings, ob ein im Grundbuch eingetragener Beschluss nach § 892 BGB gutgläubig „erworben“ werden kann. Dabei geht es um die allgemeine Frage, inwieweit im Grundbuch eingetragene Regelungen zwischen den Wohnungseigentümern **Gegenstand eines gutgläubigen Erwerbs** sein können. Denn für eine Differenzierung zwischen Vereinbarungen und Beschlüssen besteht kein Grund. Für Sondernutzungsrechte wird die Möglichkeit eines gutgläubigen Erwerbs vielfach bejaht.[1] Auch wenn dafür aufgrund ihres sondereigentumsähnlichen Charakters ein praktisches Bedürfnis besteht, entbehrt ein gutgläubiger Erwerb letztlich einer dogmatischen Grundlage: § 10 Abs. 3 S. 1 WEG, der sich mit der Wirkung von im Grundbuch eingetragenen Regelungen der Wohnungseigentümer befasst, geht konzeptionell auf § 1010 Abs. 1 BGB zurück, der Miteigentümervereinbarung betrifft. Hier wie dort bewirkt die Grundbucheintragung nur die Geltung der eingetragenen Regelung „gegen" Sondernachfolger. Für einen gutgläubigen Erwerb bleibt im Rahmen des § 1010 Abs. 1 BGB kein Raum, weil die Wirkung „für" Sondernachfolger unabhängig von einer Grundbucheintragung bereits aus § 746 BGB folgt.[2] Das gilt über § 10 Abs. 1 S. 1 WEG auch im Wohnungseigentumsrecht. Richtigerweise können im Grundbuch eingetragene Vereinbarungen oder Beschlüsse deshalb nicht Gegenstand eines gutgläubigen Erwerbs sein.[3]

1789 Wer einen gutgläubigen Erwerb richtigerweise verneint, muss keine Angst vor fehlerhaften Eintragungen haben: Er kann sie gefahrlos tolerieren oder nach erfolgreicher Anfechtungs- bzw. Nichtigkeitsklage löschen lassen (Rz. 1786). Wer hingegen einen gutgläubigen Erwerb für möglich hält, muss gegen fehlerhafte Eintragungen vorgehen: Die Eintragung eines **Widerspruchs** (§ 899 BGB) ist nur zulässig, wenn der eingetragene Beschluss nichtig ist, denn nur dann ist das Grundbuch unrichtig. Ist der eingetragene Beschluss dagegen nur anfechtbar, bleibt er bis zur Rechtskraft des Aufhebungsurteils wirksam (§ 23 Abs. 4 S. 2 WEG) und das Grundbuch bis dahin richtig. In Betracht kommt dann nur ein **Rechtshängigkeitsvermerk**; er könnte damit im WEG eine Renaissance erleben.[4] In beiden Fällen bedarf es für die Eintragung in das Grundbuch einer einstweiligen Verfügung.[5] Richtiger Antragsgegner ist dabei analog § 44 Abs. 2 WEG die Gemeinschaft der Wohnungseigentümer, gegen die auch die Anfechtungs- bzw. Nichtigkeitsklage zu erheben ist.[6]

VI. Eintragung als Verwaltungsmaßnahme

1790 Die **Gemeinschaft der Wohnungseigentümer** ist umfassend für die Verwaltung des gemeinschaftlichen Eigentums zuständig (§ 18 Abs. 1 WEG). Dazu gehört auch der Vollzug von Beschlüssen, auf den jeder Wohnungseigentümer sogar einen Anspruch hat (vgl. § 18 Abs. 2 Nr. 1 WEG). Das schließt die Grundbucheintragung ein, wenn

1 BeckOGK-WEG/*Falkner*, § 10 Rz. 397; *Hügel/Elzer*, § 13 Rz. 66.
2 *Munzig*, MittBayNot 2008, 126 (126 f.).
3 Im Ergebnis auch Weitnauer/*Lüke*, § 15 Rz. 35.
4 Vgl. *Singbartl/Zintl*, MDR 2014, 1240 zur praktischen Bedeutungslosigkeit des Rechtshängigkeitsvermerks, seit der BGH auch für ihn eine einstweilige Verfügung verlangt.
5 Zur Anwendung des § 899 Abs. 2 ZPO auf den Rechtshängigkeitsvermerk vgl. BGH v. 7.3.2013 – V ZB 83/13, NJW 2013, 2357 Rz. 8.
6 A.A. *Abramenko*, ZMR 2020, 453 (457), der davon ausgeht, dass die übrigen Wohnungseigentümer Antragsgegner sind, eine Analogie zu § 44 Abs. 2 WEG aber gar nicht in Betracht zieht.

dies zur Verdinglichung eines Beschlusses nach § 10 Abs. 3 S. 1 WEG notwendig ist. Dass die Eintragung „als Inhalt des Sondereigentums“ (§ 5 Abs. 4 S. 1 WEG) erfolgt, ist allein der Grundbuchtechnik geschuldet,[1] und ändert nichts an der Zuständigkeit der Gemeinschaft der Wohnungseigentümer. Aus diesem Grund gewährt ihr § 7 Abs. 2 S. 2 WEG auch eine grundbuchverfahrensrechtliche Antragsbefugnis. Die Organzuständigkeit für den Beschlussvollzug liegt beim **Verwalter** (zu dessen Vollzugskompetenz Rz. 468).

1791 Die Eintragung steht jedoch stets zu **Disposition der Wohnungseigentümer**: Genauso wie die Wohnungseigentümer von der Beschlussfassung absehen können, können sie auch beschließen, dass eine Grundbucheintragung unterbleibt, etwa aus Kostengründen oder weil der Beschluss nur von zeitlich beschränktem Interesse ist.

1792 In dem **Beispiel** Rz. 1760 können die Wohnungseigentümer deshalb in Anbetracht des Alters des Hundes auf eine Grundbucheintragung verzichten.

1793 Grundbuch- und notarkostenrechtlicher Kostenschuldner ist die antragstellende Gemeinschaft der Wohnungseigentümer (§ 22 Abs. 1 GNotKG). Im Innenverhältnis sind die **Kosten** grundsätzlich nach Miteigentumsanteilen zu verteilen (§ 16 Abs. 2 S. 1 WEG). Wird der Beschluss im Interesse einzelner Wohnungseigentümer gefasst, wird sich häufig eine abweichende Verteilung durch Beschluss empfehlen (§ 16 Abs. 2 S. 2 WEG).

1794 Für die **notarielle Beglaubigung** fällt eine 0,2-Gebühr an, höchstens 70 Euro (GNotKG KV-Nr. 25100), für die **Grundbucheintragung** je Wohnungsgrundbuchblatt 50 Euro (GNotKG KV-Nr. 14160 Nr. 5).

VII. Exkurs: Ausdrückliche Eintragung von Veräußerungsbeschränkungen und Haftungsklauseln (§ 7 Abs. 3 S. 2 WEG)

1795 Für die Eintragung von Vereinbarungen und Beschlüssen in das Grundbuch sieht § 7 Abs. 3 S. 1 WEG die Möglichkeit vor, auf die Eintragungsbewilligung Bezug zu nehmen; diese Vorschrift entspricht § 874 S. 1 BGB, der eine Bezugnahme für den Inhalt anderer Recht ermöglicht. Nach § 7 Abs. 3 S. 2 WEG scheidet eine Bezugnahme jedoch für **Veräußerungsbeschränkungen nach § 12 WEG** und die **Haftung von Sondernachfolgern für Geldschulden** aus. Entsprechende Regelungen sind ausdrücklich einzutragen, genauso wie z.B. die Angabe des Gläubigers und des Betrags bei der Eintragung einer Grundschuld (§ 874 S. 2, § 1115 Abs. 1 BGB). Das dient dem Schutz von Erwerbern.[2] Die bloße Bezugnahme steht in diesen Fällen rechtlich einer Nichteintragung gleich; die betroffene Regelung hat also **keine Wirkungen gegen Sondernachfolger** (§ 10 Abs. 3 S. 1 WEG).[3] § 7 Abs. 3 S. 2 WEG verlangt aber nicht, dass die Vereinbarungen oder Beschlüsse wortlautgenau eingetragen werden,

1 Eingehend zur Bedeutung des § 5 Abs. 4 S. 1 WEG *Lehmann-Richter/Wobst*, ZWE 2020, 123 (126).

2 BT-Drucks. 19/18791, S. 42.

3 BT-Drucks. 19/19369, S. 5; vgl. auch KG v. 20.12.1974 – 1 W 1512/74, OLGZ 1975, 301 (302); BeckOK-BGB/*Eckert*, § 874 Rz. 19 jeweils für einen Verstoß gegen § 874 BGB.

sondern dass ihr wesentlicher rechtlicher Gehalt verlautbart wird. Bei komplexen Regelungen bleibt deshalb eine Bezugnahme wegen der Einzelheiten möglich.[1]

1796 Die ausdrückliche Eintragung von **Veräußerungsbeschränkungen** betrifft alle beschlossenen und vereinbarten Regelungen nach § 12 Abs. 1 WEG.

1797 Eine inhaltlich identische Pflicht begründete in der Vergangenheit bereits **§ 3 Abs. 2 WGV**. Weil es sich dabei jedoch nur um eine Vorschrift des formellen Grundbuchrechts handelt, war nach altem Recht stark umstritten, ob ein Verstoß der materiell-rechtlichen Wirksamkeit einer Veräußerungsbeschränkung entgegenstand.[2] Das war richtigerweise zu bejahen, denn § 3 Abs. 2 WGV reduzierte den Ermessenspielraum, der dem Grundbuchamt durch § 7 Abs. 3 WEG a.F. (jetzt: § 7 Abs. 3 S. 1 WEG) mit Blick auf die Bezugnahme eingeräumt wurde auf null, so dass in einem Verstoß gegen § 3 Abs. 2 WGV mittelbar auch ein Verstoß gegen materielles Recht lag.[3] Indem § 7 Abs. 3 S. 2 WEG die Vorschrift des § 3 Abs. 2 WGV im materiellen Recht wiederholt, steht nun außer Zweifel: Ohne ausdrückliche Eintragung sind Veräußerungsbeschränkungen unwirksam.

1798 Der Begriff der **Geldschuld** ist wie in § 288 Abs. 1 S. 1 BGB zu verstehen,[4] bezieht sich technisch also auf Geldwert- und Geldsummenschulden.[5] Erfasst sind alle vereinbarten oder beschlossenen Regelungen, die dazu führen, dass ein Erwerber für derartige Verbindlichkeiten, die in der Person des Veräußerers begründet wurden, einstehen muss.[6]

D. Übergangsrecht

I. Eintragung von Altbeschlüssen (§ 48 Abs. 1 WEG)

1799 Die neuen Vorschriften **gelten auch für Altbeschlüsse** (§ 48 Abs. 1 S. 1 WEG). Beschlüsse aufgrund einer Vereinbarung, die vor dem Inkrafttreten des WEMoG am 1.12.2020 gefasst oder vor diesem Zeitpunkt durch gerichtliches Urteil ersetzt wurden, müssen also im Grundbuch nachgetragen werden, wenn sie weiterhin gegen Sondernachfolger gelten sollten. Notwendig ist dies allerdings nur dann, wenn der Beschluss aufgrund der nunmehr geltenden Vorschriften des WEG nicht hätte gefasst werden können. Denn andernfalls würde die Eintragungsfähigkeit vom Zeitpunkt der Beschlussfassung abhängen.

1 Vgl. Staudinger/*Heinze*, § 874 Rz. 4; BeckOGK-BGB/*Enders*, § 874 Rz. 13 jeweils zu Fällen nach § 874 S. 2 BGB.

2 Dagegen OLG München v. 20.9.2006 – 32 Wx 139/06, BeckRS 2006, 11184; Hügel/Elzer, § 12 Rz. 9; Riecke/Schmid/*Schneider*, § 12 Rz. 17; Schöner/Stöber, Rz. 2902; Bärmann/*Suilmann*, § 12 Rz. 9; Niedenführ/Schmidt-Räntsch/Vandenhouten/*Vandenhouten*, § 12 Rz. 2.

3 MünchKommBGB/*Commichau*, § 12 WEG Rz. 10; Erman/*Grziwotz*, § 12 WEG Rz. 4; Staudinger/*Kreuzer*, § 12 WEG Rz. 10 und 38; Staudinger/*Rapp*, § 7 Rz. 8; Palandt/*Wicke*, § 12 WEG Rz. 5; vgl. auch die Gegenäußerung der Bundesregierung BT-Drucks. 19/19369, S. 5 f.

4 BT-Drucks. 19/18791, S. 42.

5 BeckOK-BGB/*Lorenz*, § 288 Rz. 2.

6 Vgl. zur Möglichkeit einer solchen Haftungsklausel BGH v. 22.1.1987 – V ZB 3/86, NJW 1987, 1638 (1639).

1800 **Beispiel:** Eine Gemeinschaftsordnung enthält die Klausel, wonach die Kosten von Erhaltungsmaßnahmen durch Beschluss verteilt werden können. Im Jahr 1990 wurde auf dieser Grundlage beschlossen, dass jeder Wohnungseigentümer für die Kosten der Erhaltungsmaßnahmen, die die Fenster seiner Sondereigentumseinheit betreffen, selbst aufzukommen hat. Für die Wohnungseingangstüren wurde ein entsprechender Beschluss im Jahr 2010 gefasst.

Beide Beschlüsse müssen nicht in das Grundbuch eingetragen werden, um gegen Sondernachfolger zu wirken. Für den Beschluss aus dem Jahr 2010 ist das offensichtlich, weil er schon damals aufgrund des § 16 Abs. 4 WEG a.F., also aufgrund Gesetzes, gefasst werden konnte. Der Beschluss aus dem Jahr 1990 musste damals zwar auf Grundlage der Vereinbarung gefasst werden, könnte nunmehr aber auch aufgrund des § 16 Abs. 2 S. 2 WEG gefasst werden.

1801 Es gilt eine **Übergangsfrist bis zum 31.12.2025** (§ 48 Abs. 1 S. 2 WEG). Die Nicht-Eintragung von Altbeschlüssen ist deshalb für alle Sondernachfolger unbeachtlich, deren Eigentumserwerb bis zu diesem Zeitpunkt vollendet wird. Die Eintragung einer Vormerkung, die allein dem Schutz des Erwerbers dient, genügt nicht. Wurde der Eigentumserwerb rechtzeitig vollendet, gelten Altbeschlüsse auch über den 31.12.2025 hinaus gegen Sondernachfolger.

1802 Für das **Eintragungsverfahren** gilt die neue Vorschrift des § 7 Abs. 2 WEG: Dem Grundbuchamt ist eine Niederschrift über den Altbeschluss in der dort vorgeschriebenen Form oder ein Urteil vorzulegen. Gerade bei älteren Beschlüssen werden die Personen, die die Niederschrift unterschreiben müssten, häufig nicht mehr zur Verfügung stehen. Für diesen Fall sieht § 48 Abs. 1 S. 3 WEG die **Reproduktion des Beschlusses** vor: Jeder Wohnungseigentümer kann verlangen, dass der einzutragende Altbeschluss mit identischem Inhalt erneut gefasst wird. Über diesen „neuen" Altbeschluss kann dann eine Niederschrift in der notwendigen Form erstellt werden. Notfalls kann der Reproduktionsanspruch im Wege der Beschlussersetzungsklage (§ 44 Abs. 1 S. 2 WEG) durchgesetzt werden und das Urteil vorgelegt werden. Der Anspruch ist bis zum Ablauf des 31.12.2025 befristet, besteht aber bis zum Abschluss des Verfahrens fort, wenn er bis Fristablauf rechtshängig gemacht wurde (§ 48 Abs. 1 S. 3 Hs. 2 WEG, § 204 Abs. 1 Nr. 1 BGB). Wegen § 167 ZPO genügt sogar die Anhängigkeit des Klage.[1] Das geht aber **nicht zulasten von Sondernachfolgern**: Sie sind nach Ablauf des 31.12.2025 nur an Altbeschlüsse gebunden, die bei Vollendung des Eigentumserwerbs eingetragen waren.[2] Weil eine Regelung nur einheitlich gegenüber allen Wohnungseigentümern wirken kann,[3] wird der Beschluss insgesamt unwirksam, sobald er auch nur gegen einen Sondernachfolger nicht mehr wirkt. Mit Eintritt der Sondernachfolge entfällt deshalb der Reproduktionsanspruch nach § 48 Abs. 1 S. 3 WEG. Das anhängige Beschlussersetzungsverfahren ist für erledigt zu erklären; andernfalls ist die Klage abzuweisen.

---

1 BeckOK-BGB/*Henrich*, § 204 Rz. 15.

2 Vgl. BT-Drucks. 19/18791, S. 85.

3 OLG Frankfurt v. 1.2.2006 – 20 W 291/06, ZWE 2006, 392 (394); BayObLG v. 10.1.2002 – 2 Z BR 180/01, ZWE 2002, 268 (269) unter 2.c.; OLG Köln v. 2.4.2001 – 16 Wx 7/01, DNotZ 2002, 223 (226 f.) unter b(4) mit krit. Anm. *Häublein* jeweils zu Vereinbarungen.

1802a Wird ihr dennoch – zu Unrecht – stattgegeben und der begehrte Beschluss ersetzt, wirkt das Urteil freilich wegen § 44 Abs. 3 WEG auch gegen den Sondernachfolger; der Beschluss lebt also wieder auf.

II. Aufhebung des § 5 Abs. 4 S. 3 WEG (§ 48 Abs. 2 WEG)

1803 Durch die Aufhebung von § 5 Abs. 4 S. 3 WEG kann es dazu kommen, dass Vereinbarungen und Beschlüsse künftig der Zustimmung Dritter bedürfen, obwohl sie bis zum Inkrafttreten des WEMoG zustimmungsfrei waren. Aufgrund der durch § 48 Abs. 1 S. 1 WEG angeordneten Rückwirkung könnten Vereinbarungen und Beschlüsse deshalb nachträglich schwebend unwirksam werden. Das erschien dem Gesetzgeber zu Recht unangemessen. § 48 Abs. 2 WEG garantiert deshalb **Stabilität**: Wenn vor Inkrafttreten des WEMoG alle Zustimmungen erteilt wurden, die nach altem Recht erforderlich waren, bleibt die Regelung wirksam, auch wenn nach neuem Recht zusätzliche Zustimmungen erforderlich wären. Maßgeblich ist das materiell-rechtliche Wirksamwerden der Zustimmung; auf den Zeitpunkt der Grundbucheintragung kommt es nicht an.

III. Ausdrückliche Eintragung von Veräußerungsbeschränkungen und Haftungsklauseln (§ 48 Abs. 3 WEG)

1804 Regelungen zu Veräußerungsbeschränken nach § 12 WEG sowie zur Haftung von Sondernachfolgern für Geldschulden, bedürfen nach § 48 Abs. 3 S. 1 WEG auch dann der ausdrücklichen Eintragung im Grundbuch nach § 7 Abs. 3 S. 2 WEG, wenn sie vor Inkrafttreten des WEMoG vereinbart oder beschlossen wurden. Soweit sie bislang nur durch Bezugnahme nach § 7 Abs. 3 WEG a.F. eingetragen wurden, muss ihre **ausdrückliche Eintragung** also **nachgeholt** werden.

1805 Weil die Eintragung durch Bezugnahme nach altem Recht rechtmäßig war, handelt es sich bei der ausdrücklichen Eintragung grundbuchverfahrensrechtlich um eine **bloße Richtigstellung**, die eigentlich von Amts wegen erfolgen müsste.[1] Nach § 48 Abs. 3 S. 2 WEG erfolgt sie jedoch nur auf Antrag eines Wohnungseigentümers oder der Gemeinschaft der Wohnungseigentümer, die dabei vom Verwalter vertreten wird (§ 9b Abs. 1 S. 1 WEG). Die **Antragsbefugnis** bezieht sich dabei jeweils auf alle Wohnungsgrundbücher, da nur eine einheitliche Eintragung die Wirkung gegen Sondernachfolger sicherstellt.[2] Als sog. reiner Antrag nach § 13 GBO, der keine materiell-rechtliche Erklärung enthält, muss er nicht der Form des § 29 Abs. 1 S. 1 GBO genügen, jedoch schriftlich erfolgen.[3] Bewilligungen der Wohnungseigentümer bedarf es nicht.

1806 § 48 Abs. 3 S. 3 WEG gewährt schließlich eine **Übergangsfrist für die ausdrückliche Eintragung von Haftungsklauseln** bis zum 31.12.2025. Haftungsklauseln, die lediglich durch Bezugnahme nach § 7 Abs. 3 WEG a.F., aber nicht ausdrücklich im

---

1 Etwa OLG Düsseldorf v. 8.1.2019 – 3 Wx 34/17, BeckRS 2019, 2874 Rz. 19 m.w.N.
2 Zu den Konsequenzen unterschiedlicher Eintragungen BeckOGK-WEG/*Falkner*, § 10 Rz. 321 ff.
3 Statt aller BeckOK-GBO/*Reetz*, § 13 Rz. 54.

Grundbuch eingetragen ist, wirken demnach stets gegenüber Sondernachfolgern, wenn die Sondernachfolge bis zum Ablauf dieser Übergangsfrist eintritt.

1807 Eine Übergangsfrist für **Veräußerungsbeschränkungen** ist nicht vorgesehen, weil § 3 Abs. 2 WGV für sie bereits nach altem Recht eine ausdrückliche Eintragung vorsah.

§ 18
Verfahrensrecht

Das WEMoG hat das Verfahrensrecht in Wohnungseigentumssachen[1] grundlegend reformiert. 1808

A. Das alte Recht und seine Probleme

Die Probleme des bisherigen Rechts offenbart ein historischer Rückblick: Bis zur WEG-Novelle 2007 unterlagen wohnungseigentumsrechtliche Streitsachen dem Verfahrensrecht der freiwilligen Gerichtsbarkeit. Die WEG-Novelle 2007 hat die wohnungseigentumsrechtlichen Streitsachen zwar in die ZPO überführt. Der Gesetzgeber sah sich aber veranlasst, eine Reihe von im Recht der freiwilligen Gerichtsbarkeit wurzelnden **Sonderregeln** beizubehalten. Dies betraf insbesondere das Institut der Beiladung (§ 48 WEG a.F.), aber etwa auch § 49 Abs. 2 WEG a.F., der es ermöglichte, dem nicht am Verfahren beteiligten Verwalter Prozesskosten aufzuerlegen. Andere Sonderregeln in den §§ 43 ff. WEG a.F. dienten der Bewältigung des Problems, dass wohnungseigentumsrechtliche Verfahren typischerweise vom Leitbild des Zwei-Parteien-Prozesses abwichen, da insbesondere die Anfechtungsklage gegen sämtliche übrige Wohnungseigentümer zu richten war. Aus diesem Grund sahen etwa die §§ 44 f. WEG a.F. Erleichterungen bei der Parteibezeichnung und der Zustellung vor. Die Anwendung dieser Sondervorschriften war teils mit erheblichen rechtlichen Schwierigkeiten verbunden.[2] 1809

Ein **weiteres Problem** des bisherigen Rechts war **praktischer Natur**: Die zwischen sämtlichen Wohnungseigentümern zu führende Anfechtungsklage stellte die Organe der Rechtspflege, vor allem die Gerichte, vor teilweise nur schwer lösbare Aufgaben.[3] 1810

B. Das neue Recht auf einen Blick

Das Verfahrensrecht im WEG besteht nur noch aus drei Vorschriften, nämlich der Regelung der Zuständigkeit (§ 43 WEG), den Regelungen zu den Beschlussklagen (§ 44 WEG) sowie der Regelung der Fristen der Anfechtungsklage (§ 45 WEG). Flankiert werden diese Vorschriften durch eine Änderung im GKG. 1811

- § 43 WEG regelt wie bisher die gerichtliche Zuständigkeit; neu ist die Regelung des allgemeinen Gerichtsstands der Gemeinschaft der Wohnungseigentümer in § 43 Abs. 1 S. 1 WEG.

---

1 Zum Begriff Staudinger/*Lehmann-Richter*, Vorbem. 1 zu §§ 43 ff. WEG.
2 Siehe etwa *Jacoby*, ZMR 2018, 393.
3 Aus richterlicher Perspektive: *Zschieschak*, ZWE 2017, 22.

- § 44 WEG enthält die gemeinsamen Vorschriften der unter der Überschrift „Beschlussklagen“ zusammengefassten Anfechtungs-, Nichtigkeits-, und Beschlussersetzungsklage. Die besondere Maßnahmengestaltungsklage nach § 21 Abs. 8 WEG a.F. wurde gestrichen und in § 44 WEG als Beschlussersetzungsklage neu geregelt. Die Beschlussklagen sind, anders als nach bisherigem Recht, gegen die Gemeinschaft der Wohnungseigentümer zu richten (§ 44 Abs. 2 S. 1 WEG). Ebenfalls neu geregelt ist die Rechtskraftwirkung der Beschlussklagen (§ 44 Abs. 3 WEG). Das Beschlussanfechtungsrecht des Verwalters ist abgeschafft.
- Der neue § 45 WEG betrifft die Fristen der Anfechtungsklage. Es handelt sich um ohne inhaltliche Änderungen aus 46 Abs. 1 S. 2 und 3 WEG a.F. übernommene Regelungen.
- Gestrichen wurden die besonderen Vorschriften zur Bezeichnung der Wohnungseigentümer in der Klageschrift (§ 44 WEG a.F.), zur Zustellung (§ 45 WEG a.F.), zur Beiladung (§ 48 Abs. 1 bis 3 WEG a.F.), zur Wirkung eines die Anfechtungsklage abweisenden Urteils (§ 46 Abs. 2 und § 48 Abs. 4 WEG a.F.), zur Kostenentscheidung (§ 49 WEG a.F.) und zur Kostenerstattung (§ 50 WEG a.F.).
- Der bislang den Streitwert in sämtlichen Wohnungseigentumssachen regelnde § 49a GKG a.F. wurde aufgehoben. An seine Stelle ist § 49 GKG getreten, der nur noch den Streitwert in Beschlussklagen betrifft.

C. Das neue Recht im Detail

1812 Während die Neuerungen bei den Zuständigkeiten (unten I.) vergleichsweise überschaubar sind, ist das Recht der Beschlussklagen (unten II.) vollständig neu konzipiert worden, einschließlich der dazugehörigen Kostenvorschriften (unten V.). Grundlegende Auswirkungen hat das neue Recht auch auf „Vereinbarungsklagen“ (unten IV.).

I. Zuständigkeit (§ 43 WEG)

1813 § 43 WEG regelt wie bisher auch die örtliche Zuständigkeit. Die Vorschrift wirkt sich mittelbar auch auf die sachliche Zuständigkeit aus, weil § 23 Nr. 2 lit. c GVG für die Bestimmung der sachlichen Zuständigkeit in der ersten und § 72 Abs. 2 GVG in der zweiten Instanz auf § 43 Abs. 2 WEG Bezug nehmen.

1. Allgemeiner Gerichtsstand der Gemeinschaft der Wohnungseigentümer (§ 43 Abs. 1 S. 1 WEG)

1814 Neu ist die Bestimmung in § 43 Abs. 1 S. 1 WEG, dass die Gemeinschaft der Wohnungseigentümer ihren allgemeinen Gerichtsstand im Bezirk des Grundstücks hat. Nach bisherigem Recht war der Gerichtsstand nach allgemeinen Regeln, also nach § 17 Abs. 1 ZPO,[1] zu bestimmen. Dies war mit der Schwierigkeit verbunden, den

1 BeckOK-ZPO/*Toussaint*, § 17 Rz. 3.1; Zöller/*Schultzky*, § 17 Rz. 5.

maßgeblichen Sitz der Verwaltung bestimmen zu müssen.[1] Das bisherige Recht ist den damit einhergehenden Unsicherheiten ausgewichen, indem es in § 43 WEG a.F. die Zuständigkeit für bestimmte, gegen die Gemeinschaft der Wohnungseigentümer gerichtete Verfahren regelte. Diese Sonderregelungen waren (wohl) so umfassend, dass für einen Rückgriff auf den allgemeinen Gerichtsstand zwecks Bestimmung der Zuständigkeit kein praktisches Bedürfnis bestand.[2] Das neue Recht wählt hingegen das umgekehrte Regelungskonzept: Es bestimmt den allgemeinen Gerichtsstand der Gemeinschaft der Wohnungseigentümer, was die Sondervorschriften in § 43 Nr. 5 (Klagen Dritter) und Nr. 6 (Mahnverfahren) WEG a.F. entbehrlich macht.

a) Gemeinschaft der Wohnungseigentümer

1815 § 43 Abs. 1 S. 1 WEG gilt nur für die in § 9a WEG geregelte Gemeinschaft der Wohnungseigentümer. Die Anwendung der Norm setzt also die Anlegung der Wohnungsgrundbücher voraus (§ 9a Abs. 1 S. 2 WEG).

b) Verfahrensrechtlicher Anwendungsbereich

1816 § 43 Abs. 1 S. 1 WEG regelt die örtliche Zuständigkeit im Zivilprozess. Sein verfahrensrechtlicher Anwendungsbereich entspricht daher dem der §§ 12 ff. ZPO, d. h. das Gericht im Bezirk des Grundstücks ist für alle **zivilprozessualen Klagen** nach der ZPO zuständig, soweit nicht ein ausschließlicher Gerichtsstand besteht. Für die in § 43 Abs. 2 WEG geregelten ausschließlichen Gerichtsstände wirkt sich dieses Vorrangprinzip wegen des identischen Gerichtsstands im Bezirk des Grundstücks praktisch nicht aus. Im Übrigen kommt eine ausschließliche, § 43 Abs. 1 S. 1 WEG vorgehende Zuständigkeit eines anderen Gerichts aber in Betracht. Solche Fälle sind indes weitgehend theoretischer Natur, da die ausschließlichen Gerichtsstände regelmäßig mit dem allgemeinen Gerichtsstand der Gemeinschaft der Wohnungseigentümer identisch sind (vgl. etwa § 29c Abs. 1 ZPO, § 131 Abs. 1 S. 1 VGG).

1817 Denkbar ist ein solcher Fall aber etwa, wenn die Gemeinschaft der Wohnungseigentümer eine nicht im Bezirk des Grundstücks liegende Wohnung vermietet, die sie im Wege der Anlage des Verwaltungsvermögens erworben hat. Bei einer Klage des Mieters wird § 43 Abs. 1 S. 1 WEG von § 29a Abs. 1 ZPO verdrängt.

1818 § 43 Abs. 1 S. 1 WEG erfasst insbesondere die **Klagen Dritter** gegen die Gemeinschaft der Wohnungseigentümer und damit die früher in § 43 Nr. 5 WEG a.F. geregelten Verfahren. Im Gegensatz zu dieser Vorschrift ist die örtliche Zuständigkeit in diesen Verfahren aber nicht mehr ausschließlicher Natur. Das überzeugt, weil es für eine solche Ausschließlichkeit – die auch der Vorgängernorm von § 43 Nr. 5 WEG a.F., nämlich § 29b ZPO a.F., fremd war – keinen überzeugenden sachlichen Grund gibt.[3]

1 Vgl. BT-Drucks. 16/3843, S. 27.
2 Anwendungsbeispiele sind jedenfalls nicht bekannt geworden.
3 Staudinger/*Lehmann-Richter*, § 43 WEG Rz. 9.

1819 Aus § 43 Abs. 1 S. 1 WEG i. V. m. § 689 Abs. 2 S. 1 ZPO ergibt sich, dass für Anträge der Gemeinschaft der Wohnungseigentümer auf Erlass eines **Mahnbescheides** örtlich ausschließlich das Amtsgericht im Bezirk des Grundstücks zuständig ist. Diese Rechtsfolge entspricht § 43 Nr. 6 WEG a.F.

2. Besonderer Gerichtsstand der Haftungsklage (§ 43 Abs. 1 S. 2 WEG)

1820 § 43 Abs. 1 S. 2 WEG regelt die Zuständigkeit für eine auf § 9a Abs. 4 S. 1 WEG gestützte Haftungsklage gegen einzelne Wohnungseigentümer. Dabei kommt es allein auf die sachenrechtliche Eigentümerstellung an.[1] Für den sog. werdenden Wohnungseigentümer gilt weder § 9a Abs. 4 S. 1 noch § 43 Abs. 1 S. 2 WEG, weil § 8 Abs. 3 WEG keine Pflichtenübertragung im Außenverhältnis anordnet (Rz. 301).

1821 Für Klagen nach § 9a Abs. 4 S. 1 WEG besteht ein besonderer Gerichtsstand am Ort der Belegenheit des Grundstücks. Die Vorschrift erlaubt es einem Gläubiger der Gemeinschaft der Wohnungseigentümer, die Leistungsklage gegen die Gemeinschaft der Wohnungseigentümer und die Klage gegen die haftenden Wohnungseigentümer im Wege der **subjektiven Klagenhäufung** zu verfolgen. Die Vorschrift hat insofern Ausnahmecharakter, als für die zentrale verbandsrechtliche Haftungsregel des § 128 HGB eine entsprechende Zuständigkeitsvorschrift fehlt. Anders als bei auf § 128 oder § 171 Abs. 1 HGB gestützten Haftungsklagen[2] ist daher bei § 9a Abs. 4 S. 1 WEG eine Anknüpfung an den Gerichtsstand des Erfüllungsorts entbehrlich, um zu einem einheitlichen Gerichtsstand zu gelangen. Dies begünstigt den Gläubiger der Gemeinschaft der Wohnungseigentümer, für den in jedem Fall ein einheitlicher Gerichtsstand am Ort der Belegenheit des Grundstücks besteht. Die Gesetzesbegründung rechtfertigt dies zutreffend mit den Besonderheiten der Teilhaftung nach § 9a Abs. 4 S. 1 WEG.[3] Diese unterscheidet sich von der gesamtschuldnerischen Haftung nach § 128 HGB insofern, als ein Gläubiger der Gemeinschaft der Wohnungseigentümer, der seinen Haftungsanspruch in voller Höhe durchsetzen will, gezwungen ist, sämtliche Wohnungseigentümer zu verklagen. Es ist dem Gläubiger nicht zuzumuten, die aus Rechtsgründen erforderliche Summe von Haftungsklagen an unterschiedlichen Gerichten erheben zu müssen.

1822 Bis zur Reform 2020 fielen die Haftungsklagen gegen Wohnungseigentümer unter § 43 Nr. 5 WEG a.F.; es bestand eine ausschließliche Zuständigkeit am Ort der Belegenheit des Grundstücks. Nach neuem Recht besteht hingegen nur noch ein **besonderer Gerichtsstand**, was überzeugt, weil eine ausschließliche Zuständigkeit nicht gerechtfertigt wäre. Das zeigen sowohl § 29b ZPO a.F., der bis zur WEG-Novelle 2007 ebenfalls nur einen besonderen Gerichtsstand vorsah, als auch das Fehlen einer entsprechenden Regelung für die allgemeine verbandsrechtliche Haftungsklage nach § 128 HGB.

1 Staudinger/*Lehmann-Richter*, Vorbem. 22 zu §§ 43 ff. WEG.
2 S. dazu etwa *Bork*, NJW 2018, 2985.
3 BT-Drucks. 19/18791, S. 81.

3. Ausschließliche Gerichtsstände (§ 43 Abs. 2 WEG)

1823 § 43 Abs. 2 WEG enthält vier ausschließliche Gerichtsstände. Die Vorschrift ersetzt den bisherigen Katalog des § 43 WEG a.F.

1824 **Kein Pendant** im neuen Recht hat **§ 43 Nr. 5 WEG a.F.**, der die Klagen Dritter gegen die Gemeinschaft der Wohnungseigentümer oder gegen Wohnungseigentümer regelte. Die diesbezüglichen Zuständigkeiten ergeben sich in Zukunft aus § 43 Abs. 1 WEG: Aus § 43 Abs. 1 S. 1 WEG folgt – im Ergebnis unverändert – die Zuständigkeit am Ort der Belegenheit des Grundstücks bei Klagen gegen die Gemeinschaft der Wohnungseigentümer und aus § 43 Abs. 1 S. 2 WEG für Haftungsklagen nach § 9a Abs. 4 S. 1 WEG gegen Wohnungseigentümer. Für andere Klagen Dritter gegen Wohnungseigentümer entfällt hingegen mangels hinreichenden Sachbedürfnisses die ausschließliche örtliche Zuständigkeit, wie sie § 43 Nr. 5 WEG a.F. noch vorgesehen hatte. Ebenfalls ohne Pendant im neuen Recht ist **§ 43 Nr. 6 WEG a.F.**, der die Zuständigkeit in Mahnverfahren regelte. Eine entsprechende Sondervorschrift ist im neuen Recht nämlich aufgrund der ausdrücklichen Regelung des allgemeinen Gerichtsstands der Gemeinschaft der Wohnungseigentümer in § 43 Abs. 1 S. 1 WEG entbehrlich. Diese Neuregelung führt über § 689 Abs. 2 ZPO dazu, dass an diesem Gerichtsstand auch ein Mahnverfahren der Gemeinschaft der Wohnungseigentümer zu führen ist.

1825 Die Zuständigkeitsbestimmungen in § 43 Abs. 2 Nr. 1 und 2 WEG knüpfen an die Stellung als **Wohnungseigentümer** an. Aus § 8 Abs. 3 WEG folgt, dass der dort geregelte sog. werdende Wohnungseigentümer einem Wohnungseigentümer gleichsteht. Denn der werdende Wohnungseigentümer ist nach § 8 Abs. 3 WEG im Innenverhältnis für die Rechte und Pflichten des veräußernden Wohnungseigentümers zuständig. Dies gebietet es, die Gerichtsstände nach § 43 Abs. 2 WEG, die allesamt Binnenrechtsstreitigkeiten betreffen, auch auf Streitigkeiten zu erstrecken, an denen ein werdender Wohnungseigentümer beteiligt ist.

a) Streit der Wohnungseigentümer (§ 43 Abs. 2 Nr. 1 WEG)

1826 § 43 Abs. 2 Nr. 1 WEG tritt an die Stelle von § 43 Nr. 1 WEG a.F. Ebenso wie diese Norm betrifft auch § 43 Abs. 2 Nr. 1 WEG Streitigkeiten über die Rechte und Pflichten der Wohnungseigentümer untereinander. Nicht übernommen wurde aber die Einschränkung des bisherigen Rechts, nach der sich die Streitigkeit „aus der Gemeinschaft der Wohnungseigentümer und aus der Verwaltung des gemeinschaftlichen Eigentums" ergeben muss. Aus dieser Beschränkung entnahm die h.M., dass Streitigkeiten aus dem sog. **sachenrechtlichen Grundverhältnis**, das vom verbandsrechtlichen Verhältnis der Wohnungseigentümer zu unterscheiden ist, nicht unter § 43 WEG a.F. fallen.[1] Dieses Grundverhältnis ist etwa bei Streitigkeiten um den Umfang des Sondereigentums oder auf Herausgabe von Sondereigentum betroffen.[2]

1 BGH v. 19.12.2013 – V ZR 96/13, ZMR 2015, 231 Rz. 6.
2 BGH v. 30.6.1995 – V ZR 118/94, NJW 1995, 2851.

1827 Für die gerichtliche Zuständigkeit ist diese Definition des sachenrechtlichen Grundverhältnisses in Zukunft aufgrund der **Neufassung** des § 43 Abs. 2 Nr. 1 WEG ohne Belang. Denn § 43 Abs. 2 Nr. 1 WEG lässt als materiellrechtliche Anknüpfung einen Streit über die Rechte und Pflichten der Wohnungseigentümer untereinander genügen. Dies ist zum einen der Fall, wenn sich der Streit, wie es § 43 Nr. 1 WEG a.F. verlangte, „aus der Gemeinschaft der Wohnungseigentümer" oder „aus der Verwaltung des gemeinschaftlichen Eigentums" ergibt. Ein Streit über die Rechte und Pflichten der Wohnungseigentümer liegt aber auch vor, wenn das sog. sachenrechtlichen Grundverhältnis zwischen Wohnungseigentümern betroffen ist.[1] Deshalb fallen etwa auch Streitigkeiten über **Sondernutzungsrechte** ohne weiteres unter § 43 Abs. 2 Nr. 1 WEG.[2]

b) Streit der Gemeinschaft der Wohnungseigentümer mit Wohnungseigentümern (§ 43 Abs. 2 Nr. 2 WEG)

1828 § 43 Abs. 2 Nr. 2 WEG betrifft Streitigkeiten über die Rechte und Pflichten zwischen der Gemeinschaft der Wohnungseigentümer und Wohnungseigentümern. Die Vorschrift entspricht ohne Änderungen dem bisherigen § 43 Nr. 2 WEG a.F.

c) Streit über Rechte und Pflichten des Verwalters (§ 43 Abs. 2 Nr. 3 WEG)

1829 § 43 Abs. 2 Nr. 3 WEG regelt die Zuständigkeit bei Streitigkeiten über die Rechte und Pflichten des Verwalters. Die Regelung tritt an die Stelle von § 43 Nr. 3 WEG a.F., der die Rechte und Pflichten durch die Ergänzung „bei der Verwaltung des gemeinschaftlichen Eigentums" näher beschrieb. Der Gesetzgeber hat diese Worte als redundant gestrichen. Denn schon aus dem Merkmal „Verwalter" wird hinreichend deutlich, dass § 43 Abs. 2 Nr. 3 WEG nur Streitigkeiten über die Rechte und Pflichten des Verwalters als solchen betrifft.[3] Erfasst sind damit, wie nach bisherigem Recht, sämtliche Streitigkeiten, die einen Bezug zur Tätigkeit des Verwalters aufweisen.[4] Deshalb sind auch die in Halbsatz 2 besonders hervorgehobenen „Ansprüche eines Wohnungseigentümers gegen den Verwalter" erfasst, soweit sie einen Bezug zur Tätigkeit des Verwalters aufweisen. Der erst durch den Rechtsausschuss eingefügten Ergänzung[5] hätte es daher nicht bedurft. Aus dem ersten Halbsatz der Vorschrift folgt, dass Streitigkeiten ohne Bezug zur Verwaltungstätigkeit (etwa: Verwalter und Wohnungseigentümer geraten privat in Streit) nicht unter § 43 Abs. 2 Nr. 3 WEG fallen.

1 BT-Drucks. 19/18791, S. 81.
2 Zur umstrittenen Zuordnung nach altem Recht s. etwa LG Frankfurt v. 15.10.2019 – 2-13 S 72/19, ZMR 2020, 220.
3 BT-Drucks. 19/18791, S. 81.
4 Dazu Staudinger/*Lehmann-Richter*, § 43 WEG Rz. 49 ff.
5 BT-Drucks. 19/22634, S. 48.

d) Beschlussklagen (§ 43 Abs. 2 Nr. 4 WEG)

1830 § 43 Abs. 2 Nr. 4 WEG betrifft die Zuständigkeit für die in § 44 WEG geregelten Beschlussklagen. Die Vorschrift ersetzt § 43 Nr. 4 WEG a.F., der „Streitigkeiten über die Gültigkeit von Beschlüssen der Wohnungseigentümer" zum Gegenstand hatte. Der Verweis auf § 44 WEG hat zur Folge, dass sich der Anwendungsbereich von § 43 Abs. 2 Nr. 4 WEG nach jener Norm bestimmt. Unter § 43 Abs. 2 Nr. 4 WEG fallen daher **Anfechtungs-, Nichtigkeits- und Beschlussersetzungsklage**.

1831 Aus dem Verweis auf § 44 WEG folgt nicht, dass die Zuständigkeit nach § 43 Abs. 2 Nr. 4 WEG verlangt, dass die **Zulässigkeitsvoraussetzungen** der Beschlussklagen erfüllt sein müssen. § 43 Abs. 2 Nr. 4 WEG ist daher auch anwendbar, wenn eine Beschlussklage von oder gegen eine unbefugte Partei (dazu Rz. 1886) erhoben wird. Dafür spricht zum einen die Gesetzesgeschichte: Die Vorgängernorm bezog sich nach ihrem Wortlaut allgemein auf Streitigkeiten um die Gültigkeit von Beschlüssen und nach den Materialien sollte die Zuständigkeitsregelung insoweit nicht geändert werden.[1] Vor allem streitet aber die mit § 43 Abs. 2 WEG angestrebte Richtigkeitsgewähr[2] für dieses Ergebnis, da die Feststellung insbesondere der Klagebefugnis den „Wohnungseigentumsgerichten" überlassen bleiben sollte. Deshalb ist es bei § 43 Abs. 2 Nr. 4 WEG ausreichend, wenn das Klagebegehren auf die Erklärung der Unwirksamkeit, Nichtigkeit oder die Ersetzung eines Wohnungseigentümerbeschlusses gerichtet ist. Das Gericht am Belegenheitsort ist daher etwa auch für eine nach neuem Recht unstatthafte Anfechtungsklage des Verwalters oder für eine gegen die Wohnungseigentümer gerichtete Anfechtungsklage zuständig. Nicht einschlägig ist § 43 Abs. 2 Nr. 4 WEG hingegen, wenn der Bestand eines Wohnungseigentümerbeschlusses nicht Streitgegenstand, sondern nur Vorfrage ist.[3]

1832 **Beispiel:** V verklagt K aus der Regelung über den Nutzen-Lasten-Wechsel in einem Wohnungskaufvertrag auf Zahlung; die Berechtigung des Anspruchs hängt von dem Bestand des Beschlusses über die Jahresabrechnung ab. – Kein Fall des § 43 Abs. 2 Nr. 4 WEG.

4. Internationale Zuständigkeit

1833 Wie alle Gerichtsstandsbestimmungen regelt § 43 WEG neben der örtlichen auch die internationale Zuständigkeit, soweit keine vorrangigen Zuständigkeitsregelungen bestehen. Diese sind insbesondere die Vorschriften der Brüssel Ia-VO. Von besonderer Bedeutung ist die ausschließliche Zuständigkeit der Gerichte des Mitgliedsstaats, in dem die Gemeinschaft der Wohnungseigentümer ihren Sitz hat für Beschlussmängelklagen (Art. 24 Nr. 2 Brüssel Ia-VO)[4] und für Wohngeldklagen der Gerichtsstand des Erfüllungsortes (Art. 7 Nr. 1 lit. a Brüssel Ia-VO). Diese Regelungen führen zur

1 BT-Drucks. 19/18791, S. 82. Der BGH musste zum alten Recht indes nicht entscheiden, ob die Anfechtungsklage einer unbefugten Partei unter § 43 Nr. 4 WEG a.F. fiel, BGH v. 21.6.2012 – V ZB 56/12, NJW-RR 2012, 1359 Rz. 6.

2 Dazu Staudinger/*Lehmann-Richter*, § 43 WEG Rz. 7.

3 Staudinger/*Lehmann-Richter*, § 43 WEG Rz. 53.

4 Zur „Gesellschaft" i.S.d. Art. 24 Nr. 2 Brüssel Ia-VO s. BeckOK-ZPO/*Vossler*, Art. 24 Brüssel Ia-VO Rz. 19.

örtlichen Zuständigkeit des Gerichts im Bezirk des Grundstücks bei gegen eine Gemeinschaft der Wohnungseigentümer deutschen Rechts gerichteten Beschlussmängelklage eines Wohnungseigentümers mit Sitz im Ausland (Art. 24 Nr. 2 Brüssel Ia-VO, § 43 Abs. 2 Nr. 4 WEG) sowie für **Wohngeldklagen** einer deutschen Wohnungseigentümergemeinschaft gegen einen Wohnungseigentümer mit Sitz im Ausland.[1]

II. Allgemeine Regeln der Beschlussklagen (§ 44 WEG)

1834 § 44 WEG enthält die allgemeinen Vorschriften für Beschlussklagen, also die Anfechtungs-, Nichtigkeits- und Beschlussersetzungsklage. Die Norm hat eine vergleichsweise hohe Regelungsdichte, was aus ihrem übergeordneten Zweck folgt, die für sämtliche Beschlussklagen geltenden Regelungen in einer Vorschrift zu bündeln. Der Anwendungsbereich der Norm ist auf die in § 44 Abs. 1 WEG definierten Klagetypen beschränkt (zu anderen Klagen mit Beschlussbezug Rz. 1877).

1. Typen von Beschlussklagen (§ 44 Abs. 1 WEG)

1835 § 44 Abs. 1 WEG definiert drei Typen von Klagen. Diese fasst das Gesetz, wie sich aus der Überschrift von § 44 WEG ergibt, unter dem Oberbegriff „Beschlussklagen" zusammen. Sprachlich fällt auf, dass das Gesetz nur bei der Bezeichnung „Beschlussersetzungsklage" das Wort „Beschluss" verwendet. Hintergrund ist, dass diese Bezeichnung bereits aus der Rechtsprechung bekannt ist.[2] Der – den Namen der beiden anderen Beschlussklagen näher stehende – Begriff „Ersetzungsklage" wäre hingegen ohne Vorbild gewesen.

a) Zweck der Typisierung

1836 § 44 Abs. 1 WEG regelt die Kompetenz des Gerichts, einen Beschluss für unwirksam oder nichtig zu erklären bzw. einen Wohnungseigentümerbeschluss zu fassen. Beim Normzweck ist zwischen Anfechtungs- und Beschlussersetzungsklage auf der einen und der Nichtigkeitsklage auf der anderen Seite zu unterscheiden: Anfechtungs- und Beschlussersetzungsklagen sind Gestaltungsklagen, deren Erhebung nur in den vom Gesetz geregelten Fällen statthaft ist.[3] Gäbe es § 44 Abs. 1 WEG nicht, wäre die gerichtliche Unwirksamkeitserklärung bzw. die Ersetzung eines Beschlusses mithin nicht möglich. Eine Klage auf Feststellung der Nichtigkeit ließe sich ohne § 44 Abs. 1 WEG hingegen unter § 256 Abs. 1 ZPO subsumieren.[4] Die Zuordnung zu den Beschlussklagen soll aber gewährleisten, dass auf die Nichtigkeitsklage die Regelungen des § 44 Abs. 2 bis 4 WEG zur Anwendung kommen.

---

1 Näher Staudinger/*Lehmann-Richter*, Vorbem. 18 zu §§ 43 ff. WEG; s. auch EuGH v. 8.5.2919 – C-25/18 (Kerr/Postnov u. Postnova), NJW 2019, 2991.

2 Etwa BGH v. 5.7.2019 – V ZR 149/18, NZM 2019, 788.

3 MünchKommZPO/*Becker-Eberhard*, Vorbem. zu § 253 ff. Rz. 28.

4 Vgl. zum bisherigen Recht Staudinger/*Lehmann-Richter*, § 46 WEG Rz. 233.

b) Streitgegenstand

1837 Den Beschlussklagen ist gemeinsam, dass Streitgegenstand ein konkreter[1] Beschluss der Wohnungseigentümer sein muss. Auf andere Beschlüsse, insbesondere des Verwaltungsbeirats, ist die Norm unanwendbar.[2] Eine Beschlussklage, die einen solchen anderen Beschluss zum Gegenstand hat, ist unstatthaft. Denn andere Beschlüsse können nur nach den allgemeinen Klagearten zum Gegenstand eines gerichtlichen Verfahrens gemacht werden.[3]

aa) Begrenzung auf vorgetragene Gestaltungs- oder Nichtigkeitsgründe

1838 Fraglich ist, ob Streitgegenstand der in Rede stehende Beschluss insgesamt ist oder ob sich der Streitgegenstand auf die vom Kläger vorgetragenen Gestaltungs- oder Nichtigkeitsgründe beschränkt. Dies ist insbesondere bei Anfechtungs- und Nichtigkeitsklage relevant, weil Beschlüsse häufig an mehreren formellen oder inhaltlichen Fehlern leiden.

1839 **Beispiel 1:** A erhebt Anfechtungsklage und rügt einen Ladungsmangel. Der Beschluss leidet aber stattdessen daran, dass er ordnungsmäßiger Verwaltung widerspricht, was A aber nicht vorträgt.

1840 Auch bei der Beschlussersetzung ist es denkbar, dass der begehrte Beschluss sich aus einem Gestaltungsgrund ergibt, den der Kläger nicht in den Prozess einführt.

1841 **Beispiel:** A erhebt Beschlussersetzungsklage mit dem Ziel, X als Verwalter abzuberufen Er begründet dies mit dem Argument, X sei als Betrüger vorbestraft. Das ist allerdings nicht der Fall, hingegen fehlt X das in § 26a WEG geregelte Zertifikat.

1842 Aus dem zweigliedrigen Streitgegenstandsbegriff der h.M.[4] folgt, dass der Streitgegenstand der Beschlussklagen durch den vom Kläger vorgetragenen Gestaltungs- oder Nichtigkeitsgrund als relevanter (Einzel-)Lebenssachverhalt bestimmt wird.[5] Die Frage, ob der Sachvortrag des Klägers verschiedene oder denselben Gestaltungs- oder Nichtigkeitsgrund betrifft[6] ist mit dem Problem verknüpft, ob ein Anfechtungsgrund fristgemäß in den Prozess eingeführt wurde.[7] Wird also etwa eine Anfechtungsklage gestützt auf den Beschlussmangel A erhoben, so ist der vom Kläger nicht gerügte Beschlussmangel B nicht Gegenstand der Klage. Zum **bisherigen Recht** vertritt der **BGH** allerdings die Gegenansicht: Einheitlicher Streitgegenstand der Anfechtungsklage sollen sämtliche in Betracht kommenden Beschlussmängel sein.[8] Dieser auf § 46 Abs. 2, § 47 S. 1 und § 48 Abs. 4 WEG a.F. gestützten Ansicht ist durch

1 Vgl. BGH v. 30.6.2015 – II ZR 142/14, NZG 2015, 1227 Rz. 44 (zum Aktienrecht).
2 BT-Drucks. 19/18791, S. 82.
3 Vgl. zum Beiratsbeschluss Staudinger/*Lehmann-Richter*, § 29 WEG Rz. 42.
4 Etwa BGH v. 10.12.2002 – X ARZ 208/02, NJW 2003, 828.
5 Zum Aktienrecht s. BGH v. 7.12.2009 – II ZR 63/08, ZIP 2010, 879; K. Schmidt/Lutter/*Schwab*, § 246 Rz. 2; anders noch BGH v. 22.7.2002 – II ZR 286/01, BGHZ 152, 1.
6 Dazu etwa *Stilz*, Liber amicorum Winter (2011), S. 671.
7 Dazu etwa Staudinger/*Lehmann-Richter*, § 46 WEG Rz. 165 f.
8 BGH v. 26.10.2012 – V ZR 7/12, NJW 2013, 65 Rz. 8; anders aber letztlich BGH v. 10.7.2015 – V ZR 198/14, NJW 2015, 3371 Rz. 7.

das WEMoG der Boden entzogen worden. Denn § 46 Abs. 2 und § 48 Abs. 4 WEG a.F. wurden ersatzlos gestrichen und nach der Umstellung der Passivlegitimation auf die Gemeinschaft der Wohnungseigentümer ist die Prozessverbindung möglich, ohne dass es hierfür eines einheitlichen Streitgegenstands bedarf.

bb) Folgerungen

1843 Der beschriebene Streitgegenstandsbegriff hat folgende Konsequenzen: Trägt der Kläger verschiedene Gestaltungs- oder Nichtigkeitsgründe in Bezug auf denselben Beschluss vor, handelt es sich um einen Fall der **objektiven Klagenhäufung.**[1] Dringt der Kläger nicht mit sämtlichen seiner Rügen durch, ist dies bei der Kostenentscheidung zu berücksichtigen, wobei sich aus § 92 Abs. 2 Nr. 1 Alt. 2 ZPO – abhängig vom Umfang der unbegründeten Rügen – eine umfängliche Kostengrundentscheidung zu Lasten der Beklagten ergeben kann.[2] Das Rechtsmittel gegen die Entscheidung in einem Beschlussklageverfahren kann auf einzelne Beschlussmängel beschränkt werden.[3] Zum Umfang der Rechtskraft s. Rz. 1935.

c) Anfechtungsklage

1844 § 44 Abs. 1 S. 1 Alt. 1 WEG definiert die Anfechtungsklage dahingehend, dass ihre Erhebung das Gericht berechtigt, einen Beschluss der Wohnungseigentümer für ungültig zu erklären. Dies ist eine rechtstechnische Verbesserung, da § 46 Abs. 1 WEG a.F. die Statthaftigkeit der Anfechtungsklage zwar voraussetzte, ihre Rechtsnatur aber nicht beschrieb. Inhaltlich führt die **gesetzliche Definition** zu keinen Änderungen: Die Anfechtungsklage ist weiterhin eine Gestaltungsklage, weil die rechtskräftige Entscheidung zu einer Umgestaltung der Rechtslage – der zunächst wirksame Beschluss wird rückwirkend unwirksam – führt. Die Ungültigerklärung des Beschlusses durch das Gericht wirkt *inter omnes* (zur Urteilswirkung auch Rz. 1935).[4]

1845 Wie bisher auch dient die Anfechtungsklage dazu, für die Durchsetzung des Rechts auf Aufhebung eines rechtswidrigen Beschlusses ein standardisiertes Verfahren zur Verfügung zu stellen.[5] Dafür wird dem Wohnungseigentümer in § 44 Abs. 1 S. 1 Alt. 1 WEG einerseits ein **materiellrechtliches Gestaltungsrecht** gewährt, andererseits die Ausübung dieses Rechts nur auf **prozessrechtlichem Weg** zugelassen. Das materiellrechtliche Gestaltungsrecht hat seine Wurzeln in § 18 Abs. 2 WEG, der – gäbe es § 44 Abs. 1 S. 1 WEG nicht – dem Wohnungseigentümer gegen die Gemeinschaft der Wohnungseigentümer einen Anspruch gewähren würde, für die Aufhebung eines rechtswidrigen Beschlusses zu sorgen.

---

1 Vgl. GroßKommAktG/*K. Schmidt*, § 246 Rz. 57.

2 Vgl. K. Schmidt/Lutter/*Schwab*, § 246 Rz. 5.

3 So zum früheren Recht bereits BGH v. 10.7.2015 – V ZR 198/14, NJW 2015, 3371 Rz. 7, indes im Widerspruch zu seiner These eines einheitlichen Streitgegenstandes.

4 BGH v. 9.10.2006 – II ZR 46/05, NJW 2007, 300 Rz. 22 (zum AktG).

5 Vgl. zum Folgenden mit Nachweisen Staudinger/*Lehmann-Richter*, § 46 WEG Rz. 19 ff.

1846 Ob der Kläger eine Anfechtungsklage erhoben hat und gegen welche Beschlüsse sich diese richtet, bestimmt sich nach dem **Klageantrag.**[1] Das neue Recht enthält diesbezüglich keine Änderungen. Zur gleichzeitigen Erhebung von Anfechtungs- und Nichtigkeitsklage s. Rz. 1857, zur Auslegung der Klage mit Blick auf die Beklagtenbezeichnung s. Rz. 1893.

d) Nichtigkeitsklage

1847 Die Nichtigkeitsklage beschreibt § 44 Abs. 1 S. 1 Alt. 2 WEG als die auf Feststellung der Nichtigkeit eines Beschlusses gerichtete Klage. Durch die Aufnahme der Nichtigkeitsklage in die Gruppe der Beschlussklagen erhöht sich die gesetzliche Regelungsdichte dieser Klage, die im bisherigen Recht in § 47 S. 1 WEG a.F. nur unter dem Gesichtspunkt der Prozessverbindung Erwähnung fand.

1848 Im Gegensatz zur allgemeinen Feststellungsklage nach § 256 ZPO ist die Zulässigkeit der Nichtigkeitsklage, wie sich schon aus dem Wortlaut ergibt, **nicht** von einem **Feststellungsinteresse** auf Seiten des Klägers abhängig. Denn § 44 Abs. 1 S. 1 Alt. 2 WEG enthält eine insoweit abschließende Regel zur Klagebefugnis, die – ebenso wie bei der Anfechtungsklage – jedem Wohnungseigentümer ohne weiteres zusteht.[2] Während die Feststellungsklage nach § 256 ZPO von der h.L.[3] als prozessrechtliches Institut verstanden wird, überzeugt für die Nichtigkeitsklage die Gegenansicht[4], nach der mit der Feststellungsklage ein **materielles Recht prozessrechtlich durchgesetzt** wird. Denn die Nichtigkeitsklage dient der Abwehr der Belastung der Mitgliedschaft des Wohnungseigentümers, die sich aus der faktischen Existenz eines nichtigen Beschlusses ergibt. Für eine materiellrechtliche Verankerung der Nichtigkeitsklage spricht auch, dass so ein Gleichklang mit der Anfechtungsklage erreicht wird, der ebenfalls ein materielles Gestaltungsrecht zugrunde liegt. Ein solcher Gleichklang ist angesichts der Verklammerung beider Klagen durch den Streitgegenstandsbegriff (Rz. 1855) überzeugend.

1849 Ebenso wie der Anfechtungsklage in Form des Anfechtungsrechts[5] liegt der Feststellungsklage also ein (besonderes) **Feststellungsrecht** zugrunde.[6] Dieses Feststellungsrecht steht jedem Wohnungseigentümer zu, ohne dass es im Prozess des Vortrags einer besonderen Beeinträchtigung durch den angegriffenen Beschluss bedürfte.[7] Ebenso wie das Anfechtungsrecht kann auch das Feststellungsrecht entfallen; die

---

1 Etwa Staudinger/*Lehmann-Richter*, § 46 WEG Rz. 145 ff.
2 Vgl. K. Schmidt/Lutter/*Schwab*, § 249 Rz. 3.
3 Etwa Stein/Jonas/*Roth*, § 256 Rz. 2 m. Nachw.
4 Etwa *Zöllner*, AcP 190 (1990), 471, 491 ff.
5 Dazu Staudinger/*Lehmann-Richter*, § 46 WEG Rz. 43.
6 Ähnlich das historische Verständnis der allgemeinen Feststellungsklage, nach der mit dieser ein privatrechtlicher Anspruch auf Anerkennung geltend gemacht werde („Anerkennungsklage"), vgl. MünchKommZPO/*Becker-Eberhard*, § 256 Rz. 3.
7 Vgl. zum Anfechtungsrecht Staudinger/*Lehmann-Richter*, § 46 WEG Rz. 44.

zum Wegfall des Anfechtungsrechts entwickelten Grundsätze[1] – insbesondere zum Rechtsmissbrauch – geltend entsprechend.

e) Verhältnis zwischen Anfechtungs- und Nichtigkeitsklage

1850 Das Verhältnis zwischen Anfechtungs- und Nichtigkeitsklage betrifft die Frage, ob beide zu einer einheitlichen Kassationsklage oder aber zumindest durch eine Identität der Streitgegenstände miteinander verklammert sind.

aa) Keine einheitliche Kassationsgestaltungsklage

1851 Probleme bereitet die Bestimmung der Rechtsnatur der Nichtigkeitsklage. Es fragt sich nämlich, ob es sich um eine Feststellungs- oder um eine Gestaltungsklage handelt. Die aktienrechtliche Nichtigkeitsklage (§ 249 AktG) wird verbreitet als Gestaltungsklage eingeordnet.[2] Gleiches wird zum **bisherigen Recht** für die wohnungseigentumsrechtliche Nichtigkeitsfeststellungsklage vertreten.[3] Die Vertreter dieser Ansicht fassen so Anfechtungs- und Nichtigkeitsklage zu einer einheitlichen „Kassationsklage“ zusammen.[4]

1852 Soweit sich die Vertreter dieser Ansicht auf eine angebliche *inter-omnes*-Wirkung der Nichtigkeitsklage berufen,[5] beruht dies auf einer unzutreffenden Prämisse:[6] Die ***inter-omnes*-Wirkung** der Nichtigkeitsklage leitet die h.M. letztlich aus einem Argument *a maiore ad minus* ab.[7] Dabei wird allerdings übersehen, dass die Anfechtungsklage nicht im prozessrechtlichen Sinne *inter omnes* wirkt, sondern diese Wirkung rein materiellrechtlicher Natur ist. Denn die Anfechtungsklage vernichtet den Beschluss; die diesbezügliche Wirkung des Urteils ist tatsächlicher Natur. Denn durch das Urteil wird eine objektive Rechtslage geschaffen;[8] ein nichtexistenter Beschluss kann denklogisch gegenüber niemandem Wirkung entfalten. Die Rechtslage ist mithin keine andere als bei einem Aufhebungsbeschluss; auch in diesem Fall wirkt die Aufhebung *inter omnes*. Dies zeigt: Wenn das Gesetz, wie im Fall der Anfechtungsklage, einem Urteil die ein Rechtsgeschäft kassierende Wirkung beimisst, bedarf es

---

1 Dazu Staudinger/*Lehmann-Richter*, § 46 WEG Rz. 54 ff. und Rz. 94.

2 Insbesondere *K. Schmidt*, JZ 1988, 729, 732 und öfter; *Kindl*, ZGR 2000, 166, 172 f. Die Vertreter dieser Ansicht erklären die gestaltende Nichtigerklärung des bereits ungültigen Beschlusses mit dem Institut der Doppelwirkung im Recht.

3 Insbesondere Jennißen/*Suilmann*, § 48 Rz. 46.

4 *K. Schmidt*, JZ 1988, 729 und öfter.

5 Etwa *Kindl*, ZGR 2000, 166 (172).

6 Überzeugend K. Schmidt/Lutter/*Schwab*, § 249 Rz. 1 mit § 246 Rz. 5.

7 BGH v. 13.10.2008 – II ZR 112/07, NJW 2009, 230 Rz. 8 zu § 249 AktG: Es sei nicht verständlich, wenn ein Urteil, das einen Beschluss für nichtig erklärt, Wirkung für und gegen alle hat, die richterliche Feststellung eines schwerwiegenden Beschlussmangels hingegen nicht, obwohl beide Klage dasselbe materielle Ziel verfolgen, die richterliche Klärung der Nichtigkeit des Gesellschafterbeschlusses mit Wirkung für und gegen jedermann. Zur wohnungseigentumsrechtlichen Nichtigkeitsklage alten Rechts verweist BGH v. 2.10.2009 – V ZR 235/08, Z 182, 307 Rz. 21 auf die Identität der Streitgegenstände.

8 Stein/Jonas/*Leipold*, ZPO, § 325 Rz. 8.

für die Begründung, warum die Kassation allgemein verbindlich ist, nicht des Rückgriffs auf prozessrechtliche Wirkungsgrundsätze. Rechtskraftfragen stellen sich beim Anfechtungsurteil vielmehr nur mit Blick auf die materielle Rechtskraft (dazu Rz. 1935). Die Begründung der h.M., die Nichtigkeitsklage müsse ebenso wie die Anfechtungsklage *inter omnes* wirken, wäre daher nur zutreffend, wenn die Nichtigkeitsklage eine Gestaltungsklage wäre. Wenn aber die *inter-omnes*-Wirkung bemüht wird, um eben diese Rechtsnatur erst zu begründen, wird zirkelmäßig argumentiert.

1853 Für das Konzept einer einheitlichen Klage spricht allerdings, dass beide Klagen **identische Streitgegenstände** haben, was sich aus dem übergeordneten Ziel der Unverbindlichkeit des Beschlusses ergibt (Rz. 1855). Diese Sichtweise zwingt indes nicht dazu, deshalb beide Klagearten einzuebnen.[1]

1854 **Maßgeblich** sollten daher **System** und **Wortlaut** des § 44 Abs. 1 S.1 WEG sein: Einerseits unterscheidet das Gesetz zwischen Anfechtungs- und Nichtigkeitsklage. Es beruht also gerade nicht auf dem Konzept einer einheitlichen Kassationsklage mit einer differenzierten Regelung, unter welchen Voraussetzungen welche Kassationsgründe vom Gericht zu berücksichtigen sind. Zum anderen ist nach dem Wortlaut von § 44 Abs. 1 S. 1 WEG Rechtsfolge der Entscheidung auf eine Nichtigkeitsklage nicht die Gestaltung, sondern die Feststellung der Rechtslage. Bei diesen gesetzgeberischen Entscheidungen sollte es sein Bewenden haben, was zu dem Ergebnis führt, dass Anfechtungs- und Nichtigkeitsklagen **zwei unterschiedliche Klagetypen** sind.

bb) Identität der Streitgegenstände

1855 Mit dem Problem der Identität der Klagen verwoben ist die Frage, ob auf denselben Unwirksamkeitsgrund (dazu Rz. 1838) gestützte Anfechtungs- und Nichtigkeitsklagen denselben Streitgegenstand haben. Die h.M. zum **alten Recht** hat dies mit einer auf § 46 Abs. 2, § 47 S. 1, § 48 Abs. 4WEG a.F. gestützten Begründung bejaht.[2] Von diesen Regelungen ist nur die Prozessverbindung (§ 47 S. 1 WEG a.F.; jetzt: § 44 Abs. 2 S. 3 WEG) übernommen worden. In der Tat setzte diese nach altem Recht die Identität der Streitgegenstände voraus.[3] Durch die Umstellung der Passivlegitimation auf die Gemeinschaft der Wohnungseigentümer ist die Prozessverbindung nach § 44 Abs. 2 S. 3 WEG indes möglich, ohne dass es einer Identität der Streitgegenstände bedarf. Nach neuem Recht kann die Identität der Streitgegenstände daher nicht mehr auf Besonderheiten des wohnungseigentumsrechtlichen Verfahrens gestützt werden.

1856 Ebenso wie im Aktienrecht muss die Streitgegenstandsfrage deshalb mit Hilfe **allgemeiner Prinzipien** beantwortet werden. Dort hat sich das Argument, dass sich aus dem unterschiedlichen Klageantrag von Anfechtungs- und Nichtigkeitsklage verschiedene Streitgegenstände ergeben, nicht durchgesetzt. Vielmehr wird im Aktienrecht aus dem einheitlichen Ziel des Klägers, die Unwirksamkeit des Gesellschafter-

1 Vgl. Stein/Jonas/*Roth*, ZPO, vor § 253 Rz. 13.
2 BGH v. 2.10.2009 – V ZR 235/08, NJW 2009, 3655 Rz. 20.
3 Staudinger/*Lehmann-Richter*, § 46 WEG Rz. 6 f.

beschlusses gerichtlich klären zu lassen, auf identische Streitgegenstände geschlossen.[1] Das ist wertungsmäßig überzeugend, weshalb auch im Wohnungseigentumsrecht auf denselben Unwirksamkeitsgrund gestützte Anfechtungs- und Nichtigkeitsklagen **denselben Streitgegenstand** haben.

1857 Praktisch wirkt sich diese Sichtweise zum einen auf den **Klageantrag** aus: Der Anfechtungsantrag schließt den Feststellungsantrag ein und umgekehrt, ohne dass sich dies aus einer Auslegung des Klageantrags ergeben müsste.[2]

1858 **Beispiel:** A erhebt Klage mit dem Antrag, einen bestimmten Beschluss für ungültig zu erklären. Zur Begründung rügt er die inhaltliche Unbestimmtheit des Beschlusses. Wenn das Gericht zu dem Ergebnis kommt, der Beschluss sei deswegen nichtig, kann es auf Feststellung der Nichtigkeit erkennen, ohne dass es einer Klageänderung durch A bedarf. Auch kostenmäßig ergeben sich für A keine Nachteile; es ist nicht etwa so, dass seine Klage teilweise abgewiesen worden wäre, weil das Gericht seinem Antrag auf Ungültigerklärung nicht entsprochen hat.

1859 Daneben ist die Identität des Streitgegenstands mit Blick auf die **Rechtskraft** eines klageabweisenden Urteils von Bedeutung. Wird die Anfechtungs- oder Nichtigkeitsklage als unbegründet abgewiesen, kann der Kläger den Beschluss nicht unter Berufung auf denselben Beschlussmangel mit der jeweils anderen Klageart erneut einer gerichtlichen Prüfung zuführen. Zu den Wirkungen des Urteils s. auch Rz. 1935.

f) Beschlussersetzungsklage

1860 Nach § 44 Abs. 1 S. 2 WEG liegt eine Beschlussersetzungsklage vor, wenn der Kläger beantragt, dass Gericht möge einen Wohnungseigentümerbeschluss fassen. Diese Klage war früher in § 21 Abs. 8 WEG a.F. geregelt. Sie war allerdings nur ein Ausschnitt des Anwendungsbereichs dieser Vorschrift, die sich allgemein auf „Maßnahmen" der Wohnungseigentümer bezog. Unter diesen Begriff subsumierte der BGH auch den Abschluss einer Vereinbarung nach § 10 Abs. 2 S. 1 WEG a.F.[3] Der Gesetzgeber hat die **Maßnahmenersetzungsklage** des alten Rechts zurechtgestutzt und auf eine Beschlussersetzungsklage reduziert. Denn nur beim Beschluss besteht ein Bedürfnis für eine besondere Gestaltungsklage, weil die Beschlussfassung für die Verwaltung des gemeinschaftlichen Eigentums unerlässlich ist.[4] Diese klare Entscheidung steht einer analogen Anwendung von § 44 Abs. 1 S. 2 WEG auf andere Verwaltungsmaßnahmen[5] – etwa Vereinbarungen, aber auch Verwaltungshandlungen wie der Ladung zu einer Eigentümerversammlung – entgegen.

---

1 BGH v. 17.2.1997 – II ZR 41/96, NJW 1997, 1510; K. Schmidt/Lutter/*Schwab*, § 249 Rz. 2.

2 BGH v. 2.10.2009 – V ZR 235/08, NJW 2009, 3655 Rz. 20 (zum alten Recht); zur AG: OLG Stuttgart v. 12.8.1998 – 20 U 111/97, NZG 1998, 822; K. Schmidt/Lutter/*Schwab*, § 249 Rz. 2.

3 BGH v. 8.4.2016 – V ZR 191/15, NJW 2017, 64 Rz. 7; a.A. Staudinger/*Lehmann-Richter*, § 21 WEG Rz. 263.

4 BT-Drucks. 19/18791, S. 82.

5 Zu den verschiedenen Typen von Verwaltungsmaßnahmen Staudinger/*Lehmann-Richter*, § 21 WEG Rz. 37.

1861 Ebenso wie Anfechtungs- und Nichtigkeitsklage dient auch die Beschlussersetzungsklage der **Durchsetzung** eines **materiellen Rechts** durch eine besondere Klage. Die Beschlussersetzungsklage wurzelt daher, vergleichbar der Anfechtungsklage (Rz. 1845), in den Vorschriften des WEG, die dem Wohnungseigentümer gegen die Gemeinschaft der Wohnungseigentümer einen Anspruch auf Beschlussfassung geben. Die Durchsetzung dieses Anspruchs auf Beschlussfassung erfolgt nach § 44 Abs. 1 S. 2 WEG prozessrechtlich durch die Beschlussersetzungsklage.[1] Zur Konkurrenz zur Leistungsklage s. Rz. 1879.

1862 § 44 Abs. 1 S. 2 WEG verdeutlicht die materiellrechtliche Grundlage der Beschlussersetzungsklage, indem die Norm verlangt, dass eine notwendige Beschlussfassung unterblieben ist. Diese Formulierung, die § 21 Abs. 8 WEG a.F. ähnelt,[2] nimmt auf den materiellrechtlichen **Gestaltungsgrund** Bezug.

1863 Das Gesetz ist bei der Beschlussersetzungsklage insofern also ausführlicher als bei der Anfechtungsklage, da § 23 Abs. 4 S. 2 WEG den Gestaltungsgrund der Anfechtungsklage überhaupt nicht beschreibt. Das WEMoG hat daran nichts geändert; ein entsprechender Formulierungsversuch müsste wohl auch an der Komplexität der Aufgabe scheitern, weil die Führung des Katalogs der Anfechtungsgründe ein fortschreitender Prozess ist.

aa) Notwendige Beschlussfassung

1864 Wann eine notwendige Beschlussfassung unterblieben ist, beschreibt § 44 Abs. 1 S. 2 WEG nicht näher. Die Antwort auf diese Frage gibt das materielle Wohnungseigentumsrecht, das, wie ausgeführt, durch § 44 Abs. 1 S. 2 WEG, prozessrechtlich umgesetzt wird. Die Begründetheit der Beschlussersetzungsklage setzt mithin einen **materiellrechtlichen Anspruch auf Beschlussfassung** voraus, der nicht erfüllt wurde.

1865 Notwendig ist daher eine Beschlussfassung, wenn der Kläger gegen die Gemeinschaft der Wohnungseigentümer einen Anspruch auf Beschlussfassung hat. Der Anspruch kann sich aus § 18 Abs. 2 WEG oder einer speziellen Vorschrift ergeben.[3] Von praktischer Bedeutung ist insbesondere der Anspruch auf Ausführung oder Gestattung einer privilegierten Baumaßnahme nach § 20 Abs. 2 WEG oder auf Gestattung einer Bagatellveränderung des gemeinschaftlichen Eigentums nach § 20 Abs. 3 WEG.

---

1 Grundlegend zu diesem theoretischen Konzept der Gestaltungsklagen *Bötticher*, FS Dölle I, 1963, 41, 54 ff.; zur Übertragung dieser Theorie auf § 21 Abs. 8 WEG a.F. Staudinger/*Lehmann-Richter*, § 21 WEG Rz. 255.

2 Dort hieß es: „Treffen die Wohnungseigentümer eine nach dem Gesetz erforderliche Maßnahme nicht...“.

3 BT-Drucks. 19/18791, S. 82.

bb) Beschlussfassung unterblieben

1866 Das Merkmal der unterbliebenen Beschlussfassung entspricht inhaltlich der Formulierung in § 21 Abs. 8 WEG, dass eine Maßnahme nicht getroffen wurde.[1] Dieses **Vorbefassungsgebot** setzt – wie bisher – die Untätigkeit der Wohnungseigentümer voraus, die grundsätzlich erst feststeht, wenn die Versammlung einen entsprechenden Beschlussantrag abgelehnt hat.[2] Eine Ausnahme gilt zum einen, wenn der Antrag nicht behandelt wird, weil ihn der Verwalter nicht auf die Tagesordnung gesetzt hat; dieses „verweigernde" Handeln wird der Gemeinschaft der Wohnungseigentümer zugerechnet. Eine weitere Ausnahme ist anzuerkennen, wenn vorgetragen und ggf. vom Kläger bewiesen ist, dass die Versammlung – wäre sie mit dem Beschlussantrag konfrontiert worden – diesen abgelehnt hätte.[3]

cc) Klageantrag

1867 Der Klageantrag muss die Gestaltung durch das Gericht zum Ziel haben; dem Kläger muss es also darum gehen, dass durch das Urteil der begehrte Beschluss rechtlich zur Entstehung gelangt.

1868 ***Formulierungsvorschlag:***

Es wird beantragt, folgenden Beschluss der Wohnungseigentümergemeinschaft Colmantstraße 45, 10777 Berlin zu fassen: […]

1869 Ob ein Beschlussersetzungsantrag gestellt wurde, ist in Zweifelsfällen durch **Auslegung** des Klageantrags zu ermitteln.[4] Insbesondere mit Blick auf die Unzulässigkeit einer auf Beschlussfassung gerichteten Leistungsklage (Rz. 1880) ist das Prinzip von Bedeutung, dass bei der Auslegung von Prozesserklärungen im Zweifel das gilt, was den recht verstandenen Interessen des Erklärenden entspricht.[5] Eine auf Leistungsklage hindeutende Antragstellung ist daher regelmäßig als Gestaltungsantrag zu verstehen, es sei denn es ist unzweifelhaft, dass der Kläger eine (unzulässige) Leistungsklage erheben wollte.

1870 **Beispiel:** Der Antrag, *„die Gemeinschaft der Wohnungseigentümer Colmantstraße 45, 10777 Berlin zu verurteilen, folgenden Beschluss zu fassen: […]"* ist umzudeuten in *„es wird beantragt, folgenden Beschluss der Wohnungseigentümergemeinschaft Colmantstraße 45, 10777 Berlin zu fassen: […]"*.

1871 Ebenso wie die Anfechtungsklage den für ungültig zu erklärenden Beschluss nennen muss, bedarf es bei der Beschlussersetzungsklage der Bezeichnung des begehrten Beschlusses. Hier ist von Bedeutung, dass § 44 Abs. 1 S. 2 WEG die Entscheidung über den zu fassenden Beschluss nicht stets in das Ermessen des Gerichts stellt (Rz. 1874). Nur wenn nach materiellem Recht ein Ermessenspielraum des Gerichts besteht, ist

---

1 Zum Folgenden Staudinger/*Lehmann-Richter* § 21 WEG Rz. 276.
2 BGH v. 26.2.2016 – V ZR 250/14, NJW 2016, 2181 Rz. 20.
3 BGH v. 15.1.2010 – V ZR 114/09, Z 184, 88 Rz. 15.
4 Beispiel zum alten Recht bei BGH v. 26.2.2016 – V ZR 250/14, NJW 2016, 2181 Rz. 18 f.
5 Etwa BGH v. 26.5.2009 – VI ZR 174/08, NJW-RR 2010, 428 Rz. 13.

es ausreichend, wenn der Kläger das von ihm angestrebte Maßnahmenziel nennt.[1] Besteht hingegen kein Entscheidungsermessen, muss der Kläger den genauen Inhalt des von ihm begehrten Beschlusses nennen, um den Anforderungen des § 253 Abs. 2 Nr. 2 ZPO an einen hinreichend bestimmen Antrag zu genügen.

1872 **Beispiel 1:**[2] Für das Grundstück fehlt ein nach öffentlichem Recht erforderlicher Stellplatznachweis. Aus § 18 Abs. 2 Nr. 1 WEG folgt, dass jeder Wohnungseigentümer verlangen kann, dass die Voraussetzungen für diesen Nachweis geschaffen werden, weil nur dies ordnungsmäßiger Verwaltung entspricht. Wie dies erfolgt, steht nach § 18 Abs. 2 Nr. 1 WEG im Ermessen der Wohnungseigentümer. Daher ist hier ein unbestimmter Beschlussersetzungsantrag zulässig, etwa: *„Es wird beantragt, einen Beschluss der Wohnungseigentümergemeinschaft Colmantstraße 45, 10777 Berlin zu fassen, der die Erfüllung der öffentlich-rechtlichen Anforderungen an den Stellplatznachweis bezüglich des Grundstücks Colmantstraße 45, 10777 Berlin durch die Gemeinschaft der Wohnungseigentümer regelt.“*

1873 **Beispiel 2:** Wohnungseigentümer B möchte einen Durchbruch durch eine tragende Wand im Bereich seines Sondereigentums ausführen, wodurch niemand über das bei einem geordneten Zusammenleben unvermeidliche Maß hinaus beeinträchtigt wird (vgl. § 20 Abs. 3 WEG). Bei einer Beschlussfassung durch die Wohnungseigentümer bestünde nach § 20 Abs. 3 WEG kein Ermessen. Der Klageantrag unterliegt daher den Anforderungen des § 253 Abs. 2 Nr. 2 ZPO. Der Kläger muss den angestrebten Beschluss inhaltlich so genau beschreiben, dass die Übernahme des Antrags in den Tenor des Gerichts zu einem nach materiellem Wohnungseigentumsrecht hinreichend bestimmten Beschluss führt.

dd) Gerichtliche Entscheidung

1874 Das Gericht entscheidet durch **Gestaltungsurteil**. Im Gegensatz zu § 21 Abs. 8 WEG a.F., nach dem der Richter stets nach billigem Ermessen zu urteilen hatte, nennt § 44 Abs. 1 S. 2 WEG die Entscheidungskriterien nicht. Diese ergeben sich vielmehr aus dem Gestaltungsgrund. Es ist also nicht mehr so, dass der Richter den Beschluss stets nach billigem Ermessen gestalten darf, sondern nur dann, wenn das konkrete materielle Gestaltungsrecht des Klägers den Wohnungseigentümern – an deren Stelle der Richter entscheidet – ein solches Ermessen eingeräumt hätte. Ein solches Ermessen eröffnet insbesondere die Generalklausel des § 18 Abs. 2 WEG, wenn nicht ausnahmsweise ein Fall der Ermessensreduzierung auf null vorliegt.[3]

1875 Das WEMoG hat die besondere Vorschrift des § 49 Abs. 1 WEG a.F. nicht übernommen, der die **Kostengrundentscheidung** bei der Maßnahmenersetzung nach billigem Ermessen gem. § 21 Abs. 8 WEG a.F. regelte. Nach neuem Recht richtet sich daher die Kostengrundentscheidung, wenn dem Richter bei der Beschlussersetzung ein Ermessenspielraum zusteht, nach der allgemeinen Regel des § 92 Abs. 2 Nr. 2 ZPO.[4] Denn diese Vorschrift ist über ihren Wortlaut („[Festsetzung] de[s] Betrag[s] einer Forderung [...] durch richterliches Ermessen“) ihrem Zweck entsprechend auch

1 Zum alten Recht: BGH v. 26.2.2016 – V ZR 250/14, NJW 2016, 2181 Rz. 19; BGH 8.4.2016 – V ZR 191/15, NJW 2017, 64 Rz. 7; BGH v. 24.5.2013 – V ZR 182/12, NJW 2013, 2271 Rz. 23.
2 Nach BGH v. 26.2.2016 – V ZR 250/14, NJW 2016, 2181.
3 Vgl. Staudinger/*Lehmann-Richter* § 21 WEG Rz. 193.
4 BT-Drucks. 19/18791, S. 80.

auf andere Fälle anwendbar, in denen die Hauptsacheentscheidung von richterlichem Ermessen abhängt.[1]

1876 **§ 92 Abs. 2 Nr. 2 ZPO** ermöglicht es, der Gemeinschaft der Wohnungseigentümer auch dann die gesamten Prozesskosten des Beschlussersetzungsverfahrens aufzuerlegen, wenn der Kläger teils unterlegen ist. Ob dies der Fall ist, ist durch Vergleich zwischen dem vom Kläger in der Klage genannten Maßnahmenziel (Rz. 1871) und der Entscheidung des Gerichts zu ermitteln. Ergibt dies eine Diskrepanz zu Lasten des Klägers, ist in einem zweiten Schritt zu fragen, ob die Diskrepanz auf dem Ermessenspielraum des Gerichts beruht. Dafür ist erforderlich, dass sich das vom Kläger genannte Maßnahmenziel bei wertender Betrachtung mit dem vom Gericht gefassten Beschluss deckt.[2]

g) Sonstige Klagen mit Beschlussbezug (Konkurrenzen)

1877 Neben den in § 44 Abs. 1 WEG geregelten Beschlussklagen gibt es weitere Klagen, die einen Bezug zum Bestand eines Beschlusses aufweisen.

aa) Leistungsklagen

1878 Beschlussbezogene Leistungsklagen sind in verschiedenen Konstellationen denkbar, nämlich als Klagen auf Aufhebung oder Fassung eines Beschlusses, die entweder gegen die Gemeinschaft der Wohnungseigentümer oder andere Wohnungseigentümer gerichtet sind.

1879 Die Leistungsklage gegen die Gemeinschaft der Wohnungseigentümer auf **Aufhebung eines Beschlusses** ist grundsätzlich unzulässig. Denn § 44 Abs. 1 S. 1 Alt. 1 WEG gestaltet den materiellen Aufhebungsanspruch aus § 18 Abs. 2 WEG in ein durch fristgebundene Gestaltungsklage geltend zu machendes Anfechtungsrecht um.[3] Von diesem Prinzip ist nur dann eine Ausnahme zu machen, wenn sich ein Beschluss durch eine nach seiner Fassung eintretende Änderung der Sach- oder Rechtslage als nicht ordnungsmäßig herausstellt. Denn in diesem Sonderfall droht keine Umgehung von § 45 WEG, weil ursprünglich kein Anlass bestand, Anfechtungsklage zu erheben. In diesem Sonderfall ist der Anspruch auf Beschlussaufhebung indes nicht durch Leistungsklage, sondern durch Klage nach § 44 Abs. 1 S. 2 WEG zu verfolgen.

1880 Wegen der gesetzlichen Regelung der Beschlussersetzungsklage ist eine Leistungsklage gegen die Gemeinschaft der Wohnungseigentümer auf **Fassung eines bestimmten Beschlusses** unzulässig. Denn § 44 Abs. 1 S. 2 WEG gestaltet den Anspruch auf Beschlussfassung verfahrensrechtlich – ebenso wie § 44 Abs. 1 S. 1 Alt. 1 WEG es für

1 Vgl. OLG Brandenburg v. 13.10.2004 – 4 U 68/04, juris.
2 Ähnliche Wertung bei OLG München v. 5.3.1986 – 10 W 2728/85, NJW 1986, 3089 (Zuvielforderung muss sich in „vertretbaren Grenzen“ halten).
3 Vgl. Staudinger/*Lehmann-Richter*, § 46 WEG Rz. 22.

den Anspruch auf Beschlussaufhebung tut – in ein Beschlussersetzungsrecht um, das mit der dafür vorgesehenen Klage durchgesetzt werden muss.

1881 Keine Sperrwirkung entfaltet § 44 Abs. 1 WEG hingegen bei beschlussbezogenen Leistungsklagen eines Wohnungseigentümers gegen andere Wohnungseigentümer. Solche Klagen sind zulässig, indes fehlt es nach neuem Recht an einer entsprechenden Anspruchsgrundlage. Denn Schuldner einer Beschlussfassung ist nach § 18 Abs. 2 WEG nur noch die Gemeinschaft der Wohnungseigentümer (Rz. 316). Ebenfalls zulässig ist die Klage des **Verwalters** oder eines anderen Nichtwohnungseigentümers gegen die Gemeinschaft der Wohnungseigentümer oder gegen Wohnungseigentümer auf Fassung oder Aufhebung eines Beschlusses, weil diese kein Anfechtungsrecht haben. Solchen Klagen wird es aber regelmäßig an einer Anspruchsgrundlage fehlen. Insbesondere hat nicht etwa der Verwalter aus dem Amtsverhältnis einen Anspruch[1] auf Aufhebung jedes Beschlusses, der ordnungswidrig ist. Würde der Verwalter bei der Ausführung eines Beschlusses eine Straftat bzw. Ordnungswidrigkeit begehen oder sich ersatzpflichtig machen, besteht richtigerweise bereits keine Ausführungspflicht. Sieht man dies anders, muss man dem Verwalter einen mit der Leistungsklage zu verfolgenden Aufhebungsanspruch geben.

bb) Feststellungsklagen

1882 § 44 Abs. 1 S. 1 Alt. 2 WEG verdrängt die allgemeine beschlussbezogene Nichtigkeitsfeststellungsklage eines Wohnungseigentümers gegen die Gemeinschaft der Wohnungseigentümer,[2] was indes nur von theoretischem Interesse ist. Nicht gesperrt sind hingegen andere auf § 256 ZPO gestützte **Nichtigkeitsfeststellungsklagen**. Dies betrifft zum einen die Klage eines Wohnungseigentümers gegen einen anderen Wohnungseigentümer,[3] der es indes typischerweise am Feststellungsinteresse ermangeln wird, da die Nichtigkeitsklage nach § 44 Abs. 1 S. 1 Alt. 2 WEG eine umfassendere Feststellung der Beschlussnichtigkeit ermöglicht (Rz. 1979). Nicht gesperrt ist auch die Nichtigkeitsfeststellungsklage des Verwalters im Rahmen des § 256 ZPO, sei es gegen die Gemeinschaft der Wohnungseigentümer oder gegen einzelne Wohnungseigentümer. Über den Erfolg dieser Klagen ist damit natürlich noch nichts gesagt. Zur Feststellungsklage zwischen Wohnungseigentümer und Verband Rz. 1982.

1883 Da § 44 Abs. 1 S. 1 Alt. 2 WEG nur die Klage auf Feststellung der Nichtigkeit regelt, verhält sie sich zu **positiven Beschlussfeststellungsklagen** nicht. Zulässigkeit und Begründetheit einer solchen Klage richten sich nach allgemeinen Grundsätzen.[4]

---

1 Zum Anspruch des Verwalters auf Beschlussaufhebung nach altem Recht Staudinger/*Lehmann-Richter*, § 46 WEG Rz. 49.

2 Vgl. BGH 23.2.1978 – II ZR 37/7, NJW 1978, 1325 (zur Genossenschaft).

3 A.A. zum Gesellschaftsrecht OLG Koblenz v. 17.11.2005 – 6 U 577/05, NZG 2006, 270.

4 Dazu Staudinger/*Lehmann-Richter*, § 46 WEG Rz. 241 f.

cc) „Beschlussergebnisklagen"

1884 Die dogmatische Einordnung von Klagen, die einen nach Ansicht des Klägers gefassten, aber nicht verkündeten Beschluss betreffen, ist umstritten. Diesen Streit hat das WEMoG nicht geklärt. Richtigerweise handelt es sich um eine Beschlussersetzungsklage.[1] Denn ohne Verkündung ist der Beschluss nicht gefasst; wenn die Mehrheit aber für den Beschluss gestimmt hat, ist die Beschlussfassung „notwendig" gemäß § 44 Abs. 1 S. 2 WEG.

2. Parteien

1885 Das WEMoG hat die Parteistellung der Beschlussklagen weitgehend umgestaltet.

a) Kläger (§ 44 Abs. 1 WEG)

1886 Nach § 44 Abs. 1 WEG sind nur Wohnungseigentümer klagebefugt. Klagebefugt ist nach § 8 Abs. 3 WEG auch der werdende Wohnungseigentümer. Wie nach bisherigem Recht besteht auch weiterhin die Möglichkeit, andere Erwerber von Wohnungseigentum zu einer Beschlussklage zu **ermächtigen**.[2]

1887 **Gestrichen** hat das WEMoG die **Klagebefugnis des Verwalters** bei der Anfechtungsklage. Das ist überzeugend, weil der Verwalter auch nach altem Recht kein umfassendes materielles Anfechtungsrecht besaß,[3] weshalb eine allgemeine Klagebefugnis systematisch nicht überzeugte. Steht dem Verwalter im Einzelfall ein Abwehrrecht gegen einen Beschluss zu, kann er dieses über eine Leistungsklage gegen die Gemeinschaft der Wohnungseigentümer durchsetzen.

b) Beklagte (§ 44 Abs. 2 S. 1 WEG)

1888 Nach § 44 Abs. 2 S. 1 WEG sind die Beschlussklagen gegen die Gemeinschaft der Wohnungseigentümer zu richten. Dies ist eine bedeutsame **Veränderung der Rechtslage**. Denn nach § 46 Abs. 1 S. 1 WEG a.F. war die Anfechtungsklage gegen die übrigen Wohnungseigentümer zu richten. Für die Nichtigkeitsklage eines Wohnungseigentümers galt § 46 Abs. 1 S. 1 WEG a.F. nach allgemeiner Meinung analog.[4] Auch die Beschlussersetzungsklage nach § 21 Abs. 8 WEG a.F. war nach wohl allgemeiner Meinung gegen sämtliche übrigen Wohnungseigentümer zu richten;[5] ebenso wie für die Nichtigkeitsklage ergab sich dies aber nicht aus dem Gesetzeswortlaut.

1889 Aus **dogmatischer Sicht** ist diese Veränderung der Passivlegitimation folgerichtig. Dies gilt zunächst für Anfechtungs- und Beschlussersetzungsklage. Denn das in diesen Klagen umgesetzte materielle Recht des einzelnen Wohnungseigentümers richtet sich gegen die Gemeinschaft der Wohnungseigentümer (Rz. 316). Es ist daher über-

---

1 Staudinger/*Lehmann-Richter*, § 46 WEG Rz. 241 f. m. Nachw. zum Streitstand.
2 BGH v. 21.6.2012 – V ZB 56/12, NJW-RR 2012, 1359.
3 Staudinger/*Lehmann-Richter*, § 46 WEG Rz. 46 ff. Nachw. zum Streitstand.
4 Etwa BGH v. 10.2.2012 – V ZR 145/11, ZWE 2012, 223 Rz. 5.
5 Etwa BGH v. 17.10.2014 – V ZR 9/14, NJW 2015, 53.

zeugend, dass sich auch die dieses Recht umsetzenden Klagen gegen die Gemeinschaft der Wohnungseigentümer richten. Auch die Passivlegitimation der Gemeinschaft der Wohnungseigentümer für die Nichtigkeitsklage überzeugt. Denn nach § 18 Abs. 1 WEG ist die Gemeinschaft der Wohnungseigentümer Trägerin der Verwaltung und damit auch die für die gefassten Beschlüsse rechtlich verantwortliche Person. Ein erfreulicher „Beifang" dieser Systemänderung ist, dass sich damit gleichzeitig die dogmatischen und praktischen Probleme des früheren Mehrparteienprozesses[1] erledigen.

aa) Bezeichnung in der Klageschrift

1890 Bei der von § 253 Abs. 1 Nr. 1 ZPO vorgeschriebenen Bezeichnung der Parteien empfiehlt es sich, die Beklagte – wie in § 9a Abs. 1 S. 3 WEG vorgesehen – als „Gemeinschaft der Wohnungseigentümer" oder „Wohnungseigentümergemeinschaft" gefolgt von der bestimmten Angabe des gemeinschaftlichen Grundstücks zu bezeichnen (näher Rz. 81).

1891 Um die **Zustellung** der Beschlussklage zu ermöglichen, ist nach ist nach § 253 Abs. 4, § 130 Nr. 1 ZPO auch der Vertreter der Gemeinschaft der Wohnungseigentümer (dazu Rz. 1899 zu nennen. Unterbleibt dies, ist die Klage nicht etwa unzulässig, durch das Versäumnis eintretende Verzögerungen der Zustellung sind aber nach § 167 ZPO zu Lasten des Klägers bei der Beurteilung zu berücksichtigen, ob die Anfechtungsfrist gewahrt ist.[2]

bb) Unpräzise Beklagtenbezeichnung

1892 Die Änderung der Passivlegitimation wird insbesondere in den Monaten nach Inkrafttreten des WEMoG dazu führen, dass Beschlussklagen formal weiterhin gegen die übrigen Wohnungseigentümer erhoben werden. Daneben können sich Unklarheiten ergeben, wenn der Kläger die Gemeinschaft der Wohnungseigentümer nicht wie in der Sollvorschrift (Rz. 81) des § 9a Abs. 1 S. 3 WEG vorgeschlagen bezeichnet.

(1) Auslegung

1893 In solchen Fällen ist durch Auslegung zu ermitteln, ob die Klage gegen die Gemeinschaft der Wohnungseigentümer erhoben ist. Maßgeblich ist, wie die Parteibezeichnung aus Sicht der Adressaten (Gericht und Gegner) bei **objektiver Würdigung** zu verstehen ist.[3] Bei einer objektiv unrichtigen oder mehrdeutigen Bezeichnung ist grundsätzlich diejenige Person als Partei anzusehen, die erkennbar durch die fehlerhafte Parteibezeichnung betroffen werden soll; die Klageerhebung darf nicht an der fehlerhaften Bezeichnung scheitern, wenn diese Mängel in Anbetracht der jeweiligen

---

1 Dazu etwa *Jacoby*, ZMR 2018, 393; *Zschieschak*, ZWE 2017, 22.
2 Vgl. BGH v. 10.3.1960 – II ZR 56/59, NJW 1960, 1006 (zur Genossenschaft).
3 MünchKommZPO/*Becker-Eberhard*, § 253 Rz. 46.

Umstände letztlich keine vernünftigen Zweifel an dem wirklich Gewollten aufkommen lassen.[1]

1894 In Anwendung dieser Grundsätze hat der BGH die Bezeichnung des Klägers als „*WEG B.-Straße 4 in L. (Namen aller Eigentümer siehe Liste Anlage A 1), vertreten durch den WEG-Verwalter [...]*" in einem Beweissicherungsantrag dahin ausgelegt, dass Partei die Wohnungseigentümer waren, weil nur so eine verjährungshemmende Wirkung eintreten konnte. Denn der Mitteilung der Namen der Wohnungseigentümer hätte es bei einer Klage durch die Gemeinschaft der Wohnungseigentümer nicht bedurft.[2]

1895 Ob der Kläger die Beschlussklage gegen die Gemeinschaft der Wohnungseigentümer erhoben hat, richtet sich also danach, ob der Klageschrift der Wille zu entnehmen ist, dass der Rechtsstreit mit den übrigen Wohnungseigentümern als Gruppe geführt werden soll. In diesem Fall handelt es sich um eine **unschädliche Falschbezeichnung**, wenn der Kläger die Gemeinschaft der Wohnungseigentümer nicht gemäß § 9a Abs. 1 S. 3 WEG benennt. Der erkennbare Wille einer solchen „Verbandsklage" liegt insbesondere vor, wenn in der Klageschrift der Verwalter als Vertreter der Beklagten angegeben ist. Denn nach neuem Recht hat der Verwalter keine gesetzliche Vertretungsbefugnis für die Wohnungseigentümer mehr (Rz. 465), sondern vertritt allein die Gemeinschaft der Wohnungseigentümer. Eine solche **Vertreterangabe** lässt daher mit hinreichender Deutlichkeit auf die Erhebung einer „Verbandsklage" schließen. Gleiches gilt, wenn der Kläger zwar den Verwalter nicht als Vertreter nennt, die Klage aber – abstrakt und § 44 S. 1 WEG a.F. entsprechend – gegen die Wohnungseigentümer unter Angabe des Grundstücks richtet oder die übrigen Wohnungseigentümer namentlich bezeichnet. Denn auch aus diesen Bezeichnungen lässt sich ableiten, dass der Kläger eine „Verbandsklage" erheben will.

1896 Problematisch sind hingegen Fälle, in denen die Klageschrift einzelne, aber nicht sämtliche übrige Wohnungseigentümer namentlich nennt. Ist in einem solchen Fall der Verwalter als Beklagtenvertreter angeführt, so ist dies ein Indiz für eine „Verbandsklage", da der Verwalter nach neuem Recht nur noch die Gemeinschaft der Wohnungseigentümer vertritt. Ob sich dieses Indiz durchsetzt, ist im Einzelfall anhand des gesamten Inhalts der Klageschrift einschließlich etwaiger beigefügter Anlagen zu würdigen.[3] Einer solchen Würdigung bedarf es auch, wenn die Bezeichnung des Verwalters als Vertreter fehlt oder die Klage nach dem Wortlaut des Klagerubrums gegen den Verwalter persönlich gerichtet ist.

(2) Rubrumsberichtigung und Parteiwechsel

1897 Ergibt die Auslegung, dass die ursprüngliche Interpretation der Beklagtenpartei durch das Gericht unzutreffend war, so ist dieser Fehler im Wege der **Rubrumsberichtigung** zu beheben.[4]

---

1 BGH v. 20.6.2013 – VII ZR 71/11, NJW-RR 2013, 1169 Rz. 14.
2 BGH v. 20.6.2013 – VII ZR 71/11, NJW-RR 2013, 1169 Rz. 16.
3 Vgl. BGH v. 20.6.2013 – VII ZR 71/11, NJW-RR 2013, 1169 Rz. 14.
4 Vgl. BGH v. 6.11.2009 – V ZR 73/09, NJW 2010, 446.

1898 Hat der Kläger hingegen die falsche Partei verklagt, die Beschlussklage also nach dem Ergebnis der Auslegung nicht gegen die Gemeinschaft der Wohnungseigentümer gerichtet, kann diese nur durch gewillkürten **Parteiwechsel** in den Prozess eingebunden werden. Zulässigkeit und Rechtsfolgen eines solchen Parteiwechsels richten sich nach allgemeinen Grundsätzen: Nach h.M. ist der Parteiwechsel analog § 269 Abs. 1 ZPO von Beginn der mündlichen Verhandlung zur Hauptsache an nur mit Zustimmung des bisherigen Beklagten möglich.[1] Erfolgt ein Parteiwechsel, so hat die Zustellung der Anfechtungsklage an die bisherige Partei keine die Frist aus § 45 WEG wahrende Wirkung. Die vom BGH zum alten Recht entwickelte Sonderrechtsprechung, nach der bei einer gegen die Gemeinschaft der Wohnungseigentümer erhobenen Anfechtungsklage eine fristwahrende Umstellung der Klage auf die Wohnungseigentümer bis zum Schluss der mündlichen Verhandlung stets zulässig und fristwahrend sei, ist auf das neue Recht nicht übertragbar. Denn der BGH[2] hat diese Ansicht auf § 44 Abs. 1 WEG a.F. gestützt, der im neuen Recht kein Pendant mehr hat. Ein gewillkürter Parteiwechsel wahrt die Anfechtungsfrist daher nur, wenn der Gemeinschaft der Wohnungseigentümer die Klage unter Beachtung von § 167 ZPO binnen der Frist des § 45 WEG zugestellt wird.

cc) Vertretung der Gemeinschaft der Wohnungseigentümer

1899 Aus § 51 Abs. 1 ZPO folgt, dass sich die Vertretung der nicht prozessfähigen Gemeinschaft der Wohnungseigentümer nach materiellem Recht richtet.

(1) Vertretung durch den Verwalter

1900 Hat die Gemeinschaft der Wohnungseigentümer einen Verwalter, so wird sie im Prozess von diesem vertreten, § 9b Abs. 1 S. 1 WEG (näher Rz. 181). Der Verwalter ist nach § 79 Abs. 2 S. 3 ZPO im Parteiprozess, also in der ersten Instanz vor dem Amtsgericht, zur Führung des Beschlussklageverfahrens berechtigt.[3]

1901 Der **Umfang** der prozessualen **Vertretungsmacht** ergibt sich gemäß § 51 Abs. 1 ZPO aus den wohnungseigentumsrechtlichen Regeln. Nach § 9b Abs. 1 S. 1 WEG vertritt der Verwalter die Gemeinschaft der Wohnungseigentümer gerichtlich; die Einschränkung auf den Abschluss von Kauf- oder Darlehensverträgen in § 9b Abs. 1 S. 1 WEG ist ohne praktische Relevanz. Die Vertretungsmacht ist unbeschränkbar (§ 9b Abs. 1 S. 3 WEG). Darin liegt eine grundlegende Veränderung der Rechtslage, weil der Verwalter nach § 27 Abs. 2 und 3 WEG a.F. keine umfassende prozessuale Vertretungsmacht hatte. Die sich aus diesen Vorschriften ergebende Umfang seiner prozessualen Vertretungsmacht war umstritten.[4]

---

1 BGH v. 16.12.2005 – V ZR 230/04, NJW 2006, 1351, 1352 Rz. 24.

2 BGH v. 6.11.2009 – V ZR 73/09, ZMR 2010, 210 Rz. 12.

3 Zum Nachweis der Verwalterstellung gegenüber dem Gericht s. Staudinger/*Lehmann-Richter*, Vorbem. 83 zu §§ 43 ff. WEG.

4 Siehe zu § 27 Abs. 2 Nr. 2 WEG a.F. BGH v. 18.10.2019 – V ZR 286/18, NJW 2020, 1134; zu § 27 Abs. 3 S. 1 Nr. 2 WEG a.F. Staudinger/*Jacoby*, § 27 WEG Rz. 203.

1902 Fraglich ist, ob trotz der Regelung des § 9b Abs. 1 S. 3 WEG **Schranken der Vertretungsmacht** anzuerkennen sind. Hier ist offensichtlich, dass die Vertretungsmacht nicht durch den Hinweis in Abrede gestellt werden kann, dass es bei Beschlussklagen um die Gestaltung von Beschlüssen geht, über die materiell-rechtlich die Wohnungseigentümer zu entscheiden haben (zu diesem Aspekt Rz. 213). Denn die Vertretung im Prozess, und damit auch in den Beschlussklageverfahren, ist nach § 9b Abs. 1 S. 2 WEG gerade dem Verwalter zugewiesen. Das Problem kann daher nur darin liegen, ob einzelnen Prozesshandlungen des Verwalters die Anerkennung zu versagen ist (näher Rz. 1957).

(2) Sonderfall verwalterlose Beklagte

1903 Hat die Gemeinschaft der Wohnungseigentümer keinen Verwalter, so wird sie nach § 9b Abs. 1 S. 2 WEG von den Wohnungseigentümern gemeinschaftlich vertreten. Der Kläger ist wegen des Verbots, dass niemand als Vertreter eines anderen mit sich selbst prozessieren kann,[1] indes von der Vertretung der Gemeinschaft der Wohnungseigentümer ausgeschlossen. Dies hindert aber nicht die **Zustellung** der Beschlussklage an einen anderen Wohnungseigentümer nach § 170 Abs. 3 ZPO (näher Rz. 246).

1904 Zur **Prozessführung** sind die übrigen Wohnungseigentümer hingegen nicht berechtigt. Denn wenn bei Gesamtvertretung eine Person von der Vertretung ausgeschlossen ist, sind nicht etwa die übrigen Gesamtvertreter zur Aktivvertretung berechtigt (Rz. 245). Die Gemeinschaft der Wohnungseigentümer ist mithin prozessunfähig, was zur Unzulässigkeit der Klage führt.[2] Dieser von Amts wegen zu berücksichtigende Mangel kann dadurch behoben werden, dass ein Verwalter bestellt wird.

1905 Berufen die Wohnungseigentümer keinen Verwalter, so bedarf es der Bestellung eines **Prozesspflegers**. § 57 Abs. 1 ZPO verlangt hierfür eine „Gefahr im Verzuge“. Entscheidend ist, ob die mit der Bestellung eines Verwalters einhergehende Verzögerung des Prozessfortgangs mit erheblichen Nachteilen für den Kläger verbunden wäre.[3] Dies ist zwar eine Frage der Umstände des Einzelfalls. Allerdings kann der Kläger nicht darauf verwiesen werden, eine Verwalterbestellung durch Beschlussersetzungsklage zu erzwingen, weil die Gemeinschaft der Wohnungseigentümer in diesem Prozess ebenfalls prozessunfähig wäre.[4] Wenn die Wohnungseigentümer daher nicht freiwillig einen Verwalter bestellen, ist die Prozesspflegerbestellung nach § 57 Abs. 1 ZPO zur Fortführung des Verfahrens und damit zur Durchsetzung des Klagerechts unumgänglich. Der diesbezügliche Unwille der Wohnungseigentümer ist ebenso wie

1 BGH v. 11.7.1983 – II ZR 114/82, NJW 1984, 57 (58).
2 BGH v. 25.10.2010 – II ZR 115/09, ZIP 2010, 2444.
3 BGH v. 8.12.2009 – VI ZR 284/08, FamRZ 2010, 548 Rz. 17.
4 Die Frage nach einem etwaigen Rangverhältnis zwischen auf Verwalterbestellung gerichteter Beschlussersetzungsklage und dem Verfahren nach § 57 Abs. 1 ZPO stellt sich daher nicht.

das Fehlen eines Verwalters als Voraussetzung für die Bestellung vom Kläger glaubhaft zu machen.[1]

1906 Der **Antrag** auf Bestellung eines Prozesspflegers ist beim nach § 43 Abs. 2 Nr. 4 WEG, § 23 Nr. 2 lit. c GVG zuständigen Amtsgericht zu stellen. Er kann etwa lauten:

Es wird beantragt, gemäß § 57 Abs. 1 ZPO für die Beklagte einen besonderen Vertreter zu bestellen.

1907 Hat das Gericht einen Prozesspfleger bestellt, können die Wohnungseigentümer diesen „entmachten", indem sie ihrerseits einen **Verwalter bestellen** und dieser sich gegenüber dem Gericht als Vertreter meldet. Mit dessen Eintritt in den Prozess endet nach allgemeiner Meinung das Amt des Prozesspflegers.[2]

(3) Sonderfall: Verwalter nicht vertretungsberechtigt

1908 Das WEMoG hat die Regelung in § 45 Abs. 1 WEG a.F. nicht übernommen, die den Ausschluss eines Verwalters als Zustellungsvertreter anordnete, der als Gegner an dem Verfahren beteiligt war oder bei dem aufgrund des Streitgegenstandes die Gefahr bestand, er werde die Wohnungseigentümer nicht sachgerecht unterrichten. Der Ausschluss des Verwalters als Vertreter der Gemeinschaft der Wohnungseigentümer in Beschlussklagen richtet sich daher nach **allgemeinen Grundsätzen**. Nicht ausdrücklich geregelt, aber anerkannt ist, dass niemand als Vertreter eines anderen mit sich selbst prozessieren kann.[3] Gleiches gilt, wenn er Streitgenosse der Gegenpartei ist.[4]

1909 Sind diese Voraussetzungen in der Person des Verwalters erfüllt, kann eine von ihm erhobene Beschlussklage gegen die Gemeinschaft der Wohnungseigentümer nicht durch Zustellung an ihn (den Verwalter) rechtshängig werden.[5] Dieser Fall ist indes nur denkbar, wenn der Verwalter eine – **unstatthafte** (vgl. Rz. 1887) – **Beschlussklage** erhebt. Praxisrelevanter dürfte der Fall sein, dass der Verwalter nach Zustellung dem Rechtsstreit **auf Seiten des Klägers beitritt**. Dies berührt aus Gründen der Rechtssicherheit die Wirksamkeit der bis dato erfolgten Prozesshandlungen freilich nicht, sondern wirkt nur für die Zukunft. Steht im Raum, der Verwalter habe für die Vornahme einer Prozesshandlung keine Vertretungsmacht, führt dies nicht zum allgemeinen Ausschluss als Vertreter, sondern kann (nur) einzelnen Prozesshandlungen ihre Wirksamkeit nehmen (Rz. 1901).

1910 Es verbleibt aus praktischer Sicht also nur die Sonderkonstellation fehlender Vertretungsmacht des Verwalters nach dessen Beitritt. Ab diesem Zeitpunkt wird die Gemeinschaft der Wohnungseigentümer nach § 9b Abs. 2 WEG durch den Vorsitzenden des Verwaltungsbeirats oder einen dazu ermächtigten Wohnungseigentümer

1 Vgl. RG v. 30.11.1922 – IV 102/22, Z 105, 401, 402; Stein/Jonas/*Jacoby*, § 57 Rz. 10.
2 Etwa MünchKommZPO/*Lindacher/Hau*, § 57 Rz. 20.
3 BGH v. 11.7.1983 – II ZR 114/82, NJW 1984, 57 (58).
4 Stein/Jonas/*Jacoby*, Vor § 50 Rz. 25.
5 Vgl. RG v. 22.6.1907 – Rep. I 40/07, RGZ 66, 241 (243).

vertreten, denn diese Vorschrift gilt aufgrund teleologischer Extension in allen Fälle, in denen der Verwalter an der Vertretung gehindert ist (Rz. 223).[1] Es bedarf deshalb grundsätzlich keiner Bestellung eines **Prozesspflegers** nach § 57 Abs. 1 ZPO. Eine Ausnahme ist nur in beiratslosen Gemeinschaften denkbar, in denen kein solcher Ermächtigungsbeschluss gefasst wurde; die Situation ist dann dieselbe wie im Aktienrecht, wenn Vorstand und Aufsichtsrat gegen denselben Beschluss Klage erheben.[2] § 57 Abs. 1 ZPO wird nicht dadurch verdrängt, dass Beschlussersetzungsklage auf Fassung eines Ermächtigungsbeschlusses nach § 9b Abs. 2 WEG erhoben werden könnte.

1911 (frei)

c) Klagen zwischen unbefugten Parteien

1912 Bei der Aktiengesellschaft wird die Anfechtungsklage einer nicht nach § 245 AktG klagebefugten Person als unbegründet, nicht als unzulässig abgewiesen.[3] Bei der wohnungseigentumsrechtlichen Anfechtungsklage gehört die Klagebefugnis hingegen wie bisher zur **Zulässigkeitsprüfung**. Denn die Reform gibt keinen Anlass, dieser zum alten Recht ganz herrschenden Auslegung[4] zu widersprechen. Diese Sichtweise ist nämlich wegen § 44 Abs. 3 WEG überzeugend,[5] weil sich anderenfalls die Frage stellen würde, ob die Klage einer unbefugten Partei den Wohnungseigentümern die Berufung auf die gerügten Beschlussmängel abschneidet.

1913 Deutet der Wortlaut der Klageschrift einer insoweit unbefugten Person, etwa des Verwalters, auf eine Beschlussklage hin, so ist nach den bei Rz. 1893 dargestellten Auslegungsgrundsätzen zu prüfen, ob anstelle einer solchen – unstatthaften – Klage nicht eine zulässige Leistung- oder allgemeine Feststellungsklage erhoben wurde.

3. Information der Wohnungseigentümer (§ 44 Abs. 2 S. 2 WEG)

1914 Nach § 44 Abs. 2 S. 2 WEG hat der Verwalter den Wohnungseigentümern die Erhebung einer Beschlussklage unverzüglich bekannt zu machen.

a) Normzweck

1915 Zweck der Vorschrift ist es, die Wohnungseigentümer in die Lage zu versetzen, sich als Nebenintervenienten an dem **Prozess** zu **beteiligen**.[6]

1916 Die Regelung hat einen **verfassungsrechtlichen Hintergrund**. Das BVerfG hat nämlich zur Auflösungsklage in der zweigliedrigen GmbH entschieden, dass es das Recht des nicht klagenden Gesellschafters aus Art. 103 Abs. 1 GG verletzt, wenn das Gericht ihn nicht über die An-

1 Gleiches würde auch für den Fall der unstatthaften Klageerhebung durch den Verwalter gelten.
2 MünchKommAktG/*Hüffer/Schäfer*, § 246 Rz. 67.
3 BGH v. 11.6.2007 – II ZR 152/06, ZIP 2007, 2122, 863 Rz. 6.
4 Zum alten Recht etwa BGH v. 20.7.2012 – V ZR 241/11, NJW 2012, 3232 Rz. 7.
5 Vgl. Bärmann/*Roth*, § 46 Rz. 23 unter Hinweis auf die Wirkung des § 48 Abs. 4 WEG a.F.
6 BT-Drucks. 19/18791, S. 83.

hängigkeit der Auflösungsklage informiert. Diese Rechtsverletzung stützt das BVerfG zum einen auf die durch die Auflösung eintretenden gravierenden Auswirkungen auf die Mitgliedsrechte des Gesellschafters, zum anderen auf den im konkreten Fall überschaubaren Informationsaufwand für das Gericht. Ob eine Informationspflicht in Konstellationen besteht, in denen für das Gericht der Kreis der in Betracht kommenden Streitgenossen nicht ersichtlich oder überschaubar ist oder wenn so viele Beteiligte angehört werden müssten, dass die Rechtspflege nicht mehr funktionieren könnte, ließ das BVerfG ausdrücklich offen.[1] Offen ist auch, ob eine verfahrensrechtliche Informationspflicht bei jedem gerichtlichen Gestaltungsakt besteht, also bei jeder Anfechtungs- oder Beschlussersetzungsklage, oder nur bei gravierenden, die Grundlagen der Mitgliedschaft berührenden Entscheidungen.[2]

b) Gläubiger und Schuldner

1917 § 44 Abs. 2 S. 2 WEG ist eine **materiellrechtliche Pflicht**, die aus dem Amt des Verwalters folgt. Die Pflicht besteht gegenüber der Gemeinschaft der Wohnungseigentümer.[3] Der Wortlaut mag auf den ersten Blick zwar Raum für die Gegenansicht lassen, dass der Verwalter gegenüber den Wohnungseigentümern zur Benachrichtigung verpflichtet ist. Eine solche Interpretation ist aber mit dem Grundsatz des § 27 Abs. 1 WEG nicht zu vereinen, nach dem die gesetzlichen Verwalterpflichten nur gegenüber der Gemeinschaft der Wohnungseigentümer bestehen (Rz. 50). § 44 Abs. 2 S. 2 WEG nennt sie als Schuldnerin nur deshalb nicht, weil eine Benachrichtigungspflicht der Gemeinschaft der Wohnungseigentümer allein in den Fällen besteht, in denen ein Verwalter existiert. § 44 Abs. 2 S. 2 WEG enthält daher eine Organpflicht des Verwalters. Ein Anspruch des Wohnungseigentümers gegen den Verwalter lässt sich auch nicht etwa über die Figur des Vertrags mit Schutzwirkung zugunsten Dritter begründen, unabhängig von der umstrittenen Frage, ob Organpflichten auf diese Weise überhaupt drittschützende Wirkung entfalten können (Rz. 62).

1918 Die Bekanntmachungspflicht trifft zum einen den zum Zeitpunkt der Zustellung amtierenden **Verwalter**. Aber auch ein nachträglich in das Amt gewählter Verwalter hat die Wohnungseigentümer nach § 44 Abs. 2 S. 2 WEG zu informieren, wenn dies bislang unterblieben ist. Eine schuldhafte Pflichtverletzung liegt in einem Unterlassen indes nur, wenn die Nichtinformation für den nach Zustellung der Klage in das Amt gekommenen Verwalter erkennbar war.

c) Erfüllung der Bekanntmachungspflicht

1919 Die Bekanntmachung ist ein **Realakt;**[4] sie ist die Erfüllung einer Pflicht aus dem Verwalteramt. Das Gesetz macht zur Art und Weise, wie die Bekanntmachung zu erfolgen hat, keine Vorgaben. Nach dem Wortlaut und der Gesetzesbegründung ist nicht erforderlich, dass die Mitteilung dem Wohnungseigentümer zugeht.[5] Das ist zum einen deshalb überzeugend, weil die Bekanntmachung keine Willenserklärung ist und

1 BVerfG v. 9.2.1982 -1 BvR 191/81, NJW 1982, 1635.
2 Dazu etwa MünchKommAktG/*Koch*, § 275 Rz. 55.
3 Palandt/*Wicke*, § 44 Rz. 10.
4 Zum Begriff etwa Staudinger/*Klumpp*, Vorbem. 107 ff. zu §§ 107 ff. BGB.
5 BT-Drucks. 19/18791, S. 83.

deshalb **nicht** unter **§ 130 BGB** fällt.[1] Die Ansicht überzeugt aber auch mit Blick auf die Interessenlage der Beteiligten und auf den Normzweck: Die Bekanntmachung soll die Wohnungseigentümer in die Lage versetzen, ihr Recht zur Nebenintervention auszuüben können. Dies wäre zwar optimal gewährleistet, wenn die Bekanntmachung (analog) § 130 BGB zugehen müsste. Indes würde dies den Verwalter überfordern, da der Nachweis des Zugangs insbesondere in großen Gemeinschaften nur mit unverhältnismäßigen Mitteln geführt werden kann. Erforderlich, aber auch ausreichend ist es daher, wenn der Verwalter einen Bekanntmachungsweg wählt, der nach normalem Ablauf der Geschehnisse zu einer Information der Wohnungseigentümer führt. Damit wird dem Normzweck hinreichend Rechnung getragen, weil so jeder Wohnungseigentümer typischerweise in die Lage versetzt wird, sich als Nebenintervenient am Beschlussklageverfahren zu beteiligen.

1920 Der Verwalter erfüllt die Bekanntmachungspflicht daher, wenn er einen Informationsbrief absendet; auf den Zugang kommt es nicht an. Gleiches gilt, wenn er die Information digital an die Wohnungseigentümer versendet, vorausgesetzt, er darf mit einem Zugang unter der konkreten E-Mail-Adresse rechnen. Dies ist insbesondere der Fall, wenn der Wohnungseigentümer ihm die E-Mail-Adresse mitgeteilt hat. Ausreichen kann auch die Information auf einer Plattform im **Internet**. Dafür ist aber erforderlich, dass der Verwalter die Wohnungseigentümer vorab informiert hat, dass er über die Anhängigkeit von Beschlussklagen auf diesem Weg informieren wird. Dies kann etwa in der Ladung zur Eigentümerversammlung erfolgen. Selbstverständlich müssen die Wohnungseigentümer die Möglichkeit haben, die Information auf der Internetseite einsehen zu können, z.B. indem ihnen etwaige Passwörter bekanntgemacht wurden. Zuletzt kommt auch eine Bekanntmachung auf einem „schwarzen Brett" im Haus der Wohnungseigentumsanlage in Betracht; besteht die Gemeinschaft der Wohnungseigentümer indes nicht nur aus Selbstnutzern, sind die Wohnungseigentümer über diese Art der Bekanntmachung vorab zu informieren.

d) Materielle Fehlerfolgen

1921 Unterlässt der Verwalter die Bekanntmachung, verletzt er eine Pflicht aus dem Amtsverhältnis mit der Gemeinschaft der Wohnungseigentümer. Gleichzeitig verletzt die Gemeinschaft der Wohnungseigentümer gegenüber den Wohnungseigentümern ihre Verwaltungspflicht aus § 18 Abs. 2 Nr. 1 WEG (Rz. 327). Die **Pflichtverletzung** kann daher nach § 280 Abs. 1 BGB zu Schadensersatzansprüchen der Wohnungseigentümer gegen die Gemeinschaft der Wohnungseigentümer führen. Bei diesem Anspruch ist allerdings ein besonderes Augenmerk auf die Prüfung des Schadens zu legen: Der Wohnungseigentümer muss darlegen und beweisen, dass bei seiner Beteiligung am Beschlussklageverfahren dieses im Ergebnis anders entschieden worden wäre und in diesem Fall in seinem Vermögen kein Schaden eingetreten wäre. Bei dem erforderlichen Nachweis der Kausalität zwischen Pflichtverletzung (Nichtbekanntmachung) und Schaden gibt es keine Vermutung aufklärungsgerech-

1 Vgl. BGH v. 7.5.2002 – XI ZR 197/01, Z 151, 5 (zur Benachrichtigungspflicht einer Bank über den Verfall von Rechten aus Optionsscheinen unter Stützung auf den Leistungsort).

ten Verhaltens, weil sich eine eindeutige und bestimmte tatsächliche Reaktion[1] des Wohnungseigentümers nicht typisierend ermitteln lässt.

1922 Ein direkter Schadensersatzanspruch des Wohnungseigentümers gegen den Verwalter aus § 280 Abs. 1 BGB besteht mangels Schutzwirkung des Verwaltervertrags nicht, unabhängig davon, ob Organpflichten überhaupt drittschützende Wirkung entfalten können (Rz. 1917). Auch ein Anspruch aus **§ 823 Abs. 2 BGB**[2] ist abzulehnen, weil es nicht überzeugt, Vorschriften, die zwischen zwei Personen eine schuldrechtliche Pflicht begründen, über § 823 Abs. 2 BGB eine Drittwirkung beizulegen.[3]

e) Prozessuale Fehlerfolgen

1923 Hat ein Wohnungseigentümer von der anhängigen Beschlussklage keine Kenntnis – sei es, weil eine Bekanntmachung unterblieben ist oder er von dieser keine Kenntnis genommen hat –, stellt sich die Frage nach den prozessrechtlichen Folgen. In Eingrenzung des Problems ist festzuhalten, dass es hier nur um Fälle geht, in denen der Wohnungseigentümer erst nach Abschluss des Beschlussklageverfahrens von diesem erfährt. Denn eine „verspätete" Kenntnisnahme, etwa in der Rechtsmittelinstanz, lässt das Recht zur Nebenintervention unberührt. Der Beitritt kann nach § 66 Abs. 2 ZPO nämlich in jeder Lage des Rechtsstreits bis zur rechtskräftigen Entscheidung, auch in Verbindung mit der Einlegung eines Rechtsmittels, erfolgen. Eine **Befristung**, wie sie § 248 Abs. 4 S. 2 AktG vorsieht, kennt das WEG nicht; eine Analogie kommt mangels Planwidrigkeit der Lücke nicht in Betracht.[4] Wenn das Verfahren hingegen durch **rechtskräftige Entscheidung** abgeschlossen ist, ist ein Beitritt nach dem Wortlaut des § 66 Abs. 2 ZPO nicht mehr möglich. Hier stellt sich daher die Frage, unter welchen Voraussetzungen dies zu einer Verletzung von Art. 103 Abs. 1 GG führt und wie eine etwaige Verletzung prozessrechtlich zu heilen ist.

1924 Zunächst zur Verletzung von Art. 103 Abs. 1 GG: Eine solche liegt nicht vor, wenn der Verwalter seine **Bekanntmachungspflicht erfüllt** hat, der Wohnungseigentümer aber von der ihm dadurch gegebenen Möglichkeit der Kenntnisnahme keinen Gebrauch gemacht hat.[5] Denn Art. 103 Abs. 1 GG wird durch andere Güter mit Verfassungsrang begrenzt.[6] Diese sind hier das Recht des Klägers, dass über die von ihm erhobene Klage in gegebener Zeit entschieden wird. Dieses Recht wäre gefährdet, wenn in jeder Unkenntnis eines anderen Wohnungseigentümers eine Verletzung von Art. 103 Abs. 1 GG läge. In der Rechtsprechung des BVerfG ist anerkannt, dass in Verfahren, in denen der Kreis der Betroffenen groß ist und sich nicht immer von

1 Vgl. dazu etwa BGH v. 10.5.2012 – IX ZR 125/10, NJW 2012, 2435 Rz. 36.
2 Vgl. MünchKommAktG/*Hüffer*/*Schäfer*, § 246 Rz. 79.
3 Vgl. *Wobst*, Lohn vom Dritten (2015), S. 131.
4 Die von Teilen der Bund-Länder-Arbeitsgruppe zur WEG-Reform vorgeschlagene Befristung (ZWE 2019, 429 (459)) hat der Gesetzgeber nicht eingeführt.
5 Vgl. BVerfG v. 9.2.1982 – 1 BvR 191/81, NJW 1982, 1635: „Den Beschwerdeführer trifft auch nicht der Vorwurf, er habe eine im Prozeßrecht gebotene Möglichkeit, sich rechtliches Gehör zu verschaffen, nicht genutzt."
6 Maunz/Dürig/*Remmert*, Art. 103 GG Rz. 83.

vornherein überschauen lässt, der Gesetzgeber bei den Informationsregelungen typisieren darf.[1] Dies ist durch § 44 Abs. 2 S. 2 WEG geschehen; die Vorschrift weist das Risiko der Unkenntnis trotz erfolgter Bekanntmachung dem Wohnungseigentümer zu, was in Abwägung der betroffenen Rechte aus Art. 103 Abs. 1 GG nicht zu beanstanden ist.

1925 Es verbleiben damit noch die Fälle, in denen der Verwalter seiner **Bekanntmachungspflicht nicht nachgekommen** ist. Erfährt der Wohnungseigentümer nicht von dem Beschlussklageverfahren, so ist sein Recht aus Art. 103 Abs. 1 GG verletzt, falls er nicht Anlass zur Nachfrage beim nach § 43 Abs. 2 Nr. 4 WEG zuständigen Gericht haben muss, etwa wegen der Ankündigung eines Wohnungseigentümers, er werde den Beschluss anfechten oder aufgrund einer besonderen Streitanfälligkeit der Gemeinschaft.[2] Ist Art. 103 Abs. 1 GG verletzt, stellt sich die Frage, wie diese Verletzung trotz rechtskräftiger Verfahrensbeendigung geheilt werden kann. Überzeugend ist es, in diesem Fall den Beitritt noch zuzulassen, um dem Wohnungseigentümer so die Möglichkeit der Gehörsrüge nach § 321a ZPO zu geben.[3]

f) Sonderfall: verwalterlose Gemeinschaft der Wohnungseigentümer

1926 Hat die Gemeinschaft der Wohnungseigentümer keinen Verwalter, regelt das Gesetz die Bekanntmachung über die Anhängigkeit der Klage nicht. In diesem Fall besteht **keine Pflicht der Gemeinschaft der Wohnungseigentümer** zur Bekanntmachung einer Beschlussklage. Dies folgt aus dem Wortlaut des § 44 Abs. 2 S. 2 WEG, der die Bekanntmachungspflicht davon abhängig macht, dass ein Verwalter existiert, der sie erfüllen kann.[4]

1927 Zu einer Unkenntnis kann es in den Fällen der verwalterlosen Gemeinschaft der Wohnungseigentümer kommen, wenn weder das Gericht noch ein vom Gericht bestellter **Prozesspfleger** (Rz. 1905) die Wohnungseigentümer informiert oder diese eine Möglichkeit der Kenntnisnahme nicht ergreifen. Eine Informationspflicht trifft den Prozesspfleger allerdings nicht. Seine Bestellung macht ihn zum gesetzlichen Vertreter, er tritt indes nicht in die materiellrechtliche Pflicht des Verwalters aus § 44 Abs. 2 S. 2 WEG ein. Eine Pflicht des Gerichts, die Wohnungseigentümer zu informieren, besteht nur, wenn eine solche Information dem Gericht ohne weiteres möglich und zumutbar ist.[5] Denn es ist zu beachten, dass es jeder Wohnungseigentümer über § 44 Abs. 2 S. 2 WEG in der Hand hat, durch vorsorgliche Bestellung eines Verwalters sein zukünftiges Informationsinteresse abzusichern.

1928 Mit Blick auf die Verletzung von **Art. 103 Abs. 1 GG** gelten die Ausführungen bei Rz. 1924 entsprechend; erforderlich ist also neben einer Informationspflicht des Gerichts die fehlende

1 BVerfG v. 2.12.1987 – 1 BvR 1291/85, NJW 1988, 1255.
2 Vgl. BVerfG v. 9.2.1982 -1 BvR 191/81, NJW 1982, 1635.
3 Vgl. BeckOK-ZPO/*Bacher*, § 321a Rz. 50.
4 Vgl. BT-Drucks. 19/18791, S. 83: „Fehlt ein Verwalter, kann die Informationspflicht [...] dem Gericht obliegen."
5 Vgl. BVerfG v. 9.2.1982 -1 BvR 191/81, NJW 1982, 1635.

Möglichkeit der Kenntnisnahme und eine tatsächliche Unkenntnis bis zur rechtskräftigen Beendigung des Verfahrens.

4. Prozessverbindung (§ 44 Abs. 2 S. 3 WEG)

1929 Nach § 44 Abs. 2 S. 3 WEG sind mehrere Prozesse zur gleichzeitigen Verhandlung und Entscheidung zu verbinden. Die Vorschrift ähnelt § 47 S. 1 WEG a.F. sowie § 246 Abs. 3 S. 6 AktG. Anders als diese Vorschriften definiert § 44 Abs. 2 S. 3 WEG die zu verbindenden Prozesse aber nicht, was daran liegt, dass § 44 WEG die Beschlussklagen allgemein regelt.

1930 **Zweck** der Prozessverbindung ist es, widersprüchliche Entscheidungen über denselben Beschluss zu vermeiden. Zu verbinden sind daher Beschlussklagen, die denselben Beschluss zum Gegenstand haben, auch wenn ihre Streitgegenstände wegen unterschiedlichen Vortrags der Kläger zum Gestaltungs- oder Feststellungsgrund nicht identisch sind (dazu Rz. 1838). Zu verbinden sind daher zum einen Anfechtungs- und Nichtigkeitsklagen, die sich gegen denselben Beschluss[1] richten, aber auch Beschlussersetzungsklagen, wenn das Begehr der Kläger mit Blick auf die gerichtliche Entscheidung bei wertender Betrachtung identisch ist.[2]

1931 Die Prozessverbindung erfolgt von Amts wegen; sie ist zwingend.[3] Die Auswirkung auf die Klägerstellung hängt davon ab, ob die Kläger denselben Gestaltungs- oder Feststellungsgrund vortragen: Ist dies der Fall, werden die Kläger notwendige Streitgenossen, weil das Gericht über die dann einheitlichen Streitgegenstände nicht unterschiedlich entscheiden kann. Anders ist es, wenn die Kläger unterschiedliche Gestaltungs- oder Feststellungsgründe vortragen; in diesem Fall werden die Kläger durch die Prozessverbindung nur zu einfachen Streitgenossen.[4]

1932 Dies soll ein **Beispiel** verdeutlichen: A erhebt Anfechtungsklage gegen einen Beschluss und rügt einen Ladungsmangel. Auch B erhebt Anfechtungsklage gegen den Beschluss, er rügt aber einen Verstoß gegen den Grundsatz ordnungsmäßiger Verwaltung. Das Gericht kommt zu dem Ergebnis, dass ein Ladungsmangel nicht besteht, die Rüge des B aber durchgreift. Da der Streitgegenstand auch durch den Beschlussmangel bestimmt wird (Rz. 1838), muss das Gericht die Klage des A abweisen und auf die Klage des B den Beschluss hin aufheben („*Auf die Klage des Klägers zu 1. wird der Beschluss [...] für ungültig erklärt. Die Klage des Klägers zu 2. wird abgewiesen.*“).[5] Das ist auch mit Blick auf die Urteilswirkung nach § 44 Abs. 3 WEG prozessrechtlich möglich: Denn die Klageabweisung im Verfahren des A stellt nur fest, dass der Beschluss nicht an einem Ladungsmangel leidet. Die Ungültigerklärung im Verfahren des B widerspricht dieser Feststellung nicht. Deshalb sind A und B nach Prozessverbindung keine notwendigen Streitgenossen, weil die Entscheidung in beiden Verfahren nicht einheitlich erfolgen muss.

---

1 Näher Staudinger/*Lehmann-Richter*, § 47 WEG Rz. 14 f.

2 Zum alten Recht war die Anwendung von § 47 S. 1 WEG a.F. auf Beschlussersetzungsklagen umstritten, siehe Staudinger/*Lehmann-Richter*, § 47 WEG Rz. 9 m. Nachw.

3 Näher zum Verfahren Staudinger/*Lehmann-Richter*, § 47 WEG Rz. 16 ff.

4 Wohl ohne diese Differenzierung stets für notwendige Streitgenossenschaft indes BGH v. 16.2.2009 – II ZR 185/07, NJW 2009, 2207 Rz. 55 (zum Aktienrecht).

5 Staudinger/*Lehmann-Richter*, § 46 WEG Rz. 217.

5. Urteilswirkung (§ 44 Abs. 3 WEG)

1933 Bei den Urteilswirkungen ist danach zu unterscheiden, ob einer Beschlussklage stattgeben oder ob sie abgewiesen wurde. Nach § 44 Abs. 3 WEG wirkt das Urteil in beiden Fällen für und gegen sämtliche Wohnungseigentümer. § 44 Abs. 3 WEG dient laut der Gesetzesbegründung der Rechtssicherheit und dem Rechtsfrieden in der Gemeinschaft der Wohnungseigentümer,[1] ein Zweck, der auch für § 248 Abs. 1 S. 1 AktG angeführt wird.[2] Die Bindung der Wohnungseigentümer an die Wirkungen eines Prozesses, an dem sie nicht als Partei beteiligt waren, rechtfertigt sich damit, dass sie sich als Nebenintervenienten am Verfahren beteiligen können und sie zu diesem Zweck nach § 44 Abs. 2 S. 2 WEG zu informieren sind (Rz. 1915).

a) Stattgebendes Urteil

1934 Ergeht ein der Klage stattgebendes Urteil, ist mit Blick auf seine Wirkung zwischen den verschiedenen Beschlussklageverfahren zu unterscheiden:

aa) Anfechtungs- und Beschlussersetzungsklage

1935 Die materiellrechtliche Gestaltungswirkung der Anfechtungs- und Beschlussersetzungsklage tritt gegenüber jedermann von selbst ein, ohne dass es einer besonderen gesetzlichen Anordnung bedürfte (Rz. 1852). Sie folgt daher nicht aus § 44 Abs. 3 WEG, weshalb die Vorschrift keineswegs dazu führt, dass die Gestaltungswirkung andere Personen als Wohnungseigentümer nicht erfassen würde.[3] § 44 Abs. 3 WEG erstreckt aber die Wirkung der materiellen Rechtskraft des Urteils auf eine Anfechtungs- oder Beschlussersetzungsklage auf die Wohnungseigentümer. Diese **materielle Rechtskraft** betrifft bei der Beschlussersetzungsklage die Feststellung des materiellen (positiven) Gestaltungsklagerechts.[4] Bei der Anfechtungsklage wird *vice versa* das Anfechtungsrecht festgestellt. In beiden Fällen betrifft die Rechtskraft das konkrete Gestaltungsrecht, also bei der Anfechtungsklage den vom Gericht für maßgeblich gehaltenen Anfechtungsgrund[5] (s. zum Streitgegenstand Rz. 1842). Handelt es sich beim Anfechtungsgrund um einen Verstoß gegen den Grundsatz ordnungsmäßiger Verwaltung, steht mithin fest, dass der Beschluss ordnungsmäßiger Verwaltung widersprach.[6] Auf diese Feststellungswirkung kann es in einem Folgeprozess ankommen, wenn der Gestaltungsgrund Vorfrage der begehrten gerichtlichen Entscheidung ist.

---

1 BT-Drucks. 19/18791, S. 83.

2 Etwa MünchKommAktG/*Hüffer/Schäfer*, § 248 Rz. 3.

3 Vgl. MünchKommAktG/*Hüffer/Schäfer*, § 248 Rz. 8.

4 BGH v. 16.2.2018 – V ZR 148/17, ZMR 2018, 608 Rz. 13; Staudinger/*Lehmann-Richter*, § 21 WEG Rz. 285.

5 Zum Aktienrecht s. BGH v. 7.12.2009 – II ZR 63/08, ZIP 2010, 879; K. Schmidt/Lutter/*Schwab*, § 246 Rz. 2; anders noch BGH v. 22.7.2002 – II ZR 286/01, BGHZ 152, 1.

6 BGH v. 5.7.2019 – V ZR 278/17, NJW 2020, 988 Rz. 11; BGH v. 23.2.2018 – V ZR 101/16, NJW 2018, 2550 Rz. 29.

1936 **Beispiel:** A begehrt die Abdichtung des gemeinschaftlichen Eigentums im Bereich seiner Wohnung gegen Feuchtigkeit. Eine entsprechende Beschlussfassung durch die Versammlung unterbleibt. A erhebt erfolgreich Beschlussersetzungsklage. In einem Folgeprozess begehrt er von der Gemeinschaft der Wohnungseigentümer Schadensersatz wegen der beeinträchtigten Nutzbarkeit seiner Wohnung. In diesem Prozess steht durch das Ersetzungsurteil fest, dass A einen Anspruch auf die Fassung eines die begehrte Baumaßnahme umsetzenden Beschlusses hatte.

bb) Nichtigkeitsklage

1937 Da der Nichtigkeitsklage keine Gestaltungswirkung zukommt (Rz. 1852), betrifft die Urteilswirkung allein die materielle Rechtskraft. Das stattgebende Urteil stellt die Nichtigkeit des Beschlusses verbindlich fest.[1] Ebenso wie beim Anfechtungsurteil tritt neben diese Wirkung die Feststellung des **konkreten Nichtigkeitsgrund**, also des vom Gericht für tragend erachteten Beschlussmangels. Diese Besonderheit gegenüber der Feststellungsklage nach § 256 ZPO folgt daraus, dass Streitgegenstand der Nichtigkeitsklage – genau wie bei der Anfechtungsklage – ein konkreter, materieller Grund ist (Rz. 1842).

cc) Wirkung gegenüber Dritten

1938 Gegenüber anderen Personen als den Wohnungseigentümern, insbesondere dem Verwalter, ordnet § 44 Abs. 3 WEG keine Erstreckung der Urteilswirkungen an. Für die Gestaltungswirkung der Anfechtungs- und Beschlussersetzungsklage ist dies ohne Relevanz, da diese ohnehin jedermann trifft (Rz. 1852). Bei der danach noch verbleibenden Nichtigkeitsklage ist die fehlende prozessrechtliche Erstreckung der Urteilswirkung auf den Verwalter regelmäßig ohne praktische Bedeutung. Denn als Organ der Gemeinschaft der Wohnungseigentümer ist er bereits nach materiellem Recht verpflichtet, das Urteil zu beachten.

1939 **Beispiel 1:** Die Nichtigkeit eines Beschlusses wird gerichtlich festgestellt. Der Verwalter führt den Beschluss dennoch aus. Für die Pflichtwidrigkeit des Handelns des Verwalters kommt es auf eine Wirkung des Urteils ihm gegenüber nicht an, weil der Verwalter als Organ der Gemeinschaft der Wohnungseigentümer handelt und dieser gegenüber die Nichtigkeit festgestellt ist.

1940 **Beispiel 2:** Der Verwalter führt einen Beschluss aus, dessen Nichtigkeit später gerichtlich festgestellt wird. Hier ist die Pflichtverletzung nicht die Missachtung des ja erst nach Beschlussausführung ergangenen Urteils. Die Pflichtverletzung kann aber in der Ausführung eines erkennbar nichtigen Beschlusses liegen. Im Zweitprozess gegen den Verwalter steht die Nichtigkeit nicht fest, da § 44 Abs. 3 S. 1 WEG die Wirkungen des Erstprozesses nicht auf den Verwalter erstreckt.

---

1 Vgl. Stein/Jonas/*Roth*, § 256 Rz. 121.

dd) Besonderheit bei Sondernachfolge

1941 Anders als noch der Referentenentwurf[1] regelt das WEMoG die Urteilswirkung gegenüber Sondernachfolgern nicht. Diese gesetzgeberische Zurückhaltung überzeugt, da die Gestaltungswirkung von Anfechtungs- und Beschlussersetzungsurteil den Sondernachfolger wie jede andere Person trifft, ohne dass es auf eine ausdrückliche gesetzliche Regelung ankäme (vgl. Rz. 1852). Gleiches gilt für die materielle Rechtskraft des Gestaltungs- und Nichtigkeitsurteils, weil der Sondernachfolger „Wohnungseigentümer" gemäß § 44 Abs. 3 WEG ist. Auch das Verhältnis zu § 10 Abs. 3 WEG regelt das WEMoG – auch insoweit noch anders der Referentenentwurf[2] – nicht ausdrücklich. Auch dies überzeugt. Denn aus § 10 Abs. 3 WEG folgt ohne weiteres, dass die Wirkung der richterlichen Gestaltung gegenüber Sondernachfolgern die **Grundbucheintragung** voraussetzt, wenn ihre Grundlage eine vertragliche Öffnungsklausel ist (zum Verfahren der Eintragung Rz. 1751). Die Gestaltungswirkung des Urteils beschränkt sich nämlich auf den Eintritt der Gestaltung im Moment der Rechtskraft. Eine spätere Veränderung dieser Wirkung durch das materielle Recht (hier: Veräußerung von Wohnungseigentum) wird dadurch nicht ausgeschlossen.[3]

1942 **Beispiel:** Das Gericht ersetzt auf der Grundlage einer vereinbarten Öffnungsklausel einen Beschluss. Dieser Beschluss wirkt wegen § 10 Abs. 3 S. 1 WEG gegen einen Sondernachfolger nur, wenn er im Grundbuch eingetragen ist.

b) Abweisendes Urteil

1943 § 48 Abs. 4 WEG a.F. sah vor, dass nach Abweisung einer Anfechtungsklage als unbegründet die Nichtigkeit eines Beschlusses nicht mehr geltend gemacht werden kann. Diese Regelung, deren Bewältigung aus dogmatischer Sicht ganz erhebliche Probleme bereitete,[4] hat der Gesetzgeber zu Recht ersatzlos gestrichen.[5] Aus § 44 Abs. 3 WEG folgt jetzt allgemein, dass auch das klageabweisende Urteil in Beschlussklageverfahren für und gegen jeden Wohnungseigentümer wirkt.

1944 Wird eine Anfechtungs- oder Nichtigkeitsklage als unbegründet abgewiesen, so hindert dies nach allgemeinen Grundsätzen den Kläger daran, **denselben Beschlussmangel** erneut gerichtlich zu rügen.[6] Denn wegen der Beschränkung des Streitgegenstands auf den gerügten Mangel (Rz. 1842) steht als kontradiktorisches Gegenteil fest, dass der Beschluss nicht an diesem Mangel leidet. Diese Wirkung erstreckt § 44 Abs. 3 WEG auf die übrigen Wohnungseigentümer.

---

1 § 44 Abs. 3 S. 2 Hs. 1 WEG Ref-E (abgedruckt in NZM 2020, 161).

2 § 44 Abs. 3 S. 2 Hs. 2 WEG Ref-E E (abgedruckt in NZM 2020, 161).

3 Vgl. *Bötticher*, FS Dölle I, 1963, 41, 58.

4 Staudinger/*Lehmann-Richter*, § 48 WEG Rz. 73 ff.

5 Zu den Erwägungen BT-Drucks. 19/18791, S. 80. Anders noch § 45 Abs. 2 WEG-RefE (abgedruckt in NZM 2020, 161).

6 Wird die Anfechtungsklage in der Revisionsinstanz mit anschließender Wirkungslosigkeitserklärung der stattgebenden Urteile der Vorinstanzen zurückgenommen, tritt keine Rechtskraftwirkung ein, *Abramenko*, Anm. zu BGH v. 29.8.2019 – V ZR 15/19, MietRB 2020, 11.

1945 Die Anfechtungs- oder Nichtigkeitsklage gegen denselben Beschluss wegen eines **anderen Mangels** ist durch die erste Entscheidung hingegen nicht gesperrt. Gleiches gilt *vice versa* für eine Beschlussersetzungsklage, wobei sich hier keine Änderungen zum bisherigen Recht ergeben, da § 48 Abs. 4 WEG a.F. auf die Ersetzungsklage nach § 21 Abs. 8 WEG a.F. nicht anwendbar war: Das klageabweisende Urteil steht einer auf denselben Grund gestützten Klage desselben Klägers oder eines anderen Wohnungseigentümers entgegen; für eine Klage aus einem anderen Grund besteht hingegen keine Sperrwirkung.[1]

6. Prozessbeendigung durch Versäumnisurteil, Anerkenntnis oder Vergleich

1946 Fraglich ist, ob die Gemeinschaft der Wohnungseigentümer in der Lage ist, durch Prozesshandlungen darauf einzuwirken, dass die Klage im Ergebnis Erfolg hat. Dies betrifft das Anerkenntnis (§ 307 ZPO), aber auch ein dem Kläger zum Erfolg verhelfender Vergleich, die Nichtverteidigung mit der Folge eines der Klage stattgebenden Versäumnisurteils (§ 331 ZPO) oder ein den Vortrag des Klägers einräumendes Geständnis (§ 288 ZPO). Das Problem ist selbstverständlich nicht neu, sondern bestand schon zum alten Recht. Es stand dort aber angesichts der Tatsache, dass die Wohnungseigentümer die Beklagten der Beschlussklageverfahren waren und wegen der jedenfalls nach dem Wortlaut des Gesetzes (§ 27 Abs. 2 Nr. 2 WEG a.F.) unklaren Vertretungsmacht des Verwalters[2] unter anderen Vorzeichen.

a) Meinungsbild im Gesellschaftsrecht

1947 Die hier aufgeworfene Frage stellt sich auch in gesellschaftsrechtlichen Beschlussmängelprozessen, sie ist dort sehr **umstritten**.[3] Der BGH hat eine Entscheidung durch Versäumnisurteil gebilligt,[4] die Möglichkeit eines Anerkenntnisses bislang offen gelassen[5] und sich zum Vergleich in Beschlussmängelstreitigkeiten in verschiedenen Entscheidungen mit Blick auf ihre Schiedsfähigkeit geäußert. Während er in diesem Kontext in früheren Urteilen eine Vergleichsmöglichkeit abgelehnt hat,[6] hat er diese Aussage in einer späteren Entscheidung relativiert.[7] In der gesellschaftsrechtlichen Literatur ist keine klare Linie auszumachen. Umstritten ist sowohl die Mög-

1 Vgl. Staudinger/*Lehmann-Richter*, § 21 WEG Rz. 286.
2 Zum prozessrechtlichen Umfang dieser Vertretungsmacht BGH v. 18.10.2019 – V ZR 286/18, NJW 2020, 1134 Rz. 13 ff.
3 Siehe etwa Roth/*Altmeppen*, Anh. § 47 Rz. 114 ff.
4 BGH 28.9.1998 – II ZB 16/98, ZIP 1999, 192.
5 BGH v. 12.7.1993 – II ZR 65/92, ZIP 1993, 1228.
6 BGH v. 4.7.1951 – II ZR 117/50, MDR 1951, 674; BGH v. 11.7.1966 – II ZR 134/65, NJW 1966, 2055.
7 BGH v. 29.3.1996 – II ZR 124/95, Z 132, 278.

lichkeit der Entscheidung durch Versäumnisurteil[1] als auch die Möglichkeit eines Anerkenntnisses der Klage.[2] Gleiches gilt für den Vergleich.[3]

b) Stellungnahme

1948 Die erste Frage ist, ob durch den Prozess die Gestaltungsherrschaft über den Beschluss auf die Person übergeht, die die Gemeinschaft der Wohnungseigentümer im Prozess vertritt. Typischerweise ist dies der Verwalter, der den Prozess entweder selbst führt oder einen Rechtsanwalt mit der Prozessführung beauftragt. Auf den ersten Blick liegt es nahe, einen solchen **Herrschaftswechsel** zu verneinen.[4] Denn schließlich weist das WEG die Kompetenz, Beschlüsse zu fassen und auch wieder aufzuheben, den Wohnungseigentümern zu. Wenn der Verwalter im Prozess für die Gemeinschaft der Wohnungseigentümer etwa eine Anfechtungsklage anerkennen könnte, wäre er in der Lage, über das Schicksal des Beschlusses zu entscheiden. Dafür scheint es im WEG keine Grundlage zu geben.

1949 Bei näherer Betrachtung überzeugt diese Sichtweise allerdings nicht. Zunächst ist wohnungseigentumsrechtlich festzustellen, dass die Wohnungseigentümer den Beschluss als Organ der Gemeinschaft der Wohnungseigentümer fassen. Der Beschluss wird auf diese Weise der Gemeinschaft der Wohnungseigentümer zugerechnet; er verlässt quasi mit seiner Fassung den Herrschaftsbereich der Eigentümerversammlung. Der weitere Umgang mit dem Beschluss richtet sich nicht ausschließlich nach dem WEG, sondern auch nach der übrigen Rechtsordnung. Für die Beschlussklageverfahren bedeutet dies, dass das Schicksal des Beschlusses den geltenden **prozessrechtlichen Regelungen unterworfen** ist. Dies zeigt sich deutlich an § 44 Abs. 1 S. 1 WEG, nach dem das Gericht die Kompetenz hat, einen Beschluss gegen den Willen der Mehrheit der Wohnungseigentümer für ungültig zu erklären. In Beschlussklageverfahren gelten aber selbstverständlich auch die übrigen prozessrechtlichen Institute. Soweit diese geeignet sind, auf den Beschluss einzuwirken, ist der Beschluss mithin diesen Regelungen unterworfen. Wirkungen auf den Beschluss entfalten die prozessrechtlichen Institute aber selbstverständlich nur, wenn die Bedingungen erfüllt sind, die das Prozessrecht im jeweiligen Fall aufstellt.

1950 Als **Zwischenergebnis** ist daher festzuhalten, dass ein Beschlussklageverfahren wie jedes andere Streitverfahren auch durch Anerkenntnis, Geständnis, Versäumnisurteil, aber auch durch Vergleich sein Ende finden bzw. beeinflusst werden kann. Auch dies ist letztlich eine Auswirkung des Wechsels der Wohnungseigentums-

---

1 Dafür etwa MünchKommAktG/*Hüffer*/*Schäfer*, § 246 Rz. 28; a.A. K. Schmidt/Lutter/*Schwab*, § 246 Rz. 20.

2 Dagegen etwa Grigoleit/*Ehmann*, § 246 Rz. 24; K. Schmidt/Lutter/*Schwab*, § 246 Rz. 20; a.A. etwa *Bork*, ZIP 1992, 1205; MünchKommAktG/*Hüffer*/*Schäfer*, § 246 Rz. 29.

3 Gegen einen Vergleich etwa Baumbach/Hueck/*Zöllner*/*Noack*, Anh. Nach § 47 Rz. 175; Grigoleit/*Ehmann*, § 246 Rz. 24; a.A. Roth/*Altmeppen*, Anh. § 47 Rz. 114.

4 So im Gesellschaftsrecht dezidiert etwa Grigoleit/*Ehmann*, § 246 Rz. 24; ähnlich Scholz/*K. Schmidt*, § 45 Rz. 159; dagegen insb. Roth/*Altmeppen*, Anh. § 47 Rz. 116 („petitio principii“).

sachen vom Verfahren der freiwilligen Gerichtsbarkeit in die ZPO. Denn nach dem FGG a.F. war etwa eine allein auf dem Anerkenntnis beruhende Entscheidung nicht zulässig.[1]

1951 Ob die Rechtsfolgen dieser Institute eintreten, ist demnach eine **Frage** des Prozessrechts. Hier geht es zunächst um die Vertretungsmacht des Verwalters. Zu klären ist nämlich, ob die Vertretungsmacht des Verwalters für eine Prozessbeendigung fehlt, wenn er hierzu nach dem Innenverhältnis nicht befugt ist. Gegen eine solche Sichtweise spricht zum einen § 9b Abs. 1 S. 3 WEG, wonach die gerichtliche Vertretungsmacht des Verwalters unbeschränkbar ist. Gestützt wird dieses Ergebnis durch § 54 ZPO, wonach Genehmigungserfordernisse – im hiesigen Fall: ein die Prozessbeendigung billigender Wohnungseigentümerbeschluss – die Wirksamkeit von Prozesshandlungen nicht berührt. Eine Beschränkung der Vertretungsmacht des Verwalters ist deshalb nicht anzuerkennen.

1952 Eine andere Frage ist, ob die prozessbeendende Handlung im Einzelfall wegen **Rechtsmissbrauchs** keine Wirkung entfaltet. Dies ist selbstverständlich denkbar.[2] Indes muss der Rechtsmissbrauch auf die prozessrechtliche Situation Rücksicht nehmen, weshalb die privatrechtlichen Grundsätze des Missbrauchs der Vertretungsmacht nicht ohne Modifikation herangezogen werden dürfen. Denn von einer Prozesshandlung ist stets auch das Gericht betroffen,[3] weshalb es nicht ausreicht, dass der Kläger weiß, dass der Verwalter im konkreten Fall seine Befugnisse im Innenverhältnis überschreitet. Erforderlich ist vielmehr ergänzend, dass sich der Rechtsmissbrauch auch dem Gericht aufdrängen muss. Dies ist eine Frage des Einzelfalls. Rechtmissbrauch kommt etwa in Betracht, wenn einer vom Verwalter – sei es durch Anerkenntnis oder Geständnis – zum Durchbruch verholfenen Beschlussklage offensichtlich jede Erfolgsaussicht fehlte.[4] Im Einzelnen gilt demnach Folgendes:

aa) Versäumnisurteil

1953 Verteidigt sich die Gemeinschaft der Wohnungseigentümer nicht gegen die Beschlussklage, wird durch Versäumnisurteil entschieden.

1954 Diese aus § 331 ZPO folgende Möglichkeit des Klägers zeigt, dass sich die These von der sich im Prozessrecht fortsetzenden Verfügungsbefugnis der Wohnungseigentümer über den Beschluss nicht durchhalten lässt. Denn das Versäumnisurteil beruht auf Untätigkeit; es gibt aber keine Methode, diese Untätigkeit deshalb zu ignorieren, weil sie vom Verwalter ausgeht. Man müsste also § 331 ZPO in Beschlussklageverfahren für unanwendbar erklären – eine merkwürdig anmutende These.

1 Etwa BayObLG v. 11.7.1996 – 2Z BR 45/96 WuM 1996, 661.
2 Vgl. BGH v. 1.3.1962 – II ZR 1/62, MDR 1962, 374.
3 Vgl. VG München v. 6.4.2004 – M 5 K 03.913, juris.
4 Vgl. BFH v. 13.6.1996 – III B 23/95, NJW 1997, 1029

1955 Ist ein Wohnungseigentümer dem Rechtsstreit auf Seiten der Gemeinschaft der Wohnungseigentümer **beigetreten** und verteidigt er sich gegen die Klage, darf kein Versäumnisurteil ergehen, weil er notwendiger Streitgenosse ist (Rz. 1965).[1]

bb) Anerkenntnis und Geständnis

1956 Erklärt die Gemeinschaft der Wohnungseigentümer wirksam, die Klage anzuerkennen, wird durch Anerkenntnisurteil entschieden (§ 307 ZPO). Auch ein Geständnis (§ 288 ZPO) ist nach allgemeinen Grundsätzen zu berücksichtigen. Im Einzelfall kann beiden Prozesshandlungen aber wegen Rechtsmissbrauchs die Wirkung zu versagen sein (Rz. 1952). Ist ein Wohnungseigentümer dem Rechtsstreit aus Seiten der Gemeinschaft der Wohnungseigentümer beigetreten und verteidigt er sich gegen die Klage, entfaltet das Anerkenntnis keine Wirkung, weil er notwendiger Streitgenosse (Rz. 1965) ist.[2]

cc) Vergleich

1957 Schließt die Gemeinschaft der Wohnungseigentümer in Beschlussklageverfahren einen Vergleich, so ist zwischen seinen prozessrechtlichen und seinen materiellrechtlichen Wirkungen zu unterscheiden.

1958 **Prozessrechtlich** bewirkt der Vergleich einerseits die Verfahrensbeendigung; daneben ist er Vollstreckungstitel (§ 794 Abs. Nr. 1 ZPO). Da die Gestaltungswirkung aber nicht aus einer Vollstreckung folgt, wird dem Vergleich eine solche Wirkung verbreitet abgesprochen.[3] Legt man dies zugrunde, kann durch den prozessrechtlichen Teil des Vergleichs ein Beschluss nicht für ungültig erklärt werden. Eine solche Wirkung legt das Verfahrensrecht in § 44 Abs. 1 S. 1 WEG danach nur dem gerichtlichen Urteil bei. Gleiches gilt nach § 44 Abs. 1 S. 2 WEG für die Änderung eines bestehenden oder die erstmalige Fassung eines Beschlusses. In diesem Kontext ist daher die Aussage des BGH zum Gesellschaftsrecht zu lesen, die Gesellschaft könne sich in Beschlussmängelklagen nicht vergleichen.[4] Der Beschlussklageprozess kann durch Vergleich aber sein Ende finden.

1959 Mängel des materiellrechtlichen Teils des Vergleichs stehen der Prozessbeendigung nach h.M. allerdings entgegen.[5] Dies ist von Bedeutung, wenn der materiellrechtliche

1 Vgl. BGH v. 6.7.2010 – VI ZB 31/08, NJW 2010, 3522 Rz. 9.

2 BGH v. 12.7.1993 – II ZR 65/92, ZIP 1993, 1228.

3 Vgl. MünchKommZPO/*Wolfsteiner*, § 794 Rz. 58; Baumbach/Hueck/*Zöllner*/*Noack*, Anh. Nach § 47 Rz. 175; *Brändel*, FS Vieregge (1995), S. 69, 71 (zum Aktienrecht). Ob man demgegenüber § 794 Abs. 1 Nr. 1 ZPO nicht als Ausdruck eines allgemeinen Prinzips verstehen sollte, nach dem die Parteien durch den Vergleich prozessrechtlich dieselben Folgen wie durch ein Urteil herbeiführen können – was dann auch zu einer Gestaltungswirkung führen würde – ist, soweit ersichtlich, unerforscht.

4 BGH v. 4.7.1951 – II ZR 117/50, MDR 1951, 674; BGH v. 11.7.1966 – II ZR 134/65, NJW 1966, 2055.

5 Etwa BGH v. 24.10.1984 – IVb ZR 35/83, NJW 1985, 1962, 1963.

Teil des Vergleichs die Verpflichtung zur Aufhebung oder Fassung eines Beschlusses enthält:

1960 Im **materiellrechtlichen Teil** des Vergleichs kann die Gemeinschaft der Wohnungseigentümer nicht gestaltend auf einen Beschluss einwirken. Denn über einen Beschluss kann nicht durch einen Vertrag zwischen der Gemeinschaft der Wohnungseigentümer und einem Wohnungseigentümer verfügt werden. Es ist auch nicht möglich, dass sich die Gemeinschaft der Wohnungseigentümer gegenüber dem Kläger im Prozessvergleich verpflichtet, in einer bestimmten Art und Weise auf den Beschluss einzuwirken, etwa diesen aufzuheben oder inhaltlich zu ändern (Rz. 214).[1]

7. Kosten der Beschlussklagen

1961 Die prozessuale Kostengrundentscheidung richtet sich nach allgemeinen Grundsätzen. Für das Kostenfestsetzungsverfahren enthält § 44 Abs. 4 WEG eine Sonderregel (Rz. 1966). Soweit der Gemeinschaft der Wohnungseigentümer Prozesskosten entstanden sind, sind diese nach dem **allgemeinen Kostenverteilungsschlüssel** zwischen den Wohnungseigentümern zu verteilen, also grundsätzlich nach Miteigentumsanteilen (§ 16 Abs. 2 S. 1 WEG). Es gibt nämlich keine gesetzliche Regelung, nach der der obsiegende Kläger von den Prozesskosten der unterlegenen Gemeinschaft der Wohnungseigentümer verschont bleiben muss. Auch der erfolgreiche Anfechtungskläger muss sich daher an den Kosten seiner Gegenseite beteiligen. Dies ist dem durch das WEMoG umgesetzten Prinzip, nach dem die Gemeinschaft der Wohnungseigentümer Trägerin der Beschlüsse ist, immanent.[2]

1962 Dieses Prinzips steht einem Anspruch aus § 18 Abs. 2 Nr. 1 WEG entgegen, dass ein **Beschluss** nach **§ 16 Abs. 2 S. 2 WEG** zu fassen ist, der die Prozesskosten unter den Wohnungseigentümern verteilt, die für den für ungültig erklärten Beschluss gestimmt haben. § 16 Abs. 2 S. 2 WEG gibt zwar die Kompetenz, einen solchen Beschluss zu fassen. Ein solcher Beschluss widerspricht allerdings ordnungsmäßiger Verwaltung, weil er in der Sache zu einer – inhaltlich unangemessenen – Gefährdungshaftung der Wohnungseigentümer für ihr Stimmverhalten führt (Rz. 713)

8. Nebenintervention

1963 Das WEMoG regelt die Nebenintervention in Beschlussklageverfahren nur mit Blick auf die Kostenerstattung (§ 44 Abs. 4 WEG). Das Recht der Nebenintervention (Beitritt) richtet sich daher mit Ausnahme dieser Kostenfrage nach allgemeinen Grundsätzen (§§ 66 ff. ZPO).

---

1 Vgl. Grigoleit/*Ehmann*, § 246 AktG Rz. 24. Anders womöglich BGH v. 29.3.1996 – II ZR 124/95, Z 132, 278, wo die Vergleichsmöglichkeit der Gesellschaft in Beschlussmängelverfahren bejaht wird.

2 Vgl. *Koch*, Gutachten DJT (2018), Band I, F 87.

a) Grundsätze

1964 Nach § 66 Abs. 1 ZPO kann jeder, der ein rechtliches Interesse daran hat, dass in einem zwischen anderen Personen anhängigen Beschlussklageverfahren die eine Partei obsiegt, dieser Partei zum Zwecke ihrer Unterstützung beitreten. Es ist weitgehend anerkannt, dass sich ein solches Interesse aus einer Rechtswirkung des Urteils gegenüber dem Beitretenden ergibt.[1] Mit Blick auf § 44 Abs. 3 WEG ist daher jeder **Wohnungseigentümer** in jeder Beschlussklagesache beitrittsberechtigt. Für den **Verwalter** gilt dieses Argument nicht, weshalb er kein allgemeines Beitrittsrecht hat. Sein Beitritt setzt vielmehr die Feststellung eines anderen rechtlichen Interesses als der (bei ihm fehlenden) Rechtswirkung des Urteils voraus. Ein solches Interesse kann in Verfahren vorliegen, welche die Gültigkeit des Beschlusses über die Bestellung oder die Abberufung des Verwalters zum Gegenstand haben, weil hier über die Existenz seines Amtsverhältnisses zur Wohnungseigentümergemeinschaft entschieden wird.[2]

1965 Die §§ 66 ff. ZPO unterscheiden zwischen der einfachen (§ 67 ZPO) und der streitgenössischen (§ 69 ZPO) Nebenintervention. Aus § 44 Abs. 3 WEG folgt, dass der beitretende **Wohnungseigentümer** zum streitgenössischen Nebenintervenienten wird, er gilt daher nach § 69 ZPO als **notwendiger Streitgenosse**.[3] Andere Personen – also insbesondere der **Verwalter** – sind hingegen nur **einfache Streithelfer**. In letzterem liegt eine Änderung im Vergleich zum bisherigen Recht, weil die Wirkung des § 48 Abs. 3 WEG a.F. den beigeladenen und dem Verfahren beigetretenen Verwalter zum streitgenössischen Nebenintervenienten machte.[4]

b) Kosten (§ 44 Abs. 4 WEG)

1966 Nach § 44 Abs. 4 WEG gelten die durch eine Nebenintervention verursachten Kosten nur dann als notwendig zur zweckentsprechenden Rechtsverteidigung (§ 91 ZPO), wenn die Nebenintervention geboten war. Die Vorschrift ist an § 50 WEG a.F. angelehnt, der den Kostenerstattungsanspruch der Wohnungseigentümer in vergleichbarer Art und Weise einschränkte.

1967 **Zweck** der Regelung ist es, das Kostenrisiko des Klägers zu beschränken.[5] Denn insbesondere in größeren Gemeinschaften können eine Vielzahl von Wohnungseigentümern in Beschlussklageverfahren auf Seiten der Gemeinschaft der Wohnungseigentümer beitreten, deren Kosten der Kläger nach allgemeinen Grundsätzen im Unterliegensfall zu tragen hätte. Dem begegnet § 44 Absatz 4 WEG, der verhindern soll, dass dieses Kostenrisiko prohibitive Wirkungen entfaltet und einen Wohnungseigentümer von der Erhebung einer Beschlussklage abhält. Die Norm dient damit der wirksamen Durchsetzung der aus dem Rechtsstaatsprinzip folgenden Justizge-

1 BGH v. 23.4.2007 – II ZB 29/05, Z 172, 136 Rz. 10.
2 Vgl. Staudinger/*Lehmann-Richter*, § 47 WEG Rz. 44.
3 Vgl. MünchKommZPO/*Schultes*, § 69 Rz. 11.
4 Etwa Bärmann/*Roth*, § 48 Rz. 47.
5 BT-Drucks. 19/18791, S. 84.

währungspflicht.[1] Sie ist angesichts dessen **verfassungsrechtlich unbedenklich**, dem Grunde nach sogar geboten.[2]

1968 Nach § 44 Abs. 4 WEG sind die Kosten eines Beitritts auf Seiten der beklagten Gemeinschaft der Wohnungseigentümer nur dann zu erstatten, wenn die **Nebenintervention geboten** war. Dies ist der Fall, wenn die Rechtsverteidigung aus Sicht eines verständigen Wohnungseigentümers nicht der Gemeinschaft der Wohnungseigentümer alleine überlassen werden kann.[3] Entscheidend ist, ob aus Sicht des Beitretenden zum Zeitpunkt des Beitritts[4] ein berechtigter Grund zu der Annahme besteht, eine Abweisung der Beschlussklage erfordere seine Mitwirkung als Nebenintervenient. Maßgeblich sind die Umstände des Einzelfalls. Hat die Gemeinschaft der Wohnungseigentümer einen Rechtsanwalt mandatiert, bedarf es hinreichend konkreter Verdachtsmomente, um die Vermutung zu widerlegen, dass die Rechtsverteidigung durch einen Rechtsanwalt *lege artis* erfolgt. Wird die Gemeinschaft der Wohnungseigentümer hingegen durch den Verwalter persönlich vor Gericht vertreten (Rz. 1900), ist eine solche Vermutung nur ausnahmsweise anzuerkennen, nämlich wenn der Verwalter über die Befähigung zum Richteramt verfügt. Ist dies nicht der Fall und ist die Beschlussklage nicht offensichtlich als unbegründet oder unzulässig abzuweisen, wird die Nebenintervention regelmäßig i.S.d. § 44 Abs. 4 WEG geboten sein. Dies wird im Kostenfestsetzungsverfahren nicht etwa von Amts wegen geprüft, sondern nur auf Vortrag – und ggf. Glaubhaftmachung – des Nebenintervenienten.[5]

III. Fristen der Anfechtungsklage (§ 45 WEG)

1969 § 45 WEG enthält die Regelungen zur Klage- und Begründungsfrist bei der Anfechtungsklage. Die Vorschrift entspricht § 46 Abs. 1 S. 2 und 3 WEG a.F., weshalb das WEMoG hier **keine Änderungen** gebracht hat.

IV. Vereinbarungsklagen

1970 Nach h.M. zum **alten Recht** galt § 21 Abs. 8 WEG a.F. auch für Vereinbarungen der Wohnungseigentümer.[6] Der Wohnungseigentümer konnte seinen Anspruch auf Änderung der Gemeinschaftsordnung aus § 10 Abs. 2 S. 3 WEG a.F. (jetzt: § 10 Abs. 2 WEG) danach mit der Gestaltungsklage nach § 21 Abs. 8 WEG a.F. verfolgen, was für ihn den Vorteil hatte, dass er im Klageantrag nur das Regelungsziel der verlangten Vereinbarung umschreiben musste. Bei der Bezeichnung der Beklagten half dem Kläger § 44 Abs. 1 WEG a.F., bei der Klagezustellung entband den Kläger § 45 Abs. 1 S. 1 WEG a.F. von der Last der Zustellung an sämtliche Beklagte. Bei auf die Feststellung des Inhalts von Vereinbarungen gerichteten Klagen führte die Beiladung nach § 48 Abs. 3 WEG a.F. dazu, dass sich die Urteilswirkung bei einem bilateral

1 Vgl. BVerfG v. 12.2.1992 – 1 BvL 1/89, E 85, 337.
2 Vgl. BGH v. 14.7.2011 – V ZB 171/10, NJW 2011, 3165 Rz. 8 (zu § 50 WEG a.F.).
3 BT-Drucks. 19/18791, S. 84.
4 Vgl. Staudinger/*Lehmann-Richter*, § 50 WEG Rz. 15 f.
5 Vgl. Staudinger/*Lehmann-Richter*, § 50 WEG Rz. 23.
6 BGH v. 8.4.12016 – V ZR 191/15, NJW 2017, 64.

zwischen zwei Wohnungseigentümern geführten Streit auch auf die übrigen Wohnungseigentümer erstreckte.[1] Diese prozessualen Sonderregelungen hat das WEMoG abgeschafft.

1. Abänderungsklagen

a) Materiell-rechtlicher Hintergrund

1971 Nach § 10 Abs. 2 WEG kann jeder Wohnungseigentümer eine vom Gesetz abweichende Vereinbarung oder die Anpassung einer Vereinbarung verlangen, soweit ein Festhalten an der geltenden Regelung aus schwerwiegenden Gründen unter Berücksichtigung aller Umstände des Einzelfalles, insbesondere der Rechte und Interessen der anderen Wohnungseigentümer, unbillig erscheint. Die Vorschrift entspricht ihrem Wortlaut nach dem § 10 Abs. 2 S. 3 WEG a.F. Den **Schuldner** dieses Anspruchs nennt die Vorschrift nicht. Auch die Gesetzesbegründung schweigt dazu.[2] Im Lichte ihrer neuen Rolle kann Schuldnerin aber nur die **Gemeinschaft der Wohnungseigentümer** sein und nicht mehr – wie nach altem Recht[3] – die übrigen Wohnungseigentümer. Denn es ist ihre Aufgabe, das gemeinschaftliche Eigentum zu verwalten (§ 18 Abs. 1 WEG). Die dafür notwendigen Entscheidungen sind zwar in aller Regel durch Beschluss zu treffen (vgl. § 19 Abs. 1 WEG), innerhalb der engen Voraussetzungen des § 10 Abs. 2 WEG ausnahmsweise aber eben auch durch Vereinbarung. Genauso wie der Anspruch auf Beschlussfassung nach § 18 Abs. 2 WEG gegen die Gemeinschaft der Wohnungseigentümer gerichtet ist, muss deshalb auch der Abänderungsanspruch nach § 10 Abs. 2 WEG gegen sie gerichtet sein. Zur Funktion von § 10 Abs. 2 WEG bei einer unklaren Vereinbarung Rz. 1986.

1972 Das zur Erfüllung dieses Anspruchs berufene **Organ** ist die **Gesamtheit der Wohnungseigentümer**. Jeder Wohnungseigentümer hat dafür eine entsprechende Willenserklärung und, soweit sich der Anspruch nach § 10 Abs. 2 WEG auch auf die Eintragung in das Grundbuch erstreckt[4], auch eine Bewilligung im Sinne des § 19 GBO abzugeben und zwar in notariell beglaubigter Form (§ 29 Abs. 1 S. 1 GBO).

b) Prozessuales

1973 Der Abänderungsanspruch aus § 10 Abs. 2 WEG muss mit der **Leistungsklage** gegen die Gemeinschaft der Wohnungseigentümer durchgesetzt werden. Eine Gestaltungsklage ist unstatthaft. § 44 Abs. 1 S. 2 WEG ist nicht, auch nicht (teilweise) analog, anwendbar. Denn der Gesetzgeber hat diese Klageart ausdrücklich für Beschlüsse reserviert.[5] Denn die Sonderregelungen für die Beschlussklagen rechtfertigen sich damit, dass diese das „Alltagsmittel“ bei der Verwaltung sind. Hier besteht daher ein

---

1 Vgl. Staudinger/*Lehmann-Richter*, § 48 Rz. 4.

2 Vgl. BT-Drucks. 19/18791, S. 82 f., wonach der Anspruch im Wege der Leistungsklage durchzusetzen ist, ohne aber den Beklagten zu nennen.

3 BGH v. 15.1.2010 – V ZR 114/09, NJW 2010, 2129 Rz. 29.

4 Nach BGH v. 8.4.2016 – V ZR 191/15, NJW 2017, 64 Rz. 31 soll dies nicht stets der Fall sein; zu Recht a.A. BeckOGK-WEG/*Falkner*, § 10 Rz. 292.

5 BT-Drucks. 19/18791, S. 82.

besonderes Interesse an einer die Prozessführung erleichternden Methode der Anspruchsdurchsetzung. Für den Abänderungsanspruch bei einer Vereinbarung gilt dies nicht. Aus **praktischer Sicht** ist der Gemeinschaft der Wohnungseigentümer zu empfehlen, allen Wohnungseigentümern den Streit zu verkünden (§ 72 Abs. 1 ZPO). Denn wenn sie unterliegt, müssen die Wohnungseigentümer als Organ die titulierte Pflicht der Gemeinschaft der Wohnungseigentümer erfüllen, in dem sie entsprechende Willenserklärungen abgegeben. Soweit sie dies nicht freiwillig tun, muss die Gemeinschaft der Wohnungseigentümer sie verklagen.

1974 **Beispiel:**[1] Wohnungseigentümer W hat materiell-rechtlich einen Anspruch nach § 10 Abs. 2 WEG auf Änderung des Kostenverteilungsschlüssels in der Gemeinschaftsordnung. W muss diesen Anspruch im Wege der Leistungsklage gegen die Gemeinschaft der Wohnungseigentümer geltend machen. Gewinnt er den Prozess, ändert sich dadurch aber die Gemeinschaftsordnung nicht automatisch. Vielmehr haben die Wohnungseigentümer als Organ der Gemeinschaft der Wohnungseigentümer (Rz. 44) entsprechende materiell-rechtlich Willenserklärungen und grundbuchverfahrensrechtliche Bewilligungen abzugeben. Weigern sich einzelne Wohnungseigentümer, handeln sie pflichtwidrig, eben weil ein Änderungsanspruch besteht, den sie zu erfüllen haben. Notfalls muss die Gemeinschaft der Wohnungseigentümer die Wohnungseigentümer auf Abgabe der Erklärungen verklagen; hat sie ihnen im Erstprozess der Streit verkündet (§ 72 Abs. 1 ZPO), steht der Änderungsanspruch aber auch prozessual fest. Mit der Rechtskraft der Urteile gegen die Wohnungseigentümer gelten deren Erklärungen als abgegeben (§ 894 ZPO).

2. Feststellungsklagen

1975 Auch Klagen gerichtet auf die Feststellung eines bestimmten Inhalts der Gemeinschaftsordnung folgen den **allgemeinen** prozessualen **Regeln**. § 256 ZPO grenzt die Zulässigkeit solcher Feststellungsklagen doppelt ein: Es muss ein Rechtsverhältnis Gegenstand sein und daneben ein Feststellungsinteresse vorliegen.

a) zwischen Wohnungseigentümern

1976 Zunächst zu zwischen den Wohnungseigentümern geführten Klagen: Ein der Feststellung zugängliches **Rechtsverhältnis** kann man bei formaler Betrachtung hier recht schnell mit dem Argument bejahen, die Vereinbarung verbinde die Wohnungseigentümer miteinander. Indes wirkt sich die Vereinbarung aufgrund des Organisationssystems typischerweise nicht zwischen den Wohnungseigentümern, sondern im Rechtsverhältnis der Wohnungseigentümer und der Gemeinschaft der Wohnungseigentümer aus.

1977 **Beispiele:**

- Die Gemeinschaftsordnung regelt Fristen und Formalien der Ladung zur Eigentümerversammlung – zwischen den Wohnungseigentümern besteht kein materieller Anspruch auf Beachtung dieser Regeln, ein solcher besteht nach § 18 Abs. 2 Nr. 1 WEG nur zur Gemeinschaft der Wohnungseigentümer.
- In der Gemeinschaftsordnung ist für Wohnungseigentümer E1 ein Sondernutzungsrecht vorgesehen – die Beachtung dieser Benutzungsregel kann E1 nur von der Gemeinschaft

1 In Anlehnung an BGH v. 18.1.2019 – V ZR 72/18, ZWE 2019, 403.

der Wohnungseigentümer verlangen, nicht direkt von den übrigen Wohnungseigentümern (§ 18 Abs. 2 Nr. 1 WEG).

1978 Die Wirkung der Gemeinschaftsordnung gegenüber der Gemeinschaft der Wohnungseigentümer schließt die Anwendung von § 256 ZPO indes nicht aus, und zwar schon deshalb nicht, weil nach h.M. selbst Drittrechtsverhältnisse feststellungsfähig sein können.[1]

1979 Größere Probleme bereitet allerdings das **Feststellungsinteresse**. Ein Feststellungsurteil zwischen einzelnen Wohnungseigentümer über den Inhalt der Gemeinschaftsordnung wirkt nämlich nur *inter partes*.[2] § 44 Abs. 3 WEG ist hier nicht etwa analog anwendbar. Das verbietet der Ausnahmecharakter der Vorschrift, der nur für die praktisch bedeutsamen Beschlussklagen eine Rechtskrafterstreckung anordnet. Deshalb kann der Streit über das Verständnis der Gemeinschaftsordnung durch eine bilaterale Feststellungsklage nicht abschließend geklärt werden. Für eine **bilaterale Feststellungsklage** ist daher nur in Sonderkonstellationen Raum, in denen sich der Streit auf die beteiligten Wohnungseigentümer beschränkt und zu erwarten ist, dass der Streit durch ein Feststellungsurteil beigelegt werden wird.

1980 Eine **multilaterale Feststellungsklage** unter Einbeziehung **sämtlicher Wohnungseigentümer** unabhängig davon, ob sämtliche Wohnungseigentümer dem Kläger gegenüber eine bestimmte Interpretation der Gemeinschaftsordnung in Abrede gestellt haben, ist nicht zulässig. Dem steht jedenfalls die Möglichkeit, eine Klage gegen die Gemeinschaft der Wohnungseigentümer (Rz. 1982) erheben zu können, entgegen.

1981 Eine **Leistungsklage gegen die übrigen Wohnungseigentümer**, gestützt auf einen aus § 10 Abs. 2 WEG abgeleiteten Anspruch auf eine den streitigen Punkt in der Gemeinschaftsordnung klarstellende Vereinbarung, ist unbegründet. Denn § 10 Abs. 2 S. 2 WEG begründet keinen Anspruch zwischen den Wohnungseigentümern (Rz. 1971).

b) gegen die Gemeinschaft der Wohnungseigentümer

1982 In Betracht kommt eine Feststellungsklage auch zwischen einem Wohnungseigentümer und der Gemeinschaft der Wohnungseigentümer. Denn die Gemeinschaftsordnung betrifft (auch) die Rechtsbeziehungen zwischen den Wohnungseigentümern und der Gemeinschaft der Wohnungseigentümer (vgl. etwa § 18 Abs. 2 WEG), was zu einem **Rechtsverhältnis** i.S.d. § 256 ZPO führt.

1983 Zu beachten ist allerdings, dass ein Feststellungsurteil nur zwischen dem Kläger und der Gemeinschaft der Wohnungseigentümer wirkt, da **§ 44 Abs. 3 WEG keine Anwendung** findet (Rz. 1982). Die übrigen Wohnungseigentümer sind an die vom Gericht erkannte Bedeutung der Gemeinschaftsordnung also nicht gebunden. Ein Fest-

1 Etwa BGH v. 25.2.1982 – II ZR 174/80, NJW 1982, 1703, 1704.

2 Vgl. allgemein BGH v. 16.4.2015 – I ZB 3/14, NJW 2015, 3234 Rz. 20; BGH v. 25.11.2002 – II ZR 69/01, ZIP 2003, 116.

stellungsinteresse ist daher nur anzuerkennen, wenn die bilaterale Klärung erwarten lässt, dass der Streit durch ein Feststellungsurteil beigelegt werden wird.

1984 **Beispiel:** Die Gemeinschaft der Wohnungseigentümer verlangt von Wohnungseigentümer W nach § 9a Abs. 2 WEG i.V.m. § 985 BGB die Herausgabe einer im gemeinschaftlichen Eigentum stehenden Gartenfläche. Eine Feststellungswiderklage des W, dass ihm wegen eines Sondernutzungsrechts ein Besitzrecht zusteht, ist zulässig.

Gegenbeispiel: Ein Wohnungseigentümer begehrt gegenüber der Gemeinschaft der Wohnungseigentümer die Feststellung, dass die Gemeinschaftsordnung das Objektprinzip bei der Beschlussfassung anordnet. Hier wird es regelmäßig an einem Feststellungsinteresse fehlen, weil ein Urteil nicht zu einer Bindung der übrigen Wohnungseigentümer an das Abstimmungsprinzip führt.

1985 Soweit danach eine Feststellungsklage gegen die Gemeinschaft der Wohnungseigentümer ausscheidet, muss der Wohnungseigentümer auf etwaige Unklarheiten über die Bedeutung der Gemeinschafsordnung prozessrechtlich anders reagieren. Hier steht ihm vor allem die **Anfechtungsklage** zur Verfügung. Denn wenn sich die fehlerhafte Anwendung der Gemeinschaftsordnung auf einen Beschluss auswirkt, kann der Wohnungseigentümer diesen Beschluss anfechten. Die mit der Beschlussaufhebung einhergehende Feststellung des Beschlussmangels (Rz. 1935) hat zwar keine „Dauerwirkung" dergestalt, dass bei einem identischen Fehler eines neuen Beschlusses dieser Fehler rechtskräftig feststünde. Indes wird ein entsprechendes Anfechtungsurteil regelmäßig dennoch eine befriedende Funktion haben, weil die Rechtsansicht des Gerichts in der Verwaltungspraxis typischerweise für die Zukunft beachtet werden wird.

1986 Führt weder eine Feststellungsklage noch eine Anfechtungsklage zu einer ausreichenden Klärung der Bedeutung der Gemeinschaftsordnung und ist der dadurch ausgelöste Zustand der Rechtsunsicherheit dem Kläger unzumutbar, besteht nach § 10 Abs. 2 WEG ein Anspruch gegen die Gemeinschaft der Wohnungseigentümer (Rz. 1971) auf eine den streitigen Punkt in der Gemeinschaftsordnung **klarstellende Vereinbarung**. Denn im Wohnungseigentumsrecht sind – anders als etwa bei der GmbH – Beschlüsse mangels einer entsprechenden Kompetenzregel nichtig, die die Auslegung der Gemeinschaftsordnung verbindlich festlegen. Ist eine solche Festlegung i.S.d. § 10 Abs. 2 WEG geboten, muss sie deshalb über das hierfür vorgesehene Instrument, nämlich den Abschluss eine Vereinbarung, erfolgen. Diesen Anspruch kann der Wohnungseigentümer mit der Leistungsklage durchsetzen (Rz. 1973).

V. Gebührenstreitwert von Beschlussklagen (§ 49 GKG)

1987 Das WEMoG hat die für alle Wohnungseigentumssachen geltende Streitwertregelung aus § 49a GKG a.F. gestrichen. Der neu eingeführte § 49 GKG regelt jetzt nur noch den Gebührenstreitwert von Beschlussklagen i.S.d. § 44 WEG.

1. Beschlussklageverfahren

1988 Der Gebührenstreitwert in Beschlussklageverfahren ist nach § 49 S. 1 GKG auf das **Interesse aller Wohnungseigentümer** an der Entscheidung festzusetzen. Darin liegt eine Abweichung von dem § 48 Abs. 1 GKG zugrundeliegenden Prinzip, nach dem sich der Streitwert grundsätzlich nach dem „Angreiferinteresse“ bestimmt.[1] Diese Abweichung ist sachgerecht, weil die Entscheidung gegenüber allen Wohnungseigentümern wirkt.[2] Die Beschlussklage trägt mithin das Gesamtinteresse aller Wohnungseigentümer an einer Entscheidung in sich, was es rechtfertigt, im Grundsatz auf dieses Gesamtinteresse abzustellen.

1989 Eine **Ausnahme** hiervon macht § 49 S. 2 GKG: Danach darf der Streitwert das 7,5-Fache des Klägerinteresses und seiner Streithelfer sowie den Verkehrswert ihres Wohnungseigentums nicht überschreiten. Diese Regelung ähnelt § 49a Abs. 1 S. 2 Alt. 2 und S. 3 GKG a.F.[3] Sie soll verhindern, dass die Streitwertfestsetzung zu einem Kostenrisiko führt, welches prohibitive Wirkungen entfaltet und einen Wohnungseigentümer von der Erhebung einer Beschlussklage abhält. Die Norm dient damit der wirksamen Durchsetzung der aus dem Rechtsstaatsprinzip folgenden Justizgewährungspflicht.[4] Die Einbeziehung des Interesses der Streithelfer der Kläger rechtfertigt sich damit, dass es sich typischerweise um andere Wohnungseigentümer handelt. Diese sind notwendige Streitgenossen (Rz. 1965) und daher nach § 101 Abs. 2, § 100 ZPO verpflichtet, im Unterliegensfall gemeinsam mit dem Kläger die Prozesskosten zu tragen. Die streitwerterhöhende Berücksichtigung ihres Interesses wird auf diese Weise in typisierter Form aufgewogen. Bei anderen Streithelfern ist dies indes nicht der Fall (§ 101 Abs. 1 ZPO), weshalb die Norm in diesen Fällen aufgrund einer teleologischer Reduktion unanwendbar ist.

1990 Bei der nach § 49 S. 1 GKG notwendigen **Bestimmung des Gesamtinteresses** der Wohnungseigentümer kann die Rechtsprechung zu § 49a Abs. 1 S. 1 GKG a.F. fruchtbar gemacht werden. Denn das dortige Interesse der „Parteien“ entsprach bei der nach altem Recht zwischen allen Wohnungseigentümern zu führenden Beschlussklage dem Gesamtinteresse der Wohnungseigentümer. Für die Festsetzung des Interesses des Klägers und der ihm Beigetretenen kann auf die Anwendung der inhaltsgleichen § 49a Abs. 1 S. 2 Alt. 2 und S. 3 GKG a.F. zurückgegriffen werden.

2. Andere Wohnungseigentumssachen

1991 In anderen Wohnungseigentumssachen erfolgt die Streitwertfestsetzung nach den allgemeinen Vorschriften. Maßgeblich sind nach § 48 Abs. 1 S. 1 GKG die Vorschrif-

---

1 Zu diesem etwa BeckOK-KostR/*Toussaint*, § 48 GKG Rz. 21.

2 BT-Drucks. 19/18791, S. 92.

3 Der Reg-E sah als Obergrenze noch wie § 49a Abs. 1 S. 2 Alt. 2 GKG a.F. das Fünffache des Klägerinteresses vor (BT-Drucks. 19/18791 S. 21). Diese Grenze wurde auf Empfehlung des Rechtsausschusses als Kompensation für den Wegfall der Mehrvertretungsgebühr auf das 7,5-Fache angehoben, vgl. BT-Drucks. 19/22634, S. 49.

4 Vgl. BVerfG v. 12.2.1992 – 1 BvL 1/89, E 85, 337.

ten über den Wert des Streitgegenstands, die für die Zuständigkeit des Prozessgerichts oder die Zulässigkeit des Rechtsmittels gelten. Vorbehaltlich der in Wohnungseigentumssachen kaum relevanten §§ 6 ff. ZPO bestimmt sich der Gebührenstreitwert nach § 3 ZPO, der die Festsetzung in das freie Ermessen des Gerichts stellt. Zu dieser Vorschrift ist anerkannt, dass sich der Streitwert der Klage nach dem sog. **Angreiferinteresse**, d.h. dem Interesse des Klägers am Erfolg seiner Klage, richtet.[1] Klagt die Gemeinschaft der Wohnungseigentümer gestützt auf § 9a Abs. 2 WEG i.V.m. § 1004 BGB in Prozessstandschaft, so tritt sie für alle Eigentümer mit Ausnahme des Beklagten auf, falls dieser Wohnungseigentümer sein sollte. In diesem Fall entspricht das Angreiferinteresse daher der Summe der Einzelinteressen der (übrigen) Wohnungseigentümer.[2] Gleiches gilt, wenn die Gemeinschaft der Wohnungseigentümer einen Anspruch nach § 14 Abs. 1 Nr. 1 WEG auf Einhaltung des Binnenrechts gegen einen Wohnungseigentümer einklagt. Zwar handelt es sich nicht um eine Klage in Prozessstandschaft; indes setzt die Gemeinschaft der Wohnungseigentümer auch hier die Interessen der hinter ihr stehenden Wohnungseigentümer durch.

1992 Auch nach neuem Recht ist in anderen Wohnungseigentumssachen daher für die Streitwertbestimmung regelmäßig das Interesse der Wohnungseigentümer zu ermitteln. Auf die hierfür zu § 49a Abs. 1 GKG a.F. entwickelten Grundsätze kann daher regelmäßig ebenso zurückgegriffen werden wie auf die zu dieser Norm ergangene Judikatur. Dabei ist allerdings zu beachten, dass die Kappungsgrenzen aus § 49a Abs. 1 GKG a.F. durch das WEMoG in anderen Wohnungseigentumssachen als Beschlussklageverfahren ersatzlos abgeschafft wurden.

D. Übergangsrecht

Beim Übergangsrecht ist zwischen den verschiedenen Sachaspekten zu unterscheiden.

I. Verfahrensrecht

1993 Das verfahrensrechtliche Übergangsrecht regelt § 48 Abs. 5 WEG. Danach sind auf die vor dem Stichtag am 1.12.2020, dem Inkrafttreten des WEMoG, bei Gericht anhängigen Verfahren die Vorschriften des dritten Teils des WEG in ihrer bis dahin geltenden Fassung weiter anzuwenden. Diese **Altverfahren** unterliegen also den Vorschriften der §§ 43 ff. WEG a.F. Nicht vom Wortlaut des § 48 Abs. 5 WEG erfasst sind auf § 21 Abs. 8 WEG a.F. gestützte Gestaltungsklagen. Hier gilt § 48 Abs. 5 WEG aber analog. Denn soweit § 21 Abs. 8 WEG a.F. ein Gestaltungsklagerecht eröffnet,[3] handelt es sich um Verfahrensrecht, das aus systematischen Gründen schon nach altem Recht in den dritten Teil des WEG gehört hätte. Für die vor dem Stichtag

1 Etwa BGH v. 3.7.2018 – II ZB 3/18, juris; BGH v. 10.12.1993 – V ZR 168/92, Z 124, 313.
2 *Lehmann-Richter*, ZWE 2010, 389 (391).
3 Die Norm enthielt verfahrensrechtliche und materiellrechtliche Elemente, Staudinger/*Lehmann-Richter*, § 21 WEG Rz. 253.

bei Gericht anhängige Gestaltungsklagen gilt daher verfahrensrechtlich § 21 Abs. 8 WEG a.F. weiter. Dieses Ergebnis wird auch dadurch gestützt, dass § 48 Abs. 5 WEG die Fortgeltung von § 49 Abs. 1 WEG a.F. anordnet, der nur auf Klagen nach § 21 Abs. 8 WEG a.F. anwendbar ist.

II. Kostenrecht

1994 Für die Bestimmung des Streitwerts gilt die **allgemeine Übergangsregel** des § 71 Abs. 1 GKG. Nach § 71 Abs. 1 S. 1 GKG ist in Rechtsstreitigkeiten, die vor dem 1.12.2020 anhängig geworden sind, weiterhin § 49a GKG a.F. maßgeblich. Eine Ausnahme gilt nach § 71 Abs. 1 S. 2 GKG in Verfahren über ein Rechtsmittel, das nach dem Inkrafttreten eingelegt worden ist. Für diese Neurechtsmittelverfahren bestimmt sich der Streitwert mithin nach neuem Recht. Für Neurechtsmittelverfahren in Beschlussklagen gilt also § 49 GKG, in allen anderen wohnungseigentumsrechtlichen Streitsachen ist der Streitwert hingegen nach allgemeinen Regeln zu bestimmen (Rz. 1991).

III. Materielles Recht

1995 Der Richter muss seiner Entscheidung das maßgebliche materielle Recht zugrunde legen. Weist ein Sachverhalt Berührungspunkte zum Recht vor und nach der WEG-Reform 2020 auf, muss das anwendbare Recht nach den Grundsätzen über die **intertemporale Geltung** ermittelt werden. Diese Fragen werden in diesem Buch bei den jeweiligen Sachfragen sowie allgemein bei Rz. 1999 erörtert.

§ 19
Auslegung von Altvereinbarungen und Übergangsrecht

Mit dem Inkrafttreten des WEMoG stellen sich zwei Konkurrenzfragen: Wie ist das zeitliche Verhältnis des neuen Rechts zum alten Recht (unten A.)? Und wie verhält sich das neue Recht zu Regeln in der Gemeinschaftsordnung, die vor seinem Inkrafttreten vereinbart wurden und zum neuen Recht im Widerspruch stehen (unten B.)?

A. Übergangsrecht

1996 Bei der intertemporalen Anwendung des WEMoG ist zwischen den in § 48 WEG getroffenen Regelungen (unten I.) und den Bereichen zu unterscheiden, die keine ausdrückliche gesetzliche Regelung erfahren haben (unten II.).

I. In § 48 WEG geregelte Fälle

1997 Die in § 48 WEG geregelten Fälle zum zeitlichen Anwendungsbereich des neuen Rechts werden nicht in diesem Kapitel, sondern im Zusammenhang mit den betroffenen Sachfragen erörtert. Im Einzelnen:

- **§ 48 Abs. 1 WEG:** Eintragung von Alt-Beschlüssen in das Grundbuch (dazu Rz. 1799);
- **§ 48 Abs. 2 WEG:** Zustimmungsbedürftigkeit von Altbeschlüsse (dazu Rz. 1893);
- **§ 48 Abs. 3 WEG:** Eintragungsbedürftigkeit von Altvereinbarungen über Veräußerungsbeschränkungen und die Haftung von Sondernachfolgern für Geldschulden (dazu Rz. 1804);
- **§ 48 Abs. 4 WEG:** Anspruch auf zertifizierten Verwalter (dazu Rz. 559).
- **§ 48 Abs. 5 WEG:** zeitlicher Anwendungsbereich des neuen Verfahrensrechts (dazu Rz. 1993).

II. Nicht in § 48 WEG geregelte Fälle

1998 Der Blick auf § 48 WEG offenbart, dass das WEMoG seine intertemporale Anwendbarkeit überwiegend nicht ausdrücklich geregelt hat. Die sich hier ergebenden Fragen müssen daher mit Hilfe allgemeiner Grundsätze beantwortet werden. Diese werden im Folgenden erörtert; daneben finden sich in den einzelnen Kapiteln dieses Buches normbezogene Ausführungen zum Übergangsrecht.

1. Allgemeines

1999 Ob und inwieweit eine gesetzliche Änderung auch Rechtsverhältnisse betrifft, die zum Zeitpunkt ihres Inkrafttretens bereits bestanden, liegt grundsätzlich in der

Hand des Gesetzgebers. Fehlt es an einer ausdrücklichen Anordnung, ist die Antwort im Wege der Auslegung des jeweiligen Gesetzes zu ermitteln.[1] Soweit das zu keinem eindeutigen Ergebnis führt, stellt sich die Frage nach **allgemeingültigen Leitlinien**. Die Grundregel des intertemporalen Rechts, die ihren Niederschlag in Art. 170 EGBGB gefunden hat, besagt, dass für ein unter einer alten Rechtsordnung entstandenes Rechtsverhältnis grundsätzlich deren Bestimmungen weiter maßgebend bleiben.[2] Diese Regel gilt grundsätzlich auch für Dauerschuldverhältnisse, wie sich aus den nur punktuellen Ausnahmen in den Art. 171 ff. EGBGB ergibt.[3] Für das Eigentum gilt jedoch das Gegenteil (vgl. Art. 181 EGBGB): Wegen seiner absoluten Wirkung sollen die Unwägbarkeiten, die die Anwendung unterschiedlicher Vorschriften erzeugen würde, vermieden werden; das neue Recht gilt deshalb auch für altes Eigentum. Und insoweit gilt es nicht nur für dessen dingliche Außenwirkung, sondern auch für das Innenrecht zwischen Miteigentümern, um unterschiedliche Rechtsregime im Außen- und Innenverhältnis zu verhindern (vgl. Art. 173 EGBGB).[4] Im Gesellschaftsrecht wird hingegen vertreten, dass für das Innenverhältnis bei einer Gesetzesänderung das alte Recht maßgeblich bleibt,[5] die Aufnahme neuer Gesellschafter sich aber nach neuem Recht richten soll.[6]

2000 Wendet man diese Leitlinien auf das WEMoG an, ergibt sich **kein klares Bild**: Art. 181 EGBG spricht dafür, auch auf „Altgemeinschaften" (also solche, die zum **Stichtag 1.12.2020**, dem Inkrafttreten des WEMoG, bereits bestanden) umfassend das neue Recht anzuwenden. In die gegenteilige Richtung deutet das beschriebene Prinzip im Gesellschaftsrecht. Hinzu kommt, dass mit einer pauschalen Aussage „altes oder neues Recht" nicht alle Sachfragen beantwortet sind, weil die Probleme letztlich tiefer liegen. Es geht nämlich vor allem um die Frage, inwieweit das WEMoG auf vor dem Stichtag eingetretene Rechtsfolgen einwirkt. Dabei ist zwischen Außen- und Innenverhältnis zu unterscheiden.

2. Außenverhältnis

2001 Soweit das WEMoG das Außenverhältnis der Gemeinschaft der Wohnungseigentümer, also ihre Rechtsbeziehungen zu Dritten, geändert hat, gilt **ab dem Stichtag nur noch das neue Recht**. Dies gebietet der Grundsatz des Schutzes des Rechtsverkehrs, der auf Rechtssicherheit angewiesen ist. Diese ist nur gewährleistet, wenn ein rechtliches Verhalten nach dem zum Zeitpunkt seiner Vornahme geltenden Recht beurteilt wird.

2002 Gegenständlich betroffen sind hier die Regeln über die **Entstehung** der Gemeinschaft der Wohnungseigentümer (§ 9a Abs. 1 S. 1 WEG), ihre **Vertretung** (§ 9b WEG), die

1 Vgl. BGH v. 26.1.2009 – II ZR 260/07, NJW 2009, 1277 Rz. 21.
2 BGH v. 26.1.2009 – II ZR 260/07, NJW 2009, 1277 Rz. 20; Staudinger/*Hönle*, Art. 170 EGBGB Rz. 4.
3 Staudinger/*Hönle/Hönle*, Art. 171 EGBGB Rz. 1.
4 Staudinger/*Hönle*, Art. 173 EGBGB Rz. 1.
5 Staudinger/*Hönle*, Art. 170 EGBGB Rz. 13.
6 Baumbach/Hopt/*Roth*, Einl vor § 105 HGB Rz. 35.

Haftung der Wohnungseigentümer (§ 9a Abs. 4 WEG) sowie über die **Zuordnung** von Rechten der Wohnungseigentümer gegenüber Dritten (§ 9a Abs. 2 WEG; zum Sonderfall des Bauträgervertragsrechts ausführlich Rz. 137). Einschlägig ist zuletzt die – inhaltlich aber nicht veränderte – Regelung zum Insolvenzverfahren (§ 9a Abs. 5 WEG). Eine Ausnahme gilt jedoch für den Sonderfall, dass die Gemeinschaft der Wohnungseigentümer nach altem Recht bereits entstanden ist, obwohl die Voraussetzungen dafür nach neuem Recht noch nicht vorliegen (Rz. 259); denn andernfalls würde ihr Vermögen zeitweise herrenlos.

2003 Das neue Rechts **wirkt** im Außenverhältnis aber **nicht zurück**. Dies bedeutet, dass vor dem Stichtag abgeschlossene Sachverhalte nicht nachträglich ihre Wirkung verlieren. Wurde die Gemeinschaft der Wohnungseigentümer etwa vor dem Stichtag von einem nach § 27 Abs. 3 S. 3 WEG a.F. ermächtigten Wohnungseigentümer vertreten, entfällt die Vertretungsmacht bei diesem Rechtsgeschäft nicht durch das Inkrafttreten des WEMoG. Gleiches gilt, wenn ein Dritter vor dem Stichtag eine Forderung erfüllt hat, die die Gemeinschaft der Wohnungseigentümer durch Beschluss nach – im neuen Recht obsoleten – § 10 Abs. 6 S. 3 Var. 3 WEG a.F. an sich gezogen hat. Soweit Ansprüche gegen Dritte zum Stichtag aber noch nicht erfüllt sind, richtet sich die Rechtszuständigkeit ab dem Stichtag nur noch nach dem WEMoG.

2004 **Beispiel:** Vom Nachbargrundstück aus kommt es schon vor dem Stichtag zum Überwuchs von Wurzeln, die den im gemeinschaftlichen Eigentum stehenden Garten beschädigen. Die Wurzeln sind zum Stichtag noch nicht beseitigt. Berechtigt, einen etwaigen Beseitigungsanspruch gegen den Nachbarn aus § 1004 Abs. 1 BGB auszuüben, ist ab dem Stichtag nur noch die Gemeinschaft der Wohnungseigentümer (§ 9a Abs. 2 WEG). Zum Prozessrecht Rz. 2034.

3. Innenverhältnis

2005 Die sich im Innenverhältnis stellenden übergangsrechtlichen Fragen sind **komplex**, was seine Ursache darin hat, dass Vereinbarungen der Wohnungseigentümer, in vielen Fällen aber auch Beschlüsse, Dauerwirkung haben. Dies erschwert eine stichtagsbezogene Trennung zwischen neuem und altem Recht.

a) Grundsätze

2006 Im **Ausgangspunkt** ist festzuhalten, dass das WEMoG im Innenverhältnis ab dem Stichtag auch **für „Altgemeinschaften“** gilt. Dies folgt deutlich aus § 47 WEG: Diese Regel zur Auslegung von Altvereinbarungen wäre überflüssig, wenn das WEMoG auf diese schon gar keine Anwendung fände.

2007 **Rechtsfolgen**, die in der **Vergangenheit eingetreten** sind (oder eintreten sollten) und die **nicht unmittelbar** im Zeitraum nach dem Stichtag **fortwirken**, werden aber nicht nach dem WEMoG, sondern nach dem bisherigen Recht bewertet. Denn ein anderes Ergebnis wäre eine echte Rückwirkung mit gravierenden Folgen für die Rechtssicherheit; ein diesbezüglicher Wille des Gesetzgebers ist offensichtlich nicht anzunehmen.

2008 Beschränken sich die Rechtsfolgen hingegen ihrer Natur nach nicht von selbst auf den Zeitraum vor dem Stichtag, stellt sich die Frage, ob eine **Fortwirkung** davon abhängt, dass die Rechtsfolgen auch unter der Geltung des WEMoG eingetreten wären oder ob das WEMoG die Fortwirkung unabhängig hiervon „akzeptiert".

2009 **Beispiel:** Die Wohnungseigentümer haben vor dem Stichtag wirksam eine Umzugskostenpauschale auf der Kompetenzgrundlage des § 21 Abs. 7 WEG a.F. beschlossen. Dieser Kompetenztitel ist durch das WEMoG entfallen. Gilt die Umzugskostenpauschale auch für Umzüge nach dem Stichtag?

2010 Damit ergibt sich eine **zweistufige Prüfung**:

1. Beschränken sich die (beabsichtigten) Rechtsfolgen auf den Zeitraum vor dem Stichtag? Wenn ja, ist die Prüfung beendet: Der Eintritt der Rechtsfolge bestimmt sich nach altem Recht
2. Wenn nein: Wirken die Rechtsfolgen im Zeitraum nach dem Stichtag fort?

2011 Ob sich eine Rechtsfolge auf den Zeitraum vor dem Stichtag beschränkt, ist **einzelfallbezogen** zu ermitteln. Es kann zwischen Verwaltungshandlungen, Beschlüssen und Ansprüchen unterschieden werden:

b) Verwaltungshandlungen

2012 Verwaltungshandlungen (zum Begriff Rz. 323) haben ihrer Funktion entsprechend grundsätzlich keine Dauerwirkung. Der Eintritt der Rechtsfolgen von Verwaltungshandlungen bestimmt sich daher nach dem Recht, das zum Zeitpunkt der Vornahme der Handlung galt.

2013 **Beispiel:** Am 27.11.2020 wird zu einer Eigentümerversammlung am 12.12.2020 geladen. Die Rechtmäßigkeit der Ladung richtet sich nach altem Recht, es gilt also die Zweiwochenfrist aus § 24 Abs. 4 S. 2 WEG a.F. Für die Form von Versammlungsvollmachten gilt hingegen neues Recht, also § 25 Abs. 3 WEG n. F.

2014 Soweit Verwaltungshandlungen ausnahmsweise Dauerwirkungen entfalten sollten – Beispiele sind nicht ersichtlich – gelten die für die Beschlüsse entwickelten Grundsätze (Rz. 2021) entsprechend. Eine Fortwirkung ist mangels Bestandskraftsmöglichkeit abzulehnen.

c) Altbeschlüsse

2015 Die Frage nach den Auswirkungen des WEMoG auf Altbeschlüsse, also solche, die vor Inkrafttreten des WEMoG gefasst wurden, ist dann relevant, wenn sich die Rechtmäßigkeitsanforderungen an den Beschluss geändert haben und die Beschlüsse **Dauerwirkung** entfalten, also auch nach dem Stichtag wirken können.

Beschlüsse ohne Dauerwirkung sind etwa solche, durch die bereits vor dem Stichtag Zahlungspflichten begründet wurden oder Erhaltungsbeschlüsse, auch wenn sie noch nicht ausgeführt wurden.

aa) Grundsatz 1: Keine nachträgliche Heilung

2016 Soweit das WEMoG die Rechtmäßigkeitsanforderungen an Beschlüsse gesenkt hat, gilt dies nicht für Altbeschlüsse. Deren Rechtmäßigkeit beurteilt sich weiterhin allein nach altem Recht;[1] das WEMoG hat keine Rückwirkung.

2017 **Beispiel:** Am 1.10.2020 wird ein Beschluss über die Änderung des Schlüssels für die Verteilung von Erhaltungskosten gefasst, der gegen das Einzelfallkriterium in § 16 Abs. 4 S. 1 WEG a.F. verstößt. Dieser Beschluss wird nicht etwa dadurch wirksam, dass ein solcher Beschluss nach neuem Recht rechtmäßig gefasst werden könnte.

bb) Grundsatz 2: Keine rückwirkende Unwirksamkeit

2018 Ebensowenig führt das WEMoG dazu, dass Altbeschlüsse, die nach altem Recht rechtmäßig waren, dies nach neuem Recht aber nicht mehr sind, rückwirkend unwirksam werden.

2019 **Beispiel:** Die Wohnungseigentümer haben am 1.10.2012 wirksam eine Umzugskostenpauschale auf der Kompetenzgrundlage des § 21 Abs. 7 WEG a.F. beschlossen. Dieser Kompetenztitel ist zwar durch das WEMoG entfallen. Das führt aber nicht etwa zur rückwirkenden Nichtigkeit des Beschlusses. Die Frage kann nur lauten, ob der Beschluss zum Stichtag seine Wirkung für die Zukunft verliert (Rz. 2021).

cc) Grundsatz 3: Keine Unwirksamkeit für die Zukunft

2020 Altbeschlüsse, die nach altem Recht ordnungsmäßig waren, dies nach neuem Recht aber nicht mehr sind, verlieren ihre Rechtswirkung nicht mit Inkrafttreten des WEMoG. Sie gelten also weiter, auch wenn sie nach neuem Recht nicht rechtmäßig hätten gefasst werden können. Dies folgt jedenfalls aus dem Grundsatz der Bestandskraft (§ 23 Abs. 4 WEG). Danach entfalten auch ordnungswidrige Beschlüsse Bindungswirkung. Deshalb setzt sich in diesen Konstellationen das Interesse der Wohnungseigentümer an einer Kontinuität ihres Binnenrechts durch.

dd) Ausnahme: Unwirksamkeit für die Zukunft wegen nachträglicher Nichtigkeit

2021 Die Gesetzesbegründung geht davon aus, dass Altbeschlüsse, die nach neuem Recht nichtig sind, weil für sie nun keine Beschlusskompetenz mehr besteht, nach dem Stichtag nicht mehr fortwirken.[2] Dabei geht es um Beschlüsse auf Grundlage der § 10 Abs. 6 S. 3[3], § 21 Abs. 7 und § 27 Abs. 3 S. 3 WEG a.F. Soweit diese Beschlüsse Außenwirkung haben (§ 10 Abs. 6 S. 3, § 27 Abs. 3 S. 3[4] WEG a.F.) erfordert schon der Schutz des Rechtsverkehrs dieses Ergebnis (Rz. 2001). Aber auch im Übrigen überzeugt diese Sichtweise.

---

1 Vgl. BGH v. 26.1.2009 – II ZR 260/07, NJW 2009, 1277 Rz. 20.

2 BT-Drucks. 18/18791, S. 61: a.A., aber ohne Begründung, Bärmann/Pick/*Emmerich*, Anhang § 48 Rz. 5.

3 Palandt/*Wicke*, § 9a Rz. 10.

4 Palandt/*Wicke*, § 9b Rz. 3.

2022 Denn es ist anerkannt, dass Rechtgeschäfte, deren Tatbestand vor Inkrafttreten eines neuen gesetzlichen Verbots erfüllt wurde, zwar nicht nachträglich unwirksam werden, ab diesem Zeitpunkt aber nicht mehr vollzogen werden dürfen.[1] Die Beschränkung einer Beschlusskompetenz ist zwar konstruktiv kein gesetzliches Verbot. In beiden Fällen geht es aber darum, dass der Gesetzgeber aus Gründen, die ihm zwingend erscheinen, die Privatautonomie der Beteiligten oder zumindest der Mehrheit beschränkt. Das Gewicht dieser Gründe hängt typischerweise aber nicht davon ab, wann der Tatbestand eines Rechtsgeschäfts erfüllt wurde. Hinzu kommt, dass es anderenfalls zu einer Rechtszersplitterung käme: Die Nichtigkeit von Altbeschlüssen müsste auch in vielen Jahren noch weiter nach dem alten (dann in Vergessenheit geratenen) Recht beurteilt werden. Das würde zu Intransparenz und Rechtsunsicherheit führen. Weiter ist zu beachten, dass nichtige Beschlüsse nicht der Bestandskraft zugänglich sind. Auch dies zeigt, dass der durch die Nichtigkeitsgründe verliehene Schutz das Kontinuitätsinteresse der Wohnungseigentümer überwiegt. Dies gilt auch angesichts der Tatsache, dass wegen des laufenden Wechsels im Mitgliederbestand dieses Interesse ohnehin nicht sehr stark wiegt: Mit jedem Mitgliederwechsel sinkt die Zahl derer, die sich originär hierauf berufen können.

2023 **Beispiel:** Die Wohnungseigentümer haben am 1.10.2012 wirksam eine Umzugskostenpauschale auf der Kompetenzgrundlage des § 21 Abs. 7 WEG a.F. beschlossen. Dieser Kompetenztitel ist durch das WEMoG entfallen. Das führt zwar nicht zur rückwirkenden Nichtigkeit des Beschlusses (Rz. 2018). Der Beschluss wird aber mit Inkrafttreten des Gesetzes nichtig (zur möglichen Umdeutung eines solchen Beschlusses Rz. 720) .

d) Wechsel von Gläubiger/Schuldner bzw. der Ausübungsbefugnis

2024 Ein zentraler Aspekt des WEMoG ist die Neuordnung der Rechtsbeziehungen im Innenverhältnis der Gemeinschaft der Wohnungseigentümer. Das WEMoG hat auch hier keine Rückwirkung (Rz. 1999). Dies führt dazu, dass die vor dem Stichtag nach altem Recht eingetretenen Rechtsfolgen bestehen bleiben. Konkret ist zwischen Primäransprüchen auf Erfüllung und Sekundäransprüchen wegen Pflichtverletzungen zu unterscheiden. Zum Übergangsrecht bei Änderung der Zuordnung im Außenverhältnis s. Rz. 2001.

aa) Primäre Erfüllungsansprüche

2025 Soweit das WEMoG die Parteien eines Anspruchsverhältnisses geändert hat, besteht der betroffene Anspruch ab dem Stichtag nur noch zwischen den im WEMoG bestimmten Parteien.

2026 **Beispiel:** Am 1.9.2020 wird die Ausführung einer Erhaltungsmaßnahme durch sofortige Beauftragung des Unternehmers X beschlossen. Der Verwalter bleibt untätig. Wohnungseigentümer E kann nach dem Stichtag Beschlussausführung nur noch von der Gemeinschaft der Wohnungseigentümer verlangen.

---

1 *Canaris*, DB 2002, 930 (931): „im Ergebnis außer Zweifel"; Staudinger/*Sack*/*Seibl*, § 134 Rz. 55 m.w.N.

2027 Bei „**Dauersachverhalten**" kommt es hier nicht etwa zu einer Verdoppelung der berechtigten oder verpflichteten Personen. Im Anwendungsbereich des § 9a Abs. 2 WEG ergibt sich dies daraus, dass der betroffene Anspruch auch nach neuem Recht den Wohnungseigentümern zusteht und von der Gemeinschaft der Wohnungseigentümer lediglich ausgeübt wird. Es handelt sich mithin um denselben, identischen Anspruch. Dieser Anspruch kann nach Inkrafttreten des WEMoG nur noch durch die Gemeinschaft der Wohnungseigentümer ausgeübt werden. Die Annahme, bei solchen intertemporalen Sachverhalten ergebe sich eine konkurrierende Rechtsverfolgungskompetenz, ist mit dem Zweck des WEMoG nicht zu vereinbaren, für eine klare Zuordnung der Rechte zwischen Wohnungseigentümern und Gemeinschaft der Wohnungseigentümer zu sorgen.[1] Gleiches gilt für Ansprüche nach dem WEG, etwa für den schuldrechtlichen Anspruch auf Beachtung des Binnenrechts (früher: Anspruch der Wohnungseigentümer untereinander aus § 15 Abs. 3 WEG a.F., jetzt: Anspruch der Gemeinschaft der Wohnungseigentümer aus § 14 Abs. 1 Nr. 1 WEG) oder den Anspruch auf Beschlussausführung (früher: Anspruch gegen den Verwalter persönlich aus § 27 Abs. 1 Nr. 1 WEG; jetzt: Anspruch gegen die Gemeinschaft der Wohnungseigentümer aus § 18 Abs. 2 WEG).

2028 **Beispiele:**

- Wohnungseigentümer E hat vor dem Stichtag das gemeinschaftliche Eigentum durch Anbau einer Außenjalousie beeinträchtigt. Die Beeinträchtigung ist zum Stichtag noch nicht beseitigt.
- E parkt vor und nach dem Stichtag sein Auto rechtswidrig auf dem gemeinschaftlichen Eigentum.

In beiden Fällen hat ab dem Stichtag nur noch die Gemeinschaft der Wohnungseigentümer Unterlassungs- oder Beseitigungsansprüche gegen E.

bb) Sekundäransprüche wegen Pflichtverletzungen

2029 Bei Ansprüchen wegen Pflichtverletzungen ist entscheidend, ob die Pflichtverletzung, auf die die konkrete Rechtsfolge gestützt wird, vor oder nach dem Stichtag begangen wurde. Ein nach altem Recht entstandener Anspruch bleibt dem Gläubiger erhalten.

2030 **Beispiel:** E1 hat pflichtwidrig die Beschlussfassung über die Beseitigung einer Leckage im Dachgeschoss verhindert.[2] Dadurch ist E2 ein Mietausfallschaden entstanden. Die Leckage wird vor dem Stichtag beseitigt. E1 klagt nach Inkrafttreten des WEMoG seinen bis zur Beseitigung der Leckage entstandenen Schaden gegen E1 ein.

Ob E2 ein solcher Anspruch gegen E1 zusteht, richtet sich nach altem Recht.

2031 In Einzelfällen kann die in die Zukunft gerichtete Wirkung des WEMoG zu einer **Schuldnerverdoppelung** von Wohnungseigentümern und Gemeinschaft der Wohnungseigentümer führen. Dazu kann es etwa kommen, wenn eine Pflicht durch das WEMoG von den Wohnungseigentümern zur Gemeinschaft der Wohnungseigentü-

1 BT-Drucks. 19/18791, S. 29. Vgl. auch BGH v. 5.12.2014 – V ZR 5/14, NJW 2015, 1020 Rz. 14: „Dass bei einer geborenen Ausübungsbefugnis nur der Verband tätig werden kann, steht außer Frage".

2 Zur Pflicht zur Mitwirkung bei der Beschlussfassung nach altem Recht s. Rz. 315.

mer gewechselt hat und ein Verstoß gegen die Pflicht vor und nach dem Stichtag ganz oder teilweise denselben Schaden verursacht hat. Nach dem Rechtsgedanken des § 840 Abs. 1 BGB haften die Wohnungseigentümer und die Gemeinschaft der Wohnungseigentümer in diesem Fall als Gesamtschuldner.

2032 **Beispiel:** E1 hat vor dem Inkrafttreten des WEMoG pflichtwidrig die Beschlussfassung über die Beseitigung einer Leckage im Dachgeschoss verhindert. Dadurch entsteht E2 vor dem Stichtag ein Mietausfallschaden. Die Leckage besteht auch nach dem Stichtag weiter, weshalb E2 auch für den Zeitraum danach ein Schaden entsteht.

Ersatz des vor dem Stichtag entstandenen Schadens schuldet nur E1. Der Anspruch auf Ersatz des danach eingetretenen Schadens kann sich hingegen sowohl gegen E1 als auch gegen die Gemeinschaft der Wohnungseigentümer richten. Dafür muss der Schaden zum einen auf der vor dem Stichtag begangenen Pflichtverletzung des E1 beruhen, zum anderen auch auf der nach dem Stichtag von der Gemeinschaft der Wohnungseigentümer begangenen Verletzung der Pflicht nach § 18 Abs. 2 Nr. 1 WEG.

2033 Auch der **Entziehungsanspruch** in der Zwei-Personen-Gemeinschaft steht nach Inkrafttreten des WEMoG nur noch der Gemeinschaft der Wohnungseigentümer zu, wenn das gerügte Verhalten nach Inkrafttreten des WEMoG andauert. Ist ein Verfahren über den Entziehungsanspruch anhängig, verliert der Kläger mithin seine Aktivlegitimation.

cc) Prozessuale Reaktionsmöglichkeiten

2034 Kommt **§ 9a Abs. 2 WEG** zur Anwendung, verliert der Kläger seine Klagebefugnis.[1] § 265 ZPO greift nicht.[2] Auch der **Wechsel der Schuldner- oder Gläubigerstellung** eines wohnungseigentumsrechtlichen Anspruchs fällt nicht unter § 265 ZPO, da es nicht um einen Rechtsübergang, sondern um die Neubegründung eines Anspruchs geht. Der Kläger muss den Rechtsstreit deshalb in beiden Konstellationen für erledigt erklären, um eine Klageabweisung zu vermeiden.[3] Alternativ kommt ein Parteiwechsel in Betracht, der allerdings grundsätzlich der Zustimmung der anderen Partei bedarf.[4] Im Falle des gesetzlichen Wechsels der Rechtsverfolgungskompetenz durch § 9a Abs. 2 WEG ist der Parteiwechsel sachdienlich, weil er dem Gebot der Prozessökonomie entspricht, ein Widerspruch des Beklagten daher unerheblich.[5] Auch in anderen Fällen kann die Verweigerung der Zustimmung rechtsmissbräuchlich und damit unbeachtlich sein, nämlich dann, wenn kein schutzwürdiges Interesse besteht.[6] Das kann insbesondere der Fall sein, wenn es um Klagen gegen den Verwalter wegen Ansprüchen geht, die nach altem Recht den Wohnungseigentümern zustanden (z.B. Beschlussausführung).

2035 (frei)

---

1 Vgl. BGH, v. 10.7.2015 – V ZR 169/14, NJW 2016, 53 Rz. 6.
2 Anders OLG Hamm v. 5.11.2009 – 15 Wx 15/09, ZMR 2010, 389.
3 Vgl. BGH v. 24.1.2020 – V ZR 295/16, NZM 2020, 664 Rz. 14.
4 Vgl. BGH v. 29.8.2012 – XII ZR 154/09, NJW 2012, 3642 Rz. 15.
5 Vgl. BGH v. 10.7.2015 – V ZR 169/14, NJW 2016, 53 Rz. 6.
6 BGH v. 26.2.1987 – VII ZR 58/86, NJW 1987, 1946.

B. Auslegung von Altvereinbarungen

2036 Vereinbarungen, die vor Inkrafttreten des WEMoG am 1.12.2020 gefasst wurden (sog. Altvereinbarungen) und die von den nunmehr geltenden gesetzlichen Vorschriften abweichen, werfen besondere Probleme auf (unten I.). Um sie zu bewältigen, hat das WEMoG mit § 47 WEG (unten III.) einen anderen Ansatz gewählt als die WEG-Novelle 2007, die vor den gleichen Problemen stand (unten II.).

I. Problem

2037 Jede Gesetzesreform, die ein Dauerschuldverhältnis berührt, muss sich mit der Frage befassen, wie sich die geänderten Vorschriften auf bereits in Gang gesetzte Dauerschuldverhältnisse auswirken. Wenn das Dauerschuldverhältnis privatautonom ausgestaltet werden kann, stellt sich die zusätzliche Frage, ob privatautonome Regelungen aus der Vergangenheit der Anwendung der neuen gesetzlichen Vorschriften entgegenstehen. Ohne besondere gesetzliche Anordnung entscheidet darüber die privatautonome Regelung selbst. Weil sich diese in aller Regel nicht ausdrücklich zu künftigen Gesetzesänderungen verhält, muss die Frage im Wege der **Auslegung**, notfalls auch einer ergänzenden, beantwortet werden. Dass das mit Unwägbarkeiten verbunden ist, die der großen Zahl von Wohnungseigentümergemeinschaften vernünftigerweise nicht zugemutet werden können, liegt auf der Hand. Es liegt deshalb am Gesetzgeber eine praktikable Lösung zu finden.

II. Ansatz der WEG-Novelle 2007

2038 Die WEG-Novelle 2007 hat das Problem im Ergebnis nach der **Vorschlaghammermethode** gelöst: Die neuen Vorschriften wurden für unabdingbar erklärt (vgl. § 12 Abs. 4 S. 2, § 16 Abs. 5, § 22 Abs. 2 S. 2 WEG a.F.). Auf diese Weise wurden abweichende Vereinbarungen aus der Vergangenheit unwirksam und die Anwendbarkeit der neuen Vorschriften auch in alten Wohnungseigentümergemeinschaften sichergestellt.[1] Damit ging notwendigerweise ein gehöriger Kollateralschaden einher: Die 2007 geänderten Vorschriften waren auch für die Zukunft unabdingbar, selbst wenn bei neu begründeten Wohnungseigentümergemeinschaften gute Gründe für ihre Abbedingung sprachen. Die Privatautonomie im WEG wurde damit eingeschränkt, ohne dass es dafür einen überzeugenden Grund gab.

2039 Diese Methode wurde im Übrigen auch **nicht konsequent angewendet**. Etwa die Verlängerung der Einberufungsfrist von einer Woche auf zwei Wochen (vgl. § 24 Abs. 4 S. 2 WEG a.F.) wurde nicht für unabdingbar erklärt. Was mit entgegenstehenden Altvereinbarungen passierte, bliebt ungeregelt. Im Umkehrschluss zu § 12 Abs. 4 S. 2, § 16 Abs. 5, § 22 Abs. 2 S. 2 WEG a.F. musste man wohl davon ausgehen, dass sie wirksam blieben.[2]

1 Vgl. BT-Drucks. 16/887, S. 21.
2 So im Ergebnis auch Bärmann/*Merle*, § 24 Rz. 37; differenzierend *Hügel*/*Elzer*, NZM 2009, 457 (467).

III. § 47 WEG

2040 Das WEMoG versucht mit § 47 WEG einen **angemessenen Ausgleich zwischen Privatautonomie und Rechtssicherheit** zu finden: Maßgeblich bleibt im Grundsatz die konkrete Vereinbarung, der im Wege der Auslegung zu entnehmen ist, ob sie Vorrang gegenüber den geänderten Vorschriften haben soll. Aus Rechtssicherheitsgründen wird diese Auslegung aber in doppelter Hinsicht modifiziert: Zum einen muss sich der „Vorrangwille" aus der Vereinbarung selbst ergeben; zum anderen wird vermutet, dass es einen solchen nicht gibt (unten 1.). Aufgrund der WEG-Novelle 2007 ist ein großer Teil der Vereinbarungen im Bereich der Kostenverteilung und der baulichen Veränderungen aber ohnehin unwirksam (unten 2.). Ein besonderes Verfahren zur Feststellung des Abweichungswillens ist nicht vorgesehen (unten 3.).

1. Maßgeblichkeit des Vorrangwillens

2041 Im Ausgangspunkt ist davon auszugehen, dass sich die neuen gesetzlichen Vorschriften gegenüber Altvereinbarungen durchsetzen. Diese Vermutung ergibt sich schon aus der negativen Formulierung des § 47 S. 1 WEG und wird durch § 47 S. 2 WEG noch einmal ausdrücklich angeordnet. Wer den Vorrang der Altvereinbarung behauptet, muss also den **Vorrangwillen beweisen**: Die abweichende Vereinbarung muss mit dem Willen getroffen worden sein, Vorrang auch gegenüber künftigen Rechtsänderungen zu haben. Der Vorrangwille muss kein genereller in dem Sinne sein, dass die Vereinbarung gegenüber allen denkbaren künftigen Gesetzesänderungen Bestand haben soll. Es genügt, den Willen festzustellen, dass sich die Vereinbarung gegenüber der **konkreten**, durch das WEMoG erfolgten Gesetzesänderung durchsetzen soll. Dieser Beweis kann aber nicht irgendwie geführt werden, sondern muss sich **aus der Vereinbarung** selbst ergeben (§ 47 S. 1 WEG). Die Aussagen der Beteiligten oder anderweitige Unterlagen sind deshalb für sich genommen unbehelflich, soweit sie keinen Niederschlag in der Vereinbarung gefunden haben – es gilt also eine Art **Andeutungstheorie**.

2042 Ein **Vorrangwille liegt von vornherein fern**, wenn die Vorschriften des WEG in der damals geltenden Fassung in der Gemeinschaftsordnung **lediglich wiederholt** wurden, wie es in der Praxis häufig zu beobachten ist. Denn dadurch soll in aller Regel nur dem Verwalter und den Wohnungseigentümern die Lektüre des Gesetzes erspart werden, ohne dass damit eine inhaltliche Regelung einhergeht. Schon formal handelt es sich mangels Abweichung von den gesetzlichen Vorschriften um keine Vereinbarung im Sinne des § 10 Abs. 2 S. 2 WEG a.F. (§ 10 Abs. 1 S. 2 WEG n. F.). Etwas anderes wird man nur annehmen können, wenn ausdrücklich vereinbart wurde, dass diese Vorschriften auch gegenüber künftigen Gesetzesänderungen Geltung behalten soll; das dürfte kaum je der Fall sein.

2043 In den Fällen, in denen die Vereinbarung inhaltlich vom früheren Recht abweicht, ist nach dem **Zweck der abweichenden Vereinbarung** zu fragen und dieser Zweck in Relation zum Zweck der jeweiligen Vorschrift des WEMoG zu bringen. Decken sich die Zwecke, ist nicht davon auszugehen, dass die abweichende Vereinbarung der gesetzlichen Vorschrift entgegensteht, auch wenn diese in ihren Wirkungen weiterreicht. Das gilt etwa für die vergleichsweise häufigen Fälle, in denen die nach früherem Recht hohen Quoren für Baumaßnahmen durch Vereinbarung abgesenkt wurden, nunmehr aber gesetzlich gar kein erhöhtes Quorum mehr erforderlich ist (vgl. § 20 Abs. 1 WEG).

2044 **Beispiel:** Eine Vereinbarung aus dem Jahr 2010 sieht vor, dass für einen Beschluss über Modernisierungen im Sinne des § 22 Abs. 2 S. 1 WEG a.F. eine Mehrheit von 50 Prozent aller stimmberechtigten Wohnungseigentümer genügt, wenn diese mindestens ein Drittel aller Miteigentumsanteile repräsentiert.[1] Nach Inkrafttreten des WEMoG stellt sich die Frage, ob diese Vereinbarung der Anwendung des § 20 Abs. 1 WEG entgegensteht, der eine einfache Mehrheit genügen lässt. Dafür müsste der Vereinbarung ein Vorrangwille zu entnehmen sein. Ausdrücklich ist das nicht der Fall. Auch im Wege der Auslegung lässt sich ein solcher Wille nicht ermitteln: Der Zweck der Vereinbarung liegt darin, bauliche Veränderungen zu befördern. Das deckt sich mit dem Zweck des § 20 Abs. 1 WEG. Die Vereinbarung steht deshalb dessen Anwendung nicht entgegen.

2045 **Gegenbeispiel:** Eine Vereinbarung aus dem Jahr 2011 sieht vor, dass die Ladungsfrist im Regelfall nur drei Tage betragen soll anstelle der damals nach § 24 Abs. 4 S. 2 WEG a.F. vorgesehenen zwei Wochen. Damit sollte offenbar eine möglichst schnelle und flexible Entscheidungsfindung ermöglicht werden. Die Vereinbarung steht deshalb der Anwendung des § 24 Abs. 4 S. 2 WEG neuer Fassung entgegen, der sogar drei Wochen vorsieht.

Ein Vorrangwille kann sich auch aus dem **Charakter der Anlage** ergeben, die über den Aufteilungsplan Teil der Vereinbarung ist. Das gilt in besonderem Maße für Spezialimmobilien wie Hotels, Pflegeheime oder Einkaufszentren, die nach dem WEG aufgeteilt sind und bei denen die gesetzlichen Vorschriften häufig in großem Umfang abbedungen werden.

2. Unwirksamkeit wegen § 16 Abs. 5, § 22 Abs. 2 S. 2 WEG a.F.

2046 Häufig wird § 47 WEG jedoch gar keine Rolle spielen, weil Altvereinbarungen schon nach § 16 Abs. 5, § 22 Abs. 2 S. 2 WEG a.F. unwirksam sind. Denn nach diesen Vorschriften sind Vereinbarungen, die vor Inkrafttreten des WEMoG am 1.12.2020 getroffen wurden, unwirksam, wenn sie die nach früherem Recht vorgesehenen **Beschlusskompetenzen für die Kostenverteilung und für bauliche Veränderungen** einschränkten. Solche Vereinbarungen sind unheilbar unwirksam und leben auch mit Aufhebung der unwirksamkeitsauslösenden Vorschriften durch das WEMoG nicht wieder auf. Denn auch ein Vertrag, der gegen ein gesetzliches Verbot verstößt, bedarf nach Wegfall des Verbots, um Gültigkeit zu erlangen, grundsätzlich der Bestätigung durch einen **erneuten Vertragsschluss**.[2] Eine Ausnahme ist anerkannt, wenn die Parteien den Vertrag unter der Bedingung schließen, dass das gesetzliche Verbot aufgehoben wird.[3] Diese Voraussetzung wird bei Vereinbarungen der Wohnungseigentümer typischerweise nicht vorliegen. Es fehlt auch ein normativer Anknüpfungspunkt dafür, dass die durch die WEG-Novelle 2007 eingefügten Verbotsnor-

1 Eine solche Absenkung der Mehrheit war trotz § 22 Abs. 2 S. 2 WEG a.F. möglich, der lediglich einer Erhöhung entgegenstand, vgl. Staudinger/*Lehmann-Richter*, § 22 WEG Rz. 116.

2 BGH v. 3.11.1953 – I ZR 155/52, NJW 1954, 549; MünchKommBGB/*Armbrüster*, § 134 Rz. 21.

3 RG v. 1.7.1922 – I 432/21, Z 105, 137, 138; v. 13.10.1932 – 292/32, Z 138, 52, 55.

men nur „temporären“ Charakter haben sollten. § 47 WEG wird deshalb nur dann relevant, wenn die nach früherem Recht bestehenden Beschlusskompetenzen durch Vereinbarung erweitert wurden. Solche Vereinbarungen stehen der Anwendung des neuen Rechts aber in der Regel nicht entgegen (Rz. 2043).

3. Prozessuales

2047 Das WEMoG sieht **kein besonderes Verfahren** zur Klärung der Frage vor, ob eine Altvereinbarung den geänderten Vorschriften vorgeht oder nicht. Sie ist deshalb inzident in demjenigen Verfahren zu klären, in dem sie sich stellt, z.B. in einem Anfechtungsprozess. Als bloße Vorfrage erwächst sie nicht in Bestandskraft und stellt sich deshalb jedes Mal aufs Neue. Zur Möglichkeit einer Feststellungsklage (Rz. 1975).

Anhang: Synopse

Fassung bis zum 30.11.2020	Fassung ab dem 1.12.2020
– ~~Streichung~~ = wegfallender Text – graue Hinterlegung = Regelungsstandort nach altem Recht	– **Fettdruck** = hinzukommender Text – graue Hinterlegung = Regelungsstandort nach neuem Recht
Gesetz über das Wohnungseigentum und das Dauerwohnrecht (Wohnungseigentumsgesetz)	Gesetz über das Wohnungseigentum und das Dauerwohnrecht (Wohnungseigentumsgesetz – **WEG**)
~~I.~~ Teil Wohnungseigentum	Teil **1** Wohnungseigentum
	Abschnitt 1 **Begriffsbestimmungen**
§ 1 Begriffsbestimmungen	§ 1 Begriffsbestimmungen
(1) Nach Maßgabe dieses Gesetzes kann an Wohnungen das Wohnungseigentum, an nicht zu Wohnzwecken dienenden Räumen eines Gebäudes das Teileigentum begründet werden.	*[unverändert]*
(2) Wohnungseigentum ist das Sondereigentum an einer Wohnung in Verbindung mit dem Miteigentumsanteil an dem gemeinschaftlichen Eigentum, zu dem es gehört.	*[unverändert]*
(3) Teileigentum ist das Sondereigentum an nicht zu Wohnzwecken dienenden Räumen eines Gebäudes in Verbindung mit dem Miteigentumsanteil an dem gemeinschaftlichen Eigentum, zu dem es gehört.	*[unverändert]*
(4) Wohnungseigentum und Teileigentum können nicht in der Weise begründet werden, daß das Son-	*[unverändert]*

dereigentum mit Miteigentum an mehreren Grundstücken verbunden wird.		
(5) Gemeinschaftliches Eigentum im Sinne dieses Gesetzes sind das Grundstück ~~sowie die Teile, Anlagen und Einrichtungen des Gebäudes, die~~ nicht im Sondereigentum oder im Eigentum eines Dritten stehen.	(5) Gemeinschaftliches Eigentum im Sinne dieses Gesetzes sind das Grundstück **und das Gebäude, soweit sie** nicht im Sondereigentum oder im Eigentum eines Dritten stehen.	→ Rz. 1689
(6) Für das Teileigentum gelten die Vorschriften über das Wohnungseigentum entsprechend.	*[unverändert]*	
~~1.~~ Abschnitt Begründung des Wohnungseigentums	Abschnitt **2** Begründung des Wohnungseigentums	
§ 2 Arten der Begründung	§ 2 Arten der Begründung	
Wohnungseigentum wird durch die vertragliche Einräumung von Sondereigentum (§ 3) oder durch Teilung (§ 8) begründet.	*[unverändert]*	
§ 3 Vertragliche Einräumung von Sondereigentum	§ 3 Vertragliche Einräumung von Sondereigentum	
(1) Das Miteigentum (§ 1008 des Bürgerlichen Gesetzbuchs) an einem Grundstück kann durch Vertrag der Miteigentümer in der Weise beschränkt werden, daß jedem der Miteigentümer abweichend von § 93 des Bürgerlichen Gesetzbuchs das ~~Sondereigentum~~ an einer bestimmten Wohnung oder an nicht zu Wohnzwecken dienenden bestimmten Räumen in einem auf dem Grundstück errichteten oder zu errichtenden Gebäude eingeräumt wird.	(1) Das Miteigentum (§ 1008 des Bürgerlichen Gesetzbuchs) an einem Grundstück kann durch Vertrag der Miteigentümer in der Weise beschränkt werden, daß jedem der Miteigentümer abweichend von § 93 des Bürgerlichen Gesetzbuchs das **Eigentum** an einer bestimmten Wohnung oder an nicht zu Wohnzwecken dienenden bestimmten Räumen in einem auf dem Grundstück errichteten oder zu errichtenden Gebäude **(Sondereigentum)** eingeräumt wird. **Stellplätze gelten als Räume im Sinne des Satzes 1.**	→ Rz. 1308 → Rz. 1664
	(2) Das Sondereigentum kann auf einen außerhalb des Gebäudes liegenden Teil des Grundstücks erstreckt werden, es sei denn, die Wohnung oder die nicht zu Wohnzwecken dienenden Räume bleiben dadurch wirtschaftlich nicht die Hauptsache.	→ Rz. 1681

Alte Fassung	Neue Fassung	
(~~2~~) Sondereigentum soll nur eingeräumt werden, wenn die Wohnungen oder sonstigen Räume in sich abgeschlossen sind~~. Garagenstellplätze gelten als abgeschlossene Räume, wenn ihre Flächen durch dauerhafte Markierungen ersichtlich sind~~.	(**3**) Sondereigentum soll nur eingeräumt werden, wenn die Wohnungen oder sonstigen Räume in sich abgeschlossen sind **und Stellplätze sowie außerhalb des Gebäudes liegende Teile des Grundstücks durch Maßangaben im Aufteilungsplan bestimmt sind**.	→ Rz. 1706
§ 4 Formvorschriften	**§ 4 Formvorschriften**	
(1) Zur Einräumung und zur Aufhebung des Sondereigentums ist die Einigung der Beteiligten über den Eintritt der Rechtsänderung und die Eintragung in das Grundbuch erforderlich.	*[unverändert]*	
(2) Die Einigung bedarf der für die Auflassung vorgeschriebenen Form. Sondereigentum kann nicht unter einer Bedingung oder Zeitbestimmung eingeräumt oder aufgehoben werden.	*[unverändert]*	
(3) Für einen Vertrag, durch den sich ein Teil verpflichtet, Sondereigentum einzuräumen, zu erwerben oder aufzuheben, gilt § 311b Abs. 1 des Bürgerlichen Gesetzbuchs entsprechend.	*[unverändert]*	
§ 5 Gegenstand und Inhalt des Sondereigentums	**§ 5 Gegenstand und Inhalt des Sondereigentums**	
(1) Gegenstand des Sondereigentums sind die gemäß § 3 ~~Abs. 1~~ bestimmten Räume sowie die zu diesen Räumen gehörenden Bestandteile des Gebäudes, die verändert, beseitigt oder eingefügt werden können, ohne daß dadurch das gemeinschaftliche Eigentum oder ein auf Sondereigentum beruhendes Recht eines anderen Wohnungseigentümers über das ~~nach § 14 zulässige~~ Maß hinaus beeinträchtigt oder die äußere Gestaltung des Gebäudes verändert wird.	(1) Gegenstand des Sondereigentums sind die gemäß § 3 **Absatz 1 Satz 1** bestimmten Räume sowie die zu diesen Räumen gehörenden Bestandteile des Gebäudes, die verändert, beseitigt oder eingefügt werden können, ohne daß dadurch das gemeinschaftliche Eigentum oder ein auf Sondereigentum beruhendes Recht eines anderen Wohnungseigentümers über das **bei einem geordneten Zusammenleben unvermeidliche** Maß hinaus beeinträchtigt oder die äußere Gestaltung des Gebäudes verändert wird. **Soweit sich das Sondereigentum auf außerhalb des Gebäudes liegende Teile des Grundstücks erstreckt,**	→ Rz. 1726

Bisherige Fassung	Neue Fassung	
	gilt § 94 des Bürgerlichen Gesetzbuchs entsprechend.	
(2) Teile des Gebäudes, die für dessen Bestand oder Sicherheit erforderlich sind, sowie Anlagen und Einrichtungen, die dem gemeinschaftlichen Gebrauch der Wohnungseigentümer dienen, sind nicht Gegenstand des Sondereigentums, selbst wenn sie sich im Bereich der im Sondereigentum stehenden Räume befinden.	(2) Teile des Gebäudes, die für dessen Bestand oder Sicherheit erforderlich sind, sowie Anlagen und Einrichtungen, die dem gemeinschaftlichen Gebrauch der Wohnungseigentümer dienen, sind nicht Gegenstand des Sondereigentums, selbst wenn sie sich im Bereich der im Sondereigentum stehenden Räume **oder Teile des Grundstücks** befinden.	
(3) Die Wohnungseigentümer können vereinbaren, daß Bestandteile des Gebäudes, die Gegenstand des Sondereigentums sein können, zum gemeinschaftlichen Eigentum gehören.	*[unverändert]*	
(4) Vereinbarungen über das Verhältnis der Wohnungseigentümer untereinander können nach den Vorschriften des ~~2. und 3.~~ Abschnitts zum Inhalt des Sondereigentums gemacht werden.	(4) Vereinbarungen über das Verhältnis der Wohnungseigentümer untereinander **und Beschlüsse aufgrund einer solchen Vereinbarung** können nach den Vorschriften des Abschnitts **4** zum Inhalt des Sondereigentums gemacht werden.	→ Rz. 1749
Ist das Wohnungseigentum mit der Hypothek, Grund- oder Rentenschuld oder der Reallast eines Dritten belastet, so ist dessen nach anderen Rechtsvorschriften notwendige Zustimmung ~~zu der Vereinbarung~~ nur erforderlich, wenn ein Sondernutzungsrecht begründet oder ein mit dem Wohnungseigentum verbundenes Sondernutzungsrecht aufgehoben, geändert oder übertragen wird.	Ist das Wohnungseigentum mit der Hypothek, Grund- oder Rentenschuld oder der Reallast eines Dritten belastet, so ist dessen nach anderen Rechtsvorschriften notwendige Zustimmung nur erforderlich, wenn ein Sondernutzungsrecht begründet oder ein mit dem Wohnungseigentum verbundenes Sondernutzungsrecht aufgehoben, geändert oder übertragen wird.	
~~Bei der Begründung eines Sondernutzungsrechts ist die Zustimmung des Dritten nicht erforderlich, wenn durch die Vereinbarung gleichzeitig das zu seinen Gunsten belastete Wohnungseigentum mit einem Sondernutzungsrecht verbunden wird.~~		→ Rz. 1779

§ 6 Unselbständigkeit des Sondereigentums	**§ 6 Unselbständigkeit des Sondereigentums**	
(1) Das Sondereigentum kann ohne den Miteigentumsanteil, zu dem es gehört, nicht veräußert oder belastet werden.	*[unverändert]*	
(2) Rechte an dem Miteigentumsanteil erstrecken sich auf das zu ihm gehörende Sondereigentum.	*[unverändert]*	
§ 7 Grundbuchvorschriften	**§ 7 Grundbuchvorschriften**	
(1) Im Falle des § 3 Abs. 1 wird für jeden Miteigentumsanteil von Amts wegen ein besonderes Grundbuchblatt (Wohnungsgrundbuch, Teileigentumsgrundbuch) angelegt. Auf diesem ist das zu dem Miteigentumsanteil gehörende Sondereigentum und als Beschränkung des Miteigentums die Einräumung der zu den anderen Miteigentumsanteilen gehörenden Sondereigentumsrechte einzutragen. Das Grundbuchblatt des Grundstücks wird von Amts wegen geschlossen.	*[unverändert]*	
(2) (weggefallen)	(2) **Zur Eintragung eines Beschlusses im Sinne des § 5 Absatz 4 Satz 1 bedarf es der Bewilligungen der Wohnungseigentümer nicht, wenn der Beschluss durch eine Niederschrift, bei der die Unterschriften der in § 24 Absatz 6 bezeichneten Personen öffentlich beglaubigt sind, oder durch ein Urteil in einem Verfahren nach § 44 Absatz 1 Satz 2 nachgewiesen ist. Antragsberechtigt ist auch die Gemeinschaft der Wohnungseigentümer.**	→ Rz. 1769 → Rz. 1764
(3) Zur näheren Bezeichnung des Gegenstands und des Inhalts des Sondereigentums kann auf die Eintragungsbewilligung Bezug genommen werden.	(3) Zur näheren Bezeichnung des Gegenstands und des Inhalts des Sondereigentums kann auf die Eintragungsbewilligung **oder einen Nachweis gemäß Absatz 2 Satz 1** Bezug genommen werden. **Veräußerungsbeschränkungen (§ 12) und die Haftung von Sondernachfolgern für Geldschulden sind jedoch ausdrücklich einzutragen.**	→ Rz. 1783 → Rz. 1795

(4) Der Eintragungsbewilligung sind als Anlagen beizufügen:	(4) Der Eintragungsbewilligung sind als Anlagen beizufügen:	
1. eine von der Baubehörde mit Unterschrift und Siegel oder Stempel versehene Bauzeichnung, aus der die Aufteilung des Gebäudes sowie die Lage und Größe der im Sondereigentum und der im gemeinschaftlichen Eigentum stehenden ~~Gebäudeteile~~ ersichtlich ist (Aufteilungsplan); alle zu demselben Wohnungseigentum gehörenden Einzelräume sind mit der jeweils gleichen Nummer zu kennzeichnen;	1. eine von der Baubehörde mit Unterschrift und Siegel oder Stempel versehene Bauzeichnung, aus der die Aufteilung des Gebäudes **und des Grundstücks** sowie die Lage und Größe der im Sondereigentum und der im gemeinschaftlichen Eigentum stehenden **Teile des Gebäudes und des Grundstücks** ersichtlich ist (Aufteilungsplan); alle zu demselben Wohnungseigentum gehörenden Einzelräume **und Teile des Grundstücks** sind mit der jeweils gleichen Nummer zu kennzeichnen;	→ Rz. 1718
2. eine Bescheinigung der Baubehörde, daß die Voraussetzungen des § 3 ~~Abs. 2~~ vorliegen.	2. eine Bescheinigung der Baubehörde, daß die Voraussetzungen des § 3 **Absatz 3** vorliegen.	→ Rz. 1720
Wenn in der Eintragungsbewilligung für die einzelnen Sondereigentumsrechte Nummern angegeben werden, sollen sie mit denen des Aufteilungsplans übereinstimmen. ~~Die Landesregierungen können durch Rechtsverordnung bestimmen, dass und in welchen Fällen der Aufteilungsplan (Satz 1 Nr. 1) und die Abgeschlossenheit (Satz 1 Nr. 2) von einem öffentlich bestellten oder anerkannten Sachverständigen für das Bauwesen statt von der Baubehörde ausgefertigt und bescheinigt werden. Werden diese Aufgaben von dem Sachverständigen wahrgenommen, so gelten die Bestimmungen der Allgemeinen Verwaltungsvorschrift für die Ausstellung von Bescheinigungen gemäß § 7 Abs. 4 Nr. 2 und § 32 Abs. 2 Nr. 2 des Wohnungseigentumsgesetzes vom 19. März 1974 (BAnz. Nr. 58 vom 23. März 1974) entsprechend. In diesem Fall bedürfen die Anlagen nicht der Form des § 29 der Grundbuchordnung. Die Landesregierungen können die Ermächtigung durch~~	Wenn in der Eintragungsbewilligung für die einzelnen Sondereigentumsrechte Nummern angegeben werden, sollen sie mit denen des Aufteilungsplans übereinstimmen.	→ Rz. 1722a

~~Rechtsverordnung auf die Landesbauverwaltungen übertragen.~~

Alte Fassung	Neue Fassung	
(5) Für Teileigentumsgrundbücher gelten die Vorschriften über Wohnungsgrundbücher entsprechend.	*[unverändert]*	

§ 8 Teilung durch den Eigentümer

§ 8 Teilung durch den Eigentümer

Alte Fassung	Neue Fassung	
(1) Der Eigentümer eines Grundstücks kann durch Erklärung gegenüber dem Grundbuchamt das Eigentum an dem Grundstück in Miteigentumsanteile in der Weise teilen, daß mit jedem Anteil ~~das Sondereigentum an einer bestimmten Wohnung oder an nicht zu Wohnzwecken dienenden bestimmten Räumen in einem auf dem Grundstück errichteten oder zu errichtenden Gebäude~~ verbunden ist.	(1) Der Eigentümer eines Grundstücks kann durch Erklärung gegenüber dem Grundbuchamt das Eigentum an dem Grundstück in Miteigentumsanteile in der Weise teilen, daß mit jedem Anteil **Sondereigentum** verbunden ist.	→ Rz. 1308
(2) Im Falle des Absatzes 1 gelten ~~die Vorschriften des § 3 Abs. 2 und der §§ 5, 6, § 7 Abs. 1, 3 bis 5~~ entsprechend.	(2) Im Falle des Absatzes 1 gelten **§ 3 Absatz 1 Satz 2, Absatz 2 und 3, § 4 Absatz 2 Satz 2 sowie die §§ 5 bis 7** entsprechend.	→ Rz. 82a
~~Die Teilung wird mit der Anlegung der Wohnungsgrundbücher wirksam.~~	*[vgl. § 9a Abs. 1 S. 2]*	
	(3) Wer einen Anspruch auf Übertragung von Wohnungseigentum gegen den teilenden Eigentümer hat, der durch Vormerkung im Grundbuch gesichert ist, gilt gegenüber der Gemeinschaft der Wohnungseigentümer und den anderen Wohnungseigentümern anstelle des teilenden Eigentümers als Wohnungseigentümer, sobald ihm der Besitz an den zum Sondereigentum gehörenden Räumen übergeben wurde.	→ Rz. 284

§ 9 Schließung der Wohnungsgrundbücher

§ 9 Schließung der Wohnungsgrundbücher

Alte Fassung	Neue Fassung
(1) Die Wohnungsgrundbücher werden geschlossen:	(1) Die Wohnungsgrundbücher werden geschlossen:

1. von Amts wegen, wenn die Sondereigentumsrechte gemäß § 4 aufgehoben werden;

[unverändert]

~~2. auf Antrag sämtlicher Wohnungseigentümer, wenn alle Sondereigentumsrechte durch völlige Zerstörung des Gebäudes gegenstandslos geworden sind und der Nachweis hierfür durch eine Bescheinigung der Baubehörde erbracht ist;~~

→ Rz. 87a

~~3~~. auf Antrag des Eigentümers, wenn sich sämtliche Wohnungseigentumsrechte in einer Person vereinigen.

2. *[unverändert]*

(2) Ist ein Wohnungseigentum selbständig mit dem Recht eines Dritten belastet, so werden die allgemeinen Vorschriften, nach denen zur Aufhebung des Sondereigentums die Zustimmung des Dritten erforderlich ist, durch Absatz 1 nicht berührt.

[unverändert]

(3) Werden die Wohnungsgrundbücher geschlossen, so wird für das Grundstück ein Grundbuchblatt nach den allgemeinen Vorschriften angelegt; die Sondereigentumsrechte erlöschen, soweit sie nicht bereits aufgehoben sind, mit der Anlegung des Grundbuchblatts.

[unverändert]

Abschnitt 3 Rechtsfähige Gemeinschaft der Wohnungseigentümer

§ 9a Gemeinschaft der Wohnungseigentümer

[vgl. § 10 Abs. 6 S. 1, 2 und 5: „Die Gemeinschaft der Wohnungseigentümer kann ~~im Rahmen der gesamten Verwaltung des gemeinschaftlichen Eigentums gegenüber Dritten und Wohnungseigentümern selbst~~ Rechte erwerben und Pflichten eingehen. ~~Sie ist Inhaberin der als Gemeinschaft gesetzlich begründeten und rechtsgeschäftlich erworbenen~~

(1) Die Gemeinschaft der Wohnungseigentümer kann Rechte erwerben und **Verbindlichkeiten** eingehen, **vor Gericht klagen und verklagt werden.**

→ Rz. 79

~~Rechte und Pflichten.~~ […] ~~Sie kann vor Gericht klagen und verklagt werden.~~“]		
[vgl. § 8 Abs. 1 S. 2]	**Die Gemeinschaft der Wohnungseigentümer entsteht mit Anlegung der Wohnungsgrundbücher; dies gilt auch im Fall des § 8.**	→ Rz. 257
[vgl. § 10 Abs. 6 S. 4: „~~Die Gemeinschaft muss~~ die Bezeichnung "Wohnungseigentümergemeinschaft" gefolgt von der bestimmten Angabe des gemeinschaftlichen Grundstücks ~~führen~~.“]	**Sie führt** die Bezeichnung **„Gemeinschaft der Wohnungseigentümer“ oder** „Wohnungseigentümergemeinschaft” gefolgt von der bestimmten Angabe des gemeinschaftlichen Grundstücks**.**	→ Rz. 81
[vgl. § 10 Abs. 6 S. 3: „~~Sie~~ übt die ~~gemeinschaftsbezogenen~~ Rechte der Wohnungseigentümer aus und nimmt die ~~gemeinschaftsbezogenen~~ Pflichten der Wohnungseigentümer wahr~~, ebenso sonstige Rechte und Pflichten der Wohnungseigentümer, soweit diese gemeinschaftlich geltend gemacht werden können oder zu erfüllen sind~~.“]	**(2) Die Gemeinschaft der Wohnungseigentümer** übt die **sich aus dem gemeinschaftlichen Eigentum ergebenden Rechte sowie solche** Rechte der Wohnungseigentümer aus, **die eine einheitliche Rechtsverfolgung erfordern,** und nimmt die **entsprechenden** Pflichten der Wohnungseigentümer wahr**.**	→ Rz. 90
[vgl. § 10 Abs. 7]	**(3) Für das Vermögen der Gemeinschaft der Wohnungseigentümer (Gemeinschaftsvermögen) gelten § 18, § 19 Absatz 1 und § 27 entsprechend.**	→ Rz. 158
[vgl. § 10 Abs. 8: „Jeder Wohnungseigentümer haftet einem Gläubiger nach dem Verhältnis seines Miteigentumsanteils (§ 16 ~~Abs.~~ 1 Satz 2) für Verbindlichkeiten der Gemeinschaft der Wohnungseigentümer, die während seiner Zugehörigkeit ~~zur Gemeinschaft~~ entstanden oder während dieses Zeitraums fällig geworden sind; für die Haftung nach Veräußerung des Wohnungseigentums ist § 160 des Handelsgesetzbuches entsprechend anzuwenden. Er kann gegenüber einem Gläubiger neben den in seiner Person begründeten auch die der Gemeinschaft zustehenden Einwendungen und Einreden geltend machen, nicht aber seine Einwendungen und Einreden gegenüber der Gemeinschaft. Für die Einrede der Anfechtbarkeit und Auf-	**(4)** Jeder Wohnungseigentümer haftet einem Gläubiger nach dem Verhältnis seines Miteigentumsanteils (§ 16 **Absatz** 1 Satz 2) für Verbindlichkeiten der Gemeinschaft der Wohnungseigentümer, die während seiner Zugehörigkeit entstanden oder während dieses Zeitraums fällig geworden sind; für die Haftung nach Veräußerung des Wohnungseigentums ist § 160 des Handelsgesetzbuchs entsprechend anzuwenden. Er kann gegenüber einem Gläubiger neben den in seiner Person begründeten auch die der Gemeinschaft **der Wohnungseigentümer** zustehenden Einwendungen und Einreden geltend machen, nicht aber seine Einwendungen und Einreden gegenüber der Gemeinschaft **der Wohnungseigentümer.**	→ Rz. 177

rechenbarkeit ist § 770 des Bürgerlichen Gesetzbuches entsprechend anzuwenden. ~~*Die Haftung eines Wohnungseigentümers gegenüber der Gemeinschaft wegen nicht ordnungsmäßiger Verwaltung bestimmt sich nach Satz 1.*~~*"]*	Für die Einrede der Anfechtbarkeit und Aufrechenbarkeit ist § 770 des Bürgerlichen Gesetzbuchs entsprechend anzuwenden.	
[vgl. § 11 Abs. 3: „Ein Insolvenzverfahren über das ~~*Verwaltungsvermögen der Gemeinschaft*~~ *findet nicht statt."]*	(5) Ein Insolvenzverfahren über das **Gemeinschaftsvermögen** findet nicht statt.	→ Rz. 88
	§ 9b Vertretung	
[vgl. § 27 Abs. 3]	**(1) Die Gemeinschaft der Wohnungseigentümer wird durch den Verwalter gerichtlich und außergerichtlich vertreten, beim Abschluss eines Grundstückskauf- oder Darlehensvertrags aber nur aufgrund eines Beschlusses der Wohnungseigentümer.**	→ Rz. 180
	Hat die Gemeinschaft der Wohnungseigentümer keinen Verwalter, wird sie durch die Wohnungseigentümer gemeinschaftlich vertreten.	→ Rz. 234
	Eine Beschränkung des Umfangs der Vertretungsmacht ist Dritten gegenüber unwirksam.	→ Rz. 181
	(2) Dem Verwalter gegenüber vertritt der Vorsitzende des Verwaltungsbeirats oder ein durch Beschluss dazu ermächtigter Wohnungseigentümer die Gemeinschaft der Wohnungseigentümer.	→ Rz. 219
~~2.~~ Abschnitt Gemeinschaft der Wohnungseigentümer	Abschnitt **4** **Rechtsverhältnis der Wohnungseigentümer untereinander und zur** Gemeinschaft der Wohnungseigentümer	
§ 10 Allgemeine Grundsätze	§ 10 Allgemeine Grundsätze	
~~(1) Inhaber der Rechte und Pflichten nach den Vorschriften dieses Gesetzes, insbesondere des Sonder-~~		

~~eigentums und des gemeinschaftlichen Eigentums, sind die Wohnungseigentümer, soweit nicht etwas anderes ausdrücklich bestimmt ist.~~		
(~~2~~) Das Verhältnis der Wohnungseigentümer untereinander bestimmt sich nach den Vorschriften dieses Gesetzes und, soweit dieses Gesetz keine besonderen Bestimmungen enthält, nach den Vorschriften des Bürgerlichen Gesetzbuchs über die Gemeinschaft. Die Wohnungseigentümer können von den Vorschriften dieses Gesetzes abweichende Vereinbarungen treffen, soweit nicht etwas anderes ausdrücklich bestimmt ist.	(1) Das Verhältnis der Wohnungseigentümer untereinander **und zur Gemeinschaft der Wohnungseigentümer** bestimmt sich nach den Vorschriften dieses Gesetzes und, soweit dieses Gesetz keine besonderen Bestimmungen enthält, nach den Vorschriften des Bürgerlichen Gesetzbuchs über die Gemeinschaft. Die Wohnungseigentümer können von den Vorschriften dieses Gesetzes abweichende Vereinbarungen treffen, soweit nicht etwas anderes ausdrücklich bestimmt ist.	
Jeder Wohnungseigentümer kann eine vom Gesetz abweichende Vereinbarung oder die Anpassung einer Vereinbarung verlangen, soweit ein Festhalten an der geltenden Regelung aus schwerwiegenden Gründen unter Berücksichtigung aller Umstände des Einzelfalles, insbesondere der Rechte und Interessen der anderen Wohnungseigentümer, unbillig erscheint.	**(2)** *[unverändert]*	→ Rz. 1971
(3) Vereinbarungen, durch die die Wohnungseigentümer ihr Verhältnis untereinander in Ergänzung oder Abweichung von Vorschriften dieses Gesetzes regeln, ~~sowie~~ die Abänderung oder Aufhebung solcher Vereinbarungen wirken gegen den Sondernachfolger eines Wohnungseigentümers nur, wenn sie als Inhalt des Sondereigentums im Grundbuch eingetragen sind.	(3) Vereinbarungen, durch die die Wohnungseigentümer ihr Verhältnis untereinander in Ergänzung oder Abweichung von Vorschriften dieses Gesetzes regeln, die Abänderung oder Aufhebung solcher Vereinbarungen **sowie Beschlüsse, die aufgrund einer Vereinbarung gefasst werden,** wirken gegen den Sondernachfolger eines Wohnungseigentümers nur, wenn sie als Inhalt des Sondereigentums im Grundbuch eingetragen sind.	→ Rz. 1749
~~(4) Beschlüsse der Wohnungseigentümer gemäß § 23 und gerichtliche Entscheidungen in einem Rechtsstreit gemäß § 43~~ bedürfen zu ihrer Wirksamkeit gegen den Sondernachfolger eines Wohnungseigentü-	**Im Übrigen bedürfen Beschlüsse zu ihrer Wirksamkeit gegen den Sondernachfolger eines Wohnungseigentümers nicht der Eintragung in das Grundbuch.**	

mers nicht der Eintragung in das Grundbuch. ~~Dies gilt auch für die gemäß § 23 Abs. 1 aufgrund einer Vereinbarung gefassten Beschlüsse, die vom Gesetz abweichen oder eine Vereinbarung ändern.~~

~~(5) Rechtshandlungen in Angelegenheiten, über die nach diesem Gesetz oder nach einer Vereinbarung der Wohnungseigentümer durch Stimmenmehrheit beschlossen werden kann, wirken, wenn sie auf Grund eines mit solcher Mehrheit gefaßten Beschlusses vorgenommen werden, auch für und gegen die Wohnungseigentümer, die gegen den Beschluß gestimmt oder an der Beschlußfassung nicht mitgewirkt haben.~~

→ Rz. 466a

~~(6) Die Gemeinschaft der Wohnungseigentümer kann im Rahmen der gesamten Verwaltung des gemeinschaftlichen Eigentums gegenüber Dritten und Wohnungseigentümern selbst Rechte erwerben und Pflichten eingehen. Sie ist Inhaberin der als Gemeinschaft gesetzlich begründeten und rechtsgeschäftlich erworbenen Rechte und Pflichten. Sie übt die gemeinschaftsbezogenen Rechte der Wohnungseigentümer aus und nimmt die gemeinschaftsbezogenen Pflichten der Wohnungseigentümer wahr, ebenso sonstige Rechte und Pflichten der Wohnungseigentümer, soweit diese gemeinschaftlich geltend gemacht werden können oder zu erfüllen sind. Die Gemeinschaft muss die Bezeichnung "Wohnungseigentümergemeinschaft" gefolgt von der bestimmten Angabe des gemeinschaftlichen Grundstücks führen. Sie kann vor Gericht klagen und verklagt werden.~~

[vgl. § 9a Abs. 1 und 2]

~~(7) Das Verwaltungsvermögen gehört der Gemeinschaft der Wohnungseigentümer. Es besteht aus den im Rahmen der gesamten Ver-~~

[vgl. § 9a Abs. 3]

~~waltung des gemeinschaftlichen Eigentums gesetzlich begründeten und rechtsgeschäftlich erworbenen Sachen und Rechten sowie den entstandenen Verbindlichkeiten. Zu dem Verwaltungsvermögen gehören insbesondere die Ansprüche und Befugnisse aus Rechtsverhältnissen mit Dritten und mit Wohnungseigentümern sowie die eingenommenen Gelder. Vereinigen sich sämtliche Wohnungseigentumsrechte in einer Person, geht das Verwaltungsvermögen auf den Eigentümer des Grundstücks über.~~

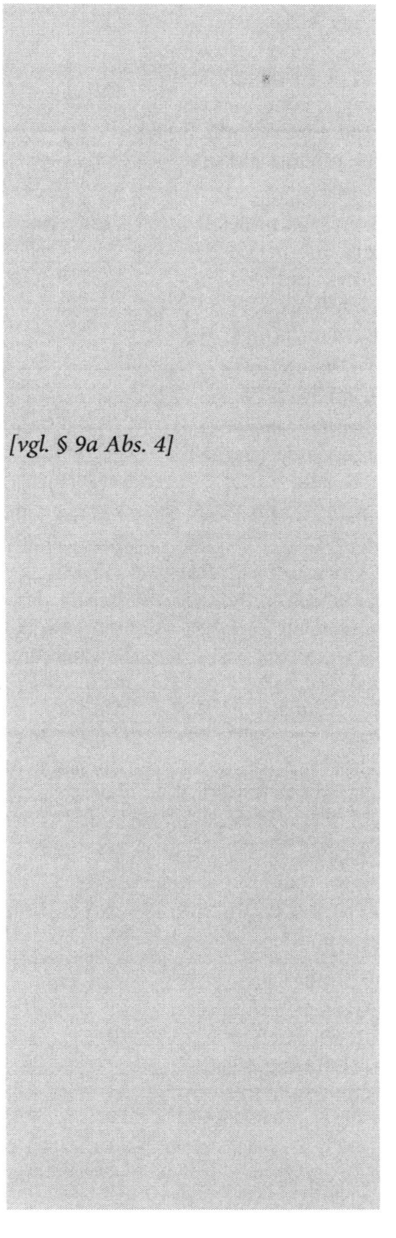

~~(8) Jeder Wohnungseigentümer haftet einem Gläubiger nach dem Verhältnis seines Miteigentumsanteils (§ 16 Abs. 1 Satz 2) für Verbindlichkeiten der Gemeinschaft der Wohnungseigentümer, die während seiner Zugehörigkeit zur Gemeinschaft entstanden oder während dieses Zeitraums fällig geworden sind; für die Haftung nach Veräußerung des Wohnungseigentums ist § 160 des Handelsgesetzbuches entsprechend anzuwenden. Er kann gegenüber einem Gläubiger neben den in seiner Person begründeten auch die der Gemeinschaft zustehenden Einwendungen und Einreden geltend machen, nicht aber seine Einwendungen und Einreden gegenüber der Gemeinschaft. Für die Einrede der Anfechtbarkeit und Aufrechenbarkeit ist § 770 des Bürgerlichen Gesetzbuches entsprechend anzuwenden. Die Haftung eines Wohnungseigentümers gegenüber der Gemeinschaft wegen nicht ordnungsmäßiger Verwaltung bestimmt sich nach Satz 1.~~

[vgl. § 9a Abs. 4]

§ 11 ~~Unauflöslichkeit~~ der Gemeinschaft

(1) Kein Wohnungseigentümer kann die Aufhebung der Gemeinschaft verlangen. Dies gilt auch für

§ 11 **Aufhebung** der Gemeinschaft

[unverändert]

eine Aufhebung aus wichtigem Grund. Eine abweichende Vereinbarung ist nur für den Fall zulässig, daß das Gebäude ganz oder teilweise zerstört wird und eine Verpflichtung zum Wiederaufbau nicht besteht.	
(2) Das Recht eines Pfändungsgläubigers (§ 751 des Bürgerlichen Gesetzbuchs) sowie das im Insolvenzverfahren bestehende Recht (§ 84 Abs. 2 der Insolvenzordnung), die Aufhebung der Gemeinschaft zu verlangen, ist ausgeschlossen.	*[unverändert]*
~~(3) Ein Insolvenzverfahren über das Verwaltungsvermögen der Gemeinschaft findet nicht statt.~~	*[vgl. § 9a Abs. 5]*
[vgl. § 17: „Im Falle der Aufhebung der Gemeinschaft bestimmt sich der Anteil der Miteigentümer nach dem Verhältnis des Wertes ihrer Wohnungseigentumsrechte zur Zeit der Aufhebung der Gemeinschaft. Hat sich der Wert eines Miteigentumsanteils durch Maßnahmen verändert, deren Kosten der Wohnungseigentümer nicht getragen hat, so bleibt eine solche Veränderung bei der Berechnung des Wertes dieses Anteils außer Betracht."]	**(3)** Im Fall der Aufhebung der Gemeinschaft bestimmt sich der Anteil der Miteigentümer nach dem Verhältnis des Wertes ihrer Wohnungseigentumsrechte zur Zeit der Aufhebung der Gemeinschaft. Hat sich der Wert eines Miteigentumsanteils durch Maßnahmen verändert, deren Kosten der Wohnungseigentümer nicht getragen hat, so bleibt eine solche Veränderung bei der Berechnung des Wertes dieses Anteils außer Betracht.
§ 12 Veräußerungsbeschränkung	**§ 12 Veräußerungsbeschränkung**
(1) Als Inhalt des Sondereigentums kann vereinbart werden, daß ein Wohnungseigentümer zur Veräußerung seines Wohnungseigentums der Zustimmung anderer Wohnungseigentümer oder eines Dritten bedarf.	*[unverändert]*
(2) Die Zustimmung darf nur aus einem wichtigen Grunde versagt werden. Durch Vereinbarung gemäß Absatz 1 kann dem Wohnungseigentümer darüber hinaus für bestimmte Fälle ein Anspruch auf Erteilung der Zustimmung eingeräumt werden.	*[unverändert]*

(3) Ist eine Vereinbarung gemäß Absatz 1 getroffen, so ist eine Veräußerung des Wohnungseigentums und ein Vertrag, durch den sich der Wohnungseigentümer zu einer solchen Veräußerung verpflichtet, unwirksam, solange nicht die erforderliche Zustimmung erteilt ist. Einer rechtsgeschäftlichen Veräußerung steht eine Veräußerung im Wege der Zwangsvollstreckung oder durch den Insolvenzverwalter gleich.	*[unverändert]*	
(4) Die Wohnungseigentümer können ~~durch Stimmenmehrheit~~ beschließen, dass eine Veräußerungsbeschränkung gemäß Absatz 1 aufgehoben wird.	(4) Die Wohnungseigentümer können beschließen, dass eine Veräußerungsbeschränkung gemäß Absatz 1 aufgehoben wird.	→ Rz. 603
~~Diese Befugnis kann durch Vereinbarung der Wohnungseigentümer nicht eingeschränkt oder ausgeschlossen werden.~~		→ Rz. 2038
Ist ein Beschluss gemäß Satz 1 gefasst, kann die Veräußerungsbeschränkung im Grundbuch gelöscht werden.	*[unverändert]*	
~~Der Bewilligung gemäß § 19 der Grundbuchordnung bedarf es nicht, wenn der Beschluss gemäß Satz 1 nachgewiesen wird. Für diesen Nachweis ist § 26 Abs. 3 entsprechend anzuwenden.~~	§ 7 **Absatz 2 gilt entsprechend.**	→ Rz. 1769
§ 13 Rechte des Wohnungseigentümers	**§ 13 Rechte des Wohnungseigentümers aus dem Sondereigentum**	
(1) Jeder Wohnungseigentümer kann, soweit nicht das Gesetz ~~oder Rechte Dritter~~ entgegensteh~~en~~, mit ~~den im~~ Sondereigentum ~~stehenden Gebäudeteilen~~ nach Belieben verfahren, insbesondere diese bewohnen, vermieten, verpachten oder in sonstiger Weise nutzen, und andere von Einwirkungen ausschließen.	(1) Jeder Wohnungseigentümer kann, soweit nicht das Gesetz entgegensteh**t**, mit **seinem** Sondereigentum nach Belieben verfahren, insbesondere dies**es** bewohnen, vermieten, verpachten oder in sonstiger Weise nutzen, und andere von Einwirkungen ausschließen.	→ Rz. 1769
~~(2) Jeder Wohnungseigentümer ist zum Mitgebrauch des gemeinschaftlichen Eigentums nach Maß-~~	*[vgl. § 16 Abs. 1 S. 3]*	

~~gabe der §§ 14, 15 berechtigt. An den sonstigen Nutzungen des gemeinschaftlichen Eigentums gebührt jedem Wohnungseigentümer ein Anteil nach Maßgabe des § 16.~~		
	(2) Für Maßnahmen, die über die ordnungsmäßige Instandhaltung und Instandsetzung (Erhaltung) des Sondereigentums hinausgehen, gilt § 20 mit der Maßgabe entsprechend, dass es keiner Gestattung bedarf, soweit keinem der anderen Wohnungseigentümer über das bei einem geordneten Zusammenleben unvermeidliche Maß hinaus ein Nachteil erwächst.	→ Rz. 1222
§ 14 Pflichten des Wohnungseigentümers	§ 14 Pflichten des Wohnungseigentümers	
Jeder Wohnungseigentümer ist verpflichtet~~:~~	(1) Jeder Wohnungseigentümer ist **gegenüber der Gemeinschaft der Wohnungseigentümer** verpflichtet**,**	
[vgl. § 15 Abs. 3 Alt. 1, § 21 Abs. 4 Alt. 1]	**1. die gesetzlichen Regelungen, Vereinbarungen und Beschlüsse einzuhalten und**	→ Rz. 1347, 1489
~~1. die im Sondereigentum stehenden Gebäudeteile so instand zu halten und von diesen sowie von dem gemeinschaftlichen Eigentum nur in solcher Weise Gebrauch zu machen, daß dadurch keinem der anderen Wohnungseigentümer über das bei einem geordneten Zusammenleben unvermeidliche Maß hinaus ein Nachteil erwächst;~~		
~~2. für die Einhaltung der in Nummer 1 bezeichneten Pflichten durch Personen zu sorgen, die seinem Hausstand oder Geschäftsbetrieb angehören oder denen er sonst die Benutzung der im Sonder- oder Miteigentum stehenden Grundstücks- oder Gebäudeteile überläßt;~~		
~~3.~~ Einwirkungen ~~auf die im Sondereigentum stehenden Gebäudeteile~~ und das gemeinschaftliche Eigentum zu dulden, ~~soweit sie auf einem~~	**2. das Betreten seines Sondereigentums und andere** Einwirkungen **auf dieses** und das gemeinschaftliche Eigentum zu dulden, **die den Vereinbarungen oder Be-**	→ Rz. 1311

~~nach Nummer 1, 2 zulässigen Gebrauch beruhen;~~	**schlüssen entsprechen oder, wenn keine entsprechenden Vereinbarungen oder Beschlüsse bestehen, aus denen ihm über das bei einem geordneten Zusammenleben unvermeidliche Maß hinaus kein Nachteil erwächst.**	
~~4. das Betreten und die Benutzung der im Sondereigentum stehenden Gebäudeteile zu gestatten, soweit dies zur Instandhaltung und Instandsetzung des gemeinschaftlichen Eigentums erforderlich ist;~~		
	(2) Jeder Wohnungseigentümer ist gegenüber den übrigen Wohnungseigentümern verpflichtet,	
	1. deren Sondereigentum nicht über das in Absatz 1 Nummer 2 bestimmte Maß hinaus zu beeinträchtigen und	→ Rz. 1346, 1403
	2. Einwirkungen nach Maßgabe des Absatz 1 Nummer 2 zu dulden.	→ Rz. 1311
~~der hierdurch entstehende Schaden ist zu ersetzen.~~	**(3) Hat der Wohnungseigentümer eine Einwirkung zu dulden, die über das zumutbare Maß hinausgeht, kann er einen angemessenen Ausgleich in Geld verlangen.**	→ Rz. 1359
~~§ 15 Gebrauchsregelung~~		
~~(1) Die Wohnungseigentümer können den Gebrauch des Sondereigentums und des gemeinschaftlichen Eigentums durch Vereinbarung regeln.~~	*[vgl. § 10 Abs. 1 S. 2]*	
~~(2) Soweit nicht eine Vereinbarung nach Absatz 1 entgegensteht, können die Wohnungseigentümer durch Stimmenmehrheit einen der Beschaffenheit der im Sondereigentum stehenden Gebäudeteile und des gemeinschaftlichen Eigentums entsprechenden ordnungsmäßigen Gebrauch beschließen.~~	*[vgl. § 19 Abs. 1]*	
~~(3) Jeder Wohnungseigentümer kann einen Gebrauch der im Sondereigentum stehenden Gebäudeteile und des gemeinschaftlichen Ei-~~	*[vgl. § 18 Abs. 2]*	

~~gentums verlangen, der dem Gesetz, den Vereinbarungen und Beschlüssen und, soweit sich die Regelung hieraus nicht ergibt, dem Interesse der Gesamtheit der Wohnungseigentümer nach billigem Ermessen entspricht.~~		
	§ 15 Pflichten Dritter	→ Rz. 1588
	Wer Wohnungseigentum gebraucht, ohne Wohnungseigentümer zu sein, hat gegenüber der Gemeinschaft der Wohnungseigentümer und anderen Wohnungseigentümern zu dulden:	
	1. die Erhaltung des gemeinschaftlichen Eigentums und des Sondereigentums, die ihm rechtzeitig angekündigt wurde; § 555a Absatz 2 des Bürgerlichen Gesetzbuchs gilt entsprechend;	→ Rz. 1608
	2. Maßnahmen, die über die Erhaltung hinausgehen, die spätestens drei Monate vor ihrem Beginn in Textform angekündigt wurden; § 555c Absatz 1 Satz 2 Nummer 1 und 2, Absatz 2 bis 4 und § 555d Absatz 2 bis 5 des Bürgerlichen Gesetzbuchs gelten entsprechend.	→ Rz. 1627
§ 16 Nutzungen~~, Lasten~~ und Kosten	§ 16 Nutzungen und Kosten	
(1) Jedem Wohnungseigentümer gebührt ein seinem Anteil entsprechender Bruchteil der ~~Nutzungen~~ des gemeinschaftlichen Eigentums.	(1) Jedem Wohnungseigentümer gebührt ein seinem Anteil entsprechender Bruchteil der **Früchte** des gemeinschaftlichen Eigentums **und des Gemeinschaftsvermögens**.	→ Rz. 1301 → Rz. 173
Der Anteil bestimmt sich nach dem gemäß § 47 der Grundbuchordnung im Grundbuch eingetragenen Verhältnis der Miteigentumsanteile.	Der Anteil bestimmt sich nach dem gemäß § 47 der Grundbuchordnung im Grundbuch eingetragenen Verhältnis der Miteigentumsanteile.	
[vgl. § 13 Abs. 2 S. 1: „Jeder Wohnungseigentümer ist zum Mitgebrauch des gemeinschaftlichen Eigentums nach Maßgabe der ~~§~~§ 14~~, 15~~ berechtigt."]	Jeder Wohnungseigentümer ist zum Mitgebrauch des gemeinschaftlichen Eigentums nach Maßgabe des § 14 berechtigt.	→ Rz. 1349

(2) ~~Jeder Wohnungseigentümer ist den anderen Wohnungseigentümern gegenüber verpflichtet, die Lasten des gemeinschaftlichen Eigentums sowie die~~ Kosten der ~~Instandhaltung, Instandsetzung, sonstigen~~ Verwaltung und ~~eines~~ gemeinschaftlichen Gebrauchs des gemeinschaftlichen Eigentums nach dem Verhältnis seines Anteils (Absatz 1 Satz 2) zu tragen.	(2) **Die** Kosten der **Gemeinschaft der Wohnungseigentümer, insbesondere** der Verwaltung und **des** gemeinschaftlichen Gebrauchs des gemeinschaftlichen Eigentums**, hat jeder Wohnungseigentümer** nach dem Verhältnis seines Anteils (Absatz 1 Satz 2) zu tragen.	→ Rz. 683
~~(3)~~ Die Wohnungseigentümer können ~~abweichend von Absatz 2 durch Stimmenmehrheit beschließen, dass die Betriebskosten des gemeinschaftlichen Eigentums oder des Sondereigentums im Sinne des § 556 Abs. 1 des Bürgerlichen Gesetzbuches, die nicht unmittelbar gegenüber Dritten abgerechnet werden, und die Kosten der Verwaltung nach Verbrauch oder Verursachung erfasst und nach diesem oder nach einem anderen Maßstab verteilt werden, soweit dies ordnungsmäßiger Verwaltung entspricht.~~	Die Wohnungseigentümer können **für einzelne Kosten oder bestimmte Arten von Kosten eine von Satz 1 oder von einer Vereinbarung abweichende Verteilung beschließen.**	→ Rz. 688
	(3) Für die Kosten und Nutzungen bei baulichen Veränderungen gilt § 21.	→ Rz. 1091
~~(4) Die Wohnungseigentümer können im Einzelfall zur Instandhaltung oder Instandsetzung im Sinne des § 21 Abs. 5 Nr. 2 oder zu baulichen Veränderungen oder Aufwendungen im Sinne des § 22 Abs. 1 und 2 durch Beschluss die Kostenverteilung abweichend von Absatz 2 regeln, wenn der abweichende Maßstab dem Gebrauch oder der Möglichkeit des Gebrauchs durch die Wohnungseigentümer Rechnung trägt. Der Beschluss zur Regelung der Kostenverteilung nach Satz 1 bedarf einer Mehrheit von drei Viertel aller stimmberechtigten Wohnungseigentümer im Sinne des § 25 Abs. 2 und mehr als der Hälfte aller Miteigentumsanteile.~~	*[vgl. § 16 Abs. 2 S. 2 und § 21 Abs. 5 S. 1]*	

~~(5) Die Befugnisse im Sinne der Absätze 3 und 4 können durch Vereinbarung der Wohnungseigentümer nicht eingeschränkt oder ausgeschlossen werden.~~

→ Rz. 2038

~~(6) Ein Wohnungseigentümer, der einer Maßnahme nach § 22 Abs. 1 nicht zugestimmt hat, ist nicht berechtigt, einen Anteil an Nutzungen, die auf einer solchen Maßnahme beruhen, zu beanspruchen; er ist nicht verpflichtet, Kosten, die durch eine solche Maßnahme verursacht sind, zu tragen. Satz 1 ist bei einer Kostenverteilung gemäß Absatz 4 nicht anzuwenden.~~

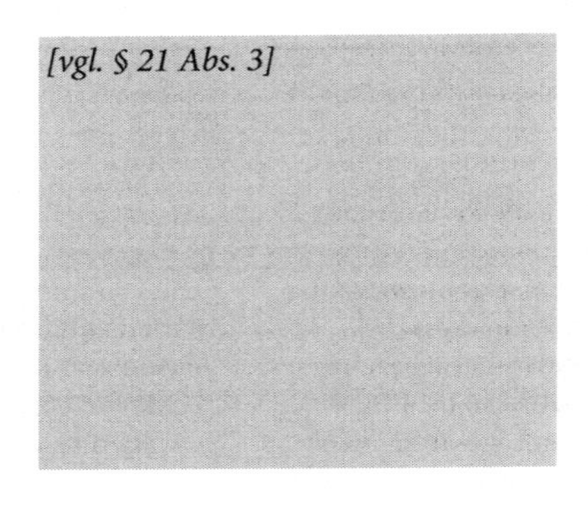

~~(7) Zu den Kosten der Verwaltung im Sinne des Absatzes 2 gehören insbesondere Kosten eines Rechtsstreits gemäß § 18 und der Ersatz des Schadens im Falle des § 14 Nr. 4.~~

→ Rz. 687

~~(8) Kosten eines Rechtsstreits gemäß § 43 gehören nur dann zu den Kosten der Verwaltung im Sinne des Absatzes 2, wenn es sich um Mehrkosten gegenüber der gesetzlichen Vergütung eines Rechtsanwalts aufgrund einer Vereinbarung über die Vergütung (§ 27 Abs. 2 Nr. 4, Abs. 3 Nr. 6) handelt.~~

→ Rz. 687

~~§ 17 Anteil bei Aufhebung der Gemeinschaft~~

~~Im Falle der Aufhebung der Gemeinschaft bestimmt sich der Anteil der Miteigentümer nach dem Verhältnis des Wertes ihrer Wohnungseigentumsrechte zur Zeit der Aufhebung der Gemeinschaft. Hat sich der Wert eines Miteigentumsanteils durch Maßnahmen verändert, deren Kosten der Wohnungseigentümer nicht getragen hat, so bleibt eine solche Veränderung bei der Berechnung des Wertes dieses Anteils außer Betracht.~~

§ ~~18~~ Entziehung des Wohnungseigentums

(1) Hat ein Wohnungseigentümer sich einer so schweren Verletzung der ihm gegenüber anderen Wohnungseigentümern obliegenden Verpflichtungen schuldig gemacht, daß diesen die Fortsetzung der Gemeinschaft mit ihm nicht mehr zugemutet werden kann, so ~~können die anderen Wohnungseigentümer~~ von ihm die Veräußerung seines Wohnungseigentums verlangen. ~~Die Ausübung des Entziehungsrechts steht der Gemeinschaft der Wohnungseigentümer zu, soweit es sich nicht um eine Gemeinschaft handelt, die nur aus zwei Wohnungseigentümern besteht.~~

(2) Die Voraussetzungen des Absatzes 1 liegen insbesondere vor, wenn

~~1.~~ der Wohnungseigentümer trotz Abmahnung wiederholt gröblich gegen die ihm nach § 14 obliegenden Pflichten verstößt~~;~~

~~2. der Wohnungseigentümer sich mit der Erfüllung seiner Verpflichtungen zur Lasten- und Kostentragung (§ 16 Abs. 2) in Höhe eines Betrags, der drei vom Hundert des Einheitswerts seines Wohnungseigentums übersteigt, länger als drei Monate in Verzug befindet; in diesem Fall steht § 30 der Abgabenordnung einer Mitteilung des Einheitswerts an die Gemeinschaft der Wohnungseigentümer oder, soweit die Gemeinschaft nur aus zwei Wohnungseigentümern besteht, an den anderen Wohnungseigentümer nicht entgegen~~.

~~(3) Über das Verlangen nach Absatz 1 beschließen die Wohnungseigentümer durch Stimmenmehrheit. Der Beschluß bedarf einer Mehrheit von mehr als der Hälfte der stimmberechtigten Wohnungseigentümer. Die Vorschriften des §~~

§ **17** Entziehung des Wohnungseigentums

→ Rz. 1532

(1) Hat ein Wohnungseigentümer sich einer so schweren Verletzung der ihm gegenüber anderen Wohnungseigentümern **oder der Gemeinschaft der Wohnungseigentümer** obliegenden Verpflichtungen schuldig gemacht, daß diesen die Fortsetzung der Gemeinschaft mit ihm nicht mehr zugemutet werden kann, so **kann die Gemeinschaft der Wohnungseigentümer** von ihm die Veräußerung seines Wohnungseigentums verlangen.

→ Rz. 1542

→ Rz. 1533

(2) Die Voraussetzungen des Absatzes 1 liegen insbesondere vor, wenn der Wohnungseigentümer trotz Abmahnung wiederholt gröblich gegen die ihm nach § 14 **Absatz 1 und 2** obliegenden Pflichten verstößt.

→ Rz. 1543

→ Rz. 1549

→ Rz. 1553

~~25 Abs. 3, 4 sind in diesem Fall nicht anzuwenden.~~

(4) Der in Absatz 1 bestimmte Anspruch kann durch Vereinbarung der Wohnungseigentümer nicht eingeschränkt oder ausgeschlossen werden.

(3) *[unverändert]*

~~§ 19 Wirkung des Urteils~~

(~~1~~) Das Urteil, durch das ein Wohnungseigentümer zur Veräußerung seines Wohnungseigentums verurteilt wird, berechtigt ~~jeden Miteigentümer~~ zur Zwangsvollstreckung entsprechend den Vorschriften des Ersten Abschnitts des Gesetzes über die Zwangsversteigerung und die Zwangsverwaltung.

(4) Das Urteil, durch das ein Wohnungseigentümer zur Veräußerung seines Wohnungseigentums verurteilt wird, berechtigt zur Zwangsvollstreckung entsprechend den Vorschriften des Ersten Abschnitts des Gesetzes über die Zwangsversteigerung und die Zwangsverwaltung.

~~Die Ausübung dieses Rechts steht der Gemeinschaft der Wohnungseigentümer zu, soweit es sich nicht um eine Gemeinschaft handelt, die nur aus zwei Wohnungseigentümern besteht.~~

→ Rz. 1568

~~(2) Der Wohnungseigentümer kann im Falle des § 18 Abs. 2 Nr. 2 bis zur Erteilung des Zuschlags die in Absatz 1 bezeichnete Wirkung des Urteils dadurch abwenden, daß er die Verpflichtungen, wegen deren Nichterfüllung er verurteilt ist, einschließlich der Verpflichtung zum Ersatz der durch den Rechtsstreit und das Versteigerungsverfahren entstandenen Kosten sowie die fälligen weiteren Verpflichtungen zur Lasten- und Kostentragung erfüllt.~~

→ Rz. 1549

~~(3) Ein gerichtlicher oder vor einer Gütestelle geschlossener Vergleich, durch den~~ sich der Wohnungseigentümer zur Veräußerung seines Wohnungseigentums verpflichtet~~, steht dem in Absatz 1 bezeichneten Urteil gleich~~.

Das Gleiche gilt für Schuldtitel im Sinne des § 794 der Zivilprozessordnung, durch die sich der Wohnungseigentümer zur Veräußerung seines Wohnungseigentums verpflichtet.

→ Rz. 1566

~~3. Abschnitt~~
~~Verwaltung~~

§ ~~20 Gliederung der~~ Verwaltung

(1) Die Verwaltung des gemeinschaftlichen Eigentums obliegt ~~den Wohnungseigentümern nach Maßgabe der §§ 21 bis 25 und dem Verwalter nach Maßgabe der §§ 26 bis 28, im Falle der Bestellung eines Verwaltungsbeirats auch diesem nach Maßgabe des § 29~~.

~~(2) Die Bestellung eines Verwalters kann nicht ausgeschlossen werden.~~

[vgl. § 15 Abs. 3 und § 21 Abs. 4]

~~§ 21 Verwaltung durch die Wohnungseigentümer~~

~~(1) Soweit nicht in diesem Gesetz oder durch Vereinbarung der Wohnungseigentümer etwas anderes bestimmt ist, steht die Verwaltung des gemeinschaftlichen Eigentums den Wohnungseigentümern gemeinschaftlich zu.~~

(~~2~~) Jeder Wohnungseigentümer ist berechtigt, ohne Zustimmung der anderen Wohnungseigentümer die Maßnahmen zu treffen, die zur Abwendung eines dem gemeinschaftlichen Eigentum unmittelbar drohenden Schadens notwendig sind.

§ 18 Verwaltung **und Benutzung**

(1) Die Verwaltung des gemeinschaftlichen Eigentums obliegt **der Gemeinschaft der Wohnungseigentümer**. → Rz. 77

[vgl. § 26 Abs. 5]

(2) Jeder Wohnungseigentümer kann von der Gemeinschaft der Wohnungseigentümer
1. eine Verwaltung des gemeinschaftlichen Eigentums sowie → Rz. 315
2. eine Benutzung des gemeinschaftlichen Eigentums und des Sondereigentums → Rz. 1455
verlangen, die dem Interesse der Gesamtheit der Wohnungseigentümer nach billigem Ermessen (ordnungsmäßige Verwaltung und Benutzung) und, soweit solche bestehen, den gesetzlichen Regelungen, Vereinbarungen und Beschlüssen entsprechen. → Rz. 325

(3) *[unverändert]*

	(4) **Jeder Wohnungseigentümer kann von der Gemeinschaft der Wohnungseigentümer Einsicht in die Verwaltungsunterlagen verlangen.**	→ Rz. 366
	§ 19 Regelung der Verwaltung und Benutzung durch Beschluss	
(~~3~~) Soweit die Verwaltung des gemeinschaftlichen Eigentums nicht durch Vereinbarung der Wohnungseigentümer geregelt ist, ~~können~~ die Wohnungseigentümer eine der Beschaffenheit des gemeinschaftlichen Eigentums entsprechende ordnungsmäßige Verwaltung durch Stimmenmehrheit beschließen.	(**1**) Soweit die Verwaltung des gemeinschaftlichen Eigentums **und die Benutzung des gemeinschaftlichen Eigentums und des Sondereigentums** nicht durch Vereinbarung der Wohnungseigentümer geregelt sind, **beschließen** die Wohnungseigentümer eine ordnungsmäßige Verwaltung und Benutzung.	→ Rz. 44, 412
~~(4) Jeder Wohnungseigentümer kann eine Verwaltung verlangen, die den Vereinbarungen und Beschlüssen und, soweit solche nicht bestehen, dem Interesse der Gesamtheit der Wohnungseigentümer nach billigem Ermessen entspricht.~~	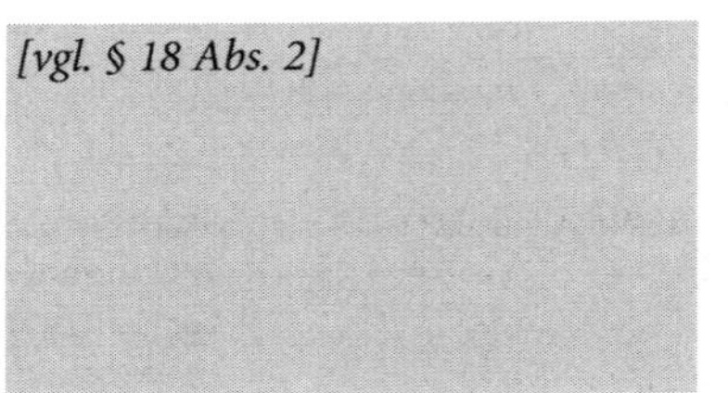 *[vgl. § 18 Abs. 2]*	
(5) ~~Zu einer~~ ordnungsmäßigen~~,~~ ~~dem Interesse der Gesamtheit der Wohnungseigentümer entsprechenden~~ Verwaltung ~~gehört~~ insbesondere:	(2) **Zur** ordnungsmäßigen Verwaltung **und Benutzung gehören** insbesondere	
1. die Aufstellung einer Hausordnung;	*[unverändert]*	
2. die ordnungsmäßige ~~Instandhaltung und Instandsetzung~~ des gemeinschaftlichen Eigentums;	2. die ordnungsmäßige **Erhaltung** des gemeinschaftlichen Eigentums,	→ Rz. 1286
3. die ~~Feuerversicherung~~ des gemeinschaftlichen Eigentums zum Neuwert sowie ~~die angemessene Versicherung~~ der Wohnungseigentümer gegen Haus- und Grundbesitzerhaftpflicht;	3. die **angemessene Versicherung** des gemeinschaftlichen Eigentums zum Neuwert sowie der Wohnungseigentümer gegen Haus- und Grundbesitzerhaftpflicht,	→ Rz. 765a
4. die Ansammlung einer angemessenen ~~Instandhaltungsrückstellung;~~	4. die Ansammlung einer angemessenen **Erhaltungsrücklage,**	→ Rz. 765a
5. die ~~Aufstellung eines Wirtschaftsplans (§ 28);~~	5. die **Festsetzung von Vorschüssen nach § 28 Absatz 1 Satz 1 sowie**	→ Rz. 751

	6. die Bestellung eines zertifizierten Verwalters nach § 26a, es sei denn, es bestehen weniger als neun Sondereigentumsrechte, ein Wohnungseigentümer wurde zum Verwalter bestellt und nicht mehr als ein Drittel der Wohnungseigentümer (§ 25 Absatz 2) verlangt die Bestellung eines zertifizierten Verwalters.	→ Rz. 559
~~6. die Duldung aller Maßnahmen, die zur Herstellung einer Fernsprechteilnehmereinrichtung, einer Rundfunkempfangsanlage oder eines Energieversorgungsanschlusses zugunsten eines Wohnungseigentümers erforderlich sind.~~		→ Rz. 483
~~(6) Der Wohnungseigentümer, zu dessen Gunsten eine Maßnahme der in Absatz 5 Nr. 6 bezeichneten Art getroffen wird, ist zum Ersatz des hierdurch entstehenden Schadens verpflichtet.~~		→ Rz. 483
~~(7) Die Wohnungseigentümer können die Regelung der Art und Weise von Zahlungen, der Fälligkeit und der Folgen des Verzugs sowie der Kosten für eine besondere Nutzung des gemeinschaftlichen Eigentums oder für einen besonderen Verwaltungsaufwand mit Stimmenmehrheit beschließen.~~	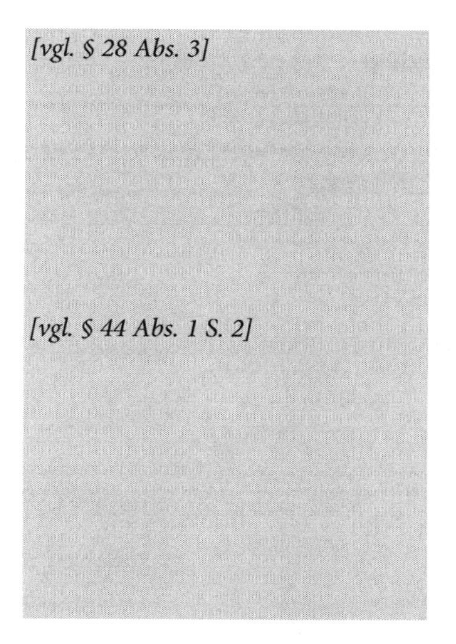 *[vgl. § 28 Abs. 3]*	
~~(8) Treffen die Wohnungseigentümer eine nach dem Gesetz erforderliche Maßnahme nicht, so kann an ihrer Stelle das Gericht in einem Rechtsstreit gemäß § 43 nach billigem Ermessen entscheiden, soweit sich die Maßnahme nicht aus dem Gesetz, einer Vereinbarung oder einem Beschluss der Wohnungseigentümer ergibt.~~	*[vgl. § 44 Abs. 1 S. 2]*	
~~§ 22 Besondere Aufwendungen, Wiederaufbau~~	**§ 20 Bauliche Veränderungen**	→ Rz. 953
(1) ~~Bauliche Veränderungen und Aufwendungen~~, die über die ordnungsmäßige Instandhaltung oder	(1) **Maßnahmen**, die über die ordnungsmäßige **Erhaltung** des gemeinschaftlichen Eigentums hi-	→ Rz. 996

Instandsetzung des gemeinschaftlichen Eigentums hinausgehen, können beschlossen ~~oder verlangt werden, wenn jeder Wohnungseigentümer zustimmt, dessen Rechte durch die Maßnahmen über das in § 14 Nr. 1 bestimmte Maß hinaus beeinträchtigt werden. Die Zustimmung ist nicht erforderlich, soweit die Rechte eines Wohnungseigentümers nicht in der in Satz 1 bezeichneten Weise beeinträchtigt werden.~~

~~(2) Maßnahmen gemäß Absatz 1 Satz 1, die der Modernisierung entsprechend § 555b Nummer 1 bis 5 des Bürgerlichen Gesetzbuches oder der Anpassung des gemeinschaftlichen Eigentums an den Stand der Technik dienen, die Eigenart der Wohnanlage nicht ändern und keinen Wohnungseigentümer gegenüber anderen unbillig beeinträchtigen, können abweichend von Absatz 1 durch eine Mehrheit von drei Viertel aller stimmberechtigten Wohnungseigentümer im Sinne des § 25 Abs. 2 und mehr als der Hälfte aller Miteigentumsanteile beschlossen werden. Die Befugnis im Sinne des Satzes 1 kann durch Vereinbarung der Wohnungseigentümer nicht eingeschränkt oder ausgeschlossen werden.~~

~~(3) Für Maßnahmen der modernisierenden Instandsetzung im Sinne des § 21 Abs. 5 Nr. 2 verbleibt es bei den Vorschriften des § 21 Abs. 3 und 4.~~

nausgehen (**bauliche Veränderungen**), können beschlossen **oder einem Wohnungseigentümer durch Beschluss gestattet werden.** → Rz. 1140

(2) Jeder Wohnungseigentümer kann angemessene bauliche Veränderungen verlangen, die → Rz. 1161

1. dem Gebrauch durch Menschen mit Behinderungen, → Rz. 1166

2. dem Laden elektrisch betriebener Fahrzeuge, → Rz. 1169

3. dem Einbruchsschutz und → Rz. 1175

	4. dem Anschluss an ein Telekommunikationsnetz mit sehr hoher Kapazität dienen.	→ Rz. 1178
	Über die Durchführung ist im Rahmen ordnungsmäßiger Verwaltung zu beschließen.	→ Rz. 1191
	(3) Unbeschadet des Absatzes 2 kann jeder Wohnungseigentümer verlangen, dass ihm eine bauliche Veränderung gestattet wird, wenn alle Wohnungseigentümer, deren Rechte durch die bauliche Veränderung über das bei einem geordneten Zusammenleben unvermeidliche Maß hinaus beeinträchtigt werden, einverstanden sind.	→ Rz. 1203
	(4) Bauliche Veränderungen, die die Wohnanlage grundlegend umgestalten oder einen Wohnungseigentümer ohne sein Einverständnis gegenüber anderen unbillig benachteiligen, dürfen nicht beschlossen und gestattet werden; sie können auch nicht verlangt werden.	→ Rz. 1008
[vgl. § 16 Abs. 4 und 6]	**§ 21 Nutzungen und Kosten bei baulichen Veränderungen**	→ Rz. 1041
	(1) Die Kosten einer baulichen Veränderung, die einem Wohnungseigentümer gestattet oder die auf sein Verlangen nach § 20 Absatz 2 durch die Gemeinschaft der Wohnungseigentümer durchgeführt wurde, hat dieser Wohnungseigentümer zu tragen. Nur ihm gebühren die Nutzungen.	→ Rz. 1200
	(2) Vorbehaltlich des Absatzes 1 haben alle Wohnungseigentümer die Kosten einer baulichen Veränderung nach dem Verhältnis ihrer Anteile (§ 16 Absatz 1 Satz 2) zu tragen,	→ Rz. 1065
	1. die mit mehr als zwei Dritteln der abgegebenen Stimmen und der Hälfte aller Miteigentumsanteile beschlossen wurde, es sei	→ Rz. 1066

denn, die bauliche Veränderung ist mit unverhältnismäßigen Kosten verbunden, oder

2. deren Kosten sich innerhalb eines angemessenen Zeitraums amortisieren. → Rz. 1079

Für die Nutzungen gilt § 16 Absatz 1.

(3) Die Kosten anderer als der in den Absätzen 1 und 2 bezeichneten baulichen Veränderungen haben die Wohnungseigentümer, die sie beschlossen haben, nach dem Verhältnis ihrer Anteile (§ 16 Absatz 1 Satz 2) zu tragen. Ihnen gebühren die Nutzungen entsprechend § 16 Absatz 1. → Rz. 1049

(4) Ein Wohnungseigentümer, der nicht berechtigt ist, Nutzungen zu ziehen, kann verlangen, dass ihm dies nach billigem Ermessen gegen angemessenen Ausgleich gestattet wird. Für seine Beteiligung an den Nutzungen und Kosten gilt Absatz 3 entsprechend. → Rz. 1114

(5) Die Wohnungseigentümer können eine abweichende Verteilung der Kosten und Nutzungen beschließen. Durch einen solchen Beschluss dürfen einem Wohnungseigentümer, der nach den vorstehenden Absätzen Kosten nicht zu tragen hat, keine Kosten auferlegt werden. → Rz. 1091

§ 22 Wiederaufbau

Alte Fassung	Neue Fassung	
~~(4)~~ Ist das Gebäude zu mehr als der Hälfte seines Wertes zerstört und ist der Schaden nicht durch eine Versicherung oder in anderer Weise gedeckt, so kann der Wiederaufbau nicht ~~gemäß § 21 Abs. 3~~ beschlossen oder ~~gemäß § 21 Abs. 4~~ verlangt werden.	Ist das Gebäude zu mehr als der Hälfte seines Wertes zerstört und ist der Schaden nicht durch eine Versicherung oder in anderer Weise gedeckt, so kann der Wiederaufbau nicht beschlossen oder verlangt werden.	→ Rz. 1262

§ 23 Wohnungseigentümerversammlung	**§ 23 Wohnungseigentümerversammlung**	
(1) Angelegenheiten, über die nach diesem Gesetz oder nach einer Vereinbarung der Wohnungseigentümer die Wohnungseigentümer durch Beschluß entscheiden können, werden durch Beschlußfassung in einer Versammlung der Wohnungseigentümer geordnet.	(1) Angelegenheiten, über die nach diesem Gesetz oder nach einer Vereinbarung der Wohnungseigentümer die Wohnungseigentümer durch Beschluß entscheiden können, werden durch Beschlußfassung in einer Versammlung der Wohnungseigentümer geordnet. **Die Wohnungseigentümer können beschließen, dass Wohnungseigentümer an der Versammlung auch ohne Anwesenheit an deren Ort teilnehmen und sämtliche oder einzelne ihrer Rechte ganz oder teilweise im Wege elektronischer Kommunikation ausüben können.**	→ Rz. 604
(2) Zur Gültigkeit eines Beschlusses ist erforderlich, daß der Gegenstand bei der Einberufung bezeichnet ist.	*[unverändert]*	
(3) Auch ohne Versammlung ist ein Beschluß gültig, wenn alle Wohnungseigentümer ihre Zustimmung zu diesem Beschluß ~~schriftlich~~ erklären.	(3) Auch ohne Versammlung ist ein Beschluß gültig, wenn alle Wohnungseigentümer ihre Zustimmung zu diesem Beschluß **in Textform** erklären. **Die Wohnungseigentümer können beschließen, dass für einen einzelnen Gegenstand die Mehrheit der abgegebenen Stimmen genügt.**	→ Rz. 633
(4) Ein Beschluss, der gegen eine Rechtsvorschrift verstößt, auf deren Einhaltung rechtswirksam nicht verzichtet werden kann, ist nichtig. Im Übrigen ist ein Beschluss gültig, solange er nicht durch rechtskräftiges Urteil für ungültig erklärt ist.	*[unverändert]*	
§ 24 Einberufung, Vorsitz, Niederschrift	**§ 24 Einberufung, Vorsitz, Niederschrift**	
(1) Die Versammlung der Wohnungseigentümer wird von dem Verwalter mindestens einmal im Jahr einberufen.	*[unverändert]*	
(2) Die Versammlung der Wohnungseigentümer muß von dem Verwalter in den durch Vereinbarung der Wohnungseigentümer	(2) Die Versammlung der Wohnungseigentümer muß von dem Verwalter in den durch Vereinbarung der Wohnungseigentümer	→ Rz. 622

bestimmten Fällen, im übrigen dann einberufen werden, wenn dies ~~schriftlich~~ unter Angabe des Zweckes und der Gründe von mehr als einem Viertel der Wohnungseigentümer verlangt wird.	bestimmten Fällen, im übrigen dann einberufen werden, wenn dies **in Textform** unter Angabe des Zweckes und der Gründe von mehr als einem Viertel der Wohnungseigentümer verlangt wird.	
(3) Fehlt ein Verwalter oder weigert er sich pflichtwidrig, die Versammlung der Wohnungseigentümer einzuberufen, so kann die Versammlung auch~~, falls ein Verwaltungsbeirat bestellt ist, von dessen Vorsitzenden oder seinem Vertreter~~ einberufen werden.	(3) Fehlt ein Verwalter oder weigert er sich pflichtwidrig, die Versammlung der Wohnungseigentümer einzuberufen, so kann die Versammlung auch **durch den Vorsitzenden des Verwaltungsbeirats, dessen Vertreter oder einen durch Beschluss ermächtigten Wohnungseigentümer** einberufen werden.	→ Rz. 623
(4) Die Einberufung erfolgt in Textform. Die Frist der Einberufung soll, sofern nicht ein Fall besonderer Dringlichkeit vorliegt, mindestens ~~zwei~~ Wochen betragen.	(4) Die Einberufung erfolgt in Textform. Die Frist der Einberufung soll, sofern nicht ein Fall besonderer Dringlichkeit vorliegt, mindestens **drei** Wochen betragen.	→ Rz. 621
(5) Den Vorsitz in der Wohnungseigentümerversammlung führt, sofern diese nichts anderes beschließt, der Verwalter.	*[unverändert]*	
(6) Über die in der Versammlung gefaßten Beschlüsse ist eine Niederschrift aufzunehmen. Die Niederschrift ist von dem Vorsitzenden und einem Wohnungseigentümer und, falls ein Verwaltungsbeirat bestellt ist, auch von dessen Vorsitzenden oder seinem Vertreter zu unterschreiben. ~~Jeder Wohnungseigentümer ist berechtigt, die Niederschriften einzusehen.~~	(6) Über die in der Versammlung gefaßten Beschlüsse ist **unverzüglich** eine Niederschrift aufzunehmen. Die Niederschrift ist von dem Vorsitzenden und einem Wohnungseigentümer und, falls ein Verwaltungsbeirat bestellt ist, auch von dessen Vorsitzenden oder seinem Vertreter zu unterschreiben.	→ Rz. 603
(7) Es ist eine Beschluss-Sammlung zu führen. Die Beschluss-Sammlung enthält nur den Wortlaut 1. der in der Versammlung der Wohnungseigentümer verkündeten Beschlüsse mit Angabe von Ort und Datum der Versammlung, 2. der schriftlichen Beschlüsse mit Angabe von Ort und Datum der Verkündung und 3. der Urteilsformeln der gerichtlichen Entscheidungen in einem Rechtsstreit gemäß § 43 mit Angabe	*[unverändert]*	

ihres Datums, des Gerichts und der Parteien,
soweit diese Beschlüsse und gerichtlichen Entscheidungen nach dem 1. Juli 2007 ergangen sind. Die Beschlüsse und gerichtlichen Entscheidungen sind fortlaufend einzutragen und zu nummerieren. Sind sie angefochten oder aufgehoben worden, so ist dies anzumerken. Im Falle einer Aufhebung kann von einer Anmerkung abgesehen und die Eintragung gelöscht werden. Eine Eintragung kann auch gelöscht werden, wenn sie aus einem anderen Grund für die Wohnungseigentümer keine Bedeutung mehr hat. Die Eintragungen, Vermerke und Löschungen gemäß den Sätzen 3 bis 6 sind unverzüglich zu erledigen und mit Datum zu versehen. Einem Wohnungseigentümer oder einem Dritten, den ein Wohnungseigentümer ermächtigt hat, ist auf sein Verlangen Einsicht in die Beschluss-Sammlung zu geben.

(8) Die Beschluss-Sammlung ist von dem Verwalter zu führen. Fehlt ein Verwalter, so ist der Vorsitzende der Wohnungseigentümerversammlung verpflichtet, die Beschluss-Sammlung zu führen, sofern die Wohnungseigentümer durch Stimmenmehrheit keinen anderen für diese Aufgabe bestellt haben.

[unverändert]

§ 25 ~~Mehrheitsbeschluß~~

§ 25 **Beschlussfassung**

~~(1) Für die Beschlußfassung in Angelegenheiten, über die die Wohnungseigentümer durch Stimmenmehrheit beschließen, gelten die Vorschriften der Absätze 2 bis 5.~~

(1) Bei der Beschlussfassung entscheidet die Mehrheit der abgegebenen Stimmen.

→ Rz. 603

(2) Jeder Wohnungseigentümer hat eine Stimme. Steht ein Wohnungseigentum mehreren gemeinschaft-

[unverändert]

lich zu, so können sie das Stimmrecht nur einheitlich ausüben.		
~~(3) Die Versammlung ist nur beschlußfähig, wenn die erschienenen stimmberechtigten Wohnungseigentümer mehr als die Hälfte der Miteigentumsanteile, berechnet nach der im Grundbuch eingetragenen Größe dieser Anteile, vertreten.~~		
~~(4) Ist eine Versammlung nicht gemäß Absatz 3 beschlußfähig, so beruft der Verwalter eine neue Versammlung mit dem gleichen Gegenstand ein. Diese Versammlung ist ohne Rücksicht auf die Höhe der vertretenen Anteile beschlußfähig; hierauf ist bei der Einberufung hinzuweisen.~~		
	(3) Vollmachten bedürfen zu ihrer Gültigkeit der Textform.	→ Rz. 629
(~~5~~) Ein Wohnungseigentümer ist nicht stimmberechtigt, wenn die Beschlußfassung die Vornahme eines auf die Verwaltung des gemeinschaftlichen Eigentums bezüglichen Rechtsgeschäfts mit ihm oder die Einleitung oder Erledigung eines Rechtsstreits ~~der anderen Wohnungseigentümer~~ gegen ihn betrifft oder wenn er nach § ~~18~~ rechtskräftig verurteilt ist.	(**4**) Ein Wohnungseigentümer ist nicht stimmberechtigt, wenn die Beschlußfassung die Vornahme eines auf die Verwaltung des gemeinschaftlichen Eigentums bezüglichen Rechtsgeschäfts mit ihm oder die Einleitung oder Erledigung eines Rechtsstreits gegen ihn betrifft oder wenn er nach § **17** rechtskräftig verurteilt ist.	
§ 26 Bestellung und Abberufung des Verwalters	**§ 26 Bestellung und Abberufung des Verwalters**	
(1) Über die Bestellung und Abberufung des Verwalters beschließen die Wohnungseigentümer ~~mit Stimmenmehrheit~~.	(1) Über die Bestellung und Abberufung des Verwalters beschließen die Wohnungseigentümer.	→ Rz. 451
Die Bestellung ~~darf~~ auf höchstens fünf Jahre vorgenommen werden, im Falle der ersten Bestellung nach der Begründung von Wohnungseigentum aber auf höchstens drei Jahre. ~~Die Abberufung des Verwalters kann auf das Vorliegen eines wichtigen Grundes beschränkt werden. Ein wichtiger Grund liegt regelmäßig vor, wenn der Verwalter~~	(2) Die Bestellung **kann** auf höchstens fünf Jahre vorgenommen werden, im Falle der ersten Bestellung nach der Begründung von Wohnungseigentum aber auf höchstens drei Jahre.	→ Rz. 452

~~die Beschluss-Sammlung nicht ordnungsmäßig führt. Andere Beschränkungen der Bestellung oder Abberufung des Verwalters sind nicht zulässig.~~		
~~(2)~~ Die wiederholte Bestellung ist zulässig; sie bedarf eines erneuten Beschlusses der Wohnungseigentümer, der frühestens ein Jahr vor Ablauf der Bestellungszeit gefaßt werden kann.	*[unverändert]*	
	(3) Der Verwalter kann jederzeit abberufen werden. Ein Vertrag mit dem Verwalter endet spätestens sechs Monate nach dessen Abberufung.	→ Rz. 454 → Rz. 543
(~~3~~) Soweit die Verwaltereigenschaft durch eine öffentlich beglaubigte Urkunde nachgewiesen werden muß, genügt die Vorlage einer Niederschrift über den Bestellungsbeschluß, bei der die Unterschriften der in § 24 Abs. 6 bezeichneten Personen öffentlich beglaubigt sind.	(4) *[unverändert*	
	(5) Abweichungen von den Absätzen 1 bis 3 sind nicht zulässig.	→ Rz. 453
	§ 26a Zertifizierter Verwalter	→ Rz. 559
	(1) Als zertifizierter Verwalter darf sich bezeichnen, wer durch eine Prüfung vor einer Industrie- und Handelskammer nachgewiesen hat, dass er über die für die Tätigkeit als Verwalter notwendigen rechtlichen, kaufmännischen und technischen Kenntnisse verfügt.	
	(2) Das Bundesministerium der Justiz und für Verbraucherschutz wird ermächtigt, durch Rechtsverordnung nähere Bestimmungen über die Prüfung zum zertifizierten Verwalter zu erlassen. In der Rechtsverordnung nach Satz 1 können insbesondere festgelegt werden:	

Bisherige Fassung	Neue Fassung	
	1. nähere Bestimmungen zu Inhalt und Verfahren der Prüfung; **2. Bestimmungen über das zu erteilende Zertifikat;** **3. Voraussetzungen, unter denen sich juristische Personen und Personengesellschaften als zertifizierte Verwalter bezeichnen dürfen;** **4. Bestimmungen, wonach Personen aufgrund anderweitiger Qualifikationen von der Prüfung befreit sind, insbesondere weil sie die Befähigung zum Richteramt, einen Hochschulabschluss mit immobilienwirtschaftlichem Schwerpunkt, eine abgeschlossene Berufsausbildung zum Immobilienkaufmann oder zur Immobilienkauffrau oder einen vergleichbaren Berufsabschluss besitzen.**	
§ 27 Aufgaben und Befugnisse des Verwalters	§ 27 Aufgaben und Befugnisse des Verwalters	→ Rz. 472
(1) Der Verwalter ist ~~gegenüber den Wohnungseigentümern und~~ gegenüber der Gemeinschaft der Wohnungseigentümer berechtigt und verpflichtet,	(1) Der Verwalter ist gegenüber der Gemeinschaft der Wohnungseigentümer berechtigt und verpflichtet, **die Maßnahmen ordnungsmäßiger Verwaltung zu treffen, die**	
	1. untergeordnete Bedeutung haben und nicht zu erheblichen Verpflichtungen führen oder	→ Rz. 474
	2. zur Wahrung einer Frist oder zur Abwendung eines Nachteils erforderlich sind.	→ Rz. 484
~~1. Beschlüsse der Wohnungseigentümer durchzuführen und für die Durchführung der Hausordnung zu sorgen;~~ ~~2. die für die ordnungsmäßige Instandhaltung und Instandsetzung des gemeinschaftlichen Eigentums erforderlichen Maßnahmen zu treffen;~~ ~~3. in dringenden Fällen sonstige zur Erhaltung des gemeinschaftlichen Eigentums erforderliche Maßnahmen zu treffen;~~ ~~4. Lasten- und Kostenbeiträge, Tilgungsbeträge und Hypothekenzin-~~		→ Rz. 483

~~sen anzufordern, in Empfang zu nehmen und abzuführen, soweit es sich um gemeinschaftliche Angelegenheiten der Wohnungseigentümer handelt;~~
~~5. alle Zahlungen und Leistungen zu bewirken und entgegenzunehmen, die mit der laufenden Verwaltung des gemeinschaftlichen Eigentums zusammenhängen;~~
~~6. eingenommene Gelder zu verwalten;~~
~~7. die Wohnungseigentümer unverzüglich darüber zu unterrichten, dass ein Rechtsstreit gemäß § 43 anhängig ist;~~
~~8. die Erklärungen abzugeben, die zur Vornahme der in § 21 Abs. 5 Nr. 6 bezeichneten Maßnahmen erforderlich sind.~~

~~(2) Der Verwalter ist berechtigt, im Namen aller Wohnungseigentümer und mit Wirkung für und gegen sie~~
~~1. Willenserklärungen und Zustellungen entgegenzunehmen, soweit sie an alle Wohnungseigentümer in dieser Eigenschaft gerichtet sind;~~
~~2. Maßnahmen zu treffen, die zur Wahrung einer Frist oder zur Abwendung eines sonstigen Rechtsnachteils erforderlich sind, insbesondere einen gegen die Wohnungseigentümer gerichteten Rechtsstreit gemäß § 43 Nr. 1, Nr. 4 oder Nr. 5 im Erkenntnis- und Vollstreckungsverfahren zu führen;~~
~~3. Ansprüche gerichtlich und außergerichtlich geltend zu machen, sofern er hierzu durch Vereinbarung oder Beschluss mit Stimmenmehrheit der Wohnungseigentümer ermächtigt ist;~~
~~4. mit einem Rechtsanwalt wegen eines Rechtsstreits gemäß § 43 Nr. 1, Nr. 4 oder Nr. 5 zu vereinbaren, dass sich die Gebühren nach einem höheren als dem gesetzlichen Streitwert, höchstens nach einem gemäß § 49a Abs. 1 Satz 1 des Gerichtskos-~~

→ Rz. 465

~~tengesetzes bestimmten Streitwert bemessen.~~

~~(3) Der Verwalter ist berechtigt, im Namen der Gemeinschaft der Wohnungseigentümer und mit Wirkung für und gegen sie~~
~~1. Willenserklärungen und Zustellungen entgegenzunehmen;~~
~~2. Maßnahmen zu treffen, die zur Wahrung einer Frist oder zur Abwendung eines sonstigen Rechtsnachteils erforderlich sind, insbesondere einen gegen die Gemeinschaft gerichteten Rechtsstreit gemäß § 43 Nr. 2 oder Nr. 5 im Erkenntnis- und Vollstreckungsverfahren zu führen;~~
~~3. die laufenden Maßnahmen der erforderlichen ordnungsmäßigen Instandhaltung und Instandsetzung gemäß Absatz 1 Nr. 2 zu treffen;~~
~~4. die Maßnahmen gemäß Absatz 1 Nr. 3 bis 5 und 8 zu treffen;~~
~~5. im Rahmen der Verwaltung der eingenommenen Gelder gemäß Absatz 1 Nr. 6 Konten zu führen;~~
~~6. mit einem Rechtsanwalt wegen eines Rechtsstreits gemäß § 43 Nr. 2 oder Nr. 5 eine Vergütung gemäß Absatz 2 Nr. 4 zu vereinbaren;~~
~~7. sonstige Rechtsgeschäfte und Rechtshandlungen vorzunehmen, soweit er hierzu durch Vereinbarung oder Beschluss der Wohnungseigentümer mit Stimmenmehrheit ermächtigt ist.~~
~~Fehlt ein Verwalter oder ist er zur Vertretung nicht berechtigt, so vertreten alle Wohnungseigentümer die Gemeinschaft. Die Wohnungseigentümer können durch Beschluss mit Stimmenmehrheit einen oder mehrere Wohnungseigentümer zur Vertretung ermächtigen.~~

[vgl. § 9b]

~~(4) Die dem Verwalter nach den Absätzen 1 bis 3 zustehenden Aufgaben und Befugnisse können durch Vereinbarung der Wohnungseigentümer nicht einge-~~

(2) Die Wohnungseigentümer können die Rechte und Pflichten nach Absatz 1 durch Beschluss einschränken oder erweitern.

→ Rz. 486

Alte Fassung	Neue Fassung	
~~schränkt oder ausgeschlossen werden.~~		
~~(5) Der Verwalter ist verpflichtet, eingenommene Gelder von seinem Vermögen gesondert zu halten. Die Verfügung über solche Gelder kann durch Vereinbarung oder Beschluss der Wohnungseigentümer mit Stimmenmehrheit von der Zustimmung eines Wohnungseigentümers oder eines Dritten abhängig gemacht werden.~~		
~~(6) Der Verwalter kann von den Wohnungseigentümern die Ausstellung einer Vollmachts- und Ermächtigungsurkunde verlangen, aus der der Umfang seiner Vertretungsmacht ersichtlich ist.~~		→ Rz. 229
§ 28 Wirtschaftsplan, ~~Rechnungslegung~~	§ 28 Wirtschaftsplan, **Jahresabrechnung, Vermögensbericht**	→ Rz. 734
~~(1) Der Verwalter hat jeweils für ein Kalenderjahr einen Wirtschaftsplan aufzustellen. Der Wirtschaftsplan enthält:~~ ~~1. die voraussichtlichen Einnahmen und Ausgaben bei der Verwaltung des gemeinschaftlichen Eigentums;~~ ~~2. die anteilmäßige Verpflichtung der Wohnungseigentümer zur Lasten- und Kostentragung;~~ ~~3. die Beitragsleistung der Wohnungseigentümer zu der in § 21 Abs. 5 Nr. 4 vorgesehenen Instandhaltungsrückstellung.~~	**(1) Die Wohnungseigentümer beschließen über die Vorschüsse zur Kostentragung und zu den nach § 19 Absatz 2 Nummer 4 oder durch Beschluss vorgesehenen Rücklagen. Zu diesem Zweck hat der Verwalter jeweils für ein Kalenderjahr einen Wirtschaftsplan aufzustellen, der darüber hinaus die voraussichtlichen Einnahmen und Ausgaben enthält.**	→ Rz. 747
~~(2) Die Wohnungseigentümer sind verpflichtet, nach Abruf durch den Verwalter dem beschlossenen Wirtschaftsplan entsprechende Vorschüsse zu leisten.~~	[vgl. § 28 Abs. 3]	
~~(3) Der Verwalter hat nach Ablauf des Kalenderjahrs eine Abrechnung aufzustellen.~~	**(2) Nach Ablauf des Kalenderjahres beschließen die Wohnungseigentümer über die Einforderung von Nachschüssen oder die Anpassung der beschlossenen Vorschüsse. Zu diesem Zweck hat der Verwalter eine Abrechnung über den**	→ Rz. 825

	Wirtschaftsplan (Jahresabrechnung) aufzustellen, die darüber hinaus die Einnahmen und Ausgaben enthält.	
[vgl. § 21 Abs. 7]	**(3) Die Wohnungseigentümer können beschließen, wann Forderungen fällig werden und wie sie zu erfüllen sind.**	→ Rz. 823, 905
~~(4) Die Wohnungseigentümer können durch Mehrheitsbeschluß jederzeit von dem Verwalter Rechnungslegung verlangen.~~ ~~(5) Über den Wirtschaftsplan, die Abrechnung und die Rechnungslegung des Verwalters beschließen die Wohnungseigentümer durch Stimmenmehrheit.~~		→ Rz. 950
	(4) Der Verwalter hat nach Ablauf eines Kalenderjahres einen Vermögensbericht zu erstellen, der den Stand der in Absatz 1 Satz 1 bezeichneten Rücklagen und eine Aufstellung des wesentlichen Gemeinschaftsvermögens enthält. Der Vermögensbericht ist jedem Wohnungseigentümer zur Verfügung zu stellen.	→ Rz. 914
§ 29 Verwaltungsbeirat	§ 29 Verwaltungsbeirat	→ Rz. 569
~~(1) Die Wohnungseigentümer können durch Stimmenmehrheit die Bestellung eines Verwaltungsbeirats beschließen. Der Verwaltungsbeirat besteht aus einem Wohnungseigentümer als Vorsitzenden und zwei weiteren Wohnungseigentümern als Beisitzern.~~	**(1) Wohnungseigentümer können durch Beschluss zum Mitglied des Verwaltungsbeirats bestellt werden. Hat der Verwaltungsbeirat mehrere Mitglieder, ist ein Vorsitzender und ein Stellvertreter zu bestimmen. Der Verwaltungsbeirat wird von dem Vorsitzenden nach Bedarf einberufen.**	→ Rz. 573
(2) Der Verwaltungsbeirat unterstützt den Verwalter bei der Durchführung seiner Aufgaben.	(2) Der Verwaltungsbeirat unterstützt **und überwacht** den Verwalter bei der Durchführung seiner Aufgaben.	→ Rz. 580
~~(3)~~ Der Wirtschaftsplan~~, die Abrechnung über den Wirtschaftsplan, Rechnungslegungen und Kostenanschläge~~ sollen, bevor ~~über sie die Wohnungseigentümerversammlung beschließt~~, vom Verwaltungsbeirat	Der Wirtschaftsplan und die Jahresabrechnung sollen, bevor die Beschlüsse nach § 28 Absatz 1 Satz 1 und Absatz 2 Satz 1 gefasst werden, vom Verwaltungsbeirat geprüft und	→ Rz. 579

geprüft und mit dessen Stellungnahme versehen werden.

mit dessen Stellungnahme versehen werden.

~~(4) Der Verwaltungsbeirat wird von dem Vorsitzenden nach Bedarf einberufen.~~

[vgl. § 29 Abs. 1 S. 3]

(3) Sind Mitglieder des Verwaltungsbeirats unentgeltlich tätig, haben sie nur Vorsatz und grobe Fahrlässigkeit zu vertreten.

→ Rz. 592

~~4.~~ Abschnitt Wohnungserbbaurecht

Abschnitt **5** Wohnungserbbaurecht

§ 30

§ 30 **Wohnungserbbaurecht**

(1) Steht ein Erbbaurecht mehreren gemeinschaftlich nach Bruchteilen zu, so können die Anteile in der Weise beschränkt werden, daß jedem der Mitberechtigten das Sondereigentum an einer bestimmten Wohnung oder an nicht zu Wohnzwecken dienenden bestimmten Räumen in einem auf Grund des Erbbaurechts errichteten oder zu errichtenden Gebäude eingeräumt wird (Wohnungserbbaurecht, Teilerbbaurecht).

[unverändert]

(2) Ein Erbbauberechtigter kann das Erbbaurecht in entsprechender Anwendung des § 8 teilen.

[unverändert]

(3) Für jeden Anteil wird von Amts wegen ein besonderes Erbbaugrundbuchblatt angelegt (Wohnungserbbaugrundbuch, Teilerbbaugrundbuch). Im übrigen gelten für das Wohnungserbbaurecht (Teilerbbaurecht) die Vorschriften über das Wohnungseigentum (Teileigentum) entsprechend.

[unverändert]

~~II.~~ Teil Dauerwohnrecht

Teil **2** Dauerwohnrecht

[§ 31]

[unverändert]

§ 32 Voraussetzungen der Eintragung

§ 32 Voraussetzungen der Eintragung

(1) Das Dauerwohnrecht soll nur bestellt werden, wenn die Wohnung in sich abgeschlossen ist.

[unverändert]

(2) Zur näheren Bezeichnung des Gegenstands und des Inhalts des Dauerwohnrechts kann auf die Eintragungsbewilligung Bezug genommen werden. Der Eintragungsbewilligung sind als Anlagen beizufügen:	(2) Zur näheren Bezeichnung des Gegenstands und des Inhalts des Dauerwohnrechts kann auf die Eintragungsbewilligung Bezug genommen werden. Der Eintragungsbewilligung sind als Anlagen beizufügen:	
1. eine von der Baubehörde mit Unterschrift und Siegel oder Stempel versehene Bauzeichnung, aus der die Aufteilung des Gebäudes sowie die Lage und Größe der dem Dauerwohnrecht unterliegenden Gebäude- und Grundstücksteile ersichtlich ist (Aufteilungsplan); alle zu demselben Dauerwohnrecht gehörenden Einzelräume sind mit der jeweils gleichen Nummer zu kennzeichnen;	1. *[unverändert]*	
2. eine Bescheinigung der Baubehörde, daß die Voraussetzungen des Absatzes 1 vorliegen.	2. *[unverändert]*	
Wenn in der Eintragungsbewilligung für die einzelnen Dauerwohnrechte Nummern angegeben werden, sollen sie mit denen des Aufteilungsplans übereinstimmen. ~~Die Landesregierungen können durch Rechtsverordnung bestimmen, dass und in welchen Fällen der Aufteilungsplan (Satz 2 Nr. 1) und die Abgeschlossenheit (Satz 2 Nr. 2) von einem öffentlich bestellten oder anerkannten Sachverständigen für das Bauwesen statt von der Baubehörde ausgefertigt und bescheinigt werden. Werden diese Aufgaben von dem Sachverständigen wahrgenommen, so gelten die Bestimmungen der Allgemeinen Verwaltungsvorschrift für die Ausstellung von Bescheinigungen gemäß § 7 Abs. 4 Nr. 2 und § 32 Abs. 2 Nr. 2 des Wohnungseigentumsgesetzes vom 19. März 1974 (BAnz. Nr. 58 vom 23. März 1974) entsprechend. In diesem Fall bedürfen die Anlagen nicht der Form des § 29 der Grundbuchordnung. Die Landesregierungen können die Er-~~	Wenn in der Eintragungsbewilligung für die einzelnen Dauerwohnrechte Nummern angegeben werden, sollen sie mit denen des Aufteilungsplans übereinstimmen.	→ Rz. 1722a

Alte Fassung	Neue Fassung	
~~mächtigung durch Rechtsverordnung auf die Landesbauverwaltungen übertragen.~~		
(3) Das Grundbuchamt soll die Eintragung des Dauerwohnrechts ablehnen, wenn über die in § 33 Abs. 4 Nr. 1 bis 4 bezeichneten Angelegenheiten, über die Voraussetzungen des Heimfallanspruchs (§ 36 Abs. 1) und über die Entschädigung beim Heimfall (§ 36 Abs. 4) keine Vereinbarungen getroffen sind.	*[unverändert]*	
[§§ 33-42]	*[unverändert]*	
~~III.~~ Teil Verfahrensvorschriften	Teil **3** Verfahrensvorschriften	→ Rz. 1808
§ 43 Zuständigkeit	§ 43 Zuständigkeit	→ Rz. 1813
	(1) Die Gemeinschaft der Wohnungseigentümer hat ihren allgemeinen Gerichtsstand bei dem Gericht, in dessen Bezirk das Grundstück liegt. Bei diesem Gericht kann auch die Klage gegen Wohnungseigentümer im Fall des § 9a Absatz 4 Satz 1 erhoben werden.	→ Rz. 1814 → Rz. 1820
Das Gericht, in dessen Bezirk das Grundstück liegt, ist ausschließlich zuständig für	**(2)** Das Gericht, in dessen Bezirk das Grundstück liegt, ist ausschließlich zuständig für	→ Rz. 1823
1. Streitigkeiten über die ~~sich aus der Gemeinschaft der Wohnungseigentümer und aus der Verwaltung des gemeinschaftlichen Eigentums ergebenden~~ Rechte und Pflichten der Wohnungseigentümer untereinander;	1. Streitigkeiten über die Rechte und Pflichten der Wohnungseigentümer untereinander,	→ Rz. 1826
2. Streitigkeiten über die Rechte und Pflichten zwischen der Gemeinschaft der Wohnungseigentümer und Wohnungseigentümern;	2. Streitigkeiten über die Rechte und Pflichten zwischen der Gemeinschaft der Wohnungseigentümer und Wohnungseigentümern,	→ Rz. 1828
3. Streitigkeiten über die Rechte und Pflichten des Verwalters ~~bei der Verwaltung des gemeinschaftlichen Eigentums;~~	3. Streitigkeiten über die Rechte und Pflichten des Verwalters **einschließlich solcher über Ansprüche eines Wohnungseigentümers gegen den Verwalter** sowie	→ Rz. 1829

Bisherige Fassung	Neue Fassung	
4. ~~Streitigkeiten über die Gültigkeit von Beschlüssen der Wohnungseigentümer;~~	4. **Beschlussklagen gemäß § 44.**	→ Rz. 1830
~~5. Klagen Dritter, die sich gegen die Gemeinschaft der Wohnungseigentümer oder gegen Wohnungseigentümer richten und sich auf das gemeinschaftliche Eigentum, seine Verwaltung oder das Sondereigentum beziehen;~~		→ Rz. 1824
~~6. Mahnverfahren, wenn die Gemeinschaft der Wohnungseigentümer Antragstellerin ist. Insoweit ist § 689 Abs. 2 der Zivilprozessordnung nicht anzuwenden.~~		→ Rz. 1824
~~§ 44 Bezeichnung der Wohnungseigentümer in der Klageschrift~~		→ Rz. 1811
~~(1) Wird die Klage durch oder gegen alle Wohnungseigentümer mit Ausnahme des Gegners erhoben, so genügt für ihre nähere Bezeichnung in der Klageschrift die bestimmte Angabe des gemeinschaftlichen Grundstücks; wenn die Wohnungseigentümer Beklagte sind, sind in der Klageschrift außerdem der Verwalter und der gemäß § 45 Abs. 2 Satz 1 bestellte Ersatzzustellungsvertreter zu bezeichnen. Die namentliche Bezeichnung der Wohnungseigentümer hat spätestens bis zum Schluss der mündlichen Verhandlung zu erfolgen.~~		
~~(2) Sind an dem Rechtsstreit nicht alle Wohnungseigentümer als Partei beteiligt, so sind die übrigen Wohnungseigentümer entsprechend Absatz 1 von dem Kläger zu bezeichnen. Der namentlichen Bezeichnung der übrigen Wohnungseigentümer bedarf es nicht, wenn das Gericht von ihrer Beiladung gemäß § 48 Abs. 1 Satz 1 absieht.~~		

~~§ 45 Zustellung~~

→ Rz. 1811

~~(1) Der Verwalter ist Zustellungsvertreter der Wohnungseigentümer, wenn diese Beklagte oder gemäß § 48 Abs. 1 Satz 1 beizuladen sind, es sei denn, dass er als Gegner der Wohnungseigentümer an dem Verfahren beteiligt ist oder aufgrund des Streitgegenstandes die Gefahr besteht, der Verwalter werde die Wohnungseigentümer nicht sachgerecht unterrichten.~~

~~(2) Die Wohnungseigentümer haben für den Fall, dass der Verwalter als Zustellungsvertreter ausgeschlossen ist, durch Beschluss mit Stimmenmehrheit einen Ersatzzustellungsvertreter sowie dessen Vertreter zu bestellen, auch wenn ein Rechtsstreit noch nicht anhängig ist. Der Ersatzzustellungsvertreter tritt in die dem Verwalter als Zustellungsvertreter der Wohnungseigentümer zustehenden Aufgaben und Befugnisse ein, sofern das Gericht die Zustellung an ihn anordnet; Absatz 1 gilt entsprechend.~~

~~(3) Haben die Wohnungseigentümer entgegen Absatz 2 Satz 1 keinen Ersatzzustellungsvertreter bestellt oder ist die Zustellung nach den Absätzen 1 und 2 aus sonstigen Gründen nicht ausführbar, kann das Gericht einen Ersatzzustellungsvertreter bestellen.~~

§ ~~46 Anfechtungsklage~~

§ 44 Beschlussklagen

→ Rz. 1834

(1) Das Gericht kann auf Klage eines Wohnungseigentümers einen Beschluss für ungültig erklären (Anfechtungsklage) oder seine Nichtigkeit feststellen (Nichtigkeitsklage).

→ Rz. 1835, 1886

[vgl. § 21 Abs. 8: „~~Treffen die Wohnungseigentümer eine nach dem Gesetz erforderliche Maßnahme nicht, so kann an ihrer Stelle das Gericht in einem Rechtsstreit gemäß § 43~~

Unterbleibt eine notwendige Beschlussfassung, kann das Gericht auf Klage eines Wohnungseigentümers den Beschluss fassen (Beschlussersetzungsklage).

→ Rz. 1860

~~nach billigem Ermessen entscheiden, soweit sich die Maßnahme nicht aus dem Gesetz, einer Vereinbarung oder einem Beschluss der Wohnungseigentümer ergibt.~~“]		
(~~1~~) Die Klage ~~eines oder mehrerer Wohnungseigentümer auf Erklärung der Ungültigkeit eines Beschlusses der Wohnungseigentümer ist~~ gegen die ~~übrigen Wohnungseigentümer und die Klage des Verwalters ist gegen die Wohnungseigentümer~~ zu richten.	(2) Die Klage**n sind** gegen die **Gemeinschaft der Wohnungseigentümer** zu richten.	→ Rz. 1888
[vgl. § 27 Abs. 1 Nr. 7]	**Der Verwalter hat den Wohnungseigentümern die Erhebung einer Klage unverzüglich bekannt zu machen.**	→ Rz. 1914
[vgl. § 47 S. 1: „Mehrere Prozesse~~, in denen Klagen auf Erklärung oder Feststellung der Ungültigkeit desselben Beschlusses der Wohnungseigentümer erhoben werden,~~ sind zur gleichzeitigen Verhandlung und Entscheidung zu verbinden.“]	Mehrere Prozesse sind zur gleichzeitigen Verhandlung und Entscheidung zu verbinden.	→ Rz. 1929
[vgl. § 48 Abs. 3: „~~Über die in § 325 der Zivilprozessordnung angeordneten Wirkungen hinaus~~ wirkt ~~das rechtskräftige Urteil auch~~ für und gegen alle ~~beigeladenen~~ Wohnungseigentümer ~~und ihre Rechtsnachfolger sowie den beigeladenen Verwalter~~.“]	(3) **Das Urteil** wirkt für und gegen alle Wohnungseigentümer**, auch wenn sie nicht Partei sind.**	→ Rz. 1933
	(4) Die durch eine Nebenintervention verursachten Kosten gelten nur dann als notwendig zur zweckentsprechenden Rechtsverteidigung im Sinne des § 91 der Zivilprozessordnung, wenn die Nebenintervention geboten war.	→ Rz. 1961
	§ 45 Fristen der Anfechtungsklage	→ Rz. 1969
~~Sie~~ muss innerhalb eines Monats nach der Beschlussfassung erhoben und innerhalb zweier Monate nach der Beschlussfassung begründet werden. Die §§ 233 bis 238 der Zi-	**Die Anfechtungsklage** muss innerhalb eines Monats nach der Beschlussfassung erhoben und innerhalb zweier Monate nach der Beschlussfassung begründet werden.	

vilprozessordnung gelten entsprechend.

~~(2) Hat der Kläger erkennbar eine Tatsache übersehen, aus der sich ergibt, dass der Beschluss nichtig ist, so hat das Gericht darauf hinzuweisen.~~

Die §§ 233 bis 238 der Zivilprozessordnung gelten entsprechend.

~~§ 47 Prozessverbindung~~

~~Mehrere Prozesse, in denen Klagen auf Erklärung oder Feststellung der Ungültigkeit desselben Beschlusses der Wohnungseigentümer erhoben werden, sind zur gleichzeitigen Verhandlung und Entscheidung zu verbinden. Die Verbindung bewirkt, dass die Kläger der vorher selbständigen Prozesse als Streitgenossen anzusehen sind.~~

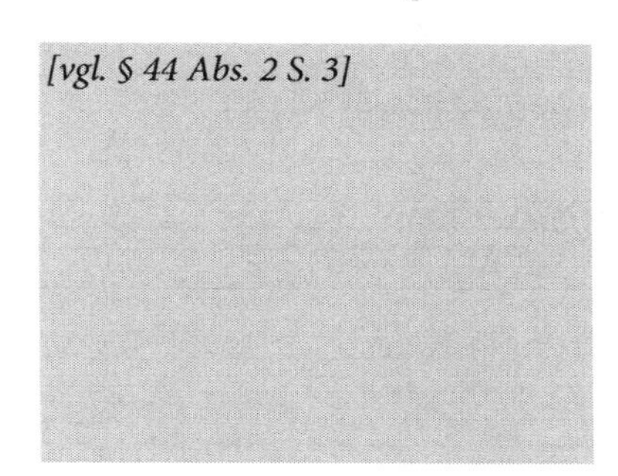

[vgl. § 44 Abs. 2 S. 3]

~~§ 48 Beiladung, Wirkung des Urteils~~

~~(1) Richtet sich die Klage eines Wohnungseigentümers, der in einem Rechtsstreit gemäß § 43 Nr. 1 oder Nr. 3 einen ihm allein zustehenden Anspruch geltend macht, nur gegen einen oder einzelne Wohnungseigentümer oder nur gegen den Verwalter, so sind die übrigen Wohnungseigentümer beizuladen, es sei denn, dass ihre rechtlichen Interessen erkennbar nicht betroffen sind. Soweit in einem Rechtsstreit gemäß § 43 Nr. 3 oder Nr. 4 der Verwalter nicht Partei ist, ist er ebenfalls beizuladen.~~

~~(2) Die Beiladung erfolgt durch Zustellung der Klageschrift, der die Verfügungen des Vorsitzenden beizufügen sind. Die Beigeladenen können der einen oder anderen Partei zu deren Unterstützung beitreten. Veräußert ein beigeladener Wohnungseigentümer während des Prozesses sein Wohnungseigentum, ist § 265 Abs. 2 der Zivilprozessordnung entsprechend anzuwenden.~~

~~(3) Über die in § 325 der Zivilprozessordnung angeordneten Wirkungen hinaus wirkt das rechtskräftige Urteil auch für und gegen alle beigeladenen Wohnungseigentümer und ihre Rechtsnachfolger sowie den beigeladenen Verwalter.~~

[vgl. § 44 Abs. 3]

~~(4) Wird durch das Urteil eine Anfechtungsklage als unbegründet abgewiesen, so kann auch nicht mehr geltend gemacht werden, der Beschluss sei nichtig.~~

~~§ 49 Kostenentscheidung~~

~~(1) Wird gemäß § 21 Abs. 8 nach billigem Ermessen entschieden, so können auch die Prozesskosten nach billigem Ermessen verteilt werden.~~

~~(2) Dem Verwalter können Prozesskosten auferlegt werden, soweit die Tätigkeit des Gerichts durch ihn veranlasst wurde und ihn ein grobes Verschulden trifft, auch wenn er nicht Partei des Rechtsstreits ist.~~

~~§ 50 Kostenerstattung~~

~~Den Wohnungseigentümern sind als zur zweckentsprechenden Rechtsverfolgung oder Rechtsverteidigung notwendige Kosten nur die Kosten eines bevollmächtigten Rechtsanwalts zu erstatten, wenn nicht aus Gründen, die mit dem Gegenstand des Rechtsstreits zusammenhängen, eine Vertretung durch mehrere bevollmächtigte Rechtsanwälte geboten war.~~

~~IV.~~ Teil
Ergänzende Bestimmungen

§ ~~61~~

Fehlt eine nach § 12 erforderliche Zustimmung, so sind die Veräußerung und das zugrundeliegende Verpflichtungsgeschäft unbeschadet der sonstigen Voraussetzungen wirksam, wenn die Eintragung der

Teil **4**
Ergänzende Bestimmungen

§ **46 Veräußerung ohne erforderliche Zustimmung**

[unverändert]

Veräußerung oder einer Auflassungsvormerkung in das Grundbuch vor dem 15. Januar 1994 erfolgt ist und es sich um die erstmalige Veräußerung dieses Wohnungseigentums nach seiner Begründung handelt, es sei denn, daß eine rechtskräftige gerichtliche Entscheidung entgegensteht. Das Fehlen der Zustimmung steht in diesen Fällen dem Eintritt der Rechtsfolgen des § 878 Bürgerlichen Gesetzbuchs nicht entgegen. Die Sätze 1 und 2 gelten entsprechend in den Fällen der §§ 30 und 35 des Wohnungseigentumsgesetzes.

§ 47 Auslegung von Altvereinbarungen

→ Rz. 2036

Vereinbarungen, die vor dem 1. Dezember 2020 getroffen wurden und die von solchen Vorschriften dieses Gesetzes abweichen, die durch das Wohnungseigentumsmodernisierungsgesetz geändert wurden, stehen der Anwendung dieser Vorschriften in der vom 1. Dezember 2020 an geltenden Fassung nicht entgegen, soweit sich aus der Vereinbarung nicht ein anderer Wille ergibt. Ein solcher Wille ist in der Regel nicht anzunehmen.

§ ~~62~~ Übergangsvorschrift

§ **48** Übergangsvorschrift**en**

→ Rz. 1996

→ Rz. 1799

(1) § 5 Absatz 4, § 7 Absatz 2 und § 10 Absatz 3 in der vom 1. Dezember 2020 an geltenden Fassung gelten auch für solche Beschlüsse, die vor diesem Zeitpunkt gefasst oder durch gerichtliche Entscheidung ersetzt wurden. Abweichend davon bestimmt sich die Wirksamkeit eines Beschlusses im Sinne des Satzes 1 gegen den Sondernachfolger eines Wohnungseigentümers nach § 10 Absatz 4 in der vor dem 1. Dezember 2020 geltenden Fassung, wenn die Sondernachfolge bis zum 31. Dezember

2025 eintritt. Jeder Wohnungseigentümer kann bis zum 31. Dezember 2025 verlangen, dass ein Beschluss im Sinne des Satzes 1 erneut gefasst wird; § 204 Absatz 1 Nummer 1 des Bürgerlichen Gesetzbuchs gilt entsprechend.

(2) § 5 Absatz 4 Satz 3 gilt in der vor dem 1. Dezember 2020 geltenden Fassung weiter für Vereinbarungen und Beschlüsse, die vor diesem Zeitpunkt getroffen oder gefasst wurden, und zu denen vor dem 1. Dezember 2020 alle Zustimmungen erteilt wurden, die nach den vor diesem Zeitpunkt geltenden Vorschriften erforderlich waren. → Rz. 1803

(3) § 7 Absatz 3 Satz 2 gilt auch für Vereinbarungen und Beschlüsse, die vor dem 1. Dezember 2020 getroffen oder gefasst wurden. Ist eine Vereinbarung oder ein Beschluss im Sinne des Satzes 1 entgegen der Vorgabe des § 7 Absatz 3 Satz 2 nicht ausdrücklich im Grundbuch eingetragen, erfolgt die ausdrückliche Eintragung in allen Wohnungsgrundbüchern nur auf Antrag eines Wohnungseigentümers oder der Gemeinschaft der Wohnungseigentümer. Ist die Haftung von Sondernachfolgern für Geldschulden entgegen der Vorgabe des § 7 Absatz 3 Satz 2 nicht ausdrücklich im Grundbuch eingetragen, lässt dies die Wirkung gegen den Sondernachfolger eines Wohnungseigentümers unberührt, wenn die Sondernachfolge bis zum 31. Dezember 2025 eintritt. → Rz. 1804

(4) § 19 Absatz 2 Nummer 6 ist ab dem 1. Dezember 2022 anwendbar. Eine Person, die am 1. Dezember 2020 Verwalter einer Gemeinschaft der Wohnungseigentümer war, gilt gegenüber den Wohnungseigentümern dieser Gemein- → Rz. 560, 564

schaft der Wohnungseigentümer bis zum 1. Juni 2024 als zertifizierter Verwalter.

(~~1~~) Für die ~~am 1. Juli 2007 bei Gericht anhängigen Verfahren in Wohnungseigentums- oder in Zwangsversteigerungssachen oder für die bei einem Notar beantragten freiwilligen Versteigerungen sind die durch die Artikel 1 und 2 des Gesetzes vom 26. März 2007 (BGBl. I S. 370) geänderten Vorschriften des III. Teils dieses Gesetzes sowie die des Gesetzes über die Zwangsversteigerung und die Zwangsverwaltung~~ in ihrer bis dahin geltenden Fassung weiter anzuwenden.

~~(2) In Wohnungseigentumssachen nach § 43 Nr. 1 bis 4 finden die Bestimmungen über die Nichtzulassungsbeschwerde (§ 543 Abs. 1 Nr. 2, § 544 der Zivilprozessordnung) keine Anwendung, soweit die anzufechtende Entscheidung vor dem 31. Dezember 2015 verkündet worden ist.~~

(5) Für die **bereits vor dem 1. Dezember 2020 bei Gericht anhängigen Verfahren sind die Vorschriften des dritten Teils dieses Gesetzes** in ihrer bis dahin geltenden Fassung weiter anzuwenden

→ Rz. 1903

§ ~~63~~ Überleitung bestehender Rechtsverhältnisse

(1) Werden Rechtsverhältnisse, mit denen ein Rechtserfolg bezweckt wird, der den durch dieses Gesetz geschaffenen Rechtsformen entspricht, in solche Rechtsformen umgewandelt, so ist als Geschäftswert für die Berechnung der hierdurch veranlaßten Gebühren der Gerichte und Notare im Falle des Wohnungseigentums ein Fünfundzwanzigstel des Einheitswerts des Grundstücks, im Falle des Dauerwohnrechts ein Fünfundzwanzigstel des Wertes des Rechts anzunehmen.

~~(2)~~

(~~3~~) Durch Landesgesetz können Vorschriften zur Überleitung bestehender, auf Landesrecht beruhender Rechtsverhältnisse in die durch die-

§ **49** Überleitung bestehender Rechtsverhältnisse

[unverändert]

(**2**) *[unverändert]*

ses Gesetz geschaffenen Rechtsformen getroffen werden.

~~§ 64 Inkrafttreten~~

~~Dieses Gesetz tritt am Tage nach seiner Verkündung in Kraft.~~

Stichwortverzeichnis

Die Zahlen bezeichnen die Randzahlen.